CURSO DE DIREITO COMERCIAL

O GEN | Grupo Editorial Nacional – maior plataforma editorial brasileira no segmento científico, técnico e profissional – publica conteúdos nas áreas de concursos, ciências jurídicas, humanas, exatas, da saúde e sociais aplicadas, além de prover serviços direcionados à educação continuada.

As editoras que integram o GEN, das mais respeitadas no mercado editorial, construíram catálogos inigualáveis, com obras decisivas para a formação acadêmica e o aperfeiçoamento de várias gerações de profissionais e estudantes, tendo se tornado sinônimo de qualidade e seriedade.

A missão do GEN e dos núcleos de conteúdo que o compõem é prover a melhor informação científica e distribuí-la de maneira flexível e conveniente, a preços justos, gerando benefícios e servindo a autores, docentes, livreiros, funcionários, colaboradores e acionistas.

Nosso comportamento ético incondicional e nossa responsabilidade social e ambiental são reforçados pela natureza educacional de nossa atividade e dão sustentabilidade ao crescimento contínuo e à rentabilidade do grupo.

GUSTAVO SAAD DINIZ

CURSO DE DIREITO COMERCIAL

2ª edição revista, atualizada e reformulada

■ O autor deste livro e a editora empenharam seus melhores esforços para assegurar que as informações e os procedimentos apresentados no texto estejam em acordo com os padrões aceitos à época da publicação, e todos os dados foram atualizados pelo autor até a data de fechamento do livro. Entretanto, tendo em conta a evolução das ciências, as atualizações legislativas, as mudanças regulamentares governamentais e o constante fluxo de novas informações sobre os temas que constam do livro, recomendamos enfaticamente que os leitores consultem sempre outras fontes fidedignas, de modo a se certificarem de que as informações contidas no texto estão corretas e de que não houve alterações nas recomendações ou na legislação regulamentadora.

■ Fechamento desta edição: *25.03.2022*

■ O Autor e a editora se empenharam para citar adequadamente e dar o devido crédito a todos os detentores de direitos autorais de qualquer material utilizado neste livro, dispondo-se a possíveis acertos posteriores caso, inadvertida e involuntariamente, a identificação de algum deles tenha sido omitida.

■ **Atendimento ao cliente: (11) 5080-0751 | faleconosco@grupogen.com.br**

■ Direitos exclusivos para a língua portuguesa
Copyright © 2022 by
Editora Atlas Ltda.
Uma editora integrante do GEN | Grupo Editorial Nacional
Al. Arapoema, 659, sala 05, Tamboré
Barueri – SP – 06460-080
www.grupogen.com.br

■ Reservados todos os direitos. É proibida a duplicação ou reprodução deste volume, no todo ou em parte, em quaisquer formas ou por quaisquer meios (eletrônico, mecânico, gravação, fotocópia, distribuição pela Internet ou outros), sem permissão, por escrito, da Editora Atlas Ltda.

■ Capa: Aurélio Corrêa

■ **CIP – BRASIL. CATALOGAÇÃO NA FONTE.
SINDICATO NACIONAL DOS EDITORES DE LIVROS, RJ.**

D611c
Diniz, Gustavo Saad

Curso de direito comercial / Gustavo Saad Diniz. – 2. ed. – Barueri [SP]: Atlas, 2022.

Inclui Bibliografia e índice
ISBN 978-65-5977-300-8

1. Direito comercial – Brasil. I. Título.

22-76453 CDU: 347.7(81)

Meri Gleice Rodrigues de Souza – Bibliotecária – CRB-7/6439

Para Laura.

SOBRE O AUTOR

GUSTAVO SAAD DINIZ

Professor de Direito Comercial na USP-FDRP. Doutor e Livre Docente em Direito Comercial pela USP. Mestre em Direito pela Unesp. Advogado.

APRESENTAÇÃO E MANUSEIO DA OBRA

Oferece-se ao mercado opção para conduzir formação jurídica consolidada do Direito Comercial, com visão sistêmica de instrumentos de mercado para roupagem das operações econômicas. Procurou-se dar organicidade ao manuseio da obra, assim planificada:

Principiou-se com a apresentação propedêutica e hermenêutica dos instrumentos de Direito Comercial, até chegar à teoria jurídica da empresa [*Título I*]. Em seguida, foram estudados os sujeitos da atividade empresarial, o que inclui análises de Direito Societário [*Título II*]. Os objetos da organização empresarial vieram em seguida [*Título III*], para depois se compreender os negócios próprios dessa atividade profissional, inclusive títulos de crédito, cédulas de crédito e contratos [*Título IV*]. Por fim, analisou-se a empresa em crise, com as soluções da recuperação e da falência [*Título V*].

Cada um dos títulos está dividido em seções, designadas pelo símbolo §. Cada uma das seções tem os seus respectivos itens, de modo a facilitar as constantes remissões entre Títulos, Seções e Itens, todas elas definidas com o símbolo [*t.*_, §_, *i.*_]. Essa técnica de redação permitiu organicidade e integração sistêmica da obra, com correlação aos temas.

Para facilitar a compreensão da abordagem feita nos tópicos, optou-se por inserir glosas ou anotações ao lado de diversos parágrafos da obra. Cuida-se de expediente muito utilizado em obras europeias e que pode auxiliar didaticamente na compreensão do assunto discutido. É como se fosse uma antecipação, ao leitor, da anotação que pode fazer ao lado do parágrafo, com destaque da conclusão principal da ideia ali discutida.

Alguns tópicos e os capítulos são encerrados com a oferta de bibliografia especializada do assunto, inclusive obras estrangeiras, monografias nacionais e artigos de periódicos. A bibliografia mais ampla – inclusive dos valiosos manuais e cursos produzidos na literatura jurídico-comercial brasileira – é mencionada na bibliografia geral da obra. Com a deferência do leitor, algumas regras de citações bibliográficas nas indicações ao final dos tópicos e capítulos não respeitaram as regras da ABNT para encurtar o tamanho da referência, mas sem prejuízo do acesso ao texto.

Houve preocupação em contextualizar a dogmática às decisões que conformam a jurisprudência estabilizada ou controvertida sobre o respectivo tema. Em geral, estão destacadas ao final de itens e capítulos, sob a denominação "Jurisprudência". Sabemos da imprecisão técnica de se chamar jurisprudência um conjunto de julgados muitas vezes sem pacificação interpretativa. Optamos pela manutenção do termo para facilitar a visualização e a funcionalização dos destaques.

Com a modernização dos *sites* e do acesso eletrônico ao inteiro teor das decisões, são feitas menções somente ao Tribunal, Colegiado, número do recurso, relatoria e data do julgamento ou da publicação, com resumo objetivo do conteúdo, permitindo ulterior consulta do interessado em aprofundamento no caso. Há preponderância de julgados do Superior Tribunal de Justiça, já que se trata do Tribunal de pacificação interpretativa da legislação infraconstitucional (art. 105,

III, "c", da CF), objeto principal dos estudos de Direito Comercial. Todavia, não são incomuns decisões de Tribunais estaduais, assim como de órgãos reguladores, como a CVM e o CADE. Não obstante as críticas ao modelo brasileiro, é relevante notar que a nova perspectiva dos precedentes, adotada pelo novo CPC, trouxe a necessidade de compreensão do protagonismo da jurisprudência como fonte importante do Direito Comercial. Há contratos que são praticamente construídos após as contendas judiciais e as soluções encontradas pelos Tribunais, de modo que essa constatação se revela frequentemente em análises como a franquia, concessão mercantil, distribuição, entre outros.

Outra anotação importante é que a nova edição está atualizada com novas interpretações dos Tribunais e com alterações legislativas relevantíssimas ocorridas após a publicação da primeira edição da obra. Nesse sentido, são analisados os novos textos da Lei de Liberdade Econômica, Reforma da Lei de Recuperação de Empresas e Falência, nova Lei de Franquias, Instrução Normativa DREi nº 81, de 10/06/2020, dentre outras de relevo.

Por fim, é preciso deixar claro que o presente estudo representa importante tentativa de se estabelecer um pensamento jurídico próprio derivado das linhas de pesquisa da jovem Faculdade de Direito de Ribeirão Preto da Universidade de São Paulo. O texto humildemente é oferecido com esses objetivos ao mercado, inclusive para que se permita evolução nos diversos pontos da obra que – confessadamente, em próximas edições – poderá evoluir com o auxílio da comunidade jurídica.

O Autor

SIGLAS E ABREVIATURAS

AktG	–	*Aktiengesetz* (lei de sociedades por ações alemã, de 1965)
art.	–	artigo
BC	–	*Bankruptcy Code* (lei de falências dos EUA)
BGB	–	*Bürgerliches Gesetzbuch* (Código Civil alemão)
BGH	–	*Bundesgerichthof* (Tribunal Federal alemão)
CC	–	Código Civil, Lei nº 10.406, de 10 de janeiro de 2002
CC/1916	–	Código Civil, Lei nº 3.071, de 1º de janeiro de 1916
CCom	–	Código Comercial, Lei nº 556, de 25 de junho de 1850
CDC	–	Código de Defesa do Consumidor, Lei nº 8.078, de 11 de setembro de 1990
CF	–	Constituição Federal de 1988
CLT	–	Consolidação das Leis do Trabalho, Decreto nº 5.452, de 1º de maio de 1943
CP	–	Código Penal brasileiro, Decreto-Lei nº 2.848, de 7 de dezembro de 1940
CPC	–	Código de Processo Civil brasileiro, Lei nº 5.869, de 11 de janeiro de 1973
CTN	–	Código Tributário Nacional, Lei nº 5.172, de 25 de outubro de 1966
CUP	–	Convenção de Paris para a Proteção da Propriedade Industrial de 1883
CVM	–	Comissão de Valores Mobiliários
DDLE	–	Declaração de Direitos de Liberdade Econômica
Decr.-Lei	–	Decreto-Lei
Des.	–	Desembargador
DJU	–	*Diário da Justiça da União*
DOE	–	*Diário Oficial do Estado*
DOU	–	*Diário Oficial da União*
EC	–	Emenda à Constituição
GmbH	–	*Gesellschaft mit beschränkter Haftung* (sociedade de responsabilidade limitada alemã)
GmbHG	–	*Gesetz betreffend die Gesellschaften mit beschränkter Haftung* (lei alemã das sociedades de responsabilidade limitada)
HGB	–	*Handelsgesetzbuch* (Código Comercial alemão)
[i. ___]	–	Consultar item de referência no sumário.

IN DREI 81	–	IN DREI nº 81, de 10 de junho de 2020
InsO	–	*Insolvenzordnung*
Jucesp	–	Junta Comercial do Estado de São Paulo
LC	–	Lei Complementar
LCh	–	Lei nº 7.357, de 2 de setembro de 1985, que regulamenta o cheque
LCoop	–	Lei nº 5.764, de 16 de dezembro de 1971, que regulamenta as cooperativas
LDAutor	–	Lei de Direitos Autorais, Lei nº 9.610, de 19 de fevereiro de 1998
LDupl	–	Lei nº 5.474, de 18 de julho de 1968, que regulamenta as duplicatas
Lei Ferrari	–	Lei nº 6.729, de 28 de novembro de 1979
LEstatais	–	Lei nº 13.303, de 30 de junho de 2016
LFAN	–	Lei nº 14.195, de 26 de agosto de 2021 (Lei de Facilitação do Ambiente de Negócios)
LFranq	–	Lei de Franquias, Lei nº 13.966, de 26 de dezembro de 2019
LGPD	–	Lei de Proteção de Dados, Lei nº 13.709, de 14 de agosto de 2018
LI	–	Lei do Inquilinato, Lei nº 8.245, de 18 de outubro de 1991
LIntegr	–	Lei de Integração Agroindustrial, Lei nº 13.288, de 16 de maio de 2016
LLE	–	Lei de Liberdade Econômica, Lei nº 13.874, de 20 de setembro de 2019
LPI	–	Lei de Propriedade Industrial, Lei nº 9.279, de 14 de maio de 1996
LProt	–	Lei de Protestos, Lei nº 9.492, de 10 de setembro de 1997
LREF	–	Lei de Recuperação de Empresas e Falências, Lei nº 11.101, de 9 de fevereiro de 2005
LRepr	–	Lei nº 4.886, de 9 de dezembro de 1965
LRPEM	–	Lei do Registro Público de Empresas Mercantis e Atividades Afins, Lei nº 8.934, de 18 de novembro de 1994
LSA	–	Lei das Sociedades Anônimas, Lei nº 6.404, de 15 de dezembro de 1976
LUG	–	Lei Uniforme de Genebra
Min.	–	Ministro
MoMiG	–	*Gesetz zur Modernisierung des GmbH-Rechts und zur Bekämpfung von Missbräuchen*
MP	–	Ministério Público
OHG	–	*Offene Handelsgesellschaft* (equivalente à sociedade em nome coletivo)
OLG	–	*Oberlandesgericht*
RDM	–	Revista de Direito Mercantil
RE	–	Recurso Extraordinário
REsp	–	Recurso Especial
RIR	–	Regulamento do Imposto sobre a Renda – Decreto nº 9.580, de 22 de novembro de 2018

RPEM	–	Registro Público de Empresas e Atividades Afins
RSTJ	–	*Revista do Superior Tribunal de Justiça*
RT	–	Revista dos Tribunais
S/A	–	Sociedade Anônima
STF	–	Supremo Tribunal Federal
STJ	–	Superior Tribunal de Justiça
UNCITRAL	–	*United Nations Comission on International Trade Law*

SUMÁRIO

Introdução e Conceitos 1

TÍTULO I – PROPEDÊUTICA DO DIREITO COMERCIAL 3

§1 – História e Função do Direito Comercial 5

    1. A historicidade do comércio 5
    2. Fase subjetiva (mercadores) 6
    3. Fase objetiva (o ato de comércio) 7
    4. Fase da teoria da empresa (do ato à atividade) 8
    5. Fase do mercado 8
    6. Associativismo na gênese do comércio 9
    7. O direito comercial no Brasil 11

§2 – Princípios e Fontes do Direito Comercial 15

    1. Características e conceito 15
    2. Princípios 16
        2.1. Princípios originados da Constituição Econômica 16
        2.2. Princípios originados do Código Civil unificado 21
        2.3. Princípios essenciais do Direito Comercial 22
    3. Fontes 29
        3.1. Fontes estatais 30
            3.1.1. Constituição 30
            3.1.2. Leis 30
            3.1.3. Tratados 31
            3.1.4. Precedentes vinculantes 31
            3.1.5. Regramento administrativo 32
        3.2. Fontes menos objetivas 32
            3.2.1. Usos e costumes 32
            3.2.2. Jurisprudência não vinculante 33
            3.2.3. Decisões arbitrais 34

		3.2.4.	*Lex mercatoria*...	34
	3.3.	Fontes negociais e de maior subjetividade		35
		3.3.1.	Contratos	35
		3.3.2.	Doutrina e equidade	36

§3 – A Ordem Econômica e o Direito Comercial....................................... 39
1. Influência do texto constitucional econômico............................... 39
2. Opção reformadora da Constituição econômica originária 41
3. Influência constitucional no Direito Comercial............................. 41

§4 – Direito (Comercial) e Economia... 47
1. Delimitação do objeto 47
2. Diagnósticos da análise econômica do direito............................... 47
   - 2.1. O extremo da escola de Chicago 48
   - 2.2. Contraponto a Chicago.. 49
3. Influência da análise econômica na hermenêutica jurídica.................... 49

§5 – Teoria Jurídica da Empresa.. 53
1. Matriz econômica de uma categoria jurídica............................... 53
2. Teoria jurídica da empresa: regras de organização e de garantia 55
3. Atividades empresariais anômalas e disfunções........................... 55

§6 – Publicidade e Comércio: a Função do Registro Público...................... 57
1. A publicidade no comércio.. 57
2. O Registro Público de Empresas Mercantis e atividades afins.............. 58
   - 2.1. Atos pertinentes.. 59
   - 2.2. Proibições de arquivamento... 60
   - 2.3. Processo decisório e revisional..................................... 60
3. Registro Civil de Pessoas Jurídicas 61
4. O papel de registro da OAB... 61

TÍTULO II – SUJEITOS 63

§1 – Empresário.. 65
1. Empresário: conceito e características 65
2. Atividades não empresariais.. 66
3. Atividade rural 67
   - 3.1. Empresa rural do Estatuto da Terra 67
   - 3.2. Agronegócio 68
4. Empresário e registro 68

5. Requisitos para o exercício da atividade empresarial 69
   - 5.1. Capacidade 69
   - 5.2. Menor empresário 69
   - 5.3. Impedimentos 70
   - 5.4. Consequências do exercício irregular 71
   - 5.5. O estrangeiro empresário 71
   - 5.6. Morte do empresário 72
6. Livros e sistema probatório do empresário 72
   - 6.1. Escrituração 72
   - 6.2. Ônus da prova 74

§2 – Eireli 77

1. Conceito e função 77
2. Análise geral 78

§3 – Teoria Geral do Direito Societário Brasileiro 81

1. Conceito 81
2. Contrato e âmbitos de organização: posicionamento do debate da teoria geral 82
   - 2.1. Associação, sociedade e fundação 83
   - 2.2. Sociedades: personificadas e não personificadas 84
     - 2.2.1. O problema das associações não personificadas 86
     - 2.2.2. Consequências da personificação 87
     - 2.2.3. Nome empresarial 87
   - 2.3. Regramentos supletivos 88
3. Organização societária 90
   - 3.1. Tipicidade societária 91
   - 3.2. Pluralidade de sócios 92
     - 3.2.1. Sociedade entre cônjuges 93
     - 3.2.2. Sociedade entre companheiros em união estável 94
   - 3.3. Contrato de sociedade 95
     - 3.3.1. Teoria do contrato plurilateral 95
     - 3.3.2. Teoria do contrato associativo 96
     - 3.3.3. Elementos do contrato de sociedade e o problema da *affectio societatis* 96
     - 3.3.4. O *status* de sócio 98
   - 3.4. Interesse social 100
     - 3.4.1. Conflito de interesses em assembleia 101
     - 3.4.2. Conflito formal e conflito material de interesses 102
     - 3.4.3. Conflito de interesses na administração 104

- 3.5. Poder de controle 105
- 3.6. Regime de nulidade e anulabilidade 106
- 3.7. Saída de sócios e dissolução da sociedade 106
  - 3.7.1. Resolução da sociedade quanto a um sócio 107
  - 3.7.2. Dissolução, liquidação e extinção 109
  - 3.7.3. Dissolução parcial da sociedade no CPC 110
4. Organização de patrimônio 113
   - 4.1. Capital 114
     - 4.1.1. Capital social nominal 114
     - 4.1.2. Patrimônio: o patrimônio autônomo e o direito societário 115
     - 4.1.3. Funções 116
     - 4.1.4. Entradas de serviços e intangíveis 117
     - 4.1.5. Capital mínimo e capital suficiente 117
     - 4.1.6. Capital próprio e capital de terceiros 119
     - 4.1.7. Aumento, redução e insuficiência do capital social ... 119
     - 4.1.8. Análise da distribuição de lucros e dividendos 119
   - 4.2. Desconsideração da personalidade jurídica 121
     - 4.2.1. Evolução teórica: da teoria da penetração (*Durchgrifflehre*) à teoria do fim da norma (*Normzwecklehre*) 126
     - 4.2.2. Opção brasileira 128
     - 4.2.3. Aplicação para sócios e administradores 130
     - 4.2.4. Desconsideração inversa da personalidade jurídica .. 131
     - 4.2.5. Incidente de desconsideração da personalidade jurídica .. 132
   - 4.3. Sucessão empresarial 134
   - 4.4. Transformação, incorporação, fusão e cisão 136
5. Organização da atividade 136
   - 5.1. Administração das sociedades 136
     - 5.1.1. Elementos do conceito 136
     - 5.1.2. Padrão de conduta e deveres gerais 139
     - 5.1.3. Limitações de poderes – a regra do art. 1.015 do CC ... 140
     - 5.1.4. Esquemas de imputação e responsabilidade 143
     - 5.1.5. Legislação anticorrupção 145
   - 5.2. Organização empresarial por meio de grupos 147
     - 5.2.1. Concentrações econômicas 148
     - 5.2.2. Grupos de direito ou grupos convencionais 148
     - 5.2.3. Relações de coligação e controle (grupos de fato) 149
       - 5.2.3.1. Coligação 149

		5.2.3.2. Controladoras e controladas..................................	150
		5.2.3.3. O protagonismo do controle como critério de imputação...	150
	6.	Organização das garantias	151
		6.1. Garantias dos minoritários..	151
		6.2. Garantias dos credores	153
		6.3. Garantias dos trabalhadores..	154
		6.4. Garantias dos investidores...	154

§4 – Sociedade em Comum 155

1.	Conceito e função	155
2.	Regras específicas...	156
	2.1. Formação de patrimônio especial	156
	2.2. Responsabilidade do sócio	156
	2.3. Prova da sociedade	156
3.	Regramento supletivo..	157

§5 – Sociedade em Conta de Participação 159

1.	Conceito e função	159
2.	Regras específicas...	160
3.	Regramento supletivo..	161

§6 – Sociedade Simples... 163

1.	Conceito, função e características..	163
2.	Constituição, formação e contrato social	164
3.	Direitos e obrigações dos sócios	166
4.	Administração	168
	4.1. Reunião de sócios (órgão deliberativo)	168
	4.2. Administração...	169
5.	Resolução da sociedade em relação a um sócio........................	170
	5.1. Morte..	170
	5.2. Retirada..	171
	5.3. Exclusão	171
	5.4. Apuração de haveres...	171
6.	Dissolução, liquidação e extinção	172
7.	Sociedade de advogados	174
	7.1. Sociedade unipessoal da advocacia................................	174

§7 – Sociedade Cooperativa.. 177

1.	Conceito e função	177

2.	Características	178
3.	Constituição e estatuto	182
4.	Direitos e obrigações dos sócios	182
5.	Administração	184
	5.1. Assembleia	184
	5.2. Diretoria ou conselho de administração	185
	5.3. Conselho fiscal	186
6.	Sistema operacional das cooperativas	187
	6.1. Ato cooperativo	187
	6.2. Operações, despesas e prejuízos	188
7.	Resolução da sociedade em relação a um sócio	189
8.	Dissolução e liquidação	189
9.	Federações e confederações de cooperativas	192

§8 – Sociedade de Pessoas ... 195

1. Sociedade em nome coletivo ... 195
   1.1. Conceito e função ... 195
   1.2. Regras específicas ... 196
   1.3. Regramento supletivo ... 196
2. Sociedade em comandita simples ... 196
   2.1. Conceito e função ... 196
   2.2. Regras específicas ... 197
   2.3. Regramento supletivo ... 197
3. Sociedade em comandita por ações ... 197
   3.1. Conceito e função ... 197
   3.2. Regras específicas ... 198
   3.3. Regramento supletivo ... 198

§9 – Sociedades Limitadas ... 199

1. Conceito, função e características ... 199
   1.1. Sociedade limitada unipessoal ... 200
2. Constituição, contrato social e regramento supletivo ... 201
   2.1. A opção das limitadas ... 201
      2.1.1. Regramento supletivo por sociedades simples ... 202
      2.1.2. Regramento supletivo por sociedades anônimas ... 203
3. Quotas e capital ... 205
   3.1. Cessão de quotas ... 206
   3.2. Aumento e redução do capital ... 207
4. Direitos, obrigações e responsabilidade dos sócios ... 207

- 5. Administração 208
    - 5.1. Administrador 208
    - 5.2. Deliberações 209
    - 5.3. Conselho fiscal 211
- 6. Resolução da sociedade em relação a um sócio 211
- 7. Dissolução e liquidação 214

§10 – Sociedades Anônimas 217
- 1. Conceito, função e características 217
- 2. Constituição 218
    - 2.1. Constituição por subscrição pública 219
    - 2.2. Constituição por subscrição particular 221
    - 2.3. Estatuto 221
- 3. Títulos societários e de dívida 222
    - 3.1. Ações 222
        - 3.1.1. Ações ordinárias 224
        - 3.1.2. Ações preferenciais 224
            - 3.1.2.1. *Golden shares* 225
            - 3.1.2.2. Superpreferências 225
        - 3.1.3. Ações de fruição 226
        - 3.1.4. Divisão de ações ordinárias e preferenciais por classes 226
            - 3.1.4.1. Voto plural: classe especial de ação ordinária 227
        - 3.1.5. Direitos reais e ônus sobre as ações 228
        - 3.1.6. Circulação e restrições 230
        - 3.1.7. Resgate, amortização e reembolso 231
    - 3.2. Debêntures 232
        - 3.2.1. Direitos dos debenturistas 233
        - 3.2.2. Espécies 233
            - 3.2.2.1. Quanto à conversibilidade em ações 233
            - 3.2.2.2. Quanto à garantia 234
        - 3.2.3. Agente fiduciário 234
        - 3.2.4. Assembleia de debenturistas 235
        - 3.2.5. Debêntures em companhias fechadas 236
    - 3.3. Partes beneficiárias 236
    - 3.4. Bônus de subscrição 237
- 4. Direitos e obrigações dos sócios 238
    - 4.1. Direitos essenciais 238
    - 4.2. Direito de voto 238

- 4.3. Acionista controlador 239
  - 4.3.1. Exercício abusivo do voto 240
- 4.4. Acordo de acionistas 241
  - 4.4.1. Conteúdo do acordo de acionistas: tipicidade e atipicidade ... 242
  - 4.4.2. Descumprimento de obrigações e execução específica 243
  - 4.4.3. Descumprimento de acordo de voto 244
- 4.5. Obrigações do sócio 247
- 4.6. Responsabilidade do sócio 247
5. Órgãos de administração 248
  - 5.1. Assembleia 248
  - 5.2. Invalidade de deliberações 250
  - 5.3. Conselho de administração 252
    - 5.3.1. Competência 253
    - 5.3.2. Voto múltiplo 253
  - 5.4. Diretoria 254
  - 5.5. Regras comuns a conselheiros e diretores 254
    - 5.5.1. Requisitos, impedimentos, investidura e remuneração 254
    - 5.5.2. Deveres 255
      - 5.5.2.1. Atos regulares de administração, abuso, excesso e desvio de poder 257
      - 5.5.2.2. Vedação de conflito de interesses 258
    - 5.5.3. Responsabilidade dos administradores 258
      - 5.5.3.1. Regra geral de responsabilidade subjetiva e excludentes 259
      - 5.5.3.2. Ação de responsabilidade 260
    - 5.5.4. *Insider trading* e violação da lealdade 263
  - 5.6. Conselho fiscal 264
6. Capital, reservas, demonstrações financeiras e dividendos 265
  - 6.1. Aumento e redução do capital social 265
  - 6.2. Capital autorizado 267
  - 6.3. Demonstrações financeiras 268
  - 6.4. Reservas e retenções de lucros 268
  - 6.5. Dividendos 269
7. Resolução da sociedade anônima em relação a um sócio: polêmicas na aplicação 270
8. Dissolução, liquidação e extinção 272
  - 8.1. Dissolução 272
  - 8.2. Liquidação 272
  - 8.3. Extinção 274

9.	Grupos de sociedades na LSA	274
	9.1. Grupos de fato	275
	9.1.1. Coligação	275
	9.1.2. Controladoras e controladas	275
	9.1.3. Subsidiária integral	276
	9.1.4. Participações recíprocas	276
	9.2. Grupos de direito	278
	9.2.1. Natureza e função econômica do contrato de grupo	279
	9.2.2. Administração do grupo	279
	9.2.3. Compensação de perdas financeiras	279
	9.3. Grupos de coordenação: os consórcios	280
10.	Transformação	281
11.	Incorporação, fusão e cisão: disposições comuns	283
	11.1. Incorporação	285
	11.2. Fusão	288
	11.3. Cisão	288
	11.4. Incorporação de ações	290
12.	Alienação de controle	291
13.	Aquisição de controle	292
14.	Valores mobiliários e mercado de capitais	293
15.	Fundos de investimento	293
16.	A simplificação da sociedade anônima	294
17.	Sociedade anônima do futebol	295

§11 – *Startups*		297
1.	Conceito, função e características	297
2.	Instrumentos de investimento em inovação	298
3.	Estímulos regulatórios	300

TÍTULO III – OBJETOS 301

§1 – Estabelecimento		303
1.	Conceito	303
2.	Elementos	305
	2.1. Materiais ou corpóreos	305
	2.2. Imateriais ou incorpóreos	305
3.	Negócios sobre o estabelecimento	312
	3.1. Fatores de eficácia	312
	3.2. Responsabilidade por débitos	313

4.	Sub-rogação e sucessão	314
5.	Cláusula de concorrência	316
6.	O estabelecimento de sociedade simples	317

§2 – Propriedade Intelectual: Direitos de Autor e Programas de Computador 319

1. Características gerais 319
2. Direitos autorais 319
    2.1. Conceitos gerais: obra e autor 319
    2.2. Objeto da tutela 322
    2.3. Transferência dos direitos de autor 326
    2.4. Associações de titulares de direitos do autor e dos que lhes são conexos 326
3. Direitos autorais sobre programas de computador 328

§3 – Propriedade Industrial 331

1. Fundamentos comuns 331
2. Legislação 331
3. Atribuições do INPI 332
4. Concorrência desleal 333

§4 – Patentes 335

1. Patentes: invenção e modelo de utilidade 335
2. Disposições comuns às invenções e aos modelos de utilidade 336
    2.1. Pedido de patente 336
    2.2. Concessão e vigência da patente 337
    2.3. Proteção conferida pela patente 337
    2.4. Nulidade da patente 338
    2.5. Cessão 340
    2.6. Licenças 340
    2.7. Patente de interesse da defesa nacional 342
    2.8. Extinção e restauração 342
3. Invenção 343
4. Modelo de utilidade 343
5. Patente *pipeline* 344

§5 – Desenho Industrial 347

1. Conceito e função 347
2. Disposições gerais sobre os desenhos industriais 347
    2.1. Pedido 347
    2.2. Concessão e vigência 348

	2.3.	Proteção conferida pelo registro	349
	2.4.	Nulidade do registro	349
	2.5.	Extinção do registro	350

§6 – Marcas 353

1. Marcas: conceito e função 353
    1.1. Territorialidade e especialidade: definição das classes de marcas ... 355
    1.2. Não registrabilidade 357
2. Classificação 373
    2.1. Classificação pela função 373
    2.2. Classificação pela forma de apresentação 374
    2.3. Classificação como marca de alto renome 375
    2.4. Classificação como marca notoriamente reconhecida 376
3. Direitos sobre a marca 377
    3.1. Aquisição 377
    3.2. Vigência, cessão e anotações 377
    3.3. Cessão, licença e proteção conferida pelo registro 378
    3.4. Extinção da proteção 378
    3.5. Depósito, exame e certificado 381
    3.6. Nulidade do registro 382
4. Contrafação 383
5. Concorrência desleal e tipos penais da LPI 385

TÍTULO IV – NEGÓCIOS E INSTRUMENTOS: TÍTULOS DE CRÉDITO E CONTRATOS 387

§1 – Teoria Geral dos Títulos de Crédito 389

1. Contexto 389
2. Legislação 391
3. Conceito, tipicidade, natureza e classificações 392
    3.1. Conceito 392
    3.2. Tipicidade e atipicidade 393
    3.3. Natureza 393
    3.4. Classificações 394
4. Características 394
    4.1. Cartularidade 394
        4.1.1. Tendência de descartularização 395
    4.2. Literalidade 397
    4.3. Autonomia 398

		4.3.1.	Abstração	398
		4.3.2.	Independência	399
		4.3.3.	Inoponibilidade de exceções pessoais a terceiros de boa-fé	400
	4.4.	Natureza de bem móvel e circulação	403
		4.4.1.	Títulos ao portador	404
		4.4.2.	Títulos à ordem	404
		4.4.3.	Títulos não à ordem	404
		4.4.4.	Títulos nominativos	404
		4.4.5.	*Pro soluto* e *pro solvendo*	405
5. Teorias dos títulos de crédito	405
	5.1.	Teorias sobre a natureza	405
		5.1.1.	Teorias contratualistas	405
		5.1.2.	Teorias institucionais ou legalistas	405
		5.1.3.	Teoria de Vivante: o sentido da vontade	406
		5.1.4.	Teoria da declaração unilateral de vontade	406
	5.2.	Teorias sobre o surgimento dos títulos de crédito	406
		5.2.1.	Teoria da criação	406
		5.2.2.	Teoria da emissão	406
		5.2.3.	Teoria de Pontes de Miranda: os três momentos	406
		5.2.4.	Interpretação da legislação brasileira	407
6. Declarações cambiárias	407
	6.1.	Saque	408
	6.2.	Aceite	408
		6.2.1.	Função	408
		6.2.2.	Forma	408
	6.3.	Endosso	410
		6.3.1.	Função	410
		6.3.2.	Forma	411
		6.3.3.	Efeitos: endosso com e sem garantia	412
		6.3.4.	Especializações	412
			6.3.4.1. Endosso póstumo ou tardio	412
			6.3.4.2. Endosso-mandato	413
			6.3.4.3. Endosso-caução	414
		6.3.5.	Endosso e cessão de crédito: funções e diferenças	415
	6.4.	Aval	419
		6.4.1.	Função	419
		6.4.2.	Forma	421
		6.4.3.	Aval e fiança: funções e diferenças	421

7.	Vencimento e pagamento		423
	7.1.	Vencimento	423
	7.2.	Pagamento	423
8.	Protesto		424
9.	Ações para recebimento do crédito		425
	9.1.	Ação cambial	425
	9.2.	Ação de enriquecimento sem causa	426
	9.3.	Ação de cobrança com base na causa subjacente	426
10.	Prescrição		426
11.	Função da securitização		428

§2 – Letra de Câmbio 431

1.	Conceito e função		431
2.	Requisitos intrínsecos		431
3.	Requisitos formais		432
	3.1.	Requisitos essenciais	433
	3.2.	Requisitos convalidáveis	433
	3.3.	Preenchimento posterior	433
4.	Declarações cambiárias		434

§3 – Nota Promissória 435

1.	Conceito e função		435
2.	Requisitos intrínsecos		435
3.	Requisitos formais		435
	3.1.	Requisitos formais essenciais	436
	3.2.	Requisitos convalidáveis	436
	3.3.	Preenchimento posterior	436
4.	Declarações cambiárias		436
5.	Nota promissória vinculada a contrato		436

§4 – Cheque 439

1.	Conceito e função		439
2.	Requisitos intrínsecos		440
3.	Requisitos formais		440
4.	Termo final do cheque e efeitos moratórios		441
5.	Apresentação e pagamento		442
6.	Espécies e práticas		443
	6.1.	Cheque cruzado	443
	6.2.	Cheque administrativo	443

		6.3.	Cheque visado..	443
		6.4.	Cheque para ser creditado em conta...................................	444
		6.5.	Cheque especial...	444
		6.6.	Cheque pós-datado..	444
	7.	Sustação e revogação (ou contraordem) de pagamento...............		445
	8.	Ação por falta de pagamento e prescrição....................................		448

§5 – Duplicata.. 451

	1.	Conceito e função...	451
	2.	Requisitos intrínsecos..	453
	3.	Requisitos formais..	453
	4.	Peculiaridades do aceite, pagamento e protesto...........................	454
	5.	Triplicata..	455
	6.	Ação para cobrança..	455

§6 – Outros Títulos de Crédito.. 457

	1.	Enumeração...		457
	2.	Títulos de crédito de depósito..		457
		2.1.	*Warrant* e Conhecimento de depósito.................................	457
	3.	Conhecimento de transporte..		459

§7 – Instrumentos Cambiariformes.. 461

	1.	Características comuns dos instrumentos cambiariformes.........			461
	2.	Cédulas de Crédito Industrial, Comercial e de Exportação.........			462
		2.1.	Cédulas de Crédito Industrial...		462
			2.1.1.	Nota de Crédito Industrial...................................	462
		2.2.	Cédulas de Crédito Comercial..		463
		2.3.	Cédulas de Crédito à Exportação.......................................		463
	3.	Cédulas de Crédito Bancário..			463
		3.1.	Conteúdo..		464
		3.2.	Endosso em preto, protesto e demais especificações......		465
	4.	Cédulas de Crédito Imobiliário..			466
		4.1.	Letra de Crédito Imobiliário...		467
		4.2.	Certificado de Recebíveis Imobiliários..............................		467
	5.	Cédulas e títulos do agronegócio...			468
		5.1.	Cédula de Crédito Rural...		468
		5.2.	Nota de Crédito Rural...		470
		5.3.	Nota Promissória Rural...		471
		5.4.	Duplicata Rural...		471

5.5.	Cédula de Produto Rural (CPR)	471
5.6.	Certificado de Depósito Agropecuário (CDA) e o *Warrant* Agropecuário (WA)	476
5.7.	Certificado de Direitos Creditórios do Agronegócio (CDCA)	477
5.8.	Letra de Crédito do Agronegócio (LCA)	478
5.9.	Cédula Imobiliária Rural (CIR)	478
5.10.	Securitização de direitos creditórios do agronegócio: Certificado de Recebíveis do Agronegócio	479

§8 – Teoria Geral dos Contratos Empresariais — 481

1. Obrigações empresariais — 481
2. Contratos empresariais — 481
   - 2.1. Funções da classificação — 483
   - 2.2. Boa-fé objetiva empresarial — 484
3. Características dos contratos empresariais — 485
4. Fase pré-contratual — 486
5. Formação do contrato empresarial — 489
   - 5.1. Formação de contratos eletrônicos — 490
6. Cumprimento e descumprimento do contrato empresarial — 490
   - 6.1. Cumprimento — 490
   - 6.2. Descumprimento — 495
7. Extinção do contrato empresarial — 498
   - 7.1. Resilição — 498
   - 7.2. Resolução — 501
     - 7.2.1. Resolução por inadimplemento — 501
     - 7.2.2. Resolução por onerosidade excessiva — 501
   - 7.3. Exceção de contrato não cumprido — 503
   - 7.4. Rescisão — 506
8. Interpretação do contrato empresarial — 506
9. Coligações e redes contratuais — 510
10. Contratos relacionais — 513
11. Contratos típicos, atípicos, socialmente típicos e abertos: a busca da causa como função econômica — 514
12. O problema da dependência econômica — 515
    - 12.1. Correção por força de lei — 517
    - 12.2. Correção pelas cláusulas gerais — 517
    - 12.3. Acordos verticais e concentrações empresariais — 518
13. Contratos eletrônicos — 518
    - 13.1. *Blockchain* — 519

13.2. *Bitcoins* 520
14. Classificação estrutural da obra 520

§9 – Compra e Venda 523

1. Conceito e função 523
2. Características e elementos 524
3. Cláusulas empresariais peculiares 524
   3.1. Cláusulas *INCOTERMS* 525
4. Extinção do contrato 528
5. Compras e vendas especiais 528
   5.1. Reserva de domínio 528
   5.2. Fornecimento 529
   5.3. Compra e venda no mercado de capitais 531
        5.3.1. Mercado à vista 532
        5.3.2. Mercado a termo 532
        5.3.3. Mercado futuro 533
        5.3.4. Mercado de opções 533
6. Compras e vendas internacionais (CISG) 534
   6.1. Âmbito de aplicação e critérios de interpretação 534
   6.2. Regras de formação do contrato 535
   6.3. Obrigações das partes 535
        6.3.1. Obrigações do vendedor 535
        6.3.2. Obrigações do comprador 536
   6.4. *Exceptio non adimpleti contractus* no sistema CISG 537
   6.5. Extinção do contrato 537

§10 – Locação Não Residencial (Empresarial) 539

1. Conceito e função 539
2. Características e obrigações das partes 540
3. Cláusulas empresariais peculiares 540
4. Ação renovatória 543
5. Extinção do contrato 546
6. Locações especiais 547
   6.1. *Shopping center* 547
   6.2. *Built to suit* 551
   6.3. Locação de bens móveis 553

§11 – *Know-How* e Transferência de Tecnologia 555

1. Conceito e função 555

2.	Características e elementos...	556
3.	Extinção e coibição de concorrência desleal	557

§12 – Arrendamento, Parceria e Integração Agroindustrial............................ 561

1.	Inserção do agronegócio no direito empresarial	561
2.	Arrendamento	562
	2.1. Função	562
	2.2. Características e obrigações das partes..............................	562
3.	Parceria...	566
	3.1. Função	566
	3.2. Características e obrigações das partes..............................	567
4.	Integração agroindustrial..	569
	4.1. Função	569
	4.2. Distinção entre contratos...	570
	4.3. Identificação da função econômica....................................	570
	4.4. Função do Documento de Informação Pré-Contratual – DIPC..	572

§13 – Prestação de Serviços, Terceirização e Empreitada............................... 575

1.	Conceito e função	575
2.	Características e elementos...	576
3.	Extinção do contrato	576
4.	Terceirização..	579
5.	Empreitada...	581

§14 – Transporte.. 583

1.	Conceito e função	583
2.	Características e elementos do transporte de coisas	584
3.	Responsabilidade do transportador	585

§15 – Agência ou Representação Comercial.. 589

1.	Conceito e função	589
2.	Características e elementos...	591
3.	Cláusulas e consequências peculiares	594
4.	Extinção	596
	4.1. Resilição	596
	4.2. Resolução	596
5.	Diferença para o contrato de comissão e outras figuras............	598

§16 – Distribuição 601

1.	Regimes da distribuição..	601

2. Conceito e função da agência-distribuição	601
3. Conceito e função da distribuição	602

§17 – Concessão Mercantil 605

1. Conceito e função	605
2. Concessão comercial de veículos automotores de via terrestre	606
2.1. Elementos	606
2.2. Características e obrigações das partes	607
2.3. Extinção do contrato e proteções específicas	608
2.3.1. Resilição	608
2.3.2. Resolução e reparações	608

§18 – Franquia Empresarial 613

1. Conceito e função	613
2. Características e elementos	615
3. Circular de Oferta de Franquia (COF)	618

§19 – *Joint Venture* 623

1. Conceito e função	623
2. Características e elementos	623
2.1. *Corporate joint venture*	623
2.2. *Common business purpose joint venture*	624
3. Cláusulas empresariais peculiares	624
3.1. Pactos antecedentes ao contrato principal	624
3.2. Cláusulas do contrato principal	625

§20 – Seguro 627

1. Conceito e função	627
2. Características e elementos	629
3. Seguro de dano	629
3.1. Sub-rogação	630
3.2. Seguro obrigatório	631
4. Seguro de pessoas	631
5. Resseguro	632
6. Cosseguro	632

§21 – Crédito Bancário 633

1. Função do crédito	633
2. A empresa financeira e bancária	634
3. Regulação	634
3.1. Aplicação do CDC à atividade financeira	635

		3.2.	Sistema das cooperativas de crédito	636
	3.3.		Empresa Simples de Crédito (ESC)	638
	4.		Operações passivas	640
		4.1.	Depósito	640
		4.2.	Conta-corrente	641
	5.		Operações ativas	642
		5.1.	Empréstimo	642
		5.2.	Desconto	644

§22 – Alienação Fiduciária 647

1. Conceito e função 647
2. Identificação dos marcos legais 648
3. A salvaguarda na crise da empresa 649
4. Cláusulas empresariais e peculiaridades 649

§23 – *Leasing* (Arrendamento Mercantil) 653

1. Conceito e função 653
2. Características 655
3. Cláusulas peculiares 656
4. Extinção 657

§24 – Faturização (*Factoring*) 659

1. Conceito e função 659
2. Características 660
3. Modalidades 663

TÍTULO V – A EMPRESA EM CRISE: RECUPERAÇÃO E FALÊNCIA 665

§1 – Fundamentos Comuns 667

1. Evolução do marco legal brasileiro 667
2. Princípio da preservação da empresa 669
3. Interesses protegidos 669
4. Competência 670
5. Sujeitos 673
6. Suspensão de prescrição e ações (*stay period*) 673
   - 6.1. Posição dos coobrigados na recuperação judicial 675
   - 6.2. Demandas de quantias ilíquidas 676
7. Verificação e habilitação de créditos 678
8. Administrador judicial 681
9. Comitê de credores 683

10. Assembleia geral de credores.. 684
   10.1. Competência 684
   10.2. Classes de credores 684
   10.3. Procedimento 685
11. Prazos processuais, prescricionais e decadenciais da LREF.................. 687

§2 – Recuperação da Empresa 693
1. Função.. 693
2. Sujeitos legitimados e requisitos 693
   2.1. Produtores rurais 695
   2.2. Grupos societários (técnica das consolidações processual e substancial)... 697
3. Créditos aceitos para recuperação 700
   3.1. Exclusões.. 701
   3.2. Autonomia para continuidade da cobrança de coobrigados 705
4. Meios de recuperação... 708
   4.1. Financiamento do devedor durante a recuperação judicial........... 712
5. Pedido inicial e processamento de recuperação judicial 713
   5.1. Procedimento de recuperação judicial 715
   5.2. Concessão compulsória (*cram down*) 717
   5.3. Novação.. 719
   5.4. Conciliação e mediação 721
6. Plano de recuperação judicial 721
   6.1. Invalidade e controle judicial do plano de recuperação 722
   6.2. Plano especial para microempresa e empresa de pequeno porte ... 724
7. Convolação da recuperação em falência... 725

§3 – Recuperação Extrajudicial.. 729
1. Pressupostos.. 729
2. Requisitos.. 729
3. Procedimento 730

§4 – Falência... 733
1. Função e conceito 733
2. Sujeito passivo 734
   2.1. A extensão da falência para o sócio.. 735
   2.2. Extensão da falência em fraudes... 736
   2.3. Falência em grupos.. 736
3. Classificação dos créditos 738
   3.1. Ordem de preferência 738

	3.2.	Créditos extraconcursais	742
	3.3.	Ordem final dos pagamentos	745
4.	Massa falida		746
5.	Procedimento de reconhecimento da insolvência e processos incidentais		746
	5.1.	Causas de insolvência	746
	5.2.	Rito da falência e processos incidentais	752
		5.2.1. Rito geral da falência	752
		5.2.1.1. Efeitos da sentença de decretação da falência	756
		5.2.1.2. Indenização por pedido abusivo	756
		5.2.2. Habilitação de créditos	756
		5.2.3. Falência pedida pelo próprio devedor como dever	757
		5.2.4. Pedido de restituição	759
		5.2.5. Ineficácia e revogação de atos praticados antes da falência	761
6.	Arrecadação e custódia de bens		764
7.	Consequências da decretação da quebra		765
	7.1.	Inabilitação empresarial, dos direitos e deveres do Falido	765
	7.2.	Efeitos da decretação da falência sobre as obrigações do devedor	766
8.	Realização do ativo		768
9.	Pagamento dos credores		770
10.	Encerramento da falência e extinção das obrigações do falido		772
	10.1.	Encerramento da falência	772
	10.2.	Extinção das obrigações do falido	772
11.	Crimes falimentares		774

§5 – Liquidações Especiais 779

1.	Regimes especiais		779
2.	Instituições financeiras		779
	2.1.	Intervenção	780
	2.2.	Liquidação extrajudicial	780
	2.3.	Responsabilidade de administradores	783
3.	Operadoras de planos de saúde		786
4.	Seguradoras		786

§6 – Insolvência Civil 789

1.	Sujeição à insolvência civil	789
2.	Regramento aplicável	789

3. Procedimento 790
4. Diferenças para a falência 790

Bibliografia 795

INTRODUÇÃO E CONCEITOS

A moldura das organizações empresariais e das relações entre elas é feita pelo direito comercial: trata-se do *conjunto de princípios e regras de organização*[a] *e garantia*[b] *do tráfico mercantil*[c] *e dos direitos e obrigações dos sujeitos*[d] *que ocupam o mercado*[e].

(*a*) O direito comercial tem princípios e regras coordenados sistematicamente para regular um relevante conceito econômico: as *organizações* (SZTAJN, 2004, p. 127). A ascensão da teoria da empresa transportou para o direito as análises econômicas de coordenação dos fatores de produção (capital, natureza, trabalho e tecnologia), colocados uns em função dos outros para fins produtivos. Portanto, seja com atuação individual do empresário, seja com atuação em sociedade, o que sobreleva é a organização e os seus impactos nos grupos de interesse do entorno do esquema produtivo. Esse é o objeto das regras de direito comercial.

(*b*) As regras e os princípios de direito comercial não são somente de organização, mas também de *garantia*, na medida em que atuam concretamente para manter a estabilidade e a segurança do tráfico mercantil e também para equilibrar os interesses envolvidos na organização.

(*c*) O *tráfico mercantil* é o nome classicamente utilizado para indicar o conjunto de relações econômicas travadas em massa (CANARIS, 2000, p. 6) entre as empresas. Se o direito comercial nasceu como o direito de uma classe, hoje se pode dizer que a complexidade das relações econômicas fez com que ele transcendesse, da análise do conjunto de direitos e deveres dos sujeitos, para alcançar a própria regulação do tráfico, verdadeiro escopo do mercado. Por tráfico, entendemos o conjunto de organizações e negócios que facilitam ou permitem a intermediação e as trocas econômicas (EHRENBERG, 1913, p. 4). Cabe ao direito comercial ordenar e garantir os sujeitos e os negócios no mercado.

(*d*) O direito comercial regula as organizações [*t. II*] e o conjunto de direitos e obrigações de cada uma delas.

(*e*) Não é objeto específico do direito comercial a definição do mercado e do espaço de trocas para intercâmbio, sendo objeto mais apropriado do direito econômico (CANARIS, 2000, p. 4). Isso não afasta, contudo, a relação de mutualismo entre os ramos, já que as organizações e os negócios dependem de um mercado estável e bem definido para a boa garantia do fluxo de trocas econômicas.

É um ramo do direito peculiarmente dinâmico porque a autonomia da vontade do empresário é utilizada muitas vezes como alavanca da força criativa de instrumentos jurídicos aptos ao incremento do lucro. Por isso que a *capacidade de adaptação* do empresário é determinante de um movimento constante de criação, seguida de posterior positivação pelo Estado. Essa é uma força criativa normalmente presente nos institutos jurídicos do comércio e as contendas entre os modelos regulatórios se faz presente na menor ou na maior intervenção estatal nas regras, caminhando do liberalismo ao intervencionismo. Em outras palavras, o empresário engendra o próprio direito e somente num segundo momento o direito estatal estabelece sistema de regras para contenção de desajustes de mercado, assimetrias de informação e efeitos autodestrutivos da dependência econômica e do abuso. São de menor frequência as atuações do direito positivo de criar as regras *ex ante* da atuação dos sujeitos do mercado.

Esse peculiar direito de uma classe é ainda *cosmopolita*. O espaço de trocas de mercado transcende fronteiras e, para isso, busca *uniformidade* de regras e modelos jurídicos para facilitação do câmbio econômico. Quanto maiores os padrões, tanto melhor será a confiança na troca e a estabilidade dos negócios. Tal constatação não ocorre somente do ponto de vista negocial, mas também com relação aos sujeitos que travam as relações jurídicas, aos ambientes de trocas – como nas bolsas, bancos, feiras – e até mesmo no estímulo de cumprimento de contratos para a estabilidade de mercado. Empresários convivem com riscos, mas repudiam a incerteza.

A obra optou por manter a nomenclatura tradicional de direito comercial para o ramo da ciência jurídica, em detrimento da nova designação direito empresarial. A escolha foi feita por razão de amplitude, porque essa designação abarca todo o conjunto de regras do tráfico mercantil, inclusive para negócios, ao passo que a disciplina do empresário estaria circunscrita ao sujeito. Para fins didáticos, em verdade, aqui serão tratados em sinonímia, como especialização dogmática do direito privado, regulador das relações jurídicas e interesses do empresário, da sociedade empresária e de pessoas anomalamente equiparadas.

Mesmo após o advento do Código Civil de 2002, com a incorporação do direito de empresa em capítulo próprio, ainda se trata do direito comercial com especializações didática, científica e dogmática imprescindíveis. Ao contrário dos que pretendem o tratamento unívoco como o conteúdo de Direito Civil, verifica-se a existência de pressupostos que autorizam a autonomia: (*a*) abertura científica peculiar, em função de grande influência da prática dos empresários – historicamente sustentada nos usos e costumes e na dinâmica própria da criatividade capitalista de incremento dos lucros; (*b*) objeto de estudo peculiar, com princípios e dinâmica que lhe são próprios; (*c*) metodologia específica.

TÍTULO I

PROPEDÊUTICA DO DIREITO COMERCIAL

§1
HISTÓRIA E FUNÇÃO DO DIREITO COMERCIAL

1. A HISTORICIDADE DO COMÉRCIO

O direito se alimenta das relações humanas e por meio delas promove a grande metamorfose de seus elementos constituintes (LARENZ, 1989, p. 222). No campo comercial, essa constatação se evidencia pela sofisticação das relações de troca: do mercador ao comerciante, e deste ao empresário, os negociantes tentam incessantemente suprimir entraves e otimizar receitas por meio da criação de instrumentos e procedimentos que lhes tragam aumento da lucratividade.

As relações de troca se identificam já na Antiguidade (Babilônia, Fenícia, Assíria, Egito, Grécia, Roma) (ASCARELLI, 1996, p. 88)[1]. Naturalmente que o conhecimento humano e a formação de padrões de regras se transmitiram geração após geração, num sistema de *recepção e transferência culturais* (WIEACKER, 2004, p. 130). A formação de um sistema orgânico de regras e o direito de uma classe se reconhecem a partir do Século XII, em movimento histórico de derrocada do feudalismo, da formação de cidades, das produções artesãs, da intensificação de trocas e do reconhecimento de direitos em Constituições (GOLDSCHMIDT, 1913, p. 36-37)[2]. Simbolizam esse cenário as *feiras*, como espaços em que os interesses e as necessidades se intercambiavam. TULLIO ASCARELLI vê a consolidação de princípios comuns somente a partir da civilização comunal italiana (ASCARELLI, 1996, p. 88).

Esse tempo é reconhecido como o marco de surgimento do direito comercial, como um conjunto de regras especiais da profissão de mercador que se consolidava e se emancipava do direito comum (ainda baseado nos preceitos romanísticos) e do direito canônico. Com a ascensão do mercador, a necessidade moldou instrumentos para facilitar e agilização das intensas trocas econômicas, que passaram a ser mantidas com regularidade e frequência. As regras surgiam da prática, da repetição de padrões e, sobretudo, do autorreconhecimento entre os sujeitos.

---

[1] Hermes na Grécia e – com as influências do tempo e das culturas – Mercúrio em Roma, não representavam em vão uma divindade dedicada às artes da Guerra e do Comércio.

[2] LEVIN GOLDSCHMIDT critica o método da transferência histórica e do *usus modernus* defendido por WIEACKER, expondo que o *método dogmático de isolamento* serviria melhor ao propósito de reconhecer que um direito do comércio somente teve sede a partir da Idade Média (GOLDSCHMIDT, 1913, p. 37). Longe de adentar nesse certame, acreditamos que a combinação teórica de uma evolução fática e método dogmático melhor serve à explicação de tão complexo fenômeno.

Os mercadores formaram as agremiações de congregação dos próprios interesses e de autorregulação do mercado ressurgente. As Corporações de Artes e Ofícios passaram a congregar os iniciados nos mistérios mercantis, formavam regras de *ius mercatorum* e criaram Tribunais próprios de solução de contendas entre os participantes. Havia forte característica de consolidação dos costumes e das feições corporativas nessa fase do direito comercial.

2. FASE SUBJETIVA (MERCADORES)

Consolidou-se a formação de um direito profissional dos mercadores, que perdurou por aproximados cinco séculos. O período é marcado (*a*) pelo autorreconhecimento dos sujeitos participantes da profissão de mercador, (*b*) pela autorregulação, especialmente com a relevância dos costumes comerciais e das práticas e formalidades negociais e (*c*) pelo autojulgamento de controvérsias pelos Tribunais do Comércio (Ascarelli, 1996, p. 91). As próprias corporações decidiam com base em regras *consuetudinárias* inspiradas em equidade, confiança, tutela do crédito e no rigor de cumprimento de obrigações. É peculiar, no período, o reconhecimento do mercador somente como aquele inscrito e aceito pelas corporações, de acordo com regras dos estatutos.

Confirmou-se como um direito especial, derivado de estatutos, para favorecimento do interesse de criação de riqueza. Essa orientação repercutiu por muito tempo na legislação, bastando ver a influência no art. 4º do CCom. A própria regulação do que era praça de comércio, constava no art. 32 do mesmo CCom: "Praça do comércio é não só o local, mas também a reunião dos comerciantes, capitães e mestres de navios, corretores e mais pessoas empregadas no comércio. Este local e reunião estão sujeitos à polícia e inspeção das autoridades competentes. O regulamento das praças do comércio marcará tudo quanto respeita à polícia interna das mesmas praças, e mais objetos a elas concernentes".

Surgiram no período diversos instrumentos desenvolvidos pelos mercadores e que se mostraram úteis para a mercancia e o aumento da lucratividade. São exemplos o contrato de câmbio – que antecede a *lettera di cambio* –, o contrato de seguro, as escritas contábeis e a formação de sociedades para colaborar e partilhar os resultados do empreendimento econômico, como foi o caso das sociedades em nome coletivo e das sociedades em comandita simples. Formou-se a falência do mercador como instrumento punitivo da bancarrota e com o chamado público dos credores para participação proporcional em *par conditio creditorum*.

Na busca por novos mercados, o direito comercial se expande rapidamente por toda a Europa, gerando o fenômeno da padronização, além de potencializar um intenso associativismo de empreitas lucrativas comuns. Incrementou-se o uso da sociedade como instrumento de partilha de custos e resultados. Gradativamente essas sociedades aumentaram sua atividade e influência e, por meio desse associativismo [*t. I, §1, i. 6*], surgiram grandes companhias de navegações e comércio.

Com as expansões por especiarias e, em seguida, com as grandes navegações e o mercantilismo, ampliaram-se as relações comerciais, o intento do domínio e a difusão internacional, incorporando-se outras práticas de mercados antigos e regionais como o árabe, o indiano e o chinês. Assim, o direito comercial passou a se transformar do modelo original, expandindo instrumentos da classe (cada vez mais distintos do direito civil) e se valendo de regras transfronteiriças reconhecidas.

Vê-se, ainda hoje, resquícios dessa fase subjetiva. Como exemplo, a codificação alemã (mais tardia em razão da unificação) promulgada em 1897 com o *Handelsgesetzbuch* (HGB) ainda mantém a figura do *Kaufmann*, regulado entre os §§1 a 6 como padrão subjetivo de homem de negócios. Contrapõe-se ao sistema francês, que optou por definir alguns negócios praticados por esse sujeito especializado (Canaris, 2000, p. 2).

3. FASE OBJETIVA (O ATO DE COMÉRCIO)

A forma livre e autorregulatória de desenvolvimento das regras do comércio se tornou incompatível com a superveniência de Estados monárquicos mais fortes, cuja atuação era interventiva na economia para estruturar a expansão colonial. O direito comercial diminuiu a intensidade de autonomia normativa para se tornar estatal e nacional. Foi uma fase de sofisticação de instrumentos societários, com a criação embrionária das sociedades por ações e das bolsas de valores. São contemporâneos os movimentos de codificação, alguns deles com a positivação da *lex mercatoria*.

É nesse contexto que se pode firmar, como grande marco da nova fase, a promulgação, na França, do Código Civil de 1804 e do Código Comercial de 1807, ambos no período napoleônico e com especialização dogmática de regras civis e comerciais. Esse *Code de Commerce* suprimiu privilégios da classe mercantil e consolidou a liberdade de iniciativa, rompendo com o autorreconhecimento entre os mercadores para definir como comerciantes as pessoas que praticassem o *ato de comércio como profissão habitual* (CARVALHO DE MENDONÇA, 1953, v. 1, p. 66). A consolidação do ato de comércio como relação de troca lucrativa, no texto da lei, permitiu maior atuação e controle do Estado para garantir os interesses crescentes dos banqueiros e dos industriais, gradativamente ascendentes como protagonistas do cenário econômico da Revolução Industrial e das dominações imperialistas.

Vários outros países se inspiraram no Código Comercial francês, entre eles a Espanha (1829), Portugal (1833) e, mais tarde, o Brasil (1850). No caso brasileiro, por exemplo, houve adoção mitigada da teoria do ato de comércio, cujo conteúdo do art. 4º, exigia a matrícula do comerciante que fizesse da mercancia a profissão habitual. O nosso sistema acabou sendo misto, "pois assumia aspecto objetivo (disciplina dos atos de comércio) e subjetivo (disciplina dos comerciantes)" (FORGIONI, 2009, p. 42). Tal conteúdo, posteriormente, foi complementado pelo Regulamento nº 737/1850, que cuidava do procedimento no "Juízo Comercial" e que, no art. 19, enumerou alguns atos presumivelmente de mercancia: "§ 1º A compra e venda ou troca de effeitos moveis ou semoventes para os vender por grosso ou a retalho, na mesma especie ou manufacturados, ou para alugar o seu uso. § 2º As operações de cambio, banco e corretagem. § 3º As empresas de fabricas; de commissões; de depósitos; de expedição, consignação e transporte de mercadorias; de espectaculos publicos. § 4º Os seguros, fretamentos, risco, e quaesquer contratos relativos ao commercio maritimo. § 5º A armação e expedição de navios".

Percebe-se que, ao longo da vigência do CCom e da sua opção pela definição de ato de comércio e comerciante, a doutrina tinha grande dificuldade na indicação de critério objetivo de qualificação e aplicação das regras. Sem restringir às trocas e com ampliação do conceito ao lucro, CARVALHO DE MENDONÇA desenvolveu o critério do ato de comércio *por natureza* (ou profissional), *por dependência* (ou conexão) e *por força de lei* (CARVALHO DE MENDONÇA, 1953, v. 1, p. 455). Houve o esforço para tornar estável a definição em HAROLDO MALHEIROS DUCLERC VERÇOSA, que acabou por concluir não ser possível um critério científico sem que houvesse exceções e que, em verdade, os padrões de definição do comerciante atendiam a antecedentes históricos, legislativos e jurisprudenciais de atividades lucrativas (VERÇOSA, 1982, p. 38-39).

Indistintamente, o modelo da objetivação do ato de comércio como fator de qualificação e atribuição de *status* se perdeu na incerteza do conceito e no surgimento de novas práticas e relações comerciais e de prestação de serviços nem sempre alcançadas pela legislação, como, por exemplo, o setor agrícola, a mineração, as intermediações imobiliárias e a prestação de serviços. Novos negócios com base tecnológica ou realizados por pessoas – naturais e jurídicas – sem exata correspondência com o comerciante, tornaram frágil a opção legislativa.

A opção não foi de todo abandonada. Na França se encontra a descrição do ato de comércio logo na abertura do vigente *Code de Commerce*, destacando hipóteses como revenda de bens móveis, operações de intermediação, câmbio, manufatura e bancos.

4. FASE DA TEORIA DA EMPRESA (DO ATO À ATIVIDADE)

A insuficiência da teoria do ato de comércio fez com que os juristas se dedicassem à observação de explicações provenientes da economia para melhor definição do sujeito central da regulação. Além de descrever a organização, a teoria da empresa passou a melhor captar a essência da atividade transformadora de bens e de serviços.

Na ciência econômica, a explicação do preço usualmente tinha por pressuposto principal as regras livres de oferta e de procura no mercado. A partir dos anos 1930, com RONALD COASE, estruturas hierárquicas, compostas por firmas, foram compreendidas como instrumentos de redução de custos de transação e formação de preços (COASE, 1990). A firma, ou empresa, passou a explicar a apreensão de fatores de produção – capital, natureza, trabalho e tecnologia – e organização para fins de produção ou a circulação de bens ou de serviços (SZTAJN, 2004, p. 127).

Sendo uma descrição fática mais dinâmica e permitindo maior intervenção do Estado na economia, a teoria econômica da empresa foi incorporada no texto positivo, com especial relevo para o Código Civil da Itália, de 1942, que acabou com a duplicidade de fontes de direito privado naquele país e rompeu com as incertezas da teoria dos atos de comércio para adotar a figura do *impreditore*, descrito no art. 2.082 como sendo a pessoa que exerce profissionalmente atividade econômica organizada com o fim de produção, troca de bens ou de serviços. A descrição doutrinária migrou das intermediações e relações de troca para a função das organizações.

O conhecimento dessa fase assume grande importância porque o *Codice Civile* da Itália confessadamente influenciou o nosso Código Civil, trazendo-nos essa nova concepção na formulação da categoria jurídica do empresário, prevista entre nós no art. 966 do CC. Afinal, a empresa surgiu para produzir ao mercado (MACHADO, 1970, p. 2).

5. FASE DO MERCADO

É possível afirmar que o direito comercial inaugurou uma quarta fase, que faz superar a ideia de firma (para os economistas) e empresário (para os juristas) inaugurada por volta dos anos 1930 do século XX. Nessa época, o conceito econômico serviu ao direito para ampliar a intervenção em cadeias econômicas isoladas, justificando maior controle do fluxo de operações e maior alcance da legislação, haja vista os problemas com o enquadramento do ato de comércio [*t. I, §1, i. 3*].

O fato é que as hierarquias de organização de mercado evoluíram para compreender o empresário pela perspectiva das relações que ele trava no espaço do mercado[3]. Não se admite mais a visão isolada do sujeito, mas sim a sua projeção interrelacional. O empresário e a sociedade empresária formaram estruturas hierárquicas (*a*) por meio de coligação e controle em grupos

---

[3] A compreensão de mercado com MAX WEBER bem demonstra a evolução do interesse diante do fim almejado: "No mercado, os interessados orientam sua ação (o 'meio') pelos próprios interesses econômicos subjetivos típicos (o 'fim') e pelas expectativas, igualmente *típicas*, que nutrem a respeito da ação presumível dos outros (as 'condições' para alcançar seu fim)" (WEBER, 1999, p. 18). Assim, os empresários movem seus interesses em fase de expansão e de concentração econômica, de modo a construir relações mais complexas e intercambiárias, nem sempre alcançadas pelas regras jurídicas.

[t. II, §3, i. 5.2.3] ou (b) por meio de arranjos de contratos [t. IV, §8, i. 9]. Do mercador ao comerciante, deste ao empresário, e deste ao mercado, primeiramente as firmas se organizavam individualmente, no entorno de única pessoa. Depois disso, vieram as sociedades individualizadas e todo o arcabouço de direito societário se construiu. Conseguinte à 2ª Guerra, vieram as concentrações econômicas, a prevalência do consumo em massa e, ultimamente, a formação de grupos e concentrações por contratos, que desafiaram o legislador.

A função do direito comercial retomou a sua antiga vocação de proteção e garantia do tráfico, agora tratado por mercado, e não a proteção específica de seus agentes. Os princípios e regras se tornaram garantidores dos fluxos de troca e do pleno acesso dos empresários a um ambiente de segurança e de riscos mensuráveis. O direito do comércio não cuida somente da ordem econômica, mas "tem a ver com a organização da empresa e com a interação entre empresas" (Forgioni, 2009, p. 18).

Percebe-se no direito comercial um evidente processo dialógico entre a história construída e o porvir de instrumentos econômicos de sofisticação do mercado e suas instituições. Por conseguinte, as estruturas jurídicas criadas se prestaram a funções econômicas delas esperadas. Para além disso, as preocupações transcenderam a regulação dos sujeitos e agora se transportaram para a compreensão das complexas relações entre eles na ocupação do espaço do mercado, seja na apreensão dos objetos, seja nos impactos gerados em outras pessoas.

Excurso

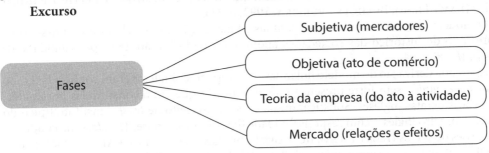

6. ASSOCIATIVISMO NA GÊNESE DO COMÉRCIO

Além das fases bem demarcadas, é preciso compreender o associativismo marcante do comércio. As feiras nas cidades europeias estimularam a formação da mencionada regulação do mercado ou *jus mercatorum*, operado de maneira proeminente pela classe burguesa. O ambiente da época sinalizava a necessidade de associação entre as pessoas, chamada por Lamy Filho e Bulhões Pedreira de "idade da associação" para proteção jurídica recíproca e corporativa (Lamy Filho; Bulhões Pedreira, 1992, p. 33). Alguns exemplos auxiliam nessa compreensão.

As Corporações de Ofício e Guildas (iniciadas no século XII, com apogeu no século XIV e extinção no século XIX) representaram uma congregação de profissionais relacionados a um ofício, visando ensinar e aperfeiçoar rigorosamente os segredos do trabalho, com evolução interna de aprendiz a mestre e com determinação de monopólio exterior à agremiação (Ascarelli, 1996, p. 89; Weber, 1968, p. 137). Nesse contexto, as Corporações de Ofício geraram três fenômenos: (a) a criação de uma associação de interesses em torno de bens comuns (capacitação técnica e cultural); (b) a destinação dos bens amealhados pela Corporação para as finalidades específicas a que visavam os artífices congregados; (c) a transferência gradativa da soberania econômica do clero para a nova classe industrial. Houve significativas contribuições para a Revolução Industrial (Weber, 1968, p. 155), que mecanizou a indústria.

Outra complexa associação da Idade Média pode ser estudada a partir da chamada Liga Hanseática ou *Hanse*, que foi um grupo de cidades que dominou o tráfico mercantil no Mar do Norte e Báltico (GOLDSCHMIDT, 1913, p. 17), com o objetivo de incrementar o tráfico mercantil nas cidades que faziam parte da liga, sobretudo com intensa atividade promovida pelas *societas maris*. Nesse caso, o papel das cidades era a garantia militar do tráfico, enquanto os comerciantes cuidavam do estabelecimento de regramento estável para ampliação dos negócios, com utilização de instrumentos societários (DINIZ, 2012, p. 43). A queda da Liga Hanseática teve direta relação com as instabilidades políticas decorrentes do surgimento de Estados burgueses mais fortes, que faziam vários membros saírem da liga, além do crescimento do comércio da Inglaterra e da Holanda (e a transferência do comércio marítimo para o Atlântico), que sufocaram as iniciativas das cidades ligadas à *Hanse*.

A instabilidade gerada é contemporânea a outro fenômeno associativo relevante: a montagem das grandes companhias de navegação e de comércio.

A primeira estrutura foi a holandesa *Oost Indische Compagnie* (Companhia das Índias Orientais), de 1602, que surgiu a partir da fusão de 8 *Rheederein* e que tinha nos armadores destas empresas os primeiros acionistas. Ressalva-se que desde o princípio, o capital era aberto a quem quisesse investir e todos recebiam um comprovante de participação, que era transferível e que dava direito de ação contra a Companhia. O grande diferencial era a outorga do privilégio à Companhia. Tratava-se de ato governamental de monopólio (*Oktroi*) e era de interesse do Estado a atribuição de poderes à sociedade, que tinha prerrogativas de guerrear e firmar tratados (LAMY FILHO; BULHÕES PEDREIRA, 1992, p. 41).

O modelo influenciou outras companhias de navegação e se revela importantíssimo na compreensão do histórico das sociedades anônimas e na limitação de responsabilidade de sócios [t. II, §8].

Apesar da derivação do modelo holandês, as companhias inglesas eram conhecidas como *regulated companies*, sem forte presença estatal, uma vez que eram constituídas por comerciantes e aristocratas ingleses. Sofisticaram na época o conceito de *trust* – instituto típico do direito costumeiro inglês – com responsabilidade dos administradores (*trustees*) na condução de interesses de sócios (LAMY FILHO; BULHÕES PEDREIRA, 1992, p. 45; CHALHUB, 2001, p. 80).

Diferentemente, as companhias privilegiadas do comércio ibérico foram criadas com o monopólio e o controle do Estado para potencializar a exploração das colônias e promover a defesa das rotas comerciais de todo o império[4].

Naturalmente que esse associativismo consolidou a formação das sociedades. Em Veneza, por exemplo, utilizava-se a *societas maris*, que tinha dois sócios: o *socius stans*, que ficava no local e o *socius tractador*, que embarcava no navio. O sócio *stans* tinha a força do trabalho do *tractador* a seu serviço, ao passo que o *tractador* concedia ao outro sócio a oportunidade de um investimento lucrativo (WEBER, 1889, p. 25 e 104).

---

[4] O modelo português não foi bem-sucedido por excessivo comprometimento com os privilégios, que o transformaram no que José da Silva Lisboa (Visconde de Cairu) denominou um sistema de privilégios, interesses e imunidades. Ainda o Visconde de Cairu fez a seguinte análise: "as companhias caíram em descrédito porque faltava aos portugueses o gênio do comércio. Administravam mal, porquanto povo mais soldado que industrial, entravam os portugueses às cegas em negócios que desconheciam, de modo que para lucrarem recorriam a expedientes ruinosos e fraudulentos, pois ignoravam o custo do trabalho, hóspedes como eram em matéria de indústria. Todo o seu comércio consistia em comprar ao estrangeiro gêneros da pior qualidade por preços desgraçados, para impingi-los mais elevados aos colonos, apoiados no monopólio" (LISBOA, José da Silva. *Princípios de direito mercantil e lei de marinha*. Serviço de Documentação do M.J.N.I., 1963. p. CCCLXIV e CCCLXIV).

Como muitas cidades não tinham acesso ao tráfico marítimo, começaram a desenvolver sociedades com base na própria família, chamando-as de *compagnia* (GALGANO, 1977, p. 45), com origem na comunhão familiar de herdeiros do titular de uma casa de comércio (LAMY FILHO; BULHÕES PEDREIRA, 1992, p. 34). De se anotar que a evolução do contrato de comenda pode ter sido indutora de um novo instrumento, com um administrador do negócio (comanditado) e outra figura contratual oculta como prestadora do capital (comanditário).

7. O DIREITO COMERCIAL NO BRASIL

O movimento de codificação brasileiro tem semelhantes raízes históricas e filosóficas daquelas que produziram a racionalização legislativa do continente europeu no início do século XIX. A contextualização é relevante para identificação dos rudimentos de direito positivo e do diagnóstico de evolução de nosso sistema. Assim, é possível pontuar:

(*a*) O Brasil passou por tardio processo de rompimento da condição de Colônia portuguesa (somente em 1822 ficou politicamente independente). Apesar da distinção política, o país manteve as bases econômicas preponderantemente sustentadas na monocultura de exportação, apesar de redes internas de abastecimento e fornecimento de charque e intenso comércio regional (CALDEIRA, 2017). Bastou ao novo Império garantir a supremacia de governo, por meio de uma Constituição (em 1824).

(*b*) Sendo uma sociedade com predomínio agrário e escravagista e com o poder político estabilizado em Constituição representativa dessa classe econômica, foi desnecessário estabelecer uma estrutura jurídica mais sofisticada, não obstante o movimento de codificação já existente na França e na Espanha. Para nosso sistema, bastavam as Ordenações do Reino de Portugal, que foram textos legais sem sistemática, consolidados à época da regência de D. Afonso V (aproximadamente em 1446), D. Manoel (1521) e D. Filipe I (1603). O comércio brasileiro e a incipiente industrialização se alimentaram de regras costumeiras, como a Lei da Boa Razão (CARVALHO DE MENDONÇA, 1953, v. 1, p. 79). Por muito tempo, o marco legal foi emoldurado pela *praxis* do comércio.

(*c*) Essas bases deixaram de ser suficientes para a crescente necessidade da classe comerciante e dos rudimentos de indústria que surgiam no Brasil com grande parte dos capitais ainda absorvidos pelo tráfico de escravos. Influenciado pelo positivismo *comtiano* e pela demanda por instrumentos de garantia do tráfico mercantil, os juristas do Império – como o VISCONDE DE CAIRU – começaram a construção de princípios e bases teóricas fundantes de uma primeira codificação. Conforme constatado por PAULA FORGIONI, essa é uma fase em que prepondera a descrição da intermediação (FORGIONI, 2009, p. 54).

(*d*) Em 1850 foi promulgado o Código Comercial brasileiro, Lei nº 556, de 25 de junho de 1850 (com história da lei: CARVALHO DE MENDONÇA, 1953, v. 1, p. 100-115). Essa codificação foi inspirada na estrutura do Código Comercial francês (com alguma mitigação dos atos de comércio e o subjetivismo do art. 4º do CCom a indicar o comerciante como quem praticava mercancia como profissão habitual) e no conteúdo do Código Comercial espanhol. Malgrado as lacunas e as críticas recebidas, o texto legal serviu à estabilização de um comércio crescente e foi importante instrumento para a evolução da indústria brasileira em expansão. Esse Código foi logo em seguida completado pelo Regulamento nº 737/1850, que tratou de procedimentos nos Tribunais especiais de comércio e indicou algumas atividades presumivelmente comerciais no art. 19.

(*e*) Os esforços para uma codificação civil foram bem-sucedidos com a promulgação da Lei nº 3.071, de 01 de janeiro de 1916, que instituiu, após anos de debates, o Código Civil consequente ao projeto de CLOVIS BEVILAQUA (BEVILAQUA, 1929). A mesma sorte não teve o movimento de reforma do Código Comercial, não sendo aproveitado o Projeto de INGLEZ DE SOUSA (a não ser a extração das regras de sociedades por quotas de responsabilidade limitada, gerando o Decreto nº 3.708, de 10 de janeiro de 1919). Vicejam, contudo, esforços para a utilização da empresa (fenômeno econômico) como instrumento jurídico, alterando-se, nos anos 50, a descrição da intermediação para a atividade empresarial (FORGIONI, 2009, p. 58).

Esses parâmetros legislativos serviram de regras gerais e se conflitaram até o advento de um novo Código Civil, com vigência a partir de 2003. Antes disso, o sistema positivo brasileiro foi bastante influenciado pela tendência mundial de decodificação, com leis mais precisas e específicas (IRTI, 1991, p. 21-49). Destacam-se a regulação do sistema financeiro, mercado de capitais e das sociedades anônimas, com importantes leis que ainda são o marco legal desses setores.

A partir da Constituição Federal de 1988, proliferaram outros microssistemas em nosso direito positivo para integração das regras constitucionais programáticas. É o caso da legislação do consumidor, das locações, do antitruste, das franquias, das cédulas de crédito, da nova lei de recuperações e falência, dentre outras.

Na contramão dos microssistemas, no início dos anos 2000, houve movimento para um novo Código Civil, em substituição àquele de 1916 – já mutilado por fluxos de 5 ordens constitucionais de diversos matizes; involuções e evoluções principiológicas e valorativas; e, também, por readequações da interpretação jurisprudencial. Para tanto, foram retomadas as discussões de um Projeto de Lei iniciado em 1975, elaborado pelos juristas MIGUEL REALE, JOSÉ CARLOS MOREIRA ALVES, AGOSTINHO DE ARRUDA ALVIM, SYLVIO MARCONDES, EBERT CHAMOUN, CLOVIS DO COUTO E SILVA e TORQUATO CASTRO. Esse projeto – confessadamente na exposição de motivos (REALE, 2005, p. 22) – se aproveitou de estudos anteriores empreendidos no Projeto de Código de Obrigações de 1945 relatado por CAIO MARIO DA SILVA PEREIRA e do Projeto de Código Civil de 1963 de ORLANDO GOMES.

Há grande inspiração do novo Código Civil brasileiro de 2002 no modelo do *Codice Civile* italiano de 1942, além da técnica legislativa das cláusulas gerais inspiradas no BGB e o casuísmo da evolução de nossa jurisprudência. Apesar da radical mudança de posição de CESARE VIVANTE (VIVANTE, 1934, p. 1-25) sobre a unificação dos direitos civil e comercial, seguimos aqui essa mesma estrutura, com necessidade de adaptação da dogmática do direito comercial à realidade de uma legislação unificada.

De todo modo, o direito comercial preservou a sua autonomia didática e científica, já que tem princípios, regras e pressupostos absolutamente peculiares. Já advertiu CARVALHO DE MENDONÇA que essa autonomia científica não significa isolamento científico (CARVALHO DE MENDONÇA, 1953, v. 1, p. 31) e o comercialista precisa ter conhecimentos completos de direito constitucional, direito civil, direito econômico e outras áreas.

Bibliografia: ALMEIDA, Betyna Ribeiro. Aspectos da teoria jurídica da empresa: o direito comercial como o direito das empresas. RDM, 119-237. ASCARELLI, Tullio. Origem do Direito Comercial. Trad. Fabio Konder Comparato. RDM 103/87. ASCARELLI, Tullio. O desenvolvimento histórico do direito comercial e o significado da unificação do direito privado. Trad. Fabio Konder Comparato. RDM 114/237. BEVILAQUA, Clovis. *Theoria geral do direito civil*. 2. ed. Rio de Janeiro: Francisco Alves, 1929. CANARIS, Claus-Wilhelm. *Handelsrecht*. 23. ed. Munique: CHBeck, 2000. CHALHUB, Melhim Namen. Trust. Breves considerações sobre sua adaptação aos sistemas jurídicos de tradição romana. RT 790/79. COASE, Ronad H. The nature of the firm. In: *The firm, the market, and the law*. Chicago: The University of Chicago Press, 1990. p. 33-55. COMPARATO, Fabio Konder. Na Proto-História das empresas multinacionais – O Banco de Medici de Florença. RDM, 54/105. DINIZ, Gustavo Saad. *Subcapitalização societária*. Belo Horizonte:

Forum, 2012. EHRENBERG, Richard. *Das Zeitalter der Fugger. Geldkapital und Creditverkehr im 16. Jahrhundert*. 1. ed. Jena: Verlag von Gustav Fischer, 1922. EHRENBERG, Victor. *Handbuch des gesamtes Handelsrechts*. 1. vol. Leipzig: Reisland, 1913. FERREIRA, Waldemar. *Tratado de direito comercial*. v. 1. São Paulo: Saraiva, 1961. FORGIONI, Paula A. *A evolução do direito comercial: da mercancia ao mercado*. São Paulo; Revista dos Tribunais, 2009. GALGANO, Francesco. *Trattato di Diritto Commerciale e di Diritto Publico dell'Economia. La società per azione*. Padova: CEDAM, 1977. GOLDSCHMIDT, Levin. *Storia universale del Diritto Commerciale*. Trad. Vittorio Pouchain e Antonio Scioloja. Torino: UTET, 1913. GOMES, Orlando. *Raízes históricas e sociológicas do Código Civil Brasileiro*. São Paulo: Martins Fontes, 2006. LISBOA, José da Silva (Visconde de Cairu). *Princípios de direito mercantil e leis de marinha*. Serviço de Documentação do M.J.N.I., 1963. LAMY FILHO, Alfredo; PEDREIRA, José Luiz Bulhões. *A Lei das S.A*. Rio de Janeiro: Renovar, 1992. MACHADO, Sylvio Marcondes. *Problemas de direito mercantil*. São Paulo: Max Limonad, 1970. MAMEDE, Gladston. *Conceitos fundamentais do direito empresarial*. In: COELHO, Fabio Ulhoa. *Tratado de direito comercial*. v. 1. São Paulo: Saraiva, 2015. MENDONÇA, J. X. Carvalho de. *Tratado de direito comercial brasileiro*. v. I. 5. Ed. Rio de Janeiro: Freitas Bastos, 1954. MIRAGEM, Bruno Nubes Barbosa. Do direito comercial ao direito empresarial. Formação histórica e tendências do direito brasileiro. *RDP,* 25. RAMOS, André Luiz Santa Cruz. *Estatuto dogmático do direito comercial*. In: COELHO, Fabio Ulhoa. *Tratado de direito comercial*. v. 1. São Paulo: Saraiva, 2015. REALE, Miguel. Exposição de motivos do Supervisor da Comissão Revisora e Elaboradora do Código Civil. Brasília: Senado Federal, 2005. p. 22. Disponível em: <http://www2.senado.gov.br/bdsf/bitstream/id/70319/2/743415.pdf>. Consultado em: 01.11.2010. PACIELLO, Gaetano. A evolução do conceito de empresa no direito italiano. *RDM,* 29/39. RICHTER JÚNIOR, Mario Stella. Cesare Vivante e il 'mito di fondazione' della scienza del diritto commerciale. *RDM 165-165/7*. SALLES, Marcos Paulo de Almeida. A visão jurídica da empresa na realidade brasileira atual, *RDM* 119/94. SALOMÃO FILHO, Calixto. *A fattispecie* empresário no Código Civil de 2002. Revista do Advogado 96/11. SCHUMPETER, Joseph Alois. *Teoria do desenvolvimento econômico: uma investigação sobre lucros, capital, crédito, juro e o ciclo econômico*. 3.ed. Trad. Maria Silvia Possas. São Paulo: Nova Cultural, 1988. SOUSA, Herculano Marcos Inglez de. *Direito Comercial*. 5. ed. Rio de Janeiro: Livraria Jacyntho, 1935. SOUSA, Herculano Marcos Inglez de. *Projeto de Codigo Commercial*. Rio de Janeiro: Imprensa Nacional, 1912. SZTAJN, Rachel. *Teoria jurídica da empresa: atividade empresária e mercados*. São Paulo: Atlas, 2004. VAMPRÉ, Spencer. *Tratado elementar de direito commercial*. Rio de Janeiro: F. Briguiet, 1922. VERÇOSA, Haroldo Malheiros Duclerc. Atividade mercantil. Ato de comércio. Mercancia. Matéria de Comércio. Comerciante. *RDM* 47/27. VIVANTE, Cesare. *Trattato di diritto commerciale*. V. I. 5. ed. Milão: Vallardi, 1934. WEBER, Max. *Economia e sociedade: fundamentos da sociologia compreensiva*. Trad. Regis Barbosa e Karen Elsabe Barbosa. Brasília: Editora Universidade de Brasília, 1999. WEBER, Max. *Handelsgesellschaften im Mittelalter*. Stuttgart: Verlag von Ferdinand Enke, 1889. Wieacker, Franz. *História do direito privado moderno*. 3. ed. Trad. de A. M. Botelho Hespanha. Lisboa: Fundação Calouste Gulbenkian, 2004.

§2
PRINCÍPIOS E FONTES DO DIREITO COMERCIAL

1. CARACTERÍSTICAS E CONCEITO

O direito comercial se consolida na formação de instrumentos que servem ao tráfico mercantil, assim como para ampliação da fidúcia entre empresários. Do direito de uma classe, ele se sofisticou ao ponto de moldar o direito do mercado e das instituições que o compõem. Ele regula a conjugação de fatores econômicos e políticos para o incremento do chamado *tráfico mercantil*: as atividades desempenhadas pelas organizações que realizam trocas e colaborações (EHRENBERG, 1913, p. 4).

O Direito Comercial, então, é o *conjunto de princípios e regras de organização e garantia do tráfico mercantil e dos direitos e obrigações dos sujeitos que ocupam o mercado* [*Introdução e conceitos*].

O adjetivo comercial é preferível ao empresarial, embora se tenha a adoção do direito de empresa a partir do Código Civil de 2002. A afirmação decorre de quatro fatores, basicamente: (*a*) o primeiro, de menor importância, resulta da preservação das bases e tradições do construto histórico; (*b*) o segundo, mais técnico, decorre da maior amplitude de regras, que não abrange somente o empresário, mas também a atividade e os negócios por ele realizados (WARDE JÚNIOR; BAYEUX NETO, 2013); (*c*) o terceiro, mais legislativo, deriva do teor do art. 22, inciso I, da CF, que estabelece competência privativa da União para legislar sobre material comercial, levando-nos à necessidade de obter o sentido de maior abrangência do adjetivo para a caracterização da disciplina jurídica; (*d*) um último, de interpretação histórica: o Livro II do Código Civil, que regula o direito de empresa, originalmente era chamado de Direito Negocial. Por isso a persistência com a nomenclatura para a presente obra.

É possível elencar algumas características comuns que a doutrina identifica para o Direito Comercial, sobretudo diante da transparência e regularidade de padrões para que a troca se produza com a garantia de certeza. São características (EHRENBERG, 1913, p. 5-12; CANARIS, 2000, p. 6):

(*a*) internacionalidade (*Internationalität*) ou, em outros termos, o cosmopolismo de GOLDSCHMIDT, que bem se manifesta na uniformidade de regras de propriedade industrial, concorrência desleal, títulos de crédito, regimes falimentares, dentre outros, que são mais potencializados por Tratados e Acordos Internacionais, como no caso da União Europeia. Um exemplo interessante está na formulação de tipos societários que observam a uma certa uniformidade quanto à sua função econômica e pararam no mercado de acordo com a moldura de investimentos e a acomodação dos mais diversos interesses. As diferenças se revelam muito mais nas políticas legislativas: alguns ordenamentos são mais detalhados, ao passo que outros são paradoxalmente avaros em textos legais, mas detalhistas na jurisprudência.

(b) capacidade de adaptação (*Anpassungsfähigkeit*) e dinâmica, ou seja, pressuposto do desenvolvimento da produção de acordo com a demanda e a utilização da autonomia privada como instrumento de criação de negócios úteis ao desempenho de atividade lucrativa.

(c) aproveitamento do tempo e da oportunidade (*Ausnutzung von Zeit und Gelegenheit*), significando dizer que os instrumentos de direito comercial se querem simples e ágeis, com menos burocracia e mais legitimação e reconhecimento para a agilização dos negócios. Por isso a padronização e os costumes se mostram tão relevantes nesse ramo do direito.

(d) garantia da certeza do tráfico (*Schutz der Verkehrsicherheit*), que se conquista com regras portadoras de simplicidade, rapidez, clareza jurídica e proteção da confiança (*Vertrauenschutz*) (SCHMIDT, 1987, 31-32).

Excurso

Direito comercial é o conjunto de princípios e regras de organização e garantia do tráfico mercantil e dos direitos e obrigações dos sujeitos que ocupam o mercado.

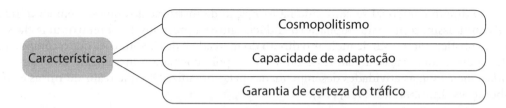

2. PRINCÍPIOS

Enunciar a existência de princípios estruturantes de um sistema de direito positivo comercial parte da ideia de *ordem* e *unidade*. A ordem é fundada na realidade e diz respeito à *adequação valorativa* obtida nos princípios diretores do Direito. São princípios as proposições valorativas genéricas estruturais do sistema jurídico e são deduzidos a partir da ideia da justiça e da segurança jurídica. Já a unidade compreende a *estabilização do resultado* da ordenação, porque trabalha a garantia de coerência na interpretação (CANARIS, 1996). Com a teoria de CANARIS, é possível esclarecer que: (a) os princípios não valem sem exceção e podem entrar em oposição e contradição entre si; (b) os princípios não têm pretensão de exclusividade, com conexão entre uma consequência jurídica e dois ou mais princípios; (c) os princípios ostentam o seu sentido próprio apenas numa combinação de complementação e restrição recíprocas; (d) os princípios necessitam, para a sua realização, da concretização através de subprincípios e de valorações singulares com conteúdo material próprio.

É sobre essa ótica que precisam ser compreendidos os princípios do Direito Comercial, que derivam não da criatividade científica, mas sim do sistema positivo. Há uma extensão óbvia do sistema total, no subsistema de Direito Comercial, de modo que estão garantidas as ideias fundamentais. Dessa forma, os sobreprincípios estruturantes se concretizam nos subprincípios, cláusulas gerais e regras de comportamento.

2.1. Princípios originados da Constituição Econômica

As regras de Direito Comercial estão inseridas no contexto da Constituição Econômica, para utilizar a descrição de CANOTILHO e VITAL MOREIRA (CANOTILHO; MOREIRA, 1991). Nesse sentido, os princípios que são enunciados pelo art. 170 da CF são fundamento para as análises infraconstitucionais no âmbito das atividades econômicas. Não se trata de precipitada afirmação de constitucionalização do direito comercial, mas tão somente a busca de fundamentos adequados para interpretação e aplicação correta dos regramentos.

O texto constitucional enuncia que a "ordem econômica, fundada na valorização do trabalho humano[1] e na livre iniciativa, tem por fim assegurar a todos existência digna, conforme os ditames da justiça social, observados os seguintes princípios", que influenciam o Direito Comercial:

(*a*) *soberania nacional*: compreende-se como a preponderância dos interesses nacionais como critério interpretativo e fator de solução de controvérsias, fornecendo instrumentos para compreender a economia brasileira como autocentrada e tendente ao próprio desenvolvimento, inclusive com capacidade competitiva e não subjugada a economias mais avançadas. Para fins de interpretação há o exemplo da ADPF nº 101, de relatoria da Min. CARMEN LÚCIA, com conclusão de que a importação de pneus usados ou remoldados afronta os preceitos constitucionais de saúde e do meio ambiente ecologicamente equilibrado.

(*b*) *propriedade privada*: a CF consolida bases de um sistema capitalista de apropriação privada dos meios de produção e da estruturação da iniciativa privada (SILVA, 2005, p. 705). O princípio da propriedade privada é, ao mesmo tempo, o reconhecimento de um direito e a concessão de uma garantia.

(*c*) *função social da propriedade*: o uso da propriedade é condicionado ao cumprimento da função que dela se espera, um poder-dever no interesse da coletividade (COMPARATO, 1990, p. 35-37)[2], que é consolidado como direito fundamental no art. 5º, XXIII, da CF. Percebe-se que a função social erigida como princípio pelo art. 170, III deve ser vista em contexto com ditames de justiça social, proteção ambiental e do consumidor, preservação da concorrência e da microempresa, tudo em contexto com o arranjo principiológico do art. 170 e demais preceitos da CF.

Os atores da ordem econômica – Estado, quando cabível, empresários, sociedades empresárias e equiparados – são aqueles que se apropriam dos meios de produção e desempenham suas atividades com esse domínio. É natural que haja desdobramentos de análise de uma própria *função social da empresa*. Há uma variação de correntes teóricas entre a maior e a menor intervenção estatal sobre a atividade empresarial (FRANCO, 2008, p. 128-130), mas acreditamos que a função da empresa se projeta nos âmbitos interno e externo da atividade, intervindo na esfera jurídica dos chamados grupos de interesse[3] desdobrando-se em atuações positivas em favor do interesse social (internamente) e em favor de sociedades controladas, credores, trabalhadores e demais sujeitos relacionados com a organização (externamente) [*t. II, §3, i. 3.4*]. Portanto, a função social de empresas privadas não permite intervenção estatal – circunscrita à regulação e planejamento – ou atuação a favor de interesses estatais. Pelo contrário, a utilização do poder societário se dá com comportamento ativo de busca do lucro como razão do interesse da sociedade (COMPARATO, 1996, p. 45) (arts. 116, parágrafo único e 154 da LSA) e com a execução do poder-dever de colaboração com a ordem econômica, nos moldes do art. 170 da CF (FRANCO, 2008, p. 133).

---

[1] A dignidade e os direitos humanos, aliás, são temas do Decreto nº 9.571, de 21 de novembro de 2018, que estabelece obrigações do Estado com a proteção de direitos humanos em atividades empresariais.

[2] A Constituição da República Federal alemã (art. 14, 2ª linha) dispõe: "Eigentum verpflichtet. Sein Gebrauch soll ausgleich dem Wohle der Allgemeinheit dienen". Em tradução livre, o texto prevê que a propriedade obriga e seu uso deve, ao mesmo tempo, servir ao interesse da coletividade.

[3] Termo usado no sentido de *Interessengrupen* ou *stakeholders*.

Não é sem razão o conteúdo dos arts. 116 e 117, § 1º, da LSA: ambos vinculam a atuação do administrador da sociedade anônima ao cumprimento da função social. É com essa ordem de ideias que se pode interpretar a preservação da empresa, sua função social e o estímulo à atividade econômica previstos como vetores de interpretação do art. 47 da LREF.

(d) *livre concorrência*: cuida-se de manifestação da liberdade de iniciativa, mas com o pressuposto instrumental de que a legislação deve ser interpretada e elaborada com vistas à preservação da concorrência, seja sob o ponto de vista das estruturas de concentrações econômicas, seja com relação a condutas anticoncorrenciais. Tanto que o art. 173, § 4º, da CF, prevê, complementarmente, que a "lei reprimirá o abuso do poder econômico que vise à dominação dos mercados, à eliminação da concorrência e ao aumento arbitrário dos lucros".

A liberdade de concorrência é determinante da *concorrência leal*, que pode trazer impactos importantes na repressão a comportamentos e na reparação de danos contratuais. No sistema jurídico brasileiro, a Lei nº 9.279/96 (LPI) cuida da concorrência desleal ao tipificá-la criminalmente no art. 195. Tais comportamentos trazem danos à parte de um contrato. Em geral, os atos de deslealdade concorrencial afetam ativos da empresa, com contrafação de produtos, captação injusta de clientela de estabelecimento, *trade dress* e violação de sigilo industrial, gerando inclusive a possibilidade de reparação de danos e obrigação de cessar o ato ilícito. Os contratos também podem revelar práticas colusivas de atuação ajustada entre as partes, justamente para prejudicar concorrentes. Nesse sentido, é possível "distinguir acordos cujo objetivo é restringir ou limitar a concorrência (como a adoção de preços uniformes por revendedores) daqueloutros que não tem esse objetivo, mas acabam produzindo efeitos prejudiciais às estruturas do livre mercado (como no compartilhamento de unidades industriais)" (COELHO, 2013, v. 3, p. 45).

(e) *defesa do consumidor*: numa sociedade de massificação do consumo, caracteriza-se o consumidor como destinatário econômico final do produto ou do serviço (art. 2º do CDC e STJ – 2ª Seção – REsp nº 541.867). Erige-se a defesa do consumidor como princípio da ordem econômica, com regramento que ainda é integrado pelo programático dispositivo do art. 5º, XXXII, da CF. Assim, com a assunção do *risco empresarial*, ao colocar produto ou serviço no mercado, a empresa é inserida na estrutura de uma relação de consumo e qualificada como fornecedora (art. 3º do CDC). Nessa relação, a empresa-fornecedora ingressa com preponderância técnica e econômica, com obrigações que lhe são impostas em razão dos riscos assumidos. Cuida-se, ainda, de legislação incidente sobre a atividade empresarial, mas de forma absolutamente especial e com o objetivo de proteção do consumidor e não para efeitos de regulação indiscriminada da atividade interempresarial.

(f) *defesa do meio ambiente, inclusive mediante tratamento diferenciado conforme o impacto ambiental dos produtos e serviços e de seus processos de elaboração e prestação*: "Todos têm direito ao meio ambiente ecologicamente equilibrado, bem de uso comum do povo e essencial à sadia qualidade de vida, impondo-se ao Poder Público e à coletividade o dever de defendê-lo e preservá-lo para as presentes e futuras gerações". Esse o comando constitucional do art. 225. Supõe-se que toda atividade humana tem potencial poluidor, mas nem todas causam danos ao meio ambiente. Isso não é diferente para as atividades empresariais que, de resto, ficam sujeitas e condicionadas ao princípio da defesa do meio ambiente. Por essa razão que as atividades empresariais passam por prévias avaliações de impacto ambiental, assim como fiscalizações constantes dos níveis de poluição pelos órgãos competentes.

(g) *redução das desigualdades regionais e sociais*: enunciado como princípio, esse é o objeto da União, de modo a obter a minimização das diferenças socioeconômicas entre as diferentes regiões do país. Sendo princípio, pode orientar a interpretação de alguns preceitos, mas com vistas à necessária preservação do pacto federativo.

(h) *busca do pleno emprego*: outro princípio que enuncia programa de atuação para o estímulo da atividade econômica geradora de empregos, com consequente valorização do trabalho humano.

(i) *tratamento favorecido para as empresas de pequeno porte constituídas sob as leis brasileiras e que tenham sua sede e administração no país*: a economia brasileira tem grande parcela de seu produto interno bruto realizada por micro e pequenas empresas. Garante-se a livre iniciativa e a concorrência, e a principiologia constitucional assegura que a legislação seja produzida com *estímulos* para micro e pequenas empresas. O principal marco regulatório é a Lei Complementar nº 123/2006, que estabelece regras gerais relativas ao tratamento diferenciado e favorecido a ser dispensado às microempresas e empresas de pequeno porte em todas as esferas da federação. Tais regras contêm estímulos econômicos de natureza tributária (com o SIMPLES nacional), trabalhista, acesso ao crédito e facilitações em termos burocráticos. Além disso, a lei estabelece parâmetros de ordem societária para que haja o enquadramento nos benefícios proporcionados pela legislação (art. 3º da LC nº 123/2006). Outro exemplo de estímulo econômico para Micro e Pequenas Empresas foi a Lei Complementar nº 167/2019, que criou as chamadas Empresas Simples de Crédito (ESC): cuida-se de atividade para expansão da oferta de crédito às MEs e EPPs, por meio de operações de empréstimo, financiamento e descontos de título de crédito com capital próprio da ESC. Diferentemente de instituições financeiras e cooperativas de crédito, as ESCs não realizam intermediação, e a elas é vedada a captação de recursos de terceiros em operações passivas. Ao contrário, atuam obrigatoriamente com capital próprio para conceder empréstimos e financiamentos, inclusive com a permissão de utilização do instrumento de alienação fiduciária.

Com vistas ao incremento da inovação, a Lei Complementar nº 182/2021 alterou a Lei Complementar nº 167/2019, e estabeleceu o novo marco legal das startups [t. II, §11], com objetivos claros de estímulos econômicos à empresa inovada que aperfeiçoa sistemas, métodos e modelos de produção e de negócios, seja por incrementar o que já se conhece, seja por romper com o estado da técnica (a chamada disrupção). O trata-mento diferenciado dado pela Lei Complementar nº 167/2019 consiste na fixação de rito sumário para abertura e fechamento de empresas sob o regime do Inova Simples, que se dará de forma simplificada e automática, no mesmo ambiente digital do portal da Rede Nacional para a Simplificação do Registro e da Legalização de Empresas e Negócios (Redesim), em sítio eletrônico oficial do governo federal, por meio da utilização de formulário digital próprio, disponível em janela ou ícone intitulado Inova Simples.

Importante parâmetro para a interpretação dos princípios constitucionais se pôs por meio da Lei nº 13.874, de 20 de setembro de 2019 (LLE) e, em certa medida, com a polêmica Lei nº 14.195, de 26 de agosto de 2021 (LFAN). Inseriu-se no direito positivo a Declaração de Direitos de Liberdade Econômica (DDLE), com diversos preceitos que auxiliam na aplicação e na interpretação do direito empresarial e na implantação dos princípios constitucionais enunciados. Entre outros parâmetros, introduziu-se presunção de liberdade no exercício de atividades econômicas, a presunção de boa-fé do particular, a intervenção subsidiária, e excepcional do Estado sobre o exercício de atividade econômica. Procurou-se, no mesmo contexto, a facilitação do ambiente de negócios para desburocratização e simplificação legislativa para melhorar o desempenho brasileiro no ranking Doing Business, inclusive com medidas que incluíram a alteração do Código Civil e a tentativa de acabar de vez com a EIRELI [t. II, §2]. Infelizmente, tudo isso foi feito por Medidas Provisórias, num desalento de processo legislativo açodado e com falhas sistêmicas para serem equacionadas pela doutrina. Nesse interregno, o próprio *ranking Doing Business* caiu em desuso.

Os parâmetros de atuação do Poder Público também foram delimitados na LLE, com garantias em face da administração pública, no exercício do poder regulatório, para evitar o abuso do poder e, indevidamente: I – criar reserva de mercado ao favorecer, na regulação, grupo econômico, ou profissional, em prejuízo dos demais concorrentes; II – redigir enunciados que impeçam a entrada de novos competidores nacionais ou estrangeiros no mercado; III – exigir especificação técnica desnecessária para atingir os fins desejados; IV – redigir enunciados que impeçam o desenvolvimento e adoção de novas tecnologias; V – aumentar os custos de transação sem contrapartida de benefícios; VI – criar demanda artificial de produtos e serviços; VII – introduzir limites à livre formação de atividades econômicas; VIII – restringir o uso da publicidade e propaganda fora de vedações legais; IX – exigir requerimentos, sob pretexto de inscrição tributária, que mitiguem atividades econômicas de baixo risco (art. 4º da LLE).

Jurisprudência

Caso meia entrada: STF – ADI 1950 – Rel. Min. Eros Grau – j. 03/11/2005: "(...)MEIA ENTRADA ASSEGURADA AOS ESTUDANTES REGULARMENTE MATRICULADOS EM ESTABELECIMENTOS DE ENSINO. INGRESSO EM CASAS DE DIVERSÃO, ESPORTE, CULTURA E LAZER. COMPETÊNCIA CONCORRENTE ENTRE A UNIÃO, ESTADOS-MEMBROS E O DISTRITO FEDERAL PARA LEGISLAR SOBRE DIREITO ECONÔMICO. (...) 1. É certo que a ordem econômica na Constituição de 1.988 define opção por um sistema no qual joga um papel primordial a livre iniciativa. Essa circunstância não legitima, no entanto, a assertiva de que o Estado só intervirá na economia em situações excepcionais. 2. Mais do que simples instrumento de governo, a nossa Constituição enuncia diretrizes, programas e fins a serem realizados pelo Estado e pela sociedade. Postula um plano de ação global normativo para o Estado e para a sociedade, informado pelos preceitos veiculados pelos seus artigos 1º, 3º e 170. 3. A livre iniciativa é expressão de liberdade titulada não apenas pela empresa, mas também pelo trabalho. Por isso a Constituição, ao contemplá-la, cogita também da "iniciativa do Estado"; não a privilegia, portanto, como bem pertinente apenas à empresa. 4. Se de um lado a Constituição assegura a livre iniciativa, de outro determina ao Estado a adoção de todas as providências tendentes a garantir o efetivo exercício do direito à educação, à cultura e ao desporto [artigos 23, inciso V, 205, 208, 215 e 217 § 3º, da Constituição]. Na composição entre esses princípios e regras há de ser preservado o interesse da coletividade, interesse público primário. 5. O direito ao acesso à cultura, ao esporte e ao lazer, são meios de complementar a formação dos estudantes. 6. Ação direta de inconstitucionalidade julgada improcedente"

STF – ADPF 101 – Rel. Min. Cármen Lúcia – j. 24/06/2009 – Importação de pneus usados e preservação dos princípios da soberania nacional e defesa do meio ambiente.

STF – ADI-MC nº 3540/DF – Rel. Min. Celso de Mello – j. 01/09/2005 – Preservação do meio ambiente traduz bem de uso comum da generalidade das pessoas, a ser resguardado em favor das presentes e futuras gerações.

Caso Uber/Cabify/99: STF – RE nº 1.054.11 – Rel. Min. Roberto Barroso – j. 09/05/2019: "(...) 2. A questão constitucional suscitada no recurso diz respeito à licitude da atuação de motoristas privados cadastrados em plataformas de transporte compartilhado em mercado até então explorado por taxistas. 3. As normas que proíbam ou restrinjam de forma desproporcional o transporte privado individual de passageiros são inconstitucionais porque: (i) não há regra nem princípio constitucional que prescreva a exclusividade do modelo de táxi no mercado de transporte individual de passageiros; (ii) é contrário ao regime de livre iniciativa e de livre concorrência a criação de reservas de mercado em favor de atores econômicos já estabelecidos, com o propósito de afastar o impacto gerado pela inovação no setor; (iii) a possibilidade de intervenção do Estado na ordem econômica para preservar o mercado concorrencial e proteger o consumidor não pode contrariar ou esvaziar a livre iniciativa, a ponto de afetar seus elementos essenciais. Em um regime constitucional fundado na livre iniciativa, o legislador ordinário não tem ampla discricionariedade para suprimir espaços relevantes da iniciativa privada. 4. A admissão de uma modalidade de transporte individual submetida a uma menor intensidade de regulação, mas complementar ao serviço de táxi afirma-se como uma estratégia constitucionalmente adequada para acomodação da atividade inovadora no setor. Trata-se, afi-nal, de uma opção que: (i) privilegia a livre iniciativa e a livre concorrência; (ii) incentiva a inovação; (iii) tem impacto positivo sobre a mobilidade urbana e o meio ambiente; (iv) protege o consumidor; e (v) é apta a corrigir as ineficiências de um setor submetido historicamente a um monopólio "de fato". (...).

Caso terceirização: STF – ADI nºs 5735, 5695, 5685, 5686 e 5687 – Rel. Min. Gilmar Mendes – j. 16/06/2020: "Ação Direta de Inconstitucionalidade. 2. Lei Federal 13.429/2017. Trabalho temporário. Prestação de serviço a terceiros. 3. Terceirização da atividade-meio e da atividade-fim. Terceirização na administração pública. 4. Ausência de inconstitucionalidade formal e material. Precedentes: ADPF 324, Rel. Min. Roberto Barroso, e RE-RG 958.252, Rel. Min. Luiz Fux. 5. Ação direta de inconstitucionalidade julgada improcedente".

Caso cobrança de taxa proporcional em estacionamento em shopping center: STJ – 3ª T. – REsp nº 1.855.136 – Rel. Min. Marco Aurélio Bellizze – j. 15/12/2020: "(...)2. O preço praticado pelo empresário no desenvolvimento de sua atividade econômica consubstancia, indiscutivelmente, elemento essencial da livre iniciativa (concebida como um dos pilares da ordem econômica, ao lado da valorização do trabalho humano), sendo, pois, (o preço) regulado espontaneamente pelo mercado concorrencial, e não pelo Estado, em um sistema de dirigismo econômico não adotado, em absoluto, pela Constituição Federal. 2.1 Ao empreendedor, por meio do desenvolvimento de seu trabalho com vistas à obtenção do lucro – finalidade, registra-se, absolutamente legítima –, há de se garantir a liberdade de concorrência, cabendo-lhe, tão só, determinar o objeto de sua atividade produtiva (bens e serviços), o modo pelo qual a desenvolve e, principalmente, o preço que reputa adequado praticar. Não é despiciendo anotar, a esse propósito, que a estipulação do preço do produto ou do serviço colocado no mercado leva em conta uma série de fatores (custos de produção, impostos, análises mercadológicas, entre outros), que devem ser considerados unicamente pelo empreendedor, que assume naturalmente todos os riscos de sua atividade empresarial. Assim, a definição do preço e, sobretudo, seu controle, afiguram-se completamente alheios ao destinatário final e, muito menos, ao Estado, em descabida atividade interventiva (...)".

Caso Fogo de Chão: TRT 10ª R. – RO nº 0000522-13.2020.5.10.0005 – Rel. Des. José Leone Cordeiro Leite – j. 28/04/2021: "(...) a opção legislativa foi por equiparar tais rescisões contratuais às dispensas individuais, privilegiando o poder diretivo do empregador. Ainda que se entenda que tal medida não é a mais adequada socialmente, não há como reputá-la de inconstitucional, uma vez que a rescisão unilateral do contrato de trabalho não deixa de ser um direito potestativo do empregador que é quem assume os riscos da atividade econômica (art. 2º da CLT). 2. Na forma do art. 5º, II, da Constituição Federal, ninguém é obrigado a fazer ou deixar de fazer algo senão em virtude de lei e, atualmente, a lei (art. 477-A da CLT), expressamente, afasta a obrigatoriedade de negociação coletiva para dispensa em massa, não podendo, assim, se reputar inválida as rescisões contratuais operadas ao abrigo da legislação em vigor(...)".

2.2. Princípios originados do Código Civil unificado

Outra compatibilização principiológica que marca a atividade do intérprete do Direito surge da unificação obrigacional promovida pelo Código Civil de 2002 [*t. I, §1, i. 7*]. A afirmação se justifica pela existência de princípios que marcaram a elaboração dessa codificação e que, de certa forma, devem influenciar a interpretação da atividade empresarial e dos contratos celebrados entre empresários.

A intenção do Código Civil de 2002, consoante exposto por MIGUEL REALE (REALE, 2003, p. 29), foi romper com o individualismo do Código de 1916 (apto que era para resolver problemas de propriedade, família e contratos de sua época) e transcender para a concretização dos seguintes princípios:

(*a*) *eticidade*: a eticidade se manifesta na preponderância da pessoa, da justa causa, da ética e na criação de cláusulas gerais que estimulem o comportamento adequado e com boa-fé (objetiva) para solução de conflitos privados. A boa-fé já se manifestava em diversos microssistemas de nosso direito (como no CDC), mas agora assumiu protagonismo ao se fixar a tríplice função de interpretação de negócios jurídicos (art. 113 do CC); controle contra o abuso de direito (art. 187 do CC); pauta de conduta (art. 422 do CC).

(*b*) *sociabilidade*: na linha do texto constitucional de 1988, o CC sobreleva direitos sociais sobre o individualismo, manifestando-se tal preceito na concretização da função social da propriedade e do contrato, direito de defesa em exclusão de sócios, preservação da sociedade em casos de dissolução parcial promovida por minoritários, dentre outros.

(c) *operabilidade*: o intento do princípio foi melhorar a ordem e a coerência do sistema positivo, assim como atualizar os preceitos de direito civil à nova realidade, melhorando, por exemplo, a compreensão da função do negócio jurídico e racionalizando o caótico sistema de prescrição e decadência (o que, por outro lado, não repercutiu em matéria societária, lamentavelmente).

Após a unificação promovida pelo CC, esses princípios necessitam de melhor desenvolvimento, de modo a permitir sua adaptação para as exigências do Direito Comercial e para sua nova realidade de mercado (Forgioni, 2009, p. 99). Igual sentido de adaptação necessitará a contenção feita pela LLE e os preceitos que introduziu, como a presunção da boa-fé do particular, o protagonismo da autonomia privada ressalvadas vedações legais (art. 3º, V, da LLE) e a adoção da simetria interempresarial como critério de interpretação dos negócios (art. 421-A do CC).

2.3. Princípios essenciais do Direito Comercial

Se até o momento foram indicados princípios enunciados pela própria CF ou mesmo pela legislação infraconstitucional aplicável, a ausência do CCom e a formatação de um sistema de direito positivo comercial esparso dificultam sobremaneira a indicação de proposições valorativas genéricas estruturais que, efetivamente, sejam caracterizadas como princípios próprios do Direito Comercial. A tarefa não é simples, até por ser variável entre os juristas e, muitas vezes, padece de critérios científicos no apontamento do que seja um princípio imanente do sistema. Deduzidos os princípios da CF e do CC que, de certa forma, trazem impactos no direito comercial, enumeramos quatro outros que acreditamos fornecer balizas interpretativas e normativas – funções gerais dos princípios – ao direito comercial como um todo.

A *principiologia quadripartida* do direito comercial tem relação com os princípios da ordem econômica e com aqueles do CC. Interagem, sem que se revoguem. Podem se mitigar reciprocamente nos exercícios hermenêuticos de ponderação principiológica. O que se ressalta, no entanto, é que essa quadripartição dá forma específica e autonomia ao direito comercial, devendo ser interpretada com a precisão da lógica peculiar desse direito. São os princípios da autonomia privada, da confiança, da inerência do risco e da preservação da empresa.

(a) *Princípio da autonomia privada*: a CF enuncia o direito fundamental, no art. 5º, inciso II, de que "ninguém será obrigado a fazer ou deixar de fazer alguma coisa senão em virtude de lei". Ao contrário do Poder Público, apegado à legalidade, aos particulares são permitidas condutas e negócios que não sejam proibidos pela legislação. Somando-se à liberdade de iniciativa, criam-se as condições necessárias para empreender, engendrar, modificar, transformar, negociar enfim. Os empresários passam a ocupar o ambiente de mercado, com apropriação de fatores de produção e com a força criativa para incremento da lucratividade, gerando contratos e organizações que lhes sejam úteis. Foi assim com as *societas maris*, *lettera di cambio*, Companhias das Índias, limitação de responsabilidade e contrato de franquia. É assim atualmente com arranjos negociais sofisticados como o *project finance*, *joint venture*, contratos *build to suit*, contratos em rede, contratos relacionais, todos eles a desafiar o direito positivo. Não fosse o princípio da autonomia privada, tais arranjos fundamentais ao comércio não seriam possíveis. Nesse sentido, Claus-Wilhelm Canaris destaca o papel amplo da autonomia privada para o direito comercial (Canaris, 2000, p. 6).

Por *autonomia privada se entende a ampla expressão da vontade das pessoas para celebrar negócios de autorregulação de seus interesses.*

Mais do que a autonomia da vontade – de certa forma mitigada pela doutrina civilista moderna – a autonomia privada expandiu para a regulação dos *interesses*. Por interesse, deve-se compreender a projeção da pessoa para a realização de suas necessidades, que no direito comercial estão essencialmente ligadas à circulação de bens e prestação de serviços.

Por certo que a autonomia privada não é ilimitada, já que existem figuras jurídicas específicas que demandam controle, dirigismo contratual, respeito à ordem pública e princípios sociais contratuais, bem como respeito às peculiaridades dos setores regulados. Nada obstante, a criação de negócios e contratos é livre ao mercado, bastando observar o conteúdo do art. 425 do CC, que admite a criação de contratos atípicos, exercida nos limites da função social do contrato (art. 421 do CC).

Por meio da LLE, confirmou-se a liberdade de empreender e de criar operações econômicas como expressão da autonomia privada dos particulares. Constata-se esse objetivo por meio dos seguintes preceitos: *(a)* preservação da autonomia privada, exceto se houver expressa disposição legal em contrário (art. 3º, V, da LLE) que iniba o desenvolvimento de contratos ou de estruturas societárias para acomodação dos interesses negociais; *(b)* garantia de que negócios jurídicos empresariais são objeto de estipulação paritária, com preservação da autonomia da vontade das partes e aplicação de regras de direito positivo empresarial de forma subsidiária, resguardada a ordem pública (art. 3º, VIII). Portanto, confirma-se que a força inventiva dos empresários se eleva ao patamar interpretativo e de orientação sistêmica promovidos por um verdadeiro princípio. Engendram-se validamente negócios para incremento da atividade lucrativa e ganhos lícitos de mercado, com limites somente nas vedações expressas da legislação ou em preceitos de ordem pública. É com base no princípio da autonomia privada que se funcionaliza a liberdade contratual e o potencial de criação, modificação e extinção negocial, como força construtiva do desenvolvimento econômico.

A expressão dessa liberdade se encontra no art. 421 do CC, cuja limitação criativa se dá somente com a cláusula geral da função social do contrato. Dessa forma, os particulares estão livres para se inter-relacionar e formar a trama do mercado, como se formassem um tecido composto por extensa fiação, que se compõe e se decompõe na medida em que a vestimenta econômica recobre os interesses das partes. O limite ao *poder negocial criativo*, além daquilo que a lei veda, está na *função social do contrato*, cláusula geral que não admite que um pacto seja feito fora de sua vocação esperada, operação pretendida e que não implique abuso de direito e dano à contraparte, excedendo aos fins econômicos e sociais razoavelmente pretendidos. Acrescente-se que a LLE inseriu no conteúdo do art. 421 do CC, dispositivo que limita o exercício da função social à intervenção mínima e à excepcionalidade da revisão contratual.

(b) Princípio da confiança: imanente ao direito comercial é o princípio da confiança, porque representa *a crença em fatos e atos, baseada em experiências anteriores*. É a confiança que nos mantêm em colaboração. A pessoa adere a comportamentos e negócios porque acredita e tem expectativa na concretização do interesse. Diz MENEZES CORDEIRO que a confiança expressa "a situação em que uma pessoa adere, em termos de atividade ou de crença, a certas representações, passadas, presentes ou futuras, que tenha por efetivas" (CORDEIRO, 1984, v. II, p. 1.234). KARL LARENZ sustenta que a confiança é princípio imanente a todo o Direito, merecendo proteção geral (*Vertrauenschutz*), além de representar fonte autônoma (*Vertrauentatbestand*) como cláusula geral e para fins de responsabilidade. Liga-se ao princípio do risco, porque quem cria o estado de confiança, mais próximo estará de suportar os riscos (LARENZ, 1989, p. 580).

Baseando-se em elementos prévios, como experiências, estatísticas, informações, pesquisas e, para os que creem no aviamento subjetivo, na própria intuição especializada (KAHNEMAN, 2012), é que se torna possível a duas ou mais pessoas, muitas vezes com interesses antagônicos, celebrar pactos, contratos, sociedades, negócios, empreender. Isso porque confiar é acreditar ou prever as ações de outra pessoa, conforme expectativas prévias.

Empresários geradores de confiança criam um mercado com menores custos de transação, já que se baseiam em respeito a regras predefinidas para o empreendimento e para o risco. A confiança, se funda, então, na ideia geral de cooperação social no mercado, já que sem ela não se identifica legitimação em vários dos instrumentos negociais. Além disso, ela permite a redução da complexidade dos negócios, com implementação da capacidade de adaptação, aproveitamento do tempo, da oportunidade e sendo garantia da certeza do tráfico – características inerentes ao direito comercial.

Deriva da confiança a publicidade e registro de certos atos da vida empresarial e da propriedade industrial, em sistemas organizados para melhorar o fluxo de informações e negócios [t. I, §6], "a fim de se salvaguardarem e garantirem eficazmente os interesses de terceiros" (CARVALHO DE MENDONÇA, 1953, v. 1, p. 332).

O princípio da confiança terá duas funções: (a) dar suporte e complementar o princípio e a cláusula geral de boa-fé objetiva, na interpretação de negócios (art. 113 do CC), aplicação do abuso de direito (art. 187 do CC) e análise do comportamento da parte (art. 422 do CC). Torna-se possível a análise de assimetrias informacionais, inerência de risco e promessas feitas nas relações interempresariais, com base na confiança gerada; (b) auxiliar na fundamentação da reparação do dano, seja pré-contratual, seja pela quebra da confiança (STJ – REsp nº 1.309.972 – Min. LUIS FELIPE SALOMÃO].

(c) *Princípio do risco de atividade empresarial*: risco é a combinação da probabilidade de ocorrência de evento futuro com as respectivas consequências, caso esse evento ocorra. Empreender é arriscar. Todo empresário convive com o risco, não com a incerteza. SYLVIO MARCONDES descreve que a atividade mercantil saiu do *ofício* para a empresa por meio da incorporação do elemento "*risco* para o *lucro*", sendo fim da atividade produtiva o "ganho pela especulação" (MACHADO, 1970, p. 2). MARLON TOMAZETTE fala em assunção de um risco peculiar ao empresário (TOMAZETTE, 2015, p. 175), ao passo que SCALZILLI, SPINELLI, TELLECHEA asseveram que um empresário que usa créditos assume os riscos da atividade (SCALZILLI, SPINELLI, TELLECHEA, 2017, p. 37).

VICENZO BUONOCUORE, por sua vez, afirma que a atividade de empresa é correlata ao risco inerente às atividades econômicas e pode ultrapassar os limites do risco econômico conexo à gestão empresarial, para produzir consequências jurídicas. Assim, o risco pode ser determinante de regras empresariais e de responsabilidade do empreendedor. Leva-se em consideração, ademais, que no âmbito empresarial há valores sociais derivados da produção e da destruição gerados pela atividade – aqui incluídos não somente a energia laboral, mas matéria prima empregada, desgaste de maquinário e danos a terceiros (BUONOCUORE, 2002, p. 61 e 222-227). Portanto, o sistema empresarial se constrói pela atribuição e imputação de riscos à empresa, variáveis pelo tipo de atividades, riscos assumidos e sua alocação (GOMES, GONÇALVES, 2017, p. 17). As regras de estrutura e de conduta se formam variáveis pelo tipo de produção, com comandos para reforço de garantias aos grupos de interesse [t. I, §5, i. 2], implementação de medidas de reforço de segurança, adaptações ao sistema produtivo ou mesmo extinção da atividade em determinados e extremos casos (BUONOCUORE, 2002, p. 227).

Num ambiente de mercado estável e com regras claras, o empresário encontra os fundamentos para que possa organizar e desempenhar a sua atividade, assumindo para si os riscos inerentes ao negócio que vai empreender. O fundamento é que organizações *devem* tomar decisões com menor chance de erro do que pessoas não profissionalizadas, porque elas têm o *poder* de ordenar o processo produtivo e o *dever* de conhecer todos os riscos da atividade que desenvolvem. "Quanto maior e mais complexa for a sociedade, maior é o risco de fragmentação do conhecimento (*Wissensaufspaltung*). Este é um risco de organização *Organisationsrisiko* que deve ser suportado pela própria sociedade" (GOMES, GONÇALVES, 2017, p. 74).

Diz Sylvio Marcondes: "A função do empresário é organização e dirigir o negócio, elaborar o plano geral de produção, fixar as quantidades e as qualidades dos produtos a fabricar em razão de uma procura prevista. Para isso, reúne ele os fatores da produção e os adapta e controla. Assume o risco geral da empresa, envolto essencialmente no cálculo dos preços de custo e de venda, e, sendo móvel de sua atividade de lucro, deverá suportar as perdas, ocasionadas pela má sorte da empresa ou perceber os resultados de sua boa sorte" (Machado, 1970, p. 5).

Cada organização empresarial tem no seu entorno uma série de interesses [t. I, §5, i. 2] que decorrem da apreensão dos fatores de produção. Por consequência, o empresário dimensiona os riscos que corre (*matriz de impacto*), de acordo com a atividade que vai desempenhar, desde a estrutura de capital, até o conhecimento técnico sobre o produto ou o serviço (*matriz de probabilidades*). Uma organização hospitalar com plano de saúde se estrutura com capital, recursos humanos e conhecimento técnico mínimos para prestar os serviços de um plano regulamentado; uma usina de açúcar e álcool necessita da tecnologia, capital, funcionários e aprovações ambientais para assumir todos os riscos de sua atividade industrial; um comerciante de roupas em *shopping center* tem o dimensionamento dos riscos que assumiu para o desempenho da atividade de sua livre iniciativa. Os riscos são do empresário. Os lucros, se os conseguir, também, já que terá feito uma adequada gestão do risco com medidas para evitar, amenizar ou assumir o risco. Poderá, inclusive, transferir os riscos, valendo-se de contratos de seguro para tal objetivo.

Portanto, as venturas e desventuras de uma empresa organizada são inerentes à atividade, seja para a superação do risco e obtenção do lucro, seja para a incorporação do risco e a assunção do prejuízo. Na economia capitalista, via de regra, os riscos não deveriam ser socializados – sendo válidas, aqui, discussões profundas sobre o papel de empresas públicas, sociedades de economia mista e grandes conglomerados, cuja derrocada pode contaminar a economia de um país (*too big to fail*). Igualmente relevantes têm sido as discussões sobre o compromisso ESG (*Environ-ment, Social and Governance*) de grandes companhias para estabelecimento de cadeias produtivas que tenham práticas eticamente adequadas quanto ao meio ambiente, direitos humanos e políticas claras de governança. Ainda assim, os riscos continuam inerentes à atividade empresarial, com entronização dos interesses do entorno da organização no dimensionamento desses custos.

Erigimos o risco à categoria de princípio porque ele é imanente à atividade empresarial e auxilia como vetor de interpretação de diversos preceitos legislativos, muitos deles baseados justamente no risco de atividade – ou mesmo, parte do risco de atividade para agravar mais a compreensão do risco assumido, como no caso do risco integral ambiental.

O risco da atividade serve de fundamento para que, em algumas hipóteses previstas em lei, justifique-se a imposição de responsabilidade objetiva para a atividade empresarial, conforme previsão do art. 927, parágrafo único, do CC, arts. 12 a 14 do CDC ou art. 3º da Lei nº 9.605/1998 (crimes ambientais)) ou art. 42 da Lei nº 13.709/2018 (proteção de dados).

(*d*) *Princípio da preservação da empresa*: por fim, é possível destilar o princípio da preservação da empresa como construção derivada da função social da propriedade e como derivação dos grupos de interesse que estão no entorno de uma organização empresária. Afirma Sheila C. Neder Cerezetti: "é justamente a compreensão da empresa como organização – ou seja, como ente capaz de coordenar interesses – que permite que a expressão 'preservação da empresa' seja aceita como elemento mínimo a todos os participantes" (Cerezetti, 2015, p. 23).

A evolução de tal princípio, é possível dizer, ocorreu em sede jurisprudencial, na medida em que os Tribunais superaram conceitos individualistas de preservação de interesses de uma pessoa em detrimento de todo ou na manutenção da organização e de todo o grupo de interesses no entorno dela. É o que se constata por uma análise histórica da jurisprudência de dissolução parcial de sociedades [t. II, §3, i. 3.7] e do processo falimentar antigo, ainda sob a égide do Decreto-Lei nº 7.661/45 [t. V, §1, i. 1].

No primeiro caso, a legislação contemplava somente a dissolução total da sociedade, mesmo que pleiteada por sócio minoritário; ou seja, era possível extinguir a sociedade e acabar com a atividade para atender o interesse de único sócio ou de grupo de sócios que pretendiam o fim da unidade produtiva. Com isso, a jurisprudência desenvolveu o entendimento de que a empresa deveria ser preservada em detrimento de interesses individuais, criando a dissolução parcial de sociedade com o pagamento dos haveres ao sócio dissidente ou herdeiros do sócio falecido (STJ – REsp nº 387 – Min. Waldemar Zveiter). Posteriormente, tais entendimentos influenciaram o direito positivo, surgindo regras de resolução da sociedade quanto a um sócio (arts. 1.028, 1.029 e 1.030 do CC), instabilizados pelo capítulo de dissolução parcial de sociedades do CPC (arts. 599 a 609 do CPC) [*t. II, §6, i. 6*].

Já no segundo caso, a preservação da empresa se revelou pelo conteúdo excessivamente procedimental da antiga lei de falências, que acabou por estimular a utilização do pedido falimentar para o fim de uma cobrança mais qualificada e com maior coerção (a ameaça da falência). Os Tribunais utilizaram a preservação da unidade produtiva para inibir a utilização indevida do processo. Seguindo a tendência mundial, posteriormente esse princípio foi positivado pela nossa vigente LREF (STJ – REsp nº 8.277 – Min. Savio de Figueiredo Teixeira).

A propósito, o art. 47 da LREF consolidou esse princípio como objetivo da norma de recuperação: "A recuperação judicial tem por objetivo viabilizar a superação da situação de crise econômico-financeira do devedor, a fim de permitir a manutenção da fonte produtora, do emprego dos trabalhadores e dos interesses dos credores, promovendo a preservação da empresa, sua função social e o estímulo à atividade econômica".

Percebe-se da interpretação do dispositivo que ele reconhece a preservação da empresa não somente como objetivo das regras de recuperação, mas também como promoção geral do ordenamento jurídico empresarial, haja vista que atua como vetor interpretativo que permeia toda a atividade, da administração à resolução quanto a um sócio, da formação à dissolução. Outros exemplos são a continuidade da empresa de incapaz por meio de representante, em detrimento da extinção (art. 974 do CC) e a exclusão extrajudicial do sócio que coloca em risco a continuidade da empresa (art. 1.085 do CC).

Excurso

Princípios de ordem econômica

- Soberania nacional
- Função social de propriedade
- Livre concorrência
- Defesa do consumidor
- Defesa do meio ambiente
- Redução de desigualdades regionais e sociais
- Busca do pleno emprego (?)
- Tratamentos favorecidos para pequenas empresas

Princípios do Código Civil unificado

- Eticidade
- Sociabilidade
- Operabilidade

Principiologia quadripartida do direito comercial

- Autonomia privada
- Confiança
- Risco de atividade
- Preservação da empresa

Jurisprudência

STJ – REsp nº 387 – Rel. Min. Waldemar Zveiter – j. 12/12/1989: "I – Dissolução parcial da sociedade, garantindo-se ao sócio remanescente, quando constituída por apenas dois sócios, dentro do prazo de um ano, recompor a empresa, com admissão de outro sócio cotista e ou ainda que como firma individual, sob pena de dissolução de pleno direito; assegurando-se ao sócio dissidente o recebimento de haveres que lhe são devidos. II – Inteligência do art. 206, alínea 'd', da Lei das Sociedades Anônimas, c/c o art. 18, do Decreto nº 3.708/19.

STJ – REsp nº 24.554 – Rel. Min. Waldemar Zveiter – j. 06/10/1992: "Na dissolução parcial, garante-se ao sócio remanescente continuar com a sociedade, por si, com firma individual ou com admissão de outro sócio".

STJ – Resp nº 111.294 – Rel. Min. Cesar Asfor Rocha – j. 21/09/2000: "O princípio da preservação da sociedade e de sua utilidade social afasta a dissolução integral da sociedade anônima, conduzindo à dissolução parcial".

STJ – REsp nº 8.277 – Rel. Min. Savio de Figueiredo Teixeira – j. 01/10/1991: "Não se pode supervalorizar norma não explícita em detrimento da massa, do falido e do próprio sistema jurídico, prestigiando privilégio, sobretudo quando se sabe que o direito falimentar, nos países mais desenvolvidos, tem por escopo principal a recuperação da empresa, para a preservação da atividade e dos empregos por esta gerados".

STJ – REsp nº 598.726 – Min. João Otávio de Noronha – j. 17/04/2007: "(...)1. A exigência de garantia real como condição para a autorização de impressão de documentos fiscais constitui violação do livre exercício de atividade econômica (art. 170, § 1º, da Constituição Federal) e causa constrangimento desnecessário ao contribuinte, uma vez que o Estado dispõe de outros instrumentos para cobrança de seus créditos. Precedentes".

STJ – RMS nº 30.777 – Min. Luiz Fux – j. 16/11/2010: "(...)6. É que o tratamento tributário diferenciado e privilegiado para as micro e pequenas empresas não as exonera do dever de cumprir as suas obrigações tributárias. A exigência de regularidade fiscal do interessado em optar pelo regime especial não encerra ato discriminatório, porquanto é imposto a todos os contribuintes, não somente às micro e pequenas empresas. Ademais, ao estabelecer tratamento diferenciado entre as empresas que possuem débitos fiscais e as que não possuem, vedando a inclusão das primeiras no sistema, o legislador não atenta contra o princípio da isonomia, porquanto concede tratamento diverso para situações desiguais. 7. O Simples Nacional é um benefício que está em consonância com as diretrizes traçadas pelos arts. 170, IX, e 179, da Constituição da República, e com o princípio da capacidade contributiva, porquanto favorece as microempresas e empresas de pequeno porte, de menor capacidade financeira e que não possuem os benefícios da produção em escala. 8. A adesão ao Simples Nacional é uma faculdade do contribuinte, que pode anuir ou não às condições estabelecidas, razão pela qual não há falar-se em coação (...)".

STJ – REsp nº 1.154.737 – Min. Luis Felipe Salomão – j. 21/10/2010: "(...) A leitura do acórdão recorrido conduz à equivocada conclusão de que o mero fato de ter elaborado o projeto de viabilidade econômico-financeira, para a obtenção de financiamento, traria àquela entidade a responsabilidade por todos os riscos do empreendimento, o que revela-se totalmente desarrazoado, por promover uma socialização indevida do risco empresarial ao transferi-lo a outros fatores, ou agentes, que não tiveram envolvimento direto com a ruína da empresa(...)".

STJ – REsp nº 1.158.815 – Min. Paulo de Tarso Sanseverino – j. 07/02/2012: "(...) Efetivamente, no Direito Empresarial, regido por princípios peculiares, como a liberdade de iniciativa, a liberdade de concorrência e a função social da empresa, a presença do princípio da autonomia privada é mais saliente do que em outros setores do Direito Privado. Naturalmente, mesmo no Direito Empresarial, pode haver a necessidade de mitigação do princípio da autonomia privada, especialmente quando houver desigualdade material entre as empresas contratantes".

STJ – REsp nº 1.023.172 – Min. Luis Felipe Salomão – j. 19/04/2012: "[...] 1. O princípio da preservação da empresa cumpre preceito da norma maior, refletindo, por conseguinte, a vontade do poder constituinte originário, de modo que refoge à noção de razoabilidade a possibilidade de valores inexpressivos provocarem a quebra da sociedade comercial, em detrimento da satisfação de dívida que não ostenta valor compatível com a repercussão socioeconômica da decretação da quebra".

STJ – REsp nº 1.284.035 – Min. Sidnei Benetti – j. 23/04/2013: "(...) Os transtornos causados pelo insucesso do negócio fazem parte do risco empresarial que se corre ao contratar financiamento com o objetivo de ampliar o negócio. Não há como se falar em abalo à honra da empresa e do empresário decorrente de situações dessa natureza, riscos corriqueiros no mundo empresarial".

STJ – 3ª T. – REsp nº 1.409.849 – Rel. Min. Paulo de Tarso Sanseverino – j. 26/04/2016: "(...) 2. O controle judicial sobre eventuais cláusulas abusivas em contratos empresariais é mais restrito do que em outros setores do Direito Privado, pois as negociações são entabuladas entre profissionais da área empresarial, observando regras costumeiramente seguidas pelos integrantes desse setor da economia. 3. Concreção do princípio da autonomia privada no plano do Direito Empresarial, com maior força do que em outros setores do Direito Privado, em face da necessidade de prevalência dos princípios da livre iniciativa, da livre concorrência e da função social da empresa (...)".

STJ – 3ª T. REsp nº 1.598.130 – Min. Ricardo Villas Bôas Cueva – j. 07/03/2017: "(...) O compromisso do Estado de promover o equilíbrio das relações consumeristas não é uma garantia absoluta, estando a sua realização sujeita à ponderação, na hipótese, quanto aos múltiplos interesses protegidos pelo princípio da preservação da empresa. 3. A Segunda Seção já realizou a interpretação sistemático-teleológica da Lei nº 11.101/2005, admitindo a prevalência do princípio da preservação da empresa em detrimento de interesses exclusivos de determinadas classes de credores, tendo atestado que, após o deferimento da recuperação judicial, prevalece a competência do Juízo desta para decidir sobre todas as medidas de constrição e de venda de bens integrantes do patrimônio da recuperanda. Precedentes. 4. Viola o juízo atrativo da recuperação a ordem de penhora on-line decretada pelo julgador titular do juizado especial, pois a inserção da proteção do consumidor como direito fundamental não é capaz de blindá-lo dos efeitos do processo de reestruturação financeira do fornecedor (...)".

STJ – 4ª T. – REsp nº 1.309.972 – Min. Luis Felipe Salomão – j. 27/04/2017: "(...) 5. A responsabilidade fundada na confiança visa à proteção de interesses que transcendem o indivíduo, ditada sempre pela regra universal da boa-fé, sendo imprescindível a quaisquer negociações o respeito às situações de confiança criadas, estas consideradas objetivamente, cotejando-as com aquilo que é costumeiro no tráfico social. 6. A responsabilidade pela quebra da confiança possui a mesma ratio da responsabilidade pré-contratual, cuja aplicação já fora reconhecida pelo STJ (REsp 1051065/AM, REsp 1367955/SP). O ponto que as aproxima é o fato de uma das partes gerar na outra uma expectativa legítima de determinado comportamento, que, após, não se concretiza. O ponto que as diferencia é o fato de, na responsabilidade pré-contratual, a formalização de um contrato ser o escopo perseguido por uma das partes, enquanto que na responsabilidade pela confiança, o contrato, em sentido estrito, não será, ao menos necessariamente, o objetivo almejado (...)".

Bibliografia: CAMARGOS, Ana Amélia Mascarenhas; COLLESI, Paula Castro. Empresas e direitos humanos, *Revista do Advogado*, 143/132. CANARIS, Claus-Wilhelm. *Handelsrecht*. 23.

ed. Munique: CHBeck, 2000. CANARIS, Claus-Wilhelm. *Pensamento Sistemático e Conceito de Sistema na Ciência do Direito*. 2ª ed. Tradução A. Menezes Cordeiro. Lisboa: Calouste Gulbenkian, 1996. CEREZETTI, Sheila C. Neder. *Princípio da preservação da empresa*. In: COELHO, Fabio Ulhoa. *Tratado de direito comercial*. v. 7. São Paulo: Saraiva, 2015. COELHO, Fabio Ulhoa. *Curso de direito comercial*. v. 3. 14. Ed. São Paulo: Saraiva, 2013. COMPARATO, Fábio Konder. *Direito empresarial*. São Paulo: Saraiva, 1990. COMPARATO, Fábio Konder. Estado, empresa e função social. RT, 732/38. CORDEIRO, Antonio Manuel da Rocha. A boa-fé no direito civil. v. II. Coimbra: Almedina, 1984. CRISTIANO, Romano. *Empresa é risco*. São Paulo: Malheiros, 2007. DE LUCCA, Newton. *A função social da empresa*. In: COELHO, Fabio Ulhoa. *Tratado de direito comercial*. v. 1. São Paulo: Saraiva, 2015. EHRENBERG, Victor. *Handbuch des gesamtes Handelsrechts*. 1. vol. Leipzig: Reisland, 1913. FEITOSA, Maria Luíza Pereira de Alencar Mayer. As relações multiformes entre contrato e risco, *RDM*, 139. FERRAZ JÚNIOR, Tercio Sampaio. *Introdução ao estudo do direito: técnica, decisão, dominação*. 4. ed. São Paulo: Atlas, 2003. FORGIONI, Paula A. *A evolução do direito comercial: da mercancia ao mercado*. São Paulo; Revista dos Tribunais, 2009. FRANCO, Vera Helena Mello. A função social da empresa. *Revista do Advogado*, n. 96/125. FRAZÃO, Ana. *Função social da empresa*. Rio de Janeiro: Renovar, 2011. GRAU, Eros. A ordem econômica na Constituição de 1988. 13. ed. São Paulo: Malheiros, 2008. KAHNEMAN, Daniel. *Rápido e devagar: duas formas de pensar*. Rio de Janeiro: Objetiva, 2012. LEVADA, Cláudio Antonio Soares. Anotações sobre o abuso de direito, *RT*, 667/44. LARENZ, Karl. *Metodologia da ciência do direito*. Trad. José Lamego. Lisboa: Calouste Gulbenkian, 1989. LEVADA, Cláudio Antonio Soares. Anotações sobre o abuso de direito, RT, 667/44. LOBO, Jorge. *Interpretação do direito comercial*. RDM, 115/55. MACHADO, Sylvio Marcondes. *Problemas de direito mercantil*. São Paulo: Max Limonad, 1970. MARQUES NETO, Floriano Peixoto; RODRIGUES JÚNIOR, Otavio Luiz; LEONARDO, Ro-drigo Xavier. Comentários à Lei de Liberdade Econômica. São Paulo: Thomson Reuters, 2019. MARTINS-COSTA, Judith Hofmeister. *A boa-fé no direito privado: sistema e tópica no processo obrigacional*. Editora Revistas dos Tribunais, São Paulo, 1999. MARTINS-COSTA, Judith Hofmeister. O direito privado como um "sistema em construção": as cláusulas gerais no projeto do código civil brasileiro. *RIL*, 35/5. MENDONÇA, J. X. Carvalho de. *Tratado de direito comercial brasileiro*. v. I. 5. Ed. Rio de Janeiro: Freitas Bastos, 1954. MÜLLER, Friedrich. *Métodos de trabalho do direito constitucional*. Rio de Janeiro: Renovar, 2005. REALE, Miguel. *Estudos preliminares do Código Civil*. São Paulo: Revista dos Tribunais, 2003. SALOMÃO FILHO, Calixto. *A fattispecie* empresário no Código Civil de 2002. Revista do Advogado 96/11. SCALZILLI, João Pedro; SPINELLI, Luis Felipe; TELLECHEA, Rodrigo. *Recuperação de empresas e falência*. 2. ed. São Paulo: Almedina, 2017. SCHMIDT, Karsten. *Handelsrecht*. 3. ed. Munique: Heymanns, 1987. SILVA, José Afonso da. *Comentário contextual à Constituição*. São Paulo: Malheiros, 2005. SZTAJN, Rachel. *A responsabilidade social das companhias*. RDM, 114/34. TOMAZETTE, Marlon. Empresário individual. In: COELHO, Fabio Ulhoa. *Tratado de direito comercial*. v. 1. São Paulo: Saraiva, 2015.

3. FONTES

A dinâmica e as características do Direito Comercial tornam peculiar a sua forma de engendrar as próprias fontes, já que a plenitude da autonomia privada, somada à criatividade do empresário, fazem gerar institutos e direitos que muitas vezes antecedem o próprio direito positivo estatal. Também há certa variação na compreensão de fontes a partir das correntes teóricas e jusfilosóficas adotadas pelos comercialistas ao longo de 2 séculos de valiosa produção doutrinária no Brasil.

Em geral, optam os juristas por classificar em *fontes primárias* (leis, regulamentos e tratados) e *fontes secundárias* (lei civil, usos e costumes, jurisprudência, analogia e princípios gerais do direito). O debate é longo porque envolve a *teoria das fontes* e uma longa e profusa construção de classificações justificativas da integração e completude do ordenamento jurídico para atribuir racionalidade, segurança e eficiência ordenamento jurídico liberal. Por meio da teoria das fontes, "torna-se possível regular o aparecimento contínuo e plural de normas de comportamento sem perder de vista a segurança e certeza das relações" (FERRAZ JÚNIOR, 2007, p. 227).

Para fins didáticos e com vistas à demarcação da racionalidade, trabalhamos com os critérios dogmáticos elaborados por TERCIO SAMPAIO FERRAZ JÚNIOR, classificando os modos de formação da norma jurídica a partir de lugares comuns (*topoi*) de objetividade, ou seja, levando-se em consideração a origem e a maneira como se constituem, mas indistintamente conformadoras de norma. São elas: fontes estatais; fontes menos objetivas; fontes negociais.

3.1. Fontes estatais

3.1.1. Constituição

É na Constituição Federal que as regras buscam fundamento de validade. Além disso, é o texto constitucional que delimita a Ordem Econômica e determina o mercado em que as organizações empresariais travarão seus negócios e trocas. Por isso, apesar de não ser objeto direto do direito comercial [*t. I, §1*], as regras de delimitação do mercado influenciam na interpretação das organizações e dos negócios.

Verifica-se o influxo de princípios da Ordem Econômica previstos no art. 170 da CF e de outras regras que determinam a forma de atuação do Estado como empresário, o papel regulador, as concessões de serviços públicos e as limitações setoriais a serem analisadas [*t. I, §3*].

3.1.2. Leis

A lei é fonte estatal de estabilização do consenso e de definição de critérios relevantes nas relações privadas. Aqui, o termo lei é tomando no sentido de lei ordinária, lei complementar, medida provisória e demais instrumentos do processo legislativo descrito no art. 59 da CF.

No Brasil, importante notar, compete privativamente à União legislar sobre direito comercial (art. 22, I, da CF), havendo competência concorrente com os Estados e Distrito Federal somente em relação às Juntas Comerciais (art. 24, III, da CF). Ressalve-se, ainda, o conteúdo da Súmula Vinculante nº 38, que admite competência do Município para fixar o horário de funcionamento de estabelecimento empresarial. Todos esses preceitos devem ser observados, doravante, com o suporte interpretativo da LLE, que relega os atos públicos enumerados (art. 1º, § 5º) à presunção de liberdade no exercício de atividade econômica (art. 2º, I), à garantia dos direitos de liberdade (art. 3º) e aos deveres da administração pública no exercício de regulamentação (art. 4º).

O conjunto de regras legais do direito comercial está esparso em diversos textos. O CCom foi revogado em sua maior parte, mas continua em vigor do art. 457 em diante, ao cuidar do Comércio Marítimo. O CC unificou o direito obrigacional e contratual e tratou dos títulos de crédito e do direito de empresa. De resto, existem diversos microssistemas que emolduram o direito comercial brasileiro, entre eles, a Lei nº 6.404/76 – Lei das Sociedades Anônimas (LSA), Lei nº 11.101/2005 – Lei de Recuperação de Empresas e Falência (LREF), Lei nº 9.279/96 – Lei de Propriedade Industrial (LPI), Lei nº 8.078/90 – Código de Defesa do Consumidor (CDC), partes da Lei nº 8.245/91 – Lei do Inquilinato (LI), Lei nº 7.357/85 – Lei do Cheque (LCh), Lei nº 5.764/71 – Lei das Cooperativas (LCoop), dentre outros diplomas que serão estudados ao longo da obra.

Importante notar que essa sobreposição de diplomas muitas vezes é geradora de antinomias e conflitos entre regras, demandando a aplicação do art. 2º, § 1º, da LINDB, dispondo que "lei posterior revoga a anterior quando expressamente o declare, quando seja com ela incompatível ou quando regule inteiramente a matéria de que tratava a lei anterior". Além disso, outros critérios e a jurisprudência serão importantes para algumas das conclusões doravante.

Finalmente, quanto à legislação, é importante compreender que a analogia não é fonte de direito, mas método de integração interpretativa sobremaneira útil para suprimir as lacunas do direito positivo. E são muitas, ante a técnica lacunosa do legislador em relação a regramentos supletivos para as sociedades [t. II, §3, i. 2.3] ante o descuido quanto à decadência em matéria societária [t. I, §3, i. 3.6] e todos os problemas relativos a títulos de crédito [t. IV, §1, i. 2], para apontar alguns exemplos.

Analogia

3.1.3. Tratados

Ressalvados os Tratados de direitos humanos com *status* de emenda constitucional (art. 5º, §§ 2º e 3º, da CF), os Tratados são recepcionados em território brasileiro com equivalência de lei ordinária, inclusive para fins de revogação de legislação anterior com o mesmo conteúdo. Diversos regramentos de direito comercial têm como fonte os Tratados, sendo exemplos a LUG, a Convenção da União de Paris (CUP) sobre marcas e a Convenção de Viena sobre Contratos de Compra e Venda Internacional de Mercadorias (CISG).

3.1.4. Precedentes vinculantes

Considerando o disposto no art. 103-A da CF e na Lei nº 11.417/2006, que instituíram e regulamentaram a súmula vinculante, além da cultura de precedentes que o CPC pretende implantar, é imprescindível compreender que as súmulas de natureza vinculante assumiram o caráter de direito estatal formal. Tais decisões tomadas reiteradamente sobre matéria constitucional, pelo STF, têm efeito vinculante em relação aos demais órgãos do Poder Judiciário e à administração pública direta e indireta, nas esferas federal, estadual e municipal.

Observa-se, então, a aplicabilidade da Súmula Vinculante nº 07 do STF, que cuidou de matéria de juros bancários: "A norma do § 3º do art. 192 da Constituição, revogada pela Emenda Constitucional nº 40/2003, que limitava a taxa de juros reais a 12% ao ano, tinha sua aplicação condicionada à edição de lei complementar". Esse preceito se aplica de imediato para condicionar a atuação de bancos.

Nessa linha, gera efeitos vinculantes com impactos em riscos e em custos de transação de contratos a Súmula Vinculante nº 25: "É ilícita a prisão civil de depositário infiel, qualquer que seja a modalidade do depósito". Assim, nos contratos de alienação fiduciária não se permite mais a prisão civil do depositário infiel, gerando novas cláusulas contratuais de estímulo de cumprimento do contrato.

Por ser matéria de interesse local, a Súmula Vinculante nº 38 admite que é "competente o Município para fixar o horário de funcionamento de estabelecimento comercial", gerando preceitos que afetam a atividade empresarial. Sob o ponto de vista de interferência municipal, entendeu o STF na Súmula Vinculante nº 49: "Ofende o princípio da livre concorrência lei municipal que impede a instalação de estabelecimentos comerciais do mesmo ramo em determinada área". A decisão do STF se alinha ao conteúdo do art. 4º da Lei 13.874/2019, que instituiu a DDLE, que inibe a criação de reserva de mercado e a entrada de novos competidores no mercado.

3.1.5. Regramento administrativo

Diversos regramentos infralegais, como Decretos, Instruções Normativas, Portarias e Pareceres podem ser referencial importante para a atuação empresarial. Essas regras normalmente são complementares e indicam procedimentos vinculantes da administração, como nos casos de Instruções Normativas da SUSEP para o setor de seguros privados e da ANS para as operadoras de planos de saúde.

Em face do conteúdo da LLE, a regras administrativas da atividade econômica deverão se produzir com os limites da Declaração de Direitos da Liberdade Econômica. Exemplo claro de cumprimento desse objetivo foi a Instrução Normativa DREI nº 81, de 10 de junho de 2020, que consolidou regras e diretrizes gerais do RPEM (Registro Público de Empresas e Atividades Afins), à luz da Declaração de Liberdade Econômica.

Excurso

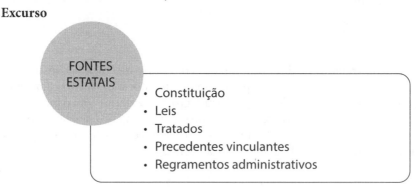

3.2. Fontes menos objetivas

3.2.1. Usos e costumes

O direito comercial é um direito especial, como dito, porque se vale das próprias fontes e muitas vezes é movido pela força propulsora do princípio da autonomia da vontade, que emoldura a prática com usos, com costumes e com contratos (CARVALHO DE MENDONÇA, 1953, v. 1, p. 183) que se consolidam para a realização da atividade lucrativa. Observa-se a formação de regras consuetudinárias que se legitimam pela crença e pela tradição, atribuindo-se-lhes autoridade e caráter normativo (FERRAZ JÚNIOR, 2007, p. 241). A diferenciação entre usos e costumes perdeu muito seu sentido, mas pode ser feita somente para essa confirmação.

Usos são reiterações uniformes de fatos. Os usos induzem práticas que podem se consolidar em disposições contratuais frequentemente aceitas e reconhecidas. Em relação aos usos, conclui GUSTAVO HAICAL que o CC os elevou às categorias de modelo hermenêutico (para elucidação de conceitos indeterminados e cláusulas gerais e de apresentação de comportamentos) e modelo jurídico (por conter força prescritiva) (HAICAL, 2012, p. 30 e 37).

Costumes são usos reiterados no tempo portadores de consenso social, tendo função indutora de norma e de interpretação. Os costumes transcendem do uso e da prática para a formação de regra geral reconhecida. Identificam-se, com TERCIO SAMPAIO FERRAZ JÚNIOR, dois elementos: *substancial*, consistente no uso reiterado no tempo e *relacional*, "composto pelo processo de institucionalização que explica a formação da convicção da obrigatoriedade" (FERRAZ JÚNIOR, 2007, p. 241). Tal força normativa é reconhecida inclusive por HANS KELSEN, para quem o costume é um dever-ser que, sendo reconhecido pela Constituição, pode até revogar o direito legislado (KELSEN, 1999, p. 157). Essa constatação permite identificar três outros tipos de costumes:

(*a*) *Praeter legem* são os costumes que cuidam de matérias não previstas em texto positivo de lei, mas não contrariam qualquer preceito de ordem pública ou da legislação. Têm função específica de integração sistêmica das lacunas do ordenamento jurídico, atendendo ao comando do art. 4º da LINDB. Assim, os usos e costumes podem ser sobrevalorizados para suplantar a função meramente interpretativa, adquirindo qualidade atributiva de direitos (FORGIONI, 2015, p. 135-140).

(*b*) *Secundum legem* são os costumes em conformidade com a lei e que reforçam a aplicação do texto legal ou até mesmo auxiliam na interpretação, seja da lei, seja dos negócios jurídicos. Exemplo dessa função é o art. 114 do CC, que pode ser ampliado para usos e costumes como critério, tal qual fazia o art. 131, 4, do CCom) (FORGIONI, 2009, p. 234-235). Pode ser citado o art. 432 do CC, que cuida da formação do contrato, ao prever que se o negócio for daqueles em que não seja costume a aceitação expressa, reputa-se aceito se não chegar a tempo a recusa. Ou então o art. 569, inciso II, do CC, que permite o pagamento de aluguéis segundo o costume, caso não haja pacto expresso. E, ainda, o art. 596 do CC que, ao cuidar do contrato de prestação de serviços, admite a fixação da remuneração pelo costume, caso não haja regra expressa. De mesma natureza são as regras dos arts. 599 e 615 do CC.

(*c*) *Contra legem* ou negativos, são os costumes que contrariam o texto expresso de lei. Sua aplicação é mais complexa, mas igualmente admissível (FERRAZ JÚNIOR, 2007, p. 243). Apesar de apenas tangenciar o tema por escapar aos limites do recurso, o STJ, no REsp nº 877.074, relatado pela Min. NANCY ANDRIGHI, mencionou a possibilidade de substituir disposição legal que não seja de ordem pública por costume ao qual as partes deem preferência, sobrepondo-se à lei. Em outros termos, a eficácia social da lei imperativa é mitigada pelo costume (mesmo que ele não seja registrado) (KELSEN, 1999, p. 157). JOSÉ DE OLIVEIRA ASCENSÃO ressalta, nesse sentido, que a lei revogadora de costume pode perder a sua eficácia e a "declaração legal perde-se no vazio" (ASCENSÃO, 2001, p. 268).

Há um processo de formação do costume: primeiramente, há lançamento do costume em contrato, com o posterior reconhecimento jurisprudencial; por fim, legitima-se tal costume como regramento coletivo tácito (CATAPANI, 2011, p. 29). Cabe ressalvar, com PAULA FORGIONI, que "*os usos e costumes refletem complexa interação entre texto normativo, atos dos comerciantes e jurisprudência*" (FORGIONI, 2009, p. 239), já que um costume adotado pode ser reconhecido como ilegal por Tribunais e, assim, perder a estabilidade e a legitimidade entre empresários.

A legislação permite o registro do costume, conforme art. 8º, inciso VI, da LRPEM. O registro não é fator de eficácia normativa de um costume, já que poderá ser demonstrado no processo como uso consensual (STJ – REsp nº 877.074). A prova do costume é de quem o alega, de modo a gerar controle e segurança para a aplicação com força normativa. Na emblemática decisão do REsp nº 877.074, reconheceu-se que o costume comercial pode ser provado por testemunhos e é fonte de direito, não constituindo mero hábito sem o caráter de obrigatoriedade. Afirmou a relatora: "É evidente que nem todo costume comercial existente estará assentado antes que surja uma oportunidade para que seja invocado em juízo, pois o uso necessariamente nasce na prática comercial e depois se populariza nas praças comerciais, até chegar ao ponto de merecer registro pela Junta Comercial".

3.2.2. Jurisprudência não vinculante

O interregno que permeia o encontro entre a atividade empresarial autorregulada e o direito estatal, não raro, é preenchido pela jurisprudência como *fonte interpretativa da própria lei* (FERRAZ JÚNIOR, 2007, p. 246). Esse chamamento de respostas ou de integração normativa pelo juiz se revela importantíssimo parâmetro, não somente para compreensão da licitude, mas para a definição de condutas preventivas no âmbito das organizações empresariais[4]. Não é desarrazoado

---

[4] Não se retoma, aqui, a vetusta doutrina alemã da jurisprudência cautelar (*Kautelarjurisprudenz*) para elaboração de contratos e formulação de condições regulamentares (*Reglementierungsbedingungen*), de modo que o homem prudente de negócios deveria incluir todas as hipóteses possíveis num contrato,

dizer que a jurisprudência brasileira cumpriu papel relevante nesse descompasso ontológico do regramento do tráfico mercantil e para a evolução da estabilidade interpretativa.

Por isso, não é impróprio exemplificar com algumas situações paralelas à presente análise: (*a*) produziu-se rica jurisprudência de dissolução de sociedades que permeou por muitos anos a omissão do Decreto n° 3.708/1919 sobre sociedades por quotas de responsabilidade limitada; (*b*) outro caso é da jurisprudência sobre a desconsideração da personalidade jurídica, que acabou gerando verdadeira crise [*t. II, §3, i. 4.2*], mas também influenciou no acolhimento da teoria no direito brasileiro, inclusive com regras positivadas; (*c*) igualmente variável, mas não menos importante, é o conjunto de casos que vai se formando sobre o *insider trading* em mercado de capitais, fornecendo parâmetros seguros para atuação de administradores; (*d*) por fim, não é demasiado ressaltar a relevância do julgamento da Ação Penal n° 470 pelo STF e de alguns fundamentos doutrinários do conjunto de casos da operação alcunhada de "Lava-Jato", que estabeleceram parâmetros relevantes de atuação de administradores de sociedades e para a guinada da autorregulação regulada internamente nas empresas.

3.2.3. Decisões arbitrais

A arbitragem é método de solução privada de controvérsias, previsto em lei e com reconhecimento de constitucionalidade. Por meio de cláusula compromissória em contrato, as partes estipulam que as controvérsias de direitos disponíveis serão resolvidas fora da estrutura do Poder Judiciário, proferindo-se sentença arbitral por Câmaras institucionalizadas ou árbitros particulares eleitos pelas partes. A decisão se torna irrecorrível e resolve a controvérsia, com exequibilidade que se obtém, posteriormente, junto ao Poder Judiciário. Esse instrumento ganha cada vez mais espaço sobretudo em matéria contratual e societária, sendo importante referencial para quem estuda o direito comercial.

O que importa considerar é que os árbitros têm funções equivalentes àquelas de juízes e proferem decisões vinculantes das partes. Nessa ordem de ideias, é possível equiparar o precedente arbitral àquele da jurisprudência estatal não vinculante? Consideramos que sim, apesar de ser complicada a identificação da similitude de casos e a superação do sigilo – normalmente presente na arbitragem – como fator de utilização do precedente.

Entretanto, não há impeditivo para essa utilização, desde que ocorra autorização das partes para a quebra do sigilo. A própria Câmara Arbitral poderá estabelecer coletânea de julgados e súmulas internas que sirvam de referencial às partes e aos próprios árbitros – que, de resto, continuarão com a autonomia plena para a formação de seu livre convencimento. Seria possível admitir a equiparação de efeitos de precedente àquela da jurisprudência estatal não vinculante, como *fonte de interpretação da lei*.

3.2.4. Lex mercatoria

Esse conjunto de regras consuetudinárias medievais influenciou o comércio marítimo e internacional até meados do século XIX e várias de suas regras foram incorporadas nas grandes codificações que se seguiram, sobretudo na fase objetiva [*t. I, §1, i. 3*]. Discute-se, atualmente, se essas regras foram reavivadas e se ainda representam fonte para o direito comercial, independentemente do direito estatal.

---

tornando-o completo (EHRLICH, 1936, p. 185). Essa completude há muito foi superada, também pela integração das regras do contrato ao sistema de direito positivo. Nada obstante, KARSTEN SCHMIDT ainda coloca a *Kautelarjurisprudenz* nas fontes do direito societário, sobressaltando a função da jurisprudência e o papel do juiz na transcendência institucional (*institutionellen Tragweite*) das decisões (SCHMIDT, 2002. p. 35).

A intensificação do comércio internacional e a solução de controvérsias por meio de arbitragens internacionais representam indício de que essas regras costumeiras voltaram a ser invocadas. Entre os doutrinadores há correntes que descrevem meras regras esparsas e inconsistentes. Outros, entretanto, creem na *lex mercatoria* já como conjunto novamente sistematizado e proveniente de convenções internacionais UNIDROIT (*Institut pur L'Unification Du Droit*), regras modelo da UNCITRAL (*United Nations Commition on Contractos for International Trade Law*) e CISG (*United Nations Convention on Contractos for International Sale of Goods*). Além deles, podem ser citados contratos-tipo e modelos de compra e venda, crédito e transporte de diversas organizações internacionais.

Compreendemos que essa é uma força inexorável do comércio e a comunidade internacional de comerciantes tem capacidade de legitimar e exigir a aplicação de suas próprias regras costumeiras, distintas dos ordenamentos estatais. Tais regras, no entanto, devem ser conciliadas com a soberania nacional e com Comunidades Econômicas supranacionais (como a europeia e o Mercosul), num contexto bem mais complexo do que na origem medieval da *lex mercatoria*.

Bibliografia (*lex mercatoria*): BERGER, Klaus Peter. *The Creeping Codification of the new Lex Mercatoria*. Austin: Wolters Kluwer, 2010. GOLDMAN, Berthold, Les frontiéres du droit et lex mercatoria. *Archives de Philosophie du Droit*. n. 9, 1964, p. 177. GALGANO, Franceso. *Lex mercatoria: storia del diritto commerciale*. Bolonha: Il Mulino, 1998. HUCK, Hermes Marcelo. *Sentença estrangeira e Lex Mercatoria: horizontes do comércio internacional*. São Paulo: Saraiva, 1994.

Excurso

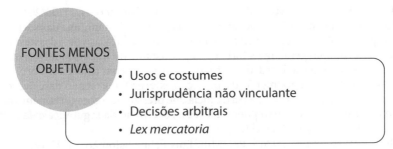

3.3. Fontes negociais e de maior subjetividade

3.3.1. Contratos

As fontes negociais têm origem na atividade privada e são portadoras de carga de validade acentuada para as partes contratantes. Em função dessas características, CARVALHO DE MENDONÇA não as considerava fonte do direito comercial (CARVALHO DE MENDONÇA, 1953, v. 1, p. 131). Diante de disposições contratuais vinculantes das partes e, em alguns casos, com produção de efeitos para terceiros, é possível afirmar que os contratos podem ser fonte de direito comercial pela interação com usos e práticas reconhecidos. Essa é a situação, por exemplo, de cláusulas em acordos de acionistas como *put/call*, *drag along*, dentre outras, que carecem de previsão legislativa, mas são aceitas e muito usadas (FORGIONI, 2009, p. 237).

Em alguns casos peculiares, a própria legislação determina força normativa a alguns contratos, como no caso das concessões mercantis que, nos arts. 18 e 19 da Lei nº 6.729/79 preveem uma convenção da categoria econômica para explicitar princípios e regras de interesse dos produtores e distribuidores de veículos automotores e resolver, por decisão arbitral, as questões que lhe forem submetidas pelo produtor e a entidade representativa da respectiva rede de distribuição. Tal tipo de pactuação de regras em rede também pode ser ampliada para as franquias, por exemplo.

3.3.2. Doutrina e equidade

TERCIO SAMPAIO FERRAZ JÚNIOR aponta a doutrina e os sentimentos de justiça e equidade como fonte de maior subjetividade, ao lado das fontes negociais (FERRAZ JÚNIOR, 2007, p. 227). De fato, a descrição da doutrina, desde que obtida cientificamente, tem efeito de induzir alterações no sistema de direito positivo, permitindo a interpretação de preceitos normativos com fundamentos na ciência do Direito.

De outro lado, a equidade também pode ser vista como fonte, inclusive sendo admitida como instrumento de solução de controvérsias na arbitragem, a critério das partes (art. 2º, *caput*, da Lei nº 9.307/96).

Excurso

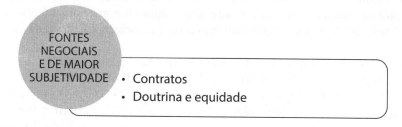

Jurisprudência

STJ – 4ª T. – REsp nº 1.377.908 – Rel. Min. Luis Felipe Salomão – j. 21/05/2013: "Nas avenças mercantis típicas, em que não há dependência econômica de nenhuma das sociedades empresárias, 'as partes sabem que, estabelecido o vínculo do acordo, as vontades devem orientar-se segundo um princípio geral, mais forte e mais constante do que os mutáveis interesses individuais. Nesse esquema, a liberdade (autonomia privada) é sacrificada em prol da segurança, da previsibilidade (ou, literalmente, da 'proteção externa')', não sendo desejável que seja dada ao contrato uma interpretação diversa daquela que pressupõe o comportamento normalmente adotado (usos e costumes). Isso poderia levar ao sacrifício da segurança e da previsibilidade jurídicas, a um nível insuportável (...)".

STJ – 4ª T. – REsp nº 1.013.976 – Rel. Min. Luis Felipe Salomão – j. 17/05/2012: "(...) Ademais, os negócios jurídicos devem ser interpretados conforme os usos e costumes (art. 113, CC/02), e se mostra comum a prática de os sócios assumirem a posição de garantes pessoais das obrigações da sociedade da qual fazem parte (por aval ou por fiança), de modo que a interpretação pleiteada pelo ora recorrente não se distancia – ao contrário, aproxima-se – do que normalmente ocorre no tráfego bancário".

STJ – 4ª T. – REsp nº 1.015.379 – Rel. Min. Luis Felipe Salomão – j. 16/02/2012: "As instâncias ordinárias apuraram que, anteriormente à edição de norma técnica da ABNT (2004) estabelecendo o conceito de "área útil", o que prevalecia, conforme os costumes locais, confundia-se com o de 'área privativa', descartada a possibilidade de má-fé por parte da compromissária vendedora. Desse modo, como não havia conceito seguro acerca do que consiste a "área útil", o caso, nos termos dos artigos 126 do Código de Processo Civil e 4º da Lei de Introdução às Normas do Direito Brasileiro, deve ser solucionado de acordo com a analogia, os costumes e os princípios gerais de direito".

STF – RE nº 79545 – Rel. Min. Aliomar Baleeiro – j. 22/11/1974: "VENDAS A TERMO – USOS E COSTUMES. I. Nas operações de venda de cacau a termo, os usos e costumes preenchem o vazio das disposições legais, que reconhecem a licitude desses negócios inevitavelmente expostos à especulação da Bolsa de Mercadorias. II. Nenhuma lei reserva ao produtor, que vende a termo, a mais-valia decorrente da alta de preços entre o fechamento e a liquidação do negócio. III. Não nega vigência aos arts. 1.092 e 1.130, do Código Civil, o Acórdão, que, interpretando cláusulas contratuais e os usos e costumes da praça, decidiu que o comprador, depois de interpelar o vendedor, não estava obrigado a depositar previamente o preço para exigir a entrega da mercadoria".

STJ – REsp nº 1.441.457 – Rel. Min. Mauro Campbell Marques – j. 16/03/2017: "O CPC/2015 estabelece em seu art. 926 que é dever dos tribunais uniformizar a sua jurisprudência e mantê-la estável, íntegra e coerente. A integridade e coerência da jurisprudência exigem que os efeitos vinculante e persuasivo dos fundamentos determinantes (arts. 489, § 1º, V; 927, § 1º; 979, § 2º; 1.038, § 3º) sejam empregados para além dos processos que enfrentam a mesma questão, abarcando também processos que enfrentam questões outras, mas onde os mesmos fundamentos determinantes possam ser aplicados. Tal o caso destes autos".

STJ – REsp nº 877.074 – Rel. Min. Nancy Andrighi – j. 12/05/2009 – Costume contra legem e registro.

STF – RE nº 1.010.606 – Rel. Min. Dias Toffoli – Inocorrência de um direito ao esquecimento como limitação à liberdade de expressão.

STF – AP nº 470 – Rel. Min. Joaquim Barbosa – j. 22/05/2014 – Corrupção ativa, domínio do fato e função dos administradores.

Bibliografia (fontes): ANTUNES, José Engracia. *A "consuetudo mercatorum" como fonte do direito comercial.* RDM, 146/7. ASCENSÃO, José de Oliveira. *O direito. Introdução e teoria geral.* 2. ed. Rio de Janeiro, Renovar, 2001. CANARIS, Claus-Wilhelm. *Handelsrecht.* 23. ed. Munique: CHBeck, 2000. CANARIS, Claus-Wilhelm. *Pensamento Sistemático e Conceito de Sistema na Ciência do Direito.* 2ª ed. Tradução A. Menezes Cordeiro. Lisboa: Calouste Gulbenkian, 1996. CANOTILHO, J.J. Gomes; MOREIRA, Vital. *Fundamentos da Constituição.* Coimbra: Coimbra, 1991. CATAPANI, Marcio Ferro. *Os costumes mercantis e o seu assentamento pela Jucesp*, RDM, 158/27. EHRENBERG, Victor. *Handbuch des gesamtes Handelsrechts.* 1. vol. Leipzig: Reisland, 1913. EHRLICH, Eugen. *Fundamental principles of the sociology of law.* Transaction Publishers, 1936. FERRAZ JÚNIOR, Tercio Sampaio. *Introdução ao estudo do direito: técnica, decisão, dominação.* 4. ed. São Paulo: Atlas, 2003. FORGIONI, Paula A. *A evolução do direito comercial: da mercancia ao mercado.* São Paulo: Revista dos Tribunais, 2009. FORGIONI, Paula A. *Contratos empresariais: teoria geral e aplicação.* São Paulo: Revista dos Tribunais, 2015. HAICAL, Gustavo. Os usos do tráfico como modelo jurídico e hermenêutico no Código Civil de 2002. RDP, 50/11. KELSEN, Hans. *Teoria pura do direito.* 6. ed. São Paulo: Martins Fontes, 1999. MENDONÇA, J. X. Carvalho de. *Tratado de direito comercial brasileiro.* v. I. 5. Ed. Rio de Janeiro: Freitas Bastos, 1954. SCHMIDT, Karsten. *Handelsrecht.* 3. ed. Munique: Heymanns, 1987. SILVA, José Afonso da. *Comentário contextual à constituição.* São Paulo: Malheiros, 2005. WALD, Arnoldo. *A introdução da "Lex Mercatoria" no Brasil e a criação de uma nova dogmática.* RDM, 100/20.

§3

A ORDEM ECONÔMICA E O DIREITO COMERCIAL

1. INFLUÊNCIA DO TEXTO CONSTITUCIONAL ECONÔMICO

As bases da ordem econômica e financeira brasileira estão lançadas entre os arts. 170 e 192 da CF, em quatro capítulos que cuidam dos princípios, da política urbana, da política agrícola, fundiária e reforma agrária e do sistema financeiro nacional.

É fundamental conhecer os princípios e regras da ordem econômica para a adequada interpretação do Direito Comercial, afinal, a maior parte das interpretações passam por adequada inserção do tema pelo fundamento de validade constitucional. Além dos princípios do art. 170 da CF [*t. I, §1, i. 2*], ainda é possível enumerar a influência de diversos direitos fundamentais, que podem ser enumerados sem intuito exauriente: (*a*) livre exercício do trabalho, ofício ou profissão, atendidas as qualificações profissionais que a lei estabelecer (art. 5º, inciso XIII); (*b*) plena liberdade de associação para fins lícitos, vedada a de caráter paramilitar (art. 5º, inciso XVII), com proibição do registro do ato constitutivo de atividades ilícitas, "ou contrários, nocivos ou perigosos ao bem público, à segurança do Estado e da coletividade, à ordem pública ou social, à moral e aos bons costumes" (art. 115 da LRP); (*c*) a criação de associações e, na forma da lei, a de cooperativas independentemente de autorização, sendo vedada a interferência estatal em seu funcionamento (art. 5º, inciso XVII); (*d*) as associações só poderão ser compulsoriamente dissolvidas ou ter suas atividades suspensas por decisão judicial, exigindo-se, no primeiro caso, o trânsito em julgado (art. 5º, inciso XIX); (*e*) ninguém poderá ser compelido a associar-se ou a permanecer associado (art. 5º, inciso XX); (*f*) as entidades associativas, quando expressamente autorizadas, têm legitimidade para representar seus filiados judicial ou extrajudicialmente (art. 5º, inciso XXI); (*g*) ninguém será privado da liberdade ou de seus bens sem o devido processo legal (art. 5º, inciso LIV); (*h*) participação nos lucros, ou resultados, desvinculada da remuneração, e, excepcionalmente, participação na gestão da empresa, conforme definido em lei (art. 7º, inciso XI).

Exemplo dessa aplicação do texto constitucional se dá com os julgados do STF no RE nº 158.215-4, relatado pelo Min. MARCO AURÉLIO e RE nº 201.819-RJ do Min. GILMAR MENDES, que atribuem ao sócio direito de defesa em reunião ou assembleia antes de proceder à exclusão [*t. II, §3, i. 3.7.1*].

O texto constitucional define o espaço de atuação do Estado e dos particulares em atividades empresariais, com um conjunto de regras de funcionamento do mercado. Nesse contexto, a *Constituição econômica*[1] brasileira de 1988 foi originalmente carregada por forte presença estatal, com posterior alteração por reformas dos anos 90.

---

[1] "Trata-se do conjunto de normas e de princípios constitucionais que caracterizam basicamente a organização econômica, determinam as principais regras do seu funcionamento, delimitam a esfera de ação dos

A atuação direta do Estado em atividade econômica foi autorizada pelo art. 173 da CF quando necessária aos imperativos da segurança nacional ou a relevante interesse coletivo. Tal condicionamento é consequente ao protagonismo do Estado no papel de agente normativo e regulador da atividade econômica, com funções de fiscalização, incentivo e planejamento (art. 174 da CF). Assim, a organização da atividade econômica estatal é feita por meio da empresa pública – com controle total do Estado – e da sociedade de economia mista e suas subsidiárias – com controle majoritário. Referidas sociedades têm regulação específica pela Lei nº 13.303/2016 (LEstatais), que traz importantes preceitos de governança corporativa que especificam o modelo das sociedades anônimas.

A outra faceta de atuação econômica, que se identifica a partir da sede constitucional, é o papel regulador do Estado em relação aos serviços públicos e para o adequado funcionamento do mercado. Dispõe o art. 175 da CF que, se o Estado não atuar diretamente, poderá conceder ou permitir a particulares, por meio de licitação, a prestação de serviços públicos.

Destaca-se, ainda, o papel das agências reguladoras, que têm como características: (*a*) competência decisória em âmbito administrativo; (*b*) estabilidade dos dirigentes; (*d*) ausência de vínculo hierárquico com a administração direta; (*e*) função técnico-normativa.

Não é demais ressaltar a retomada de participação do Estado brasileiro em sociedades privadas, sob o manto de criação de competidores globais. Essa estratégia se dá sobretudo por meio do BNDESPar, subsidiária integral de investimentos em *private equity* e *venture capital* do banco público, assim como com investimentos minoritários feitos por fundações operadoras dos fundos de pensão estatais.

Jurisprudência

STF – 2ª T. – RE nº 201.819 – Rel. Min. Gilmar Mendes – j. 27/10/2006: "(...) As violações a direitos fundamentais não ocorrem somente no âmbito das relações entre o cidadão e o Estado, mas igualmente nas relações travadas entre pessoas físicas e jurídicas de direito privado. Assim, os direitos fundamentais assegurados pela Constituição vinculam diretamente não apenas os poderes públicos, estando direcionados também à proteção dos particulares em face dos poderes privados. II. OS PRINCÍPIOS CONSTITUCIONAIS COMO LIMITES À AUTONOMIA PRIVADA DAS ASSOCIAÇÕES. A ordem jurídico-constitucional brasileira não conferiu a qualquer associação civil a possibilidade de agir à revelia dos princípios inscritos nas leis e, em especial, dos postulados que têm por fundamento direto o próprio texto da Constituição da República, notadamente em tema de proteção às liberdades e garantias fundamentais. O espaço de autonomia privada garantido pela Constituição às associações não está imune à incidência dos princípios constitucionais que asseguram o respeito aos direitos fundamentais de seus associados. A autonomia privada, que encontra claras limitações de ordem jurídica, não pode ser exercida em detrimento ou com desrespeito aos direitos e garantias de terceiros, especialmente aqueles positivados em sede constitucional, pois a autonomia da vontade não confere aos particulares, no domínio de sua incidência e atuação, o poder de transgredir ou de ignorar as restrições postas e definidas pela própria Constituição, cuja eficácia e força normativa também se impõem, aos particulares, no âmbito de suas relações privadas, em tema de liberdades fundamentais (...). A vedação das garantias constitucionais do devido processo legal acaba por restringir a própria liberdade de exercício profissional do sócio. O caráter público da atividade exercida pela sociedade e a dependência do vínculo associativo para o exercício profissional de seus sócios legitimam, no caso concreto, a aplicação direta dos direitos fundamentais concernentes ao devido processo legal, ao contraditório e à ampla defesa (art. 5º, LIV e LV, CF/88)".

---

diferentes sujeitos econômicos, prescrevem os grandes objetivos da política econômica, enfim, constituem as bases fundamentais da ordem jurídico-política da economia" (Canotilho; Moreira, 1991, p. 151).

TJPR – 7ª Câm. Civ. – Ap nº 1677.297-5 – Rel. Des. D'Artagnan Serpa Sá – j. 18/07/2017 – "(...) Exclusão de sócio patrimonial. Ausência de garantia da ampla defesa e do contraditório – Art. 5º, inciso IV, da Constituição Federal. Direito constitucionalmente assegurado. Cláusula do estatuto social ilícita (...)".

Bibliografia FORGIONI, Paula A. *Importações paralelas no Brasil: a propriedade industrial nos quadrantes dos princípios constitucionais*, RDM, 149-150/187. ISFER, Edson; RIBEIRO, Marcia Carla Pereira. *Direito de (des)associação e o princípio da manutenção da empresa*, RDM, 151-152/79.

2. OPÇÃO REFORMADORA DA CONSTITUIÇÃO ECONÔMICA ORIGINÁRIA

Com a inépcia estrutural promovida pela ordem constitucional originária, ocorreram mudanças profundas derivadas: (a) da modificação do § 1º do art. 176, pela Emenda Constitucional nº 06/95, que empreendeu, por exemplo, a permissão de pesquisa e a lavra de recursos minerais mediante autorização ou concessão da União, no interesse nacional, por brasileiros ou empresa constituída sob as leis brasileiras e que tenha sua sede e administração no País, com peculiaridade em relação à faixa da fronteira e às terras indígenas; (b) da modificação, pela Emenda nº 09/95, do monopólio do petróleo, podendo a União contratar com empresas estatais ou privadas a realização das atividades previstas nos incisos I a IV do art. 177, conforme prevê o § 1º do mesmo dispositivo; (c) da modificação, pela Emenda nº 36/2002, do critério de participação de pessoas jurídicas estrangeiras na formação do capital social das empresas jornalísticas e de radiodifusão sonora e de sons e imagens, admitindo-se que, pelo menos setenta por cento do capital total e do capital votante das empresas jornalísticas e de radiodifusão sonora e de sons e imagens pertença, direta ou indiretamente, a brasileiros natos ou naturalizados há mais de dez anos, que exercerão obrigatoriamente a gestão das atividades e estabelecerão o conteúdo da programação (art. 222 da CF); (d) revogação do art. 171 pela mesma EC nº 06/95, acabando com a distinção constitucional entre empresa brasileira e empresa brasileira de capital nacional.

A curta vigência do art. 171, por exemplo, demonstrou o enorme equívoco histórico e o freio de desenvolvimento que a classificação constitucional determinou. A regra representava contrapeso para o incremento das relações internacionais tendentes a alcançar os movimentos globalizantes de circulação de capitais, pessoas e, sobretudo, da necessidade de incrementação da circulação de mercadorias e serviços. Atualmente, se as sociedades estrangeiras visam à atuação dentro do Brasil, necessitam de autorização do Poder Executivo federal, o que deverá ocorrer de acordo com os arts. 1.134 a 1.141 do CC (HENTZ; DINIZ, 2004).

3. INFLUÊNCIA CONSTITUCIONAL NO DIREITO COMERCIAL

A obtenção do sentido da norma constitucional é potencialmente voltada para todos os órgãos estatais e para os agentes econômicos. É nesse sentido que os preceitos constitucionais são utilizados em Direito Comercial basicamente para três funções: (a) interpretativa; (b) pauta para a atuação direta e indireta do Estado; (c) moldura e garantia de preservação do mercado.

A função interpretativa se dá por meio dos princípios, aqui já enunciados. [t. I, §2]

A limitação de atuação do Estado ocorre com base no art. 173 da CF, que autoriza a "exploração direta de atividade econômica pelo Estado só será permitida quando necessária aos imperativos da segurança nacional ou a relevante interesse coletivo, conforme definidos em lei". Essa atuação é instrumentalizada por empresas públicas (de controle integral do Estado) e por sociedades de economia mista (de controle majoritário do Estado, com admissão de capitais privados de investidores). Por meio de lei, é feito o estatuto da empresa pública e da sociedade de economia mista (art. 173, § 1º), definindo: I – sua função social e formas de fiscalização pelo Estado e pela sociedade; II – a sujeição ao regime jurídico próprio das empresas privadas, inclusive quanto aos direitos e obrigações civis, comerciais, trabalhistas e tributários; III – licitação e contratação de obras, serviços, compras e alienações, observados os princípios da administração pública; IV – a constituição e o funcionamento dos conselhos de administração e fiscal, com a participação de acionistas minoritários; V – os mandatos, a avaliação de desempenho e a responsabilidade dos administradores. Tais preceitos foram concretizados por meio da Lei nº 13.303/2016 (LEstatais).

Tem sido comum a participação minoritária por meio de estímulos econômicos de Bancos de desenvolvimento, como no caso do BNDES e seu ramo de investimentos, além das participações em grupos e consórcios das próprias empresas públicas e sociedades de economia mista com "práticas de governança e controle proporcionais à relevância, à materialidade e aos riscos do negócio do qual são partícipes" (art. 1º, § 7º, da LEstatais).

Por fim, se um empresário ou sociedade empresária intenta atuar em território brasileiro, é crucial que utilize os fundamentos jurídicos da estrutura econômica da CF. Esse pressuposto ocorre a partir dos princípios que fundamentam a ordem econômica (decisivos na atividade empresarial) [t. I, §2, i. 2.1] e com a definição de pressupostos de atuação direta do Estado, regras gerais para concessões de serviços públicos e setores regulados, regras de estímulos específicos para setores socialmente sensíveis (como micro e pequenas empresas e cooperativas) e regras especiais limitadoras (como impedimentos para atuação de cargos eletivos em empresas de radiodifusão e restrição de controle de empresas estrangeiras em empresas de telecomunicação, por exemplo).

Outra relação importante é que determinados negócios ocorridos sob a regência do direito comercial podem trazer impactos decisivos no âmbito concorrencial, afetando a liberdade de concorrência e implicando atuação das autoridades antitruste para o controle de estruturas e condutas que prejudiquem o acesso de concorrentes no mercado.

Jurisprudência:

STJ – 3ª T. – REsp 646.221 – Min. Nancy Andrighi – j. 19/04/2005: "Não há como compelir o sócio a manter-se indefinidamente na sociedade estabelecida por tempo indeterminado, principalmente quando há ruptura da *affectio societatis*".
STF – RE 597.165 Agr – Rel. Min. Celso de Mello – j. 04/11/2014: "O estatuto constitucional das franquias individuais e liberdades públicas, ao delinear o regime jurídico a que estas estão sujeitas – e considerado o substrato ético que as informa –, permite que sobre elas incidam limitações de ordem jurídica (RTJ 173/807-808), destinadas, de um lado, a proteger a integridade do interesse social e, de outro, a assegurar a coexistência harmoniosa das liberdades, pois nenhum direito ou garantia pode ser exercido em detrimento da ordem pública ou com desrespeito aos direitos e garantias de terceiros. A regulação estatal no domínio econômico, por isso mesmo, seja no plano normativo, seja no âmbito administrativo, traduz competência constitucionalmente assegurada ao Poder Público, cuja atuação – destinada a fazer prevalecer os vetores condicionantes da atividade econômica (CF, art. 170) – é justificada e ditada por razões de interesse público, especialmente aquelas que visam a preservar a segurança da coletividade. A obrigação do Estado, impregnada de qualificação constitucional, de proteger a integridade de valores fundados na preponderância do interesse social e na necessidade de defesa da incolumidade pública legitima medidas governamentais, no domínio econômico, decorrentes do exercício do poder de polícia, a significar que os princípios que regem a atividade empresarial autorizam, por efeito das diretrizes referidas no art. 170 da Carta Política, a incidência das limitações jurídicas que resultam do modelo constitucional que conforma a própria estruturação da ordem econômica em nosso sistema institucional. (...) Diploma legislativo local que condiciona determinadas atividades empresariais à estrita observância

da cláusula de incolumidade destinada a impedir a exposição da coletividade a qualquer situação de dano. Vedação da edificação e instalação 'de postos de abastecimento, lavagem e lubrificação nos estacionamentos de supermercados e hipermercados e similares, bem como de teatros, cinema, shopping centers, escolas e hospitais públicos' (Lei Complementar distrital 294/2000, art. 2º, § 3º)".

STF – ADI 845 – Rel. Min. Eros Grau – j. 22/11/2007: "Os transportes coletivos de passageiros consubstanciam serviço público, área na qual o princípio da livre iniciativa (...) não se expressa como faculdade de criar e explorar atividade econômica a título privado. A prestação desses serviços pelo setor privado dá-se em regime de concessão ou permissão, observado o disposto no art. 175 e seu parágrafo único da CF. A lei estadual deve dispor sobre as condições dessa prestação, quando de serviços públicos da competência do Estado-membro se tratar".

STF – AC 1.657 MC – Rel. Min. Cezar Peluso – j. 27/06/2007 – "A defesa da livre concorrência é imperativo de ordem constitucional (art. 170, IV) que deve harmonizar-se com o princípio da livre iniciativa (art. 170, *caput*). Lembro que 'livre iniciativa e livre concorrência, esta como base do chamado livre mercado, não coincidem necessariamente. Ou seja, livre concorrência nem sempre conduz à livre iniciativa e vice-versa (cf. Farina, Azevedo, Saes: Competitividade: Mercado, Estado e Organizações, São Paulo, 1997, cap. IV). Daí a necessária presença do Estado regulador e fiscalizador, capaz de disciplinar a competitividade enquanto fator relevante na formação de preços ...' Calixto Salomão Filho, referindo-se à doutrina do eminente Min. Eros Grau, adverte que "livre iniciativa não é sinônimo de liberdade econômica absoluta (...). O que ocorre é que o princípio da livre iniciativa, inserido no caput do art. 170 da CF, nada mais é do que uma cláusula geral cujo conteúdo é preenchido pelos incisos do mesmo artigo. Esses princípios claramente definem a liberdade de iniciativa não como uma liberdade anárquica, porém social, e que pode, consequentemente, ser limitada".

STF – RE 422.941 – Rel. Min. Carlos Velloso – j. 05/12/2005 – "A intervenção estatal na economia, mediante regulamentação e regulação de setores econômicos, faz-se com respeito aos princípios e fundamentos da Ordem Econômica. CF, art. 170. O princípio da livre iniciativa é fundamento da República e da Ordem econômica: CF, art. 1º, IV; art. 170. Fixação de preços em valores abaixo da realidade e em desconformidade com a legislação aplicável ao setor: empecilho ao livre exercício da atividade econômica, com desrespeito ao princípio da livre iniciativa".

STF – ADI 1.950 – Rel. Min Eros Grau – j. 03/11/2005 – "É certo que a ordem econômica na Constituição de 1988 define opção por um sistema no qual joga um papel primordial a livre iniciativa. Essa circunstância não legitima, no entanto, a assertiva de que o Estado só intervirá na economia em situações excepcionais. Mais do que simples instrumento de governo, a nossa Constituição enuncia diretrizes, programas e fins a serem realizados pelo Estado e pela sociedade. Postula um plano de ação global normativo para o Estado e para a sociedade, informado pelos preceitos veiculados pelos seus arts. 1º, 3º e 170. A livre iniciativa é expressão de liberdade titulada não apenas pela empresa, mas também pelo trabalho. Por isso a Constituição, ao contemplá-la, cogita também da 'iniciativa do Estado'; não a privilegia, portanto, como bem pertinente apenas à empresa. Se de um lado a Constituição assegura a livre iniciativa, de outro determina ao Estado a adoção de todas as providências tendentes a garantir o efetivo exercício do direito à educação, à cultura e ao desporto (arts. 23, V, 205, 208, 215 e 217, § 3º, da Constituição). Na composição entre esses princípios e regras há de ser preservado o interesse da coletividade, interesse público primário. O direito ao acesso à cultura, ao esporte e ao lazer são meios de complementar a formação dos estudantes".

STF – Súmula Vinculante nº. 49 – "Ofende o princípio da livre concorrência lei municipal que impede a instalação de estabelecimentos comerciais do mesmo ramo em determinada área".

STF – ADI 3.540 MC – Rel. Min. Celso de Mello – Julgado em 01/09/2005 – "A atividade econômica não pode ser exercida em desarmonia com os princípios destinados a tornar efetiva a proteção ao meio ambiente. A incolumidade do meio ambiente não pode ser comprometida por interesses empresariais nem ficar dependente de motivações de índole meramente econômica, ainda mais se se tiver presente que a atividade econômica, considerada a disciplina constitucional que a rege, está subordinada, dentre outros princípios gerais, àquele que privilegia a 'defesa do meio ambiente' (CF, art. 170, VI), que traduz conceito amplo e abrangente das noções de meio ambiente natural, de meio ambiente cultural, de meio ambiente artificial (espaço urbano) e de meio ambiente laboral. Doutrina. Os instrumentos jurídicos de caráter legal e de natureza constitucional objetivam viabilizar a tutela efetiva do meio ambiente, para que não se alterem as propriedades e os atributos que lhe são inerentes, o que provocaria inaceitável comprometimento da saúde, segurança, cultura, trabalho e bem-estar da população, além de causar graves danos ecológicos ao patrimônio ambiental, considerado este em seu aspecto físico ou natural".

STF – RE 235.736/MG – Rel. Min. Ilmar Galvão – Publicado em 26/05/0000 "[...] Requerimento de licença que gerou mera expectativa de direito, insuscetível – segundo a orientação assentada na jurisprudência do STF – de impedir a incidência das novas exigências instituídas por lei superveniente, inspiradas não no propósito de estabelecer reserva de mercado, como sustentado, mas na necessidade de ordenação física e social da ocupação do solo no perímetro urbano e de controle de seu uso em atividade geradora de risco, atribuição que se insere na legítima competência constitucional da Municipalidade".

STJ – REsp 1.393.724-PR – Rel. Min. Paulo de Tarso Sanseverino – Julgado em 28/10/2015 – "[...] Todavia, o entendimento do aludido REsp 1.290.954-SC, da Terceira Turma do STJ, deve ser reafirmado. Isso porque a interpretação da lei deve privilegiar o sentido que mais se harmoniza com os princípios constitucionais, pois estes se encontram no vértice da pirâmide normativa, de onde emanam normas fundamentais que se irradiam por todo ordenamento jurídico, alcançando inclusive as relações jurídicas de direito privado. Com esse entendimento, a interpretação do caso em análise deve ser conduzida pelos princípios fundamentais da ordem econômica, especialmente o da livre iniciativa, previsto no art. 170 da CF. Sob a ótica da livre iniciativa, o Estado deve respeitar a autonomia de vontade dos sócios de uma sociedade, não podendo impedir que estes criem, modifiquem ou extingam sociedades empresárias, salvo nos casos expressamente previstos em lei. A regra no direito brasileiro, portanto, é a livre iniciativa e a autonomia da vontade dos sócios, sendo exceção a interferência estatal. Nesse passo, verifica-se que a norma do art. 37 da Lei n. 8.934/1994, ao impor exigências para a concretização da vontade dos sócios, apresenta natureza excepcional num sistema jurídico regido pela livre iniciativa, devendo, pois, receber interpretação restritiva. Desse modo, o trecho "nenhum outro documento será exigido" (art. 37, parágrafo único, da Lei n. 8.934/1994) não pode receber interpretação extensiva, para que se admitam outras restrições à autonomia de vontade dos sócios, previstas em leis anteriores. De mais a mais, ressalte-se que, além de a dispensa de certidões negativas não alterar em nada o crédito tributário – que permanece ativo, podendo ser redirecionado contra a nova sociedade (que surgiu por transformação da sociedade simples em sociedade empresária), conforme o disposto no art. 132 do CTN –, a Fazenda, nos casos excepcionais em que a transformação societária seja implementada com o objetivo deliberado de frustrar a satisfação do crédito tributário, poderá se valer da desconsideração da personalidade jurídica ou da cautelar fiscal para proteger seus interesses".

Bibliografia: ARAGÃO, Alexandre Santos de. O princípio da proporcionalidade no direito econômico. RDM, 121/56. BAPTISTA, Luiz Olavo. *A nova ordem econômica internacional: uma reflexão sobre suas origens e reflexos na ordem jurídica*. São Paulo: Ed. Revista dos Tribunais, 2012. BERCOVICI, Gilberto. Natureza jurídica de sociedade anônima privada com participação acionária estatal [parecer]. RDM, n. 49/153. BERCOVICI, Gilberto. *Constituição econômica e desenvolvimento: uma leitura a partir da Constituição de 1988*. São Paulo: Malheiros, 2005. CANOTILHO, J. J. Gomes. *Direito constitucional*. Coimbra: Almedina, 1992. CANARIS, Claus-Wilheln. *Schutzgesetze – Verkehrspflichten – Schutzpflichten*. In: CANARIS, Claus-Wilhelm; DIEDERICHSEN, Uwe. *Festschrift für Karl Larenz zum 80. Geburtstag*. München: Beck, 1983. p. 27-110. CANOTILHO, J.J. Gomes; MOREIRA, Vital. *Fundamentos da Constituição*. Coimbra: Coimbra, 1991. CATAPANI, Marcio Ferro. Os costumes mercantis e o seu assentamento pela Jucesp, RDM, 158/27. FURTADO, Celso. *Formação econômica do Brasil*. 18. ed. São Paulo: Companhia Editora Nacional, 1982. GABAN, Eduardo Molan; DOMINGUES, Juliana Oliveira. *Direito antitruste*. 3e. São Paulo: Saraiva, 2012. GRAU, Eros Roberto. *A ordem econômica na Constituição de 1988*. 8. ed. São Paulo: Malheiros, 2003. FORGIONI, Paula A. *Os fundamentos do antitruste*. 3. ed. São Paulo: Revista dos Tribunais, 2008 GRAU, Eros Roberto; FORGIONI, Paula A. *O Estado, a empresa e o contrato*. São Paulo: Malheiros, 2005. NUSDEO, Fábio. *Curso de economia: introdução ao direito econômico*. São Paulo: Revista dos Tribunais, 1997. NUSDEO, Fábio. Curso de economia: introdução ao direito econômico. São Paulo: Revista dos Tribunais, 1997. NUSDEO, Fábio. A empresa brasileira de capital nacional: extensão e implicações do art. 171 da Constituição Federal. RDM, 77/15. OLIVEIRA, Regis Fernandes de. Empresa – Ordem econômica – Constituição. RT, 758. REALE JÚNIOR, Miguel. Concorrência desleal e interesse difuso no direito brasileiro. Revista de Direito Mercantil, RDM 49/5. SALOMÃO FILHO, Calixto. Direito concorrencial – As estruturas. São Paulo: Malheiros, 1998. SILVA, José Afonso da. *Comentário contextual à constituição*. São Paulo: Malheiros, 2005.

§4
DIREITO (COMERCIAL) E ECONOMIA

1. DELIMITAÇÃO DO OBJETO

O ambiente institucional do mercado exige da ordem jurídica a definição de parâmetros seguros para que as organizações e pessoas possam atuar. Se a economia não pode subjugar o direito, exige-se a contrapartida de que sejam oferecidas regras precisas para a ordenação do mercado.

Nessa ordem de ideias, surgiram interpretações que passaram a atrelar a ciência econômica como fundamento para moldura e obtenção de sentido das regras jurídicas. Assim, a análise econômica do direito (AED) se apresentou como instrumento de explicação de estruturas hierárquicas (como a firma), a busca dos custos de transação como justificativos da tomada de decisões e, numa visão mais aguda, a supressão de falhas de mercado como pressuposto de eficiência sistêmica para o direito.

O que se torna necessário fixar – desde já – é que não se está diante de um fenômeno incoerente. A utilização da AED é importante quando a eficiência coincide com os valores perseguidos pela sociedade ou quando auxilia na busca da função econômica dos instrumentos jurídicos e de instituições (TIMM, 2015, p. 218). Por outro enfoque, se acaso esse tipo de raciocínio ferir ou contrariar de alguma forma valores sociais de imprescindível persecução pelo Estado, a interpretação deve contrariar os custos meramente econômicos (especialmente para a implementação de uma política pública ou um valor). E, ao contrário do que se possa imaginar, existe previsibilidade nesse tipo raciocínio, porquanto devam ser claros os princípios e as regras de implementação das políticas públicas.

Assim sendo, a AED é circunscrita neste estudo dentro do respectivo ambiente de mercado como: (*a*) definidora do padrão evolutivo das regras de mercado, buscando ampliação da previsibilidade; (*b*) um modelo hermenêutico não exclusivo e com necessário influxo de outras formas de pensamento jurídico; (*c*) através da combinação com outras formas de metodologia da ciência do direito, atua na determinação de controle do poder excessivo ou abusivo do mercado, que pode se manifestar em matéria concorrencial, no âmbito societário e nos contratos; (*d*) a AED auxilia na compreensão da função das *instituições*, enquanto regras que impõem restrições formais e informais à atuação dos indivíduos e que refletem "o custo de dimensão e imposição dos elementos envolvidos nas transações" (TIMM, 2015, p. 216).

2. DIAGNÓSTICOS DA ANÁLISE ECONÔMICA DO DIREITO

O direito atua na regulação, coibindo os efeitos autodestrutíveis decorrentes do excesso de poder de mercado dos agentes econômicos e da exploração da mão de obra. A variação entre opção liberal e opção de implementação de políticas públicas é que revela a tônica do que seja efetivamente a intensidade da atuação jurídica.

Nesse sentido, a introdução de uma análise econômica do direito foi o ponto de partida para consideração do fator de eficiência das opções jurídicas adotadas. A teoria de RONALD COASE foi fundante dessa opção, inoculando os custos de transação na análise jurídica e determinando, por conseguinte, as formas organizacionais e instituições sociais mais adequadas[1]. O instrumental jurídico serviu ao mercado por ser mecanismo de coordenação, criando regras para a garantia de fluxo das transações. Seguindo essas análises jurídicas, a obra marcante do RONALD COASE transferiu a ótica para o papel econômico dos institutos, apresentando, especialmente em *The nature of the firm*, que a empresa representa um feixe de obrigações para uma maior eficiência de organização e diminuição dos custos de transação.

Assim, a análise econômica do direito passou a ter por escopo garantir a eficiência alocativa dos recursos escassos para maximização de resultados. Houve sopesamento do comportamento das partes envolvidas, com avaliação do custo-benefício das regras jurídicas que a mediar eventual conflito, inoculando inclusive medidas de economia comportamental. A partir dessa premissa, as decisões judiciais deveriam ser portadoras da certeza e da previsibilidade aptas a alcançar um resultado eficiente do ponto de vista econômico.

Acrescenta-se a essa orientação inicial de COASE a contribuição de OLIVER WILLIAMSON (escola da *Nova Economia Institucional*), para quem as formas de governança organizacional devem lidar com as possibilidades futuras de rompimento de contratos (WILLIAMSON, 2005). Assim sendo, as organizações passam a ser formas de coordenação e minimização dos custos de transação.

2.1. O extremo da escola de Chicago

A radicalização da análise econômica do direito se deu com a escola de Chicago, com expoente em RICHARD POSNER (escola *Law and Economics*). Para ele, é subjetivo o conceito de justiça e por esse motivo deve ocorrer a total substituição pela noção de eficiência. Aliás, para POSNER, eficiência e justiça normalmente andam atreladas. CALIXTO SALOMÃO FILHO complementa afirmando que para essa corrente que se autoconsidera de teoria geral do direito, é fundamental "atribuir valor absoluto às premissas econômicas, capazes de indicar diretamente o sentido das regras jurídicas, sem que isso possa ser contestado com base em considerações valorativas ou distributivas" (SALOMÃO FILHO, 1998, p. 25).

Para essa escola, o papel do direito é a eliminação de quatro falhas de mercado, analisando os custos e benefícios das opções. Apontam-se como falhas de mercado: (*a*) assimetria de informações[2]; (*b*) concentração do poder econômico, determinando falhas de estrutura, porque o mercado ideal atomizado esbarra em monopólios naturais; (*c*) falhas decorrentes das externalidades ou custos sociais não componentes do preço final; (*d*) bens públicos (determinantes do *free rider*), sendo falha de mobilidade ou planejamento para ocorrências.

A teoria se vale muito da informação. Nesse sentido, analisa LUCIANO BENETTI TIMM que as "informações não disponibilizadas de forma igualitária entre todos os agentes de mercado, e a falta de informação cria impedimentos para que o equilíbrio de mercado possa ser atingido" (TIMM, 2015, p. 216). Uma vez constatada a assimetria, ela pode materializar problemas econômicos importantes, como: (*a*) problemas de custo de agência (*agency costs*) ou relativos à relação

---

[1] Por todos os estudos, anotam principalmente as teorias de Coase na análise da firma e do problema dos custos sociais, respectivamente: COASE, Ronad H. The nature of the firm. In: *The firm, the market, and the law*. Chicago: The University of Chicago Press, 1990. p. 33-55. COASE, Ronald. The problem of social costs. In: *The firm, the market, and the law*. Chicago: The University of Chicago Press, 1990.

[2] Sobre o assunto: AKERLOF, George A. The market for lemons: quality uncertainty and the market mechanism. *Quaterly Journal of Economics*. n. 84, ago/1970, p. 488-500.

entre agente e principal, especialmente nos casos em que uma pessoa tem poderes para atuar e gerir em nome de outra e utilize as informações que detém em benefício próprio; (*b*) problemas de risco moral (*moral hazard*), com consequências do mau uso de informações; (*c*) seleção adversa, com uso de informações privilegiadas para benefícios pessoais (TIMM, 2015, p. 221).

A escola *Law and Economics* quebra a tradicional perspectiva hermenêutica do direito codificado, que interpreta o texto positivado e obtém o sentido a partir das experiências analíticas históricas e opções pessoais do intérprete. Para fugir do que chamam de subjetivismo jurisdicional, os analistas da escola de Chicago partem de pressupostos de análise das consequências econômicas da decisão e qual opção que melhor maximiza resultados. É bem marcante a distinção desse raciocínio feita por RACHEL SZTAJN e ÉRICA GORGA: "O jurista formado na tradição civilista ou romanista analisa a norma da perspectiva hermenêutica, interpretativa, portanto, para descobrir o significado das escolhas coletivas e legislativas resultantes dos textos legais. Já da perspectiva da L&E, em vez de enfrentar o passado, isto é, as escolas feitas pelo legislador, olha-se adiante, procura-se determinar as consequências das regras e fazer escolhas, com base nelas. Para fazer com que o jurista abandone o modelo tecnicista normativo a fim de apreender as consequências e os valores subjacentes, é preciso empregar o método desenvolvido por e para L&E" (SZTAJN; GORGA, 2005, p. 143).

2.2. Contraponto a Chicago

Os pressupostos da escola de Chicago (segurança e previsibilidade) sempre foram objetivos intrínsecos do direito em sistemas capitalistas, inclusive com escolas do pensamento jurídico surgidas dessas bases (escola da exegese, positivismo jurídico e movimentos de codificação).

Aliás, é possível verificar que a evolução da legislação é consequência de necessidades do próprio mercado (como incentivador do tráfego econômico), de modo a permitir a apropriação jurídica de externalidades e a apresentação de soluções mais ágeis à dinâmica mercadológica. Foi o caso do surgimento das sociedades limitadas. Não se trata de mecanismo de pura eficiência na linha da proposta de Chicago, mas de uma intervenção do direito para regulação de instrumento jurídico de mercado, com a possibilidade de implementação de política pública na medida em que permite o acesso do investidor a modelo intermédio e ágil, com a segurança de que seus investimentos estarão minimamente protegidos.

Ressalva-se, entretanto, que na ordem jurídica existem valores e princípios imanentes que podem não coincidir com a eficiência econômica de uma decisão e que não permitem restringir o raciocínio à eliminação de falhas de mercado, especialmente porque a eficiência não é o fim único do direito.

3. INFLUÊNCIA DA ANÁLISE ECONÔMICA NA HERMENÊUTICA JURÍDICA

As concepções da análise econômica do direito são levadas a extremismos que uma prudência cartesiana não recomenda seguir sem pressupostos críticos. A análise econômica do direito comercial pode servir como instrumento auxiliar para interpretação (DINIZ, 2013, p. 41). A atuação passa pela abertura do sistema jurídico para a ciência econômica, trazendo conceitos que permitam melhor hermenêutica dos textos normativos.

Falamos verdadeiramente de um método de análise do direito, que traz conceitos econômicos e influência na tomada de posição ou na prudência. Entretanto, ainda que o método seja baseado na eficiência econômica das decisões, é de se verificar nos fatos a efetiva concretização de valores incorporados pelos princípios que presidem a ordem sistêmica em que a norma será produzida. Ainda que no campo econômico tal fator seja mais acentuado, a atuação do direito naturalmente demanda previsibilidade e calculabilidade: a consideração da existência de valores sociais a serem sopesados não implica simplesmente na eliminação dessa desejada segurança jurídica. Antes disso, a própria pressuposição desses valores é condição de manutenção da estrutura jurídica da sociedade e, muitas vezes, a eficiência econômica não será coincidente com a prudência e os valores que sustentam a ordem jurídica.

Essa opção global de escolha da ordem econômica é muito bem precisada por NATALINO IRTI, de modo que os princípios formadores da Constituição econômica têm relevância, por ser a sede própria do que ele chama de *"decisione di sistema"* (IRTI, 2001, p. 15). Qualquer que seja a metodologia interpretativa, a consideração dos princípios que presidem a ordem jurídica é preponderante sobre razões de ordem econômica de mera eficiência alocativa.

É em outra medida que as afirmações anteriores também se comprovam: a análise do risco. Se prevalecesse a disciplina econômica independente de valores sociais, o risco seria simplesmente eliminado das relações jurídicas pelos agentes econômicos e inexistiriam categorias como a responsabilidade objetiva ou a disciplina da tutela da minoria no âmbito societário. É preciso compreender que também o risco é tutelado pelo direito. Diz HARALD HERMANN que em geral as disciplinas do aconselhamento preventivo e do risco jurídico têm direta relação com o campo do risco econômico e do risco administrado. Assim, o direito contribuiria para deslocar o risco para custos mais favoráveis, diferenciando entre risco evitável (*Risikovermeidung*), compensação de risco (*Risikokompensation*, com a diversificação ou o seguro) e transferência de risco (*Risikotransfer*, por meio da venda, rolagem, securitização ou aumento de preços) (HERMANN, s.d., p. 26).

Tal situação também se propaga no campo contratual empresarial, com a incorporação de análises econômicas referentes à teoria dos jogos e ao oportunismo. Categorias genéricas como a boa-fé objetiva auxiliam na resolução dos problemas. Observe-se que no direito alemão o § 242 do BGB tem amplitude maior do que o art. 422 do CC (que não substituiu a maior precisão do art. 131 do CCom), servindo de certa forma de instrumento à interpretação daquele ordenamento empresarial, justamente porque privilegia a atenção e respeito aos costumes do tráfego (*Verkehrssitte*): "O devedor está obrigado a executar a prestação como de boa-fé, com respeito às exigências dos costumes do tráfego"[3]. A propósito da afirmação, a ciência do direito empresarial busca parâmetros para melhorar a aplicação do art. 422 do CC aos contratos empresariais, justamente para atender às especificidades das relações interempresariais. Mera eficiência alocativa não resolve inteiramente o problema da busca da função econômica dos contratos. Observe-se a orientação de PAULA FORGIONI: "A consciência de que o tráfico mercantil necessita de regras claras e previsíveis, adequadas à realidade, informa e compreensão de Ascarelli sobre os contratos comerciais. É a *práxis* dos comerciantes, a incessante busca da satisfação jurídica de suas necessidades econômicas, que dá origem aos contratos. A prática reiterada de acordos com a mesma função econômica leva à segurança e à previsibilidade em relação ao comportamento da outra parte, porque cria um padrão de mercado que passa a ser a conduta esperada do mercador (legítima expectativa). A possibilidade de previsão do comportamento gera calculabilidade e, consequentemente, maior grau de segurança sobre o futuro. A estabilidade (possibilidade de previsão) leva ao azeitamento do fluxo de relações de mercado" (FORGIONI, 2005, p. 18).

É com base nesses argumentos que a ciência do direito e o direito positivo devem se orientar à implementação de políticas públicas e ao alcance de função econômica de institutos jurídicos, valendo-se de princípios imanentes ao ordenamento e buscando, na economia, pressupostos auxiliares da interpretação.

---

[3] Tradução livre do §242 do BGB: "Der Schuldner ist verpflichtet, die Leistung so zu bewirken, wie Treu und Glauben mit Rücksicht auf die Verkehrssitte es erfordern".

Bibliografia: DINIZ, Gustavo Saad. *Estudos e pareceres da pessoa jurídica e da atividade empresarial.* São Paulo: LiberArs, 2013. RIBEIRO, Marcia Carla Pereira. *Teoria geral dos contratos empresariais.* In: Fabio Ulhoa Coelho. *Tratado de direito comercial.* v. 5. São Paulo: Saraiva, 2015. TIMM, Luciano Benetti. *Análise econômica do direito das obrigações e contratos empresariais.* In: Fabio Ulhoa Coelho. *Tratado de direito comercial.* v. 5. São Paulo: Saraiva, 2015. ZYLBERSZTAJN, Décio; SZTAJN, Rachel. *Direito e economia.* Rio de Janeiro: Elsevier, 2005.

§5
TEORIA JURÍDICA DA EMPRESA

1. MATRIZ ECONÔMICA DE UMA CATEGORIA JURÍDICA

Conforme observado na fase da teoria da empresa [t. I, §1, i. 4], a ciência do Direito transitou da descrição de atos para a compreensão de atividades ou concatenação finalística de atos. Essa percepção fática teve origem na ciência econômica, na organização de fatores de produção e na descrição da formação de preços. A qualificação econômica se dá pela criação de riquezas e pelo resultado de serviços patrimonialmente avaliáveis, conforme já ensinou TULLIO ASCARELLI (ASCARELLI, 2003, p. 203). A empresa é a coordenação dos fatores de produção para uma utilidade (MACHADO, 1970, p. 5).

Antes dos anos 1930, com o texto de RONALD COASE (COASE, 1990), a formação de preço era basicamente descrita pela ocorrência de variação de oferta e de demanda. Todavia, percebeu-se que os preços podiam ser formados por meio da otimização de fatores de produção (capital, natureza, trabalho e tecnologia), justapostos eficientemente em estruturas hierárquicas de redução dos custos transacionais. A empresa, então, é *atividade organizada e finalisticamente voltada à produção de bens e à prestação de serviços.*

Sobressaem dois vocábulos importantes na matriz fático-econômica: atividade e organização. Entende-se por *atividade* a somatória de atos diversos que, unificados pelo titular da empresa, atingem uma finalidade comum produtiva ou de serviços. A compreensão dinâmica das fases do direito comercial [t. I, §1, i. 2,3 e 4] torna possível demonstrar a evolução do ato para a atividade (ASCARELLI, 2003) como característica descritiva de uma profissão ou do exercício habitual de determinada função econômica. Por outro lado, a *organização* representa a "coordenação da influência recíproca entre atos" que conforma o "feixe de relações envolvidas pela sociedade" (SALOMÃO FILHO, 2011, p. 45). Por meio de organização, conjuga-se o feixe de contratos que racionaliza os custos de transação da atividade.

A imprecisão de uma *fattispecie* proveniente de um conceito econômico (a empresa) fez com que diversas teorias surgissem para a explicação do fenômeno. De todas elas, a que ganhou maior consistência nas academias de Direito foi aquela desenvolvida por ALBERTO ASQUINI, para quem o termo empresa tem quatro perfis, formando um poliedro[1]. São eles: (*a*) *subjetivo*: o termo empresa

Atividade

Organização

Asquini

---

[1] O conhecimento dos perfis de Asquini auxilia na interpretação de diversos preceitos da legislação brasileira, por vezes erráticos e imprecisos na inserção do termo empresa. Por exemplo, o art. 966 do CC contém a descrição do sujeito. Também é do perfil subjetivo, em razão da relação de pertinência, o termo empresa no art. 978 do CC, porque o empresário casado pode, sem necessidade de outorga conjugal, alienar os imóveis que integram o "patrimônio da empresa". A própria LRPEM usa o termo empresa no sentido dos sujeitos englobados no sistema registral (isso antes mesmo do CC). No art. 968, inciso IV, do CC, "a sede da empresa" deve ser interpretada como o local do estabelecimento, no sentido objetivo. No art. 2º da LSA, ao dispor que "pode ser objeto da companhia qualquer empresa de fim lucrativo", cuida-se exatamente

por vezes indica a pessoa que exerce profissionalmente atividade econômica organizada com o fim de produção para a troca de bens e serviços; (*b*) *funcional*: não é incomum que se trate juridicamente a palavra empresa sob o significado de atividade desempenhada para recolher a força de trabalho e capitais necessários à produção e ao serviço, em atos que se sucedem no tempo e se concatenem finalisticamente; (*c*) *objetivo*: o fenômeno econômico projeta-se funcionalmente sobre os bens organizados, gerando separação de patrimônio destinado à atividade e para caracterização do estabelecimento; (*d*) *corporativo*: que compreende a empresa como instituição, por formar núcleo social organizado e sob comando do empresário (AsQUINI, 1996) – esse último perfil tem conotação mais ideológica, com influência fascista na formação do Código italiano (sobre a relevância do poliedro e as respectivas críticas: FRANÇA, 2003, p. 17 e MACHADO, 1970, p. 39). Essa multiplicidade de visões acabou por criar obstáculos na compreensão exata do conceito econômico e, mais que isso, o termo foi positivado erraticamente no direito brasileiro, muitas vezes gerando confusão sobre a exata acepção de significado.

Em geral deve-se entender que *empresa é a atividade*. *Empresário ou sociedade empresária é quem organiza a empresa*.

Esquematicamente, é possível compreender que os conceitos devem ser bem delimitados, porque *o empresário e a sociedade empresária organizam os bens no estabelecimento e os colocam em função da atividade de produção ou de prestação de serviços*:

Empresa
(*atividade*)

Estabelecimento
(*bens universalmente organizados*)

Empresário e sociedade empresária
(*organização dos bens colocados em função da atividade*)

Por fim, a partir do conceito econômico de empresa, elevou-se o empresário e a sociedade empresária como categorias jurídicas definidoras dos sujeitos com direitos e obrigações derivadas da titularidade da empresa, conformando um conjunto de regras de *organização da atividade* e de *garantia*.

___

do perfil funcional. Em semelhante medida, a continuidade da empresa do art. 974 do CC e o conjunto de bens para exercício da empresa dos arts. 1.146, 1.155, 1.172, 1.178 e 1.184 do CC. No CPC, arts. 825, III, 835, X e 866, que tratam de execução por quantia certa e penhora do faturamento, a expropriação de frutos e rendimentos da empresa está a cuidar do empresário ou sociedade empresária. Já no art. 862, do mesmo CPC, a penhora da empresa deve ser compreendida como estabelecimento.

2. TEORIA JURÍDICA DA EMPRESA: REGRAS DE ORGANIZAÇÃO E DE GARANTIA

O transporte do conceito econômico para a conformação de categoria jurídica permite concluir que as regras do Direito Comercial, em geral, e do Direito de Empresa, em especial, são:

(*a*) *regras de organização*: porque atuam na descrição do fenômeno de coordenação das atividades, compreendidas sob o ponto de vista da finalidade que buscam; porque atuam na atribuição de direitos de propriedade para o titular da atividade; porque definem a forma de exercício do poder e da adequada condução administrativa da atividade e da propriedade.

(*b*) *regras de garantia*: ao cuidar de uma organização econômica, o conjunto de regras não cuida somente do titular da organização, mas também de todas as pessoas e seus respectivos *interesses*[2] atingidos pela empresa, com determinação de garantias que dependem da característica de cada interesse. Quer-se dizer que as garantias são representadas por um conjunto de regras de ordem pública e algumas dispositivas, mas todas são prescritivas de proteções jurídicas proporcionais aos riscos de ter os bens e direitos geridos por terceiros. Em outros termos, numa organização é preciso compreender o relacionamento que se trava com o Poder Público (em autorizações de funcionamento, p. ex.), com empregados, com fornecedores, com consumidores, com sócios minoritários, dentre outros. As garantias impregnadas nas regras de Direito de Empresa se prestam justamente para conter o abuso de poder e mitigar a supressão de direitos na organização.

Em organizações são identificados *grupos de interesses*. Nas organizações, mais especialmente nas societárias, há tendência de se aglutinar os interesses em três grandes grupos: (*a*) sócios; (*b*) credores, indistintamente; (*c*) terceiros que travem relações jurídicas de outra natureza com a organização. MENEZES CORDEIRO desmembra as categorias: "a tutela dos sócios minoritários; o equilíbrio dos mercados; a transparência dos entes colectivos; a protecção de terceiros, designadamente credores; os direitos e a dignidade das pessoas; a concorrência; os valores básicos do ordenamento; a actuação fiscalizadora do Estado, mormente com escopos fiscais" (CORDEIRO, 2004, p. 167).

3. ATIVIDADES EMPRESARIAIS ANÔMALAS E DISFUNÇÕES

Essas descrições estão com pressupostos algo alterados pela geração de novas formas de organização e trato dos fatores de produção. Não é demais observar que a atividade negocial como um todo demanda melhor delimitação jurídica, já que as *fattispecii* disponibilizadas não abarcam integralmente os acontecimentos fáticos dinâmicos do mercado (SALOMÃO FILHO, 2008, p. 12). Isso acontece, notadamente, em face de fenômenos econômicos que antecedem a positivação, tornando premente a procura de fundamentos para equacionar os problemas mais ligados à pragmática do que ao próprio sistema. Confirma-se, com RACHEL SZTAJN, que existem "empresas não societárias" (SZTAJN, 2008, p. 120).

A pretensão totalizante do Código Civil não abarcou a extensão dos fenômenos com a juridicização do empresário e da sociedade empresária. Exemplo disso são as fundações com atividade-meio de empresa, que utilizam produto econômico para satisfazer a atividade-fim de cunho social (art. 62, parágrafo único, do CC) (DINIZ, 2006, p. 518-534). O mesmo raciocínio se aplica para associações (CAMPOBASSO, 2013, p. 36). Exemplificam-se, respectivamente na área da saúde, educação e assistência social, com hospitais filantrópicos que operam planos de saúde, escolas que cobram mensalidades para custeio do ensino de crianças carentes e asilos que procedem a cobrança para o atendimento de desvalidos. A um só tempo, identificam-se

---

[2] O interesse reflete a posição de necessidade em relação a um bem jurídico.

organizações econômicas produtivas ou de prestação de serviços, mas que pela característica peculiar da organização não podem se valer das regras de Direito de Empresa e padecem de severas omissões do respectivo esquema regulatório.

Outro caso complexo é das sociedades cooperativas, que têm regramento próprio na Lei nº 5.764/71, são equiparadas às sociedades simples pelo art. 983, parágrafo único, do CC, desenvolvem atividade econômica organizada, mas não são equiparadas à atividade de empresa para os fins da legislação. Esse regime peculiar das cooperativas gera dúvidas sobre aplicação supletiva de outros regramentos societários e ainda condena o modelo cooperativo a uma severa omissão de preceitos [t. II, § 7, i. 2].

Esse tipo de hibridismo não chega ao alcance da codificação e deixa um sério vazio no marco legal, com a inevitável consequência da imprevisibilidade.

Bibliografia: ARDUIN, Ana Lúcia Alves da Costa. *Teoria jurídica da empresa.* In: COELHO, Fabio Ulhoa. *Tratado de direito comercial.* v. 1. São Paulo: Saraiva, 2015. ASCARELLI, Tullio. A atividade do empresário. Trad. Erasmo Valladão A. N. França. RDM 132/204. BARRETO FILHO. Oscar. A dignidade do direito mercantil. *RDB*, 6. BATALHA, Wilson de Souza Campos. A empresa e seus problemas atuais. *RT*, 432. CAMPOBASSO, Gian Franco. *Manuale di Diritto Commerciale.* 5. ed. Torino: UTET, 2013. CANARIS, Claus-Wilhelm. *Handelsrecht.* 23. ed. Munique: CHBeck, 2000. CAVALLI, Cássio. *Empresa, direito e economia.* Rio de Janeiro: Forense, 2013. CAVALLI, Cassio. O direito de empresa no novo Código Civil. RT, 828. COASE, Ronad H. The nature of the firm. In: *The firm, the market, and the law.* Chicago: The University of Chicago Press, 1990. p. 33-55. CORDEIRO, António Menezes. *Manual de direito das sociedades.* v. I. Coimbra: Almedina, 2004. COUTO E SILVA, Clovis do. O conceito de empresa no direito brasileiro. RT, 613. DEMSETZ, Harold. The theory of firm revisited. *Journal of Law, Economics, and Organization.* vol. 4, n. 1. p. 141-161. Spring 1988. DINIZ, Gustavo Saad. *Direito das fundações privadas: teoria geral e exercício de atividades econômicas.* 3. ed. São Paulo: Lemos & Cruz, 2006. EISENBERG, Melvin A. The Conception That the Corporation Is a Nexus of Contracts, and the Dual Nature of the Firm. *Journal of Corporation Law.* vol. 24. p. 819-836. 1998. FORGIONI, Paula A. *A evolução do direito comercial: da mercancia ao mercado.* São Paulo; Revista dos Tribunais, 2009. FORGIONI, Paula Andrea. Cooperativas, empresas e a disciplina jurídica do mercado. RDM, 163/226. FRANÇA, Erasmo Valladão Azevedo e Novaes. Empresa, empresário e estabelecimento. A nova disciplina das sociedades. *Revista do Advogado*, n. 71/15. LAMY FILHO, Alfredo; PEDREIRA, José Luiz Bulhões. *A Lei das S.A.* Rio de Janeiro: Renovar, 1992. LOBO, Jorge. A empresa: novo instituto jurídico. RT, 795. MACHADO, Sylvio Marcondes. *Problemas de direito mercantil.* São Paulo: Max Limonad, 1970. SALLES, Marcos Paulo de Almeida. A autonomia do direito comercial e o direito de empresa. RDM, 155/269. SALOMÃO FILHO, Calixto. *O novo direito societário.* 4. ed. São Paulo: Malheiros, 2011. SALOMÃO FILHO, Calixto. *A fattispecie* empresário no Código Civil de 2002. Revista do Advogado 96/11. SAMUELSON, Paul A.; NORDHAUS, William D. *Economia.* 12 ed. Trad. Manuel F. C. Mira Godinho. Lisboa: McGraw-Hill, 1991. SALLES, Marcos Paulo Almeida. A autonomia do direito comercial e o direito de empresa. *RDM*, 155-156/ 28. SZTAJN, Rachel. *Teoria jurídica da empresa.* São Paulo: Atlas, 2004. SZTAJN, Rachel. Codificação, decodificação, recodificação: a empresa no Código Civil brasileiro. *Revista do Advogado*, 96/115. TEIXEIRA, Isis Magri. *A empresa como instrumento para desenvolvimento: aspectos de governança da empresa com atuação social.* 2018. Dissertação (Mestrado). Faculdade de Direito de Ribeirão Preto – USP. VERÇOSA, Haroldo Malheiros Duclerc. O futuro do direito comercial no Brasil. RDM, 153/16. VIVANTE, Cesare. *Trattato di diritto commerciale.* v. I. 5. ed. Milão: Vallardi, 1934. WARDE JÚNIOR, Walfrido Jorge. A empresa pluridimensional. *Revista do Advogado*, 96/137.

§6
PUBLICIDADE E COMÉRCIO: A FUNÇÃO DO REGISTRO PÚBLICO

1. A PUBLICIDADE NO COMÉRCIO

A atividade de registro e guarda de informações do comércio remonta os antigos e especializados Tribunais do Comércio, responsáveis pelo arquivamento e julgamento das atividades dos comerciantes. No Brasil, é possível retomar o art. 4º do CCom, que dispunha (ainda na nossa fase objetiva): "Ninguém é reputado comerciante para efeito de gozar da proteção que este Código liberaliza em favor do comércio, sem que se tenha matriculado em algum dos Tribunais do Comércio do Império, e faça da mercancia profissão habitual (art. 9º)". O Tribunal julgava a capacidade e a ausência de impedimento do comerciante e publicava os editais de autorização e comunicação da matrícula. Interessante referência, para a compreensão da matéria, também é o Regulamento nº 737/1850, com o conteúdo do juízo de Direito da época do Império.

Muito embora o sigilo industrial e estratégico esteja presente na gestão da empresa, o fato não pode ser confundido com a obrigação de publicidade que demarca a existência, a condução, a atribuição de prioridade e a extinção da atividade empresarial. São fatos e situações da empresa que todos podem ter contato, por constituírem informações de acesso público (CAMPOBASSO, 2013, p. 50) e imputáveis a terceiros. Entrementes, o registro gera duas presunções relativas: legalidade e adequação formal, que influenciam na correta alocação de riscos por terceiros que negociam com o empresário (SALOMÃO FILHO, 2008, p. 15-16).

É assim com o sistema de registro dos sujeitos (Lei nº 6.015/73 – Lei de Registros Públicos e Lei nº 8.934/94 – Lei de Registros Públicos de Empresas Mercantis e Atividades Afins); com o sistema de registro de objetos (tanto do estabelecimento, quanto da propriedade industrial) [*t. III, § 1, i. 3.1*]; com o sistema de registro de alguns negócios (como no caso das Cédulas de Crédito) e de pronúncia de inadimplemento do protesto (Lei nº 9.492/97 – LProt) [*t. IV, § 1, i. 8*]; com o sistema de registro das crises. Esse tipo de informação faz parte da própria gênese do comércio, remontando períodos em que se tornava público, nas praças, a bancarrota de um mercador ou a oferta de ações de Companhias de Navegação.

Cuida-se, portanto, de regras constitutivas e declaratórias – sem que a legislação tenha especificado natureza única, que depende da análise de cada instituto (SALOMÃO FILHO, 2008, p. 17) – estruturadas para dar segurança aos negócios, tornando conhecidos os empresários e sociedades empresárias, além de indicar uma série de dados, reputados de ordem pública, que podem atribuir segurança e previsibilidade a negociações. É o caso, por exemplo, do registro de um contrato de sociedade limitada. Além de tornar legalmente existente e dar eficácia à personalidade jurídica (art. 45 do CC), o registro público do contrato social permite acesso geral para identificar quem e quantos são os sócios, qual o capital nominal da sociedade e se está integralizado (art. 1.052 do CC), quem administra e vincula a sociedade (arts. 1.015 e 1.060 do CC), dentre outras informações relevantes para se negociar com essa sociedade.

A publicidade de certas atividades empresariais tem o efeito de atribuir força probante dos documentos do empresário, que adquirem presunção *juris tantum* de veracidade.

Toda essa concepção gera alguns princípios da atividade registrária, além daqueles afetados à administração pública, previstos no art. 37 da CF. Entre eles estão: (*a*) prioridade: (b) continuidade; (c) oponibilidade; (*d*) presunção e fé pública; (*e*) disponibilidade.

A *prioridade* atribui a primazia e a preferência do direito a quem primeiro pleiteia perante o registro. Exemplifica-se com a prioridade do nome empresarial (do empresário ou de sociedades empresárias e cooperativas), que deve se distinguir de qualquer outro já inscrito no mesmo registro (art. 1.163 do CC).

A *continuidade* registrária é a demonstração precisa de atos que se sucedem, com encadeamento lógico e ininterrupto de ocorrências vinculadas ao objetivo *específico* do registro. Um exemplo: suponha-se sociedade limitada com três sócios. Um deles falece e o sócio remanescente pretende a transformação da sociedade em S/A. Enquanto não promovida a resolução da sociedade quanto ao sócio falecido (art. 1.028 do CC), não é possível o registro da transformação.

Outro efeito importante da publicidade obtida com o registro é a *oponibilidade* dos atos registrados a terceiros. Uma vez cumpridas as formalidades, o ato registrado pode ser oposto a terceiros, inclusive no caso de limitações de direitos e interesses, por exemplo nas restrições de poderes de administradores dos arts. 1.015, *caput*, e 1.064 do CC ou no aumento e redução do capital social dos arts. 1.081 a 1.084 do CC. Esse é o efeito da interpretação do art. 1.154 do CC, prevendo que o terceiro não pode alegar ignorância, uma vez cumpridas as formalidades.

Obtido o registro, há *presunção* e *fé pública* em relação aos atos depositados no RPEM, significando que o conteúdo registrado atendeu as formalidades necessárias e tem requisitos de validade.

Por fim, há que se mencionar a *disponibilidade* como princípio registrário, de modo que o RPEM somente registra atos de disposição de direitos de quem efetivamente seja titular. Em outros termos, ninguém pode transferir direitos, além do que seja titular, proprietário ou possuidor.

2. O REGISTRO PÚBLICO DE EMPRESAS MERCANTIS E ATIVIDADES AFINS

O empresário e a sociedade empresária vinculam-se ao Registro Público de Empresas Mercantis a cargo das Juntas Comerciais, e a sociedade simples ao Registro Civil das Pessoas Jurídicas (art. 1.150 do CC).

Prevê a CF a competência privativa da União para legislar sobre registros públicos (art. 22, XXV, CF) e a competência concorrente da União e dos Estados para legislar sobre Juntas Comerciais (art. 24, III, CF).

Assim, o Registro Público de Empresas Mercantis e Atividades Afins (RPEM) é organizado em todo o território nacional a partir do comando da Lei nº 8.934/94 (LRPEM), em combinação de órgãos federais e estaduais e com as finalidades enunciadas no art. 1º da LRPEM: I – dar garantia, publicidade, autenticidade, segurança e eficácia aos atos jurídicos das empresas mercantis, submetidos a registro na forma desta Lei; II – cadastrar as empresas nacionais e estrangeiras em funcionamento no País e manter atualizadas as informações pertinentes; III – proceder à matrícula dos agentes auxiliares do comércio, bem como ao seu cancelamento.

Há um sistema de órgãos escalonados por funções (SINREM – Sistema Nacional de Registro de Empresas Mercantis), com relevância do órgão federal DREI, que avoca funções supervisora, orientadora, coordenadora e normativa, no plano técnico; e supletiva, no plano administrativo. Abaixo, em todas as 27 unidades da federação, com competência dos Estados, estão as Juntas Comerciais, com a atribuições executora e administradora dos serviços de registro (art. 3º da LRPEM):

Ministério da Economia

Departamento de Registro Empresarial e Integração (DREI)

Juntas Comerciais

As Juntas Comerciais subordinam-se administrativamente ao governo da unidade federativa de sua jurisdição e, tecnicamente, ao DREI. A exceção é a Junta Comercial do Distrito Federal, que é subordinada administrativa e tecnicamente ao próprio DREI (art. 6º da LRPEM).

Constitui-se, ainda, a Rede Nacional para Simplificação do Registro e da Legalização de Empresas e Negócios – REDESIM, por meio da Lei nº 11.598/2007, alterada pela Lei nº 14.195/2021 (LFAN), com objetivo de integração de processos e facilitação de abertura de empresas, sobretudo de pequeno porte e com menores taxas de risco.

2.1. Atos pertinentes

O registro é designação genérica para 3 atos administrativos compreendidos na atividade da Junta Comercial: *matrícula* e seu cancelamento (inscrição especial de alguns auxiliares); *arquivamento* (repositório das informações do empresário e das sociedades); e *autenticações* (declaração de veracidade de livros).

Segundo dispõe o art. 32, inciso I, da LRPEM, a matrícula é destinada aos leiloeiros, tradutores públicos e intérpretes comerciais, trapicheiros e administradores de armazéns-gerais.

Com a devida atualização terminológica (já que a Lei é anterior ao CC), o inciso II, do mesmo art. 32, cuida do arquivamento dos seguintes atos: (*a*) dos documentos relativos à constituição, alteração, dissolução e extinção de empresários individuais, sociedades empresárias e cooperativas; (*b*) dos atos relativos a consórcio e grupo de sociedade dos arts. 265 e seguintes da LSA; (*c*) atos concernentes a sociedades estrangeiras (art. 1.134 do CC) autorizadas a funcionar no Brasil; (*d*) das declarações de microempresa; (*e*) atos ou documentos que, por determinação legal, sejam atribuídos ao RPEM ou daqueles que possam interessar ao empresário e às sociedades empresárias.

O arquivamento de atos constitutivos de uma sociedade empresária dá publicidade à estrutura adotada (tipo societário), constitui a pessoa jurídica, indica o capital, regras de gestão, além de trazer proteções derivadas da prioridade. Exemplo disso é a proteção do nome empresarial, cujo registro assegura o cumprimento dos princípios da veracidade e da novidade do nome adotado (arts. 33 e 34 da LRPEM).

Outro tipo de ato praticado é a manutenção e a frequência de comunicação de atos do empresário, da EIRELI ou da sociedade empresária. O cancelamento automático do registro por inatividade previsto no art. 60 da LRPEM foi revogado pela LFAN, que introduziu sistema de cancelamento de CNPJ por comunicação das autoridades fiscais. Para que ocorra o cancelamento do registro e os efeitos dele decorrentes (inclusive com perda de prioridade no nome), a Junta Comercial deverá notificar o empresário ou sociedade empresária, com posterior comunicação ao Fisco. A reativação da empresa obedecerá aos mesmos procedimentos requeridos para sua constituição. Referida regra tem as particularidades detalhadas nos arts. 107 a 114 da Instrução Normativa DREI nº 81, de 10 de junho de 2020.

2.2. Proibições de arquivamento

O art. 35 da LRPEM prevê restrição de arquivamento dos seguintes documentos:

I – os documentos que não obedecerem às prescrições legais ou regulamentares ou que contiverem matéria contrária aos bons costumes ou à ordem pública, bem como os que colidirem com o respectivo estatuto ou contrato não modificado anteriormente, afetando diretamente a continuidade registrária;

II – os documentos de constituição ou alteração de empresário, EIRELI e sociedades empresárias de qualquer espécie ou modalidade em que figure como titular ou administrador pessoa que esteja condenada pela prática de crime cuja pena vede o acesso à atividade empresarial, conforme art. 1.010, § 1º, do CC;

III – os atos constitutivos de empresas mercantis que, além das cláusulas exigidas em lei, não designarem o respectivo capital, bem como a declaração precisa de seu objeto, cuja indicação no nome empresarial é facultativa;

IV – a prorrogação do contrato social, depois de findo o prazo nele fixado era a previsão originária da LRPEM, que foi revogada pela LFAN. Acontece que a desburocratização almejada pelos novos textos legislativos foi determinante para que se admitir que os sócios peçam a prorrogação das sociedades, mesmo que originalmente tenham sido concebidas por tempo determinado. Além disso, o dispositivo revogado apresentava conflito com o art. 1.033, inciso I, do CC, que prevê a dissolução de pleno direito em caso de vencimento do prazo de duração, salvo se, vencido este e sem oposição de sócio, não entrar a sociedade em liquidação, caso em que se prorrogará por tempo indeterminado. Portanto, o dispositivo da LRPEM já tinha sido tacitamente revogado pelo CC, que melhor atende ao princípio da preservação da empresa;

V – os atos de empresas mercantis com nome idêntico ou semelhante a outro já existente;

VI – a alteração contratual, por deliberação majoritária do capital social, quando houver cláusula restritiva;

VII – os contratos sociais ou suas alterações em que haja incorporação de imóveis à sociedade, por instrumento particular, quando do instrumento não constar:

a) a descrição e identificação do imóvel, sua área, dados relativos à sua titulação, bem como o número da matrícula no Registro Imobiliário;

b) a outorga uxória ou marital, quando necessária;

VIII – os contratos ou estatutos de sociedades empresárias dependentes de autorização e alterações (art. 1.123 do CC).

2.3. Processo decisório e revisional

Há um processo administrativo próprio das Juntas Comerciais, complementado pela Lei nº 9.784/99 (regula o processo administrativo no âmbito federal e orienta as esferas estaduais), que afeta o arquivamento e o julgamento de recursos, conforme art. 41 da LRPEM. O colegiado da Junta Comercial analisa atos de constituição de sociedades anônimas e atas de assembleias gerais relativos a essas sociedades, além de atos referentes a grupos, consórcios e à transformação, incorporação, fusão e cisão de empresário, EIRELI e sociedades empresárias.

Os atos próprios do RPEM não previstos na tipicidade do art. 41 da LRPEM serão objeto de decisão singular proferida pelo Presidente da Junta Comercial, por vogal ou servidor que possua comprovados conhecimentos de Direito Comercial e de Registro de Empresas Mercantis.

A LRPEM nomina de processo revisional a possibilidade de formalizar pedido de reconsideração (art. 45), recurso ao plenário (art. 46) e recurso ao Ministro de Estado (atualmente da Subsecretaria de Desenvolvimento das Micro e Pequenas Empresas, Empreendedorismo e Artesanato está vinculada ao Ministério da Economia) como última instância administrativa.

3. REGISTRO CIVIL DE PESSOAS JURÍDICAS

É importante anotar a repercussão dos preceitos da Lei nº 6.015/73 (LRP) no âmbito empresarial, já que as pessoas jurídicas não englobadas no RPEM seguem o sistema da LRP, que nos arts. 114 e seguintes regula o registro de contratos de sociedades simples e estatutos de partidos políticos, associações e fundações.

As cooperativas, apesar de serem sociedades simples pela forma (art. 982, parágrafo único, CC), registram-se no sistema do RPEM, conforme art. 32, inciso II, alínea "a", da LRPEM.

4. O PAPEL DE REGISTRO DA OAB

Outra exceção ao sistema de registro de organizações societárias está na previsão do art. 15, § 1º, do EOAB. A sociedade de advogados e a sociedade unipessoal de advocacia adquirem personalidade jurídica com o registro aprovado dos seus atos constitutivos no Conselho Seccional da OAB em cuja base territorial tiver sede.

As sociedades simples que têm por objeto o exercício da atividade privativa de advogados passam a ter a designação específica de sociedades de advogados, admitida a unipessoalidade. Além disso, por exceção e regulação do modelo afeta ao órgão de classe, o registro dos atos societários foi vinculado à OAB.

Jurisprudência:

STJ – REsp nº 35.806 – Rel. Min. Ruy Rosado de Aguiar – j. 09/12/1997: "O titular da marca não tem o direito de incluí-la na sua denominação social, se outra sociedade já está registrada na Junta Comercial com o mesmo nome".

STJ – REsp nº 41.584-SP – Rel. Min. Carlos Alberto Menezes Direito – j. 06/02/2001: "(...) A Junta Comercial não tem legitimidade passiva ad causam na ação em que duas sociedades comerciais litigam sobre o nome comercial. Por ser um cartório de registro, não cabe à Junta Comercial intervir na lide, cabendo, apenas, cumprir a decisão que vier a ser adotada".

STJ – REsp nº 555.086 – Rel. Min. Jorge Scartezzini – j. 14/12/2004: "(...) 6 – A denominação das associações equipara-se ao nome comercial, para fins de proteção legal, consistente na proibição de registro de nome igual ou análogo a outro anteriormente inscrito (princípio da novidade). A exclusividade restringe-se ao território do Estado, no caso das Juntas Comerciais, em se tratando de sociedades empresárias, e tão somente da Comarca, no caso dos Registros Civis das Pessoas Jurídicas, em se cuidando de sociedades civis, associações e fundações. 7 – A proteção ao nome estrangeiro deve ser requerida nos moldes estabelecidos pela lei nacional, conforme interpretação sistemática da Convenção da União de Paris. 8 – A análise da identidade ou semelhança entre duas ou mais denominações integradas por expressão de fantasia comum ou vulgar deve considerar a composição total do nome, a fim de averiguar a presença de elementos diferenciais suficientes a torná-lo inconfundível".

STJ – REsp 1.368.960-RJ – Rel. Min. Marco Aurélio Bellizze – j. 07/06/2016: "(...) Entretanto, no caso em análise, não é possível considerar a escritura pública celebrada como renovação do negócio jurídico nulo, muito menos com efeito retroativo convencionado pelas partes. Ora, por se tratar de alteração de quadro societário, a renovação do negócio jurídico somente seria possível se as partes procedessem ao devido arquivamento dos atos perante o órgão registrador, qual seja, a respectiva Junta Comercial. Assim, a referida escritura pública não se presta para o fim de convalidar o negócio jurídico em questão, por ser o mesmo nulo de pleno de direito, tampouco é possível considerá-la como renovação do ato, tendo em vista a ausência de arquivamento na Junta Comercial".

STJ – 4ª T. – REsp nº 1.184.867-SC – Rel. Min. Luis Felipe Salomão – j. 15/5/2014: "(...) A sociedade empresária fornecedora de medicamentos cujos atos constitutivos tenham sido registrados em Junta Comercial de um Estado antes do registro de marca no Instituto Nacional da Propriedade Industrial (INPI) por outra sociedade que presta serviços médicos em outro Estado, não tem direito ao registro de marca de mesma escrita e fonética, ainda que a marca registrada coincida com seu nome empresarial. Isso porque as formas de proteção ao nome empresarial e à marca comercial não se confundem. A tutela daquele se circunscreve à unidade federativa de competência da Junta Comercial em que registrados os atos constitutivos da empresa, podendo ser estendida a todo o território nacional, desde que feito pedido complementar de arquivamento nas demais Juntas Comerciais. Por sua vez, a proteção à marca obedece ao sistema atributivo, sendo adquirida pelo registro validamente expedido pelo INPI, que assegura ao titular seu uso exclusivo em todo o território nacional, nos termos do art. 129, *caput* e § 1º, da Lei 9.279/1996 (LPI)".

STJ – REsp nº 985.616 – Rel. Min. Castro Meira – j. 06/11/2007: "(...) O fechamento da empresa sem baixa na junta comercial constitui indício de que o estabelecimento comercial encerrou suas atividades de forma irregular. O comerciante tem obrigação de atualizar o seu registro cadastral nos órgãos competentes. Assim, tal circunstância autoriza a Fazenda a redirecionar a execução contra os sócios e administradores".

Bibliografia: MENDONÇA, J. X. Carvalho de. *Tratado de direito comercial brasileiro*. v. I. 5. Ed. Rio de Janeiro: Freitas Bastos, 1954. HENTZ, Luiz Antonio Soares. *Registro público de empresas mercantis e atividades afins*. São Paulo: LEUD, 1997. MACHADO, Sylvio Marcondes. *Problemas de direito mercantil*. São Paulo: Max Limonad, 1970. ROVAI, Armando Luiz. *Registro público de empresas*. In: COELHO, Fabio Ulhoa. *Tratado de direito comercial*. v. 1. São Paulo: Saraiva, 2015. SALOMÃO FILHO, Calixto. *O novo direito societário*. 4. ed. São Paulo: Malheiros, 2011.

TÍTULO II
SUJEITOS

§1
EMPRESÁRIO

1. EMPRESÁRIO: CONCEITO E CARACTERÍSTICAS

Com a adoção da teoria da empresa [t. I, §4], o Código Civil caracterizou o empresário no art. 966 como a *pessoa que "exerce profissionalmente[a] atividade econômica organizada[b] para a produção ou a circulação de bens ou de serviços[c]"*. Cuida-se de regra que demanda o preenchimento fático e econômico das seguintes características, obtidas dos elementos nucleares do conceito:

(*a*) *exercício profissional*: o empresário não negocia esporadicamente ou em atos isolados, mas desempenha, com perícia, frequente atividade de trocas econômicas, com caracterização de uma habitualidade que permite reconhecer uma categoria jurídica com direitos e obrigações que lhe são peculiares e decorrem justamente dessa frequência. É atividade essencialmente onerosa e com objetivo de auferir lucro a partir dos riscos inerentes à coordenação e à direção dos fatores de produção organizados.

(*b*) *atividade econômica organizada*: a evolução descritiva permitiu sair dos atos isolados para uma atividade estruturada ou um conjunto de atos concatenados e finalisticamente voltados às trocas econômicas ou, mais especificamente à produção ou circulação de bens ou de serviços. O empresário organiza os fatores de produção e os coloca em função da atividade que desempenha profissionalmente. Conforme já foi discutido [t. I, §4, i. 1], a organização é um fator econômico trazido para o conceito jurídico, de forma a indicar que o empresário reúne os fatores de produção e os concatena uns em função dos outros de modo a acabar produto ou gerar serviços.

(*c*) *produção ou circulação de bens ou de serviços*: o último elemento do conceito é justamente a finalidade da atividade organizada, com reconhecida indicação de produção e circulação de bens – ou seja, atividades de indústria e de comércio, respectivamente – ou então de serviços que são prestados profissionalmente. A característica econômica do conceito ainda permite a fácil inserção de atividades combinadas (de produção e serviços), intelectuais, mas com preponderância da empresarial, eletrônicas e digitais, ainda que sem materialização além do computador.

Portanto, o empresário é a pessoa natural que organiza a empresa e desempenha a atividade econômica. "A ideia da assunção do risco pelo titular da atividade costuma ser reforçada pelo princípio geral da ilimitação de responsabilidade do empresário individual, de modo que todo o seu patrimônio responda pelas obrigações decorrentes de referida atividade" (TOMAZETTE, 2015, p. 176).

Esse modelo, que rompeu com o ato de comércio [t. I, §1, i. 4], representou instrumento mais dinâmico para qualificação jurídica do sujeito das regras de organização e garantia [t. I,

§5, i. 2] do sistema de Direito Comercial e da própria disciplina econômica. Permitiu, ainda, maior flexibilidade para absorção de todos os setores econômicos, resguardadas as organizações não sujeitas a tal regramento [*t. I, §5, i. 3*].

Outra diferenciação importante: o art. 966 do CC descreve a figura jurídica do empresário enquanto pessoa natural. Não há vinculação com a criação de pessoa jurídica ou de sociedade que, de resto, são outras figuras que poderão ser titulares da atividade empresarial, como no exemplo de qualquer dos tipos de sociedades empresárias. Não sendo pessoa jurídica, mas sim a própria pessoa natural que atua diretamente e com colocação de seu próprio acervo patrimonial para o desempenho da atividade, é preciso que se afaste a confusão que normalmente se faz em razão da atribuição de CNPJ (Cadastro Nacional de Pessoa Jurídica) pela Receita Federal do Brasil. Acontece que tal inscrição perante a autoridade fazendária se dá por equiparação do art. 162 do Decreto nº 9.580, de 22 de novembro de 2018 (RIR – Regulamento do Imposto sobre a Renda).

2. ATIVIDADES NÃO EMPRESARIAIS

Tal como ocorreu do art. 2.238 do *Codice Civile* italiano (CAMPOBASSO, 2013, p. 19), a opção brasileira se preocupou com o afastamento de atividades exercidas profissionalmente sem organização e sem elementos de empresa, mas com preponderância da formação intelectual (de curso superior), conhecimento científico, a projeção literária ou artística, em todos esses casos a partir da formação da pessoa natural. É o que se obtém do conteúdo do art. 966, *parágrafo único*, do CC: "Não se considera empresário quem exerce profissão intelectual, de natureza científica, literária ou artística, ainda com o concurso de auxiliares ou colaboradores, salvo se o exercício da profissão constituir elemento de empresa".

Portanto, um médico na atividade clínica de consultas, um engenheiro ou uma arquiteta no isolamento da prancheta e do projeto, um contador absorto no lançamento da escrita ou mesmo um corretor de imóveis na intermediação episódica: em todos eles prepondera a formação intelectual no desempenho de profissão[1]. Ainda que exercida em sociedade, não será do tipo empresária, mas simples.

O afastamento dessas profissões intelectuais – conhecidas como liberais – das regras empresariais tem justificativa na falta de organização de fatores de produção e, sobretudo, tem por objetivo a proteção de clientes e pacientes. Isso porque, tais profissionais ficarão preponderantemente sujeitos aos regramentos específicos das respectivas congregações de classe, assegurando capacidade técnica e deontológica necessárias ao exercício profissional (FERRAZ JÚNIOR, 1998, p. 49). Ainda que tais pessoas atuem em sociedade simples, qualificada como não empresária por essência, prepondera o exercício intelectual da atividade, servindo a sociedade somente como suporte para tal finalidade [*t. II, §1, i. 2*] (STJ – REsp nº 958.116).

Todavia, ocorre *subsunção* pelo conjunto de regras da empresa, se a profissão intelectual for absorvida como parte da organização e constituir elemento de empresa. É

---

[1] Observe-se, com ASCARELLI, em texto referencial: "... a atividade do cientista pesquisador da verdade, do artista criador do belo e do próprio inventor, voltada à solução de problema técnico (enquanto será empresarial a atividade voltada à exploração de uma invenção ou à reprodução de uma obra de arte, pois diz respeito à criação de produtos que, como tais, relacionam-se ao domínio da economia), para não falar das atividades políticas, religiosas, de distribuição de bens de forma benéfica e assim por diante (ASCARELLI, 2003). É

clássico, nessa ordem de ideias, o exemplo de AsCARELLI na evolução do *ato* do farmacêutico para a *atividade* da farmácia (AsCARELLI, 2003, p. 210).

Jurisprudência

STJ – 4ª T. – REsp nº 958.116 – Rel. Min. Raul Araújo – j. 22/05/2012: "Recurso especial. Ação de apuração de haveres. Resolução da sociedade em relação a um sócio. Sociedade não empresária. Prestação de serviços intelectuais na área de Engenharia. Fundo de comércio. Não caracterização. Exclusão dos bens incorpóreos do cálculo dos haveres. Recurso parcialmente conhecido e parcialmente provido".

STJ – 2ª T. – REsp nº 555.624 – Rel. Min. Franciulli Netto – j. 19/02/2004: "(...) Conquanto seu corpo de sócios seja formado exclusivamente por médicos, as sociedades constituídas sob a modalidade de limitadas desempenham atividade empresarial, uma vez que seus contratos sociais dispõem até mesmo como devem ser distribuídos os dividendos. Sobeja asseverar, por oportuno, que uma sociedade comercial formada exclusivamente por médicos também se encontra apta a praticar atos de comércio, de sorte que o principal fator a ser verificado para se identificar a finalidade da sociedade é seu objeto social. Em espécie, resta inequívoco que o objeto social das sociedades comerciais recorridas é a prestação de um serviço especializado, todavia, inequivocamente associado ao exercício da empresa (...)".

3. ATIVIDADE RURAL

A lei cuida, ainda, do empresário com atividade rural. Percebe-se que ele já é considerado empresário pelo conteúdo do art. 971. O que a lei faculta é a inscrição no sistema de Registro Público de Empresas Mercantis, de forma a equipará-lo ao empresário comum para todos os fins. É uma opção do empresário rural, inclusive para efeito de pedido de recuperação de empresa e falência.

O Registro somente se justifica em caso de estímulo econômico e de diminuição de custos, já que o privilégio da escola decorre da existência de pequenas atividades rurais que nem justificam tamanha formalização. Caso não se inscreva no Registro peculiar, o empresário com atividade rural mantém a sua atuação à margem do sistema do empresário comum, sujeitando-se somente a regramentos de pessoa natural e tributação peculiar da atividade agrícola.

Essa presunção de atividade empresária e do regime facultativo de registro se confirma pela possibilidade de pedido de recuperação judicial pelo produtor rural (art. 48, §§ 2º a 5º, da LREF) [*t. V, §2, i. 2.1*].

3.1. Empresa rural do Estatuto da Terra

É necessário compatibilizar a opção registral do art. 971 do CC com o conteúdo do art. 4º, inciso VI, do Estatuto da Terra (Lei nº 4.504/64), que cuidou da *empresa rural* como sendo "o empreendimento de pessoa física ou jurídica pública ou privada que explore econômica e racionalmente imóvel rural, dentro de condição de rendimento econômico da região em que se situe e que explore área mínima agricultável do imóvel segundo padrões fixados, pública e previamente, pelo Poder Executivo. Para esse fim, equiparam-se às áreas cultivadas, as pastagens, as matas naturais e artificiais e as áreas ocupadas com benfeitorias". Verifica-se que a legislação especializada de política agrícola avoca para si a regulação de uma tipologia para atribuição de direitos vinculados ao Estatuto da Terra.

Exemplo disso é a política de arrendamentos e parcerias agrícolas do regime peculiar. Além dele, a "isenção" de desapropriação, salvo em casos de necessidade ou utilidade pública, de imóveis que satisfizerem os requisitos pertinentes à empresa rural descritos no já referido art. 4º, inciso VI.

3.2. Agronegócio

Verifica-se a tendência de criação de princípios próprios para o empresário e sociedade empresária (portanto, já inscritos) que tenham atuação profissional para produção de bens e prestação de serviços nos ramos agrícolas, pecuários e de reflorestamento e pesca. Cuida-se de uma atividade empresarial já registrada, mas com atuação numa cadeia agronegocial. Assim, sujeitos e negócios (contratos e títulos) de integração de atividades econômicas de fornecimento de insumos, produção, comercialização, armazenagem e distribuição seriam objeto de princípios e regras especiais.

Tal segregação ainda não foi feita por legislação, malgrado alguns títulos específicos para o agronegócio [t. IV, §7, i. 5]. Sendo assim, ainda não se pode falar em categoria jurídica especialíssima para essa sorte de atividade, de resto sujeita aos preceitos gerais do sistema empresarial.

A moldura do mercado pelo regramento jurídico demanda singular equilíbrio porque, de um lado, não pode inviabilizar as balizas econômicas em bom funcionamento e, de outro, deve permitir avanços significativos. Em matéria de agronegócio, essa constatação é ainda mais sinuosa porque o Brasil é competidor mundial de ponta em matéria de produtividade agropecuária e o setor ocupa sensível posição no PIB brasileiro.

4. EMPRESÁRIO E REGISTRO

Para ser considerado empresário não é preciso registro, apesar de ser obrigatório (art. 967 do CC). O contrassenso é só na aparência e não resiste à aproximação do texto legislativo que, de resto, representou evidente evolução da legislação antes dependente do sistema registral [t. I, §6].

Sendo a empresa um fato econômico, a qualificação como empresário também é fática, bastando o preenchimento dos núcleos do art. 966 do CC.

De outro lado, o art. 967 do CC determinou ser obrigatória a inscrição do empresário no Registro Público de Empresas Mercantis (art. 2º da Lei nº 8.956/94) da respectiva sede, antes do início de sua atividade. Se interpretarmos em conjunto esse dispositivo com o art. 966, percebe-se que a obrigatoriedade não atinge a caracterização fática do empresário, mas somente a regularidade do exercício da atividade.

Quem não se registra atua de maneira irregular, apesar de ser empresário. Portanto, devem ser obedecidos os requisitos e orientações designados pela IN DREI 81, que especificou regras para desburocratização, uniformização e agilização do procedimento de inscrição do empresário, com minúcias descritas no Anexo II.

Se o empresário não se inscreve no registro peculiar, ele é considerado irregular e não pode se valer do sistema de regras de organização e garantia que decorrem dessa inscrição registrária, entre os quais o valor probatório dos livros (art. 226, 1.179 a 1.195 do CC e arts. 417 e 418 do CPC) e o pedido de recuperação da empresa (art. 1º da LREF).

> **Excurso**
>
> *O empresário individual é pessoa física que exerce profissionalmente atividade econômica organizada para a produção ou a circulação de bens ou de serviços.*
>
> *Não é empresário quem exerce atividade intelectual não subsumida pela empresa.*
>
> *Pode se registrar como empresário quem tem atividade rural.*

5. REQUISITOS PARA O EXERCÍCIO DA ATIVIDADE EMPRESARIAL

5.1. Capacidade

Se a atividade empresarial é exercida por pessoa natural, é preciso que tenha plena *capacidade* para exercício de direitos e assunção de obrigações, conforme prevê o art. 972 do CC.

Aplicam-se, então, as regras gerais de capacidade, previstas nos arts. 3º, 4º e 5º do CC, com as respectivas alterações promovidas pela Lei nº 13.146/2015, que cuidou da inclusão da pessoa com deficiência. Assim, tem-se um quadro de pessoas naturais com restrição de atuação empresarial por falta de capacidade:

> Absolutamente incapaz (art. 3º, *caput*, do CC): menores de 16 anos (art. 3º, *caput*, CC).
>
> Relativamente incapaz (art. 4º do CC): os maiores de dezesseis e menores de dezoito anos (inciso I); os ébrios habituais e os viciados em tóxico (inciso II); aqueles que, por causa transitória ou permanente, não puderem exprimir sua vontade (inciso III); pródigos (inciso IV).

Os absolutamente incapazes dependem de *representação*, sob pena de nulidade absoluta dos negócios praticados (art. 166, I, CC). Já os relativamente incapazes dependem de *assistência*, já que os negócios estão sujeitos às consequências da anulabilidade (art. 171, I, CC). Conforme prevê o art. 974, *caput*, do CC, pode o incapaz, por meio de representante ou devidamente assistido, continuar a empresa antes exercida por ele enquanto capaz, por seus pais ou pelo autor de herança. Há necessidade de autorização judicial após exame das circunstâncias e dos riscos da empresa, bem como da conveniência em continuá-la, ressalvados bens do incapaz fora do patrimônio empresarial (art. 974, §§ 1º e 2º, CC). Além disso, nesse mesmo art. 974, houve mistura de assuntos ao se tratar do menor sócio: a Junta Comercial deverá registrar contratos ou alterações contratuais de sociedade que envolva sócio incapaz, desde que atendidos, de forma conjunta, os seguintes pressupostos: I – o sócio incapaz não pode exercer a administração da sociedade; II – o capital social deve ser totalmente integralizado; III – o sócio relativamente incapaz deve ser assistido e o absolutamente incapaz deve ser representado por seus representantes legais.

Prevê o CC que "se o representante ou assistente do incapaz for pessoa que, por disposição de lei, não puder exercer atividade de empresário, nomeará, com a aprovação do juiz, um ou mais gerentes" (art. 975 do CC). O objetivo da regra é a "proteção da própria empresa, evitando que pessoas que não teriam condições legais de exercê-la o façam indiretamente na condição de representantes ou assistentes do incapaz" (TOMAZETTE, 2015, p. 182).

É importante diferir, todavia, que as hipóteses de capacidade se aplicam para a atuação como empresário individual (pessoa natural) e, com ressalvas, para a criação de sociedade limitada unipessoal. Os casos não impedem que o incapaz seja sócio de sociedade empresária, desde que não assuma funções de administrador, esteja assistido e o capital esteja integralizado (art. 974, § 3º, do CC).

Bibliografia: CAVALLI, Cássio. *O sócio incapaz nas sociedades limitadas.* In: LUPION, Ricardo (org.). *Sociedades limitadas: estudos em comemoração aos 100 anos.* Porto Alegre: Editora FI, 2019. FRANÇA, Erasmo Valladão A. N. O sócio incapaz (CC, art. 974, §3º). RDM, 159-160/112.

5.2. Menor empresário

A cessação da incapacidade para os menores ocorre com os 18 anos completos (art. 5º, *caput*, CC).

Todavia, para os relativamente incapazes, com mais de 16 anos poderá ocorrer a cessação da incapacidade pela emancipação por concessão dos pais, casamento (art. 1.517 do CC), exercício de emprego público efetivo e colação de grau em curso superior (art. 5º, parágrafo único, CC).

A lei ainda ressalva o desempenho de atividade empresária ou intelectual, com economias próprias. Essa a intepretação para o conteúdo do art. 5º, parágrafo único, inciso V, do CC, que erroneamente prevê "estabelecimento civil ou comercial", em descompasso com a terminologia do direito de empresa.

5.3. Impedimentos

O art. 972 do CC também prevê que não podem atuar como empresários quem for legalmente impedido. São legalmente impedidos:

> Funcionários Públicos – servidores públicos da União, das autarquias, das funções públicas, exceto na condição de acionista, quotista ou comanditário (art. 117, X, da Lei nº 8.112/90).
>
> Funcionários públicos do Estado de São Paulo (art. 243, II, da Lei nº 10.261/1968), sendo vedado atuar na administração de sociedades empresárias.
>
> Os falidos, enquanto não forem reabilitados (arts. 102 e 181 da LREF).
>
> Militares da ativa (art. 29 da Lei nº 6.880/80 – Estatuto dos Militares; art. 204 do Código Penal Militar).
>
> Leiloeiros (art. 36 do Decreto 21.981/1932).
>
> Juízes (art. 36, inciso I, da Lei Complementar nº 35/79).
>
> Membros do Ministério Público (artigo 128, § 5º da CF; art. 237, III, da Lei Complementar nº 75/1993, para Ministério Público da União; art. 44, III da Lei nº. 8.625/1993 – Lei Orgânica Nacional do MP, normas gerais para organização do MP dos estados).
>
> Os médicos, em atividade, para o exercício simultâneo da farmácia (Decreto nº 20.931, de 11 de janeiro de 1932, art. 16, alínea "g" combinado com os arts. 68 e 69 do Código de Ética Médica); os farmacêuticos, para o exercício simultâneo da medicina (Anexo II da IN DREI 81).
>
> Imigrantes, para as seguintes atividades (Anexo II da IN DREI 81): 1. pesquisa ou lavra de recursos minerais ou de aproveitamento dos potenciais de energia hidráulica (art. 176, § 1º, da CF); 2. atividade jornalística e de radiodifusão sonora e de sons e imagens; (art. 222, § 1º, da CF e art. 2º da Lei nº 10.610/2002); e 3. ter autorização para operar como empresa brasileira de navegação no transporte de cargas por cabotagem e, sendo embarcação afretada, ter comandante, mestre de cabotagem, chefe de máquinas e condutor de máquinas brasileiros (art. 178 da CF e arts. 3º e 9º, III, da Lei nº 14.301/2022).
>
> Os condenados a penas que vedem acesso a cargos públicos, crime falimentar, de prevaricação, peita ou suborno, concussão, peculato; ou contra a economia popular, contra o sistema financeiro nacional, contra as normas de defesa da concorrência, contra as relações de consumo, a fé pública ou a propriedade, enquanto perdurarem os efeitos da condenação (artigo 1.011, § 1º, do Código Civil).

O art. 973 do CC prevê que a pessoa legalmente impedida de exercer atividade própria de empresário, se o fizer, responderá pelas obrigações contraídas. Os negócios não são nulos, mas o exercício da atividade é irregular (Tomazette, 2015, p. 184).

Há outras restrições que não podem ser qualificadas propriamente como impedimentos para se registrar como empresário, porque atingem a participação em sociedades. São situações específicas, algumas transitórias, mas normalmente derivadas de incompatibilidades de cargos ou restrições atinentes à segurança nacional, que é princípio estruturante da ordem econômica [*t. I, §2, i. 2.1*].

São casos, por exemplo: da interdição de empresário individual com dívidas de contribuições previdenciárias (art. 95, § 2º, "d" da Lei nº 8.212/91); restrições a participação de estrangeiros na propriedade de empresa jornalística de televisão e radiodifusão (art. 222 da CF); restrições de deputados e senadores para a propriedade, controle ou diretoria de empresa com contratos com o Poder Público (art. 54, II, "a", da CF); restrições a cônsules e diplomatas de serem agentes, delegados ou representantes de qualquer empresa com sede no Brasil ou no exterior; restrições à propriedade ou participação societária de médicos que exerçam a clínica em empresa que explore a indústria farmacêutica, salvo se autores de fórmulas de especialidades farmacêuticas (art. 16, alínea "g", do Decreto nº 20.931/32).

Também no caso dos funcionários públicos, o impedimento legal é para a atuação como empresário individual (pessoa natural). Não há impedimento para que o funcionário público seja sócio de sociedade empresária ou que seja titular de sociedade limitada unipessoal, desde que não assuma funções de administrador e que não haja casos de conflitos de interesses com a administração pública. Ressalva-se a restrição plena a membros do Ministério Público, também para participação em sociedades (art. 128, § 5º, inciso II, alínea "c", da CF).

Há, ainda, as hipóteses em que o funcionário público se torna sócio de sociedades não personificadas (sociedade em comum e sociedade em conta de participação) e passa a manter atividade empresarial paralela àquela de exercício público, de forma fraudulenta e, muitas vezes, atuando com improbidade administrativa.

5.4. Consequências do exercício irregular

O exercício irregular da atividade de empresário acarreta as seguintes consequências:

(*a*) impossibilidade de autenticação de livros na Junta Comercial (art. 1.181, parágrafo único, do CC). Perde-se, assim, a eficácia probatória (art. 226 do CC) [*t. II, §1, i. 6*];

(*b*) perda da prioridade de proteção do nome empresarial (art. 1.166 do CC);

(*c*) perda da legitimidade ativa para pleitear a recuperação judicial (art. 48 da LREF);

(*d*) como credor, falta de legitimidade ativa para pedido de falência do devedor (art. 97, § 1º, da LREF);

(*e*) caracterização de crime falimentar (art. 178 da LREF); e contravenção de exercício irregular de profissão (art. 47 do Dec. Lei nº 3.688/41 – Lei das Contravenções Penais);

(*f*) vedação de habilitação em licitações (art. 66 da Lei nº 14.133/2021).

5.5. O estrangeiro empresário

Os estrangeiros podem atuar como empresários individuais ou pessoas naturais, pleiteando o registro da atividade no RPEM. A IN DREI 81 fixa no art. 11 os requisitos de regularidade do imigrante para tal intento.

Há restrições para atividades específicas, nas quais são resguardados interesses nacionais previstos na Constituição Econômica [*t. I, §3, i. 3*]. Exemplo disso é a exploração de jazidas, em lavra ou não, e demais recursos minerais e os potenciais de energia hidráulica somente poderão ser efetuados mediante autorização ou concessão da União, no interesse nacional, por brasileiros ou empresa constituída sob as leis brasileiras e que tenha sua sede e administração no País (art. 176, *caput* e § 1º, CF).

Também a propriedade de empresa jornalística e de radiodifusão sonora e de sons e imagens é privativa de brasileiros natos ou naturalizados há mais de dez anos, ou de pessoas jurídicas constituídas sob as leis brasileiras e que tenham sede no País (art. 222. § 1º, da CF). Em caso de sociedade empresária, as empresas efetivamente controladas, mediante encadeamento de outras empresas ou por qualquer outro meio indireto, por estrangeiros ou por brasileiros naturalizados há menos de dez anos, não poderão ter participação total superior a 30% no capital social, total e votante, das empresas jornalísticas e de radiodifusão, conforme previsto do art. 2º, § 1º, da Lei nº 10.610/2002.

A atuação do estrangeiro como conselheiro fiscal de sociedades também tem requisitos, que se encontram na LSA no art. 162, basicamente determinando que o estrangeiro deverá ter residência com visto permanente no Brasil. Para o exercício de cargo de diretor em companhias, o art. 13 da IN DREI 81 determina que a apresentação de documento de documento emitido no Brasil deve ser exigida por ocasião da investidura no cargo, com arquivamento do termo de posse.

5.6. Morte do empresário

Em caso de morte do empresário, tem-se admitido a continuidade da atividade empresarial pelos herdeiros do falecido, por meio de autorização judicial. Tal previsão está na Instrução Normativa nº 81/2020 do DREI, cumulada com requisitos do art. 974 do CC (Tomazette, 2015, p. 190).

6. LIVROS E SISTEMA PROBATÓRIO DO EMPRESÁRIO

6.1. Escrituração

O empresário e a sociedade empresária têm obrigação de manter sistema de contabilidade, mecanizado ou não, com base na escrituração uniforme de seus livros, em correspondência com a documentação respectiva, e a levantar anualmente o balanço patrimonial e o de resultado econômico (art. 1.179 do CC). O tratamento é diferenciado (a) para o pequeno empresário e empresário rural (art. 970 do CC), por força do que dispõe o art. 1.179, § 2º, do CC e art. 68 da Lei Complementar nº 123/2006, que ficam dispensados da manutenção de tais livros e (b) para as *startups* que usarem estruturas simplificados da sociedade anônima com os livros do art. 100 da LSA mantidos de forma mecanizada ou eletrônica (art. 294, IV, da LSA) [*t. II, §11*]; (c) em sociedades anônimas fechadas e cooperativas, a LFAN autorizou a utilização de registros mecanizados ou eletrônicos (art. 100, § 3º, da LSA e art. 22, parágrafo único, da LCoop).

A escrituração em livros dá fidedignidade à atividade empresária, permitindo acesso a interessados como os sócios (art. 1.021 do CC), o conselho fiscal (art. 1.069, I, do CC) e o fisco, por exemplo, para conferência, verificação e análise de cumprimento de obrigações e exercício de direitos. Também é a partir dos livros contábeis (hoje armazenados digitalmente) que são gerados documentos como o balanço patrimonial e o resultado econômico da empresa (art. 1.188 do CC e arts. 178 e 187 da LSA), que além de servir de parâmetros administrativos, ainda se presta à informação relevante na resolução quanto a um sócio e na dissolução da sociedade [*t. II, §3, i. 3.7*] (art. 1.180, parágrafo único, do CC). Tamanha importância da escritura resulta, na tipificação de crime falimentar, previsto nos art. 168, § 1º (para erros da escrituração) e § 2º (para contabilidade paralela) e art. 178 (para omissão dos documentos contábeis obrigatórios), todos da LREF.

O Capítulo XV da LSA (arts. 175 e seguintes) contém uma série de regras supletivas em matéria de escrituração, principalmente com as obrigações de diretoria que deve elaborar, com base na escrituração, as demonstrações financeiras, que deverão exprimir com clareza a situação do patrimônio da companhia e as mutações ocorridas no exercício, entre elas o balanço patrimonial; a demonstração dos lucros ou prejuízos acumulados; a demonstração do resultado do exercício; e a demonstração dos fluxos de caixa (art. 176 da LSA).

Destaca-se, ainda, a relevância da escrituração na recuperação da empresa e na falência, porque as demonstrações contábeis relativas aos três últimos exercícios sociais e as levantadas especialmente devem instruir o pedido de recuperação (art. 52, inciso II, da LREF).

Há livros que são considerados obrigatórios, outros que são conhecidos como auxiliares (cuja obrigatoriedade depende de vários fatores fiscais e legislação diversa) e outros ainda que são facultativos. Uma média para compreensão didática pode ser assim descrita:

(a) São livros obrigatórios:

– Livro Diário (art. 1.180 do CC): "No Diário serão lançadas, com individuação, clareza e caracterização do documento respectivo, dia a dia, por escrita direta ou reprodução, todas as operações relativas ao exercício da empresa" (art. 1.184 do CC).

– Livro Razão: também registra todos os fatos, mas a ênfase é nas contas que compõem o patrimônio. Por meio desse livro, permite-se o conhecimento da movimentação em partidas dobradas de débito e crédito de cada elemento que compõe o patrimônio do empresário ou da sociedade empresária.

(b) São livros auxiliares – aqui divididos em sociais, fiscais e administrativos (que podem, muitas vezes, ser obrigatórios perante o fisco, dependendo da legislação):

– Livros Sociais (previstos sobretudo no art. 100 da LSA): Registro de Atas de Assembleias Gerais; Registro de Presença de Acionistas; Registro de Atas de Reuniões da Diretoria; Registro das Ações Normativas; Registro de Transferência das Ações Normativas; Registro de Partes Beneficiárias; Registro de Debêntures.

– Livros Fiscais, exigência pela legislação fiscal: Inventário; Apuração de Lucro Real; Razão Auxiliar; Registro de Entrada de Mercadorias; Registro de Saída de Mercadorias; Registro de Controle de Produção e Estoque; Registro de Impressão de Documentos Fiscais; Registro de Apuração de ICMS; Registro de Apuração de IPI; Registro de Apuração de ISS.

– Livros Administrativos: Caixa; Controles Bancários; Registro de Duplicatas; Registro de Empregados; Inventário (art. 1.187 do CC).

Ressalvadas dispensas legais, os livros obrigatórios e, se for o caso, as fichas, antes de postos em uso, devem ser autenticadas no Registro Público de Empresas Mercantis. Aos livros facultativos também é facultada a autenticação referida.

A escrituração é confiada sob a responsabilidade de um preposto chamado contabilista (arts. 1.177 e 1.182 do CC), que "são pessoalmente responsáveis, perante os preponentes, pelos atos culposos; e, perante terceiros, solidariamente com o preponente, pelos atos dolosos" (art. 1.177, parágrafo único, do CC). Prevê o art. 177 da LSA (aplicável à matéria), que a "escrituração da companhia será mantida em registros permanentes, com obediência aos preceitos da legislação comercial e desta Lei e aos princípios de contabilidade geralmente aceitos, devendo observar métodos ou critérios contábeis uniformes no tempo e registrar as mutações patrimoniais segundo o regime de competência".

Bibliografia: MARION, José Carlos. *Contabilidade empresarial*. 13. ed. São Paulo: Atlas, 2008. SÁ, Antônio Lopes de; SÁ, Ana M. Lopes de. *Dicionário de contabilidade*. 9. ed. São Paulo: Atlas, 1995. MOTA, Nelson Candido. Do acesso aos livros societários, RDM, 115/127.

6.2. Ônus da prova

Conforme foi observado, a escrituração contábil é obrigação do empresário e da sociedade empresária, porque se prestam à documentação dos atos componentes da atividade empresarial. Conforme prevê o art. 226 do CC, os "livros e fichas dos empresários e sociedades provam contra as pessoas a que pertencem, e, em seu favor, quando, escriturados sem vício extrínseco ou intrínseco, forem confirmados por outros subsídios". Ressalvados os casos de exigência de escritura pública (art. 226, parágrafo único), cuida-se de hipótese de presunção *juris tantum* de veracidade de informações, ainda que feitos por prepostos, já que os livros produzem os mesmos efeitos, como se tivessem sido produzidos pelo próprio empresário (art. 1.177, parte final, do CC).

A escrituração, por registrar a atividade, em princípio é sigilosa. O acesso deve ser garantido a interessados, que podem pleiteá-la judicialmente. Também em litígios, os livros podem ser requisitados já que, no direito brasileiro, o ônus da prova incumbe a quem alega o fato constitutivo ou desconstitutivo do direito (art. 373 do CPC). A inversão da regra somente é admitida em casos expressamente previstos em lei, por convenção das partes ou determinação judicial (art. 373, §§ 1º a 3º, do CPC).

Nesse sentido, a carga probatória compete à parte que se encontrar em melhores condições técnicas, profissionais ou fáticas de ministrar a prova com absoluta independência de sua posição no processo e de natureza dos fatos. Também o domínio dos fatos é fator preponderante nessa consideração – e quem tem a posse da escrituração é o empresário. Assim, a cada parte corresponde o ônus de provar os fatos que servem de pressuposto da norma que lhe atribui o efeito jurídico perseguido. Em outros termos, a norma que especifica o ônus tutela o interesse do próprio onerado, conforme sustentou LEO ROSENBERG (ROSEMBERG, 1956, p. 91-100).

Assim, o juiz pode autorizar a exibição integral dos livros e papéis de escrituração quando necessária para resolver questões relativas a sucessão, comunhão ou sociedade, administração ou gestão à conta de outrem, ou em caso de falência (art. 1.191 do CC). A recusa de exibição autoriza apreensão dos livros, tendo como verdadeiro o alegado pela parte contrária para se provar pelos livros (art. 1.192 do CC). A confissão resultante da recusa pode ser elidida por prova documental em contrário (art. 1.192, parágrafo único, do CC).

Jurisprudência

STF – Súmula nº 260: O exame de livros comerciais, em ação judicial, fica limitado às transações entre os litigantes.

STF – Súmula nº 390: A exibição judicial de livros comerciais pode ser requerida como medida preventiva.

STF – Súmula nº 439: Estão sujeitos à fiscalização tributária, ou previdenciária, quaisquer livros comerciais, limitado o exame aos pontos objeto da investigação.

STJ – 2ª T. – AgInt no AREsp nº 1.669.328 – Rel. Min. Herman Benjamin – j. 21/09/2020: "(...) A jurisprudência do STJ já fixou o entendimento de que "a empresa individual é mera ficção jurídica que permite à pessoa natural atuar no mercado com vantagens próprias da pessoa jurídica, sem que a titularidade implique distinção patrimonial entre o empresário individual e a pessoa natural titular da firma individual" (REsp 1.355.000/SP, Rel. Ministro Marco Buzzi, Quarta Turma, julgado em 20/10/2016, *DJe* 10/11/2016) e de que "o empresário individual responde pelas obrigações adquiridas pela pessoa jurídica, de modo que não há distinção entre pessoa física e jurídica, para os fins de direito, inclusive no tange ao patrimônio de ambos" (AREsp 508.190, Rel. Min. Marco Buzzi, *DJe* 4/5/2017). 4. Sendo assim, o empresário individual responde pela dívida da firma, sem necessidade de instauração do procedimento de desconsideração da personalidade jurídica (art. 50 do CC/2002 e arts. 133 e 137 do CPC/2015), por ausência de separação patrimonial que justifique esse rito (...)".

STJ – 4ª T. – REsp nº 958.116 – Rel. Min. Raul Araújo – j. 22/05/2012: "Recurso especial. Ação de apuração de haveres. Resolução da sociedade em relação a um sócio. Sociedade não empresária. Prestação de serviços intelectuais na área de Engenharia. Fundo de comércio. Não caracterização. Exclusão dos bens incorpóreos do cálculo dos haveres. Recurso parcialmente conhecido e parcialmente provido".

TJSP – 28ª Câm. Dir. Priv. – AI nº 0253221-94.2012.8.26.0000 – Rel. Des. Celso Pimentel – *DJe* 29.04.2013: "(...) 1. Exceto pelo que dispõe a Lei nº 12.441, que criou a empresa individual de responsabilidade limitada, a Eireli, o microempresário de hoje, como a firma ou o comerciante individual do passado, é pessoa física, não pessoa jurídica nem empresa, que não tem personalidade autônoma ou distinta daquele que lhe dá o nome no exercício da atividade comercial ou de prestação de serviço (...)".

Bibliografia: FRANÇA, Erasmo Valladão A. N. Empresa, empresário e estabelecimento. A nova disciplina das sociedades. *Revista do Advogado*, n. 71/15. FERRAZ JÚNIOR, Tércio Sampaio. *Da Inexistência de Fundo de Comércio nas Sociedades de Profissionais de Engenharia*. RDM, 111/45. GONÇALVES NETO, Alfredo Assis. *Direito de empresa: comentários aos artigos 966 a 1.195 do Código Civil*. 4. ed. São Paulo: Revista dos Tribunais, 2012. MATIA, Fabio Maria de. Empresa agrária e estabelecimento agrário. RT, 715. RAMOS, André Luiz Santa Cruz. *Estatuto dogmático do direito comercial*. In: COELHO, Fabio Ulhoa. *Tratado de direito comercial*. v. 1. São Paulo: Saraiva, 2015. ROSENBERG, Leo. *La carga de la prueba*. Trad. Ernesto Krotoschin. Buenos Aires: Ediciones Jurídicas Europa-America, 1956. p. 91-100. PACÍFICO, Luiz Eduardo Boaventura. *O ônus da prova no direito processual civil*. 1. ed. São Paulo: Revista dos Tribunais, 2001. TOMAZETTE, Marlon. *Empresário individual*. In: COELHO, Fabio Ulhoa. *Tratado de direito comercial*. v. 1. São Paulo: Saraiva, 2015.

§2
EIRELI

1. CONCEITO E FUNÇÃO

Aqui jaz a EIRELI.

Essa foi uma das experiências da unipessoalidade do direito brasileiro, por meio de pessoa jurídica especialmente concebida para esse fim. Assim, a caminhada da EI-RELI, que começou de forma precipitada e cheia de problemas, continuou tormentosa até o seu fim. Na sua criação, ouviu-se: "Salve EIRELI, tu serás nossa sociedade unipessoal um dia!".[1] O fim da tragédia se consumou de forma tão mal feita quanto o seu começo.

Diante desse problema noticiado e com todas as ressalvas feitas, optamos pela preservação da descrição da EIRELI nessa obra como notícia história regida pelo tempo verbal do pretérito perfeito, não sem apresentar uma severa crítica ao procedimento legislativo atabalhoado e gerador de insegurança no setor econômico.

Uma profunda reforma foi feita pela MP nº 1.040/2021, alcunhada de "MP da facilitação do ambiente de negócios". Iniciada com alterações burocráticas, ao longo do processo legislativo no Congresso Nacional ela recebeu diversas emendas, alguma delas vetadas pela Presidência da República após a conversão na Lei nº 14.195/2021. O debate foi açodado e feito por instrumento normativo (a MP) que se presta a urgências, o que não era bem o caso. Em relação à EIRELI, o Capítulo IX, que se refere à desburocratização empresarial, trouxe novo desafio aos intérpretes, porque o art. 41 da Lei nº 14.195/2021 determinou a transformação de todas as EIRELIs em sociedades limitadas unipessoais, sem alteração do constitutivo, conforme será disciplinado pelo DREI.

Diante da celeuma, nova Medida Provisória, de nº 1.085/2021, revogou o art. 44, inciso VI e o art. 980-A do CC, dessa vez extinguindo de vez EIRELI.

A empresa individual de responsabilidade limitada (EIRELI) podia ser conceituada como pessoa jurídica geradora de novo centro de imputação de direitos e obrigações em relação ao titular, com limitação de responsabilidade ao capital mínimo integralizado.

Por meio da EIRELI, ocorria um desdobramento dos centros de imputação de direitos e obrigações: uma pessoa física poderia criar uma única pessoa jurídica da modalidade

---

[1] Em se tratando de sentimentos humanos, permita-se a ironia com Shakespeare, que descreveu como poucos esses sentimentos. Assim, no Primeiro Ato, Cena 3, da tragédia Macbeth, as 3 bruxas predizem a Macbeth que ele seria Rei da Escócia: "Salve Macbeth, tu serás rei um dia!". Não há novidade no uso desse recurso e Machado de Assis o fez bastante por essas terras. Entre o Bardo e o Bruxo, fiquemos com a prosaica idiossincrasia da EIRELI.

EIRELI, desdobrando-se. Assim, as esferas patrimoniais da pessoa física e da pessoa jurídica, além dos respectivos patrimônios, ficam separadas para fins de atribuição de direitos e obrigações. Então, a EIRELI podia ser utilizada para organização de atividades empresais ou intelectuais, além da prestação de serviços de qual-quer natureza com a remuneração decorrente da cessão de direitos patrimoniais de autor ou de imagem, nome, marca ou voz de que seja detentor o titular da pessoa jurídica, vinculados à atividade profissional. Tudo isso agora pode ser feito por meio de sociedade limitada unipessoal.

2. ANÁLISE GERAL

Ao menos como referencial histórico, a inovação em nossas tradições de estruturas negociais e organizacionais veio acompanhada de críticas, seja pela concepção teórica e debate acadêmico apequenado, seja pelas dúvidas extremadas que a lei nos relegou. De relevante, todavia, é que, por meio dessa pessoa jurídica, tornou-se possível organizar atividade empresarial em novo centro de imputação com autonomia do patrimônio da EIRELI em relação àquele que a constituiu. Foi inovação que abriu as portas para as sociedades limitadas unipessoais. Em tese, minimizavam-se os riscos da atividade empresária, isolando-a em organização específica, sem comprometer outros bens do patrimônio de quem constituiu a tal EIRELI. Além disso, argumentava-se, reduziriam as urgências e os problemas do "presta nome", ou "sócio de palha", ou "testa de ferro", ou "laranja" (com permissão das alcunhas tratadas com sinonímia nos dicionários).

Outro ponto que demandava atenção dos aplicadores da lei é que a novidade veio acompanhada de imensos problemas de confusão patrimonial, geradores de um aumento da aplicação da desconsideração da personalidade jurídica (art. 50 do CC) [*t. II, §4, i. 4.2*]. Não é sem razão afirmar que na experiência alemã da sociedade unipessoal (*Einpersongesellschaft*) uma expressiva quantidade de decisões de desconsideração de personalidade jurídica diz respeito justamente a esse modelo organizacional. Se no nosso atual quadro jurisprudencial o respeito à pessoa jurídica está banalizado – no mais das vezes sem critérios objetivos – a EIRELI definitivamente contribuiu para o agravamento dessa instabilidade no aprisionamento dos riscos pela organização criada.

De resto, as estatísticas disponibilizadas pelo Mapa de Empresas DREI já indicavam importante queda na constituição de EIRELI, após o advento da LLE, em vista da tendência de desuso do modelo em detrimento da sociedade limitada unipessoal.[2]

Jurisprudência

STF – Pleno – ADI nº 4.637 – Rel. Min. Gilmar Mendes – j. 07/12/2020: "(...) Art. 7º, IV, da Constituição Federal. Ausência de violação. Uso meramente referencial. (...) A exigência de capital social mínimo não impede o livre exercício de atividade econômica, é requisito para limitação da responsabilidade do empresário (...)".

STJ – 2ª T. – REsp nº 1.810.414 – Rel. Min. Francisco Falcão – j. 15/10/2019: "(...) IV – O pre-sente caso não trata de responsabilidade tributária prevista nos art. 124, I, ou 132 e 133, to-dos do CTN, dado que não versa sobre sucessão tributária ou formação de grupo econômico de fato, mas cuida, isso sim, de desconsideração inversa da personalidade jurídica por confusão patrimonial. V – (...) Na espécie, o empresário individual adquiriu a integralidade das cotas de uma Empresa Individual de Responsabilidade Limitada – EIRELI, por valor superior

---

[2] https://www.gov.br/governodigital/pt-br/mapa-de-empresas

ao débito tributário exequendo, a fim de ocultar ou mesclar nesta o patrimônio da empresa individual que deveria ser objeto da execução fiscal, havendo indícios de que essa oneração levou esse devedor à insolvência. Precedentes citados: REsp n. 1.355.000/SP, Rel. Ministro Marco Buzzi, Quarta Turma, *DJe* 10/11/2016; REsp n. 1.260.332/AL, Rel. Ministro Herman Benjamin, Segunda Turma, *DJe* 12/9/2011. VI - Incide o instituto da desconsideração inversa da personalidade jurídica (art. 50 do CC/2002 c/c art. 133, § 2º, do CPC/2015), na hipótese em que o administrador ou sócio esvazia seu patrimônio pessoal para ocultá-lo de credores sob o manto de uma pessoa jurídica. No presente caso, faz-se necessário o afastamento da autonomia patrimonial da pessoa jurídica integralmente adquirida (EIRELI), na qual é ocultado o patrimônio do empresário individual que deveria ser objeto da execução fiscal, ficando claro que a personalidade jurídica da empresa adquirida está servindo como cobertura para a fraude à satisfação do crédito tributário. Precedentes citados: REsp n. 1.721.239/SP, Rel. Ministro Paulo de Tarso Sanseverino, Terceira Turma, julgado em 27/11/2018, DJe 6/12/2018; REsp n. 1.141.447/SP, Rel. Ministro Sidnei Beneti, Terceira Turma, julgado em 8/2/2011, *DJe* 5/4/2011 (...)".

Bibliografia: BRUSCATO, Wilges Ariana. *Empresa individual de responsabilidade limitada – EIRELI*. São Paulo: Malheiros, 2016. GONÇALVES NETO, Alfredo Assis. *Direito de empresa: comentários aos artigos 966 a 1.195 do Código Civil*. 4. ed. São Paulo: Revista dos Tribunais, 2012. SIMÃO FILHO, Adalberto. *Empresa individual de responsabilidade limitada – EIRELI*. In: COELHO, Fabio Ulhoa. *Tratado de direito comercial*. v. 1. São Paulo: Saraiva, 2015. TOMAZETTE, Marlon. *Empresário individual*. In: COELHO, Fabio Ulhoa. *Tratado de direito comercial*. v. 1. São Paulo: Saraiva, 2015.

§3

TEORIA GERAL DO DIREITO SOCIETÁRIO BRASILEIRO

1. CONCEITO

A sociedade é um contrato. Trata-se de *contrato de organização*[a] *de atividade entre pessoas*[b], *por meio do qual os sócios pactuam contribuir, com bens e serviços*[c], *para o exercício de atividade econômica*[d] *e a partilha dos resultados*[e]. Esse o resultado da interpretação do art. 981 do CC.

Extraem-se do conceito alguns elementos:

(*a*) *contrato de organização*: o contrato de sociedade é de organização porque coleta fatores produtivos (sociedade empresária) ou intelectuais (sociedade simples) e os coloca uns em função dos outros para o cumprimento de um escopo comum para desempenho de uma atividade.

(*b*) *pluralidade subjetiva*: o contrato de sociedade é composto por duas ou mais partes ocupando os polos contratuais. Essa regra admite algumas exceções, na medida em que o direito brasileiro passou a incorporar influências europeias de rompimento com o dogma da pluralidade de partes. E temos dois grandes grupos de exceções de unipessoalidade: *temporária* (com o dever de recomposição da pluralidade de sócios nos prazos do art. 1.033, inciso IV, do CC e art. 206, I, "d", da LSA) e *permanente* (casos da subsidiária integral do art. 251 da LSA e da sociedade unipessoal da advocacia dos arts. 15, 16 e 17 do EOAB) e também a sociedade unipessoal limitada, autorizada pela LLE, que alterou o art. 1.052 do CC e inseriu os §§1º e 2º, além da revogação do art. 1.033, inciso IV e parágrafo único, do CC, pela LFAN [*t. II, §3, i. 3.2*]. É importante que se compreenda que a pluralidade de sócios é a regra, ainda excepcionada pelos casos descritos, com autorização expressa de lei.

(*c*) *contribuição com bens e serviços*: contribuir é obrigação essencial à condição de sócio, devendo se prestar com esforço para o escopo comum e com lealdade. Isso ocorre por meio da *contribuição de serviços* e da *contribuição material*.

A *contribuição de serviços* ocorre por meio da prestação de afazeres específicos (antigamente chamados de indústria), que se concretizam somente em tipos societários que o admitem – como no caso de sociedades simples e sociedades em nome coletivo.

A *contribuição material* deve ser adimplida por meio da transferência de dinheiro, bens e créditos. Quanto ao dinheiro, deve o sócio cumprir os prazos e a promessa da quota subscrita, com a integralização do capital, sob pena de se qualificar como sócio remisso (art. 1.004 do CC). Quanto aos bens, o sócio responde pela exata estimação do valor, além de responder pela evicção (art. 1.005 do CC e art. 8º da LSA). Se a transferência for de créditos, o sócio que o transferir responderá pela solvência do devedor (art. 1.005, *in fine*, do CC). A contribuição com serviços, por sua vez, precisa ser compatível com o tipo societário e, no contrato, deverá ser exatamente especificada (art. 997, V, CC), de modo que o sócio fica a ela vinculada, sendo-lhe vedado o desvio de atribuições ou empregar-se em atividade estranha àquela prometida, sob pena de ser privado dos lucros e excluído da sociedade (art. 1.006 do CC).

(*d*) *finalidade de exercício de atividade econômica*: toda organização tem atividade econômica e não é diferente com a sociedade [*t. I, §5, i. 1*]. A diferença é que a sociedade admite a incorporação dos resultados econômicos superavitários em favor dos sócios, na forma de lucro. Naturalmente que se discute qual o interesse de uma sociedade [*t. II, §3, i. 3.4*], mas em princípio a economia da atividade societária é de produção de lucros, que poderão ser revertidos para os sócios, valorizar as ações ou servir para expansão da própria organização.

(*e*) *finalidade de partilha*: quem contrata sociedade realiza duas ações, descritas em dois verbos, quais sejam, contribuir para partilhar. Todavia, a partilha não é somente de lucros, mas também de prejuízos, conforme se interpreta no art. 1.008 do CC: "É nula a estipulação contratual que exclua qualquer sócio de participar dos lucros e das perdas". Sendo essencial ao contrato de sociedade, o bloqueio ao recebimento de lucros ou a inibição de concorrer com as perdas contamina a validade da cláusula, com sanção jurídica de nulidade do conteúdo, desde que afete a própria causa do contrato de sociedade. Tal constatação se aplica, ainda, para cláusulas que fraudem o conteúdo essencial do contrato de sociedade, como por exemplo a remuneração com juros de capital de sócio que o retira sem arcar com prejuízos ou em situações de subcapitalização nominal [*t. II, §3, i. 4.2.2*]. Esse tipo de cláusula nula ficou conhecido como sociedade leonina – para KARSTEN SCHMIDT, falta o escopo comum (SCHMIDT, 2002, p. 58) –, porque ela afasta o sócio do risco.

Sociedade não se confunde com condomínio. Nas sociedades, os bens se colocam em função da atividade. Nos condomínios, como espécie de comunhão, a atividade se coloca em função do bem, com regulamentação que considera as pessoas em partilha de frações ideais da coisa para os exercícios dos atributos da propriedade. É possível especificar com a espécie de copropriedade que divide o uso no tempo (*time sharing*), conhecida como multipropriedade imobiliária (art. 1.358-B e seguintes do CC), que é "regime de condomínio em que cada um dos proprietários de um mesmo imóvel é titular de uma fração de tempo, à qual corresponde a faculdade de uso e gozo, com exclusividade, da totalidade do imóvel, a ser exercida pelos proprietários de forma alternada". Portanto, o arranjo de multipropriedade pode servir de suporte a diversas atividades empresariais exercidas concomitantemente no mesmo bem, por tempo especificado em regulamento.

2. CONTRATO E ÂMBITOS DE ORGANIZAÇÃO: POSICIONAMENTO DO DEBATE DA TEORIA GERAL

A presente obra inicia a estruturação de uma teoria geral do direito societário brasileiro, de modo a fornecer instrumentos de natureza comum a todos os tipos de sociedades. O objetivo não é somente científico, mas também didático e detecta os pontos de intersecção entre as sociedades e os justapõe em *quatro* organizações decorrentes do contrato: (*a*) organização societária; (*b*) organização patrimonial; (*c*) organização da atividade; (*d*) organização das garantias.

A orientação vem da obra de KARSTEN SCHMIDT, que sustenta estarmos diante de contrato de organização e de garantia (SCHMIDT, 2002, p. 492). Além dele, é destacável da obra de HERBERT WIEDEMANN, que estruturou uma teoria geral do direito societário em três ordenamentos: societário, patrimonial e de empresa (WIEDEMANN, 1980, § 3 a 6). Tal combinação evolui com a doutrina societária alemã, até mesmo com a superação do teórico originário. A intercomunicação dos quatro ordenamentos aqui propostos permite avançar de uma visão estancada de contrato que simplesmente originava pessoa jurídica e gerava obrigações entre sócios, para compreender que as organizações societárias intercambiam obrigações com terceiros e as garantem.

Partimos da ideia de um contrato de associação e de uma organização econômica (*Wirtschaftsorganisation*) (WIEDEMANN, 1980, p. 518-518) ou um *modus operandi* de certa atividade jurídica (GONÇALVES, 2016, p. 43), geradora de esquemas de imputação. E é a partir da organização que podem ser desdobradas as regras gerais componentes da sociedade.

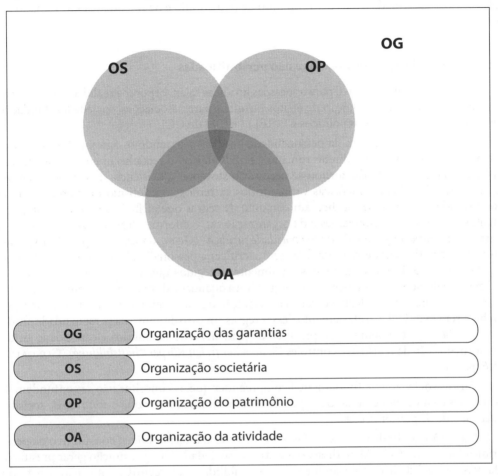

2.1. Associação, sociedade e fundação

As associações e as sociedades têm a mesma base de pessoas e origem num contrato associativo [*t. II, §3, i. 3.3.2*]. Pode-se afirmar, além disso, que a associação é o gênero, do qual a sociedade é espécie (art. 44, § 2º, do CC). A distinção entre elas está na *lucratividade* da atividade-fim (art. 53 e 981 do CC).

A opção pelo termo lucratividade se justifica: o art. 53 do CC dispõe que as associações não têm fins econômicos. Há equívoco na literalidade da lei. A diferença entre elas é o lucro, posto ser defeso a uma associação distribuir aos associados os superávits operacionais e, nas sociedades, essa distribuição caracteriza propriamente o lucro. Nada impede, ademais, que uma associação tenha atividade-meio econômica, que produza resultados operacionais reinvestidos no cumprimento da atividade-fim.

Podemos então, diferir nas agremiações de pessoas a atividade-fim e a atividade-meio. A atividade-fim é propriamente o objeto, que nas sociedades é o lucro e nas associações é o propósito lícito que une os associados, sem permitir que se apropriem de resultados. A atividade-meio, por sua vez, são os instrumentos econômicos utilizados por ambas para chegar à atividade-fim.

As sociedades e as associações, por outro lado, têm estrutura organizacional completamente distinta das fundações. Esse último tipo de pessoa jurídica de direito privado tem como base um patrimônio vinculado pelo instituidor a uma finalidade específica entre aquelas descritas no art. 62, parágrafo único, do CC (Diniz, 2006, p. 89). A base da organização não é composta pelas pessoas agremiadas, mas pelo conjunto de patrimônio e de finalidade determinado pela vontade do instituidor.

2.2. Sociedades: personificadas e não personificadas

A opção do legislador civil para as pessoas jurídicas foi incorporar a realidade técnica como pressuposto teórico de atribuição de efeitos jurídicos para associações, sociedades, fundações, entidades religiosas, partidos políticos e EIRELI (art. 44 do CC).

Diversas teorias cuidam da personalidade jurídica, separando os agremiados do ente coletivo de fim comum. Se no direito romano a *praxis* afastou o reconhecimento da abstração, a partir da Idade Média tardia tornou-se necessário sustentar a existência de entidade com fins específicos. As explicações teóricas variaram dos extremos ao ecletismo hoje preponderante. Compreende-se na pessoa jurídica um conjunto de regras que atribui direito de distinguir os âmbitos das pessoas componentes e da organização ou, conforme Diogo Costa Gonçalves, regras de "*imputação-personalidade-capacidade jurídica*" (Gonçalves, 2016, p. 534). Explica-se a realidade objetiva das pessoas jurídicas sem sacrificar a personalidade própria dos indivíduos. Visa à satisfação de interesses humanos socialmente protegidos, que se unem em coletividade para realizar a finalidade, sendo a personalidade jurídica a qualidade de reconhecimento atribuída pela lei. Ao se compreender de forma objetiva a atribuição de um direito por um conjunto de regras, também será mais lógico o afastamento dessas regras em caso de abuso da personalidade jurídica [t. II, §3, i. 4.2.1] e também na compreensão de tendências de atribuição de capacidade jurídica sem formalização de registros e controles (*System der freien Körperschaftsbildung*) (Gonçalves, 2016, p. 571).

Para as sociedades, é fundamental compreender que os conceitos não se confundem. Há sociedades *com* e *sem* personalidade jurídica, permitindo afirmar que *o contrato de sociedade independente de personificação*.

E a opção do direito brasileiro foi o registro como o termo inicial constitutivo da pessoa jurídica (art. 45 do CC). Além disso, o registro da sociedade tem por função gerar presunções relativas de legalidade e correção formal; inoponibilidade a terceiros de atos não registrados; e a ficção do conhecimento público (Salomão Filho, 2002, p. 15-16).

O ingresso do estatuto ou do contrato social na delegação de registro peculiar (art. 236 da CF) ou no sistema de Registro Público de Empresas Mercantis (Lei nº 8.934/94) faz com se tenha a existência autônoma da pessoa jurídica como centro de imputação de direitos e obrigações (arts. 45, 985 e 1.150 do CC e art. 119 da Lei 6.015/73 – LRP)[1]. Essa função é desempenhada

---

[1] Não se pode confundir o registro peculiar que atribui personalidade jurídica com o Cadastro Nacional de Pessoas Jurídicas (CNPJ), regulado pelos arts. 204 do Decreto nº 9.580/2018 (RIR) e que tem somente efeitos de controle fiscal pela Receita Federal do Brasil. Basta verificar, por exemplo, que: (*a*) mesmo sendo sociedade não personificada, a sociedade em conta de participação pode ter CNPJ por se equiparar em termos fiscais às sociedades empresárias (art. 160, 161 e 269 do RIR); (*b*) mesmo sendo pessoa natural, o empresário individualmente considerado deve se inscrever perante o órgão fiscal (art. 162 do RIR); (*c*) mesmo com preservação de autonomia das pessoas jurídicas envolvidas, os consórcios regulados pelos arts. 278 e 279 da LSA devem ter CNPJ autônomo, apesar da responsabilidade solidária (art. 893 do RIR). Entretanto, reitere-se: nenhum dos casos apontados tem personalidade jurídica.

por meio de uma estrutura repartida por atribuições legais de registros peculiares: (*a*) as associações, fundações, organizações religiosas e partidos políticos são registrados junto ao Cartório de Registro Civil de Pessoas Jurídicas – RCPJ (art. 17, § 2º, CF e art. 114 LRP); (*b*) as sociedades simples também são registradas no RCPJ de sua sede (art. 998 do CC) ou do local da sucursal, filial ou agência (art. 1.000 do CC); (*c*) as sociedades empresárias são registradas no sistema do Registro Público de Empresas Mercantis – RPEM (Lei nº 8.934/94); (*d*) as sociedades cooperativas, apesar de serem simples pela forma (art. 982, parágrafo único, do CC), são registradas no RPEM (art. 32, inciso II, alínea "a", da Lei nº 8.934/94); (*e*) as sociedades com atividade própria de empresário rural são registradas, facultativamente, no RPEM (art. 984 do CC); (*f*) as sociedades de advogados e sociedades unipessoais de advocacia são registradas junto ao Conselho Seccional da OAB (art. 15, § 1º, da Lei nº 8.906/94).

Conclusão importante é que a personificação não é critério para a existência de contrato de sociedade, com prevalência da realidade econômica sobre a formalidade de eficácia da personificação. A consequência jurídica é que, se não houver registro ou o registro estiver incorreto, aplicam-se as regras próprias da sociedade em comum (arts. 986 a 990 do CC), que é tipo não personificado.

O tratamento da personificação em matéria societária mudou substancialmente com a nova codificação.

À falta de melhor disciplina[2], a descrição doutrinária a partir do Código Comercial de 1850 cuidava das sociedades de fato (não registradas) e sociedades irregulares (com algum problema a desnaturar a sociedade posteriormente ao registro). Nas sociedades irregulares, a falta de registro invalidava o contrato perante os sócios e os terceiros e WALDEMAR FERREIRA entendia que a sociedade perdia o atributo societário, tornando-se mera *comunhão* regulada pelo direito civil (FERREIRA, 1961, p. 187). Ainda sobre o assunto, no direito anterior, CARVALHO DE MENDONÇA sustentava que irregular era a sociedade que funcionava durante certo tempo sem o cumprimento das finalidades legais (MENDONÇA, 1945, p. 130-131).

Diferentemente no CC em vigor, com a opção de SYLVIO MARCONDES (MACHADO, 1970, p. 144-145) responsável pela redação do Livro do Direito de Empresa, há distinção entre dois momentos da sociedade: antes e depois de sua inscrição no registro. A nova legislação considera sociedade se houver a caracterização dos elementos da causa ou função econômica do contrato de sociedade (art. 981 do CC e art. 2.247 do *Codice Civile* italiano) e, não havendo o registro, aplicam-se as regras abrangentes das sociedades em comum (arts. 986 e seguintes do CC). A personalidade jurídica deixou de ser, então, objetivo da regra de estruturação de sociedades, para ser mais uma opção dos sócios, que podem escolher entre formação de sociedades personificadas ou não. Na qualificação jurídica das sociedades valem os critérios (*a*) temporal (antes ou depois do registro); (*b*) material ou restrições de eficácia (em função da continuidade registrária, atualização das modificações societárias junto ao registro peculiar).

---

[2] Curiosamente, o revogado art. 305 do CCom indicava hipóteses de presunção de sociedade "sempre que alguém exercita atos próprios de sociedade, e que regularmente se não costumam praticar sem a qualidade social", em especial: "1. negociação promíscua ou comum; 2. aquisição, alheação, permutação, ou pagamento comum; 3. se um dos associados se confessa sócio, e os outros o não contradizem por uma forma publica; 4. se duas ou mais pessoas se propõem um administrador ou gerente comum; 5. a dissolução da associação como sociedade; 6. o emprego do pronome 'nós' ou 'nosso' nas cartas de correspondência, livros, faturas, contas e mais papeis comerciais; 7. o fato de receber ou responder cartas endereçadas ao nome ou firma social; 8. o uso da marca comum nas fazendas ou volumes; 9. o uso de nome com a adição – 'e companhia'. A responsabilidade dos sócios ocultos é pessoal e solidária, como se fossem sócios ostensivos (art. 316)".

Importante anotar com a obra essencial de ERASMO VALLADÃO A. N. FRANÇA, que a sociedade em comum se difere das demais no plano da eficácia. Não se fala mais em irregularidade do contrato de sociedade, por "ser irregular é a *atividade* exercida pela sociedade sem o registro" (FRANÇA, 2013, p. 115 e 175).

Outra questão atinente à constituição da pessoa jurídica se mostra relevante. Trata-se do regime jurídico das sociedades anônimas em organização (art. 986 CC e arts. 91 e 94 da LSA) [*t. II, §10, i. 2*]. Dispõe a lei que a companhia não pode funcionar sem o arquivamento e publicação do ato constitutivo. Ensina HAROLDO MALHEIROS DUCLERC VERÇOSA: "enquanto não providenciado o registro em tela a sociedade ainda não existe de direito e não tem personalidade jurídica. Caso o registro seja efetuado no prazo da lei, então, *seus efeitos retroagirão à data do pedido*" (VERÇOSA, 2008. p. 223). Nesse caso, com o início de atividades de uma sociedade anônima "em organização", os administradores se expõem à responsabilidade solidária pelos negócios e operações realizados (art. 99 da LSA), sujeitando a companhia ao regime próprio da sociedade em comum (VERÇOSA, 2008. p. 224).

2.2.1. O problema das associações não personificadas

É preciso observar que o nosso legislador não teve o mesmo cuidado lógico para a situação de associações não personificadas. A falta de registro da associação não permite identificar os órgãos "por que se administra e representa, ativa e passivamente, judicial e extrajudicialmente" (art. 46, inciso III, do CC) e a "forma de gestão administrativa" (art. 54, inciso VII, do CC). Por conseguinte, não se tem a devida "presentação" da associação (*a*) para fins de imputação de responsabilidade, (*b*) para fins de tributação ou modificação polo passivo (arts. 134 e 135 do CTN) ou (*c*) até mesmo para se determinar a vinculação ou não da associação em relação aos negócios jurídicos a ela eventualmente oponíveis.

A proteção que o direito oferece traz pelo menos quatro fundamentos para resolver o problema: (*a*) primeiramente, o princípio da eticidade é eixo do sistema de Direito privado e faz preponderar a realidade para superar eventual omissão do direito positivado, especialmente quanto aos efeitos da falta de regulação das associações não personificadas; (*b*) a cláusula geral da boa-fé objetiva (art. 422 do CC) também se presta à proteção dos terceiros que atuam nos negócios jurídicos com a associação não personificada; (*c*) a teoria da aparência também pode ser invocada para indicar a responsabilidade daqueles que, externamente, se apresentam como associados com poderes de contratação e assunção de responsabilidades pela tal associação. Diante da ausência da formalidade do registro, os que se portam como associados respondem pessoalmente pelos negócios inadimplidos, tutelando-se as legítimas expectativas de terceiros criadas pela aparência; (*d*) finalmente, o art. 4º, da LICC, permite a utilização da analogia em omissões legislativas. Nesse sentido, poderão ser utilizados dispositivos das associações personificadas e das sociedades em comum, quando compatíveis, para equacionar os problemas decorrentes do descuido do legislador.

Para efeito de comparação de direitos, no ordenamento italiano a liberdade de associação está prevista no art. 18, I, da Constituição daquele país, cuja amplitude também permite as associações não personificadas. Em função disso, os arts. 36 a 38 do *Codice Civile* regulam as consequências jurídicas dessa espécie de agremiação. Em termos de responsabilidade, a técnica utilizada pelo art. 37 foi a indicação de um fundo comum constituído pelas contribuições dos associados. Em seguida, o art. 38 da mesma codificação especifica que os terceiros podem fazer valer seus direitos sobre o fundo comum e determina na parte final do texto legal a responsabilidade das pessoas que agiram em nome de uma associação: "delle obbligazioni stesse rispondono anche personalmente e solidalmente le persone che hanno agito in nome e per conto dell'associazione".

2.2.2. Consequências da personificação

Os efeitos jurídicos e os impactos da personificação da sociedade, então, podem ser enumerados:

(*a*) a organização passa a ser o sujeito de direitos e obrigações;

(*b*) a constituição da pessoa jurídica a partir do registro, atribuindo eficácia externa e publicidade ao negócio jurídico, permite a terceiros conhecer os riscos do negócio com a sociedade;

(*c*) no que respeita à formação do patrimônio autônomo [*t. II, §3, i. 4.1.2*], o objetivo é o suporte da atividade e da ação dos credores, havendo íntima ligação com a limitação de responsabilidade dos tipos societários com esse direito;

(*d*) criação de organização autorregulada pelo estatuto ou contrato social, conforme o caso, com estrutura administrativa e deliberativa que represente o jogo interno de poder e garanta minimamente direitos minoritários [*t. II, §3, i. 6.1*];

(*e*) a desconsideração da personalidade jurídica pelo abuso no direito atribuído através da personificação [*t. II, §3, i. 4.2*].

2.2.3. Nome empresarial

Há duas espécies de designação de nome empresarial: *firma* e *denominação*. Nesta, designa-se a atividade, com qualquer palavra ou expressão de fantasia, sendo facultado o uso de expressão que caracterize o objeto da sociedade. Naquela, aparece o nome da pessoa que protagoniza a atividade (art. 18 IN DREI 81). Diz Alfredo de Assis Gonçalves Neto que a denominação social é nome empresarial objetivo, com diminuta relevância do nome das pessoas dos sócios (Gonçalves Neto, 2007, p. 619). A composição do nome empresarial deverá atender à veracidade e novidade, vendando-se identidade ou semelhança, expressões atentatórias à moral e bons costumes, siglas ou denominações de órgãos públicos, atividades não previstas no objeto e que traga designação de porte ao seu final (art. 22 da IN DREI 81).

Dispõe a lei, no art. 1.156 do CC, que o empresário "opera sob firma constituída por seu nome, completo ou abreviado". Portanto, firma é a designação de sociedade empresária em que consta o nome do empresário. O nome da pessoa natural poderá ser abreviado no prenome ou, ainda, poderá aditado de designação mais precisa da pessoa ou da atividade, conforme preveem o art. 1.156 do CC e os arts. 2º, 5º, inciso I e § 1º, alínea "a", da Instrução Normativa nº 104, de 30/04/2007, do DNRC (hoje DREI), que cuida da formação de nome empresarial.

Sociedades operam por firma ou por denominação, a depender do tipo.

Nas sociedades de pessoas – especialmente quando haja sócios de responsabilidade ilimitada – opera-se sob firma para que se faça conhecer ao mercado o nome dos sócios com a exposição do patrimônio pessoal como garantia aos credores (Martins, 2017, p. 77). Essa a consequência do art. 1.157 do CC, que ainda determina que devem figurar os nomes de um ou mais sócios de responsabilidade ilimitada agregado da expressão "e companhia" ou sua abreviatura. Quando se vê o nome empresarial *Carlos Magno & Cia*, para uma panificadora, já é possível identificar uma sociedade em nome coletivo, com responsabilidade ilimitada e solidária de sócios (art. 1.157, parágrafo único, do CC).

As sociedades limitadas podem atuar sob firma ou denominação (art. 1.158, *caput*, do CC), acompanhando a designação final "Limitada" ou "Ltda" (que, se omitidas, geram responsabilidade ilimitada de sócio – art. 1.158, § 3º, do CC). Exemplifica-se: *Nestlè Brasil Ltda*. É um aviso ao mercado sob o tipo sociedade de limitação de responsabilidade com que se está a negociar. Nesse caso, a firma será composta com o nome de um ou mais sócios, desde que pessoas físicas, de modo indicativo da relação social. Já a denominação deve designar o objeto da sociedade, sendo permitido nela figurar o nome de um ou mais sócios.

Ainda quanto à denominação em sociedades limitadas, a Instrução Normativa nº 104, de 30/04/2007, do DNRC (hoje DREI), determina no art. 5º, inciso III, que a denominação é formada com palavras de uso comum ou vulgar na língua nacional ou estrangeira e ou com expressões de fantasia, com a indicação do objeto da sociedade.

Sociedades cooperativas operam sob denominação, justapondo-se (ao final ou no começo), a expressão "cooperativa" (art. 1.159 do CC). Já sociedades anônimas também atuam somente por denominação, mas a designação é integrada pelas expressões "sociedade anônima" ou "companhia", por extenso ou abreviadamente (art. 1.160 do CC). Nelas ainda pode constar da denominação o objeto social, o nome do fundador, acionista, ou pessoa que haja concorrido para o bom êxito da formação da empresa.

Portanto, percebe-se, com o ensinamento FÁBIO ULHOA COELHO, que firma e denominação se distinguem no plano da estrutura (elementos de identificação por nome ou por atividade) e no plano da função (do qual se extrai o tipo societário e a responsabilidade de sócios) (COELHO, 2002, p. 74).

Em caso de identidade ou semelhança deve ser providenciada modificação ou acréscimo de designação que distinga o nome empresarial. Conforme prevê o art. 23, § 3º, da IN DREI 81, "Os critérios para análise de identidade e semelhança entre firmas ou denominações serão aferidos considerando-se os nomes empresariais por inteiro, desconsiderando-se apenas as expressões relativas ao tipo jurídico adotado; haverá identidade se os nomes forem homógrafos, e semelhança se forem homófonos".

> **Excurso**
>
> *Sociedade é contrato de organização de atividade entre pessoas, por meio do qual os sócios pactuam contribuir, com bens e serviços, para o exercício de atividade econômica e a partilha dos resultados.*
>
> *Nas organizações societárias há quatro conjuntos de regras, que denominamos (a) organização societária; (b) organização patrimonial; (c) organização da atividade; (d) organização das garantias.*
>
> *A personalidade jurídica gera efeitos de novo centro de imputação, mas o contrato de sociedade lhe antecede.*

Bibliografia: COELHO, Fábio Ulhoa. *Manual de direito comercial.* 13. ed. São Paulo: Saraiva, 2002. FRONTINI, Paulo Salvador. *Pessoas jurídicas no Código Civil de 2002. Elenco. Remissão histórica, disposições gerais.* RDM, 137/93. GONÇALVES NETO, Alfredo de Assis. *Direito de Empresa: comentários aos artigos 966 a 1195 do Código Civil.* São Paulo: Revista dos Tribunais, 2007. MARTINS, Fran. *Curso de Direito Comercial.* 39. ed. Rio de Janeiro: Forense, 2016.

2.3. Regramentos supletivos

Os tipos societários brasileiros não têm regras que se exaurem nos respectivos capítulos. Pela técnica da aplicação *supletiva*, integra-se a incompletude. Já na técnica da subsidiariedade, corrigem-se lacunas e antinomias pela falta de regras específicas.

O legislador usou como técnica a fixação de regramentos supletivos superpostos dedutivamente, ou seja, na falta de regras especiais, buscam-se as regras gerais, que assim podem ser escalonadas:

(*a*) a associação é o gênero das agremiações de pessoas, do qual sociedades são espécies. Na falta de regras especiais, esse é modelo base, conforme se depreende do art. 44, § 2º, do

CC e art. 120 da LRP. São poucas as hipóteses dessa utilização, mas pode se exemplificar com regras de direito de defesa em contratos sociais, com aplicação do art. 54, inciso II, do CC.

(*b*) a sociedade em comum (arts. 986 a 990 do CC) é o parâmetro legal não personificado para contratos de sociedade não registrados ou sem atividade regular, salvo as sociedades anônimas em organização (art. 81 da LSA);

(*c*) a sociedade simples é a *provedora* do sistema de regras[3], abastecendo com regras supletivas todos os demais modelos, conforme preveem os arts. 986 (para sociedade em comum), 996 (para conta de participação), 1.040 (para nome coletivo), 1.046 (para comandita simples), 1.053, *caput* (para limitadas), 982, parágrafo único e 1.096 (para cooperativas), 1.089 (para anônimas);

(*d*) ressalve-se, por anacronismo, que essa via tem mão dupla, porque o art. 983 do CC admite que a sociedade simples pode se constituir de conformidade com um dos tipos de sociedades empresárias, menos a S/A, que é empresária pela forma (art. 982, parágrafo único);

(*e*) naquilo que for compatível, algumas regras de sociedade anônima são (*e.1*) supletivas para as comanditas por ações (art. 1.090 do CC e art. 280 da LSA), (*e.2*) podem ser aplicadas por analogia quando forem compatíveis com qualquer modelo e (*e.3*) as sociedades limitadas podem eleger essas regras como supletivas.

Acontece que essas regras não são isoladas e nem inibem a aplicação de preceitos constitucionais como a liberdade de associação (art. 5º, XVII e XVIII, da CF) ou o direito de defesa em deliberações assembleares (art. 5º, LV, da CF). Também não afastam a plena integração do sistema positivo pela analogia e até mesmo pelos costumes (SCHMIDT, 2002, p. 32).

Assim, na compreensão geral desse tópico, é possível indicar um cenário de quatro *estratos* de regras para integração do sistema societário (DINIZ, 2012), aplicáveis por *superposição dedutiva* até o caso concreto, do geral ao particular, a partir de regras de ordem pública, regras específicas do tipo, regras supletivas e regras analógicas:

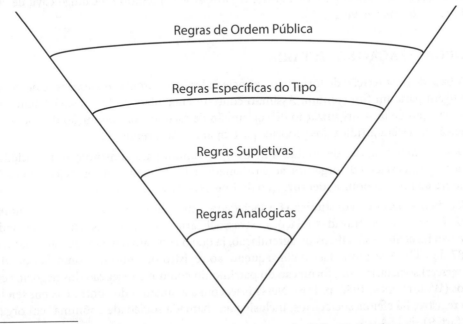

---

[3] Para chegar a essa opção, seguiram-se os art. 2.295 e 2.315 do *Códice Civile* italiano, que por sua vez se inspirou na *einfache Gesellschaft (eG)* dos arts. 530 a 551 do *schweizerichen Obligationenrechts (OR)* Código Suíço. Sobre essa opção e estratégia de regras: (REALE, 2005, p. 47).

Ressalvadas as regras de ordem pública – aplicáveis por princípio – a resolução dos problemas por um dos estratos inibe a busca de regras no estrato inferior, seguindo uma pauta de interpretação que deve obedecer (*a*) à preservação do tipo societário; (*b*) não afrontar regras de ordem pública e indisponíveis; (*c*) não prejudicar terceiros, gerando piora na situação à custa da melhoria da eficiência econômica do modelo societário.

A regras serão melhor especificadas nos tópicos da obra que cuidam das sociedades em espécie.

> **Bibliografia:** BERGER, Klaus Peter. *The Creeping Codification of the new Lex Mercatoria*. Austin: Wolters Kluwer, 2010. CORREIA-LIMA, Oscar Brina. *Conceito, personalização e classificação das sociedades*. In: COELHO, Fabio Ulhoa. *Tratado de direito comercial*. v. 1. São Paulo: Saraiva, 2015. DINIZ, Gustavo Saad. Os quatro estratos de integração das regras societárias brasileiras. *RDM*, 163/57. FRANÇA, Erasmo Valladão Azevedo e Novaes. *Sociedade em comum*. São Paulo: Malheiros, 2013. FERREIRA, Waldemar. *Tratado de Direito Comercial*. V. 3. São Paulo: Saraiva, 1961. FORGIONI, Paula A. *A unicidade do regramento jurídico das sociedades limitadas e o art. 1.053 do CC. Usos e costumes e regência supletiva*. RDM, 147/7. FRANÇA, Erasmo Valladão Azevedo e Novaes. *Sociedade em comum*. São Paulo: Malheiros, 2013. GOLDMAN, Berthold, Les frontiéres du droit et lex mercatoria. *Archives de Philosophie du Droit*. n. 9, 1964, p. 177. GALGANO, Franceso. *Lex mercatoria: storia del diritto commerciale*. Bolonha: Il Mulino, 1998. HUCK, Hermes Marcelo. *Sentença estrangeira e Lex Mercatoria: horizontes do comércio internacional*. São Paulo: Saraiva, 1994. MACHADO, Sylvio Marcondes. *Problemas de direito mercantil*. São Paulo: Max Limonad, 1970. MENDONÇA, J. X. Carvalho de. *Tratado de Direito Comercial Brasileiro*. V. III. 4. ed. Rio de Janeiro: Freitas Bastos, 1945. PELA, Juliana Krueger. O regime de responsabilidade dos sócios nas sociedades limitadas e a aplicação das regras das sociedades simples. *RDM*, 166-167/35. REALE, MIGUEL *Novo Código Civil – Exposição de motivos e textos sancionado*. Brasília: Senado, 2005. SALOMÃO FILHO, Calixto. A *fattispecie* empresário no Código Civil de 2002. *Revista do Advogado*, n. 96/11.

3. ORGANIZAÇÃO SOCIETÁRIA

A base de organização de formação de sociedades (*a Verband* dos alemães) é de pessoas que se ligam para um fim comum. Assim, o contrato entabulado entre os sócios tem como objeto a criação de uma organização de comunhão de escopo, com definição de poderes de intervenção na esfera jurídica dos próprios participantes da agremiação.

Desde a manifestação de vontades de escopo comum para constituição da sociedade, observa-se que a criação da organização é orientada pela atividade-fim ou objeto social. Ele dá moldura ao fim e conduz à identificação do interesse da sociedade.

São duas as fases de constituição de sociedade: a primeira diz respeito à *Vorgründungsgesellschaft*, em que são travadas relações extrassocietárias preparatórias para a sociedade e em que não há efeitos específicos de agremiação, já que o contrato deve ser escrito e assinado (art. 987 do CC). A segunda fase é consequente ao registro do contrato como "lei da vida" (*Lebensgesetz*) societária, com formação do patrimônio comum e recepção dos negócios com terceiros (WIEDEMANN, 1980, p. 146). Nessa fase, com a assinatura do contrato e, em sendo o caso, o registro, há efeitos societários, inclusive na chamada sociedade anônima "em organização" (art. 91 da LSA).

No direito brasileiro não se pode falar de uma sociedade prévia ou antes da constituição, seja pela exigência de prova escrita, seja pela opção do registro como o instante de constituição da personalidade jurídica. Consectária é a aplicação das regras da sociedade em comum para regulamentação do contrato de sociedade não registrado, provocando formação de um patrimônio especial, ilimitação de responsabilidade e solidariedade.

Também é preciso diferir o modelo societário daquele da comunhão, mais característico do condomínio. Neste prepondera o bem sobre os interesses das pessoas e a regulação leva em consideração essa característica fundamental. Entretanto, pode ser instrumento de realização de negócios e empreendimentos comuns, como se pode observar do regime de condomínio em multipropriedade. Conforme prevê o art. 1.358-C do CC, partilha o uso do imóvel no tempo, de modo que "cada um dos proprietários de um mesmo imóvel é titular de uma fração de tempo, à qual corresponde a faculdade de uso e gozo, com exclusividade, da totalidade do imóvel, a ser exercida pelos proprietários de forma alternada". Por meio de convenção de condomínio em multipropriedade são estabelecidos os direitos dos multiproprietários, que não se caracterizam como sócios, embora seja necessário especificar regras de gestão da coisa comum (art. 1.358-I do CC).

3.1. Tipicidade societária

Vigora no direito brasileiro uma *tipicidade* dos modelos societários. Em outros termos, não se pode criar um esquema contratual de sociedade fora dos padrões específicos definidos na legislação, com limitação legal à autonomia privada na criação de novas estruturas de direitos e obrigações entre sócios. A afirmação decorre do conteúdo do art. 983 do CC, que dispõe: "Art. 983. A sociedade empresária deve constituir-se segundo um dos tipos regulados nos arts. 1.039 a 1.092; a sociedade simples pode constituir-se de conformidade com um desses tipos, e, não o fazendo, subordina-se às normas que lhe são próprias. Parágrafo único. Ressalvam-se as disposições concernentes à sociedade em conta de participação e à cooperativa, bem como as constantes de leis especiais que, para o exercício de certas atividades, imponham a constituição da sociedade segundo determinado tipo". Tal preceito, aliás, encontra inspiração no art. 2.249 do Código Civil italiano.

Não foram acolhidas as teses de atipicidade estruturadas sob a legislação anterior ao CC (Sztajn, 2010) ou de criação de sociedades inominadas ao sabor da autonomia privada, porque o legislador brasileiro optou por estabilizar em *numerus clausus* as formas organizacionais disponíveis, seja para conhecimento preciso dos direitos dos sócios, seja para que terceiros saibam exatamente os riscos inerentes nas negociações com cada tipo de sociedade.

Temos, então, o seguinte quadro de sociedades:

```
Não personificadas
├── Sociedade em comum
│   [t. II, §4, i. 1]
└── Sociedade em conta de participação
    [t. II, §5, i. 1]
```

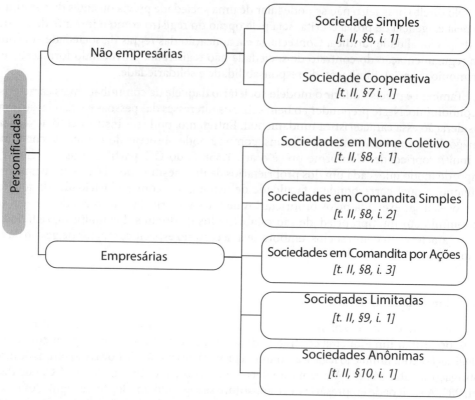

Bibliografia: FRANÇA, Erasmo Valladão A. N. *A sociedade em comum.* São Paulo: Malheiros, 2013. GONÇALVES NETO, Alfredo Assis. *Direito de empresa: comentários aos artigos 966 a 1.195 do Código Civil.* 4. ed. São Paulo: Revista dos Tribunais, 2012. SZTAJN, Rachel. *Contrato de sociedade e formas societárias.* São Paulo: Saraiva, 1989.

3.2. Pluralidade de sócios

Conforme visto [t. II, §3, i. 1], é da essência do conceito de sociedade que ela seja composta por dois ou mais sócios. Essa compreensão, todavia, foi rompida pela ampliação da visão da sociedade como contrato e como organização, permitindo que se conceba a unipessoalidade como alternativa.

No Brasil, há exceções de unipessoalidade temporária e definitiva:

(a.1.) *unipessoalidade temporária*: nesses casos, as regras societárias admitem que a sociedade fique reduzida, por certo tempo, a uma única pessoa, com a obrigação de recomposição de pluralidade de sócios decorrido o prazo. É o caso do art. 206, I, "d", da LSA, válido especificamente para as sociedades anônimas. Nessa hipótese, a sociedade pode permanecer com um sócio, em verificação na assembleia ordinária (art. 132 da LSA), se o mínimo de dois não for reconstituído até a assembleia ordinária do ano seguinte.

(a.2.) *unipessoalidade permanente*: as hipóteses de unipessoalidade permanente vêm aumentando gradativamente, com tendência de facilitação de criação de centros de imputação diversos e melhor organização das atividades. Malgrado a celeuma sobre a natureza e a vigência da EIRELI [t. II, §2, i. 1], encontramos na subsidiária integral (art. 251 da LSA) e na sociedade unipessoal de advocacia (arts. 15, 16 e 17 do EOAB) duas hipóteses específicas. Na primeira, a sociedade anônima tem como acionista uma única sociedade brasileira, facilitando a organização empresarial e a formação de grupos. Na segunda, a função é permitir que advogado especialize a atividade intelectual que lhe é privativa em centro organizacional distinto, mas sem perder a responsabilidade pessoal inerente à profissão.

Constitui outra exceção à pluralidade de sócios a adoção da *sociedade limitada unipessoal* pelo direito brasileiro, feito lamentavelmente por meio de Medida Provisória, mas de qualquer modo oferecendo uma alternativa de formação de uma pessoa jurídica, sob forma de sociedade, sem necessidade de sócio. Assim passaram a dispor os §§ 1º e 2º do art. 1.052, pela redação da LLE: "§ 1º A sociedade limitada pode ser constituída por 1 (uma) ou mais pessoas" "§ 2º Se for unipessoal, aplicar-se-ão ao documento de constituição do sócio único, no que couber, as disposições sobre o contrato social". Importante constatar que a LFAN revogou o art. 1.033, inciso IV e parágrafo único, de modo que a perda da pluralidade em sociedades limitadas não leva mais à dissolução, porque a sociedade poderá permanecer unipessoal.

Bibliografia: COELHO, Fabio Ulhoa. *A sociedade unipessoal no direito brasileiro*. Revista Brasileira de Direito Comercial, 1/7. MUSSI, Luiz Daniel Haj. *Sociedade unipessoal. Art. 1.052 do Código Civil*. In: MARQUES NETO, Floriano Peixoto; RODRIGUES JÚNIOR, Ota-vio Luiz; LEONARDO, Rodrigo Xavier. *Comentários à Lei de Liberdade Econômica*. São Paulo: Thomson Reuters, 2019.

3.2.1. Sociedade entre cônjuges

Admite-se a sociedade entre cônjuges, entre si ou com terceiros. Todavia, o art. 977 do CC faz restrição aos cônjuges que sejam casos no regime da comunhão universal de bens (art. 1.667 do CC) ou no da separação obrigatória (art. 1.641 do CC, com regime do art. 1.687 do CC).

Informa-nos FABIO KONDER COMPARATO que no século XIX, a jurisprudência francesa afirmou a nulidade de sociedades comerciais de pessoas entre cônjuges, porque se feria o poder marital e a imutabilidade do regime de casamento (COMPARATO, 1971, p. 90-93). Apesar de certa influência no Brasil, esse obstáculo foi sendo superado, conforme anotou PAULO SALVADOR FRONTINI, ao demonstrar que a evolução da jurisprudência fez reconhecer a superação do óbice da constituição de sociedades entre cônjuges, até pela possibilidade de desconsideração da personalidade jurídica em caso de abuso (FRONTINI, 1981, p. 37-46).

Em evidente retrocesso (FRANÇA, 2003, p. 23), o art. 977 do CC autoriza sociedades entre cônjuges, desde que não sejam casados regime da comunhão universal de bens (art. 1.667 do CC) ou no da separação obrigatória (art. 1.641, incisos I, II e III, do CC). No primeiro caso, para evitar confusão patrimonial e problemas de indistinção aos credores; no segundo caso, para frustrar fraudes ao regime de separação de bens por instrumentos societários.

Quanto à comunhão universal, a sociedade seria fictícia porque as quotas de capital de cada cônjuge não estariam separadas do patrimônio da sociedade conjugal. Isso poderia levar ao prejuízo de credores. Todavia, tais argumentos não se sustentam, até porque se a sociedade for criada após um casamento de regime de comunhão parcial de bens, também nesse caso haveria "sociedade fictícia". Já em relação à fraude de regime de bens, as cláusulas gerais e a identificação da fraude já inibiriam o mau uso da sociedade para tais.

Acontece que há mecanismos de organização societária que permitem a formação de grupos societários com participações indiretas de cônjuges ou a criação de sociedades de controle majoritário de cada cônjuge e somente para o fim de propriedade de quotas na sociedade principal entre eles.

Outro ponto a anotar é que a disciplina do regime matrimonial admite a mudança do regime de casamento (art. 1.639, § 2º, do CC) para resolver o problema da vedação da comunhão universal. A modificação do regime será ineficaz se causar prejuízo a terceiro que contratou com um dos cônjuges ou com ambos.

Também se questiona quais seriam as sociedades abrangidas pela incidência do art. 977. A lei não faz distinção e não caberia ao intérprete fazê-la. Entretanto, o tratamento entre sociedades de pessoas e sociedades de capitais pode ser fator importante para excluir a aplicação da vedação, especialmente em caso de sociedades anônimas de capital aberto.

Jurisprudência

STJ – 3ª T. – REsp nº 1.173.931 – Rel. Min. Paulo de Tarso Sanseverino – j. 22/10/2013: "(...)1. O regime de bens aplicável às uniões estáveis é o da comunhão parcial, comunicando-se, mesmo por presunção, os bens adquiridos pelo esforço comum dos companheiros. 2. A valorização patrimonial das cotas sociais de sociedade limitada, adquiridas antes do início do período de convivência, decorrente de mero fenômeno econômico, e não do esforço comum dos companheiros, não se comunica (...)".

STJ – REsp nº 684.760 – Rel. Min. Menezes Direito – J. 17/05/2007: "(...) O art. 977 do CC/02 inovou no ordenamento jurídico pátrio ao permitir expressamente a constituição de sociedades entre cônjuges, ressalvando essa possibilidade apenas quando eles forem casados no regime da comunhão universal de bens ou no da separação obrigatória. As restrições previstas no art. 977 do CC/02 impossibilitam que os cônjuges casados sob os regimes de bens ali previstos contratem entre si tanto sociedades empresárias quanto sociedades simples".

Bibliografia: COMPARATO, Fábio Konder. Comentário de acórdão. RDM, n. 3, p. 90-93. FRANÇA, Erasmo Valladão de Azevedo e Novaes. Empresa, empresário e estabelecimento. A nova disciplina das sociedades. *Revista do Advogado*, n. 71, p. 15-25. FRONTINI, Paulo Salvador. Sociedade comercial ou civil entre cônjuges: inexistência, validade, nulidade, anulabilidade ou desconsideração desse negócio jurídico? RDM, n. 43, p. 37-46.

3.2.2. Sociedade entre companheiros em união estável

O raciocínio do tópico anterior deve ser estendido para as sociedades entre companheiros em união estável, que é entidade familiar "configurada na convivência pública, contínua e duradoura e estabelecida com o objetivo de constituição de família" (art. 1.723 do CC). A regra do art. 977 do CC cuida de cônjuges (pressupondo casamento), mas deve ser ampliada para a união estável, cujo tratamento igualitário ao casamento é fundamento do art. 226, § 3º, da CF – e serviu de base para considerar inconstitucional o art. 1.790 do CC (STF – RE nº 646.721 e nº 878.694).

O art. 1.725 do CC estabelece que o regime a ser aplicado às relações patrimoniais do casal em união estável é o de comunhão parcial dos bens, salvo contrato escrito entre companheiros. Portanto, uma sociedade entre companheiros em união estável que tenham contratado a comunhão universal de bens não pode ser aceita.

Mais complexo é o raciocínio quanto à separação obrigatória, que demanda análise da jurisprudência. No REsp nº 646.259, relatado pelo Min. LUIS FELIPE SALOMÃO, o STJ entendeu que, para a união estável, à semelhança do que ocorre com o casamento, é obrigatório o regime de separação de bens de companheiro com idade superior a 70 anos. Já no julgamento do REsp nº 1.090.722, o Min. MASSAMI UYEDA apontou que não estender a separação obrigatória de bens em razão da idade seria desestímulo ao casamento. Além disso, haveria burla ao próprio regime de bens incomunicáveis.

Portanto, também nos casos de separação obrigatória há aplicação do art. 977 do CC à união estável.

3.3. Contrato de sociedade

As sociedades são organizações finalisticamente destinadas à produção de lucros, a partir do pressuposto da agremiação de sócios que contribuem com bens e serviços para a partilha de prejuízos e de resultados obtidos com a atividade econômica explorada (art. 981 do CC e art. 2.247 do *Codice Civile* italiano). Compõe a *causa* do contrato de sociedade o arranjo da estrutura de poder que vai manipular a organização, levando-a ao desempenho econômico esperado de cada tipo societário e à entrega do interesse dos agremiados: "o interesse comum dos sócios em sua qualidade de sócios" (GUERREIRO, 2012, p. 684).

3.3.1. Teoria do contrato plurilateral

É possível explicar a natureza do contrato de sociedade por meio da teoria do contrato plurilateral, desenvolvida por TULLIO ASCARELLI no seu *Problemas das sociedades anônimas e direito comparado*. Para entender a sustentação teórica – de resto, utilíssima para a interpretação do contrato – é preciso compreender que parte é o centro de interesses de um contrato, que pode ser plurissubjetivo. Além disso, no contrato plurilateral (no qual se inclui o contrato de sociedade) as prestações não se intercambiam como no escambo, mas se adicionam em vetores confluentes num mesmo sentido. Há relação da obrigação de cada parte com as obrigações das demais, sendo que "os contratos plurilaterais aparecem como contratos com comunhão de fim" (ASCARELLI, 1945, p. 290).

Com essas características, os contratos plurilaterais visam à organização e à "disciplina de utilização dos bens a que se referem" (ASCARELLI, 1945, p. 292 e 312) e disso se pode extrair que é do fundamento do contrato de sociedade a vinculação entre atividade e capital. De A a Z, enumera ASCARELLI as características do contrato plurilateral: (*a*) no contrato plurilateral participam mais de duas partes; (*b*) todas as partes de um contrato plurilateral são titulares de direitos e obrigações; (*c*) dispostas em "círculo", cada parte tem direitos e obrigações não com uma, mas com todas as demais partes; (*d*) a importância da pluralidade se revela desde a conclusão do contrato, porque representa a oferta, a cada subscritor, de adesão ao projeto de sociedade; (*e*) o dolo que vicia a manifestação contratual deve ser proveniente de todas as outras partes; (*f*) os contratos plurilaterais são contratos de comunhão de fim, porque a finalidade tem autonomia e unifica os interesses contratantes; (*g*) há função instrumental nos contratos plurilaterais, que consiste na organização das partes em relação ao desenvolvimento de atividade ulterior; (*h*) o prazo está relacionado ao momento até o qual perdura a organização no seu conjunto; (*i*) o fundo comum, em condomínio, faculta a realização da atividade comum; (*j*) os direitos das partes se prendem à realização do fim comum; (*l*) ao contrário dos contratos bilaterais – que têm objeto típico e constante – os contratos plurilaterais admitem objetos diversos como a transferência de capital e o desenvolvimento de um serviço determinado pelo contrato; (*m*) nos contratos plurilaterais, as prestações das partes não estão em relação de equivalência, se analisadas isoladamente, porque essa equivalência sobressai somente se analisadas as obrigações das partes em conjunto da organização, como na lealdade, prestação de capital, prestação de contas, por exemplo; (*n*) o fim comum pode se desenvolver com operações econômicas com terceiros, como nas sociedades empresárias, ou pode ser o gozo de determinados serviços disponibilizados pela sociedade, como nas cooperativas; (*o*) os contratos plurilaterais podem ser externos ou internos, conforme possam as partes, "como grupo, entrar em relações para com o terceiros para a consecução do escopo comum"; (*p*) a terminologia adequada é de contrato plurilateral, como gênero; (*q*) o sócio tem o direito de entrada para participar do fim comum; (r) os contratos plurilaterais são abertos, permitindo a adesão de parte sem que se altere o contrato; (s) a disciplina dos vícios de constituição é distinta para os contratos plurilaterais, porque o contrato está sujeito ao que Ascarelli chama de princípio da conservação, ou seja, havendo vício em manifestação, não necessariamente implicará nulidade ou anulabilidade do contrato; (t) nos contratos plurilaterais, a impossibilidade ou a resolução concernem somente à adesão da parte a cuja obrigação se refere, permanecendo íntegro o contrato se o objetivo continua exequível; (u) os itens s e t permitem visualizar porque o contrato permanece se uma parte quando uma parte não cumpre a sua obrigação ou ocorre nulidade em relação à adesão de outro; (v) não se aplica a *exceptio inadimpleti contractus* aos contratos plurilaterais, de modo que uma parte não está autorizada a descumprir a sua obrigação se a outra não cumpriu as suas; (x) não se identifica relação sinalagmática entre as obrigações das várias partes; (z) a comunhão de objetivos e o caráter instrumental explicam porque o contrato plurilateral diz respeito às relações da organização para com terceiros (Ascarelli, 1945, p. 285-309).

A crítica que se faz ao contrato plurilateral é que somente se aplicam os preceitos teóricos aos próprios contratantes (sócios), desconsiderando que existem outros interesses que presidem a atuação da organização. Exemplo disso, no caso das sociedades anônimas, são os dispositivos do art. 116, parágrafo único e art. 117, § 1º, alínea "a", ambos da LSA, que têm previsão de proteção de interesses que fogem ao âmbito das relações entre os sócios.

3.3.2. Teoria do contrato associativo

Ainda sob a ótica da insubmissão do contrato de sociedade ao contrato de escambo, a teoria do contrato associativo toma emprestado o conceito alemão do escopo comum como base de análise. Tal posicionamento repercute na função de se ter um contrato que não se esgota numa única prestação e nem tampouco tem interesses de contrapartes: ao contrário, o contrato de sociedade é unidirecional nos interesses, porque cria organização associativa de cumprimento de escopo comum que desempenha uma atividade, além de modificar o centro de imputação em caso de personificação. A essência do contrato estaria na estruturação da organização.

Portanto, a organização criada constitui (a) poder de interferência na esfera jurídica alheia (art. 1.072, § 5º, CC), (b) novo centro de imputação e, por consequência, (c) escopo comum ou atividade finalística.

Assim sendo, o contrato de sociedade (associativo) difere do escambo comum (no qual as intenções são divergentes e o contrato faz confluir as divergências). Em outro sentido, a sociedade principia com intenções divergentes, mas a criação de uma organização constitui o escopo comum a ser perseguido (Ferro-Luzzi, 1976, p. 9). A atividade adquire posição de destaque, sendo orientada ao cumprimento de um resultado comum, obtido por fatores inseridos na organização.

Ainda, tal contrato consegue distribuir poderes e deveres (Ferri, 1971, p. 4), permitindo concluir que a estrutura é de organização e também de garantias para os grupos de interesses que gravitam no entorno da sociedade.

3.3.3. Elementos do contrato de sociedade e o problema da affectio societatis

Os elementos identificáveis num contrato de sociedade são (a) a pluralidade de partes, (b) fim comum econômico por meio do qual os sócios contribuem para partilhar os resultados (art. 981 do CC), (c) estruturação de uma organização. Cuida-se, então, de um direito de organização e de garantia, conforme já afirmamos [t. I, §5, i. 2].

Parte da doutrina, influenciada por decisões dos Tribunais e até mesmo pelo reconhecimento junto ao STJ, entende que a *affectio societatis*, ou afeição entre os sócios, também seria elemento constitutivo e essencial do contrato de sociedade. O tema é controvertido (GONÇALVES NETO, 2012, p. 280).

A *affectio societatis* tem sua origem no Direito Romano, especialmente em Ulpiano (Dig., L. 17, T. II, 31). Nessa fonte, identifica-se elemento diferenciador entre a sociedade e a comunhão ou condomínio. Por interpolações e interpretações de compiladores, os romanistas se dividem em identificar *animus* ou intenção na expressão da fonte. Não seria componente genético, mas mero traço da sociedade, conforme afirmam MARCELO VON ADAMEK e ERASMO VALLADÃO A. N. FRANÇA (FRANÇA; ADAMEK, 2009, p. 31).

Esse traço romano veio ao direito brasileiro, imiscuindo-se como elemento do contrato de sociedade, sendo compreendido como intenção de formar sociedade, por meio da contribuição dos sócios com esforços ou com recursos para a consecução de determinado resultado. Chegou-se a extrair do art. 305 do CCom, especialmente no conteúdo "sempre que alguém exercita atos próprios de sociedade" a caracterização da tal *affectio societatis*. Da construção doutrinária à jurisprudência, a passagem foi simples, mas errática, bem ao estilo da incerteza do conceito, que por vezes é tratado, sem precisão, como: (*a*) princípio (STJ – AgRg no REsp nº 1.221.579); (*b*) elemento do contrato de sociedade (STJ – REsp nº 1.192.726); (*c*) causa motivadora de dissolução societária, inclusive nas sociedades anônimas fechadas (STJ – REsp nº 1.303.284), mas (*d*) não é critério suficiente para exclusão judicial de sócio, porque depende da demonstração de justa causa (STJ – REsp nº 1.129.222).

Como visto, o conceito é equívoco e acaba sendo utilizado sem muito critério para indicar consenso entre sócios, para elemento do contrato ou para deveres dos sócios. Acontece que não há maior distinção na manifestação de vontade do sócio ao contratar sociedade, porque o que faz distinta a *causa* contratual é o chamado *fim comum* (FRANÇA; ADAMEK, 2009, p. 37-42). Desautoriza-se, ou no mínimo torna incerta, a continuação ou a extinção da sociedade baseada em fundamento que não seja precisamente um elemento do contrato.

Reitere-se que o elemento diferencial e a essência do contrato de sociedade é o fim comum (WIEDEMANN, 1980, p. 17). KARSTEN SCHMIDT afirma que o fim comum é determinante da (*a*) eficácia constitutiva do tipo societário e da atividade desempenhada; (*b*) eficácia funcional ao determinar a relação dos sócios entre si e com a sociedade, seja na pauta do interesse social, seja para determinar direitos e obrigações dos sócios (SCHMIDT, 2002, p. 61). Cuida-se, então de elemento mais preciso para indicar a causa de dissolução de inexequibilidade dos fins prevista no art. 1.034, inciso II, do CC e art. 206, inciso II, alínea "b", da LSA, assim como para discussões de exclusão de sócio (arts. 1.030 e 1.085 do CC).

Outra característica importante do contrato de sociedade é presença de deveres laterais de *lealdade* e *colaboração* e que são derivados da compreensão de fim comum de contribuir e partilha de resultados (art. 981 do CC).

Com esse posicionamento que adotamos, a *affectio societatis* fica restrita a instrumento retórico de interpretação do comportamento do sócio, com o objetivo de aferir o cumprimento de obrigações e a exigibilidade de direitos na organização.

Jurisprudência

Utilização como princípio: STJ – AgRg no REsp nº 1.221.579 – 4ª T. – Min. Isabel Gallotti – j. 01/03/2016: "A jurisprudência desta Corte se firmou no sentido de que a penhora de quotas sociais não encontra vedação legal e nem afronta o princípio da *affectio societatis*, já que não enseja, necessariamente, a inclusão de novo sócio". Também: STJ – AgRg no AREsp nº 231.266/SP – 3ª T. – Rel. Min. Sidnei Beneti, j. 14/05/2013.

Utilização como elemento do contrato: STJ – REsp 1.192.726 – 3ª T. – Min. Villas Bôas Cueva – j. 17/03/2015: "(...) 3. Em contrato preliminar destinado a ingresso em quadro de sociedade limitada, a discussão passa pela *affectio societatis*, que constitui elemento subjetivo característico e impulsionador da sociedade, relacionado à convergência de interesses de seus sócios para alcançar o objeto definido no contrato social. A ausência desse requisito pode tornar inexequível o fim social. Inteligência dos arts. 1.399, inciso III, do Código Civil de 1916 ou 1.034, inciso II, do Código Civil de 2002, conforme o caso. 4. Apresenta-se incabível provimento jurisdicional específico que determine o ingresso compulsório de sócio quando ausente a *affectio societatis*, motivo pelo qual se impõe a reforma do acórdão recorrido para decretar a resolução do contrato, a fim de que se resolva a questão em perdas e danos".

Reconhecimento de affectio societatis *na S/A fechada*: STJ – REsp 1.303.284 – 3ª T. – Min. Nancy Andrighi – j. 16/04/2013: "1. Admite-se dissolução de sociedade anônima fechada de cunho familiar quando houver a quebra da *affectio societatis*. 2. A dissolução parcial deve prevalecer, sempre que possível, frente à pretensão de dissolução total, em homenagem à adoção do princípio da preservação da empresa, corolário do postulado de sua função social".

Reconhecimento de affectio societatis *na S/A fechada*: STJ – EREsp nº 1.079.763 – 2ª Seção – Min. Sidnei Beneti – j. 25/04/2012: "A 2ª Seção, quando do julgamento do EResp n. 111.294/PR (Rel. Min. Castro Filho, por maioria, *DJU* de 10.09.2007), adotou o entendimento de que é possível a dissolução de sociedade anônima familiar quando houver quebra da *affectio societatis* (EREsp 419.174/SP, Rel. Min. ALDIR PASSARINHO, *DJ* 04.08.2008)".

Insuficiência do critério para exclusão: STJ – REsp 1.129.222 – 3ª T.– Min. Nancy Andrighi – j. 28/06/2011: "Para exclusão judicial de sócio, não basta a alegação de quebra da affectio societatis, mas a demonstração de justa causa, ou seja, dos motivos que ocasionaram essa quebra".

Bibliografia: BRITO, Cristiano Gomes de. *Affectio societatis – sociedade anônima fechada*. RDM, 147/265. FRANÇA, Erasmo Valladão A. N. ADAMEK, Marcelo Vieira von. "*Affectio societatis*": um conceito jurídico superado no moderno direito societário pelo conceito de "fim social". In: FRANÇA, Erasmo Valladão A. N. *Temas de direito societário...* São Paulo: Malheiros, 2009 e RDM 149-150/108. FRANCO, Vera Helena Mello. Dissolução e dissolução parcial. Pedido de dissolução parcial de sociedade anônima como sucedâneo para o recesso. *RDM*, 159-160/317. GONÇALVES NETO, Alfredo Assis. *Direito de empresa*. São Paulo: RT, 2012. NUNES, Marcelo Guedes. *Dissolução parcial na sociedade limitada*. In: COELHO, Fabio Ulhoa (org.). *Tratado de direito comercial*. v. 2. São Paulo: Saraiva, 2015. TOKARS, Fábio. *Sociedades limitadas*. São Paulo: LTr, 2007.

3.3.4. O status *de sócio*

Indicar o *status* de uma pessoa, em matéria jurídica, representa inseri-la em uma comunidade ou conjunto de pessoas, com atribuição de direitos e poderes e assunção de obrigações. É assim quando se fala do eleitor no processo político; do condutor habilitado no trânsito; do pai na família; não é diferente com a adquirida condição de sócio.

Ao contratar sociedade, a pessoa passa a figurar numa coletividade organizada e derivada do contrato plurilateral, passando a apresentar direitos[a], poderes[b] e obrigações[c] que lhe são essenciais. Tais direitos não podem ser retirados dos sócios, gerando nulidade de cláusula contratual, conforme se interpreta do art. 109, *caput*, da LSA, aplicável por analogia em relação aos demais tipos.

(a) *Direitos* do sócio: numa sociedade são atribuídos direitos patrimoniais e fiscalizatórios aos sócios. Entre os primeiros estão a participação nos lucros (art. 1.008 do CC e art. 109, I, da LSA) e a participação no acervo patrimonial – resultado final com sobras na liquidação (art. 1.103, inciso IV, do CC e art. 109, II, da LSA). No segundo grupo está o direito de fiscalizar a gestão dos negócios sociais (arts. 1.021, 1069, I e 1.078, I, do CC e art. 109, III, da LSA) e o direito de exigir contas dos administradores (arts. 1.020 e 1.078, I, do CC e art. 132, I, da LSA). Quanto a esse ponto, o entendimento do STJ é que a instância para exigir contas e, eventualmente rejeitá-las é a assembleia. Se aprovadas, exonera-se o administrador de responsabilidade, salvo se anulada a assembleia (STJ – REsp nº 1.313.725 – Rel. Min. VILLAS BOAS CUEVA). Se não forem apresentadas pela administração em assembleia, legitima-se o sócio a tal pleito.

(*b*) *Poderes* dos sócios: classifica-se como um poder, o direito de um sócio que implica *interferência na esfera jurídica alheia*. Identificam-se com essa característica: poder político na sociedade, exercido pelo voto (arts. 1.010 e 1.072, § 5º, 1.094, VI, do CC e arts. 110 e 111 da LSA) e consagrado pelos quóruns de maioria; rejeição ao ingresso de terceiros na sociedade (art. 1.057 do CC); preferência para subscrição e aumento de capital (art. 1.081, § 1º, do CC e art. 109, IV, LSA); retirada (arts. 1.029 e 1.077 do CC) com recebimento de haveres (arts. 1.031 e 1.077 do CC e arts. 45 e 109, V, da LSA).

(*c*) *Obrigações* dos sócios: as obrigações vinculam o sócio em relação à sociedade e também em relação aos demais sócios. Incluem-se: contribuição para a formação do capital social, sob pena de caracterização do sócio remisso (arts. 1.004 e 1.058 do CC e art. 107 da LSA); colaboração e lealdade, com possibilidade de acarretar a exclusão do sócio por justa causa (arts. 1.030 e 1.085 do CC e art. 115 da LSA); sujeição à vontade da maioria (art. 1.072, § 5º, do CC); obrigação com patrimônio pessoal em alguns tipos de sociedades (arts. 990, 994, 997, VIII, 1.039, 1.045 e 1.091 do CC) e em casos de desconsideração da personalidade jurídica.

Há também situações específicas em que a condição de sócio também é afetada por preceitos específicos da legislação, que condicionam a própria qualidade do sócio. Alguns exemplos: na empresa pública, somente há um acionista, que é pessoa jurídica de direito público; somente podem figurar advogados nos quadros de sociedades de advogados (art. 15 do EOAB); pelo art. 222 da CF, a propriedade de empresa jornalística e de radiodifusão sonora e de sons e imagens é privativa de brasileiros natos ou naturalizados há mais de dez anos, ou de pessoas jurídicas constituídas sob as leis brasileiras e que tenham sede no País. Em caso de sociedade, pelo 70% do capital total e do capital votante das empresas jornalísticas e de radiodifusão sonora e de sons e imagens deverá pertencer, direta ou indiretamente, a brasileiros natos ou naturalizados há mais de dez anos, que exercerão obrigatoriamente a gestão das atividades e estabelecerão o conteúdo da programação; em companhias aéreas brasileiras, há limites à participação de capital estrangeiro.

Jurisprudência

STJ – REsp nº 792.660 – Rel. Min. Castro Filho: "O acionista da sociedade anônima, individualmente, não tem legitimidade para propor ação de prestação de contas em face do administrador, mormente quando estas foram apresentadas à assembleia geral e por ela aprovadas".

STJ – REsp nº 1.102.688 – Rel. Min. Massami Uyeda: "II – Efetivado o acertamento de contas, ao cooperado falece, inequivocamente, o interesse de acionar a cooperativa para, em juízo, obter a prestação de contas – Precedentes. Nessa linha de raciocínio, considerando o caráter dúplice da ação de prestação de contas, assim como os cooperados não possuem interesse de exigir a prestação de contas da cooperativa, falece à cooperativa o interesse de dar contas aos (ex)cooperados; III – A prestação de contas é efetivada pela Assembleia Geral, independente da posterior retirada dos sócios, sendo certo que o acertamento de contas não se realiza individualmente perante os cooperados, como quer fazer crer a ora recorrente, mas sim pela efetiva subscrição dos balanços e documentos contábeis de encerramento de exercício social, o que, por si só, elide a prestação na via judicial".

STJ – REsp nº 1.313.725 – Rel. Min. Villas Boas Cueva: "salvo se anulada, a aprovação das contas sem reservas pela assembleia geral exonera os administradores e diretores de quaisquer responsabilidades".

STJ – REsp nº 1.515.710 – Rel. Min. Marco Aurelio Belizze: (...) "3. O § 4º do art. 134 da Lei das S.A. trata da hipótese em que a Assembleia Geral, ao apreciar as contas e demonstrações financeiras apresentadas pelos administradores, a despeito de aprová-las, delibera expressamente por modificá-las, seja porque possuem inadequações ou irregularidades; não expressam a realidade contábil da companhia; adotam critério equivocados ou impróprios, etc., tudo a repercutir no montante do lucro do exercício ou no valor das obrigações da companhia. Nessa medida, apenas no específico caso em que a assembleia geral tenha deliberado por modificar as contas e as demonstrações financeiras inicialmente apresentadas, determinando-se, no prazo de trinta dias da deliberação, a republicação daquelas, é que se pode reconhecer que as contas foram aprovadas com ressalvas, independente da utilização das expressões 'com ressalvas', ou 'com reservas' ou outra que a valha. (...) 4. Ante a aprovação das contas sem ressalvas, referente aos exercícios de 2006 e 2007, que, por expressa disposição legal, exonera os administradores e diretores de quaisquer responsabilidades, a ação com tal propósito deve, necessariamente, ser precedida de ação destinada a anular a disposição assemblear, mediante alegação e demonstração de vício de consentimento. Sobressai evidenciado, portanto, o não preenchimento da destacada condição de procedibilidade para a presente ação, a ensejar a extinção do feito sem julgamento de mérito".

3.4. Interesse social

Na fase de formação do contrato, determina-se o fim social. Dele deriva, ainda, outro importante conceito para o direito brasileiro, que é do *interesse social*. Para que serve a sociedade? Para produzir lucros para os sócios ou para expandir suas atividades e gerar crescimento e benefícios coletivos? Essa divergência não é de hoje e o assunto não pode ser tratado sem a reminiscência ao clássico texto de Alberto Asquini sobre a exigência de lucros dos acionistas da *Norddeutscher Lloyd*, ao que foram repreendidos pela afirmação de que a companhia não existia para dividendos, mas para fazer navegar os barcos pelo Reno (Asquini, 1959, p. 617-633).

Sendo uma organização de fatores de produção, a sociedade alcança diversos *grupos de interesses* [t. I, §5, i. 2] (na linha *common law, stakeholders*), que com maior ou menor grau, são atingidos pelo poder que emana da sociedade. Tais são os casos, então, dos chamados *grupos de interesses*, em geral acomodados entre: (*a*) sócios; (*b*) credores, indistintamente; (*c*) terceiros que travem relações jurídicas com a organização.

Se há interesse, existe uma necessidade de benefícios aptos a satisfazê-lo. A constatação não inibe uma intensa contenda doutrinária entre os que sustentam que o interesse coincide com aqueles de maximização de valores aos sócios (teorias contratualistas) e outros que o ampliam para a instituição como um todo (teorias institucionalistas). Entre os próprios partidários das teorias não há consenso e as variações do tema bem demonstram a inquietude do assunto – não sem efeitos práticos, já que a identificação do interesse é pressuposto de eventual conflito.

Como dito, duas são as correntes gerais: *contratualismo* e *institucionalismo*.

Para a corrente contratualista, a sociedade se presta à produção de lucros para os sócios. Esse seria o interesse, que depois foi ampliado por Pier Justo Jaeger, expoente da teoria, para a valorização do preço de revenda das ações (Jaeger, 2000, 795-806).

Para o institucionalismo, a sociedade suplanta o mero lucro do sócio, servindo verdadeiramente como instrumento de desenvolvimento da comunidade de interesses que são atingidos pela sociedade contratada. Também o institucionalismo tem distinções a partir do célebre texto de Walter Rathenau do início do século XX, que antevê função econômica de interesse público na macroempresa, superando o campo meramente privado (RATHENAU, 2002). A teoria adquiriu as mais diversas colorações de geração de prosperidade coletiva e com o ápice nas discussões travadas no âmbito do direito societário alemão para a implementação da legislação de participação operária em órgãos diretivos (*Mitbestimmungsgesetze*) (SALOMÃO FILHO, 2011, p. 46).

O consenso se forma quando se identifica que o pêndulo do interesse se move na medida da aferição dos grupos de interesses que gravitam no entorno da sociedade: se prevalece o contrato em sociedades mais arraigadas ao relacionamento interno dos sócios, prepondera o interesse de produção lucrativa em favor deles, com menor intensidade na projeção externa do interesse; se prevalece a instituição, há interesses externos superiores e preponderantes àqueles internos dos sócios ou do sócio controlador; se é a uma sociedade de economia mista, há uma prevalência do interesse público (art. 238 da LSA) (CARVALHOSA, 2011, p. 457-460).

A variação de tutela está na preservação de interesses de sócios no âmbito da organização e a aferição de intensidade de interesses daqueles que gravitam no entorno dessa mesma organização. De certa maneira, os sócios assumem riscos e asseguram a solvência da sociedade e trabalhadores e credores tentam se assegurar por meio de contratos. Por isso que a simbiose entre as teorias não é incomum e a razão está no posicionamento de CALIXTO SALOMÃO FILHO: é a organização que se eleva para o objeto de tutela do interesse societário (SALOMÃO FILHO, 2011, p. 45). Ademais, complementa JOSÉ ALEXANDRE TAVARES GUERREIRO, a busca do lucro com cumprimento do objeto social compõe elemento essencial do interesse societário, que não se confunde necessariamente com o interesse dos sócios e nem com o interesse da maioria (GUERREIRO, 1983, p. 29).

Esses os elementos, então, para interpretar o conteúdo do art. 115, *caput*, da LSA que, por aplicação supletiva e analógica pode ser levado aos demais tipos societários e que condiciona o exercício do direito de voto ao interesse da companhia.

Assim, o interesse societário é conceito funcional (ANTUNES, 2002, p. 573) que orienta a condução da organização e influenciado por fatores econômicos peculiares a cada sociedade. Além disso, indica parâmetro de atuação dos órgãos sociais, como assembleia, administração e o próprio poder do controlador.

3.4.1. Conflito de interesses em assembleia

A definição do interesse não atende somente a discussão meramente acadêmica, mas permite oferecer resposta ao complexo problema do chamado *conflito de interesses*, que é a manifestação em assembleia ou em órgão de administração, de forma decisiva, em contrariedade ao interesse da sociedade. Em outras palavras, o exercício do direito de voto é feito com prevalência de interesses pessoais do sócio ou do controlador, em detrimento da sociedade.

Caso se descumpra essa regra de respeito ao interesse da sociedade, qualificam-se dois institutos diversos no mesmo dispositivo legal: o abuso do direito de voto e o conflito de interesses, podendo ser causa de um prejuízo imediato ou futuro à sociedade ou aos demais acionistas, ainda que o voto não tenha prevalecido (art. 115, § 3º, da LSA e art. 1.010, § 3º, do CC).

A interpretação do conteúdo do art. 115 da LSA indica a opção do legislador brasileiro pela reparação de danos à sociedade em razão de deliberações proferidas com voto abusivo "com o fim de causar dano à companhia ou a outros acionistas" ou de obter "vantagem a que não faz jus e de que resulte, ou possa resultar, prejuízo" – ou seja, a perda pode ser imediata, futura ou mesmo deixar de obter vantagem lícita (CARVALHOSA, 2011, p. 461). A relação é evidentemente de nexo de causalidade entre o voto abusivo e o dano gerado pelo abuso de direito, conforme se dessume do § 3º, do mesmo art. 115.

A LSA se preocupa em fixar hipóteses de *suspensão de exercício* do direito de voto, em evidentes conflitos de interesses, como no caso de laudo de avaliação em que o acionista concorre para a formação do capital, aprovação de contas como administrador, deliberações que beneficiem o sócio de forma particular.

O conteúdo do *caput* ainda é completado pelo § 4º, quanto ao conflito de interesses, com a sanção jurídica é a anulabilidade da deliberação, acrescida do dever de reparação de danos e transferência de vantagens para a sociedade.

Em relação aos demais modelos de sociedades, impera regra geral de reparação de danos, especificada no art. 1.010, § 3º, do CC: "Responde por perdas e danos o sócio que, tendo em alguma operação interesse contrário ao da sociedade, participar da deliberação que a aprove graças a seu voto".

Jurisprudência

TJSP – 9ª Câm. de Dir. Privado – Ap. nº 0045715-81.2007.8.26.0564 – Rel. Des. Piva Rodrigues – j. 19/08/2014: há conflito de interesses se os sócios controladores autorizam venda de bens da sociedade a outra com mesmo objeto social (e da qual são sócios) e, ainda, desviam clientela.
TJSP – 7ª Câm. de Dir. Privado – Ap. nº 0003933-07.2010.8.26.0462 – Rel. Des. Luiz Antonio Costa – j. 10/04/2014: invalida-se assembleia por conflito de interesses de sócio majoritário que elege parente que descumpre deveres fiduciários como administrador.
TJSP – 10ª Câm. de Dir. Privado – Ap. nº 906.8348-73.2007.8.26.0000 – Rel. Des. Carlos Alberto Garbi – j. 19/02/2013: há conflito de interesses em deliberação feita por interposta pessoa em benefício de sócios controladores e contrariamente aos interesses da companhia.
TRF 2ª R. – AC 2001.51.01.016561-9 – 4ª T. Esp. – Relª Desª Fed. Lana Regueira – DJe 05/11/2010: com base no art. 238 da LSA, numa sociedade de economia mista, não é possível afirmar que houve abuso de poder de voto e conflito de interesses numa assembleia em que a controladora delibera pela quitação de impostos devidos pela sociedade, sob argumento de que este voto violou os interesses dos sócios minoritários.
STJ – 3ª Turma – REsp nº 10.836/SP – Rel. Min. Cláudio Santos – j. 04/02/1992: exige-se a efetiva prova do dano para a caracterização do dever de reparação em conflito de interesses.
STJ – REsp nº 156.076/PR – 4ª Turma – Rel. Min. Ruy Rosado de Aguiar – j. 05/05/1998: O STJ decidiu no REsp nº 156.076 que fica caracterizado o interesse conflitante, mesmo que haja assinatura de outros diretores, se a contratação não for equitativa.

3.4.2. *Conflito formal e conflito material de interesses*

Controvérsia doutrinária relevante decorre da interpretação do art. 115, § 1º, da LSA, aplicável supletivamente para outras sociedades. Expressamente dispõe a lei que o sócio não pode votar em assembleia sobre laudo de avaliação de bens por ele conferidos ao capital, aprovação de suas contas como administrador e em matérias que possam lhe beneficiar ou que tiver direto interesse. As duas primeiras vedações não são tão controversas, mas as duas últimas (benefício e interesse direto) são objeto de grande cisma.

O benefício particular é definido por NELSON EIZIRIK como sendo "vantagem lícita, um favor concedido ao beneficiário, em sua condição de acionista, mas que rompe o princípio da igualdade" (EIZIRIK, 2003, p. 659). Nessa hipótese, há proibição absoluta de voto.

Resta o interesse conflitante, que gera uma grande divisão na doutrina. Um primeiro grupo de juristas se alinha formando o chamado *conflito formal*. Entre eles, MODESTO CARVALHOSA sustenta que o dispositivo traz vedação formal *ex ante* ao próprio voto (CARVALHOSA, 2009, p. 456-467). CALIXTO SALOMÃO FILHO complementa que do dispositivo se retira a interpretação pelo conflito formal para evitar a identificação do interesse social com o interesse do controlador (SALOMÃO FILHO, 2011, p. 114-118).

Do outro lado, posiciona-se a corrente do conflito material ou substancial, com quem, aliás, nós nos aliamos. Entre eles, Luis Gastão Paes de Barros Leães (Leães, 2004, p. 176-184) afirma que a aferição do voto em conflito deve ser posterior. José Alexandre Tavares Guerreiro arremata que "não existem conflitos de interesse em potência, mas, ao contrário, que estes só entram no mundo jurídico através de expressões concretas, apreciadas em cada caso e conforme as circunstâncias" (Guerreiro, 1983, p. 32).

Ainda assim, a matéria está longe de ser pacificada, sendo objeto de mudanças de paradigmas na Comissão de Valores Mobiliários (CVM) para as companhias de capital aberto. No conhecido caso *Tractebel*, houve consulta ao órgão sobre impedimento de voto de acionista controlador na assembleia que deliberou sobre transação com parte relacionada. A conclusão do colegiado foi no sentido de que a sociedade controladora não poderia participar da decisão que iria discutir a aprovação de contrato entre a controladora e outra sociedade do grupo da controladora[4].

Ressalve-se, além disso, que foi inserido o inciso X, no art. 122, da LSA, com atribuição de competência privativa à assembleia geral para deliberar sobre transação com partes relacionadas, a alienação ou a contribuição com ativos para outra empresa – desde que representativas de pelo menos 50% dos ativos totais da companhia. Nesse sentido, procurou a LSA transferir para a assembleia geral, com proteção dos acionistas minoritários, a prática de atos que possam implicar negócios em conflito de interesses com sócios controladores e administradores ou mesmo a transferência de ativos relevantes da companhia, sem que haja participação dos demais acionistas no ato decisório.

Interessante fonte de consulta pode ser a Diretiva EU nº 2077/828, que no item (42) trata das transações com partes relacionadas que podem prejudicar a sociedade e os acionistas se houver apropriação de valores pertencentes à sociedade. Portanto, devem ser postas salvaguardas adequadas de proteção da sociedade. Quanto ao voto, prevê o item (43): "Caso a transação com uma parte relacionada envolva um administrador ou um acionista, estes não deverão participar na aprovação ou na votação. No entanto, os Estados-Membros deverão poder autorizar um acionista que seja uma parte relacionada a participar na votação, desde que o direito nacional preveja garantias adequadas relativamente ao processo de votação que protejam os interesses das sociedades e dos acionistas que não são partes relacionadas, incluindo os acionistas minoritários, como, por exemplo, uma maioria mais elevada para a aprovação das transações".

Jurisprudência

STJ – 3ª T. – REsp nº 1.692.803 – Rel. Min. Ricardo Villas Bôas Cueva – j. 23/02/2021: "(...) 3. A aprovação das próprias contas é caso típico de conflito formal (ou impedimento de voto),

---

[4] Comissão de Valores Mobiliários. Processo nº RJ2009/13179. Relator Alexsandro Broedel Lopes. j. 09/09/2010. Disponível em: <<http://www.cvm.gov.br/port/descol/respdecis.asp?File=7190-4.HTM>>. Consultado em 04/09/2014. Sobre a relevância do julgamento: SALOMÃO FILHO, 2011, p. 122-123. Cabe ressalvar que esse precedente do órgão regulador do mercado de capitais foi antecedido por outros dois. O primeiro deles (caso Tele Celular) foi no mesmo sentido de Tractebel, reconhecendo-se o impedimento do controlador votar em matéria de interesse (distribuição de *royalties*). O posicionamento seguinte mudou o entendimento da CVM, com duração até Tractebel. Sobre as decisões, interessantes são os comentários de Erasmo Valladão A. N. França: FRANÇA, Erasmo Valladão Azevedo e Novaes. Acionista controlador – Impedimento ao direito de voto. *Revista de Direito Mercantil*. São Paulo, ano XLI, n. 125, p. 139-172, Janeiro-Março/2002. FRANÇA, Erasmo Valladão Azevedo e Novaes. Conflito de interesses – formal ou substancial? Nova decisão da CVM sobre a questão. *Revista de Direito Mercantil*. São Paulo, ano XLI, n. 128, p. 225-262, Outubro-Dezembro/2002.

sendo vedado ao acionista administrador proferir voto acerca da regularidade de suas contas. 4. Na hipótese, o fato de o único outro sócio da sociedade anônima fechada ter ocupado cargo de administração em parte do exercício não altera a conclusão que o sócio administrador não pode aprovar as próprias contas (...)".

3.4.3. Conflito de interesses na administração

A pauta de conduta dos administradores é baseada na lealdade e no dever de agir com busca do interesse da companhia (arts. 154 e 155 da LSA). Em consequência, a LSA veda a atuação em conflito no art. 156, ao restringir a intervenção do administrador em operações em que houver conflito com o interesse social.

O tema foi sistematizado por LUIS FELIPE SPINELLI, que fez diferenciação de categorias diversas do conflito de interesses, porquanto derivadas de deveres como a diligência, a obediência e a informação, além de condutas que não necessariamente caracterizam o conflito, também os casos de usurpação de oportunidades da companhia, prática de concorrência e divulgação de informações confidenciais. A regra do conflito de interesses para administradores fixa procedimento lastreado na informação com objetivo de esclarecer se a operação é "razoável e equitativa (*fair*), o que se faz verificando se suas condições são idênticas às condições que prevalecem no mercado ou em que a companhia contrataria com terceiros – *arm's length negotitation*" (SPINELLLI, 2012, p. 288).

A contratação do administrador com a companhia é admitida, mas nesse processo obrigacional devem ser observadas condições equitativas e com preços compatíveis com o mercado (art. 156, § 1º, da LSA). Não é recente a análise do assunto encetada pela doutrina, conforme se constata em Carvalho de Mendonça (MENDONÇA, 1954, v. III, p. 167) e J. LAMARTINE CORRÊA OLIVEIRA (OLIVEIRA, 1979, p. 326) que analisaram o impropriamente chamado contrato consigo mesmo e advertiam para a necessidade de que o negócio obedeça aos critérios gerais vigorantes para os negócios normais da empresa, sem desequilibrar a relação sinalagmática, conforme autoriza interpretação do art. 156, § 1º, da LSA. Aliás, o *caput* do mencionado dispositivo legal desautoriza a participação do administrador em negócio jurídico de "interesse conflitante", cumprindo-lhe cientificar a sociedade sobre a natureza e extensão do interesse.

Bibliografia: ASCARELLI, Tullio. *Problemas das sociedades anônimas e direito comparado.* São Paulo: Saraiva, 1945. p. 271-332. ASCARELLI, Tullio. *Saggi di diritto commerciale.* Milão: Giuffré, 1955. ASQUINI, Alberto. I batelli del Reno. *Rivista delle società.* Julho-outubro/1959. p. 617-633. FERRI, Giuseppe. *Trattato di diritto civile italiano. Le società.* v. 10. t. 3. Torino: Torinese, 1971. BARBI FILHO, Celso. *Contratação entre a sociedade por cotas de responsabilidade limitada e seu próprio administrador.* RDM, 96/5. BLOK, Marcela. Conflito de interesses nas sociedades anônimas: critério de apuração formal ou material? *RDM*, 153-154/36. FRANÇA, Erasmo Valladão A. N. *Conflitos de interesses nas assembleias de S.A.* São Paulo: Malheiros, 1993. FRANÇA, Erasmo Valladão A. N. *Conflito de interesses e benefício particular: uma distinção que se impõe definitivamente dirimir.* RDM, 161-162/38. FRANÇA, Erasmo Valladão A. N. *Dever de lealdade do acionista controlador por ocasião da alienação de controle – Dever de maximização do valor das ações dos acionistas não controladores – Interpretação do estatuto da companhia aberta.* RDM, 158/251. GUERREIRO, José Alexandre Tavares. *Abstenção de voto e conflito de interesses.* In: KUYVEN, Luis Fernando Martins (coord.). *Temas essenciais de direito empresarial: estudos em homenagem a Modesto Carvalhosa.* São Paulo: Saraiva, 2012. GUERREIRO, José Alexandre Tavares. Sociedade anônima: poder e dominação. *RDM*, n. 53/72. JAEGER, Pier Giusto. *L'Interesse Sociale.* Milão: Giuffrè, 1972. p. 89-passim. JAEGER, Pier Giusto. L'interesse sociale rivisitato (quarant'anni dopo). *Giurisprudenza Commerciale*, v. 27, n. 6, p. I, p. 795-812, 2000. p. 795-806.

MENDONÇA, J. X. Carvalho. *Tratado de direito comercial brasileiro*. V. III, 5. ed. Rio de Janeiro: Freistas Bastos, 1954. OLIVEIRA, José Lamartine Corrêa de. *A dupla crise da pessoa jurídica*. São Paulo: Saraiva, 1979. RATHENAU, Walter. Do sistema acionário – uma análise negocial. Trad. Nilson Lautenschleger Júnior. *RDM* n. 128/199. REQUIÃO, Rubens. A sociedade anônima como "instituição". *RDM*, n. 18/25. SALOMÃO FILHO, Calixto. *O novo direito societário*. São Paulo: Malheiros, 1998. SANTOS, Fernanda Aviz. *Sociedade anônima: uma análise sobre a natureza do conflito de in-teresses dos membros do conselho de administração*. RDM, 148/90. SPINELLI, Luis Felipe. *Conflito de interesses na administração de sociedade anônima*. São Paulo: Malheiros, 2012. VERÇOSA, Haroldo Malheiros Duclerc. *Curso de Direito Comercial*. V. 3. São Paulo: Malheiros, 2008. VILELA, Renato. *Conflitos de interesses nas companhias*. São Paulo: Almedina, 2017.

3.5. Poder de controle

A identificação do *interesse social* emoldura a atuação do controlador ou da sociedade controladora de um grupo e condiciona o uso do poder. Isso porque, na *organização societária* ainda se identificam as relações de poder provenientes do contrato e moduladas de acordo com o tipo societário. Quem tem o *poder* avoca apriorística influência na esfera jurídica alheia. Desempenha, ainda, um papel decisivo de "senhor dos rumos da companhia" (GUERREIRO, 1984, p. 77) e mediador do *interesse* a ser perseguido.

Também é com essa lupa que se determina a fórmula de não haver poder sem responsabilidade (*keine Herrschaft ohne Haftung*) (WIEDEMANN, 1980, p. 547), de modo a preencher regras abertas como do art. 116, parágrafo único, da LSA, além de qualificar o *abuso de poder*.

Nesse sentido, o controle se identifica na pessoa ou grupo de pessoas vinculadas por acordo de votos que seja "a) titular de direitos de sócio que lhe assegurem, de modo permanente, a maioria dos votos nas deliberações da assembleia geral e o poder de eleger a maioria dos administradores da companhia; e b) usa efetivamente seu poder para dirigir as atividades sociais e orientar o funcionamento dos órgãos da companhia" (art. 116, alíneas "a" e "b", da LSA, além dos art. 243, § 2º, da LSA e art. 1.098 do CC). Significa que o controlador tem *domínio dos fatos e seus desígnios somente são limitados pelo interesse da sociedade*.

O controle se manifesta nas hipóteses estudadas por FABIO KONDER COMPARATO no imprescindível *O poder de controle nas sociedades anônimas*: (*a*) controle totalitário, com acionista, sociedade controladora ou bloco de controle com titularidade de todas as ações da companhia que conferem direito ao voto; (b) controle majoritário, caracterizado pelo volume de participação com mais da metade das ações com direito a voto; (c) controle por expedientes legais; (d) controle minoritário, qualificado pela hipótese fática do acionista, sociedade controladora ou bloco de controle com volume de participação societária de votos inferior à metade e que se faz prevalecer nas deliberações; (e) controle gerencial em hipóteses de dispersão de ações da companhia (COMPARATO, 2005).

Esse controle manifesta-se pela maioria de votos nas deliberações e na eleição da maioria dos administradores. Nada obstante, a dimensão do poder basta pela simples possibilidade de uso.

Responderá o controlador pelos danos causados por atos praticados com abuso de poder, inclusive em casos enumerados de forma exemplificativa pelo art. 117 da LSA [*t. II, §10, i. 4.3.1.*].

Também por essa razão que o controle adquire sobrevalor para fins de alienação, já que o adquirente assume o domínio fático da sociedade, passando a ditar os rumos a seguir. Justifica-se, com isso, regras protetivas de interesse de minoritários como o *tag along* previsto no art. 254-A da LSA e que assegura preço mínimo para aquisição de participações minoritárias.

3.6. Regime de nulidade e anulabilidade

Outro tema que aproveita comumente todos os tipos societários é o regime especial de nulidade e anulabilidade em matéria societária. Tal fato, todavia, não é resultado para mais acurada técnica do nosso legislador. Ao contrário, indica falta de cuidado com tema tão sensível e complexo.

Para compreender o tema, primeiro é preciso diferenciar entre os vícios de assembleia, de deliberação e de voto. Na primeira hipótese, o vício contamina a assembleia integralmente, por lhe faltar requisitos essenciais para a validade. No segundo caso, há comprometimento da manifestação de vontade da deliberação, que se formou de forma irregular e até mesmo com conflito de interesses. Por fim, o último raciocínio é da análise do próprio voto que, se produzido com vício, somente poderá comprometer o ato societário da assembleia se, ao ser computado, foi decisivo para a deliberação.

Outro fator importante é que, sendo interesses pessoais do acionista (como no conflito de interesses), a penalidade é a anulação. Caso o malferimento seja da lei ou de preceitos de ordem pública, aplica-se a nulidade. Em resumo, então, podem ser compreendidos as seguintes hipóteses:

(*a*) A invalidade de assembleia segue sempre o regime da *anulabilidade*, porquanto haja a tutela de interesses próprios do acionista, ainda que sejam consideradas formalidades essenciais à convocação, instalação e deliberação do conclave (arts. 123 a 128 da LSA). A anulação da assembleia dependeria da demonstração de erro, dolo, fraude e simulação. Caso reconhecido o vício, ocorre o comprometimento da assembleia na sua inteireza.

(*b*) Se o conteúdo da deliberação atingir a ordem pública, interesses de terceiros, preceitos legais e desvirtuar o modelo societário, ou ainda suprimir direitos de acionistas, a sanção jurídica será de *nulidade*.

São *anuláveis* as deliberações exaradas com erro, dolo, coação e fraude e demais decisões que normalmente impliquem afastamento de interesses dos acionistas – ressalvando-se hipóteses específicas de nulidade e ineficácia, que devem ser analisadas casuisticamente. O reconhecimento de vício da deliberação pode não implicar perda dos demais atos decididos em assembleia.

(*c*) O voto segue a disciplina da *anulabilidade*, com o pressuposto de somente arguir o vício do voto decisivo para a formação do quórum necessário à deliberação portadora do conflito de interesses. Assim, serão *anuláveis* votos exarados com erro, dolo, coação, fraude e conflitantes com o interesse da companhia (art. 115, § 4º, da LSA). Ressalvam-se a *nulidade* do voto em caso de incapacidade absoluta do acionista e a *ineficácia* do voto proferido contra o acordo de acionistas (art. 118 da LSA).

3.7. Saída de sócios e dissolução da sociedade

Ainda em teoria geral é preciso compreender os casos em que a relação societária é desfeita, rompendo-se parcial ou totalmente os direitos e obrigações dos sócios e, em alguns casos, extinguindo-se a sociedade.

É preciso anotação introdutória de que essa compreensão passou por evolução doutrinária e legislativa. O art. 335 do CCom previa somente a dissolução total e o art. 340 da mesma codificação determinava que "depois da dissolução da sociedade nenhum sócio pode validamente pôr a firma social em obrigação alguma, posto que esta fosse contraída antes do período da dissolução, ou fosse aplicada para pagamento de dívidas sociais". Era singela a previsão de pedido de demissão do sócio no art. 339 do CCom. Com semelhante razão legislativa se construíram os arts. 1.399 a 1.406 do CC/1916.

Por evolução jurisprudencial, compreensão da plurilateralidade do contrato e construção do princípio da preservação da empresa [t. I, §2, i. 2.3.], percebeu-se que não era solução adequada extinguir sociedade para atender muitas vezes o interesse de um sócio ou mera desinteligência entre eles. Desenvolveu-se, então, a dissolução parcial da sociedade, com pagamento dos haveres do sócio retirante, dissidente ou mesmo para pagamento dos herdeiros de sócio falecido.

Com o advento do CC, organizou-se tal construto jurisprudencial, com a determinação das hipóteses de saída de um sócio, sob qualificação jurídica de *resolução da sociedade quanto a um sócio*, apartada dos casos de *dissolução da sociedade*. No primeiro grupo de regras, afasta-se um sócio em casos de morte, retirada ou exclusão, mas a sociedade continua sua atividade. No segundo grupo, acomodam-se as regras de dissolução, que culminam na extinção da própria sociedade. A intepretação de tal regramento agora vem temperada pelo CPC, que de forma indevida e sem respeitar a sistemática do direito material, interviu em diversos conceitos de direito material e, agora, demanda atuação interpretativa para a reacomodação dos conceitos.

3.7.1. Resolução da sociedade quanto a um sócio

Os casos de resolução da sociedade quanto a um sócio estão regulados no Capítulo das sociedades simples [t. I, §6, i. 5], mas se aplicam aos demais tipos societários, ressalvadas algumas adaptações do modelo próprio. São três as causas: (*a*) morte; (*b*) retirada; (*c*) exclusão.

(*a*) *Morte*: dependente do tipo de sociedade a consequência da morte. Para as sociedades de vínculos pessoais mais fortes, como a simples e a limitada, o legislador optou, no art. 1.028 do CC, pela liquidação da quota do sócio falecido, salvo disposição contrária no contrato ou consenso.

Nas sociedades anônimas de capital aberto, as ações são levadas a processo sucessório, com transferência aos herdeiros. Já nas sociedades anônimas fechadas, tal regra pode ser excepcionada por acordo de acionistas (art. 118 da LSA), que pode estabelecer restrições de ingresso dos herdeiros e pagamento dos haveres pelas ações, aproximando-se da disciplina geral das sociedades simples.

(*b*) *Retirada*: via de regra os sócios podem se retirar das sociedades com base no direito de associação (art. 5º, XX, da CF). Vige o modelo do art. 1.029 do CC, que prevê a necessidade de notificação com antecedência de 60 dias para levantamento dos haveres e pagamento do sócio retirante com base no art. 1.031 do CC.

Ressalva-se nas limitadas o direito de retirada da sociedade em caso de dissidência em deliberações sobre modificação do contrato, fusão da sociedade, incorporação de outra, ou dela por outra, previsto no art. 1.077 do CC.

Nas sociedades anônimas, há aplicação dos institutos do resgate e da amortização (art. 44 da LSA) e do reembolso em caso de dissidência (art. 45 da LSA), porque há "violação ao pacto primeiro ao qual tenham aderido os acionistas" (Guerreiro, 2009, p. 19). Todavia, tem sido cada vez mais comum a aproximação das sociedades anônimas fechadas da disciplina geral da retirada, por reconhecimento da jurisprudência e utilização do art. 1.089 do CC (STJ – EREsp nº 111.294 – Rel. Min. Castro Filho).

(c) Exclusão: a exclusão tem por base a prática de atos desleais e motivados da justa causa para o rompimento do vínculo contratual com o sócio que praticou tais atos. Fundamenta-se, ainda, na falta de *affectio societatis*, embora tal termo seja sempre portador de imprecisão [*t. II, §3, i. 3.3.3.*].

Com efeito, três conjuntos de regras sobressaem: (*c.1*) regra geral do art. 1.030 do CC, que admite a *exclusão judicial* do sócio motivada na falta grave ou na incapacidade superveniente, após prévia iniciativa do quórum da maioria dos demais sócios reunidos; exclusão; (*c.2.*) regra de exclusão do art. 1.030, parágrafo único: exclusão de pleno direito excluído da sociedade do sócio declarado falido, ou daquele cuja quota tenha sido liquidada nos termos do parágrafo único do art. 1.026; (*c.3*) regra de exclusão extrajudicial das sociedades limitadas, desde que prevista no contrato social e precedida por deliberação representativa de mais da metade do capital social, com entendimento de que um ou mais sócios estão pondo em risco a continuidade da empresa, em virtude de atos de inegável gravidade (art. 1.085 do CC).

Nas cooperativas, o art. 35, inciso IV, da LCoop prevê a exclusão por "deixar de atender aos requisitos estatutários de ingresso ou permanência na cooperativa". Como não há previsão de ritual específico, aplica-se ao caso o art. 1.030 do CC.

Nesses casos de exclusão, por construção da jurisprudência (STF – RE nº 158.215-4 – Min. MARCO AURÉLIO e STF – RE nº 201.819-RJ – Min. GILMAR MENDES) e também previsão legal específica, é preciso que se dê ao sócio o direito de defesa em reunião ou assembleia especialmente convocada para esse fim (art. 1.085, parágrafo único, do CC CC e art. 34, parágrafo único, da LCoop).

Na mesma linha do que se apontou na retirada e com aplicação do art. 1.089 do CC, os Tribunais também estão estendendo a exclusão de sócios por justa causa para as sociedades anônimas fechadas, em aplicação supletiva do art. 1.030 do CC e considerando caracteres de personalismo (STJ – REsp nº 917.531 – Min. LUIS FELIPE SALOMÃO).

Jurisprudência

STF – RE nº 158.215-4/RS – 2ª T. – Rel. Min. Marco Aurélio – j. 30.04.1996 – RTJ 164/757: Garantia do direito de ampla defesa de associados de cooperativa excluídos sumariamente, em desrespeito à norma constitucional.

STF – 2ª Turma – RE nº 201.819-RJ – Rel. Min. Gilmar Mendes – j. 11.10.2005 – maioria: "A União Brasileira de Compositores – UBC, sociedade civil sem fins lucrativos, integra a estrutura do ECAD e, portanto, assume posição privilegiada para determinar a extensão do gozo e fruição dos direitos autorais de seus associados. A exclusão de sócio do quadro social da UBC, sem qualquer garantia de ampla defesa, do contraditório, ou do devido processo constitucional, onera consideravelmente o recorrido, o qual fica impossibilitado de perceber os direitos autorais relativos à execução de suas obras. A vedação das garantias constitucionais do devido processo legal acaba por restringir a própria liberdade de exercício profissional do sócio. O caráter público da atividade exercida pela sociedade e a dependência do vínculo associativo para o exercício profissional de seus sócios legitimam, no caso concreto, a aplicação direta dos direitos fundamentais concernentes ao devido processo legal, ao contraditório e à ampla defesa (art. 5º, LIV e LV, CF/88)".

STJ – 3ª T. – REsp nº 1.499.772 – Rel. Min. Moura Ribeiro – j. 21/05/2019: "(...) Referido co-mando judicial não excluiu, portanto, a possibilidade de serem levados em consideração, no cálculo da dívida, patrimônios não contabilizados previamente, como o *goodwill*, termo uti-lizado para designar valores decorrentes de marca, imagem de mercado, carteira de clientes, know-how dos funcionários, entre outros e que guarda semelhança com os conceitos de fundo de comércio e aviamento. (...) 7. A jurisprudência desta Corte orienta, de qualquer forma, que a apuração de haveres de sócios dissidentes deve observar, o quanto possível, o patrimônio societário como um todo e não apenas sua dimensão contábil ou fiscal (...)".

STJ – 4ª T. – REsp nº 917.531 – Rel. Min. Luis Felipe Salomão – j. 17/11/2011: "(...) Caracterizada a sociedade anônima como fechada e personalista, o que tem o condão de propiciar a sua dissolução parcial – fenômeno até recentemente vinculado às sociedades de pessoas –, é de se entender também pela possibilidade de aplicação das regras atinentes à exclusão de sócios das sociedades regidas pelo Código Civil, máxime diante da previsão contida no art. 1.089 do CC: 'A sociedade anônima rege-se por lei especial, aplicando-se-lhe, nos casos omissos, as disposições deste Código'".

Referência histórica: STF – RE nº 89.464 – 2ª T. – Re. Min. Decio Miranda – j. 12/12/1978: "Comercial. Dissolução de sociedade limitada. Pedida a dissolução total por sócio dissidente, não é possível, em princípio, decretar a dissolução parcial, com simples apuração contábil dos haveres do autor. Admitida que seja a dissolução parcial em atenção à conveniência da preservação do empreendimento, dar-se-á ela mediante forma de liquidação que aproxime da dissolução total. Nesse caso, deve ser assegurada ao sócio retirante situação de igualdade na apuração de haveres, fazendo-se esta com a maior amplitude possível, com exata verificação, física e contábil, dos valores do ativo".

Bibliografia: FRANÇA, Erasmo Valladão Azevedo e Novaes; ADAMEK, Marcelo Vieira von. *Da ação de dissolução parcial de sociedade: comentários breves ao CPC/2015*. São Paulo: Malheiros, 2016. GUERREIRO, José Alexandre Tavares. *Direito de retirada: um limite ao princípio majoritário na sociedade anônima*. RDM, 151-152/13. GONÇALVES NETO, Alfredo Assis. *Direito de empresa: comentários aos artigos 966 a 1.195 do Código Civil*. 4. ed. São Paulo: Revista dos Tribunais, 2012. SALOMÃO FILHO, Calixto. *O novo direito societário*. São Paulo: Malheiros, 1998. SILVA, Virgilio Afonso da. *A constitucionalização do direito: os direitos fundamentais nas relações particulares*. São Paulo: Malheiros, 2005.

3.7.2. Dissolução, liquidação e extinção

A dissolução é *causa de irrompe o conjunto de atos necessários à regular extinção da sociedade*, passando antes pela liquidação de ativos e passivos.

DISSOLUÇÃO → LIQUIDAÇÃO → EXTINÇÃO

Existem três casos de dissolução (que posteriormente serão especificados nos respectivos tipos):

(*a*) *Dissolução de pleno direito* (arts. 1.033 do CC, art. 63 da LCoop e art. 206, inciso I, da LSA): no primeiro grupo de regras, identificam-se hipóteses gerais e comuns em que se faz preponderar a vontade dos sócios para por fim à sociedade, iniciando-se os atos de liquidação. Observam-se, por exemplo, os casos de vencimento do prazo de duração; consenso unânime dos sócios; a deliberação dos sócios, por maioria absoluta, na sociedade de prazo indeterminado; a falta de pluralidade de sócios, não reconstituída no prazo de cento e oitenta dias em todos os tipos, exceção feita à sociedade anônima que prevê o prazo até a assembleia do ano seguinte àquela em que se constatou a perda da pluralidade (art. 206, I, "d", da LSA) e às cooperativas, que usam o prazo de 6 meses da assembleia (art. 63, V, da LCoop); a extinção, na forma da lei, de autorização para funcionar. De especial, nas cooperativas, há a previsão de dissolução por transformação (alteração da forma jurídica), paralisação de atividades por 120 e consecução dos objetivos.

(*b*) *Dissolução judicial* (art. 1.034 do CC, art. 64 da LCoop e art. 206, inciso II, da LSA): nesses casos, identifica-se resistência à pretensão de dissolução de pleno direito, sem que alcance o consenso. Assim a dissolução judicial principia com as causas de anulação da constituição da sociedade ou com o exaurimento do fim social, ou verificada a sua inexequibilidade. Na LSA, especifica-se que deve ser provado que a sociedade anônima não pode preencher o seu fim, em ação proposta por acionistas que representem 5% ou mais do capital social, além de incluir a falência. Por orientação da jurisprudência, embora com muita celeuma em torno do tema [*t. II, §10, i. 7*], fala-se que a inexequibilidade dos fins tem ligação com a falta de *affectio societatis*, que deve ser demonstrada na ação (STJ – REsp n° 917.531 – Min. LUIS FELIPE SALOMÃO).

(*c*) *Dissolução por autoridade administrativa competente* (art. 206, inciso III, da LSA), como no caso da Lei n° 6.024/74, que cuida da intervenção e da liquidação extrajudicial de instituições financeiras.

Uma vez demonstrada a causa da dissolução, seguem os atos de *liquidação* da sociedade, que consiste na arrecadação do ativo, ultimação dos negócios e pagamento de todo o passivo, conforme previsão dos arts. 1.102 a 1.112 do CC, arts. 208 a 218 da LSA e arts. 66 a 78 da LCoop. Em linhas gerais, o procedimento implica nomeação de *liquidante* (judicial ou extrajudicial, a dependente da instância em que ocorre a liquidação), que é figura responsável pelo arrolamento dos ativos e passivos societários e que deverá ultimar os negócios, com pagamentos e recebimentos das obrigações a que se vinculou a sociedade.

Importante constatar que a extinção da sociedade somente ocorre após encerrada da liquidação, com comunicação no registro que lhe for peculiar. Extrai-se tal conclusão do art. 51 do CC e do art. 219, inciso I, da LSA.

3.7.3. Dissolução parcial da sociedade no CPC

O advento de novo CPC trouxe impactos na resolução e na dissolução da sociedade, haja vista que a codificação não ficou restrita aos aspectos processuais, mas também regulou importante conteúdo de direito material. Com efeito, os arts. 599 a 609 do CPC substituíram a vetusta disciplina do art. 1.218, inciso VII, do CPC/73, que repristinava os arts. 655 a 674 do CPC/39. Todavia, a reforma foi feita com certo distanciamento do conteúdo já em vigor no CC e, por conseguinte, grande desafio para a doutrina (FRANÇA; ADAMEK, 2016).

Acontece que a nova lei processual misturou causas de resolução quanto a um sócio com a dissolução e deu o nome de dissolução parcial de sociedade. Não importando muito o *nomen juris* da ação, conforme antigas lições de direito processual, o mais complicado é encontrar, no mesmo rito, ações desconstitutivas (de dissolução societária) tratadas em conjunto com ações condenatórias (de apuração de haveres de sócio). É o que se identifica no art. 599 do CPC, ao dispor que a ação de dissolução parcial de sociedade pode ter por objeto: I – a resolução da sociedade empresária contratual ou simples em relação ao sócio falecido, excluído ou que exerceu o direito de retirada ou recesso; e II – a apuração dos haveres do sócio falecido, excluído ou que exerceu o direito de retirada ou recesso; ou III – somente a resolução ou a apuração de haveres. A ação também poderá ser movida em sociedade anônima de capital fechado ao se demonstrar, por acionistas que representem cinco por cento ou mais do capital social, que não pode preencher o seu fim.

Além de aspectos processuais como a legitimação ativa (art. 600), prazo para concordância e resposta (art. 601), rito comum em caso de ausência de concordância unânime (art. 603, § 2°), o CPC ainda cuida de possível cumulação de pedido indenizatório em face de sócio, com possível compensação dos valores de condenação com os haveres devidos (art. 602).

Contudo, o CPC ainda regulou temas de direito material, especialmente com relação à apuração de haveres. Nesse sentido, o juiz deve fixar a data de resolução da sociedade (art. 605 do CPC) e fixar o critério de apuração de haveres, segundo o que estiver disposto no contrato. A parte incontroversa dos haveres poderá ser levantada pelo ex-sócio ou pelos herdeiros, mas os depósitos em juízo poderão ser feitos de acordo com o que estiver previsto no contrato (art. 604 do CPC).

A apuração dos haveres do sócio é definida a partir da data da resolução, que o art. 605 do CPC considerou como sendo: I – no caso de falecimento do sócio, a do óbito; II – na retirada imotivada, o sexagésimo dia seguinte ao do recebimento, pela sociedade, da notificação do sócio retirante; III – no recesso, o dia do recebimento, pela sociedade, da notificação do sócio dissidente; IV – na retirada por justa causa de sociedade por prazo determinado e na exclusão judicial de sócio, a do trânsito em julgado da decisão que dissolver a sociedade; e V – na exclusão extrajudicial, a data da assembleia ou da reunião de sócios que a tiver deliberado.

Descoberta essa data base de apuração dos valores devidos ao sócio, outro dispositivo com conteúdo de direito material está no art. 606 do CPC, que precisa ser cotejado com o art. 1.031 do CC.

| Art. 1.031. Nos casos em que a sociedade se resolver em relação a um sócio, o valor da sua quota, considerada pelo montante efetivamente realizado, liquidar-se-á, salvo disposição contratual em contrário, com base na situação patrimonial da sociedade, à data da resolução, verificada em balanço especialmente levantado. | Art. 606. Em caso de omissão do contrato social, o juiz definirá, como critério de apuração de haveres, o valor patrimonial apurado em balanço de determinação, tomando-se por referência a data da resolução e avaliando-se bens e direitos do ativo, tangíveis e intangíveis, a preço de saída, além do passivo também a ser apurado de igual forma. |

A interpretação dos dispositivos permite observar que o texto do art. 606 do CPC cuidou do mesmo conteúdo do art. 1.031 do CC, revogando-o para processos judiciais. O preceito do CPCnovo preceito do CPC, no caso de silêncio do contrato, impôs o levantamento patrimonial em balanço de determinação com apuração de passivo e avaliação de bens – tangíveis e intangíveis – a preço de saída, sem que se tenha a especificação de custos de reposição ou de mercado (FRANÇA; ADAMEK, 2016, p. 71). É comum que em contratos seja eleito critério que melhor compreenda a característica da empresa, sendo vedado utilizar forma de apuração diversa da lei se não ficar pactuado, conforme decidiu o STJ ao afastar o fluxo de caixa descontado não previsto no contrato social ou em acordo de sócios (STJ – REsp nº 1.877.331).

A doutrina aponta outra crítica ao novo rito da dissolução: depois de definido e estabilizado, o juiz ainda poderá rever a data da resolução e da própria apuração de haveres (art. 607 do CPC). Uma vez apurados, os haveres do sócio retirante serão pagos conforme disciplinar o contrato social e, no silêncio deste, nos termos do § 2º do art. 1.031 do CC.

Outro problema comum é das tutelas provisórias nas resoluções da sociedade quanto a um sócio. As medidas de urgência nesse tipo de processo são bastante comuns e normalmente envolvem regularização de atos para continuidade registrária, o acesso a informações da sociedade, a garantia de pagamento de haveres na forma do contrato social ou então o afastamento provisório – até o resultado final de demanda – de sócio que tenha atuação desleal ou prejudicial à sociedade. É de tutela de urgência cautelar, por exemplo, um pedido que tenha por objetivo avaliar bens da sociedade. De outro lado, será antecipatório o pedido que imponha ao sócio, acompanhado de *astreintes*, a obrigação de não divulgar informações da sociedade.

Também para a proteção de garantias em ações de exclusão é possível de conceber a antecipação de tutela para reintegração de sócio, com manutenção de direitos essenciais como recebimento de lucros e participação em assembleias até a resolução formal da sociedade por exclusão.

Jurisprudência:

STJ – 3ª T. – REsp nº 1.877.331 – Rel. Min. Ricardo Villas Bôas Cueva – j. 13/04/2021: "(...)3. O artigo 606 do Código de Processo Civil de 2015 veio reforçar o que já estava previsto no Código Civil de 2002 (artigo 1.031), tornando ainda mais nítida a opção legislativa segundo a qual, na omissão do contrato social quanto ao critério de apuração de haveres no caso de dissolução parcial de sociedade, o valor da quota do sócio retirante deve ser avaliado pelo critério patrimonial mediante balanço de determinação. 4. O legislador, ao eleger o balanço de determinação como forma adequada para a apuração de haveres, excluiu a possibilidade de aplicação conjunta da metodologia do fluxo de caixa descontado. 5. Os precedentes do Superior Tribunal de Justiça acerca do tema demonstram a preocupação desta Corte com a efetiva correspondência entre o valor da quota do sócio retirante e o real valor dos ativos da sociedade, de modo a refletir o seu verdadeiro valor patrimonial. 6. A metodologia do fluxo de caixa descontado, associada à aferição do valor econômico da sociedade, utilizada comumente como ferramenta de gestão para a tomada de decisões acerca de novos investimentos e negociações, por comportar relevante grau de incerteza e prognose, sem total fidelidade aos valores reais dos ativos, não é aconselhável na apuração de haveres do sócio dissidente. 7. A doutrina especializada, produzida já sob a égide do Código de Processo Civil de 2015, entende que o critério legal (patrimonial) é o mais acertado e está mais afinado com o princípio da preservação da empresa, ao passo que o econômico (do qual deflui a metodologia do fluxo de caixa descontado), além de inadequado para o contexto da apuração de haveres, pode ensejar consequências perniciosas, tais como (i) desestímulo ao cumprimento dos deveres dos sócios minoritários; (ii) incentivo ao exercício do direito de retirada, em prejuízo da estabilidade das empresas, e (iii) enriquecimento indevido do sócio desligado em detrimento daqueles que permanecem na sociedade (...)".

STJ – 3ª T. – REsp nº 1.821.048 – Rel. Min. Nancy Andrighi – j. 27/08/2019: "(...) 3. De acordo com o art. 95, caput, do CPC/15, a despesa concernente à antecipação dos honorários periciais incumbe a quem requereu a prova técnica (no particular, o recorrente). 4. A moldura fática da hipótese desautoriza a aplicação da regra do art. 603, § 1º, do CPC/15, pois essa norma exige, para que possa haver o rateio das despesas processuais entre as partes, "manifestação expressa e unânime pela concordância da dissolução", circunstância ausente no particular (...)".

STJ – 3ª T. – REsp nº 1.735.360 – Rel. Min. Nancy Andrighi – j. 12/03/2019: "(...) 3. O direito de recesso, tratando-se de sociedade limitada constituída por prazo indeterminado, pode ser exercido mediante envio de notificação prévia, respeitado o prazo mínimo de sessenta dias. Inteligência do art. 1.029 do CC. 4. O contrato societário fica resolvido, em relação ao sócio retirante, após o transcurso de tal lapso temporal, devendo a data-base para apuração dos haveres levar em conta seu termo final (...)".

STJ – 3ª T. – REsp nº 1.403.947 – Rel. Min. Villas Bôas Cueva – j. 24/04/2018: "(...) 2. O direito de retirada imotivada de sócio de sociedade limitada por tempo indeterminado constitui direito potestativo à luz dos princípios da autonomia da vontade e da liberdade de associação. 3. Quando o direito de retirada é exteriorizado por meio de notificação extrajudicial, a apuração de haveres tem como data-base o recebimento do ato pela empresa. 4. O direito de recesso deve respeitar o lapso temporal mínimo de 60 (sessenta) dias, conforme o teor do art. 1.029 do CC/2002. 5. No caso concreto, em virtude do envio de notificação realizando o direito de retirada, o termo final para a apuração de haveres é, no mínimo, o sexagésimo dia, a contar do recebimento da notificação extrajudicial pela sociedade. 6. A decisão que decretar a dissolução parcial da sociedade deverá indicar a data de desligamento do sócio e o critério de apuração de haveres (Enunciado nº 13 da I Jornada de Direito Comercial – CJF). 7. O Código de Processo Civil de 2015 prevê expressamente que, na retirada imotivada do sócio, a data da resolução da sociedade é o sexagésimo dia após o recebimento pela sociedade da notificação do sócio retirante(art. 605, inciso II). (...)".

STJ – 3ª T. – REsp nº 1.173.931 – Rel. Min. Paulo de Tarso Sanseverino – j. 22/10/2013: "(...) 1. O regime de bens aplicável às uniões estáveis é o da comunhão parcial, comunicando-se, mesmo por presunção, os bens adquiridos pelo esforço comum dos companheiros. 2. A valorização patrimonial das cotas sociais de sociedade limitada, adquiridas antes do início do período de convivência, decorrente de mero fenômeno econômico, e não do esforço comum dos companheiros, não se comunica (...)".

Bibliografia: ABRÃO, Carlos Henrique. *Sociedades simples*. 2. ed. São Paulo: Atlas, 2012. BRITO, Cristiano Gomes. Dissolução parcial de sociedade anônima. RDM 123/147. COELHO, Fábio Ulhoa. *Apuração de haveres na ação de dissolução de sociedade*. In: RIBEIRO, Marcia Carla Pereira et. al. *Direito empresarial e o CPC/2015*. Belo Horizonte: Fórum, 2018. DE LUCCA, Newton. *O direito de recesso no direito brasileiro e na legislação comparada*. RDM, 114/7. FRANÇA, Erasmo Valladão Azevedo e Novaes; ADAMEK, Marcelo Vieira von. *Da ação de dissolução parcial de sociedade: comentários breves ao CPC/2015*. São Paulo: Malheiros, 2016. GONÇALVES NETO, Alfredo Assis. *Direito de empresa: comentários aos artigos 966 a 1.195 do Código Civil*. 4. ed. São Paulo: Revista dos Tribunais, 2012. ISFER, Edson; RIBEIRO, Marcia Carla Pereira. *Direito de (des) associação e o princípio da manutenção da empresa*, RDM, 151-152/79.

4. ORGANIZAÇÃO DE PATRIMÔNIO

A outra faceta da organização é o patrimônio que se destaca para o desempenho da atividade. A ele serão atribuídas funções específicas e dependentes do tipo de sociedade que se contrata. De se destacar, logo de imediato, que o conjunto de regras atinentes ao patrimônio da sociedade atinge diretamente grupos de interesses, por isso que é comum qualificar esse conjunto de regras como *cogentes* ou *de ordem pública*, por não estarem sujeitas à alteração por simples ato de vontade das partes.

As funções poderão ser de: (*a*) mensuração de direitos políticos dos sócios; (*b*) delimitação de ativos aptos à satisfação de débitos da sociedade; (*c*) indicação de sociedade insolvente para fins recuperacionais ou de falência [*t. V*].

Com relação à determinação de direitos políticos do sócio, há direta relação com o tipo societário que toma o capital como critério de atribuição do direito de voto. É o caso das sociedades limitadas e sociedades anônimas. Já as sociedades simples, sociedades em nome coletivo e comandita simples têm certa variação de critérios, conforme se observa do art. 1.010 do CC. Totalmente diferente são as sociedades cooperativas, que não se baseiam no capital para atribuição do direito político, mas sim na insuprimível e tradicional característica do voto único exercido por cada cooperado (art. 4º, V, LCoop e art. 1.094, VI, CC).

Por outro lado, a técnica do *patrimônio especializado* foi utilizada para justificar que parcelada do patrimônio geral de cada pessoa possa ser afetada a determinada atividade. Esse é o fundamento do art. 988 do CC, que cuida dos bens e dívidas destacados para a sociedade em comum, de modo que constituem patrimônio especial, do qual os sócios são titulares em comum. Assim, são os bens do patrimônio especial que servirão primeiramente à satisfação das dívidas da sociedade, ressalvando-se que os sócios também têm responsabilidade ilimitada nesse modelo. A superação da teoria clássica do patrimônio (que somente associa patrimônio com personalidade jurídica) ocorre com a compreensão de que há casos em que diversas pessoas são globalmente titulares de um patrimônio especial ou de afetação, tendo cada uma delas apenas direito a uma quota-parte ideal. Essa ideia vem com a teoria *Zweckvermögen* e traz a afetação do patrimônio a uma finalidade que o vincula (BARRETO FILHO, 1988, p. 58) e com autonomia em relação a terceiros, aos órgãos sociais e sócios.

Essa a influência na opção do Código Civil brasileiro. Para SYLVIO MARCONDES (MACHADO, 1970, p. 92-95), todo patrimônio comporta um titular único (mesmo que seja uma coletividade de pessoas), mas isso não significa dizer que uma pessoa tenha apenas um patrimônio, admitindo-se o patrimônio geral e os patrimônios separados ou especiais. Com essa constatação, a lei ou a convenção entre as partes podem separar patrimônios, que se formam pelos bens e direitos que nele ingressaram originalmente e também pelo que nele se acresce derivado do desenvolvimento de uma atividade. Ainda seguindo a orientação de SYLVIO MARCONDES, todo patrimônio especial tem uma finalidade, que lhe traz função própria. No patrimônio geral, a finalidade é a distinção entre as pessoas naturais e jurídicas (MACHADO, 1970, p. 94-95). No patrimônio especial, a finalidade é traçada pela manifestação de vontade ou pela lei. A especialidade do patrimônio vincula a direitos e deveres que não tinha o titular do patrimônio geral.

Por fim, a técnica do *patrimônio autônomo* orientou a compreensão da transferência de bens para o ativo das pessoas jurídicas, passando a ser distintos da pessoa componentes do quadro de sócios. Somente com essa transferência de capital integralizado é que se permite a utilização do direito de limitação da responsabilidade dos sócios admitido por determinados modelos.

4.1. Capital

O conceito de *capital* é portador de ambiguidade na linguagem jurídica e pode ser caracterizado de três maneiras: (*a*) cifra ou valor inscrito no passivo do balanço de abertura da sociedade, representando montante *fixo* de constituição da sociedade (capital nominal); (*b*) patrimônio da sociedade.

4.1.1. Capital social nominal

No direito brasileiro, a cifra do capital social nominal figura no passivo do balanço, representando débito da sociedade em relação aos sócios. Trata-se de passivo não exigível e componente do patrimônio líquido, conforme prevê o art. 178, § 2º, inciso III e art. 182 da LSA, cuja menção é obrigatória para registro da sociedade (art. 35, III, da LRPEM). A interpretação que normalmente se busca é aquela de CARVALHO DE MENDONÇA (MENDONÇA, 1954, p. 27-28), consistente na afirmação do capital social como o "fundo constituído para a base de operações" e o fundo social seria o patrimônio da sociedade. Há várias correntes explicativas do capital, variando entre:

(*a*) *cifra contabilística*, que discrimina o montante subscrito e, por dedução, a parcela ainda não realizada (art. 182 da LSA). Trata-se de explicação restritiva que não se sustenta por desconsiderar o papel de garantia indireta e de representação da massa patrimonial a ser retida.

(*b*) *soma das entradas dos sócios*, que desconsidera eventuais entradas de indústria (nos casos em que se admite), o sócio remisso e a possibilidade de aumento e redução do capital social (que não constitui entrada do sócio, mas que representa a formação da massa patrimonial de responsabilidade).

(*c*) *concepção nominalista* ou *abstrata*, que difere o capital do patrimônio, mas é essencialmente reducionista à especificação de montante no contrato social. Além disso, nessa concepção nominalista, o capital é coincidente com a somatória dos aportes dos sócios, sendo inaplicável no Brasil por causa da possibilidade de emissão de ações sem valor nominal (art. 11 da LSA).

(*d*) finalmente, a construção das distintas categorias do *capital social nominal* e do *patrimônio*, que considera os sentidos ambíguos atribuídos pelos textos legais[5] e que muitas vezes confundem com o mesmo nome, conceitos distintos.

---

[5] Desconsideradas as menções nas hipóteses de atribuição de direitos aos sócios (*Mitgliedschaft*), no CC se verifica que o termo capital é utilizado no sentido nominal nos seguintes dispositivos: arts. 968, III, 997, III e IV, 1.031, § 1º, 1.048, 1.049, 1.052, 1.055, 1.081 e seguintes, 1.088, 1.094, 1.120, 1.132, 1.133, 1.134, III e IV, 1.135, 1.136, 1.141. Já no sentido de patrimônio, pode ser apontado o art. 1.059 (que menciona capital, mas que pode ser compreendido como distribuição de lucros em prejuízo do patrimônio). Na

Normalmente, pode ocorrer a coincidência entre capital nominal e patrimônio na constituição da sociedade, momento em que os sócios transferem bens e valores para formação do patrimônio autônomo. Em três situações essa coincidência não ocorre: quando o capital subscrito pelo sócio não é integralizado (caso do sócio remisso do art. 1.004 do CC), quando ocorre supervalorização dos bens conferidos em espécie para formação do capital ou quando se está diante de sociedade de capital autorizado (constituída com capital subscrito inferior ao que consta no estatuto da companhia). Em todos os casos, as consequências jurídicas demonstram a gravidade de não se compor o capital social ou gerar a formação viciada ou fictícia do capital inicial.

Não obstante a constatação, o capital social vem expresso em montante fixo no contrato social (arts. 997, III e 1.054 do CC) ou no estatuto averbado no registro do comércio (arts. 5º e 166, § 1º da LSA), enquanto o patrimônio social é sujeito a variações decorrentes do início das atividades econômicas características do objeto social. Além desse aspecto, o patrimônio agrupa elementos constantes do ativo e do passivo do balanço, em ordem decrescente de liquidez (conforme art. 178 da LSA). O patrimônio líquido figura no passivo do balanço, sendo dividido "em capital social, reservas de capital, ajustes de avaliação patrimonial, reservas de lucros, ações em tesouraria e prejuízos acumulados" (art. 178, § 2º, inciso III, da LSA).

4.1.2. Patrimônio: o patrimônio autônomo e o direito societário

De outro lado, o *patrimônio* é o conjunto de relações jurídicas passíveis de apreciação econômica agregado a uma pessoa, sujeito de direitos e obrigações, à qual corresponde. As relações jurídicas vinculadas à pessoa podem ser ativas ou passivas, dependendo da posição no polo obrigacional, sendo variável positiva ou negativamente, de acordo com a apreciação econômica das relações jurídicas. Daí a variabilidade do patrimônio, cujo montante líquido decorre da subtração do passivo em relação ao ativo. E quanto ao ativo, ele poderá ser composto do dinheiro, bens ou créditos (art. 997, III, art. 1.055, § 1º, do CC e art. 8º da LSA), respondendo o sócio pela exata avaliação dos bens e pela solvabilidade do crédito (art. 1.005 do CC).

A flexibilidade do patrimônio determina que, se o seu valor líquido supera o capital social, há lucro; se o patrimônio líquido for inferior ao capital social, houve perdas que deverão ser mensuradas e informadas no balanço. Para os credores a situação de perda pode levar a posicionamento errôneo quanto à sociedade, especialmente se não houver análise do patrimônio e for feito estudo somente sobre o capital social nominal (fixo).

A doutrina distingue o patrimônio separado do patrimônio autônomo (BARRETO FILHO, 1988, p. 57). O primeiro é aquele que surge no patrimônio de uma mesma pessoa e que tem independência por função própria; o segundo tem sujeito próprio ou finalidades próprias (aí sem um titular determinado, como no momento inicial de formação de pessoa jurídica). Assim, o patrimônio autônomo seria o nome adequado ao patrimônio destacado para a finalidade de formação de uma sociedade. Segundo SYLVIO MARCONDES, "o conceito de patrimônio autônomo está no plano dos sujeitos, enquanto que o de patrimônio separado, no dos objetos" (MACHADO, 1970, p. 96). Para OSCAR BARRETO FILHO, a separação do patrimônio influencia a relação dos credores com o titular, uma vez que este patrimônio reserva aos credores um núcleo de bens para satisfazer os créditos (BARRETO FILHO, 1988, p. 57). Há semelhante construção no Direito alemão, relativa ao patrimônio autônomo independente dos sócios (*mitgliedsunabhängige Sondervermögensordnung*) (WIEDEMANN, 1980, p. 196).

LSA, pode-se apontar a clara distinção feita pelo art. 229 que, ao tratar da cisão, descreve a transferência de patrimônio e a divisão de capital em caso de permanência da cindida. Nos arts. 1º e 5º se trata do capital nominal e nos arts. 7º e 8º da forma de sua composição.

Ainda quanto às sociedades, cabe ressalvar dois pontos de análise.

O primeiro diz respeito à transferência de patrimônio e a sua separação em relação aos sócios como instrumento de limitação da responsabilidade. Trata-se de formação de patrimônio autônomo que suporta, dentro de seus limites, a ação de credores. Com isso, patrimônio e limitação de responsabilidade estão intimamente ligados (PENTEADO, 1988, p. 13).

O segundo é a compreensão do momento de constituição da personalidade jurídica como marco da disciplina do patrimônio. Celebrado o negócio instituidor da sociedade entre os sócios (art. 981 do CC), é imprescindível que seja levado ao registro para que produza efeitos de constituição da personalidade jurídica da sociedade (arts. 45, 985 e 1.150 do CC), com transferência do capital dos sócios – no sentido de patrimônio – para a sociedade, seja através da integralização pecuniária ou da conferência de bens e direitos. Entretanto, se o contrato social ou estatuto não são levados a registro, existe a sociedade, mas ele não tem eficácia constitutiva da pessoa jurídica. Assim, os bens e dívidas sociais constituem patrimônio especial, do qual os sócios são titulares em comum (art. 988 do CC).

Portanto, o capital, em sua acepção de patrimônio, indica (a) o valor total dos meios financeiros que os sócios destinam à realização do objeto social e (b) sinaliza o risco a terceiros que negociam com a sociedade (DINIZ, 2012, p. 110-112).

4.1.3. Funções

Sob o enfoque da distinta natureza dos conceitos, a função do *capital social nominal* pode ser assim analisada:

(a) *garantia indireta aos credores sociais*, posto que a legislação determina que o capital, uma vez subscrito, deve ser integralizado para que se tenha a limitação de responsabilidade. Os instrumentos para manutenção da integridade do capital social representam esta garantia. Aliás, o administrador de massa falida ou o liquidante de S/A tem a possibilidade de exigir a integralização (conforme arts. 1.052, *caput*, 1.103, inciso V e 1.104 do CC e art. 107 da LSA). Além disso, há a garantia de correspondência entre o patrimônio e o capital nominal inicial, conforme art. 1.055, § 1º do CC e art. 8º da LSA. Como consequência, embute-se a *intangibilidade* do capital social, prevista na legislação brasileira nos arts. 1.009 e 1.059 do CC e no art. 201 da LSA e que determina a alteração no capital social somente em hipóteses legais cogentes, além da impossibilidade de restituição aos sócios sem o prévio pagamento dos créditos onerosos ao patrimônio.

(b) *instrumento de atribuição de direitos e medida de deveres proporcionais à participação de cada sócio* (*Mitgliedschaft*). Incluem-se, além das participações nas deliberações sociais, as distribuições de lucros (conforme art. 1.007 do CC para as sociedades de pessoas e no caso do dividendo obrigatório do art. 202 da LSA).

Por outro lado, como atribuição finalística do patrimônio, discrimina-se:

(a) o *patrimônio é garantia direta* para satisfação dos credores sociais (art. 391 do CC). A regra é que o credor da sociedade satisfaça seu crédito com o patrimônio da sociedade e somente em casos extremos é que a limitação de responsabilidade pode ser superada para atingir sócios ou administradores (arts. 790, II e 795 do CPC)[6].

---

[6] Não são alcançáveis: bem de família (Lei nº 8.009/91), os livros, as máquinas, as ferramentas, os utensílios, os instrumentos ou outros bens móveis necessários ou úteis ao exercício da profissão do executado (art. 833, V, do CPC), inclusive para subsistência do empresário e sua família (art. 164 do CC) e compra e venda de bens imóveis se forem essenciais à atividade, sem providências do credor (STJ – REsp nº 19.393).

(b) o patrimônio guarda *relação de correspondência com a atividade*, podendo-se falar em valor dos meios que os sócios destinam à realização do objeto social e sinalização do risco a terceiros que negociam com a sociedade, potencializando a caracterização de subcapitalização.

(c) o *patrimônio autônomo suporta os riscos da empresa*, sendo essencial para a limitação da responsabilidade dos sócios. Assim sendo, o credor analisa o risco da sociedade não pelo capital social nominal, mas sim pelo balanço e pelo patrimônio líquido que dele se extrai.

4.1.4. Entradas de serviços e intangíveis

Há outro problema na compreensão do capital representado pelas entradas feitas sem a transferência de capital e também a estimação de bens intangíveis da sociedade.

(a) Com referência às entradas de serviços (antigamente chamadas de indústria), o sistema brasileiro afasta esta possibilidade em sociedades limitadas (art. 1.055, § 2º, do CC) e sociedades anônimas (estas essencialmente de capitais). Já no modelo base das sociedades simples, a entrada de indústria é permitida, mas o contrato social deve declinar as prestações a que se obriga o sócio, cuja contribuição consista em serviços (art. 997, inciso V, do CC). Obviamente que a vedação de entrada de indústria tem a ver com a segurança dos credores sociais, uma vez que é de difícil avaliação o serviço disponibilizado pelo sócio e também a execução desta obrigação pode ser prejudicada por recusa futura de seu cumprimento. Não há aporte de capital nominal, mas o sócio de serviços participa do patrimônio, sendo bastante complexa a apuração do valor das quotas e lucros, até mesmo por conta da confusa redação do art. 1.007 do CC.

(b) Quanto às entradas de domínio do conhecimento (*know-how*), patentes e marcas, a doutrina discute se a natureza desses valores é de bens *in natura* ou de entrada de indústria. Reduzir o "saber-fazer" a mera prestação de um serviço desconsidera a importância que a economia atual dá à informação. O intangível deverá passar por avaliação que leve em consideração, a um só tempo, os custos de produção, o valor de mercado a preço de saída e, ainda, a capacidade de produção de rendimentos (*goodwill*) desse intangível, inclusive com projeções futuras que levem em consideração a ponderável perda de atualidade tecnológica e produtiva de determinado conhecimento.

4.1.5. Capital mínimo e capital suficiente

O capital social nominal ainda induz diversas discussões relativas à necessidade de fixação de uma cifra mínima para constituição de determinados tipos de sociedades.

Diferentemente das posições europeias baseadas na Segunda Diretiva 77/91/CEE, por regra o sistema brasileiro não adota o valor mínimo de capital como parâmetro para constituição de sociedades, nem tampouco prevê capital adequado para a realização do objeto social. Entretanto, para essa hipótese limite há exceções derivadas de determinados tipos de atividades de sociedades dependentes de autorização, que exigem a fixação de valores. Tais são elas: (a) o IRB e as sociedades seguradoras têm seu capital fixado pelo Conselho Nacional de Seguros Privados (CNSP), com periodicidade de 2 anos e com determinação da forma de subscrição e realização (art. 32, inciso VI, do Decreto-Lei nº 73/66); (b) na Resolução BACEN nº 2.099/94 foram fixados os valores de capital mínimo para bancos comerciais e múltiplos (R$ 17 milhões), banco de investimento, banco de desenvolvimento, correspondentes carteiras de banco múltiplo e caixa econômica (R$ 12 milhões), sociedade de crédito, financiamento e investimento, sociedade de crédito imobiliário, sociedade de arrendamento mercantil e correspondentes carteiras de banco múltiplo (R$ 7 milhões), companhia hipotecária (R$ 3 milhões) e sociedade corretora de títulos e valores mobiliários e sociedade distribuidora de títulos e valores mobiliários que sejam habilitadas à realização de operações compromissadas, bem como realizem operações de garantia firme de subscrição de valores mobiliários para revenda, de conta margem ou de "swap" em que haja assunção de quaisquer direitos ou obrigações com as contrapartes (R$ 1,5 milhão) (c) o Conselho Monetário Nacional pode fixar, com periodicidade não inferior a 2 anos, o capital mínimo das instituições financeiras privadas. O art. 4º, inciso XIII, da Lei nº 4.595/64, além disso, ainda fixa requisitos da natureza da instituição financeira, a localização de sua sede e agências ou filiais; (d) as empresas comerciais exportadoras também têm capital mínimo fixado pelo Conselho Monetário Nacional, conforme art. 2º do Decreto-Lei nº 1.248/72; (e) as sociedades de trabalho temporário também devem ter capital mínimo, que é fixado pelo art. 6º da Lei nº 6.019/74 (alterado pela Lei nº 13.429/2017) em R$ 100 mil; (f) o art. 19, § 6º, da Lei nº 6.385/76 permite à CVM exigir capital mínimo e o art. 82, § 2º, da LSA confere competência à CVM para denegar registro de companhia de capital aberto por subscrição pública, uma vez constatada a "inviabilidade ou temeridade do empreendimento, ou inidoneidade dos fundadores"; (g) na Lei Complementar nº 167/2019, que trata da Empresa Simples de Crédito, "o valor total das operações de empréstimo, de financiamento e de desconto de títulos de crédito da ESC não poderá ser superior ao capital realizado". Portanto, a integralização de capital feita pelos sócios deverá guardar correspondência com os empréstimos, lançando-se nas partidas dobradas da contabilidade o capital realizado e o capital saído para os respectivos empréstimos.

A crítica ao sistema de capital mínimo pode ser pontuada: (a) pela depreciação do valor em processos inflacionários; (b) tendência de subcapitalização das sociedades e também do esvaziamento do capital social mínimo com o início das atividades; (c) inexistência de uma cifra adequada ou suficiente para cada empresa. Em outros termos, o capital social nominal pode se exaurir rapidamente dependendo do objeto social, com riscos variáveis e dependentes das proporções da atividade. Ademais, não se pode dizer que exista uma cifra que efetivamente atribua segurança de operações financeiras da empresa.

Isso nos leva a pensar na possibilidade de um capital suficiente.

A tendência doutrinária vem trabalhando com a hipótese da capitalização adequada, que tem por escopo a formação de um quociente do balanço que faz proporção entre capitais próprios e capitais de terceiros empregados na atividade. Além disso, esses valores transferidos para o patrimônio autônomo deverão guardar correspondência com a atividade desempenhada, assegurando equilíbrio econômico-financeiro da empresa.

Trata-se de construção da jurisprudência alemã, que estuda a relação entre o capital social e o objeto social. WIEDEMANN sustenta essa tese, afirmando que é necessária a existência de *congruência entre o capital, o escopo e a amplitude do negócio* (*Geschäftszweck* e *Geschäftsumfang*). O parâmetro inicial é a dependência da forma societária escolhida para ter capacidade de crédito (*Kreditfähigkeit*) e idoneidade creditícia (*Kreditwürdigkeit*) (WIEDEMANN, 1980, p. 520). Para o mencionado autor, desobedecer à máxima da congruência não implicaria a nulidade do contrato de sociedade, mas a responsabilidade ilimitada dos sócios.

De fato, a controvertida posição doutrinária estrangeira não tem ressonância ou acolhimento em nosso direito positivo. A não ser a fixação do capital no contrato social, não se tem exigência legal de proporcionalidade de valores da cifra de retenção com relação à atividade ou às dimensões da empresa (salvo aquelas de capital mínimo mencionadas anteriormente). Decorre disso que não se mostra juridicamente possível a exigência dessa congruência pelo registro do comércio ou até mesmo pela jurisprudência.

Obviamente que isso traz consequências, que não fogem do sancionamento.

A relação incôngrua entre patrimônio e atividade faz com que a sociedade busque o financiamento por capitais de terceiros, tornando irreal o fluxo de valores disponíveis para solvabilidade. Consequentemente, esse desequilíbrio pode desnaturar evolutivamente (a) a organização, (b) a separação de patrimônio, (c) a limitação de responsabilidade e (d) a imputação de responsabilidade para a pessoa jurídica, uma vez verificada a subcapitalização.

4.1.6. Capital próprio e capital de terceiros

Os recursos financeiros para a realização do objeto social podem ser próprios, sem controle ou custos de mercado, fazendo com que o financiamento da atividade seja feito através da reaplicação do fluxo de caixa da empresa e dos recursos aportados pelos sócios. No capital próprio podem ser compreendidos a entrada dos sócios (incluindo aquisições de ações no mercado de capitais), as reservas e os resultados que permitem reinvestimento, representando o patrimônio líquido da sociedade.

Como capital de terceiros ou capital de crédito podem ser compreendidos os valores provenientes de financiamento externo da atividade ou obtidos junto a terceiros. Trata-se de montante transferido para a sociedade com tempo determinado, contra remuneração fixa e independente de perdas da atividade empresária. Com isso, capital próprio e capital de terceiros são determinados por regras de financiamento societário.

4.1.7. Aumento, redução e insuficiência do capital social

O aumento de capital tem por escopo promover a readequação do equilíbrio entre capital nominal e patrimônio, incorporando reservas facultativas e reavaliando o ativo patrimonial ou servindo de instrumento de expansão da atividade. Apesar de os sócios poderem assumir a situação de maior risco, em verdade o aumento de capital social visa ao ajuste da posição financeira da sociedade, retratando-a na cifra fixa do capital nominal. Admite-se o aumento de capital em casos de incorporação de lucros ou conferência de outros bens.

Como se disse, as regras sobre capital afetam interesse de terceiros, por isso são cogentes. Também nesse sentido, o conjunto de regras para aumento e redução de capital têm em vista os diversos interesses atingidos, especialmente sócios minoritários e credores.

Nesse sentido, para aumento do capital social, o ritual tem por escopo primordial a preservação do interesse dos minoritários de não ver injustamente dissipada a sua participação no capital da sociedade.

Já para a redução do capital, a solenidade protege os interesses de credores, que são tutelados pela necessidade de publicidade da redução do capital nominal (arts. 1.082 a 1.084 do CC e arts. 173 e 174 da LSA).

4.1.8. Análise da distribuição de lucros e dividendos

Faz parte do empreendimento societário e do *status socii* a distribuição dos lucros em caso de resultados financeiros positivos. A metáfora de VIVANTE do excedente dos grãos, aqui pode ser relembrada. Imagine-se um vaso cheio e que sobre ele são despejados grãos. Aqueles iniciais compõem o capital inicial. O que sobeja, pelo bom desempenho de atividades, pode caracterizar o lucro para distribuição entre os sócios ou reinvestimento (VIVANTE, 1928, v. II, p. 192).

O sócio que investe seu capital numa sociedade quer ter retorno dos investimentos e ser remunerado em repartição dos excedentes produzidos, salvo casos de manutenção dos recursos na sociedade para permitir a expansão do negócio ou contingenciamento (art. 169 da LSA).

Entretanto, essa distribuição de lucros não pode ser feita em prejuízo do capital, no sentido de patrimônio líquido. Assim, torna-se possível identificar casos de irregular e até ilícita distribuição de lucros: (a) casos em que os lucros não foram realmente conseguidos; (b) os lucros distribuídos não sejam decorrentes de balanço regularmente aprovado; (c) os lucros distribuídos superam os lucros distribuíveis (FERRI, 1971, p. 576). (e) distribuição de lucros disfarçada em contrato com sócio; (f) aquisição de ações ou quotas pela sociedade (WIEDEMANN, 1980, p. 563-564).

No direito das sociedades anônimas brasileiras, ainda existe a disciplina da reserva legal e estatutária, com função estrutural da sociedade (art. 186, inciso II e III, da LSA). Assim sendo, a constituição de reservas e distribuição de dividendos é atrelada à produção de lucros no exercício. Também nas cooperativas são constituídos fundos de reserva para reparar perdas e atender ao desenvolvimento de suas atividades, constituído com 10% (dez por cento), pelo menos, das sobras líquidas do exercício (art. 28, II, da LCoop).

O lucro do exercício é destinado à compensação de prejuízos acumulados. Não havendo prejuízos, o art. 189 da LSA determina provisão para pagamento de imposto sobre a renda e em seguida são calculados os valores de participação estatutária de empregados e administradores. O que sobrar é considerado lucro líquido, cuja destinação é facultada à sociedade na forma do art. 192 da LSA, com a prévia formação da reserva legal prevista no art. 193 da LSA, em que 5% serão aplicados, antes de qualquer outra destinação, na constituição da reserva legal, que não excederá 20% do capital social. A reserva poderá deixar de ser constituída no exercício em que o saldo contabilizado, somado ao de capital, exceder 30% do capital social. É importante observar que a própria LSA, no § 2º, do art. 193, prescreve a função da reserva legal, que "tem por fim assegurar a integridade do capital social e somente poderá ser utilizada para compensar prejuízos ou aumentar o capital".

Além da reserva legal, o art. 194 da LSA prevê a possibilidade de reservas facultativas estabelecidas no estatuto social (com definição de critérios da parcela do lucro dedutível e o limite máximo). Além destas, outras reservas podem ser criadas pela Assembleia, como por exemplo, para contingências (art. 195 da LSA), para lucros a realizar respeitando dividendo obrigatório (art. 197 da LSA) e reserva de capital (art. 200 da LSA). Superadas as reservas, a distribuição de dividendos aos acionistas somente ocorrerá depois de constatada a existência de lucros e da deliberação de distribuição. Aí sim se pode falar no dividendo obrigatório (art. 201 da LSA).

Assim, também é possível afirmar que as violações à reserva legal podem ser interpretadas como forma de subcapitalização material da sociedade, pois se constitui como norma cogente que visa à proteção da solvabilidade da companhia e, por consequência, como forma de preservação da garantia indireta dos credores sociais. A regra também visa à manutenção da intangibilidade do capital social, evitando-se a devolução aleatória de patrimônio aos sócios.

Outro raciocínio deve ser feito para as sociedades limitadas. Como são facultativas as reservas, que podem se restringir a disposições do contrato social ou de acordo de quotistas, a distribuição de lucros é vinculada aos resultados do exercício: "se o exercício anterior apresentou prejuízo, não pode a sociedade distribuir lucros, no exercício seguinte, sem que tenha havido, em primeiro lugar, absorção daquele *déficit*. A intangibilidade do capital social constitui preceito de ordem pública" (TEIXEIRA, 1956, p. 331). Portanto, a distribuição de lucros ilícita ou então fictícia, em prejuízo do capital social, traz a responsabilidade solidária dos sócios (art. 1.059 do CC) e, por aplicação subsidiária do art. 1.009 do CC, também poderá ser estendida aos administradores. Acrescente-se a tipificação penal da distribuição fictícia de lucros, prevista no art. 177, § 1º, inciso VI, do Código Penal: "o diretor ou o gerente que, na falta de balanço, em desacordo com este, ou mediante balanço falso, distribui lucros ou dividendos fictícios".

Se essa distribuição de lucros atingir o patrimônio social e provocar o desequilíbrio na equação capital próprio/capital de terceiros, também poderá ocorrer subcapitalização societária material, provocando a modificação do centro de imputação de responsabilidade.

Qualquer que seja o tipo societário, é de 3 anos o prazo prescricional da pretensão de restituição dos lucros ou dividendos recebidos de má-fé, correndo o prazo da data em que foi deliberada a distribuição (art. 206, § 3º, VI, do CC). A contagem do prazo corre para a sociedade, sócios prejudicados e para a massa falida, que são os legitimados ativos comuns. Entretanto, referido prazo não pode ser imputado aos credores, que não têm acesso às deliberações de distribuição dos lucros, aplicando-se-lhes o prazo comum do art. 205 do CC.

Finalmente, outra garantia aos credores é oferecida pelo art. 116, inciso II, da LREF. A partir da decretação da falência fica suspenso o exercício do direito de retirada ou de recebimento do valor de quotas ou ações, por parte dos sócios da sociedade falida.

Bibliografia: BARRETO FILHO, Oscar. *Teoria do estabelecimento comercial*. 2. ed. São Paulo: Saraiva, 1988. DINIZ, Gustavo Saad. *Subcapitalização societária*. Belo Horizonte: Fórum, 2012. GUERREIRO, José Alexandre Tavares. *Regime jurídico do capital autorizado*. São Paulo: Saraiva, 1984. HÜBERT, Ivens Henrique. *Capital social*. In: COELHO, Fabio Ulhoa. *Tratado de direito comercial*. v. 1. São Paulo: Saraiva, 2015. MACHADO, Sylvio Marcondes. *Problemas de direito mercantil*. São Paulo: Max Limonad, 1970. MENDONÇA, J. X. Carvalho. *Tratado de direito comercial brasileiro*. V. III, 5. ed. Rio de Janeiro: Freistas Bastos, 1954. NORONHA, Fernando. Patrimônios especiais: sem titular, autônomos e coletivos. *Revista dos Tribunais*, n. 747/11. PENTEADO, Mauro Rodrigues. *Aumentos de capital das sociedades anônimas*. São Paulo: Saraiva, 1988. VIVANTE, Cesare. *Trattatto di diritto commerciale*. V. II. Milão: Vallardi, 1928.

4.2. Desconsideração da personalidade jurídica

Acesse e assista à aula explicativa sobre este assunto.
> http://uqr.to/f0w3

A desconsideração da personalidade jurídica é tema ligado ao rompimento do direito obtido de utilização de limitação de responsabilidade [*t. II, §3, i. 2.2*], por isso a sua ligação direta com a organização do patrimônio da sociedade. O problema cresceu na exata medida das duas crises apontadas pelo clássico estudo de J. LAMARTINE CORRÊA DE OLIVEIRA (OLIVEIRA, 1979). A primeira é *sistêmica* e deriva do reconhecimento da personalidade jurídica a qualquer grupamento, desde que devidamente registrado: tem-se feito prevalecer a realidade sobre a estrutura e a natureza da entidade de modo a proteger interesses de terceiros. A segunda crise é de *função*: se há desvio no objetivo da regra de concessão da personalidade jurídica, motiva-se, de acordo com a figura doutrinária, a penetração (*Durchgriff*), o afastamento, o levantamento ou a desconsideração da pessoa jurídica.

Cuida-se, ainda, de episódica intervenção na barreira da personalidade jurídica para casos de abuso. Não é a regra, não se confunde com a falência, com a dissolução e nem tampouco hipótese geral de responsabilidade, já que ainda persistem as funções da separação patrimonial, limitação de responsabilidade e imputação diferenciada por meio da pessoa jurídica. Apesar dessa ressalva, é a desconsideração da personalidade jurídica o fundamento para a extensão da falência em grupos, conforme art. 82-A da LREF.

Foi com esse contexto teórico que o direito positivo brasileiro passou a incorporar nos textos legislativos a desconsideração da personalidade jurídica, hoje bastante prolíficas e que são divididas entre a regra geral do CC e as regras especiais, assim enumeradas:

Regra geral

A regra geral do sistema é prevista no art. 50 do CC, que dispunha na redação original: "Em caso de abuso da personalidade jurídica, caracterizado pelo desvio de finalidade, ou pela confusão patrimonial, pode o juiz decidir, a requerimento da parte, ou do Ministério Público quando lhe couber intervir no processo, que os efeitos de certas e determinadas relações de obrigações sejam estendidos aos bens particulares dos administradores ou sócios da pessoa jurídica". A redação foi modificada pela LLE, que instituiu a Declaração de Direitos de Liberdade Econômica e que passou a prever, no *caput*: "Em caso de abuso da personalidade jurídica, caracterizado pelo desvio de finalidade ou pela confusão patrimonial, pode o juiz, a requerimento da parte, ou do Ministério Público quando lhe couber intervir no processo, desconsiderá-la para que os efeitos de certas e determinadas relações de obrigações sejam estendidos aos bens particulares de administradores ou de sócios da pessoa jurídica beneficiados direta ou indiretamente pelo abuso". Portanto, a regra geral do art. 50 do CC prevê que a desconsideração da personalidade jurídica ocorrer por *abuso*[a], qualificado pelo *desvio de finalidade*[b] ou pela *confusão patrimonial*[c], com extensão de efeitos de *determinadas obrigações*[d] aos bens particulares de *administradores ou sócios da pessoa jurídica*[e], *direta ou indiretamente beneficiados pelo abuso*[f]. Os elementos da desconsideração da personalidade jurídica podem ser assim descritos:

Abuso

Subcapitalização

(a) *Abuso*: Sendo a pessoa jurídica um conjunto normativo que atribui direito de criação de novo centro de imputação, técnica de separação patrimonial e, em alguns casos, limitação de responsabilidade, a má utilização de tal direito permite afastar o anteparo da personalidade jurídica e atingir a esfera patrimonial dos participantes, sejam eles associados ou sócios. Portanto, deve-se constatar causa objetiva de abuso, entre o desvio de finalidade e a confusão patrimonial, sendo inclusive dispensável a perquirição de intenção fraudulenta. A *subcapitalização* não foi adotada expressamente pelo dispositivo legal brasileiro, remanescendo como hipótese de construção doutrinária e com nosso entendimento de que se aplica ao direito brasileiro em sociedades que não têm equilíbrio entre os riscos empresariais e a estrutura de capital financiada com capitais de terceiros (DINIZ, 2012) [*t. II, §3, i. 4.1.8*].

Ressalte-se que a atuação de sociedades em grupos não carrega características de abuso e nem autoriza imediata desconsideração da personalidade jurídica. A proteção dessas estruturas foi reforçada pela LLE ao acrescentar o § 4º ao art. 50 e somente permitir desconsideração em grupos se preenchidos os requisitos aqui descritos.

Desvio de finalidade

(b) O *desvio de finalidade* se caracteriza pelo rompimento do escopo e da função específica da pessoa jurídica em geral e da sociedade, em especial. Por meio da LLE, foi inserido o § 1º ao art. 50 do CC, a explicitar que o desvio de finalidade "a utilização da pessoa jurídica com o propósito de lesar credores e para a prática de atos ilícitos de qualquer natureza". Introduziu-se o elemento anímico "dolo" ou intenção deliberada como qualificadora da conduta de quem usa a pessoa jurídica para lesar credores. Se a corrente que alimentou o art. 50 do CC é essencialmente objetiva e dispensava a perquirição de elemento subjetivo na redação original do dispositivo, agora a LLE retrocedeu com a exigência de demonstração de que alguém – administrador ou sócio, direta ou indiretamente beneficiado – se utilizou da pessoa jurídica de forma ilícita e para prejudicar credores. Para exemplificar, seria o caso de uma sociedade utilizada somente para os fins de tomar empréstimos e desviar os recursos dos capitais de terceiros para outros fins, com deliberada intenção de assim proceder. Também é possível falar em desvio de finalidade se há utilização da pessoa jurídica com o objetivo específico e predeterminado de causar danos a terceiros.

Com a redação da LLE, descaracterizou-se o desvio de finalidade pela mera expansão ou por alteração da finalidade original da pessoa jurídica, caso o intento seja alterar a atividade econômica da pessoa jurídica (art. 50, § 5º, do CC).

(c) Por *confusão patrimonial* deve-se compreender a indistinção de patrimônio entre a pessoa jurídica e as pessoas físicas que compõem os seus órgãos internos, sejam eles sócios ou administradores. Para usar a tese de João Pedro Scalzilli, cuida-se da "antítese da separação patrimonial" composta por situação fática em que os meios de produção foram desviados de sua função produtiva ou de pessoa jurídica que se vale do patrimônio de um terceiro, seja por falta de capitalização ou por falta de recursos (Scalzilli, 2015, p. 93). Assim, os sócios ou os administradores atuam de modo a provocar completa mistura entre os patrimônios, não havendo a separação característica da pessoa jurídica, o que pode incluir o nome e a organização patrimonial que não estejam suficientemente separados, sem observância das formalidades societárias. Não se pode confundir com a *confusão de esferas* (*Sphärenvermischung*) utilizada no direito alemão, já que nesse caso ocorre uma impossibilidade de identificar a pessoa que praticou determinado ato.

Para a LLE, que inseriu o § 2º ao art. 50 do CC, a confusão patrimonial é a "ausência de separação de fato entre patrimônios, caracterizada por: I – cumprimento repetitivo pela sociedade de obrigações do sócio ou do administrador ou vice-versa; II – transferência de ativos ou de passivos sem efetivas contraprestações, exceto os de valor proporcionalmente insignificante; e III – outros atos de descumprimento da autonomia patrimonial. Faticamente, portanto, as esferas de obrigações se misturam e as relações de débitos e créditos se intercambiam com indistinção na perspectiva de terceiros. Se a intenção da LLE era restringir a aplicação da confusão patrimonial, os efeitos poderão ser bem outros: na redação original, o entendimento era de indistinção entre os ativos patrimoniais; com o novo texto, a mistura se ampliou para obrigações de sociedade e sócios feitas sem critérios e contraprestações.

Essa confusão patrimonial é o fundamento para a consolidação substancial prevista na LREF para fins de apresentação de plano de recuperação unificado, caso constatada a interconexão e a confusão entre ativos ou passivos da empresa em crise, de modo que "não seja possível identificar a sua titularidade sem excessivo dispêndio de tempo ou de recursos" (art. 69-J da LREF) [*t. V, §2, i. 2.2*].

(d) *Extensão de efeitos de determinadas obrigações*: o reconhecimento da desconsideração da personalidade jurídica atua na eficácia da obrigação, com expansão do vínculo para terceiros que utilizaram a personalidade jurídica de forma abusiva. O dispositivo é aplicável, como regra geral do sistema, para todos os tipos de obrigações e pessoas jurídicas, com a ressalva de que são *determinadas* obrigações, evidenciando a conotação excepcional e episódica de aplicação da desconsideração da personalidade jurídica.

(e) Outro efeito importante é que são atingidos os *bens particulares de administradores ou sócios da pessoa jurídica*. Para fins de determinação da pessoa, objeto da nova imputação, será fator importante a averiguação do controle ou da extensão de participação do administrador no ato abusivo.

(f) *Beneficiados direta ou indiretamente pelo abuso*: a LLE acrescentou importante critério para a desconsideração da personalidade jurídica, porque ela somente poderá atingir as pessoas que receberam os benefícios econômicos do abuso. Nesse sentido, a regra passou a proteger pessoas que não têm acesso ao poder de uma sociedade (como sócios minoritários) ou pessoas que não participaram de atos administrativos gerados do benefício reputado como ilícito, como acontece comumente nas cooperativas e com o investidor em sociedades anônimas de capital aberto.

Além do dispositivo geral do sistema (art. 50 do CC), ainda existem regras especiais com previsão da desconsideração da personalidade jurídica. Aplicam-se a cada um dos temas específicos a que são voltadas, com variabilidade de critérios. Apontam-se:

Art. 28 do CDC: cuida-se de regra de aplicação específica para relações de consumo. A redação do texto legal é bastante ampla e com o *caput* aberto para abuso de direito, excesso de poder, infração da lei, fato ou ato ilícito ou violação dos estatutos ou contrato social. A desconsideração também será efetivada quando houver falência, estado de insolvência, encerramento ou inatividade da pessoa jurídica provocados por má administração. Sem critério científico a dar suporte, o STJ denominou essa previsão de *teoria maior* da desconsideração da personalidade jurídica. Além da variação de critérios, o dispositivo acabou criando uma vantagem ao consumidor na ordem de créditos numa falência, já que é possível ao credor consumidor obter a desconsideração com fundamento na lei. O mesmo STJ ainda alcunhou de *teoria menor* o § 5º do mesmo artigo, de forma amplíssima porque poderá ser desconsiderada a pessoa jurídica sempre que sua personalidade for, de alguma forma, obstáculo ao ressarcimento de prejuízos causados aos consumidores.

Art. 4º da Lei nº 9.605/98: se a pessoa jurídica for obstáculo ao ressarcimento de prejuízos causados ao meio ambiente, também se desconsidera a pessoa jurídica para atingir sócios ou administradores. O dispositivo se funda na regra-exceção, sem outras condições: a pessoa jurídica não ressarciu o dano ambiental, responsabilize-se o sócio.

Art. 129 da Lei nº 11.196/2005: cuida-se de dispositivo com regras gerais do sistema tributário, prevendo que à prestação de serviços intelectuais, por meio de pessoa jurídica, aplica-se a regra geral do art. 50 do CC.

Art. 34 da Lei nº 12.529/2011: em matéria antitruste e de cobrança de multas aplicadas pelos órgãos tutelares da concorrência, a nova lei seguiu a linha do art. 28 do CDC e ampliou a desconsideração da personalidade jurídica para os casos de abuso de direito, excesso de poder, infração da lei, fato ou ato ilícito ou violação dos estatutos ou contrato social.

Art. 14 da Lei nº 12.846/2013: na lei anticorrupção, seguiu-se mais a linha de redação do art. 50 do CC, mas com especificação da desconsideração da personalidade jurídica ao administrador ou ao sócio com poder de administração, restringindo o expecto da punição àquele que corrompe, conforme se observa: "A personalidade jurídica poderá ser desconsiderada sempre que utilizada com abuso do direito para facilitar, encobrir ou dissimular a prática dos atos ilícitos previstos nesta Lei ou para provocar confusão patrimonial, sendo estendidos todos os efeitos das sanções aplicadas à pessoa jurídica aos seus administradores e sócios com poderes de administração, observados o contraditório e a ampla defesa".

Antes do art. 28 do CDC, foram utilizados largamente dispositivos da CLT e do CTN como argumentos para a desconsideração da personalidade jurídica. Todavia, não é esse o fundamento adequado para as hipóteses legais.

O art. 2º, § 2º, da CLT diz respeito a grupos econômicos e o seu tratamento unitário e com solidariedade para os fins de pagamento de verbas trabalhistas. Na prática, mesmo na redação posterior à chamada reforma trabalhista, o dispositivo causa indistinção entre esferas jurídicas de pessoas que intercambiam participações em grupamento econômico, e que justificam a solidariedade para os fins de ressarcimento do trabalhador. Prevê a regra: "Sempre que uma ou mais empresas, tendo, embora, cada uma delas, personalidade jurídica própria, estiverem sob a direção, controle ou administração de outra, ou ainda quando, mesmo guardando cada uma sua autonomia, integrem grupo econômico, serão responsáveis solidariamente pelas obrigações decorrentes da relação de emprego". Além desse preceito, foi inserido o § 3º, ao mesmo art. 2º: "Não caracteriza grupo econômico a mera identidade de sócios, sendo necessárias, para a configuração do grupo, a demonstração do interesse integrado, a efetiva comunhão de interesses e a atuação conjunta das empresas dele integrantes".

De outro lado, no CTN há o conteúdo do art. 134, inciso VI, do CTN, que cuida da dissolução irregular como causa de ampliação subjetiva da obrigação tributária (STJ – Súmula 435). No mesmo sentido, o art. 135, inciso III, do CTN provoca a ampliação subjetiva da responsabilidade por excesso de poderes ou infração à lei por administradores.

Ainda em matéria tributária, o art. 13 da Lei nº 8.620/93 previa a responsabilidade solidária de sócios em sociedades limitadas por débitos da pessoa jurídica junto à Seguridade Social. Na prática, em dívidas de contribuições previdenciárias não havia pessoa jurídica. Depois da pronúncia de inconstitucionalidade do dispositivo nas ADIs nº 3.672-6 e 3.642-4, referida regra foi revogada pela Lei nº 11.941/2009.

Jurisprudência

STJ – 2ª T. – REsp nº 1.521.862 – 2ª T. – Rel. Min. Og Fernandes – *DJe* 14.08.2015: "O pedido de redirecionamento da execução fiscal, quando fundado na dissolução irregular ou em ato que presuma sua ocorrência – encerramento das atividades empresariais no domicílio fiscal, sem comunicação aos órgãos competentes (Súmula nº 435/STJ) –, pressupõe a permanência do sócio na administração da sociedade no momento dessa dissolução ou do ato presumidor de sua ocorrência, uma vez que, nos termos do art. 135, caput, III, CTN, combinado com a orientação constante da Súmula nº 435/STJ, o que desencadeia a responsabilidade tributária é a infração de lei evidenciada na existência ou presunção de ocorrência de referido fato. 3. Consideram-se irrelevantes para a definição da responsabilidade por dissolução irregular (ou sua presunção) a data da ocorrência do fato gerador da obrigação tributária, bem como o momento em que vencido o prazo para pagamento do respectivo débito. 4. No caso concreto dos autos, o Tribunal de origem, à luz do contexto fático-probatório, concluiu que as pessoas contra quem se formulou o pedido de redirecionamento gerenciavam a sociedade no momento da constatação do ato presumidor da dissolução irregular".

STJ – 4ª T. – REsp nº 1.412.997 – Rel. Min. Luis Felipe Salomão – j. 08/09/2015: "(...) Da clara redação do art. 82 da Lei nº 11.101/2005 é possível inferir que a norma se refere à apuração, no juízo da falência, da responsabilidade pessoal dos sócios e administradores da própria empresa falida, e não de outras empresas que guardem com aquela alguma relação de controle. 9. Nos termos do art. 50 do CC, o Decreto de desconsideração da personalidade jurídica de uma sociedade somente pode atingir o patrimônio dos sócios e administradores que dela se utilizaram indevidamente, por meio de desvio de finalidade ou confusão patrimonial. 10. É de curial importância reiterar que, principalmente nas sociedades anônimas, impera a regra de que apenas os administradores da companhia e seu acionista controlador podem ser responsabilizados pelos atos de gestão e pela utilização abusiva do poder; sendo certo, ainda, que a responsabilização deste último exige prova robusta de que esse acionista use efetivamente o seu poder para dirigir as atividades sociais e orientar os órgãos da companhia. 11. No caso, o recorrente retirou-se da administração da sociedade em 1984 e dos quadros sociais em 1985, ou seja, 4 ou 5 anos antes dos fatos geradores do Decreto de desconsideração. A decisão é de 2009, vale dizer, 24 anos após sua saída da Cobrasol, ressoando inequívoca, a meu juízo, a impossibilidade de que a supressão da personalidade jurídica da aludida empresa possa atingir seu patrimônio. 12. Outrossim, verifica-se que não foi nem mesmo demonstrada a prática de atos fraudulentos por parte do recorrente, haja vista não ter o Tribunal a quo especificado quais as provas que embasaram a sua convicção nesse sentido, limitando-se a crer, de forma subjetiva, que o ex-sócio controlava a referida sociedade de forma indireta (...)".

STJ – 3ª T. – REsp nº 970.635– Rel. Min. Nancy Andrighi – j. 10/11/2009: "(...) – A regra geral adotada no ordenamento jurídico brasileiro é aquela prevista no art. 50 do CC/02, que consagra a Teoria Maior da Desconsideração, tanto na sua vertente subjetiva quanto na objetiva. – Salvo em situações excepcionais previstas em leis especiais, somente é possível a desconsideração da personalidade jurídica quando verificado o desvio de finalidade (Teoria Maior Subjetiva da Desconsideração), caracterizado pelo ato intencional dos sócios de fraudar terceiros com o uso abusivo da personalidade jurídica, ou quando evidenciada a confusão patrimonial (Teoria Maior Objetiva da Desconsideração), demonstrada pela inexistência, no campo dos fatos, de separação entre o patrimônio da pessoa jurídica e os de seus sócios (...)".

Caso Paquetá: TST – 5ª T. – RR nº 882-97.2015.5.05.0251 – Rel. Min. João Pedro Silvestrin – j. 06/05/2021: "(...)a Turma excluiu a Paquetá de grupo econômico com a massa falida da Via Uno, mas manteve sua responsabilidade subsidiária, na condição de ex-sócia, pelas verbas deferidas no processo(...)".

Caso Avianca: TST – 5ª T. – RR nº 1000830-19.2019.5.02.0319 – Rel. Min. Breno Medeiros – j. 02/12/2020: "(...) esta Corte tem firme jurisprudência no sentido de que para a configuração de grupo econômico é imprescindível a existência de relação hierárquica de uma empresa sobre a outra, não sendo suficiente o simples fato de haver sócios em comum entre as demandadas (...)".

Caso Gol: TST – 5ª T. – RR nº 52400-35.2005.5.02.0066 – Rel. Min. João Pedro Silvestrin – j. 11/03/2020: "(...) a tese de formação de grupo econômico com base em relação de coordenação entre as empresas e a existência de membros em comum nos quadros societários é insuficiente, fazendo emergir a violação do art. 5º, II, da Constituição Federal (...)"

4.2.1. Evolução teórica: da teoria da penetração (Durchgrifflehre) à teoria do fim da norma (Normzwecklehre)

Com a superação da teoria da ficção e da teoria orgânica da pessoa jurídica, confirmou-se a opção eclética da realidade técnica [*t. II, §3, i. 2.2.*], com a criação de um "centro autônomo de imputação de atos e efeitos" (FERRI, 1971, p. 392). Procura-se, com essa teoria, formar a realidade objetiva das pessoas jurídicas sem sacrificar a personalidade própria das pessoas naturais, porque visam à satisfação de interesses humanos, que se unem em coletividade para realizar um fim comum, sendo a personalidade jurídica a qualidade de um instrumento de imputação e separação de patrimônios atribuída pela lei. Assim, a personalidade jurídica apreende uma unidade jurídica de fins próprios e autônomos, com capacidade de adquirir direitos e obrigações, sendo formada por uma *organização* de pessoas ou bens, com personalidade jurídica atribuída por força de lei.

Acontece que essa construção teórica passou a ser direito dos empreendedores, que a utilizam como forma de minimização de riscos por meio da limitação de responsabilidade ao capital investido. Tal instrumento serviu à segurança de investimentos, até o ponto que passou a ser utilizado em fraudes e abusos. Foi com questionamentos em Tribunais ingleses, norte-americanos e alemães que a construção da teoria teve início.

No peculiar caso da jurisprudência britânica *Salomon* v. *Salomon & Co. Ltd.* (1897) se verifica a discussão da transferência de recursos do sócio para a sociedade. O sócio controlador (*active shareholder*) Aaron Salomon constituiu companhia com seus familiares (mulher e cinco filhos, com uma ação para cada), e as 20.000 ações de Salomon foram pagas com a transferência, para a sociedade, do fundo de comércio de que ele era único proprietário a título individual. O preço da transferência do fundo teria sido maior que o valor das ações subscritas, ficando Aaron como credor de debêntures da companhia constituída (Salomon & Co. Ltd) (DINIZ, 2012, p. 162). Entrando a sociedade em liquidação, o liquidante sustentou que era inválida a transferência por ter por finalidade fraudar os credores. Apesar de decisões contrárias do juiz da causa e da *Court of Appeal*, a *House of Lords* decidiu favoravelmente a Salomon, argumentando que havia separação entre sócios e sociedade. São variadas as críticas a essa decisão, especialmente considerando que a permanência da separação do patrimônio foi prejudicial aos credores, mas o caso é referencial como início das discussões da superação da pessoa jurídica.

No direito norte-americano, os Tribunais consagraram o entendimento de que a pessoa jurídica, enquanto ficção, pode ser desconsiderada quando utilizada para atingir fins ilícitos. Assim, passaram a construir diversas hipóteses teóricas e jurisprudenciais para a *disregard of legal entity* derivadas de abuso de controle e abuso da forma societária (BLUMBERG, 2012, v. 1, p III e v. 2, p. V; DINIZ, 2016, p. 136-137).

Por sua vez, na doutrina alemã trata-se de fixação de um método de superação do princípio da separação (*Trennungsprinzip*), promovendo divisão em algumas doutrinas, entre as quais se destacam: (*a*) *Mißbrauchslehren* (doutrinas do abuso), tendo por expoente ROLF SERICK, que utiliza o abuso de direito e requisitos subjetivos para responsabilização; (*b*) *Normanwendungslehren* (doutrinas da violação de normas) que se sustenta na violação objetiva de normas (SCHMIDT, 2002, p. 221).

A sistematização precursora no direito alemão foi a *Durchgriff durch die Rechtspersönlichkeit* construída pela teoria unitarista ou subjetivista de ROLF SERICK, que estabeleceu quatro pontos de um esquema regra-exceção de superação da pessoa jurídica: (*a*) abuso da forma da pessoa jurídica, fazendo dela instrumento para fraudar a lei, subtrair-se de obrigação contratual ou causar danos a terceiros; (*b*) não é possível desconsiderar a pessoa jurídica somente porque não se realizou o escopo de uma norma ou a causa objetiva de um negócio jurídico, ressalvadas as normas de direito societário cuja função seja essencial para a eficácia do negócio jurídico; (*c*) responsabilização da pessoa natural que age através da pessoa jurídica, quando houver contradição da norma e da função da pessoa jurídica; (*d*) se através da forma da pessoa jurídica se esconde o fato de que a parte de um determinado negócio é, em realidade, o mesmo sujeito (SERICK, 1966, p. 275-293). Pressupõe-se, portanto, um abuso subjetivo do sócio com emprego da pessoa jurídica.

Seguiram-se críticas à teoria de SERICK. Em importante análise, CALIXTO SALOMÃO FILHO relata que houve uma ampliação da discussão para os centros de imputação, considerando não somente a dialética regra-exceção (ou seja, admite-se excepcionalmente, por conta de fraude, a superação da regra da separação patrimonial), mas considerando que há fatos derivados da aplicação de normas, que impõem a desconsideração da pessoa jurídica (SALOMÃO FILHO, 1995, p. 127-130). Ocorreria a imputação de efeito jurídico para além do sujeito a que a regra se destina (SCHMIDT, 2002, p. 224) ou a supressão da proibição de imputação (*Zurechnungsverbot*) da pessoa jurídica (WIEDEMANN, 1980, p. 220). Portanto, para essa corrente existe um problema de alcance do fim da norma (*Normzweck*), determinando-se uma readequação da esfera de imputação (*Zurechnung*) e modificando o responsável. Ocorreria uma restrição à norma de separação da pessoa jurídica, pela aplicação da sanção de outra norma violada (SCHMIDT, 2002, p. 223).

O principal crítico à teoria de SERICK e que estruturou o pensamento *Normzweck* foi WOLFRAM MÜLLER-FREIENFELLS, que tem alguns pontos centrais de análise: (*a*) não se restringe a pessoa jurídica como conceito unitário de um sujeito de direitos, relativizando-se tal concepção por se tratar de uma conexão de tipos e normas, que atribuem qualidades à pessoa jurídica. No conflito de normas, prevalece a de tutela do interesse público em detrimento daquela de separação de pessoas natural e jurídica; (*b*) cada qualidade pode estabelecer peculiares imputações, dependendo da medida de valor dos elementos da organização; (*c*) a mencionada relativização é feita por meio da compreensão de que as pessoas jurídicas são centros de imputação, que podem ser modificados se houver violação do escopo de cada regra (MÜLLER-FREIENFELLS, 1957). Elabora-se o fundamento para entender que a penetração da personalidade jurídica ocorre em casos de abuso, especialmente nas hipóteses de confusão de esferas, desvio de finalidade e subcapitalização.

Admitindo o ecletismo e a convivência entre as teorias, inclusive do esquema de violação de normas de MÜLLER-FREIENFELLS, posiciona-se ANTONIO MENEZES CORDEIRO, para quem o método de "levantamento" da pessoa jurídica engloba situações de violação não aparente de normas jurídicas; violação de normas indeterminadas ou de princípios; violação de direitos alheios; violação de confiança e emulação; uso da pessoa jurídica fora dos objetivos de sua existência (CORDEIRO, 2000, p. 147 e 152).

Também é relevante a obra de PIERO VERRUCOLI e sua análise do *superamento della personalità giuridica* sob o ponto de vista da *common law* e da *civil law*. No primeiro caso, após análise do pragmatismo da jurisprudência, VERRUCOLI lança o postulado de que as qualificações jurídicas (de *agency, instrumentality, alter ego* e atecnias como escudo) são descrições dos fatos motivadores da *disregard*. E com fins de comparação com o direito continental, alcançam-se os seguintes elementos: (*a*) maior densidade e liberdade na utilização da *equity*; (*b*) maiores poderes da Corte, incluindo responsabilidade normativa em princípios e regras; (*c*) através do controle de acionista majoritário, a estruturação de uma *agency*; (*d*) utilização do *trust* para delimitação do grupo de controle; (*e*) utilização da noção de *fraud*. Já no caso do sistema continental, após analisar e valorar as conclusões de SERICK, VERRUCOLI aponta casos de *superamento* ainda atrelados em função de: (*a*) uma lacônica realização de interesses próprios do Estado; (*b*) repressão de fraude à lei e ao contrato, que demandam análise intencional; (*c*) realização de interesse de terceiros, que também está atrelada ao elemento subjetivo do comportamento; (*d*) realização dos interesses dos sócios *uti singuli* (VERRUCOLI, 1964).

4.2.2. Opção brasileira

Um certo ecletismo influenciou o direito brasileiro, especialmente porque nos primórdios da aplicação da desconsideração da personalidade jurídica, pela nossa jurisprudência, identificam-se os traços da doutrina da penetração de ROLF SERICK. A preponderância também decorre da influente contribuição de RUBENS REQUIÃO, em relevante texto que influenciou a chegada da teoria no âmbito dos Tribunais brasileiros (REQUIÃO, 1969). Numa pesquisa da jurisprudência brasileira – da origem aos dias atuais – não é incomum encontrar a perquirição do elemento fraude ou intenção de fraudar como causa para a desconsideração da personalidade jurídica.

Cabe ressaltar, no entanto, que a influência do estudo de J. LAMARTINE CORREA DE OLIVEIRA (OLIVEIRA, 1979) e de FABIO KONDER COMPARATO (COMPARATO; SALOMÃO FILHO, 2005) fez preponderar a teoria do alcance do fim da norma, elevando o abuso como o critério objetivo para a desconsideração da personalidade jurídica, uma vez verificado o desvio de finalidade e a confusão patrimonial. Essa a corrente teórica que influenciou o art. 50 do CC[7], em sua redação original. Entretanto, o conteúdo inserido pela LLE limitou a imputação às pessoas (administradores ou sócios) direta ou indiretamente beneficiados pelo abuso e, no caso do desvio de finalidade, inoculou o elemento subjetivo "dolo" a ser perquirido na utilização ilícita da pessoa jurídica. Nesse sentido, a previsão da MP nº 881/2019 promoveu um grande retrocesso teórico quanto ao tema, ao retomar a busca da intenção de uso indevido da sociedade.

Resta o problema da subcapitalização, não acolhida expressamente no art. 50 do CC e nem nos demais dispositivos, mas considerada nos EUA, na Alemanha e, especialmente, na corrente teórica do fim da norma como caso de desconsideração da personalidade jurídica [*t. II, §3, i. 4.2.1*]. Cuida-se, ainda, de hipótese proveniente de influência doutrinária, de modo a permitir o afastamento da pessoa jurídica quando se identifica uma estrutura de capital inadequada para

---

[7] Sem que entremos na disputa do protagonismo da redação atual do art. 50 do CC, que pode ser encontrada na Exposição de Motivos do CC, RUBENS REQUIÃO anota a divergência de teoria com FÁBIO KONDER COMPARATO, este último analisando a desconsideração da personalidade jurídica a partir do poder de controle societário, ocorrendo a gravitação do centro de imputação por desvio de poder (*interna corporis*) e confusão patrimonial (*externa corporis*) (REQUIÃO, 2005. p. 392-393. nota de rodapé 4).

fazer frente aos riscos próprios da empresa. A relação insuficiente entre patrimônio e atividade é indiciária da subcapitalização, porque faz com que a sociedade busque o financiamento excessivo com capitais de terceiros, tornando irreal o fluxo de valores disponíveis para solvabilidade. Consequentemente, esse desequilíbrio desnatura, progressivamente, a organização; a separação de patrimônio; a limitação de responsabilidade; a imputação.

Existem dois tipos de subcapitalização: (*a*) *nominal*; (*b*) *material*.

(*a*) Na *subcapitalização nominal*, leva-se em consideração um empréstimo feito pelo sócio à sociedade. Assim, ocorre uma requalificação forçada do mútuo dos sócios para a sociedade, considerando-o capital próprio da sociedade para satisfação dos débitos em caso de insolvência. Com a retirada dos valores para pagamento do mútuo, o sócio viola diretamente a intangibilidade do capital social antes da satisfação dos credores.

No direito italiano o art. 2467 do *Codice Civile* contempla o financiamento do sócio e no direito português foi positivada a disciplina do contrato de suprimentos. No direito alemão o §32a e §32b da *GmbHG* davam suporte à substituição de capital (*Kapitalersatz*), mas tal regra foi revogada pela legislação *MoMiG*, deixando o empréstimo de sócio como crédito subordinado na falência. No direito brasileiro, aplica-se o art. 83, inciso VIII, alínea "b", da LREF, que classifica como subordinado o crédito do sócio.

Nesse esforço interpretativo, se o empréstimo feito pelo sócio tiver como escopo a burla da intangibilidade, ocorre negócio indireto visando ao resgate do patrimônio do sócio por meio dessa operação. O negócio não tem a causa de um mútuo (*causa mutui*), mas a salvaguarda do patrimônio do sócio (*causa societas*).

(*b*) A *subcapitalização material* é qualificada como o desequilíbrio efetivo de capital próprio para financiamento da atividade da sociedade com limitação de responsabilidade, transferindo para os credores os riscos próprios dos sócios. Dois critérios sobressaem: o critério temporal é o momento do desequilíbrio financeiro, não coincidente com o instante em que a sociedade, apesar do excesso de capital de terceiros, tem capacidade de crédito para satisfazer suas obrigações; o critério material é obtido a partir da desproporção do capital próprio e da atividade. Serve de indício do excesso de capital de terceiros, desequilibrando a relação entre risco negocial e risco de estrutura de capital.

Os fundamentos podem ser extraídos do sistema brasileiro: (*a*) manutenção de estabilidade do crédito na ordem econômica (art. 170 da CF); (*b*) abuso da personalidade por desvio de finalidade, gerado pela disfunção da limitação e responsabilidade e uso ilícito com intenção de prejudicar credores, aplicando-se o art. 50 do CC, assim como art. 28, § 5º do CDC e art. 4º da Lei nº 9.605/98 para as matérias específicas que regulamentam; (*c*) redução teleológica de Larenz, com supressão de lacuna oculta do art. 1º da LSA, dos arts. 1.052 e 1.088 CC, art. 1094, I, do CC, para cooperativas com capital fixo e art. 993 de sociedades simples que limitam a responsabilidade ao capital, que fundamentam a limitação da responsabilidade no capital da sociedade; (*d*) perda de eficácia da limitação de responsabilidade do contrato de sociedade.

Portanto, com a subcapitalização há um problema de alcance do fim da norma, determinando readequação da esfera de imputação, com modificação do responsável. Consequentemente, há perda da eficácia da limitação de responsabilidade do contrato de sociedade, quando não existe capital próprio ou este é proporcionalmente inferior ao capital de terceiros que financia a atividade. A transferência dos riscos inerentes aos sócios não invalida a sociedade, mas somente torna ineficaz o benefício da limitação da responsabilidade (DINIZ, 2012).

Jurisprudência

STJ – 3ª T. – REsp nº 1.816.794 – Rel. Min. Paulo de Tarso Sanseverino – j. 23/06/2020: "(...) 2. Conforme a jurisprudência do Superior Tribunal de Justiça, na desconsideração da personalidade jurídica não incidem os prazos prescricionais previstos para os casos de retirada de sócio da sociedade (arts. 1.003, 1.032 e 1.057 do Código Civil). 3. A desconsideração da personalidade jurídica constitui medida de caráter excepcional que somente pode ser decretada após a análise, no caso concreto, da existência de vícios que configurem abuso de direito, caracterizado por desvio de finalidade ou confusão patrimonial, requisitos que não se presumem em casos de dissolução irregular ou de insolvência. Precedentes (...)".

STJ – 3ª T. – REsp nº 1.686.162 – Rel. Min. Ricardo Villas Bôas Cueva – j. 26/11/2019: "(...)Vai muito além da extensão pretendida pelo legislador admitir que os efeitos da desconsideração da personalidade jurídica atinja o sócio que, a despeito de deter a posição de majoritário, nunca participou dos atos sociais da empresa, menos ainda na condição de administrador(...)".

STJ – 4ª – T. AgRg-REsp nº 1.225.840 – Rel. Min. Raul Araújo – j. 10/02/2015: "1. A teoria da desconsideração da personalidade jurídica (*disregard of legal entity doctrine*) incorporada ao nosso ordenamento jurídico tem por escopo alcançar o patrimônio dos sócios-administradores que se utilizam da autonomia patrimonial da pessoa jurídica para fins ilícitos, abusivos ou fraudulentos, nos termos do que dispõe o art. 50 do CC: comprovação do abuso da personalidade jurídica, mediante desvio de finalidade ou de confusão patrimonial, em detrimento do interesse da própria sociedade e/ou com prejuízos a terceiros. Precedentes. 2. A mera demonstração de insolvência da pessoa jurídica ou de dissolução irregular da empresa sem a devida baixa na junta comercial, por si sós, não ensejam a desconsideração da personalidade jurídica. Precedentes".

STJ – 3ª T. – REsp nº 1.395.288 – 3ª T. – Rel. Min. Nancy Andrighi – j. 11/02/2014: "A dissolução irregular da sociedade não pode ser fundamento isolado para o pedido de desconsideração da personalidade jurídica, mas, aliada a fatos concretos que permitam deduzir ter sido o esvaziamento do patrimônio societário ardilosamente provocado de modo a impedir a satisfação dos credores em benefício de terceiros, é circunstância que autoriza induzir existente o abuso de direito, consubstanciado, a depender da situação fática delineada, no desvio de finalidade e/ou na confusão patrimonial. 6. No particular, tendo a instância ordinária concluído pela inexistência de indícios do abuso da personalidade jurídica pelos sócios, incabível a adoção da medida extrema prevista no art. 50 do CC/2002 (...)".

4.2.3. Aplicação para sócios e administradores

A discussão que se segue, ao se admitir a ocorrência de causa de desconsideração, é a identificação de quem são as pessoas que terão seu patrimônio diretamente afetado pela sanção jurídica da ilimitação da responsabilidade. O art. 50 do CC expressamente inclui os administradores, direta ou indiretamente beneficiados, como objeto da desconsideração.

Quanto aos sócios, a discussão se prende ao controle [*t. II, §3, i. 3.5.*] e também ao benefício direto ou indireto inserido pela LLE. Serão esses os fatores de definição da imputação episódica e diferencial da desconsideração da personalidade jurídica. Em sociedades simples, limitadas e sociedades anônimas fechadas, a aferição pode ser mais complexa em razão do mais fácil acesso e participação de todos os sócios na administração. Entretanto, adquire contornos distintos se forem observadas as sociedades anônimas abertas, cujo acesso administrativo e ao núcleo de poder dificilmente é exercido por um acionista minoritário e simples investidor, que tem contra si garantida a preservação da responsabilidade limitada. Raciocínio semelhante pode ser desenvolvido com as cooperativas, porque além do controle ser pulverizado pelo tipo de participação política, ainda apresentam singular sistema de dissolução, que carreia aos sócios a responsabilidade de cobertura de prejuízos na proporção dos negócios feitos com a sociedade.

Percebe-se o afastamento da imputação, via desconsideração, para o sócio que não tenha influência na gestão da sociedade (WIEDEMANN, 1980, p. 547). No caso de sociedades com modelos de limitação de responsabilidade (grandes ou pequenas), a regra é de responsabilização pessoal daqueles que participaram das decisões ou que se beneficiaram do abuso perpetrado por meio da pessoa jurídica.

Portanto, pode-se concluir: (*a*) poderá haver alteração da imputação para sócios e administradores (sócios e não sócios), porque as decisões que levaram ao abuso são provenientes do controlador e a disfunção da limitação de responsabilidade da sociedade pode ter sido, supervenientemente, por ele causada; (*b*) a transferência da imputação para os sócios dependerá de seu nível de acesso à estrutura de poder, que pode ser decrescente se o objeto de análise for, nessa ordem, sociedade limitada, sociedade anônima fechada e sociedade anônima aberta.

Jurisprudência

STJ – REsp nº 1.412.997 – 4ª T. – Rel. Min. Luis Felipe Salomão – j. 08/09/2015: "(...) Nos termos do art. 50 do CC, o decreto de desconsideração da personalidade jurídica de uma sociedade somente pode atingir o patrimônio dos sócios e administradores que dela se utilizaram indevidamente, por meio de desvio de finalidade ou confusão patrimonial. 10. É de curial importância reiterar que, principalmente nas sociedades anônimas, impera a regra de que apenas os administradores da companhia e seu acionista controlador podem ser responsabilizados pelos atos de gestão e pela utilização abusiva do poder; sendo certo, ainda, que a responsabilização deste último exige prova robusta de que esse acionista use efetiva-mente o seu poder para dirigir as atividades sociais e orientar os órgãos da companhia".

4.2.4. Desconsideração inversa da personalidade jurídica

A desconsideração inversa foi construção da jurisprudência e da doutrina, estendendo os efeitos do abuso para obter, da pessoa jurídica, o cumprimento das obrigações da pessoa física que participe da pessoa jurídica como administrador ou sócio. Conforme afirmou a Min. NANCY ANDRIGHI: "A desconsideração inversa da personalidade jurídica caracteriza-se pelo afastamento da autonomia patrimonial da sociedade, para, contrariamente do que ocorre na desconsideração da personalidade propriamente dita, atingir o ente coletivo e seu patrimônio social, de modo a responsabilizar a pessoa jurídica por obrigações do sócio controlador" (STJ – REsp nº 948.117– Rel. Min. Nancy Andrighi). Posteriormente, o expediente foi positivado pelo art. 133, § 2º, do CPC, como causa de pedir do incidente de desconsideração.

O fundamento também pode ser o art. 50 do CC, com abuso gerado a partir de desvio de finalidade ou de confusão patrimonial. Seria o caso, por exemplo, da criação de sociedade de administração de bens próprios para transferir o patrimônio da pessoa natural da pessoa física para a sociedade, em fraude a uma meação de partilha em divórcio (STJ – REsp nº 1.626.493 – Min. NANCY ANDRIGHI). Também pode ser o caso de confusão de patrimônios gerada para escapar à pesquisa de bens e satisfação de credores (STJ – REsp nº 1.493.071 –Rel. Min. VILLAS BÔAS CUEVA).

Os pressupostos são a utilização de pessoa jurídica para alocar todo o patrimônio ativo do sócio que, enquanto pessoa física, mantém patrimônio passivo e não promove o pagamento de seus débitos. Afasta-se episodicamente a pessoa jurídica para satisfazer o credor do sócio, naturalmente sem prejuízo às participações dos demais sócios.

É preciso diferir, contudo, do conteúdo do art. 1.026 do CC, que prevê: "O credor particular de sócio pode, na insuficiência de outros bens do devedor, fazer recair a execução sobre o que a este couber nos lucros da sociedade, ou na parte que lhe tocar em liquidação". Portanto, essa é hipótese de cobrança que recai sobre os lucros do sócio na sociedade (que devem ser reservados para satisfação do credor) ou então com avaliação das quotas, liquidação e pagamento ao juízo da execução do sócio devedor (BERTOLDI; RIBEIRO, 2015, p. 222). Não se trata de desconsideração inversa da personalidade jurídica, já que os ativos da sociedade não atingidos por penhora.

Também é distinta a penhora de quotas e ações, autorizada pelo art. 835, inciso IX e regulada pelo art. 861 do CPC. Tal instrumento de constrição de bens do sócio (as quotas ou as ações) ressalva as sociedades anônimas de capital aberto, porque as ações poderão ser objeto de adjudicação pelo credor ou venda em bolsa (art. 861, § 2º, do CPC). Caso contrário, uma vez ocorrida a penhora na participação societária, a sociedade e os demais sócios poderão readquiri-la em preferência ou, caso isso não ocorra, o credor poderá promover a liquidação das quotas, com dever de a sociedade depositar o valor em juízo (art. 861, inciso III e §§ 3º a 5º, do CPC).

Jurisprudência

STJ – REsp nº 1.626.493 – 3ª T. – Min. Nancy Andrighi: "forjou-se, para as hipóteses de abuso na gestão empresarial em detrimento de ex-cônjuge não sócio, ou ainda, de indevida transferência patrimonial do ex-cônjuge, sócio para a sociedade, a teoria da desconsideração inversa da personalidade jurídica".

STJ – REsp nº 1.584.404 – 3ª T. – Rel. Min. Paulo de Tarso Sanseverino: "Reconhecido pelas instâncias de origem que a personalidade jurídica esteja servindo como cobertura para abuso de direito ou fraude nos negócios, torna-se possível a desconsideração inversa da personalidade jurídica".

STJ – REsp nº 1.493.071 – 3ª T. – Rel. Min. Villas Bôas Cueva: "Verificada a existência dos pressupostos que justificam a inversa desconsideração, revela-se desinfluente para a adoção dessa excepcional medida o fato de a prática abusiva ter sido levada a efeito por um administrador, máxime quando este é um ex-sócio que permaneceu atuando, por procuração conferida por suas filhas (a quem anteriormente transferiu suas cotas sociais), na condição de verdadeiro controlador da sociedade".

STJ – REsp 1.236.916 – 3ª T. – Rel. Min. Nancy Andrighi: "A desconsideração inversa da personalidade jurídica caracteriza-se pelo afastamento da autonomia patrimonial da sociedade para, contrariamente do que ocorre na desconsideração da personalidade propriamente dita, atingir o ente coletivo e seu patrimônio social, de modo a responsabilizar a pessoa jurídica por obrigações do sócio controlador. 4. É possível a desconsideração inversa da personalidade jurídica sempre que o cônjuge ou companheiro empresário valer-se de pessoa jurídica por ele controlada, ou de interposta pessoa física, a fim de subtrair do outro cônjuge ou companheiro direitos oriundos da sociedade afetiva".

TJSP – 1ª Câmara de Direito Privado – AI nº 2080393-48.2018.8.26.0000 – Rel. Des. Francisco Loureiro – j. 22/06/2018: "PROCESSO CIVIL. Desconsideração inversa da personalidade jurídica. Cabimento. Prova de esvaziamento da conta corrente da pessoa física. Elementos indicativos que o ganho adicional com a prestação de serviços de manutenção e reparação mecânica de veículos automotores desenvolvidos pelo executado é direcionado para a conta bancária de titularidade da pessoa jurídica, o que configura blindagem patrimonial para frustrar os efeitos da execução em curso. Recurso provido".

4.2.5. Incidente de desconsideração da personalidade jurídica

A legislação processual brasileira introduziu a exigência de instauração de incidente para desconsideração da personalidade jurídica, feito a pedido da parte ou do Ministério Público, quando lhe couber intervir no processo (art. 133, *caput*, CPC). Os fundamentos serão aqueles de direito material [*t. II, §3, i. 4.2*].

O incidente processual tem cabimento em todas as fases do processo, sendo possível inclusive com o ajuizamento da ação, desde que requerido imediatamente na petição inicial, com fundamentação e pedido de citação inicial do sócio (art. 134 do CPC). Uma vez instaurado o incidente, suspende-se o processo (salvo no pedido inicial) para aferição da fundamentação adequada para a desconsideração da personalidade jurídica.

Havendo citação, o sócio ou a pessoa jurídica terá prazo de 15 dias para exercer o contraditório do pleito e apresentação de respectivas provas.

Finda a instrução do incidente, o juiz poderá resolver o assunto por decisão interlocutória (art. 136 do CPC), atacável por agravo de instrumento (art. 1.015, IV, do CPC), salvo se proferida por relator em fase recursal, porque aí motiva agravo interno (art. 136, parágrafo único, CPC).

Importante dispositivo de direito material, previsto no art. 137 do CPC, é a ineficácia de alienação ou oneração de bens em fraude à execução, uma vez acolhido o pedido de desconsideração da personalidade jurídica.

Jurisprudência

STJ – 2ª Seção – AgInt nos EDcl no CC nº 172.193 – Rel. Min. Maria Isabel Gallotti – j. 30/03/2021: "(...) 1. Não caracteriza conflito de competência a determinação feita pelo Juízo do Trabalho de instauração de incidente de desconsideração da personalidade jurídica da empresa em recuperação judicial ou falida, direcionando os atos de execução provisória para os sócios da suscitante. Isso porque, em princípio, salvo decisão do Juízo universal em sentido contrário, os bens dos sócios ou de outras sociedades do mesmo grupo econômico da devedora não estão sujeitos à recuperação judicial ou à falência. Precedentes (...)".

STJ – 1ª T. – RMS nº 63.192 – Rel. Min. Gurgel de Faria – j. 09/02/2021: "(...) Hipótese em que se revela flagrantemente ilegal a decisão que, sem prévio pedido e instauração do incidente de desconsideração da personalidade jurídica inversa previsto no art. 133 e seguintes do CPC, determina a reserva de bens e a penhora de faturamento de empresa que não figura no processo de inventário para fins de garantir a quitação de débito de ITCMD devido por um de seus sócios (...)".

STJ – 1ª T. – AgInt no REsp nº 1.823.488 – Rel. Min. Sérgio Kukina – j. 26/04/2021: "(...) O redirecionamento de execução fiscal a pessoa jurídica que integra o mesmo grupo econômico da sociedade empresária originalmente executada, mas que não foi identificada no ato de lançamento (nome na CDA) ou que não se enquadra nas hipóteses dos arts. 134 e 135 do CTN, depende da comprovação do abuso de personalidade, caracterizado pelo desvio de finalidade ou confusão patrimonial, tal como consta do art. 50 do Código Civil, daí porque, nesse caso, é necessária a instauração do incidente de desconsideração da personalidade da pessoa jurídica devedora" (REsp 1.775.269/PR, Rel. Ministro Gurgel de Faria, Primeira Turma, DJe 1/3/2019). Precedentes da Primeira Turma do STJ (...)".

STJ – 2ª T. – REsp nº 1.786.311 – Rel. Min. Francisco Falcão – j. 09/05/2019: "(...) IV – A previsão constante no art. 134, caput, do CPC/2015, sobre o cabimento do incidente de desconsideração da personalidade jurídica, na execução fundada em título executivo extrajudicial, não implica a incidência do incidente na execução fiscal regida pela Lei n. 6.830/1980, verificando-se verdadeira incompatibilidade entre o regime geral do Código de Processo Civil e a Lei de Execuções, que diversamente da Lei geral, não comporta a apresentação de defesa sem prévia garantia do juízo, nem a automática suspensão do processo, conforme a previ-são do art. 134, § 3º, do CPC/2015. Na execução fiscal "a aplicação do CPC é subsidiária, ou seja, fica reservada para as situações em que as referidas leis são silentes e no que com elas compatível" (REsp n. 1.431.155/PB, Rel. Ministro Mauro Campbell Marques, Segunda Turma, julgado em 27/5/2014). V – Evidenciadas as situações previstas nos arts. 124, 133 e 135, todos do CTN, não se apresenta impositiva a instauração do incidente de desconsideração da personalidade jurídica, podendo o julgador determinar diretamente o redirecionamento da execução fiscal para responsabilizar a sociedade na sucessão empresarial. Seria contraditório afastar a instauração do incidente para atingir os sócios-administradores (art. 135, III, do CTN), mas exigi-la para mirar pessoas jurídicas que constituem grupos econômicos para blindar o patrimônio em comum, sendo que nas duas hipóteses há responsabilidade por atuação irregular, em descumprimento das obrigações tributárias, não havendo que se falar em desconsideração da personalidade jurídica, mas sim de imputação de responsabilidade tributária pessoal e direta pelo ilícito (...)".

STJ – 4ª T. – REsp nº 1.729.554 – Rel. Min. Luis Felipe Salomão – j. 03/05/2018: "(...) *Se a insolvência não é pressuposto para decretação da desconsideração da personalidade jurídica, não pode ser considerada, por óbvio, pressuposto de instauração do incidente ou condição de seu regular processamento (...)*".

Bibliografia: COMPARATO, Fábio Konder; SALOMÃO FILHO, Calixto. *Poder de controle na sociedade anônima.* 4. ed. Rio de Janeiro: Forense, 2005. DINIZ, Gustavo Saad. *Subcapitalização societária.* Belo Horizonte: Forum, 2012. FERRI, Giuseppe. *Trattato di diritto civile italiano. Le Società.* v.10. t. 3. Torino: Torinese, 1971. GONÇALVES, Oksandro. *Desconsideração da personalidade jurídica.* In: COELHO, Fabio Ulhoa. *Tratado de direito comercial.* v. 1. São Paulo: Saraiva, 2015. HÜBERT, Ivens Henrique. *Capital social.* In: COELHO, Fabio Ulhoa. *Tratado de direito comercial.* v. 1. São Paulo: Saraiva, 2015. OLIVEIRA, José Lamartine Corrêa de. *A dupla crise da pessoa jurídica.* São Paulo: Saraiva, 1979. SALOMÃO FILHO, Calixto. *O novo direito societário.* São Paulo: Malheiros, 1998. SCALZILLI, João Pedro. Confusão patrimonial no direito societário. São Paulo: Quartier Latin, 2015. SERICK, Rolf. *Forma e Realtà della Persona Giuridica.* Milano: Giuffrè, 1966.

4.3. Sucessão empresarial

As sucessões se manifestam como consequência da transmissão do patrimônio. Sendo faces da mesma moeda, ativo e passivo patrimoniais poderão manter a vinculação numa transferência societária ou num trespasse, naturalmente porque se está diante de regramento de ordem pública (ou cogente) de proteção dos credores. De outro ponto de vista, o tipo de negócio jurídico encetado e a natureza do débito serão determinantes para aferir a extensão ou ampliação do polo subjetivo de obrigações numa concentração empresarial, numa alienação de ações, numa venda de estabelecimento ou mesmo numa simples aquisição de ativos imobiliários.

A substituição de um sujeito pelo outro deve ter a sua análise feita a partir do patrimônio e da imprescindível autorização legal para que a sucessão se dê a título *universal*. Portanto, em princípio uma sucessão universal em sociedades empresárias personificadas se dá a partir de negócios jurídicos de incorporação, fusão e em alguns casos de cisão, porquanto a LSA e o CC regulem justamente a substituição de uma sociedade pela outra decorrente da transferência patrimonial pressuposta à operação. Os credores das sociedades fundidas, incorporada ou mesmo da cindida têm a garantia legal da sucessão universal no patrimônio da sociedade resultante.

Outro é o raciocínio quando se trata de *sucessões particulares*, que têm como pressuposto a fixação de obrigações contratuais – e não uma autorização legislativa, como no caso da sucessão universal no patrimônio. Nessa alternativa, ocorrem hipóteses de cessão de débito/crédito e assunção de dívida alheia, conforme estudo de FABIO KONDER COMPARATO (COMPARATO, 1998, p. 795). Portanto, uma sociedade sucede a outra em débito por força de obrigações assumidas expressamente.

Ainda existem alternativas de sucessão geradas pela natureza *propter rem* de determinada obrigação, que acaba se transmitindo e acompanhando o próprio bem transferido. Vinculam a coisa e não a pessoa. Essa a natureza do que prevê o art. 133 do CTN. Nessa regra de sucessão em obrigações tributárias, valora-se o estabelecimento empresarial como uma universalidade de fato ou o conjunto de bens materiais e imateriais apreendidos pelo empresário ou sociedade empresária e colocados em função da atividade. Caso seja celebrado o trespasse (ou venda – STJ – Ag no REsp nº 1.321.679) do estabelecimento, por exemplo, e ocorra a continuidade na exploração da atividade, ainda que sob sociedade distinta, caracteriza-se a sucessão nos débitos tributários (STJ – REsp nº 923.012). Será integral se o alienante cessar a exploração da atividade; será subsidiária (ou seja, primeiro cobra-se o vendedor e depois o adquirente), se prosseguir na exploração ou iniciar nova atividade dentro de 6 meses, ainda que em ramo distinto. A regra somente é ressalvada se a venda de estabelecimento se der em processos de falência ou de recuperação judicial.

Mais uma hipótese vinculada à transferência de bens está no fundamento da sucessão trabalhista e sua previsão nos arts. 10 e 448 da CLT. Em ambos os dispositivos legais, malgrado alguns excessos da jurisprudência especializada, é imprescindível a presença de prova robusta que demonstre a mudança na titularidade do estabelecimento bem como a continuidade da prestação de serviço pelo empregado (TST – RR 629.250/00). A interpretação se confirma com o conteúdo do art. 448-A da CLT: "as obrigações trabalhistas, inclusive as contraídas à época em que os empregados trabalhavam para a empresa sucedida, são de responsabilidade do sucessor". A consequência é prevista no parágrafo único do mesmo dispositivo: "A empresa sucedida responderá solidariamente com a sucessora quando ficar comprovada fraude na transferência".

Não é demais anotar que as sucessões tributária e trabalhista pela transferência de ativos ficam mais caracterizadas na hipótese de identidade entre os sócios da sucedida e da sucessora no estabelecimento, conforme já decidiu o STJ no AgRg no REsp nº 1.084.838. E a propósito da troca de sócios, o CC atual inovou no art. 1.003, parágrafo único, ao manter a responsabilidade do sócio por 2 anos após a retirada pelas obrigações que tinha como sócio, o que não é propriamente uma sucessão, mas uma solidariedade obrigacional do sócio após a sua saída da sociedade.

Outra regra importante é da inibição de sucessão de quaisquer dívidas em caso de aquisição de ativos em processos de recuperação ou de falência. A LREF constrói salvaguardas importantes para dar segurança a quem adquirir participações societárias, estabelecimentos, conversão de dívida em capital ou outros meios de recuperação nos arts. 50, § 3º, 60, parágrafo único, 66, § 3º e 141, inciso II, todos da LREF.

Jurisprudência

STJ – Súmula nº 554: Na hipótese de sucessão empresarial, a responsabilidade da sucessora abrange não apenas os tributos devidos pela sucedida, mas também as multas moratórias ou punitivas referentes a fatos geradores ocorridos até a data da sucessão.

STJ – 3ª T. – REsp nº 1.784.032 – Rel. Min. Marco Aurelio Bellizze – j. 02/04/2019: "(...) 3. Em sociedades de responsabilidade limitada, após integralizado o capital social, os sócios não respondem com seu patrimônio pessoal pelas dívidas titularizadas pela sociedade, de modo que o deferimento da sucessão dependerá intrinsecamente da demonstração de existência de patrimônio líquido positivo e de sua efetiva distribuição entre seus sócios. 4. A demonstração da existência de fundamento jurídico para a sucessão da empresa extinta pelos seus sócios poderá ser objeto de controvérsia a ser apurada no procedimento de habilitação (art. 1.055 do CPC/1973 e 687 do CPC/2015), aplicável por analogia à extinção de empresas no curso de processo judicial. 5. A desconsideração da personalidade jurídica não é, portanto, via cabível para promover a inclusão dos sócios em demanda judicial, da qual a sociedade era parte legítima, sendo medida excepcional para os casos em que verificada a utilização abusiva da pessoa jurídica (...)".

STJ – 4ª T. – REsp nº 1.470.356 – Rel. Min. Luis Felipe Salomão – j. 29/10/2019: "(...) 5. Como o Banco Nacional foi submetido ao regime de administração especial temporária, um Conselho Diretor nomeado pelo Banco Central assumiu a administração, perdendo os administradores e os conselheiros fiscais o mandato. Na forma permitida pelo art. 6º, I, da Lei n. 9.447/1997, com a prévia anuência da Autarquia, transferiu-se para o Unibanco conjunto especificado de bens, direitos e obrigações da empresa e de seus estabelecimentos. Com efeito, não procede a assertiva do recorrente de que houve fraude perpetrada pelo adquirente, sendo o negócio celebrado ato de império de reorganização da atividade operacional bancária, que não implica nenhuma forma de proteção aos sócios da instituição financeira em crise, caracterizando ato de expropriação por efeito da lei, originária, assemelhada à ar-rematação em hasta pública. 6. Por um lado, o elemento abstrato da obrigação consiste no vínculo jurídico estabelecido entre os sujeitos, unindo credor e devedor, de modo a possibilitar que um deles exija do outro o objeto da prestação. Por outro lado, a dívida é estranha à parte cindida adquirida, não sendo os recorrentes credores do Unibanco, só se podendo conceber ação buscando a anulação do próprio ato administrativo de alienação de bens e direitos praticado por Conselheiros nomeados pelo Banco Central – com a prévia anuência da autarquia – da alienação dos bens e direitos da instituição financeira ora em liquidação, ao fundamento de ter sido indevidamente comprometida a garantia de solvência dos créditos (...)".

Bibliografia: COMPARATO, Fabio Konder. Sucessões empresariais. RT, 747/795. DINIZ, Gustavo Saad. *Estudos e pareceres da pessoa jurídica e da atividade empresarial.* São Paulo: LiberArs, 2013. LEÃES, Luiz Gastão Paes de Barros. *Aquisição de ativos e assunção de passivos empresariais.* RDM 118, 236.

4.4. Transformação, incorporação, fusão e cisão

Os temas de transformação, incorporação, fusão e cisão implicam modificações estruturais nas sociedades.

Na transformação altera-se o tipo de sociedade.

Na incorporação e na fusão ocorrem concentrações empresariais, com junção de operações e, em alguns casos, extinção de sociedades anteriores às operações.

Por fim, com a cisão pode se dar a divisão de uma sociedade em duas ou mais, com ou sem extinção da sociedade cindida.

Remete-se o leitor para o t. II, §10, i.10 e 11, local onde as matérias serão melhor abordadas.

5. ORGANIZAÇÃO DA ATIVIDADE

A moldura da organização (sob o ponto de vista societário e patrimonial) orienta a política geral empresarial, inclusive fazendo o dimensionamento da estrutura de capital apta a suportar os riscos próprios da empresa. Nessa ordem, a condução gerencial e de governo da sociedade pauta as decisões administrativas e também o dimensionamento da organização societária. Ocorre a repartição das competências empresariais e da estrutura hierárquica das decisões. Determina-se, ainda, quem e em quais medidas o portador de decisões deve ser responsabilizado. Assim, a formação da *organização da atividade* é determinante da estrutura administrativa de condução econômica.

À organização da atividade pertencem as prescrições que coordenam o quadro de vontades das relações internas e a representação nas relações externas.

5.1. Administração das sociedades

5.1.1. Elementos do conceito

A sociedade é provida de órgão que lhe dirige as atividades, concretizando-se por meio do *administrador* nas sociedades simples e limitadas e do conselho de administração e diretoria nas sociedades por ações e cooperativas. Efetivamente, conforme se obtém a partir do art. 46, inciso III, do CC e art. 120, inciso II, da Lei nº 6.015/73 (Lei de Registros Públicos – LRP), há que se designar as pessoas que atuam pela sociedade, ativa e passivamente.

A administração da sociedade é conceituada como o *órgão societário*[a], composto por uma ou mais pessoas naturais[b], com poderes específicos atribuídos pelo social para administrar a sociedade no âmbito interno[c] e atuar por ela, externamente, como centro de autônomo de imputação[d].

(*a*) A administração é *órgão societário*. Trata-se do "centro de imputação de poderes funcionais" (ADAMEK, FRANÇA, 2008, p. 66). Aos órgãos administrativos são confiados poderes de deliberação, de gestão, prestação de contas e atuação pela sociedade, de acordo com as disposições do contrato social devidamente registrado, para atribuição de competências internas e autorização da gestão dos negócios (*Geschäftsführungsbefugnis*). O registro do contrato social deve declarar o modo pelo qual a sociedade é administrada e a forma em que pode a administração social ser alterada (art. 46 do CC).

(*b*) A administração é *exercida por uma ou mais pessoas naturais* (art. 997, inciso VI, art. 1.013 e art. 1.060 do CC). Pressupõe-se que o administrador seja pessoa com plena capacidade para os atos da vida civil, sem impedimentos e que o seu cargo, em regra, é pessoal e intransmissível. O administrador da sociedade simples e da limitada poderá ser designado no contrato social ou então por ato separado, como deliberação da assembleia (art. 1.012 e art. 1.071, inciso II, do CC) ou ainda por decisão judicial, quando falta administração à sociedade (art. 49 do CC).

De ressaltar que a importância dessa disposição do contrato social, além de disciplinar a sociedade, ainda tem por escopo carrear segurança jurídica ao terceiro de boa-fé, que terá condições de saber se a pessoa que se apresentou tinha poderes suficientes para assumir o negócio jurídico. Também é fundamental para o Estado, como sujeito ativo da relação jurídica tributária, conhecer a estrutura da pessoa jurídica, para exercer corretamente a formalização do crédito tributário pelo lançamento.

Algumas situações são imprescindíveis de se discutir:

(*b.1*) *Administradores sócios e não sócios*: Dependendo do tipo de sociedade, os administradores poderão ser sócios ou não sócios. Na expressão de RACHEL SZTAJN, verifica na primeira hipótese um auto-organicismo (*Selbstorganschaft*), mas próximo de sociedades que potencialmente valorizam as relações entre os sócios e no caso das cooperativas por expressa previsão legal (art. 47, *caput*, da LCoop). De outro lado, há o hetero-organicismo (*Drittorganschaft*) mais característico das sociedades por ações abertas. Os tipos das sociedades simples e limitadas permitem administradores sócios e não sócios, com variações nos quóruns de nomeação.

Serão os administradores que assumirão obrigações em nome da sociedade, podendo ser envolvidos pessoalmente no esquema de responsabilidade e de imputação, quando sejam violados elementos do ordenamento jurídico que permitem o afastamento do aparato da pessoa jurídica.

O quórum de nomeação de administradores atende a especificidades da legislação. Em sociedades simples, nomeações e destituições de administrador no contrato dependem de unanimidade (art. 999, primeira parte, do CC) e em ato separado a maioria do art. 1.010. Nas sociedades limitadas, administradores em contrato social dependem de 3/4 (art. 1.071, inciso I, e art. 1.076, inciso I, do CC), enquanto na nomeação por ato separado, maioria do capital (art. 1.071, inciso II, e art. 1.076, II, do CC). Nas limitadas, a destituição do contrato depende do quórum de mais da metade do capital social (art. 1.063, § 1º, do CC, alterado pela Lei nº 13.729/2019), ao passo que a por nomeação em ato separado, maioria do capital (art. 1.071, inciso III, e art. 1.076, II, do CC). Nas sociedades anônimas impera o quórum da maioria do capital, salvo pedido de voto múltiplo para garantia de direitos de minoritários (art. 141 da LSA). A eleição para mandato pode ser para o conselho de administração (art. 140 da LSA) e para a diretoria (art. 143 da LSA). Nas cooperativas prevalece a maioria, computada de acordo com a regra "um cooperado, um voto" do art. 4º, inciso V, da LCoop e art. 1.094, VI, do CC.

(b.2) Administração disjuntiva ou plúrima e administração conjunta: No silêncio do contrato, a administração compete separadamente a todos os sócios (art. 1.013, *caput*, do CC). Havendo divergência entre os diversos administradores, dispõe a lei que um administrador poderá impugnar a operação pretendida por outro e a decisão recairá para o voto da maioria do capital social (art. 1.013, § 1º, e art. 1.010 do CC). De acordo com o § 2º, do art. 1.013, do CC, responderá o administrador por perdas e danos perante a sociedade, se realizar operações, sabendo ou devendo saber que estava agindo em desacordo com a maioria.

Todavia, pode o contrato dispor que o contrato social poderá prever a administração conjunta de vários administradores, com limitação de poderes expressas no próprio contrato. Nesse caso, o art. 1.014 prevê que "nos atos de competência conjunta de vários administradores, torna-se necessário o concurso de todos, salvo nos casos urgentes, em que a omissão ou retardo das providências possa ocasionar dano irreparável ou grave". A incerteza está expressão "casos urgentes", sabendo-se que a urgência é uma constante nos meios empresariais e na administração de uma sociedade, em que as demandas são inerentes ao próprio risco da atividade empresarial. Assim sendo, a deliberação isolada de um único sócio, sob o argumento de urgência e dano irreparável, poderá ser subterfúgio utilizado em benefício próprio ou motivador de prejuízos à sociedade.

A regra ainda pode ser integrada pelo art. 48 do CC, que prevê: "Se a pessoa jurídica tiver administração coletiva, as decisões se tomarão pela maioria de votos dos presentes, salvo se o ato constitutivo dispuser de modo diverso". Em caso de violação do sistema jurídico vigente cometida pelo administrador, o parágrafo único, do art. 48 do CC, especifica o prazo decadencial de 03 anos para anulação das decisões tomadas pela maioria dos administradores.

(b.3) Outorga de mandato: o art. 1.018 do CC, autoriza ao administrador a outorga de mandato, especificando no instrumento os atos e operações que podem ser praticados em nome da sociedade. Com essas características, o profissional contratado não ostenta os poderes plenos de administrador, mas de procurador.

(c) Continuando a enumeração, o terceiro elemento nuclear do conceito são os *poderes de administração interna* para a prática de todos os atos inerentes à atividade empresarial e administrativa da sociedade, no sentido de dirigir, governar e gerir as relações jurídicas internas da sociedade. As atividades essenciais da sociedade empresária serão conduzidas pelo órgão administrativo com esse poder de atuação, diligenciando no sentido do cumprimento das finalidades da empresa, com dever de lealdade, prestação de contas, convocação de assembleia, demonstrações e realizações contábeis, dentre outros atos de gestão. Com a doutrina de CARVALHO DE MENDONÇA, podem ser enumerados os deveres: (*a*) todos os atos compreendidos no objeto da sociedade e exigidos para funcionamento normal da empresa, tais como, comprar mercadorias e matérias primas; vender produtos, locar prédios para instalação do estabelecimento, ajustar contas, cobrar dívidas e dar quitação; contrair empréstimo em operações de crédito e financiamentos; (*b*) subscrever obrigações sociais como contratos, títulos de crédito e negócios inerentes ao objeto social (art. 1.015, *caput*, do CC); (*c*) promover medidas conservatórias de direito, como interrupção de prescrição, inscrição de ônus reais, dentre outros; (*d*) nomear e demitir empregados; (*e*) representar a sociedade em juízo, ativa ou passivamente; (*f*) exigir dos sócios as quotas e débitos a que se obrigaram, na forma convencionada no contrato social (CARVALHO DE MENDONÇA, v. III, 1954, p. 164.166).

Também deriva dessa característica a obrigação de prestar contas justificadas aos sócios, conforme previsão do art. 1.020 do CC.

(*d*) Derradeiro elemento, é a *atuação externa* nas relações jurídicas com outras pessoas naturais ou jurídicas, de direito privado ou público, estabelecendo obrigações negociais e não negociais, dentro dos limites estritos do objeto previsto no contrato (arts. 47 e 1.105 do CC).

Esse é o consectário do art. 1.022 do CC, que dispõe: "A sociedade adquire direitos, assume obrigações e procede judicialmente, por meio de administradores com poderes especiais, ou, não os havendo, por intermédio de qualquer administrador".

A administração tem vínculo orgânico *ex lege* com a sociedade, porque o administrador é a própria sociedade atuando. Reconhece-se, então, a doutrina da *presentação* de PONTES DE MIRANDA, porque é a própria sociedade quem age por meio do administrador, afastando-se o conceito civilista de *representação*, porque nessas situações o representante age em nome de terceiro, como na tutela e curatela, por exemplo (PONTES DE MIRANDA, t. I, 1983, p. 412). Também EMILIO BETTI cuida do tema. Para o doutrinador italiano, a representação é o "poder de estabelecer regulamentações de interesses alheios" (BETTI, 1969, p. 173) e a administração é mero órgão e, como tal, não se distingue da pessoa jurídica, mas faz parte dela e da mesma esfera jurídica.

Portanto, na qualidade de órgão, é poder/dever objetivo (direito-função derivado concomitantemente da lei e do contrato) do administrador seguir o objeto social e conduzir a sociedade empresária em estrita obediência aos fins a que ela se destina, vedando-se, sob pena de responsabilidade (arts. 1.010, § 3º e 1.080 CC e 159 do LSA): (*a*) privilégios injustificados a grupos de sócios; (*b*) prática de negócios que extrapolem os limites das finalidades sociais, sob pena de invalidade e ineficácia do negócio praticado e de responsabilização pessoal do administrador pelo excesso de poderes; (*c*) prática de atos de mera liberalidade em detrimento da sociedade, sem prévia autorização do órgão deliberativo (assembleia); (*d*) contratação de financiamentos sem prévia autorização, conforme o caso; (*e*) alienar estabelecimento da sociedade empresária, sem prévia autorização. Estes são atos que transitam no limite da legalidade e poderão ser considerados ilícitos se o administrador transgredir a norma de boa conduta dos fins sociais, cometendo atos dolosos e culposos que impliquem na concretização de um dano em desfavor da sociedade. Surge, então, a possibilidade de destituição do administrador e o consequente dever de reparação do prejuízo causado.

5.1.2. *Padrão de conduta e deveres gerais*

Há um padrão de conduta, porque o "administrador da sociedade deverá ter, no exercício de suas funções, o cuidado e a diligência que todo homem ativo e probo costuma empregar na administração de seus próprios negócios" (art. 1.011, *caput*, do CC, com semelhante redação no art. 153 da LSA).

Já o art. 154 da LSA determina aos administradores o dever de exercício das atribuições que a lei e o estatuto lhe conferem para lograr os fins e no interesse da companhia, satisfeitas as exigências do bem público e da função social da empresa, sendo-lhe vedado os atos que caracterizam *desvio de poder*: (*a*) praticar ato de liberdade à custa da companhia; (*b*) sem prévia autorização da assembleia geral ou do Conselho de Administração, tomar por empréstimo recursos ou bens da companhia, ou usar, em proveito próprio, de sociedade em que tenha interesse, ou de terceiros, os seus bens, serviços ou crédito; (*c*) receber de terceiros sem autorizarão estatutária ou da assembleia geral, qualquer modalidade de vantagens pessoal, direta ou indireta em razão do exercício de seu cargo (art. 154, § 2º, da LSA).

A lei ainda descreve hipóteses de *deslealdade* do administrador no art. 155 da LSA, vedando-se ao administrador: (*a*) usar, em benefício próprio ou de outrem, com ou sem prejuízo para a companhia, as oportunidades comercias de que tenha conhecimento em razão do exercício de seu cargo; (*b*) omitir-se no exercício ou proteção de direitos da companhia ou, visando a obtenção de vantagens, para si ou para outrem, deixar de aproveitar oportunidades de negócio de interesse da companhia; (*c*) adquirir, para revender com lucro, bem ou direito que sabe necessário à companhia, ou que esta tencione adquirir. Atos gratuitos da chamada *responsabilidade social* podem ser autorizados pelos administradores em benefício dos empregados ou da comunidade de que participe a empresa (art. 154, § 4º, da LSA).

Há ainda o dever de evitar *conflito de interesses*, previsto no art. 156 da LSA: "É vedado ao administrador intervir em qualquer opressão social em que tiver interesse conflitante com o da companhia, bem como na deliberação que a respeito tomarem os demais administradores, cumprindo-lhe cientificá-los do seu impedimento e fazer consignar, em ata de reunião do Conselho de Administração ou da diretoria, a natureza e extensão do seu interesse".

O administrador ainda tem os deveres gerais de informação, que nas sociedades anônimas está regulado no art. 157 da LSA.

Além disso, o art. 1.011, § 1º, do CC, não admite que sejam administradores, além das pessoas impedidas por lei especial, os condenados à pena que vede, ainda que temporariamente, o acesso a cargos públicos; ou por crime falimentar, de prevaricação, peita ou suborno, concussão, peculato; ou contra a economia popular, contra o sistema financeiro nacional, contra as normas de defesa da concorrência, contra as relações de consumo, a fé pública ou a propriedade, enquanto perdurarem os efeitos da condenação.

Bibliografia: ADAMEK, Marcelo Vieira von; FRANÇA, Erasmo Valladão Azevedo e Novaes. Vinculação da sociedade: notas críticas ao artigo 1.015 do Código Civil. *Revista do Advogado* n. 96/65. BETTI, Emilio. *Teoria geral do negócio jurídico*. Tomo I. Tradução Fernando de Miranda. Coimbra: Coimbra Editora, 1969. MIRANDA, Francisco Cavalcanti Pontes de. *Tratado de direito privado*. T. I. 4. ed. São Paulo: Revista dos Tribunais, 1983.

5.1.3. Limitações de poderes – a regra do art. 1.015 do CC

Em geral as sociedades se vinculam pelos atos praticados pelos administradores (art. 47 do CC). Os limites das funções de administrador de sociedades foram definidos no art. 1.015, *caput*, do CC, regra geral provedora do sistema societário brasileiro [*t. II, §3, i. 2.3.*]. Em reforma promovida sem maiores discussões, a LFAN extirpou o parágrafo único do art. 1.015 do CC (art. 57, XXIX, "c", da Lei nº 14.195/2021). Embora padecesse de algumas críticas, o dispositivo representava importante parâmetro para o intérprete, sobretudo para que não imperasse a insegurança e a incerteza em negócios celebrados fora do âmbito de abrangência do contrato social. Feito o estrago, cabe-nos a busca de soluções, sobretudo com a mobilidade do sistema para encontrar validade de negócios praticados pela administração da sociedade.

Na sua redação original, o dispositivo do art. 1.015 do CC misturava diversos assuntos e consequências jurídicas em matérias distintas (ADAMEK; FRANÇA, 2008, p. 69). Em um suspiro, regulou: (*a*) poderes de gestão ordinários, (*b*) vedação de oneração ou venda de bens imóveis sem autorização específica da maioria dos sócios (art. 1.010 do CC). Por fim, no parágrafo único revogado, cuidava-se da oposição de excessos a terceiros em casos de (*c*) registro de limitações de poderes dos administradores, (*d*) conhecimento de limitações por terceiros e (*e*) oponibilidade do excesso por ato evidentemente estranho aos negócios da sociedade, com aprovação da *ultra vires societatis*.

Em matéria de proteção de terceiros de boa-fé há dois sistemas.

O primeiro, derivado do §126, Abs. 2, do HGB alemão e do §37, Abs. 2, da *GmbH-Gesetz*, que dispõem ser ineficaz a terceiros de boa-fé qualquer limitação do contrato social, salvo nos casos de conluio. O outro sistema, ao qual se filiou inicialmente a escola brasileira, provém do art. 2.298 do Código Civil italiano, que dispõe: "O administrador que tiver a representação da sociedade pode realizar todos os atos que se incluam no objeto social, observadas as limitações que resultarem do documento constitutivo ou da procuração comercial".

A falta do parágrafo único do art. 1.015, por outro lado, nos força a estabelecer algumas especificações dentro dessas correntes doutrinárias e do direito positivo brasileiro, conforme regra geral e hipóteses limite que se delineiam:

(a) *Regra geral:* interpretando o administrador como órgão da sociedade, entende-se que poderá praticar todos os atos necessários à consecução do objeto social, com a ressalva da obediência à lei e ao próprio objeto e escopo da sociedade. Portanto, o contrato social em geral, e o objeto social, em especial, fundamentam o primeiro critério de validade e eficácia de negócios celebrados com a sociedade. Se está no escopo da sociedade, forma-se negócio válido. O resto é *ultra vires societatis* (fora do objeto da sociedade) e não tem validade vinculativa da pessoa jurídica, mas tão somente a geração de perdas e danos perante o administrador ou pessoa que praticou o ato fora do escopo social.

(b) *Restrições no contrato e no estatuto social:* caso haja restrições de poderes no contrato social ou no estatuto da sociedade registrado na Junta Comercial (como alçadas de valores de contratos para assinatura conjunta de administradores), dá-se publicidade às restrições de poderes que não podem ser desprezadas ou simplesmente desconsideradas. A sociedade assim o quis e o mercado tem conhecimento por meio da presunção do registro, de modo que, em princípio, a validade de um negócio jurídico celebrado com a sociedade deverá respeitar as restrições de poderes do contrato.

(c) *A boa-fé de terceiros e suas figuras parcelares, como a teoria da aparência:* na prática, o que fez a revogação do art. 1.015, parágrafo único, foi reconduzir a boa-fé e suas figuras parcelares (como *venire contra factum proprium, surrectio, supressio* e a teoria da aparência) como fatores condicionantes de aferição do comportamento dos administradores da sociedade, de modo a verificar se o terceiro que transacionou com a pessoa jurídica foi levado a confiar que o negócio seria válido porque havia aparência de presentação.

Em razão de movimentação jurisprudência, essa era tendência anterior à própria revogação, inclusive com a invocação da teoria da aparência (STJ – REsp nº 887.277 – Rel. Min. LUIS FELIPE SALOMÃO). Afirmaram ADAMEK e FRANÇA que seguindo o primado da boa-fé, atos de administradores podiam vincular a sociedade quando "a sua preservação se impuser por efeito de outras regras e preceitos, em especial aqueles destinados a tutelar a posição jurídica de terceiros" (ADAMEK; FRANÇA, 2008, p. 69).

Não se estabelece essa compreensão em abstrato, mas em concreto, de acordo com a inerência do negócio entabulado em relação à sociedade. Essa averiguação em concreto é feita sem prejuízo de terceiros de boa-fé, vinculando a sociedade neste caso e responsabilizando o administrador perante a sociedade (arts. 1.016 e 1.017 do CC e art. 158 da LSA).

É o caso da prestação de aval da sociedade em favor de terceiros com vedação expressa do contrato social, assumindo o administrador a obrigação sem poderes para tanto. A garantia do título de crédito se torna válida contra o próprio adminis-trador. Todavia, sendo ele o principal sócio e figura proeminente no controle da soci-edade, havendo terceiro que atua de boa-fé, a sociedade poderá ser vinculada àquele aval, com posterior regresso em face do administrador incauto. Foi isso que fez a re-vogação do art. 1.015, parágrafo único. Reforçou-se a posição de perdas e danos, com a aplicação da aparência de representação (COMPARATO, 1998, p. 43).

Outra hipótese, porém, não comporta a mesma interpretação, sendo o caso da nulidade da venda de ativos imobilizados da sociedade, sem autorização dos sócios e sem previsão de poderes contratuais, porque o *caput* do art. 1.015 assim não o permite.

Jurisprudência

STJ – 3ª T. – REsp nº 448.471 – Rel. Min. Nancy Andrighi – j. 20/03/2003: *O caso envolve direito anterior ao CC, mas o art. 1.015 pode ser usado como parâmetro, combinado com a boa-fé*: "O excesso de mandato praticado pelo administrador da pessoa jurídica poderá ser oposto ao terceiro beneficiário apenas se ficar afastada a boa-fé deste, o que ocorre quando: (i) a limitação de poderes dos administradores estiver inscrita no registro próprio, (ii) o terceiro conhecia do excesso de mandato, e (iii) a operação realizada for evidentemente estranha ao objeto social da pessoa jurídica. – Verificada a boa-fé do terceiro, restará à pessoa jurídica exigir a reparação pelos danos sofridos em ação regressiva a ser proposta contra o administrador que agiu em excesso de mandato".

STJ – 4ª T. – REsp nº 887.277 – Rel. Min. Luis Felipe Salomão – j. em 04/11/2010: "1. No caso em exame, debatem as partes em torno de aditivo que apenas estabeleceu nova forma de reajuste do contrato original – em relação ao qual não se discute a validade –, circunstância a revelar que o negócio jurídico levado a efeito pelo então Gerente de Suprimentos, que é acessório, possui a mesma natureza do principal – prestação de serviços –, o qual, a toda evidência, poderia ser celebrado pela sociedade recorrente por se tratar de ato que se conforma com seu objeto social. 2. Na verdade, se a pessoa jurídica é constituída em razão de uma finalidade específica (objeto social), em princípio, os atos consentâneos a essa finalidade, não sendo estranho ao seu objeto, praticados em nome e por conta da sociedade, por seus representantes legais, devem ser a ela imputados. 3. As limitações estatutárias ao exercício de atos por parte da Diretoria da Sociedade Anônima, em princípio, são, de fato, matéria *interna corporis*, inoponíveis a terceiros de boa fé que com a sociedade venham a contratar. 4. Por outro lado, a adequada representação da pessoa jurídica e a boa-fé do terceiro contratante devem ser somadas ao fato de ter ou não a sociedade praticado o ato nos limites do seu objeto social, por intermédio de pessoa que ostentava ao menos aparência de poder. 5. A moldura fática delineada pelo acórdão não indica a ocorrência de qualquer ato de má-fé por parte da autora, ora recorrida, além de deixar estampado o fato de que o subscritor do negócio jurídico ora impugnado – Gerente de Suprimento – assinou o apontado 'aditivo contratual' na sede da empresa e no exercício ordinário de suas atribuições, as quais, aliás, faziam ostentar a nítida aparência a terceiros de que era, deveras, representante da empresa. 6. Com efeito, não obstante o fato de o subscritor do negócio jurídico não possuir poderes estatutários para tanto, a circunstância de este comportar-se, no exercício de suas atribuições – e somente porque assim o permitiu a companhia –, como legítimo representante da sociedade atrai a responsabilidade da pessoa jurídica por negócios celebrados pelo seu representante putativo com terceiros de boa-fé. Aplicação da teoria da aparência".

STJ – 4ª T. – REsp nº 115.966 – Rel. Min. Sálvio de Figueiredo Teixeira – j. 17/02/2000: "(...) I – A manifestação volitiva da pessoa jurídica somente se tem por expressa quando produzida pelos seus "representantes" estatutariamente designados. II – No caso de ser o ato praticado pela pessoa jurídica representada por apenas um dos seus sócios, quando seus estatutos determinam seja ela representada pelos dois sócios em conjunto, o que ocorre não é deficiência na representação, no sentido técnico-jurídico, que aceita convalidação, mas ausência de consentimento da empresa, por falta de manifestação de vontade, requisito fático para a formação do ato. III – O ato jurídico para o qual não concorre o pressuposto da manifestação de vontade é de ser qualificado como inexistente, cujo reconhecimento independe de pronunciamento judicial, não havendo que invocar-se prescrição, muito menos a do art. 178 do Código Civil (...)".

TJSP – 21ª Câm. Dir. Privado – Apelação nº 0032559-24-2011.8.26.0196 – Rel. Des. Virgilio de Oliveira Júnior – j. 17/06/2013: "Declaratória de inexigibilidade de título de crédito. Duplicatas. Sentença de parcial procedência. Apelo da autora. Alegação de que o contrato que deu lastro à emissão das duplicatas foi assinado por pessoa sem poderes. Teoria da aparência. Contrato firmado por preposto da autora. Autora que, ademais, se beneficiou do contrato de prestação de serviços (...)".

> **Bibliografia:** COMPARATO, Fábio Konder. *Aparência de representação: a insustentabilidade de uma teoria. RDM*, n. 111/39. ADAMEK, Marcelo Vieira von; FRANÇA, Erasmo Valladão Azevedo e Novaes. *Vinculação da sociedade: notas críticas ao artigo 1.015 do Código Civil. Revista do Advogado* n. 96/65. LEÃES, Luiz Gastão Paes de Barros. *O alcance das limitações estatutárias ao poder de representação dos diretores*. RDM, 113/9. PENTEADO, Luciano de Camargo. *Efeitos contratuais perante terceiros*. São Paulo: Quartier Latin, 2007. TEIXEIRA, Egberto Lacerda. *Das sociedades por quotas de responsabilidade limitada*. São Paulo: Max Limonad, 1956. VENTURA, Raul. *Sociedade por quotas*. V. III. Coimbra: Almedina, 1991.

5.1.4. *Esquemas de imputação e responsabilidade*

Via de regra, o administrador não tem responsabilidade pessoal pelas obrigações que contrair em nome da sociedade e em decorrência de regulares atos de gestão empresarial (art. 158 da LSA e arts. 1.011 e 1.064 do CC). Espera-se do administrador o desempenho de suas funções com o *standard* do homem ativo e probo, que toma as medidas para a garantia do cumprimento do objeto social. Vigora, também no Brasil, o princípio de julgamento das regras do negócio (*business judment rule*), que inclusive inibe intervenção judicial nas decisões *interna corporis* tomadas dentro da pauta do objeto e do interesse da sociedade. Esse o sentido do *caput* do art. 1.015, *caput*, do CC, dispondo que o administrador pode praticar todos os atos pertinentes à gestão da sociedade. Também é a interpretação que se dá ao conteúdo do art. 159, § 6º, da LSA, ao prevê que "o juiz poderá reconhecer a exclusão da responsabilidade do administrador, se convencido de que este agiu de boa-fé e visando ao interesse da companhia". Por meio dessa regra, inibe-se a atuação do Poder Judiciário no conteúdo de decisões administrativas tomadas no interesse da sociedade, além de se identificar excludente de responsabilidade. Assim, a decisão dos administradores deve ser informada, refletida e desinteressada, determinando aos juízes somente a análise do processo de *tomada* de decisões, sem se imiscuir no mérito da gestão societária – esta muito mais afeita ao conhecimento técnico do próprio administrador (Ribeiro, 2013, p. 419-420; Pargendler, 2017).

Excepciona-se esse padrão de atuação e a excludente com a responsabilidade civil pessoal do administrador quando atuar, em geral: (*a*) dentro de suas atribuições ou poderes, com culpa ou dolo; (*b*) com violação da lei ou do estatuto, tratando-se também de responsabilidade subjetiva, conforme entende majoritária doutrina. Patente que há a necessidade de descumprimento de dever legal, identificando-se faticamente uma conduta ilícita, com liame de causalidade gerador do dano consequente, qualificada pelo elemento subjetivo (dolo ou culpa). É possível, também, que haja responsabilidade solidária pelo ato realizado, uma vez existente ilícito com conivência de outros administradores.

A regra geral de responsabilidade do administrador das sociedades tem disciplina dos arts. 1.016 e 1.017 do CC. Na primeira hipótese, os administradores respondem solidariamente perante a sociedade e os terceiros prejudicados, por culpa no desempenho de suas funções. Cuida-se de causa geral de reparação de danos, com imputação atribuída ao administrador, seja para ressarcimento da sociedade, seja de terceiros prejudicados. Já no caso do art. 1.017, tem-se causa de responsabilidade civil perante a sociedade se forem aplicados créditos ou bens sociais em proveito próprio do administrador ou de terceiros.

Haverá responsabilidade, ainda, na administração disjuntiva se o administrador realizar operações, sabendo ou devendo saber que estava agindo em desacordo com a maioria (art. 1.013, § 2º, do CC).

Ainda se observam regras gerais de responsabilidade no art. 54 da LCoop, que atribui ação a cooperados e à sociedade por responsabilidade do administrador. E temos, ainda, o sistema de responsabilidade dos arts. 158 a 160 e 245 da LSA, com peculiaridades que serão analisadas adiante [*t. II, §10, i. 5.4.3.*].

A responsabilidade será estendida a todo administrador que tomar parte da deliberação com interesse contrário ao da sociedade (art. 1.017, parágrafo único, do CC). Interessante anotar a excludente de responsabilidade, que atua diretamente na desestabilização do nexo causal, consistente na demonstração de que o administrador não tomou parte na deliberação, consignando-se em ata a sua discordância. Instrui GIUSEPPE FERRI: "Para atribuir um significado à norma é necessário admitir, também no caso de administração disjuntiva, que o administrador singular não pode desinteressar-se da obra dos outros e deve exercitar um controle sobre sua atividade, de modo que ele não poderá eximir-se de responsabilidade pelo só fato de ser ocultado de sua obra, mas deve demonstrar que, por haver usado da norma diligência, não teve conhecimento do ato ou do fato do outro administrador ou que, por haver feito oposição, a maioria dos sócios decidiu todavia pelo cumprimento do ato" (FERRI, 1971, p. 184).

Outra hipótese que gera excludente da responsabilidade do administrador, ao menos por irregularidades de gestão financeira, é a aprovação de contas em assembleia. É o que se extrai do conteúdo do art. 44, § 2º, da LCoop e também da combinação dos arts. 134, § 3º e 159 da LSA, porque uma companhia pode deliberar acerca da propositura de ação de responsabilidade em face do administrador, desde não ocorra prévia aprovação das contas em assembleia. "Salvo se anulada, a aprovação das contas sem reservas pela assembleia geral exonera os administradores e diretores de quaisquer responsabilidades" (STJ – REsp nº 1.313.725 – Rel. Min. VILLAS BÔAS CUEVA).

Jurisprudência

STJ – 3ª T.– REsp nº 1.313.725 – Rel. Min. Ricardo Villas Bôas Cueva – j. 26/06/2012: "Esta Corte Superior mantém o entendimento de que, salvo se anulada, a aprovação das contas sem reservas pela assembleia geral exonera os administradores e diretores de quaisquer responsabilidades". No mesmo sentido: Ag no Rg nº 950.104.

STJ – 3ª T. – REsp nº 1.692.803 – Rel. Min. Ricardo Villas Bôas Cueva – j. 23/02/2021: "(...)3. A aprovação das próprias contas é caso típico de conflito formal (ou impedimento de voto), sendo vedado ao acionista administrador proferir voto acerca da regularidade de suas contas. 4. Na hipótese, o fato de o único outro sócio da sociedade anônima fechada ter ocupado cargo de administração em parte do exercício não altera a conclusão que o sócio administrador não pode aprovar as próprias contas (...)"

STJ – 4ª T. – REsp nº 1.349.233 – Rel. Min. Luis Felipe Salomão – *DJe* 05/02/2015: "1. As limitações estatutárias ao exercício da diretoria, em princípio, são, de fato, matéria interna corporis, inoponíveis a terceiros de boa-fé que com a sociedade venham a contratar. E, em linha de princípio, tem-se reconhecido que a pessoa jurídica se obriga perante terceiros de boa-fé por atos praticados por seus administradores com excesso de poder. Precedentes. 2. Nesse passo, é consequência lógica da responsabilidade externa corporis da companhia para com terceiros contratantes a responsabilidade interna corporis do administrador perante a companhia, em relação às obrigações contraídas com excesso de poder ou desvio do objeto social. 3. Os atos praticados com excesso de poder ou desvio estatutário não guardam relação com a problemática da eficiência da gestão, mas sim com o alcance do poder de representação e, por consequência, com os limites e possibilidades de submissão da pessoa jurídica – externa e internamente. Com efeito, se no âmbito externo os vícios de representação podem não ser aptos a desobrigar a companhia para com terceiros – isso por apreço à boa-fé, aparência e tráfego empresarial –, no âmbito interno fazem romper o nexo de imputação do ato à sociedade empresarial. Internamente, a pessoa jurídica não se obriga por ele, exatamente porque manifestado por quem não detinha poderes para tanto.

Não são imputáveis à sociedade exatamente porque o são ao administrador que exorbitou dos seus poderes. 4. Portanto, para além dos danos reflexos eventualmente experimentados pela companhia, também responde o diretor perante ela pelas próprias obrigações contraídas com excesso de poder ou fora do objeto social da sociedade. 5. Se a regra é que o administrador se obriga pessoalmente frente à companhia pelos valores despendidos com excesso de poder, quem excepciona essa regra é que deve suportar o ônus de provar o benefício, para que se possa cogitar de compensação entre a obrigação de indenizar e o suposto proveito econômico, se não for possível simplesmente desfazer o ato exorbitante (...)".

STJ – 4ª T. – REsp nº 157.579 – Rel. Min. Cesar Asfor Rocha – j. 12/090/2006: "A sociedade anônima tem legitimidade para o ajuizamento da ação de responsabilidade contra seus ex-administradores e ex-gerentes pelos eventuais desmandos por eles praticados. Todavia, para tanto, exige o art. 159 da Lei das S/A que a assembleia geral delibere acerca da propositura da ação".

Bibliografia: BENSAL, Bruno Marques. *A business judment rule no direito brasileiro: da responsabilidade dos administradores na perspectiva do direito comparado e na jurisprudência da CVM*. ReDE – Revista de Direito Empresarial, 7/111. FERRI, Giuseppe. *Trattato di diritto civile italiano. Le Società*. v. 10, t. 3. Torino: Torinese, 1971. v.10. t. 3. RIBEIRO, Julio Cesar de Lima. A transposição da *business judgment rule* para o regime da responsabilidade civil de administradores em Portugal e no Brasil. *Revista dos Tribunais*. São Paulo, ano 102, v. 937, p. 391-432, Novembro/2013. PARGENDLER, Mariana. *Responsabilidade civil dos administradores e business judment rule no direito brasileiro*. In: LUPION, Ricardo (org.). *40 anos da Lei das Sociedades Anônimas*. Porto Alegre: Editora FI, 2017. p. 283-308.

5.1.5. Legislação anticorrupção

Tem sido de extrema relevância, especialmente diante do contexto social e econômico brasileiro, a integração de medidas anticorrupção na organização empresarial. A influência vinda da jurisprudência e do advento da Lei nº 12.846/2013 determinou a entronização de estruturas administrativas infensas à prática de corrupção e lavagem de dinheiro.

Relevante constatar que o julgamento da Ação Penal nº 470 pelo STF (STF – APn nº 470/MG – Min. JOAQUIM BARBOSA) provocou consequências em (*a*) padrões internos da organização societária, (*b*) compreensão de *standards* de conduta e (*c*) repercussão direta em políticas de *compliance*.

Se o domínio do fato repercutiu nas análises dos penalistas na AP nº 470, em matéria societária a observação do poder societário se mostra de grande relevo para fins de responsabilidade dos administradores e controladores. Esse fato jurídico também atua decisivamente quando o direito penal vai às entranhas da organização societária na criminalidade econômica. Trata-se, portanto, da avaliação do nível de estrutura do poder interno na sociedade, a partir da *participação no capital*, *direção* ou *controle*, aptas a gerar responsabilidade dentro da organização.

A identificação do controle acaba sendo critério importante para determinação de responsabilidade civil no âmbito societário, seja por atuação em conflito de interesses, seja pelo abuso do poder. Tais fatos também podem repercutir diretamente na esfera penal, já que a valoração variavelmente chega às esferas de controle da organização societária, desde que devidamente individualizada a conduta: "o simples fato de ser sócio, diretor ou administrador de empresa não autoriza a instauração de processo criminal por crimes praticados no âmbito da sociedade, se não restar comprovado, ainda que com elementos a serem aprofundados no decorrer da ação penal, a mínima relação de causa e efeito entre as imputações e a sua função na empresa, sob pena de se reconhecer a responsabilidade penal objetiva" (STJ – HC nº 56.058/SP – Rel. Min. GILSON DIPP).

A prevenção no âmbito societário acaba sendo a criação de órgãos *interna corporis* de depuração das condutas, verdadeiras *instâncias corregedoras* aptas a minimizar a responsabilidade (GIROLAMO, 2008, p. 1001). Para tais finalidades, KLAUS HOPT especificou três estratégias jurídicas para efetivar normas de conduta ética para membros do conselho e profissionais: (*a*) dever de informar; (*b*) estratégia do consentimento e aprovação das condutas; (*c*) processualização em contextos decisórios imprecisos (*fuzzy decision-making context*) (HOPT, 2006, p. 116-117).

A partir da decisão do STF, o Poder Judiciário pode ter introduzido na estrutura societária um novo componente para preenchimento de padrões de conduta e de governo da organização societária, principalmente por decorrência da inobservância de posturas administrativas – que, não necessariamente, estão ligadas a condutas penais, mas podem significar assunção de riscos empresariais. Conforme orienta EDUARDO SAAD-DINIZ, o dever de colaboração com o Estado passou a ser estrutura integrante da dinâmica da sociedade para prevenção da criminalidade no âmbito empresarial (SAAD-DINIZ, 2013, p. 9-10).

Gerou-se um parâmetro de reforço de sistemas internos de *compliance*. Isso se mostra claro quando o acórdão da AP nº 470 menciona constantemente o *standard* de conduta da falta de zelo, descuido, imprudência e negligência para qualificação a gestão temerária e a gestão fraudulenta de instituição financeira (crimes previstos na Lei nº 7.492/86).

Com olhos postos na influência da AP nº 470, ainda é preciso compreender o advento da Lei nº 12.846/2013, conhecida como Lei Anticorrupção, que mudou a política contra as organizações, ainda que agrupadas, que atentarem contra a administração pública, determinando a *responsabilidade objetiva*, no âmbito civil e administrativo, nos atos lesivos praticados em seu interesse ou benefício, exclusivo ou não, sem prejuízo da responsabilidade individual de seus dirigentes ou administradores (arts. 1º a 5º da Lei nº 12.846/2013). Demais disso, os programas de *compliance* passaram a promover autorregulação coagida, de modo a estimular a detecção, apuração e reação a infrações econômicas no âmbito empresarial (NIETO-MARTIN, 2018, p. 41).

Constata-se, com isso, que a administração das sociedades e o exercício do controle passaram a ter outra dimensão de *risco* no relacionamento com a administração pública. Como exemplo, o art. 9º, inciso II, da LEstatais determina que as estatais adotem práticas de gestão de riscos e controle interno que abranja "área responsável pela verificação de cumprimento de obrigações e de gestão de riscos".

Jurisprudência

STF – Plenário – APn nº 470/MG – Rel. Min. Joaquim Barbosa – j. 17/12/2012: "(...) O crime de gestão fraudulenta de instituição financeira (art. 4º da Lei 7.492/1986) configurou-se com a simulação de empréstimos bancários e a utilização de diversos mecanismos fraudulentos para encobrir o caráter simulado dessas operações de crédito, tais como: (1) rolagem da suposta dívida mediante, por exemplo, sucessivas renovações desses empréstimos fictícios, com incorporação de encargos e realização de estornos de valores relativos aos encargos financeiros devidos, de modo a impedir que essas operações apresentassem atrasos; (2) incorreta classificação do risco dessas operações; (3) desconsideração da manifesta insuficiência financeira dos mutuários e das garantias por ele ofertadas e aceitas pelo banco; e (4) não observância tanto de normas aplicáveis à espécie, quanto de análises da área técnica e jurídica do próprio Banco Rural S/A. Ilícitos esses que também foram identificados por perícias do Instituto Nacional de Criminalística e pelo Banco Central do Brasil. Crime praticado em concurso de pessoas, com unidade de desígnios e divisão de tarefas. Desnecessidade, para a configuração da coautoria delitiva, de que cada um dos agentes tenha praticado todos os atos fraudulentos que caracterizaram a gestão fraudulenta de instituição financeira. Pela divisão de tarefas, cada coautor era incumbido da realização de determinadas condutas, cujo objetivo era a realização do delito (...)".

STJ – HC nº 56.058/SP – Rel. Min. Gilson Dipp: "o simples fato de ser sócio, diretor ou administrador de empresa não autoriza a instauração de processo criminal por crimes praticados no âmbito da sociedade, se não restar comprovado, ainda que com elementos a serem aprofundados no decorrer da ação penal, a mínima relação de causa e efeito entre as imputações e a sua função na empresa, sob pena de se reconhecer a responsabilidade penal objetiva".

STJ – REsp nº 1.130.103 – Rel. Min. Castro Meira – j. 19/08/2010: "No atual cenário da economia nacional e internacional, altamente dependente da saúde financeira do setor empresarial, a eticidade nas relações interna corporis das companhias é bem jurídico igualmente digno de tutela, por meio do estímulo à segurança e à transparência das operações financeiras. Por tais motivos, urge aplicar-se o princípio da confiança, a fim de resguardar a boa-fé dos sócios minoritários, bem como de toda a comunidade, diante de eventuais situações jurídicas geradas por um comportamento desleal dos administradores e sócios-controladores das pessoas jurídicas".

TJSP – 1ª Câm. Reservada Dir. Empr – AI nº 2065937-30.2017.8.26.0000 – Rel. Des. Alexandre Lazzarini – j. 23/08/2017: "(...) 1- Em ação de obrigação de fazer promovida pela agravante, foi indeferida tutela provisória em que esta pretende que a agravada, da qual é sócia minoritária, *implemente programa de integridade, com contratação de consultoria indicada pela agravante, bem como contrate auditoria externa investigativa*. 2- (...). 3- Agravante que deixa de indicar substituto para de seu representante no Conselho Fiscal, que renunciou. 4- *A pretensão da agravante pode ser obtida por conselheiro fiscal (Lei n. 6.404/76, art. 163 e parágrafos), que pode atuar individualmente, ou com o próprio conselho, para obter as informações e as condutas pretendidas mediante intervenção judicial na companhia*. Ônus da agravante, como sócia, que deixou de indicar seu representante no Conselho Fiscal. A intervenção judicial, como regra, na vida societária, deve ser mínima. 5- *Embora incontroversa a relevância da Lei n. 12.846/13 (Lei Anticorrupção), a mesma não é impositiva, mas contém, somente, a recomendação de condutas para fins de amenização das sanções penais, civis e administrativas*. 6- Voto vencido que admite a força impositiva da Lei Anticorrupção e provê o recurso. (...)".

Bibliografia: BERGER, Klaus Peter. *The Creeping Codification of the new Lex Mercatoria*. Austin: Wolters Kluwer, 2010. GIROLAMO, Fabrizio di. I *compliance programs*: un tema di governo societario da svolgere a cura d'assemblea? *Rivista delle Società*. Milão, Giuffrè, ano 53, set-out/2008, p. 995. GOLDMAN, Berthold, Les frontiéres du droit et lex mercatoria. *Archives de Philosophie du Droit*. n. 9, 1964, p. 177. GALGANO, Franceso. *Lex mercatoria: storia del diritto commerciale*. Bolonha: Il Mulino, 1998. HOPT, Klaus. *Deveres legais e conduta ética de membros do Conselho de Administração e de profissionais*. RDM, 144/107. HUCK, Hermes Marcelo. *Sentença estrangeira e Lex Mercatoria: horizontes do comércio internacional*. São Paulo: Saraiva, 1994. MARTIN, Adan Nieto et. al. *Manual de cumprimento normativo e responsabilidade penal das pessoas jurídicas*. Florianópolis: Tirant lo Blanch, 2018. SAAD-DINIZ, Eduardo. O modelo brasileiro de prevenção à lavagem de dinheiro: as repercussões da Ação Penal 470. *Boletim do IBCCrim*, n. 242/9. SAAD-DINIZ, Edaurdo. *Ética empresarial*. São Paulo: Thomson-Reuters, 2019.

5.2. Organização empresarial por meio de grupos

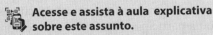

Acesse e assista à aula explicativa sobre este assunto.

> http://uqr.to/f0w5

5.2.1. Concentrações econômicas

A empresa pode ser organizada individualmente ou por meio de concentrações de diversas unidades organizacionais, coordenadas por direção unitária de um *grupo*. Acontece que a compreensão do termo *grupos* no direito brasileiro traz polissemia derivada do tratamento diferenciado que a legislação dá às concentrações econômicas – realidade inafastável da atual fase do capitalismo. Acontece que legislação acabou gerando três categorias de interpretação (Diniz, 2016, p. 98):

(*a*) *Grupos econômicos*: arranjos entre organizações que coordenam atividades econômicas em cadeias verticais ou horizontais, com tratamento da legislação de forma a unificar com solidariedade as atividades, de modo a proteger setores específicos, como no caso trabalhista (art. 2º, § 2º, da CLT), consumidores (art. 28 do CDC), contribuições previdenciárias (art. 30, inciso IX, da Lei nº 8.212/91), infrações à ordem econômica (art. 33 da Lei nº 12.529/2011), penalidades anticorrupção (art. 4º, § 2º, da Lei nº 12.846/2013) e do marco civil da *internet* (arts. 11, § 2º e 12, parágrafo único, da Lei nº 12.965/2014). A tutela normalmente é fundada na *solidariedade* e *unidade* indiscriminada entre membros de grupamento econômico para grupos de interesses eleitos pela respectiva lei.

(*b*) *Grupos de sociedades*: trata-se de espécie de grupo econômico, composta somente por pessoas jurídicas sob a forma de sociedades, coordenadas (nos consórcios) e subordinadas (nos grupos de direito e de fato). Identifica-se a manifestação de coligação ou de controle de uma ou mais sociedades personificadas do grupo, com direção unitária permanente das atividades, com potencial de preponderância dos interesses da sociedade controladora. No grupo há sociedades autônomas, mas ligadas entre si (Emmerich; Habersack, 2010, p. 1).

(*c*) O terceiro fenômeno decorre das *concentrações por relações contratuais* [*t. IV, §8, i. 9*]. Essa é uma realidade econômica moldada por acordos verticais e cadeias contratuais determinantes de colaboração ou mesmo relacionais, como nos casos de franquia, *joint venture*, concessão mercantil, distribuição, que não estão acomodados na natureza plurilateral e associativa dos contratos de sociedade, mas que podem ser geradores de tratamento unitário, seja para a interpretação da dependência econômica internamente ao contrato, seja para os efeitos externos dela derivados. A empresa que manipula a cadeia econômica, sai do controle *ex causa societas* dos fatores de produção e passa à gestão de valores da inter-relação de rede.

De relevante para o estudo da organização empresarial são os *grupos de sociedades*, cujo modelo que inspirou o sistema brasileiro foi a *dualidade* alemã dos grupos convencionais (ou de direito) e grupos de fato (Guerreiro, 2005, p. 305).

5.2.2. Grupos de direito ou grupos convencionais

Quando o direito positivo brasileiro trata da concentração empresarial de grupo, somente o faz pela previsão dos grupos de direito, regulados pelos arts. 265 a 268 da LSA. São os chamados *grupos de direito* ou *grupos convencionais*, porquanto sejam estruturas empresariais desempenhadas por diversas organizações ligadas por convenção. A constituição da empresa grupada provoca a transmutação do centro decisões para a sociedade controladora. Portanto, serão grupos de direito as sociedades organizadas por meio do negócio jurídico típico da convenção "pela qual se obriguem a combinar recursos ou esforços para a realização dos respectivos objetos, ou a participar de atividades ou empreendimentos comuns" (art. 265 da LSA). Tal instrumento de formação da sobreorganização societária deverá ser registrado na Junta Comercial para a produção dos efeitos pretendidos (cumprindo-se, ainda, as exigências dos arts. 269 a 271 da LSA).

O contrato do grupo fixa a independência entre as unidades, mas também disciplina a proveniência do controle do grupo, já que na convenção deve ser identificada a sociedade brasileira controladora ou de comando e com função de "exercer, direta ou indiretamente, e de modo permanente, o controle" (art. 265, § 1º, da LSA), além da indicação das sociedades filiadas, condição de participação das diversas sociedades, órgãos e cargos de administração do grupo. Tal aspecto justifica a necessidade de definição da estrutura administrativa da sobreorganização, até mesmo para que haja regras claras às controladas a respeito dos limites do exercício do poder da controladora e eventual submissão do interesse da controlada a um interesse do grupo (GUERREIRO, 2005, p. 309).

Portanto, o contrato de sobreorganização do grupo tem função econômica mediadora e de contenção dos interesses, com garantias mínimas aos sócios (da controladora e da controlada) acerca da condução dos negócios do grupo. Acontece que tal moldura da organização empresarial foi muito pouco utilizada na prática do direito brasileiro.

5.2.3. Relações de coligação e controle (grupos de fato)

5.2.3.1. Coligação

A participação de capital em outra sociedade qualificada pela influência significativa caracterizou a *coligação* no direito brasileiro, conforme regência do art. 243, § 1º, da LSA. Afastando o controle, a influência significativa é delimitada pelo § 4º do mesmo dispositivo "quando a investidora detém ou exerce o poder de participar nas decisões das políticas financeira ou operacional da investida", presumindo-se a situação fática quando essa relação de capital atinja o montante de 20% ou mais do capital votante da investida (§ 5º). Em outros termos, a simples participação apresenta caracteres de coligação se ocorrer o *plus* qualificador da influência significativa, real ou presumida pela disposição legal.

Essa regência preponderou em aplicação supletiva para as sociedades limitadas, por força do art. 19 do Decreto nº 3.708/1919, até o advento do CC. A partir de 2003, em capítulo específico do direito de sociedades personificadas no CC, regulou-se a coligação no art. 1.097 com base em *relação de capital* entre sociedades, determinante de três situações distintas, quais sejam: controladas (art. 1.098), coligadas ou filiadas (art. 1.099) e simples participação (art. 1.100). Avocou-se a regência geral da matéria, revogando dispositivos com conteúdo divergente na LSA e inovando na definição da mera participação (art. 1.100 do CC).

Por conseguinte, a identificação da coligação ficou mais confusa com a nova codificação, porque passou a ser qualificada pelo volume mínimo de 10% de participação no capital de outra sociedade, sem implicações de controle (art. 1.099 do CC). A presunção ficou inferior àquela do art. 243, § 5º, da LSA. Entretanto, a questão não se encerra nesse ponto: a Lei nº 11.941/2009 reafirmou no art. 243, § 3º, posteriormente ao CC, que a presunção de coligação para a investidora é de 20% de participação no capital, levando-se em conta o "arranjo de poder interno da sociedade investida" e o poder de uma sociedade na outra. Assim, a coligação passou a se basear (*a*) na influência significativa, (*b*) no investimento presumido de 20% ou mais e (*c*) na ausência de controle característico de grupo.

Portanto, estabeleceu-se um regime dual para a relação simétrica e bilateral característica da coligação: em matéria societária geral, com investidora que não seja S/A, a presunção de coligação é de 10%. Para investidoras S/A, a presunção é de 20%.

Identificar a coligação tem a função de reduzir o impacto das decisões tomadas no âmbito de coligada, até por conta de uma participação de investidora que não gera poder de controle. Portanto, as cifras de coligação representam muito mais o reconhecimento de investimentos relevantes, com manutenção de controle próprio em cada sociedade investida.

Bibliografia

FRANÇA, Erasmo Valladão A. N.; ADAMEK, Marcelo Vieira von. *O novo conceito de sociedade coligada na lei acionária brasileira*, RDM, 159-160/39.

5.2.3.2. Controladoras e controladas

Mais comuns na prática, os *grupos de fato* compõem a qualificação doutrinária para participações societárias de coligação e controle. O controle gera a preponderância nas deliberações em assembleia e na administração da sociedade [*t. II, §3, i. 3.5*] e nos grupos ele é exercido por outra sociedade. Em realidade, a constituição da empresa grupada provoca a transmutação do centro decisões para a sociedade controladora (LUTTER, 2009, p. 1.069), mas as sociedades agremiadas ainda guardariam independência jurídica entre si (CARVALHOSA, 2009, v. 4, p. 317).

A LSA somente cuida da responsabilidade de administradores (art. 245 da LSA), responsabilidade da controladora (art. 246 da LSA), demonstrações financeiras (arts. 247 a 250 da LSA) e incorporação de companhia controlada (art. 264 da LSA). Para o restante da regulação, o grupo de fato deve buscar as demais regras da LSA – ou seja, imperando regramento de sociedades individuais – e, supletivamente, do CC, naquilo que for aplicável. Isso inclui a pauta de conduta e sanção do abuso de poder, na forma dos arts. 116 e 117 da LSA. Ademais, "as operações entre as sociedades devem manter condições estritamente comutativas, como entidades isoladas" (LAMY FILHO; PEDREIRA, 1992, p. 246), sob pena de responsabilidade pela celebração de negócios prejudiciais a controladas, controladoras ou coligadas (CARVALHOSA, 2009, v. 4, p. 33).

Num grupo, a atuação da sociedade controladora amplia a tutela do interesse para a preservação da atividade das sociedades controladas, para o respeito ao interesse comum dos sócios da controladora e da controlada, além de considerar as consequências dos atos em relação aos terceiros no âmbito de todas as sociedades em coligação. Isso porque, nos grupos de fato as sociedades agremiadas guardariam independência jurídica entre si e nos grupos de direito cederiam parcela de sua autonomia à unidade formada pela convenção.

Outra característica de ordem geral para os grupos é a direção unitária, verdadeiro elemento central de diferenciação de grupos societários e eixo de regulação das medidas de proteção dos sócios externos, credores e trabalhadores. Portanto, a direção unitária provoca a perda de autonomia administrativa da sociedade controlada, que passa a ter julgados os negócios de administração praticados a partir do poder de controle. Para ENGRACIA ANTUNES, a direção unitária ressalta o papel do controle e determina certa perda de independência econômica, sobretudo constatada na condução de políticas financeiras centralizadas, com perda de autonomia das sociedades controladas para inserção de capital no fluxo da cadeia produtiva, por aumento de capital, busca de capital no próprio grupo ou financiamento de terceiros (ENGRACIA ANTUNES, 2002, p. 116-117).

5.2.3.3. O protagonismo do controle como critério de imputação

A descrição até o momento realizada permite afirmar que a conexão entre as sociedades em grupo de fato no direito brasileiro é decorrente do *controle* (PRADO, 2007, p. 104). Esse o fato que, juridicizado, influencia as análises que permeiam a sobreorganização societária. Conforme visto [*t. II, §3, i. 3.5.*], a definição de controle é objeto de diversas teorias no direito brasileiro. A prevalência da tese da preponderância nas deliberações e na escolha dos administradores repercutiu diretamente na opção do legislador, posto que retratada no art. 116, alíneas "a" e "b", da LSA e reproduzida com adaptação no art. 243, § 2º, da LSA e art. 1.098, inciso I, do CC.

Com essa supremacia permanente nas deliberações e na administração, valora-se juridicamente a *presunção de poder* da sociedade controladora nas sociedades controladas, ainda que ele não seja exercido.

Observa-se, ainda como característica, que mesmo identificado o fato jurídico de controle, não se perde a autonomia de cada uma das unidades grupadas, de modo que todas guardam sua personalidade jurídica específica, mas são submetidas à redução de autodeterminação pela direção da controladora (ENGRACIA ANTUNES, 2002, p. 124). Constata-se que o direito brasileiro deu relevância à relação de controle entre sociedades, atribuindo a esse vínculo consequências jurídicas variadas, seja para grupos de direito, seja para aqueles meramente fáticos. Assim, uma sociedade controladora pode formar relações societárias de preponderância permanente nas deliberações e na administração das sociedades controladas, em estruturas que podem combinar *holdings* puras ou mistas. Por conseguinte, a identificação do poder passa por detida investigação do encadeamento das participações societárias, atribuindo-se responsabilidades ou contenções de controle justamente a partir do isolamento da fonte de onde emana o poder.

Bibliografia: DINIZ, Gustavo Saad. *Grupos de sociedades: da formação à falência*. Rio de Janeiro: Forense, 2016.

6. ORGANIZAÇÃO DAS GARANTIAS

Uma organização econômica afeta diversos grupos de interesse [*t. I, §5, i. 2*], gerando relações de poder que interferem na esfera jurídica alheia. Além disso, sustenta KARSTEN SCHMIDT (SCHMIDT, 2002, p. 491-492), é possível afirmar que as regras societárias não são somente de *organização*, mas também de *garantia*. O fundamento dessa compreensão é que o contrato de sociedade alinha no escopo comum interesses que podem ser contrapostos e, por isso, impõem garantias que permitam preservar a empresa – de resto, e em severa medida, com a compreensão de que as sociedades sobrevivem pela convergência de interesses.

Contemporaneamente, em contrapartida, é a tutela dos minoritários um dos matizes essenciais responsável pela potencialidade, aos olhos atentos dos investidores e credores, da minoração do risco de tais sociedades. É em virtude disso que a governança corporativa, concretizada no mercado de valores mobiliários, hoje se preocupa com a força e a atenção conferida às minorias.

Por esse motivo, extrai-se da legislação societária outro fundamento comum, complementar das organizações societária, patrimonial e empresarial, que denominamos *organização das garantias*. Há garantias de política legislativa e contratual em relação a minorias, investidores, credores e trabalhadores (WIEDEMANN, 1980, p. 357-passim).

6.1. Garantias dos minoritários

Por um lado, é o sócio majoritário quem arca com o maior risco do negócio e, muitas vezes, é a razão do sucesso ou do insucesso da empresa. Por outro lado, os minoritários representam a parcela que confia seu capital à administração do controlador.

Os minoritários compõem *grupo de interesse* que aporta recursos e serviços (nas sociedades que o admitem) para extrair resultados da organização, mas sem que sejam decisivos na condução dos rumos da sociedade e nem partilhem o poder de controle. Confiam, entrementes, que a organização vai lhes garantir boa administração e retorno lucrativo ao capital investido, de modo que os sócios majoritários ou controladores não podem se apropriar indevidamente dos investimentos realizados e nem deixar de prestar contas do que se decide para a sociedade.

As garantias dos minoritários são postas em relação dependência do *status socii* relativo ao tipo societário, ou seja, cada sociedade tem peculiaridades atributivas de um conjunto de garantias que, em geral, perpassam a organização societária[a], a organização patrimonial[b] e a organização da empresa[c].

(*a*) O primeiro grupo de casos está no relacionamento entre os sócios. Pode haver garantias nos quóruns de deliberação especial, instauração de Conselho Fiscal com participação do minoritário, assim como na retirada e em casos de exclusão de sócio – até ao ponto do majoritário – por justa causa.

É de se considerar, ainda, o direito de retirada do sócio, especialmente considerando a dissidência em relação a deliberações estruturais das sociedades, conforme previsão do art. 137 da LSA e art. 1.077 do CC.

Para exemplificar com as sociedades limitadas, os minoritários somente gozavam, como recurso de proteção, do exercício do direito de recesso ou da discussão do conflito em juízo, requerendo a dissolução total da sociedade por quebra da tal *affectio societatis*. Com o advento do CC e a instituição dos quóruns qualificados para deliberações essenciais ao funcionamento societário, instituiu-se, de certa forma, uma oposição minoritária qualificada, especialmente para conteúdo de alteração de contrato social e mudanças estruturais na sociedade (art. 1.071, V e VI e art. 1.076, I, do CC). Nas sociedades anônimas, a depender de certas condições, é possível estabelecer direito de voto em separado para classes de ações ordinárias para determinados cargos de órgãos administrativos (art. 16, inciso III, da LSA), o voto múltiplo a acionistas que representem, no mínimo, um décimo do capital social com direito a voto, esteja ou não previsto no estatuto, atribuindo-se a cada ação tantos votos quantos sejam os membros do Conselho, e reconhecido ao acionista o direito de cumular os votos num só candidato ou distribuí-los entre vários (art. 141 da LSA). e o voto plural regulado pela LFAN, com inserção do art. 110-A na LSA.

Os acordos parassociais – art. 118 da LSA – também podem ser sofisticados instrumentos de garantia a minoritários, consolidando direitos de votação, preferência e patrimoniais específicos.

Outro exemplo é a multiplicação de ações pelo número de cargos no conselho de administração de sociedade anônima para eleição ao conselho de administração. Cuida-se do chamado voto múltiplo, previsto no art. 141 da LSA.

Em atenção a esse escopo, também a proteção contra o conflito de interesses, fruto das desigualdades de poderes dentro das sociedades, clama por atenção devida por parte do ordenamento jurídico, uma vez que se leva em conta que é sua função salvaguardar interesses individuais e coletivos, incluindo as relações entre os interesses dos sócios individualmente considerados e os societários. No mais das vezes, a adoção do princípio majoritário, antes de uma solução, é responsável por um leque de questões sensíveis.

(*b*) Em termos patrimoniais, as garantias se revelam na proporcionalidade da responsabilidade do sócio à participação que tenha na sociedade, assim como na equalização de direitos patrimoniais permitidas por previsões específicas de *tag along* (art. 254-A da LSA), preferência do sócio no aumento de capital (art. 1.081 do CC) e prevenção contra diluição injustificada (art. 170, § 1º, da LSA), somente para expor alguns exemplos.

Outro exemplo é a preservação de participação patrimonial, sem diluição injustificada, nos casos de aumento de capital por capitalização de lucros e reservas, com a necessidade e garantir ao acionista a proporção de sua participação no capital da sociedade (art. 169 da LSA).

Positivado no art. 254-A da LSA, o *tag along* é uma cláusula de proteção aos sócios minoritários, por lhe garantir que o comprador das ações dos controladores faça uma oferta pública aos acionistas minoritários, por pelo menos 80% do valor pago pelas ações dos controladores, cabendo aos minoritários aceitarem ou não a proposta.

(c) Finalmente, o exercício da empresa pela sociedade traz ao sócio garantias específicas de atuação diante da administração. Observe-se o caso do art. 1.021 do CC, que permite a qualquer sócio e a qualquer tempo o exame dos livros e dos documentos, além do estado de caixa e da carteira da sociedade.

Outro preceito de mesma natureza é o art. 1.066, § 2º, do CC, que assegura aos sócios minoritários, que representarem pelo menos um quinto do capital social, o direito de eleger, separadamente, um dos membros do conselho fiscal e o respectivo suplente. A fiscalização da sociedade é direito pertinente a qualquer sócio. Assim, o art. 1.078, § 1º, do CC, determina que até trinta dias antes da data marcada para a assembleia, o relatório de contas da administração, balanço patrimonial e o de resultado econômico da sociedade devem ser postos à disposição dos sócios que não exercem a administração, ou seja, normalmente os minoritários. Para além disso, se o contrato social de uma limitada prevê a criação de conselho fiscal, poderá ocorrer a eleição de um membro pelo grupo minoritário.

Ainda é de se observar que o sistema de invalidades [*t. II, §3, i. 3.6.*] e de responsabilidade de administradores e controladores [*t. II, §3, i. 5.1.3.*] se prestam para garantir os direitos dos minoritários. A doutrina norte-americana dos *duties of management* engloba os deveres plurais impostos aos administradores das sociedades e são usualmente subdivididos em três deveres específicos "dever de atuar dentro do objeto social (*to act intra vires*); dever de diligência (*duty of due care*); e dever de lealdade para com a companhia" (ZANINI, 1998, p. 137). É possível desenvolver, então, deveres específicos dos administradores em relação aos sócios, que poderão obter ressarcimento específico em caso de violação.

Bibliografia: AMENDOLARA, Leslie. *Os direitos dos acionistas minoritários*. São Paulo: Editora STS, 1998. BOITEUX, Fernando Netto. Voto minoritário e quórum na assembleia geral da sociedade anônima. *RDM*, 75/100. CASTRO, Rodrigo R. Monteiro; ARAGÃO, Leandro Santos. *Direito societário: desafios atuais*. São Paulo: Quartier Latin, 2009. LAMY FILHO, Alfredo. A empresa, os minoritários e o mercado de capitais. *RDM*, 117/54. LIMA, Osmar Brina Corrêa. *O acionista minoritário no direito brasileiro*. Rio de Janeiro: Forense, 1994. LOBO, Jorge. Proteção a minoria acionaria. *RDM*, 105/25. LUCENA, Waldecy. A minoria social. Relatividade e alcance dos efeitos de seus direitos. *RDM*, 105/151. SCISINIO, Alaôr Eduardo. *As maiorias acionárias e o abuso do direito*. Rio de Janeiro: Forense, 1998. ZANINI, Carlos Klein. A doutrina dos *fiduciary duties* no direito norte-americano e a tutela das sociedades e acionistas minoritários frente aos administradores das sociedades anônimas. *RDM*, 109/137. PERIN JÚNIOR, Ecio. *A proteção do acionista minoritário*. In: COELHO, Fabio Ulhoa (org.). *Tratado de direito comercial*. v. 4. São Paulo: Saraiva, 2015.

6.2. Garantias dos credores

Como temos no Brasil um uso mais disseminado de sociedades personificadas com limitação de responsabilidade (nomeadamente, sociedades limitadas e anônimas), significa que a moldura de garantias dos credores leva em consideração esse pressuposto de mensuração de custos transacionais. Assim, o capital da sociedade, na acepção de patrimônio líquido [*t. II, §3, i. 4.1.2*], adquire um protagonismo no dimensionamento dos riscos incorridos pelos credores que transacionam com a sociedade.

Importa, ainda, a visualização de sistema de dissolução irregular da lei tributária (art. 134, VII, do CTN), responsabilização direta do patrimônio do sócio em casos de desconsideração da personalidade jurídica [*t. II, §3, i. 4.2.*], deliberação contrária ao contrato, à lei e ao interesse da sociedade (art. 1.010, § 3º, art. 1.080 do CC e art. 117 da LSA) [*t. II, §3, i. 3.4.*] e também um sistema de responsabilidade solidária de administradores, perante terceiros prejudicados, por culpa no desempenho de suas funções (art. 1.016 do CC) ou na alteração de responsável em caso de fraude tributária (art. 135, III, do CTN).

É recomendável, finalmente, que se acrescente a discussão sobre o agravamento da insolvência da sociedade empresária sem o pedido de falência por ela própria, antes de atingir mais credores e causar mais prejuízos derivados da sua insolvência (art. 105 da LREF) [*t. V, §3, i. 3*].

6.3. Garantias dos trabalhadores

O sistema de organizações societárias pode se construir com regras garantidoras dos interesses dos trabalhadores, não somente na dimensão dos direitos trabalhistas típicos, mas também com a concessão de benefícios como a participação nos lucros e resultados e também a participação na administração da sociedade.

Na LEst, o art. 19 garante a participação, no Conselho de Administração, de representante dos empregados e dos acionistas minoritários.

Na LSA, o art. 140, parágrafo único, torna facultativa tal participação nos seguintes termos: "O estatuto poderá prever a participação no conselho de representantes dos empregados, escolhidos pelo voto destes, em eleição direta, organizada pela empresa, em conjunto com as entidades sindicais que os representem".

6.4. Garantias dos investidores

Em sociedades de capital aberto, outro grupo de garantias é construído em benefício dos investidores que fazem os aportes de capital nas companhias. Cuida-se de conjunto de regras legislativas e administrativas com o objetivo de dar transparência e permitir confiança sistêmica nas sociedades investidas. Para exemplificar, os regramentos administrativos da Comissão de Valores Mobiliários são constituídos para dar transparência, segurança e informações aos investidores que assumem os riscos de adquirir valores mobiliários (como ações, por exemplo) no mercado de capitais. Veja, nesse sentido, a ICVM nº 480/2009, a fixar os requisitos para o registro de emissores de valores mobiliários.

Bibliografia: CASTRO, Rodrigo R. Monteiro; ARAGÃO, Leandro Santos. Direito societário: desafios atuais. São Paulo: Quartier Latin, 2009. DINIZ, Gustavo Saad. *Grupos de sociedades: da formação à falência*. Rio de Janeiro: Forense, 2016. LAMY FILHO, Alfredo. A empresa, os minoritários e o mercado de capitais, RDM, 117/54.

§4
SOCIEDADE EM COMUM

1. CONCEITO E FUNÇÃO

A *sociedade em comum é não personificada*[a] *para organização de atividade empresarial ou não empresarial*[b], *além de ser o regramento aplicável às sociedades com atividade irregular*[c].

(a) Cuida-se de tipo societário sem personalidade jurídica [t. II, §3, i. 2.2.] que se presta a formalizar sociedade entre os sócios para os fins do art. 981 do CC, sem a necessidade de registro do contrato e aquisição de personalidade jurídica para separação patrimonial e criação de novo centro de imputação. Não é esse o interesse dos sócios, mas sim criar organização para implementação de atividade com esforço comum e promoção da partilha de resultados e prejuízos. Demonstra-se, com esse tipo, que a sociedade precede a personificação ou, em termos diversos, a personificação não é critério para a existência de contrato de sociedade.

(b) A atividade poderá ser empresarial ou não empresarial, já que a lei não faz essa distinção. Portanto, o escopo comum dos sócios pode ser o desempenho de atividades de produção de bens ou de prestação de serviços, mas também de atividades intelectuais excluídas dos aspectos da empresa.

(c) Além de ter a *função específica* de produzir efeitos de contrato de sociedade, sem registro, a sociedade em comum ainda tem uma *função geral ou sistêmica* prevista na primeira parte do art. 986 do CC, por ser o conjunto de regras aplicáveis a todos os contratos de sociedades que não tenham se registrado, que estejam com atividades irregulares ou que tenham se inscrito no registro incorreto. Conforme já se discutiu [t. II, §3, i. 2.2], a opção do direito brasileiro foi o registro como o termo inicial constitutivo da pessoa jurídica (art. 45 do CC). A consequência jurídica é que a falta do registro ou o registro incorreto determinam a aplicação das regras próprias da sociedade em comum (arts. 986 a 990 do CC). Tal função geral não se aplica, todavia, às sociedades anônimas em organização (art. 986 CC e arts. 91 e 94 da LSA).

Esse tipo societário não personificado determinou o rompimento da legislação com os conceitos vetustos de sociedade de fato e de sociedade irregular: aquelas não registradas, estas com algum problema posteriormente ao registro. Assim, conforme orientação de ERASMO VALLADÃO A. N. FRANÇA, a sociedade em comum tem diferença das demais em relação à eficácia, porque não se cuida mais da irregularidade do contrato de sociedade, mas sim da atividade exercida irregularmente sem o registro (FRANÇA, 2013, p. 115 e 175). Por esse fundamento, não se sustenta o argumento de MARCELO ANDRADE FÉRES de que persistem os antigos conceitos doutrinários para situações de falta de prova escrita ou irregularidades posteriores (FÉRES, 2011, p. 142 e 183), porque as regras dos arts. 986 e seguintes atraíram todos esses casos (FRANÇA, 2013, p. 112-114).

São exemplos desse tipo de sociedade muitas parcerias em que os sócios iniciam atividades comerciais sem o registro, com conjuntos musicais e prestações de serviços.

2. REGRAS ESPECÍFICAS

2.1. Formação de patrimônio especial

A sociedade em comum adotou a técnica do patrimônio especial e titularidade em comum dos sócios (art. 988 do CC) com o fim de criar benefício de ordem para pagamento de débitos derivado do art. 1.024 do CC, já que o art. 989 do CC determina: "Os bens sociais respondem pelos atos de gestão praticados por qualquer dos sócios, salvo pacto expresso limitativo de poderes, que somente terá eficácia contra o terceiro que o conheça ou deva conhecer".

Verifica-se que, nesse ponto, houve vinculação à teoria desenvolvida pelo autor dessa parte do CC, SYLVIO MARCONDES, para quem era possível apartar, dentro do patrimônio geral da pessoa, um montante especializado para realizar determinado fim, concentrando ativo e passivo de uma atividade (MACHADO, 1970, p. 98-99). Haveria, então, patrimônio separado ou especial destinado ao fim da sociedade em comum, que permanece na titularidade dos sócios, mas serve de garantia *imediata* aos credores – que, ainda, podem se valer da responsabilidade solidária e ilimitada dos sócios (FÉRES, 2011, p. 110-114).

2.2. Responsabilidade do sócio

Nesse tipo de sociedade, sem que haja personalidade jurídica, novo centro de imputação e limitação de responsabilidade a capitais integralizados, "todos os sócios respondem solidária e ilimitadamente pelas obrigações sociais, excluído do benefício de ordem, previsto no art. 1.024, aquele que contratou pela sociedade" (art. 990 do CC).

Cabe ressalvar que, entre os sócios, pode existir pacto expresso limitativo de poderes. Será oponível a terceiro se ele tiver conhecimento de tal pacto.

Nesse sentido, não bastando os bens do patrimônio especial, podem os credores buscar os bens do patrimônio pessoal de um ou mais sócios, de acordo com as regras de obrigações solidárias previstas no art. 275 do CC. Há preferência, contudo, em execução de bens do sócio que tenha contratado diretamente pela sociedade. O escalonamento da previsão legal é o seguinte:

por responsabilidade direta e sem benefício de ordem do art. 1.024 do CC, sócio que contratou pela sociedade

patrimônio especial da sociedade em comum (arts. 988, 989 e 1.024 do CC)

salvo pacto limitativo de poderes conhecido de terceiro (art. 989 do CC), demais sócios, solidária e ilimitadamente (art. 990 do CC)

entre si, um sócio obtendo ressarcimento do outro, em caso de pacto de limitação de responsabilidade (art. 989 do CC).

2.3. Prova da sociedade

O art. 987 do CC regula a prova do contrato de sociedade em comum: "Os sócios, nas relações entre si ou com terceiros, somente por escrito podem provar a existência da sociedade, mas os terceiros podem prová-la de qualquer modo". Divide-se a prova em dois destinatários da regra.

Nas relações internas – seja entre sócios, seja destes com terceiros –, os sócios somente podem provar por escrito a existência de sociedade em comum entre si. A razão do dispositivo é trazer segurança da existência efetiva das relações societárias entre os sócios, atribuindo os efeitos de um contrato de sociedade. Perceba-se que a *prova escrita é da sociedade e não do contrato de sociedade*. Portanto, não é imprescindível a exibição de contrato escrito de sociedade, mas tão somente documentos escritos de que se possam extrair a existência de sociedade (FRANÇA, 2013, p. 131). Prova testemunhal seria meramente subsidiária ou complementar à prova escrita nas relações internas, conforme se depreende do art. 227, parágrafo único, do CC. Ressalva-se, contudo, tendência de interpretação ampliativa da prova pelo STJ, com fundamento na vedação sistêmica de locupletamento indevido (STJ – REsp nº 1.430.750 – Rel. Min. Nancy Andrighi).

Nas relações externas, com terceiros, são admitidos todos os meios de prova (art. 212 do CC).

3. REGRAMENTO SUPLETIVO

Conforme previsão do art. 986, segunda parte, do CC, as regras das sociedades simples são supletivas para solução das omissões do Capítulo da sociedade em comum [*t. II, §3, i. 2.3.*].

Portanto, serão aplicáveis os dispositivos atinentes ao conteúdo do contrato social (art. 997 do CC); direitos e obrigações dos sócios que sejam compatíveis e não contrariem as regras do tipo (arts. 1.001 a 1.009 do CC); administração, quóruns e relações com terceiros; resolução da sociedade quanto a um sócio; dissolução.

A questão é mais complexa se a sociedade tiver se constituído por escrito, com adoção das regras da sociedade limitada. Segundo ERASMO VALLADÃO A. N. FRANÇA, nas relações internas passará a ser regida por este tipo, ressalvada a impossibilidade de limitar a responsabilidade externamente (FRANÇA, 2013, p. 142-143)

Jornadas do CJF

Enunciado nº 58 – Art. 986 e seguintes: a sociedade em comum compreende as figuras doutrinárias da sociedade de fato e da irregular. (Aprovado na I Jornada de Direito Civil, promovida em Brasília, nos dias 12 a 13.09.2002).

Enunciado nº 212 – Art. 990: Embora a sociedade em comum não tenha personalidade jurídica, o sócio que tem seus bens constritos por dívida contraída em favor da sociedade, e não participou do ato por meio do qual foi contraída a obrigação, tem o direito de indicar bens afetados às atividades empresariais para substituir a constrição. (Aprovado na III Jornada de Direito Civil, promovida em Brasília, nos dias 01 a 03.12.2004).

Enunciado nº 383 – Art. 997: A falta de registro do contrato social (irregularidade originária – art. 998) ou de alteração contratual versando sobre matéria referida no art. 997 (irregularidade superveniente – art. 999, parágrafo único) conduz à aplicação das regras da sociedade em comum (art. 986). (Aprovado na IV Jornada de Direito Civil, promovida em Brasília, 2006).

Jurisprudência

STJ – 3ª T. – REsp nº 1.430.750 – Rel. Min. Nancy Andrighi – j. 21/08/2014: "(...) Restringindo-se o debate à existência de sociedade empresarial irregular (de fato), a exigência intransigente de prova exclusivamente documental da relação jurídica resulta no esvaziamento do instituto, prestigia o enriquecimento sem causa e deturpa o sistema jurídico brasileiro (...)".

TJSP – 2ª CD.Priv. – Ap nº 0044467-73.2009.8.26.0576 – Rel. Des. Marcia Tessitore – DJe 19.02.2015: "Direito de empresa. Reconhecimento e dissolução de sociedade empresarial de fato c/c pedido de apuração de haveres c/c liminar de levantamento de protestos. Improcedência do pedido. Inconformismo. Cerceamento de defesa. Inocorrência. A prova oral é inapropriada para demonstrar a existência de sociedade em comum. Inteligência dos arts. 981 e 987, CC. *Affectio societatis* não demonstrada ônus probatório. Inteligência do art. 333, I, CPC. Decisão mantida recurso desprovido."

Bibliografia: FÉRES, Marcelo Andrade. *Sociedade em comum.* São Paulo: Saraiva, 2011. FERREIRA, Waldemar Martins. *Sociedades commerciaes irregulares.* São Paulo: S. Paulo Editora, 1927. FRANÇA, Erasmo Valladão A. N. *A sociedade em comum.* São Paulo: Malheiros, 2013. GONÇALVES NETO, Alfredo Assis. *Direito de empresa: comentários aos artigos 966 a 1.195 do Código Civil.* 4. ed. São Paulo: Revista dos Tribunais, 2012. HADDAD, Guilherme. *Sociedades comerciais irregulares ou de fato.* São Paulo: Borsoi, 1962. HILDEBRAND, Lucas Fajardo Nunes. *Patrimônio, patrimônio separado ou especial, patrimônio autônomo.* In: FRANÇA, Erasmo Valladão A. N. (coord.). *Direito societário contemporâneo I.* São Paulo: Quartier Latin, 2009. KALANSKY, Daniel. *A sociedade em comum: um novo tipo societário?* In: FRANÇA, Erasmo Valladão A. N. (coord). *Direito societário contemporâneo I.* São Paulo: Quartier Latin, 2009. LOPES, Mauro Brandão. A sociedade em comum: inovação do Anteprojeto do Código Civil. RDM 15/16. MACHADO, Sylvio Marcondes. *Problemas de direito mercantil.* São Paulo: Max Limonad, 1970.

§5
SOCIEDADE EM CONTA DE PARTICIPAÇÃO

1. CONCEITO E FUNÇÃO

A *sociedade em conta de participação é não personificada*[a] *para organização de atividade empresarial ou não empresarial*[b]*, composta por sócios participantes que disponibilizam capital em conta de participação limitativa de responsabilidade*[c] *para ser investida pelo sócio ostensivo de responsabilidade ilimitada*[d]*.*

(*a*) Cuida-se de *tipo societário sem personalidade jurídica* [t. II, §3, i. 2.2.] que se presta a formalizar sociedade entre os sócios com diferentes tipos de atuação e responsabilidade. Os efeitos contratuais são internos entre os sócios – não valendo perante terceiros, já que o sócio ostensivo é quem se vincula – e a personificação não ocorre, ainda que o contrato seja levado a registro (art. 993, *caput*, do CC)[1]. Assim, constituição da sociedade em conta de participação independe de qualquer formalidade e pode provar-se por todos os meios de direito (art. 992 do CC).

Embora haja querela doutrinária sobre a natureza da sociedade em conta de participação – se societária (SCALZILLI; SPINELLI, 2014, p. 50-63), contrato bilateral (ASCARELLI, 1945, p. 319) ou simples contrato de participação (GONÇALVES NETO, 2012, p. 176) –, alinhamo-nos entres aqueles que consideram tratar de tipo societário, por estarem presentes os elementos de um contrato de sociedade de pluralidade de partes, contribuição para o exercício de atividade econômica e partilha de resultados [t. II, §3, i. 3.3.]. Em obra referencial sobre o assunto, JOÃO PEDRO SCALZILLI e LUIS FELIPE SPINELLI esclarecem que nesse tipo societário há todos os componentes do art. 981 do CC e "os direitos e obrigações dos sócios são idênticos na *qualidade*, mas não necessariamente na *natureza* e na *quantidade*" (SCALZILLI; SPINELLI, 2014, p. 59).

(*b*) A atividade poderá ser *empresarial ou não empresarial*, já que a lei não faz essa distinção. Portanto, o escopo comum dos sócios pode ser o desempenho de atividades de produção de bens ou de prestação de serviços, mas também de atividades intelectuais excluídas do campo de alcance da empresa.

---

[1] Ressalve-se que, somente para fins de tributação, a sociedade em conta de participação é equiparada às pessoas jurídicas, de modo que o fisco possa fazer incidir os tributos devidos. É o que se colhe do Regulamento de Imposto de Renda (RIR), Decreto nº 9.580/2018, nos arts. 160 e 161. Pelo art. 269 do mesmo regulamento administrativo, a escrituração das operações de sociedade em conta de participação deverá ser feita em livros próprios. Demais disso, "o prejuízo fiscal apurado por sociedade em conta de participação somente poderá ser compensado com o lucro real decorrente da mesma sociedade", vedando-se "a compensação de prejuízos fiscais e lucros entre duas ou mais sociedades em conta de participação ou entre estas e o sócio ostensivo" (art. 586 do RIR).

(c) O *sócio participante* faz aporte de capital como investimento, com redução de riscos e limitação de responsabilidade ao montante investimento como conta de participação. Portanto, o sócio participante aufere os resultados correspondentes ao investimento (art. 991, parte final, do CC) e somente amplia a sua responsabilidade, ao ponto a ilimitação e solidariedade com o ostensivo, se tomar parte nas relações dele com terceiros (art. 993, parágrafo único, do CC). As obrigações do sócio participante são perante o sócio ostensivo, além de ter o direito de fiscalização (art. 991, parágrafo único e art. 993, parágrafo único, ambos do CC).

(d) Já o *sócio ostensivo* é a pessoa que trava relações com o mercado, obrigando-se, em seu nome individual e sob sua própria e exclusiva responsabilidade (art. 991, *caput*, do CC) para negócios com fornecedores, empregados, consumidores e demais grupos de interesse. Por essa característica, o sócio ostensivo tem responsabilidade direta perante terceiros pelos negócios praticados.

Cuida-se de prática muito comum e negócio utilíssimo em diversos ramos, como por exemplo no setor hoteleiro (o sócio participante investe na aquisição de apartamentos e o ostensivo os explora com o serviço do hotel), nas prestações de serviços e transferências de tecnologia. Infelizmente, tal contrato também foi muitas vezes mal utilizado para fraude à legislação, por exemplo, com a burla da lei de loteamento (Lei nº 6.766/73), ao fracionar indevidamente o solo, atribuindo conta de participação aos adquirentes dos lotes; utilização como contrato de mútuo disfarçado; consórcios e fundos de investimentos em autorização do órgão governamental competente; fraude à legislação trabalhista.

2. REGRAS ESPECÍFICAS

Tal como ocorre com a sociedade em comum, com a sociedade em conta de participação foi utilizada a técnica do patrimônio especial apto à satisfação preferencial dos débitos da sociedade. É o que se extrai do *caput*, do art. 994, do CC. Todavia, tal especialização somente produz efeitos em relação aos sócios, já que a responsabilidade do sócio ostensivo, perante terceiros, é direta e ilimitada (art. 994, § 1º, do CC). O sócio ostensivo, com efeito, tem posição marcada pelo *poder* de disposição da conta de participação – Scalzilli e Spinelli falam em verdadeira relação fiduciária (Scalzilli; Spinelli, 2014, p. 59) –, por isso ela adquire a condição de patrimônio especial da sociedade, mas com produção de efeitos de responsabilidade na relação interna dos sócios. Externamente, a cobrança de terceiros é somente quanto ao sócio ostensivo (STJ – REsp nº 192.603 – Rel. Min. Barros Monteiro), salvo se o participante tomar parte nas relações com terceiros (art. 993, parágrafo único, do CC).

A relação entre os sócios é direta e personalíssima, justificando-se o conteúdo do art. 995 do CC, porque o sócio ostensivo não pode admitir novo sócio sem o consentimento expresso dos demais.

No que concerne à recuperação da empresa e à falência, a sociedade em conta de participação não poderá ter o benefício para sair da crise ou mesmo padecer da quebra. Poderão os sócios falir, desde que a atividade desempenhada seja empresarial.

No caso de falência do sócio ostensivo, o crédito decorrente da conta de participação do sócio participante se convertia em quirógrafo pela redação original do CC. Com o advento da LREF, o art. 83, VIII, "b" determinou que são subordinados os créditos dos sócios, com derrogação do dispositivo do CC. Portanto, liquidada a conta de participação, ela se converte em crédito subordinado para fins de classificação. Se o sócio participante conserva a propriedade de bem usado pelo ostensivo, e ele for arrecadado, poderá requerer a restituição (arts. 85 a 93 da LREF) (Scalzilli; Spinelli, 2014, p. 294).

Por outro lado, como a falência do sócio participante está sujeita ao art. 994, § 3º, do CC, o contrato de sociedade em conta de participação fica sujeito à disciplina do art. 117 da LREF, podendo até ser cumprido pelo administrador judicial.

3. REGRAMENTO SUPLETIVO

Conforme previsão do art. 996 do CC, as regras das sociedades simples são subsidiárias (supletivas) para solução das omissões do Capítulo da sociedade em comum [*t. II, §3, i. 2.3.*]. Assim, serão aplicáveis os dispositivos atinentes ao conteúdo do contrato social (art. 997 do CC); direitos e obrigações dos sócios que sejam compatíveis e não contrariem as regras do tipo (arts. 1.001 a 1.009 do CC); administração, quóruns e relações com terceiros; resolução da sociedade quanto a um sócio; dissolução.

Ressalva-se a liquidação, porque o mesmo art. 996 do CC especifica que ela deve ocorrer com uso das regras processuais da prestação de contas (arts. 550 e seguintes do CPC).

Jurisprudência

STJ – REsp nº 1.230.981 – 3ª T. – Rel. Min. Marco Aurélio Bellizze: "2. Apesar de despersonificadas, as sociedades em conta de participação decorrem da União de esforços, com compartilhamento de responsabilidades, comunhão de finalidade econômica e existência de um patrimônio especial garantidor das obrigações assumidas no exercício da empresa. 3. Não há diferença ontológica entre as sociedades em conta de participação e os demais tipos societários personificados, distinguindo-se quanto aos efeitos jurídicos unicamente em razão da dispensa de formalidades legais para sua constituição. 4. A dissolução de sociedade, prevista no art. 1.034 do CC/2002, aplica-se subsidiariamente às sociedades em conta de participação, enquanto ato inicial que rompe o vínculo jurídico entre os sócios".

STJ – REsp nº 192.603 – 4ª T. – Rel. Min. Barros Monteiro: "Sociedade em conta de participação. Responsabilidade perante terceiros. Sócio ostensivo. 'Na sociedade em conta de participação, o sócio ostensivo é quem se obriga para com terceiros pelos resultados das transações e das obrigações sociais, realizadas ou empreendidas em decorrência da sociedade, nunca o sócio participante ou oculto que nem é conhecido dos terceiros nem com estes nada trata' (REsp 168.028/SP)".

TJSP – AC 9217063-28.2005.8.26.0000 – 10ª CDPriv. – Rel. Des. João Carlos Saletti: "Contrato. Sociedade em conta de participação. Objetivo: aquisição, reforma ou construção de imóvel. Não configuração da sociedade assim regulada pelo Código Civil (art. 991 do Código Civil). Dissimulação de consórcio. Não liberação do crédito após pagamento de 24 parcelas. Rescisão por culpa exclusiva da ré, com devolução de todos os valores pagos, sem direito à retenção, por abusivas as cláusulas. Consumidor em nítida desvantagem frente à sociedade. Cláusulas de retenção abusivas".

Bibliografia: ANDRADE, Fábio Martins. *Da sociedade em conta de participação*. RDP 33. jan.-mar. 2008. BRANCHER, Paulo M. R. *Sociedade em conta de participação*. In: COELHO, Fabio Ulhoa. *Tratado de direito comercial*. v. 2. São Paulo: Saraiva, 2015. FRANÇA, Erasmo Valladão A. N. *A sociedade em comum*. São Paulo: Malheiros, 2013. GALIZZI, Gustavo Oliva. *Sociedade em conta de participação*. Belo Horizonte: Mandamentos, 2008. GALIZZI, Gustavo Oliva. A sociedade em conta de participação como subespécie do gênero joint venture. *RDM*, 135. GONÇALVES NETO, Alfredo Assis. *Direito de empresa: comentários aos artigos 966 a 1.195 do Código Civil*. 4. ed. São Paulo: Revista dos Tribunais, 2012. HILDEBRAND, Lucas Fajardo Nunes. *Patrimônio, patrimônio separado ou especial, patrimônio autônomo*. In: FRANÇA, Erasmo Valladão A. N. (coord.). *Direito societário contemporâneo I*. São Paulo: Quartier Latin, 2009. PICHI, Flavio Augusto. A sociedade em conta de participação e os contratos de investimento coletivo: paralelismo e assimetria. *RDM*, 134. MACHADO, Sylvio Marcondes. *Problemas de direito mercantil*. São Paulo: Max Limonad, 1970. ROCHA, João Luiz Coelho da. Conta de participação, consórcio e parceria – formas associativas não personalizadas. *RDM*, 105/97. SCALZILLI, João Pedro; SPINELLI, Luis Felipe. *Sociedade em conta de participação*. São Paulo: Quartier Latin, 2014.

§6
SOCIEDADE SIMPLES

1. CONCEITO, FUNÇÃO E CARACTERÍSTICAS

A sociedade simples foi opção do legislador civil, que rompeu com a dupla dicotomia das sociedades no sistema anterior: sociedades comerciais e sociedades civis e, quanto a estas, sociedades civis com fins lucrativos e sociedades civis sem fins lucrativos. A diferenciação era incerta e o histórico jurisprudencial facilmente nos noticia diversos e insolúveis problemas. Há maior clareza: as associações não têm fins lucrativos; as sociedades, agora, são empresárias ou simples (não empresárias).

O modelo veio do direito comparado. Seguiram-se os art. 2.295 e 2.315 do Código Civil italiano, que por sua vez se inspirou na *einfache Gesellschaft (eG)* dos arts. 530 a 551 do *schweizerichen Obligationenrechts (OR)*, Código Suíço.

A sociedade simples é sociedade *personificada e não empresária*[a], que tem por *função organizar*[b] as atividades intelectuais, de natureza científica, literária ou artística que não acompanham elemento de empresa. Além disso, a sociedade simples tem uma *função sistêmica de ser a provedora das regras para os demais tipos societários*[c].

(a) A *função material* da sociedade simples é servir de instrumento societário para as pessoas que querem se unir por contrato de sociedade e desempenhar atividade não empresarial (art. 966, parágrafo único, CC). Portanto, atividades de médicos, arquitetos, farmacêuticos, dentre outros, enquanto ficarem restritas ao conteúdo intelectual da profissão – e não forem subsumidas pela atividade empresarial – serão organizadas em sociedade simples.

(b) A sociedade simples também é *organização* [t. I, §5, i. 2], mas não se mostra apta a colocar fatores de produção uns em função dos outros, mas sim permitir o exercício de um fim comum baseado em profissão intelectual, científica, literária ou artística. O reconhecimento da *competência profissional* já se deu, inclusive, no âmbito do STJ, como se constata no REsp nº 958.116, relatado pelo Min. RAUL ARAÚJO: "Esse tipo de sociedade, como se sabe, caracteriza-se, normalmente, por não demandar a reunião de grandes capitais financeiros, na medida em que baseia suas atividades nos conhecimentos técnico-científicos dos profissionais que reúne, seja como sócios ou como empregados, os quais poderiam atuar individualmente como profissionais liberais, mas optam pelo exercício profissional em sociedade. Essas sociedades oferecem serviços profissionais à clientela e, com isso, uma vez contratadas, vão acumulando acervo de conhecimentos técnicos, ou seja, expertise, com os serviços realizados".

(c) Além de ser, por essência, a sociedade não empresária, as regras das sociedades simples ainda têm a função de serem *provedoras* do sistema societário brasileiro, servindo como regramento supletivo para os demais tipos [t. II, §3, i. 2.3.]. Estudam-se as regras da sociedade simples para elas próprias e para as demais. Diversos preceitos do CC remetem ao conteúdo da sociedade simples como supletivos, como é o caso dos arts. 982, parágrafo único, 986, 996, 1.040, 1.046, 1.053 e 1.096. Quando não o fazem, aplicam-se as regras com subsidiariedade e analogia.

Cabe ressalvar, todavia, que a sociedade simples poderá constituir-se de conformidade com um dos tipos das sociedades empresárias (menos a sociedade anônima). Isso quer dizer que a sociedade simples ser pura ou se alimentar de regras dos demais tipos. Admite-se, então, a sociedade simples limitada, com regras de limitação de responsabilidade de sócio ao capital integralizado.

Jurisprudência

STJ – 2ª T. – REsp nº 1.227.240 – Rel. Min. Luis Felipe Salomão – j. 26/05/2015: "(...) De acordo com o Código Civil, as sociedades podem ser de duas categorias: *simples* e *empresárias*. Ambas exploram atividade econômica e objetivam o lucro. A diferença entre elas reside no fato de a *sociedade simples* explorar atividade *não empresarial*, tais como as atividades intelectuais, enquanto a *sociedade empresária* explora atividade econômica *empresarial*, marcada pela organização dos fatores de produção (art. 982, CC) (...)".

2. CONSTITUIÇÃO, FORMAÇÃO E CONTRATO SOCIAL

A constituição da personalidade jurídica da sociedade simples se dá com a inscrição no registro não empresarial, junto aos Cartórios de Registro de Pessoas Jurídicas, conforme art. 998 do CC [t. I, §6, i. 2]. Se não registrar, a sociedade fica sujeita às regras das sociedades em comum [t. II, §4].

Além disso, o art. 997 do CC determina o conteúdo do contrato social, particular ou público, que, além de cláusulas pactuadas entre as partes, deverá conter:

I – *nome, nacionalidade, estado civil, profissão e residência dos sócios, se pessoas naturais, e a firma ou a denominação, nacionalidade e sede dos sócios, se jurídicas*: a qualificação das partes não é descrição inócua, já que por meio desse conteúdo identificam-se as pessoas com *status socii* [t. II, §3, i. 3.3.4.], além da capacidade, nacionalidade, estado civil para os fins do art. 977 do CC e impedimentos para exercício da administração previsto no art. 1.011, §1º, do CC. Verifica-se, ainda, que são admitidas pessoas jurídicas como sócias. Tal possibilidade repercute nos demais tipos societários, ressalvado o sócio comanditado em sociedade em comandita simples, que deve ser pessoa física (art. 1.045 do CC).

II – *denominação, objeto, sede e prazo da sociedade*: a denominação é a designação do nome sob o qual opera a sociedade, com tratamento equiparado ao de nome empresarial, conforme art. 1.155, parágrafo único, do CC. O objeto não empresarial deverá ser especificado sob a qualificação da licitude, precisão e não empresarialidade. Por fim, o dispositivo indica serem admitidas sociedades de tempo indeterminado e determinado. Nesse último caso, podem ser sociedades com objeto social determinado ou específico, com exaurimento assim que executado referido objeto ou no prazo que se espera adequado para a sua finalização.

III – *capital da sociedade, expresso em moeda corrente, podendo compreender qualquer espécie de bens, suscetíveis de avaliação pecuniária*: apesar de admitir sócios de serviços, a sociedade simples deve apresentar o valor do capital [t. II, §3, i. 4.1.] e a integralização pode se dar com bens. O capital poderá ser medida de atribuição de poder societário, além de ser instrumento de limitação de responsabilidade, caso sejam adotadas regras da sociedade limitada na composição do ordenamento patrimonial.

IV – *a quota de cada sócio no capital social, e o modo de realizá-la*: a quota é bem móvel de propriedade do sócio. Uma vez subscrita ou prometida pelo sócio, deve ser integralizada ou realizada, por meio do aporte de capital prometido pelo sócio. Se o capital prometido não é realizado, há consequências para a sócio, que passa a ser qualificado como *remisso*, com aplicação do art. 1.004 do CC.

V – *as prestações a que se obriga o sócio, cuja contribuição consiste em serviços*: a sociedade simples admite o sócio de serviços, devendo o contrato descrever com exatidão em que consiste tal prestação prometida. O trabalho a ser desempenhado pelo sócio terá vinculação com a atividade não empresarial desempenhada pela sociedade e não inibe direitos políticos dos sócios. A dificuldade está mensuração da participação do sócio de serviços nos lucros, até pela confusa redação do art. 1.007 do CC: "(...) aquele, cuja contribuição consiste em serviços, somente participa dos lucros na proporção da média do valor das quotas". Outra anotação importante é que tal dispositivo não se aplica às sociedades limitadas, que não admitem sócios de serviços (art. 1.055, § 2º, do CC).

Interessante a perspectiva do valor do serviço intelectual na sociedade simples, expresso no REsp nº 958.116, do STJ, relatado pelo Min. RAUL ARAÚJO: "Com efeito, o acervo imaterial agregado ao patrimônio material de uma sociedade civil (atual sociedade simples) de profissionais especializados decorre de acumulação de méritos, traduzidos na experiência reunida com os serviços prestados com êxito à clientela (que não é mera freguesia), refletindo confiança para todos. Não há, dessa maneira, propriamente fundo de comércio, mas um acervo técnico acumulado".

VI – *as pessoas naturais incumbidas da administração da sociedade, e seus poderes e atribuições*: o contrato deve designar pessoas naturais incumbidas da administração, que podem atuar de forma disjuntiva ou coletiva. Ainda que haja sócio pessoa jurídica, não se admite administrador pessoa jurídica, que deverá designar a pessoa física ou natural que cuida das funções administrativas da sociedade [t. II, §3, i. 5.1.].

VII – *a participação de cada sócio nos lucros e nas perdas*: a participação nos lucros e perdas normalmente é estimada pela proporcionalidade das quotas de participação no capital social (art. 1.007, *caput*, primeira parte, do CC). Todavia, a distribuição poderá levar em consideração a participação do sócio de serviços, com base de cálculo distinta do capital e mensuração apurada com base no trabalho descrito no contrato social. A questão remonta a dificuldade de calcular o significado do art. 1.007, *caput*, segunda parte do CC, especialmente na determinação da proporção da média do valor das quotas para a participação nos lucros do sócio de serviços. Em geral, interpreta-se que ao sócio de serviços são atribuídas quotas, de certa maneira referenciadas em relação às quotas de capital, com possibilidade de remuneração proporcional quanto a essa participação.

Não distribuir lucros ou proteger sócio de arcar com prejuízos implica nulidade da cláusula (art. 1.008 do CC)

VIII – *se os sócios respondem, ou não, subsidiariamente, pelas obrigações sociais*: a regra da sociedade simples é a subsidiariedade e o benefício de ordem, ou seja, "os bens particulares dos sócios não podem ser executados por dívidas da sociedade, senão depois de executados os bens sociais" (art. 1.024 do CC). Entretanto, a sociedade simples poderá adotar o modelo da sociedade limitada, romper com essa regra geral e determinar que os sócios respondem somente nos limites do capital social integralizado.

Integra a redação do dispositivo, ainda, a previsão do parágrafo único, que prevê a ineficácia de pactos separados em relação a terceiros e que sejam contrários ao disposto no contrato.

Em verdade, o dispositivo não é a negativa dos pactos parassociais ou acordos de sócios em relação às sociedades, com aplicação analógica do art. 118 da LSA. Ao contrário, tais contratos são admissíveis, desde que não contrariem a essência do contrato social e das características do tipo, além de não produzirem efeitos em relação a terceiros não sócios.

3. DIREITOS E OBRIGAÇÕES DOS SÓCIOS

Além da moldura do *status socii* pelo tipo [t. II, §3, i. 3.3.4.], é preciso ainda especificar para as sociedades simples algumas peculiaridades – que, de certa maneira, podem repercutir em outros tipos societários.

Os direitos dos sócios iniciam com o contrato, se este não fixar outra data – e não com o registro. É o que dispõe o art. 1.001 do CC, de modo que os direitos e obrigações decorrentes da adquirida condição de sócio começam com a adesão à sociedade. Se ela não for registrada, por conseguinte, avocam-se as regras da sociedade em comum, especialmente na questão da responsabilidade. Além disso, a contratação da sociedade perdurará até a liquidação e extinção de todas as responsabilidades sociais. Por esse motivo que se discute, sob o ponto de vista dos credores, a regularidade da liquidação como fator de inibição da responsabilidade pessoal do sócio [t. II, §3, i. 3.7.].

Fixado o termo inicial dos direitos e obrigações, a legislação fixa três grupos de regras: (*a*) *personalismo das obrigações*; (*b*) *cumprimento das obrigações prometidas*; (*c*) *distribuição de resultados*.

(*a*) Nesse tipo de sociedade, muitas das obrigações dos sócios são contraídas com *personalismo* e devem ser por eles executadas. Esse o sentido do que dispõe o art. 1.002 do CC, ao prever que o "sócio não pode ser substituído no exercício das suas funções, sem o consentimento dos demais sócios, expresso em modificação do contrato social".

Tal personalismo se constata até o momento da saída do sócio, porque a *eficácia* da cessão de quota, total ou parcial, somente ocorre com a modificação do contrato e respectivo consentimento dos demais sócios. Antes disso, a cessão não produz efeitos e o sócio continua com os mesmos direitos e obrigações perante a sociedade, tal é a previsão do art. 1.003, *caput*, do CC. Acontece que a legislação ainda fixou solidariedade e prazo *prescricional* em relação ao cedente de quotas, conforme parágrafo único do mesmo art. 1.003: "Até dois anos depois de averbada a modificação do contrato, responde o cedente solidariamente com o cessionário, perante a sociedade e terceiros, pelas obrigações que tinha como sócio". Portanto, o sócio cedente de suas quotas na sociedade continua por dois anos, contados da data da alteração na Junta Comercial (que dá publicidade e conhecimento a terceiros), solidariamente responsável com os sócios cessionários, pelas dívidas e obrigações sociais existentes na época de sua retirada. Por extensão de raciocínio, a cessão das quotas desobriga o sócio cedente das obrigações contraídas pela sociedade posteriormente à averbação da modificação do contrato social. Tal regra é confirmada pelo art. 1.032 do CC: "A retirada, exclusão ou morte do sócio, não o exime, ou a seus herdeiros, da responsabilidade pelas obrigações sociais anteriores, até dois anos após averbada a resolução da sociedade; nem nos dois primeiros casos, pelas posteriores e em igual prazo, enquanto não se requerer a averbação".

Com relação ao sócio ingressante na sociedade, ele não poderá se eximir das dívidas anteriores à sua admissão no quadro de sócios (art. 1.025 do CC), já que ele ter obrigação de conhecer a situação econômico financeira, realizando o chamado *due diligence*, da sociedade em pretende atuar.

(*b*) Outro conjunto de regras é *cumprimento de obrigações prometidas*. Ao ingressar na sociedade, o sócio subscreve (promete) a realização de quotas de capital ou de serviços (ressalvando-se os tipos que admitem essa condição).

No caso das quotas de capital, a integralização é fundamento *sine qua non* do benefício da limitação de responsabilidade. Por isso é grave, perante a sociedade, a condição do sócio que não cumpre a obrigação de realização do capital. Sob o ponto de vista do contrato plurilateral e da impossibilidade de aplicação da *exceptio non adimplenti contractus* [*t. II, §3, i. 3.3.1.*], exsurge a consequência da qualificação do sócio como *remisso*. Nesse sentido, o art. 1.004 do CC prevê a constituição em mora por meio de notificação com antecedência de 30 dias e, caso persista o inadimplemento, o sócio responderá perante pelo dano emergente. Consolidada a mora, surge ao quórum da maioria dos demais sócios optar pela indenização, exclusão do sócio remisso, ou reduzir da quota a montante eventualmente já realizado, aplicando-se no § 1º do art. 1.031 do CC. Ressalva importante é que o dispositivo se aplica também aos demais tipos societários com limitação de responsabilidade a capital integralização, mas nas sociedades limitada ainda existe o conteúdo do art. 1.058 do CC, que permite aos outros sócios tomar as quotas para si ou transferi-las a terceiros, excluindo o primitivo titular e devolvendo-lhe o que houver pago.

Se a contribuição do consistir em transferência de domínio, posse ou uso de bem, responderá ele pela evicção; e pela solvência do devedor, aquele que transferir crédito (art. 1.005 do CC). Tal conteúdo pode ser lido em conjunto com os arts. 7º a 10 da LSA.

Esse grupo de regras de obrigações prometidas ainda cuida da contribuição do sócio de serviços e da lealdade [*t. II, §3, i. 3.3.3.*] que dele se espera no desempenho desse trabalho em prol da sociedade e sem se empregar de atividade estranha, sob pena de ser privado de seus lucros e dela excluído (art. 1.006 do CC).

(*c*) Finalmente, o CC cuida da distribuição de resultados, porque os sócios participam dos lucros e das perdas na proporção das quotas, conforme previsão do contrato social (art. 997, VII, do CC). A complexidade está no conteúdo final do art. 1.007 do CC, no que concerne ao sócio de serviços, porque ele deve participar dos "lucros na proporção da média do valor das quotas". Interpreta-se que ao sócio de serviços são atribuídas quotas, referenciadas em relação às quotas de capital, com possibilidade de remuneração proporcional quanto a essa participação.

Conforme já se deduziu [*t. II, §3, i. 3.3.*], é da essência do contrato de sociedade que todos os sócios concorram para arcar com os prejuízos e também receber os lucros da atividade. Por afetar a essência do contrato de sociedade e lhe suprimir um dos elementos essenciais, é nula a cláusula contratual que exclua qualquer sócio de participar dos lucros e das perdas (art. 1.008 do CC), com caracterização do que se pode chamar de *sociedade leonina*. Muitas vezes esse tipo de estipulação não vem explicitada com a simples exclusão das perdas, mas pode vir disfarçada como mútuo se, por exemplo, ao sócio é permitido se retirar da sociedade após algum tempo, retirando o capital integralizado com juros e correção monetária. Tal conteúdo afronta a essência do contrato de sociedade e é nulo com base no art. 1.008 e 1.031 do CC.

O sócio deve responder pelos prejuízos da sociedade e somente pode receber lucros se eles efetivamente se concretizaram no exercício social. A distribuição de lucros ilícitos ou fictícios acarreta responsabilidade solidária dos administradores que a realizarem e dos sócios que os receberem, conhecendo ou devendo conhecer-lhes a ilegitimidade (art. 1.009 do CC).

Ademais, nas sociedades simples a regra é a responsabilidade subsidiária por débitos, havendo o benefício de ordem de execução dos débitos recaindo primeiro sobre os bens sociais, para depois se buscarem bens dos sócios. Ressalvam-se os casos de adoção do modelo de responsabilidade limitada (arts. 1.023 e 1.024 do CC).

Jurisprudência

STJ – 3ª T. – REsp nº 1.537.521 – Rel. Min. Villas Bôas Cueva – j. 11/02/2019: Para o relator do recurso no STJ, ministro Villas Bôas Cueva, a solução da questão passa pela interpretação dos artigos 1.003, 1.032 e 1.057 do CC: "A interpretação dos dispositivos legais transcritos conduz à conclusão de que, na hipótese de cessão de cotas sociais, a responsabilidade do cedente pelo prazo de até dois anos após a averbação da modificação contratual restringe-se às obrigações sociais contraídas no período em que ele ainda ostentava a qualidade de sócio, ou seja, antes da sua retirada da sociedade".

STJ – 4ª T. – REsp nº 1.348.449 – Rel. Min. Luis Felipe Salomão – j. 11/04/2013: "(...) 1. A desconsideração da personalidade jurídica é técnica consistente na ineficácia relativa da própria pessoa jurídica – *rectius*, ineficácia do contrato ou estatuto social da empresa –, frente a credores cujos direitos não são satisfeitos, mercê da autonomia patrimonial criada pelos atos constitutivos da sociedade. 2. Ao se pleitear a superação da pessoa jurídica, depois de verificado o preenchimento dos requisitos autorizadores da medida, é exercido verdadeiro direito potestativo de ingerência na esfera jurídica de terceiros – da sociedade e dos sócios –, os quais, inicialmente, pactuaram pela separação patrimonial. 3. Correspondendo a direito potestativo, sujeito a prazo decadencial, para cujo exercício a lei não previu prazo especial, prevalece a regra geral da inesgotabilidade ou da perpetuidade, segundo a qual os direitos não se extinguem pelo não uso. Assim, à míngua de previsão legal, o pedido de desconsideração da personalidade jurídica, quando preenchidos os requisitos da medida, poderá ser realizado a qualquer tempo. 4. Descabe, por ampliação ou analogia, sem qualquer previsão legal, trazer para a desconsideração da personalidade jurídica os prazos prescricionais previstos para os casos de retirada de sócio da sociedade (arts. 1003, 1.032 e 1.057 do Código Civil), uma vez que institutos diversos. 5. 'Do encerramento irregular da empresa presume-se o abuso da personalidade jurídica, seja pelo desvio de finalidade, seja pela confusão patrimonial, apto a embasar o deferimento da desconsideração da personalidade jurídica da empresa, para se buscar o patrimônio individual de seu sócio' (REsp 1259066/SP, Relª Min. Nancy Andrighi, *DJe* 28.06.2012). (...)".

4. ADMINISTRAÇÃO

Os fundamentos da administração já foram descritos em teoria geral e aqui podem ser reiterados [*t. II, §3, i. 5*]. Especificam-se, entretanto, alguns pontos de relevo para as sociedades simples – muitas vezes aplicáveis aos demais tipos. Nesse sentido, é preciso constatar que a Seção III do Capítulo que cuida das sociedades simples no Código Civil é intitulado "Da Administração", mas também cuida de tema atinente ao órgão deliberativo da sociedade. Afirma Marcelo Vieira von Adamek que órgão é "centro de imputação de poderes funcionais exercidos, por um ou mais indivíduos que nele estejam investidos, para formar e manifestar a vontade juridicamente imputável à pessoa jurídica" (Adamek, 2009, p. 11).

4.1. Reunião de sócios (órgão deliberativo)

O art. 1.010 do CC é relevante na determinação do órgão de deliberação e também na definição do quórum de maioria absoluta para a sociedade simples e para os demais tipos societários do CC.

Em regra, se o contrato ou a lei nada especificarem, o quórum é da maioria de votos, contados segundo as quotas de cada um. Para a formação da maioria absoluta são necessários votos correspondentes a mais de metade do capital. É o que se extrai do art. 1.010, no *caput* e no § 1º, que deve ser interpretado em conjunto com o art. 999, segunda parte, do CC. A lei ainda define o critério de desempate nas deliberações: prevalece a decisão sufragada por maior número de sócios, contados por cabeça, e, se persistir o empate, caberá a decisão ao Juiz competente para a causa (art. 1.010, § 2º, do CC) ou então por arbitragem, caso haja cláusula compromissória.

Entre os casos previstos na lei, está o quórum da unanimidade para a deliberação que modifique o contrato social (art. 999, primeira parte, do CC).

Problema que de certa celeuma é a aferição da participação do sócio cuja quota consista em serviços. O art. 997, inciso V, do CC, determina que sejam especificadas as prestações a que se obriga o sócio, cuja contribuição consista em serviços. Nesse sentido, atribuem-se-lhe quotas, que terão a mensuração de valor para os fins de determinação do poder político do sócio de serviços dentro das deliberações. Isso porque ele não pode ser afastado do direito essencial de participação das decisões da sociedade.

Ainda é definido um critério geral de reparação por conflito de interesses [t. II, §3, i. 3.4.] no art. 1.010, § 3º, do CC, que prevê responsabilidade por perdas e danos ao sócio que, tendo em alguma operação interesse contrário ao da sociedade, participar da deliberação que a aprove graças a seu voto.

Em linhas gerais, então, é possível delinear um quadro de quóruns da sociedade simples:

> *Unanimidade*: art. 999, primeira parte, do CC ou previsão especifica no contrato; deliberação de dissolução da sociedade do art. 1.033, inciso II, do CC.
>
> *Maioria absoluta* (quórum geral e residual, para todas as matérias): Art. 999, segunda parte e art. 1.010 do CC. Art. 1.033, inciso III, no caso de deliberação de dissolução em sociedades de prazo indeterminado. Art. 1.038, *caput* e § 1º, inciso I, do CC, para a nomeação e destituição de liquidante.
>
> *Maioria dos demais sócios* (quórum específico, que implica exclusão da deliberação de um sócio que tenha interesse direto na matéria): É o caso das consequências para o sócio remisso: art. 1.004, parágrafo único, do CC e da exclusão do sócio do art. 1.030 do CC.
>
> *Maioria dos sócios* (mensurado pelo número de sócios e não pela participação no capital): art. 1.015 do CC, com relação à venda de imóvel.

4.2. Administração

As constatações de teoria geral são aqui aplicáveis [t. II, §3, i. 5.1.], porque o administrador é órgão que pratica os atos pertinentes à gestão da sociedade, ressalvada a venda de imóveis, que depende do que maioria dos sócios decidir (art. 1.015, *caput*, do CC). O administrador é a pessoa que deverá ter atuação com cuidado e a diligência que todo homem ativo e probo costuma empregar na administração de seus próprios negócios (art. 1.011 do CC), com vistas ao cumprimento do objeto social. Deriva de tal padrão de conduta o dever de prestação de contas aos sócios (arts. 1.020 e 1.021 do CC).

Também nesse ponto se remontam os raciocínios de administração disjuntiva e administração conjunta, já tratados na teoria geral e aplicáveis em razão do conteúdo dos arts. 1.013 e 1.014 do CC, além dos critérios de imputação de responsabilidade pessoal, especificados nos arts. 1.009, 1.016 e 1.017 do CC.

O que pode ser especificado é o personalismo da administração, que veda a substituição do administrador – nomeado no contrato ou em ato em separado – no exercício de suas funções. Tal proibição não inibe a possibilidade de nomeação de procurador, com outorga de mandato para a prática de atos especificados no instrumento (art. 1.018 do CC). Diferente do administrador, que é órgão da sociedade e tem obrigações especificadas na legislação, o procurador atua por força de mandato e com obrigações contratuais derivadas da característica desse negócio jurídico.

Por fim, a destituição do administrador em sociedades simples atende ao comando do art. 1.019 do CC, que prevê dois sistemas: (*a*) irrevogabilidade de poderes de sócios investidos na administração pelo contrato, salvo justa causa reconhecida judicialmente, a pedido de qualquer dos sócios; (*b*) revogabilidade dos poderes conferidos a sócio ou não sócio por ato separado. No primeiro caso, ao tirar dos sócios o poder de decidir pela destituição de administrador, a legislação criou extrema dificuldade para os negócios das sociedades simples, apegadas que estão à unanimidade e à solução final pelo Poder Judiciário.

5. RESOLUÇÃO DA SOCIEDADE EM RELAÇÃO A UM SÓCIO

Depois de grandes e profundas discussões doutrinárias a respeito da dissolução da sociedade e a sua evolução jurisprudencial para a dissolução parcial, o Código Civil melhorou a técnica e o tratamento dos casos de saída de sócio e continuidade da sociedade. A partir do CC, não se falava mais dissolução parcial da sociedade, mas sim em resolução da sociedade em relação a um sócio, com as três hipóteses específicas e corriqueiras para os casos (morte, retirada e exclusão), além de especificação de critérios de apuração de haveres e responsabilidade posterior à saída.

Acontece que o advento de nova codificação processual civil retrocedeu o avanço da legislação de direito material e trouxe de volta a dissolução parcial da sociedade (arts. 599 a 609 do CPC), com certas diferenças de regulação em relação à resolução quanto a um sócio do CC (arts. 1.028 a 1.030), conforme já observamos nessa obra [*t. II, §3, i. 3.7.1.*].

5.1. Morte

Em razão das características de personalismo da sociedade simples, em regra deve ocorrer a resolução da sociedade em relação às quotas do sócio falecido (art. 1.028, *caput*, do CC), com pagamento dos haveres na forma do art. 1.031 do CC, tomando-se por base a data da abertura da sucessão (art. 1.784 do CC) para apuração do valor da participação do falecido. Entretanto, há três ressalvas:

I – se o contrato dispuser diferentemente: nesse caso, os sócios contratam ou deliberam alteração de contrato que implica aceitação dos herdeiros do sócio falecido na sociedade. Ainda assim, é possível que, depois do falecimento, os sócios por unanimidade não admitam os herdeiros na sociedade, prevalecendo essa última manifestação.

II – se os sócios remanescentes optarem pela dissolução da sociedade: nesse caso, ao invés da admissão do sócio, opta-se por dissolver a sociedade, sem continuidade das atividades. Normalmente é a alternativa adotada quando o pagamento dos haveres aos herdeiros do falecido implica descapitalização da sociedade, a ponto de inviabilizá-la.

III – se, por acordo com os herdeiros, regular-se a substituição do sócio falecido: é possível, ainda, que ocorra composição de interesses para que o sócio falecido seja substituído por herdeiro ou até mesmo por terceiro adquirente das quotas, caso haja consenso para tal finalidade (GONÇALVES NETO, 2012, p. 277).

Jurisprudência

STJ – 3ª T. – REsp nº 1.422.934 – Rel. p/ Acórdão Min. João Otávio de Noronha – j. 14/10/2014: "(...) 1. Ação declaratória de inexistência de relação jurídico-societária ajuizada em 30/3/2007.

2. Demanda em que se discute a possibilidade de o espólio do sócio falecido exercer a função de sócio ante a alteração do contrato social, firmada pelo sócio remanescente e pelo inventariante, há mais de 16 anos. 3. O falecimento de sócio, em regra, dissolve parcialmente a sociedade por quotas de responsabilidade limitada, hipótese em que caberá ao espólio, representado pelo inventariante, administração transitória das quotas enquanto se apuram os haveres e a divisão do espólio (art. 993, parágrafo único, II, do CPC). 4. Resguarda o art. 1.028, III, do CC/02, em observância ao princípio da preservação da empresa, a possibilidade de os sócios remanescentes e herdeiros acordarem a substituição do sócio falecido. 5. A inclusão do espólio no contrato social, mediante alteração contratual arquivada na junta comercial competente, e o regular exercício da atividade empresarial sob o novo quadro societário ao longo de 16 anos denotam a concreta intenção das partes de ajustarem a sucessão do sócio falecido. 6. A ausência de capacidade de uma das partes, *in casu*, o espólio, não pode ser suscitada pela contraparte, que efetivamente se beneficiou da contratação e conhecia a situação desde o início, sob pena de violação da boa-fé objetiva".

5.2. Retirada

A resolução também pode se dar com o pedido de retirada do sócio, que atende ao preceito constitucional de que ninguém é obrigado a se associar ou permanecer associado (art. 5º, XX, da CF). O art. 1.029 do CC destaca duas hipóteses vinculadas ao prazo da sociedade:

(*a*) Se a sociedade for de prazo indeterminado, deve ocorrer notificação aos demais sócios, com antecedência mínima de 60 dias, comunicando a retirada. Tal prazo tem a função de permitir o levantamento de balanço especial para apuração de haveres do sócio retirada. Além disso, cuida-se de prazo mínimo, nada impedindo que seja ampliado por cláusula contratual.

(*b*) Se a sociedade é de prazo determinado, presume legítima expectativa dos demais sócios de que aquele quadro societário e de estrutura de capital permanecerá durante o interregno pactuado. Portanto, o legislador somente admite a retirada se provada judicialmente a justa causa para tal mister. Alfredo Assis Gonçalves Neto enumera entre hipóteses de justa causa o desentendimento entre os sócios, prática de ilícitos por administradores, inexequibilidade dos fins sociais (Gonçalves Neto, 2012, p. 279).

Feita a notificação, nos 30 dias subsequentes à notificação, os demais sócios podem ainda optar pela dissolução da sociedade.

5.3. Exclusão

A exclusão está prevista no art. 1.030 do CC e, além da hipótese de sócio remisso do art. 1.004 do CC, ainda contempla o caso de falta grave no cumprimento das obrigações de sócio e incapacidade superveniente.

Nas sociedades simples (e demais que usam a regra supletivamente), a exclusão de sócio depende de prévia deliberação tomada pela maioria dos demais sócios em conclave convocada para esse fim específico, incluindo o direito de defesa do sócio a ser excluído. Uma vez aprovada a deliberação para exclusão, o *iter* de resolução da sociedade dependente do ajuizamento de ação de exclusão.

5.4. Apuração de haveres

Ante a revogação tácita do *caput* do art. o 1.031 do CC pelo art. 606 do CPC [*t. II, §3, i. 3.7.3.*] para processos judiciais, a resolução da sociedade simples quanto a um sócio provoca a apuração dos haveres devidos ao sócio falecido, retirante ou excluído, considerando-se a data da resolução como a base para tal cálculo. Segundo dispõe o art. 605 do CPC, a data da resolução da sociedade será: I – no caso de falecimento do sócio, a do óbito; II – na retirada imotivada, o sexagésimo dia seguinte ao do recebimento, pela sociedade, da notificação do sócio retirante; III – no recesso, o dia do recebimento, pela sociedade, da notificação do sócio dissidente; IV – na retirada por justa causa de sociedade por prazo determinado e na exclusão judicial de sócio, a do trânsito em julgado da decisão que dissolver a sociedade; e V – na exclusão extrajudicial, a data da assembleia ou da reunião de sócios que a tiver deliberado.

Assim, criam-se as condições para a *apuração de haveres*, que é o levantamento patrimonial para aferir o valor da participação do sócio, baseando-se em dados contábeis, avaliação de ativo e cálculo do passivo.

Se o contrato for silente quanto a critérios, o art. 606 do CPC determina que cabe ao juiz definir a forma de apuração dos haveres, segundo "o valor patrimonial apurado em balanço de determinação, tomando-se por referência a data da resolução e avaliando-se bens e direitos do ativo, tangíveis e intangíveis, a preço de saída, além do passivo também a ser apurado de igual forma".

Jurisprudência

STJ – REsp n° 958.116 – Rel. Min. João Otávio de Noronha – J. 22/05/2012: "Recurso Especial. Ação de apuração de haveres. Resolução da sociedade em relação a um sócio. Sociedade não empresária. Prestação de serviços intelectuais na área de engenharia. Fundo de comércio. Não caracterização. Exclusão dos bens incorpóreos do cálculo dos haveres".

6. DISSOLUÇÃO, LIQUIDAÇÃO E EXTINÇÃO

Já se observou que a dissolução é a causa da extinção e pode se dar de pleno direito (art. 1.033 do CC) e judicial (art. 1.034 do CC) [*t. II, §3, i. 3.7.3.*].

De pleno direito a sociedade simples se dissolve quando ocorrer:

I – *o vencimento do prazo de duração, salvo se, vencido este e sem oposição de sócio, não entrar a sociedade em liquidação, caso em que se prorrogará por tempo indeterminado*: são admitidas as sociedades contratadas por tempo determinado. Implementado o termo e findo o prazo, a sociedade pode se dissolver, a não ser que os sócios não iniciem os atos de liquidação, prorrogando a eficácia do contrato por tempo indeterminado.

II – *o consenso unânime dos sócios*: a unanimidade é o quórum das alterações estruturais da sociedade e da alteração do contrato social (art. 999 do CC). Se há consenso unânime, os sócios podem também deliberar pela dissolução e liquidação da sociedade simples.

III – *a deliberação dos sócios, por maioria absoluta, na sociedade de prazo indeterminado*: o quórum da maioria absoluta é definido pelo art. 1.010, § 1°, do CC e essa deliberação poderá ser tomada com o objetivo de dissolver a sociedade. Os sócios dissidentes e minoritários, nesse caso, poderiam continuar a atividade? Entende-se que não, porque a deliberação teve por objetivo a dissolução e a liquidação, determinando que os negócios devem ser ultimados e os acervos distribuídos entre os sócios.

IV – *a falta de pluralidade de sócios, não reconstituída no prazo de cento e oitenta dias*: cuidava-se do caso de unipessoalidade temporária, que foi revogado pela LFAN. Com essa nova regra e a inutilização da EIRELI, a falta de recomposição da pluralidade agora permite a permanência como sociedade limitada unipessoal.

V – *a extinção, na forma da lei, de autorização para funcionar*: há sociedades que dependem de autorização do Poder Executivo para funcionamento (arts. 1.123 e seguintes do CC e legislação especial). Uma vez que ocorra a extinção de tal ato administrativo de autorização, há causa de dissolução da sociedade.

Por outro lado, a sociedade simples se dissolve judicial uma vez identificadas as causas do art. 1.034 do CC, que são:

I – *anulação da constituição*: a anulação da constituição da sociedade tem relação com o reconhecimento de invalidade do contrato social, com declaração de anulabilidade, mas também de nulidade devem ser reconhecidas em processo judicial que faz iniciar a dissolução societária. Serão discutidos no processo a ausência de elementos essenciais do contrato de sociedade, como a capacidade das partes, simulação e a licitude do objeto, para eventual pronúncia de nulidade. Ainda, a ocorrência de defeitos do negócio jurídico também podem ser discutidas e provocar a anulabilidade. Entende ALFREDO ASSIS GONÇALVES NETO que "os efeitos da anulação produzem-se *ex nunc*; já os da nulidade produzem-se (i) *ex nunc*, relativamente aos atos decorrentes do exercício da atividade por ela até então desenvolvida, e (ii) *ex tunc* naquilo que diga respeito ao seu regime jurídico peculiar (limitação de responsabilidade, direito a resultados etc.) (GONÇALVES NETO, 2012, p. 307).

II – *exaurido o fim social, ou verificada a sua inexequibilidade*: a causa principal de dissolução judicial são o exaurimento (perda de objeto) e inexequibilidade do fim social. Torna de impossível cumprimento o escopo meio da atividade societária. Controvertida é a questão da inexequibilidade, geralmente confundida com falta de *affectio societatis* [*t. II, §3, i. 3.3.3.*], mas a nosso ver a falta de cumprimento do fim social pode se dar de variadas formas e atingir as diversas esferas organizacionais. Assim, pode ocorrer incompatível relacionamento intrassocietário que não permite à sociedade executar seus objetos (*organização societária*); dificuldades financeiras, incapacidade de produção de lucros (STJ – AgRg-AI nº 1.316.266) e patrimoniais determinantes do impossível cumprimento do fim social (*ordenamento patrimonial*); ou ainda, com inviabilidade da própria empresa ou problemas administrativos que geram a derrocada do escopo meio societário.

Uma vez dissolvida a sociedade, poderá o administrador, o sócio ou interessados requererem a *liquidação* – inclusive judicial (art. 1.036, parágrafo único, do CC) – que consiste na finalização de todos os negócios da sociedade, arrecadação do ativo, pagamento do passivo, distribuição de eventual acervo restante entre os sócios e prestação final de contas (arts. 1.107 e 1.108 do CC).

Dissolvida a sociedade, nomeia-se liquidante (art. 1.038, § 2º e art. 1.102 do CC), com poderes de atuação pela sociedade (art. 1.105 do CC), com obrigações equivalentes às de administrador (art. 1.104 do CC) e deveres previstos no art. 1.103 do CC: I – averbar e publicar a ata, sentença ou instrumento de dissolução da sociedade; II – arrecadar os bens, livros e documentos da sociedade, onde quer que estejam; III – proceder, nos quinze dias seguintes ao da sua investidura e com a assistência, sempre que possível, dos administradores, à elaboração do inventário e do balanço geral do ativo e do passivo; IV – ultimar os negócios da sociedade, realizar o ativo, pagar o passivo e partilhar o remanescente entre os sócios ou acionistas; V – exigir dos quotistas, quando insuficiente o ativo à solução do passivo, a integralização de suas quotas e, se for o caso, as quantias necessárias, nos limites da responsabilidade de cada um e proporcionalmente à respectiva participação nas perdas, repartindo-se, entre os sócios solventes e na mesma proporção, o devido pelo insolvente; VI – convocar assembleia dos quotistas, cada seis meses, para apresentar relatório e balanço do estado da liquidação, prestando conta dos atos praticados durante o semestre, ou sempre que necessário; VII – confessar a falência da sociedade e pedir concordata, de acordo com as formalidades prescritas para o tipo de sociedade liquidanda; VIII – finda a liquidação, apresentar aos sócios o relatório da liquidação e as suas contas finais; IX – averbar a ata da reunião ou da assembleia, ou o instrumento firmado pelos sócios, que considerar encerrada a liquidação.

Há uma questão importante quanto à liquidação em dissolução judicial. Dispõe o art. 1.111 do CC que no caso de liquidação judicial seria observado o disposto na lei processual. Todavia, o CPC em vigor revogou as disposições do CPC/1939 que tratavam da liquidação e não trouxe novo ritual para essa finalidade. Portanto, na ausência de texto legal específico, a doutrina é chamada a integrar a lacuna, o que pode ser feito com a aplicação dos arts. 1.102 a 1.112 do CC no processo, com nomeação do liquidante para finalização dos negócios da sociedade (FRANÇA; ADAMEK, 2016, p. 20).

De se anotar, ainda, que os credores têm o prazo prescricional de um ano de obtenção de ressarcimento junto a sócios e liquidantes, contado o prazo da publicação da ata de encerramento da liquidação da sociedade (arts. 206, § 1º, V, 1.110 e 1.026, do CC).

Por fim, a pessoa jurídica subsiste até que se conclua a liquidação, conforme preveem os art. 51 e 1.109 do CC. Assim, encerrada a liquidação, promover-se-á o cancelamento da inscrição da pessoa jurídica no registro que lhe for peculiar. Sendo sociedade simples, a comunicação se dá no Registro Civil Pessoas Jurídicas.

7. SOCIEDADE DE ADVOGADOS

Tipo especialíssimo de sociedade simples é a sociedade de advogados (art. 15 do EOAB), que tem por objeto organizar a atividade intelectual e prestar serviços privativos da profissão do advogado, sem que isso implique caracterização de empresa (art. 16, *caput*, do EOAB). ALFREDO DE ASSIS GONÇALVES NETO acentua que a finalidade desse tipo societário é "possibilidade que os advogados nela reunidos (como sócios, associados ou empregados), possam exercê-la de modo mais racional e organizado do que o fariam isoladamente" (GONÇALVES NETO, 2005, p. 35).

Além de ser privativa de advogados, esse tipo ainda tem o diferencial do registro no Conselho Seccional da OAB em cuja base territorial tiver sede (art. 15, § 1º, do EOAB), com limites ao *status* não somente para a qualificação como advogado, mas também integrar mais de uma sociedade de advogados, ou integrar, simultaneamente, uma sociedade de advogados e uma sociedade unipessoal de advocacia, com sede ou filial na mesma área territorial do respectivo Conselho Seccional (art. 15, § 4º, do EOAB).

Em termos de responsabilidade, além da sociedade, o sócio e o titular da sociedade individual de advocacia respondem subsidiária e ilimitadamente pelos danos causados aos clientes por ação ou omissão no exercício da advocacia, sem prejuízo da responsabilidade disciplinar em que possam incorrer (art. 17 do EOAB).

7.1. Sociedade unipessoal da advocacia

A sociedade unipessoal de advocacia é inovação no direito brasileiro inserida pela Lei nº 13.247/2016. Em relação à "sociedade unipessoal de advocacia" (art. 15 e 16, *caput*, do Estatuto da Advocacia) ou "sociedade individual de advocacia" (art. 16, § 4º, do Estatuto da Advocacia) a legislação deixou muito clara a opção do legislador brasileiro de romper com a pluralidade subjetiva e admitir a sociedade de único sócio [*t. II, §3, i. 3.2.*]. Acolheu-se o paradoxo, há muito superado no direito europeu, da sociedade de um sócio.

Com efeito, o modelo do direito brasileiro permite concluir ser admitida a *organização* da atividade intelectual do advogado por meio de estrutura jurídica societária unipessoal. Para CALIXTO SALOMÃO FILHO "é nessas estruturas [de sociedades unipessoais] que o contrato que dá vida à sociedade adquire seu valor organizativo puro, ou seja, passa a ter como objeto exclusivamente estruturar um feixe de contratos" (SALOMÃO FILHO, 2006, p. 49).

Ainda assim, afastando a profissão do advogado da mercantilização (GONÇALVES NETO, 2005, p. 35; MAMEDE, 2003, p. 150), preserva-se a ausência de elementos de empresa (art. 966, parágrafo único, do CC e art. 16, *caput*, do Estatuto da Advocacia) e mantém-se responsabilidade subsidiária e ilimitada (art. 17 do Estatuto da Advocacia), mas culposa (art. 32 do Estatuto da Advocacia e art. 14, § 4º, do CDC) do titular da sociedade unipessoal da advocacia pelos danos causados ao cliente.

Jurisprudência

STJ – 3ª T. – REsp 1.531.288 – Rel. Min. Marco Aurélio Bellizze – j. 24.11.2015: "1. A partir do modo pelo qual a atividade profissional intelectual é desenvolvida – com ou sem organização de fatores de produção – será possível identificar o empresário individual ou sociedade empresarial; ou o profissional intelectual ou sociedade uniprofissional. (...) 1.1 Especificamente em relação às sociedades de advogados, que naturalmente possuem por objeto a exploração da atividade profissional de advocacia exercida por seus sócios, estas são concebidas como sociedade simples por expressa determinação legal, independent da forma que como venham a se organizar (inclusive, com estrutura complexa). (...) 3. Ante a inegável expressão econômica das quotas sociais, a compor, por consectário, o patrimônio pessoal de seu titular, estas podem, eventualmente, ser objeto de execução por dívidas pessoais do sócio, bem como de divisão em virtude de separação/divórcio ou falecimento do sócio. (...) 4. Oportuno assinalar que o atual Código Civil, ao disciplinar a partilha das quotas sociais em razão do falecimento do cônjuge ou da decretação da separação judicial ou do divórcio, apenas explicitou a repercussão jurídica de tais fatos, que naturalmente já era admitida pela ordem civil anterior. E, o fazendo, tratou das sociedades simples, de modo a tornar evidente o direito dos herdeiros e do cônjuge do sócio em relação à participação societária deste e, com o notável mérito de impedir que promovam de imediato e compulsoriamente a dissolução da sociedade, conferiu-lhes o direito de concorrer à divisão periódica dos lucros. 5. Recurso especial provido, para, reconhecendo, em tese, o direito da cônjuge, casada em comunhão universal de bens, à partilha do conteúdo econômico das quotas sociais da sociedade de advogados então pertencentes ao seu ex-marido (não se lhe conferindo, todavia, o direito à dissolução compulsória da sociedade), determinar que o Tribunal de origem prossiga no julgamento das questões remanescentes veiculadas no recurso de apelação".

STJ – 4ª T. – REsp nº 1.227.240 – Rel. Min. Luis Felipe Salomão – j. 26/05/2015: "(...) 4. As sociedades de advogados são sociedades simples marcadas pela inexistência de organização dos fatores de produção para o desenvolvimento da atividade a que se propõem. Os sócios, advogados, ainda que objetivem lucro, utilizem-se de estrutura complexa e contem com colaboradores nunca revestirão caráter empresarial, tendo em vista a existência de expressa vedação legal (arts. 15 a 17, Lei nº 8.906/1994). 5. Impossível que sejam levados em consideração, em processo de dissolução de sociedade simples, elementos típicos de sociedade empresária, tais como bens incorpóreos, como a clientela e seu respectivo valor econômico e a estrutura do escritório (...)".

Apuração de haveres: TJSP – 1ª Câm. Reservada Dir. Empresarial – Ap. nº 1050857-97.2018.8.26.0100 – Rel. Des. Fortes Barbosa – j. 24/02/2021: "(...) Sociedade de advogados Retirada de sócio - Ação de apuração de haveres. Cerceamento de defesa e inépcia da petição inicial inocorrentes Fixação da data da retirada como base para apuração de haveres e dos critérios a serem utilizados Adequação e validade Apuração de haveres a ser realizada em fase própria, de liquidação Necessidade de inclusão dos sócios remanescentes na lide Litisconsórcio necessário configurado, nos termos do artigo 601 do CPC de 2015 - Determinação da elaboração de balanço de determinação corretamente ordenada – Data de rompimento do vínculo societário correspondente àquela em que exercido efetivamente o direito de retirada – Natureza da sociedade Organização para o exercício da prestação de serviços de natureza intelectual – Sociedade simples Ausência da formação de um complexo de bens organizado e destinado ao exercício da atividade, conjugando, como universalidade, um aviamento e uma clientela, inviabilizando a avaliação de bens intangíveis – Compensação de valores com eventuais indenizações – Inadmissibilidade Crédito incerto e ilíquido Falta de preenchimento dos requisitos do artigo 369 do CC/2002 (...)".

Bibliografia: ABRÃO, Carlos Henrique. *Sociedades simples*. 2. ed. São Paulo: Atlas, 2012. COSTA, Lucas Fernandes. *Sociedade unipessoal de advogado*. Rio de Janeiro: Lumen Juris, 2018. FRANÇA, Erasmo Valladão A. N. Sociedade que tem por objeto a prestação de serviços de natureza intelectual é de natureza simples, qualquer que seja a forma de sua organização. *RDM*, 157/240. FRANÇA, Erasmo Valladão Azevedo e Novaes; ADAMEK, Marcelo Vieira von. *Da ação de dissolução parcial de sociedade: comentários breves ao CPC/2015*. São Paulo: Malheiros, 2016. GONÇALVES NETO, Alfredo Assis. *Direito de empresa: comentários aos artigos 966 a 1.195 do Código Civil*. 4. ed. São Paulo: Revista dos Tribunais, 2012. GONÇALVES NETO, Alfredo de Assis. *Sociedade de advogados*. 3. ed. São Paulo: LEX, 2005. MAMEDE, Gladston. *A advocacia e a Ordem dos Advogados do Brasil*. 2. ed. São Paulo: Atlas, 2003. SALOMÃO FILHO, Calixto. *O novo direito societário*. 3 ed. São Paulo: Malheiros Editores, 2006. SILVEIRA, Newton. As sociedades de advogados e a empresarialidade. *RDM*, 151-152/7. VERÇOSA, Haroldo Malheiros Duclerc. A natureza jurídica dos serviços prestados pelas sociedades de auditoria. *RDM*, 157/259.

§7
SOCIEDADE COOPERATIVA

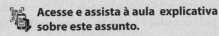

1. CONCEITO E FUNÇÃO

Desde as suas origens com a *Rochdale Society of Equitable Pioneers*, em meados do século XIX, o sistema cooperativista ofereceu alternativa à concentração de rendas e de poder econômico que se seguiram à Revolução Industrial. Por meio desse novo modelo construído inicialmente no interior da Inglaterra, tornou-se irrelevante o volume de capital de um cooperado ou o seu poderio econômico no âmbito da cooperativa.

A sociedade cooperativa é *personificada e não empresária*[a], *com função de organizar atividade mutualística entre os sócios*[b], *que são proprietários e usufruem de serviços prestados pela sociedade*[c].

(a) As sociedades cooperativas são sociedades simples pela forma e não desempenham atividade equiparada à empresa para fins jurídicos. Tal tipo societário é objeto da Lei nº 5.764/71 (LCoop) e o CC regulou algumas regras gerais nos arts. 1.093 a 1.096. Além desses, o art. 982, parágrafo único, considerou como simples as cooperativas. Mesmo assim, elegeu-se como registro adequado para as cooperativas o sistema de RPEM, conforme arquivamento de atos previstos no art. 32, inciso II, alínea "a", da Lei nº 8.934/94.

São poucas as consequências desse regramento supletivo pelas sociedades simples, até por conta da grande amplitude da LCoop. Uma das hipóteses pode ser a complementação do art. 36 da LCoop pelo art. 1.030, que trata da exclusão judicial de sócio por falta grave. Além desse aspecto, a opção do legislador exclui as cooperativas do regime falimentar, conforme previsão do art. 1.044 do CC e do art. 1º da LREF. As cooperativas necessitam de processo específico de reorganização que compreenda as suas peculiaridades.

Ainda é possível demarcar: as cooperativas são sociedades simples lastreadas em bases pessoais, sendo irrelevante o montante de participação no capital para delimitação do *status socii* (art. 1.094, incisos V e VI, do CC e art. 4º, incisos V e VI, da LCoop); a transferência de capital inicial é facultativa, de modo que é o patrimônio ativo que serve de garantia de credores e de lastro para a responsabilização da cooperativa; a organização da cooperativa pode ser feita com responsabilidade limitada ou ilimitada dos sócios, sendo esta importante variável para verificação do perfil de garantia de pagamentos das dívidas da sociedade cooperativa capitalizada com recursos de terceiros.

(*b*) As cooperativas não são equiparadas a empresas no direito brasileiro, de modo a justificar o *estímulo* econômico previsto pela própria Constituição Federal. Com efeito, no art. 5º, XVIII, erigiu-se direito fundamental de criação de cooperativas independentemente de autorização ou interferência estatal; no art. 146, III, "c", determina-se o adequado tratamento tributário ao ato cooperativo; no art. 174, § 2º, em dispositivo programático, promete-se que a lei apoiará o cooperativismo; no art. 192, *caput*, integra-se o cooperativismo de crédito ao sistema financeiro nacional.

Há uma peculiaridade nas organizações cooperativas que deve fazer parte de qualquer pressuposto de análise no Brasil: por meio desse modelo societário, os sócios são detentores de participação política e patrimonial, com concomitante utilização dos serviços da estrutura organizativa para melhora da sua condição econômica. É o que se extrai da contribuição com bens ou serviços de proveito comum (art. 3º da LCoop). Sobressai o mutualismo da ausência de fim lucrativo e da prestação de serviços aos associados (parte final do art. 3º e *caput* art. 4º da LCoop) como características e moldura de um *status socii* peculiar, com pauta de atuação que foram descritos pela legislação nos incisos do art. 4º da LCoop e art. 1.094 do CC.

Em razão de tal fundamento, também não estão sujeitas à recuperação da empresa e à falência, conforme previsto no art. 4º da LCoop e arts. 1º e 2º da LREF. Ressalva-se o conteúdo do art. 6º, § 13, da LREF, que a reboque da reforma legislativa, autorizou a recuperação para cooperativas médicas operadoras de planos de saúde.

(*c*) É natural conceber a sociedade cooperativa como pessoa jurídica única, que concatena os fatores de produção numa organização capaz de atuar economicamente para compor os *interesses* dos seus sócios e lhes prestar serviços (art. 4º, *caput*, da LCoop).

É por meio de única sociedade *instrumental* que os cooperados podem se vincular à atividade econômica específica que os agremia e os impele a usufruir dos benefícios econômicos desse mutualismo. O cooperado procura o referencial de organização com a qual pratica o ato cooperativo (art. 79 da LCoop) de agropecuária, consumo, crédito, infraestrutura, trabalho, produção de bens e serviços, saúde e transporte (os chamados sete ramos do cooperativismo), em conjunto ou isoladamente. Não são atividades consideradas empresariais (art. 4º, *caput*, da LCoop e arts. 982, parágrafo único e 1.096, do CC), muito embora haja nítido caráter econômico de produção de resultados superavitários conhecidos como sobras ou resultados (arts. 4º, inciso VII, da LCoop e 1.094, VII, do CC). Portanto, os custos de remuneração de capitais e as estruturas de governo societário são emolduradas por essas peculiaridades construídas pelo legislador.

2. CARACTERÍSTICAS

As sociedades cooperativas têm regulamentação especial pela LCoop. Todavia, o CC atuou como regra geral em alguns preceitos importantes, especialmente na fixação de características do tipo societário. Há a convivência entre regra geral e regra especial, mas com alguns preceitos que acabaram sendo integralmente regulados pela legislação posterior. Entre as características, prevê o art. 1.094 do CC – cuja confrontação deve ser feita com o art. 4º da LCoop:

I – *variabilidade, ou dispensa do capital social*: o capital não é obrigatório nesse tipo de sociedade. Ele poderá ter previsão no estatuto e ser dividido em cotas-partes (arts. 4º, inciso II e 24, da LCoop), sem que isso atribua ao sócio direitos políticos ou referibilidade no recebimento de sobras da cooperativa, porque é vedado às cooperativas distribuírem qualquer espécie de benefício às cotas-partes do capital ou estabelecer outras vantagens ou privilégios, financeiros ou não, em favor de quaisquer associados ou terceiros, excetuando-se os juros até o máximo de 12% (doze por cento) ao ano, que incidirão sobre a parte integralizada (art. 24, § 3º, da LCoop). Assim, a referência do capital social nas cooperativas pode representar aporte dos sócios para início e continuidade das atividades e, a depender da situação patrimonial da sociedade, o capital poderá ser devolvido ao cooperado no momento da sua retirada.

II – *concurso de sócios em número mínimo necessário a compor a administração da sociedade, sem limitação de número máximo*: o art. 1.094, inciso II, do CC, revogou o conteúdo da primeira parte do art. 6º, inciso I, da LCoop, que determinava o número mínimo de 20 sócios nas cooperativas. Com a nova regência, o número mínimo de cooperados é atrelado à composição dos órgãos de administração da sociedade, tantos quanto bastem para o preenchimento dos cargos. É ainda importante compreender que as cooperativas podem ser compostas por cooperados pessoa jurídica "que tenham por objeto as mesmas ou correlatas atividades econômicas das pessoas físicas ou, ainda, aquelas sem fins lucrativos" (art. 6º, inciso I, segunda parte, da LCoop). Quanto ao número mínimo de sócios, é importante considerar que a doutrina majoritária entende ainda vigorar, por praticidade, o número de 20 para constituição, o que se confirma com o Anexo VI, item 3, da IN DREI 81.

III – *limitação do valor da soma de quotas do capital social que cada sócio poderá tomar*: o dispositivo deve ser interpretado em conjunto com o art. 4º, inciso III e 24, § 1º, da LCoop e tem a função de restringir o volume de quotas de capital para cada cooperado, sendo que nenhum deles pode tomar valor superior a 1/3 do total das quotas, salvo nas sociedades em que a subscrição deva ser diretamente proporcional ao movimento financeiro do cooperado ou ao quantitativo dos produtos a serem comercializados, beneficiados ou transformados, ou ainda, em relação à área cultivada ou ao número de plantas e animais em exploração.

IV – *intransferibilidade das quotas do capital a terceiros estranhos à sociedade, ainda que por herança*: a condição de sócio cooperado é personalíssima e já estava prevista no art. 4º, inciso IV, da LCoop. Diferentemente dos demais tipos societários, o herdeiro ou o sucessor do cooperado não adquire o direito de participar da cooperativa, salvo em caso de aprovação pela assembleia da sociedade. Assim, em caso de previsão de capital, as quotas são pagas aos herdeiros, conforme regras estatutárias, sem que lhes seja garantido o ingresso no quadro de cooperados, muitas vezes em razão da especialidade da atividade e serviços prestados pela cooperativa. Numa cooperativa de médicos, um herdeiro que não tenha essa profissão não tem razão de ser admitido no quadro de sócios. O mesmo raciocínio deve ser estendido para a cessão de quotas para terceiros, que nas cooperativas é vedada, até mesmo em razão da adesão voluntária e em número ilimitado de sócios do art. 4º, inciso I, da LCoop.

V – *quorum, para a assembleia geral funcionar e deliberar, fundado no número de sócios presentes à reunião, e não no capital social representado*: com mesmo fundamento do art. 4º, inciso VI, da LCoop, o dispositivo tem função de estabelecer quórum de funcionamento e deliberação desatrelado do volume de participação no capital social.

VI – *direito de cada sócio a um só voto nas deliberações, tenha ou não capital a sociedade, e qualquer que seja o valor de sua participação*: a singularidade do voto, também prevista no art. 4º, inciso V e art. 42, da LCoop é da essência do cooperativismo, justamente por suprimir do poder societário a capacidade econômica ou o volume de negócio de cada sócio com a cooperativa. O adágio *one man, one vote*, consolidado com os pioneiros de Rochdale, implica dizer que os votos são computados por cabeça, com cada cooperado valendo uma unidade de voto e fazendo necessária a coalizão por maioria numérica entre os sócios. Ressalva-se que a segunda parte do art. 4º, inciso VI, da LCoop continua em vigor para determinar que cooperativas centrais, federações e confederações de cooperativas, com exceção das que exerçam atividade de crédito, podem optar pelo critério da proporcionalidade no cômputo dos votos, desde que previsto em estatuto.

VII – *distribuição dos resultados, proporcionalmente ao valor das operações efetuadas pelo sócio com a sociedade, podendo ser atribuído juro fixo ao capital realizado*: tecnicamente, as cooperativas não distribuem lucros entre os sócios, mas fazem a repartição e retorno de sobras líquidas do exercício social, não se levando em consideração o volume de quotas ou de capital

– como em outros tipos – mas sim a proporcionalidade das operações realizadas pelos cooperados, a não ser que a assembleia delibere de forma diferente. É o que se afere da leitura conjunto do art. 1.094, inciso VII, do CC com o art. 4º, inciso VII, da LCoop. Também no dispositivo em comento, prevê-se a remuneração do capital por meio de juros fixos (art. 24, § 3º, da LCoop).

VIII – *indivisibilidade do fundo de reserva entre os sócios, ainda que em caso de dissolução da sociedade*: outra característica que difere fundamentalmente as cooperativas é a indivisibilidade de fundos de reserva e do fundo de assistência técnica educacional e social – FATES (art. 4º, inciso VIII, da LCoop) entre os sócios. A diferença com os demais tipos societários se faz evidente porque tais fundos não são partilháveis como acervo do sócio no momento da dissolução, já que a destinação deles é específica e vinculada (art. 1.094, VIII, do CC e art. 4º, inciso VIII, da LCoop).

No caso do fundo de reserva, a função específica é a cobertura de perdas societárias, com o objetivo de minimizar a responsabilidade patrimonial dos sócios, conforme previsão do art. 28, inciso I, da LCoop, ao dispor que é destinado a reparar perdas e atender ao desenvolvimento de suas atividades, constituído com pelo menos 10% das sobras líquidas do exercício. Acontece que, nas cooperativas, a responsabilidade pode ser ilimitada e limitada (arts. 11 e 12 da LCoop). Ainda seja da segunda modalidade, o sócio ainda pode ser chamado a cobrir os prejuízos verificados no balanço do exercício (art. 80, II, da LCoop).

Quanto ao FATES, o art. 28, inciso II, da LCoop prevê que seja destinado à prestação de assistência aos associados, seus familiares e, quando previsto nos estatutos, aos empregados da cooperativa, constituído por pelo menos 5% das sobras líquidas apuradas no exercício.

O art. 4º da LCoop ainda especifica algumas características:

IX – *neutralidade política e indiscriminação religiosa, racial e social*: as cooperativas não têm vinculação à atividade político partidária, embora possam professar determinada opção ideológica lícita. Por acréscimo, até com respeito a princípios e direitos fundamentais constitucionais, o cooperativismo se constrói assentado da igualdade do ser humano, em todas as dimensões, seja a religiosa, racial e social. Essa característica tem relevo na discussão da livre admissibilidade de cooperados (art. 29 da LCoop) e a invalidade de cláusula estatutária que impõe exclusividade a cooperados em cooperativas de serviços (STJ – EREsp nº 191.080).

X – *prestação de assistência aos associados, e, quando previsto nos estatutos, aos empregados e cooperativados*: cuida-se de característica da organização cooperativa a via de mão dupla, entre a propriedade de participação societária e os serviços prestados pela cooperativa. Entre eles, está a relevante função dos serviços assistenciais obrigatórios aos sócios cooperados e, se houver previsão no estatuto, também aos empregados. Por assistência, deve-se compreender o amparo social a necessidades como suplementação alimentar, creche, educação básica e técnica, formação cultural e técnica, serviços de saúde, que poderá ser exercida diretamente pela cooperativa ou por meio de "convênio com entidades públicas e privadas" (art. 28, § 2º, da LCoop). Essa, ademais, a justificativa de existência do FATES, por ser fundo vinculado ao cumprimento do referido serviço aos cooperados.

XI – *área de admissão de associados limitada às possibilidades de reunião, controle, operações e prestação de serviços*: tal preceito está relacionado à admissão de sócio limitada à viabilidade operacional da cooperativa, restringindo-se a expansão da agremiação ao ponto de inviabilizar o pleno exercício dos direitos.

Jurisprudência

Indivisibilidade do FATES: STJ – 3ª T. – REsp nº 1.562.184 – Rel. Min. Ricardo Villas Bôas Cueva – j. 12/11/2019: "(...) 2. Cinge-se a controvérsia a definir se a verba devida pelas cooperativas denominada Fundo de Assistência Técnica, Educacional e Social (FATES) pode ser partilhada com cooperado excluído ou que se retira do quadro social da cooperativa 3. Nos termos da lei específica das cooperativas – Lei nº 5.764/1971 –, o Fundo de Assistência Técnica, Educacional e Social (FATES) é indivisível, impondo-se a aplicação do princípio da especialidade (...)".

Caso Bancoop: STJ – 3ª T. – REsp nº 1.735.004 – Rel. Min. Nancy Andrighi – j. 26/06/2018: "(...) 10. O Código de Defesa do Consumidor é aplicável aos empreendimentos habitacionais promovidos pelas sociedades cooperativas. Súmula 602/STJ 11. De acordo com a Teoria Menor, a incidência da desconsideração se justifica: a) pela comprovação da insolvência da pessoa jurídica para o pagamento de suas obrigações, somada à má administração da empresa (art. 28, *caput*, do CDC); ou b) pelo mero fato de a personalidade jurídica representar um obstáculo ao ressarcimento de prejuízos causados aos consumidores, nos termos do § 5º do art. 28 do CDC. 12. Na hipótese em exame, segundo afirmado pelo acórdão recorrido, a existência da personalidade jurídica está impedindo o ressarcimento dos danos causados aos consumidores, o que é suficiente para a desconsideração da personalidade jurídica da recorrente, por aplicação da teoria menor, prevista no art. 28, § 5º, do CDC (...)".

Caso Bancoop (limitação a gestores): STJ – 3ª T. – REsp nº 1.804.579 – Rel. Min. Marco Aurélio Bellizze – j. 27/04/2021: "(...)No entanto, mesmo sendo aplicada a teoria menor no presente caso, em que não se exige a prova do abuso da personalidade jurídica, o art. 28, § 5º, do Código de Defesa do Consumidor não pode ser interpretado de forma tão ampla a permitir a responsabilização de quem jamais integrou a diretoria ou o conselho de administração da cooperativa, como no caso do ora recorrente, que exerceu, por breve período, apenas o cargo de conselheiro fiscal, o qual não possui função de gestão da sociedade (...)".

STJ – AgRg-AI nº 1.370.852 – 3ª T. – Rel. Min. Ricardo Villas Bôas Cueva – *DJe* 20.05.2013: "A jurisprudência desta Corte, em relação ao valor que deve ser retido pela cooperativa em virtude da saída do cooperado, firmou o entendimento de que é razoável a retenção de apenas 10% (dez por cento) das parcelas pagas pelo cooperativado desistente, dada a natureza do empreendimento sem fins lucrativos, que se faz para público específico, sem maiores despesas administrativas e operacionais de venda e corretagem. 5. Agravo regimental não provido".

STJ – AgRg no REsp nº 1193261 – Rel. Ministro Antonio Carlos Ferreira – 4ª T. j. 25/09/2012: "1. A Corte Especial já decidiu que 'é inválida a cláusula inserta em estatuto de cooperativa de trabalho médico que impõe exclusividade aos médicos cooperados' (EREsp n. 191.080/SP, Relator Ministro HAMILTON CARVALHIDO, CORTE ESPECIAL, julgado em 16/12/2009, DJe 8/4/2010). 2. Nesse julgamento, a Corte Especial também esclareceu que 'mesmo antes da edição da Lei nº 9.656/98, é inválida a cláusula inserta em estatuto de cooperativa de trabalho médico que impõe exclusividade aos médicos cooperados, seja por força da dignidade da pessoa humana e seu direito à saúde, seja por força da garantia à livre concorrência, à defesa do consumidor, aos valores sociais do trabalho e à livre iniciativa".

STJ – AgRg nos EDcl no AREsp nº 667.072/SP, Rel. Ministro Ricardo Villas Boâs Cueva – 3ª T. – j. 03/03/2016: "O ingresso nas cooperativas é livre a todos que desejarem utilizar os serviços prestados pela sociedade sendo, em regra, ilimitado o número de associados, salvo impossibilidade técnica de prestação de serviços (arts. 4º, I, e 29 da Lei nº 5.764/1971). Incidência do princípio da livre adesão voluntária. 2. Pelo princípio da porta-aberta, consectário do princípio da livre adesão, não podem existir restrições arbitrárias e discriminatórias à livre entrada de novo membro na cooperativa, devendo a regra limitativa da impossibilidade técnica de prestação de serviços ser interpretada segundo a natureza da sociedade cooperativa".

STJ – REsp nº 901.782 – Rel. Ministro Luis Felipe Salomão – 4ª T. – j. 14/06/2011: "(...) O artigo 4º, X, da Lei 5.764/71 dispõe que as cooperativas são sociedades de pessoas, tendo por característica a prestação de assistência aos associados. Nessa linha, é possível que a cooperativa propicie a prestação de assistência jurídica aos seus cooperados, providência que em nada extrapola os objetivos das sociedades cooperativas".

TJPR – 11ª Câm. Cível – AI nº 0015854-86.2018.8.16.0000 – Rel. Des. Sigurd Roberto Bergtsson – j. 25.10.2018: "Agravo de instrumento. Ação declaratória de inexigibilidade de título c/c indenização por danos morais em fase de cumprimento de sentença. Incidente de desconsideração da personalidade jurídica. Ausência de comprovação dos requisitos estampados no art. 50 do Código Civil. Ausência de bens para saldar dívida que, por si só, não autoriza a responsabilização dos dirigentes da cooperativa (...)".

3. CONSTITUIÇÃO E ESTATUTO

Conforme visto, as cooperativas devem ser formadas por número de sócios suficiente para o preenchimento dos cargos de administração e a sociedade terá por objeto "qualquer gênero de serviço, operação ou atividade, assegurando-se-lhes o direito exclusivo e exigindo-se-lhes a obrigação do uso da expressão 'cooperativa' em sua denominação" (art. 5º da LCoop).

O objeto desse especial tipo societário é moldado por uma *organização cooperativa*, que no Brasil não terá natureza empresarial, apesar de usar todos os fatores de produção e os organizar finalisticamente para escopo de produção e circulação de bens e prestação de serviços. A opção é do legislador, de modo a permitir singular tratamento às cooperativas, seja pelos estímulos econômicos constitucionais, seja pelo mutualismo entre os sócios, afastando-as do regime empresarial.

Diante disso, as cooperativas se constituem a partir de deliberação dos fundadores em assembleia geral, por instrumento particular ou público levado a registro no Registro Público de Empresas Mercantis (art. 14 e 15 da LCoop e art. 32, II, "a", da LRPEM), registro na Organização das Cooperativas do Brasil (art. 107 da LCoop) e, posteriormente, a órgão competente para eventual autorização de funcionamento (art. 17 da LCoop e Anexo VI, item 2, da IN DREI 81). Mesmo não sendo de natureza empresarial, o controle registrário é feito pelo sistema empresarial [*t. I, §6, i. 2*].

O estatuto aprovado na assembleia de constituição deverá conter (art. 21 da LCoop): I – a denominação, sede, prazo de duração, área de ação, objeto da sociedade, fixação do exercício social e da data do levantamento do balanço geral; II – os direitos e deveres dos associados, natureza de suas responsabilidades e as condições de admissão, demissão, eliminação e exclusão e as normas para sua representação nas assembleias gerais; III – o capital mínimo, o valor da cota-parte, o mínimo de cotas-partes a ser subscrito pelo associado, o modo de integralização das cotas-parte, bem como as condições de sua retirada nos casos de demissão, eliminação ou de exclusão do associado; IV – a forma de devolução das sobras registradas aos associados, ou do rateio das perdas apuradas por insuficiência de contribuição para cobertura das despesas da sociedade; V – o modo de administração e fiscalização, estabelecendo os respectivos órgãos, com definição de suas atribuições, poderes e funcionamento, a representação ativa e passiva da sociedade em juízo ou fora dele, o prazo do mandato, bem como o processo de substituição dos administradores e conselheiros fiscais; VI – as formalidades de convocação das assembleias gerais e a maioria requerida para a sua instalação e validade de suas deliberações, vedado o direito de voto aos que nelas tiverem interesse particular, sem privá-los da participação nos debates; VII – os casos de dissolução voluntária da sociedade; VIII – o modo e o processo de alienação ou oneração de bens imóveis da sociedade; IX – o modo de reformar o estatuto; X – o número mínimo de associados; XI – se a cooperativa tem poder para agir como substituta processual de seus associados, na forma do art. 88-A da LCoop.

4. DIREITOS E OBRIGAÇÕES DOS SÓCIOS

Os direitos do sócio da cooperativa devem ser compreendidos com a análise do ingresso, exercício de direito político (voto), responsabilidade, demissão e exclusão (eliminação).

A cooperativa tem adesão livre para novos cooperados e o *status* de sócio [*t. I, §3, i. 3.3.4.*] tem o seu condicionamento feito pelo art. 4º, inciso I e art. 29 da LCoop. As restrições ao ingresso somente podem ser de impossibilidade técnica de prestação de serviços. Em alguns casos, ainda é possível restringir o acesso "às pessoas que exerçam determinada atividade ou profissão, ou estejam vinculadas a determinada entidade" (art. 29, § 1º, da LCoop), sem contar as possibilidades abertas para pessoas jurídicas ingressarem nas cooperativas de pesca, de produtores rurais ou extrativistas, de eletrificação, de irrigação e de telecomunicações (nos três últimos casos, desde que se localizem na respectiva área de operações). Não poderão ingressar no quadro das cooperativas os agentes de comércio e empresários que operam no mesmo campo econômico da sociedade (art. 29, § 4º, da LCoop).

Conforme observado, o direito político do cooperado não tem parâmetros no capital ou no volume de negócios praticado com a cooperativa, porque cada cooperado, individualmente, computa um único voto em assembleia. Ressalva-se somente o caso das centrais, federações e confederações de cooperativas, com exceção das que exerçam atividade de crédito, que podem optar pelo critério da proporcionalidade. Outra restrição ao direito de voto é do cooperado que trabalhe na cooperativa. Nesse caso, ele perde o direito de votar e ser votado, até que sejam aprovadas as contas do exercício em que ele deixou o emprego (art. 31 da LCoop).

Em termos de responsabilidade, a cooperativa pode optar por ter sócios de responsabilidade limitada ao capital subscrito e ilimitada ou solidária (respectivamente, arts. 11 e 12 da LCoop). Em qualquer das hipóteses, o art. 13 da LCoop prevê o benefício de ordem e a subsidiariedade em favor do cooperado, já que a "responsabilidade do associado para com terceiros, como membro da sociedade, somente poderá ser invocada depois de judicialmente exigida da cooperativa".

Mesmo que seja adotado o sistema de limitação de responsabilidade, o que se esquece, em matéria de cooperativismo, é que o risco do sócio ultrapassa o volume de capital e negócios, uma vez que o art. 80 da LCoop determina que as despesas da sociedade serão cobertas pelos cooperados mediante *rateio*, na proporção direta da fruição de serviços. Assim, a cooperativa poderá, para melhor atender à equanimidade de cobertura das despesas da sociedade, estabelecer: I – rateio, em partes iguais, das despesas gerais da sociedade entre todos os associados, quer tenham ou não, no ano, usufruído dos serviços por ela prestados, conforme definidas no estatuto; II – rateio, em razão diretamente proporcional, entre os associados que tenham usufruído dos serviços durante o ano, das sobras líquidas ou dos prejuízos verificados no balanço do exercício, excluídas as despesas gerais já atendidas na forma do item anterior. Portanto, os cooperados podem ser chamados a recompor os prejuízos da cooperativa apontados em balanço, não significando diretamente uma afronta à limitação de responsabilidade – haja vista o papel diminuto do capital social.

Em razão desses fatores e da falta de instrumentos de capitalização, a LFAN permitiu a emissão de Notas Comerciais como títulos de dívida, não conversíveis em participações societárias, que representam instrumentos para possível financiamento da cooperativa. No art. 46 da LFAN a cooperativa foi inserida no rol das emissoras do valor mobiliário representativo de promessa de pagamento em dinheiro e com forma escritural manejada por instituição autorizada pela CVM. A emissão deverá ser de-terminada pelo Conselho de Administração da cooperativa, salvo se houve restrição no estatuto em sentido diverso.

Finalmente, com relação à resolução da sociedade quanto a um sócio [*t. II, §3, i. 3.7.1.*], a LCoop tem regulamentação específica.

A retirada é chamada de demissão e deve ser pedida unicamente pelo cooperado (art. 32 da LCoop).

A exclusão do sócio, com o nome de eliminação na LCoop, decorre de "infração legal ou estatutária, ou por fato especial previsto no estatuto, mediante termo firmado por quem de direito no Livro de Matrícula, com os motivos que a determinaram". Promove-se processo para exclusão, com direito de defesa perante a diretoria, que decidirá e terá o prazo de 30 dias para comunicar ao interessado a sua eliminação. Da eliminação caberá recurso à primeira assembleia geral (art. 34 da LCoop).

O que a LCoop chama de exclusão de sócio, no art. 35, está ligado a outras situações, se for interpretado o dispositivo à luz da doutrina mais moderna. Nada obstante, o dispositivo mencionado cuida da exclusão operada por dissolução, morte, incapacidade civil e por perda de requisitos estatutários para a manter a condição de sócio. Em cada um deles, há hipóteses em que o sócio sai da sociedade, com apuração de quotas para eventual pagamento, sem prejuízo do recebimento de atos cooperativos praticados.

A responsabilidade do associado perante terceiros, por compromissos da sociedade, perdura para os demitidos, eliminados ou excluídos até quando aprovadas as contas do exercício em que se deu o desligamento (art. 36 da LCoop). Em caso de falecimento, as obrigações contraídas pelo cooperado falecido passam aos herdeiros, com prescrição após um ano da abertura da sucessão (art. 36, parágrafo único, da LCoop).

5. ADMINISTRAÇÃO

A sociedade cooperativa é composta por três órgãos: assembleia (arts. 38 a 46 da LCoop); diretoria ou conselho de administração (arts. 47 a 55 da LCoop); conselho fiscal (art. 56 da LCoop).

5.1. Assembleia

A assembleia é órgão de deliberação da cooperativa, com "poderes para decidir os negócios relativos ao objeto da sociedade e tomar as resoluções convenientes ao desenvolvimento e defesa desta, e suas deliberações vinculam a todos, ainda que ausentes ou discordantes" (art. 38, *caput*, da LCoop).

A competência privativa da assembleia é fixada com base em assembleias ordinárias (realizadas nos três primeiros meses após o exercício social) e extraordinárias (realizadas a qualquer tempo).

Compete às assembleias ordinárias (art. 44 da LCoop): I – prestação de contas dos órgãos de administração, acompanhada de parecer do Conselho Fiscal, compreendendo: a) relatório da gestão; b) balanço; c) demonstrativo das sobras apuradas ou das perdas decorrentes da insuficiência das contribuições para cobertura das despesas da sociedade e o parecer do Conselho Fiscal; II – destinação das sobras apuradas ou rateio das perdas decorrentes da insuficiência das contribuições para cobertura das despesas da sociedade, deduzindo-se, no primeiro caso, as parcelas para os fundos obrigatórios; III – eleição dos componentes dos órgãos de administração, do Conselho Fiscal e de outros, quando for o caso; IV – quando previsto, a fixação do valor dos honorários, gratificações e cédula de presença dos membros do Conselho de Administração ou da Diretoria e do Conselho Fiscal; V – quaisquer assuntos de interesse social, excluídos os enumerados no artigo 46, que são de competência das assembleias extraordinárias, mas que, a nosso ver, podem ser acumulados na convocação.

Compete à assembleia geral extraordinária, sempre com quórum de 2/3 dos cooperados presentes (art. 46 da LCoop): I – reforma do estatuto; II – fusão, incorporação ou desmembramento; III – mudança do objeto da sociedade, mas manutenção da forma cooperativa; IV – dissolução voluntária da sociedade e nomeação de liquidante; V – contas do liquidante.

A destituição dos membros dos órgãos de administração ou fiscalização pode ser feita em ambas as espécies de assembleias (art. 39, *caput*, da LCoop).

Ressalvados os quóruns especiais, as deliberações nas assembleias gerais serão tomadas por maioria de voto dos cooperados presentes com direito de votar (art. 38, § 3º, da LCoop).

Ainda é preciso considerar as disposições especiais de facilitação de representação em cooperativas com número muito grande de sócios ou difícil acesso à sede, assim como nas federações e confederações de cooperativas. No primeiro caso, se a cooperativa tem mais de 3.000 sócios ou tenham número inferior, mas sócios espalhados em raios superiores a 50 Km da sede, admite-se a escolha de delegados seccionais definidos por regras estatutárias (art. 42 da LCoop). Já no segundo, a representação será feita por delegados indicados na forma de seus estatutos e credenciados pela diretoria das respectivas filiadas das federações e confederações (art. 41 da LCoop).

Tal como se sustentou na parte geral [*t. II, §3, i. 5.1.3.*], a aprovação de relatório, balanço e contas dos órgãos de administração, desonera seus componentes de responsabilidade, ressalvados os casos de erro, dolo, fraude ou simulação, bem como a infração da lei ou do estatuto.

A decadência para declarar a invalidade de deliberações de assembleia [*t. II, §3, i. 3.6.*] é de quatro anos se "viciadas de erro, dolo, fraude ou simulação, ou tomadas com violação da lei ou do estatuto, contado o prazo da data em que a assembleia foi realizada" (art. 43 da LCoop).

Conforme previsão do art. 43-A da LCoop e art. 48-A do CC, o cooperado poderá votar a distância em assembleias, que podem ser realizadas também por meio digital. Em complementação da regulamentação, a IN DREI nº 79/2020 estabeleceu requisitos para a validade do conclave, admitindo que seja presencial, semipresencial e digital. Além disso, prevê a possibilidade de votação a distância, por meio de boletim de voto.

5.2. Diretoria ou conselho de administração

O órgão de gestão da sociedade cooperativa é tratado pela lei com sinonímia entre os termos direto ria e conselho de administração. Cuida-se de órgão com atribuições de execução ordinária do objeto da sociedade (art. 1.015 do CC), com endogenia (*Selbstorganschaft*) por ser composto somente de cooperados e com mandatos nunca superiores a quatro anos, sendo obrigatória a renovação de, no mínimo, 1/3 do Conselho de Administração (art. 47 da LCoop).

A lei cuida, ainda, de especificar a responsabilidade dos administradores. De regra, eles não são responsáveis pelas obrigações contraídas em nome da cooperativa, todavia, respondem solidariamente pelos prejuízos resultantes de seus atos, se procederem com culpa ou dolo (art. 49 da LCoop) ou ainda por ocultação da natureza da sociedade (art. 50 da LCoop). A solidariedade poderá ser considerada em relação à própria sociedade, especialmente se houver ratificação do ato por outros órgãos ou se houver proveito direto para a pessoa jurídica, conforme prevê o art. 49, parágrafo único, da LCoop.

Na linha do que já se expôs sobre o conflito de interesses [*t. II, §3, i. 3.4.1.*], também nas cooperativas é vedado, a diretores e a sócios, que tomem parte em operações em que haja interesse social oposto ao da sociedade (art. 52 da LCoop). Cabe ao membro da administração ou mesmo ao sócio acusar o impedimento e se afastar da decisão, sob pena de responsabilidade civil. É possível, ainda, considerar hipótese de aplicação analógica de alguns dos preceitos de abuso de poder do art. 117 da LSA, responsabilidade criminal (art. 53 da LCoop) e, ainda, sustentar invalidade de deliberações tomadas com conflito de interesses.

Terá legitimidade para o ajuizamento de ação de reparação de danos o sócio, a sociedade, seja por meio da administração, seja por meio de sócio escolhido em assembleia para tal finalidade (art. 54 da LCoop).

5.3. Conselho fiscal

O conselho fiscal é órgão obrigatório nas sociedades cooperativas, com função de fiscalização da administração gerencial. Conforme prevê o art. 53 da LCoop, será constituído de três membros efetivos e três suplentes, todos sócios, eleitos anualmente pela assembleia geral, sendo permitida apenas a reeleição de 1/3 dos seus componentes. Há hipóteses de inelegibilidades para coibir conflitos de interesses (arts. 51 e 53, §§ 1º e 2º, da LCoop).

Jurisprudência

STJ – 4ª T. – REsp nº 1.351.058 – Rel. Min. Luis Felipe Salomão – j. 26/11/2019: "(...) 1. Em se tratando de dívida de sociedade cooperativa - a qual nem à luz do Código Comercial ou do Código Civil de 2002 ostenta a condição de comerciante ou de sociedade empresária -, não há falar em fiança mercantil, caindo por terra o fundamento exarado pelas instâncias ordinárias para afastar a exigência da outorga conjugal encartada nos artigos 235, inciso III, do Código Civil de 1916 e 1.647, inciso III, do Código Civil de 2002. 2. Nesse quadro, inexistindo o consentimento da esposa para a prestação da fiança (civil) pelo marido (para garantia do pagamento de dívida contraída pela cooperativa), sobressai a ineficácia do contrato acessório, por força da incidência das supracitadas normas jurídicas. Inteligência da Súmula 332/STJ" (...).

STJ – 3ª T. – REsp nº 1.278.715 – Rel. Min. Nancy Andrighi – j. 11/06/2013: "(...) 1. A penhora de cotas sociais, em geral, não é vedada por lei, *ex vi* da exegese dos arts. 591, 649, I, 655, X, e 685-A, § 4º, do CPC. Precedentes. 2. É possível a penhora de cotas pertencentes a sócio de cooperativa, por dívida particular deste, pois responde o devedor, para o cumprimento de suas obrigações, com todos seus bens presentes e futuros (art. 591, CPC). 3. O óbice de transferência a terceiros imposto pelo art. 1.094, inc. IV, do CC/02 e pelo art. 4º, inc. IV, da Lei nº 5.764/71 não impede a penhora pretendida, devendo os efeitos desta serem aplicados em consonância com os princípios societários e características próprias da cooperativa. 4. Dada a restrição de ingresso do credor como sócio e em respeito à *afecctio societatis*, deve-se facultar à sociedade cooperativa, na qualidade de terceira interessada, remir a execução (art. 651, CPC), remir o bem (art. 685-A, § 2º, CPC) ou concedê-la e aos demais sócios a preferência na aquisição das cotas (art. 685-A, § 4º, CPC), a tanto por tanto, assegurando-se ao credor, não ocorrendo solução satisfatória, o direito de requerer a dissolução parcial da sociedade, com a exclusão do sócio e consequente liquidação da respectiva cota. 5. Em respeito ao art. 1.094, inc. I e II, do CC/02, deve-se avaliar eventual dispensa de integralização de capital, a fim de garantir a liquidez da penhora e, ainda, a persistência do número mínimo de sócios na hipótese de exclusão do sócio-devedor, em quantitativo suficiente à composição da administração da sociedade (...)".

STJ – 4ª T. – REsp nº 401.692 – Rel. Min. Aldir Passarinho Junior – j. 25/11/2002: "Os cooperados, individualmente ou em grupos, não têm legitimidade ativa para exigir da cooperativa prestação de contas, que é feita ao órgão previsto em lei para tomá-las, no caso a assembleia geral (...)".

TJSP – 1ª Câm. Reservada Dir. Empr. – AI nº 2065937-30.2017.8.26.0000 – Rel. Des. Alexandre Lazzarini – j. 23/08/2017: "(...) 1- Em ação de obrigação de fazer promovida pela agravante, foi indeferida tutela provisória em que esta pretende que a agravada, da qual é sócia minoritária, implemente programa de integridade, com contratação de consultoria indicada pela agravante, bem como contrate auditoria externa investigativa. 2- (...). 3- Agravante que deixa de indicar substituto para de seu representante no Conselho Fiscal, que renunciou. 4- A pretensão da agravante pode ser obtida por conselheiro fiscal (Lei n. 6.404/76, art. 163 e parágrafos), que pode atuar individualmente, ou com o próprio conselho, para obter as informações e as condutas pretendidas mediante intervenção judicial na companhia. Ônus da agravante, como sócia, que deixou de indicar seu representante no Conselho Fiscal. A intervenção judicial, como regra, na vida societária, deve ser mínima. 5- Embora incontroversa a relevância da Lei n. 12.846/13 (Lei Anticorrupção), a mesma não é impositiva, mas contém, somente, a recomendação de condutas para fins de amenização das sanções penais, civis e administrativas. 6- Voto vencido que admite a força impositiva da Lei Anticorrupção e provê o recurso. (...)".

6. SISTEMA OPERACIONAL DAS COOPERATIVAS

6.1. Ato cooperativo

Mesmo sendo uma organização [*t. II, §5, i. 2*], mas sem características empresariais, a legislação das cooperativas ainda está baseada na análise isolada dos atos e não das atividades cooperativas da organização. Toda a estrutura do sistema cooperativista foi moldada para estimular[1] e qualificar o relacionamento do cooperado com a cooperativa, assim como as relações inversas, da cooperativa com o cooperado. Ainda apegados à diferenciação dos atos de comércio do CCom [*t. I, §1, i. 3*], o legislador de 1971 qualificou o *ato cooperativo* como aquele "entre as cooperativas e seus associados, entre estes e aquelas e pelas cooperativas entre si quando associados, para a consecução dos objetivos sociais" (art. 79 da LCoop). No parágrafo único, do mesmo art. 79, ainda especifica que o ato cooperativo não implica operação de mercado, nem contrato de compra e venda de produto ou mercadoria.

Dessa forma, no desempenho do objeto social, a cooperativa pratica atos com os cooperados e estes recebem serviços da cooperativa. Por exemplo, numa cooperativa de cafeicultores, eles entregam a safra para a cooperativa[2], que lhes presta o serviço de venda do produto no mercado, a preços melhor negociados. Além disso, a cooperativa pode vender insumos ao cooperado, também com preços mais vantajosos que ganha na maior escala de negociação com fornecedores. Tudo isso entremeado por treinamentos e assistência social ao cooperado. Além de receber os resultados da safra entregue para a venda, o cooperado ainda pode receber resultados das sobras do exercício social. Tais atos, num círculo economicamente estimulado para distribuição de renda, são caracterizados como os tais atos cooperativos para os fins da legislação e o raciocínio pode ser estendido para cooperativas de produtos, de consumo, de crédito, de trabalho, habitacionais, mistas, dentre outras. É permitido às cooperativas praticar negócios com terceiros não cooperados, desde que vinculados ao objeto social (art. 86 da LCoop), sujeitando-se, nesses casos, às regras gerais de mercado (art. 87 da LCoop).

---

[1] Inclusive em termos fiscais, já que o art. 146, inciso III, alínea "c", da CF, determina à legislação complementar o papel de promover o adequado tratamento tributário ao ato cooperativo praticado pelas sociedades cooperativas, devendo considerar a neutralidade tributária desse tipo de operação. Para exemplificar, em termos operacionais uma cooperativa não tem lucros, mas sobras distribuíveis entre os cooperados. Tal qualificação afasta incidência de diversos tributos em relação aos atos praticados com os cooperados. É o caso da CSLL: "A não incidência da CSLL, nos termos da jurisprudência dominante do STJ, em casos de cooperativas, restringe-se a atos cooperados praticados exclusivamente entre a cooperativa e seus associados" (STJ – AgRg-REsp nº 1.037.701 – 2ª T. – Rel. Min. Humberto Martins). Sobre PIS e COFINS o STF restringiu a atos com cooperados no RE nº 599.362 e RE 598.085.

[2] Tecnicamente, não há operação mercantil de compra e venda, haja vista o regime especial previsto no art. 83 da LCoop: "entrega da produção do associado e sua cooperativa significa a outorga a esta de plenos poderes para a sua livre disposição, inclusive para gravá-la e dá-la em garantia de operações de crédito realizadas pela sociedade, salvo se, tendo em vista os usos e costumes relativos à comercialização de determinados produtos, sendo de interesse do produtor, os estatutos dispuserem de outro modo".

Na doutrina seminal do cooperativismo no Brasil, de WALMOR FRANKE, diferenciam-se os negócios da cooperativa: negócio-fim, aquele realizado entre o associado e a cooperativa e negócio-meio, aquele realizado pela cooperativa com o mercado (FRANKE, 1973, p. 26).

6.2. Operações, despesas e prejuízos

A LCoop ainda faz importante distinção do que chamou de sistema operacional das cooperativas. Basicamente, a lei ocupou-se de:

(a) operações de venda como armazém geral com emissão de títulos de crédito dessas atividades [t. IV, §6, i. 2] sem ficar equiparada à empresa (art. 82 da LCoop);

(b) afastamento do ato cooperativo de operações mercantis e outorga de poderes à cooperativa para celebração de negócios com a produção entregue pelos cooperados, inclusive para gravá-la e dá-la em garantia de operações de crédito realizadas pela sociedade, salvo se, tendo em vista os usos e costumes relativos à comercialização de determinados produtos, sendo de interesse do produtor, os estatutos dispuserem de outro modo.

Relativamente às despesas, o art. 80 prevê o *rateio* entre os sócios, com proporção feita com base na fruição dos serviços da cooperativa. Tal regra poderá ter ressalvas no estatuto, conforme prevê o parágrafo único do mesmo dispositivo, ao estabelecer: I – rateio, em partes iguais, das despesas gerais da sociedade entre todos os associados, quer tenham ou não, no ano, usufruído dos serviços por ela prestados, conforme definidas no estatuto; II – rateio, em razão diretamente proporcional, entre os associados que tenham usufruído dos serviços durante o ano, das sobras líquidas ou dos prejuízos verificados no balanço do exercício, excluídas as despesas gerais já atendidas na forma do item anterior.

Por fim, se no exercício social forem verificados prejuízos, o sistema cooperativista causa encarecimento do capital investido e aumento dos riscos do cooperado. Explica-se: ainda que a sociedade cooperativa tenha estrutura de capital com limitação de responsabilidade dos sócios, os prejuízos verificados no decorrer do exercício serão cobertos com recursos provenientes do fundo de reserva e, se insuficiente este, mediante *rateio proporcional* entre os sócios. A proporção de cada sócio no rateio é auferida com os serviços usufruídos, salvo cláusula estatutária do rateio diferenciado previsto no parágrafo único, do art. 80.

Jurisprudência

STJ – REsp nº 1.123.633/DF – 4ª T. – Rel. Min. Luis Felipe Salomão – j. 15/08/2013: "(...) 1. O art. 80, parágrafo único, da Lei n. 5.764/1971 admite o rateio igualitário das despesas gerais, a depender de previsão no estatuto social da cooperativa, ao passo que em relação aos prejuízos sempre deverá ser observada a proporcionalidade, nos termos do art. 89 do mesmo diploma. No caso, não houve alteração estatutária quanto ao rateio igualitário das despesas gerais, tendo em vista que a deliberação sobre adequar o estatuto ao disposto nos incisos I e II, do parágrafo único, do art. 80 da Lei n. 5.764/1971 ocorreu em assembleia geral ordinária. 2. O Tribunal de origem concluiu que o deslinde da questão envolve cálculos complexos, dependendo da discriminação dos valores referentes às despesas gerais, aos prejuízos e sobras, à individualização do débito de cada cooperado, à planilha evolutiva da importância e à prova da fruição dos serviços nos períodos vindicados, e, assim, a prova pericial se impunha como indispensável para o êxito do pedido. De fato a autora não se desincumbiu de comprovar, por meio de prova pericial, que os cálculos elaborados pela ora recorrida estavam incorretos (...)".

TJMG – 17ª Câm. Cível – Ap. nº 1.0024.13.336947-0/001 – Rel. Des. Leite Praça – j. 16/03/2017: "Comprovado que o associado usufruiu dos serviços da cooperativa na época em que foram apurados os prejuízos, afigura-se legal a cobrança do rateio das perdas entre os cooperados, eis que aprovado por unanimidade em Assembleia Geral e expressamente previsto nos artigos 80 e 89 da legislação regente (Lei nº. 5.764/71). Quando a controvérsia versa sobre cobrança de dívida líquida e certa, o termo inicial da correção monetária e dos juros de mora é a data do efetivo inadimplemento, ou seja, do vencimento da obrigação. Julgados do STJ".

7. RESOLUÇÃO DA SOCIEDADE EM RELAÇÃO A UM SÓCIO

Os preceitos de resolução da sociedade quanto a um sócio [t. II, §3, i. 3.7.1.] devem ser compatibilizados com o sistema cooperativista, porque a LCoop não tem a terminologia em perfeita consonância com o CC e nem tampouco as consequências são as mesmas.

A retirada é chamada pela LCoop de *demissão* (art. 32), que é feita a pedido do sócio, com eventual devolução do valor da quota.

Já a exclusão é denominada de *eliminação* no art. 33 da LCoop, ocorrendo em virtude de infração legal ou estatutária, ou por fato especial previsto no estatuto e com obrigação de constar no livro de matrícula de cooperados os motivos determinantes da eliminação. A competência para eliminar cooperado é da diretoria, cabendo recurso, com efeito suspensivo, à primeira assembleia geral (art. 34 da LCoop).

O LCoop cuida genericamente e sem maior rigor técnico da *exclusão* de sócio, prevista no art. 35, nos casos de dissolução da pessoa jurídica, morte, incapacidade e por deixar de atender aos requisitos estatutários de ingresso ou permanência na cooperativa. Afora os casos de dissolução, que serão discutidos adiante, a exclusão do sócio por morte demonstra que a condição de cooperado é personalíssima e não se transmite aos herdeiros. Por esse motivo, ocorre o pagamento do valor das quotas aos herdeiros, que não entram na sociedade, a não ser pelas vias normais de aprovação de novo sócio. Quanto aos incapazes, a peculiar situação da cooperativa – de servir ao sócio e com ele negociar – é determinante da exclusão em caso de superveniência de incapacidade para os negócios. O mesmo raciocínio se dá em relação à falta de requisitos estatutários objetivos de permanência na sociedade.

Conforme previsão do art. 36 da LCoop, a responsabilidade do sócio perante terceiros, por compromissos da sociedade, perdura para os demitidos, eliminados ou excluídos até quando aprovadas as contas do exercício em que se deu o desligamento.

No caso de morte, as obrigações dos cooperados falecidos, contraídas com a sociedade, e as oriundas de sua responsabilidade como associado em face de terceiros, passam aos herdeiros, prescrevendo, porém, após um ano contado do dia da abertura da sucessão, ressalvados os aspectos peculiares das cooperativas de eletrificação rural e habitacionais.

8. DISSOLUÇÃO E LIQUIDAÇÃO

As causas de *dissolução de pleno direito* das cooperativas – que, pela LCoop, também implicam exclusão de sócio – ocorrem nas hipóteses elencadas pelo art. 63 da LCoop, que merecem análise mais específica:

I – *quando assim deliberar a assembleia geral, desde que os associados, totalizando o número mínimo exigido para composição dos órgãos internos (art. 1.094, II, do CC), não se disponha a assegurar a sua continuidade*: o caso geral de dissolução de pleno direito é a deliberação dos sócios, tomada na forma e com os quóruns previstos nos arts. 38 e seguintes da LCoop. Todavia, poderão os cooperados, em número mínimo para composição dos órgãos societários, deliberar pela continuidade das atividades da cooperativa.

II – *pelo decurso do prazo de duração*: a cooperativa poderá ser criada por tempo determinado e a implementação do termo final de duração da sociedade irrompe os atos de dissolução e liquidação. Havendo silêncio da lei, é possível que a falta de iniciativa para liquidação permita a aplicação supletiva do art. 1.033, inciso I, do CC, que prevê a perpetuação da sociedade por tempo indeterminado.

III – *pela consecução dos objetivos predeterminados*: se a cooperativa tem objeto específico, uma vez que ele seja exaurido poderão ser iniciados atos de liquidação.

IV – *devido à alteração de sua forma jurídica*: em razão das características da cooperativa e da indivisibilidade de seus fundos [*t. II, §7, i. 2*], não se admite a aplicação das regras gerais dos arts. 1.113 a 1.115 do CC que cuidam da transformação da sociedade independentemente de dissolução. Por incompatibilidade com os demais tipos e para não se permitir a apropriação fraudulenta de fundos, a lei especial prevalece para inibir a transformação de cooperativa em sociedade limitada ou anônima, por exemplo. Deverá ocorrer a regular dissolução societária para posterior constituição de outra sociedade com eventuais ativos remanescentes e com a destinação esperada para fundos de reserva e FATES.

Cabe ressalvar, quanto a esse ponto, que a IN DREI 81 contrariou o dispositivo legal, ao aceitar a transformação de sociedade cooperativa em outro tipo (arts. 59 e 66 da IN DREI 81), bastando que haja deliberação em assembleia geral extraordinária e alteração contratual. Trata-se de previsão ilegal no regulamento administrativo e que contraria essencialmente o conteúdo e objetivo da LCoop. Referida regra administra-tiva também inovou ao determinar que os fundos indivisíveis sejam destinados ao Tesouro Nacional em caso de transformação (Anexo VI, item 9.5, da IN DREI 81).

V – *pela redução do número mínimo de associados ou do capital social mínimo se, até a assembleia geral subsequente, realizada em prazo não inferior a seis meses, eles não forem restabelecidos*: a perda do número mínimo de sócios (art. 1.094, II, do CC) ou do capital mínimo (nos casos em que a legislação o exige) permitem à sociedade regularizar tal situação até a assembleia seguinte, que deverá ser realizada no prazo de seis meses contados da ocorrência.

VI – *pelo cancelamento da autorização para funcionar*: se a cooperativa estiver sujeita à autorização de funcionamento (arts. 1.123 e seguintes do CC), como no caso das cooperativas de crédito, a perda de tal ato administrativo autorizativo das atividades é determinante de causa de liquidação da sociedade.

VII – *pela paralisação de suas atividades por mais de 120 dias*: se a cooperativa cessar as suas atividades, independentemente da causa, tem-se hipótese de perda superveniente do objeto, com possibilidade de liquidação societária.

Poderá, ainda, ocorrer *dissolução judicial* da cooperativa, conforme prevê o art. 64 da LCoop, em casos de falta de dissolução voluntária, sendo legitimado para o pedido qualquer dos cooperados ou, havendo interesse ou mesmo falta de autorização para funcionamento, por iniciativa de órgão executivo federal.

Qualquer que seja a causa da dissolução (de pleno direito ou judicial), iniciam-se os atos de liquidação da sociedade, com as especificações da LCoop. Cabe anotar, ainda, que diante da impossibilidade de pedido de recuperação e falência por cooperativas, a dissolução e a liquidação da sociedade cooperativa adquirem protagonismo em casos de insolvência.

Nesse caso, então, nomeia-se um ou mais liquidantes e um conselho fiscal de três membros (art. 65 da LCoop) para a cooperativa "em liquidação" (art. 66 da LCoop). O liquidante terá poderes de administrador para permitir que possa realizar o ativo e pagar o passivo, entre outras obrigações (arts. 67 e 68 da LCoop). Na realização do ativo, deve o liquidante avaliar os bens e proceder à venda com uso dos preceitos dos arts. 139 e seguintes da LREF, que substituíram os arts. 117 e 118 do revogado Decreto-Lei nº 7.661, de 21 de junho de 1945 (art. 77 da LCoop).

São várias as restrições feitas ao liquidante, que deverá pagar o passivo de forma a preservar preferências de credores. Na ausência de regra específica na LCoop, aplicam-se os arts. 184 e 186 do CTN, que ressalvam somente os créditos trabalhistas e de acidente do trabalho acima dos créditos tributários. Essas seriam as duas preferências em uma cooperativa, acima inclusive de credores com garantia real. Assim, conforme previsto no art. 71 da LCoop, respeitadas as preferências da lei, o liquidante pagará as dívidas da cooperativa proporcionalmente e sem distinção entre vencidas ou não, sob pena de responsabilidade pessoal.

Também para preservação dos ativos e para que não ocorra oneração indevida do patrimônio da cooperativa, não poderá o liquidante, sem autorização da assembleia de cooperados, gravar de ônus os móveis e imóveis, contrair empréstimos, salvo quando indispensáveis para o pagamento de obrigações inadiáveis, nem prosseguir, embora para facilitar a liquidação, na atividade social (art. 70 da LCoop).

Uma vez solucionado o passivo, poderá o liquidante reembolsar os cooperados até o valor de suas cotas-partes e dar destino aos fundos remanescentes na forma do estatuto ou mesmo antecipar tais restituições em caso de autorização de assembleia (arts. 72 e 73 da LCoop). Ressalvam-se, ainda, os rateios de despesas previstos no art. 80 da LCoop caso a cooperativa não tenha patrimônio ativo líquido.

Por fim, o liquidante convoca assembleia para prestar contas que, uma vez, aprovadas, fazem encerrar a liquidação e extinguir a sociedade com a comunicação final na Junta Comercial (arts. 73 e 74 da LCoop). O cooperado que discordar das contas tem prazo de 30 dias para promover as ações judiciais cabíveis.

A depender da atividade da cooperativa, a liquidação poderá ser promovida por órgão governamental, como no caso da atuação do Banco Central do Brasil nas cooperativas de crédito. Nesse caso, é o órgão de governo que indica o liquidante, com possível intervenção externa na sociedade (art. 75 da LCoop).

Jurisprudência

STJ – AgRg no REsp nº 808.241/SP – 2ª T. – Rel. Min. Herman Benjamin – j. 28/04/2009: "As cooperativas são sociedades simples nos termos do art. 982, parágrafo único, do Código Civil que, por definição, não exercem atividade empresarial (art. 1.093 do mesmo diploma legal). Por essa razão, não se sujeitam à legislação falimentar, mas sim ao procedimento de liquidação previsto pelos arts. 63 a 78 da Lei 5.764/1971, que não contempla o benefício de exclusão das multas e dos juros moratórios. Precedentes do STJ".

STJ – REsp nº 1.025.358 – 3ª T. – Rel. Min. Nancy Andrighi – j. 13/04/2010: "A prerrogativa da suspensão das ações judiciais previstas pelo art. 76 da Lei n.º 5.764/71 é destinada exclusivamente às cooperativas em liquidação, não podendo ser estendida aos demais litisconsortes".

STJ – REsp nº 1.317.749 – 3ª T. – Rel. Min. Nancy Andrighi – Rel. p/ Acórdão Min. João Otávio de Noronha – j. 19/11/2013: "3. Assim como ocorre na falência, é cabível o pedido de restituição de adiantamento de contrato de câmbio formulado por instituição financeira contra sociedade cooperativa em regime de liquidação judicial. A presença, nos dois institutos, da mesma identidade estrutural e teleológica, aliada às características da operação de crédito contratada, torna possível o uso da analogia para o deslinde da controvérsia".

STJ – REsp nº 1.528.304 – 2ª T. – Rel. Min. Humberto Martins – j. 20/08/2015: "(...) 2. Consoante jurisprudência do STJ, as cooperativas, nos termos do art. 982, parágrafo único, do Código Civil, são sociedades simples que não exercem atividade empresarial (art. 1.093 do mesmo diploma legal). 3. O art. 63, IV, da Lei 5.765/71 prevê que, em caso de transformação da forma jurídica, ocorrerá, de pleno direito, a dissolução da sociedade cooperativa, dissolução esta compreendida como a resolução da função social para a qual foi criada a cooperativa em decorrência da transformação do tipo de sociedade. 4. O art. 1.113 do Código Civil de 2002 autoriza o ato de transformação societária independentemente 'de dissolução ou liquidação da sociedade', resguardando, apenas, a observância dos 'preceitos reguladores da constituição e inscrição do tipo em que vai converter-se', de modo que a transformação do tipo societário simples (classificação das cooperativas) não impõe a necessidade de liquidá-la, porque a pessoa jurídica é uma só, tanto antes como depois da operação, mudando apenas o tipo (de cooperativa para limitada, na hipótese)".

TJMG – 10ª Câm. Civ. – Ap. nº 1.0441.07.010551-1/001 – Rel. Des. Claret de Moraes – j. 18/09/2018: "(...) 1 – O STJ tem entendimento pacífico no sentido da inaplicabilidade da legislação falimentar às cooperativas em liquidação, pois estas não possuem características empresariais, sendo a elas aplicáveis as disposições previstas na Lei 5.764/71 (AgRg no REsp 1109103/SP, Rel. Ministro SÉRGIO KUKINA, PRIMEIRA TURMA, julgado em 25/11/2014, *DJe* 02/12/2014). 2 – Comprovada a exigibilidade, certeza e liquidez do crédito pertencente ao habilitante, este deve ser habilitado no processo de liquidação. 3 – A Lei nº 5.764/71 não exclui a fluência de juros após a liquidação extrajudicial".

9. FEDERAÇÕES E CONFEDERAÇÕES DE COOPERATIVAS

A legislação de cooperativas admite a estruturação de federações ou de cooperativas centrais, conforme art. 60 da LCoop: "As sociedades cooperativas poderão desmembrar-se em tantas quantas forem necessárias para atender aos interesses dos seus associados, podendo uma das novas entidades ser constituída como cooperativa central ou federação de cooperativas". Para tanto, o art. 61, § 4º, determina ser necessário que o estatuto contenha previsão do montante das quotas partes que as associadas terão no capital social.

Essa regra admite "cooperativas de cooperativas" em determinados setores, de modo que possam ser montadas superestruturas de suporte de ramos do cooperativismo, especialmente para a coordenação e suplementação de atividades. Exemplo da hipótese levantada pode ser o sistema de cooperativismo de crédito: por meio da Resolução BACEN nº 4.434, de 05 de agosto de 2015, as cooperativas singulares participam das cooperativas centrais, que são coordenadoras e prestam serviços de centralização financeira, com gerenciamento da liquidez do sistema e ganho de escala. Todas elas são acionistas de um banco comercial cooperativo[3].

O interesse social de uma cooperativa central ou de uma federação passa a combinar diversos fatores como o objeto, as cooperativas associadas e todos os demais grupos de interesse do entorno dessa organização. Assim, as cooperativas centrais cumprem o mandamento do art. 8º da LCoop porque "objetivam organizar, em comum e em maior escala, os serviços econômicos e assistenciais de interesse das filiadas, integrando e orientando suas atividades, bem como facilitando a utilização recíproca dos serviços". O objetivo da cooperativa central e da federação é a "prestação de serviços de interesse comum" (art. 8º, parágrafo único, LCoop), mas com atuação individualizada dessa cooperativa central em favor das demais.

Não se identifica uma cooperativa de controle de um grupo ou mesmo a própria caracterização de grupo. A federação e a cooperativa central representam uma nova sociedade cooperativa, autônoma como pessoa jurídica em relação às demais e sujeita às demais regras do cooperativismo – inclusive quanto à participação unitária dos associados (art. 4º, V, da LCoop e art. 1.094, VI, do CC). Também não significa que nas federações ou centrais se encontre a

---

[3] DINIZ, Gustavo Saad. *Estudos e pareceres da pessoa jurídica e da atividade empresarial*. São Paulo: Liber Ars, 2014. p. 269-passim.

direção unitária em relação às cooperativas singulares associadas, já que se tem uma forma de atuação orgânica absolutamente distinta e desvinculada das singulares, de resto, caracterizadas como sócias cooperadas das centrais.

Diante da falta de interesse de grupo, ausência de sociedade controladora e também da falta de direção unitária, não se pode afirmar que exista um grupo de cooperativas nas federações ou nas cooperativas centrais.

Jurisprudência

STJ – 3ª T. – REsp nº 1.535.888 – Rel. Min. Nancy Andrighi – j. 16/05/2017: "(...) 3. Nos termos da regulamentação vigente, as cooperativas centrais do sistema cooperativo de crédito devem, entre outras funções, supervisionar o funcionamento das cooperativas singulares, em especial o cumprimento das normas que regem esse sistema. No entanto, sua atuação encontra um limite máximo, que é a impossibilidade de substituir a administração da cooperativa de crédito singular que apresenta problemas de gestão. 4. Não há na legislação em vigor referente às cooperativas de crédito dispositivo que atribua responsabilidade solidária entre os diferentes órgãos que compõem o sistema cooperativo. Eventuais responsabilidades de cooperativas centrais e de bancos cooperativos devem ser apuradas nos limites de suas atribuições legais e regulamentares. 5. Na controvérsia em julgamento, a cooperativa central adotou todas as providências cabíveis, sendo impossível atribuir-lhe responsabilidade pela insolvência da cooperativa singular. 6. Não há solidariedade passiva entre banco cooperativo e cooperativa de crédito quanto às operações bancárias por esta realizadas com seus cooperados, uma vez que o sistema de crédito cooperativo funciona de molde a preservar a autonomia e independência – e consequente responsabilidade – de cada um dos órgãos que o compõem. Precedentes. (...)".

STJ – 4ª T. – REsp nº 1.173.287 – Rel. Min. João Otávio de Noronha – j. 01/03/2011: "(...) Não há solidariedade passiva entre banco cooperativo e cooperativa de crédito quanto às operações bancárias por esta realizadas com seus cooperados, uma vez que o sistema de crédito cooperativo funciona de molde a preservar a autonomia e independência - e consequente responsabilidade – de cada uma das entidades que o compõem (...)".

Bibliografia: ALMEIDA, Marcus Elidius Michelli de; BRAGA, Ricardo Peake (coord.). *Cooperativas à luz do Código Civil*. São Paulo: Quartier Latin, 2006. BECHO, Renato Lopes. *Elementos de direito cooperativo*. 2. ed. São Paulo: Thomson Reuters, 2019. DINIZ, Gustavo Saad. *Estudos e pareceres da pessoa jurídica e da atividade empresarial*. São Paulo: Liber Ars, 2014. DINIZ, Gustavo Saad. O paradoxo do autofinanciamento das cooperativas. *Revista de Direito Empresarial*. Curitiba, n. 14, p. 135-154, Julho-Dezembro/2010. DINIZ, Gustavo Saad. Grupos de cooperativas. *Revista de Direito Empresarial*. Curitiba, n. 14, p. 185-205, Janeiro-Abril/2017. FORGIONI, Paula Andrea. *As sociedades cooperativas no Brasil: muito além dos preconceitos e das questões tributárias*. In: BRUSCHI, Gilberto Gomes et. al. (coord). *Processo empresarial*. Rio de Janeiro: Elsevier, 2012. p. 606-622. GLENK, Hartmut. *Genossenschaftsrecht*. 2. ed. Munique: Beck, 2013. LEVY, Jorge Eduardo Prada. *As cooperativas e o direito dos cooperados retirantes ao valor atualizado de suas quotas-partes*. RDM, 101/122. GONÇALVES NETO, Alfredo Assis (coord.). *Sociedades cooperativas*. São Paulo: LEX, 2018. MAFFIOLETTI, Emanuelle Urbano. *As sociedades cooperativas e o regime jurídico concursal*. São Paulo: Almedina, 2015. NAMORADO, Rui. *Introdução ao direito cooperativo: para uma expressão jurídica da cooperatividade*. Coimbra: Almedina, 2000. NAMORADO, Rui. *Cooperatividade e Direito Cooperativo*. Coimbra: Almedina, 2005. SALOMÃO FILHO, Calixto. *Sociedade cooperativa e disciplina da concorrência*. RDM, 90/27.

§8
SOCIEDADE DE PESSOAS

Tais tipos societários foram mantidos no CC, mas atualmente a utilização prática é reduzida. Apontam-se várias razões, mas entre elas está principalmente a substituição por modelos mais eficientes e que desempenham o mesmo papel sem a atribuição de personalidade jurídica – como no caso da sociedade em comum e da sociedade em conta de participação – tal como ocorre na Alemanha e na Itália, por exemplo, em que sociedades de mesma natureza não tem personificação. Além disso, é preciso constatar que o tipo personificado e com ilimitação de responsabilidade de sócios aumenta a insegurança dos investimentos e perdas patrimoniais, além de implicar a falência também do sócio com ilimitação de responsabilidade (art. 81 da LREF).

Por todos esses e outros fatores, a descrição desses tipos atenderá somente a critérios históricos e didáticos.

1. SOCIEDADE EM NOME COLETIVO

1.1. Conceito e função

A sociedade em nome coletivo é sociedade *personificada e empresária*[a], *que tem por função organizar*[b] *as atividades de pessoas físicas*[c] *que respondem solidária e ilimitadamente pelas obrigações sociais*[d].

(*a*) Cuida-se de tipo societário com personalidade jurídica utilizado para fins empresariais, embora a sociedade simples possa, em teoria, se aproveitar dessa estrutura jurídica (art. 983, *caput,* do CC).

(*b*) Também se trata de organização, cuja característica é oferecer ao mercado estrutura de personalidade jurídica com ilimitação de responsabilidade dos sócios. Portanto, o patrimônio ativo da sociedade em nome coletivo não é a garantia exclusiva que se oferece aos credores da sociedade.

(*c*) conforme se depreende do art. 1.039, *caput*, do CC, a sociedade em nome coletiva é composta somente por pessoas físicas, de modo a não se provocar a burla do sistema de responsabilidade solidária dos sócios com a inserção de pessoas jurídicas com limitação de responsabilidade.

(*d*) É da essência da sociedade em nome coletivo que os sócios respondam solidária e ilimitadamente pelas obrigações sociais. Os sócios até podem, entre si, pactuar no contrato social a limitação de responsabilidade, mas tal conteúdo não produz efeitos em relação aos terceiros que negociam com a sociedade (art. 1.039 do CC).

1.2. Regras específicas

Tratando-se de sociedade pessoas e com ilimitação de responsabilidade, é essencial que ela se apresente ao mercado com a indicação dos nomes das pessoas que participam da sociedade. Justifica-se, assim, a regra dos arts. 1.041 e 1.157 do CC, que trata da firma como espécie de nome empresarial para a sociedade em nome coletivo.

Outra característica prevista na legislação é que a administração da sociedade compete exclusivamente a sócios (art. 1.042 do CC), que devem usar o poder de administração nos limites do art. 1.015, *caput*, do CC [*t. II, §3, i. 5.1.2.*]. Em razão do personalismo, não há a opção de administração – enquanto órgão da sociedade – desempenhada por terceiros que não sejam sócios.

A lei ainda se preocupa em regular a responsabilidade da sociedade por dívidas do sócio, criando regra protetiva peculiar no art. 1.043 do CC, que determina: "O credor particular de sócio não pode, antes de dissolver-se a sociedade, pretender a liquidação da quota do devedor". Em outros termos, a regra do art. 1.043 bloqueia a aplicação da regra do art. 1.026, parágrafo único, do CC, porque nas sociedades em nome coletivo exige-se a finalização do processo dissolutório, arrecadação de ativos e cumprimento de obrigações de liquidação para que o credor particular do sócio satisfaça o seu crédito. A regra somente é excepcional quando: I – a sociedade houver sido prorrogada tacitamente; II – tendo ocorrido prorrogação contratual, for acolhida judicialmente oposição do credor, levantada no prazo de noventa dias, contado da publicação do ato dilatório (art. 1.043, parágrafo único, do CC).

1.3. Regramento supletivo

Conforme previsão do art. 1.040 do CC, as regras das sociedades simples são subsidiárias (supletivas) para solução das omissões do Capítulo da sociedade em nome coletivo [*t. II, §3, i. 2.3.*]. Assim, serão aplicáveis os dispositivos atinentes ao conteúdo do contrato social (art. 997 do CC); direitos e obrigações dos sócios que sejam compatíveis e não contrariem as regras do tipo (arts. 1.001 a 1.009 do CC); administração, quóruns e relações com terceiros; resolução da sociedade quanto a um sócio; dissolução e liquidação (art. 1.044 do CC).

2. SOCIEDADE EM COMANDITA SIMPLES

2.1. Conceito e função

A sociedade em comandita simples é sociedade *personificada e empresária*[a], *que tem por função organizar*[b] *as atividades de sócios comanditados*[c] *e comanditários*[d], *que assumem diferentes riscos perante terceiros.*

(*a*) Cuida-se de tipo societário com personalidade jurídica utilizado para fins empresariais, embora a sociedade simples possa, em teoria, se aproveitar dessa estrutura jurídica (art. 983, *caput*, do CC).

(*b*) Também se trata de organização, cuja característica é oferecer ao mercado estrutura de personalidade jurídica com sócios de dois tipos de responsabilidade (limitação e ilimitação).

(*c*) O *status* de sócio [*t. II, §3, i. 3.3.4.*] na sociedade em comandita simples é caracterizado pela diferença de regras quanto aos dois tipos. Conforme prevê o art. 1.045 do CC, as sociedades em comandita simples têm dois tipos de sócios: *comanditados*, que são, necessariamente, pessoas físicas que administram a sociedade, assumem os riscos e com responsabilidade solidária e ilimitada pelas obrigações da sociedade.

(*d*) Os *comanditários*, pessoas físicas ou jurídicas com responsabilidade limitada ao valor das quotas integralizadas, não têm participação em atos de gestão.

2.2. Regras específicas

Nas sociedades em comandita simples os sócios têm as suas funções estanques e bem distintas. Pratica atos de gestão somente o sócio comanditado. Assim, "sem prejuízo da faculdade de participar das deliberações da sociedade e de lhe fiscalizar as operações, não pode o comanditário praticar qualquer ato de gestão, nem ter o nome na firma social, sob pena de ficar sujeito às responsabilidades de sócio comanditado" (art. 1.047 do CC). A atuação do comanditário como procurador é facultada para negócio determinado.

Preocupou-se o legislador com regras específicas de redução do capital da sociedade em comandita simples. A diminuição da quota do comanditário somente produz efeitos para terceiros depois de averbada a alteração do RPEM, sem prejuízo dos credores. Uma vez deliberada a redução do capital, o sócio comanditário não pode receber lucros, mas também não precisa repor lucros recebido de boa-fé e em conformidade com os balanços, já que não tem atribuição de gestão (arts. 1.048 e 1.049 do CC).

Em caso de falecimento, a regra das comanditas simples é inversa em relação àquela do art. 1.028 do CC: a sociedade, salvo disposição do contrato, continuará com os seus sucessores, que designarão quem os represente (Gonçalves Neto, 2012, p. 335).

2.3. Regramento supletivo

Conforme previsão do art. 1.046 e, por extensão lógica, do art. 1.040, ambos do CC, as regras das sociedades simples são subsidiárias (supletivas) para solução das omissões do Capítulo da sociedade em comandita simples [*t. II, §3, i. 2.3.*]. Assim, serão aplicáveis os dispositivos atinentes ao conteúdo do contrato social (art. 997 do CC); direitos e obrigações dos sócios que sejam compatíveis e não contrariem as regras do tipo (arts. 1.001 a 1.009 do CC); administração, quóruns e relações com terceiros; resolução da sociedade quanto a um sócio; dissolução e liquidação (art. 1.051 do CC).

Ressalva-se que, na falta de uma das categorias de sócio, por mais de 180 dias, há causa para o pedido de dissolução da sociedade em comandita simples. Se faltar o sócio comanditado, os comanditários nomearão administrador provisório para praticar, durante o período os 180 dias e sem assumir a condição de sócio, os atos de administração (art. 1.051, inciso II e parágrafo único, do CC).

3. SOCIEDADE EM COMANDITA POR AÇÕES

3.1. Conceito e função

A sociedade em comandita por ações é sociedade *personificada e empresária*[a], *que tem por função organizar*[b] *as atividades de sócios acionistas administradores*[c] *e acionistas investidores*[d], *que assumem diferentes riscos perante terceiros.*

(*a*) Cuida-se de tipo societário com personalidade jurídica utilizado para fins empresariais, embora a sociedade simples possa, em teoria, se aproveitar dessa estrutura jurídica (art. 983, *caput*, do CC).

(*b*) Também se trata de organização, cuja característica é oferecer ao mercado estrutura de personalidade jurídica com sócios de dois tipos de responsabilidade (limitação e ilimitação).

(c) O *status* de sócio [*t. II, §3, i. 3.3.4.*] na sociedade em comandita por ações é caracterizado pela diferença de regras quanto aos dois tipos. Conforme prevê o art. 282 da LSA, as sociedades em comandita por ações terá o sócio administrador e o sócio investidor. O primeiro tem qualidade para administrar ou gerir a sociedade e, como diretor ou gerente, responde subsidiária, mas ilimitada e solidariamente, pelas obrigações da sociedade.

(d) Já a segunda modalidade de sócios (investidores) tem a responsabilidade limitada ao capital integralizado nas ações subscritas.

3.2. Regras específicas

Pelo tipo de responsabilidade e para facilitar a identificação, a sociedade em comandita por ações opera sob firma, aparecendo os nomes dos administradores e menção final "comandita por ações", já que respondem ilimitada e solidariamente pelos débitos (art. 281 da LSA).

Conforme prevê o art. 282, § 2º, da LSA, os diretores ou gerentes serão nomeados, sem limitação de tempo, no estatuto da sociedade, e somente poderão ser destituídos por deliberação de acionistas que representem dois terços, no mínimo, do capital social. Ainda que destituído, o administrador continua responsável pelas obrigações sociais contraídas sob sua administração.

3.3. Regramento supletivo

Por falta de previsão específica, as regras das sociedades simples são aplicáveis por analogia para solução das omissões do Capítulo da sociedade em comandita por ações [*t. II, §3, i. 2.3.*]. Acontece que referido tipo societário está inserido no bojo da LSA, aplicando-se diretamente os preceitos daquela legislação para a constituição, administração, quóruns e relações com terceiros.

O art. 284 da LSA ressalva, contudo, que não se aplica à sociedade em comandita por ações o disposto na LSA sobre conselho de administração, autorização estatutária de aumento de capital e emissão de bônus de subscrição.

§9
SOCIEDADES LIMITADAS

1. CONCEITO, FUNÇÃO E CARACTERÍSTICAS

A sociedade limitada é sociedade *personificada e empresária*[a], *que tem por função organizar*[b] *as atividades de sócios com limitação de responsabilidade*[c] *ao valor das quotas de capital integralizado*[d].

(*a*) Cuida-se de tipo societário com personalidade jurídica utilizado para fins empresariais, embora a sociedade simples possa se aproveitar dessa estrutura jurídica (art. 983, *caput*, do CC).

(*b*) Como toda estrutura societária, a sociedade limitada é de organização, com característica de oferecer ao mercado uma personalidade jurídica de sócios com limitação de responsabilidade em razão do capital integralizado.

(*c*) Ressalvadas algumas hipóteses excepcionais de responsabilidade pessoal, nesse tipo o sócio ou os sócios que integralizam o capital usufruem do benefício da circunscrição dos riscos ao capital referenciado no patrimônio da sociedade. Essa é a característica da limitação de responsabilidade.

(*d*) Conforme prevê o art. 1.052 do CC, "a responsabilidade de cada sócio é restrita ao valor de suas quotas, mas todos respondem solidariamente pela integralização do capital social". Portanto, a promessa representada pela *subscrição* das quotas deve ser cumprida, por meio da *integralização*, para que se tenha o benefício da limitação de responsabilidade. Caso não ocorra a integralização ou realização do capital, a lei estabelece o regime de solidariedade entre os sócios para que o capital seja conferido à sociedade e para que possam, todos, utilizar o benefício legal da limitação de responsabilidade. Tal raciocínio se estende às prestações necessárias para integralização de quotas entre condôminos (art. 1.056, § 2º, do CC). Nesse tipo há semelhante qualificação do *sócio remisso* [*t. II, §6, i. 3*], conforme prevê o art. 1.004 do CC, permitindo-se aos demais sócios optar pela indenização do dano emergente da mora, excluir o sócio remisso ou reduzir-lhe a quota ao montante já realizado. Todavia, no regime das sociedades limitadas, o art. 1.058 do CC ainda acrescentou a possibilidade dos outros sócios tomarem as quotas do sócio remisso para si ou transferi-la à terceiros, excluindo o primitivo titular e devolvendo-lhe o que houver pago, deduzidos os juros da mora, as prestações estabelecidas no contrato mais as despesas.

Cuida-se de modelo derivado de necessidades econômicas. Até o seu advento, havia sociedades com responsabilidade ilimitada e outros equiparados a sociedades anônimas para grandes investimentos e com grandes custos.

Por exemplo, no direito inglês as duas formas principais de sociedade são a *partnership* e a *company*. O primeiro grupo tem como característica primordial a responsabilidade ilimitada dos sócios e a ausência de personalidade jurídica. Já a estrutura da *company* baseou-se na limitação da responsabilidade do sócio e na personalidade jurídica, que evoluiu da autorização da Coroa para o puro e simples registro em repartição especializada. Cabe ressalvar, com a orientação de EGBERTO LACERDA TEIXEIRA, que as *private companies* do direito inglês se aproximavam muito mais das sociedades anônimas, com a ressalva de que a transmissibilidade das *shares* sujeitas a restrições personalistas levou à compreensão das quotas das limitadas e não das ações (TEIXEIRA, 1956, p. 12).

Foi no direito alemão que se produziu a inovação intermédia e híbrida, por compreender relações pessoais entre sócios[1], somada à limitação da responsabilidade ao capital integralizado. Tal tipo societário foi regulado em 1892 por meio da *Gesellschaft mit beschränkter Haftung* (*GmbH*), que impulsionou grandemente o desenvolvimento econômico e inspirou as legislações de tradição *civil law*, exemplificativamente Portugal, que incorporou em seu ordenamento as sociedades por quotas de responsabilidade limitada em 1901 e influenciou o Decreto nº 3.708, de 10 de janeiro de 1919 no direito brasileiro[2], atualmente revogado pelo CC (MARCONDES, 1970, p. 198-201; MARTINS, 1960, p. 19). Na Itália, o modelo da *società a responsabilità limitada* se consolidou com o Código Civil de 1942, nos arts. 2.472 a 2.479 (BRUNETTI, 1950, p. 5).

1.1. Sociedade limitada unipessoal

Por meio da LLE, foram inseridos os §§ 1º e 2º ao art. 1.052 do CC, com admissão de que a sociedade limitada seja constituída por uma única pessoa (física ou jurídica). Aplica-se ao sócio único as disposições do contrato social naquilo que for cabível. Em termos teóricos, subsiste um contrato de sociedade com suas características, reduzido a uma parte com deveres perante a organização que criou.

A regra não revogou a possibilidade de criação de EIRELI, e a própria LFAN perdeu a oportunidade extinguir por completo a EIRELI [t. II, §2]. Em verdade, introduziu-se outra alternativa de unipessoalidade permanente, que a um só tempo rompeu o dogma da pluralidade

---

[1] Mais apropriada para tipos como a *Offene Handelsgesellschaft – OHG* descrita no §128 do HGB de 1897 com a ilimitação da responsabilidade e falta de efeitos contra terceiros de cláusula de limitação da responsabilidade do sócio.

[2] No direito brasileiro, noticia-se que o projeto que deu origem à sociedade por quotas de responsabilidade limitada do Decreto nº 3.708/1919 buscou suas bases na reforma do Código Comercial pretendida por INGLEZ DE SOUSA, que afirmou: "A limitação da responsabilidade é exceção que precisa ser provada de modo a evitar o engano de estranhos que venham a contratar com a sociedade; essa prova faz-se pela publicidade, isto é, pelo arquivamento e publicação das restrições postas à regra geral da solidariedade e da limitação da responsabilidade dos coobrigados. Este processo permite seguir a tendência que se assinala no regime das sociedades para aumentar a aplicação do princípio da comandita sob diversas formas, de modo a animar a concorrência das atividades e dos capitais ao comércio, sem ser preciso recorrer à sociedade anônima, que melhor se reservará para as grandes empresas industriais, que necessitam capitais muito avultados e prazo superior ao ordinário da vida humana. As sociedades por cotas, a que chamarei limitadas, por oposição às solidárias (denominação que entendi preferível à de sociedades em nome coletivo, vaga e imprecisa), preenche essa lacuna do direito vigente. Já em 1865, o Conselheiro Nabuco as pretendera introduzir entre nós, à semelhança das que existiam na Inglaterra e na França. A sua adoção pela Alemanha e os ótimos resultados obtidos em Portugal pela lei de 11 de abril de 1901, conforme atestou o Exmo. Sr. José A. de Mello e Souza, antigo conselheiro do Estado, par do Reino e governador do Banco de Portugal, homem de grande inteligência e vasta influência comercial, com quem tive a honra de travar relações em Paris, convenceram-me da vantagem de consagrar-lhes um capítulo do projeto, adaptando-as ao sistema da codificação e expurgando-as das excessivas minúcias da lei portuguesa" (SOUSA, 1912, p. 24-25). Os dispositivos referentes à sociedade por quotas de responsabilidade limitada foram destacados do projeto para merecer a regulação separada. A tramitação teria sido acelerada, segundo supõe FABIO TOKARS, pela pressão exercida pelo empresariado nacional por nova forma societária (TOKARS, 2007, p. 28).

de sócios como regra das sociedades limitadas e permitiu a criação de modelo mais ágil de formação de pessoa jurídica com limitação de responsabilidade limitada e sem a necessidade de sócios. Pelo art. 41 da LFAN, todas as EIRELIs foram automaticamente transformadas em sociedades limitadas unipessoais.

Em princípio, o sócio poderá ser pessoa natural ou jurídica, porque a alteração legislativa não fez distinção. Portanto, a sociedade limitada unipessoal poderá ter como sócio uma fundação, associação, cooperativa ou mesmo ser utilizada como instrumento para expansão em grupos. Não há limite de criação de uma sociedade para cada pessoa, significando dizer que pode haver criação de quantas sociedades unipessoais forem adequadas à acomodação dos interesses. Em termos de capital, não há a exigência de capital mínimo, diferindo-se estrategicamente da vetusta EIRELI.

Por essas razões, o modelo da EIRELI foi superado, em vista da agilidade do modelo da sociedade limitada unipessoal.

Outros pontos podem ser pensados: (*a*) as deliberações ficarão sujeitas a semelhante interpretação que se dá para as subsidiárias integrais, de modo que somente servirão à formalização de atos; (*b*) a disciplina da resolução da sociedade quanto a um sócio dispensará, no caso de morte, a anuência dos demais sócios para o ingresso dos herdeiros na sociedade, enquanto a retirada e a exclusão, por lógica, ficam inutilizados na unipessoalidade; (*c*) a pluralidade não precisa ser recomposta, haja vista a possibilidade de permanecer unipessoal em razão da revogação do art. 1.033, parágrafo único, do CC; (*d*) o administrador poderá ser coincidente com o sócio único, com a faculdade de nomeação de administrador não sócio; (*e*) a dissolução seguirá as regras gerais.

2. CONSTITUIÇÃO, CONTRATO SOCIAL E REGRAMENTO SUPLETIVO

Com a necessidade de aferir a compatibilidade, o art. 1.054 do CC determina ser aplicável o mesmo conteúdo do art. 997 do CC para o contrato social [*t. II, §6, i. 2*]. Entre as ressalvas está a impossibilidade de sócio de serviços (conforme art. 1.055, § 2º, do CC) e a previsão de responsabilidade subsidiária, por afrontar a essência do tipo (TOKARS, 2007, p. 85).

FABIO TOKARS ainda faz sugestão de cláusulas facultativas, entre as quais inclui a forma diferenciada de participação nos lucros, forma de nomeação de administradores e criação de conselhos (de administração e fiscal), previsão de aplicação das regras da LSA, possibilidade de exclusão do sócio por deliberação de assembleia, forma de liquidação e partilha (TOKARS, 2007, p. 86-92).

2.1. A opção das limitadas

O art. 1.053 do CC substituiu o art. 18 do Decreto nº 3.708/1919[3]. No texto revogado, se não houvesse regulação pelo contrato social, seria da LSA o regramento supletivo. Nessa opção do direito anterior, criou-se controvérsia marcante, interrogando se a LSA em vigor seria supletiva somente do contrato (com integração da manifestação de vontade das partes) ou do próprio modelo societário. Surgiu posição intermédia, que entendia que a LSA era fonte supletiva do contrato social em suas falhas e omissões, como também, subsidiariamente e na parte aplicável, serviria ao preenchimento das lacunas da lei das limitadas (TEIXEIRA,

---

[3] Art. 18. Serão observadas quanto às sociedades por quotas, de responsabilidade limitada, no que não for regulado no estatuto social, e na parte aplicável, as disposições da lei das sociedades anônimas.

1980, p. 41). O próprio STF no RE nº 51.135 e no RE nº 92.521, manifestou que a LSA era *subsidiária* do Decreto nº 3.708/1919. Por ser questão incidental no recurso, não se resolveu a controvérsia sobre a extensão da aplicação da LSA.

O objetivo do art. 1.053, parágrafo único, do CC foi terminar com a polêmica, mas acabou criando outra. Transferiu aos sócios a opção de regramento supletivo pela base das sociedades simples ou pela legislação especial das sociedades anônimas naquilo que for compatível. Dessa maneira, observa-se o seguinte escalonamento para o conjunto de regras desse tipo societário: (*a*) regras especiais do modelo, previstas nos arts. 1.052 a 1.087 do CC; (*b*) regras do contrato social; (*c*) regras de ordem pública e de direitos indisponíveis; (*d*) regras gerais de sociedades simples, aplicáveis como *provedoras* do sistema; (*e*) regras supletivas da LSA, de acordo com a compatibilidade, se esse for o modelo adotado pelo contrato (Diniz, 2012).

Identifica-se que existem regras de sociedades simples aplicáveis às sociedades limitadas, mesmo que o regramento supletivo do contrato seja das sociedades anônimas. Em sequência existem regras das sociedades anônimas que, mesmo sendo essa a opção de regramento supletivo, não podem ser trazidas para a sociedade limitada por incompatibilidade entre os tipos. Pode o contrato social remeter à regra das sociedades anônimas, aplicáveis também por compatibilidade, mas sem inibir regras de sociedades simples erigidas como provedoras do sistema, por questões de ordem pública (a exemplo do que ocorre com a nulidade de cláusula que afaste participação em lucros e perdas, do art. 1.008 do CC ou com a resolução da sociedade quanto a um sócio).

Jurisprudência

STJ – 3ª T. – REsp nº 1.839.078 – Rel. Min. Paulo de Tarso Sanseverino – j. 09/03/2021: "(...) A ausência de previsão na Lei n. 6.404/76 acerca da retirada imotivada não implica sua proibição nas sociedades limitadas regidas supletivamente pelas normas relativas às sociedades anônimas, especialmente quando o art. 1.089 do CC determina a aplicação supletiva do próprio Código Civil nas hipóteses de omissão daquele diploma. 4. Caso concreto em que, ainda que o contrato social tenha optado pela regência supletiva da Lei n. 6.404/76, há direito potestativo de retirada imotivada do sócio na sociedade limitada em questão. 5. Tendo sido devidamente exercido tal direito, conforme reconhecido na origem, não mais se mostra possível a convocação de reunião com a finalidade de deliberar sobre exclusão do sócio que já se retirou (...)".

2.1.1. *Regramento supletivo por sociedades simples*

Em caso de regramento supletivo pelas sociedades simples, alguns dispositivos se destacam:

(*a*) regras gerais de direito societário, que emolduram o sistema brasileiro, como conteúdo compatível do contrato social (arts. 997 e 1.054)[4], providência de registro (arts. 998 e 1.000), prazo de responsabilidade solidária do cedente (arts. 1.003, parágrafo único e 1.057), sócio remisso (arts. 1.004 e 1.058), evicção (art. 1.005), participação em lucros e perdas (art. 1.007, primeira parte), vedação de sociedade leonina (art. 1.008 do CC), responsabilidade por distribuição de lucros fictícios (arts. 1.009 e 1.059), critério para liquidação de valores da quota e responsabilidade do sócio na retirada (arts. 1.031 e 1.032);

---

[4] Aprovou-se o seguinte enunciado na 3ª Jornada de Direito Civil do STJ: "214 – As indicações contidas no art. 997 não são exaustivas, aplicando-se outras exigências contidas na legislação pertinente, para fins de registro".

(b) regra sobre o quórum da maioria absoluta, previsto no art. 1.010, § 1º, quando mencionado no art. 1.033, inciso III, para fim de dissolução de pleno direito da sociedade limitada. Além disso, regra de desempate no art. 1.010, § 2º;

(c) regras gerais de pauta de conduta dos administradores (arts. 1.011 a 1.021)[5]. Em especial quanto à responsabilidade dos administradores, é relevante notar que o art. 1.016 estabelece hipótese culposa genérica, sem contemplar especificamente o abuso (atos estranhos ao objeto) e o excesso (desobediência a limites estatutários). Por esse motivo, a aplicação analógica do art. 158 da LSA se torna justificável, na medida da compatibilidade;

(d) regras de responsabilidade dos arts. 1.025 a 1.027 do CC, por inexistência de previsão específica e incompatibilidade com regras da LSA;

Não se aplicam regras incompatíveis com as sociedades limitadas, por exemplo, concernentes aos sócios de serviços (art. 997, inciso V) não admitidos pelo art. 1.055, § 2º e do modelo de responsabilidade subsidiária do art. 997, inciso VIII e art. 1.023.

2.1.2. Regramento supletivo por sociedades anônimas

É simplesmente dispensável raciocinar com regras de sociedades anônimas para temas já resolvidos pelo CC em matéria de constituição da sociedade limitada, como conteúdo do contrato social (art. 997 do CC), responsabilidade do sócio pela integralização do capital (art. 1.052 do CC), resolução da sociedade quanto a um sócio (arts. 1.028, 1.029, 1.030 e 1.085), retirada do sócio (art. 1.077), dissolução da sociedade e base da situação patrimonial para liquidação da quota (art. 1.031 do CC e art. 604 do CPC). Não somente a previsão em regra específica, mas também a incompatibilidade entre os tipos societários, inibem a aplicação da LSA nesses temas.

Ao contrariar a própria estrutura da sociedade limitada, seriam também inaplicáveis adaptações como quotas preferenciais (art. 1.055 do CC), emissão de bônus de subscrição e partes beneficiárias e emissão de ações em bolsa. Há certa controvérsia com a emissão de debêntures em sociedades limitadas, mas é majoritária a doutrina sustentando a incompatibilidade do título de dívida com as peculiaridades das sociedades limitadas. Todavia, com o advento da LFAN, foi regulada a Nota Comercial, que se trata de valor mobiliário de emissão também das sociedades limitadas. Dessa forma, regulou-se título de dívida para financiamento da atividade empresarial, de livre negociação, não conversível em participações societárias, representativo de promessa de pagamento em dinheiro, emitido exclusivamente sob a forma escritural e por instituições autorizadas (art. 45 da LFAN). A emissão da Nota Comercial pode ser feita como decisão dos órgãos de administração, ressalvada alguma restrição do contrato social.

De outro lado, consolidou-se o entendimento de compatibilidade das quotas preferenciais com o modelo das sociedades limitadas, de modo que esse tipo poderá cliente espécies de quotas que gerem as preferências dos arts. 17 e seguintes da LSA e suprimam o direito de voto, conforme se consolidou no Anexo IV, item 5.3, da IN DREI 81.

Outro ponto importante para essa aplicação supletiva é que a concessão de determinados direitos deve ser contratada pelos sócios para que sejam integradas as regras da sociedade limitada pela LSA. Não basta que, para temas como voto em separado, acordo de quotistas ou conselho de administração se invoque a LSA, sem que os sócios especificamente determinem a

---

[5] Ainda na 3ª Jornada de Direito Civil do STJ: "220 – Art. 1.016: É obrigatória a aplicação do art. 1.016 do Código Civil de 2002, que regula a responsabilidade dos administradores, a todas as sociedades limitadas, mesmo àquelas cujo contrato social preveja a aplicação supletiva das normas das sociedades anônimas".

sua vontade de prever tais institutos. Isso acontece porque há omissão do estrato do tipo sobre o assunto e não há omissão específica no direito positivo. A omissão somente ocorrerá quando transferido o direito para a regra do contrato, derivada da vontade das partes.

Se a opção supletiva for pelas sociedades anônimas, alguns instrumentos e regras seriam compatíveis:

(*a*) regra de conferência de bens para formação do capital, prevista no art. 8º da LSA, em complemento do art. 1.055, § 1º, do CC;

(*b*) utilização do conselho de administração como alternativa de gestão, prevendo-se expressamente no contrato social e ressalvadas as matérias de competência privativa da assembleia ou reunião de sócios;

(*c*) aproveitamento do acordo de quotistas para regular matérias como preferência, voto, compra e venda de quotas, exercício do poder societário, sucessão familiar, dentre outras cláusulas franqueadas à autonomia da vontade das partes que não contrariem a essência da sociedade limitada e a preponderância do contrato social;

(*d*) aplicam-se – desta feita por analogia – as regras de decadência previstas na LSA, nos arts. 286 a 288, para sociedades limitadas, por descuido absoluto do legislador civil em regular essa matéria [*t. II, §3, i. 2.3.*];

(*e*) utilização expressa, no contrato social, do *tag along* e do voto em separado como instrumentos de proteção dos minoritários. Nessas duas hipóteses, retoma-se a necessidade de previsão expressa no contrato social;

(*f*) desdobramento dos atributos das quotas entre usufruto e nua-propriedade, inclusive para fins políticos, aproveitando-se supletivamente dos arts. 40, 114, 169, § 2º, 171, § 5º;

(*g*) apesar do CC regular a coligação e o controle nos arts. 1.097 a 1.101, valendo como regra geral para as sociedades limitadas, não há impedimento para utilização dos arts. 265 a 268 da LSA (grupos de direito) e arts. 243 a 250 (grupos de fato).

Pela interpretação que se deu ao tema, não é demais advertir que se opção da aplicação supletiva da LSA não se mostrar suficiente ou compatível com o modelo das sociedades limitadas, retorna-se à sociedade simples como provedora [*t. II, §3, i. 2.3.*].

Jurisprudência

STJ – 3ª T. – REsp nº 1.839.078 – Rel. Min. Paulo de Tarso Sanseverino – j. 09/03/2021: "(...) A ausência de previsão na Lei n. 6.404/76 acerca da retirada imotivada não implica sua proibição nas sociedades limitadas regidas supletivamente pelas normas relativas às sociedades anônimas, especialmente quando o art. 1.089 do CC determina a aplicação supletiva do próprio Código Civil nas hipóteses de omissão daquele diploma. 4. Caso concreto em que, ainda que o contrato social tenha optado pela regência supletiva da Lei n. 6.404/76, há direi-to potestativo de retirada imotivada do sócio na sociedade limitada em questão (...)".

STJ – 3ª T. – REsp nº 1.396.716 – Rel. Min. Paulo de Tarso Sanseverino – j. 24/03/2015: "(...) 2. Viabilidade de aplicação subsidiária da Lei das Sociedades Anônimas (Lei nº 6.404/1976) às sociedades limitadas para suprir as lacunas da sua regulamentação legal. 3. Possibilidade de ser excepcionada a regra da solidariedade passiva entre as empresas na cisão parcial mediante a estipulação de cláusula expressa no protocolo de cisão acerca das responsabilidades sociais da empresa cindida e da resultante da cisão. 4. Nessa hipótese, pode haver o repasse às sociedades que absorveram o patrimônio da cindida apenas das obrigações que lhes forem expressamente transferidas, afastando a solidariedade passiva relativamente às obrigações anteriores à cisão. 5. Necessidade, porém, de cláusula expressa no pacto de cisão na forma do art. 233, e seu parágrafo único, da Lei nº 6.404/1976. (...)".

Bibliografia (regramentos supletivos): ABRÃO, Carlos Henrique. *Sociedades simples*. 2. ed. São Paulo: Atlas, 2012. BORGES, João Eunápio. *Curso de direito comercial terrestre*. 5. ed. Rio de Janeiro: Forense, 1973. COELHO, Fabio Ulhoa. As duas limitadas. *Revista do Advogado*, n. 71/26. CREUZ, Luís Rodolfo Cruz e. Aplicação subsidiária de normas na sociedade limitada. *Juris Síntese*, n. 72, julho-agosto/2008. DINIZ, Gustavo Saad. *Estudos e pareceres da pessoa jurídica e da atividade empresarial*. São Paulo: Liber Ars, 2014. DINIZ, Gustavo Saad. *Futuro da pessoa jurídica*. In: BEÇAK, Rubens; VELASCO, Ignacio Maria Poveda. *O direito e o futuro da pessoa*. São Paulo: Atlas, 2011. p. 152-173. FORGIONI, Paula A. *A unidade do regramento jurídico das sociedades limitadas e o art. 1.053 do Código Civil – usos e costumes e regência supletiva*. In: ADAMEK, Marcelo Vieira von (coord.). *Temas de direito societário e empresarial contemporâneos*. São Paulo: Malheiros, 2011. p. 216-223. GONÇALVES NETO, Alfredo Assis. *Direito de empresa: comentários aos artigos 966 a 1.195 do Código Civil*. 4. ed. São Paulo: Revista dos Tribunais, 2012. GUERREIRO, José Alexandre Tavares. *Sociedade anônima: dos sistemas e modelos ao pragmatismo*. In: CASTRO, Rodrigo R. Monteiro de; AZEVEDO, Luis André N. de Moura. (coord.). *Poder de controle e outros temas de direito societário e mercado de capitais*. São Paulo: Quartier Latin, 2010. GUERREIRO, José Alexandre Tavares. *Sociedade por quotas – quotas preferenciais*. RDM, 94/28. MACHADO, Sylvio Marcondes. *Problemas de direito mercantil*. São Paulo: Max Limonad, 1970. NERY JÚNIOR, Nelson; NERY, Rosa Maria de Andrade. *Código Civil comentado*. 4. ed. São Paulo: RT, 2006. REQUIÃO, Rubens. *Curso de direito comercial*. v. 1. 31. ed. São Paulo: Saraiva, 2012. TEIXEIRA, Egberto Lacerda. *Das sociedades por cotas de responsabilidade limitada*. São Paulo: Max Limonad, 1956. p. 12. TEIXEIRA, Egberto Lacerda. As sociedades limitadas face ao regime do anonimato no Brasil. RDM, 39/40. TOKARS, Fabio. *Sociedades limitadas*. São Paulo: LTr, 2007.

3. QUOTAS E CAPITAL

As quotas da sociedade limitada são bens móveis incorpóreos que, ao mesmo tempo, conferem ao sócio participação patrimonial no capital e lhe atribuem direitos políticos internamente à sociedade. As quotas dividem o capital social, mas elas são, em si, indivisíveis, embora seja admitido o condomínio – casos em que os direitos inerentes à participação social devem ser exercidos pelo condômino representante ou pelo inventariante do espólio do sócio falecido (art. 1.056, § 1º, do CC). A indivisibilidade da quota em relação à sociedade tem efeitos em relação: (*a*) votações somente com a totalidade das quotas; (*b*) consideração de sócio remisso em relação à totalidade do capital que o sócio deve integralizar, sendo impossível considerar as quotas como uma parte realizada, outra não (GONÇALVES NETO, 2012, p. 357).

A referência de capital para integralização das quotas é somente de bens tangíveis e intangíveis, já que é vedada a contribuição que consista em serviços (art. 1.055, § 2º, do CC), ao contrário do que ocorre com as sociedades simples. Assim, a realização do capital pode ser feita por qualquer sorte de bens suscetíveis de avaliação, mas por sua exata estimação respondem solidariamente todos os sócios, até o prazo de cinco anos da data do registro da sociedade (art. 1.055, § 1º, do CC).

Jurisprudência

STJ – AgRg-REsp nº 703.419 – 4ª T. – Rel. Min. Antonio Carlos Ferreira – DJe 16.04.2013: "Não se deve confundir a 'transformação' do empresário individual em sociedade empresária com a transformação de pessoa jurídica, operação societária típica regulada nos arts. 220 da Lei nº 6.404/1976 e 1.113 do CC/2002. Nesta, ocorre a mera mudança de tipo societário. Naquela, há constituição de uma nova sociedade, passando o antigo empresário individual a ser um de seus sócios. Assim, a transferência de bem imóvel de sua propriedade para a sociedade é feita a título de integralização do capital social, razão pela qual não prescinde do registro para transmissão do domínio".

3.1. Cessão de quotas

As quotas podem ser objeto de negócios jurídicos diversos, passíveis de transmissão não somente do valor patrimonial, mas também dos direitos de sócio. O termo cessão utilizado pelo art. 1.057 do CC, então, deve ser compreendido amplamente para englobar transmissões gratuitas (como a doação) e onerosas (como a compra e venda, permuta e dação em pagamento) da condição de sócio. Não havendo previsão diversa no contrato social, a lei desdobra dois tipos de cessão no art. 1.057 do CC, que leva em consideração a forte relação pessoal que se tem na sociedade limitada brasileira.

A primeira é a cessão para outro sócio, que pode ser feita, total ou parcialmente, independentemente de anuência dos outros componentes da sociedade. O negócio entre sócios, caso não haja restrição no contrato social, pode alterar o jogo de poder da sociedade, com transferências individuais que não terão obstáculos se o contrato social não contiver cláusula que exija a oferta preferencial a todos os sócios, em iguais proporções, por exemplo. A sociedade poderá adquirir as próprias quotas, de modo a ser compreendida como uma aquisição "ao conjunto de seus sócios" e para fins de equiparação ao conteúdo e regime do art. 30 da LSA (GONÇALVES NETO, 2012, p. 363).

O segundo caso é a cessão para terceiros estranhos ao quadro de sócios se não houver oposição de titulares de mais de um quarto do capital social. Cuida-se do mesmo quórum qualificado de alteração do contrato social (art. 1.076, inciso I, do CC), de modo a justificar a aceitação de terceiro pela maioria que permita a alteração contratual.

Também para evitar a burla do direito de oposição dos sócios, o art. 1.081, § 2º, do CC, submete a cessão do direito de preferência no aumento de capital ao mesmo quórum restritivo de participação de terceiros.

A participação dos demais sócios pode se dar concomitante à cessão ou mesmo em momento posterior, mas é pressuposto que ocorra. Em termos mais precisos: o art. 1.057, parágrafo único, do CC, prevê que a cessão terá eficácia quanto à sociedade e terceiros, inclusive para os fins do parágrafo único do art. 1.003 do CC, a partir da averbação do respectivo instrumento, subscrito pelos sócios anuentes.

Jurisprudência

STJ – REsp nº 1.309.188 – 4ª T. – Rel. Min. Luis Felipe Salomão – j. 24/04/2014: "1. A cessão de quotas sociais em uma sociedade por responsabilidade limitada deve observar regras específicas, previstas no art. 1.057 do CC, em cujo *caput* há permissão para que o contrato social franqueie também a terceiros não sócios o livre ingresso na sociedade – aproximando-se, assim, das sociedades de capitais – ou imponha condições e restrições de toda ordem à admissão do novo sócio, priorizando o elemento humano como fator de aglutinação na formação do ente social. De uma forma ou de outra, a previsão contratual em sentido diverso prevalece sobre o aludido preceito legal. 2. Quando o instrumento de contrato social silenciar total ou parcialmente – embora a redação do art. 1.057 do CC não seja suficientemente clara –, é possível, desmembrando as suas normas, conceber a existência de duas regras distintas: (I) a livre cessão aos sócios; e (II) a possibilidade de cessão a terceiros estranhos ao quadro social, desde que não haja a oposição de titulares de mais de 25% do capital social. 3. No caso, a validade do negócio jurídico vê-se comprometida pela oposição expressa de cerca de 67%

do quadro social, sendo certo que o contrato social apresenta omissão quanto aos critérios a serem observados para a implementação da cessão de posição societária, limitando-se a mencionar a possibilidade dessa operação na hipótese do não exercício do direito de preferência pelos sócios remanescentes (...)".

3.2. Aumento e redução do capital

Conforme já se discutiu [*t. II, §3, i. 4.1.7.*], o capital poderá ser alterado para readequação econômica, seguindo-se solenidade que tem por objetivo certa tutela de grupos de interesses.

No caso do aumento do capital, uma vez integralizadas as quotas, a preocupação principal do legislador foi preservar a proporcionalidade das participações dos sócios, atribuindo-lhes direito preferencial para participar do aumento (art. 1.081, § 1º, do CC). Decorrido o prazo da preferência, e assumida pelos sócios, ou por terceiros, a totalidade do acréscimo ao capital, haverá reunião ou assembleia dos sócios, para que seja aprovada a modificação do contrato.

O conjunto de regras da redução do capital social tem o objetivo claro de proteção dos credores, haja vista os impactos indiretos que podem sofrer [*t. II, §3, i. 6.2.*]. Tal redução somente poderá ocorrer por duas causas previstas no art. 1.082 do CC: depois de integralizado, se houver perdas irreparáveis; ou se for excessivo em relação ao objeto da sociedade.

No caso de perdas irreparáveis, a redução do capital será realizada com a diminuição proporcional do valor nominal das quotas, tornando-se efetiva a partir da averbação, no RPEM, da ata da assembleia que a tenha aprovado.

Já na hipótese do excesso em relação ao objeto, a redução do capital será feita restituindo-se parte do valor das quotas aos sócios, ou dispensando-se as prestações ainda devidas, com diminuição proporcional, em ambos os casos, do valor nominal das quotas. Todavia, a eficácia da redução fica condicionada à aceitação dos credores quirografários com títulos anteriores ao ato de alteração do contrato, porque poderão se opor à deliberação no prazo de 90 dias contado da data da publicação da ata da assembleia que aprovar a redução. A eficácia somente será confirmada se, nesse mesmo prazo de 90 dias, não for impugnada, ou se provado o pagamento da dívida ou o depósito judicial do respectivo valor (art. 1.084, §§ 1º e 2º, do CC).

4. DIREITOS, OBRIGAÇÕES E RESPONSABILIDADE DOS SÓCIOS

Além dos direitos inerentes à condição de sócio [*t. II, §3, i. 3.3.4.*], há algumas peculiaridades a se destacar.

Primeira delas é a possibilidade de haver sócios pessoas físicas e jurídicas, nacionais ou estrangeiras, no quadro social, admitindo-se a formação de *holdings* e de grupos integrados por sociedades limitadas [*t. II, §3, i. 5.2*]. Ressalva-se, contudo, que somente pessoas físicas poderão atuar como administradores (art. 997, inciso VI, do CC), de modo que o sócio que seja pessoa jurídica deverá indicar pessoa física para essa função.

Com a lupa da compatibilidade, é possível invocar os dispositivos de relações com terceiros previstos na sociedade simples para a moldura dos direitos e obrigações dos sócios. Entre eles se destacam os arts. 1.025 a 1.027 do CC [*t. II, §6, i. 3*].

Entre as obrigações do sócio, destacam-se a integralização das quotas (com as consequências do sócio remisso – arts. 1.004 e 1.058 do CC) e o exercício dos direitos políticos em deliberações com vistas ao cumprimento do contrato social e da legislação, (sob pena de ilimitação de responsabilidade – arts. 1.010, § 3º e 1.080 do CC).

Assim, forma-se um quadro de *responsabilidade dos sócios*:

> Regra: responsabilidade é restrita ao valor das quotas, desde que integralizadas (art. 1.052, *caput*, primeira parte, do CC).
>
> Ilimitação e solidariedade entre os sócios, pelo valor que faltar para a integralização do capital social (art. 1.052, *caput*, segunda parte, do CC).
>
> Responsabilidade por deliberações contrárias ao contrato social e à lei (art. 1.080 do CC).
>
> Responsabilidade individual de sócio por prejuízo causado por voto contrário ao interesse da sociedade (art. 1.010, § 3º, do CC).
>
> Obrigação de reposição de lucros e das quantias retiradas, a qualquer título, ainda que autorizados pelo contrato, quando tais lucros ou quantia se distribuírem com prejuízo do capital (art. 1.059 do CC).
>
> Casos episódicos de desconsideração da personalidade jurídica [*t. II, §3, i. 4.2.*].

5. ADMINISTRAÇÃO

5.1. Administrador

As regras de presentação da sociedade limitada atendem aos preceitos de teoria geral e das sociedades simples já descritos [*t. II, §3, i. 5.1.1.*] (MENDES, 2015, p. 134). Ressalvam-se algumas características.

A administração poderá ser feita por uma ou mais pessoas de forma personalíssima, não se transmitindo a herdeiros e nem tampouco a pessoas que posteriormente ingressem na sociedade e não sejam nomeadas para tal função (arts. 997, VI e 1.060 do CC) (MENDES, 2015, p. 155).

Nas sociedades limitadas admitem-se sócios e não sócios na condição de administradores. Difere-se quanto ao capital integralizado para nomeação de não sócios: a designação de administradores não sócios dependerá de aprovação da unanimidade dos sócios, enquanto o capital não estiver integralizado, e de 2/3, no mínimo, após a integralização (art. 1.061 do CC).

Admite-se, ainda, a nomeação de administradores no contrato social ou em ato separado. No primeiro caso, vincula-se ao quórum de três quartos do capital de alteração do contrato para a nomeação (art. 1.076, I, do CC); no segundo caso, a deliberação de nomeação pode se dar pela metade do capital (art. 1.076, II, do CC).

Conforme prevê o art. 1.063 do CC, o exercício do cargo de administrador cessa pela destituição, em qualquer tempo, do titular, ou pelo término do prazo se, fixado no contrato ou em ato separado, não houver recondução.

Tratando-se de sócio nomeado administrador no contrato, sua destituição somente se opera pela aprovação de titulares de quotas correspondentes, no mínimo, a dois terços do capital social, salvo disposição contratual diversa. Sobre o assunto, afirma com precisão RODRIGO OCTAVIO BROGLIA MENDES: "No caso do administrador ter sido designado no contrato social, a deliberação que decidir por sua destituição da administração deve ser tomada por decisão dos sócios que detenham, no mínimo, mais da metade do capital social, nos termos do art. 1.063, § 1º, do Código Civil, alterado pela Lei nº 13.792/2019 (salvo disposição contratual em sentido contrário). Por outro lado, no caso do sócio não administrador e do sócio administrador designado por ato separado, incide a regra do art. 1.017, III, combinado com o art. 1.076, II, do Código Civil, motivo pelo qual a destituição se dá por deliberação dos votos correspondentes a mais da metade do capital social" (MENDES, 2015, p. 155).

A renúncia de administrador torna-se eficaz, em relação à sociedade, desde o momento em que esta toma conhecimento da comunicação escrita do renunciante; e, em relação a terceiros, após a averbação e publicação.

Por fim, o sistema de responsabilidade segue o conteúdo das sociedades simples e das sociedades anônimas, conforme já se descreveu [t. II, §9, i. 4].

5.2. Deliberações

As regras de deliberações das sociedades limitadas cuidam das fases de formação do *ato colegial* (FRANÇA, 1999, p. 41) de deliberação e formação da decisão imputável à sociedade, que vincula todos os sócios, ainda que ausentes ou dissidentes (art. 1.072, § 5º, do CC). As deliberações são tomadas em reunião ou assembleia, sendo obrigatória a realização da assembleia se o número de sócios for superior a dez (art. 1.072, § 1º, do CC). O próprio art. 1.072 determina a aplicação do art. 1.010 do CC (no Capítulo das sociedades simples) como referência para a regularidade da coleta de deliberações.

A reunião ou a assembleia somente se tornam dispensáveis se todos os sócios decidirem, por escrito, sobre a matéria que seria objeto delas (art. 1.072, § 3º, do CC).

Graficamente, regula-se:

CONVOCAÇÃO[a] ➔ INSTALAÇÃO[b] ➔ ORDEM DOS TRABALHOS[c] ➔ DELIBERAÇÃO[d]

(a) A *convocação* é o chamamento dos sócios para o conclave (a reunião ou assembleia). Cuida-se de atribuição dos administradores nos casos previstos em lei ou no contrato (art. 1.072, *caput*, do CC), devendo constar no edital o local, data, hora e ordem do dia. Devem ser seguidas as formalidades previstas no art. 1.152, § 3º, do CC, que consiste em publicação do anúncio de convocação por três vezes, ao menos, devendo mediar, entre a data da primeira inserção e a da realização da assembleia, o prazo mínimo de oito dias, para a primeira convocação, e de cinco dias, para as posteriores. Tal publicação, conforme § 1º, do mesmo art. 1.152, salvo exceção expressa, deverá ser feita no órgão oficial da União ou do Estado, conforme o local da sede do empresário ou da sociedade, e em jornal de grande circulação. Somente haverá dispensa da convocação quando todos os sócios comparecerem ou se declararem, por escrito, cientes do local, data, hora e ordem do dia (art. 1.072, § 2º, do CC).

Conforme prevê o art. 1.073 do CC, a reunião ou a assembleia também podem ser convocadas: I – por sócio, quando os administradores retardarem a convocação, por mais de sessenta dias, nos casos previstos em lei ou no contrato, ou por titulares de mais de um quinto do capital, quando não atendido, no prazo de oito dias, pedido de convocação fundamentado, com indicação das matérias a serem tratadas; II – pelo conselho fiscal, se houver, nos casos a que se refere o inciso V do art. 1.069.

Conforme previsão dos arts. 1.080-A e 48-A do CC, o sócio das sociedades limitadas em poderá participar e votar a distância em reuniões e assembleias. Em complementação da regulamentação, a IN DREI nº 79/2020 estabeleceu requisitos para a validade do conclave, admitindo que seja presencial, semipresencial e digital. Além disso, prevê a possibilidade de votação a distância, por meio de boletim de voto.

(b) Segue-se a formalidade da *instalação*, consistente no início da formação do ato. Exige a presença, em primeira convocação, de titulares de no mínimo três quartos do capital social, e, em segunda, com qualquer número (art. 1.074, *caput*, do CC). Admite-se a representação por mandato, outorgando-se procuração com especificação dos atos autorizados, devendo o instrumento ser levado a registro, juntamente com a ata (art. 1.074, § 1º, do CC). Naturalmente que a instauração de reunião ou assembleia com qualquer número em segunda convocação pode se revelar inútil caso o quórum de deliberação seja qualificado, como no caso dos ¾ do art. 1076, inciso I, do CC.

(c) A *ordem dos trabalhos* é determinada pela escolha da pessoa que presidirá e por aquela que será a secretária da reunião ou da assembleia, o que se toma pela maioria do capital. Dos trabalhos e deliberações será lavrada ata assinada pelos membros da mesa e por sócios participantes da reunião, quantos bastem à validade das deliberações, mas sem prejuízo dos que queiram assiná-la. Os sócios podem ter cópia da ata, desde que solicitem. Cópia da ata autenticada pelos administradores, ou pela mesa, será apresentada ao RPEM nos vinte dias subsequentes para arquivamento e averbação (art. 1.075 do CC).

(d) As formalidades anteriores podem invalidar a assembleia [*t. II, §3, i. 3.6.*]. Realizadas regularmente, a mesa pode colocar em *deliberação* as matérias objeto da convocação. Todos os sócios são chamados a deliberar de acordo com a participação no capital e segundo as regras do art. 1.010 do CC. Todavia, conforme prevê o art. 1.074, § 2º, do CC, nenhum sócio, por si ou na condição de mandatário, pode votar matéria que lhe diga respeito diretamente. Ressalva-se a responsabilidade por danos do sócio que, tendo em alguma operação interesse contrário ao da sociedade, participar da deliberação que a aprove graças a seu voto (art. 1.010, § 3º, do CC).

Ao contrário do regime do Decreto nº 3.708/1919, assentado na maioria, o atual sistema construído pelo CC procurou certa tutela das minorias [*t. II, §3, i. 6.1.*], ao determinar quóruns especiais para as matérias que são relacionadas no art. 1.076 do CC. Na omissão no contrato e da lei, o quórum é da maioria dos votos presentes:

Quorum	Matérias	Comentários
Votos correspondentes, no mínimo, a três quartos do capital social (art. 1.076, I, CC)	V – a modificação do contrato social VI – a incorporação, a fusão e a dissolução da sociedade, ou a cessação do estado de liquidação	As matérias relacionadas implicam alterações substanciais na estrutura societária, justificando-se a exigência do quórum qualificado e que pode ser o indicativo do controle nas sociedades limitadas. Alterar o contrato é modificar o conteúdo do art. 997 e 1.054 do CC.
Votos correspondentes a mais de metade do capital social (art. 1.076, II, CC e 1.063, § 1º, CC)	II – a designação dos administradores, quando feita em ato separado III – a destituição dos administradores IV – o modo de sua remuneração, quando não estabelecido no contrato VIII – o pedido de concordata. Destituição de administrador nomeado no contrato	O quórum é diferenciado para a nomeação e destituição de administradores. O pedido de concordata do inciso VIII deve ser lido como recuperação da empresa. Ressalva-se, ainda, que o art. 1.072, § 4º, do CC autoriza o administrador a fazer o pedido caso haja urgência e autorização de mais da metade do capital. Quanto ao administrador, houve alteração pela Lei nº 13.792/2019.
Maioria de votos dos presentes, nos demais casos previstos na lei ou no contrato, se não se exigir maioria mais elevada (art. 1.076, III, CC)	I – a aprovação das contas da administração VII – a nomeação e destituição dos liquidantes e o julgamento das suas contas	Esse é o quórum residual para as demais matérias, desde que não haja exceção na lei ou no contrato. Também foi reduzido o quórum para liquidantes, já que muitas vezes a empresa está em crise e os sócios minoritários podem se reunir para finalizar os negócios da sociedade.

Quorum	Matérias	Comentários
Unanimidade (art. 1.061 do CC)	A designação de administradores não sócios dependerá de aprovação da unanimidade dos sócios, enquanto o capital não estiver integralizado, e de 2/3 (dois terços), no mínimo, após a integralização.	Ressalva-se a unanimidade da nomeação pela falta de integralização do capital.

5.3. Conselho fiscal

O conselho fiscal das sociedades limitadas é órgão facultativo e com função de aferição das contas dos administradores, de modo a garantir a transparência e regularidade. Não há concorrência com a assembleia de sócios e o art. 1.066 do CC determina que "pode o contrato instituir conselho fiscal composto de três ou mais membros e respectivos suplentes, sócios ou não, residentes no País, eleitos na assembleia anual prevista no art. 1.078". Conforme prevê o art. 1.069 do CC, as atribuições do conselho fiscal: I – examinar, pelo menos trimestralmente, os livros e papeis da sociedade e o estado da caixa e da carteira, devendo os administradores ou liquidantes prestar-lhes as informações solicitadas; II – lavrar no livro de atas e pareceres do conselho fiscal o resultado dos exames referidos no inciso I deste artigo; III – exarar no mesmo livro e apresentar à assembleia anual dos sócios parecer sobre os negócios e as operações sociais do exercício em que servirem, tomando por base o balanço patrimonial e o de resultado econômico; IV – denunciar os erros, fraudes ou crimes que descobrirem, sugerindo providências úteis à sociedade; V – convocar a assembleia dos sócios se a diretoria retardar por mais de trinta dias a sua convocação anual, ou sempre que ocorram motivos graves e urgentes; VI – praticar, durante o período da liquidação da sociedade, os atos a que se refere este artigo, tendo em vista as disposições especiais reguladoras da liquidação.

As funções de conselheiro fiscal podem ser remuneradas, conforme determinado pela assembleia, com responsabilidade equivalente à de administrador (art. 1.070 do CC). Ressalva-se, contudo, que são inelegíveis para o conselho fiscal as pessoas impedidas do § 1º do art. 1.011, além dos membros dos demais órgãos da sociedade ou de outra por ela controlada, os empregados de quaisquer delas ou dos respectivos administradores, o cônjuge ou parente destes até o terceiro grau.

Sócios minoritários representantes de 1/5 do capital social podem pleitear o voto em separado para eleger um dos membros do conselho fiscal e o respectivo suplente.

6. RESOLUÇÃO DA SOCIEDADE EM RELAÇÃO A UM SÓCIO

Acesse e assista à aula explicativa sobre este assunto.
> http://uqr.to/f0w4

Aplicam-se às sociedades limitadas as regras de resolução quanto a um sócio das sociedades simples [t. II, §3, i. 3.7.1.].

Ressalva-se o conteúdo do art. 1.077 do CC: "Quando houver modificação do contrato, fusão da sociedade, incorporação de outra, ou dela por outra, terá o sócio que dissentiu o direito de retirar-se da sociedade, nos trinta dias subsequentes à reunião, aplicando-se, no silêncio do contrato social antes vigente, o disposto no art. 1.031".

Em casos de modificações estruturais de alteração do contrato, fusão e incorporação, o sócio adquire o direito de retirada. Sustenta-se, com base nesse dispositivo, que a retirada em sociedades limitadas somente pode ser motivada pelas razões do art. 1.077 do CC (Gonçalves Neto, 2012, p. 418-419). Todavia, não é que se vê na prática. Inclina-se boa parte da doutrina a afirmar que o art. 1.077 do CC é mera regra complementar do art. 1.029 do CC, que permite a retirada do sócio a qualquer momento (Tokars, 2007, p. 152).

A outra ressalva diz respeito à possibilidade de exclusão do sócio por deliberação dos sócios, sem necessidade de decisão judicial para tal finalidade. É o que se colhe do art. 1.085 do CC. Além da regra do art. 1.030 do CC (de exclusão judicial), quando a maioria dos sócios, representativa de mais da metade do capital social, entender que um ou mais sócios estão pondo em risco a continuidade da empresa, em virtude de atos de inegável gravidade, poderá excluí-los da sociedade, mediante alteração do contrato social, desde que prevista neste a exclusão por justa causa.

Em outros termos, havendo no contrato social previsão expressa de exclusão por justa causa, sócios com maioria do capital social podem deliberar a exclusão do sócio que tenha praticado atos graves contra o interesse da sociedade. Ressalva-se que, para exclusão válida, é preciso reunião ou assembleia convocada para esse fim, com ciência prévia do sócio a ser excluído e com antecedência que lhe permita o exercício do direito de defesa (art. 1.085, parágrafo único, do CC), sob pena de invalidade da deliberação. Por ser matéria de seu interesse, o voto do sócio a ser excluído não é computado (art. 1.074, § 2º, do CC) (STJ – REsp nº 1.459.190 – Rel. Min. Luis Felipe Salomão). Além disso, por força da alteração feita pela Lei nº 13.792/2019, ressalvou-se o caso de sociedade com somente dois sócios: nessa hipótese, fica dispensada a reunião, ciente o acusado em tempo hábil para permitir o direito de defesa. O sócio excluído poderá se valer de medidas judiciais para reverter a decisão, caso haja sócio majoritário que o exclua[6].

É igualmente aplicável o conteúdo do parágrafo único do art. 1.030, que cuida da exclusão do sócio declarado falido, ou daquele cuja quota tenha sido liquidada nos termos do parágrafo único do art. 1.026. Na primeira hipótese, não se trata da falência da sociedade, mas do sócio que tenha o reconhecimento da sua falência. Nesse caso, até mesmo para evitar a contaminação dos ativos da sociedade, os haveres são apurados e colocados à disposição da massa falida. Equipara-se a situação da liquidação da quota por dívidas do sócio.

Jurisprudência

STJ – 3ª T. – REsp nº 282.300 – Rel. Min. Antônio de Pádua Ribeiro – j. 04/09/2001: "(...) A apuração de haveres, no caso de dissolução parcial de sociedade de responsabilidade limitada, há de ser feita de modo a preservar o valor devido aos herdeiros do sócio, que deve ser calculado com justiça, evitando-se o locupletamento da sociedade ou dos sócios remanescentes".

STJ – 3ª T. – REsp nº 450.129 – Rel. Min. Carlos Alberto Menezes Direito – j. 08/10/2002: "Conforme jurisprudência desta Corte, a regra geral é a de que os haveres do sócio que se retira da sociedade devem ser pagos na forma prevista no contrato, salvo se existente alguma peculiaridade com força para afastar este entendimento".

---

[6] A IN DREI nº 54 foi alterada para incluir o seguinte teor à aplicação administrativa do dispositivo: "Sem a necessidade de reunião ou assembleia, o sócio que detiver mais da metade do capital social poderá excluir o sócio minoritário da sociedade, se entender que este está pondo em risco a continuidade da empresa, em virtude de atos de inegável gravidade".

STJ – 3ª T. – REsp nº 646.221 – Rel. p/o Ac. Min. Nancy Andrighi – *j. 19/04/2005*: "A data-base para apuração dos haveres coincide com o momento em que o sócio manifestar vontade de se retirar da sociedade limitada estabelecida por tempo indeterminado. Quando o sócio exerce o direito de retirada de sociedade limitada por tempo indeterminado, a sentença apenas declara a dissolução parcial, gerando, portanto, efeitos *ex tunc*".

TJSP 1ª Câm. Res. Dir. Empres. – Ap nº 1127146-13.2014.8.26.0100.00000 – Rel. Des. Francisco Loureiro – j. 15/10/2015: "DISSOLUÇÃO DE SOCIEDADE – Sentença que julgou improcedente o pedido do autor quanto ao direito de recesso e dissolução parcial da sociedade e acolheu o pedido do réu-reconvinte quanto à dissolução total da sociedade – Exercício do direito de recesso – Atraso da contra notificação apresentada pelo réu, no prazo do artigo 1.029, parágrafo único do CC, na qual deveria comunicar o desejo de extinguir integralmente a sociedade – Fundada dúvida quanto à aplicação do art. 1.029 às sociedades empresárias – Saída do autor, sócio amplamente majoritário, inviabilizaria a manutenção do negócio com o sócio minoritário, diante da impossibilidade do pagamento de haveres que consumiriam integralmente o capital social – Sentença mantida – Recurso não provido".

TJSP 1ª Câm. Res. Dir. Empres. – Ap nº 0162131-64.2010.8.26.0100 – Rel. Des. Enio Zuliani – j. 24/06/2015: "Transformação de sociedade de responsabilidade limitada em anônima. Deliberação tomada de forma unânime. Sócio incapaz detentor de 8,33% que, posteriormente, alega nulidade por não ter sido obtida autorização judicial para que o representante atuasse em seu nome. É controvertida a obrigatoriedade de autorização para a deliberação, por não constituir em ato de disposição patrimonial. Transformação que respeitou a proporcionalidade acionária. Inexigibilidade de unanimidade, pelo que a eventual discordância do minoritário não alcançaria o quórum exigido (3/4). Interpretação razoável que conduz a preservação do ato por ausência de prejuízo. Sentença mantida. Não provimento".

STJ – 4ª T. – REsp nº 1.459.190 – Rel. Luis Felipe Salomão – j. 15/12/2015: "(...) 1. O prazo decadencial para exercício do direito à anulação da deliberação de exclusão de sócio minoritário de sociedade limitada é de 3 anos, nos termos do art. 48 do Código Civil. 2. Após sólida construção doutrinária e jurisprudencial que autorizava a exclusão de sócio minoritário, sempre tendo em mira o princípio da preservação da empresa e a manutenção de vínculo harmonioso entre os sócios, a matéria veio a ser regulada expressamente no novo Código Civil e, especialmente no que toca à sociedade limitada, regulamentada em seu art. 1.085. 3. Do excerto, verifica-se a imposição de requisitos formais e materiais para expulsão extrajudicial de sócio minoritário: i) deliberação da maioria dos sócios, representativa de mais da metade do capital social; ii) colocação da sociedade em risco pela prática de atos de inegável gravidade; iii) previsão expressa no contrato social; e iv) cientificação do excluendo. 4. Em regra, o direito de sócio participar nas deliberações sociais é proporcional à sua quota no capital social. Por outro lado, o § 2º do art. 1.074 do Código Civil veda expressamente, com fundamento no princípio da moralidade e do conflito de interesses, que sócio participe de votação de matéria que lhe diga respeito diretamente, como sói a exclusão de sócio, haja vista que atinge diretamente sua esfera pessoal e patrimonial. 5. Nessa linha, para fins de quorum de deliberação, não pode ser computada a participação no capital social do sócio excluendo, devendo a apuração se lastrear em 100% do capital restante, isto é, daqueles legitimados a votar (...)".

STJ – 3ª T. – REsp nº 1.653.421 – Rel. Min. Ricardo Villas Bôas Cueva – j. 10/10/2017: "(...) 3. Na apuração da maioria absoluta do capital social para fins de exclusão judicial de sócio de sociedade limitada, consideram-se apenas as quotas dos demais sócios, excluídas aquelas pertencentes ao sócio que se pretende excluir, não incidindo a condicionante prevista no art. 1.085 do Código Civil de 2002, somente aplicável na hipótese de exclusão extrajudicial de sócio por deliberação da maioria representativa de mais da metade do capital social, mediante alteração do contrato social (...)".

STJ – 3ª T. – REsp nº 1.286.708 – Rel. Min. Nancy Andrighi – j. 27/05/2014: "(...) 3. A prática de atos reiterados como padrão de normalidade por ambos os sócios e nas três sociedades que mantêm há mais de 40 anos, ainda que irregulares e espúrios, não servem como causa necessária da quebra da *affectio societatis* a fim de configurar justa causa para exclusão de sócio em relação à Concorde Administração de Bens Ltda. 4. A apuração dos haveres tem por objetivo liquidar o valor real e atual do patrimônio empresarial, a fim de se identificar o valor relativo à quota dos sócios retirante. 5. Para que não haja enriquecimento indevido de qualquer das partes, a apuração deve ter por base para avaliação a situação patrimonial da data da retirada (art. 1.031, CC/02), a qual, na hipótese dos autos, foi objeto de transação entre as partes ao longo da demanda. 6. A retirada do sócio por dissolução parcial da empresa não se confunde com o direito de recesso, que possui hipóteses de incidência restrita e forma de apuração de haveres distinta. 7. A existência de cláusula contratual específica para pagamento de haveres na hipótese de exercício do direito de recesso não pode ser aplicada por analogia, para os fins de afastar a incidência do art. 1.031, § 2º, do CC/02 na situação concreta de retirada do sócio (...)".

STJ – REsp nº 683.126 – 4ª T. – Rel. Min. Aldir Passarinho Júnior – j. 05/05/2009: "I. Configura-se irregular e, portanto, anulável, a exclusão de sócios promovida pelos remanescentes majoritários, que, sob alegação de perda da *affectio societatis*, serviram-se de instrumento de mandato a eles outorgado pelos autores minoritários para alterar o contrato social, alienando suas cotas a terceiros, desviando-se da deliberação acordada entre todos, que era a de finalizar a empresa (...)".

STJ – 3ª T. – REsp nº 1.839.078 – Rel. Min. Paulo de Tarso Sanseverino – j. 09/03/2021: "(...) 2. Direito de retirada imotivada que, por decorrer da liberdade constitucional de não permanecer associado, garantida pelo inciso XX do art. 5º da CF, deve ser observado ainda que a sociedade limitada tenha regência supletiva da Lei n. 6.404/76 (Lei das Sociedades Anônimas). 3. A ausência de previsão na Lei n. 6.404/76 acerca da retirada imotivada não implica sua proibição nas sociedades limitadas regidas supletivamente pelas normas relativas às sociedades anônimas, especialmente quando o art. 1.089 do CC determina a aplicação supletiva do próprio Código Civil nas hipóteses de omissão daquele diploma. 4. Caso concreto em que, ainda que o contrato social tenha optado pela regência supletiva da Lei n. 6.404/76, há direito potestativo de retirada imotivada do sócio na sociedade limitada em questão. 5. Tendo sido devidamente exercido tal direito, conforme reconhecido na origem, não mais se mostra possível a convocação de reunião com a finalidade de deliberar sobre exclusão do sócio que já se retirou (...)".

7. DISSOLUÇÃO E LIQUIDAÇÃO

Por expressa remissão do art. 1.087 do CC, aplicam-se às sociedades limitadas as regras de dissolução e liquidação das sociedades simples [*t. II, §6, i. 6*].

Jurisprudência

STJ – 3ª T. – REsp nº 1.877.331 – Rel. Min. Ricardo Villas Bôas Cueva – j. 13/04/2021: "(...) 3. O artigo 606 do Código de Processo Civil de 2015 veio reforçar o que já estava previsto no Código Civil de 2002 (artigo 1.031), tornando ainda mais nítida a opção legislativa segundo a qual, na omissão do contrato social quanto ao critério de apuração de haveres no caso de dissolução parcial de sociedade, o valor da quota do sócio retirante deve ser avaliado pelo critério patrimonial mediante balanço de determinação. 4. O legislador, ao eleger o balanço de determinação como forma adequada para a apuração de haveres, excluiu a possibilidade de aplicação conjunta da metodologia do fluxo de caixa descontado. 5. Os precedentes do Superior Tribunal de Justiça acerca do tema demonstram a preocupação desta Corte com a efetiva correspondência entre o valor da quota do sócio retirante e o real valor dos ativos da sociedade, de modo a refletir o seu verdadeiro valor patrimonial. 6. A metodologia do fluxo de caixa descontado, associada à aferição do valor econômico da sociedade, utilizada comumente como ferramenta de gestão para a tomada de decisões acerca de novos investi-mentos e negociações, por comportar relevante grau de incerteza e prognose, sem total fidelidade aos valores reais dos ativos, não é aconselhável na apuração de haveres do sócio dissidente. 7. A doutrina especializada, produzida já sob a égide do Código de Processo Civil de 2015, entende que o critério legal (patrimonial) é o mais acertado e está mais afinado com o princípio da preservação da empresa, ao passo que o econômico (do qual deflui a metodologia do fluxo de caixa descontado), além de inadequado para o contexto da apuração de haveres, pode ensejar consequências perniciosas, tais como (i) desestímulo ao cumprimento dos deveres dos sócios minoritários; (ii) incentivo ao exercício do direito de retirada, em prejuízo da estabilidade das empresas, e (iii) enriquecimento indevido do sócio desligado em detrimento daqueles que permanecem na sociedade(...)".

STJ – 3ª T. – REsp nº 1.335.619 – Rel. Min. João Otavio de Noronha – j. 03/03/2015: "1. Na dissolução parcial de sociedade por quotas de responsabilidade limitada, o critério previsto no contrato social para a apuração dos haveres do sócio retirante somente prevalecerá se houver consenso entre as partes quanto ao resultado alcançado. 2. Em caso de dissenso, a jurisprudência do Superior Tribunal de Justiça está consolidada no sentido de que o balanço de determinação é o critério que melhor reflete o valor patrimonial da empresa. 3. O fluxo de caixa descontado, por representar a metodologia que melhor revela a situação econômica e a capacidade de geração de riqueza de uma empresa, pode ser aplicado juntamente com o balanço de determinação na apuração de haveres do sócio dissidente".

STJ – 3ª T. – REsp nº 1.395.288 – Rel. Min. Nancy Andrighi – j. 11/02/2014: "A dissolução irregular da sociedade não pode ser fundamento isolado para o pedido de desconsideração da personalidade jurídica, mas, aliada a fatos concretos que permitam deduzir ter sido o esvaziamento do patrimônio societário ardilosamente provocado de modo a impedir a satisfação dos credores em benefício de terceiros, é circunstância que autoriza induzir existente o abuso de direito, consubstanciado, a depender da situação fática delineada, no desvio de finalidade e/ou na confusão patrimonial. 6. No particular, tendo a instância ordinária concluído pela inexistência de indícios do abuso da personalidade jurídica pelos sócios, incabível a adoção da medida extrema prevista no art. 50 do CC/2002".

STJ – 4ª T. – AgRg na MC nº 22.557/SP – Rel. Min. Marco Buzzi – j. 21/10/2014: "2. O Tribunal de origem, em consonância com a jurisprudência deste STJ, reconheceu que, 'do encerramento irregular da empresa, presume-se o abuso da personalidade jurídica, seja pelo desvio de finalidade, seja pela confusão patrimonial, apto a embasar o deferimento da desconsideração da personalidade jurídica da empresa, para se buscar o patrimônio individual de seu sócio'. Precedentes: REsp 1259066/SP, Rel. Min. Nancy Andrighi, *DJe* 28/06/2012; REsp 1312591/RS, Rel. Min. Luis Felipe Salomão, *DJe* 01/07/2013".

STJ – 4ª T. – REsp nº 1.312.591 – 4ª T. – Rel. Min. Luis Felipe Salomão – j. 11/06/2013: "1. A desconsideração da personalidade jurídica é técnica consistente na ineficácia relativa da própria pessoa jurídica – *rectius*, ineficácia do contrato ou estatuto social da empresa –, frente a credores cujos direitos não são satisfeitos, mercê da autonomia patrimonial criada pelos atos constitutivos da sociedade. 2. Ao se pleitear a superação da pessoa jurídica, depois de verificado o preenchimento dos requisitos autorizadores da medida, é exercido verdadeiro direito potestativo de ingerência na esfera jurídica de terceiros – da sociedade e dos sócios –, os quais, inicialmente, pactuaram pela separação patrimonial. 3. Correspondendo a direito potestativo, sujeito a prazo decadencial, para cujo exercício a lei não previu prazo especial, prevalece a regra geral da inesgotabilidade ou da perpetuidade, segundo a qual os direitos não se extinguem pelo não uso. Assim, à míngua de previsão legal, o pedido de desconsideração da personalidade jurídica, quando preenchidos os requisitos da medida, poderá ser realizado a qualquer tempo. 4. Descabe, por ampliação ou analogia, sem qualquer previsão legal, trazer para a desconsideração da personalidade jurídica os prazos prescricionais previstos para os casos de retirada de sócio da sociedade (arts. 1.003, 1.032 e 1.057 do Código Civil), uma vez que institutos diversos. 5. "Do encerramento irregular da empresa presume-se o abuso da personalidade jurídica, seja pelo desvio de finalidade, seja pela confusão patrimonial, apto a embasar o deferimento da desconsideração da personalidade jurídica da empresa, para se buscar o patrimônio individual de seu sócio" (REsp 1259066/SP, Rel. Min. Nancy Andrighi, *DJe* 28/06/2012). 6. Reconhecendo o acórdão recorrido que a ex-sócia, ora recorrente, praticou atos que culminaram no encerramento irregular da empresa, com desvio de finalidade e no esvaziamento patrimonial, a revisão deste entendimento demandaria o reexame do contexto fático-probatório dos autos, o que é vedado em sede de recurso especial ante o óbice da Súmula 7/STJ".

TJSP – Ap. nº 4003436-12.2013.8.26.0302 – 1ª Câmara Reservada de Direito Empresarial – Rel. Des. Teixeira Leite – j. 03/07/2014: "DISSOLUÇÃO DE SOCIEDADES. Sentença que decreta a dissolução total de duas sociedades familiares. Decisão que se reforma, para decretar a dissolução apenas parcial, com exclusão dos sócios que não apelaram da sentença. Princípio da preservação da empresa. Remanescência de apenas um sócio que não implica a necessidade de dissolução total. Irregularidade passível de solução. Eventual responsabilidade do sócio administrador, por atos de má gestão, que deve ser apurada em ação própria, assim como a responsabilidade, por culpa ou dolo por perdas e danos, dos auxiliares do Juízo ou do juiz".

Bibliografia: ADAMEK, Marcelo Vieira von. Anotações sobre a exclusão de sócios por falta grave no regime do Código Civil. *RDM*, 158/110. ADAMEK, Marcelo Vieira von. RODRIGUES JR., Otavio Luiz. *A nova disciplina para as assembleias e reuniões de sociedades e demais pessoas jurídicas de direito privado no Direito brasileiro.* Revista do Advogado, 148/197. AMARAL, Hermano Villemor. *Das sociedades limitadas.* 2. ed. Rio de Janeiro: F. Briguiet, 1938. BRUNETTI, Antonio. *Trattato del Diritto delle Società.* V. III. Milão: Giuffrè, 1950. CAVALLI, Cassio. *Quotas sociais.* Revista Brasileira de Direito Comercial, 2/17. COELHO, Fabio Ulhoa. *Os sócios da sociedade limitada.* In: COELHO, Fabio Ulhoa (org.). *Tratado de direito comercial.* v. 2. São Paulo: Saraiva, 2015. CARVALHO, Raimundo M. B. Da responsabilidade dos sócios por dívidas da sociedade anônima e por cotas de responsabilidade limitada. RDM, 73/23. COMPARATO, Fabio Konder. A exclusão de sócio nas sociedades por quotas de responsabilidade limitada. RDM, 25/39. CORREIA, Antonio Ferrer. *A nova sociedade por quotas de responsabilidade limitada do direito português.* Braga: Cruz, 1986. COSTA, Philomeno José da. Modificação do contrato da sociedade limitada por maioria do capital. RDM, 25/77. FRAZÃO, Ana. *Responsabilidade civil dos administradores de sociedades limitadas.* Revista Brasileira de Direito Comercial, 1/22. FRONTINI, Paulo Salvador. A sociedade limitada e seu apelo às normas da sociedade anônima. RDM, 79/23. GAINO, Itamar. *Responsabilidade dos sócios na sociedade limitada.* 3. ed. São Paulo: Saraiva, 2012. HALPERIN, Isaac. *Sociedades de responsabilidad limitada.* 2. ed. Buenos Aires: Depalma, 1951. LIMA, Oscar Brina Corrêa. *Sociedade limitada.* Rio de Janeiro: Forense, 2006. LUCENA, José Waldecy. *Das sociedades limitadas.* 5. ed. Rio de Janeiro: Renovar, 2003. MARCONDES, Sylvio. *Problemas de direito mercantil.* São Paulo: Max Limonad, 1970. MARTINS, Fran. *Sociedades por quotas no direito estrangeiro e brasileiro.* Rio de Janeiro: Forense, 1960. MENDES, Rodrigo Octávio Broglia. *Administração da sociedade limitada.* In: COELHO, Fabio Ulhoa (org.). *Tratado de direito comercial.* v. 2. São Paulo: Saraiva, 2015. NUNES, Marcelo Guedes. *Dissolução parcial na sociedade limitada.* In: COELHO, Fabio Ulhoa (org.). *Tratado de direito comercial.* v. 2. São Paulo: Saraiva, 2015. PEIXOTO, Carlos Fulgêncio da Cunha. *A sociedade por cotas de responsabilidade limitada.* v. I. 2ª ed. Rio de Janeiro: Forense, 1958. SOLÁ-CAÑIZARES, Felipe de. *Tratado de sociedades de responsabilidad limitada en derecho argentino y comparado.* v. 1. Buenos Aires: Tip. Editora Argentina, 1950-1954. SOUSA, Herculano Marcos Inglez de. *Projeto de Codigo Commercial.* v. 1. Rio de Janeiro: Imprensa Nacional, 1912. SPINELLI, Luis Felipe. *Exclusão de sócio por falta grave na sociedade limitada.* São Paulo: Quartier Latin, 2015. TEIXEIRA, Egberto Lacerda. *Das sociedades por cotas de responsabilidade limitada.* São Paulo: Max Limonad, 1956. p. 12. TEIXEIRA, Egberto Lacerda. As sociedades limitadas face ao regime do anonimato no Brasil. *RDM*, 39/40. TOKARS, Fabio. *Sociedades limitadas.* São Paulo: LTr, 2007.

§10
SOCIEDADES ANÔNIMAS

1. CONCEITO, FUNÇÃO E CARACTERÍSTICAS

A sociedade anônima é sociedade *personificada e empresária*[a], *que tem por função organizar*[b] *as atividades de sócios com limitação de responsabilidade*[c] *ao preço das ações emitidas e integralizadas*[d].

(*a*) Cuida-se de tipo societário com personalidade jurídica considerado empresarial pela forma (art. 982, parágrafo único, do CC).

(*b*) Trata-se de organização, com diversos grupos de interesses, cuja característica é oferecer ao mercado estrutura de personalidade jurídica com sócios de limitação de responsabilidade.

(*c*) A limitação de responsabilidade do sócio é obtida com a integralização do capital prometido na subscrição das ações.

(*d*) As ações atribuem aos sócios participação patrimonial e direitos pessoais na sociedade anônima, de modo que cada acionista somente se obriga pelo preço de emissão das ações que subscrever ou adquirir (art. 1º da LSA e art. 1.088 do CC).

Pelas características anteriormente apontadas [*t. I, §1, i. 6*], nas origens das agremiações, as sociedades em nome coletivo e em comandita se fundaram em relações essencialmente *intuitu personae*, ainda polarizando em torno do comerciante ou mercador como foco ejetor de obrigações. Daí a razão para que muitos autores desvinculem o nascimento das sociedades anônimas de uma pura e simples evolução das duas anteriores (LAMY FILHO; PEDREIRA, 1992, p. 36). O marco desse tipo societário pode ser melhor fixado com as grandes sociedades colonizadoras dos séculos XVI e XVII (*Medieval Super Companies*).

Antes delas, contudo, é preciso compreender a utilização da divisão de participações, que foi instrumento fundamental para a determinação das *ações* de repartiam o capital social (DINIZ, 2012, p. 47). Contribuíram para isso as *maone*, que eram associações divididas em partes alienáveis de igual valor (*loca*), emprestadas às cidades italianas para execução de tarefas públicas. Os valores emprestados induziam os credores a se organizar em corporações (*compere*) para administração do montante empregado (LAMY FILHO; PEDREIRA, 1992, p. 36). Outros antecedentes são as *Rheederein* e as *societas navales* do Mediterrâneo (em Gênova e Marselha), que se constituíam para armação de navios e que também dividiam as contribuições dos associados em quotas-partes alienáveis. A finalidade de referidas agremiações era a partilha dos interesses de uma expedição naval. LAMY FILHO e BULHÕES PEDREIRA inclusive apontam as *Rheederein* como antecedentes das companhias colonizadoras (LAMY FILHO; PEDREIRA, 1992, p. 37). ANTONIO BRUNETTI ainda fala nas corporações minerárias alemãs como outra modalidade antecedente às sociedades por ações, porque havia divisão em quotas ideais (*Kux*) que dava direito à participação no patrimônio da corporação e na produção obtida (BRUNETTI, 1948, v. 2, p. 11).

Com essas características, *maone, Rheederein, societas navales* e sociedades minerárias alemãs não são propriamente antecessoras das sociedades por ações. Ao contrário disso, serviram para a formação de um instrumento jurídico de repartição do capital, valor de referência transferível por alienação ou por sucessão.

Duas formas organizativas de companhia podem ser identificadas: as companhias holandesas, em que o Estado promovia a agremiação de investidores em torno da empreitada; e as companhias ibéricas, em que os Estados espanhol e português cuidaram de organizar monopolisticamente o comércio com as colônias.

No esquema holandês, a primeira e principal foi a *Oost Indische Compagnie* (Companhia das Índias Orientais), de 1602, que surgiu a partir da fusão de 8 *Rheederein* (LAMY FILHO; PEDREIRA, 1992, p. 41) e que tinha nos armadores os primeiros acionistas. Ressalve-se que desde o princípio o capital era aberto a quem quisesse investir e todos recebiam um comprovante de participação, que era transferível e que dava direito de ação contra a Companhia. O grande diferencial de operação era a outorga do privilégio à Companhia. Tratava-se de ato governamental (*Oktroi*) e era de interesse do Estado a atribuição de poderes à sociedade, que tinha inclusive prerrogativas de "fazer a guerra e firmar tratados com príncipes estrangeiros, concluir alianças e até cunhar moeda" (LAMY FILHO; PEDREIRA, 1992, p. 41). A Companhia era baseada no monopólio do privilégio e o Estado poderia inclusive confiscar o patrimônio de quem comerciasse na região abrangida pela atividade da Companhia.

Apesar da derivação do modelo holandês, as companhias inglesas eram conhecidas como *regulated companies* e a sua peculiaridade era justamente a regulamentação do negócio praticado pelos sócios.

Desde a construção do tipo societário, verifica-se que o risco fica limitado ao capital transferido, permitindo-se, inclusive, a atração de investidores para o financiamento da atividade contra a remuneração do capital. Portanto, a limitação de responsabilidade do sócio está vinculada aos débitos sociais e no montante de valores transferido para a composição do patrimônio da sociedade. A garantia do débito dos credores está no patrimônio social.

A partir dessa concepção estrutural, foi possível desenvolver sociedades anônimas ou companhias *abertas* e *fechadas*. "A companhia é aberta ou fechada conforme os valores mobiliários de sua emissão estejam ou não admitidos à negociação no mercado de valores mobiliários" (art. 4º da LSA). Em outros termos, se as ações da companhia ficarem limitadas a número específico de sócios e não forem negociadas em organizações do mercado de valores mobiliários, como as bolsas de valores, está-se diante companhia fechada.

2. CONSTITUIÇÃO

A constituição da companhia – aberta ou fechada – depende de requisitos preliminares previstos no art. 80 da LSA: I – subscrição, pelo menos por duas pessoas, de todas as ações em que se divide o capital social fixado no estatuto; II – realização, como entrada, de 10%, no mínimo, do preço de emissão das ações subscritas em dinheiro, ressalvadas as hipóteses de companhias em que lei exige realização inicial de parte maior do capital; III – depósito, no Banco do Brasil, ou em outro estabelecimento bancário autorizado pela CVM da parte do capital realizado em dinheiro.

Seja por subscrição pública ou particular, enquanto não finalizado ato complexo de constituição, nos atos e publicações referentes à companhia deverá ser aditada da cláusula "em organização", sinalizando ao mercado que se trata de sociedade ainda em formação (art. 91 da LSA). Significa, na prática, que a sociedade ainda não está constituída e não tem personalidade jurídica para exercer direitos e obrigações autonomamente. Por esse motivo, ainda, o art. 92, parágrafo único, da LSA, prevê a responsabilidade solidária dos fundadores por prejuízos decorrentes de culpa ou dolo em atos ou operações anteriores à constituição. Ainda com vistas à tutela dos grupos de interesse [*t. I, §5, i. 2*], o art. 99 da LSA determina responsabilidade solidária dos primeiros administradores perante a companhia pelos prejuízos causados em razão demora no cumprimento das formalidades complementares à sua constituição, salvo deliberação da assembleia dispondo sobre a responsabilidade da própria companhia.

O funcionamento da companhia depende de arquivamento e publicação dos atos constitutivos no RPEM, com as formalidades e documentos descritos nos arts. 94 a 96 da LSA. Caberá ao RPEM, além das funções ordinárias [*t. I, §6, i. 2*], o exame de cumprimento das determinações da LSA, assim como a aferição de regularidade do conteúdo do estatuto em relação às prescrições da legislação. Há, portanto, controle de legalidade, além da verificação de cumprimento da solenidade de constituição das companhias (abertas ou fechadas, por assembleia ou por escritura pública), tudo conforme previsto no art. 97 da LSA.

Há requisitos exigíveis para os casos de companhias abertas e fechadas, que dependem da intenção de captar recursos de investidores no mercado ou então de permanecer com número de sócios limitado. Na constituição por subscrição pública (ou sucessiva) é essencial à validade do ato a realização de assembleia especial – que não representa órgão societário, mas comunhão para constituição da companhia; já a constituição por subscrição particular poderá ser feita por assembleia ou por escritura pública.

Tais são os elementos exigíveis para a constituição por subscrição pública e subscrição particular:

2.1. Constituição por subscrição pública

Por meio da constituição por subscrição pública, os sócios fundadores da companhia têm a intenção de captar recursos junto ao público para financiar o objeto da empresa com capitais próprios [*t. II, §3, i. 4.1.6.*]. Assim, a sociedade anônima em constituição lança ações no mercado, buscando investidores interessados no negócio.

Por ter essa característica de captação de recursos de terceiros, é imprescindível a fiscalização de órgãos públicos. Por isso que a constituição por subscrição pública tem como requisito de validade, conforme art. 82 da LSA, o registro prévio de emissão junto à Comissão de Valores Mobiliários (CVM), autarquia federal, regulada pela Lei nº 6.385/76, que tem por atribuição, entre outras, fiscalizar permanentemente as atividades e os serviços do mercado de valores mobiliários, bem como a veiculação de informações relativas ao mercado, às pessoas que dele participem, e aos valores nele negociados. Além disso, exige-se a intermediação de instituição financeira, que celebra com os fundadores o contrato de *underwritting* (subscrição), cujo objeto é a colocação dos títulos no mercado. Os fundadores e as instituições financeiras que participarem da constituição por subscrição pública responderão, no âmbito das respectivas atribuições, pelos prejuízos resultantes da inobservância de preceitos legais (art. 92 da LSA).

Pela complexidade envolvida, a constituição por subscrição pública tem duas fases: (*a*) subscrição pública; (*b*) constituição por assembleia.

Pela ICVM nº 400/2003 no art. 3º, considera-se ato de distribuição pública de valores mobiliários, entre eles as ações: I – a utilização de listas ou boletins de venda ou subscrição, folhetos, prospectos ou anúncios, destinados ao público, por qualquer meio ou forma; II – a procura, no todo ou em parte, de subscritores ou adquirentes indeterminados para os valores mobiliários (...); III – a negociação feita em loja, escritório ou estabelecimento aberto ao público destinada, no todo ou em parte, a subscritores ou adquirentes indeterminados; ou IV – a utilização de publicidade, oral ou escrita, cartas, anúncios, avisos, especialmente através de meios de comunicação de massa ou eletrônicos (páginas ou documentos na rede mundial ou outras redes abertas de computadores e correio eletrônico), entendendo-se como tal qualquer forma de comunicação dirigida ao público em geral com o fim de promover, diretamente ou através de terceiros que atuem por conta do ofertante ou da emissora, a subscrição ou alienação de valores mobiliários.

Identificado o esforço público de captação de recursos, o art. 82, § 1º, da LSA exige a apresentação, junto à CVM, de (*a*) o estudo de viabilidade econômica e financeira do empreendimento; (*b*) o projeto do estatuto social; (*c*) o prospecto, organizado e assinado pelos fundadores e pela instituição financeira intermediária.

O projeto de estatuto deverá conter os requisitos exigidos para os contratos das sociedades mercantis em geral e aos peculiares às companhias, e conterá as normas pelas quais se regerá a companhia (art. 83 da LSA) [*t. II, §3, i. 3.3.*]. Cabe ressaltar, contudo, que a "alteração que ele se proponha dependerá de unanimidade dos subscritores" (TEIXEIRA; GUERREIRO, 1979, v. I, p. 133), em vista do que dispõe o art. 87, § 2º, da LSA que não dá poder à maioria para alterar o projeto de estatuto.

Já o prospecto é documento informativo que deverá mencionar, com precisão e clareza, as bases da companhia e os motivos que justifiquem a expectativa de bom êxito do empreendimento, e em especial: I – o valor do capital social a ser subscrito, o modo de sua realização e a existência ou não de autorização para aumento futuro; II – a parte do capital a ser formada com bens, a discriminação desses bens e o valor a eles atribuído pelos fundadores; III – o número, as espécies e classes de ações em que se dividirá o capital; o valor nominal das ações, e o preço da emissão das ações; IV – a importância da entrada a ser realizada no ato da subscrição; V – as obrigações assumidas pelos fundadores, os contratos assinados no interesse da futura companhia e as quantias já despendidas e por despender; VI – as vantagens particulares, a que terão direito os fundadores ou terceiros, e o dispositivo do projeto do estatuto que as regula; VII – a autorização governamental para constituir-se a companhia, se necessária; VIII – as datas de início e término da subscrição e as instituições autorizadas a receber as entradas; IX – a solução prevista para o caso de excesso de subscrição; X – o prazo dentro do qual deverá realizar-se a assembleia de constituição da companhia, ou a preliminar para avaliação dos bens, se for o caso; XI – o nome, nacionalidade, estado civil, profissão e residência dos fundadores, ou, se pessoa jurídica, a firma ou denominação, nacionalidade e sede, bem como o número e espécie de ações que cada um houver subscrito; XII – a instituição financeira intermediária do lançamento, em cujo poder ficarão depositados os originais do prospecto e do projeto de estatuto, com os documentos a que fizerem menção, para exame de qualquer interessado (art. 84 da LSA).

Por decisão da CVM, podem ser feitas exigências e adaptações no conteúdo do estatuto ou no prospecto ou mesmo denegar o registro por inviabilidade ou temeridade do empreendimento, ou mesmo por inidoneidade dos fundadores (art. 82, § 2º, da LSA).

Feita a subscrição com a realização em dinheiro e subscrição de lista e boletim de entrada do acionista (art. 85 da LSA[1]), segue-se à fase de constituição por meio de assembleia especial-

---

[1] A Medida Provisória nº 881/2019 acrescentou que "subscrição poderá ser feita, nas condições previstas no prospecto, por carta à instituição, acompanhada das declarações a que se refere este artigo e do pagamento da entrada".

mente convocada pelos fundadores para esse fim, com comparecimento dos subscritores ou dos procuradores para o ato (art. 90 da LSA). A assembleia de constituição[2] instalar-se-á, em primeira convocação, com a presença de subscritores que representem, no mínimo, metade do capital social, e, em segunda convocação, com qualquer número. Na pauta estará a leitura dos recibos de depósitos do art. 80, inciso III, da LSA, a discussão e votação do projeto de estatuto e a eleição de administradores. Tal assembleia deverá avaliar os bens integralizados (se for o caso) e deliberar sobre a constituição da companhia (art. 86 da LSA). Observadas as formalidades legais e sem oposição de subscritores com mais da metade do capital social, o presidente da assembleia declara constituída a companhia e, em seguida, procede à eleição dos administradores (art. 87, § 3º, da LSA).

Em caso de indeferimento do arquivamento da constituição, devem os fundadores convocar nova assembleia para sanar a irregularidade, conforme preveem os §§ 1º e 2º, do art. 97, da LSA.

2.2. Constituição por subscrição particular

A constituição por subscrição particular ocorre em companhias fechadas e pode ser feita por (*a*) deliberação em assembleia geral especialmente convocada ou (*b*) por escritura pública.

Em caso de realização de assembleia, seguem os preceitos dos arts. 86 e 87 da LSA, já descritos [*t. II, §10, i. 2.1*].

Sendo por escritura pública, são fundadores os subscritores da escritura e o instrumento deverá conter: (*a*) a qualificação dos subscritores; (*b*) o estatuto da companhia; (*c*) a relação das ações tomadas pelos subscritores e a importância das entradas pagas; (*d*) a transcrição do recibo do depósito referido no nº III do artigo 80; (*e*) a transcrição do laudo de avaliação dos peritos, caso tenha havido subscrição do capital social em bens (artigo 8º); a nomeação dos primeiros administradores e, quando for o caso, dos fiscais (art. 88, § 2º, da LSA).

Ressalva-se, ainda, o caso das subsidiárias integrais [*t. II, §3, i. 3.2.*], cuja constituição somente pode ocorrer por escritura pública, conforme art. 251 da LSA.

2.3. Estatuto

Estatuto é o contrato de sócios da sociedade anônima [*t. II, §3, i. 3.3.*] e leva esse nome porque contém o conjunto de regras da sociedade de forma mais rígidas e sem a menção ao nome dos sócios, diferentemente do que ocorre nos contratos sociais. O estatuto será apresentado como projeto da constituição por subscrição pública por assembleia (art. 83 da LSA) ou então fará parte do conteúdo da escritura pública em caso de subscrição particular nessa modalidade (art. 88 da LSA).

Qualquer que seja o formato, deverá satisfazer os requisitos de contratos de sociedades[3], regulando, entre outros: (*a*) denominação social (art. 3º da LSA e art. 1.160 do CC); (*b*) objeto, definido de modo preciso e completo (art. 5º da LSA); (*c*) sede; (*d*) prazo de duração da sociedade; (*e*) determinação do número de ações nominativas em que se divide o capital social,

---

[2] Em termos teóricos, a assembleia de constituição da companhia não é órgão societário, porque a sociedade ainda está em constituição. A natureza jurídica é de comunhão de interesses, com o objetivo específico de congregar o patrimônio dos subscritores para deliberação, com base no princípio da maioria, para constituição da companhia.

[3] A opção do direito alemão foi estabelecer conteúdo mais fechado para o estatuto no §23 da *AktG*, com maior amplitude no acordo de acionistas.

além da espécie (ordinária, preferencial e de fruição), classe das ações e se terão valor nominal ou não, e a forma nominativa (art. 11 e seguintes da LSA); (*f*) funcionamento da assembleia geral (arts. 121 e seguintes da LSA); (*g*) composição dos órgãos de administração, o que inclui o conselho de administradores (nos casos pertinentes) e diretores em número mínimo de um, além de suas funções e o modo de sua substituição (art. 143 da LSA[4]); (*h*) conselho fiscal e o seu funcionamento (art. 161 da LSA); (*i*) exercício social e distribuição de lucros; (*j*) regras para a dissolução da sociedade.

A reforma do estatuto deve seguir solenidade especifica prevista no art. 135 da LSA. Somente poderá ser instalada em primeira convocação com a presença de acionistas que representem dois terços, no mínimo, do total de votos conferidos pelas ações com direito a voto, mas poderá instalar-se em segunda com qualquer número. É necessária a aprovação de pelo menos metade do total de voto com ações que tenham esse direito, salvo quórum mais alto de ações listadas em bolsa (art. 136 da LSA). Depois da deliberação, a alteração do estatuto é levada a registro para arquivamento e publicação e a falta de cumprimento dessas formalidades não pode ser oposta a terceiros de boa-fé.

3. TÍTULOS SOCIETÁRIOS E DE DÍVIDA

As sociedades anônimas têm uma multiplicidade de instrumentos de documentação de participação societária e de dívida para lhe permitir o abastecimento de capitais, seja com *causa societas*, seja com *causa mutui*, que se prestam ao financiamento do objeto social. Os instrumentos estão disponíveis para utilização de acordo com o plano de negócios a ser executado pela empresa.

De outro lado, o conjunto de regras atinente a cada título será variável pelo tipo de tutela que se pretende assegurar ao proprietário do documento, mas também àqueles que são atingidos pelos efeitos gerados pelas ações, partes beneficiárias, bônus de subscrição e debêntures.

3.1. Ações

As ações são os *documentos de participação do sócio no capital da companhia*[a], podem *atribuir direitos e vantagens de diversas naturezas*[b] e ainda ser caracterizados como valores mobiliários [*t. II, §10, i. 14*].

(*a*) Numa sociedade estruturalmente moldada pelo capital dos sócios, o referencial atribuído pelas ações adquire protagonismo e ainda serve à identificação do controle societário [*t. II, §3, i. 3.5.*]. Embora parcela da doutrina tenha esse entendimento, não se trata de título de crédito por lhe faltar autonomia, força executiva e poder circular independentemente de tradição [*t. IV, §1, i. 3*]. Cuida-se de bem móvel e imaterial que atribui direito de propriedade no capital e participação na sociedade, além da possível caracterização como valor mobiliário em caso de circulação (arts. 2º e 4º, da Lei nº 6.385/76).

As ações poderão ser emitidas com ou sem valor nominal, significando afirmar que elas podem ter valor de face e efetivamente fixado no estatuto ou, do contrário, ser emitidas sem a indicação precisa desse montante, cuja aferição poderá ser feita pelo preço de emissão ou com o referencial mínimo determinado pela CVM (art. 11, § 3º, da LSA). Conforme determinado pelo art. 12 da LSA, o número e o valor nominal das ações somente poderão ser alterados nos casos

Natureza

Com ou sem valor nominal

---

[4] Redação dada pela LC nº 182/2021 (marco legal das *startups*).

de modificação do valor do capital social ou da sua expressão monetária, de desdobramento ou grupamento de ações, ou de cancelamento de ações autorizado nesta Lei.

Na emissão de ações, o valor nunca poderá ser inferior ao nominal de modo a manter a plenitude de informações ao investidor e não corromper o valor do capital (art. 13 da LSA). O preço de emissão das ações sem valor nominal será fixado, na constituição da companhia, pelos fundadores, e no aumento de capital, pela assembleia geral ou pelo conselho de administração (art. 14 da LSA). Se o preço de emissão for superior ao valor nominal, caracteriza-se o ágio e deverá ser formada *reserva de capital* (art. 13, § 2º, da LSA). Assim, o aporte do sócio poderá se prestar à capitalização ou à reserva de capital (cuja utilização é restringida pelo art. 200 da LSA).

(*b*) Conforme a natureza dos direitos e vantagens, as ações podem ser, conforme abaixo se especifica, *ordinárias (3.1.1)*, *preferenciais (3.1.2)* ou *de fruição (3.1.3)*. Caberá ao estatuto da companhia definir o tipo de ação, quais as vantagens e preferências de cada uma e ainda poderá prever o resgate ou a amortização, a conversão de ações de uma classe em ações de outra e em ações ordinárias, e destas em preferenciais, fixando as respectivas condições (arts. 19 e 22 da LSA).

Desde 1990, com a Lei nº 8.021, o Brasil somente conhece a forma nominativa de emissão de ações, ou seja, com *identificação* do acionista em livro de escrituração específica da companhia (*ações nominativas registradas*) ou mantidas em conta de depósito em instituição financeira (*ações nominativas escriturais*) e com possível emissão de certificado representativo do título (arts. 23 a 27 da LSA). Revogado o art. 33 da LSA, não se admite mais a forma de *ações ao portador*, ainda conhecida em alguns países, e que permite a identificação do acionista pela simples posse do título. Conforme previsto no art. 31 da LSA, a propriedade das ações nominativas presume-se pela inscrição do nome do acionista no livro de Registro de Ações Nominativas ou pelo extrato que seja fornecido pela instituição custodiante, na qualidade de proprietária fiduciária das ações. Da mesma forma, a transferência, ainda que por herança, deverá ser registrada no livro mencionado, com guarda pela companhia dos documentos que atribuem a continuidade dos negócios sobre as ações. Outra ressalva importante é que somente os titulares de ações nominativas poderão exercer o direito de voto e, no caso de ações preferenciais ao portador, eventual exercício do direito de voto com base no disposto nos §§ 1º e 2º do artigo 111, poderá ser feito com base em conversão das ações em nominativas ou endossáveis, independentemente de autorização estatutária (art. 112 da LSA).

Somente nas companhias fechadas é possível impor limites à circulação de ações, mas o estatuto deverá regular de forma minuciosa tais limitações e não poderá impedir a negociação, nem sujeitar o acionista ao arbítrio dos órgãos de administração da companhia ou da maioria dos acionistas (art. 36 da LSA).

Jurisprudência

STJ – 3ª T. – REsp nº 1.645.757 – Rel. Min. Ricardo Villas Bôas Cueva – j. 06/04/2021: "(...) 2. Cinge-se a controvérsia a definir (i) se para a transferência de ações nominativas é necessário o registro no livro de transferência de ações nominativas; (ii) se havia prazo para o cumprimento da obrigação e (iii) se ausente a estipulação de prazo, o contrato pode ser rescindido por inadimplemento sem a prévia notificação para o seu cumprimento. 3. A transferência das ações nominativas registradas (não escriturais) opera-se por termo lavrado no livro próprio (...)".

STJ – 3ª T. – REsp nº 1.196.634 – Rel. Min. Paulo de Tarso Sanseverino – j. 05/11/2013: "(...) 2. 'A transferência das ações nominativas opera-se por termo lavrado no livro de 'Transferência de Ações Nominativas', datado e assinado pelo cedente e pelo cessionário, ou seus legítimos representantes' (art. 31, § 1º, da Lei nº 6.404/1976)'. 3. Ineficácia da escritura de doação, ratificada em assembleia geral, para transferir a titularidade das ações doadas. Doutrina sobre o tema (...)".

3.1.1. Ações ordinárias

As *ações ordinárias* são bens móveis imateriais que atribuem ao acionista plenitude direitos deliberativos, além do referencial patrimonial (art. 1º da LSA). A cada ação ordinária corresponde um voto nas deliberações da assembleia geral (art. 110 da LSA), sendo facultado que o estatuto estabeleça limite de voto por cada acionista (art. 110, § 1º, da LSA).

Cuida-se de unidade patrimonial indivisível em relação à companhia, de modo que não se admite ação fracionada (art. 28, *caput*, da LSA). Nada impede, entretanto que haja o condomínio de várias pessoas em relação a uma ou mais ações, sendo imprescindível a designação do representante do condomínio para o exercício dos direitos atribuídos pela ação (art. 28, parágrafo único, da LSA).

3.1.2. Ações preferenciais

As *ações preferenciais* são bens móveis imateriais que atribuem ao acionista alguns direitos e vantagens diferenciados e com *preferências* em relação à ação ordinária. Não necessariamente haverá direito a voto em deliberações, porque o número de ações preferenciais sem direito a voto, ou sujeitas a restrição no exercício desse direito, pode alcançar até 50% do total das ações emitidas (art. 15, § 2º, da LSA). Deverá o estatuto, portanto, explicitar quais são as vantagens ou preferências atribuídas às ações preferenciais e suas respectivas classes, além das restrições a que estiverem sujeitas (art. 19 da LSA), que podem consistir em (*a*) prioridade na distribuição de dividendo, fixo ou mínimo, sem prejuízo do capital social (§3º), (*b*) em prioridade no reembolso do capital, com prêmio ou sem ele ou (*c*) no acúmulo dessas preferências e vantagens (art. 17 da LSA).

Observe-se que as preferências têm cunho patrimonial (distribuição de dividendos e reembolso de capital), porquanto tais ações tenham sido forjadas com o escopo de atrair investidores que, em princípio, não pretende alcançar direitos políticos internos na sociedade, mas sim obter maior e mais ágil rentabilidade em relação ao capital investido.

Também com vistas ao cumprimento desse escopo é que exsurgem as regras de *organização de garantias* de tais sócios.

Primeiro grupo consiste na possível atribuição de alguns direitos equivalentes às ordinárias, inclusive o voto, uma vez preenchidos requisitos do art. 111 da LSA. Nesse sentido, as ações preferenciais sem direito de voto ou com direito de voto restrito adquirirão o exercício desse direito se a companhia, pelo prazo previsto no estatuto, não superior a três exercícios consecutivos, deixar de pagar os dividendos fixos ou mínimos a que fizerem jus, direito que conservarão até o pagamento, se tais dividendos não forem cumulativos, ou até que sejam pagos os cumulativos em atraso (art. 111, §§ 1º e 2º, da LSA). Assim, o objetivo da regra passa a ser de tutelar o investidor que tenha acreditado em plano de negócios da companhia, mas não obtém retorno com distribuição de dividendos em exercício sucessivos. Assim, a legislação admite a participação do acionista com preferenciais nas votações, ampliando-lhe os direitos essenciais com vistas a lhe permitir mais acesso ao governo da sociedade, inclusive com possibilidade de alterar a condução dos negócios da empresa. O mesmo pode ocorrer se o estatuto prever prazo de implantação do empreendimento inicial da companhia, permitindo que as preferenciais também votem após esse termo (art. 111, § 3º, da LSA).

Segundo grupo tutelar é de possível criação de classes de ações preferenciais com atribuição de vantagens especiais na composição de órgãos da sociedade.

Terceiro é a igualdade de condições na participação em aumento de capital social decorrentes de capitalização de reservas ou lucros (arts. 17, § 5º e 169 da LSA), salvo no caso de ações com dividendo fixo.

Por fim, o quarto grupo de regras é para sociedades anônimas de capital aberto. Conforme prevê o art. 17 da LSA, independentemente do direito de receber ou não o valor de reembolso do capital com prêmio ou sem ele, as ações preferenciais sem direito de voto ou com restrição ao exercício deste direito, somente serão admitidas à negociação no mercado de valores mobiliários se a elas for atribuída, além de outras facultadas pelo estatuto, pelo menos *uma* das seguintes preferências ou vantagens: I – direito de participar do dividendo a ser distribuído, correspondente a, pelo menos, 25% do lucro líquido do exercício, calculado na forma do art. 202, de acordo com o seguinte critério: a) prioridade no recebimento dos dividendos mencionados neste inciso correspondente a, no mínimo, 3% (três por cento) do valor do patrimônio líquido da ação; e b) direito de participar dos lucros distribuídos em igualdade de condições com as ordinárias, depois de a estas assegurado dividendo igual ao mínimo prioritário estabelecido em conformidade com a alínea a; II – direito ao recebimento de dividendo, por ação preferencial, pelo menos 10% (dez por cento) maior do que o atribuído a cada ação ordinária; III – direito de serem incluídas na oferta pública de alienação de controle, nas condições previstas no art. 254-A, assegurado o dividendo pelo menos igual ao das ações ordinárias (§ 1º do art. 17 da LSA).

Jurisprudência

STJ – 4ª T. – Resp nº 262.771 – Rel. Min. Ruy Rosado de Aguiar – j. 07/11/2000: "As empresas que se enquadraram na regra de transição do art. 297 da L. 6.404/76 não estão dispensadas de levarem em conta a correção monetária do capital para o efeito do pagamento dos dividendos das ações preferenciais".

STJ – 3ª T. - REsp nº 1.152.849 – Rel. Min. João Otávio de Noronha – j. 07/11/2013: "(...) 2. Da convocação para a assembleia geral ordinária deve constar a ordem do dia com a clara especificação dos assuntos a serem deliberados. 3. A votação de matéria não publicada na ordem do dia implica nulidade apenas da deliberação, e não de toda a assembleia. 4. Quando da convocação para a assembleia geral ordinária, não há necessidade de publicação da aquisição temporária do direito de voto pelas ações preferenciais (art. 111, § 1º, da LSA – voto contingente). 5. O detentor da ação preferencial que não recebeu seus dividendos conhece essa situação e deve, no próprio interesse, exercer o direito que a lei lhe concede. Ao subscrever quotas de capital, o acionista precisa conhecer as particularidades das ações que adquire, não podendo arguir o desconhecimento dos termos da lei. 6. O acordo de acionistas não pode predeterminar o voto sobre as declarações de verdade, aquele que é meramente declaratório da legitimidade dos atos dos administradores, restringindo-se ao voto no qual se emita declaração de vontade".

3.1.2.1. *Golden shares*

Consoante prevê o art. 17, § 7º, da LSA, nas companhias objeto de desestatização pode ser criada ação preferencial de classe especial, de propriedade exclusiva do ente desestatizante, à qual o estatuto social poderá conferir os poderes que especificar, inclusive o poder de veto às deliberações da assembleia geral nas matérias que especificar.

Cuida-se de ação absolutamente diferenciada e de propriedade do ente estatal desestatizante, que ainda pode assegurar para si poderes societários especiais em determinadas matérias (art. 8º da Lei nº 9.491/97), tais como o poder de veto na mudança de objeto social, na mudança de sede, na cessação de determinado projeto ou investimento ou na composição do conselho de administração.

3.1.2.2. Superpreferências

Discute-se a validade de cláusulas estatutárias que atribuem superpreferências. Por meio de tais cláusulas, emoldura-se no estatuto uma ação preferência de classe especial, mas com vantagens econômicas e patrimoniais extraordinariamente superiores àquelas das ações ordinárias[5].

Apesar de toda a polêmica envolvida e das críticas de ordem econômica (sobretudo de governança corporativa), interpreta-se que a legislação não traz vedação à prática. Os dividendos obrigatórios elevados praticados no Brasil, às vezes de 25% sobre o lucro líquido para seguir o parâmetro do art. 202, § 2º, da LSA, serve de mero referencial. Não há impedimento legal para dividendos maiores ou inferiores a esse patamar. Igual raciocínio serve para o reembolso em patamares mais altos, porque não feriria os arts. 215 e 216 da LSA. De resto, consolida-se a intepretação de que a aquisição de voto por ações preferenciais pelo prazo legal ou do estatuto, prevista no art. 17 da LSA, ocorre pela falta de distribuição de dividendo para ações com dividendo fixo ou mínimo.

3.1.3. Ações de fruição

As ações de fruição substituem as ações integralmente amortizadas, conforme prevê o art. 44, § 5º, da LSA: "As ações integralmente amortizadas poderão ser substituídas por ações de fruição, com as restrições fixadas pelo estatuto ou pela assembleia geral que deliberar a amortização; em qualquer caso, ocorrendo liquidação da companhia, as ações amortizadas só concorrerão ao acervo líquido depois de assegurado às ações não amortizadas valor igual ao da amortização, corrigido monetariamente".

Em termos mais simples, a amortização antecipa aos acionistas valores que lhes caberiam em caso de liquidação da companhia. Com essa antecipação, em caso de liquidação efetiva da companhia, as ações amortizadas somente participam do acervo líquido, garantidos iguais direitos econômicos de amortização às demais ações.

3.1.4. Divisão de ações ordinárias e preferenciais por classes

A legislação ainda admite que entre as ações ordinárias de companhia fechada e ações preferenciais de companhias abertas e fechadas sejam atribuídas vantagens especiais e distinguidas no estatuto por meio de *classes* (art. 15, § 1º, da LSA). Assim, criam-se novos grupos de acomodação de interesses, com atributos específicos do estatuto social para cada acionista da classe designada.

Por exemplo, numa companhia fechada, determina-se no estatuto que as ações preferenciais são divididas em classe A e classe B, respectivamente com a vantagem da distribuição de dividendo mínimo e o direito de nomeação de um membro no Conselho de Administração e um no Conselho Fiscal, ao passo que a ação preferencial de classe B se restringe ao dividendo mínimo. Tal situação fática é garantida pelo art. 18 da LSA, que prevê que o "estatuto pode assegurar a uma ou mais classes de ações preferenciais o direito de eleger, em votação em separado, um ou mais membros dos órgãos de administração" ou mesmo subordinar a alteração de alterações estatutárias à aprovação de classes de ações preferenciais (art. 18, parágrafo único, da LSA).

---

[5] O assunto tem diversas discussões em doutrina e jurisprudência. O embate ressurgiu com o "caso Azul" debatido na CVM (RJ-2013/5993), com previsão estatutária de ações preferenciais com dividendos diferenciados de 75 vezes maior que das ações ordinárias, além de prioridade de reembolso em relação às ordinárias e participação em alienação de controle também 75 vezes superior. Havia como pano de fundo a necessidade de capitalização e a manutenção de controle com sócios brasileiros (legislação aeronáutica). Prevaleceu junto à CVM o entendimento de que essa estrutura societária preservaria as regras dos arts. 15, § 2º e 17, § 1º, da LSA.

Em relação às ações ordinárias de companhia fechada, o art. 16 da LSA admite que poderão ser de classes diversas, em função de: (*a*) conversibilidade em ações preferenciais, de modo a criar instrumento flexível de transformação das ações para captação de investimentos e sem maiores questionamentos jurídicos quanto às proporções de conversibilidade; (*b*) exigência de nacionalidade brasileira do acionista, em caso de atração de fundos de investimento, por exemplo; (*c*) direito de voto em separado para o preenchimento de determinados cargos de órgãos administrativos, com o objetivo de atribuir maior transparência, acesso de acionistas minoritários e investidores à administração da companhia ; (*d*) como inovação da LFAN, admite-se a atribuição de voto plural a uma ou mais classes de ações, de acordo com limites dispostos no art. 110-A da LSA.

Na companhia aberta, em proteção aos minoritárias, a LFAN inseriu o art. 16-A na LSA, que veda a manutenção de mais de uma classe de ações ordinárias, mas autoriza a adoção do voto plural, conforme regulado pelo art. 110-A. A alteração do estatuto para inserção das classes deverá contar com a concordância de todos os titulares das ações atingidas, caso não tenha sido inauguralmente prevista e regulada (art. 16, parágrafo único, da LSA).

Devem ser consideradas, ainda, as preferências derivadas de desestatizações (*goldens shares*) e também as superpreferências, já abordadas [*t. II, §10, i. 3.1.2.*].

3.1.4.1. Voto plural: classe especial de ação ordinária

Inovação do ordenamento jurídico brasileiro foi a adoção do voto plural, com característica de uma classe especial de ações ordinárias nas companhias abertas e fechadas (art. 16, inciso IV, art. 16-A e art. 110-A da LSA). A função da classe que estabelece voto plural às ações ordinárias é modernizar o ambiente regulatório brasileiro quanto à captação de recursos de investidores, minimizar a utilização de superpreferências e permitir que o bloco de controle, por determinado tempo, atue com volume de capital inferior àquele de investidores, alavancando a atividade da companhia. Isso porque o bloco de controle poderá preservar o seu poder com participação no capital reduzida, já que o voto plural permite multiplicar por 10 vezes o valor do voto por ação ordinária dessa classe especial. Numa companhia somente com ações ordinárias, o controle poderá ser exercido com 9% do capital e numa companhia com ordinárias e preferenciais, isso poderá ocorrer com 5% do capital. A multiplicação somente não ocorrerá quando a própria LSA estabelecer quórum com base em percentual de ações ou do capital social, sem mencionar o número de votos conferidos pelas ações (art. 110-A, § 9º, da LSA).

As companhias de tecnologia ou que estejam muito centradas em empreendedores notórios, detentores de conhecimento industrial ou de aviamento subjetivo destacado podem se valer desse novo instrumento.

A descrição do voto plural contém algumas regras gerais:

(*a*) *tipo de companhia*: fechadas ou abertas, desde que nesse último caso a criação da classe ocorra previamente à negociação de quaisquer ações ou valores mobiliários conversíveis em ações de sua emissão em mercados organizados de valores mobiliários (art. 110-A, I e II, da LSA). Não se aplicam às empresas públicas e sociedades de economia mista, às suas subsidiárias e às sociedades controladas direta ou indiretamente pelo Poder Público (art. 110-A, § 14, da LSA). Também não se aplica às sociedades em comandita por ações (art. 284 da LSA).

(*b*) *constituição*: a criação pode ser prévia no estatuto, com implantação posterior ou por deliberação em assembleia geral, com votos de pelo menos metade do total de votos conferidos pelas ações com direito a voto e metade das ações preferenciais, com ou sem direito a voto (art. 110-A, § 1º, da LSA). O quórum pode ser superior, se houver previsão no estatuto (art. 110-A, § 3º, da LSA)

(c) *dissidência*: os acionistas dissidentes da deliberação de criação das ações de classe especial com voto plural têm direito de retirada e reembolso, salvo de se ações com voto plural já tenham previsão estatutária (art. 110-A, § 2º, da LSA).

(d) *listagem em bolsa e negociação*: no caso de companhias abertas, a negociação dos valores mobiliários poderá ser feita por segmento específico de mercado e, após o início da negociação, é vedada a alteração das características de classe de ações ordinárias com atribuição de voto plural, exceto para reduzir os respectivos direitos ou vantagens (art. 110-A, §§ 4º e 5º, da LSA).

(e) *termo e prazo*: é facultado aos acionistas estipular o fim da vigência do voto plural ao final de um evento ou termo específico (art. 110-A, § 6º, da LSA) ou ao cabo de um prazo de vigência, que a lei estipula em 7 anos, prorrogáveis por qualquer prazo, desde que se atendam requisitos específicos: I – sejam observados os requisitos de aprovação; II – sejam excluídos das votações os titulares das ações da classe cujo voto plural se pretende prorrogar; III – seja assegurado aos dissidentes, em caso de prorrogação, o direito de retirada e recesso (art. 110-A, § 7º, da LSA)

(f) *conversão*: as ações de classe especial com voto plural serão automaticamente convertidas em ações ordinárias sem voto plural, nas seguintes hipóteses: I – transferência das ações a terceiros, exceto se o alienante permanecer indiretamente como único titular de tais ações e no controle dos direitos políticos por elas conferidos, o terceiro for titular da mesma classe de ações com voto plural a ele alienadas ou a transferência ocorrer no regime de titularidade fiduciária para fins de constituição do depósito centralizado; II – o contrato ou acordo de acionistas, entre titulares de ações com voto plural e acionistas que não sejam titulares de ações com voto plural, dispor sobre exercício conjunto do direito de voto.

(g) *vedações e impossibilidade de adoção do voto plural*: são vedadas algumas operações: I – de incorporação, de incorporação de ações e de fusão de companhia aberta que não adote voto plural, e cujas ações ou valores mobiliários conversíveis em ações sejam negociados em mercados organizados, em companhia que adote voto plural; II – de cisão de companhia aberta que não adote voto plural, e cujas ações ou valores mobiliários conversíveis em ações sejam negociados em mercados organizados, para constituição de nova companhia com adoção do voto plural, ou incorporação da parcela cindida em companhia que o adote. Não pode ocorrer voto plural em deliberações sobre: I – a remuneração dos administradores; e II – a celebração de transações com partes relacionadas que atendam aos critérios de relevância a serem definidos pela Comissão de Valores Mobiliários (art. 110-A, § 11 e 12, da LSA).

3.1.5. Direitos reais e ônus sobre as ações

Com a natureza de bens móveis e sujeitas ao exercício dos atributos da propriedade, as ações poderão ser afetadas por restrições e garantias próprias de direito reais, ressalvadas algumas peculiaridades.

Assim, as ações podem ser objeto de garantias como penhor e caução (art. 39 da LSA), fazendo a averbação de referida restrição junto ao livro de registro das ações na companhia ou junto à instituição financeira depositária dos livros de ações escriturais. Dessa forma, o proprietário das ações pode celebrar mútuo e oferecer as próprias ações em penhora para tal empréstimo, que fica garantido para eventual excussão em caso de inadimplemento. A finalidade da averbação é dar notícia e publicidade de tal garantia.

Por outro lado, em caso de penhor ou caução, o exercício do direito de voto continua sendo exercido integralmente pelo acionista. Entretanto, o art. 113 da LSA admite a licitude de cláusula, no contrato com empenho das ações, com restrições do direito de voto "em certas deliberações" sem o consentimento do credor. A redação do dispositivo é bastante aberta e tal expediente não autoriza interpretação do dispositivo que inviabilize o próprio exercício de direitos essenciais à condição do acionista. Portanto, as restrições ao direito de voto deverão estar relacionadas com a dívida, com a preservação do valor das ações e com a manutenção de viabilidade econômico-financeira da empresa.

Além disso, prevê o art. 40 da LSA a possibilidade de restrições à propriedade das ações por meio de usufruto[a], fideicomisso[b] e alienação fiduciária[c]. Regula-se, ainda, a averbação da preferência de aquisição[d]. Em qualquer dos casos, a lei determina a averbação nos livros de registro ou então na instituição financeira em caso de ações escriturais (arts. 40 e 100, I, "f", da LSA).

(a) Por meio do *usufruto* (art. 1.390 e seguintes do CC), o acionista pode mutilar os atributos da propriedade das ações, de modo a determinar que os frutos e utilidades sejam atribuídos a determinada pessoa e a nua-propriedade seja acometida a outra.

Feito o desdobramento, cabe ao usufrutuário receber os dividendos derivados das ações. Todavia, quanto ao exercício do direito de voto, determina o art. 114 da LSA: "O direito de voto da ação gravada com usufruto, se não for regulado no ato de constituição do gravame, somente poderá ser exercido mediante prévio acordo entre o proprietário e o usufrutuário". Assim, o instrumento que constituir o gravame do usufruto deverá definir quem exerce o direito de voto – se o usufrutuário ou o nu-proprietário. No silêncio do ato de constituição, a redação do art. 114 da LSA permite inferir a suspensão do direito de voto das ações gravadas com usufruto.

(b) O fideicomisso é instrumento de substituição testamentária para que a figura do fiduciário receba as ações objeto de herança ou legado, resolvendo-se o direito do fiduciário em favor do fideicomissário uma vez implementado certo tempo ou certa condição (art. 1.951 do CC). A substituição fideicomissária somente se permite em favor dos não concebidos ao tempo da morte do testador. Se, ao tempo da morte do testador, já houver nascido o fideicomissário, adquirirá este a propriedade dos bens fideicometidos, convertendo-se em usufruto o direito do fiduciário (art. 1.952 do CC).

Dessa forma, o fiduciário tem a propriedade das ações da herança ou legado, mas restrita e resolúvel até a implementação da condição (art. 1.953 do CC). Dessa forma, é o fiduciário quem exercerá os direitos e poderes essenciais de acionista enquanto não for implementada a condição ou o tempo de cessação do fideicomisso.

(c) Por meio da alienação fiduciária [*t. IV, §22*] das ações são dadas em garantia fiduciária ao credor, com transferência da propriedade fiduciária das ações para o agente financeiro, com resolução da garantia e retorno da propriedade das ações em caso de pagamento integral do débito.

No caso de alienação fiduciária das ações, ainda que a propriedade fiduciária seja transmitida em garantia ao credor, ele não exercerá o voto, mas o devedor somente poderá exercer o direito de voto nos termos do contrato, que também poderá estabelecer limites no que pertine a assuntos relacionados ao débito ou ao efetivo cumprimento da promessa de pagamento (art. 113, parágrafo único, da LSA).

(d) Embora não seja garantia ou instrumento de direito real, o art. 40 da LSA ainda cuida da averbação de obrigações específicas: a promessa de venda da ação e o direito de preferência à sua aquisição. Uma vez averbado no livro de registro ou na instituição financeira em caso de ações escriturais, tais obrigações e cláusulas do estatuto tornam-se oponíveis a terceiros e gravam as ações em consideração.

Jurisprudência

STJ – 3ª T. – REsp 1.169.202 – Rel. Min. Nancy Andrighi – j. 20/09/2011: "2. O instituto do usufruto vidual tem como finalidade precípua a proteção ao cônjuge supérstite. 3. Não obstante suas finalidades específicas e sua origem legal (direito de família), em contraposição ao usufruto convencional, o usufruto vidual é direito real e deve observar a disciplina geral do instituto, tratada nos arts. 713 e seguintes do CC/1916, bem como as demais disposições legais que a ele fazem referência. 4. O nu-proprietário permanece acionista, inobstante o usufruto, e sofre os efeitos das decisões tomadas nas assembleias em que o direto de voto é exercido. 5. Ao usufrutuário também compete a administração das ações e a fiscalização das atividades da empresa, mas essas atividades podem ser exercidas sem que obrigatoriamente exista o direito de voto, até porque o direito de voto sequer está inserido no rol de direitos essenciais do acionista, tratados no art. 109 da Lei nº 6.404/1976. 6. O art. 114 da Lei nº 6.404/1976 não faz nenhuma distinção entre o usufruto de origem legal e aquele de origem convencional quando exige o consenso entre as partes (nu-proprietário e usufrutuário) para o exercício do direito de voto".

STJ – 3ª T. – REsp 1.077.658 – Rel. Min. Sidnei Beneti – j. 06/03/2012: Ações nominativas doadas com usufruto e inalienabilidade. 1. Inexistência de vícios no julgamento antecipado da lide. Alegação de negativa de jurisdição rejeitada. 2. Ações nominativas bens usucapíveis. 3. prescrição. 4. revogação de usufruto e inalienabilidade, sem sub-rogação, por ato *inter vivos*, por instrumento particular e termo competente, representada a mulher do doador pelo marido seu procurador e com a concordância de donatárias. 5. Validade da alienação. 6. Ação de donatárias improcedente. Recurso especial improvido. 1. Rejeita-se a alegação preliminar de nulidade do Acórdão recorrido (CPC, art. 535, I e II), mantendo-se o julgamento antecipado da lide, à demonstração documental suficiente dos fatos e ao enfrentamento dos argumentos deduzidos pelas partes. 2. As ações ao portador transformadas em nominativas são bens usucapíveis, como bens móveis corpóreos. 3. Prescrição, ademais, ocorrida, ao prazo decorrente da natureza das ações nominativas. 4. Cancelados, sem sub-rogação, pelos doadores, com a concordância das donatárias, o usufruto e a cláusula de inalienabilidade, com que gravadas as ações de sociedade anônima no ato da doação, realizado por instrumento particular e mediante termo competente, representada a mulher, por procuração, pelo marido, é válida a alienação das ações. 5. Recurso Especial de donatária-alienante improvido".

3.1.6. *Circulação e restrições*

Conforme já afirmado [*t. II, §10, i. 3.1.*], as ações nominativas poderão ser *registradas* ou *escriturais*.

No primeiro caso, a circulação e transferência se torna eficaz por termo lavrado no livro de Transferência de Ações Nominativas, datado e assinado pelo cedente e pelo cessionário, ou seus legítimos representantes (art. 31, § 1º, da LSA). Se for companhia aberta com negociação em Bolsa de Valores, o cessionário será representado, independentemente de instrumento de procuração, pela sociedade corretora, ou pela caixa de liquidação da Bolsa de Valores (art. 31, § 3º, da LSA).

Em caso de ações escriturais, a transferência é feita sob controle da instituição financeira custodiante, com abertura de conta específica que garante crédito e débito na conta do acionista. A transferência da ação escritural opera-se pelo lançamento efetuado pela instituição depositária em seus livros, a débito da conta de ações do alienante e a crédito da conta de ações do adquirente, à vista de ordem escrita do alienante, ou de autorização ou ordem judicial, em documento hábil que ficará em poder da instituição (art. 35, § 1º, da LSA). Contudo, a livre transferência de ações em companhias abertas depende da realização de 30% do preço de emissão das ações, conforme art. 29 da LSA.

A LSA, ainda, impõe restrições à negociação com as próprias ações, de acordo com o art. 30, vedando-a, salvo nos casos excepcionados no § 1º: (*a*) nas operações de resgate, reembolso ou amortização previstas em lei; (*b*) na aquisição, para permanência em tesouraria ou cancelamento, desde que até o valor do saldo de lucros ou reservas, exceto a legal, e sem diminuição do capital social ou por doação; (*c*) a alienação das ações adquiridas nos termos da alínea b e mantidas em tesouraria; (*d*) a compra quando, resolvida a redução do capital mediante restituição, em dinheiro, de parte do valor das ações o preço destas em bolsa for inferior ou igual à importância que deve ser restituída.

Outra restrição pode ser determinada no estatuto da companhia fechada, que poderá impor limitações à circulação das ações, contanto que regule minuciosamente tais limitações e não impeça a negociação, nem sujeite o acionista ao arbítrio dos órgãos de administração da companhia ou da maioria dos acionistas (art. 36, *caput*, da LSA). Exemplo de tal limitação é a cláusula de preferência de aquisição de ações entre acionistas da mesma companhia fechada.

Ainda nesse assunto, eventual alteração estatutária com essa previsão de restrição de circulação somente será eficaz contra ações que com ela expressamente concordarem, com averbação no livro de registro de ações (art. 36, parágrafo único, da LSA).

3.1.7. Resgate, amortização e reembolso

É da essência da sociedade anônima a estruturação de suas bases em torno da preservação do capital e estímulos – inclusive econômicos – para permanecem no caixa da companhia os recursos de capital próprio para financiamento da atividade [*t. II, §3, i. 4.1.6.*]. Portanto, a construção da LSA se fez, na origem, para a preservação do capital, com restrições à saída de sócios. As hipóteses consistem, basicamente, nas seguintes operações a serem autorizadas previamente pelo estatuto ou por assembleia geral, com utilização de lucros ou de reservas (art. 44, *caput*, da LSA):

(*a*) *resgate*: consiste no pagamento do valor das ações para retirá-las definitivamente de circulação (art. 44, § 1º, da LSA). Assim, os acionistas autorizam a retirada de ações de circulação, estejam elas na tesouraria ou por acionista com intento de saída, com ou sem redução do capital, mas preservando todos os interesses envolvidos, inclusive da estrutura de capital. Com o objetivo de preservação de direitos dos acionistas de diversas classes, o resgate promovido em uma delas somente terá validade se for aprovado em assembleia por mais da metade das ações da classe atingida (art. 44, § 6º, da LSA).

(*b*) *amortização*: cuida-se de distribuição integral ou parcial aos acionistas, a título de antecipação e sem redução do capital social, de quantias que lhes poderiam tocar em caso de liquidação da companhia (art. 44, §§ 2º e 3º, da LSA). Perceba-se que o objetivo da regra é antecipar ao acionista valores devidos em caso de liquidação, com a correspondente identificação do valor patrimonial da ação para tal pagamento, mas ainda com a participação plena dos demais acionistas. Ações amortizadas podem ser substituídas por ações de fruição (art. 44, § 5º, da LSA) [*t. II, §10, i. 3.1.3.*].

(*c*) *reembolso*: trata-se de operação vinculada à dissidência de acionista em determinadas matérias, com autorização legal de retirada.

As hipóteses são restritas no art. 137 da LSA para os casos de criação de ações preferenciais ou aumento de classe de ações preferenciais existentes, sem guardar proporção com as demais classes de ações preferenciais, salvo se já previstos ou autorizados pelo estatuto; alteração nas preferências, vantagens e condições de resgate ou amortização de uma ou mais classes de ações preferenciais, ou criação de nova classe mais favorecida; redução do dividendo obrigatório; fusão da companhia, ou sua incorporação em outra; participação em grupo de sociedades por convenção (*ou de direito*); mudança do objeto da companhia; cisão (todos são casos previstos nos incisos I a VI e IX do art. 136 da LSA). Em caso de inserção de cláusula compromissória de arbitragem no estatuto, o dissidente também terá o direito de retirada, salvo listagem em segmento de mercado com obrigatoriedade de arbitragem e em companhia aberta com liquidez e dispersão das ações (art. 136-A da LSA).

Além dos casos fixados em *numerus clausus*, o art. 137 da LSA fixa restrições. Por exemplo, na criação de ações preferenciais ou na alteração de preferências, a retirada poderá ser exercida somente pela classe afetada (art. art. 137, I, da LSA). Ainda, em concentrações por fusões, incorporações e grupos, não terá direito de retirada o titular de ação de espécie ou classe que tenha liquidez e dispersão no mercado[6]. Por fim, especifica-se que na cisão somente haverá direito de retirada se implicar mudança do objeto social, salvo quando o patrimônio cindido for vertido para sociedade cuja atividade preponderante coincida com a decorrente do objeto social da sociedade cindida; redução do dividendo obrigatório; participação em grupo de sociedades.

Ocorrida a deliberação que der causa ao reembolso, o acionista deve reclamada a retirada no prazo decadencial de 30 dias contados da publicação da ata da assembleia geral (art. 137, IV, §§ 1º e 4º, da LSA). Contudo, o pagamento do reembolso poderá ficar condicionado a ratificação da decisão geradora da dissidência (art. 137, VI, da LSA). Isso porque o §3º, do art. 137, permite que os órgãos de administração (respeitada a competência), nos 10 dias subsequentes ao término do prazo de pagamento do reembolso, convoquem assembleia geral para ratificar ou reconsiderar a deliberação, se entenderem que o pagamento do preço do reembolso das ações aos acionistas dissidentes que exerceram o direito de retirada põe em risco a estabilidade financeira da empresa.

Obedecidas as regras gerais de causa de reembolso e procedimento, o art. 45 da LSA se ocupa da definição dos critérios de pagamento. As regras podem ser estabelecidas pelo estatuto, inclusive com determinação de avaliação, desde que obedecido o valor do patrimônio líquido constante do último balanço aprovado pela assembleia geral. O montante do reembolso somente poderá ser inferior a esse parâmetro se o estatuto estipular a referência do valor econômico da companhia, o que faz exigível avaliação (art. 45, § 1º, da LSA). Pode o acionista dissidente pedir balanço especial, desde que a tenha decorrido mais de 60 dias depois da data do último balanço aprovado. Além disso, será exigível o pagamento de pelo menos 80% do valor do reembolso calculado com base no último balanço (art. 45, § 2º, da LSA). O valor de reembolso poderá ser pago à conta de lucros ou reservas, exceto a legal, e nesse caso as ações reembolsadas ficarão em tesouraria.

Deve-se destacar, no entanto, que o sistema da LSA está sendo submetido a diversa interpretação de decisões judiciais que, não raro, admitem a aplicação da dissolução parcial com retirada de acionistas [*t. II, §3, i. 3.7.1.*].

Jurisprudência

STJ – 3ª T. – REsp nº 1.303.284 – Rel. Min. Nancy Andrighi – j. 16/04/2013: "1. Admite-se dissolução de sociedade anônima fechada de cunho familiar quando houver a quebra da *affectio societatis*. 2. A dissolução parcial deve prevalecer, sempre que possível, frente à pretensão de dissolução total, em homenagem à adoção do princípio da preservação da empresa, corolário do postulado de sua função social".

3.2. Debêntures

As debêntures são títulos representativos de um direito de crédito contra a companhia (art. 52 da LSA), sendo instrumento de financiamento de atividades com atração de capitais

---

[6] Sobre liquidez e dispersão prevê o art. 137, II, "a" e "b", da LSA: "a) liquidez, quando a espécie ou classe de ação, ou certificado que a represente, integre índice geral representativo de carteira de valores mobiliários admitido à negociação no mercado de valores mobiliários, no Brasil ou no exterior, definido pela Comissão de Valores Mobiliários; e b) dispersão, quando o acionista controlador, a sociedade controladora ou outras sociedades sob seu controle detiverem menos da metade da espécie ou classe de ação".

de terceiros [*t. II, §3, i. 4.1.6.*]. Uma das peculiaridades é que essa modalidade de mútuo permite a divisão do *quantum debeatur* em frações (STJ – REsp nº 32.444 e 303.825) posteriormente atribuídas aos credores. A outra é justamente a possível transformação do credor em acionista, a depender da previsão de conversibilidade das debêntures em ações (art. 57 da LSA e STJ – REsp nº 819.238).

3.2.1. Direitos dos debenturistas

Sendo instrumento de dívida da companhia, podem ocorrer diversas emissões, que serão divididas em séries, contato que atribuam aos respectivos titulares de cada série os mesmos direitos (art. 53 da LSA).

A emissão de debêntures é de competência privativa da assembleia, que deverá fixar todos os elementos definidores do título a ser lançado para financiamento da atividade, inclusive para eventual emissão de certificado (art. 64 da LSA), entre eles o valor nominal e correção monetária (art. 54 da LSA), número de debêntures, garantias, conversibilidade em ações, época do vencimento e amortização (art. 55 da LSA) e a forma de colocação no mercado (art. 59 da LSA). A competência é ressalvada nas companhias abertas, que podem decidir pela emissão no conselho de administração se as debêntures não forem conversíveis em ações (art. 59, § 1º, da LSA) ou se houver margem autorizada no capital autorizado, especificando o limite do aumento de capital decorrente da conversão das debêntures, em valor do capital social ou em número de ações, e as espécies e classes das ações que poderão ser emitidas (art. 59, § 2º, da LSA). Além da deliberação, deverá a companhia lavrar escritura particular ou pública de emissão das debêntures, na qual deverá constar os direitos conferidos pelas debêntures, suas garantias e demais cláusulas ou condições, além de ter como requisito de validade a participação do agente fiduciário dos debenturistas (art. 61 da LSA). Tanto as deliberações, quanto as escrituras, deverão ser levadas a registro no sistema de RPEM (art. 62 da LSA).

Sob pena de responsabilidade solidária dos administradores, a companhia emissora fará, nos livros próprios, as anotações referentes à extinção das debêntures, e manterá arquivados, pelo prazo de cinco anos, juntamente com os documentos relativos à extinção, os certificados cancelados ou os recibos dos titulares das contas das debêntures escriturais (art. 74 da LSA).

3.2.2. Espécies

3.2.2.1. Quanto à conversibilidade em ações

As debêntures poderão ser convertidas em ações, a depender do que for aprovado em deliberação e constar da escritura de emissão. Haverá, portanto, *debêntures não conversíveis* (ou puros títulos de dívida) e *debêntures conversíveis em ações*.

No segundo caso, as condições deverão estar presentes na escritura, que ainda deverá especificar (art. 57 da LSA): I – as bases da conversão, seja em número de ações em que poderá ser convertida cada debênture, seja como relação entre o valor nominal da debênture e o preço de emissão das ações; II – a espécie e a classe das ações em que poderá ser convertida; III – o prazo ou época para o exercício do direito à conversão; IV – as demais condições a que a conversão acaso fique sujeita.

Em caso de debêntures conversíveis, que podem implicar alteração no percentual de participação societária – inclusive com diluição – o art. 57, § 1º, da LSA atribui a garantia da preferência aos acionistas para subscrever a emissão de debêntures com cláusula de conversibilidade em ações, observado o disposto nos arts. 171 e 172 da LSA. Especial destaque deve ser dado ao art. 171, § 3º, da LSA, no que respeita à preferência para aumento de capital por conversão de debêntures. Dispõe a lei que os "acionistas terão direito de preferência para subscrição das emissões de debêntures conversíveis em ações, bônus de subscrição e partes beneficiárias conversíveis em ações emitidas para alienação onerosa; mas na conversão desses títulos em ações, ou na outorga e no exercício de opção de compra de ações, não haverá direito de preferência".

Outra garantia prevista na LSA é que enquanto puder ser exercido o direito à conversão, dependerá de prévia aprovação dos debenturistas, em assembleia especial, ou de seu agente fiduciário, a alteração do estatuto para: (*a*) mudar o objeto da companhia; (*b*) criar ações preferenciais ou modificar as vantagens das existentes, em prejuízo das ações em que são conversíveis as debêntures.

3.2.2.2. Quanto à garantia

Há cinco espécies de garantias para as debêntures, que podem ser cumulativas, se isso for compatível (art. 58 da LSA):

(*a*) *garantia real*: com a emissão das debêntures, atrela-se a ela cláusula acessória de garantia real de penhor (arts. 1.431 e seguintes do CC) ou de hipoteca (arts. 1.473 e seguintes do CC). Ou seja, emitem os documentos da dívida, que estará garantida por bens da sociedade, do grupo de sociedades ou de sócios. A substituição de bens dados em garantia dependerá da anuência do agente fiduciário (art. 70 da LSA).

(*b*) *garantia flutuante*: as garantias flutuantes da debênture consistem na variabilidade do privilégio geral sobre o ativo da companhia, sem que os bens componentes do ativo estejam impedidos de negociação (art. 58, § 1º, da LSA). Entre as debêntures com essa característica, há preferência daquelas de emissão anterior sobre as mais recentes, mas dentro da mesma emissão, as séries concorrem em igualdade (art. 58, § 3º, da LSA). Permite-se, por fim, que as debêntures emitidas por companhia integrante de grupo de sociedades tenham garantia flutuante do ativo de duas ou mais sociedades do grupo (art. 58, § 6º, da LSA).

(*c*) debêntures sem preferência: consistem em debêntures comuns, sem lastro específico de garantia oferecido ao credor.

(*d*) debêntures subordinadas: por fim, as debêntures podem ser emitidas com cláusula de subordinação aos credores quirografários, de modo que, num concurso de credores em liquidação da companhia, todos os créditos preferem tais debêntures, com exceção de créditos de acionistas (art. 58, § 4º, da LSA).

(*e*) cumulativas.

3.2.3. *Agente fiduciário*

Como o debenturista não é sócio e, em princípio, não participa de assembleia e nem tampouco acessa o sistema de gestão da sociedade, a lei cuidou na nomeação do *agente fiduciário*, como pessoa natural apta ao exercício de cargo de administração ou instituição financeira autorizada pelo BACEN (art. 66 da LSA), com nomeação na escritura de emissão e com atribuição geral de proteção dos interesses dos debenturistas e atuação perante a companhia para identificar o cumprimento das obrigações dos títulos emitidos (art. 68, § 1º, da LSA).

Há o padrão de conduta do "homem ativo e probo" no art. 68 da LSA, que especificamente, enumera entre deveres e atribuições: (*a*) elaboração de relatório aos debenturistas, dentro dos quatro meses do encerramento do exercício social, dando contas sobre fatos relevantes relativos à execução das obrigações assumidas, aos bens eventualmente garantidos e a eventual fundo de amortização; (*b*) notificar os debenturistas, no prazo máximo de 60 dias, de qualquer inadimplemento de obrigações assumidas na escritura da emissão; (*c*) em caso de inadimplemento, haverá legitimidade ativa *ad causam*, com reconhecimento de substituição processual (art. 68, § 3º, da LSA) para (*c.1*) declarar, observadas as condições da escritura de emissão, antecipadamente vencidas as debêntures e cobrar o seu principal e acessórios; (*c.2*) executar garantias reais, receber o produto da cobrança e aplicá-lo no pagamento, integral ou proporcional, dos debenturistas; (*c.3*) requerer a falência da companhia emissora, se não existirem garantias reais; (*c.4*) atuar em nome dos debenturistas em processos de recuperação, intervenção ou liquidação extrajudicial, salvo deliberação em contrário da assembleia dos debenturistas; (*c.5*) tomar qualquer providência necessária para que os debenturistas realizem os seus créditos; (*d*) a escritura de emissão poderá escritura de emissão poderá ainda atribuir ao agente fiduciário as funções de autenticar os certificados de debêntures, administrar o fundo de amortização, manter em custódia bens dados em garantia e efetuar os pagamentos de juros, amortização e resgate (art. 69 da LSA).

Apesar de reputar não escritas no art. 68, § 6º, da LSA, haverá sanção jurídica de nulidade de pleno direito para as cláusulas da escritura de emissão que contrariarem e ou suprimirem as atribuições do agente fiduciário previstas no art. 68.

Com tamanhas obrigações, consequentemente haverá responsabilidade subjetiva do agente fiduciário perante os debenturistas pelos prejuízos que lhes causar por culpa ou dolo no exercício das suas funções (art. 68, § 4º, da LSA).

A escritura de emissão também indicará as condições de substituição e remuneração do agente fiduciário, que também ficará sob fiscalização de exercício de funções pela CVM (art. 67 da LSA).

3.2.4. *Assembleia de debenturistas*

Além do agente fiduciário, a LSA ainda permite que os debenturistas se reúnam em assembleia para deliberação sobre seus específicos interesses. Não se trata de órgão societário (tal como a assembleia de sócios). Teoricamente, cuida-se de comunhão de interesses de credores, o que se pode extrair do conteúdo do art. 68 da LSA – que cuida da atuação do agente fiduciário diante da comunhão de interesses.

Assim, o art. 71 da LSA prevê que os "titulares de debêntures da mesma emissão ou série podem, a qualquer tempo, reunir-se em assembleia a fim de deliberar sobre matéria de interesse da comunhão dos debenturistas".

A convocação poderá ser feita pelo agente fiduciário, pela companhia emissora, pela CVM ou por debenturistas que representem 10%, no mínimo, dos títulos em circulação, e pela Comissão de Valores Mobiliários.

A cada debênture atribui-se um voto, prevalecendo o princípio da maioria dos presentes. Todavia, o art. 71, § 5º, determina que a escritura de emissão estabelecerá a maioria necessária, que não será inferior à metade das debêntures em circulação, para aprovar modificação nas condições das debêntures.

Instala-se a assembleia de debenturistas, em primeira convocação, com a presença de debenturistas que representem metade, no mínimo, das debêntures em circulação, e, em segunda convocação, com qualquer número. Deverá, ainda, haver o comparecimento do agente fiduciário para prestar aos debenturistas as informações que lhe forem solicitadas.

As demais regras são de aplicação subsidiária da assembleia de sócios (art. 71, § 2º, da LSA).

3.2.5. Debêntures em companhias fechadas

Em princípio, às sociedades anônimas abertas seria mais eficiente essa forma de captação recursos, justamente por se franquear a subscrição pública como valor mobiliário (art. 2º da Lei nº 6.385/76), dissipando os riscos, potencializando a participação maciça de vários investidores/credores e com interesses menos concentrados. Todavia, a companhia fechada não está impedida de buscar recursos de terceiros por meio da capitalização por debêntures. Além da própria LSA regular indistintamente as companhias no capítulo das debêntures, a técnica supletiva de nossos regramentos societários faculta a operação [t. II, §3, i. 2.3.].

Nesse sentido, se houver viabilidade econômico-financeira na captação de recursos através de debêntures, a companhia fechada poderá optar (*a*) pela emissão pura e simples para agentes financeiros específicos (que estão aumentando essa escolha de instrumentação da dívida) ou (*b*) pela subscrição pública decorrente das recentes aceitações da Comissão de Valores Mobiliários (CVM), por meio da Instrução CVM nº 476 de 16/01/2009.

As Instruções da CVM se estruturam a partir da menor quantidade de informações disponíveis em relação às companhias fechadas, restringindo a análise a 50 investidores de grande porte e a aquisição franqueada somente a 20. Por esse motivo (déficit de informações financeiras), a operação foi qualificada como *esforços restritos*: limita os tipos de títulos negociáveis e cria até mesmo a responsabilidade dos administradores pela veracidade, consistência, correção e suficiência das informações prestadas aos investidores (art. 10 da IN CVM nº 476/2009). O conjunto de regras também não afasta a intermediação de um líder da oferta, com todos os deveres inerentes à condição de ofertas públicas e da comunicação de eventual conflito de interesses.

Ainda é importante notar que os regramentos administrativos reforçam a necessidade de divulgação de demonstrações financeiras de encerramento de exercício e, se for o caso, demonstrações consolidadas, em conformidade com a LSA e demais regras da CVM. Além disso, as companhias fechadas ficam sujeitas a auditoria financeira de auditor registrado na CVM; divulgação de demonstrações financeiras acompanhadas de notas explicativas; manutenção das informações disponíveis perante a CVM; comunicação de fatos relevantes através da *internet* e comunicação ao líder da oferta. Tudo isso independente da comunhão de interesses na assembleia de debenturistas e da coordenação pelo agende fiduciário, ambos previstos na LSA.

Por serem formas de financiamento, também persiste a possível emissão de debêntures com garantias conforme prescrito no art. 58 da LSA, sendo fator importante para a minimização de riscos e diferencial na classificação do crédito em recuperação judicial ou falência, conforme art. 83 da LREF.

3.3. Partes beneficiárias

As partes beneficiárias são títulos negociáveis, sem valor nominal e estranhos ao capital social, emitidos contra a companhia para conferir aos titulares direito de crédito, consistente na participação nos lucros anuais apurados na forma do art. 190 da LSA (art. 46, *caput* e § 1º, da LSA). Normalmente são utilizadas como forma de remuneração e estímulo a fundadores, acionistas ou terceiros, como remuneração de serviços prestados à companhia de capital fechado – já que é vedado em uso em sociedades anônimas de capital aberto (art. 47 da LSA). Também podem ser destinadas a associações e fundações e sendo elas dos funcionários da companhia, o prazo para resgate poderá ser superior a 10 anos (art. 48, § 1º, da LSA).

A participação atribuída às partes beneficiárias, inclusive para formação de reserva para resgate, se houver, não ultrapassará um décimo dos lucros. Ainda, veda-se conferir às partes beneficiárias qualquer direito privativo de acionista, salvo o de fiscalizar os atos dos administradores (art. 46, §§ 2º e 3º, da LSA). Os titulares de partes beneficiárias poderão escolher agente fiduciário (art. 51, § 3º, da LSA), além da aplicação de regras das ações para emissão de certificados, circulação e constituição de direitos reais (art. 50, *caput*, da LSA).

Como são títulos, poderão ser corporificadas em certificado (art. 49 da LSA), com possibilidade de circulação (art. 50 da LSA) e a modificação do conteúdo prometido implicará a sequência de solenidade em assembleia para garantia dos direitos dos titulares das partes beneficiárias, que inclusive podem votar em tal conclave com direito a um voto por parte beneficiária (art. 51 da LSA).

Conforme prevê o art. 48 da LSA, o estatuto da companhia deve fixar o prazo de duração das partes beneficiárias e, sempre que estipular resgate, deverá criar reserva especial para esse fim. Além disso, o estatuto poderá prever a conversão das partes beneficiárias em ações, mediante capitalização de reserva criada para esse fim.

No caso de liquidação da companhia, solvido o passivo exigível, os titulares das partes beneficiárias terão direito de preferência sobre o que restar do ativo até a importância da reserva para resgate ou conversão (art. 48, § 3º, da LSA).

3.4. Bônus de subscrição

O bônus de subscrição é título mobiliário, transferível, representativo de direito de crédito contra a companhia, permitindo que emissão para terceiros que não sejam sócios para o fim de captação de recursos financeiros. A emissão deverá ocorrer dentro de limites de capital autorizado (art. 168 da LSA) e o bônus de subscrição conferirá aos seus titulares o direito de subscrever ações do capital social, que será exercido mediante apresentação do título à companhia e pagamento do preço de emissão das ações (art. 75 da LSA).

Como o título atribui direito de subscrição de ações, os acionistas têm a preferência na aquisição do bônus de subscrição (art. 77, parágrafo único, da LSA). Diferem das debêntures, portanto, em razão da emissão dentro dos limites do capital autorizado e por conterem a promessa de subscrição de ações.

A emissão poderá decidida em assembleia ou pelo conselho de administração, quando autorizado pelo estatuto. Assim como ocorre com as partes beneficiárias, o bônus de subscrição também tem certificado e poderá escolher agente fiduciário para atuação em favor do interesse dos titulares do instrumento (art. 78 da LSA).

Jurisprudência

STJ – 4ª T. – REsp nº 1.325.151 – Rel. Min. Marco Buzzi – j. 17/09/2015: "1.1 O bônus de subscrição é um título mobiliário, transferível, negociável, passível de alienação, destinado ao público externo da sociedade empresária, emitido com a finalidade de captação de recursos financeiros pela companhia. O preço é calculado com base em um possível valor futuro da ação e o investidor o compra ao estimar que poderá subscrever o capital da companhia, ao tempo do exercício do direito previsto no título, por quantia inferior a que estará sendo praticada no mercado. A opção de compra de ações não é título, não é transferível e nem negociável, sendo concedida gratuitamente pela companhia a seus colaboradores, normalmente de nível hierárquico elevado, com a finalidade de, ao lhes abrir a possibilidade de tornarem-se sócios em condições vantajosas, conseguir maior empenho e motivação no exercício de suas funções. A finalidade do instituto é, precipuamente, de política de gestão de pessoas para conseguir melhor desempenho para companhia. 1.2 A emissão de bônus de subscrição de ações pelas companhias brasileiras deve obedecer aos princípios da boa-fé objetiva e da plena informação (*full disclosure*), a fim de garantir a confiança no mercado de capitais. 1.3 O aumento de capital mediante subscrição de ações oferecidas no mercado de capitais tem finalidade diametralmente diversa do aumento em decorrência da outorga de opção aos colaboradores da companhia. No primeiro caso, a finalidade é de capitalização da sociedade, enquanto no segundo cuida-se de política motivacional destinada exclusivamente ao corpo funcional da empresa. A conformação teleológica da opção não permite que o benefício atribuído a seus detentores seja considerado condição apta a fazer incidir a cláusula de ajustamento destinada à precificação do direito de exercício dos investidores-bonistas. Caso fosse essa a intenção da companhia, deveria ter previsto expressamente essa possibilidade no título, uma vez que se cuida de vantagem econômica exclusiva da força de trabalho da organização. Contudo, mesmo que referida previsão estivesse presente, sua licitude poderia ser questionada pelos demais acionistas, com base na norma disposta no § 1º do art. 170 da LSA, que determina que o preço de emissão – de novas ações – deverá ser fixado, sem diluição injustificada da participação dos antigos acionistas (...)".

4. DIREITOS E OBRIGAÇÕES DOS SÓCIOS

4.1. Direitos essenciais

O *status* de sócios na sociedade anônima atende a diversos dos preceitos já analisados na parte geral [*t. II, §3, i. 3.3.4.*]. É importante relembrar, inclusive, que os direitos essenciais dos acionistas são previstos em regras exemplificativas previstas no art. 109 da LSA. É importante mencionar que esses direitos não podem ser suprimidos pelo estatuto ou por assembleia (art. 109, *caput*, e § 2º, da LSA), sob pena de invalidação da cláusula do contrato ou da deliberação. Cuida-se, portanto, da proteção de participação nos lucros e acervo, fiscalização da gestão dos negócios, preferência de subscrição de títulos de participação societária e títulos de dívidas conversíveis e retirada da sociedade.

Ainda é preciso especificar que as ações atribuem direitos iguais aos respectivos acionistas de cada classe, caso haja essa divisão.

Ressalve-se, contudo, o conteúdo do art. 120 da LSA, que permite à assembleia geral "suspender o exercício dos direitos do acionista que deixar de cumprir obrigação imposta pela lei ou pelo estatuto, cessando a suspensão logo que cumprida a obrigação". Cuida-se de decisão deliberada em assembleia em caso de descumprimento de obrigações prometidas pelo acionista, com prejuízo para o desenvolvimento das atividades da sociedade, como no caso de transferência de bens, tecnologias e fornecimento de insumos. Assim, há proporcionalidade no apenamento com suspensão de voto, voz em assembleia e até participação em dividendos. Implementada a obrigação com o adimplemento, cessa a suspensão com a retomada integral dos direitos. Afirma Luiz Daniel Haj Mussi que a suspensão não pode ser feita por acordo de acionistas, porque a sociedade não terá vínculo com o pacto parassocial para determinar cumprimento da suspensão e que ela se caracteriza como: "(*i*) a função do instituto da suspensão tem natureza cautelar e não sancionatória; (*ii*) a suspensão atinge o exercício do direito e não pode significar a mitigação em concreto e *ad aeternum* do direito; (*iii*) não há correlação entre a prestação do sócio e o exercício do direito que poderá ser suspenso" (Haj Mussi, 2018, p. 274).

4.2. Direito de voto

O direito de voto é atribuído unitariamente a cada ação ordinária, salvo limitação do estatuto a acionista em específico, conforme prevê o art. 110 da LSA. Às preferências, poderão ser atribuídos votos ou, então, compulsoriamente determinados se preenchidos os requisitos do art. 111 da LSA.

O voto será exercido essencialmente em assembleia, embora extraordinariamente ocorra manifestação reflexa em determinadas matérias alocadas no conselho de administração, quando previsto em estatuto [*t. II, §10, i. 5.2.1.*].

Finalmente, no exercício do voto deverá ser evitado o conflito de interesses, que poderá gerar consequências de invalidade de deliberações e reparação de danos, conforme o caso e a aplicação do art. 115 da LSA [*t. II, §3, i. 3.6.*].

Efetivamente, o art. 115 da LSA determina *fattispecie* que impor ao acionista o *dever* de exercer o direito de voto no interesse da companhia [*t. II, §3, i. 3.4.*], sendo abusivo "o voto exercido com o fim de causar dano à companhia ou a outros acionistas, ou de obter, para si ou para outrem, vantagem a que não faz jus e de que resulte, ou possa resultar, prejuízo para a companhia ou para outros acionistas". O texto adota técnica aberta de redação, sujeita à interpretação do caso pelo julgador e com a necessária busca de parâmetros casuísticos de identificação de conflitos de interesses [*t. II, §3, i. 3.4.1.*]. O dispositivo ainda cuida de específicas restrições de votos:

(*a*) ao acionista que não pode votar em deliberação de assembleia sobre laudo de avaliação de bens que concorrer para a formação do capital social. Ressalva-se o caso dos acionistas que sejam condôminos do bem, que poderão aprovar o laudo, sem prejuízo da responsabilidade do art. 8º, § 6º (art. 115, § 1º, primeira parte e § 2º, da LSA).

(*b*) ao acionista para deliberar sobre a aprovação de suas contas como administrador (art. 115, § 1º, segunda parte, da LSA).

(*c*) ao acionista em matérias que puderem beneficiá-lo de modo particular, ou em que tiver interesse conflitante com o da companhia (art. 115, § 1º, terceira parte, da LSA). Nesse último caso, gera-se a discussão sobre o conflito formal e material de interesses, já feita na presente obra e à qual se remete o leitor [*t. II, §3, i. 3.4.2.*].

Prevê o texto da lei que o acionista responde pelos danos causados pelo exercício abusivo do direito de voto, ainda que seu voto não haja prevalecido.

Além disso, a deliberação tomada em decorrência do voto de acionista que tem interesse conflitante com o da companhia é anulável; o acionista responderá pelos danos causados e será obrigado a transferir para a companhia as vantagens que tiver auferido.

4.3. Acionista controlador

O controle já foi discutido anteriormente [*t. II, §3, i. 3.5.*] e é matéria central em termos de interpretação das sociedades anônimas no direito brasileiro, especialmente considerando o cenário de forte presença de poder acionário e concentrações econômicas no mercado brasileiro.

O acionista controlador é a pessoa natural ou jurídica, ou o grupo de pessoas vinculadas por acordo de voto, ou sob controle comum, que: (*a*) seja titular de direitos de sócio que lhe assegurem, de modo permanente, a maioria dos votos nas deliberações da assembleia geral e o poder de eleger a maioria dos administradores da companhia; e (*b*) usa efetivamente seu poder para dirigir as atividades sociais e orientar o funcionamento dos órgãos da companhia. Prevaleceu na escolha do legislador brasileiro, portanto, a tese da preponderância nas deliberações e na escolha dos administradores, conforme se extrai do art. 116, alíneas "a" e "b", da LSA, além da adaptação para grupos prevista no art. 243, § 2º, da LSA e art. 1.098, inciso I, do CC.

Uma vez caracterizado o controle, dele se extrai um *poder* determinante da orientação geral dos negócios da companhia, verdadeiro *líder das jogadas negociais*. Valora-se juridicamente a *presunção de poder*, ainda que ele não seja exercido (Teixeira; Guerreiro, 1979, p. 702).

No caso de companhias abertas, de modo a permitir que os investidores conheçam a condução da sociedade, a legislação exige que o acionista controlador informe modificações de posição acionária para a CVM, Bolsa de Valores ou outras entidades que negociarem com as ações.

De se considerar, ainda, que o "acionista controlador deve usar o poder com o fim de fazer a companhia realizar o seu objeto e cumprir sua função social, e tem deveres e responsabilidades para com os demais acionistas da empresa, os que nela trabalham e para com a comunidade em que atua, cujos direitos e interesses deve lealmente respeitar e atender" (art. 116, parágrafo único, da LSA) [*t. II, §3, i. 3.5*]. Dessume-se que o poder de controle tem por baliza o desempenho do interesse da companhia [*t. II, §3, i. 3.4*].

Entre as diversas análises de controle, costuma-se buscar a descrição econômica de ADOLF BERLE e GARDINER MEANS, que qualificaram 5 casos de controle: (*a*) controle totalitário, com acionista, sociedade controladora ou bloco de controle com titularidade de todas as ações da companhia que conferem direito ao voto; (*b*) controle majoritário, caracterizado pelo volume de participação com mais da metade das ações com direito a voto; (*c*) controle por expedientes legais; (*d*) controle minoritário, qualificado pela hipótese fática do acionista, sociedade controladora ou bloco de controle com volume de participação societária de votos inferior à metade e que se faz prevalecer nas deliberações; (*e*) controle gerencial em hipóteses de dispersão de ações da companhia (BERLE; MEANS, 1984, 85-86). No Brasil, a obra lapidar sobre o tema é de FABIO KONDER COMPARATO, que descreve as hipóteses econômicas, mas apresenta críticas e contextualiza o controle à realidade brasileira, concluindo que "o núcleo da definição de controle na sociedade anônima reside no poder de determinar as deliberações da assembleia geral" (COMPARATO; SALOMÃO FILHO, 2005, p. 51). De resto, o controle na realidade brasileira é essencialmente interno na própria sociedade ou no grupo, com pouca aplicação prática de dissipação acionária e controle gerencial, além de não ter sido reconhecida a hipótese do controle societário externo.

4.3.1. *Exercício abusivo do voto*

O exercício abusivo do poder de controle também já foi descrito e se aplica integralmente à presente análise, até por servir de efetivo parâmetro para todos os tipos societários em teoria geral [*t. II, §3, i. 3.5*]. Cuida-se, então, de deliberação que causa dano à sociedade ou gera prejuízo à participação dos acionistas minoritários.

No caso específico das sociedades anônimas, os casos de abuso do poder de controle enumeram-se exemplificadamente (COMPARATO; SALOMÃO FILHO, 2005, p. 392), no § 1º, do art. 117 da LSA[7], com diversos fatos caracterizadores da antijuridicidade do abuso e exercício

---

[7] Para as sociedades anônimas de capital aberto, houve a revogação da IN CVM nº 323/2000 pela Resolução CVM nº 02/2020. Todavia, à falta de outro parâmetro, citam-se as hipóteses construídas pela CVM naquele texto normativo como casos de comportamento abusivo do controlador: a alienação de bens do ativo, a constituição de ônus reais, a prestação de garantias, bem como a cessação, a transferência ou a alienação, total ou parcial, de atividades empresariais, lucrativas ou potencialmente lucrativas, no interesse preponderante do acionista controlador; a obtenção de recursos através de endividamento ou por meio de aumento de capital, com o posterior empréstimo desses recursos para sociedades sem qualquer vínculo societário com a companhia, ou que sejam coligadas ao acionista controlador ou por ele controladas, direta ou indiretamente, em condições de juros ou prazos desfavoráveis relativamente às prevalecentes no mercado, ou em condições incompatíveis com a rentabilidade média dos ativos da companhia; a utilização gratuita, ou em condições privilegiadas, de forma direta ou indireta, pelo acionista controlador ou por pessoa por ele autorizada, de quaisquer recursos, serviços ou bens de propriedade da companhia

irregular do controle. Se a preponderância do controlador é reconhecida pela lei, a mesma lei impõe responsabilidade pelo exercício abusivo desse poder (TEIXEIRA; GUERREIRO, 1979, p. 698).

Assim, prevê o art. 117 da LSA que o acionista controlador responde pelos danos causados por atos praticados com abuso de poder (sem prejuízo da responsabilidade como administrador – art. 117, § 3º, da LSA). O § 1º do mesmo dispositivo enumera algumas modalidades:

a) orientar a companhia para fim estranho ao objeto social ou lesivo ao interesse nacional, ou levá-la a favorecer outra sociedade, brasileira ou estrangeira, em prejuízo da participação dos acionistas minoritários nos lucros ou no acervo da companhia, ou da economia nacional;

b) promover a liquidação de companhia próspera, ou a transformação, incorporação, fusão ou cisão da companhia, com o fim de obter, para si ou para outrem, vantagem indevida, em prejuízo dos demais acionistas, dos que trabalham na empresa ou dos investidores em valores mobiliários emitidos pela companhia;

c) promover alteração estatutária, emissão de valores mobiliários ou adoção de políticas ou decisões que não tenham por fim o interesse da companhia e visem a causar prejuízo a acionistas minoritários, aos que trabalham na empresa ou aos investidores em valores mobiliários emitidos pela companhia;

d) eleger administrador ou fiscal que sabe inapto, moral ou tecnicamente;

e) induzir, ou tentar induzir, administrador ou fiscal a praticar ato ilegal, ou, descumprindo seus deveres definidos nesta Lei e no estatuto, promover, contra o interesse da companhia, sua ratificação pela assembleia geral;

f) contratar com a companhia, diretamente ou através de outrem, ou de sociedade na qual tenha interesse, em condições de favorecimento ou não equitativas.

g) aprovar ou fazer aprovar contas irregulares de administradores, por favorecimento pessoal, ou deixar de apurar denúncia que saiba ou devesse saber procedente, ou que justifique fundada suspeita de irregularidade.

h) subscrever ações, para os fins do disposto no artigo 170, com a realização em bens estranhos ao objeto social da companhia.

4.4. Acordo de acionistas

Os acordos de acionistas são *contratos típicos*[a], *plurilaterais*[b], *parassociais*[c] *e com função de regular pactos obrigacionais e patrimoniais entre os sócios*[d] *que extrapolem a essência do contrato social, mas que estejam limitados às características do tipo*[e].

(*a*) os acordos de acionistas são considerados contratos típicos em razão de sua previsão específica em texto de lei, inclusive com função determinada e tutelas específicas. Regulam o exercício do direito referente às ações em relação ao controle, ao voto minoritário e à negociabilidade (CARVALHOSA, 2011, p. 21), além de outras prestações lícitas e atípicas de interesse das partes.

(*b*) apresentam-se as características da plurilateralidade [*t. II, §3, i. 3.3.1*]. Não se cuida de nova sociedade, até pela falta do componente de organização e partilha de resultados. Pode-se formar, no entanto, instância decisória específica, em alguns casos definidora da moldura de poder societário (SALOMÃO FILHO, 2011, p. 128).

---

ou de sociedades por ela controladas, direta ou indiretamente; a utilização de sociedades coligadas ao acionista controlador ou por ele controladas, direta ou indiretamente, como intermediárias na compra e venda de produtos ou serviços prestados junto aos fornecedores e clientes da companhia, em condições desvantajosas ou incompatíveis às de mercado.

(c) a descrição de pactos parassociais tem como base a clássica obra de GIORGIO OPPO, prevendo que são contratos coligados ao contrato de sociedade e de conteúdo obrigacional (OPPO, 1942, p. 82). A orientação de OPPO relegou a interpretação dos acordos entre sócios a preceitos civilistas desvinculados de conteúdo societário, prejudicando a conexão entre pactos derivados do contrato de sociedade e outros previstos no acordo de acionistas. Em verdade, diz KARSTEN SCHMIDT, os acordos de acionistas geram tanto efeitos obrigacionais como societários (SCHMIDT, 2002, p. 94). Essa mistura também permite concluir que a interpretação de pactos parassociais pode se valer de preceitos civilistas (arts. 110 a 114 do CC), entre outros elementos mais afeitos à sua natureza empresarial e societária.

(d) a função do acordo de acionistas é regular pactos obrigacionais e patrimoniais entre os sócios. As regras do acordo poderão cuidar do exercício do poder societário, do exercício do direito de voto, preferências, investimentos, capitalização, composição de órgãos de administração, reuniões prévias entre controladores, dentre outras previsões típicas do art. 118 da LSA e atípicas. A regulação desse conteúdo pelo art. 118 da LSA introduziu no Brasil[8] a alternativa dos contratos parassociais como técnica de agilização de decisões do controle, para redução de custos e para opção de uso em *holdings*.

(e) o limite da autonomia da vontade entre os sócios, além da licitude dos fins e não revogação de direitos de terceiros, está pautado pelas características do tipo societário, de modo que um acordo de acionistas não pode servir de instrumento para fraude de regras cogentes das sociedades anônimas ou de qualquer dos tipos que o adote. Como exemplo de licitude é a manutenção de vedação de votos para ações preferenciais, seguindo o previsto no art. 111 da LSA.

Não há relação de acessoriedade entre o estatuto (contrato de sociedade) e o acordo de acionistas, já que os objetos e as funções dos contratos são distintos e as obrigações contraídas são de certa forma autônomas entre si. Ademais, a nulidade do contrato social não necessariamente trará impactos sobre o conteúdo do acordo de acionistas. Pode-se afirmar, todavia, existir entre eles uma *conexão causal e funcional com autonomia formal*. Nesse sentido, o acordo de acionistas está ligado ao contrato social, porque a sociedade é a causa das obrigações pactuadas (*causa societas*). Por outro lado, cuida-se de contratos com completa autonomia entre si, separados "na fonte e na eficácia" (SALOMÃO FILHO, 2011, p. 127), inclusive em termos de exigência de cumprimento de obrigações.

Importante compreender que há característica de *dependência do acordo de acionistas à manutenção de vínculos societários*, o que afeta diretamente a sua *eficácia*. Em outros termos, ele não produzirá efeitos em caso de dissolução, falência, liquidação e extinção da sociedade. Também deixará de produzir efeitos ao sócio que se retirar da sociedade, salvo em casos de não concorrência ou outros efeitos lícitos pretendidos após o rompimento do vínculo societário.

4.4.1. Conteúdo do acordo de acionistas: tipicidade e atipicidade

O art. 118 da LSA prevê quatro hipóteses de conteúdo que não são exaustivas, mas que, para produzir efeitos para a companhia e em alguns casos para outros sócios, dependem de arquivamento em sua sede. Tais são os acordos – chamados *típicos* – sobre a compra e venda de suas ações, preferência para adquiri-las, exercício do direito a voto ou do poder de controle, que deverão ser observados pela companhia quando arquivados na sua sede. Esse conteúdo, reitere-se, não é exaustivo, até por serem possíveis diversos outros pactos entre os sócios. A preocupação do legislador foi garantir acesso prévio de conteúdo em razão dos impactos sobre

---

[8] Rompeu-se a confusa interpretação do art. 302 do CCom, que dispunha: "Toda a cláusula ou condição oculta, contrária às cláusulas ou condições contidas no instrumento ostensivo do contrato, é nula".

interesses de terceiros afetados por decisões irradiadas do acordo. Forma-se para a companhia o direito de solicitar aos membros do acordo esclarecimento sobre as cláusulas do pacto (art. 118, § 11, da LSA), de modo a conhecê-lo com precisão, dar estrito cumprimento às cláusulas e, por vezes, promover impugnação judicial ao conteúdo caso entenda haver algum vício. Entende a doutrina, com destaque para NELSON EIZIRIK (EIZIRIK, 2003, p. 46), que os acordos atípicos não foram incluídos na redação do *caput* do art. 118, determinando que a sua obrigatoriedade para a companhia decorre da tipicidade e arquivamento na sede.

A oponibilidade repercutirá em terceiros somente depois de averbados nos livros de registro e nos certificados das ações, se emitidos (art. 118, § 1º, da LSA) (STJ – REsp nº 1.602.702). A publicidade, de outro lado, pode ser alcançada, consoante art. 118, § 5º, por meio do relatório anual, porque "os órgãos da administração da companhia aberta informarão à assembleia geral as disposições sobre política de reinvestimento de lucros e distribuição de dividendos, constantes de acordos de acionistas arquivados na companhia".

A *compra e venda de ações* e a *preferência para aquisição* podem ser pactuadas como conteúdo do acordo e devem ser arquivadas na sede da companhia porque implicam alteração no quadro de sócios e, às vezes, na composição do controle societário. Dessa maneira, dois ou mais sócios ou *holdings* componentes do controle podem ajustar entre si a venda das ações ou instrumentos que lhes garantam a preferência da compra, como o direito de primeira oferta (*right of first offer*), condições como o *call option* (direito de comprar ações da outra parte), *put option* (dever de comprar ações da outra parte), *lock up provision* (restrições de vendas de ações por determinado prazo), *look back provisions* (ressarcimento a minoritários se o controlador logo em seguida à compra, vende o controle da companhia), *full ratchet clause* (obriga o controlador a ressarcir minoritário em caso de diluição de participação motivada por determinadas decisões), cláusula de não competição por determinado prazo após a saída de sócio, *tag along* (direito de acompanhar a venda do controlador por preço semelhante) e *drag along* (direito de arraste de minoritários em caso de venda do controle).

Há liberdade de conteúdo, contudo, baseada na atipicidade contratual sistêmica do art. 425 do CC.

À regulação do controle e dos votos, que adquiriram maior frequência, podem ser somadas previsões de proteção e atuação minoritária em bloco; poderes de escolha individuais de conselheiros em órgãos da sociedade; fixação de alçadas e elevação de quóruns para matérias específicas; determinação de prazos e volume de fluxos de informações entre os sócios e administradores; estabelecimento de auditorias permanentes; cláusulas de não concorrência e vedação de contratação de funcionários estratégicos; práticas éticas e de *compliance*.

Mesmo sendo regra com natureza societária, o conteúdo dos acordos parassociais inclui obrigações finalisticamente voltadas a dar coisas certas e incertas (arts. 233 e seguintes do CC), a fazer (arts. 247 e seguintes do CC), a não fazer (arts. 250 e seguintes) e prestar declaração de vontade que emolduram todo o processo obrigacional até a satisfação do preceito. Portanto, o cumprimento do pacto passa a ser problema central nos acordos entre sócios. Em matéria societária é preferível a execução específica da obrigação, em vista da ineficácia econômica que a simples conversão em perdas e danos do art. 247 do CC e arts. 536 e 537 do CPC pode gerar. Diz-se execução específica porque o ideal é a obtenção da *pretensão específica* e o *resultado prático equivalente* àquele lançado na cláusula do acordo de acionistas.

4.4.2. Descumprimento de obrigações e execução específica

Consoante se dessume do art. 118, § 3º, da LSA, o descumprimento de cláusulas – típicas ou atípicas – poderá ser resolvido por meio de execução específica de obrigações (fazer e não fazer), na forma dos arts. 497 e seguintes no cumprimento de sentença e arts. 814 e seguintes do CPC em caso de execução, com pedido de multa punitiva (*astreinte*) a ser fixada pelo juiz – ou árbitro, em caso de cláusula compromissória – por período de atraso no cumprimento do preceito cominatório. Conforme prevê o art. 816 do CPC, se o sócio que descumprir o acordo (executado) não satisfizer a obrigação no prazo designado, é lícito ao sócio prejudicado pelo inadimplemento, nos próprios autos do processo, requerer a satisfação da obrigação à custa do executado ou perdas e danos, hipótese em que se converterá em indenização. Em caso de ação de conhecimento, o art. 497 do CPC determina que o juiz "concederá a tutela específica ou determinará providências que assegurem a obtenção de tutela pelo resultado prático equivalente". A conversão em perdas e danos, preveem os arts. 499 e 500, somente ocorrerá se o autor a requerer ou se impossível a tutela específica ou a obtenção de tutela pelo resultado prático equivalente, sem prejuízo da multa fixada para compelir o réu ao cumprimento do preceito cominatório.

Alguns casos elucidam a execução específica, incluindo efeitos contra a companhia quanto arquivado: (*a*) cumprimento de obrigação para garantia de direito de subscrição de ações preferenciais, gerando-se sentença constitutiva apta ao cumprimento do preceito[9]; (*b*) cumprimento de obrigação pactuada entre as partes para cisão parcial prevista no acordo, com eficiência da decisão garantida por bloqueio de ativos da sociedade cindida para reversão à sociedade criada[10]; (*c*) reconhecimento de simulação em caso de burla de preferência na aquisição de ações, garantindo-se a efetividade da cláusula do acordo de bloqueio[11]; (*d*) restrição ao ingresso de acionista no estabelecimento[12]; (*e*) cumprimento da obrigação de transferência de ações preferenciais, ainda que decorrido muito tempo depois de implementada a mora[13].

4.4.3. Descumprimento de acordo de voto

Embora permitam execução específica, em caso de *acordos de voto* há maior complexidade derivada de poderes atribuídos ao presidente de conclave ou em função da omissão de acionista (arts. 118, §§ 8º e 9º, da LSA). Garante-se a eficiência da cisão entre a propriedade da ação e o exercício do direito de voto, que pode ser dado a outro acionista.

Não se trata de procuração – regulada no art. 117, § 7º, da LSA – porque no caso do mandato seria o próprio acionista a votar, mas representado pelo procurador. No acordo de acionistas com pacto de voto, atribui-se a outro acionista o direito de se manifestar em assembleia com relação a determinada matéria ou mesmo precedido de reunião prévia entre os acionistas do acordo. Dessa forma, no direito brasileiro é possível que o voto seja permitido a pessoa determinada pelo acordo de acionistas, a quem é dado o papel de computar o volume de votos das ações componentes do acordo, formando a deliberação e, em alguns casos, atuando com o papel de controlador.

Identifica-se, igualmente, o problema de descumprimento de tal preceito. A lei atua de duas maneiras:

(*a*) em caso de cisão do direito de propriedade e do voto, com atribuição do exercício do voto a sócio participante do acordo arquivado na companhia, o art. 118, § 8º, da LSA,

---

[9] STJ – 4ª T. – RMS nº 2369/RS – Rel. Min. Raul Araújo – j. 18/09/2012.
[10] STJ – MC nº 4220/RJ – Rel. Min. Ari Pargendler – Rel. p/ acórdão Min Nancy Andrighi – j. 13/08/2002.
[11] STJ – 3ª T. – REsp nº 1.620.702 – Rel. Min. Ricardo Villas Bôas Cueva – j. 22/11/2016.
[12] TJSP – Ap. nº 9069801-35.2009.8.26.0000 – Rel. Des. A. C. Mathias Coltro – j. 16.09.2009.
[13] TJSP – AP. nº 9209926-53.2009.8.26.0000 – Rel. Des. Vito Guglielmi – j. 07.05.2009.

autoriza ao presidente da assembleia ou do órgão de deliberação da companhia não computar o voto proferido com infração do acordo de acionistas – expediente que MODESTO CARVALHOSA chamou de autotutela ou coercibilidade *interna corporis* inserida pela alteração da Lei nº 10.303, de 2001 (CARVALHOSA, 2011, p. 245). Em outros termos, o voto que contrariar o acordo simplesmente será desconsiderado para a formação da deliberação, sob pena de declaração de invalidade caso seja decisivo para alcance da maioria na matéria votada. Sustenta JOSÉ ALEXANDRE TAVARES GUERREIRO, que poderá o presidente do órgão colegiado desconsiderar voto proferido com conflito de interesses, em cumprimento do art. 156 da LSA (GUERREIRO, 2012, p. 690).

(*b*) a segunda maneira ocorre em caso de não comparecimento de sócio à assembleia ou a reuniões dos órgãos de administração, além de abstenção de voto. Nesse caso, o art. 118, § 9º, da LSA assegura à parte do acordo prejudicada pelo comportamento do sócio omisso o "direito de votar com as ações pertencentes ao acionista ausente ou omisso e, no caso de membro do conselho de administração, pelo conselheiro eleito com os votos da parte prejudicada".

Ambos preceitos (§§ 8º e 9º, do art. 118) valem também para administradores em colegiados, com a *"suspensão da eficácia desse voto abusivo (§8º) ou a execução específica mediante autotutela (§ 9º)"* (CARVALHOSA, 2011, p. 250).

Nos casos de acordo de voto há atribuição de força executiva às obrigações de fazer contidas no acordo de acionistas, de modo que a parte do acordo que se sentir prejudicada poderá promover diretamente ação de execução de obrigação (art. 118, § 3º, da LSA), seja com o percurso de processo de conhecimento e o cumprimento da sentença para tutela do objeto prático equivalente previsto no art. 497 do CPC ou com base nos arts. 814 e seguintes do CPC. A ação não suprirá o conteúdo do voto ou a manifestação de vontade do sócio, mas poderá ser utilizada para realização de reuniões prévias, por exemplo.

Mesmo que haja o pacto para que o voto seja exercido por outro sócio convenente, o acordo não poderá ser invocado para eximir o acionista de responsabilidade no exercício do direito de voto (art. 115) ou do poder de controle (art. 116 e 117), conforme prevê expressamente o art. 118, § 2º, da LSA. Assim, com a cisão do direito de voto, a responsabilidade por exercício abusivo do controle ou atuação contra o interesse da sociedade é personalíssima do acionista que anuiu com o voto proferido por sócio componente do acordo de voto.

O acordo de acionistas poderá ser pactuado por tempo determinado ou indeterminado. Nesta hipótese, poderá ser denunciado a qualquer tempo. Naquela, extingue-se o acordo pelo advento do termo final. Não há impeditivo, na lei, de que ocorram condições suspensivas e resolutivas pactuadas no acordo. Prevê o art. 118, § 6º, da LSA, que o "acordo de acionistas cujo prazo for fixado em função de termo ou condição resolutiva somente pode ser denunciado segundo suas estipulações". Há vinculação específica dos sócios convenentes em relação à condição resolutiva, operando-se a extinção somente nessa hipótese prevista.

A saída de execução específica dos acordos de voto pode ser confrontada com a alternativa do *Sindicato Azionario* do direito italiano. O voto do representante do acordo (o chamado síndico) ocorre em conformidade com a orientação dos convenentes ou seguindo a orientação do próprio síndico, se assim o permitir o acordo.

De outro lado, pode ser comparado com o *Voting Trust* e do *Pooling Agreement* do direito norte-americano. No *Voting Trust* há execução imediata do direito de voto porque a titularidade das ações é transferida à figura do *trustee*, representante do *trust* formado para o fim de exercício de poder político. Em relação ao *Pooling Agreement*, admitem-se reuniões prévias e sigilosas para firmar orientação do voto, sem a intermediação de um *trustee*. Percebe-se, nos dois casos, uma exequibilidade instantânea distinta do *shareholder agreement*, que depende, em essência, de aferição de *specific performance* e *injunction*.

Jurisprudência

STJ – 3ª T. – MC nº 4220/RJ – Rel. Min. Nancy Andrighi – j. 13/08/2002: "Direito Processual Civil e Direito Comercial. Ação cautelar. Acordo de acionistas. Cisão parcial. Sociedade cindida. Patrimônio social. Bloqueio de parte dos ativos. Suficiência. – Julgado procedente o pedido deduzido no processo principal para condenar os demandados à efetivação de cisão parcial prevista em acordo de acionistas, basta à garantia de efetividade dessa decisão o bloqueio da parte dos ativos da sociedade cindida que serão revertidos ao patrimônio da pessoa jurídica a ser criada".

STJ – 3ª T. – REsp nº 1.152.849 – Rel. Min. João Otávio de Noronha – *j. 07/11/2013*: "(...) O acordo de acionistas não pode predeterminar o voto sobre as declarações de verdade, aquele que é meramente declaratório da legitimidade dos atos dos administradores, restringindo-se ao voto no qual se emita declaração de vontade".

STJ – 3ª T. – REsp nº 784.267 – Rel. Min. Nancy Andrighi – j. 21/08/2007: "(...) A sociedade também tem legitimidade passiva para a causa em que se busca o cumprimento de acordo de acionistas, porque terá que suportar os efeitos da decisão; como na espécie em que o cumprimento do acordo implicaria na cisão parcial da sociedade".

STJ – 3ª T. – REsp nº 818.506 – Rel. Min. João Otávio de Noronha – j. 17/12/2009: "Não é ilegal disposição de acordo de acionistas que prevê que as ações preferenciais não gozarão de direito de voto, conforme admite o *caput* do art. 111 da LSA. Ausência de violação dos arts. 82 e 145, II, do Código Civil de 1916".

STJ – 4ª T. – RMS nº 2369/RS – Rel. Min. Raul Araújo – j. 18/09/2012: "(...) 2. A execução deve limitar-se ao título executivo judicial obtido com o julgamento da apelação, cujo acórdão foi prolatado no âmbito de ação ordinária ajuizada para reconhecimento do direito da promovente à subscrição de ações preferenciais, com base em cláusula do acordo de acionistas, afastando-se a incidência da regra do art. 171, § 1º, *a*, da Lei n. 6.404/76. 3. Ao julgar procedente a ação, o Tribunal não criou título executivo judicial para garantir o cumprimento integral do acordo de acionistas e viabilizar, desse modo, sua execução específica (LSA, art. 118, § 3º), mas apenas garantiu o atendimento dos pedidos nos limites em que formulados na exordial. (...) 5. Com isso, nada obsta à autoridade impetrada prosseguir na execução do título judicial, nos limites delineados no v. acórdão do Tribunal de Justiça, adotando as medidas que entender necessárias".

STJ – 3ª T. – REsp nº 1.620.702 – Rel. Min. Ricardo Villas Bôas Cueva – j. 22/11/2016: "(...) O arquivamento do acordo de acionistas na sede da companhia impõe à própria sociedade o dever de observância quanto ao que fora pactuado, inclusive perante terceiros quando averbados nos livros de registro e nos certificados das ações, se emitidos, consoante o disposto no § 1º do art. 118 da Lei nº 6.404/1976 (...) 2. O acordo de bloqueio, ainda que entabulado apenas pelos acionistas majoritários, deve ser respeitado por quem se obrigou a não efetuar a compra das ações sem antes conceder o direito de preferência, nada importando se o vendedor tinha ciência da avença em questão. 3. Há simulação, causa de nulidade do negócio jurídico, quando, com o intuito de ludibriar terceiros, o negócio jurídico é celebrado para garantir direitos a pessoas diversas daquelas às quais realmente se conferem ou transmitem. 4. Hipótese em que, diante da impossibilidade de aquisição das ações diretamente pelo acionista principal, que se comprometera a observar o direito de preferência, o negócio jurídico operou-se por intermédio de seu filho, com dinheiro aportado pelo pai".

STJ – 4ª T. – REsp nº 388.423 – Rel. Min. Sálvio de Figueiredo Teixeira – j. 13/05/2003: "(...) I - Admissível a resolução do acordo de acionistas por inadimplemento das partes, ou de inexecução em geral, bem como pela quebra da *affectio societatis*, com suporte na teoria geral das obrigações, não constituindo impedimento para tal pretensão a possibilidade de execução específica das obrigações constantes do acordo, prevista no art. 118, § 3º da Lei 6.404/76 (...)".

Sobre a extensão de efeitos a outros acionistas que foram atingidos por vedação de transferência de ações: TJSP – Apelação nº. 0276755-72.2009.8.26.0000. Rel. Gilberto de Souza Moreira. j. 02/02/2011: "Acordo de Acionistas – Contrato plurilateral que vincula a todos os sócios, impedidos de *transferir suas ações a blocos distintos, mesmo aqueles que não o firmaram, condição irrelevante desde que oportunamente não se opuseram. Operação nitidamente perniciosa aos interesses da sociedade em benefício de interesses pessoais*".

Bibliografia: BARBI, Celso Filho. Acordo de Acionistas. Belo Horizonte: Del Rey, 1993. BARBI FILHO, Celso. Acordo de acionistas: panorama atual do instituto no direito brasileiro e propostas para a reforma de sua disciplina legal. *RDM*, n. 121/35. BARRETO, Celso de Albuquerque. Acordo de Acionistas. Rio de Janeiro: Forense, 1982. BERTOLI, Marcelo M. *Acordo de acionistas*. São Paulo: Revista dos Tribunais, 2006. CANTIDIANO, Luiz Leonardo. *Reforma da Lei das S.A.: Comentada*. Rio de Janeiro: Renovar, 2002. CARVALHOSA, Modesto. *Acordo de acionistas*. São Paulo: Saraiva, 2011. CARVALHOSA, Modesto; EIZIRIK, Nelson. *A nova Lei das S/A*. São Paulo: Saraiva, 2002. EIZIRIK, Nelson. Acordo de acionistas – arquivamento na sede social – vinculação dos administradores de sociedade controlada. *RDM*, 129/45. COMPARATO, Fábio Konder. Acordo de acionistas e interpretação do art. 118 da Lei das S.A.. *RT*, n. 527/32. CORRÊA-LIMA, Osmar Brina. Direito de voto na sociedade anônima, *RT*, n. 530/26. GUERREIRO, José Alexandre Tavares. Execução específica do acordo de acionistas. *RDM*, 41/40. GUERREIRO, José Alexandre Tavares. *Abstenção de voto e conflito de interesses*. In: KUYVEN, Luiz Fernando Martins. *Temas essenciais de direito empresarial: estudos em homenagem a Modesto Carvalhosa*. São Paulo: Saraiva, 2012. SCHMIDT, Karsten. *Gesellschaftsrecht*. 4. ed. Köln: Heymanns, 2002. TEIXEIRA, Egberto Lacerta; GUERREIRO, José Alexandre Tavares. *Das sociedades anônimas no Direito Brasileiro*. v. 1, São Paulo: Bushatsky, 1979. OPPO, Giorgio. *Contratti parasociali*. Milão: Vallardi, 1942. WALD, Arnoldo. *O acordo de acionistas e o poder de controle do acionista majoritário*. RDM, 110/7.

4.5. Obrigações do sócio

O sócio (acionista) de uma sociedade anônima tem semelhantes obrigações àquelas descritas na parte geral [*t. II, §3, i. 3.3.4*]. Especifica-se para o acionista a obrigação de realizar o capital da sociedade (art. 106 da LSA), sob pena de qualificação do acionista remisso (art. 107 da LSA). Uma vez caracterizada a mora do acionista pela falta de integralização do capital, poderá a companhia: promover contra o acionista, e os que com ele forem solidariamente responsáveis (artigo 108), processo de execução para cobrar as importâncias devidas, servindo o boletim de subscrição e o aviso de chamada como título extrajudicial nos termos do Código de Processo Civil; ou mandar vender as ações em Bolsa de Valores, por conta e risco do acionista.

Além disso, deve-se identificar a participação no poder de controle e a superveniência de obrigações derivadas dessa condição. Conforme visto [*t. II, §3, i. 3.5*], o acionista controlador tem sua obrigação condicionada pelo art. 116 da LSA.

4.6. Responsabilidade do sócio

A responsabilidade do acionista pode ser dividida em relação à companhia e aos credores. Quanto a estes, há limitação de responsabilidade ao capital subscrito e integralizado (art. 1º da LSA), ressalvados os casos de desconsideração da personalidade jurídica [*t. II, §3, i. 4.2*].

Quanto à companhia, a responsabilidade dependerá do acesso ao poder da companhia e permite dividir a análise entre sócios controladores e sócios minoritários. Em qualquer dos casos, a responsabilidade é subjetiva e dependerá da análise da culpa e do nexo de causalidade em relação aos danos gerados para a companhia e para os demais sócios.

A responsabilidade do sócio controlador, quando atua com abuso do poder que tem, é determinada pelo conteúdo do art. 117 da LSA, conforme já foi analisado [*t. II, §10, i. 4.3.1*].

Por outro lado, o art. 115, § 3º, fixa a responsabilidade do acionista por exercício abusivo do voto, ainda que não haja prevalecido na deliberação. Sendo direito essencial, o voto do sócio com ações que lhe atribuem esse direito deve ser exercido com lealdade e nos limites do interesse da companhia. O dispositivo é aplicável tanto a acionistas do controle, como para minoritários, mas se restringe ao voto abusivo.

Por fim, a responsabilidade do sócio é completamente distinta da responsabilidade de administradores, conforme será analisado [*t. II, §10, i. 5.4.3*].

5. ÓRGÃOS DE ADMINISTRAÇÃO

A LSA prevê quatro órgãos para as companhias: assembleia geral, conselho de administração, diretoria e conselho fiscal. Cada um tem as suas respectivas atribuições. Essa constatação permite raciocinar que o estatuto pode criar outros órgãos, desde que não tenham atribuições conflitantes com aqueles previstos na própria lei. Exemplo são os órgãos de *compliance* [*t. II, §3, i. 5.1.4*], cujo efetivo funcionamento pode ser garantido pela autonomia em relação aos demais.

5.1. Assembleia

A assembleia da sociedade anônima é o órgão superior de deliberações, com "poderes para decidir todos os negócios relativos ao objeto da companhia e tomar as resoluções que julgar convenientes à sua defesa e desenvolvimento" (art. 121, *caput*, da LSA). A participação do acionista poderá ser pessoal ou por meio de procuradores, admitindo-se nas companhias abertas a participação e votação à distância, de acordo com regramento da ICVM nº 481/2009 e ICVM nº 594/2017 e IN DREI nº 79/2020.

É matéria de competência privativa da assembleia (art. 122 da LSA): I – reformar o estatuto social; II – eleger ou destituir, a qualquer tempo, os administradores e fiscais da companhia, ressalvado o disposto no inciso II do art. 142; III – tomar, anualmente, as contas dos administradores e deliberar sobre as demonstrações financeiras por eles apresentadas; IV – autorizar a emissão de debêntures, ressalvado o disposto nos §§ 1º, 2º e 4º do art. 59; V – suspender o exercício dos direitos do acionista (art. 120); VI – deliberar sobre a avaliação de bens com que o acionista concorrer para a formação do capital social; VII – autorizar a emissão de partes beneficiárias; VIII – deliberar sobre transformação, fusão, incorporação e cisão da companhia, sua dissolução e liquidação, eleger e destituir liquidantes e julgar as suas contas; IX – autorizar os administradores a confessar falência e pedir recuperação judicial e, nos casos de urgência, o pedido poderá ser formulado pelos administradores, com a concordância do acionista controlador, se houver, e convocando-se imediatamente a assembleia geral para manifestar-se sobre a matéria; X – deliberar, quando se tratar de companhias abertas, sobre a celebração de transações com partes relacionadas, a alienação ou a contribuição para outra empresa de ativos, caso o valor da operação corresponda a mais de 50% do valor dos ativos totais da companhia constantes do último balanço aprovado.

As assembleias são *ordinárias* (AGO) para as matérias do art. 132 da LSA; *extraordinárias* (AGE) para os demais casos. Poderão, ainda, ser cumulativas de conteúdo de AGO e AGE (art. 131 da LSA). Descrevem-se:

(*a*) *ordinárias* (art. 132 da LSA): a assembleia geral ordinária (AGO) tem periodicidade e conteúdo determinados, porque são realizadas nos quatro primeiros meses seguintes ao término do exercício social para I – tomar as contas dos administradores, examinar, discutir e votar as demonstrações financeiras; II – deliberar sobre a destinação do lucro líquido do exercício e a distribuição de dividendos; III – eleger os administradores e os membros do Conselho Fiscal, quando for o caso; IV – aprovar a correção da expressão monetária do capital social (artigo 167). É obrigação dos administradores fornecer adequada informação aos acionistas, colocando à disposição os documentos previstos no art. 133 da LSA – basicamente, documentos financeiros e contábeis, além de informações pertinentes à ordem do dia – com um mês antes da data marcada para o conclave.

(b) *extraordinárias* (art. 135 da LSA): convocadas a qualquer tempo e para todas as matérias de interesse da companhia, o que inclui reforma do estatuto.

Tal como se estudou em teoria geral, a assembleia atende a solenidades:

CONVOCAÇÃO[a] ➔ INSTALAÇÃO[b] ➔ TRABALHOS[c] ➔ DELIBERAÇÃO[d]

(a) Na forma do art. 123 da LSA, a *convocação* é feita pelo conselho de administração, se houver, ou pelos diretores. Atendidas algumas condições, será feita também pelo conselho fiscal em assembleia ordinária se a administração retardar por mais de um mês ou extraordinária, sempre que ocorrerem motivos graves ou urgentes; por qualquer acionista, quando os administradores retardarem, por mais de 60 dias, a convocação, nos casos previstos em lei ou no estatuto; por acionistas que representem 5%, no mínimo, do capital social, quando os administradores não atenderem, no prazo de oito dias, a pedido de convocação que apresentarem, devidamente fundamentado, com indicação das matérias a serem tratadas; por acionistas que representem 5%, no mínimo, do capital votante, ou 5%, no mínimo, dos acionistas sem direito a voto, quando os administradores não atenderem, no prazo de oito dias, a pedido de convocação de assembleia para instalação do conselho fiscal.

Convoca-se por anúncio publicado por três vezes, no mínimo, contendo, além do local (salvo força maior, na sede da companhia), data e hora da assembleia, a ordem do dia, e, no caso de reforma do estatuto, a indicação da matéria. Acionistas de companhia fechada que tenham mais de 5% do capital deverão, ainda, receber convocação pessoal por carta (art. 124, § 3º, da LSA). Entretanto, será considerada regular a assembleia geral a que comparecerem todos os acionistas.

A primeira convocação da assembleia geral deverá ser feita: I – na companhia fechada, com 8 (oito) dias de antecedência, no mínimo, contado o prazo da publicação do primeiro anúncio; não se realizando a assembleia, será publicado novo anúncio, de segunda convocação, com antecedência mínima de 5 (cinco) dias; II – na companhia aberta, o prazo de antecedência da primeira convocação será de 21 (vinte e um) dias e o da segunda convocação de 8 (oito) dias. Nesse segundo caso, pode a CVM adiar a assembleia para permitir acesso às informações (art. 124, §§ 1º e 5º da LSA).

Conforme previsão do art. 121, parágrafo único, da LSA, em companhias abertas e fechadas o acionista poderá participar e votar a distância. Em complementação da regulamentação, a IN DREI nº 79/2020 estabeleceu requisitos para a validade do conclave, admitindo que seja presencial, semipresencial e digital. Além disso, prevê a possibilidade de votação a distância, por meio de boletim de voto.

(b) A *instalação* é regida pelo art. 125 da LSA. Instala-se em primeira em primeira convocação, com a presença de acionistas que representem, no mínimo, um quarto do total de votos conferidos pelas ações com direito a voto; em segunda convocação, instalar-se-á com qualquer número. Para alterações de estatuto, a instalação e deliberações atendem a quórum especial dos arts. 135 e 136 da LSA.

No comparecimento, as pessoas devem comprovar a qualidade de acionistas, com exibição de documentos. É possível, ainda, a representação por *procurador* constituído há menos de um ano, que seja acionista, administrador da companhia ou advogado; na companhia aberta, o procurador pode, ainda, ser instituição financeira, cabendo ao administrador de fundos de investimento representar os condôminos (art. 126, § 1º, da LSA). Tal mandato pode ser colhido também por correspondência (art. 126, § 1º, da LSA).

Colhe-se, ainda, assinatura no livro de presenças ou então a comprovação de participação à distância, com observância de regulamentos da CVM sobre o assunto (art. 127 da LSA).

(c) Os *trabalhos* da assembleia consistem na condução do conclave para a produção válida da vontade social. A condução é feita pela *mesa*, composta, salvo disposição diversa do estatuto, de presidente e secretário, escolhidos por maioria pelos acionistas presentes (art. 128 da LSA).

Em caso de AGO, o art. 134 da LSA fixa procedimento especial para validade das deliberações essenciais que se seguirão. Para tanto, depois de instalada a assembleia, se requerido por acionista, faz-se a leitura dos documentos referidos no art. 133 da LSA e do parecer do Conselho Fiscal, se houver, os quais serão submetidos pela mesa à discussão e votação.

(d) As sociedades anônimas estão sujeitas à referência da *maioria* para as suas *deliberações*. Ressalvadas previsões específicas da LSA (por exemplo, do art. 136 da LSA), as deliberações de assembleia são tomadas por maioria absoluta de votos, sem computar votos em branco (art. 129 da LSA). Em caso de empate, se o estatuto não estabelecer procedimento de arbitragem e não contiver norma diversa, a assembleia será convocada, com intervalo mínimo de 2 (dois) meses, para votar a deliberação; se permanecer o empate e os acionistas não concordarem em cometer a decisão a um terceiro, caberá ao Poder Judiciário decidir, no interesse da companhia (art. 129, § 2º, da LSA). A partir da regra geral, é possível identificar os seguintes quóruns de uma sociedade anônima:

(d.1) *quórum maioria absoluta*: metade das ações mais uma com direito a voto *presentes* ao conclave, que deliberam validamente ressalvado algum quórum específico. Além das deliberações gerais como alterações no estatuto – que esteja fora dos casos do art. 136 da LSA – exemplifica-se com o art. 45, § 4º, da LSA, para os casos de nomeação de perito para avaliação do valor das ações em reembolso.

(d.2) *quórum estatutário*: prevê o art. 129, § 1º, da LSA, que o estatuto da companhia fechada pode aumentar o quórum exigido para certas deliberações, desde que especifique as matérias.

(d.3) *quórum qualificado*: matérias especificadas pelo art. 136 da LSA, pela importância e alterações estruturais que promovem, dependem de quórum especial e qualificado pela necessária aprovação de acionistas que representem metade, no mínimo, das *ações com direito a voto*, se maior quórum não for exigido pelo estatuto da companhia fechada.

(d.4) *quórum reduzido pela CVM em companhias abertas*: o art. 136, § 2º, da LSA, excepciona a regra dos quóruns qualificados em companhias abertas, caso haja autorização da CVM. Para tanto, deve-se preencher a condição de ser companhia aberta com a propriedade das ações dispersa no mercado, e cujas três últimas assembleias tenham sido realizadas com a presença de acionistas representando menos da metade das ações com direito a voto.

Os trabalhos e deliberações são descritos e consolidados em documento com valor probatório *juris tantum*, representado por ata lançada em livro próprio e específico para esses fins (art. 100, IV, da LSA). Assinam a ata os membros da mesa e acionistas presentes, mas a validade da deliberação depende somente da assinatura do número de acionistas que bastarem para obtenção da maioria (art. 130 da LSA).

5.2. Invalidade de deliberações

Conforme já foi analisado na parte geral [t. II, §3, i. 3.6], o sistema brasileiro de invalidade de deliberações não é dos mais precisos. Em geral, as análises devem ser precedidas da investigação da essencialidade do voto para composição da maioria e formação da decisão. Em suma:

(a) A invalidade de assembleia segue sempre o regime da *anulabilidade*, porquanto haja a tutela de interesses próprios do acionista, ainda que sejam consideradas formalidades essenciais à convocação, instalação e deliberação do conclave (arts. 123 a 128 da LSA). A anulação da assembleia dependeria da demonstração de erro, dolo, fraude e simulação. Caso reconhecido o vício, ocorre o comprometimento da assembleia na sua inteireza. São *anuláveis* as deliberações exaradas com erro, dolo, coação e fraude e demais decisões que normalmente impliquem afastamento de interesses dos acionistas – ressalvando-se hipóteses específicas de nulidade e ineficácia, que devem ser analisadas casuisticamente. O reconhecimento de vício da deliberação pode não implicar perda dos demais atos decididos em assembleia.

(*b*) Se o conteúdo da deliberação atingir a ordem pública, interesses de terceiros, preceitos legais e desvirtuar o modelo societário, ou ainda suprimir direitos de acionistas, a sanção jurídica será de *nulidade*.

(*c*) O voto segue a disciplina da *anulabilidade*, com o pressuposto de somente arguir o vício do voto decisivo para a formação do quorum necessário à deliberação portadora do conflito de interesses. Assim, serão *anuláveis* votos exarados com erro, dolo, coação, fraude e conflitantes com o interesse da companhia (art. 115, § 4º, da LSA). Ressalvam-se a *nulidade* do voto em caso de incapacidade absoluta do acionista e a *ineficácia* do voto proferido contra o acordo de acionistas (art. 118 da LSA).

(*d*) Sendo interesses pessoais do acionista (como no conflito de interesses), a penalidade é a anulação. Caso o malferimento seja da lei ou de preceitos de ordem pública, aplica-se a nulidade.

Jurisprudência

STJ – 3ª T. – REsp nº 1.692.803 – Rel. Min. Ricardo Villas Bôas Cueva – j. 23/02/2021: "(...) 3. A aprovação das próprias contas é caso típico de conflito formal (ou impedimento de voto), sendo vedado ao acionista administrador proferir voto acerca da regularidade de suas contas. 4. Na hipótese, o fato de o único outro sócio da sociedade anônima fechada ter ocupado cargo de administração em parte do exercício não altera a conclusão que o sócio administrador não pode aprovar as próprias contas (...)"

STJ – 3ª T. – REsp nº 1.152.849 – Rel. Min. João Otávio de Noronha – j. 07/11/2013: "(...) 2. Da convocação para a assembleia geral ordinária deve constar a ordem do dia com a clara especificação dos assuntos a serem deliberados. 3. A votação de matéria não publicada na ordem do dia implica nulidade apenas da deliberação, e não de toda a assembleia. 4. Quando da convocação para a assembleia geral ordinária, não há necessidade de publicação da aquisição temporária do direito de voto pelas ações preferenciais (art. 111, § 1º, da LSA – voto contingente). 5. O detentor da ação preferencial que não recebeu seus dividendos conhece essa situação e deve, no próprio interesse, exercer o direito que a lei lhe concede. Ao subscrever quotas de capital, o acionista precisa conhecer as particularidades das ações que adquire, não podendo arguir o desconhecimento dos termos da lei. 6. O acordo de acionistas não pode predeterminar o voto sobre as declarações de verdade, aquele que é meramente declaratório da legitimidade dos atos dos administradores, restringindo-se ao voto no qual se emita declaração de vontade (...)".

STJ – 3ª T. - REsp nº 1.042.944 – Rel. Min. Sidnei Beneti – j. 20/09/2011: "1. A Lei das Sociedades Anônimas, ao exigir que a publicação dos atos societários se faça não apenas em diários oficiais, mas também em jornal de grande circulação editado preferencialmente na localidade (art. 289), não se referiu ao mesmo Município em que sediada a companhia, mas à região em que localizado esse Município.(...) 3. Admite-se, assim, que a publicação se dê em jornal de grande circulação editado em Município vizinho (...)".

STJ – 3ª T. - REsp nº 792.660 – Rel. Min. Castro Filho – j. 16/03/2006: "O acionista da sociedade anônima, individualmente, não tem legitimidade para propor ação de prestação de contas em face do administrador, mormente quando estas foram apresentadas à assembleia geral e por ela aprovadas".

> **Bibliografia**
>
> FRANÇA, Erasmo Valladão A. N. *Invalidade das deliberações de assembleia das S/A*. São Paulo: Malheiros, 1999. FRANÇA, Erasmo Valladão A. N. *Invalidade de deliberação assemblear contrastante com as regras de fixação de preço de emissão de ações* (LSA, art. 170, §1º), RDM, 161-162/17.

5.3. Conselho de administração

O conselho de administração é colegiado instituído pelo estatuto e que tem por função definir e fixar a orientação geral de negócios da companhia, além de ser instância de consolidação do poder do controlador (ADAMEK, 2009, p. 21). Essas atribuições não implicam supressão de competência da assembleia geral, que continuará sendo o órgão competente para matérias que lhe são privativas, seja por definição legal (art. 136 da LSA, por exemplo), seja por previsão estatutária. Entretanto, matérias que não são exclusivas da assembleia geral poderão ser avocadas por estatuto ou por acordo de acionistas para decisão na instância do conselho de administração.

Facultativo em companhias fechadas, ele é obrigatório em companhias abertas, cuida-se de colegiado com número mínimo de 3 e sem um número máximo (é o interesse da companhia, a representatividade dos sócios, grupos de interesses ou *stakeholders*, regras de boa governança que serão determinantes da composição possível, senão ideal). Ainda nesse sentido de melhores regras de administração da companhia, a LFAN alterou o art. 138 da LSA, de modo que nas companhias abertas é vedada a acumulação de cargo de presidente do conselho de administração e do cargo de diretor-presidente ou principal executivo da companhia. Em casos excepcionais de companhias de menor porte, a CVM poderá regular a matéria (art. 138, §§ 1º e 4, da LSA).

No direito brasileiro[14], faculta-se a participação de representante dos empregados no conselho de administração, desde que haja previsão estatutária e com eleição direta feita pelos empregados (art. 140, § 1º, da LSA). Com a nova redação, o estatuto pode prever a participação de representantes dos empregados no conselho, por meio de votos destes em eleição direta organizada pela empresa e pelas entidades sindicais. Nas companhias abertas, exige-se a presença de conselheiros independentes. Ressalva-se que no art. 2º da Lei nº 12.353/2010, em casos de sociedades de economia mista a participação dos empregados no conselho de administração é obrigatória.

O estatuto deverá prever, conforme art. 140 da LSA: I – o número de conselheiros, ou o máximo e mínimo permitidos, e o processo de escolha e substituição do presidente do conselho pela assembleia ou pelo próprio conselho; II – o modo de substituição dos conselheiros; III – o prazo de gestão, que não poderá ser superior a 3 anos, permitida a reeleição; IV – as normas sobre convocação, instalação e funcionamento do conselho, que deliberará por maioria de votos, podendo o estatuto estabelecer quórum qualificado para certas deliberações, desde que especifique as matérias.

As atas do conselho de administração serão arquivadas no RPEM e deverão ser publicadas aquelas que produzirem efeitos sobre terceiros (art. 142, § 1º, da LSA).

---

[14] No direito alemão, o conjunto de leis de participação (*Mitbestimmungsgesetze*) obriga sociedades por ações com mais de 500 trabalhadores e ter obrigatória participação destes no conselho de administração.

5.3.1. Competência

A competência geral do conselho de administração é determinada pelo art. 142 da LSA: I – fixar a orientação geral dos negócios da companhia; II – eleger e destituir os diretores da companhia e fixar-lhes as atribuições, observado o que a respeito dispuser o estatuto; III – fiscalizar a gestão dos diretores, examinar, a qualquer tempo, os livros e papéis da companhia, solicitar informações sobre contratos celebrados ou em via de celebração, e quaisquer outros atos; IV – convocar a assembleia geral quando julgar conveniente (art. 123 da LSA), ou no caso de AGO; V – manifestar-se sobre o relatório da administração e as contas da diretoria; VI – manifestar-se previamente sobre atos ou contratos, quando o estatuto assim o exigir; VII – deliberar, quando autorizado pelo estatuto, sobre a emissão de ações ou de bônus de subscrição; VIII – autorizar, se o estatuto não dispuser em contrário, a alienação de bens do ativo não circulante, a constituição de ônus reais e a prestação de garantias a obrigações de terceiros; IX – escolher e destituir os auditores independentes, se houver.

Há casos específicos esparsos na LSA, caso não seja de competência de assembleia e haja autorização do estatuto, conforme se enumera: definir preço de emissão de ações (art. 14); indicação de peritos para a determinação de preço das ações em casos de resgate (art. 45, § 4º); em companhias abertas, deliberar sobre emissão de debêntures conversíveis em ações (art. 59, §§ 1º, 2º e 4º); emissão de bônus de subscrição (art. 76); autorizar a prática de atos gratuitos razoáveis em benefício dos empregados ou da comunidade de que participe a empresa, tendo em vista suas responsabilidades sociais (art. 154, § 4º, da LSA); aumento de capital social (art. 166, II, da LSA) e emissão de ações em casos de capital autorizado (art. 168, § 1º, "b", da LSA); por delegação da assembleia geral, fixar o preço de emissão de ações a serem distribuídas no mercado (170, § 2º, da LSA); nomear o liquidante, se o conselho de administração for mantido em casos de liquidação (art. 208, § 1º, da LSA).

5.3.2. Voto múltiplo

Especificamente em relação ao conselho de administração, a LSA institui garantia [*t. II, §3, i. 6.1*] aos sócios minoritários, de modo a lhes permitir acesso e representatividade no colegiado. O meio é o voto. A forma é multiplicação a cada ação do número de votos correspondente ao número de cargos de conselheiro em disputa e a cumulação de votos num único candidato. Cuida-se do *voto múltiplo*.

No art. 141 da LSA, prevê-se a faculdade aos "acionistas que representem, no mínimo, 10% (dez por cento) do capital social com direito a voto, esteja ou não previsto no estatuto, requerer a adoção do processo de voto múltiplo, por meio do qual o número de votos de cada ação será multiplicado pelo número de cargos a serem preenchidos, reconhecido ao acionista o direito de cumular os votos em um só candidato ou distribuí-los entre vários". A garantia ainda se estende à destituição, evitando-se que o controlador use o poder para retirar o conselheiro eleito por meio do voto múltiplo. Nesse sentido, o § 3º, do art. 141 prevê que, sempre que houver eleição por voto múltiplo, a destituição de um conselheiro pela assembleia importará destituição dos demais membros.

Já o § 4º do mesmo art. 141 determina que terão direito de eleger e destituir um membro e seu suplente do conselho de administração, em votação em separado na assembleia geral, excluído o acionista controlador, a maioria dos titulares, respectivamente: I – de ações de emissão de companhia aberta com direito a voto, que representem, pelo menos, 15% do total das ações com direito a voto; e II – de ações preferenciais sem direito a voto ou com voto restrito de emissão de companhia aberta, que representem, no mínimo, 10% do capital social.

Nada obstante o direito concedido, a LSA também se ocupa da estabilidade do controle e da sua permanência no colegiado. Com esse objetivo, o art. 141, § 7º assegura a acionista ou grupo de acionistas vinculados por acordo de votos que detenham mais do que 50% do total de votos conferidos pelas ações com direito de voto o direito de eleger conselheiros em número igual ao dos eleitos pelos demais acionistas, mais um, independentemente do número de conselheiros que, segundo o estatuto, componha o órgão.

5.4. Diretoria

A diretoria é órgão estatutário com atribuição de gestão interna e representação externa da companhia [t. II, §3, i. 5.1]. No silêncio do estatuto e não havendo deliberação do conselho de administração, compete a qualquer diretor a atuação em nome da companhia e a prática de atos necessários ao funcionamento regular, inclusive a nomeação de procuradores (art. 144 da LSA).

No sistema da LSA, a diretoria deve ser composta por 1 ou mais diretores,[15] em número que a boa governança da companhia determinar e com atribuições fixadas pelo estatuto. A escolha e destituição é feita pelo conselho de administração, ou, se inexistente, pela assembleia geral, para mandatos não superiores a 3 anos, admitida a reeleição (art. 143 da LSA). Cada diretor poderá decidir autonomamente na sua esfera de atribuições, mas o estatuto poderá determinar restrições de poderes ou mesmo que a decisão seja tomada em reunião de diretoria.

A composição da diretoria poderá ser coincidente em até no máximo um terço dos conselheiros de administração, em acumulação de cargos.

5.5. Regras comuns a conselheiros e diretores

Após as regras especiais atinentes ao conselho de administração e à diretoria, a LSA cuida de regras comuns a conselheiros e diretores, de modo a disciplinar requisitos e impedimentos de atuação, investidura, remuneração, deveres comportamentais e responsabilidade. Guardadas as especificidades, ao conselho fiscal e outros órgãos técnicos podem ser aplicadas subsidiariamente tais regras, conforme prevê o art. 160 da LSA.

5.5.1. Requisitos, impedimentos, investidura e remuneração

Somente pessoas naturais no Brasil poderão ser eleitas para os órgãos de administração (art. 146 da LSA). A posse de administradores residentes no exterior fica condicionada à constituição de representante residente no Brasil com poderes para receber citação em ações em face do administrador ou processos administrativos da CVM, com prazo do mandato de no mínimo 3 anos após o término da gestão do administrador. Por força de alteração promovida pela Lei nº 12.431 de 24/06/2011, não é mais necessário que o membro do conselho de administração seja acionista da companhia.

Ocorrida a eleição, a ata é levada ao RPEM para a produção dos efeitos e contagem do mandato e o administrador investe-se no cargo com assinatura do termo de posse (art. 149 da LSA). A remuneração é fixada pela assembleia geral, tendo em conta suas responsabilidades, o tempo dedicado às suas funções, sua competência e reputação profissional e o valor dos seus serviços no mercado (art. 152 da LSA). Se o estatuto fixar dividendo obrigatório em 25% ou mais do lucro líquido, poderá atribuir aos administradores participação no lucro da companhia,

---

[15] A nova redação do art. 143 foi determinada pela LC nº 182/2021, que é o marco legal das startups e reduzir para um diretor como forma de economia de custos para que tais modelos de negócios também possa aderir ao tipo societário, inclusive na forma simplificada prevista no art. 294 da LSA.

desde que o seu total não ultrapasse a remuneração anual dos administradores nem um décimo dos lucros prevalecendo o limite que for menor.

Além da reputação ilibada (art. 147, § 3º, da LSA), conforme prevê o art. 147, § 1º, "são inelegíveis para os cargos de administração da companhia as pessoas impedidas por lei especial, ou condenadas por crime falimentar, de prevaricação, peita ou suborno, concussão, peculato, contra a economia popular, a fé pública ou a propriedade ou a pena criminal que vede, ainda que temporariamente, o acesso a cargos públicos". Acresce-se ao impedimento geral a restrição para eleição de quem tenha sido declarado inabilitado pela CVM.

Quem tiver interesse conflitante com a sociedade ou ocupar cargos em sociedades que possam ser concorrentes somente pode ser eleito se houver aprovação por assembleia geral (art. 147, § 3º, da LSA).

A companhia pode exigir garantias do administrador, inclusive penhor de ações, que serão excutidas em caso de prejuízos gerados à sociedade. O levantamento da garantia somente ocorrerá após a aprovação das últimas contas apresentadas pelo administrador que houver deixado o cargo (art. 148 da LSA).

No caso de vacância do cargo de conselheiro, salvo disposição em contrário do estatuto, o substituto será nomeado pelos conselheiros remanescentes e servirá até a primeira assembleia geral. Se ocorrer vacância da maioria dos cargos, a assembleia geral será convocada para proceder a nova eleição (art. 150 da LSA).

Numa situação de absoluta crise de governança – e ainda para evitar o art. 49 do CC, com intervenção judicial em caso de falta de administradores – prevê o art. 150, § 2º, da LSA, que no caso de vacância de todos os cargos da diretoria, se a companhia não tiver conselho de administração, compete ao conselho fiscal, se em funcionamento, ou a qualquer acionista, convocar a assembleia geral, devendo o representante de maior número de ações praticar, até a realização da assembleia, os atos urgentes de administração da companhia.

A renúncia do administrador torna-se eficaz, em relação à companhia, desde o momento em que lhe for entregue a comunicação escrita do renunciante, e em relação a terceiros de boa-fé, após arquivada no RPEM e publicação, que poderão ser promovidos pelo renunciante (art. 151 da LSA).

5.5.2. Deveres

Além dos poderes atribuídos aos administradores para prática de atos e negócios nos limites do objeto e do interesse social, a LSA pauta o "comportamento dos administradores por padrões de conduta gerais e abstratos"[16] (ADAMEK, 2009, p. 113) e fixa três grupos de deveres vinculantes, limitadores dos poderes e geradores de responsabilidade em caso de descumprimento:

(a) *dever de diligência* (art. 153 da LSA): a LSA prevê que o "administrador da companhia deve empregar, no exercício de suas funções, o cuidado e diligência que todo homem ativo e probo costuma empregar na administração dos seus próprios negócios". A diligência do administrador é qualificada pela presteza, urgência e zelo no cumprimento do objeto social e para assegurar

---

[16] Adverte MARCELO VIEIRA VON ADAMEK sobre a *corporate governance* que a LSA não é insensível ao tema e que nas alterações legislativas "deu alguns passos, ainda que tímidos, no sentido de aprimorar os mecanismos de informação (*disclosure*), dar tratamento mais equitativo aos minoritários (*fairness*), reprimir condutas ilegais (*compliance*) e aprimorar a fiscalização dos negócios (*accountability*)" (ADAMEK, 2009, p. 117).

o interesse da sociedade. A atuação dos administradores é de tomada de providências para a execução do fim da sociedade e respeito às garantias [t. II, §3, i. 6] da organização societária.

No ambiente empresarial, a diligência do administrador pode ser crucial e estratégica para o sucesso de seu empreendimento. Ela é determinante do comportamento profissional de colecionar informações acerca do ramo do negócio em que atua, o produto ou serviço que comercializa e manter-se atento às mudanças tecnológicas. Conforme descreve MARCELO VIEIRA VON ADAMEK, precisa comparecer a reuniões do órgão ao qual pertença, desconfiar da inconsistência, informar-se, aconselhar-se, investigar denúncias, qualificar-se para o ramo de empresa com conhecimentos especializados, supervisionar o trabalho de subordinados, não desviar bens, direitos e oportunidades para si ou para terceiros (ADAMEK, 2009, p. 136).

Há paralelo com o *duty of care* formulado pelo direito norte-americano, com desempenho do *business judgment rule* em riscos admissíveis (WIEDEMANN, 2011, p. 147; ADAMEK, 2009, p. 130).

(b) *dever de lealdade* (art. 155 da LSA): a atuação leal implica fidelidade ao compromisso assumido de atuação em prol do objeto da sociedade e em respeito ao interesse social (GONÇALVES, 2016, p. 891). Determina o art. 155, *caput*, da LSA que se deve manter lealdade à companhia e reserva sobre os seus negócios. Cuida-se de pauta de conduta que determina atuação fiel e proba em favor da sociedade, sem se valer de negócios para interesses e vantagens pessoais. Também pode ser o fundamento para a responsabilização por prática de *insider trading* (art. 155, §§ 1º a 4º, da LSA) [t. II, §10, i. 5.4.4].

A LSA, no mesmo art. 155, prevê grupo não exaustivo de comportamentos vedados por caracterizarem deslealdade: I – usar, em benefício próprio ou de outrem, com ou sem prejuízo para a companhia, as oportunidades comercias de que tenha conhecimento em razão do exercício de seu cargo; II – omitir-se no exercício ou proteção de direitos da companhia ou, visando a obtenção de vantagens, para si ou para outrem, deixar de aproveitar oportunidades de negócio de interesse da companhia; III – adquirir, para revender com lucro, bem ou direito que sabe necessário à companhia, ou que esta tencione adquirir. Em matéria de grupos, o art. 245 da LSA também estabelece dever de lealdade ao vedar aos administradores favorecer sociedade coligada, controladora ou controlada, cumprindo-lhes zelar para que as operações entre as sociedades, se houver, observem condições estritamente comutativas ou com pagamento compensatório adequado (ADAMEK, 2009, p. 157).

(c) *dever de informar* (art. 157 da LSA): o dever de informação para os administradores tem duas facetas. A primeira, decorre da garantia do sócio de obter informações junto aos administradores para poder exercer o direito de fiscalização (art. 109, III, da LSA). O administrador deve informações ao acionista sobre a condução da companhia e as presta ordinariamente em assembleia com esses fins.

A segunda faceta é do art. 157 da LSA e está voltada para companhias de capital aberto e tem o objeto de abastecer os acionistas e o mercado com informações sobre o volume de participações e interesses do administrador. No momento da posse, deve declarar o número de ações, bônus de subscrição, opções de compra de ações e debêntures conversíveis em ações, de emissão da companhia e de sociedades controladas ou do mesmo grupo, de que seja titular. Também em assembleia ordinária e nas alterações posteriores (art. 157, §§ 1º e 6º, da LSA) os administradores devem informar: (a) o número dos valores mobiliários de emissão da companhia ou de sociedades controladas, ou do mesmo grupo, que tiver adquirido ou alienado, diretamente ou através de outras pessoas, no exercício anterior; (b) as opções de compra de ações que tiver contratado ou exercido no exercício anterior; (c) os benefícios ou vantagens, indiretas ou complementares, que tenha recebido ou esteja recebendo da companhia e de sociedades coligadas, controladas ou do mesmo grupo; (d) as condições dos contratos de trabalho que tenham sido firmados pela companhia com os diretores e empregados de alto nível; (e) quaisquer atos ou fatos relevantes nas atividades da companhia.

Referida informação somente é excepcionada se os administradores entenderem que a revelação porá em risco interesse legítimo da companhia. Todavia, a recusa pode ser informada à CVM, que deverá decidir sobre a prestação de informação ou responsabilizar os administradores, se for o caso (art. 157, § 5º, da LSA).

Os deveres obrigam os administradores e fundamentam com regras abertas a própria responsabilidade pelo descumprimento da pauta de condutas qualificadas pelo dever.

Em vista da conduta do administrador ser pautada por deveres, que implicam invariavelmente o respeito ao interesse social, a lei veda comportamentos do administrador que sejam implementados com conflito de interesses (art. 156 da LSA). Com efeito, é vedado "ao administrador intervir em qualquer opressão social em que tiver interesse conflitante com o da companhia, bem como na deliberação que a respeito tomarem os demais administradores, cumprindo-lhe cientificá-los do seu impedimento e fazer consignar, em ata de reunião do Conselho de Administração ou da diretoria, a natureza e extensão do seu interesse".

A lei não veda a contratação da sociedade com os administradores, contanto que o negócio seja celebrado "em condições razoáveis ou equitativas", idênticas a outros contratos semelhantes praticados no mercado (*fairness test*). Em caso de celebração de negócio que não atenda a esse parâmetro, a sanção jurídica é de anulabilidade do negócio, com devolução das vantagens indevidamente obtidas pelo administrador que atuou com conflito de interesses (art. 156, § 2º, da LSA).

5.5.2.1. Atos regulares de administração, abuso, excesso e desvio de poder

O administrador deve praticar atos comuns de gestão da sociedade. Se nas sociedades em geral o parâmetro é do art. 1.015, *caput*, do CC, nas sociedades anônimas o tema é regulado pelo art. 154, *caput*, da LSA, que determina o exercício de atribuições nos limites da lei e do estatuto "para lograr os fins e no interesse da companhia, satisfeitas as exigências do bem comum e da função social da empresa". Há qualificação específica de persecução do objeto da companhia e do interesse social [*t. II, §3, i. 3.4*], sendo esses os critérios de limitação dos atos regulares e de *business judgment rule*. Portanto, não há vinculação dos administradores ao interesse do acionista controlador ou do grupo de acionistas que o elegeu (art. 154, § 1º, da LSA).

É expressamente vedado ao administrador: (*a*) praticar ato de liberdade à custa da companhia; (*b*) sem prévia autorização da assembleia geral ou do Conselho de Administração, tomar por empréstimo recursos ou bens da companhia, ou usar, em proveito próprio, de sociedade em que tenha interesse, ou de terceiros, os seus bens, serviços ou crédito; (*c*) receber de terceiros sem autorizarão estatutária ou da assembleia geral, qualquer modalidade de vantagens pessoal, direta ou indireta em razão do exercício de seu cargo, com dever de reposição dos valores à companhia (art. 154, §§ 2º e 3º, da LSA).

Vedam-se, ainda, a prática de atos gratuitos pelos administradores, ressalvadas autorização específica do conselho de administração ou da diretoria para atos em benefício dos empregados ou da comunidade de que participe a empresa, tendo em vista suas responsabilidades sociais (art. 154, § 4º, da LSA). O termo *responsabilidade social* é impreciso porque não surge de obrigação e nem gera reparação. Exsurge no texto legal como referência a *liberalidades*, sem que seja portador da compulsoriedade da companhia de fazer referidos atos benéficos. Percebe-se que tais atos podem ser destinados aos grupos de interesses do entorno da organização [*t. II, §5, i. 2*].

Por fim, é preciso qualificar adequadamente os atos de administrador que extravasam os limites permitidos e esperados para a gestão da companhia.

O primeiro parâmetro interpretativo é que os *administradores se vinculam ao objeto social*. A doutrina alemã chega a dizer que o objeto social é o guia ou a "estrela polar" dos administradores. Numa troca de hemisférios, seria o objeto social seria o nosso "cruzeiro do sul" para a obtenção de resultados economicamente úteis à companhia.

O segundo ponto importante é que cada administrador, seja ele diretor, seja conselheiro, tem *competências* específicas atribuídas pela lei ou pelo estatuto. Se não as cumprir, *abusa do poder*. O genérico *abuso de poder de competência* comporta duas espécies:

(*a*) *excesso de poder*: com atuação que exorbita as específicas competências legais ou estatutárias. Por exemplo, se um conselheiro de administração pratica ato regular de diretoria, como a contratação de funcionários ou a assinatura de contratos. São poderes que extrapolam a função de conselheiro, que poderá ser responsabilizado pessoalmente, mas com a proteção ao terceiro de boa-fé como novo parâmetro para análise de validade do contrato de trabalho [*t. II*, §3, *i.* 5.1.2].

(*b*) *desvio de poder*: o desvio de poder implica prática de atos estranhos ao objeto social indicador dos rumos da sociedade. Em outros termos, os atos são praticados com fins distintos daqueles do objeto social. Também poderá ser considerado inválido perante a sociedade, mas com fundamento em atos *ultra vires societatis* que devem ser analisados com os parâmetros de boa-fé [*t. II*, §3, *i.* 5.1.2].

Percebe-se que a consequência para a sociedade poderá ser a *invalidade* de de negócios jurídicos praticados com abuso pelos administradores, seja com excesso de poder, seja com desvio de finalidade. Nada impede, entrementes, que os atos sejam também caracterizados como ilícitos, passíveis de reparação. De outro lado, a nova disciplina dos atos da administração societária poderá reconduzir à proteção de terceiros de boa-fé em razão da aparência de representação, instabilizando às análises à verificação em concreto das consequências do contrato.

5.5.2.2. Vedação de conflito de interesses

Aos administradores também é vedada a atuação com conflito de interesses [*t. II*, §3, *i.* 3.4.3], já que os atos de gestão não podem ser marcados por decisões que contemplem interesses particulares dos administradores em detrimento da companhia. Além de vedar operações conflituosas, o art. 156 da LSA determina ao administrador cientificar os demais administradores ou colegiado de que faça parte sobre o impedimento e fazer consignar, em ata, a natureza e extensão do seu interesse.

O negócio do administrador com a companhia pode ser admitido, desde que condições razoáveis ou equitativas, idênticas às que prevalecem no mercado ou em que a companhia contrataria com terceiros (ADAMEK, 2009, p. 164), sob pena de anulabilidade.

5.5.3. *Responsabilidade dos administradores*

A violação dos deveres dos administradores [*t. II*, §10, *i.* 5.4.2] e a atuação com abuso de poder [*t. II*, §10, *i.* 4.3.2] podem caracterizar ato ilícito e ser a causa adequada de um dano à companhia. A regra é que o administrador "não é pessoalmente responsável pelas obrigações que contrair em nome da sociedade e em virtude de ato regular de gestão" (art. 158, *caput*, da LSA). Entretanto, haverá de responder por prejuízos se os causar com violação da lei ou do estatuto ou, ainda que esteja dentro de suas atribuições ou poderes, mas atue com culpa ou dolo na condução da companhia.

5.5.3.1. Regra geral de responsabilidade subjetiva e excludentes

Percebe-se a estrutura de *responsabilidade subjetiva*, com necessidade de apuração de elemento anímico culposo (culpa *strictu sensu* ou dolo) na conduta danosa do administrador à companhia.

O descumprimento dos deveres pode compor elemento anímico de conduta ilícita dos administradores e ser causadora de danos à companhia. Conduta ilícita culposa, nexo de causalidade[17] e dano são os elementos de caracterização da responsabilidade dos administradores. Esse é o esquema geral descrito no art. 159, *caput*, da LSA.

CONDUTA ←→ NEXO CAUSAL ←→ DANO

Alguns exemplos de ilícitos cometidos contra a companhia são dados por MARCELO VIEIRA VON ADAMEK a partir da jurisprudência: (*a*) prática de atos de liberalidade à custa da companhia (art. 154, § 2º, da LSA); (*b*) uso, em proveito próprio ou de terceiros, dos bens, serviços ou créditos da companhia (art. 154, § 2º, "b", da LSA); (*c*) vendas de bens sociais por bens inferiores aos de mercado ou sem estar devidamente autorizado; (*d*) prática de operações estranhas ao objeto social; (*e*) celebração de contratos com o administrador, em condições de favorecimento (art. 156, § 1º, da LSA); (*f*) distribuição indevida de dividendos (art. 201, da LSA), dentre outros por ele enumerados (ADAMEK, 2009, p. 200).

Além disso, o legislador determinou que a responsabilidade é personalíssima, de modo que um administrador responde por seus próprios atos e não por ilícitos de outros administradores, "salvo se com eles for conivente, se negligenciar em descobri-los ou se, deles tendo conhecimento, deixar de agir para impedir a sua prática" (art. 158, § 1º, primeira parte, da LSA). Portanto, o legislador não admite a negligência e a conduta meramente passiva do administrador, que não pode compactuar com a atuação ilícita e deve se postar contra o ilícito, seja lançando em ata a divergência para se eximir de responsabilidade, seja levando os fatos à ciência imediata e por escrito ao órgão da administração, ao Conselho Fiscal, se em funcionamento, ou à assembleia geral (art. 158, § 1º, segunda parte, da LSA). Semelhante dever de levar ao conhecimento de assembleia está previsto no § 4º, do mesmo art. 158.

Caso assim não procedam, prevê o art. 158, § 2º, que "administradores são solidariamente responsáveis pelos prejuízos causados em virtude do não cumprimento dos deveres impostos por lei para assegurar o funcionamento normal da companhia, ainda que, pelo estatuto, tais deveres não caibam a todos eles". Nas companhias abertas, essa responsabilidade está vinculada à atribuição específica do administrador. Ademais, a responsabilidade solidária poderá ser estendida a quem concorrer para o ilícito com o fim de obter vantagem para si ou para outrem (art. 158, § 5º, da LSA).

Há hipóteses específicas da lei que podem servir ao rompimento da causalidade com *excludente da responsabilidade* do administrador.

O primeiro caso é o comportamento do administrador que busca por vantagens para a companhia e a prática de negócios com padrões de mercado, mas que colhe insucessos normais derivados do risco empresarial. Portanto, um exercício social com prejuízos, seja por desventura

---

[17] Há grande divisão teórica sobre as teorias de causalidade, havendo três grandes grupos: *equivalência das condições, causalidade adequada* e *causalidade imediata*. Por todos, MARCELO VIEIRA VON ADAMEK sustenta que o sistema da *causalidade imediata*, que considera efeito necessários e diretos à produção das consequências. Entretanto, adverte o autor, cabe ao juiz a relevante tarefa de aplicação das teorias com discernimento (ADAMEK, 2009, p. 229).

negocial, seja por crises macroeconômicas, não representam causa de responsabilidade específica de um administrador. Nem mesmo um juiz poderá interferir na tomada de decisões de um administrador, sobretudo se ele agiu boa-fé e visando ao interesse da companhia – na formulada da conhecida regra *business judment rule*, prevista no art. 156, § 6º, da LSA.

Outra hipótese excludente de responsabilidade está prevista no art. 134, § 3º, da LSA e consiste na aprovação, sem reserva, das demonstrações financeiras e das contas do administrador em assembleia. Expressamente, o texto da lei exonera de responsabilidade os administradores e fiscais, salvo erro, dolo, fraude ou simulação. Essa foi a solução do STJ no REsp nº 1.313.725, já discutido nessa obra [*t. II, §3, i. 5.1.3*]. Em caso de aprovação de contas com algum vício de deliberação [*t. II, §3, i. 3.3.4*], o mesmo STJ exige a anulação da aprovação de contas dos administradores, no prazo decadencial de 2 anos (STJ – REsp nº 256.596 – Min. NANCY ANDRIGHI e STJ – REsp nº 1.313.725 – Rel. Min. RICARDO VILLAS BÔAS CUEVA).

5.5.3.2. Ação de responsabilidade

A ação de responsabilidade de administradores de sociedades anônimas atende a específicos requisitos de admissibilidade. MARCELO VIEIRA VON ADAMEK propõe que se faça diferença do dano causado pelo administrador em relação ao prejudicado, de modo que os prejuízos podem ser causados à companhia, aos sócios e a terceiros. Essa compreensão auxilia substancialmente na diferenciação entre as diversas ações e legitimações (ADAMEK, 2009, p. 198).

A *legitimação ativa* é da companhia, a quem compete, após prévia deliberação por maioria em assembleia, o ajuizamento da ação de responsabilidade em desfavor do administrador que atuou ilicitamente e causou os prejuízos (art. 159, *caput* e § 1º, da LSA). O fundamento específico é o prejuízo gerado à sociedade e aos sócios enquanto agrupamento – e não individualmente. Portanto, o prejuízo atinge o sócio por via reflexa e proporcional, enquanto parte de um contrato de sociedade.

Uma vez aprovada a responsabilização e acionamento em assembleia, de imediato são produzidos efeitos de cessação dos poderes dos administradores, com impedimento e substituição que devem ser providenciados no mesmo conclave.

Compete aos demais administradores o ajuizamento da ação de rito comum para reparação de danos. Em doutrina, tal ação é conhecida como *uti universi*.

Não proposta a ação pela companhia (atuando por seus diretores) no prazo de 3 meses, legitimam-se quaisquer dos acionistas, independentemente de espécie ou classe, para promover a ação em legitimação extraordinária ou substituição processual expressamente prevista em lei, com exercício da ação em nome próprio (do acionista) e em benefício de terceiro (a companhia) (art. 18 do CPC art. 159, § 3º, da LSA). Portanto, ocorrerá extensão da eficácia da coisa julgada para a companhia substituída processualmente.

Caso a assembleia delibere por não promover a ação de responsabilidade *uti universi*, ainda assim a lei admite que acionistas representativos de pelo menos 5% do capital social promovam a ação, atuando em nome próprio, mas no interesse da companhia, em novo caso de legitimação extraordinária (art. 159, § 4º, da LSA). Essa ação é conhecida em doutrina como *uti singuli* ou *derivada*.

O fundamento da ação *uti singuli* é o dano imediato ao capital do social e mediato ao interesse social.

Em qualquer dos casos enumerados, o proveito econômico da ação ajuizada em face do administrador reverte em favor da companhia, já que o interesse em discussão é o prejuízo causado à sociedade. É o que prevê o art. 159, § 5º, da LSA: "Os resultados da ação promovida por acionista deferem-se à companhia, mas esta deverá indenizá-lo, até o limite daqueles resultados, de todas as despesas em que tiver incorrido, inclusive correção monetária e juros dos dispêndios realizados".

Diferente das ações *uti universi* e *uti singuli*, a LSA ainda prevê a possibilidade de reparação de danos em face de administradores por violação de direitos de acionista diretamente prejudicado por conduta dos administradores (art. 159, § 7º, da LSA). Exemplo de dano direto que a jurisprudência vem considerando é a falta de pagamento de dividendos, uso incorreto de mandato, desvalorização de ativo em fusões, incorporações, cisões, prejuízos gerados a unidade de grupo pela controladora e a falta de contabilização de ativos. Não seria dano direto, mas dano à companhia, empréstimo feito pelo administrador da sociedade para outra companhia da qual era acionista controlador (STJ – REsp nº 16.410 – Min. SALVIO DE FIGUEIREDO TEIXEIRA). Marcelo Vieira von Adamek ainda exemplifica com outras hipóteses de danos diretos: (*a*) impedimento ilícito de ingresso de acionista ou seu procurador em assembleia, ou o exercício dos direitos de voz e voto (arts. 125 e 126 da LSA); (*b*) exclusão ilegítima de acionista da distribuição de dividendos (art. 205 da LSA); (*c*) impedimento do exercício do direito de preferência (art. 109, IV, da LSA); (*d*) divulgação de informações falsas em virtude das quais o acionista subscreve ações por preço superior ao real (arts. 133, 155 e 176 da LSA), dentre outros (ADAMEK, 2009, p. 204).

Percebe-se que o dano direto deriva de direitos próprios imputáveis ao acionista e malferidos por ações do administrador. Não há exata coincidência com os direitos essenciais de um acionista (art. 109 da LSA). Tais direitos não podem ser da sociedade, porquanto possam ser subsumidos pelo interesse geral.

A prescrição da pretensão de reparação de danos é de 3 anos. Entretanto, há divergência quanto ao início da contagem, porque a LSA determinava que seria contado da data da publicação da ata que aprovar o balanço referente ao exercício em que a violação tenha ocorrido (art. 287, inciso II, alínea "b", 2, da LSA). Todavia, o advento do CC – mesmo sendo lei geral – revogou especificamente o dispositivo por regular integralmente o seu conteúdo. Isso porque o art. 206, § 3º, inciso VII, alínea "b", do CC, manteve o prazo trienal, mas com início da contagem "para os administradores, ou fiscais, da apresentação, aos sócios, do balanço referente ao exercício em que a violação tenha sido praticada, ou da reunião ou assembleia geral que dela deva tomar conhecimento" (ADAMEK, 2009, p. 294).

Jurisprudência

STJ – 4ª T. – REsp nº 1.349.233 – Rel. Min. Luis Felipe Salomão – j. 06/11/2014: "(...) 1. As limitações estatutárias ao exercício da diretoria, em princípio, são, de fato, matéria *interna corporis*, inoponíveis a terceiros de boa-fé que com a sociedade venham a contratar. E, em linha de princípio, tem-se reconhecido que a pessoa jurídica se obriga perante terceiros de boa-fé por atos praticados por seus administradores com excesso de poder. Precedentes. 2. Nesse passo, é consequência lógica da responsabilidade *externa corporis* da companhia para com terceiros contratantes a responsabilidade *interna corporis* do administrador perante a companhia, em relação às obrigações contraídas com excesso de poder ou desvio do objeto social. 3. Os atos praticados com excesso de poder ou desvio estatutário não guardam relação com a problemática da eficiência da gestão, mas sim com o alcance do poder de representação e, por consequência, com os limites e possibilidades de submissão da pessoa jurídica – externa e internamente. Com efeito, se no âmbito externo os vícios de representação podem não ser aptos a desobrigar a companhia para com terceiros – isso por apreço à boa-fé, aparência e tráfego empresarial –, no âmbito interno fazem romper o nexo de imputação do ato à sociedade empresarial. Internamente, a pessoa jurídica não se obriga por ele, exatamente porque manifestado por quem não detinha poderes para tanto. Não são imputáveis à sociedade exatamente porque o são ao administrador que exorbitou dos seus poderes. 4. Portanto, para além dos danos reflexos eventualmente experimentados pela companhia, também responde o diretor perante ela pelas próprias obrigações contraídas com excesso de poder ou fora do objeto social da sociedade. 5. Se a regra é que o administrador se obriga pessoalmente frente à companhia pelos valores despendidos com excesso de poder, quem excepciona essa regra é que deve suportar o ônus de provar o benefício, para que se possa cogitar de compensação entre a obrigação de indenizar e o suposto proveito econômico, se não for possível simplesmente desfazer o ato exorbitante. (...). 6. Assim, no âmbito societário, o diretor que exorbita de seus poderes age por conta e risco, de modo que, se porventura os benefícios experimentados pela empresa forem de difícil ou impossível mensuração, haverá ele de responder integralmente pelo ato, sem possibilidade de eventual 'compensação'. No caso em apreço, e especificamente quanto aos contratos de patrocínio da SPFW e os celebrados com a Campari Itália S.P.A., as instâncias ordinárias não reconheceram nenhum retorno para a companhia, seja patrimonial, seja marcário. Tal conclusão não se desfaz sem reexame de provas, o que é vedado pela Súmula nº 7/STJ. 7. Entendimento da douta maioria quanto aos contratos de publicidade celebrados com África São Paulo Ltda. e 3P Comunicações Ltda. (notas taquigráficas): atos de que resultaram bom proveito para a companhia. Incidência do art. 159, § 6º, da Lei nº 6.404/1976: 'O juiz poderá reconhecer a exclusão da responsabilidade do administrador, se convencido de que este agiu de boa-fé e visando ao interesse da companhia'. É possível reconhecer que a publicidade em rede aberta de televisão favorece a exposição da marca. (...) 8. Tendo o acórdão recorrido assentado peremptoriamente que as festas promovidas pelo diretor em nome da companhia eram estranhas ao objeto social, tal conclusão não se desfaz sem reexame de provas. Incidência da Súmula nº 7/STJ. 9. Por atos praticados nos limites dos poderes estatutários, o administrador assume uma responsabilidade de meio e não de resultado, de modo que somente os prejuízos causados por culpa ou dolo devem ser suportados por ele. Daí por que, em regra, erros de avaliação para atingir as metas sociais não geram responsabilidade civil do administrador perante a companhia, se não ficar demonstrada a falta de diligência que dele se esperava (art. 153 da LSA). (...)".

STJ – 4ª T. – REsp nº 1.214.497 – Rel. Min. João Otávio de Noronha – j. 23/09/2014: "(...) 3. Aplica-se, por analogia, a norma do art. 159 da Lei nº 6.404/1976 (Lei das Sociedades Anônimas) à ação de responsabilidade civil contra os acionistas controladores da companhia por danos decorrentes de abuso de poder. 4. Sendo os danos causados diretamente à companhia, são cabíveis as ações sociais *ut universi* e *ut singuli*, esta obedecidos os requisitos exigidos pelos §§ 3º e 4º do mencionado dispositivo legal da Lei das S/A. 5. Por sua vez, a ação individual, prevista no § 7º do art. 159 da Lei nº 6.404/1976, tem como finalidade reparar o dano experimentado não pela companhia, mas pelo próprio acionista ou terceiro prejudicado, isto é, o dano direto causado ao titular de ações societárias ou a terceiro por ato do administrador ou dos controladores. Não depende a ação individual de deliberação da assembleia geral para ser proposta. 6. É parte ilegítima para ajuizar a ação individual o acionista que sofre prejuízos apenas indiretos por atos praticados pelo administrador ou pelos acionistas controladores da sociedade anônima".

STJ – 3ª T. – REsp nº 1.313.725 –Rel. Min. Ricardo Villas Bôas Cueva – j. 26/06/2012: "(...) 2. Esta Corte Superior mantém o entendimento de que, salvo se anulada, a aprovação das contas sem reservas pela assembleia geral exonera os administradores e diretores de quaisquer responsabilidades".

STJ – 3ª T. – REsp nº 830.614 –Rel. Min. Nancy Andrighi – j. 01/06/2006: "(...)Nos termos do art. 287, II, 'g', da Lei n.º 6.404/76 (Lei das Sociedades Anônimas), com a redação dada pela Lei n.º 10.303/2001, a prescrição para o acionista mover ação contra a companhia ocorre em 3 (três) anos, sendo o seu termo inicial a data em que tomar conhecimento que foi lesado pela companhia. Não é possível o reconhecimento, em medida cautelar de exibição de documentos, da prescrição de ação principal ainda não ajuizada. De acordo com o art. 219, § 5º, do CPC, antes das alterações introduzidas pela Lei n.º 11.280/2006, não pode o órgão julgador decretar de ofício a prescrição, quando se tratar de direito exclusivamente patrimonial".

STJ – 4ª T. – REsp nº 157.579 – Rel. Min. Barros Monteiro – j. 12/09/2006: "A sociedade anônima tem legitimidade para o ajuizamento da ação de responsabilidade contra seus ex-administradores e ex-gerentes pelos eventuais desmandos por eles praticados. Todavia, para tanto, exige o art. 159 da Lei das S/A que a assembleia geral delibere acerca da propositura da ação. A extinção do processo sem julgamento do mérito, sem prévia oportunidade de regularização da capacidade processual, importa violação do art. 13 do CPC".

STJ – 4ª T. – REsp nº 179.008 – 4ª T. – Rel. Min. César Asfor Rocha – j. 09/05/2000: "(...) "(...) Nos termos da regra contida no art. 287, III, b, '2', da L. 6.404/76, a prescrição para o acionista apurar a responsabilidade do administrador de sociedade anônima ocorre em 3 (três) anos, sendo o seu termo inicial a data da publicação da ata que aprovar o balanço. Pelas peculiaridades da espécie, o hoje acionista minoritário é carente para propor ação referente a exercício ainda não prescrito (1993) pois ele, na época, detinha a maioria das ações e aprovara, sem ressalvas e sem protestos, todos os balanços e as demonstrações financeiras da companhia".

Bibliografia: ADAMEK, Marcelo Vieira von. *Responsabilidade dos administradores de S/A.* São Paulo: Saraiva, 2009. BRITO, Cristiano Gomes de. *A ação cautelar de afastamento de administrador de sociedade limitada.* RDM, 149-150/131. LOBO, Jorge. *Governo da sociedade empresária.* In: COELHO, Fabio Ulhoa (org.). *Tratado de direito comercial.* v. 4. São Paulo: Saraiva, 2015. LEONARDO, Rodrigo Xavier. *A prescrição e a decadência no direito societário brasileiro.* In: KUYVEN, Luis Fernando M. *Temas essenciais de direito empresarial: estudos em homenagem a Modesto Carvalhosa.* São Paulo: Saraiva, 2012. PLETI, Ricardo Padovini. A tutela cautelar de intervenção em sociedade anônima. *RDM*, 155-156/166. SPINELLI, Luis Felipe; SCALZILLI, João Pedro; TELLECHEA, Rodrigo. *Intervenção judicial na administração de sociedades.* São Paulo: Almedina, 2019. TOLEDO, Paulo Fernando Campos Salles de. *O conselho de administração e a governança corporativa.* In: COELHO, Fabio Ulhoa (org.). *Tratado de direito comercial.* v. 4. São Paulo: Saraiva, 2015. WIEDEMANN, Herbert. *Vínculos de lealdade e regra de substancialidade: uma comparação de sistemas.* In: ADAMEK, Marcelo Vieira von. (org.). *Temas de direito societário e empresarial contemporâneos.* São Paulo: Malheiros, 2011. ZANINI, Carlos Klein. *A doutrina dos "fiduciary duties" no direito norte-americano e a tutela das sociedades e acionistas minoritários frente aos administradores das sociedades anônimas.* RDM, 109/137.

5.5.4. Insider trading e violação da lealdade

No dever de lealdade a LSA insculpido no art. 155 da LSA embutiu-se também a "reserva sobre os negócios". Significa que o administrador – assim como o controlador [*t. II, §3, i. 3.5*] – deve ser portador com discrição quanto aos negócios e garantir que tragam benefícios para a sociedade.

Nas companhias abertas, as oportunidades de negócios podem gerar comportamento ainda mais agudos de deslealdade se o administrador se vale de informações privilegiadas e as usa em benefício pessoal. Por esse motivo que a LSA determina ao administrador guardar sigilo sobre informações que ainda não tenha sido divulgada para conhecimento do mercado, obtida em razão do cargo e capaz de influir de modo ponderável na cotação de valores mobiliários, sendo-lhe vedado valer-se ou utilizar-se da informação para obter, para si ou para outrem, vantagem mediante compra ou venda de valores mobiliários (art. 155, §§ 1º e 4º, da LSA). A obrigação de guardar sigilo é dos administradores, mas a Lei nº 10.303/2001 estendeu para qualquer pessoa que tenha tido acesso à informação, conforme previsão do § 4º do art. 155.

Além da reparação de danos à pessoa lesada por esse comportamento desleal e violador do sigilo, prevista do art. 155, § 3º, da LSA, o *insider trading* ainda caracteriza o crime contra o mercado de capitais, conforme art. 27-D da Lei nº 6.385/76, passível de pena de reclusão, de um a cinco anos, e multa de até três vezes o montante da vantagem ilícita obtida em decorrência do crime.

No ordenamento brasileiro, a LSA visa combater o *insider trading* pelas vias repressiva e preventiva. De maneira repressiva, aborda o *insider trading* dentro do dever de lealdade dos administradores – apesar de estender, conforme já afirmado, a responsabilidade, a qualquer pessoa que a ela tenha acesso, independentemente de ser administrador ou não. Na esfera administrativa, a vedação está no art. 13 da Resolução CVM nº 44/2021. Preventivamente. Preventivamente, a LSA inclui a obrigação de comunicar imediatamente à bolsa de valores e à imprensa qualquer informação "que possa influir, de modo ponderável, na decisão dos investidores do mercado de vender ou comprar valores mobiliários emitidos pela companhia" (art. 157, § 4º, da LSA).

Sem embargo do dever de informar, a CVM reconhece que há casos em que a informação, caso revelada antes do tempo, pode afetar interesse legítimo da companhia e podem, excepcionalmente, deixar de ser divulgada (art. 6º da Resolução CVM nº 44/2021). Ainda que certa dúvida possa pairar sobre o critério determinante da imprescindibilidade ou não de sigilo, não há dificuldades em observar que permanece a regra segundo a qual, na posse de informação não revelada ao público, é preciso abster-se de negociar no mercado com os ativos envolvidos.

A 5ª Turma do STJ, por unanimidade de votos, manteve a decisão de primeira instância no REsp nº 1.569.171 e o STF no Agravo Regimental nº 971.036, acolheram a tese de que o crime de *insider* é de natureza formal e abstrata e, portanto, independe de resultado. Reconheceu, ainda, que a conduta do ex-diretor se submete ao art. 27-D da Lei nº 6.385/76, que assegura a todos os investidores o direito à equidade da informação e confiabilidade do mercado de capitais. No acórdão, o relator ressaltou que o *insider* participou das discussões e tratativas visando à elaboração da oferta pública de aquisição de ações da Perdigão S.A., adquirindo informações relevantes e confidenciais sobre a companhia, as quais, no exercício de sua profissão, tinha o dever de manter em sigilo.

> **Bibliografia geral de S/A:** PROENÇA, José Marcelo Martins. *Informações privilegiadas no mercado de capitais.* In: COELHO, Fabio Ulhoa (org.). *Tratado de direito comercial.* v. 4. São Paulo: Saraiva, 2015. SCALZILLI, João Pedro; SPINELLI, Luis Felipe. *A racionalidade econômica do combate ao insider trading: assimetria de informação e dano ao mercado*, RDM 147/42.

5.6. Conselho fiscal

Outro órgão previsto na legislação para as companhias é o conselho fiscal. Ele tem por competência: I – fiscalizar, por qualquer de seus membros, os atos dos administradores e verificar o cumprimento dos seus deveres legais e estatutários; II – opinar sobre o relatório anual da administração, fazendo constar do seu parecer as informações complementares que julgar necessárias ou úteis à deliberação da assembleia geral; III – opinar sobre as propostas dos órgãos da administração, a serem submetidas à assembleia geral, relativas a modificação do capital social, emissão de debêntures ou bônus de subscrição, planos de investimento ou orçamentos de capital, distribuição de dividendos, transformação, incorporação, fusão ou cisão; IV – denunciar, por qualquer de seus membros, aos órgãos de administração e, se estes não tomarem as providências necessárias para a proteção dos interesses da companhia, à assembleia geral, os erros, fraudes ou crimes que descobrirem, e sugerir providências úteis à companhia; V – convocar a assembleia geral ordinária, se os órgãos da administração retardarem por mais de 1 mês essa convocação, e a extraordinária, sempre que ocorrerem motivos graves ou urgentes, incluindo na agenda das assembleias as matérias que considerarem necessárias; VI – analisar, ao menos trimestralmente, o balancete e demais demonstrações financeiras elaboradas periodicamente pela companhia; VII – examinar as demonstrações financeiras de exercício social e sobre elas opinar; VIII – exercer essas atribuições, durante a liquidação, tendo em vista as disposições especiais que a regulam (art. 163 da LSA).

A previsão estatutária do conselho fiscal é obrigatória. O funcionamento poderá ser permanente (como no caso das companhias abertas) ou facultativo, ao depender de instalação a pedido dos acionistas que representem, no mínimo, um décimo das ações com direito a voto, ou 5% das ações sem direito a voto, e cada período de seu funcionamento terminará na primeira assembleia geral ordinária após a sua instalação (art. 161, § 2º, da LSA).

Na constituição, ainda devem ser observadas as seguintes regras (art. 161, § 4º, da LSA): (*a*) os titulares de ações preferenciais sem direito a voto, ou com voto restrito, terão direito de eleger, em votação em separado, um membro e respectivo suplente; igual direito terão os acionistas minoritários, desde que representem, em conjunto, 10% ou mais das ações com direito a voto; (*b*) ressalvado o disposto na alínea anterior, os demais acionistas com direito a voto poderão eleger os membros efetivos e suplentes que, em qualquer caso, serão em número igual ao dos eleitos nos termos da alínea a, mais um.

A composição é feita por, no mínimo, 3 e no máximo, 5 membros, e suplentes em igual número, acionistas ou não, eleitos pela assembleia geral para funções indelegáveis. Os membros do conselho fiscal e seus suplentes exercerão seus cargos até a primeira assembleia geral ordinária que se realizar após a sua eleição, e poderão ser reeleitos.

Para garantir o cumprimento das competências e demonstrar atributos técnicos para o cargo, o art. 162 da LSA determina requisitos de elegibilidade ao conselheiro de administração, de modo que somente podem ser eleitas para o conselho fiscal pessoas naturais, residentes no País, diplomadas em curso de nível universitário, ou que tenham exercido por prazo mínimo de 3 anos, cargo de administrador de empresa ou de conselheiro fiscal. Tais requisitos somente podem ser dispensados por um juiz em localidades em que não houver pessoas habilitadas (art. 162, § 1º, da LSA).

Estão impedidos de ser eleitos para o conselho fiscal, além da regra geral do art. 147 da LSA [*t. II, §10, i. 5.4.1*], membros de órgãos de administração e empregados da companhia ou de sociedade controlada ou do mesmo grupo, e o cônjuge ou parente, até terceiro grau, de administrador da companhia.

6. CAPITAL, RESERVAS, DEMONSTRAÇÕES FINANCEIRAS E DIVIDENDOS

O capital das sociedades anônimas tem as acepções já descritas na parte geral [*t. II, §3, i. 4.1*]. A LSA contém algumas especificações importantes, especialmente com relação às reservas, além da forma especial de realização de demonstrações financeiras e distribuição de lucros.

6.1. Aumento e redução do capital social

O aumento de capital tem por escopo promover a readequação do equilíbrio entre capital nominal e patrimônio, incorporando reservas facultativas e reavaliando o ativo patrimonial ou servindo de instrumento de expansão da atividade. Apesar de os sócios poderem assumir a situação de maior risco, em verdade o aumento de capital social visa ao ajuste da posição financeira da sociedade, retratando-a na cifra fixa do capital nominal. Admite-se o aumento de capital em casos de incorporação de lucros ou conferência de outros bens.

Casos de aumento

Ocorrerá o aumento nas seguintes hipóteses legais:

(a) art. 166, I, LSA: por deliberação da assembleia geral ordinária, para correção da expressão monetária do seu valor (artigo 167);

(b) art. 166, II, da LSA: por deliberação da assembleia geral ou do conselho de administração, observado o que a respeito dispuser o estatuto, nos casos de emissão de ações dentro do limite autorizado no estatuto (artigo 168);

(c) art. 166, III, da LSA: por conversão, em ações, de debêntures ou partes beneficiárias e pelo exercício de direitos conferidos por bônus de subscrição, ou de opção de compra de ações;

(d) art. 166, IV, da LSA: por deliberação da assembleia geral extraordinária convocada para decidir sobre reforma do estatuto social, no caso de inexistir autorização de aumento, ou de estar a mesma esgotada;

(e) art. 169 da LSA: poderá ainda ocorrer o aumento por meio de capitalização de lucros e reservadas (art. 169 da LSA), de modo a preservar as proporções de cada acionista no capital e, caso ocorra a distribuição de novas ações para representação de tal aumento, cada acionista deverá receber a exata proporção de participação no capital;

(f) art. 170 da LSA: cuida-se do aumento por subscrição de ações, ou seja, novas ações serão emitidas para receber o aporte de capital necessário à companhia, respeitados os arts. 8º e 82 da LSA. A competência de deliberação é da assembleia, salvo delegação estatutária ao conselho de administração.

O art. 170 da LSA determina que o capital social precisa estar integralizado em pelo menos 3/4 do seu valor subscrito para que se possa aumentá-lo por subscrição pública ou particular de ações. A hipótese legal ainda cuida de algumas garantias: primeiramente, o aumento por subscrição de ações não pode implicar *diluição injustificada* da participação dos antigos acionistas, mesmo que haja o direito de preferência e com vistas a preservar a rentabilidade, valor patrimonial da ação, cotação na bolsa (para companhias abertas) (art. 170, § 1º, da LSA). Para evitar a diluição injustificada, a lei cuida do direito de preferência dos acionistas de participar do aumento por subscrição, na proporção do número de ações que possuírem, da mesma espécie e classe se a emissão for linear ou com manutenção de proporção se a espécie e classe for diversa (art. 171 da LSA). A preferência também se dá ao acionista para a aquisição de debêntures conversíveis em ações, bônus de subscrição e partes beneficiárias emitidas por alienação onerosa, mas não na própria conversão dos títulos, já de propriedade de terceiros (art. 171, § 3º, da LSA). Conforme previsto no art. 171, § 4º, da LSA, será o estatuto – ou não omissão dele, a assembleia – que fixará o prazo decadência para o exercício da preferência na subscrição, não podendo ser inferior a 30 dias. Eventuais sobras de emissão podem ser vendidas em Bolsa (para companhias abertas) ou rateadas proporcionalmente (para abertas e fechadas).

Por ser direito disponível, é autorizada a cessão do direito de preferência no aumento de capital por subscrição de ações (art. 171, § 6º, da LSA). Ademais, o estatuto da companhia aberta com aumento de capital autorizado pode prever a emissão de ações sem direito de preferência ou com prazo reduzido (art. 172 da LSA).

Consolidado o aumento por deliberação, comunica-se ao RPEM.

Assim, é possível enumerar, com MAURO PENTEADO, os casos da LSA que integram a categoria de aumentos reais e nominais: aqueles resultantes da conversão de debêntures em ações; os decorrentes do exercício de direitos conferidos por bônus de subscrição, ou de opção de compra de ações e os efetuados mediante a subscrição de novas ações, quer a integralização se faça em dinheiro ou bens, quer se processe por capitalização de créditos dos subscritores. São modalidades de aumentos nominais a correta expressão monetária do capital nominal e a capitalização de lucros ou reservas (PENTEADO, 1988, p. 59-60).

Quanto à *redução* do capital social, duas são as causas normalmente apontadas: perdas e excesso do capital (art. 173 da LSA), ressalvados os casos de reembolso do acionista dissidente (art. 45, § 6º) e acionista remisso (art. 107). Em caso de perda, reduz-se o valor até o montante dos prejuízos acumulados. No excesso de capital (ou capital exuberante), em tese, a sociedade bloqueia na conta de capital um valor superior à proporcionalidade exigida para a atividade social. De outra forma, a irrealidade é a expressão de capital nominal completamente divorciado do patrimônio social, tornando-o inferior à cifra fixa e desde já representando prejuízo ao credor por não haver a retenção correta do capital. Em outros termos, a avaliação global do patrimônio determina que ele é inferior ao capital social nominal, gerando "aparência de consistência financeira fictícia" (FERRARA JR, 1962, p. 219).

Como dito [*t. II, §3, i. 4.1.7*], o capital social contém conjunto de regras de ordem pública e alterações afetam interesse de credores. Além disso, a diminuição da cifra de capital nominal também reduz a relação com o patrimônio social. Por isso há regra de garantia, prevista no art. 174, *caput*, da LSA, e que a *eficácia* da deliberação de redução somente após 60 dias da publicação da ata da assembleia geral que a tiver deliberado. Nesse interregno, que é decadencial, os credores poderão oferecer oposição à redução por meio de notificação. Se houver em circulação debêntures emitidas pela companhia, a redução do capital, nos casos previstos neste artigo, não poderá ser efetivada sem prévia aprovação pela maioria dos debenturistas, reunidos em assembleia especial (art. 174, § 3º, da LSA).

Jurisprudência

Sobre diluição injustificada: STJ – 3ª T. – REsp nº 1.679.154 – Rel. Min. Nancy Andrighi – j. 22/08/2017: "(...) 4 – A pretensão reparatória dos recorridos nasceu a partir da efetivação da diluição de sua participação acionária, o que ocorreu somente quando se perfectibilizou a incorporação da nova sociedade empresária pela companhia da qual aqueles figuram como acionistas, de modo que não houve o decurso do prazo prescricional apontado pelos recorrentes. (...) 6 – Reconhecida pelos juízos de origem a violação do dever de lealdade, ainda que pela prática de um conjunto de atos não especificamente previstos na legislação de regência, está configurado o exercício abusivo do poder de controle, o que, somado à caracterização do dano causado pela redução patrimonial e diluição do valor das ações dos recorridos, implica o acolhimento da pretensão indenizatória".

Sobre diluição injustificada: STJ – 4ª T. – REsp nº 1.190.755 – Rel. Min. Luis Felipe Salomão – j. 21/06/2011: "(...) 1. O art. 170, § 1º, da LSA, não garante a equivalência na participação societária dos antigos acionistas, depois de se proceder ao aumento de capital, apenas impede a diluição injustificável dessa participação, geralmente, em abuso de poder dos controladores. A equivalência da participação acionária é garantida pelo exercício do direito de preferência na aquisição dessas novas ações. 2. A norma insculpida no art. 170, § 1º, da LSA não é cogente, por isso que a sua não observância na fixação do preço de emissão da ação ou a escolha de critério diferente, na hipótese de aumento de capital, não acoima o ato deliberativo de nulo, mesmo porque o dispositivo não prevê tal consequência 3. Ademais, o acórdão recorrido reconheceu que o aumento de capital se fazia necessário e urgente, tendo havido demonstração dos aspectos técnicos para a fixação do preço tal como deliberado em assembleia e que o critério utilizado pelo autor como sendo o melhor estava baseado em premissa equivocada, conforme esclarecido pelo perito do juízo (...)".

6.2. Capital autorizado

Para agilizar a tomada de medidas de capitalização da companhia, a realização de investimentos ou mesmo a solução de contingências, o aumento do capital social poderá estar previamente autorizado pelo estatuto, precedido de assembleia que autorize tal expediente. Assim, prevê o art. 168 da LSA que o estatuto poder conter autorização para aumento do capital social independentemente de reforma estatutária.

Tal autorização deverá, todavia, especificar as condições para que ocorra, especialmente prevendo: (a) o limite de aumento – admitida a correção monetária pelo § 2º – em valor do capital ou em número de ações, e as espécies e classes das ações que poderão ser emitidas; (b) o órgão competente para deliberar sobre as emissões, que poderá ser a assembleia geral ou o Conselho de Administração; (c) as condições a que estiverem sujeitas as emissões; (d) os casos ou as condições em que os acionistas terão direito de preferência para subscrição, ou de inexistência desse direito (artigo 172) (art. 168, § 1º, da LSA).

Além da aplicação da preferência do art. 171 da LSA, o art. 168, § 3º, determina que o estatuto pode prever que a companhia, dentro do limite de capital autorizado, e de acordo com plano aprovado pela assembleia geral, outorgue opção de compra de ações a seus administradores ou empregados, ou a pessoas naturais que prestem serviços à companhia ou à sociedade sob seu controle.

6.3. Demonstrações financeiras

Os tópicos de demonstrações financeiras serão meramente referenciados na presente obra, haja vista as especificidades contábeis que demandam a associação dos estudos com as ciências contábeis, já que a escrituração deve ser feita com base na legislação, "princípios de contabilidade geralmente aceitos" e regras da CVM, quando for o caso (art. 177 d LSA). As demonstrações financeiras da companhia são baseadas na técnica do exercício social, especificado em um ano pelo art. 175 da LSA e que serve de referencial para que os acionistas afirem a regularidade da administração da companhia e possam deliberar sobre resultados e prejuízos. As referências das demonstrações financeiras são fundamentais e muitas vezes probatórias para diversos problemas das sociedades, como a responsabilidade de administradores, a justificação de aumento de capital, as transferências de capital entre unidades do grupo de sociedades, dentre outros tantos.

As demonstrações financeiras serão publicadas (art. 176, § 1º, da LSA), contendo: I – balanço patrimonial (arts. 178 a 184-A da LSA); II – demonstração dos lucros ou prejuízos acumulados (art. 186 da LSA); III – demonstração do resultado do exercício (art. 187 da LSA); e IV – demonstração dos fluxos de caixa (art. 188 da LSA); V – se companhia aberta, demonstração do valor adicionado. Além disso, podem ser apresentadas notas explicativas, em geral com os critérios de normas técnicas utilizados para a elaboração da peça de demonstração financeira (art. 176, § 5º, da LSA).

6.4. Reservas e retenções de lucros

Nas sociedades anônimas são previstas restrições de fluxos de capital antes de serem transferidos aos acionistas na forma de dividendos (distribuição de lucros). Cuidam-se de afetações legais ao capital, com vistas à proteção do patrimônio da sociedade e do interesse dos sócios. Em relação às reservas de capital, a lei determina a possibilidade de correção monetária por ocasião do balanço de encerramento de exercício social (arts. 167 e 182, § 2º, da LSA).

Ainda, é preciso compreender que a destinação dos lucros para constituição das reservas de que trata o art. 194 e a retenção nos termos do art. 196 não poderão ser aprovadas, em cada exercício, em prejuízo da distribuição do dividendo obrigatório (arts. 198 e 202 da LSA), salvo do regime simplificado da sociedade anônima (se houver permissão de distribuição livre pela assembleia – art. 202, § 4º, da LSA) [t. II, §10, i. 18].

As reservas são de dois tipos: *obrigatórias* e *facultativas*. São dois os tipos de reservas obrigatórias:

(*a*) É obrigatória a *reserva legal* do art. 193 da LSA, com finalidade de assegurar a integridade do capital social e com uso vinculado à compensação de prejuízos ou aumento do capital [*t. II, §3, i. 4.1.7*]. A formação da reserva legal é feita por meio de aplicação de 5% do lucro do exercício até o teto de 20% do capital social. Libera-se a companhia da reserva legal "se o saldo dessa reserva, acrescido do montante das reservas de capital de que trata o § 1º do artigo 182, exceder de 30% (trinta por cento) do capital social" (art. 193, § 1º, da LSA).

(*b*) *reserva de capital*: a reserva de capital é constituída para fins de absorção de prejuízos por deliberação referente ao exercício anterior, além de servir para restituições de ordem societárias aos sócios. Consoante art. 200 da LSA, somente poderão ser utilizadas para absorção de prejuízos que ultrapassarem os lucros acumulados e as reservas de lucros (artigo 189, parágrafo único); resgate, reembolso ou compra de ações; resgate de partes beneficiárias; incorporação ao capital social; pagamento de dividendo a ações preferenciais, quando essa vantagem lhes for assegurada (artigo 17, § 5º).

As reservas facultativas são de três tipos:

(*a*) *estatutárias*: as reservas estatutárias são de livre criação, mas o estatuto deverá indicar, sob pena de invalidade, precisamente, a finalidade, os critérios para determinar a parcela anual dos lucros líquidos que serão destinados à sua constituição e o limite máximo (art. 194 da LSA).

(*b*) *reserva para contingências*: conforme prevê o art. 195 da LSA, os sócios reunidos em assembleia podem destinar parte do lucro líquido à formação de reserva com a finalidade de compensar, em exercício futuro, a diminuição do lucro decorrente de perda julgada provável, cujo valor possa ser estimado. A proposta, entrementes, deve indica a causa da perda prevista e justificar as razões de prudência para a formação da reserva. Tal contingenciamento é reversível caso a razão de implantação deixe de existir.

(*c*) *reserva para incentivos fiscais*: a assembleia de sócios ainda poderá destinar para a reserva de incentivos fiscais a parcela do lucro líquido decorrente de doações ou subvenções governamentais para investimentos, que poderá ser excluída da base de cálculo do dividendo obrigatório (art. 195-A da LSA).

O saldo das reservas de lucros, exceto as para contingências, de incentivos fiscais e de lucros a realizar, não poderá ultrapassar o capital social. Atingindo esse limite, a assembleia deliberará sobre aplicação do excesso na integralização ou no aumento do capital social ou na distribuição de dividendos (ar. 199 da LSA).

Diferentemente das reservas, a companhia ainda pode determinar a *retenção de lucros* líquidos do exercício, por meio de deliberação de assembleia e desde que previsto em orçamento por ela aprovado, com indicação das fontes de recurso, aplicações de capital e a duração por até cinco exercícios (art. 196 da LSA).

6.5. Dividendos

Os dividendos consistem na distribuição dos lucros líquidos do exercício, lucros acumulados e reserva de lucros apurados pela companhia, além da conta de reserva de capital para ações preferenciais (art. 201 da LSA). A distribuição poderá ser total ou intermediária (art. 204 da LSA), em caso de balanço semestral ou em períodos menores – se previstos em estatuto – que declare dividendo para distribuição. O pagamento deve ocorrer dentro do exercício social, no prazo de 60 dias a partir de sua declaração.

A distribuição irregular ou à conta do capital social pode implicar responsabilidade dos administradores.

Cuida-se de direito essencial do acionista e, via de regra, os dividendos são irrepetíveis, especialmente de constatada a boa-fé. Todavia, o acionista poderá ser compelido a restituir os valores recebidos com presumida má-fé, se os dividendos forem distribuídos sem o levantamento do balanço ou em desacordo com os resultados deste (art. 201, § 2º, da LSA).

Sem prejuízo dos dividendos das ações preferenciais (art. 203 da LSA), a lei ainda cuida do chamado *dividendo obrigatório*, que consiste na distribuição, a cada exercício, de lucros determinados pelo estatuto ou, no silêncio deste, na distribuição obrigatória seguindo as seguintes regras: I – metade do lucro líquido do exercício diminuído ou acrescido dos seguintes valores: a) importância destinada à constituição da reserva legal (art. 193); e b) importância destinada à formação da reserva para contingências (art. 195) e reversão da mesma reserva formada em exercícios anteriores; II – o pagamento do dividendo determinado nos termos do inciso I poderá ser limitado ao montante do lucro líquido do exercício que tiver sido realizado, desde que a diferença seja registrada como reserva de lucros a realizar (art. 197); III – os lucros registrados na reserva de lucros a realizar, quando realizados e se não tiverem sido absorvidos por prejuízos em exercícios subsequentes, deverão ser acrescidos ao primeiro dividendo declarado após a realização.

O estatuto poderá estabelecer o dividendo como porcentagem do lucro ou do capital social, ou fixar outros critérios para determiná-lo, desde que sejam regulados com precisão e minúcia e não sujeitem os acionistas minoritários ao arbítrio dos órgãos de administração ou da maioria (art. 201, § 1º, da LSA).

Todavia, a assembleia geral pode deliberar a distribuição de dividendo inferior ao obrigatório nas companhias fechadas e nas abertas somente para captação de recursos por debêntures não conversíveis em ações (art. 201, § 3º, da LSA).

Jurisprudência

STJ – 3ª T. – REsp nº 1.692.803 – Rel. Min. Ricardo Villas Bôas Cueva – j. 23/02/2021: "(...) 7. A Lei das Sociedades Anônimas prevê apenas duas situações em que é permitido o não pagamento do dividendo obrigatório ou seu pagamento em percentual menor do que o previsto: quando houver deliberação da assembleia geral sem a oposição de qualquer acionista presente ou quando os órgãos de administração informarem à assembleia geral que o dividendo obrigatório é incompatível com a situação econômica da companhia. 8. Cabe ao acionista que se considerar prejudicado demonstrar que a decisão dos órgãos de administração de não distribuir os dividendos obrigatórios está eivada de erro, é falsa ou fraudulenta. (...)"

7. RESOLUÇÃO DA SOCIEDADE ANÔNIMA EM RELAÇÃO A UM SÓCIO: POLÊMICAS NA APLICAÇÃO

Conforme já foi analisado, a saída do acionista da sociedade anônima deve respeitar sistema específico de preservação do capital, com aplicação de operações econômicas de resgate, amortização e, especialmente, reembolso [*t. II, §10, i. 3.1.7*]. Permite-se o controle mais preciso do fluxo de capitais.

Todavia, há um movimento jurisprudencial que está aproximando as sociedades anônimas das sociedades simples e limitadas, muitas vezes com aplicação de regras de resolução da sociedade anônima em relação a um sócio (arts. 1.028 a 1.030 do CC), ainda que se mostre incompatível com as regras de reembolso. O movimento teve início com as sociedades anônimas de menor porte e familiares, inclusive com a incerta aplicação de conceitos como *affectio societatis* para esse tipo [*t. II, §3, i. 3.3.3*] e já se verificam também em companhias de maior porte por ausência de distribuição de lucros (STJ – REsp nº 1.321.263). Como fundamentos, ainda se utilizam preceitos constitucionais de liberdade associativa [*t. I, §1, i. 2.1*] e aplicação supletiva de regras de sociedade simples com a omissão da LSA sobre o assunto [*t. II, §3, i. 2.3*].

O problema de tal interpretação é que as sociedades anônimas são surpreendidas pela descapitalização abrupta derivada da retirada do acionista, inviabilizando a realização do objeto social em virtude da retirada e com supressão do caráter institucional.

Jurisprudência

STJ – 3ª T. – REsp nº 1.321.263 – Rel. Min. Moura Ribeiro – j. 06/12/2016: "2. A impossibilidade de preenchimento do fim da sociedade anônima caracteriza-se nos casos em que a companhia apresenta prejuízos constantes e não distribui dividendos, possibilitando aos acionistas detentores de 5% ou mais do capital social o pedido de dissolução, com fundamento no art. 206, II, *b* da Lei nº 6.404/76. Hipótese em que no período de 12 (doze) anos a companhia somente gerou lucros em três exercícios e só distribuiu os dividendos em um deles. 3. Caso em que configurada a possibilidade de dissolução parcial diante da viabilidade da continuação dos negócios da companhia, em contrapartida ao direito dos sócios de se retirarem dela sob o fundamento que eles não podem ser penalizados com a imobilização de seu capital por longo período sem obter nenhum retorno financeiro. Aplicação do princípio da preservação da empresa, previsto implicitamente na Lei nº 6.404/76 ao adotar em seus arts. 116 e 117 a ideia da prevalência da função social e comunitária da companhia, caracterizando como abuso de poder do controlador a liquidação de companhia próspera (...)".

STJ – 3ª T. – REsp nº 1.303.284 – Rel. Min. Nancy Andrighi – j. 16/04/2013: "1. Admite-se dissolução de sociedade anônima fechada de cunho familiar quando houver a quebra da *affectio societatis*. 2. A dissolução parcial deve prevalecer, sempre que possível, frente à pretensão de dissolução total, em homenagem à adoção do princípio da preservação da empresa, corolário do postulado de sua função social. 3. Para formação do livre convencimento motivado acerca da inviabilidade de manutenção da empresa dissolvenda, em decorrência de quebra do liame subjetivo dos sócios, é imprescindível a citação de cada um dos acionistas, em observância ao devido processo legal substancial".

STJ – 3ª T. – REsp nº 507.490 – Rel. Min. Humberto Gomes De Barros – j. 19/09/2006: "Normalmente não se decreta dissolução parcial de sociedade anônima: a Lei das S/A prevê formas específicas de retirada – voluntária ou não – do acionista dissidente. 2. Essa possibilidade é manifesta, quando a sociedade, embora formalmente anônima, funciona de fato como entidade familiar, em tudo semelhante à sociedade por cotas de responsabilidade limitada. IV. Apuração de haveres do acionista dissidente. Simples reembolso rejeitado no acórdão recorrido. Fundamento não atacado".

STJ – 3ª T. – REsp nº 247.002 – Relª Min. Nancy Andrighi– j. 04/12/2001: "Dissolução de sociedade anônima de capital fechado – Art. 206 da L. 6.404/76. Não distribuição de dividendos por razoável lapso de tempo. Sociedade constituída para desenvolvimento de projetos florestais. Plantio de árvores de longo prazo de maturação. Empresa cuja atividade não produz lucros a curto prazo. Inexistência de impossibilidade jurídica. Necessidade, contudo, de exame do caso em concreto. Insubsistência do argumento de reduzida composição do quadro social, se ausente vínculo de natureza pessoal e nem se tratar de grupo familiar. Não há impossibilidade jurídica no pedido de dissolução parcial de sociedade anônima de capital fechado, que pode ser analisado sob a ótica do art. 335, item 5, do Código Comercial, desde que diante de peculiaridades do caso concreto. A *affectio societatis* decorre do sentimento de empreendimento comum que reúne os sócios em torno do objeto social, e não como consequência lógica do restrito quadro social, característica peculiar da maioria das sociedades anônimas de capital fechado. Não é plausível a dissolução parcial de sociedade anônima de capital fechado sem antes aferir cada uma e todas as razões que militam em prol da preservação da empresa e da cessação de sua função social, tendo em vista que os interesses sociais hão que prevalecer sobre os de natureza pessoal de alguns dos acionistas".

STJ – 4ª T. – REsp nº 111.294 – Rel. Min. Cesar Asfor Rocha – j. 19/09/2000: "Pelas peculiaridades da espécie, em que o elemento preponderante, quando do recrutamento dos sócios, para a constituição da sociedade anônima envolvendo pequeno grupo familiar, foi a afeição pessoal que reinava entre eles, a quebra da *affecttio societatis* conjugada à inexistência de lucros e de distribuição de dividendos, por longos anos, pode se constituir em elemento ensejador da dissolução parcial da sociedade, pois seria injusto manter o acionista prisioneiro da sociedade, com seu investimento improdutivo, na expressão de Rubens Requião. O princípio da preservação da sociedade e de sua utilidade social afasta a dissolução integral da sociedade anônima, conduzindo à dissolução parcial".

8. DISSOLUÇÃO, LIQUIDAÇÃO E EXTINÇÃO

8.1. Dissolução

Conforme já se observou na parte geral [*t. II, §3, i. 3.7.2*], há pressupostos comuns para a dissolução, liquidação e extinção da sociedade, que mantém a personalidade jurídica até o registro da extinção (art. 207 da LSA). Não é diferente com as sociedades anônimas, de modo que serão observadas as especificidades do modelo.

São três as causas de dissolução, previstas nos incisos do art. 206 da LSA e que irrompem o iter de extinção regular da sociedade:

(*a*) *dissolução de pleno direito*: os casos chamados de pleno direito implicam, de algum modo e em determinado instante, concordância dos acionistas. Ocorrem por término do prazo de duração; por previsão estatutária; por deliberação da assembleia geral por metade das ações com direito a voto (art. 136, inciso X); pela perda da pluralidade, com redução a um único acionista, verificada em assembleia geral ordinária, se o mínimo de dois não for reconstituído até à AGO do ano seguinte, ressalvado o disposto no artigo 251; pela extinção, na forma da lei, da autorização para funcionar.

(*b*) *dissolução por decisão judicial*: os casos de dissolução judicial são determinados pela existência de litígio entre os acionistas. Como não há processo específico, com algumas adaptações aplicam-se os preceitos do art. 599 e seguintes do CPC. O fundamento da ação de dissolução da sociedade anônima será a anulação da constituição ou quando provado que a sociedade não pode preencher o seu fim, em ação proposta por acionistas que representem 5% ou mais do capital social. A última hipótese de dissolução judicial é a abertura do processo de falência na forma da LREF.

(*c*) *dissolução por decisão de autoridade administrativa competente, nos casos e na forma previstos em lei especial*: causa final de dissolução é a decisão de autoridade administrativa, em casos de setores regulados específicos, como por exemplo os bancos e seguradoras.

8.2. Liquidação

Identificada a causa de dissolução, segue-se à fase de *liquidação*. Esse passará a ser o estado da companhia, que deverá incorporar "em liquidação" à sua denominação (art. 212 da LSA) Ela pode ser conduzida pelos órgãos da companhia (se for dissolução de pleno direito) ou sob comando de juiz ou de árbitro (se for judicial).

Em caso de liquidação por órgãos da companhia, compete à assembleia geral – ou ao conselho de administração, se houver – determinar o modo de liquidação e nomear o liquidante (art. 208 da LSA). O conselho fiscal manterá o seu funcionamento durante o período de liquidação.

A liquidação se processa judicialmente nos casos de dissolução judicial e, conforme art. 209 da LSA, a pedido de qualquer acionista, se os administradores ou a maioria de acionistas deixarem de promover a liquidação, ou a ela se opuserem e a requerimento do Ministério Público, à vista de comunicação da autoridade competente, se a companhia, nos 30 dias subsequentes à dissolução, não iniciar a liquidação ou se, após iniciá-la, interrompê-la por mais de 15 dias. De resto, o ritual é da lei processual e o juiz nomeia o liquidante.

Tanto na liquidação por órgãos da companhia, como na judicial, o liquidante nomeado tem os seguintes deveres (art. 210 da LSA): I – arquivar e publicar a ata da assembleia geral, ou certidão de sentença, que tiver deliberado ou decidido a liquidação; II – arrecadar os bens, livros e documentos da companhia, onde quer que estejam; III – fazer levantar, de imediato, em prazo não superior ao fixado pela assembleia geral ou pelo juiz, o balanço patrimonial da companhia; IV – ultimar os negócios da companhia, realizar o ativo, pagar o passivo, e partilhar o remanescente entre os acionistas; V – exigir dos acionistas, quando o ativo não bastar para a solução do passivo a integralização de suas ações; VI – convocar a assembleia geral, nos casos previstos em lei ou quando julgar necessário; VII – confessar a falência da companhia e pedir concordata, nos casos previstos em lei; VIII – finda a liquidação, submeter à assembleia geral relatório dos atos e operações da liquidação e suas contas finais; IX – arquivar e publicar a ata da assembleia geral que houver encerrado a liquidação.

Em estado de liquidação, é o liquidante quem presenta a companhia e pratica atos necessários à liquidação, inclusive com poderes para alienação de bens móveis ou imóveis, transigir, receber e dar quitação. Sem expressa autorização da assembleia geral o liquidante não poderá gravar bens e contrair empréstimos, salvo quando indispensáveis ao pagamento de obrigações inadiáveis, nem prosseguir, ainda que para facilitar a liquidação, na atividade social (art. 211 da LSA).

O liquidante deve prestar contas aos acionistas em assembleia, convocando o conclave para esses fins (art. 213 da LSA). Todas as ações adquirem direito de voto, independentemente de classe, espécie ou restrição, porque o art. 213, § 1º, da LSA impõe a *ineficácia* de todas as limitações por porventura existentes, enquanto perdurar o estado de liquidação. Ressalva-se que, caso seja liquidação judicial, o juiz adquire protagonismo porque o § 2º, do mesmo art. 213, determina que compete ao juiz presidir e resolver "sumariamente, as dúvidas e litígios que forem suscitados".

Já foi analisado que o objetivo da liquidação é a arrecadação do ativo e solução do passivo, que dever imposto ao liquidante de seguir ordem de preferência dos credores [*t. II, §3, i. 3.7.2*]. O mesmo se impõe nas sociedades anônimas, porque o art. 214 determina que "respeitados os direitos dos credores preferenciais, o liquidante pagará as dívidas sociais proporcionalmente e sem distinção entre vencidas e vincendas, mas, em relação a estas, com desconto às taxas bancárias".

Se o ativo for superior ao passivo, poderá o liquidante antecipar pagamento de débitos vencidos (sob sua responsabilidade) e o acervo pode ser distribuído, antes ou depois de pagos os credores (art. 214, parágrafo único e art. 215 da LSA). A antecipação de bens ao acionista depende de quórum de 90% das ações depois de pagos ou garantidos os credores (art. 215, § 1º, da LSA). Provado pelo acionista dissidente que as condições especiais de partilha visaram a favorecer a maioria, em detrimento da parcela que lhe tocaria, se inexistissem tais condições, será a partilha suspensa, se não consumada, ou, se já consumada, os acionistas majoritários indenizarão os minoritários pelos prejuízos apurados.

Em caso de passivo superior ao ativo, caberá ao liquidante identificar o passivo e, por meio de solução do ativo, efetuar os pagamentos de acordo com as preferências creditórias, sob pena de responsabilidade pessoal. Não haverá distribuição de acervo e os credores que não receberem poderão tomar medidas que visem à identificação de abusos determinantes de desconsideração da personalidade jurídica [*t. II, §3, i. 4.2*]. Se as perdas forem decorrentes somente dos riscos comuns da empresa, não há responsabilidade pessoal dos acionistas, em razão da limitação de responsabilidade ao capital integralizado. O art. 218 da LSA é bastante explícito com a responsabilidade remanescente de acionista: "Encerrada a liquidação, o credor não satisfeito só terá direito de exigir dos acionistas, individualmente, o pagamento de seu crédito, até o limite da soma, por eles recebida, e de propor contra o liquidante, se for o caso, ação de perdas e danos. O acionista executado terá direito de haver dos demais a parcela que lhes couber no crédito pago".

Depois do pagamento do passivo e rateio de eventual ativo remanescente, deve o liquidante fazer prestação de contas final em assembleia. Se as contas forem aprovadas, encerra-se a liquidação e a companhia se extingue (art. 216, § 1º, da LSA). Ainda remanesce garantia ao acionista dissidente em assembleia de prestação de contas, que tem o prazo prescricional de 30 dias para promover a ação que entender cabível para reparação de danos.

Interessante notar que a LSA conferiu ao liquidante poderes e deveres semelhantes ao de administrador, disso derivando as mesmas responsabilidades, mas com sistema de responsabilização que dispensa aprovação de assembleia (art. 217 da LSA).

8.3. Extinção

Conforme prevê o art. 219, inciso I, da LSA a companhia se extingue pelo encerramento da liquidação.

Jurisprudência

STJ – 3ª T. – REsp nº 1.303.284 – Rel. Min. Nancy Andrighi – j. 16/04/2013: "1. Admite-se dissolução de sociedade anônima fechada de cunho familiar quando houver a quebra da *affectio societatis*. 2. A dissolução parcial deve prevalecer, sempre que possível, frente à pretensão de dissolução total, em homenagem à adoção do princípio da preservação da empresa, corolário do postulado de sua função social. 3. Para formação do livre convencimento motivado acerca da inviabilidade de manutenção da empresa dissolvenda, em decorrência de quebra do liame subjetivo dos sócios, é imprescindível a citação de cada um dos acionistas, em observância ao devido processo legal substancial".

STJ – 3ª T. – REsp nº 789.612 – Rel. Min. Nancy Andrighi – j. 19/09/2006: "Descumprimento dos deveres estabelecidos no art. 210 da Lei n.º 6.404/76. Justa causa. Legitimidade dos acionistas para pleitear a destituição judicialmente. Dispõe o § 2º do art. 208 da Lei n.º 6.404/76 que o liquidante deve ser destituído pelo órgão que o nomeou, o que não impede que seja ele destituído judicialmente por justa causa (descumprimento dos deveres previstos no art. 210 da Lei n.º 6.404/76) e independentemente da origem de sua nomeação (estatutária ou assemblear). Os acionistas têm, portanto, legitimidade para pleitear, judicialmente, a destituição do liquidante que não cumpre os deveres inerentes ao encargo assumido, agindo, assim, em benefício da sociedade dissolvida ou na defesa de seus próprios interesses atingidos pela gestão desidiosa".

9. GRUPOS DE SOCIEDADES NA LSA

Na parte geral já foram delineados alguns aspectos das sociedades em grupo [*t. II, §3, i. 5.2*]. Nesta parte serão especificados os preceitos da LSA sobre a matéria. De certa forma, foi o conteúdo pioneiro sobre a matéria de grupos no direito brasileiro, inspirado no sistema dual alemão. Nesse sentido, são conhecidos no Brasil os grupos de sociedades (ou *grupos de direito* – arts. 265 a 279 da LSA) como aqueles derivados de convenção. Em contrapartida – e forma mais comum e usual – existem as relações de coligação e controle que caracterizam o que a doutrina passou a chamar de *grupos de fato* (arts. 243 a 250 da LSA).

9.1. Grupos de fato

9.1.1. *Coligação*

A participação de capital em outra sociedade qualificada pela influência significativa caracteriza a *coligação* (art. 243, § 1º, da LSA). Não há controle [*t. II, §3, i. 5.2.3.1*], mas também não se identifica mera participação. Para tanto, qualifica-se a *influência significativa* prevista no § 4º do art. 243: "quando a investidora detém ou exerce o poder de participar nas decisões das políticas financeira ou operacional da investida", presumindo-se a situação fática quando essa relação de capital atinja o montante de 20% ou mais do capital votante da investida (§ 5º).

Portanto, com investidora sociedade anônima a coligação passou a se basear (*a*) na influência significativa, (*b*) no investimento presumido de 20% ou mais e (*c*) na ausência de controle característico de grupo.

Identificar a coligação tem a função de reduzir o impacto das decisões tomadas no âmbito de coligada. As cifras de coligação representam muito mais o reconhecimento de investimentos relevantes, com manutenção de controle próprio em cada sociedade investida.

Acrescente-se o dever da sociedade controladora de manter, em notas explicativas, os investimentos relevantes em coligadas e em controladas, conforme previsão do art. 247 da LSA. O dispositivo tem função de proteção do crédito, ao revelar, sobretudo, as obrigações entre a companhia e as sociedades coligadas e controladas e o montante das receitas e despesas em operações entre a companhia e as sociedades coligadas e controladas. Ao mercado, a regra de *disclosure* com tais informações indica *investimentos relevantes* e decisões administrativas que tenham sido decisivas para a derrocada da controlada ou até da coligada. Por isso, nas notas explicativas é perfeitamente justificável que sejam exigidos "os créditos e obrigações entre a companhia e as sociedades coligadas e controladas" (art. 247, inciso IV, da LSA), que permitem aferir a comutatividade dos negócios com partes relacionadas e eventual conflito de interesse e abuso do poder de controle passíveis de responsabilidade.

9.1.2. *Controladoras e controladas*

Na prática, o mais comum é encontrar os *grupos de fato*, baseados em relações de controle com a preponderância nas deliberações de assembleia e na administração da sociedade [*t. II, §3, i. 5.2.3.2*]. Nos grupos, o controle é exercido por outra sociedade.

Nessa matéria, a LSA trata da responsabilidade de administradores (art. 245 da LSA), responsabilidade da controladora (art. 246 da LSA), demonstrações financeiras garantidoras de transparência e conhecimento dos investimentos (arts. 247 a 250 da LSA)[18] e incorporação (art. 256 da LSA). Para o restante da regulação, o grupo de fato deve buscar as demais regras da LSA – ou seja, imperando regramento de sociedades individuais – e, supletivamente, do CC, naquilo que for aplicável. Sendo o modelo alemão o referencial do nosso legislador de 1976, percebe-se que diversos aspectos não foram regulados e acabaram relegados para o aperfeiçoamento do direito de grupos que os próprios autores da LSA enunciaram na Exposição de Motivos.

Percebe-se que a LSA centrou a sua regulação no sistema de *responsabilidades* e não propriamente nas *compensações*.

---

[18] A sociedade controladora deve esclarecer, no balanço do final de exercício, os investimentos relevantes em sociedades controladas (art. 247 da LSA), com avaliação feita pelo método da equivalência patrimonial (art. 248 da LSA e arts. 1º e 5º a 19 da Instrução CVM nº 247/96).

Em termos de responsabilidade dos administradores, o art. 245 da LSA cuida dos administradores, que não podem, em prejuízo da companhia pela qual atuam, favorecer sociedade coligada, controladora ou controlada. Assim, as operações entre as unidades do grupo devem atender a *condições comutativas* ou *pagamento compensatório adequado*, sob pena de responsabilidade que seguirá o sistema geral do art. 159 da LSA [*t. II, §10, i. 5.4.3*]. As condições comutativas são avaliadas por fatores como referenciais de mercados, substituibilidade por outros concorrentes, vantagens para a companhia e por testes de equidade (*fairness test*) para identificação de que a *business judment rule* foi correta. Quer-se com isso afirmar que a decisão dos administradores deve ser refletida e desinteressada, determinando aos julgadores somente a análise do processo de tomada de decisões, sem se imiscuir no mérito da gestão societária – esta muito mais afeita ao conhecimento técnico do próprio administrador (art. 159, § 6º, da LSA).

Não se pode dizer que haja um *interesse* do grupo de fato – ao contrário do que se dessume do art. 276 da LSA para os grupos de direito [*t. II, §10, i. 9.2*]. Por esse motivo, o administrador não está autorizado a impor prejuízos à sociedade, sem as devidas compensações. O problema de nossa lei é que a responsabilidade pelas compensações foi acometida ao administrador, demonstrando ser medida nem sempre eficiente em termos de reparação dos prejuízos causados à companhia controlada e, por extensão, aos acionistas minoritários.

Há o reforço, por consequência, da responsabilidade da controladora na condução dos negócios da sociedade controlada (art. 246 da LSA). A pauta da conduta é do abuso de poder na forma dos arts. 116 e 117 da LSA [*t. II, §10, i. 4.3.1*]. Entrementes, a LSA especifica, no próprio art. 246, §1º, que a ação de responsabilidade da sociedade controladora cabe (*a*) a acionistas que representem 5% (cinco por cento) ou mais do capital social; ou (*b*) a qualquer acionista, desde que preste caução pelas custas e honorários de advogado devidos no caso de vir a ação ser julgada improcedente.

9.1.3. Subsidiária integral

Como reconhecido pela doutrina e pela legislação, a subsidiária integral é tipo societário peculiar no direito brasileiro: trata-se de sociedade moldada para a estruturação de grupos segregados por entidades separadas, mas vínculos acionários, financeiros e administrativos.

Trata-se do caso de sociedade tendo por única sócia outra sociedade brasileira (art. 1.126 do CC), conforme prevê o art. 251 da LSA, com função de permitir a *união de empresas*. Seja na constituição da sociedade, seja por posterior incorporação de ações pela controladora (art. 252 da LSA), há a perfeita identificação da fonte de poder de controle. Assim, há os mesmos deveres dos acionistas controladores de sociedades individualizadas (arts. 116 e 117 da LSA).

9.1.4. Participações recíprocas

A legislação veda as participações recíprocas entre sociedades controladoras e suas respectivas controladas, assim como no caso das sociedades coligadas, conforme previsão do art. 244, *caput* e art. 265, § 2º, ambos da LSA. A razão desse dispositivo está intimamente relacionada ao malferimento da intangibilidade do capital social, vez que a troca de participações pode provocar a irrealidade no capital social nominal previsto no passivo do balanço e artificialismo no patrimônio ativo da sociedade.

Uma das ressalvas é o caso de aquisição de ações próprias com direito de voto suspenso nos moldes do art. 30, § 1º, "b" e § 2º, da LSA, que regula a aquisição de ações para permanência em tesouraria. A previsão legal determina a venda das ações ou quotas, em 6 meses, quando excederem o valor dos lucros ou reservas. A outra ressalva é da participação recíproca informada nos relatórios e decorrente de incorporação, fusão, cisão ou aquisição de controle, casos em que tal reciprocidade deverá ser eliminada no prazo de 1 ano.

Optou o legislador por sancionar o descumprimento das regras de reciprocidade com a responsabilização civil solidária e até penal do administrador de quem adquiriu ações da sociedade que já era sua acionista e não com a invalidade do negócio, conforme previsão do art. 244, § 6º, da LSA. Se essa foi a via eleita, a demonstração de danos aos sócios ou a terceiros é condicionante para eventual reparação pelos administradores, mantendo-se eventualmente a estrutura grupada com participações recíprocas.

O art. 244 da LSA não tem a mesma disciplina da participação recíproca do art. 1.101 do CC[19]. Como a regra geral do CC ressalvou a legislação especial, nosso sistema agora convive com duas possibilidades: em caso de sociedade anônima e sociedade em comandita por ações, a regra aplicável é da LSA; nos demais tipos societários, aplica-se o art. 1.101 do CC. E tal disciplina veio acompanhada da possibilidade de participações recíprocas entre os tipos societários, desde que nos limites das próprias reservas no balanço (excluída a reserva legal). O limite da reserva tem a ver com a intangibilidade de capital, de modo que a reserva livre cubra o montante da participação recíproca e evite referência artificial entre as sociedades do grupo. À falta de regra semelhante, aplicam-se as medidas do art. 244, § 5º, para determinar, no caso de coligadas, a alienação de quotas e ações de aquisição mais recente ou, se da mesma data, que representem menor porcentagem do capital social para desfazer a participação recíproca.

Por envolver regra de ordem pública do capital social, também nesse ponto há a proteção específica do grupo de interesse dos credores, que podem ser levados ao engano sobre o volume de capital de cada sociedade do grupo.

No direito italiano, as participações recíprocas são previstas no art. 2.359-bis do *Codice Civile*, que permite aquisição de ações nos limites d\e lucros e reservas, sem exceder 10% do capital da controladora e com vedação do direito de voto da controlada na assembleia da controladora.

Já no direito alemão, o chamado controle recíproco é regulado pelo §19 da *AktG*, dispondo no Abs. 3 a admissibilidade de participações entre sociedades, quando uma detém maioria acionária na outra ou se ocorre, direta ou indiretamente, manifestação de poder de controle. A preocupação do legislador alemão foi com a restrição de direito de voto, de modo que até um quarto das ações qualificadas com participação recíproca poderão votar na outra companhia, de acordo com o previsto §19, Abs. 4 e §328 da *AktG*. Em caso de identificação de participação majoritária e de influência dominante, o tratamento passa a ser de subordinação entre sociedade dominante e dependente (§19, Abs. 2). Assim, a política legislativa é de minimização dos efeitos de supressão de direitos com a participação recíproca.

A matéria também é regulada pelo direito português, com admissão das participações recíprocas no art. 482º, b e 485º do CSC, sempre que uma sociedade seja titular de participação igual ou superior a percentual no capital de outra. A consequência jurídica do fato decorre somente do descumprimento do dever de informar a participação, com a penalidade da proibição de aquisição de novas ações, na suspensão de exercício de direitos superiores a 10% e na responsabilidade de administradores.

---

[19] Art. 1.101. Salvo disposição especial de lei, a sociedade não pode participar de outra, que seja sua sócia, por montante superior, segundo o balanço, ao das próprias reservas, excluída a reserva legal.
Parágrafo único. Aprovado o balanço em que se verifique ter sido excedido esse limite, a sociedade não poderá exercer o direito de voto correspondente às ações ou quotas em excesso, as quais devem ser alienadas nos cento e oitenta dias seguintes àquela aprovação.

9.2. Grupos de direito

Quando o direito positivo brasileiro trata da concentração empresarial de grupo, somente o faz pela previsão dos grupos de direito, regulados pelos arts. 265 a 277 da LSA. Serão grupos de direito as sociedades organizadas por meio do negócio jurídico típico da convenção "pela qual se obriguem a combinar recursos ou esforços para a realização dos respectivos objetos, ou a participar de atividades ou empreendimentos comuns" (art. 265 da LSA). Tal instrumento de formação da sobreorganização societária deverá ser registrado no RPEM para a produção dos efeitos pretendidos (cumprindo-se, ainda, as exigências dos arts. 269 a 271 da LSA).

As relações entre as sociedades, a estrutura administrativa do grupo e a coordenação ou subordinação dos administradores das sociedades filiadas serão estabelecidas na convenção do grupo (art. 266 da LSA). O conteúdo da convenção será arquivo, devendo conter os seguintes requisitos da validade (art. 269 da LSA): I – a designação do grupo; II – a indicação da sociedade de comando e das filiadas; III – as condições de participação das diversas sociedades; IV – o prazo de duração, se houver, e as condições de extinção; V – as condições para admissão de outras sociedades e para a retirada das que o componham; VI – os órgãos e cargos da administração do grupo, suas atribuições e as relações entre a estrutura administrativa do grupo e as das sociedades que o componham; VII – a declaração da nacionalidade do controle do grupo, aferida pela nacionalidade das pessoas naturais e controle por pessoa de direito público; VIII – as condições para alteração da convenção.

A participação da sociedade em grupo é condicionada à aprovação por assembleia (art. 136 da LSA), garantindo-se o direito de reembolso das ações ao acionista dissidente (art. 137 e art. 270, parágrafo único, da LSA). Todavia, a eficácia constitutiva do grupo de direito ocorre com o registro da convenção, atas de assembleia das unidades e declaração autenticada do número das ações ou quotas de que a sociedade de comando e as demais sociedades integrantes do grupo são titulares em cada sociedade filiada, ou exemplar de acordo de acionistas que assegura o controle da sociedade filiada (art. 271 da LSA).

O contrato do grupo fixa a independência entre as unidades, mas também disciplina a proveniência do controle do grupo, já que na convenção deve ser identificada a sociedade brasileira controladora ou de comando e com função de "exercer, direta ou indiretamente, e de modo permanente, o controle" (art. 265, § 1º, da LSA), além da indicação das sociedades filiadas, condição de participação das diversas sociedades, órgãos e cargos de administração do grupo. Permite-se clareza a todos os grupos de interesse [t. I, §5, i. 2] a respeito da proveniência do poder societário, mas também dos limites da autonomia de personalidade e patrimonial garantida a cada unidade do grupo convencionado.

Assim, o contrato de sobreorganização do grupo tem função econômica mediadora e de contenção dos interesses, com garantias mínimas aos sócios (da controladora e da controlada) acerca da condução dos negócios do grupo.

A opção evidente do legislador foi de manter separação de personalidade e patrimônio entre as sociedades em grupo (art. 266 da LSA). Pelo menos em princípio foi afastada a unidade patrimonial e foi mantida a singularidade entre as unidades do grupo em relação aos respectivos objetos de cada unidade e para atribuição de responsabilidade por débitos. Essa assertiva não impede constatar que, para os grupos de direito, há a caracterização de um *interesse do grupo*, que pode sufragar o próprio interesse das sociedades componentes. Nesse sentido, JOSÉ ALEXANDRE TAVARES GUERREIRO afirma que a sociedade controlada pode ter seu interesse submetido àqueles do grupo de direito, com esforços em benefício do coletivo de sociedades que incluem até mesmo aplicação de recursos financeiros em troca de remuneração. Pressupõe-se, orienta Tavares Guerreiro, que "se essa mesma companhia se associa ao grupo, reconhece, *ipso facto*, a existência de vantagens decorrentes da associação" (GUERREIRO, 2005, p. 309).

Jurisprudência

Sobre a autonomia das pessoas jurídicas: STJ – 3ª T. – Rel. Min. Ari Pargendler – j. 07/05/2007: "(...) Ainda que a sociedade comercial seja controlada por outra, as obrigações que assume são dela, e não da sociedade controladora, está ilegitimada, consequentemente, para responder à demanda que deveria ter sido ajuizada contra aquela".

9.2.1. Natureza e função econômica do contrato de grupo

Há divergência sobre a natureza jurídica da convenção de grupo societário de direito e, por consequência, essa divergência repercute na identificação da função econômica do negócio jurídico. Parte da doutrina sustenta se tratar de contrato plurilateral. Outra linha de raciocínio trata o contrato como mera sociedade ou sociedade de segundo grau. Por fim, terceira teoria coloca o contrato de grupo como a estruturação de nova *organização*, inclusive gerador de interesses paralelos aos dos sócios das controladas. Esse fundamento permite concluir que a sociedade controladora passa a ter poder de influência sobre a gestão das sociedades agrupadas e sob controle. Trata-se, ainda, da fixação de preceitos de balanceamento entre regras de garantia e regras de organização [*t. I, §5.1, i. 2*]. Posicionamo-nos com essa última corrente.

A estrutura de um grupo de direito emoldura *sobreorganização societária*, já que a convenção do grupo engendra nova organização econômica e condução dos negócios do grupo visando a interesses que podem não ser coincidentes com aqueles do controlador, nem dos acionistas das unidades individuais, mas sim da própria organização grupada. Não se trata propriamente de criação de nova pessoa jurídica, mas sim de fenômeno fático-econômico de apreensão e organização de todos os fatores de produção sob controle, guardando autonomia entre as demais sociedades, que conservam personalidade e patrimônios distintos (art. 266 da LSA).

9.2.2. Administração do grupo

A convenção deve definir a estrutura administrativa do grupo de sociedades, podendo criar órgãos de deliberação colegiada e cargos de direção geral (art. 272 da LSA). As demonstrações financeiras serão feitas das sociedades individuais e também do grupo consolidado (art. 275 da LSA).

Cada sociedade continua a atuar individualmente e consoante a administração prevista nos respectivos estatutos. Todavia, havendo grupo de direito constituído, os administradores das sociedades filiadas devem observar a orientação geral estabelecida e as instruções expedidas pelos administradores do grupo que não importem violação da lei ou da convenção do grupo (art. 273 da LSA).

9.2.3. Compensação de perdas financeiras

Além dos deveres acessórios de destaque das participações societárias em grupo nas rubricas específicas do balanço, ainda é importante destacar a compensação de perdas financeiras nos grupos de direito como importante obrigação imposta à sociedade controladora. Parte-se do pressuposto de que as participações e os compromissos em custos, em receitas ou em resultados "poderão ser opostos aos sócios minoritários das sociedades filiadas nos termos da convenção do grupo" (art. 276, *caput*, LSA). Portanto, a sobreorganização formada a partir da convenção do grupo também determina a forma de partilha dos valores obtidos pela sinergia de organizações, com respeito aos estritos limites de proteção dos minoritários. Pelo próprio dispositivo do § 1º, do art. 276, da LSA, consideram-se minoritários "todos os sócios da filiada, com exceção da sociedade de comando e das demais filiadas do grupo".

A consequência do descumprimento da regra prevista na convenção é a responsabilidade de administradores do grupo e da sociedade de comando, conforme prevê o art. 276, § 3º, da LSA. Em outros termos, a opção do legislador foi resolver em perdas e danos eventual desajuste no cumprimento do planejamento financeiro do grupo, sendo essa a tutela dos sócios minoritários. Conclui-se, nesse ponto, que a opção nacional foi de estabelecer proibição de favorecimento da controladora nos grupos de fato (art. 245 da LSA) e compensações em favor das controladas nos grupos de direito, sob pena de responsabilidade. Nesse raciocínio, conforme afirmam LACERDA TEIXEIRA e TAVARES GUERREIRO, algumas sociedades controladas, nos grupos de direito, terão comportamento variando entre centros de lucro (*profit centers*) ou centros de custo (*cost centers*) (TEIXEIRA; GUERREIRO, 1979, p. 774), a depender da função exercida na sobreorganização.

Outro problema nessa matéria está na tutela do grupo de interesse dos credores, relegado a segundo plano quando a compensação de perdas financeiras da convenção do grupo é descumprida. Observe-se que no modelo alemão de inspiração, além da previsão de compensação de perdas dos §§ 302 e 311 *AktG* (respectivamente, para grupos de direito e de fato), a publicidade prevista nos §§ 20, 21, 22 e 312 *AktG* determina a realização de relatório com as perdas impostas pela dominante e as respectivas compensações à dependente. Diferente foi a opção do direito português, porquanto tenha feito previsão que ultrapassou até mesmo os formalismos da inspiração do *Konzern* alemão. Afirma-se isso porque no art. 501º do CSC se encontra regra de responsabilidade subsidiária da sociedade diretora (controladora) pelos débitos da sociedade subordinada, anteriores ou posteriores ao contrato de subordinação. A contenção dessa regra geral se dá pela constituição em mora da sociedade diretora e pelo rito de conhecimento do processo – e não a execução – para a cobrança do valor.

9.3. Grupos de coordenação: os consórcios

Nos *grupos de subordinação* acima estudados [*t. II, §10, i. 9.1*], identifica-se a unicidade de direção e controle, sob comando dos interesses de sociedade controladora, com subordinação do interesse do grupo (nos grupos de direito) e certa mitigação dos interesses de cada uma das sociedades do conglomerado, desde que sem prejuízos (nos grupos de fato).

Já nos *grupos de coordenação*, normalmente identificados em consórcios (art. 278 da LSA), ocorre cooperação interempresarial, na qual as sociedades resguardam a independência econômica para executar somente a parte prometida nos esforços conjuntos do consórcio, com delimitação da responsabilidade de cada consorciada. Entre as sociedades não existe dependência hierárquica ou vínculo societário que implique controle. Privilegia-se a regulação de uma forma associativa (TEIXEIRA; GUERREIRO, 1979, p. 794). As sociedades conservam autonomia e somente se obrigam nos limites do contrato que as une (art. 278, § 1º, LSA).

Esse instrumento deve ser aprovado pelo órgão da sociedade com competência para autorizar alienação de bens do ativo não circulante (art. 279, *caput*, da LSA), arquivado no RPEM e conter: I – a designação do consórcio, se houver; II – o empreendimento que constitua o objeto do consórcio; III – a duração, endereço e foro; IV – a definição das obrigações e responsabilidade de cada sociedade consorciada, e das prestações específicas; V – normas sobre recebimento de receitas e partilha de resultados; VI – normas sobre administração do consórcio, contabilização, representação das sociedades consorciadas e taxa de administração, se houver; VII – forma de deliberação sobre assuntos de interesse comum, com o número de votos que cabe a cada consorciado; VIII – contribuição de cada consorciado para as despesas comuns, se houver.

Ressalve-se, com a peculiar desestruturação de institutos para garantir a preponderância de interesses fiscais, que a MP nº 510/2010, convertida na Lei nº 12.402/2011, determinou no art. 1º que empresas consorciadas respondem pelos tributos devidos em decorrência da atividade do consórcio, na proporção de sua participação no empreendimento. Nos §§ 1º e 2º do mesmo artigo, a regra fixa responsabilidade solidária das empresas pelo recolhimento de tributos retidos de pessoas físicas ou jurídicas. Além de imputar responsabilidade solidária em matéria de consórcios – que, em princípio, deveria respeitar os limites da convenção para responsabilidade das consorciadas – ainda guarda inconstitucionalidade formal, já que o art. 146, inciso III, alínea "a", da CF, determina a reserva da lei complementar para normas gerais de indicação dos contribuintes tributários.

Por fim, o consórcio brasileiro difere da experiência europeia associativa dos *Groupements d'Interêt Economique* do modelo francês regulado na *Ordonnace* nº 67.821/67. A opção francesa foi de criar pessoa jurídica para coordenar e facilitar as atividades isoladas entre os sócios, com responsabilidade solidária. Inspirado nesse modelo francês, adotou-se no âmbito da União Europeia (UE), após o Regulamento CEE nº 2.137/85, o Agrupamento Europeu de Interesse Econômico (AEIE), que pode ser formado por sociedades e outras entidades jurídicas de direito público ou privado, constituídas nos termos da legislação em vigor nos países da UE. Em termos de responsabilidade dos componentes do AEIE, o art. 24 do referido Regulamento dispõe que a responsabilidade será ilimitada e solidária entre os membros, remetendo às respectivas legislações nacionais as consequências dessa imputação. Tal medida é subsidiária, porque os credores devem pleitear o pagamento primeiramente ao agrupamento. No que pertine à insolvência, diz o próprio Regulamento CEE 2.137/85, nas motivações, que o "agrupamento está submetido às disposições de direito nacional que regulam a insolvência e a cessação dos pagamentos e que este direito pode prever outras causas de dissolução do agrupamento".

10. TRANSFORMAÇÃO

A transformação é ato complexo que modifica a estrutura da organização e da pessoa jurídica, sem extinção. Modificam-se as *peculiaridades organizacionais* de um tipo societário para outro. Portanto, o ato de transformação será sempre desconstitutivo e constitutivo porque, essencialmente, alterará uma sociedade contratada para outro modelo, com atribuição de direitos aos sócios, novo relacionamento com credores e outras regras para o desempenho da atividade.

Há importante doutrina com visão distinta. MODESTO CARVALHOSA, por exemplo, classifica a transformação em simples e em constitutiva. A primeira, promove alteração do tipo societário. A segunda, além de transformar, ainda implica alteração de elementos essenciais do objeto ou do capital social (CARVALHOSA, 2014, p. 242-243).

Ousamos divergir do posicionamento. O legislador brasileiro não fez a distinção entre hipóteses de transformação, mantendo-a como ato único de desconstituição de um tipo e constituição de outro, sem implicar extinção da pessoa jurídica (GONÇALVES NETO, 2012, p. 533). É interpretação estrita que se extrai do art. 1.113 do CC, como regra sistêmica geral[20] que prevê: "O ato de transformação independe de dissolução ou liquidação da sociedade, e obedecerá aos preceitos reguladores da constituição e inscrição próprios do tipo em que vai converter-se". Parece ser essa a orientação do art. 62 da IN DREI 81: "Transformação é a operação pela

Ato único

---

[20] O art. 2.033 do CC avoca apriorística aplicação dos preceitos gerais de transformação para todos os tipos de pessoa jurídica, ressalvados os casos de lei especial – como é o que ocorre com as sociedades anônimas e sociedades cooperativas. É o texto da Lei: "Art. 2.033. Salvo o disposto em lei especial, as modificações dos atos constitutivos das pessoas jurídicas referidas no art. 44, bem como a sua transformação, incorporação, cisão ou fusão, regem-se desde logo por este Código".

qual uma empresa ou sociedade passa de um tipo para outro, independente de dissolução ou liquidação, obedecidos os preceitos reguladores da constituição e inscrição do tipo em que vai transformar-se". O que regra administrativa do DREI diferiu foi entre a transformação societária (quando ocorrer entre tipos societários) e de registro (quando ocorrer de sociedade para empresário) (art. 62, §1º, IN DREI 81).

Assim, o art. 1.113 do CC passou a cuidar da transformação de todos os demais tipos societários, exceção feita à sociedade anônima, que é acudida pela regra especial do art. 220 da LSA – claramente inspiradora da redação do CC.

Percebem-se alguns elementos importantes na interpretação do dispositivo: (*a*) a transformação é ato complexo, que depende de consenso dos sócios na instância adequada, ou seja, em assembleia; (*b*) a transformação independe de dissolução ou liquidação, ou seja, esse ato é desvinculado das posteriores dissolução e liquidação de patrimônio para eventual extinção; (*c*) a sociedade continua a existir, mas constituída sob os preceitos reguladores constitutivos próprios do tipo em que se converteu; (*d*) a transformação não implica dissolução ou liquidação da sociedade, porque a intenção dos sócios pode ser o aproveitamento organizacional do patrimônio e da atividade, com reorganização societária.

Altera-se o regime jurídico da *organização societária* e da *organização da atividade*, mas pode ser mantida a *organização do patrimônio*, que se mantém no acervo da mesma pessoa jurídica transformada. Permanece inalterada, no entanto, a "identidade subjetiva" das relações com terceiros.

Em sequência, é possível perquirir a possibilidade de transformação que altera o próprio tipo de pessoa jurídica. Assim, tem-se a *transformação homogênea* quando a mudança se dá no mesmo tipo (por exemplo, de sociedade para sociedade) (art. 63 a 67 da IN DREI 81); e *heterogênea*, nos casos em que a alteração cambia de uma pessoa jurídica para outra, ou seja, a alteração ocorre no próprio objetivo ou escopo-fim da pessoa jurídica (de uma associação para uma sociedade, para exemplificar) (art. 84 da IN DREI 81).

No caso da transformação heterogênea, há grande discussão em doutrina, sobretudo pela omissão do legislador brasileiro em relação ao assunto. De certa forma, sustenta-se a possibilidade dessa transformação com fundamento no campo de autonomia privada e ausência de vedação legal. Entrementes, o DREI liberou essa alternativa na IN DREI 81, que admite a conversão de sociedade simples ou associação em sociedade empresária e vice-versa. Para tanto, o instrumento de conversão deve ser arquivado na Junta Comercial com a consolidação do contrato social do tipo transformado e com apresentação do quadro de acionistas no caso de transformação em S/A (art. 84 da IN DREI 81).

No direito alemão, desde 1994, autoriza-se na *Umwandlungsgesetz* (*UwmG*), no seu livro V, a transformação entre sociedades e outros tipos de pessoas jurídicas. A abrangência inclui transformação recíproca entre sociedades e outros entes, como cooperativas e associações sem personalidade jurídica – próprias daquele ordenamento jurídico.

Ao se caracterizar como ato complexo de alteração da forma organizacional, a transformação irradia uma série de garantias em favor das pessoas do entorno da organização atingidas por essa mudança estrutural.

A primeira delas é a exigência de unanimidade de quórum na deliberação, salvo se prevista no ato constitutivo maioria inferior. Caso haja essa previsão, o sócio dissidente poderá se retirar da sociedade, por conta da substancial mudança no seu *status* de sócio em razão da transformação. Extrai-se do conteúdo do art. 1.114 do CC tal regra para sociedades de todos os tipos, exceção feita à sociedade anônima transformada, regida pelo art. 221 da LSA (de resto, com o mesmo conteúdo). Diferente é o parágrafo único do art. 221, ao admitir que os sócios podem renunciar, no contrato social, ao direito da retirada no caso de transformação de qualquer outro tipo em sociedade anônima.

Outro grupo de regras de proteção é relativa aos credores, que não podem ser prejudicados pelo ato de transformação. É o que se obtém do conteúdo do art. 1.115, *caput*, do CC e art. 222 da LSA. Portanto, permanecem vigentes para os credores as *peculiaridades organizacionais* do tipo em que foi contratada a dívida (CARVALHOSA, 2005, p. 497). Por exemplo, em caso de débito contraído por sociedade em nome coletivo com responsabilidade solidária e ilimitada do sócio (art. 1.039 do CC), a transformação para sociedade anônima com responsabilidade limitada (art. 1º da LSA) não altera o modelo de vinculação inicial do sócio à dívida, cujos riscos foram calculados em vista de tal estrutura de garantia societária.

Em matéria falimentar, os parágrafos únicos, tanto do art. 1.115 do CC e do art. 222 da LSA preveem que a falência da sociedade transformada produzirá efeitos em relação aos sócios que, no tipo anterior, a eles estariam sujeitos, se o pedirem os titulares de créditos anteriores à transformação, e somente a estes beneficiará.

Jurisprudência

TJSP – 3ª Câm. Dir. Priv. – AI nº 154.558-4/0 – Rel. Des. Ênio Santarelli Zuliani – j. 12/09/2000: "Hipótese em que uma sociedade sem fins lucrativos, de tradição familiar e sempre fiel aos desígnios de seus líderes, transformou-se, devidamente autorizada por legislação federal, em sociedade por quotas de responsabilidade limitada. Pretensão de ex-sócios da pessoa jurídica e que foram excluídos por votação majoritária unânime do quadro social por infração estatutária (ausência por mais de três reuniões), de invalidar a antiga votação para reingresso, sem *affectio societatis* e com o mesmo número de quotas dos antigos fundadores, na atual sociedade comercial. Impossibilidade jurídica do pedido por incompatibilidade lógica e insuperável (...)".

TJSP – 1ª Câm. Res. Dir. Emp. – Ap. nº 0162131-64.2010.8.26.0100 – Rel. Des. Ênio Zuliani – j. 24/06/2015: "Transformação de sociedade de responsabilidade limitada em anônima. Deliberação tomada de forma unânime. Sócio incapaz detentor de 8,33% que, posteriormente, alega nulidade por não ter sido obtida autorização judicial para que o representante atuasse em seu nome. É controvertida a obrigatoriedade de autorização para a deliberação, por não constituir em ato de disposição patrimonial. Transformação que respeitou a proporcionalidade acionária. Inexigibilidade de unanimidade, pelo que a eventual discordância do minoritário não alcançaria o quorum exigido (3/4). Interpretação razoável que conduz a preservação do ato por ausência de prejuízo. Sentença mantida. Não provimento".

Bibliografia: EIZIRIK, Nelson. *A lei das S/A comentada*. v. III. São Paulo: Quartier Latin, 2011. FONSECA, Priscila M. P. Corrêa da; SZTAJN, Rachel. *Código Civil comentado. Direito da Empresa*. v. XI. São Paulo: Atlas, 2008. GONÇALVES NETO, Alfredo Assis. *Direito de empresa*. 4. ed. São Paulo: RT, 2012. SERAFIM, Tatiana Flores Gaspar. *A transformação das associações em sociedades no direito brasileiro*. Dissertação. Universidade de São Paulo. 2016. WARDE JR, Walfrido Jorge. *A desmutualização das bolsas de valores e os novos desafios da regulação dos mercados de capitais*. RDM, 144/128.

11. INCORPORAÇÃO, FUSÃO E CISÃO: DISPOSIÇÕES COMUNS

As operações de incorporação e fusão implicam concentração econômica entre duas ou mais companhias. Contrariamente, a cisão desconcentra uma companhia, dividindo-a. Entre tais operações, há disposições comuns, que ora se descrevem.

As três operações podem ocorrer entre *sociedades* de tipos iguais ou diferentes e determinam alterações estruturais no próprio contrato social ou no estatuto (a depender do tipo de sociedade), tornando imprescindível a deliberação pelo órgão competente para essas alterações (art. 223 da LSA).

Se da operação resultar nova sociedade, observam-se as respectivas regras do tipo e os acionistas recebem ações na companhia resultante em proporção ao capital anterior à deliberação (art. 223, §§ 1º e 2º, da LSA).

Se a incorporação, fusão ou cisão envolverem companhia aberta, as sociedades que a sucederem serão também abertas, devendo obter o respectivo registro e, se for o caso, promover a admissão de negociação das novas ações no mercado secundário. Em caso de descumprimento dessa regra, permite-se ao acionista a retirada da sociedade com reembolso na forma do art. 45 da LSA [t. II, §10, i. 3.1.7] (art. 223, §§ 3º e 4º, da LSA).

As operações dependem de elaboração de instrumento relevante: o *protocolo*. Cuida-se de negócio jurídico que antecede a operação estrutural entre as sociedades e que tem por escopo definir as condições da incorporação, fusão ou cisão com incorporação, devendo ser firmado pelos órgãos de administração ou sócios das sociedades interessadas. O conteúdo deverá incluir: I – o número, espécie e classe das ações que serão atribuídas em substituição dos direitos de sócios que se extinguirão e os critérios utilizados para determinar as relações de substituição; II – os elementos ativos e passivos que formarão cada parcela do patrimônio, no caso de cisão; III – os critérios de avaliação do patrimônio líquido, a data a que será referida a avaliação, e o tratamento das variações patrimoniais posteriores; IV – a solução a ser adotada quanto às ações ou quotas do capital de uma das sociedades possuídas por outra; V – o valor do capital das sociedades a serem criadas ou do aumento ou redução do capital das sociedades que forem parte na operação; VI – o projeto ou projetos de estatuto, ou de alterações estatutárias, que deverão ser aprovados para efetivar a operação; VII – todas as demais condições a que estiver sujeita a operação (art. 224 da LSA e art. 70 da IN DREI 81).

O *protocolo* posteriormente será submetido à *justificação* perante as assembleias gerais das companhias interessadas na operação, de modo que os acionistas terão subsídios e plenitude de informação para que possam deliberar se aceitam ou não a proposta dos órgãos de administração ou dos sócios controladores. À assembleia serão expostos os motivos e fins da operação, além do interesse da companhia na sua realização; as ações atribuídas aos acionistas e eventual justificativa aos acionistas preferenciais em caso de alteração em seus direitos – caso ocorram; a composição do capital após a operação, inclusive para identificação do controlador, dentre outros elementos (art. 225 da LSA).

No caso de companhias abertas, ainda é necessária a intervenção da CVM, que regula as operações por meio da Instrução CVM nº 319/1999, que trata, entre outros assuntos objeto de atuação, da divulgação de informação, relação de substituição das ações fora do controle, obrigatoriedade de auditoria independente e hipóteses de exercício abusivo do poder de controle, sem prejuízo do conteúdo do art. 117, § 1º, da LSA.

Como disposição comum, prevê o art. 226 da LSA que as operações de incorporação, fusão e cisão somente poderão ser efetivadas nas condições aprovadas se os peritos nomeados determinarem que o valor do patrimônio ou patrimônios líquidos a serem vertidos para a formação de capital social é, ao menos, igual ao montante do capital a realizar. O objetivo da regra é evitar, por meio da operação, fraude na formação do capital e aumento indevido da cifra prevista.

Por fim, como se trata de alteração substancial e com potencial de alterar os direitos dos sócios – seja com a retirada de prerrogativas de ações preferenciais ou com a perda de peculiaridades de um tipo para o outro, por exemplo – as operações ora descritas dão ao acionista o direito de reembolso [t. II, §10, i. 3.1.7] e retirada, que será contado a partir da publicação da ata que aprovar o protocolo ou justificação, mas o pagamento do preço de reembolso somente será devido se a operação vier a efetivar-se (art. 230 da LSA).

Aos debenturistas é assegurado o direito de aprovação da operação em assembleia especial, que somente fica dispensada se for a eles assegurado o resgate das debêntures de que forem titulares (ar. 231, § 1º, da LSA).

11.1. Incorporação

Prevê a LSA que a "incorporação é a operação pela qual uma ou mais sociedades são absorvidas por outra, que lhes sucede em todos os direitos e obrigações" (art. 227 da LSA). Portanto, a operação de incorporação implica a absorção de uma sociedade (a incorporada) por outro (a incorporadora), ocorrendo a extinção da incorporada e absorção de acionistas, ativos (tangíveis e intangíveis) e passivo pela incorporadora.

No âmbito da incorporadora, a assembleia que aprovar o protocolo e a avaliação da sociedade incorporada deverá autorizar o aumento de capital a ser subscrito e realizado pela incorporada mediante versão do seu patrimônio líquido, e nomear os peritos que o avaliarão. (art. 70, I, da IN DREI 81).

Já na sociedade a ser incorporada, a aprovação do protocolo autorizará seus administradores a praticarem os atos necessários à incorporação, inclusive a subscrição do aumento de capital da incorporadora (art. 70, II, da IN DREI 81).

Uma vez aprovada a operação, serão realizadas as alterações estatutárias pertinentes na sociedade incorporadora e na sociedade incorporada serão tomadas as providências junto ao registro público para consolidação da incorporação. A LRPEM prevê em seus art. 32, inciso II, alínea "a", e art. 36, a necessidade de arquivamento de documentos no prazo de 30 dias, contados da assinatura, a cuja data retroagirão os efeitos do arquivamento.

A LSA ainda se ocupa de garantias aos credores na operação de incorporação. Nesse caso, o art. 232 determina prazo decadencial de 60 dias para o credor prejudicado pela operação pleitear judicialmente a anulação da operação. Poderá a companhia incorporadora, para garantir a *eficácia* da operação, consignar a importância do crédito ou depositar em juízo para discussão, mantendo-se írrita a operação pretendida (art. 232, §§ 1º e 2º, da LSA). No caso de falência da sociedade incorporadora, o credor terá o direito de pedir a separação dos patrimônios, para o fim de serem os créditos pagos pelos bens das respectivas massas (art. 232, § 2º, da LSA).

Jurisprudência

STJ – 3ª T. – REsp nº 1.572.648 – Rel. Min. Ricardo Villas Bôas Cueva – j. 12/09/2017: "(...) 1. Na origem, trata-se de ação proposta por acionistas minoritários que controvertem o valor pago a título de reembolso pelo exercício do direito de retirada tendo em vista a incorporação da companhia controlada. 2. Segundo o artigo 45 da Lei nº 6.404/1976, o critério a ser utilizado no cálculo do valor das ações a ser pago a título de reembolso aos acionistas dissidentes pode ou não estar previsto no estatuto da sociedade. 3. Para a doutrina, na omissão do estatuto, o montante a ser pago a título de reembolso, a princípio, é o valor de patrimônio líquido constante do último balanço aprovado em assembleia geral, visto representar um piso, um mínimo a ser observado, somente podendo ser a ele inferior se estipulado no estatuto o cálculo com base no valor econômico da companhia. 4. O legislador, ao eleger um critério para fixar um patamar mínimo de valor de reembolso, por certo não desconsiderou a existência de situações em que esse critério mínimo se mostre inadequado para fins de aferição do valor das ações e seja imperiosa a eleição de critério distinto, mais vantajoso, sob pena de aviltar os direitos dos acionistas minoritários. 5. No caso dos autos, as instâncias de cognição plena, atentas às peculiaridades da causa estampadas na prova dos autos, concluíram que o valor calculado com base no patrimônio líquido contábil não refletia o valor real das ações e era irrisório se comparado com o valor de troca calculado com base no valor justo de mercado. 6. O Tribunal de origem, ao acolher o valor justo de mercado como critério a ser utilizado para pagamento do valor de reembolso das ações do acionista dissidente retirante por ocasião da incorporação da companhia controlada em detrimento do patrimônio líquido contábil não infringiu o disposto no artigo 45, § 1º, da Lei nº 6.404/1976 (...)".

STJ – 1ª T. – AgInt no REsp nº 1.647.790 – Rel. Min. Gurgel de Faria – j. 08/06/2017: "(...) 1. É pacífico o entendimento desta Casa de Justiça de que é indevida a cobrança de laudêmio quando a transferência de domínio útil decorre da incorporação societária, pois a operação não é onerosa, situação que não se confunde com a tese firmada no julgamento do REsp 1.165.276/PE, realizado sob o rito do art. 543-C do CPC/1973, de que 'a transferência de domínio útil de imóvel para integralização de capital social de empresa é ato oneroso, de modo que é devida a cobrança de laudêmio, nos termos do art. 3º do Decreto-Lei 2.398/87'. 2. Hipótese em que não configura integralização de capital, mas absorção da empresa por outra sociedade empresária, por incorporação, tendo o Tribunal de origem constatado a ausência de onerosidade do negócio jurídico (...)".

Repetitivo: STJ – 2ª Seção – REsp nº 1.322.624 – Rel. Min. Paulo de Tarso Sanseverino – j. 12/06/2013: "(...) 1. Para fins do art. 543-C do CPC: 1.1. A sucessão, por incorporação, de empresas, determina a extinção da personalidade jurídica da incorporada, com a transmissão de seus direitos e obrigações à incorporadora. 1.2. Legitimidade passiva da Brasil Telecom S/A para responder pelos atos praticados pela Telesc, quanto a credores cujo título não tiver sido constituído até o ato de incorporação, independentemente de se referir a obrigações anteriores, ante a sucessão empresarial. 2. Situação análoga à apreciada pela Segunda Seção desta Corte no julgamento de recurso repetitivo atinente à sucessão da Companhia Riograndense de Telecomunicações (CRT) pela Brasil Telecom (REsp. 1.034.255/RS, Rel. Ministro Luis Felipe Salomão, 2ª Seção, j. 28/04/2010, *DJe* 11/05/2010)" (...).

STJ – 4ª T. – REsp nº 1.297.847 – Rel. Min. Luis Felipe Salomão – j. 17/10/2013: "(...) 1. Na incorporação, uma sociedade empresarial engloba a outra, fazendo com que o ativo e o passivo da incorporada passem a integrar o patrimônio da incorporadora e aquela deixe de possuir existência. A incorporação caracteriza-se pela absorção total do patrimônio da incorporada pela incorporadora (direitos e obrigações), bem como pela extinção da personalidade jurídica da incorporada. 2. A novação constitui a assunção de nova dívida, tendo por consequência a extinção da anterior. Os requisitos essenciais à configuração da novação são: a intenção de novar, a preexistência de obrigação e a criação de nova obrigação; podendo também ser reconhecida em razão da evidente incompatibilidade da nova obrigação com a anterior. 3. No caso em julgamento, a própria autora Bortolazzo narra que firmou contrato verbal com a Vonpar em 1982 para que fosse distribuidora de seus produtos. Aduziu na inicial que, na mesma época, a Vonpar possuía uma empresa pertencente ao seu grupo societário, a Transtil. Afirma que por esse mesmo contrato verbal ficou convencionado que a distribuição dos produtos da Vonpar dar-se-ia em conjunto pela Bortolazzo e pela Vonpar, por meio da Transtil. 4. Assim, tendo sido a Transtil incorporada à Vonpar, operou-se a sucessão universal da incorporadora, abarcando a transferência de todos os direitos e obrigações da empresa incorporada. Outrossim, estando a Transtil extinta por causa da incorporação, logicamente não poderia firmar avença entre as partes, incorporadora e Bortolazzo, que chancelou a existência do contrato verbal anterior. 5. Em razão da sucessão universal decorrente da incorporação, caso a autora

Bortolazzo vislumbrasse algum prejuízo em face de suposto crédito existente com a incorporada, poderia ter pleiteado a anulação da operação, na forma autorizada pela Lei das S.A.; ou, ainda mais, poderia contestar as cláusulas constantes do contrato posteriormente firmado, em que concordou com a quitação de todos os débitos e indenizações de qualquer espécie. 6. O intento da autora Bortolazzo de cobrar valores supostamente devidos pela incorporada Transtil, após expressamente quitar toda e quaisquer dívidas com a incorporadora Vonpar, por meio de novação da relação contratual havida entre as três desde 1982, atenta contra o princípio da boa-fé objetiva, notadamente em sua vertente do *venire contra factum proprium* (...)".

STJ – 4ª T. – REsp nº 1.187.195 – Rel. Min. Luiz Felipe Salomão – j. 08/05/2012: "(...) 2. 'Transformação, incorporação, fusão e cisão de sociedades são negócios jurídicos contratuais típicos' (PEDREIRA, José Luiz Bulhões. Direito das companhias. vol. 2. Rio de Janeiro: Forense, 2009, p. 1.737) e não podem, à revelia de terceiros contratantes, alterar substancial e unilateralmente cláusulas contratuais anteriormente estabelecidas. Vale dizer, tais operações são espécies de negócios jurídicos do gênero 'reorganização societária' (Op. cit. p. 1737), com efeitos, sobretudo, *interna corporis*, que possuem o condão de promover alterações subjetivas nas obrigações assumidas pelas companhias envolvidas – mediante, por exemplo, sucessão universal ou singular, com possibilidade de oposição dos credores –, mas não alterações objetivas, de cunho material, na substância dos contratos pretéritos. 3. No caso, havendo cláusula contratual a vedar a cessão da avença a sociedade não pertencente ao mesmo grupo econômico da fornecedora de combustíveis, as operações de cisão parcial e incorporação societárias, embora em tese formalmente lícitas, acarretaram a vulneração do que foi contratualmente estabelecido, mostrando-se de rigor a rescisão, com os consectários dela resultantes. 4. Diante das particularidades envolvendo o caso concreto, não constitui crédito, no rigor da palavra, a complexa obrigação contratual assumida entre as partes, porquanto o avençado entre fornecedor de combustíveis e revendedor é espécie do gênero 'contratos de colaboração', do qual faz parte o contrato de fornecimento, ou seja, 'a compra e venda mercantil em que os empresários contratantes têm pré-negociadas certas condições, como quantidade e preço, com o objetivo de garantir níveis de demanda (para o vendedor) ou o suprimento de insumos (para o comprador)' (COELHO, Fábio Ulhoa. Curso de direito comercial. vol. 3. 10 ed. São Paulo: Saraiva, 2009, p. 93). 5. Na verdade, em contratos de colaboração, como os da espécie, o que há é uma parceria comercial, mediante a qual 'os empresários articulam suas iniciativas e esforços com vistas à criação ou consolidação de mercados consumidores para certos produtos' (Op. cit. p. 94). 6. Com efeito, não havendo efetivamente a condição de credor anterior por parte da autora, descabe a aplicação dos arts. 232 e 233 da Lei n. 6.404/76, no que concerne à faculdade de oposição dos credores às operações de cisão e incorporação societárias (...)".

Repetitivo em matéria tributária: STJ – 1ª Seção – REsp nº 923.012 – Rel. Min. Luiz Fux – j. 09/06/2010: "(...) 1. A responsabilidade tributária do sucessor abrange, além dos tributos devidos pelo sucedido, as multas moratórias ou punitivas, que, por representarem dívida de valor, acompanham o passivo do patrimônio adquirido pelo sucessor, desde que seu fato gerador tenha ocorrido até a data da sucessão. (Precedentes: REsp 1085071/SP, Rel. Ministro BENEDITO GONÇALVES, PRIMEIRA TURMA, julgado em 21/05/2009, *DJe* 08/06/2009; REsp 959.389/RS, Rel. Ministro CASTRO MEIRA, SEGUNDA TURMA, julgado em 07/05/2009, *DJe* 21/05/2009; AgRg no REsp 1056302/SC, Rel. Ministro MAURO CAMPBELL MARQUES, SEGUNDA TURMA, julgado em 23/04/2009, *DJe* 13/05/2009; REsp 3.097/RS, Rel. Ministro GARCIA VIEIRA, PRIMEIRA TURMA, julgado em 24/10/1990, *DJ* 19/11/1990) 2. '(...) A hipótese de sucessão empresarial (fusão, cisão, incorporação), assim como nos casos de aquisição de fundo de comércio ou estabelecimento comercial e, principalmente, nas configurações de sucessão por transformação do tipo societário (sociedade anônima transformando-se em sociedade por cotas de responsabilidade limitada, v.g.), em verdade, não encarta sucessão real, mas apenas legal. O sujeito passivo é a pessoa jurídica que continua total ou parcialmente a existir juridicamente sob outra 'roupagem institucional'. Portanto, a multa fiscal não se transfere, simplesmente continua a integrar o passivo da empresa que é: a) fusionada; b) incorporada; c) dividida pela cisão; d) adquirida; e) transformada. (Sacha Calmon Navarro Coêlho, in Curso de Direito Tributário Brasileiro, Ed. Forense, 9ª ed., p. 701) 3. A base de cálculo possível do ICMS nas operações mercantis, à luz do texto constitucional, é o valor da operação mercantil efetivamente realizada ou, consoante o artigo 13, inciso I, da Lei Complementar n.º 87/96, 'o valor de que decorrer a saída da mercadoria'".

11.2. Fusão

Na operação de fusão, duas ou mais sociedades se unem para formar sociedade nova, que lhes sucederá em todos os direitos e obrigações (art. 228 da LSA). As sociedades fundidas se extinguem para dar lugar à sociedade que delas resulta.

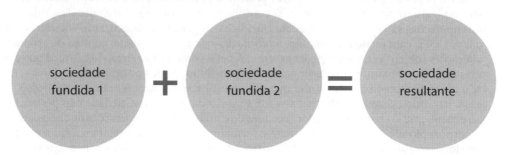

O protocolo de fusão deve ser aprovado na assembleia de cada companhia para, em seguida, serem feitos laudo de avaliação de cada sociedade. Tais laudos serão colocados em deliberação para aprovação, sendo vedado aos sócios votar o laudo de avaliação do patrimônio líquido da sociedade de que fazem parte (art. 228, § 1º, da LSA). Portanto, as deliberações são cruzadas: a sociedade votará o laudo de avaliação da outra sociedade com a qual vai se fundir, de modo que os acionistas decidirão sobre a qualidade do negócio de fusão e sobre a sociedade de que farão parte se a operação for aprovada (art. 75 da IN DREI 81).

Constituída a nova companhia, incumbirá aos primeiros administradores promover o arquivamento e a publicação da fusão, levando ao RPEM para os fins de criação da nova sociedade e extinção das demais.

No mesmo art. 232 da LSA cuida-se dos credores em caso de fusão. Portanto, persiste o prazo de decadência de 60 dias para o credor prejudicado pela operação pleitear judicialmente a anulação da operação. Poderá a companhia resultante da fusão, para garantir a *eficácia* da operação, consignar a importância do crédito ou depositar em juízo para discussão, mantendo-se írrita a operação pretendida (art. 232, §§ 1º e 2º, da LSA). No caso de falência da sociedade nova e resultante da operação, o credor terá o direito de pedir a separação dos patrimônios, para o fim de serem os créditos pagos pelos bens das respectivas massas (art. 232, § 2º, da LSA).

11.3. Cisão

A operação de cisão consiste na transferência de parcela de patrimônio de uma sociedade para uma ou mais sociedades resultantes, constituídas para esse fim ou já existentes, extinguindo-se a companhia cindida, se houver versão de todo o seu patrimônio (*cisão total*), ou dividindo-se o seu capital, se parcial a versão (*cisão parcial*) (art. 229 da LSA). Cuida-se de instrumento bastante importante e utilizado para fins de planejamento de grupos, melhor especialização de atividades de companhias e até mesmo para solução de conflitos societários.

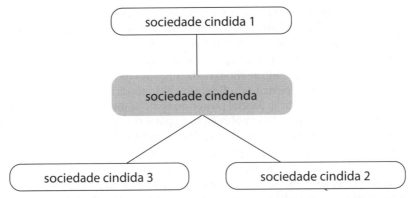

A operação de cisão deverá ser aprovada em assembleia da companhia cindida, tendo por objeto de análise a justificação. Em caso de aprovação, nomeiam-se os peritos que avaliarão a parcela de patrimônio a ser transferida para nova deliberação, que também servirá como assembleia de constituição da nova companhia (art. 81 da IN DREI 81).

As ações integralizadas com parcelas de patrimônio da companhia cindida serão atribuídas a seus titulares, em substituição às extintas, na proporção das que possuíam; à atribuição em proporção diferente requer aprovação de todos os titulares, inclusive das ações sem direito a voto (art. 229, § 5º, da LSA).

A LSA dedicou cuidados específicos à proteção do crédito, de modo que os credores não sejam prejudicados com a transferência de débitos para uma sociedade e ativos para outra, em prejuízo do adimplemento das obrigações. Para tal finalidade, o art. 229, § 1º, prevê que a sociedade que absorver parcela do patrimônio da companhia cindida sucede a esta nos direitos e obrigações relacionados no ato da cisão; no caso de cisão com extinção, as sociedades que absorverem parcelas do patrimônio da companhia cindida sucederão a esta, na proporção dos patrimônios líquidos transferidos, nos direitos e obrigações não relacionados. O reforço dessa garantia é feito com o art. 233, *caput*, que prevê *solidariedade* entre as sociedades que absorverem parcelas do patrimônio da companhia extinta ou mesmo se houve subsistência em cisão parcial. Com efeito, a solidariedade também ocorrerá no resgate de debêntures (art. 231, § 2º, da LSA).

Portanto, a LSA estabelece duas regras de tutela de crédito: (*a*) a primeira é de *sucessão* com proporção nos patrimônios líquidos transferidos; (*b*) a segunda é de solidariedade entre as companhias.

O ato de cisão parcial poderá estipular que as sociedades que absorverem parcelas do patrimônio da companhia cindida serão responsáveis apenas pelas obrigações que lhes forem transferidas, sem solidariedade entre si ou com a companhia cindida, mas, nesse caso, qualquer credor anterior poderá se opor à estipulação, em relação ao seu crédito, desde que notifique a sociedade no prazo de 90 (noventa) dias a contar da data da publicação dos atos da cisão (art. 233, parágrafo único, da LSA).

Jurisprudência

STJ – 3ª T. – REsp nº 1.396.716 – Rel. Min. Paulo de Tarso Sanseverino – j. 24/03/2015: "(...) 2. Viabilidade de aplicação subsidiária da Lei das Sociedades Anônimas (Lei nº 6.404/1976) às sociedades limitadas para suprir as lacunas da sua regulamentação legal. 3. Possibilidade de ser excepcionada a regra da solidariedade passiva entre as empresas na cisão parcial mediante a estipulação de cláusula expressa no protocolo de cisão acerca das responsabilidades sociais da empresa cindida e da resultante da cisão. 4. Nessa hipótese, pode haver o repasse às sociedades que absorveram o patrimônio da cindida apenas das obrigações que lhes forem expressamente transferidas, afastando a solidariedade passiva relativamente às obrigações anteriores à cisão. 5. Necessidade, porém, de cláusula expressa no pacto de cisão na forma do art. 233, e seu parágrafo único, da Lei nº 6.404/1976. (...)".

STJ – 2ª Seção – AR nº 3.234 – Rel. Min. Luis Felipe Salomão – j. 27/11/2013: "(...) 6. Operada a cisão parcial, cria-se um vínculo de solidariedade passiva das sociedades beneficiárias quanto aos débitos anteriores da sociedade cindida, atingindo todas as sociedades interessadas (§ 3º art. 42 CPC). 7. Ocorrida a cisão parcial posteriormente ao ajuizamento da ação que pleiteava rescisão contratual e indenização, era obrigação da parte ré comunicar ao Juízo o fato, portanto há impossibilidade de alegar a nulidade que deu causa (art. 243 do CPC) (...)".

STJ – 4ª T. – REsp nº 1.190.341 – Rel. Min. Luis Felipe Salomão – j. 05/12/2013: "(...)4. Conforme decidido no REsp 1.105.422 – MG, relatado pela Ministra Nancy Andrighi, a finalidade da proteção ao uso das marcas é dupla: por um lado protegê-la contra usurpação, proveito econômico parasitário e o desvio desleal de clientela alheia e, por outro, evitar que o consumidor seja confundido quanto à procedência do produto (art. 4º, VI, do CDC). 5. Tratando-se, depois da cisão levada a efeito, de pessoas jurídicas e patrimônios distintos, não há como permitir a coexistência das marcas HARRODS da recorrente e da recorrida, sem atentar contra os objetivos da legislação marcária e induzir os consumidores à confusão (...)".

11.4. Incorporação de ações

Na prática societária moderna, tem sido comuns operações societárias que não realizam concentrações por meio de incorporação e fusão, em vista de complexidade na aprovação em assembleias, problemas com acionistas minoritários, descapitalização, além de problemas tributários de ágio. Em vista disso, utiliza-se o negócio jurídico de incorporação de ações para a realização de negócios que podem parecer fusões, mas em verdade representam a criação de *holdings* que absorvem as ações de outras companhias, atribuindo aos acionistas a participação proporcional.

A alternativa tem previsão no art. 252 da LSA, que permite a incorporação de todas as ações do capital social ao patrimônio de outra companhia brasileira, para convertê-la em subsidiária integral, com submissão do tema à deliberação da assembleia geral das companhias mediante protocolo e justificação. A assembleia geral da companhia incorporadora, se aprovar a operação, deverá autorizar o aumento do capital, a ser realizado com as ações a serem incorporadas e nomear os peritos que as avaliarão; os acionistas não terão direito de preferência para subscrever o aumento de capital, mas os dissidentes poderão retirar-se da companhia.

Jurisprudência

STJ – 3ª T. – REsp nº 1.642.327 – Rel. Min. Paulo de Tarso Sanseverino – j. 19/09/2017: "(...) 1. Controvérsia acerca da necessidade de a companhia controladora realizar oferta pública de aquisição de ações em favor dos acionistas preferenciais da companhia que teve suas ações incorporadas. 2. Existência de norma que exige a realização de oferta pública para aquisição de ações no caso de fechamento de capital (art. 4º, § 4º, da Lei 6.404/1976). 3. Distinção entre a hipótese de fechamento de capital e a de incorporação de ações entre companhias de capital aberto. 4. Inocorrência de fechamento em branco (ou indireto) de capital no caso dos autos, pois as companhias envolvidas na operação são de capital aberto, não tendo havido perda de liquidez das ações. 5. Inaplicabilidade, mesmo por analogia, da norma constante do art. 4º, § 4º, da Lei 6.404/1976 ao caso dos autos. 6. Doutrina e jurisprudência do STJ (...)".

Caso Unibanco: (STJ – 4ª T. – REsp nº 1.202.960 – Rel. Min. Luis Felipe Salomão – j. 20/03/2014: "(...) 2. A incorporação de ações é operação prevista no art. 252 da Lei nº 6.404/1976, pela qual uma sociedade anônima é convertida em subsidiária integral, não implicando, pois, em sua extinção, que subsiste com personalidade jurídica, patrimônio e administração própria, não ocorrendo a sucessão em direitos e obrigações como ocorre com o instituto jurídico da incorporação, disciplinado pelo art. 227 do mesmo diploma. (...) 5. Ademais, os autores expõem que o aumento de capital do Banco mediante a subscrição de ações por seus acionistas representou injustificada diluição da 'participação dos acionistas minoritários na empresa, os quais, para manter a sua participação acionária, deveriam realizar investimentos substancialmente altos e arriscados, desproporcionais à segurança proporcionada por aquele Banco, cuja fragilidade levou à notória transferência de seu controle acionário para' outra instituição financeira; e que o autor pessoa natural subscreveu a integralidade das ações às quais teria direito, todavia a autora pessoa jurídica, por considerar demasiadamente onerosas as condições estabelecidas, requereu aos representantes do Banco que lhe fossem dados os meios necessários para viabilizar a disponibilização dos montantes, mas 'foram-lhe negadas quaisquer possibilidades de parcelamento ou de indicação de linhas de crédito que viabilizassem a realização da pretendida subscrição', só tendo conseguido subscrever a quantidade de 342.000.000 ações. Nesse passo, é pertinente a tese recursal de que, a teor do art. 151 do CC/1916, dispositivo tido por violado – correspondente ao 175 do CC/2002 –, a ratificação expressa, ou a execução voluntária da obrigação anulável, nos termos dos arts. 148 a 150 do diploma civilista revogado, importa renúncia a todas as ações, ou exceções, de que dispusesse contra o ato o devedor (...)".

12. ALIENAÇÃO DE CONTROLE

O controle de uma companhia pode ser objeto de negociação e, pelas características que tem [t. II, §10, i. 4.3], em especial a possibilidade de comandar a sociedade, poderá ser sobrevalorizado para além do valor patrimonial das ações. A própria LSA, no art. 254-A, § 1º, conceito alienação de controle: "Entende-se como alienação de controle a transferência, de forma direta ou indireta, de ações integrantes do bloco de controle, de ações vinculadas a acordos de acionistas e de valores mobiliários conversíveis em ações com direito a voto, cessão de direitos de subscrição de ações e de outros títulos ou direitos relativos a valores mobiliários conversíveis em ações que venham a resultar na alienação de controle acionário da sociedade".

Sendo companhia fechada, o negócio é livre, a não ser que existam acordos de acionistas que o condicionem [t. II, §10, i. 4.4]. Por outro lado, se a sociedade anônima for de capital aberto, a mudança de comando depende de autorização da CVM (art. 254-A, § 2º, da LSA) e de órgão competente para apreciar alteração de estatuto em companhias dependentes de autorização (art. 255 da LSA) e, além disso, faz surgir ao acionista minoritário direito específico quanto ao valor que vai receber. No âmbito da companhia comprador, o art. 256 da LSA exige a aprovação por assembleia geral.

Ocorrendo a aquisição, o art. 254-A da LSA determina que "a alienação, direta ou indireta, do controle de companhia aberta somente poderá ser contratada sob a condição, suspensiva ou resolutiva, de que o adquirente se obrigue a fazer oferta pública de aquisição das ações com direito a voto de propriedade dos demais acionistas da companhia, de modo a lhes assegurar o preço no mínimo igual a 80% (oitenta por cento) do valor pago por ação com direito a voto, integrante do bloco de controle". Cuida-se do chamado *tag along*, que é a obrigação do adquirente do controle de fazer oferta pública para aquisição das ações com direito a voto dos acionistas minoritários, garantindo-lhes ao menos 80% do preço pago ao controlador[21]. Assim, fica estabelecida baliza de garantia aos minoritários, que poderão aderir ao novo controle[22] ou receber montante mínimo que

---

[21] Sendo companhia aberta listada em segmento especial da Bolsa de Valores (chamado Novo Mercado), exige-se que o *tag along* seja de 100% do valor pago ao controlador.

[22] O adquirente do controle *poderá* oferecer prêmio para essa permanência: "Art. 254-A. (...) § 4º. O adquirente do controle acionário de companhia aberta poderá oferecer aos acionistas minoritários a opção de permanecer na companhia, mediante o pagamento de um prêmio equivalente à diferença entre o valor de mercado das ações e o valor pago por ação integrante do bloco de controle".

tem como base de cálculo o valor recebido pelo controlador. O estatuto ou o acordo de acionistas podem estabelecer percentual superior àquele previsto no art. 254-A da LSA.

De se destacar, pela importância para o mercado de capitais, é que os negócios envolvendo o controle societário de companhias abertas são determinantes da atuação da CVM. Os procedimentos são pautados pela ICVM nº 361/2002, que regula ofertas públicas para cancelamento de registro para negociação de ações, para aumento de participação do acionista controlador, para alienação de controle de companhia aberta e para aquisição de controle de companhia aberta quando envolver permuta por valores mobiliários e de permuta por valores mobiliários.

13. AQUISIÇÃO DE CONTROLE

É possível que uma companhia apresente a outra *oferta pública para aquisição de controle* de outra companhia. Sendo sociedade anônima de capital aberto, há duas importantes condições: (*a*) participação da CVM após a publicação do instrumento de compra, que poderá expedir regras para a aquisição; (*b*) garantia da operação por instituição financeira que garanta o cumprimento das obrigações assumidas pelo ofertante (art. 257 da LSA). O ritual moldado pela LSA tem o escopo de garantir transparência ao negócio complexo que se forma, além de estabelecer regras que tragam segurança ao mercado, manutenção de valor da companhia adquirida, lealdade na concorrência e opção aos acionistas de aceitar ou não um novo controlador.

Conforme prevê o art. 258 da LSA, o instrumento de oferta de compra, firmado pelo ofertante e pela instituição financeira que garante o pagamento, será publicado na imprensa e deverá indicar: I – o número mínimo de ações que o ofertante se propõe a adquirir e, se for o caso, o número máximo; II – o preço e as condições de pagamento; III – a subordinação da oferta ao número mínimo de aceitantes e a forma de rateio entre os aceitantes, se o número deles ultrapassar o máximo fixado; IV – o procedimento que deverá ser adotado pelos acionistas aceitantes para manifestar a sua aceitação e efetivar a transferência das ações; V – o prazo de validade da oferta, que não poderá ser inferior a 20 dias; VI – informações sobre o ofertante.

Como se trata de oferta, há dependência de aceitação por parte dos acionistas e o ato deverá ser feito nas instituições financeiras ou no mercado de valores mobiliários indicadas no instrumento de oferta e os aceitantes deverão firmar ordens irrevogáveis de venda ou permuta, nas condições ofertadas. Em caso de recusa dos acionistas da companhia objeto da oferta, é facultado ao ofertante melhorar, uma vez, as condições de preço ou forma de pagamento, desde que em porcentagem igual ou superior a 5% e até 10 dias antes do término do prazo da oferta; as novas condições se estenderão aos acionistas que já tiverem aceito a oferta. Findo o prazo da oferta, a instituição financeira intermediária comunicará o resultado à CVM e, mediante publicação pela imprensa, aos aceitantes (art. 261 da LSA).

A LSA faculta, igualmente, a permuta de ações, exigindo que se faça projeto sigiloso para esse negócio. O projeto de instrumento de oferta de permuta será submetido à CVM com o pedido de registro prévio da oferta e deverá conter o mesmo conteúdo do art. 258 da LSA e informações sobre os valores mobiliários oferecidos em permuta (art. 259 da LSA).

Admite-se concomitante oferta pública concorrente, de modo que duas ou mais companhias podem fazer oferta distinta para o controle de mesma companhia. Os requisitos para a oferta concorrente são os mesmos, facultando-se ao primeiro ofertante prorrogar o prazo de sua oferta até fazê-lo coincidir com o da oferta concorrente (art. 262 da LSA). Após a publicação de oferta concorrente, tornam-se nulas as ordens de venda que já tenham sido firmadas em aceitação de oferta anterior, permitindo-se opção de aceitação aos acionistas.

14. VALORES MOBILIÁRIOS E MERCADO DE CAPITAIS

A negociação pública de títulos – inclusive ações de companhias abertas – é matéria de regulação específica do chamado mercado de capitais. Envolve transações oferecidas ao público, com a captação de recursos financeiros que é fiscalizada pelo órgão regulador denominado Comissão de Valores Mobiliários (CVM), que tem as seguintes atribuições de regulação: a emissão e distribuição de valores mobiliários no mercado; a negociação e intermediação no mercado de valores mobiliários; a negociação e intermediação no mercado de derivativos; a organização, o funcionamento e as operações das Bolsas de Valores; a organização, o funcionamento e as operações das Bolsas de Mercadorias e Futuros; a administração de carteiras e a custódia de valores mobiliários; a auditoria das companhias abertas; os serviços de consultor e analista de valores mobiliários.

Por meio da Lei nº 6.385/76 são definidos os valores mobiliários no art. 2º: I – as ações, debêntures e bônus de subscrição; II – os cupons, direitos, recibos de subscrição e certificados de desdobramento relativos aos valores mobiliários referidos no inciso II; III – os certificados de depósito de valores mobiliários; IV – as cédulas de debêntures; V – as cotas de fundos de investimento em valores mobiliários ou de clubes de investimento em quaisquer ativos; VI – as notas comerciais; VII – os contratos futuros, de opções e outros derivativos, cujos ativos subjacentes sejam valores mobiliários; VIII – outros contratos derivativos, independentemente dos ativos subjacentes; e IX – quando ofertados publicamente, quaisquer outros títulos ou contratos de investimento coletivo, que gerem direito de participação, de parceria ou de remuneração, inclusive resultante de prestação de serviços, cujos rendimentos advêm do esforço do empreendedor ou de terceiros.

A lei brasileira saiu de uma técnica de tipicidade fechada para uma redação mais aberta que permitisse abarcar instrumentos que tenham a característica de serem lançados ao público para captação de recursos de investidores (EIZIRIK, 2008, p. 56), como os "títulos e contratos de investimento coletivo" (MATTOS FILHO, 2015, p. 21). "Ao se trazer, para aquela relação, tipos mais abertos, se está, por um lado, reconhecendo que, no dia a dia, novos instrumentos são permanentemente criados e que eles podem colocar em risco a integridade do mercado e tornar inócuo todo o arcabouço criado pelos reguladores" (YASBEK, 2015, p. 238).

15. FUNDOS DE INVESTIMENTO

A CVM também regula os chamados fundos de investimento, cujo conceito é dado pelo art. 3º da ICVM nº 555/2014: "fundo de investimento é uma comunhão de recursos, constituído sob a forma de condomínio, destinado à aplicação em ativos financeiros". Cuida-se de recursos captados em sistema de condomínio, com atribuição de quotas aos investidores para aportes de capital em companhias e títulos do mercado de valores mobiliários. Serão abertos se os quotistas puderem resgatar as cotas na forma do regulamento; serão fechados se as cotas somente puderem ser resgatadas ao término do prazo de duração (art. 4º da ICVM nº 555/2014).

Aos cotistas são atribuídos resultados dos investimentos, na forma de dividendos, juros sobre o capital próprio, reembolso de proventos decorrentes do empréstimo de valores mobiliários ou outros rendimentos da carteira do fundo devidamente registrado, junto com o seu regulamento, na CVM.

Por muito tempo, a doutrina se debateu sobre a natureza jurídica e fundamento legal dos fundos de investimento, sobretudo em razão da omissão da legislação e da fonte administrativa dos regulamentos da CVM. Em razão desse fato, a LLE alterou o CC para incluir o Capítulo X, ao Livro III, Título III, da Parte Especial, como uma nova forma de condomínio. Passou a dispor o art. 1.368-C do CC: "O fundo de investimento é uma comunhão de recursos, constituído sob a forma de condomínio, destinado à aplicação em ativos financeiros". A ICVM nº 555/2014 disciplina esse conteúdo, sendo permitido ao fundo: I – estabelecer a limitação da responsabilidade de cada condômino ao valor de suas cotas; e II – autorizar a limitação da responsabilidade dos prestadores de serviços fiduciários, perante o condomínio e entre si, ao cumprimento dos deveres particulares de cada um, sem solidariedade; III – determinar classes de cotas com direitos e obrigações diversos, com possibili-dade de patrimônio segregado para cada classe (art. 1.368-D do CC).

Fundos de investimentos podem ser estruturados para aportar capital como investidor-anjo em *startups* (art. 61-D da LC nº 123/2006) ou em Fundos de Investimento em Participações autorizados pela CVM para investimentos como capital-semente, empresas emergentes e empresas com produção econômica intensiva em pesquisa, desenvolvimento e inovação (art. 9º, II, da LC nº 182/2021).

Há também a possibilidade de constituição de Fundos de Investimento em Direitos Creditórios (ICVM nº 356/2001) "destinados preponderantemente à aplicação em direitos creditórios e em títulos representativos desses direitos, originários de operações realizadas nos segmentos financeiro, comercial, industrial, imobiliário, de hipotecas, de arrendamento mercantil e de prestação de serviços, bem como nas de-mais modalidades de investimento admitidas na referida regulamentação" (STJ – REsp nº 1.726.161 – Min. LUIS FELIPE SALOMÃO).

> **Bibliografia:** YASBEK, Otavio. *Limites à atuação do administrador de fundos de investimento*. Revista Brasileira de Direito Comercial, 1/58. YASBEK, Ota-vio. *Regulação do mercado financeiro e de capitais*. 2. ed. Rio de Janeiro: Elsevier, 2009.

16. A SIMPLIFICAÇÃO DA SOCIEDADE ANÔNIMA

A Lei Complementar nº 182/2021, ao mesmo tempo que instituiu o marco legal das *startups*, simplificou algumas regras das sociedades anônimas para reduzir custos e permitir que esse modelo de negócio inovador possa utilizar a estrutura jurídica das companhias acomodar os arranjos societários.

Dois modelos foram engendrados: (*a*) a sociedade anônima simplificada; (*b*) a sociedade anônima aberta de menor porte:

(*a*) Nesse sentido, o art. 294 da LSA foi alterado para que companhias com receita bruta de até R$ 78 milhões possam realizar as suas publicações de forma eletrônica e substituir os livros do art. 100 da LSA por versões mecanizadas ou eletrônicas.

A alteração também repercutiu na distribuição do dividendo obrigatório do art. 202 da LSA, que são ressalvados no regime da sociedade anônima simplificada para livre distribuição definida em assembleia geral, desde que não prejudicado o direito dos acionistas preferenciais de receber os dividendos fixos ou mínimos a que tenham prioridade (art. 202, § 4º, da LSA).

(*b*) Por fim, os arts. 294-A e 294-B da LSA passaram a regular o acesso facilitado de sociedades anônimas de menor porte – consideradas aquelas com receita bruta anual inferior a R$ 500 milhões – ao mercado de capitais brasileiro, com comando voltado à CVM para a regulamentação, sendo permitido modular: a obrigatoriedade de instalação de Conselho Fiscal a pedido dos acionistas; a intermediação de instituição financeira para *underwriting*; o dividendo obrigatório; a realização de publicações. Se forem companhias abertas, o art. 138, §4º, da LSA excepcionalmente permite que a CVM regule possível cumulação de cargo de presidente do conselho de administração e diretor-presidente.

17. SOCIEDADE ANÔNIMA DO FUTEBOL

Outra modificação legislativa a desafiar o intérprete do direito societário diz respeito à implementação da sociedade anônima do futebol ou S.A.F, por meio da Lei nº 14.193/2021. Trata-se de alternativa de utilização de estruturas empresarias para captação de recursos para as atividades desportivas futebolísticas, que agora podem optar por permanecer como associações ou se estruturarem com os instrumentos de uma S/A.

Com a marca da empresarialidade, o objeto da SAF poderá ser: I – o fomento e o desenvolvimento de atividades relacionadas com a prática do futebol, obrigatoriamente nas suas modalidades feminino e masculino; II – a formação de atleta profissional de futebol, nas modalidades feminino e masculino, e a obtenção de receitas decorrentes da transação dos seus direitos desportivos; III – a exploração, sob qual-quer forma, dos direitos de propriedade intelectual de sua titularidade ou dos quais seja cessionária, incluídos os cedidos pelo clube ou pessoa jurídica original que a constituiu; IV – a exploração de direitos de propriedade intelectual de terceiros, relacionados ao futebol; V – a exploração econômica de ativos, inclusive imobiliários, sobre os quais detenha direitos; VI – quaisquer outras atividades conexas ao futebol e ao patrimônio da Sociedade Anônima do Futebol, incluída a organização de espetáculos esportivos, sociais ou culturais; VII – a participação em outra sociedade, como sócio ou acionista, no território nacional, cujo objeto seja uma ou mais das atividades mencionadas nos incisos deste parágrafo, com exceção da formação de atleta profissional (art. 1º, § 2º, da Lei nº 14.193/2021).

A constituição da SAF pode ser originária ou então derivar de transformação de uma associação anterior ou até mesmo da curiosa figura da cisão do departamento de futebol de uma associação, com deliberação assemblear que dê fundamento a essa operação de desconcentração. Nos dois últimos casos (transformação e cisão), opera-se a sucessão obrigacional (art. 2º, § 1º, da Lei nº 14.193/2021).

Com objetivo de preservar a disputa, estabilidade financeira e o *fair play* desportivo, é vedado o controle de duas SAF ao mesmo tempo (art. 4º), com governança corporativa que inclui conselho de administração e conselho fiscal obrigatórios (art. 5º).

A lei ainda prevê dois modos especiais de quitação de obrigações: (*a*) instauração de concurso de credores do Regime Centralizado de Execuções (art. 14), com plano especial de credores moldado pela nova lei; ou (*b*) utilização da recuperação da empresa, mesmo que seja para a associação civil com objeto social de prática de futebol (art. 25 da Lei nº 14.193/2021).

Em destaque final, o tipo societário da SAF poderá emitir debêntures especiais de financiamento de suas atividades, que a lei denominou *debêntures-fut*, que terão por características: I – remuneração por taxa de juros não inferior ao rendimento anualizado da caderneta de poupança, permitida a estipulação, cumulativa, de remuneração variável, vinculada ou referenciada às atividades ou ativos da Sociedade Anônima do Futebol; II – prazo igual ou superior a 2 anos; III – vedação à recompra da *debênture-fut* pela Sociedade Anônima do Futebol ou por parte a ela relacionada e à liquidação antecipada por meio de resgate ou pré-pagamento, salvo na forma a ser regulamentada pela Comissão de Valores Mobiliários; IV – pagamento periódico de rendimentos; V – registro das *debênture-fut* em sistema de registro devidamente autorizado pelo Banco Central do Brasil ou pela Comissão de Valores Mobiliários, nas suas respectivas áreas de competência.

Bibliografia geral de S/A: BORBA, José Edwaldo Tavares (et.al). *Debêntures e bônus de subscrição*. In: COELHO, Fabio Ulhoa (org.). *Tratado de direito comercial*. v. 3. São Paulo: Saraiva, 2015. BORBA, Gustavo Tavares. *Invalidação da assembleia geral e de suas deliberações*. In: COELHO, Fabio Ulhoa (org.). *Tratado de direito comercial*. v. 2. São Paulo: Saraiva, 2015. BULGARELLI, Waldirio. Averbação do aumento de capital das sociedades anônimas na Junta Comercial. RDM,

32/113. CAMPINHO, Sérgio. *A diretoria*. In: COELHO, Fabio Ulhoa (org.). *Tratado de direito comercial*. v. 2. São Paulo: Saraiva, 2015. CARVALHOSA, Modesto. Ações preferenciais desprovidas de preferências. RT, 707/41. CATAPANI, Márcio Ferro. *As assembleias gerais*. In: COELHO, Fabio Ulhoa (org.). *Tratado de direito comercial*. v. 2. São Paulo: Saraiva, 2015. COELHO, João Luiz. Fechamento de capital, extinção da oferta pública no *take over* da companhia e outros problemas afetos à proteção das minorias sociais. RDM, 116/151. COMPARATO, Fabio Konder. A fixação do preço de emissão das ações no aumento de capital da sociedade anônima. RDM, 81/79. COMPARATO, Fabio Konder. A regra do sigilo nas ofertas públicas de aquisição de ações. RDM, 49/56. EIZIRIK, Nelson. *A lei das S/A comentada*. v. III. São Paulo: Quartier Latin, 2011. EIZIRIK, Nelson (et.al.). *Mercado de capitais. Regime jurídico*. Rio de Janeiro: Renovar, 2008. EIZIRIK, Nelson. Aspectos jurídicos do *underwriting*. RDM, 66/19. EIZIRIK, Nelson. Propriedade e controle na companhia aberta – Uma análise teórica. RDM, 76/15. GUERREIRO, José Alexandre Tavares. O usufruto de ações ao portador e a posição da companhia emissora. RDM, 39/84. LAMY FILHO, Alfredo; PEDREIRA, José Luiz Bulhões. *A Lei das S.A*. Rio de Janeiro: Renovar, 1992. LEÃES, Luiz Gastão Paes de Barros. Alienação de controle da companhia aberta seguida do fechamento do seu capital. RDM, 113/9. LEÃES, Luiz Gastão Paes de Barros. Conversão de ações e relação de substituição diferenciada. RDM, 99/18. LEÃES, Luiz Gastão Paes de Barros. O alcance das limitações estatutárias ao poder de representação dos diretores. RDM, 113/9. LOBO, Jorge. Fraudes à realidade e integridade do capital social das sociedades anônimas. RDM, 70/52. LOBO, Jorge. Do exercício do direito de voto das ações preferenciais com dividendo diferenciado. RDM, 133. MATTOS FILHO, Ary Oswaldo. *Valores Mobiliários*. In: COELHO, Fabio Ulhoa (org.). *Tratado de direito comercial*. v. 3. São Paulo: Saraiva, 2015. NERY, Sandra de Medeiros. Preço de emissão das ações no aumento de capital da companhia – art. 170 da Lei das Sociedades por Ações (alterações introduzidas pela Lei 9.457/97). RDM, 115/221. PINTO JÚNIOR, Mario Engler. Debêntures; direito de debenturistas. Comunhão e assembleia. Agente fiduciário. RDM, 48/25. SALLES, Marcos Paulo de Almeida. Os valores mobiliários na Lei das S.A. RDM, 107/123. SPINELLI, Luis Felipe. *Direito de fiscalização*. In: COELHO, Fabio Ulhoa (org.). *Tratado de direito comercial*. v. 3. São Paulo: Saraiva, 2015. SQUASSONI, Christian Mas Finardi. O direito de continuar sócio de S.A. face às reorganizações societárias. RDM, 114/40. VERÇOSA, Haroldo Malheiros Duclerc. O que é a ordem escrita do alienante na venda de ações escriturais e consequências do seu descumprimento. RDM, 80/39. WALD, Arnoldo. O regime jurídico das ações escriturais. RDM, 67/17. WARDE JÚNIOR, Walfrido Jorge. *Fusão, cisão, incorporação e temas correlatos*. São Paulo: Quartier Latin, 2009. YASBEK, Otavio. *Mercado de capitais*. In: COELHO, Fabio Ulhoa (org.). *Tratado de direito comercial*. v. 4. São Paulo: Saraiva, 2015.

§11
STARTUPS

1. CONCEITO, FUNÇÃO E CARACTERÍSTICAS

A chamada *startup* não é um novo tipo societário, mas um modelo de negócios inovador, que pode se utilizar de qualquer dos tipos societários para acomodação de interesses e melhor desempenho da empresa. Portanto, *a startup é uma atividade empresarial inovadora, a ser organizada por meio dos tipos jurídicos permitidos no ordenamento brasileiro*. Essa atuação pode se dar pelo aperfeiçoamento de sistemas, de métodos e de modelos de produção e de negócios, com incremento do que já se conhece ou com disrupção do estado da técnica.

A Lei Complementar nº 182/2021 instituiu o marco legal das *startups*, visando ao estímulo econômico do empreendedorismo inovador, diretrizes à administração pública para implementação de ambiente regulatório experimental (*sandbox* regulatório) e para aumento do capital para investimentos. Além disso, a lei fixou "princípios" e diretrizes de atuação no art. 3º: I – reconhecimento do empreendedorismo inovador como vetor de desenvolvimento econômico, social e ambiental; II – incentivo à constituição de ambientes favoráveis ao empreendedorismo inovador, com valorização da segurança jurídica e da liberdade contratual como premissas para a promoção do investimento e do aumento da oferta de capital direcionado a iniciativas inovadoras; III – importância das empresas como agentes centrais do impulso inovador em contexto de livre mercado; IV – modernização do ambiente de negócios brasileiro, à luz dos modelos de negócios emergentes; V – fomento ao empreendedorismo inovador como meio de promoção da produtividade e da competitividade da economia brasileira e de geração de postos de trabalho qualificados; VI – aperfeiçoamento das políticas públicas e dos instrumentos de fomento ao empreendedorismo inovador; VII – promoção da cooperação e da interação entre os entes públicos, entre os setores público e privado e entre empresas, como relações fundamentais para a conformação de ecossistema de empreendedorismo inovador efetivo; VIII – incentivo à contratação, pela administração pública, de soluções inovadoras elaboradas ou desenvolvidas por *startups*, reconhecidos o papel do Estado no fomento à inovação e as potenciais oportunidades de economicidade, de benefício e de solução de problemas públicos com soluções inovadoras; e IX – promoção da competitividade das empresas brasileiras e da internacionalização e da atração de investimentos estrangeiros.

O enquadramento de uma *startup* obedece a critérios estruturais e econômico-financeiros:

(*a*) em termos societários, ela poderá adotar qualquer modelo de sujeito empresarial, seja empresário individual, sociedades empresárias, sociedades cooperativas e sociedades simples. Assim, é possível que referidas estruturas comecem pequenas e em geral procurem crescimento ao ponto da abertura de capital em bolsa, de modo que não é incomum que sejam adaptadas para a transformação de tipos, acomodação de interesses e investimentos, com transição entre os sujeitos empresariais. Portanto, juridicamente tais organizações devem ser preparadas para esse crescimento econômico almejado.

(b) referidas estruturas empresariais deverão obedecer aos seguintes critérios econômico--financeiros: receita bruta de até R$ 16 milhões no ano-calendário anterior ou R$ 1.333.334,00 vezes o número de meses de atividade do ano-calendário anterior; até 10 anos de inscrição no CNPJ e pelo menos a declaração no ato constitutivo de modelo de negócio inovador ou enquadramento no Inova Simples.

Em termos econômico-financeiros, o modelo poderá adotar o regime especial do Inova Simples, previsto no art. 65-A da Lei Complementar nº 123/2006, mesmo que esteja estruturada como sociedade anônima (excepcionando o art. 3º, § 4º, inciso X, da Lei Complementar nº 123/2006). Feito o devido enquadramento como *startup*, passa o negócio a ter os benefícios e estímulos econômicos apresentados pelo marco legal que são, basicamente, desburocratização de registros e de pedidos de proteção do conhecimento industrial e, conforme o caso, com pagamento de tributos pelo SIMPLES (desconsiderando os aportes do investidor-anjo como faturamento – art. 61-A, § 5º, da LC nº 123/2006).

2. INSTRUMENTOS DE INVESTIMENTO EM INOVAÇÃO

Há um importante diferencial para esses modelos de negócios, que consiste nos estímulos econômicos dados aos investidores que assumem os riscos de alancaram a atividade inovadora. Investidor-anjo, capital-semente, empresas emergentes são jargões da práxis aos quais se atribuiu sentido jurídico com a regulação que passaram a ter no texto legal da LC nº 182/2021, mas deve ser analisada em conjunto com a LC nº 123/2006, num exercício hermenêutico para compatibilização dos modelos.

O marco legal das *startups* agora define uma série de instrumentos de investimento em inovação, com possibilidade de serem transformados em participações no capital social da empresa de inovação, a depender do modelo escolhido. O legislador procurou estruturar as alternativas com estímulos e seguranças específicas a partir dos exemplos do art. 5º, § 1º, da LC nº 182/2021, que não impedem a criatividade de criação de outras alternativas pela autonomia privada. Nesse sentido, são oferecidos aos investidores:

I – contrato de opção de subscrição de ações ou de quotas celebrado entre o investidor e a empresa: cuida-se de alternativa que, pura e simplesmente, confere a opção de participação em *startup*, com subscrição de quotas ou ações para posterior conferência de capital, sem que necessariamente seja feito aporte inicial. A opção fica condicionada à escolha do investidor.

II – contrato de opção de compra de ações ou de quotas celebrado entre o investidor e os acionistas ou sócios da empresa: igualmente em relação à primeira alternativa, o aporte não é feito de início, celebrando-se primariamente o contrato de aquisição de participações societárias dos sócios originários, obedecidas as condições do contrato.

III – debênture conversível emitida pela empresa nos termos da LSA: cuida-se de alterativa que aplica a debênture conversível como instrumento de investimento [t. II, §10, i. 3.2.2.1]. Todavia, o regime será especial, porque regido pelos estímulos econômicos atribuídos às startups, com todas as proteções ao crédito, inclusive na recuperação judicial (art. 8º, inciso II, da LC nº 182/2021).

IV – contrato de mútuo conversível em participação societária celebrado entre o investidor e a empresa (*vesting*): permite-se que sejam feitos aportes de fomento à inovação e aos investimentos produtivos por meio de contratos de participação (ou *vesting*). Portanto, esses contratos têm natureza de mútuo com condição suspensiva da opção por transformar o investimento em participações societárias. Em outros termos, é potestativa a opção do investidor-anjo de trocar a *causa mutui* do aporte de capital para uma *causa societas*. Normalmente, é o instrumento utilizado pelo investidor-anjo, por isso esse instrumento deve ser analisado em conjunto com o outro.

V – estruturação de sociedade em conta de participação celebrada entre o investidor e a empresa: o investimento da *startup* pode ser feito por sócios participantes que aportam os recursos na conta de participação gerida pelo sócio ostensivo (que é a própria startup). O regime jurídico da sociedade em conta de participação [*t. II, §5*] deve se combinar com os estímulos e proteções dadas pela LC nº 182/2021 no art. 8º.

VI – contrato de investimento-anjo na forma da LC nº 123/2006: o regime de *startups* de inovação permite que sejam captados investimentos produtivos com aportes de capital de terceiros que não integram o capital social da empresa (art. 61-A da LC nº 123/2006) e que são conhecidos como *investidores-anjo* – pessoas físicas, pessoas jurídicas ou fundos de investimento, que não são sócios efetivos na realização do objeto social e nem têm direito de ingerência na gestão societária, mas podem fiscalizar os rumos da empresa (art. 61-A, §2º e 3º, da LC nº 123/2006). Por ser assim, o investidor-anjo não fica sujeito a dívidas da startup, a efeitos de desconsideração da personalidade jurídica e seu crédito é extraconcursal numa recuperação judicial (art. 61-A, §4º, inciso II da LC nº 123/2006 e art. 8º, inciso II, da LC nº 182/2021).

O *vesting* deverá regular com precisão essas condições e, pela importância estratégica, cuida-se de contrato com certas intervenções na autonomia da vontade das partes, vez que houve intervenção estatal específica mediada pelo legislador (art. 61-A da LC nº 123/2006 e arts. 5º da 8º da LC nº 182/2021): (*a*) as finalidades de fomento a inovação e investimentos produtivos deverão constar do contrato de participação; (*b*) a vigência do contato não pode ser superior a 07 anos; (*c*) a remuneração dos aportes será pelo prazo máximo de cinco anos; (*d*) a remuneração será pactuada pelas partes com remuneração periódica ou prever a conversão de aporte de capital em participação societária; (*e*) investidor-anjo somente poderá exercer o direito de resgate depois de decorridos, no mínimo, 2 anos do aporte de capital, ou prazo superior estabelecido no contrato de participação, e seus haveres serão pagos na forma do art. 1.031 do CC, não podendo ultrapassar o valor investido devidamente corrigido por índice previsto no contrato; (*f*) os aportes poderão ser transferidos para terceiros, se o contrato não estipular de forma diversa; (*g*) em caso de venda das participações societárias pelos sócios, o investidor-anjo tem direito de preferência na aquisição e direito de venda conjunta.

VII – outros instrumentos de aporte de capital em que o investidor, pessoa física ou jurídica, não integre formalmente o quadro de sócios da *startup* e/ou não tenha subscrito qualquer participação representativa do capital social da empresa: a última alternativa relega à autonomia privada e à criatividade das partes a geração de instrumentos novos de investimentos, contato que respeitem os direitos dos sócios, as proteções da legislação e não sejam abusivos.

Importante enfatizar que os investidores de *startup* não são considerados sócios e não têm direito a administração ou voto na administração da *startup*, somente de fiscalização (art. 61-A, § 4º, IV e V, da LC nº 123/2006). Por outro lado, não respondem por dívidas da *startup*, inclusive em processos recuperacionais ou por desconsideração da personalidade jurídica.

Para fins de recuperação do aporte feito por meio do contrato de participação, prevê o § 7º, do art. 61-A, da LC nº 155/2016 que o investidor-anjo poderá exercer o resgate somente depois de 02 anos. Entretanto, se a *startup* tiver produzido resultados e evoluído com o patrimônio líquido, a lei admite que seja pedida a apuração de haveres como se sócio fosse, com uso dos referenciais do art. 1.031 do CC. Em termos práticos, o hibridismo do contrato de participação o aproxima do mútuo, mas com opção de compra de participações societárias na startup. Não bastasse isso, o investidor-anjo não é caracterizado como sócio, mas a lei determina que a apuração de seus aportes poderá ser feita por meio de apuração de haveres de sócio.

Outra peculiaridade do regime é a previsão do direito de preferência para o investidor-anjo na aquisição ou na venda conjunta da titularidade do aporte de capital, nos mesmos termos e condições ofertados aos "sócios regulares" (art. 61-C da LC nº 155/2016).

Última anotação de relevo é que o regime de conversão em participações societárias tem limitações se a *startup* for uma sociedade cooperativa, haja vista que o modelo até admite os aportes de capital como mútuo, mas tem restrições legais à admissão do investidor como sócio cooperado, por força da necessária pertinência ao modelo econômico cooperativo [t. II, §7, i. 1]. A tendência pode ser a constituição de *startup* controlada pela cooperativa (art. 88 da LCoop), que receberá o aporte do investidor-anjo.

3. ESTÍMULOS REGULATÓRIOS

Além do estímulo fiscal pelo SIMPLES, a legislação ainda fomenta o modelo de negócios das *startups* com outros instrumentos regulados (arts. 9º e 11 da LC nº 182/2021):

(*a*) programas de fundos patrimoniais da Lei nº 13.800/2019;

(*b*) Fundos de Investimento Patrimoniais [§10, i. 15] regulados pela CVM em modalidade como capital semente, empresas emergentes e empresas com produção econômica intensiva em pesquisa, desenvolvimento e inovação;

(*c*) investimentos em programas e concursos de financiamento público gerenciados por instituições públicas;

(*d*) estruturação de programas de ambiente regulatório experimental (*sandbox regulatório*), de modo que os órgãos e as entidades da administração pública com competência de regulamentação setorial poderão, individualmente ou em colaboração, no âmbito de programas de ambiente regulatório experimental, afastar a incidência de normas sob sua competência em relação à entidade regulada ou aos grupos de entidades reguladas, tudo com vistas ao incremento da atividade inovadora de *startups*.

Bibliografia MICHILES, Saulo. *Marco legal das startups*. Salvador: Juspodium, 2021. REIS, Edgar Vidigal de Andrade. Startups. *Análise de estruturas societárias e investimentos no Brasil*. São Paulo: Almedina, 2018. SILVA FILHO, Emanoel Lima da. *Contrato de investimento em startups. O risco do investidor-anjo*. São Paulo: Quartier Latin, 2019.

TÍTULO III

OBJETOS

§1
ESTABELECIMENTO

1. CONCEITO

O estabelecimento é o *conjunto de bens(a), materiais e imateriais(b), organizados pelo empresário ou pela sociedade empresária(c) e colocados em função da atividade empresarial(d)*. Esse o conceito muito próximo do conteúdo do art. 1.142 do CC, que determina: "Considera-se estabelecimento todo complexo de bens organizado, para exercício da empresa, por empresário, ou por sociedade empresária". Em doutrina anterior, utilizava-se comumente o termo *fundo de comércio*, inspirado na doutrina francesa do *fond de commerce*, *Handelsgeschäft* do direito alemão, assim como na *azienda* do art. 2.555 do Código Civil italiano (Barreto Filho, 1988, p. 65 e 132; Campobasso, 2013, p. 63).

Mesmo com o advento de tecnologias digitais, ainda é relevante a compreensão do estabelecimento porque persistem instrumentos tradicionais de organização. Todavia, as atividades empresariais desenvolvidas por meios eletrônicos, sobretudo pela *internet*, não representam a criação de uma nova categoria de *estabelecimento eletrônico*, porque, em verdade, o que se tem é somente uma forma específica de organização da atividade e que pode ser analisada à luz dos dispositivos da legislação em vigor. Em vista dessa peculiar atividade desenvolvida com a sofisticação dos meios eletrônicos, o art. 1.142 do CC passou a prever que o estabelecimento não se confunde propriamente com o local onde se exerce a atividade empresarial, já que ela pode ser dar com emprego de meios físicos ou virtuais. Reconheceu-se, portanto, que o meio não influencia na definição do fim da atividade empresarial. Tampouco se pode afirmar que foram criadas categorias diversas de estabelecimento (físicos ou virtuais), porque a redação dada ao § 1º, do art. 1.142, nada mais fez do que reconhecer que o *locus* pode ser diverso para obtenção do resultado da atividade empresarial. Assim, na avaliação do estabelecimento para fins de negócios, deve ser considerado o conjunto físico e virtual na composição do preço.

No estabelecimento forma-se um centro ativo de negócios e de giro econômico do empresário, com vinculação de clientes, consumidores e demais interesses da organização. Não sem razão, em casos de recuperação de empresa e falência, é competente o juízo do local do principal estabelecimento do devedor (art. 3º da LREF) [*t. V. §1, i.4*].

Desdobram-se os elementos do conceito:

(*a*) O estabelecimento empresarial é um conjunto de bens que deve ser observado unitariamente, já que representam parte dos fatores de produção que foram amealhados e colocados uns em função dos outros pelo empresário ou pela sociedade empresária. É um "aparato instrumental" (CAMPOBASSO, 2013, p. 63). Os bens não podem ser vistos como singulares, de per si ou independentes dos demais (art. 89 do CC), mas observados a partir da pertinência à mesma pessoa e com destinação unitária (art. 90 do CC) formando universalidade. Perquire-se, então a natureza dessa universalidade. Consoante concisa noção de SYLVIO MARCONDES, "a *universitas juris* é um conjunto de direitos (relações ativas e passivas), enquanto a *universitas facti* é um conjunto de objetos de direito" (MACHADO, 1970, p. 83). Portanto, seguindo essa linha e o entendimento de OSCAR BARRETO FILHO, a natureza do estabelecimento é de *universalidade de fato* (BARRETO FILHO, 1988, p. 107). Permite-se com essa base teórica que o estabelecimento seja objeto unitário de negócios, com avaliação feita com base no aviamento – que é o potencial de produção de rendimentos. A *universalidade de direito* prevista no art. 91 do CC engloba todas as relações jurídica de uma pessoa e dotadas de valor econômico, como no caso do patrimônio.

Além disso, tal conjunto de bens tem relação de *pertinência* com a pessoa e, conforme raciocínio de ERASMO VALLADÃO A. N. FRANÇA, amplia a compreensão para além da propriedade, porque pertinentes podem ser não somente os bens do patrimônio, mas também a clientela e contratos como o *leasing*, o fornecimento, dentre outros. Portanto, com a alienação do estabelecimento, incluem-se as relações jurídicas pertinentes ao empresário (FRANÇA, 2003, p. 20).

(*b*) Os bens do estabelecimento são finalísticos, ou seja, estão organizados em *função* da atividade empresarial e a ela servem para produção de utilidade (CAMPOBASSO, 2013, p. 64). Representam parcela do patrimônio do empresário ou da sociedade que foi destacado e especializado para o desempenho da atividade. Além disso, esse volume de bens é relevante na formação do ativo patrimonial, a ponto de ser indício de insolvência do empresário em caso de transferência a terceiro, credor ou não, sem o consentimento de todos os credores e sem ficar com bens suficientes para solver seu passivo (art. 94, III, "c", LREF) [*t. V, §4, i. 5.1*].

A legislação ainda define o critério do principal estabelecimento do devedor como absolutamente competente para decretar a falência, homologar o plano de recuperação extrajudicial ou deferir a recuperação (art. 3º da LREF).

(*c*) No conceito de estabelecimento estão compreendidos bens materiais (corpóreos) e imateriais (incorpóreos), significando que não são somente os ativos específicos como prédios, mobiliário, estoques e maquinário, mas também clientela, aviamento, propriedade industrial, direitos autorais, contratos, dentre outros.

Jurisprudência

STJ – REsp nº 1.355.812 (Repetitivo) – 1ª Seção – Rel. Min. Mauro Campbell Marques – j. 22/05/2013: "1. No âmbito do direito privado, cujos princípios gerais, à luz do art. 109 do CTN, são informadores para a definição dos institutos de direito tributário, a filial é uma espécie de estabelecimento empresarial, fazendo parte do acervo patrimonial de uma única pessoa jurídica, partilhando dos mesmos sócios, contrato social e firma ou denominação da matriz. Nessa condição, consiste, conforme doutrina majoritária, em uma universalidade de fato, não ostentando personalidade jurídica própria, não sendo sujeito de direitos, tampouco uma pessoa distinta da sociedade empresária. Cuida-se de um instrumento de que se utiliza o empresário ou sócio para exercer suas atividades".

STJ – REsp nº 1.114.767 (Repetitivo) – Corte Especial – Rel. Min. Luiz Fux – j. 02/12/2009: "Destarte, revela-se admissível a penhora de imóvel que constitui parcela do estabelecimento industrial, desde que inexistentes outros bens passíveis de serem penhorados".

STJ – CC nº 116.743 – 2ª S. – Rel. p/o Ac. Min. Luis Felipe Salomão – j. 10.10.2012: "O art. 3º da Lei nº 11.101/2005 estabelece que o juízo do local do principal estabelecimento do devedor é absolutamente competente para decretar a falência, homologar o plano de recuperação extrajudicial ou deferir a recuperação".

2. ELEMENTOS

2.1. Materiais ou corpóreos

Os bens materiais ou corpóreos são componentes tangíveis do estabelecimento, como por exemplo os imóveis, veículos, instalações, mobiliário, maquinário, estoques, semoventes, matéria-prima, dentre outros. Representam ativos cuja aferição de valor pode ser mais simples, com definição de critérios pelas partes em contrato ou com a apuração por peritos pelo preço de saída no mercado.

A existência de elementos corpóreos é importante, mesmo com o advento de tecnologias digitais. Ainda se tem proteção de elementos físicos e são praticados negócios correntes no mercado, envolvendo inclusive estruturas físicas (por exemplo, no mercado de postos de gasolina). O advento das novas tecnologias acrescentou outras perspectivas para a composição do estabelecimento, sobretudo se moldado em bases virtuais de computação e de negócios feitos por meios de plataformas eletrônicas. Mesmo assim, as regras gerais de estabelecimento são aplicáveis, nos moldes aqui estudados.

Jurisprudência

STJ – Súmula nº 451: É legítima a penhora da sede do estabelecimento comercial.

2.2. Imateriais ou incorpóreos

O estabelecimento também é composto por elementos imateriais ou por intangíveis, porque basta aos empresários ter direitos sobre os bens que possam ser utilizados na atividade (MIGUEL, 2015, p. 41). Normalmente, são obtidos do conhecimento empresarial, inovações no estado da técnica, sinais distintivos da atividade, aplicativos de aparelhos eletrônvos e engenho humano. Todos eles são considerados elementos porque integram a formação de valor do estabelecimento e são objeto de tutela jurídica específica. Entre eles, apontam-se:

(a) *aviamento* ou *goodwill*: consiste no potencial de produção de rendimentos do estabelecimento ou a aptidão para produção de lucros. Cuida-se de qualidade do estabelecimento. Esse aviamento será *objetivo* se for representado pelo potencial lucrativo do conjunto de fatores onde o estabelecimento está implantado e com permanência da capacidade de rendimento mesmo que se troque o titular do estabelecimento (CAMPOBASSO, 2013, p. 64); será considerado *subjetivo*, por outro lado, se a aptidão produtiva é extraída do prestígio pessoal e do destacado domínio da arte do comércio e da empresa pelo empresário ou pelos sócios e funcionários da sociedade empresária. Os fatores são importantes na avaliação de tangíveis e intangíveis.

(*b*) *clientela*: resultado do aviamento, a clientela é formada pelo conjunto de pessoas vinculadas pelo interesse no produto ou no serviço e na confiança de que a legítima expectativa será concretizada. Nas palavras de Oscar Barreto Filho, cuida-se do "conjunto de pessoas que, de fato, mantém com o estabelecimento relações continuadas de procura de bens e de serviços" (Barreto Filho, 1988, p. 178). Essa coletividade de pessoas do entorno da organização empresarial se vincula ao estabelecimento e pode ter valor significativo e singularizado na aferição do preço de transferência do estabelecimento. A obtenção de clientela se dá por meio de práticas lícitas, fruto da lealdade na concorrência (Barreto Filho, 1988, p. 184). Os abusos geradores do ilícito de desvio de clientela são reparáveis com fundamento geral de responsabilidade civil (art. 207 da LPI), além de ser fundamento do tipo penal de concorrência desleal (art. 195, III, da LPI) por empregar meio fraudulento, para desviar, em proveito próprio ou alheio, clientela de outrem.

(*c*) *sinais distintivos e criações industriais*: o empresário e a sociedade empresária podem destacar o estabelecimento com a criação de sinais que, inseridos no local – físico ou pela *internet* – dão destaque ao empresário e servem de atrativo para a clientela. Atendem-se critérios de proteção da novidade e da prioridade na utilização. Há diversos sinais e o fundamento geral de proteção deriva do art. 5º, inciso XXIX, da CF: "a lei assegurará aos autores de inventos industriais privilégio temporário para sua utilização, bem como proteção às criações industriais, à propriedade das marcas, aos nomes de empresas e a outros signos distintivos, tendo em vista o interesse social e o desenvolvimento tecnológico e econômico do País".

O primeiro deles é o *nome empresarial* [t. II, §3, i. 2.2.3], regulado pelos arts. 1.155 a 1.168 do CC e que tem por objetivo identificar no registro a firma do empresário, além da firma e da denominação das sociedades empresárias. Por meio do nome empresarial, apresenta-se o titular da atividade perante o mercado, inclusive para que se inicie primeira averiguação dos riscos envolvidos na negociação com aquele específico empresário.

Outro sinal é o *título de estabelecimento*, antigamente chamado de nome fantasia. Cuida-se da forma como o empresário identifica o local em que se estabeleceu, podendo ser coincidente ou nome com o nome empresarial ou parte dele. O título de estabelecimento é distinto da *insígnia* ou *tabuleta*, que é normalmente representada pela placa colocada à frente do local do estabelecimento. Ambos (título e insígnia) atentem a critérios de novidade e prioridade no uso e estão protegidos contra práticas de concorrência desleal (art. 195, inciso V, da LPI). Ademais, a primeira utilização do título do estabelecimento pode representar obstáculo para que terceiro pleiteie a mesma marca junto ao INPI (art. 124, inciso V, da LPI). [t. III, §6, i. 1.2].

Ainda, são sinais distintivos os *desenhos industriais* (art. 94 da LPI) e *marcas* (art. 122 da LPI) [t. III, §6], todos eles passíveis de proteção e proteção contra o uso indevido e contrafação. "A marca é importante elemento do aviamento, sendo bem imaterial, componente do estabelecimento do empresário, de indiscutível feição econômica" (STJ – REsp nº 1.207.952 – Rel. Min. Luis Felipe Salomão).

Último sinal distintivo de destaque é a *expressão de propaganda*, que normalmente é composta por bordões ou *slogans* de autoria do empresário ou da sociedade empresária e que, caindo no gosto e na memória da clientela, destaca e consolida o sinal distintivo. São registráveis (art. 233 da LPI) e objeto de tutela contra o uso indevido (art. 195, IV, da LPI).

(d) *propriedade industrial* e *cultivares*: o conhecimento industrial é protegido e integra o valor do estabelecimento, especialmente com as *patentes* de *invenção* (art. 8º da LPI) e de *modelos de utilidade* (art. 9º da LPI). Especificamente quanto à propriedade industrial, há possibilidade de serem negociadas em conjunto ou separadamente nos negócios translativos de estabelecimento. [*t. III, §6, i. 3.3*].

Já os cultivares são variedades de gêneros ou espécies vegetais e que, pela inovação, geram propriedade intelectual consolidada em Certificado de Proteção de Cultivar (Lei nº 9.456/97), passível de exploração econômica.

(e) *obras literárias, artísticas, científicas*: há estruturas empresarias baseadas fundamentalmente em direitos autorais, provenientes de obras literárias e de ficção, cuja regulação no Brasil é feita pela Lei nº 9.610/98. O valor do estabelecimento tem estreita relação com o direito autoral do empresário ou incorporado aos ativos de sociedade empresária. Exemplifica-se com a Maurício de Sousa Produções Ltda. e o manejo de direitos autorais da "Turma da Mônica" [*t. III, §2, i. 2*].

Questiona-se a validade de se transferir para pessoa jurídica o recebimento de direitos de imagem e arena de esportistas e artistas, especialmente por entendimentos da Receita Federal de que seria burla à tributação. Em verdade, o planejamento tributário se mostra lícito e não se vê, como inválida, a transferência de gestão de direitos de imagem para pessoa jurídica empresária.

(f) *programas de computador*: a propriedade intelectual de programas de computador, regida pela Lei nº 9.609/98, também pode ser elemento incorpóreo de estabelecimento. [*t. III, §2, i. 3*].

(g) *nome de domínio*: o domínio de *internet* integra o estabelecimento (art. 1.142, § 1º, do CC), também na qualidade de bem incorpóreo e que atende a regramento específico para acesso ao *site* do empresário e da sociedade empresária, igualmente sob tutela do art. 195, IV, da LPI.

(h) *locação empresarial (proteção do ponto)*: cuida-se do local onde se encontrará a atividade do empresário, com proteção decorrente de obrigações contratuais (MIGUEL, 2015, p. 44). A proteção do aviamento objetivo, consolidado em ponto empresarial, é feita por meio de instrumento processual (BERTOLDI; RIBEIRO, 2015, p. 117). Cuida-se de ação de natureza constitutiva e que permite a renovação compulsória do contrato de locação, uma vez preenchidos os requisitos do art. 51 da Lei nº 8.245/91 (LI). Por meio dessa ação, o locatário-empresário pleiteia ao juiz que, uma vez vencido o contrato de locação não residencial, ele seja renovado por igual prazo e por preços de mercado, ainda que sem a anuência do locador. Para tanto, é preciso que sejam preenchidos os seguintes requisitos: I – o contrato a renovar tenha sido celebrado por escrito e com prazo determinado; II – o prazo mínimo do contrato a renovar ou a soma dos prazos ininterruptos dos contratos escritos seja de cinco anos; III – o locatário esteja explorando seu comércio, no mesmo ramo, pelo prazo mínimo e ininterrupto de três anos. Sendo ação constitutiva de nova relação locatícia, o prazo de propositura da ação decai se o locatário não propuser a ação no interregno de um ano, no máximo, até seis meses, no mínimo, anteriores à data da finalização do prazo do contrato em vigor (art. 51, § 5º, da LI). [*t. IV, §10, i. 3*].

Conforme art. 52 da LI, a locação somente não será renovada se o locador tiver que realizar obras determinadas pelo Poder Público ou se o imóvel vier a ser utilizado pelo próprio locador ou para transferência de fundo de comércio existente há mais de um ano, sendo detentor da maioria do capital o locador, seu cônjuge, ascendente ou descendente. Nesse segundo caso, o art. 52, § 3º, prevê a *indenização* para ressarcimento dos prejuízos e dos lucros cessantes que tiver que arcar com mudança, perda do lugar e desvalorização do fundo de comércio, se a renovação não ocorrer em razão de proposta de terceiro, em melhores condições, ou se o locador, no prazo de três meses da entrega do imóvel, não der o destino alegado ou não iniciar as obras determinadas pelo Poder Público ou que declarou pretender realizar.

Jurisprudência

TJRS – 18ª Câm. Cível – Ap. Civ. nº 70051430692 – Rel. Des. Elaine Maria Canto da Fonseca – j. 29/08/2013: "(...) Autor entregou ponto comercial alugado à ré. O ponto comercial abrange o local em que se exerce a atividade econômica, constituindo elemento imaterial do estabelecimento, com importante influência no aviamento (potencial lucratividade). Ré, entretanto, que não pagou integralmente o preço, bem como não arcou com os aluguéis perante o locador. Autor, cumprindo dever de cooperação, que pagou aluguéis em favor da ré. Da boa-fé objetiva, exsurge o dever de cooperação entre as partes, de modo a minimizar prejuízos. Persistência, todavia, do inadimplemento, pela ré. Devolução do ponto ao locador, por exclusiva culpa da ré. Presença de cláusula resolutiva expressa, acarretando a resolução de pleno direito da cessão de ponto comercial (...)".

(*i*) *contratos de trabalho* (art. 448 da CLT): há organizações empresárias com estratégia montada na qualidade e treinamento da força de trabalho empregada. Por isso, pode ocorrer que o conjunto de contratos de trabalho adquira valor e seja importante como relação jurídica pertinente ao empresário para fins de transferência. Esse também é o elo causador da sucessão do adquirente por débitos trabalhistas porque, conforme prevê o art. 448 da CLT, "a mudança na propriedade ou na estrutura jurídica da empresa não afetará os contratos de trabalho dos respectivos empregados".

(*j*) *contratos*: na mesma linha de raciocínio, existem organizações em que o conjunto de contratos tem protagonismo da definição de preços da organização. Tome-se o caso da franquia: sem o contrato entre franqueador e franqueado, com transferência de *know how*, o estabelecimento não teria o mesmo valor. O raciocínio se estende para contratos de concessão [t. IV, §17], contratos de fornecimento [t. IV, §9, i. 4.2], contratos de distribuição [t. IV, §16, i. 3], *leasing* [t. IV, §23], locação [t. IV, §10, i. 5], dentre tantos outros.

Essa composição e inerência de contratos também permite compreender, em essência, a transferência e sucessão [t. II, §3, i. 4.3] de contratos previstos no art. 1.148 do CC, porque na transferência do estabelecimento por alienação, ocorre sub-rogação do adquirente nos contratos estipulados para exploração do estabelecimento (salvo aqueles de caráter pessoal, como o mandato, por exemplo), podendo os terceiros resolver o contrato em 90 dias a contar da publicação da transferência, se ocorrer justa causa, ressalvada, neste caso, a responsabilidade do alienante.

(*k*) *compliance*: conforme entendimento de Paula Castello Miguel, é possível arrolar como intangível o estado de *compliance* de um estabelecimento empresarial, ao se demonstrar a conformidade e adequação aos regulamentos de regência da atividade, já que conduta empresarial diferente pode "acarretar passivos financeiros" e "influenciar na avaliação do valor da empresa" (MIGUEL, 2015, p. 46).

(*l*) *trade dress*: a aparência do conjunto *imagem* e *marca* adquiriu importância na compreensão do estabelecimento, por ser constituída de uma variedade de elementos visuais de diferenciação arquitetônica do estabelecimento ou mesmo do produto ou das imagens utilizadas para o destaque da atividade. O *trade dress* é identificável no prédio, o *site*, embalagens, insígnias, emblemas, sinais, brasões, gradação e pigmentação de cores e composição de letras. Forma-se uma linguagem ou um código visual e de comunicação de determinado estabelecimento ou de determinado negócio. No Brasil, não há legislação específica para a proteção do *trade dress*, extraindo-se a tutela do art. 5º, XXIX, da CF, da vedação de concorrência desleal, como princípio da ordem econômica brasileira [*t. I, §2, i. 2.1*], além da regra dos arts. 195 e 207 da LPI em direitos autorais. Assim, o objetivo é coibir a contrafação e a imitação – ainda que sutil – de conjunto visual elaborado por empresário ou sociedade empresária, com objetivo de confundir a clientela ou o consumidor. [*t. III, §3, i. 4*].

A proteção vem de reconhecimento do direito norte-americano, com especial destaque para o caso *Two Pesos v. Taco Cabana* (*Supreme Court* – 505 – US – 763 – 1992), decidido pela Suprema Corte dos EUA, com conclusão de que a sociedade Two Pesos copiou o *design* dos restaurantes da Taco Cabana, gerando confusão nos consumidores e aproveitando-se do sucesso da outra empresa. No Brasil, há diversas discussões sobre o assunto e os Tribunais já reconhecem o direito.

Jurisprudência

STJ – 2ª Seção – REsp nº 1.527.232 – Rel. Min. Luis Felipe Salomão – j. 13/12/2017 – Repetitivo: "As questões acerca do *trade dress* (conjunto-imagem) dos produtos, concorrência desleal e outras demandas afins, por não envolver registro no INPI e cuidando de ação judicial entre particulares, é inequivocamente de competência da justiça estadual, já que não afeta interesse institucional da autarquia federal. No entanto, compete à Justiça Federal, em ação de nulidade de registro de marca, com a participação do INPI, impor ao titular a abstenção do uso, inclusive no tocante à tutela provisória".

STJ – 3ª T. – REsp nº 1.191.612 – Rel. Min. Paulo de Tarso Sanseverino – j. 28/10/2013: "(...) 3. Aferição da colidência não apenas com base no critério da anterioridade do registro no INPI, mas também pelos princípios da territorialidade e da especialidade. 4. Precedentes específicos desta Corte, especialmente o acórdão no Recurso Especial nº 1.232.658/SP (Relª Min. Nancy Andrighi, 3ª Turma, Julgado em 12.06.2012, *DJe* 25.10.2012): 'Para a aferição de eventual colidência entre marca e signos distintivos sujeitos a outras modalidades de proteção – como o nome empresarial e o título de estabelecimento – não é possível restringir-se à análise do critério da anterioridade, mas deve também se levar em consideração os princípios da territorialidade e da especialidade, como corolário da necessidade de se evitar erro, dúvida ou confusão entre os usuários' (...)".

STJ – 4ª T. – REsp nº 1.216.537 – Rel. Min. Marco Buzzi – 03/09/2015: "(...) No caso dos autos, evidencia-se que o locador encaminhou comunicação ao locatário (fl. 29) com mais de seis meses de antecedência do término do contrato locatício (21.12.2005), manifestando sua intenção de retomada do imóvel para a realização de obras e ampliação da edificação, não tendo o réu exercido qualquer pleito renovatório judicial. 5. O direito à indenização pelo fundo de comércio (art. 52, § 3º, da Lei nº 8.245/1991) está intrinsecamente ligado ao direito à renovação locatícia compulsória (art. 51 do referido diploma legal), destinando-se aquela, exclusivamente, a penalizar o locador pela retomada insincera do imóvel, frustrando uma legítima expectativa à renovação contratual, hipótese não verificada nos autos, haja vista não ter o locatário manifestado a pretensão judicial renovatória, nos termos do § 5º do art. 51 da mesma lei".

STJ – 4ª T. – AgRg-REsp nº 1.342.090 – Rel. Min. Maria Isabel Gallotti – *DJe* 28.05.2013: "O pedido de renovação da locação – art. 51 da Lei nº 8.245/1991, embora respaldado em relação ao antigo locador, não prevalece perante o terceiro adquirente, em razão da denúncia do contrato por tempo indeterminado veiculada em processo conexo, no qual deferida a extinção do vínculo contratual com fundamento no art. 8º, *caput* e § 1º, do referido diploma legal".

STJ – REsp nº 693.729/MG – 6ª T. – Rel. Min. Nilson Naves – *DJU* 1 23.10.2006: "Locação comercial. Ação renovatória. Soma de mais de dois contratos ininterruptos. Prazo da prorrogação. Período referente ao último contrato. 1. Tratando-se de soma de dois ou mais contratos ininterruptos, o prazo a ser fixado na renovatória deve ser o mesmo do último contrato em vigor, observado o limite máximo de cinco anos. 2. No caso, tendo sido o último pacto estabelecido por dois anos, por esse período deve ser prorrogada a locação na renovatória".

Trade dress e negação do direito por ausência de contrafação (caso Livraria Cultura x Saraiva): STJ – REsp nº 1.645.574 – Rel. Min. Nancy Andrighi. *Trade dress (caso Engov)*: STJ – 3ª T. – REsp nº 1.843.339 – Rel. Min. Nancy Andrighi – j. 03/12/2019: "(...) 4. As premissas fáticas assentadas pelos juízos de origem autorizam a conclusão de que a embalagem do medicamento fabricado pela recorrente (POSDRINK) viola o conjunto-imagem daquele produzido pela recorrida (ENGOV). Os produtos competem no mesmo segmento específico de mercado, a comercialização do fármaco da recorrida é anterior ao momento em que o recorrente passou a fazer uso da embalagem impugnada e a forma de sua apresentação é bastante reconhecida pelo público consumidor. Os elementos que imitam a embalagem da recorrida não estão dispostos em virtude de exigências relacionadas à técnica ou à funcionalidade do produto fabricado pela parte adversa. 5. Não se trata de simples utilização de cores semelhantes, mas de imitação de todo o aspecto visual (original e distintivo) da embalagem criada pela recorrida. 6. A aposição das respectivas marcas nos produtos não é suficiente para desnaturar o ato de concorrência desleal caracterizado pela cópia do *trade dress*, mormente porque não se trata de pretensão fundada em contrafação de marca, mas sim na imitação de elementos (tamanho, formas, cores, disposição) que compõem a percepção visual do invólucro do medicamento, que goza de tutela jurídica autônoma. 7. O fato de o ENGOV ser um fármaco que goza de notoriedade em seu segmento confere razoabilidade à conjectura de que, por se tratar de produto mais antigo, já consolidado e respeitado no mercado em que inserido, seus consumidores estejam habituados a escolhê-lo com base na aparência externa, relegando a marca estampada para um plano secundário. É justamente nesse ponto que reside a deslealdade do ato praticado, pois seu intuito é aproveitar-se da confiança previamente depositada na qualidade e na origem comercial do produto que se busca adquirir (...)".

Trade dress e projeto arquitetônico (caso Livraria Cultura x Saraiva): STJ – 3ª T. – REsp nº 1.645.574 – Rel. Min. Nancy Andrighi – j. 14/02/2017: "(...) A Lei de Direitos Autorais, contudo, permite que sejam reproduzidos pequenos trechos, ou mesmo a obra integral, sempre que a reprodução em si não seja o objetivo principal da obra nova e não prejudique a exploração normal da obra reproduzida ou cause prejuízo injustificado aos legítimos interesses dos autores (art. 46, VIII) (...)".

Trade dress: STJ – 3ª T. – REsp nº 698.855 – Rel. Min. Nancy Andrighi – j. 25/09/2007: "O fundamento utilizado pelo Tribunal 'a quo', de que as marcas do autor e do réu para o sabão em pedra controvertido são parecidas, mas não a ponto de confundir o consumidor atento não pode prosperar. O consumidor atento jamais confundiria embalagens de produtos, por mais parecidas que sejam. O que a lei visa a proteger em relação a imitações é a possibilidade de o produto concorrente ser adquirido, por engano, justamente pelo consumidor desatento ou incapaz de reparar nos detalhes da embalagem, seja por falta de instrução, por problemas de visão ou por pressa. Daí a necessidade de prover o recurso especial nessa parte, para conferir aos recorrentes a proteção da marca no período posterior ao deferimento do registro".

Trade dress: TJSP – Ap. nº 9215491-03.2006.8.26.0000 – Rel. Des. Sales Rossi – j. em 28.02.2008: "Inegável a semelhança das embalagens dos produtos, o que gera, de forma inequívoca, a possibilidade de confusão perante os consumidores, que podem adquirir um produto pensando ser o outro".

Trade dress (caso Biotônico Fontoura): TJSP – 1ª Câmara Reservada Dir. Empr. - Ap. nº 1025574-72.2018.8.26.0100 – Rel. Des. Alexandre Lazzarini – j. 11/10/2019: "Hipótese concreta em que resta configurada a violação do *trade dress* do produto da autora ("Biotônico Fontoura"), pelo produto da ré ("Bioforzan"). Concorrência desleal. Captação indevida de clientela. 4. Condenação da ré na obrigação de não fazer que deve ser mantida. Abstenção de imitar o *trade dress* do produto da autora, no prazo de 15 dias, sob pena de busca e apreensão, tornando definitiva a tutela antecipada. 5. Danos materiais configurados (...)".

Trade dress: TJRS – Ap. nº 0154561-21.2013.8.21.7000 – Rel. Des. Isabel Dias Almeida – j. 26.06.2013: "(...) O *trade dress* pode ser entendido não só como a "vestimenta" de uma marca, mas também como aspecto visual do produto ou serviço apresentado ao público, suscetível de criar a imagem de marca de um produto em seu aspecto sensível. (...) No caso dos autos, a autora é notoriamente conhecida no segmento de comércio de combustíveis não só pela utilização do elemento nominativo "Ipiranga" como também pelo conjunto das cores amarelo, azul e laranja no adorno dos estabelecimentos. Já a utilização das mencionadas cores na identificação do seu estabelecimento, conforme antes mencionado, foi confessada pela ré. Assim, considerando as peculiaridades do caso, constata-se que a identificação do posto de combustíveis com a "roupagem" utilizada pela autora há longa data demonstra o nítido propósito da ré em criar confusão entre estabelecimentos comerciais, fazendo crer aos clientes que se aproximam se tratar de posto de combustíveis que comercializam exclusivamente produtos "Ipiranga". Tal prática consubstancia ilícito de concorrência desleal, nos termos do art. 195, III e IV da Lei n. 92.79/96."

STJ – REsp nº 658.789 – 3ª T. – Rel. Min. Ricardo Villas Boas Cueva – j. 05/09/2013: "1. A anterioridade do registro no nome empresarial ou da marca nos órgãos competentes não assegura, por si só, ao seu titular o direito de exigir a abstenção de uso do nome de domínio na rede mundial de computadores (Internet) registrado por estabelecimento empresarial que também ostenta direitos acerca do mesmo signo distintivo. 2. No Brasil, o registro de nomes de domínio é regido pelo princípio *first come, first served*, segundo o qual é concedido o domínio ao primeiro requerente que satisfizer as exigências para o registro. 3. A legitimidade do registro do nome do domínio obtido pelo primeiro requerente pode ser contestada pelo titular de signo distintivo similar ou idêntico anteriormente registrado, seja nome empresarial, seja marca. 4. Tal pleito, contudo, não pode prescindir da demonstração de má-fé, a ser aferida caso a caso, podendo, se configurada, ensejar inclusive o cancelamento ou a transferência do nome de domínio e a responsabilidade por eventuais prejuízos. 5. No caso dos autos, não é possível identificar nenhuma circunstância que constitua sequer indício de má-fé na utilização do nome pelo primeiro requerente do domínio (...)".

3. NEGÓCIOS SOBRE O ESTABELECIMENTO

Sendo uma universalidade de fato (art. 90, *caput*, do CC), o estabelecimento pode ser objeto de relações jurídicas próprias (art. 90, parágrafo único, do CC) e objeto unitário de direitos e de negócios jurídicos, translativos ou constitutivos, que sejam compatíveis com a sua natureza (art. 1.143 do CC). Assim sendo, poderá ser objeto de contrato de alienação (conhecido por *trespasse*), usufruto e arrendamento (art. 1.144 do CC). Cuida-se de contrato bilateral, oneroso, sinalagmático e típico porque há consequências perante terceiros em razão da operação econômica de transferência de ativos, motivando a regulação do CC (Waisberg, 2015, p. 90).

No primeiro caso, transfere-se a propriedade do estabelecimento, integral ou parcialmente, de um empresário para outro, com possibilidade de alienação registrária de imóveis, comunicação administrativa de transferência de veículos e baixa contábil de todos os bens materiais e imateriais.

Com o usufruto, ocorre o desdobramento dos atributos da propriedade do estabelecimento, designando o nu-proprietário e o usufrutuário, que receberá os frutos e utilidades dos bens organizados (arts. 1.390 a 1.411 do CC).

Por fim, no caso de arrendamento, tem-se na prática um contrato de entrega do estabelecimento para que terceira pessoa o explore, com remuneração de aluguéis pelo uso dos bens organizados.

Jurisprudência

TJSP – 6ª Câm. Dir. Privado – Apelação nº 9179375-90.2009.8.26.0000 – 6ª Câm. Dir. Privado – Rel. Des. Francisco Loureiro j. 02.02.2012: "Dissolução parcial de sociedade com apuração de haveres. Incontroversa a falta de *affectio societatis* entre os três únicos sócios de sociedade simples, alegada na inicial e admitida em contestações. Insurgência que se circunscreve à indenização do fundo de comércio em sociedade simples de prestação de serviços médicos. O fundo empresarial (*goodwill*) normalmente deve compor o valor dos haveres do sócio retirante, pois constitui ativo intangível, mas economicamente mensurável. Nas sociedades que têm por objeto o exercício de profissões regulamentadas, contudo, deve ser aferido caso a caso a existência de aviamento. Existência aviamento indenizável de clínica cardiológica com 25 anos de funcionamento e sólida carteira de clientes, constituída especialmente de planos de saúde, cujos contratos são celebrados em nome da pessoa jurídica. Saída de um dos três sócios que provocará natural retraimento do número de consultas, a refletir no valor do aviamento. Parcial provimento do recurso, para reduzir em 1/5 o valor do aviamento (...)".

3.1. Fatores de eficácia

Afora os requisitos gerais de validade dos negócios jurídicos em geral, a legislação fixa fatores específicos de eficácia para os negócios translativos do estabelecimento para proteção de credores (Waisberg, 2015, p. 91), seja no trespasse, no usufruto e no arrendamento, em rol meramente exemplificativo (Gonçalves Neto, 2012, p. 627).

O fator geral de atribuição de *eficácia para terceiros* é a averbação à margem da inscrição do empresário, ou da sociedade empresária, no Registro Público de Empresas Mercantis, além da publicação na imprensa oficial (art. 1.144, segunda parte, do CC). O prazo é de 30 dias do ato e com retroação de efeitos à data da celebração do negócio translativo (art. 1.151, §§ 1º e 2º, do CC).

Além da proteção geral para terceiros, o CC ainda especifica regra de *eficácia para os credores* no art. 1.145: "se ao alienante não restarem bens suficientes para solver o seu passivo, a eficácia da alienação do estabelecimento depende do pagamento de todos os credores, ou do consentimento destes, de modo expresso ou tácito, em trinta dias a partir de sua notificação". Dessa forma, a eficácia do negócio para credores, se ao alienante não restarem bens, dependerá do pagamento de todos eles ou então da obtenção de consentimento no prazo de 30 dias depois da notificação de cientificação do negócio translativo. O silêncio do credor, ademais, significa consentimento tácito (GONÇALVES NETO, 2012, p. 632).

Caso contrário, os credores poderão considerar ineficaz o negócio e ainda fazer recair a satisfação dos créditos sobre os bens do estabelecimento alienado. O CC é omisso em relação à liquidez e exigibilidade do crédito, ou seja, nos casos em que o crédito não estiver definido ou ainda estiver em discussão. Nessas hipóteses, a eficácia do negócio não pode ficar condicionada ao tempo da liquidação do crédito, sendo recomendável a aplicação analógica do art. 1.084, § 2º, do CC, que cuida da redução de capital. Com efeito, é possível ao alienante obter a eficácia do negócio translativo do estabelecimento caso se prove o pagamento da dívida ou faça o depósito judicial do respectivo valor para eventual discussão (GONÇALVES NETO, 2012, p. 632).

Ainda é preciso considerar a restrição de eficácia em caso de falência do alienante do estabelecimento. A alienação de estabelecimento implica transferência de valiosos ativos do empresário e da sociedade empresária, sendo causa presumida de insolvência prevista no art. 94, inciso III, alíneas "c" e "d", da LREF. Tal fundamento ainda gera a ineficácia, em relação à massa falida, da venda ou transferência de estabelecimento feita sem o consentimento expresso ou o pagamento de todos os credores, a esse tempo existentes, não tendo restado ao devedor bens suficientes para solver o seu passivo, salvo se, no prazo de 30 dias, não houver oposição dos credores, após serem devidamente notificados (art. 129, VI, da LREF).

Nos casos de pedido de recuperação judicial, a mesma LREF, no art. 66, prevê que, após a distribuição do pedido, o devedor não poderá alienar ou onerar bens ou direitos de seu ativo permanente, salvo evidente utilidade reconhecida pelo juiz.

3.2. Responsabilidade por débitos

Além de atuar na eficácia translativa para proteger credores (art. 1.145 do CC), a legislação ainda utiliza a técnica da solidariedade (art. 264 do CC) para tal desiderato. Observa-se, com o art. 1.146 do CC, o seguinte cenário de responsabilidade posterior ao negócio de alienação do estabelecimento:

(*a*) adquirente: responsabilidade por débitos contabilizados anteriores e posteriores à transferência eficaz;

(*b*) devedor primitivo (alienante): exclusivamente responsável por débitos não contabilizados e solidariamente obrigado por um ano. Conta-se o prazo, quanto aos créditos vencidos, a partir da publicação e, quanto aos não vencidos, a partir da data do vencimento.

A solidariedade é derivada da vinculação da universalidade de fato aos débitos produzidos por aquela unidade produtiva. Por isso, o adquirente do estabelecimento responde pelos débitos contabilizados anteriores em razão da vinculação dos ativos como garantia direta de credores. Além disso, é preciso anotar a possibilidade de penhora do estabelecimento, que é feita na forma do art. 862 do CPC.

Jurisprudência:

STJ – AgRg-REsp nº 263.908 – 1ª T. – Rel. Min. Humberto Gomes de Barros – *DJU* 25.11.2002: "(...) Caracterizada a quebra, os créditos e recebimentos do negociante são arrecadados por um administrador que os destina ao pagamento de seus débitos. As dívidas, de seu lado, colocam-se em ordem de preferência inaugurada pelos salários. Os tributos estaduais situam-se em terceiro posto, nessa gradação. Permitir que o Estado se aproprie do faturamento é consentir que o exequente quebre a linha de preferência, fraudando os credores. Bem por isso, o art. 677 exige a investidura de depositário-administrador, com o encargo de formular plano de satisfação gradual dos credores. Tal administrador faz as vezes do síndico na falência (...)".

STJ – REsp nº 354.622 – 1ª T. – Rel. Min. Garcia Vieira – *DJU* 18.03.2002: "PENHORA – Imóvel onde se localiza a empresa. Impossibilidade (art. 11, § 1º, da L. 6.830/80). Precedentes jurisprudenciais. Em execução fiscal, a penhora sobre o estabelecimento comercial do executado só pode recair, excepcionalmente, e deve ser determinada pelo modo menos gravoso para o devedor (art. 11, § 1º, da LEF e art. 620 do CPC). É inadmissível, na espécie, a determinação da penhora sobre imóvel-sede onde se localiza a empresa executada".

4. SUB-ROGAÇÃO E SUCESSÃO

A transferência do estabelecimento provoca a sub-rogação do adquirente em contratos (art. 349 do CC), exceção feita àqueles de caráter pessoal e vinculativo somente do alienante, como no caso do mandato, franquia, concessão mercantil e agência. Ao terceiro contratante é facultada a resolução contratual se ocorrer a demonstração de justa causa para tal intento de extinção do contrato (art. 1.148 do CC). Observa-se essa pessoalidade no caso de contrato de locação, conforme permissivo do art. 13 da LI e entendimento do STJ.

Pode ocorrer a cessão dos créditos relativos ao estabelecimento transferido, que produzirá efeito em relação aos respectivos devedores, desde o momento da publicação da transferência, mas o devedor ficará exonerado se de boa-fé pagar ao cedente.

Devem-se considerar, ainda, os casos de sucessão [*t. II, §3, i. 4.3*].

Com relação aos contratos de trabalho, o art. 448 da CLT cuida da hipótese da sucessão e prorrogação dos contratos para o adquirente, porque a "mudança na propriedade ou na estrutura jurídica da empresa não afetará os contratos de trabalho dos respectivos empregados". Consoante art. 448-A, da CLT, caracterizada a sucessão, "as obrigações trabalhistas, inclusive as contraídas à época em que os empregados trabalhavam para a empresa sucedida, são de responsabilidade do sucessor" e se houver fraude na alienação, o parágrafo único determina solidariedade. A sucessão de natureza trabalhista é excepcionada em casos de recuperação da empresa com alienação do estabelecimento. Nessa hipótese, o art. 60, parágrafo único, e o art. 141, inciso II, da LREF, determinam que objeto da alienação estará livre de qualquer ônus e não haverá sucessão do arrematante nas obrigações do devedor, inclusive as de natureza tributária, as derivadas da legislação do trabalho e as decorrentes de acidentes de trabalho (STF – ADI nº 3.934 – Min. RICARDO LEWANDOWSKI e TST – RR nº 78040-81.2008.5.10.0011 – Rel. Min. LUIZ PHILIPPE VIEIRA DE MELLO FILHO).

FABIO ULHOA COELHO sintetiza os requisitos legislativos (art. 1.146 do CC e arts. 60, 141 e 142 da LREF) para que exceção à imputação de sucessão: "(1º) a alienação deve estar prevista no Plano de Recuperação Judicial aprovado pelos credores e homologado pelo juiz; (2º) a alienação deve dizer respeito a 'filiais' ou 'unidades produtivas isoladas'; (3º) a alienação deve ser feita em hasta pública judicial, conforme escolha do juiz da recuperação judicial (leilão, propostas fechadas ou pregão); (4º) o adquirente não pode ser *longa manus* do devedor" (COELHO, 2015, p. 111).

Por fim, a sucessão também pode ocorrer em relação a débitos tributários, conforme previsão do art. 133 do CTN, porque o adquirente responderá pelos tributos devidos e vinculados àquele estabelecimento alienado e devidos até a data da transferência, com a seguinte regra: I – integralmente, se o alienante cessar a exploração do comércio, indústria ou atividade; II – subsidiariamente com o alienante, se este prosseguir na exploração ou iniciar dentro de 6 meses, a contar da data da alienação, nova atividade no mesmo ou em outro ramo de comércio, indústria ou profissão. Também fica ressalvada a sucessão por alienação de estabelecimento nos casos de filial ou unidade produtiva isolada na recuperação judicial e na falência (art. 133, § 1º, incisos I e II, do CTN). Ressalvam-se tais dispositivos se o adquirente for: I – sócio da sociedade falida ou em recuperação judicial, ou sociedade controlada pelo devedor falido ou em recuperação judicial; II – parente, em linha reta ou colateral até o 4º grau, consanguíneo ou afim, do devedor falido ou em recuperação judicial ou de qualquer de seus sócios; ou III – identificado como agente do falido ou do devedor em recuperação judicial com o objetivo de fraudar a sucessão tributária.

Jurisprudência

STJ – 1ª T. – AgRg-Ag-REsp nº 460.174 – Rel. Min. Benedito Gonçalves – *DJe* 28.05.2015: "(...)Na hipótese em foco, o Tribunal de origem asseverou, com base no suporte fático dos autos, estar demonstrada a alegada sucessão empresarial, assim mantendo o deferimento da inclusão da empresa no polo passivo do feito fiscal."

STJ – 3ª T – REsp nº 1.202.077 – Rel. Min. Vaso Della Giustina – j. 01/03/2011: "(...) 4. Afigura-se destemperado o entendimento de que o art. 13 da Lei do Inquilinato não tenha aplicação às locações comerciais, pois, prevalecendo este posicionamento, o proprietário do imóvel estaria ao alvedrio do inquilino, já que segundo a conveniência deste, o locador se veria compelido a honrar o ajustado com pessoa diversa daquela constante do instrumento, que não rara as vezes, não possuirá as qualidades essenciais exigidas pelo dono do bem locado (capacidade financeira e idoneidade moral) para o cumprir o avençado (...)".

TST – RR nº 0191300-69.2007.5.15.0032 – Rel. Min. Mauricio Godinho Delgado – *DJe* 31.10.2014 – p. 1175: "(...) Desse modo, responde o novo empregador por todos os efeitos jurídicos dos contratos mantidos após a sucessão, inclusive com respeito ao período pretérito, pois, no caso, operaram-se os efeitos dos arts. 10 e 448 da CLT. Para que aconteça a sucessão trabalhista, entretanto, dois requisitos são imprescindíveis: a) transferência de unidade econômico-jurídica; b) continuidade na prestação laborativa (...)".

STF – Pleno – ADI nº 3934 – Min. Ricardo Lewandowski – j. 27/05/2009: "I – Inexiste reserva constitucional de lei complementar para a execução dos créditos trabalhistas decorrente de falência ou recuperação judicial. II – Não há, também, inconstitucionalidade quanto à ausência de sucessão de créditos trabalhistas. III – Igualmente não existe ofensa à Constituição no tocante ao limite de conversão de créditos trabalhistas em quirografários. IV – Diploma legal que objetiva prestigiar a função social da empresa e assegurar, tanto quanto possível, a preservação dos postos de trabalho".

TST – RR nº 78040-81.2008.5.10.0011 – Rel. Min. Luiz Philippe Vieira de Mello Filho – *DJe* 05.08.2011: "(...) De acordo com o postulado da viabilidade da empresa, deve o ordenamento jurídico proporcionar mecanismos de reerguimento para sociedades empresariais que, em crise circunstancial, demonstrem condições de se recuperarem e de retornarem ao exercício das atividades econômicas para as quais foram constituídas. No ordenamento jurídico brasileiro, tal papel cabe aos institutos da recuperação judicial e extrajudicial, previstos na Lei nº 11.101/2005. Referido diploma legal, em seu art. 60, parágrafo único, determina que, quando um dos mecanismos utilizados para restabelecimento da sociedade empresária for a alienação de unidades produtivas, não haverá sucessão (de qualquer espécie) por parte do adquirente. Tal comando normativo (declarado constitucional pelo STF, no julgamento da ADIn 3.394/2005) visa à preservação da sociedade empresária e dos interesses que em torno dela gravitam (consumeristas, trabalhistas, fiscais, previdenciário, etc.), razão pela qual constitui exceção ao disposto nos arts. 10 e 448 da CLT. Precedentes do TST".

5. CLÁUSULA DE CONCORRÊNCIA

A venda do estabelecimento não inclui a capacidade e a liberdade do alienante de continuar fazendo negócios e atuando como empresário. Dependendo do caso, o aviamento subjetivo de um empresário tem potencial de desvalorizar ou mesmo tornar irrelevantes os ativos transferidos com o estabelecimento por conta do desvio de clientela.

Ao superar antiga controvérsia sobre o assunto e ressaltar a boa-fé (GONÇALVES NETO, 2012, p. 635; WAISBERG, 2015, p. 94; Caso Companhia de Tecidos de Juta RT12/80), o art. 1.147 do CC determinou, como regra, que o alienante não pode fazer concorrência ao adquirente, nos cinco anos subsequentes à transferência e, no caso de usufruto e arrendamento, pelo prazo do contrato. A regra, portanto, é não se admitir a concorrência, vedando-se ao alienante que prossiga com negócios no mesmo ramo de quem adquiriu o estabelecimento.

Ressalva-se, todavia, que o contrato de trespasse, de usufruto ou de arrendamento deverá autorizar expressamente a concorrência do alienante. Poderá o pacto diminuir o prazo de restrição da concorrência e até mesmo aumentá-lo, desde que não seja de forma abusiva. Além disso, conforme afirma ALFREDO ASSIS GONÇALVES NETO, "o alienante, abrindo outro negócio em ramo diverso, não incide na proibição legal porque não fará concorrência ao adquirente; não fará concorrência, também, restabelecendo-se no mesmo ramo, porém em região geográfica distante" (GONÇALVES NETO, 2012, p. 635).

Caso a alienação seja de um ou de vários estabelecimentos, a proibição de concorrência, na omissão do contrato, será restrita à vedação de desvio de clientela vinculada ao estabelecimento alienado (com natural dificuldade fática nessa apuração).

A violação da proibição gera pretensão de reparação de danos correspondentes à redução do movimento de clientela no estabelecimento do adquirente, além de impactos no próprio aviamento. É possível cumular o pleito de obrigação de não concorrência, com fixação de multa pelo descumprimento do preceito cominatório.

Jurisprudência

CADE – Súmula nº 05: "É lícita a estipulação de cláusula de não concorrência com prazo de até cinco anos da alienação do estabelecimento, desde que vinculada à proteção do fundo de comércio".

TJSP – Ap. nº 4008373-55.2013.8.26.0564 –1ª C.Res.DEmp. – Rel. Des. Pereira Calças – DJe 19.01.2015: "Trespasse de estabelecimento comercial. Dever de não concorrência. Ré, vendedora, que procede em violação ao dever *ex lege* imposto de não concorrer contra o adquirente do estabelecimento (CC, art. 1.147). Abstenção determinada pelo prazo de cinco anos, sob pena de multa. Danos morais à pessoa jurídica, contudo, não caracterizados (...)".

TJDFT – AOF nº 20090710369656 –Rel. Des. Vera Andrighi – DJe 05.02.2013: "I – Tem pertinência subjetiva para a ação de obrigação de abstenção de atividade comercial e indenização por danos materiais, quem sofre a concorrência desleal e quem suportará eventual procedência do pedido. Preliminares de ilegitimidade ativa e passiva rejeitadas. II – O alienante de estabelecimento empresarial não pode exercer a mesma atividade pelo prazo de cinco anos. Art. 1.147 do CC. Descumprido esse dever, impõe-se a condenação do alienante ao ressarcimento pelo decréscimo do faturamento. A indenização deve ser apurada em liquidação por arbitramento (...)".

6. O ESTABELECIMENTO DE SOCIEDADE SIMPLES

A destinação unitária de bens, como universalidade fato, pode ocorrer também para atividades não empresariais de profissões do art. 966, parágrafo único, do CC, sociedades simples e sociedades cooperativas (GONÇALVES NETO, 2012, p. 613). Assim, é possível concluir também pela possibilidade de negócios com o *estabelecimento não empresarial*.

Ressalva-se, contudo, que nessas atividades impera o caráter pessoal e profissional, dificultando a caracterização do aviamento, fundo de comércio ou *goodwill* (FERRAZ JÚNIOR, 1998). O reconhecimento da "competência profissional" já ocorreu no STJ, como se averigua no voto do Ministro RAUL ARAÚJO (REsp nº 958.116): "*Essas sociedades oferecem serviços profissionais à clientela e, com isso, uma vez contratadas, vão acumulando acervo de conhecimentos técnicos, ou seja, expertise, com os serviços realizados*". E prossegue: "*Com efeito, o acervo imaterial agregado ao patrimônio material de uma sociedade civil (atual sociedade simples) de profissionais especializados decorre de acumulação de méritos, traduzidos na experiência reunida com os serviços prestados com êxito à clientela (que não é mera freguesia), refletindo confiança para todos. Não há, dessa maneira, propriamente fundo de comércio, mas um acervo técnico acumulado*".

No caso das cooperativas, a complexidade é ainda maior. Os ativos são voltados à instrumentalidade de servir aos sócios. A alienação do estabelecimento imprescinde da aprovação de assembleia, com redução dos ativos que não implica alteração nas quotas de capital do cooperado. Por omissão da LCoop, aplicam-se analogicamente as regras de ineficácia e solidariedade na alienação de estabelecimento empresarial.

Jurisprudência:

STJ – REsp nº 958.116 – 4ª T. – Rel. p/ Acórdão Min. Raul Araújo – j. 22/05/2012: "Recurso Especial. Ação de Apuração de haveres. Resolução da sociedade em relação a um sócio. Sociedade não empresária. Prestação de serviços intelectuais na área de engenharia. Fundo de comércio. Não caracterização. Exclusão dos bens incorpóreos do cálculo dos haveres".

TJSP – Apelação nº 9154197-42.2009.8.26.0000 – Rel. Des. Francisco Loureiro – j. 26/05/11: "(...) Inexiste aviamento indenizável quando resulta das qualidades personalíssimas de cada um dos sócios. Médicos que prestam serviços no interior de hospital, reunidos em sociedade para obtenção de vantagens fiscais, não dotada de qualquer ativo corpóreo. Simples estratégia para prestação de serviços em caráter pessoal e sem exclusividade, desprovida, por isso, de fundo de comércio e *goodwill*. Procedência do pedido de dissolução parcial de sociedade. Provimento dos recursos dos réus, para o fim de excluir dos haveres do sócio retirante o *goodwill*".

Bibliografia: ASQUINI, Alberto. Perfis da empresa. Trad. Fábio Konder Comparato. *RDM*, 104/109. BARRETO FILHO, Oscar. *Teoria do estabelecimento comercial*. 2. ed. São Paulo: Saraiva, 1988. BITTAR, Carlos Alberto. Teoria e prática da concorrência desleal. Atualizador: Carlos Alberto Bittar Filho. Rio de Janeiro: Forense Universitária, 2005. COELHO, Fabio Ulhoa. *Sucessão no trespasse*. In: COELHO, Fabio Ulhoa. Tratado de direito comercial. v. 6. São Paulo: Saraiva, 2015. FÉRES, Marcelo Andrade. *Estabelecimento empresarial*. São Paulo: Saraiva, 2007. FERRAZ JÚNIOR, Tércio Sampaio. Da Inexistência de Fundo de Comércio nas Sociedades de Profissionais de Engenharia. RDM, 111/45. FRANÇA, Erasmo Valladão Azevedo e Novaes. Empresa, empresário e estabelecimento. A nova disciplina das sociedades. *Revista do Advogado*, n. 71/15. MACHADO, Sylvio Marcondes. *Problemas de direito mercantil*. São Paulo: Max Limonad, 1970. MIGUEL, Paula Castelo. *Estabelecimento empresarial no Código Civil*. In: COELHO, Fabio Ulhoa. Tratado de direito comercial. v. 6. São Paulo: Saraiva, 2015. NERY JR, Nelson. Ineficácia do negócio jurídico previsto na LF 52, VIII: alienação do estabelecimento comercial (trespasse). RDP, 11. SILVEIRA, Newton. Sinais distintivos da empresa. Revista da Associação Brasileira da Propriedade Intelectual (ABPI), nº 98, p. 3-8, janeiro/fevereiro 2009. SOARES, José Carlos Tinoco. "Concorrência desleal": "Trade dress" e/ou "conjunto-imagem". São Paulo: Ed. do Autor, 2004. TEIXEIRA, Tarcisio. *Estabelecimento empresarial virtual*. RDM, 157/27. TOKARS, Fabio. *Estabelecimento empresarial*. São Paulo: LTr, 2006. VIANA, Bonfin. A sucessão das obrigações do estabelecimento no direito comparado. RF, 77/1. WEISBERG, Ivo. *Trespasse*. In: COELHO, Fabio Ulhoa. Tratado de direito comercial. v. 6. São Paulo: Saraiva, 2015. XAVIER, José Tadeu Neves. *O estabelecimento empresarial no direito brasileiro*, RDM, 159-160/90.

§2
PROPRIEDADE INTELECTUAL: DIREITOS DE AUTOR E PROGRAMAS DE COMPUTADOR

1. CARACTERÍSTICAS GERAIS

Propriedade intelectual é um gênero que comporta duas espécies: os direitos autorais e a propriedade industrial. A presente seção cuidará da propriedade intelectual dos direitos autorais e programas de computador.

A propriedade intelectual aqui abordada pode derivar de conhecimento gerado pela atividade empresarial, muitas vezes compondo (valiosos) ativos, diretos e indiretos, do empresário ou da sociedade empresária, verdadeiros "ativos intangíveis diferenciadores" (MORO, 2015, p. 203). Por isso, a compreensão é relevante para a adequada tutela de tais direitos.

O interesse será direito quando o direito autoral for componente da própria atividade, gerando o lucro a partir da exploração da exclusividade de tal direito (como se vê em casos da relação da *Turma da Mônica* com a Mauricio de Sousa Produções S.A ou então dos diversos direitos autorais do Grupo Disney). Será indireto, porque muitas vezes o direito autoral é gerador de utilidade ou secundário para a atividade, como ocorre com expressões de propaganda geradas do conhecimento empresarial.

É preciso diferir, ainda, direitos autorais puros daqueles que são derivadas de programas de computador. Ambos têm legislação e princípios próprios.

2. DIREITOS AUTORAIS

2.1. Conceitos gerais: obra e autor

Pertencem ao autor os direitos morais e patrimoniais sobre a obra que criou (art. 5º, XXVII, da CF[1] e art. 22 da Lei nº 9.610/98 – LDAutor), com natureza jurídica de bem móvel (art. 3º da LDAutor). As obras são consideradas pela lei as "criações do espírito, expressas por qualquer meio ou fixadas em qualquer suporte, tangível ou intangível, conhecido ou que se invente no futuro" (art. 7º, *caput*, da LDAutor), que são exemplificativamente enumerados

---

[1] Art. 5º (...) XXVII – aos autores pertence o direito exclusivo de utilização, publicação ou reprodução de suas obras, transmissível aos herdeiros pelo tempo que a lei fixar.

pelo mesmo art. 7º (exceção feita a programas de computador, regidos pela Lei nº 9.609/98 e objeto do tópico seguinte): I – os textos de obras literárias, artísticas ou científicas; II – as conferências, alocuções, sermões e outras obras da mesma natureza; III – as obras dramáticas e dramático-musicais; IV – as obras coreográficas e pantomímicas, cuja execução cênica se fixe por escrito ou por outra qualquer forma; V – as composições musicais, tenham ou não letra; VI – as obras audiovisuais, sonorizadas ou não, inclusive as cinematográficas; VII – as obras fotográficas e as produzidas por qualquer processo análogo ao da fotografia; VIII – as obras de desenho, pintura, gravura, escultura, litografia e arte cinética; IX – as ilustrações, cartas geográficas e outras obras da mesma natureza; X – os projetos, esboços e obras plásticas concernentes à geografia, engenharia, topografia, arquitetura, paisagismo, cenografia e ciência; XI – as adaptações, traduções e outras transformações de obras originais, apresentadas como criação intelectual nova; XII – os programas de computador; XIII – as coletâneas ou compilações, antologias, enciclopédias, dicionários, bases de dados e outras obras, que, por sua seleção, organização ou disposição de seu conteúdo, constituam uma criação intelectual. Também é protegido o título de obra "se original e inconfundível com o de obra do mesmo gênero, divulgada anteriormente por outro autor" (art. 10 da LDAutor).

No art. 8º da LDAutor são excluídos da proteção: I – as ideias, procedimentos normativos, sistemas, métodos, projetos ou conceitos matemáticos como tais; II – os esquemas, planos ou regras para realizar atos mentais, jogos ou negócios; III – os formulários em branco para serem preenchidos por qualquer tipo de informação, científica ou não, e suas instruções; IV – os textos de tratados ou convenções, leis, decretos, regulamentos, decisões judiciais e demais atos oficiais; V – as informações de uso comum, tais como calendários, agendas, cadastros ou legendas; VI – os nomes e títulos isolados; VII – o aproveitamento industrial ou comercial das ideias contidas nas obras.

Para a lei, considera-se autor a pessoa criadora de obra literária, artística ou científica (art. 11 da LDAutor). A identificação poderá ser pelo nome civil ou por sinais e pseudônimos artísticos. Conforme art. 13 da LDAutor, considera-se autor da obra intelectual, não havendo prova em contrário, aquele que se identifica e se projeta com essa qualidade no uso da obra (art. 13 da LDAutor).

Aceita-se a coautoria, com mesmos pressupostos de sua caracterização. Contudo, preocupou-se o legislador em afastar "quem simplesmente auxiliou o autor na produção da obra literária, artística ou científica, revendo-a, atualizando-a, bem como fiscalizando ou dirigindo sua edição ou apresentação por qualquer meio" (art. 15, §1º, da LDAutor). Exemplo de coautoria é esclarecida pela própria lei, com considera coautores "da obra audiovisual o autor do assunto ou argumento literário, musical ou lítero-musical e o diretor" (art. 16 da LDAutor).

Cuida-se, ainda, da autoria coletiva, assegurando-se a proteção das participações individuais. Normalmente em tais obras é indicado o organizador, a quem cabe a titularidade dos direitos patrimoniais sobre o conjunto da obra coletiva, mas com especificação das contribuições individuais. Assim, prevê o art. 17, § 1º, da LDAutor que "qualquer dos participantes, no exercício de seus direitos morais, poderá proibir que se indique ou anuncie seu nome na obra coletiva, sem prejuízo do direito de haver a remuneração contratada". Portanto, a lei regula verdadeira comunhão de interesses, assegurando direitos individuais, mas com atuação do organizador à frente da obra.

A proteção poderá ser estendida para pessoas jurídicas, inclusive sociedade empresárias que sejam titulares dos direitos autorais.

Compreender essas categorias se mostra relevante numa atividade empresarial que esteja assentada na exploração de direitos autorais, seja para avaliação patrimonial, seja para identificação da autora da obra. Diversas atividades empresariais são moldadas pelo tipo de direito autoral que exploram economicamente, seja com remuneração ao autor, seja com a exploração direta.

Por isso, a compreensão do direito é essencial e estratégica nos casos de utilização de obras intelectuais com contratos de edição literário, artístico ou científico (arts. 53 a 67 da LDAutor); comunicações ao público de obras teatrais, composições musicais ou lítero-musicais e fonogramas (arts. 68 a 76 da LDAutor); obras de artes plásticas (arts. 77 e 78 da LDAutor); obra fotográficas (art. 79 da LDAutor); fonogramas (art. 80 da LDAutor); obra audiovisual (arts. 81 a 86 da LDAutor); bases de dados (art. 87 da LDAutor); obras coletivas (art. 88 da LDAutor).

Interessante exemplo é a propriedade de direitos autorais sobre bases de dados, que podem ser fundamentais para uma atividade empresarial, por exemplo, com informações contábeis, dados estratégicos de clientela ou mesmo estratégicas de *marketing*. Conforme prevê o art. 87 da LDAutor, o titular do direito patrimonial sobre uma base de dados terá o direito exclusivo, a respeito da forma de expressão da estrutura da referida base, de autorizar ou proibir: I – sua reprodução total ou parcial, por qualquer meio ou processo; II – sua tradução, adaptação, reordenação ou qualquer outra modificação; III – a distribuição do original ou cópias da base de dados ou a sua comunicação ao público; IV – a reprodução, distribuição ou comunicação ao público dos resultados das operações mencionadas no inciso II deste artigo.

Jurisprudência

STJ – 3ª T. – REsp nº 1.627.606 – Rel. Min. Ricardo Villas Bôas Cueva – j. 02/05/2017: "(...) 2. O art. 7º da Lei nº 9.610/1998 garante a proteção de obras intelectuais, isto é, as criações do espírito, expressas por qualquer meio ou fixadas em qualquer suporte, tangível ou intangível, conhecido ou que se invente no futuro. 3. Para não haver o engessamento do conhecimento bem como o comprometimento da livre concorrência e da livre iniciativa, a própria Lei de Direitos Autorais restringe seu âmbito de atuação, elencando diversas hipóteses em que não há proteção de exclusividade (art. 8º da Lei nº 9.610/1998). 4. O direito autoral não pode proteger as ideias em si, visto que constituem patrimônio comum da humanidade, mas apenas as formas de expressá-las. Incidência do princípio da liberdade das ideias, a proibir a propriedade ou o direito de exclusividade sobre elas. 5. Não há proteção autoral ao contrato por mais inovador e original que seja; no máximo, ao texto das cláusulas contido em determinada avença (isto é, à expressão das ideias, sua forma literária ou artística), nunca aos conceitos, dispositivos, dados ou materiais em si mesmos (que são o conteúdo científico ou técnico do Direito). 6. A Lei de Direitos Autorais não pode tolher a criatividade e a livre iniciativa, nem o avanço das relações comerciais e da ciência jurídica, a qual ficaria estagnada com o direito de exclusividade de certos tipos contratuais. 7. É possível a coexistência de contratos de seguro com a mesma temática (seguro de responsabilidade civil com cobertura para danos ambientais em transporte de cargas), comercializados por corretoras e seguradoras distintas sem haver violação do direito de autor. Licitude do aproveitamento industrial ou comercial das ideias contidas nas obras sem ocorrer infração à legislação autoral, sendo livre o uso, por terceiros, de ideias, métodos operacionais, temas, projetos, esquemas e planos de negócio, ainda que postos em prática, para compor novo produto individualizado, não podendo ser exceção a exploração de determinado nicho no mercado securitário, que ficaria refém de eventual monopólio. (...) 9. Inexiste usurpação de know-how quando seguradora e corretora trabalham em conjunto para desenvolver produto com a expertise de cada uma, não havendo também confidencialidade das informações técnicas envolvidas, típicas da atividade de corretagem, a gerar apenas aviamento (...)".

STJ – 4ª T. – REsp nº 1.380.630 – Rel. Min. Luis Felipe Salomão – j. 13/10/2015: "1. O direito autoral é informado por três princípios basilares à sua disciplina, quais sejam: princípio do tratamento nacional, princípio da proteção automática e o seu corolário princípio da proteção independente. É dizer, o registro de obra intelectual protegida pelo direito autoral não é o que faz exsurgir os direitos patrimoniais e morais do autor, que remontam, pois, à criação intelectual, independentemente de qualquer formalidade (art. 18 da Lei nº 9.610/1998). 2. É bem de ver que o estranho não tem direito de uso sobre a obra intelectual autoral, e tanto lhe faz que seja um ou outro o titular. Ademais, o direito de autor não pode nem mesmo ser adquirido por usucapião, não havendo falar em uso legítimo, ou mesmo podendo servir a ausência de registro de fundamento para impugnação da cessão ou licença, pois isso é matéria que só interessaria ao cedente ou demais cessionários. 3. Como bem leciona a abalizada doutrina, é pacífico que ideias e métodos não são passíveis de proteção autoral. O fato de uma ideia ser materializada não a torna automaticamente passível de proteção autoral. Um plano, estratégia, método de negócio, ainda que posto em prática, não é o que o direito do autor visa proteger, pois 'admitir que a Lei ponha métodos, estilos ou técnicas dentre os bens protegidos seria tolher, em absoluto, a criatividade' (REsp 906.269/BA, Rel. Min. Humberto Gomes de Barros, 3ª T., Julgado em 16.10.2007, *DJ* 29.10.2007, p. 228). 4. No caso, embora a demanda e o litígio sejam mais amplos, em vista de que o acórdão reconheceu equivocadamente serem os manuais de procedimentos obra intelectual protegida pelo direito autoral, a Corte local – assim como procedido pelo Juízo de primeira instância –, limita-se a analisar a causa pelo enfoque da utilização indevida de obra autoral, muito embora reconheça que, na exordial, é afirmado que a ré pessoa física vem se valendo de informações e documentação obtidas enquanto trabalhava para a autora, promovendo concorrência parasitária, inclusive assentando que a demandada se utiliza, de modo caudatário, das mesmas técnicas de treinamento, mediante, até mesmo, simples utilização de fotocópia dos manuais e métodos adquiridos, pela autora, de empresa estrangeira, mediante pactuação onerosa. 5. Em linha de princípio, um ex-empregado pode exercer a mesma atividade profissional ou gerir sociedade empresária com a mesma atividade desenvolvida por sua ex-empregadora, todavia, no caso, a autora afirma que a ré faltou com os deveres inerentes à boa-fé objetiva, além do que aduz estar havendo concorrência desleal – matéria que deve ser avaliada diante de cada caso concreto (...)".

STJ – REsp nº 590.138 – 3ª T. – Rel. Min. Carlos Alberto Menezes Direito – *DJU* 12.09.2005: "1. Está assentada jurisprudência da Corte no sentido de que exibidores são os responsáveis pelo pagamento de direitos autorais das trilhas sonoras dos filmes. 2. Não é necessário que seja feita a indicação da entidade a que filiado o titular do direito autoral nem a identificação das músicas nem dos autores, sob pena de ser inviabilizado o sistema de arrecadação e distribuição causando evidentes prejuízos aos titulares".

2.2. Objeto da tutela

Os direitos de autor são protegidos pela novidade e pela primazia do autor em *criar* a obra, sempre que houver a utilização, publicação, distribuição, reprodução e transmissão pelos meios disponíveis.

A lei protege o direito moral e patrimonial do autor, permitindo-lhe auferir remuneração pela utilização da obra. Ele próprio, o autor, poderá fazer cópias de sua obra, com a mesma proteção do original (art. 9º da LDAutor). A exploração econômica tem aspecto secundário na legislação, porque interessa a proteção do direito do autor de controlar a utilização pública de sua obra, independentemente de auferir remuneração (ASCENSÃO, 1992, p. 202).

Vedada está a contrafação ou a reprodução não autorizada, permitindo-se ao autor pleitear a tutela do seu direito autoral, seja por meio extrajudiciais, seja por ação judicial com objetivo de retirada da contrafação do mercado, além de pleitos indenizatórios correspondentes. Interessante a diferenciação feita por Leonardo Zanini quanto aos efeitos de plágio e de contrafação: "pode-se dizer que o plágio não ocorre apenas em virtude da reprodução de uma obra, 'mas porque os créditos não foram atribuídos ao responsável original' e ainda são conferidos ao plagiador. Na contrafação, por seu turno, é necessária a ocorrência da violação ao monopólio do aproveitamento econômico da obra, sendo apenas eventual o desrespeito aos direitos morais do autor. Na contrafação não é imprescindível a atribuição de obra alheia ao contrafator, pois esse elemento é essencial somente no plágio" (ZANINI, 2019, p. 19).

Os direitos morais do autor, inalienáveis e irrenunciáveis, são enumerados pelo art. 24 da LDAutor: I – o de reivindicar, a qualquer tempo, a autoria da obra; II – o de ter seu nome, pseudônimo ou sinal convencional indicado ou anunciado, como sendo o do autor, na utilização de sua obra; III – o de conservar a obra inédita; IV – o de assegurar a integridade da obra, opondo-se a quaisquer modificações ou à prática de atos que, de qualquer forma, possam prejudicá-la ou atingi-lo, como autor, em sua reputação ou honra; V – o de modificar a obra, antes ou depois de utilizada; VI – o de retirar de circulação a obra ou de suspender qualquer forma de utilização já autorizada, quando a circulação ou utilização implicarem afronta à sua reputação e imagem; VII – o de ter acesso a exemplar único e raro da obra, quando se encontre legitimamente em poder de outrem, para o fim de, por meio de processo fotográfico ou assemelhado, ou audiovisual, preservar sua memória, de forma que cause o menor inconveniente possível a seu detentor, que, em todo caso, será indenizado de qualquer dano ou prejuízo que lhe seja causado.

A outra face do direito autoral é a patrimonial, com desdobramentos de disponibilidade do direito e circulação econômica por meio de autorização do autor e do coautor. A autorização é exigível – e sua falta, geradora de pretensão ao autor – nos casos enumerados exemplificativamente pelo art. 29 da LDAutor: I – a reprodução parcial ou integral; II – a edição; III – a adaptação, o arranjo musical e quaisquer outras transformações; IV – a tradução para qualquer idioma; V – a inclusão em fonograma ou produção audiovisual; VI – a distribuição, quando não intrínseca ao contrato firmado pelo autor com terceiros para uso ou exploração da obra; VII – a distribuição para oferta de obras ou produções mediante cabo, fibra ótica, satélite, ondas ou qualquer outro sistema que permita ao usuário realizar a seleção da obra ou produção para percebê-la em um tempo e lugar previamente determinados por quem formula a demanda, e nos casos em que o acesso às obras ou produções se faça por qualquer sistema que importe em pagamento pelo usuário; VIII – a utilização, direta ou indireta, da obra literária, artística ou científica, por meios de exposição que a lei enumera; IX – a inclusão em base de dados, o armazenamento em computador, a microfilmagem e as demais formas de arquivamento do gênero; X – quaisquer outras modalidades de utilização existentes ou que venham a ser inventadas. Em contrapartida, a própria Lei, no art. 46, determina uma série de reprodução que não representam ofensa ao direito autoral, como a reprodução noticiosa na imprensa, citações com referência de fonte, utilização de obras literárias, artísticas ou científicas, fonogramas e transmissão de rádio e televisão em estabelecimentos empresariais, exclusivamente para demonstração à clientela, dentre outros. Também "são livres as paráfrases e paródias que não forem verdadeiras reproduções da obra originária nem lhe implicarem descrédito" (art. 47 da LDAutor).

Por conta da proteção nacional e produção independente (balizas de interpretação), o direito autoral independe de registro para ter identificada a titularidade, para exercício dos atributos e para proteção. O registro é facultativo, conforme arts. 18 e 19 da LDAutor, que repristina o § 1º, do art. 17, da Lei nº 5.988, de 14 de dezembro de 1973. Portanto, o registro poderá ser feito conforme a natureza na Biblioteca Nacional, na Escola de Música, na Escola de Belas Artes da Universidade Federal do Rio de Janeiro, no Instituto Nacional do Cinema, ou no Conselho Federal de Engenharia, Arquitetura e Agronomia.

Todos os direitos patrimoniais e os direitos morais de indicar e reivindicar a autoria, conservar a obra inédita e assegurar a integridade da obra se transmitem aos herdeiros pelo prazo especificado na LDAutor.

Entretanto, o art. 41 da LDAutor determina que os direitos patrimoniais do autor perduram por 70 anos contados de 1º de janeiro do ano subsequente ao de seu falecimento, obedecida a ordem sucessória da lei civil. Após esse período, a obra cai em domínio público e fica facultada a exploração econômica por terceiros (art. 33 da LDAutor)[2]. Ao Estado compete a defesa da integridade e autoria da obra caída em domínio público (art. 24, § 2º, da LDAutor).

Ressalvam-se que adaptações a obras de domínio público adquirem nova proteção, conforme se prova pelo art. 14 da LDAutor: "É titular de direitos de autor quem adapta, traduz, arranja ou orquestra obra caída no domínio público, não podendo opor-se à outra adaptação, arranjo, orquestração ou tradução, salvo se for cópia da sua".

Conforma, com essas características, a descrição de um bem jurídico específico e determinado: a proteção do interesse do autor de controlar a divulgação pública de sua obra. Em função disso, a tutela perpassa o campo civil e chega também ao penal, com tipificação de crime capitulado no art. 184 do CP como de direito autoral. Quem violar direitos de autos e aqueles que lhe são conexos fica sujeito à pena de detenção, de 3 meses a 1 ano, ou multa. Se a violação for com intuito lucrativo, inclusive de fonogramas, os §§ 1º e 2º do mesmo art. 184 aumenta para reclusão de 2 a 4 anos. Não se aplica o tipo penal quando se tratar de exceção ou limitação ao direito de autor, nem a cópia de obra intelectual ou fonograma, em um só exemplar, para uso privado do copista, sem intuito de lucro direto ou indireto.

---

[2] O art. 45 da LDAutor determina que também são de domínio público, além das obras em relação às quais decorreu o prazo de proteção aos direitos patrimoniais, pertencem ao domínio público: I – as de autores falecidos que não tenham deixado sucessores; II – as de autor desconhecido, ressalvada a proteção legal aos conhecimentos étnicos e tradicionais.

Jurisprudência

Paródia da "Garota de Ipanema": STJ – REsp nº 1.597.678 – 3ª T. – Rel. Min. Ricardo Villas Bôas Cueva – j. 21/08/2018: "(...) A paródia é lícita e consiste em livre manifestação do pensamento, desde que não constitua verdadeira reprodução da obra originária, ou seja, que haja uma efetiva atividade criativa por parte do parodiador, e que não tenha conotação depreciativa ou ofensiva, implicando descrédito à criação primeva ou ao seu autor. O art. 47 da Lei nº 9.610/1998 não exige que a criação possua finalidade não lucrativa ou não comercial(...).Na hipótese, o acórdão recorrido consignou que a campanha publicitária, promovida em formato impresso e digital, fez mera alusão a um dos versos que compõem a letra da canção "Garota de Ipanema", alterando-o de forma satírica e não depreciativa, sem reproduzir a melodia de coautoria de Tom Jobim e Vinicius de Moraes".

Caso do "streaming de obras musicais": STJ – REsp nº 1.559.264 – 2ª Seção – Rel. Min. Ricardo Villas Bôas Cueva – j. 08/02/2017: "2. Streaming é a tecnologia que permite a transmissão de dados e informações, utilizando a rede de computadores, de modo contínuo. Esse mecanismo é caracterizado pelo envio de dados por meio de pacotes, sem a necessidade de que o usuário realize *download* dos arquivos a serem executados. 3. O *streaming* é gênero que se subdivide em várias espécies, dentre as quais estão o *simulcasting* e o *webcasting*. Enquanto na primeira espécie há transmissão simultânea de determinado conteúdo por meio de canais de comunicação diferentes, na segunda, o conteúdo oferecido pelo pro-vedor é transmitido pela internet, existindo a possibilidade ou não de intervenção do usuário na ordem de execução. 4. À luz do art. 29, incisos VII, VIII, "i", IX e X, da Lei nº 9.610/1998, verifica-se que a tecnologia *streaming* enquadra-se nos requisitos de incidência normativa, configurando-se, portanto, modalidade de exploração econômica das obras musicais a demandar autorização prévia e expressa pelos titulares de direito. 5. De acordo com os arts. 5º, inciso II, e 68, §§ 2º e 3º, da Lei Autoral, é possível afirmar que o *streaming* é uma das modalidades previstas em lei, pela qual as obras musicais e fonogramas são transmiti-dos e que a internet é local de frequência coletiva, caracterizando-se, desse modo, a execução como pública (...)".

STJ – 4ª T. – REsp nº 1.120.423 – Rel. Min. Maria Isabel Gallotti – j. 15/10/2015: "Direito autoral. Fotografia estampada em matéria de periódico distribuído a integrantes de associação. Falta de autorização do fotógrafo e de indicação de seu nome como autor da obra. Arbitramento dos danos materiais. Lei nº 5.988/1973, art. 122, parágrafo único. 1. Sentença, transitada em julgado, condenatória ao pagamento de indenização, nos termos do art. 122, parágrafo único, da Lei nº 5.988/1973, por reprodução não autorizada de obra fotográfica, em periódico de circulação restrita de associação, sem valor comercial. 2. Indenização, fixada na fase de liquidação, equivalente ao valor apurado em laudo pericial para a fotografia indevidamente reproduzida somado ao custo de confecção de dois mil exemplares. Inexistência de ofensa ao art. 122, parágrafo único, da Lei nº 5.988/1973".

STJ – REsp nº 1.418.524 – Relª Min. Nancy Andrighi – 3ª T. – j. 08.05.2014: "1. Ação de reparação distribuída em 08.03.2002, da qual foi extraída o presente recurso especial, concluso ao Gabinete em 16.01.2014. 2. Cinge-se a controvérsia em saber se o projeto desenvolvido pela recorrente fora plágio daquele idealizado pelo recorrido. 3. O art. 8º da Lei nº 9.610/1998 veda, de forma taxativa, a proteção como direitos autorais de ideias, métodos, planos ou regras para realizar negócios. Nessa linha, o fato de uma ideia ser materializada não a torna automaticamente passível de proteção autoral. Um plano, estratégia, método de negócio, ainda que posto em prática, não é o que o direito do autor visa proteger. Assim, não merece proteção autoral ideias/métodos/planos para otimização de comercialização de títulos de capitalização destinados à aquisição de motos. 4. Admitir que a lei ponha métodos, estilos ou técnicas dentre os bens protegidos seria tolher, em absoluto, a criatividade (REsp 906.269/BA, 3ª T., Rel. Min. Humberto Gomes de Barros, *DJ* 29.10.2007)".

STJ – 6ª T. – REsp 1.369.764 – Rel. Min. Rogerio Schietti Cruz – j. 15/10/2013: "1. O bem jurídico tutelado no delito tipificado no art. 184, § 2º, do Código Penal é o direito autoral. 2. Visto que a proteção ao direito autoral ultrapassa a esfera individual de seu detentor, estando inserido no rol dos direitos e garantias constitucionalmente protegidos, e que sua violação traz enormes prejuízos a toda a sociedade, não há a necessidade, para a caracterização do ilícito penal, de identificação da pessoa que teve o seu direito autoral violado".

2.3. Transferência dos direitos de autor

Os direitos de autor podem ser objeto de negócio jurídico translativo presumivelmente oneroso, sempre por escrito, com elementos o objeto e as condições de exercício do direito quanto a tempo, lugar e preço (art. 50, § 2º, da LDAutor).

O art. 49 descreve as características dos contrato e as limitações: "Os direitos de autor poderão ser total ou parcialmente transferidos a terceiros, por ele ou por seus sucessores, a título universal ou singular, pessoalmente ou por meio de representantes com poderes especiais, por meio de licenciamento, concessão, cessão ou por outros meios admitidos em Direito, obedecidas as seguintes limitações: I – a transmissão total compreende todos os direitos de autor, salvo os de natureza moral e os expressamente excluídos por lei; II – somente se admitirá transmissão total e definitiva dos direitos mediante estipulação contratual escrita; III – na hipótese de não haver estipulação contratual escrita, o prazo máximo será de cinco anos; IV – a cessão será válida unicamente para o País em que se firmou o contrato, salvo estipulação em contrário; V – a cessão só se operará para modalidades de utilização já existentes à data do contrato; VI – não havendo especificações quanto à modalidade de utilização, o contrato será interpretado restritivamente, entendendo-se como limitada apenas a uma que seja aquela indispensável ao cumprimento da finalidade do contrato".

2.4. Associações de titulares de direitos do autor e dos que lhes são conexos

Os autores podem ser reunir em associações para o exercício e defesa de direitos (art. 97 da LDAutor), que se tornam mandatárias de seus associados para a prática de todos os atos necessários à defesa judicial ou extrajudicial de seus direitos autorais, inclusive a cobrança do direito autoral. São essas associações que estabelecem os preços pela utilização dos repertórios, considerando a razoabilidade, a boa-fé e os usos do local de utilização das obras, independentemente da utilização da obra para obtenção de lucro direto ou indireto de quem promove a execução pública de obras musicais.

Destaca-se, para exemplificar, o ECAD (Escritório Central de Arrecadação), que congrega sete associações de gestão coletiva musical.

Jurisprudência

STJ – Súmula nº 63: São devidos direitos autorais pela retransmissão radiofônica de música em estabelecimentos comerciais.

STJ – Súmula nº 261: A cobrança de direitos autorais pela retransmissão radiofônica de músicas, em estabelecimentos hoteleiros, deve ser feita conforme a taxa média de utilização do equipamento, apurada em liquidação.

STJ – 3ª T. – REsp nº 1.416.758 – Rel. Min. Nancy Andrighi – j. 03/06/2014: "(...) 2. Controvérsia que se cinge em determinar se a recorrida, Universidade Federal, está dispensada de arrecadar ao Ecad valores relativos à execução de obras musicais realizada em evento por ela promovido. 3. Não constitui ofensa ao direito autoral a execução musical que apresente finalidade exclusivamente didática e sem intuito de lucro, desde que realizada no estabelecimento de ensino. 4. O pagamento de direitos autorais devidos em virtude da execução de obras musicais, a partir da edição da Lei nº 9.610/1998, independe da auferição de lucros por parte de quem as executa publicamente".

STJ – 3ª T. – REsp nº 1.424.004 – Rel. Min. Nancy Andrighi – j. 25/03/2014: "(...) 3. O Ecad é órgão instituído e administrado pelas associações de gestão coletiva musical, as quais, por sua vez, são mandatárias de todos os titulares de obras musicais a elas filiados. Assim, conclui-se que o ECAD nada mais é do que um mandatário dos titulares de obras musicais, com poderes para arrecadar, distribuir e fiscalizar os direitos autorais de execução pública musical. 4. Na execução comercial desautorizada de obra musical, a relação entre o titular da obra (representado pelo Ecad) e o executor será extracontratual, ante à inexistência de vínculo entre as partes, de sorte que eventual condenação judicial fica sujeita a juros de mora contados desde o ato ilícito, nos termos do art. 398 do CC/2002 e do Enunciado nº 54 da Súmula/STJ. 5. Na execução comercial de composições musicais mediante prévia autorização do titular, ainda que por intermédio do Ecad, há autêntico acordo de vontades para a cessão parcial, temporária e não exclusiva de direitos autorais, caracterizando relação contratual, de maneira que sobre eventual condenação judicial incidem juros de mora contados desde a citação, nos termos do art. 405 do CC/2002 (...)".

STJ – 3ª T. – REsp nº 1.219.273 – Rel. Min. Nancy Andrighi – j. 24/04/2014: "(...) 7. Há uma clara distinção entre o cachê pago aos artistas, entendido como direito conexo devido ao intérprete da obra, e o direito autoral propriamente dito, entendido como a remuneração pela criação da obra artística e que é passível de cobrança pelo ECAD. 8. Privilegia-se a gestão coletiva dos recursos, exercida de forma centralizada pelo ECAD. E, na hipótese, não há qualquer evidência de que os titulares dos direitos autorais pretenderam e efetuaram sua cobrança diretamente dos organizadores do evento, fixando valores para essa utilização, cobrando-os e arrecadando-os, por meio da sua inclusão no valor do cachê cobrado pela execução do show (...)".

STJ – 3ª T. – REsp nº 1.207.447 – Rel. Min. Paulo de Tarso Sanseverino – j. 12/06/2012: "1. Cabível o pagamento de direitos autorais em espetáculos realizados ao vivo, independentemente do cachê recebido pelos artistas, ainda que os intérpretes sejam os próprios autores da obra".

STJ – 3ª T. – AgRg-REsp nº 998.928 – Rel. Min. Vasco Della Giustina – *DJe* 23.03.2011: "(...) 2. A jurisprudência desta Corte Superior consagrou o entendimento de que o Serviço Social do Comércio – Sesc é equiparado a clube social quando realiza eventos para seus associados (devendo ser incluída também a sonorização de ambientes), sendo devidos os direitos autorais oriundos da utilização de obras musicais, havendo ou não a cobrança de ingressos, mesmo sob a égide da Lei nº 5.988/1973, porquanto caracterizado o lucro indireto, com a promoção e valorização da própria entidade recreativa, a qual se torna mais atrativa a novos associados. 3. Este Tribunal Superior já assentou ser válida a tabela de preços instituída pelo próprio Ecad, não podendo o Poder Público, seja por lei seja por regulamento administrativo, ou o Judiciário modificar tais valores em face da natureza privada dos direitos postulados".

3. DIREITOS AUTORAIS SOBRE PROGRAMAS DE COMPUTADOR

O legislador optou por regular separadamente, em texto específico, os direitos autorais de programas de computador. Com efeito, a Lei nº 9.609/98 determina que o "programa de computador é a expressão de um conjunto organizado de instruções em linguagem natural ou codificada, contida em suporte físico de qualquer natureza, de emprego necessário em máquinas automáticas de tratamento da informação, dispositivos, instrumentos ou equipamentos periféricos, baseados em técnica digital ou análoga, para fazê-los funcionar de modo e para fins determinados".

Cuida-se de proteção específica e à parte dos direitos autorais porque o programa de computador conta com formatação técnica específica e critérios de tutela que são peculiares de *softwares* e *aplicativos* geradores de funcionalidades para máquinas de processamento de dados, não restritas a *desktops*, mas ampliadas para *laptops*, *tablets*, *smartphones* e demais máquinas de semelhante função. Essas instruções codificadas conjugam sistemicamente linguagem técnica de ciência da computação e, por seu conjunto e funções, são determinantes de específica tutela jurídica.

Além disso, os negócios envolvidos podem ser diferentes, porque o programa pode ser comercializado em massa e, ainda, o titular do direito autoral pode ser compelido, durante o prazo de validade técnica da respectiva versão, a assegurar aos respectivos usuários a prestação de serviços técnicos complementares relativos ao adequado funcionamento do programa, consideradas as suas especificações (art. 8º da Lei nº 9.609/98). De resto, a venda a destinatários finais e com características de hipossuficiência técnica e econômica pode atrair a relação jurídica para a esfera do CDC [*t. IV, §8, i. 1*].

A proteção dos direitos de propriedade intelectual de programa de computador independe de registro e será garantida por 50 anos, contados a partir de 1º de janeiro do ano subsequente ao da sua publicação ou, na ausência desta, da sua criação.

Na linha do que se expõe nesta obra, os direitos de propriedade intelectual sobre programas de computador podem integrar e valorizar os ativos de um empresário ou sociedade empresária, integrando o estabelecimento. Por isso, é relevante compreender a quem pertence a propriedade do programa, quando desenvolvido no âmbito de atividade empresarial e a lei bem esclarece no art. 4º: "Salvo estipulação em contrário, pertencerão exclusivamente ao empregador, contratante de serviços ou órgão público, os direitos relativos ao programa de computador, desenvolvido e elaborado durante a vigência de contrato ou de vínculo estatutário, expressamente destinado à pesquisa e desenvolvimento, ou em que a atividade do empregado, contratado de serviço ou servidor seja prevista, ou, ainda, que decorra da própria natureza dos encargos concernentes a esses vínculos"; ou seja, ainda que um funcionário desenvolva o programa, os direitos de propriedade sobre ele pertencerão ao empregador. Somente serão do empregado os direitos gerados sem relação com o contrato de trabalho (art. 4º, § 2º, da Lei nº 9.609/98).

Assim como ocorre com os direitos autorais, também os programas de computador podem ser objeto de contratação específica de exploração econômica, com contratos típicos de licença de uso, comercialização e transferência de tecnologia.

Jurisprudência

STJ – 4ª T. – REsp 1.185.943 – Rel. Min. Luis Felipe Salomão – j. 15/02/2011: "1. 'A pena pecuniária imposta ao infrator não se encontra restrita ao valor de mercado dos programas apreendidos. Inteligência do art. 102 da Lei nº 9.610/1998 – 'sem prejuízo da indenização cabível'. Na fixação do valor da indenização pela prática da contrafação' (REsp 1.136.676/RS, Rel.ª Min. Nancy Andrighi). 2. O simples pagamento, pelo contrafator, do valor de mercado por cada exemplar apreendido, não corresponde à indenização pelo dano causado decorrente do uso indevido, e muito menos inibe a sua prática. 3. O parágrafo único do art. 103 da Lei nº 9.610/1998 tem sua aplicação condicionada à impossibilidade de quantificação dos programas de computador utilizados sem a devida licença, o que não é o caso dos autos".

STJ – 4ª T. – REsp nº 913.004 – Rel. Min. João Otávio de Noronha – *DJe* 19.10.2009: "(...) Conquanto o art. 9º da Lei nº 9.609/1998 faça remissão expressa ao contrato de licença e ao documento fiscal, como meios hábeis de provar a regularidade do programa de computador, o dispositivo não excluiu expressamente outros elementos de prova, devendo ser interpretado em conformidade com o ordenamento jurídico brasileiro, o qual admite, nos termos dos arts. 332 do CPC e 212 do CC, a comprovação dos fatos alegados pelas partes por qualquer meio idôneo, ainda que não especificado em lei. 5. O art. 9º da Lei nº 9.609/1998 confere apenas caráter de prova pré-constituída, figura estabelecida pelo legislador para servir de comprovação futura de determinada relação jurídica, ao contrato de licença e ao documento fiscal, não limitando a comprovação do negócio jurídico mediante provas casuais, sem forma específica, apresentadas pelas partes no curso da lide. 6. Na hipótese ora em análise, a perícia que atesta a originalidade da mídia e dos programas utilizados pela empresa é meio capaz de comprovar a regularidade da utilização do programa de computador, suprindo a necessidade de exibição do contrato de licença ou documento fiscal(...)".

Bibliografia: ASCENSÃO, José de Oliveira. *Direito de autor e direitos conexos*.1 Coimbra: Coimbra, 1992. ASCENSÃO, José de Oliveira. Direito Industrial e consumidor. RDC, 68. BITTAR, Carlos Alberto. *Direito do autor*. 4. ed. Rio de Janeiro: Forense Universitária, 2008. MORO, Maitê Cecilia Fabbri. *Propriedade intelectual: introdução*. In: COELHO, Fabio Ulhoa. *Tratado de direito comercial*. v. 6. São Paulo: Saraiva, 2015. ZANINI, Leonardo Estevam de Assis. *Notas sobre o plágio e a contrafação*. Revista Brasileira de Direito Comercial, 27/5.

§3
PROPRIEDADE INDUSTRIAL

1. FUNDAMENTOS COMUNS

O direito de propriedade industrial tem fundamento na proteção da criação original, tanto para inventos, como para o sinal distintivo da marca. Entretanto, o invento deve ser de origem técnica ou industrial, agregando-lhe o conceito de utilidade. Em outros termos, o *direito de propriedade industrial é o conjunto de regras relativas aos inventos de origem técnica*[a] *e marcas*[b]*, com base em novidade*[c]*, atividade inventiva*[d] *e aplicação em utilidade industrial*[e] (art. 8º da Lei nº 9.279/96 – LPI).

(*a*) Há fundamentos *técnicos* na criação inventiva, diferentemente do direito autoral, que não dá relevância à utilidade da criação e pouco importa o uso. Nas invenções (patentes e modelos de utilidade) busca-se uma solução de problema ou avança-se no estado da técnica para evolução do sistema produtivo ou mesmo para criação de novo produto que será fabricado e vendido em série.

(*b*) As *marcas* são igualmente protegidas, com seus próprios princípios, mas com o fator comum de servirem à atividade econômica e serem protegidas pela novidade e pela necessidade apriorística de garantir a novidade e a utilização efetiva. As marcas e demais direitos de propriedade industrial são considerados bens móveis (art. 5º da LPI).

(*c*) Importa a *novidade* da criação, que deve representar absoluta evolução no estado da técnica (arts. 11 e 12 da LPI) para as invenções e garantia de proteção do símbolo do produto ou serviço criado originalmente. Àquele que desempenha a atividade inventiva atribui-se a *prioridade* pelo depósito primeiramente realizado (art. 16 da LPI).

(*d*) A *atividade inventiva* também é protegida no âmbito da propriedade industrial e representa requisito da invenção patenteável.

(*e*) Finalmente, como elemento nuclear do conceito está a *aplicação em utilidade industrial*, ou seja, a propriedade industrial deve atender necessidade específica do empresário e, por questões até mesmo de circulação de riqueza e do conhecimento, deve ser utilizada pelo criador ou por terceiros, mediante autorização e possível remuneração.

2. LEGISLAÇÃO

O direito de propriedade industrial atende ao comando da CF para garantir direito fundamental programático, conforme previsto no art. 5º, inciso XXIX: "a lei assegurará aos autores de inventos industriais privilégio temporário para sua utilização, bem como proteção às criações industriais, à propriedade das marcas, aos nomes de empresas e a outros signos distintivos, tendo em vista o interesse social e o desenvolvimento tecnológico e econômico do País". Para tanto, o conjunto de regras de direito positivo é moldado pela LPI, além de tratados internacionais subscritos pelo Brasil.

Quanto à legislação internacional, há uma estrutura de Acordos e Convenções conduzidos pela ONU, por meio da OMPI – Organização Mundial da Propriedade Intelectual. Entre os documentos está o Acordo sobre Aspectos dos Direitos de Propriedade Intelectual (TRIPS, na sigla em inglês de *Agreement on Trade-Related Aspects of Intellectual Property Rights*). Esse acordo está no âmbito da ata final dos resultados da Rodada Uruguai de Negociações Comerciais Multilaterais (GATT, na sigla em inglês) e foi promulgada em território brasileiro pelo Decreto nº 1.355, de 30 de dezembro de 1994. Por meio desse sistema, as controvérsias referentes à propriedade intelectual podem ser suscitadas perante o sistema da Organização Mundial do Comércio (OMC).

Outro texto internacional importante em matéria de propriedade industrial é a Convenção de Paris para a Proteção da Propriedade Industrial – CUP, de 20 de março de 1883, recepcionada no Brasil pelo Decreto nº 1.263, de 10 de outubro de 1994.

3. ATRIBUIÇÕES DO INPI

O INPI é autarquia federal criada pela Lei nº 5.648/70, com finalidade principal "executar, no âmbito nacional, as normas que regulam a propriedade industrial, tendo em vista a sua função social, econômica, jurídica e técnica, bem como pronunciar-se quanto à conveniência de assinatura, ratificação e denúncia de convenções, tratados, convênios e acordos sobre propriedade industrial" (art. 2º, com redação dada pelo art. 240 da LPI).

As atribuições do INPI extrapolam o depósito da patente de invenção e modelo de utilidade, do desenho industrial e registro de marca (arts. 136 a 138 da LPI), além dos processos administrativos derivados do depósito (inclusive recursos do art. 212 da LPI). Incluem-se outras atribuições como averbação de contratos de transferência de tecnologia e contratos de franquia (art. 211 da LPI), pronúncia da conveniência de assinatura de Acordos e Tratados Internacionais e a intervenção nas ações com objetivo de anular registro de marcas e patentes (arts. 57 e 175 da LPI).

Nas ações de nulidade, há legitimação ativa de qualquer pessoa com interesse processual e também do INPI. No polo passivo da ação deve figurar o titular da patente cuja nulidade é alegada. Nesse sentido, o INPI terá interesse para promover o resguardo da legislação e da adequação do registro, atuando na qualidade de assistente do autor ou do réu.

Jurisprudência

STJ – 4ª T. – REsp nº 1.184.867 – Rel. Min. Luis Felipe Salomão – j. 15/05/2014: " (...) 2. Não há ilegitimidade passiva do Instituto Nacional de Propriedade Industrial – INPI em ação ordinária que busca invalidar decisão administrativa proferida pela Autarquia Federal no exercício de sua competência de análise de pedidos de registro marcário, sua concessão e declaração administrativa de nulidade".

STJ – 3ª T. – REsp nº 1.046.324 – 3ª T. – Rel. Min. Sidnei Beneti – j. 14/09/2010: "Na ação em que se discute apenas o pagamento do valor da remuneração pelo uso da patente, relação de interesse estritamente privado, não é necessária a intervenção do INPI, razão pela qual é competente para o julgamento do feito a Justiça Estadual".

STJ – 3ª T. – REsp nº 655.035 – Rel. Min. Humberto Gomes de Barros – j. 07/05/2007: "O registro por terceiro da expressão publicitária no INPI não afasta o direito do recorrente, relativos à criatividade e originalidade do *slogan* criado. O INPI sequer é órgão competente por tal registro (art. 124, VII, da Lei nº 9.279/1996). Tal efeito somente ocorre quando o registro é feito em um dos órgãos relacionados no art. 17 da Lei nº 5.988/1973".

4. CONCORRÊNCIA DESLEAL

A proteção do conhecimento gerador da propriedade industrial tem o objetivo de preservar a livre iniciativa e a lealdade da concorrência [*t. I, §2, i. 2.1*], de modo que seja respeitada a inventividade e a inovação derivadas de investimentos em pesquisa e desenvolvimento de novos produtos e tecnologias. A deslealdade está na forma abusiva de se retirar clientela alheia (ALMEIDA, 2015, p. 475). A LPI tipifica a concorrência desleal como crime no art. 195, em diversas condutas que podem ser apenadas com detenção de 3 meses a 1 ano, ou multa.

Além do crime, a jurisprudência utiliza os parâmetros do art. 195 da LPI para também imputar conduta lesiva passível de reparação de danos de ordem civil. São descritas na LPI, como caracterizadoras de concorrência desleal, condutas de quem: I – publica, por qualquer meio, falsa afirmação, em detrimento de concorrente, com o fim de obter vantagem; II – presta ou divulga, acerca de concorrente, falsa informação, com o fim de obter vantagem; III – emprega meio fraudulento, para desviar, em proveito próprio ou alheio, clientela de outrem; IV – usa expressão ou sinal de propaganda alheios, ou os imita, de modo a criar confusão entre os produtos ou estabelecimentos; V – usa, indevidamente, nome comercial, título de estabelecimento ou insígnia alheios ou vende, expõe ou oferece à venda ou tem em estoque produto com essas referências; VI – substitui, pelo seu próprio nome ou razão social, em produto de outrem, o nome ou razão social deste, sem o seu consentimento; VII – atribui-se, como meio de propaganda, recompensa ou distinção que não obteve; VIII – vende ou expõe ou oferece à venda, em recipiente ou invólucro de outrem, produto adulterado ou falsificado, ou dele se utiliza para negociar com produto da mesma espécie, embora não adulterado ou falsificado se o fato não constitui crime mais grave; IX – dá ou promete dinheiro ou outra utilidade a empregado de concorrente, para que o empregado, faltando ao dever do emprego, lhe proporcione vantagem; X – recebe dinheiro ou outra utilidade, ou aceita promessa de paga ou recompensa, para, faltando ao dever de empregado, proporcionar vantagem a concorrente do empregador; XI – divulga, explora ou utiliza-se, sem autorização, de conhecimentos, informações ou dados confidenciais, utilizáveis na indústria, comércio ou prestação de serviços, excluídos aqueles que sejam de conhecimento público ou que sejam evidentes para um técnico no assunto, a que teve acesso mediante relação contratual ou empregatícia, mesmo após o término do contrato; XII – divulga, explora ou utiliza-se, sem autorização, de conhecimentos ou informações a que se refere o inciso anterior, obtidos por meios ilícitos ou a que teve acesso mediante fraude; ou XIII – vende, expõe ou oferece à venda produto, declarando ser objeto de patente depositada, ou concedida, ou de desenho industrial registrado, que não o seja, ou menciona-o, em anúncio ou papel comercial, como depositado ou patenteado, ou registrado, sem o ser; XIV – divulga, explora ou utiliza-se, sem autorização, de resultados de testes ou outros dados não divulgados, cuja elaboração envolva esforço considerável e que tenham sido apresentados a entidades governamentais como condição para aprovar a comercialização de produtos.

Bibliografia: ALMEIDA, Marcus Elidius Michelli de. *Concorrência desleal*. In: COELHO, Fabio Ulhoa. *Tratado de direito comercial*. v. 6. São Paulo: Saraiva, 2015. ASCENSÃO, José de Oliveira. *Concorrência desleal*. Coimbra: Almedina, 2002. BARBOSA, Denis Borges. *Uma introdução à propriedade intelectual*. Rio de Janeiro: Lumen Juris, 2003. BITTAR, Carlos Alberto. *Teoria e prática da concorrência desleal*. Rio de Janeiro: Forense Universitária, 2005. _____; BITTAR FILHO, Carlos Alberto. *Titularidade de direitos autorais na criação de logomarca*. In: BITTAR, Carlos Alberto. *Tutela dos direitos da personalidade e dos direitos autorais nas atividades empresariais*. São Paulo: Revista dos Tribunais, 1993. GONÇALVES, Luis M. Couto. *Direito de marcas*. Coimbra: Almedina, 2000. HAMMES, Bruno Jorge. *O direito da propriedade intelectual*. 3. ed. São Leopoldo: Unisinos, 2002. MORO, Maitê Cecília Fabbri. *Marcas tridimensionais: sua proteção e os aparentes conflitos com a proteção outorgada por outros institutos da propriedade intelectual*. São Paulo: Saraiva, 2009. PIERANGELI, José Henrique. *Crimes contra a propriedade industrial e crimes de concorrência desleal*. São Paulo: Revista dos Tribunais, 2003. SILVEIRA, Newton. *Curso de propriedade industrial*. 2. ed. São Paulo: Revista dos Tribunais, 1987. _____. *A propriedade intelectual e a nova lei de propriedade industrial*. São Paulo: Saraiva, 1996. SOARES, José Carlos Tinoco. *Lei de patentes, marcas e direitos conexos*. São Paulo: Revista dos Tribunais, 1997. _____. *Tratado da propriedade industrial*. São Paulo: Jurídica Brasileira, t. I e II, 2003.

§4
PATENTES

1. PATENTES: INVENÇÃO E MODELO DE UTILIDADE

A patente representa a *atribuição estatal*[a] de direito de *propriedade*[b] sobre uma *invenção*[c] ou um *modelo de utilidade*[d], concedida ao *inventor*[e] por inovar o estado da *técnica*[f].

(*a*) O reconhecimento da patente é *ato administrativo estatal vinculado*, que depende do preenchimento de todos os requisitos materiais e formais para o reconhecimento de direito exclusivo sobre a invenção ou sobre o modelo de utilidade. Cabe ao interessado demonstrar a inovação no estado da técnica em processo administrativo que comprove a atividade inventiva.

(*b*) A patente atribui direito de *propriedade* a bem móvel imaterial juridicamente reconhecido pela autoridade administrativa do INPI, como órgão competente para a aferição e depósito da propriedade industrial [*t. III, §3, i. 3*]. Não basta a obtenção da patente, mas também a efetiva utilização industrial para que não ocorra caducidade e perda do direito atribuído.

(*c*) Entre os dois tipos de patentes, a *invenção* decorre da capacidade de criação e do trabalho intelectual do ser humano e consiste em solução ou utilidade em determinado campo tecnológico, passível de produção industrial.

(*d*) O outro tipo é o *modelo de utilidade*, que o art. 9º da LPI conceitua como "objeto de uso prático, ou parte deste, suscetível de aplicação industrial, que apresente nova forma ou disposição, envolvendo ato inventivo, que resulte em melhoria funcional no seu uso ou em sua fabricação".

(*e*) O *inventor* é o sujeito titular da patente, que inovou o estado da técnica na invenção ou que produziu ato inventivo como modelo de utilidade.

Em princípio a invenção ou modelo de utilidade pertence àquele que criou intelectualmente a patente, sendo pessoa física. Todavia, a questão é mais complexa se a patente foi engendrada no âmbito de relação de trabalho, seja com pessoa física ou com pessoa jurídica, seja com do âmbito partícula, seja da administração pública (art. 93 da LPI). Nesse caso, o art. 88 da LPI determina como critério que a "invenção e o modelo de utilidade pertencem exclusivamente ao empregador quando decorrerem de contrato de trabalho cuja execução ocorra no Brasil e que tenha por objeto a pesquisa ou a atividade inventiva, ou resulte esta da natureza dos serviços para os quais foi o empregado contratado". Há presunção de pertencimento ao empregador. O funcionário somente terá remuneração extra pela patente, além do salário, caso seja expressamente pactuado em contrato (art. 88, §§ 1º e 2º e art. 89, da LPI). Assim, será pertencente ao empregado somente se não houver qualquer causa ou vínculo com as funções desempenhadas no âmbito da organização em que trabalha e nem decorra da utilização de recursos, meios, dados, materiais, instalações ou equipamentos do empregador.

Será comum a propriedade da patente, no entanto, se resultar da contribuição pessoal do empregado e de recursos, dados, meios, materiais, instalações ou equipamentos do empregador, ressalvada expressa disposição contratual em contrário (art. 91 da LPI).

Outra questão interessante é da pessoa que utiliza o objeto da patente, com boa-fé, sem caracterizar estado da técnica por ciência prévia de 12 meses antes da divulgação (art. 12 da LPI) e antes do depósito efetuado por outrem. Nessa hipótese, o art. 45 da LPI assegura o direito de continuar a exploração, sem ônus, na forma e condição anteriores.

(f) A patente inova o *estado da técnica*, que é "constituído por tudo aquilo tornado acessível ao público antes da data de depósito do pedido de patente, por descrição escrita ou oral, por uso ou qualquer outro meio, no Brasil ou no exterior" (art. 11, §1º, da LPI). Não se considera estado da técnica se a divulgação for feita pelo inventor, pelo INPI ou por terceiros com base em informações do inventor ou do INPI durante os 12 meses antecedentes ao depósito no INPI ou do pedido de prioridade (art. 12 da LPI).

2. DISPOSIÇÕES COMUNS ÀS INVENÇÕES E AOS MODELOS DE UTILIDADE

2.1. Pedido de patente

O pedido de patente é feito junto ao INPI [*t. III, §3, i. 3*], em requerimento específico com *relatório descritivo* da invenção ou grupo inventivo inter-relacionado ou um modelo de utilidade principal ou com pluralidade de elementos e descreve a *reivindicação* da matéria objeto de proteção (arts. 19, 22 e 23 da LPI). A partir do pedido, atribui-se prioridade a quem o pleiteou, considerando a data do depósito a da sua apresentação (art. 20 da LPI).

O pedido de patente será mantido em sigilo durante 18 meses contados da data de depósito ou da prioridade mais antiga. Após esse prazo, será publicado com dados identificadores do pedido de patente (art. 30 da LPI), iniciando-se o exame técnico do pedido (art. 35 da LPI).

Requerido o exame, deverão ser apresentados no prazo de 60 dias, sempre que solicitado, sob pena de arquivamento do pedido, objeções, buscas de anterioridade e resultados de exame para concessão de pedido correspondente em outros países, quando houver reivindicação de prioridade.

Quando o parecer for pela não patenteabilidade ou pelo não enquadramento do pedido na natureza reivindicada ou formular qualquer exigência, o depositante será intimado para manifestar-se no prazo de 90 dias (art. 36 da LPI).

Concluído o exame, será proferida decisão, deferindo ou indeferindo o pedido de patente.

2.2. Concessão e vigência da patente

A patente será concedida depois de deferido o pedido, e comprovado o pagamento da retribuição correspondente, expedindo-se a respectiva *carta patente* (art. 38 da LPI). Reputa-se concedida a patente na data de publicação do respectivo ato.

A patente de invenção vigorará pelo prazo de 20 anos contados da data do depósito (art. 40 da LPI).

A patente do modelo de utilidade vigorará pelo prazo 15 anos contados da data de depósito (art. 40 da LPI).

Depois do julgamento da ADI nº 5529 pelo STF, a respeito da prorrogação indefinida dos prazos de patentes, o parágrafo único, do art. 40 da LPI foi revogado pela LFAN.

Jurisprudência

STF – Pleno – ADI 5529 – Rel. Min. Dias Toffoli – j. 06/05/2021: "(...) O Tribunal, por maioria, conheceu da ação direta e julgou procedente o pedido para declarar a inconstitucionalidade do parágrafo único do art. 40 da Lei nº 9.279/1996 (...)" (...) O Tribunal, por maioria, modulou os efeitos da decisão de declaração de inconstitucionalidade do parágrafo único do art. 40 da LPI, conferindo-se a ela efeitos *ex nunc*, a partir da publicação da ata deste julgamento, de forma a se manter as extensões de prazo concedidas com base no preceito legal, mantendo, assim, a validade das patentes já concedidas e ainda vigentes em decorrência do aludido preceito, ficando ressalvadas da modulação (i) as ações judiciais propostas até o dia 7 de abril de 2021, inclusive (data da concessão parcial da medida cautelar no presente processo) e (ii) as patentes que tenham sido concedidas com extensão de prazo relacionadas a produtos e processos farmacêuticos e a equipamentos e/ou materiais de uso em saúde, operando-se, em ambas as situações, o efeito *ex tunc*, o que resultará na perda das extensões de prazo concedidas com base no parágrafo único do art. 40 da LPI, respeitado o prazo de vigência da patente estabelecido no *caput* do art. 40 da Lei 9.279/1996 e resguardados eventuais efeitos concretos já produzidos em decorrência da extensão de prazo das referidas patentes (...)".

2.3. Proteção conferida pela patente

A proteção da patente não é irrestrita. Há limitação legal no art. 41 da LPI, ao determinar que a proteção será determinada pelo teor das reivindicações interpretado com base no relatório descritivo e nos desenhos. Portanto, o relatório descritivo dos fins e funcionalidades da patente será o limite máximo da proteção. Eis o motivo pelo qual a LPI determina peremptoriamente que a extensão da proteção será no limite da reivindicação, por sua vez interpretado com base no relatório descritivo e nos desenhos.

Assim, por ter a prioridade e a inovação com esses limites, atribui-se ao titular da patente o direito de impedir terceiro, direta ou indiretamente, sem o seu consentimento, de produzir, usar, colocar à venda, vender ou importar produtos objetos de patente ou utilização de processo ou produto obtido por processo patenteado (art. 42 da LPI). Na ação, além do pedido de obrigação de fazer e não fazer, ainda é assegurado o direito de obter indenização pela exploração indevida do objeto da patente (art. 44 da LPI).

A proteção não se aplica nos seguintes casos (art. 43 da LPI): I – aos atos praticados por terceiros não autorizados, em caráter privado e sem finalidade comercial, desde que não acarretem prejuízo ao interesse econômico do titular da patente; II – aos atos praticados por terceiros não autorizados, com finalidade experimental, relacionados a estudos ou pesquisas científicas ou tecnológicas; III – à preparação de medicamento de acordo com prescrição médica para casos individuais, executada por profissional habilitado, bem como ao medicamento assim preparado; IV – a produto fabricado de acordo com patente de processo ou de produto que tiver sido colocado no mercado interno diretamente pelo titular da patente ou com seu consentimento; V – a terceiros que, no caso de patentes relacionadas com matéria viva, utilizem, sem finalidade econômica, o produto patenteado como fonte inicial de variação ou propagação para obter outros produtos; VI – a terceiros que, no caso de patentes relacionadas com matéria viva, utilizem, ponham em circulação ou comercializem um produto patenteado que haja sido introduzido licitamente no comércio pelo detentor da patente ou por detentor de licença, desde que o produto patenteado não seja utilizado para multiplicação ou propagação comercial da matéria viva em causa; e VII – aos atos praticados por terceiros não autorizados, relacionados à invenção protegida por patente, destinados exclusivamente à produção de informações, dados e resultados de testes, visando à obtenção do registro de comercialização, no Brasil ou em outro país, para a exploração e comercialização do produto objeto da patente, após a expiração dos prazos da patente.

Jurisprudência

Caso soja transgênica (patente v. cultivarI): STJ – 2ª Seção – REsp nº 1.610.728 – Rel. Min. Nancy Andrighi – j. 09/10/2019: "(...) Patentes e proteção de cultivares são diferentes espécies de direitos de propriedade intelectual, que objetivam proteger bens intangíveis distintos. Não há incompatibilidade entre os estatutos legais que os disciplinam, tampouco prevalência de um sobre o outro, pois se trata de regimes jurídicos diversos e complementares, em cujos sistemas normativos inexistem proposições contraditórias a qualificar uma mesma conduta (...)". Tese, para fins do art. 947 do CPC: "as limitações ao direito de propriedade intelectual constantes do art. 10 da Lei 9.456/97 - aplicáveis tão somente aos titulares de Certificados de Proteção de Cultivares - não são oponíveis aos detentores de patentes de produto e/ou processo relacionados à transgenia cuja tecnologia esteja presente no material reprodutivo de variedades vegetais".

2.4. Nulidade da patente

A patente poderá ser declarada nula por meio de processo administrativo perante o INPI (arts. 50 a 55 da LPI) e por meio de ação judicial (arts. 56 e 57 da LPI). O fundamento da sanção jurídica de *nulidade* da patente será a contrariedade a dispositivos da LPI, conforme art. 46, desde o descumprimento de formalidades legais como o depósito e publicação, até mesmo sobre o conteúdo da patente, caso se identifique falsidade na inovação do estado da técnica ou ausência de atividade inventiva.

Administrativamente, a declaração de nulidade ocorrerá nos seguintes casos (art. 50 da LPI): I – não tiver sido atendido qualquer dos requisitos legais; II – o relatório e as reivindicações não atenderem requisitos de clareza na realização técnica (arts. 24 e 25); III – o objeto da patente se estenda além do conteúdo do pedido originalmente depositado; ou IV – no seu processamento, tiver sido omitida qualquer das formalidades essenciais indispensáveis à concessão.

Por contaminar a validade da patente, há legitimidade ativa no pleito administrativo para qualquer pessoa com legítimo interesse, com prazo decadencial de 6 meses contados da concessão da patente. O titular da patente será intimado para se manifestar em 60 dias e, posteriormente, o processo será decidido pelo Presidente do INPI (arts. 52 a 54 da LPI).

Judicialmente, com competência da Justiça Federal, a ação declaratória de nulidade de patente poderá ser proposta a qualquer tempo da vigência da patente, com legitimidade ativa de qualquer interessado e do próprio INPI, que intervém nesse processo mesmo que não seja autor (art. 57 da LPI).

A ação pode ser ajuizada para questionamento de decisão administrativa do INPI ou mesmo por terceiro interessado que não tenha arguido nulidade administrativa, tempestivamente. O juiz da causa poderá suspender os efeitos da patente, em tutela de urgência preventiva ou incidental (art. 56, § 2º, da LPI e art. 300 do CPC).

Jurisprudência

TRF 2ª R. – AC 0026770-41.2012.4.02.5101 – 2ª T. Esp. – Rel. Des. Fed. Messod Azulay Neto – *DJe* 24.02.2016: "I – A ação proposta com o objetivo de anular a patente de modelo de utilidade MU 8300298-7 ou, alternativamente, a nulidade parcial por violação do art. 47, em razão das reivindicações 1, 2, 3 e 4. II – Decisão que surpreende por seu ineditismo processual, ao julgar improcedentes os pedidos da autora, e, de outro lado, condenar o INPI em obrigação de fazer. III – O laudo pericial mostra que a matéria foi muito bem enfrentada na prova técnica que refutou um a um todos os aspectos levantados pela autora, concluindo pela manutenção do título, sem visualizar nenhuma violação aos artigos da lei, confirmando, peremptoriamente, a existência de todos requisitos de validade, como novidade e atividade inventiva, e principalmente que não houve incorporação de matéria nova, como se verifica em suas conclusões. IV – No caso, vê-se que o INPI, em seu laudo, ao fazer referência a supostas 'inadequações' no documento, em momento algum afirma que o que está nele descrito não é suficiente para que um técnico no assunto reproduza o objeto da patente. Única causa cabível para incidência da norma e que não se confirma em nenhuma das considerações feitas pela Autarquia. V – Nesse contexto, de inexistência absoluta de prova que contrarie as afirmações do laudo pericial, com a vênia do douto Relator, voto em sentido divergente, confirmando a patente na forma como foi originalmente concedida pelo INPI, não vendo razões para dar acolhimento à sugestão de seu parecer técnico, de fls. 370/391, na parte conclusiva. VI – Recurso provido para manter o julgamento de improcedência da ação e reformar a parte final da sentença que determina que o INPI proceda alterações no relatório e quadro reivindicatório da patente".

TRF 2ª R. – AC 0006758-69.2013.4.02.5101 – 1ª T.Esp. – Rel. Des. Fed. Abel Gomes – *DJe* 07.12.2015: "1 – Recurso no qual se discute se a patente modelo de utilidade MU 8202149-0, preenche o requisito de ato inventivo, na medida em que os requisitos de aplicação industrial, novidade e melhoria funcional não foram refutados; 2 – Para que haja ato inventivo, a nova forma tem que resultar em melhor utilização, eis que os modelos de utilidade visam a melhorar o uso ou a utilidade dos produtos, dotando-o de maior eficiência ou comodidade em sua utilização por meio de nova configuração; 3 – As soluções propostas na MU 8202149-0 constituem desenvolvimento peculiar que não decorre comumente do estado da técnica; 4 – O ato administrativo (concessão da patente MU 8202149-0), goza de legalidade e legitimidade segundo sua avaliação à luz dos requisitos legais, razão pela qual o ônus da prova para desconstituí-lo é do autor que, dispensando a prova pericial, conforme fls. 99/100, também não apresentou outras provas que infirmassem a análise do INPI à luz de peça técnica apresentada; 5 – Correta está a posição do julgador, que, diante de suas convicções e acolhendo a posição do INPI e, entendeu haver ato inventivo na patente de invenção MU 8202149-0 (...).

TRF 2ª R. – AC 2009.51.01.812091-0 – Relª Desª Fed. Simone Schreiber – *DJe* 07.03.2016: "I – Discute-se na presente demanda a nulidade da patente de invenção PI 9901143-3, intitulada 'SISTEMA DE TRANCA ELETRO-MECÂNICA'. II – Insuficiência descritiva e violação do art. 50, II, da LPI. O laudo pericial comprovou que a descrição da patente PI 9901143-3 é insuficiente, o que inviabiliza a reprodução de seu objeto por um interessado. III – Acréscimo no pedido de patente e violação do art. 50, III, da LPI. O laudo pericial consignou que a reivindicação excede o relatório descritivo, na medida em que nele não consta menção a 'receptor de comando externo (via onda de rádio)'. IV – A violação aos incisos II e III do art. 50 também configura violação ao art. 50, I, da LPI. V – Correto o ato administrativo do INPI que declarou a nulidade da patente PI 9901143-3. VI – Apelação a que se nega provimento".

TRF 2ª R. – AC 0126888-54.2014.4.02.5101 – 2ª T. Esp. – Rel. Des. Fed. Messod Azulay Neto – *DJe* 02.03.2016: "I – Pedido de patente indeferido pelo INPI por falta de atividade inventiva. II – Prova pericial confirmando a falta de atividade inventiva, firme no sentido de que a combinação das anterioridades apontadas (US 2002/0095390 e US 6.988.138) é solução óbvia para um técnico no assunto para chegar a invenção em questão. III – Recurso improvido".

TRF 2ª R. – AC-RN 0057877-06.2012.4.02.5101 – 2ª T. Esp. – Rel. Des. Fed. André Fontes – *DJe* 03.12.2015: "I – Para que seja deferido o registro de patente de invenção exige-se o preenchimento dos requisitos da novidade (artigo 11 da Lei nº 9.279-96), da atividade inventiva (artigo 13 da Lei nº 9.279-96), da aplicação industrial (artigo 15 da Lei nº 9.279-96), além da suficiência descritiva (artigos 24 e 25 da Lei nº 9.279-96). II – Os documentos técnicos produzidos nos autos atestam que o registro da patente anulanda não obedeceu aos requisitos da novidade e da atividade inventiva, além de ter havido incorporação de matéria nova à originalmente depositada perante o INPI, em franca violação ao disposto na parte final do artigo 32 da Lei nº 9.279-96 (Art. 32. Para melhor esclarecer ou definir o pedido de patente, o depositante poderá efetuar alterações até o requerimento do exame, desde que estas se limitem à matéria inicialmente revelada no pedido). III – Desprovimento, à unanimidade (...)".

2.5. Cessão

Sendo bem com valor econômico, a patente poderá ser objeto de negociação antes da concessão ou posteriormente, *transferindo-se o direito para terceiros*. Em outros termos, prevê o art. 58 que "o pedido de patente ou a patente, ambos de conteúdo indivisível, poderão ser cedidos, total ou parcialmente".

Cuida-se de negócio jurídico de cessão de patente, tendo por partes o titular e o adquirente, com a formalidade de eficácia perante terceiros a ser atribuída pelo INPI (art. 60 da LPI), que anota no registro, entre outros, a cessão e limitações ou ônus que recaiam sobre o pedido ou a patente (art. 59 da LPI).

2.6. Licenças

Ainda como objeto de negócios, a patente poderá ser licenciada para terceiros, o que não implica transferência do direito, mas autorização de uso por meio de *licença*, com igual necessidade de averbação junto ao INPI para fins de eficácia perante terceiros (art. 62 da LPI). Cuida-se de negócio jurídico bilateral e oneroso, com sinalagma consistente na autorização de exploração da patente em troca de remuneração, chamada comumente de *royalty*. Em caso de licença, eventual aperfeiçoamento pertencerá a quem o fizer (art. 63 da LPI).

De modo a viabilizar a exploração econômica, o art. 64 da LPI admite que o INPI seja intermediário de oferta pública de licença. Se não ocorrer acordo entre o titular e o licenciado, as partes poderão requerer ao INPI o arbitramento da remuneração.

Por fim, o licenciamento poder ser compulsório. Conforme visto, a patente atribui direito exclusivo de uso de conhecimento industrial produzido pelo inventor durante certo prazo. Como todo direito, deverá ser utilizado de forma adequada com a legítima expectativa, sem exceder "manifestamente os limites impostos pelo seu fim econômico ou social, pela boa-fé ou pelos bons costumes" (art. 187 do CC). Também usa incorretamente aquele que abusa do poder obtido com a patente. Portanto, em caso de abuso de direito ou de abuso de poder, o art. 68 da LPI determina a licença compulsória, desde que comprovado por decisão administrativa ou judicial (art. 73 da LPI).

Consideram-se igualmente casos de licenciamento compulsório, após 3 anos da concessão da patente (art. 68, § 1º, da LPI): I – a não exploração do objeto da patente no território brasileiro por falta de fabricação ou fabricação incompleta do produto, ou, ainda, a falta de uso integral do processo patenteado, ressalvados os casos de inviabilidade econômica, quando será admitida a importação; ou II – a comercialização que não satisfizer às necessidades do mercado. Todas as hipóteses fáticas ainda se complementam com a ocorrência de (art. 70 da LPI): I – ficar caracterizada situação de dependência de uma patente em relação a outra; II – o objeto da patente dependente constituir substancial progresso técnico em relação à patente anterior; e III – o titular não realizar acordo com o titular da patente dependente para exploração da patente anterior.

Portanto, identificada a causa do licenciamento compulsório, a patente de invenção ou do modelo de utilidade é requerida e repassada sem exclusividade e sem possibilidade de sublicenciamento (art. 72 da LPI) a pessoa que tenha "capacidade técnica e econômica para realizar a exploração eficiente do objeto da patente, que deverá destinar-se, predominantemente, ao mercado interno" (art. 68, § 2º, da LPI). O licenciado deverá iniciar a exploração da patente no prazo de 1 ano, salvo razões legítimas (art. 74 da LPI).

Como defesa o titular da patente poderá alegar, no processo administrativo ou judicial (art. 69 da LPI): I – justificar o desuso por razões legítimas; II – comprovar a realização de sérios e efetivos preparativos para exploração; ou III – justificar a falta de fabricação ou comercialização por obstáculo de ordem legal.

Por fim, nos "casos de emergência nacional ou internacional ou de interesse público declarados em lei ou em ato do Poder Executivo federal, ou de reconhecimento de estado de calamidade pública de âmbito nacional pelo Congresso Nacional, poderá ser concedida licença compulsória, de ofício, temporária e não exclusiva, para a exploração da patente ou do pedido de patente, sem prejuízo dos direitos do respectivo titular, desde que seu titular ou seu licenciado não atenda a essa necessidade" (art. 71 da LPI).

Para esses casos enumerados pela LPI, foram fixados critérios legais de um devido processo legal de licença compulsória, que inclui: (a) prazo de vigência e possibilidade de prorrogação; (b) atribuição ao Poder Executivo federal de poderes para definição de patentes ou pedidos de patente elegíveis para o enfrentamento das situações descritas no *caput* do art. 71 da LPI; (c) possibilidade de consulta a entes públicos, instituições de ensino e outras entidades representativas da sociedade sobre a utilidade da licença compulsória; (d) possibilidade de exclusão da licença compulsória, caso o titular assuma compromisso de assegurar demanda interna compatível com a necessidade; (e) definição de remuneração do titular da patente (art. 71, §§ 1º a 18, da LPI).

Essa licença por emergência ou interesse público se diferença da licença por razões humanitárias, regulada pelo art. 71-A da LPI. Nesse caso a licença compulsória poderá ser concedida com fundamento em ajuda humanitária ou nos termos de tratado internacional, com "licença compulsória de patentes de produtos destinados à exportação a países com insuficiente ou nenhuma capacidade de fabricação no setor farmacêutico para atendimento de sua população".

2.7. Patente de interesse da defesa nacional

Patentes que interessem à defesa nacional são processadas em caráter sigiloso (art. 75 da LPI).

2.8. Extinção e restauração

Extingue-se a patente, caindo o objeto em domínio público (art. 78 da LPI):

I – *pela expiração do prazo de vigência*: o prazo é o termo final da patente e após o fluxo completo do tempo, o conhecimento industrial poderá ser utilizado por terceiros livremente, sem licença ou remuneração por *royalties*.

II – *pela renúncia de seu titular, ressalvado o direito de terceiros*: a renúncia é ato unilateral do titular, com perda do direito da patente. O art. 78, inciso II, cumulado com o art. 79, ambos da LPI, ressalvam que a renúncia não pode prejudicar direitos de terceiros, por exemplo, no caso de licenciamento voluntário devidamente averbado junto ao INPI.

III – *pela caducidade*: a caducidade em direito da propriedade industrial está ligada à falta de utilização ou ao abuso. Portanto, o art. 80 da LPI explicita que a patente caducará, de ofício ou a requerimento de qualquer pessoa com legítimo interesse, se, decorridos 2 anos da concessão da primeira licença compulsória, esse prazo não tiver sido suficiente para prevenir ou sanar o abuso ou desuso, salvo motivos justificáveis; ou seja, caracterizado o abuso ou o desuso, pressupõe-se a potencialidade de licenciamento compulsório e, ainda, a utilização da patente. Persistindo a falta de produtividade, fica reconhecida a caducidade. Para tanto, instaura-se processo administrativo junto ao INPI, com intimação do titular para se manifestar no prazo de 60 dias, cabendo-lhe o ônus da prova quanto à exploração (art. 81 da LPI). A decisão da caducidade produzirá efeitos a partir da data do requerimento ou da publicação da instauração de ofício do processo (art. 83 da LPI).

IV – *pela falta de pagamento da retribuição anual*, a que se sujeitam o depositante do pedido e o titular da patente, a partir do início do terceiro ano da data do depósito, nos primeiros 3 meses de cada período ou em caso de restauração (art. 87 da LPI).

V – *pela inobservância de nomeação de procurador em território brasileiro para o caso de titular domiciliado no exterior*: obrigatoriamente, os titulares de patentes com domicílio no exterior deverão nomear procurador no Brasil. Essa ausência implica extinção da patente.

Em caso de extinção, a lei admite *restauração*, se o depositante ou o titular assim o requerer, dentro de 3 meses, contados da notificação do arquivamento do pedido ou da extinção da patente, mediante pagamento de retribuição específica (art. 87 da LPI).

3. INVENÇÃO

Conforme já se afirmou, a *invenção* decorre da capacidade de criação e do trabalho intelectual do ser humano e consiste em solução ou em utilidade para determinada área da tecnologia, passível de produção industrial. A invenção deverá atender aos requisitos de novidade, atividade inventiva e aplicação industrial (art. 8º da LPI) e, ao juízo de um técnico, não decorrer de maneira evidente ou óbvia do estado da técnica (art. 13 da LPI).

O legislador ocupou-se, entretanto, com a *especificação negativa*, ou seja, aquilo que não é invenção: I – descobertas, teorias científicas e métodos matemáticos; II – concepções puramente abstratas; III – esquemas planos, princípios ou métodos comerciais, contábeis, financeiros, educativos, publicitários, de sorteio e de fiscalização; IV – as obras literárias, arquitetônicas, artísticas e científicas ou qualquer criação estética; V – programas de computador em si; VI – apresentação de informações; VII – regras de jogo; VIII – técnicas e métodos operatórios ou cirúrgicos, bem como métodos terapêuticos ou de diagnóstico, para aplicação no corpo humano ou animal; e IX – o todo ou parte de seres vivos naturais e materiais biológicos encontrados na natureza, ou ainda que dela isolados inclusive o genoma ou germoplasma de qualquer ser vivo natural e os processos biológicos naturais (art. 10 da LPI). Tal dispositivo pode ser analisado em conjunto com o art. 18 da LPI, que especifica como não patenteáveis: I – o que for contrário à moral, aos bons costumes e à segurança, à ordem e à saúde públicas; II – as substâncias, matérias, misturas, elementos ou produtos de qualquer espécie, bem como a modificação de suas propriedades físico-químicas e os respectivos processos de obtenção ou modificação, quando resultantes de transformação do núcleo atômico; e III – o todo ou parte dos seres vivos, exceto os micro-organismos transgênicos que atendam aos três requisitos de patenteabilidade – novidade, atividade inventiva e aplicação industrial. Para fins da LPI, transgênicos "são organismos, exceto o todo ou parte de plantas ou de animais, que expressem, mediante intervenção humana direta em sua composição genética, uma característica normalmente não alcançável pela espécie em condições naturais" (art. 18, parágrafo único, da LPI).

O aperfeiçoamento introduzido no objeto da invenção, ainda que não seja portador de atividade inventiva específica, poderá ser objeto de Certificação de Adição da Invenção, que é acessório à patente e com a mesma data de vigência dela (art. 76 da LPI).

4. MODELO DE UTILIDADE

Prevê o art. 9º da LPI que "é patenteável como modelo de utilidade o objeto de uso prático, ou parte deste, suscetível de aplicação industrial, que apresente nova forma ou disposição, envolvendo ato inventivo, que resulte em melhoria funcional no seu uso ou em sua fabricação". O art. 10 também exclui as hipóteses que não são consideradas modelos de utilidade, assim como foi descrito nas invenções.

Também quanto ao modelo de utilidade são exigíveis as características de novidade do art. 11 da LPI, quais sejam: (*a*) que não estejam "compreendidos no estado da técnica"; (*b*) sempre que, para um técnico no assunto, "não decorra de maneira evidente ou óbvia" (arts. 13 e 14 da LPI).

5. PATENTE *PIPELINE*

A patente de revalidação ou de importação, conhecida como *pipeline*, permite a concessão de proteção de invenção ou de modelo de utilidade que já estavam em domínio público ou são de impossível patenteamento no Brasil antes da vigência da atual LPI, mas já se encontravam sob proteção no exterior. Essa situação fática foi objeto de proteção específica pela LPI nos arts. 230 e 231 que, basicamente, asseguram o registro no Brasil por quem tenha proteção garantida em tratado ou convenção em vigor, ficando assegurada a data do primeiro depósito no exterior ou da divulgação do invento.

Os dispositivos causaram muita celeuma, haja vista que admitem a patente do conhecimento industrial que já pertence à coletividade – com restrição de circulação de riqueza e conhecimento – além de violar a própria novidade como critério de proteção do art. 8º da LPI.

A controvertida matéria foi decidida pela 2ª Seção do STJ, no julgamento do REsp nº 731.101, com entendimento de que "a Lei de Propriedade Industrial, em seu art. 230, § 4º, c/c o art. 40, estabelece que a proteção oferecida às patentes estrangeiras, chamadas patentes *pipeline*, vigora 'pelo prazo remanescente de proteção no país onde foi depositado o primeiro pedido', até o prazo máximo de proteção concedido no Brasil – 20 anos – a contar da data do primeiro depósito no exterior, ainda que posteriormente abandonado". Entrementes, os dispositivos também são questionados no STF, na ADI nº 4.234, de relatoria da Min. CARMEN LÚCIA, ainda sem julgamento.

Jurisprudência

STJ – 4ª T. – AgRg-REsp nº 1.207.571 – Rel. Min. Marco Buzzi – *DJe* 14.11.2014: (...) 1. A Segunda Seção desta Corte decidiu, no julgamento do REsp 731.101/RJ, relatado pelo Ministro João Otávio de Noronha, que 'a Lei de Propriedade Industrial, em seu art. 230, § 4º, c/c o art. 40, estabelece que a proteção oferecida às patentes estrangeiras, chamadas patentes *pipeline*, vigora "pelo prazo remanescente de proteção no país onde foi depositado o primeiro pedido", até o prazo máximo de proteção concedido no Brasil – 20 anos – a contar da data do primeiro depósito no exterior, ainda que posteriormente abandonado'. Esse entendimento vem sendo reiterado pelas Terceira e Quarta Turmas".

STJ – 3ª T. – REsp nº 1.127.971 – 3ª T. – Rel. Min. Sidnei Beneti – j. 20/03/2014: "1. Ao tempo da Lei nº 5.772/1971 não eram privilegiáveis e, portanto, não poderiam ser objeto de patente, produtos químico-farmacêuticos e medicamentos, de qualquer espécie, bem como os respectivos processos de obtenção ou modificação. 2. O acordo TRIPs, incorporado ao ordenamento jurídico nacional pelo Decreto Presidencial nº 1.355/1994, permitiu o patenteamento de produtos farmacêuticos (art. 27), mas suas disposições tornaram-se obrigatórias, no Brasil, somente a partir de 1º de janeiro de 2000, tendo em vista o prazo de extensão geral estabelecido no seu art. 65.2. 3. O pedido de patente de fármaco depositado no INPI em 1996 não poderia, portanto, ser deferido com base na Lei nº 5.772/1971 nem tampouco apreciado diretamente com base nas disposições do acordo TRIPs, cuja observância ainda não havia se tornado obrigatória. 4. Com a entrada em vigor da Lei nº 9.279/1996, surgiu para o autor possibilidade de desistir do pedido previamente depositado e apresentar outro requerendo a patente pipeline, desde de que cumpridos os requisitos dispostos na nova lei, o que não ocorreu. 5. Recurso especial improvido".

Bibliografia: BRANCHER, Paulo M. R. *Contratos sobre propriedade industrial.* In: COELHO, Fabio Ulhoa. *Tratado de direito comercial.* v. 6. São Paulo: Saraiva, 2015. FORGIONI, Paula A. *Importações paralelas no Brasil: a propriedade industrial nos quadrantes dos princípios constitucionais*, RDM, 149-150/187. LABRUNIE, Jacques. *Propriedade imaterial: patentes.* In: COELHO, Fabio Ulhoa. *Tratado de direito comercial.* v. 6. São Paulo: Saraiva, 2015. SILVEIRA, Newton. *Sinais distintivos da empresa*, RDM 147/144.

§5
DESENHO INDUSTRIAL

1. CONCEITO E FUNÇÃO

O desenho industrial é a apresentação externa de forma plástica ornamental ou de conjunto de cores e linhas que compõe novo conjunto visual, não compreendido no estado da técnica, passível de fabricação em escala industrial (art. 95 da LPI). A originalidade derivará de configuração visual distintiva, em relação a outros objetos anteriores ou da combinação de elementos conhecidos (art. 97 da LPI), com necessidade de buscar a "impressão digital da personalidade do autor na obra por ele criada" que seja apta a distinguir o objeto reivindicado de outros divulgados anteriormente (GUSMÃO, 2015, p. 291).

Não se considera desenho industrial obra de caráter puramente artístico, que estará sob tutela da legislação de direitos autorais.

Ainda, não é registrável como desenho industrial: I – o que for contrário à moral e aos bons costumes ou que ofenda a honra ou imagem de pessoas, ou atente contra liberdade de consciência, crença, culto religioso ou ideia e sentimentos dignos de respeito e veneração; II – a forma necessária comum ou vulgar do objeto ou, ainda aquela determinada essencialmente por considerações técnicas ou funcionais (art. 100 da LPI).

Aplicam-se ao desenho industrial, de forma subsidiária, os dispositivos das patentes (arts. 94 e 121 da LPI).

2. DISPOSIÇÕES GERAIS SOBRE OS DESENHOS INDUSTRIAIS

2.1. Pedido

O pedido de desenho industrial é feito junto ao INPI [*t. III, §3, i. 3*], referindo-se a único objeto em requerimento específico com *relatório descritivo* e *reivindicações* determinadas por desenho e fotografia, campo de aplicação do objeto e comprovante de pagamento da retribuição relativa ao depósito (art. 101 da LPI). O objeto apresentado poderá apresentar variações, desde que se destinem ao mesmo propósito e guardem entre si a mesma característica distintiva preponderante, limitado cada pedido ao máximo de 20 variações (art. 104 da LPI).

Apresentado o pedido, será ele submetido a exame formal preliminar e, se devidamente instruído, será protocolizado, considerada a data do depósito a da sua apresentação (art. 102 da LPI). Estando em ordem em termos de documentos, será o pedido publicado e simultaneamente concedido o registro, expedindo-se o respectivo certificado (arts. 106 e 107 da LPI). O sigilo poderá ser pleiteado no depósito ou mesmo posteriormente à concessão, a pedido do titular, pelo prazo máximo de 180 dias da data do depósito (art. 106, § 1º, da LPI).

Jurisprudência

TRF 2ª R. – AC nº 0801828-14.2009.4.02.5101 – 2ª T. Esp. – Rel. André Fontes – *DJe* 10.03.2016: "(...) I – A novidade exigida como requisito para o registro de desenho industrial tem natureza relativa, de modo que a formatação utilizada pode utilizar elementos já conhecidos do estado da técnica, desde que resulte em composição ornamental dotada de suficiente caráter distintivo. II – A aferição da novidade relativa nos desenhos industriais é realizada por meio do cotejo da composição dada aos elementos ornamentais utilizados pelo titular, sem levar em conta o formato básico aplicado ao produto sobre o qual é inserido a configuração estética nova. III – O preenchimento do requisito da originalidade relativa no desenho industrial pode se dar mediante a disposição de elementos conhecidos que imprimam uma configuração visual distintiva, nos termos da interpretação conjunta do *caput* e do parágrafo único do artigo 97 da Lei nº 9.279-96. IV – No presente caso, a segunda ré se utilizou, em seu desenho industrial, de elementos já conhecidos do estado da técnica, mormente a forma usual aplicada às sandálias femininas, mas imprimiu resultado ornamental dotado de novidade e originalidade relativas, de modo a justificar a manutenção do registro".

TRF 2ª R. – REO nº 0809870-52.2009.4.02.5101 – 1ª T. Esp. – Rel. Antônio Henrique Correa da Silva – *DJe* 01.03.2016: "(...) visando a declaração de nulidade do registro de Desenho Industrial nº. DI 6303496-4, depositado em 23/09/2003 e concedido em 16/12/2003, de titularidade do segundo apelado, intitulado de 'CONFIGURAÇÃO APLICADA EM TELEFONE DE USO EM MESA OU PAREDE' – Tanto a perícia judicial quanto o Instituto réu, conforme parecer técnico, afirmam que o folheto e as notas fiscais apresentadas pela parte autora confirmam a conexão entre o objeto apresentado no folheto e a descrição contida nas notas fiscais, o que demonstra a anterioridade do telefone MAXCOM BABY da autora. Comparando-se, então, o produto da parte autora à figura do DI6303496-4 decorre a conclusão de que as características deste mostram-se insuficientes para conferir-lhe os requisitos da novidade e originalidade – Depreende-se dos autos que à época do depósito do pedido de registro de desenho industrial em tela, o objeto para o qual foi solicitada a proteção já se encontrava compreendido no estado da técnica, razão por que deve ser decretada a nulidade do registro do segundo réu – Inteligência do artigo 96, § 1º e artigo 97, ambos da Lei 9.279/96".

2.2. Concessão e vigência

O registro do desenho industrial vigorará pelo prazo de 10 anos contados da data do depósito prorrogável por 3 períodos sucessivos de 5 anos cada (art. 108, *caput*, da LPI). Portanto, o prazo máximo de vigência do desenho industrial será de 25 anos contados do depósito.

A lei fixa o prazo para formulação da prorrogação, que deve ser realizado durante o último ano de vigência do registro, instruído com o comprovante do pagamento da respectiva retribuição (art. 108, § 1º, da LPI). Caso o prazo não seja obedecido, a LPI dá oportunidade e preferência ao titular para suprir a falha, convalidando e evitando a caducidade por meio da prorrogação feita nos 180 dias subsequentes ao termo final, mas com o pagamento de retribuição adicional (art. 108, § 2º, da LPI).

2.3. Proteção conferida pelo registro

A proteção do desenho industrial começa com o registro validamente concedido e nos mesmos limites da patente, de modo a evitar a contrafação (arts. 41, 109 e 110 da LPI) [*t. III, §3, i. 4*]. Tal como se enunciou na patente, o desenho industrial tem o limite de proteção determinado pelo teor de reivindicação, interpretado com base no relatório descritivo e nos desenhos. É cediço que o desenho industrial protege a forma plástica ornamental de objeto e o conjunto de linhas e cores que proporcionam resultado visual novo e original, passível de fabricação industrial.

Portanto, a proteção será feita para garantir a exclusividade de uso da forma plástica ou apresentação externa de linhas e cores original e obtida com prioridade, mas de acordo com as descrições e reivindicações do registro.

Com o objetivo de assegurar a proteção, o art. 111 da LPI permite ao titular do desenho industrial requerer o exame do objeto do registro, a qualquer tempo da vigência, quanto aos aspectos de novidade e de originalidade. A ausência de requisitos de inovação servirá de fundamento para instauração de ofício de processo de nulidade do registro.

2.4. Nulidade do registro

A patente poderá ser declarada nula por meio de processo administrativo perante o INPI (arts. 113 a 117 da LPI) e por meio de ação judicial (art. 118, que remete aos arts. 56 e 57 da LPI). O fundamento da sanção jurídica de *nulidade* do desenho industrial será a contrariedade a dispositivos da LPI, conforme art. 112, desde o descumprimento de formalidades legais como o depósito e publicação, até mesmo sobre a apresentação visual do desenho industrial, caso se identifique falsidade no conjunto externo, contrafação ou ausência de inovação.

Administrativamente, a declaração de nulidade terá por fundamento a desobediência às regras atinentes à concepção do desenho industrial (art. 94 da LPI) ou o desrespeito a formalidades. Por contaminar a validade do desenho industrial, há legitimidade ativa no pleito administrativo para qualquer pessoa com legítimo interesse, com prazo decadencial de 6 meses contados da concessão da patente. O titular do desenho será intimado para se manifestar em 60 dias e, posteriormente, o processo será decidido pelo Presidente do INPI (arts. 114 a 117 da LPI).

Judicialmente, com competência da Justiça Federal, a ação declaratória de nulidade de desenho industrial terá as mesmas características daquela da patente. Poderá ser proposta a qualquer tempo da vigência do desenho industrial, com legitimidade ativa de qualquer interessado e do próprio INPI, que intervém nesse processo mesmo que não seja autor (art. 118 da LPI).

Não se pode confundir a ação de nulidade do desenho industrial com as ações de obrigação de não fazer (não comercializar) e indenizatórias ajuizadas em desfavor de quem pratica contrafação. É competente para essa ação a justiça comum.

Jurisprudência

STJ – REsp 466.360 – 3ª Turma – Rel. Min. Nancy Andrighi – *DJU* 20.10.2003: "Processual civil. Comercial. Recurso especial. Ação indenizatória. Imitação de modelo industrial. Violação da propriedade industrial. Concorrência desleal. Legitimidade ativa. Aquele que se utiliza licitamente de desenho industrial, para fabricar e comercializar produto, detém legitimidade para propor ação indenizatória contra o contrafator, por violação à propriedade industrial ou por concorrência desleal".

2.5. Extinção do registro

A extinção do registro do desenho industrial é regulada pelo art. 119 da LPI, que prescreve as seguintes hipóteses:

I – *pela expiração do prazo de vigência*: após o termo final do prazo máximo de 25 anos, extingue-se o desenho industrial, com domínio público que permite qualquer pessoa utilizar o conjunto ornamental de linhas e cores que possa ser aplicado a um produto;

II – *pela renúncia de seu titular, ressalvado o direito de terceiros*: a renúncia é ato unilateral do titular, com perda do direito do desenho industrial, que não poderá prejudicar direitos de terceiros, por exemplo, no caso de licenciamento voluntário devidamente averbado junto ao INPI;

III – *pela falta de pagamento da retribuição*;

IV – *pela inobservância de nomeação de procurador em território brasileiro para o caso de titular domiciliado no exterior*.

Jurisprudência

STJ – REsp nº 1.050.659 – 4ª T. – Rel. Min. Antonio Carlos Ferreira – j. 24.02.2015: "(...) Considerando o disposto no art. 96 da Lei nº 9.279/1996, o registro do desenho industrial discutido nestes autos não pode ser considerado inválido, tendo em vista que a publicidade foi promovida pela titular no 'período de graça' (dentro de 180 dias antes do depósito), o que afasta o 'estado da técnica' e revela a condição material de 'novidade'".

TJSP – Ap nº 0002283-04.2010.8.26.0565 – 2ª C.Res.DEmp. – Rel. Des. Tasso Duarte de Melo – DJe 20.02.2015: "(...) Contrafação de sapatilhas 'Melissa Zaxy Cookies'. Ação ajuizada antes da concessão do registro do desenho industrial. Irrelevância. Depósito do pedido de registro anterior ao ajuizamento da ação. Pedido inicial da Apelante que abrange não só proteção à violação do desenho industrial, mas também a repressão a atos de concorrência desleal. Reprodução das características visuais do referido produto. Violação a desenho industrial e prática de concorrência desleal caracterizados, conforme robusta prova documental e pericial. Danos materiais e morais presumidos. Desnecessária a prova concreta do prejuízo e/ou sua extensão. Apuração em liquidação de sentença. Precedentes do C. STJ e das Câmaras Reservadas de Direito Empresarial deste Tribunal".

TJSC – AI nº 2012.046239-3 – Relª Desª Rosane Portella Wolff – j. 03.07.2014: "Demanda que almeja impedir a utilização de recipiente retornável destinado à comercialização de água mineral por outras envasadoras, cujo design é objeto de registro perante o Instituto Nacional da Propriedade Intelectual – Inpi. Decisão que antecipa os efeitos da tutela e determina à ré a abstenção de recolher e envasar água nos garrafões de uso privativo da requerente, sob pena de multa. Inconformismo da demandada. Desenho industrial registrado na autarquia federal competente, sob a titularidade da autora. Art. 109 da Lei de Propriedade Intelectual. Direito de exclusividade do uso em face da aquisição da patente. Art. 42 do suso apontado texto normativo. Utilização por terceiros que deve ser impedida por caracterizar concorrência desleal, nos termos do art. 195 da mencionada lei. Óbice legítimo. Precedentes desta Câmara".

TJMG – AC nº 1.0145.04.158153-2/001 – 9ª C.Cív. – Rel. Des. Tarcisio Martins Costa – *DJe* 13.10.2009: "Cominatória c/c indenização. Violação de desenho industrial. Configuração. Inteligência do art. 42, I, c/c art. 109 da Lei nº 9.279/1996. Perdas e danos presumidos. Recurso provido. A Lei Maior e a legislação específica (Lei nº 9.279/1996), asseguram proteção à propriedade do desenho industrial, sendo vedado que terceiro, sem o consentimento do titular, use, produza, coloque à venda, venda ou importe produto que possua desenho idêntico ou assemelhado a um outro já registrado, mormente porque tal prática pode induzir o consumidor a engano, fazendo-o supor que ambos provêm da mesma origem, ainda que se trate de produtos distintos. Comprovado que os produtos comercializados pelas rés se tratam de produtos contrafeitos, é pertinente a determinação judicial no sentido de obstar a prática ilícita por parte das infratoras, que deverão se abster de estocar, expor à venda e vender tais produtos. A existência de perdas e danos no caso de contrafação é presumida, cabendo sua apuração em liquidação de sentença por arbitramento".

Bibliografia: GUSMÃO, José Roberto. *Desenhos industriais*. In: COELHO, Fabio Ulhoa. *Tratado de direito comercial*. v. 6. São Paulo: Saraiva, 2015.

§6
MARCAS

1. MARCAS: CONCEITO E FUNÇÃO

As *marcas são sinais distintivos visualmente perceptíveis*[a] *de produtos e serviços*[b] *de atividades econômicas*[c] *exclusivas e em determinado território*[d], sejam elas empresariais ou não.

(*a*) Característica essencial da marca é a sua função de *simbolizar* e *distinguir de forma visualmente perceptível* o resultado final de uma atividade empresarial, seja ele um produto, seja um serviço. Portanto, o sinal deve destacar o conhecimento da atividade empresarial, singularizando-a para o mercado, em geral, e para os consumidores e usuários, em especial. Há, ainda, a proteção da exclusividade dessa simbologia, que atende a requisitos de novidade e prioridade do pedido para gerar proteção ao titular da marca. Tal prioridade é data com o pedido de registro da marca no Brasil (art. 128 e seguintes LPI) ou no exterior se feito em país que mantenha acordo com o Brasil ou em organização internacional, que produza efeito de depósito nacional (art. 127 da LPI).

A distintividade se revela essencial à proteção. Há diversos graus, conforme aponta LÉLIO DENÍCOLI SCHMIDT: podem ser marcas compostas por palavras inventadas (Caloi); palavras comuns utilizadas em sentido e atividade (Gol, Azul, Estrela); palavras evocativas, com a junção de dois ou mais sufixos e prefixos (Fertibras, Cataflan) (SCHMIDT, 2015, p. 269). Há marcas, ainda, que chegam à vulgarização e o uso inadequado as transforma "em sinônimo do nome genérico do produto ou serviço, perdendo qualquer traço de distintividade", como nos casos de Martelinho de Ouro, Gibi e Tubaína (SCHMIDT, 2015, p. 270). Finalmente, há palavras com segundo significado (*secondary meaning*), que suplanta o papel comum do léxico ou da etimologia (Safra, Contém 1g, Leite de Rosas) (SCHMIDT, 2015, p. 273).

(*b*) A segunda característica componente do conceito é que o símbolo produzido pela marca permite e *identificação da atividade*, porque o produto fica destacado dos demais e o serviço será individualizado pelas características que o empresário lhe atribuir.

(*c*) A marca destaca uma *atividade econômica* industrial, comercial, de serviços, porque aquela específica tecnologia ou *know-how* serão o conteúdo para aquele continente. Em outros termos, destaca-se determinada atividade econômica – não necessariamente empresarial, já que pessoas naturais, associações e fundações e pessoas jurídicas de direito público também podem titularizar uma marca (art. 128, *caput*, da LPI) – tornando-a absolutamente individualizada em relação às demais. A proteção gerada pela LPI visa à garantia de perpetuidade dos investimentos feitos nessa singularização, vedando-se a concorrência desleal, desvio de clientela, contrafação.

A atribuição do registro da marca está de tal modo vinculada à atividade que a própria LPI determina que as pessoas de direito privado só podem requerer registro de marca relativo à atividade que exerçam efetiva e licitamente de modo direto ou por meio de empresas que controlem direta ou indiretamente (art. 128, § 1º, da LPI).

Eventual pedido de marca coletiva deverá ser requerido por pessoa jurídica representativa da coletividade, com prova dessa condição, mas possível atividade distinta da de seus membros (art. 128, § 2º, da LPI).

(*d*) A proteção da marca é territorial, conforme se verifica da interpretação do art. 129 da LPI: "a propriedade da marca adquire-se pelo registro validamente expedido, conforme as disposições desta lei, sendo assegurado ao seu titular o seu uso exclusivo em todo o território nacional".

Jurisprudência

Caso prefixo Colerê: STJ – 3ª T. – REsp nº 1.924.788 – Rel. Min. Nancy Andrighi – j. 08/06/2021: "(...) 6. A expressão COLORÊ, registrada pela recorrida, possui baixo grau distintivo, pois consiste em vocábulo que, além de não ter sido criado por ela, corresponde à conhecidíssima parlenda, consagrada junto ao público, sobretudo infantil, em razão de gravações musicais realizadas desde os anos 80. 7. A solução da controvérsia não pode se restringir à análise isolada das expressões COLORES e COLORÊ, pois, se assim fosse, estar-se-ia relegando a um segundo plano o importante fato de que, se o primeiro signo é apenas um dos elementos da marca nominativa da recorrente (YOPA COLORES), o segundo constitui o único elemento nominativo de uma marca mista - que congrega, portanto, também ele-mentos figurativos com forte poder distintivo. 8. Não se pode fragmentar a análise da marca a ponto de quebrar sua unidade e a forma pela qual o público consumidor a percebe, sendo de rigor que se proceda a uma análise global do conjunto. Doutrina. 9. Além do fato de as expressões isoladas (COLORES x COLORÊ) possuírem perceptível diferença fonética, haja vista a tonicidade específica de cada signo, o elemento nominativo COLORES não desempenha função dominante no conjunto marcário de titularidade da recorrente, haja vista que sua família de marcas possui como elemento principal a expressão YOPA. 10. A simples circunstância de os produtos nos quais utilizadas as marcas em exame serem gêneros da mesma natureza não faz presumir, por si só, que o consumidor venha a confundi-los ou considerá-los como de mesma origem. Precedentes. 11. Assim, diante do contexto dos autos, e a partir da interpretação conferida à legislação de regência pela jurisprudência desta Corte, impõe-se concluir pela possibilidade de convivência das marcas em confronto (...)".

Caso prefixo Nebacetin: STJ – 4ª T. – REsp nº 1.848.654 – Rel. Min. Antonio Carlos Ferreira – j. 18/05/2021: "(...) 2. No caso dos autos, a semelhança entre os nomes das marcas "NEBACIMED" e "NEBACETIN" decorre do fato de que o início de suas denominações advém da reunião dos prefixos de seus princípios ativos "Sulfato de NEomicina" e "BACitracina Zíncica". Portanto, pode-se afirmar que se trata de nomenclaturas sugestivas de sua composição, o que caracteriza a marca como de cunho fraco, tendo em vista ser desprovida de originalidade (...). 4. Não obstante a semelhança no início da nomenclatura, a escrita e a fonética se diferenciam em razão dos sufixos "CETIN" e "CIMED", ocasionando uma sonoridade perceptivelmente distinta entre ambas, o que dificulta a indução do homem médio a erro. 5. Considerando não ser a fabricante do "NEBACETIN" proprietária exclusiva dos prefixos que compõem os nomes dos princípios ativos do medicamento, tampouco havendo circunstância real apta a ensejar erro por parte do público consumidor, deve ser mantido o registro no INPI da marca "NEBACIMED".

STJ – 3ª T. – REsp 1.105.422 – Rel. Min. Min. Nancy Andrighi – j. 10.05.2011: "A finalidade da proteção ao uso das marcas – garantida pelo disposto no art. 5º, XXIX, da CF/1988 e regulamentada pelo art. 129 da LPI – é dupla: por um lado protegê-la contra usurpação, proveito econômico parasitário e o desvio desleal de clientela alheia e, por outro, evitar que o consumidor seja confundido quanto à procedência do produto (art. 4º, VI, do CDC)".

STJ – 3ª T. – REsp nº 1.032.104 – Rel. Min. Nancy Andrighi – j. 18/08/2011: "(...) 3 – A finalidade da proteção ao uso das marcas é dupla: por um lado protegê-la contra usurpação, proveito econômico parasitário e o desvio desleal de clientela alheia e, por outro, evitar que o consumidor seja confundido quanto à procedência do produto. 4 – O art. 129 da Lei 9.279/96 subordina o direito de uso exclusivo da marca ao seu efetivo registro no INPI, que confere ao titular o direito real de propriedade sobre a marca. Mas a demora na outorga do registro não pode andar a favor do contrafator. 5 – Assim, não apenas ao titular do registro, mas também ao depositante é assegurado o direito de zelar pela integridade material ou reputação da marca, conforme o disposto no art. 130, III, da Lei 9.279/96".

1.1. Territorialidade e especialidade: definição das classes de marcas

Conforme se observou no conceito, as marcas destacam atividade em determinado território. Surgem duas pautas de interpretação – que a doutrina majoritária erige à categoria de princípio – que são a territorialidade e a especialidade.

A *territorialidade* é a garantia de exclusividade no espeço geográfico em que a marca for registrada (art. 129 da LPI), ressalvando-se somente algumas hipóteses de proteção por tratados internacionais como a CUP, especialmente com a proteção de marcas de alto renome e notoriamente reconhecidas [*t. III, §6, i. 2.3*], além dos casos de exigibilidade de conhecimento por serem essenciais ao mercado em que inserido o titular, mesmo que não registradas no Brasil (art. 124, XXIII, da LPI) [*t. III, §6, i. 2.4*].

Pela *especialidade*, uma marca recebe proteção específica para a atividade (produto ou serviço) que ela pretende singularizar. Em outros termos, a marca protege sinal distintivo de produto ou de serviço em ramo, setor ou mercado determinados e não genericamente para qualquer tipo de atividade.

Marcas semelhantes não poderão conviver no mesmo ramo de atividade, mas poderão destacar produtos diferentes e que não estejam em mercados semelhantes ou próximos. Por exemplo, a marca *Pestalozzi* tem três registros para diferentes titulares em mercados distintos: um para serviços educacionais; um para editoração de livros; um para calçados. Em outro sentido, o TRF 4ª Região permitiu o uso da marca *Dois Corações* (de lanchonetes) por não haver colidência de atividades com a marca *Três Corações* (de cafés) (TRF 4ª R. – Ap. nº 5057135-62.2012.4.04.7000 – Rel. Des. Fernando Quadros da Silva).

Por esse motivo, ao se pleitear o depósito da marca é preciso indicar a *classe* [*t. III, §6, i. 3.1*] em que ela está inserida, conforme art. 157 da LPI e legislação administrativa. Para tanto, o INPI adota a Classificação Internacional de Produtos e Serviços de Nice (NCL, na sigla em inglês), com uma extensa lista de 45 classes com informações sobre os diversos tipos de produtos e serviços inseridos em cada uma dessas classes não exaustivas, com revisões constantes também pela Organização Mundial da Propriedade Intelectual (OMPI).

Ressalvam-se, por fim, as marcas de alto renome, porque têm uma proteção ultra-fronteiriça e para todas as classes. Já as marcas notoriamente reconhecidas têm a proteção garantida em todos os territórios e no ramo de atividade em que estão inseridas.

Jurisprudência

Caso Natura v. Naturaço: STJ – 3ª T. – REsp nº 1.893.426 – Rel. Min. Paulo de Tarso Sanseverino – j. 08/06/2021: "(...) 3. O alto renome de uma marca não tem o condão de atingir as marcas já depositadas à data em que publicada a decisão administrativa que o reconheceu, salvo se o depositante tiver agido de má-fé. 4. A regra do art. 129 da Lei de Propriedade Industrial não confere proteção irrestrita ao titular da marca registrada, mas uma proteção limitada às situações em que há risco de confusão ou de associação indevida entre marcas idênticas ou semelhantes para designar produtos idênticos, semelhantes ou afins (...)".

STJ – 3ª T. – REsp nº 1.258.662 – Rel. Min. Marco Aurélio Belizze – j. 02/02/2016: "(...) 1. Na esteira dos precedentes do STJ, o registro de marcas semelhantes, ainda que em classe distintas, porém destinadas a identificar produtos ou serviços que guardem relação de afinidade, inseridos no mesmo segmento mercadológico, devem ser obstados. 2. O princípio da especialidade não se restringe à Classificação Internacional de Produtos e Serviços, devendo levar em consideração o potencial concreto de se gerar dúvida no consumidor e desvirtuar a concorrência. Precedentes. (...)".

STJ – 4ª T. – REsp nº 1.184.867 – Rel. Min. Luis Felipe Salomão – j. 15/05/2014: "(...) 3. A tutela ao nome comercial se circunscreve à unidade federativa de competência da junta comercial em que registrados os atos constitutivos da empresa, podendo ser estendida a todo o território nacional desde que seja feito pedido complementar de arquivamento nas demais juntas comerciais. Por sua vez, a proteção à marca obedece ao sistema atributivo, sendo adquirida pelo registro validamente expedido pelo Instituto Nacional da Propriedade Industrial – INPI, que assegura ao titular seu uso exclusivo em todo o território nacional, nos termos do art. 129, caput, e § 1º da Lei n. 9.279/1996. (REsp 1190341/RJ, Rel. Ministro LUIS FELIPE SALOMÃO, QUARTA TURMA, julgado em 05/12/2013, DJe 28/02/2014 e REsp 899.839/RJ, Rel. Ministro MASSAMI UYEDA, TERCEIRA TURMA, julgado em 17/08/2010, DJe 01/10/2010). 4. O entendimento desta Corte é no sentido de que eventual colidência entre nome empresarial e marca não é resolvido tão somente sob a ótica do princípio da anterioridade do registro, devendo ser levado em conta ainda os princípios da territorialidade, no que concerne ao âmbito geográfico de proteção, bem como o da especificidade, quanto ao tipo de produto e serviço. (REsp 1359666/RJ, Rel. Ministra NANCY ANDRIGHI, TERCEIRA TURMA, julgado em 28/05/2013, DJe 10/06/2013). 5. No caso concreto, equivoca-se o Tribunal de origem ao afirmar que deve ser dada prioridade ao nome empresarial em detrimento da marca, se o arquivamento na junta comercial ocorreu antes do depósito desta no INPI. Para que a reprodução ou imitação de nome empresarial de terceiro constitua óbice a registro de marca, à luz do princípio da territorialidade, faz-se necessário que a proteção ao nome empresarial não goze de tutela restrita a um Estado, mas detenha a exclusividade sobre o uso em todo o território nacional. Porém, é incontroverso da moldura fática que o registro dos atos constitutivos da autora foi feito apenas na Junta Comercial de Blumenau/SC. 6. A Convenção da União de Paris de 1883 – CUP deu origem ao sistema internacional de propriedade industrial com o objetivo de harmonizar o sistema protetivo relativo ao tema nos países signatários, do qual faz parte o Brasil (<http://www.wipo.int/treaties/en>). É verdade que o art. 8º da dita Convenção estabelece que 'O nome comercial será protegido em todos os países da União, sem obrigação de depósito ou de registro, quer faça ou não parte de uma marca de fábrica ou de comércio'. Não obstante, o escopo desse dispositivo é assegurar a proteção do nome empresarial de determinada sociedade em país diverso do de sua origem, que seja signatário da CUP, e não em seu país natal, onde deve-se atentar às leis locais. 7. O artigo 124, XIX, da Lei da Propriedade Industrial veda o registro de marca que reproduza outra preexistente, ainda que em parte e com acréscimo «suscetível de causar confusão ou associação com marca alheia». Sob o enfoque pelo ângulo do direito marcário, a possibilidade de confusão e/ou associação entre as marcas é notória, por possuírem identidade fonética e escrita quanto ao elemento nominativo e ambas se destinarem ao segmento mercadológico médico. (...) 9. A desconstituição do registro por ação própria é necessária para que possa ser afastada a garantia da exclusividade em todo o território nacional. (REsp 325158/SP, Rel. Ministra NANCY ANDRIGHI, Rel. p/ Acórdão Ministro CARLOS ALBERTO MENEZES DIREITO, TERCEIRA TURMA, julgado em 10/08/2006, DJ 09/10/2006, p. 284 e REsp 1189022/SP, Rel. Ministro LUIS FELIPE SALOMÃO, QUARTA TURMA, julgado em 25/02/2014, DJe 02/04/2014). (...)".

TRF 4ª Região – 3ª T. – Apelação nº 5057135-62.2012.4.04.7000/PR – Rel. Des. Fed. Fernando Quadros da Silva – j. 02/10/2015: "(...) 2. Confirmado pelo laudo que: a) os ramos de atividades das empresas são distintos: a empresa autora presta serviços de alimentação (lanchonete), enquanto que a empresa ré é uma indústria que tem como atividade econômica principal a torrefação e moagem de café, sendo os seus produtos expostos e vendidos ao público consumidor em supermercados. (fl. 2); b) a mensagem transmitida pela marca da autora não é igual à mensagem transmitida pelas marcas da ré; c) a marca da autora não é reprodução nem imitação das marcas da ré; d) existe suficiente distinção entre as marcas confrontadas; e) as marcas podem, efetivamente, coexistir no mercado sem que ocorra confusão ou associação ao público consumidor, é de ser mantida a sentença que julgou procedente o pedido da parte autora para anular a decisão do INPI que, em processo administrativo, anulou o certificado de registro da marca da autora (Dois Corações) referente ao processo n. 824058291, com o respectivo cancelamento de todos os seus efeitos, bem assim determinou ao INPI que proceda à devida averbação em seus registros (...)".

1.2. Não registrabilidade

A LPI, no art. 124, optou pela técnica de configuração de um rol extenso, mas *não exaustivo*, de hipóteses fáticas que não são registráveis como marcas. Alguns casos são autoexplicativos, mas outros merecem detalhamento a seguir:

I – *brasão, armas, medalha, bandeira, emblema, distintivo e monumento oficiais, públicos, nacionais, estrangeiros ou internacionais, bem como a respectiva designação, figura ou imitação*: é vedado que se pleiteie, por parte de particulares, a apropriação de símbolos públicos e oficiais, nacionais e estrangeiros, estendendo-se também para todos os níveis da federação brasileira. Isso se estende a designações e símbolos de órgãos da administração direta e indireta, de modo que há proibição de obtenção de mais valia produtiva sobre bens públicos, ainda que simbólicos.

II – *letra, algarismo e data, isoladamente, salvo quando revestidos de suficiente forma distintiva*: letras e números, isoladamente, não podem ser apropriados por quem quer que seja. Somente válidas as composições entre eles, aliada à sinalização gráfica de imagem produzida por uma marca nominativa, por exemplo. Esse é o sentido de estar "revestido por forma distintiva". As letras I, B e M, isoladamente, não são componentes de marca. Mas o conjunto IBM, sem dúvida. Isso vale para iPad, LG, dentre outros.

III – *expressão, figura, desenho ou qualquer outro sinal contrário à moral e aos bons costumes ou que ofenda a honra ou imagem de pessoas ou atente contra liberdade de consciência, crença, culto religioso ou ideia e sentimento dignos de respeito e veneração*: a atribuição de um direito não admite que o seu exercício seja abusivo e nem que haja utilização ilícita, contrária a ditames sociais de convívio, respeito a interesses alheios ou que sejam afrontados limites de moralidade aceitos comumente na vida em sociedade. São esses comandos genéricos que se colhem do dispositivo em comento, que não admite o registro de marcas que malfiram regras gerais de convivência social ("atentado à moral e bons costumes"), que agridam liberdades alheias ("de consciência, crença, culto religioso e de ideias dignas de respeito"). Alguns dos preceitos invocam até mesmo valores de uma sociedade, que precisarão ser analisados com critérios de tempo e espaço em que houve a violação, porque há variações momentâneas do que sejam ideias dignas de respeito ou mesmo atentados aos costumes.

IV – *designação ou sigla de entidade ou órgão público, quando não requerido o registro pela própria entidade ou órgão público*: mesmo que os órgãos públicos não façam o pleito de proteção da marca, a LPI resguarda insígnias e legendas públicas quanto a pedidos de registro, como no caso de INPI, DREI, INPM, INSS, CADE, BNDES, CNPq, dentre outros.

V – *reprodução ou imitação de elemento característico ou diferenciador de título de estabelecimento ou nome de empresa de terceiros, suscetível de causar confusão ou associação com estes sinais distintivos*: esse caso tutela a precedência do título de estabelecimento [t. III, §1, i. 2.2] ou no nome empresarial [t. II, §3, i. 2.2.3] que: (*a*) tenham uso anterior; (*b*) estejam registrados, no caso de nome empresarial, ou que se mostre com apresentação efetiva no estabelecimento antes do pleito da marca; (*c*) seja suscetível de causar confusão com a marca pleiteada por terceiro. Portanto, não basta a simples coincidência com uma marca, mas é imprescindível que gere na clientela ou no consumidor uma indistinção a ponto de tornar confuso ou gerar associação indevidamente entre as atividades empresariais. Se ocorrer mera coincidência, mas com dissociação entre os empresários, não se pode falar em vedação.

Ademais, a jurisprudência especificou que marcas de alto renome gozam de proteção geral e inespecífica em todas as classes, mas devem conviver com marcas anteriores (STJ – REsp nº 1.799.164 – Rel. Min. Nancy Andrighi).

Além disso, deve prevalecer a pauta da especialidade, de modo que deve ser determinado o ramo de atuação do titular do nome empresarial e da marca, além da abrangência territorial de uso de cada uma.

Outro é o raciocínio para domínios de *internet*, que não estão especificamente regulados pela LPI, remetendo-se a raciocínio sobre a lealdade na concorrência, mas devem conviver com marcas anteriores (STJ – REsp nº 1.799.164 – Rel. Min. Nancy Andrighi).

O controle de sites foi regulado pelo Decreto nº 4.829/2003 e que criou o Comitê Gestor de Internet no Brasil (CGIbr). O CGIbr estabelece diretrizes estratégicas relacionadas ao uso e desenvolvimento da *internet* no Brasil e tem o Núcleo de Informação e Coordenação do Ponto BR (NIC.br) para registro e manutenção dos nomes de domínios que usam o ".br".

O titular de marca preexistente somente conseguirá obstar o uso se houver deslealdade na prática do registro de domínio, já que em matéria de *internet* foi erigido o conceito de "*first come, first served*" (STJ – REsp. nº 1.466.212 – Min. Luis Felipe Salomão). Aquele que primeiro for o NIC.br, primeiro será servido, porque os domínios da *internet* não necessariamente têm uso empresarial ou para destaque específico de determinada atividade lucrativa.

Jurisprudência

Caso Roberto Carlos: STJ – 3ª T. – REsp nº 1.679.192 – Rel. Min. Ricardo Villas Bôas Cueva – j. 23/03/2021: "(...) 2. Nome empresarial e marca não se confundem, sendo a proteção do primeiro, na linha de precedentes do Superior Tribunal de Justiça, oferecida pelo art. 8º da Convenção de Paris, independentemente de qualquer registro. 3. O nome comercial e a marca gozam de proteção jurídica com dupla finalidade: por um lado, ambos são tutelados contra usurpação e proveito econômico indevido; por outro, almeja-se evitar que o público consumidor seja confundido quanto à procedência do bem ou serviço oferecido no mercado.

STJ – 4ª T. – REsp nº 1.494.306 – Rel. Min. Luis Felipe Salomão – j. 07/11/2019: "(...) No presente caso, como é incontroverso nos autos: (a) ambas as partes atuam no mesmo segmento de mercado - prestação de serviços de construção e engenharia -, malgrado tenham sede em regiões diferentes do Brasil (a autora em Brasília - DF e a ré em São Paulo - SP); (b) embora a constituição da autora (CONSTRUTORA IPÊ LTDA.) tenha se dado em 1961, bem antes da constituição da ré (YPÊ ENGENHARIA LTDA.), foi esta quem diligenciou no sentido de registrar o signo em questão ("YPÊ"), tendo efetuado o depósito em 11.08.1994; (c) somente nove anos depois (em 16/04/2003), a autora fez o depósito do pedido de registro da marca "CONSTRUTORA IPÊ"; e (d) a demandante não realizou o registro complementar de seus atos constitutivos nas Juntas Comerciais de todos os Estados da Federação. 10. Nesse quadro, sem olvidar o direito de precedência alegado pela autora, constata-se que o deslinde da controvérsia resolve-se à luz dos princípios da territorialidade e da especialidade, não merecendo reparo o acórdão regional que pugnou pela possibilidade de coexistência do nome da sociedade empresária (cujos atos constitutivos foram inscritos apenas em Brasília – DF) com a marca da ré, cujo registro encontra proteção em todo território nacional, não se extraindo da causa de pedir inserta na inicial (nem da sentença de procedência ou das contrarrazões da apelação) elementos demonstrativos de potencial confusão do público consumidor ou de associação indevida (...)".

Caso Hering: STJ – 3ª T. – REsp nº 1.801.881 – Rel. Min. Ricardo Villas Bôas Cueva – j. 27/08/2019: "(...) 4. Impossibilidade de discutir, na hipótese, se o registro da marca "HERING" e do sinal figurativo "FIGURA DOS DOIS PEIXINHOS" poderia ou não ter sido efetuado perante o órgão competente, por se tratar de fato consumado ocorrido em 16/7/1952 (data do pedido efetuado perante o INPI), sem nenhuma oposição no prazo legal. 5. Os impasses decorrentes de colisão entre nome comercial (denominação) e marca não são resolvidos apenas pelo critério da anterioridade, devendo-se levar em consideração o princípio da territorialidade, ligado ao âmbito geográfico de proteção, e o princípio da especificidade, que vincula a proteção da marca ao tipo de produto ou serviço, salvo quando declarada pelo INPI de "alto renome" ou "notória". Precedentes. 6. A tolerância do uso da marca por terceiros, ainda que por prolongado período, não retira do seu titular o exercício das prerrogativas que a lei lhe confere, entre os quais as que lhe asseguram o direito de usá-la com exclusividade e de impedir que outros a utilizem para a mesma finalidade. 7. Sendo a ora recorrida (CIA. HERING) a titular da marca "HERING" e do sinal figurativo "FIGURA DOS DOIS PEIXINHOS", a ela é facultada a utilização de seus sinais distintivos em conjunto com a expressão genérica "LOJA", mesmo que traduzida para o idioma inglês (STORE), por se tratar de termo evocativo cujo único intuito é descrever o tipo de estabelecimento comercial (...)".

Caso McDonalds: STJ – 3ª T. – REsp nº 1.799.164 – Rel. Min. Nancy Andrighi – j. 13/08/2019: "(...)4. A pretensão deduzida pelo recorrente fundamenta-se na alegação de que ele, na condição de titular de diversas marcas formadas pelas expressões MC e MAC (tais como MCDONALD'S e BIG MAC), tem o direito de obstar que o recorrido continue a utilizar sua marca, MAC D'ORO, pois tal expressão constituiria imitação flagrante de seus sinais distin-tivos. 5. Para que fique configurada a violação de marca, é necessário que o uso dos sinais distintivos impugnados possa causar confusão no público consumidor ou associação errô-nea, em prejuízo ao titular da marca supostamente infringida. 6. A declaração do alto re-nome não pode retroagir para atingir registros anteriores obtidos de boa-fé por terceiros, devendo seu titular suportar o ônus da convivência. Precedente. 7. Conforme decidido por esta Corte Superior, a análise de eventual colidência de registros marcários deve passar pelo exame dos seguintes critérios principais: (i) grau de distintividade intrínseca das marcas; (ii) grau de semelhança entre elas; (iii) tempo de convivência no mercado; (iv) espécie dos pro-dutos em cotejo; (v) diluição. 8. Tais critérios devem ser sopesados à vista das circunstâncias específicas da hipótese, não se podendo estabelecer juízos objetivos a priori sobre a relevân-cia em abstrato de cada um deles. 9. Diante do contexto fático delineado pelo acórdão re-corrido e a partir da interpretação conferida à legislação de regência pela jurisprudência consolidada nesta Corte, impõe-se concluir que as circunstâncias específicas da hipótese concreta - grau de distintividade/semelhança, utilização da marca em produtos diversos, ausência de confusão ou associação errônea pelos consumidores, tempo de coexistência – impedem que se reconheça que a marca registrada pelo recorrido deva ser anulada (...)".

STJ – 3ª T. – REsp nº 1.673.450 – Rel. Min. Nancy Andrighi – j. 19/09/2017: "(...) 2 – O propósito recursal é definir se os registros da marca FRANZ ALIMENTOS devem ou não ser anulados em virtude do nome empresarial anterior 'CHOCOLATES FRANZ INDÚSTRIA E COMÉRCIO LTDA. – ME' e em razão do direito de precedência ao registro alegado pela recorrente. (...) 5 – Para aferição de eventual colidência entre nome empresarial e marca e incidência da proibição legal contida no art. 124, V, da Lei 9.279/96, não se pode restringir-se à análise do critério de anterioridade, mas deve também se levar em consideração os princípios da especialidade e da territorialidade. Precedentes. 6 – É possível o reconhecimento judicial da nulidade do registro de marca com fundamento em direito de precedência (art. 129, § 1º, da Lei 9.279/1996), que deve, todavia, ser sistematicamente interpretado à luz da proibição legal contida no art. 124, XIX, do mesmo diploma. 7 – Hipótese em que os elementos apurados pelos juízos de origem conduzem à inexistência de má-fé, aproveitamento parasitário e deslealdade concorrencial, assim como de risco de confusão ou associação dos consumidores, impondo a manutenção do acórdão recorrido por fundamento diverso".

STJ – 4ª T. – REsp nº 1.184.867 – Rel. Min. Luis Felipe Salomão – j. 15/05/2014: "(...) 3. A tutela ao nome comercial se circunscreve à unidade federativa de competência da junta comercial em que registrados os atos constitutivos da empresa, podendo ser estendida a todo o território nacional desde que seja feito pedido complementar de arquivamento nas demais juntas comerciais. Por sua vez, a proteção à marca obedece ao sistema atributivo, sendo adquirida pelo registro validamente expedido pelo Instituto Nacional da Propriedade Industrial – INPI, que assegura ao titular seu uso exclusivo em todo o território nacional, nos termos do art. 129, caput, e § 1º da Lei nº 9.279/1996 (REsp 1190341/RJ, Rel. Min. Luis Felipe Salomão, Quarta Turma, Julgado em 05.12.2013, DJe 28.02.2014 e REsp 899.839/RJ, Rel. Min. Massami Uyeda, Terceira Turma, Julgado em 17.08.2010, DJe 01.10.2010). 4. O entendimento desta Corte é no sentido de que eventual colidência entre nome empresarial e marca não é resolvido tão somente sob a ótica do princípio da anterioridade do registro, devendo ser levado em conta ainda os princípios da territorialidade, no que concerne ao âmbito geográfico de proteção, bem como o da especificidade, quanto ao tipo de produto e serviço (REsp 1359666/RJ, Relª Min. Nancy Andrighi, Terceira Turma, Julgado em 28.05.2013, DJe 10.06.2013). 5. No caso concreto, equivoca-se o Tribunal de origem ao afirmar que deve ser dada prioridade ao nome empresarial em detrimento da marca, se o arquivamento na junta comercial ocorreu antes do depósito desta no INPI. Para que a reprodução ou imitação de nome empresarial de terceiro constitua óbice a registro de marca, à luz do princípio da territorialidade, faz-se necessário que a proteção ao nome empresarial não goze de tutela restrita a um Estado, mas detenha a exclusividade sobre o uso em todo o território nacional. Porém, é incontroverso da moldura fática que o registro dos atos constitutivos da autora foi feito apenas na Junta Comercial de Blumenau/SC. 6. A Convenção da União de Paris de 1883 – CUP deu origem ao sistema internacional de propriedade industrial com o objetivo de harmonizar o sistema protetivo relativo ao tema nos países signatários, do qual faz parte o Brasil. É verdade que o art. 8º da dita Convenção estabelece que 'o nome comercial será protegido em todos os países da União, sem obrigação de depósito ou de registro, quer faça ou não parte de uma marca de fábrica ou de comércio'. Não obstante, o escopo desse dispositivo é assegurar a proteção do nome empresarial de determinada sociedade em país diverso do de sua origem, que seja signatário da CUP, e não em seu país natal, onde deve-se atentar às leis locais. 7. O art. 124, XIX, da Lei da Propriedade Industrial veda o registro de marca que reproduza outra preexistente, ainda que em parte e com acréscimo 'suscetível de causar confusão ou associação com marca alheia'. Sob o enfoque pelo ângulo do direito marcário, a possibilidade de confusão e/ou associação entre as marcas é notória, por possuírem identidade fonética e escrita quanto ao elemento nominativo e ambas se destinarem ao segmento mercadológico médico. Assim, é inviável admitir a coexistência de tais marcas. (...) 9. A desconstituição do registro por ação própria é necessária para que possa ser afastada a garantia da exclusividade em todo o território nacional (REsp 325158/SP, Relª Min. Nancy Andrighi, Rel. p/o Ac. Min. Carlos Alberto Menezes Direito, Terceira Turma, Julgado em 10.08.2006, DJ 09.10.2006, p. 284 e REsp 1189022/SP, Rel. Min. Luis Felipe Salomão, Quarta Turma, Julgado em 25.02.2014, DJe 02.04.2014) (...)".

STJ – 3ª T. – REsp nº 1.191.612 – Rel. Min. Paulo de Tarso Sanseverino – j. 22/10/2013 "(...) 3. Aferição da colidência não apenas com base no critério da anterioridade do registro no NPI, mas também pelos princípios da territorialidade e da especialidade. 4. Precedentes específicos desta Corte, especialmente o acórdão no Recurso Especial nº 1.232.658/SP (Relª Min. Nancy Andrighi, 3ª Turma, Julgado em 12.06.2012, DJe 25.10.2012): 'Para a aferição de eventual colidência entre marca e signos distintivos sujeitos a outras modalidades de proteção – como o nome empresarial e o título de estabelecimento – não é possível restringir-se à análise do critério da anterioridade, mas deve também se levar em consideração os princípios da territorialidade e da especialidade, como corolário da necessidade de se evitar erro, dúvida ou confusão entre os usuários".

STJ – 3ª T. – REsp nº 971.026 – Rel. Min. Sidnei Beneti – j. 15/02/2011: "(...) I. Os artigos 61 do Decreto nº 1800/96 e 1.166 do Código Civil de 2002, revogaram o Decreto nº 75.572/75 no que tange à extensão territorial conferida à proteção do nome empresarial. Agora 'A proteção legal da denominação de sociedades empresárias, consistente na proibição de registro de nomes iguais ou análogos a outros anteriormente inscritos, restringe-se ao território do Estado em que localizada a Junta Comercial encarregada do arquivamento dos atos constitutivos da pessoa jurídica' (EDcl nos EDcl no AgRg no REsp 653.609/RJ, Rel. Ministro Jorge Scartezzini, Quarta Turma, DJ 27/06/2005). (...)".

Caso Caracu: STJ – 4ª T. – REsp nº 50.609 – Rel. Min. Sálvio de Figueiredo Teixeira – j. 06/05/1997: "I – O direito marcário brasileiro vincula-se ao princípio da especificidade, segundo o qual a marca produz efeitos somente em relação a produtos ou serviços da respectiva classe de registro. Entretanto, a própria lei de regência traz exceção à regra, disciplinando que a marca notória, declarada em registro próprio, goza de proteção em todas as classes. II – A proteção legal tem por escopo resguardar o consumidor adquirente do produto, crédulo da procedência comum dos bens, sobretudo em razão do grande potencial econômico das empresas que detêm titularidade da marca notória".

Domínio de Internet: STJ – 4ª T. – REsp nº 1.466.212 – Rel. Min. Luis Felipe Salomão – j. 06/12/2016: "1. O nome de domínio (*domain name*) é o sinal designativo utilizado para identificar e localizar o endereço eletrônico ou a *home page* de agentes que, de algum modo, exerçam atividade (econômica ou não) na internet. A despeito da divergência doutrinária sobre sua natureza jurídica (direito autônomo de propriedade ou direito derivado de outro incidente sobre bem imaterial), é certo que a Constituição da República de 1998 reconhece não só proteção às criações industriais, à propriedade das marcas, aos nomes de empresas, mas também a quaisquer outros signos distintivos (inciso XXIX do artigo 5º), expressão que abrange, por óbvio, o nome de domínio. 2. O artigo 1º da Resolução 1/98, do Comitê Gestor da Internet no Brasil, erigiu princípio fundamental denominado 'First Come, First Served', segundo o qual o direito ao nome de domínio será conferido ao primeiro requerente que satisfizer, quando do pedido, as exigências para o registro. Nesse contexto, a concessão do registro não dependeria de prévia apuração de eventual conflito com marcas ou nomes comerciais registrados em outros órgãos, atribuindo-se ao requerente a integral responsabilidade pela escolha do nome de domínio. 3. De acordo com o artigo 2º do Anexo I da referida resolução, o nome escolhido pelo requerente para registro não poderia tipificar nome não registrável, o qual compreendia signos que pudessem induzir terceiros em erro, 'como no caso de nomes que representam marcas de alto renome ou notoriamente conhecidas, quando não requeridos pelo respectivo titular'. Atualmente, encontra-se em vigor a Resolução CGI.br 8/2008, que continua a responsabilizar o requerente pela escolha de nome de domínio que induza terceiros em erro ou que viole direitos de outrem (artigo 1º). 4. Desse modo, nem todo registro de nome de domínio composto por signo distintivo equivalente à marca comercial de outrem configura violação do direito de propriedade industrial, mas apenas aquele capaz de gerar perplexidade ou confusão nos consumidores, desvio de clientela, aproveitamento parasitário, diluição de marca ou que revele o intuito oportunista de pirataria de domínio. 5. No caso concreto, não se evidencia qualquer uma das circunstâncias vedadas pelo ordenamento jurídico. Isso porque o nome de domínio escolhido pela sociedade empresária ré ('paixao.com.br') não se revela capaz de causar confusão entre o serviço virtual a ser disponibilizado no site (destinado a aproximar pessoas para relacionamentos amorosos) e os produtos comercializados pelas autoras (cosméticos Paixão). 6. Ademais, o signo distintivo 'paixão' não caracteriza marca de alto renome, a ser protegida em todos os ramos de atividade, o que poderia, em princípio, a depender do caso concreto, justificar a vedação de registro de nome de domínio equivalente. Tal condição deveria ter sido reconhecida, na via administrativa, pelo INPI (único órgão competente para tanto), o que não ocorreu, sobressaindo, ao revés, a existência (incontroversa) de vários registros da expressão 'Paixão' como marcas de titulares pertencentes a segmentos mercadológicos diversos. 8. A incidência, portanto, do princípio da especialidade no registro da marca demonstra a possibilidade de coexistência de nomes de domínio compostos pelo mesmo signo distintivo acrescido do ramo de atividade do titular. Assim, não há que se falar em violação do direito das autoras, que ainda podem proceder a registro de nome de domínio representativo da sua marca, a exemplo de 'cosmeticospaixao.com.br' ou 'paixaocosmeticos.com.br'. 9. A marca Paixão, outrossim, caracteriza marca evocativa (também chamada de sugestiva ou fraca), sinal distintivo que mantém relação mediata ou indireta com o produto comercializado, razão pela qual detém limitado campo de proteção. Nesse contexto, seus titulares devem suportar o ônus da convivência com outras semelhantes, exegese a ser transportada para os nomes de domínio, notadamente no caso em tela, por ser totalmente viável a coexistência sem implicar prejuízo aos agentes integrantes do mercado de consumo. Não se vislumbra, dessa forma, qualquer risco à integridade da marca das autoras, que sequer lograram demonstrar indício de má-fé do requerente da *home page*".

Domínio de internet: STJ – 3ª T. – REsp nº 1.238.041 – Rel. Min. Marco Aurélio Bellizze – j. 07/04/2015: "(...) 2. O direito de precedência, assegurado no art. 129, § 1º, da Lei n. 9.729/96, confere ao utente de marca, de boa-fé, o direito de reivindicar para si marca similar apresentada a registro por terceiro, situação que não se amolda a dos autos. 3. O direito de exclusiva, conferido ao titular de marca registrada sofre limitações, impondo-se a harmonização do princípio da anterioridade, da especialidade e da territorialidade. 4. 'No Brasil, o registro de nomes de domínio na internet é regido pelo princípio 'First Come, First Served', segundo o qual é concedido o domínio ao primeiro requerente que satisfizer as exigências para o registro'. Precedentes. 5. Apesar da legitimidade do registro do nome do domínio poder ser contestada ante a utilização indevida de elementos característicos de nome empresarial ou marca devidamente registrados, na hipótese ambos os litigantes possuem registros vigentes, aplicando-se integralmente o princípio 'First Come, First Served'(...)".

VI – *sinal de caráter genérico, necessário, comum, vulgar ou simplesmente descritivo, quando tiver relação com o produto ou serviço a distinguir, ou aquele empregado comumente para designar uma característica do produto ou serviço, quanto à natureza, nacionalidade, peso, valor, qualidade e época de produção ou de prestação do serviço, salvo quando revestidos de suficiente forma distintiva*: o dispositivo sob análise é complexo, porque a vedação está relacionada a marcas genéricas, que se apropriam de mera descrição ou de conceito de um produto ou serviço, sem lhe dar destaque visual. Exemplo disso seria a marca "Computador" para computadores, "Água" para água ou "Escola" para o serviço específico. O raciocínio também se estende para termos estrangeiros com uso comum das pessoas, como hot dog, baguete, ceviche, insalata (STJ – AgInt no REsp nº 1.338.834 – Rel. Min. Luis Felipe Salomão). O relevo da LPI é a *suficiente forma distintiva*, de modo a destacar o produto ou o serviço. Esses são os casos conhecidos como *marcas fracas ou evocativas*.

Não se pode confundir o preceito com marcas que alcançam o ideal do profissional de *marketing*, que é fazer coincidir o sinal distintivo com o próprio produto. Ao longo do tempo, algumas marcas conseguem chegar a esse destaque, confundindo-se o sinal com o conteúdo que designam. Tais são os casos da Gillette, Bombril, Durepox, Catupiry, entre outros.

Jurisprudência

Caso Bombril v. Tecbril: STJ – 4ª T. – REsp nº 1.336.164 – Rel. Min. Luis Felipe Salomão – j. 07/11/2019: "(...) 3. Em razão do baixo grau de distintividade da marca evocativa – aquela constituída por expressão que lembra ou sugere finalidade, natureza ou outras características do produto ou serviço desenvolvido pelo titular –, a regra da exclusividade do registro é mitigada e seu titular deverá suportar o ônus da convivência com outras marcas semelhantes, desde que não se constate, por óbvio, a possibilidade de confusão no público consumidor. Precedentes. (...) 8. Contudo, no tocante às marcas evocativas (a exemplo da expressão "BRIL"), a análise da "potencial confusão do público alvo" (sob a perspectiva do homem médio) não pode ficar adstrita aos elementos nominativos confrontados - no caso, "BOM-BRIL"/"BOM BRIL"/"BRIL"/"BRILL" versus "TECBRIL" –, revelando-se de fundamental importância o exame da natureza dos produtos e o meio em que o seu consumo é habitual, bem como o *trade dress* (conjunto-imagem) adjunto à marca, ou seja, a reunião dos ele-mentos capazes de identificá-los e diferenciá-los dos demais, tais como: embalagem, rótulo, impressão visual, cores, formato, configuração do produto, disposição, estilização e tama-nho das letras, desenhos, entre outros. 9. Confrontando-se o *trade dress* das marcas "BRIL" (evocativa) e "TECBRIL", não se constata potencial de confusão dos produtos no mercado de consumo. Com efeito, procedendo-se à rápida busca de fotografias dos produtos das citadas marcas na rede mundial de computadores, verifica-se a evidente distinção entre suas embalagens e a disposição de elementos visualmente perceptíveis, devendo-se, outrossim, destacar que a TECBRIL utiliza como elemento marcário preponderante a expressão "TEC", nomeando os mais variados produtos para veículos automotores como "TEC BRILHO", "TEC COOL", "TEC MOTOR", "TEC PRO", "TEC TINTA" e "TEC FRESH". 10. O mesmo fundamento afasta a alegação de que a marca "TECBRIL" configuraria imitação da marca "BOMBRIL", em desrespeito ao disposto no inciso XIX do artigo 124 da Lei 9.279/96. Com efeito, tendo em vista todos os elementos sopesados no item antecedente – o *trade dress* e a incontroversa diferença entre o público consumidor dos produtos: um voltado à limpeza doméstica e outro destinado a cuidados e conservação de veículos automotores –, não há falar, no caso, em marca imitativa apta a gerar potencial dúvida no mercado consumidor ou associação indevida que implique concorrência desleal (...). 15. Desse modo, à luz do pedido e da causa de pedir deduzidos na inicial, não se vislumbra o uso indevido da marca "TECBRIL", uma vez não demonstrada, sequer potencialmente, confusão entre os produtos fornecidos e o consequente desvio de clientela, o que justificaria a condenação da ré ao pagamento da indenização por dano material pleiteada pela BOMBRIL (...)".

Caso das fraldas: STJ – 3ª T. – REsp nº 1.721.697 – Rel. Min. Nancy Andrighi – j. 22/03/2018: "(...) 5 – A imitação ideológica ocorre quando uma marca reproduz a mesma ideia transmitida por outra, anteriormente registrada e inserida no mesmo segmento mercadológico, levando o público consumidor à confusão ou à associação indevida. 6 – Na espécie, contrapondo-se as marcas em disputa (BIGFRAL e MEGAFRAL), a conclusão inafastável é no sentido do reconhecimento da existência de sensível afinidade ideológica entre elas (pois transmitem a ideia de 'fralda grande'), o que pode gerar confusão ou associação indevida por parte do público consumidor, caracterizando a hipótese fática defesa pelo art. 124, XIX, da LPI. 7 – Vale consignar que, para a tutela da marca, basta a possibilidade de confusão, não se exigindo prova de efetivo engano por parte de clientes ou consumidores específicos. Precedentes (...)".

Caso Johny Walker v. João Andante: STJ – 3ª T – REsp nº 1.881.211 – Rel. Min. Paulo de Tarso Sanseverino – j. 14/09/2021. Parasitismo de marca famosa e risco de diluição da marca.

Caso páginas amarelas: STJ – 4ª T. – REsp nº 1.107.558 – Rel. Min. Marco Buzzi – j. 01/10/2013: "1. Conflito entre marcas: 'páginas amarelas' e 'listas amarelas' versus 'classificadas amarelas'. Os sinais distintivos em análise são constituídos por elemento comum inapropriável que expressa característica essencial do objeto comercializado, razão pela qual dar exclusividade ao seu uso a bem da recorrente atenta contra a livre iniciativa, tendo em vista a inexorável dificuldade de inserção de novos bens de consumo congêneres no mercado, mormente pela impossibilidade de denominá-los por aquilo que eles realmente são em sua essência. 1.1 Registre-se que o uso de elemento comum descritivo do serviço prestado – 'amarelas' – traz à mente do consumidor a imediata associação de característica do objeto comercializado. Contudo a vantagem comercial advinda deste expediente atrai, em contrapartida, o ônus de se criar um sinal distintivo fraco, sem originalidade marcante ou criatividade exuberante, o que, em última análise, impõe a sua convivência com outros símbolos comerciais formados pela expressão comum – 'amarelas'. 2. Importa assinalar ser possível o registro perante o Instituto Nacional de Propriedade Industrial – INPI de marca formada pela combinação de dois ou mais termos genéricos, desde que esta junção se revista de caráter original e distintivo. Embora este tipo de signo comercial seja passível de proteção jurídica, a tutela destinada a ele tem abrangência menor, por ter a nova marca em sua gênese elementos comuns inapropriáveis. Isto é, mesmo sendo defeso a reprodução e a utilização integral de marca composta por elementos comuns, este sinal comercial terá que conviver no mercado com outros signos comerciais semelhantes a ele, pois a vantagem de incorporar à marca característica descritiva do objeto comercializado atrai, em contra partida, o ônus de se criar um sinal distintivo fraco, sem originalidade marcante ou criatividade exuberante. 3. É notório que o contraste estabelecido pela superposição da cor preta sobre a amarela tem o efeito de destacar as informações inseridas em texto assim formatado. Não é de hoje que esta técnica é usada por revistas, jornais e demais periódicos, sobretudo quando se destina a anúncios comerciais, pois dá maior legibilidade à publicação, favorecendo a concentração do leitor. 3.1. Embora a recorrente alegue ser pioneira na utilização deste tipo de recurso gráfico para vinculação de notícias, não é possível obstar a criação e o registro de outras marcas semelhantes, pois os signos marcários em análise são compostos por elementos comuns, cujo uso é impossível vedar ou dar exclusividade, daí que não há como conceder tutela à pretensão que objetiva a apropriação de coisa inexoravelmente comum. 4. Proibir o registro e a utilização da marca 'classificadas amarelas', segundo a pretensão da recorrente, prejudicaria a livre concorrência, pois a recorrida e, de maneira reflexa, todos os demais empresários que comercializam anúncios em folhas de cor amarela teriam grandes dificuldades para inserirem seus produtos no mercado, uma vez que a expressão 'amarelas' designa característica essencial do objeto comercializado (...). 6. Ademais, não se vislumbra confusão apta a conduzir o consumidor a erro, pois os símbolos marcários em questão têm distinguibilidade própria, uma vez que a utilização das expressões 'páginas', 'listas' e 'classificadas' mostra-se satisfatória para discriminar os empresários fornecedores de serviços congêneres, bem como possuem habilidade suficiente a particularizar cada produto posto no mercado (...)".

STJ – 3ª T. – REsp nº 1.315.621 –Rel. Min. Nancy Andrighi – j. 04/06/2013: "1. Marcas fracas ou evocativas, que constituem expressão de uso comum, de pouca originalidade, atraem a mitigação da regra de exclusividade decorrente do registro, admitindo-se a sua utilização por terceiros de boa-fé. 2. O monopólio de um nome ou sinal genérico em benefício de um comerciante implicaria uma exclusividade inadmissível, a favorecer a detenção e o exercício do comércio de forma única, com prejuízo não apenas à concorrência empresarial. Impedindo os demais industriais do ramo de divulgarem a fabricação de produtos semelhantes através de expressões de conhecimento comum, obrigando-os à busca de nomes alternativos estranhos ao domínio público. Mas sobretudo ao mercado em geral, que teria dificuldades para identificar produtos similares aos do detentor da marca. 3. A linha que divide as marcas genéricas. Não sujeitas a registro. Das evocativas é extremamente tênue, por vezes imperceptível, fruto da própria evolução ou desenvolvimento do produto ou serviço no mercado. Há expressões que, não obstante estejam diretamente associadas a um produto ou serviço, de início não estabelecem com este uma relação de identidade tão próxima ao ponto de serem empregadas pelo mercado consumidor como sinônimas. Com o transcorrer do tempo, porém, à medida em que se difunde no mercado, o produto ou serviço pode vir a estabelecer forte relação com a expressão, que passa a ser de uso comum, ocasionando sensível redução do seu caráter distintivo. Nesses casos, expressões que, a rigor, não deveriam ser admitidas como marca por força do óbice contido no art. 124, VI, da LPI, acabam sendo registradas pelo INPI, ficando sujeitas a terem sua exclusividade mitigada".

STJ – 3ª T. – REsp 1.039.011 – Rel. Min. Sidnei Beneti – j. 14/06/2011: "Propriedade industrial. Registro da marca 'Porta Pronta'. Pretendida exclusividade. Impossibilidade. Uso de termos comuns e simplesmente descritivos do produto que visam a distinguir. Lei nº 9.279/1996. Art. 124, VI. 1. Para a composição da marca 'Porta Pronta', a recorrente não criou palavra nova, mas valeu-se de palavras comuns, que, isolada ou conjuntamente, não podem ser apropriadas com exclusividade por ninguém, já que são de uso corriqueiro e desprovidas de originalidade. 2. Adequado o registro realizado pelo INPI, com a observação de que 'concedida sem exclusividade de uso dos elementos normativos'".

STJ – 4ª T. – REsp nº 605.738 – Rel. Min. Luis Felipe Salomão – j. 15/10/2009: "1. A vedação legal ao registro de marca cujo nome é genérico ou comum visa a emprestar a esta singularidade suficiente para destacá-la do domínio comum, do uso corriqueiro. Isso porque a razão imediata da existência do direito sobre marca é a distintividade, de sorte que não se pode conceder direito de registro quando outra pessoa, natural ou jurídica, já possui sobre o nome direito de uso, ou mesmo quando a coletividade possui direito de uso sobre o mesmo objeto, o qual, por sua vulgaridade ou desvalor jurídico, já se encontra no domínio público. 2. Porém, o caráter genérico ou vulgar da marca deve ser aferido segundo os usos e costumes nacionais. Ou seja, deve-se analisar se, muito embora em outra língua, o nome que se pretende registro é de uso comum, tal como grafado. Assim, conquanto traduzido o nome, revele esta expressão genérica ('marca inigualável'), não há óbice no registro da marca se, analisada a expressão em sua literalidade, nada disser ao homem médio brasileiro".

VII – *sinal ou expressão empregada apenas como meio de propaganda*: ideias de divulgação do produto ou do serviço não se registram como marcas. Podem ser protegidos como direitos autorais [t. III, §2, i. 2] ou mesmo como *trade dress* [t. III, §1, i. 2.2], mas não podem ser objeto de registro como sinal distintivo específico para os fins da LPI.

VIII – *cores e suas denominações, salvo se dispostas ou combinadas de modo peculiar e distintivo*: nenhum empresário pode ser apropriar individualmente de cores ou mesmo da sua denominação. O azul a ninguém pertence, mas a marca Azul pode ser associada de modo peculiar e distintivo ao serviço de aviação civil.

A forma de disposição de cores ou o destaque se a ela se dá pode compor o *trade dress* [t. III, §1, i. 2.2], como no caso da polêmica utilização de solados vermelhos pela marca *Laboutin*. Não é o vermelho que se protege como marca, mas a forma específica de utilização que a ele se deu no produto.

IX – *indicação geográfica, sua imitação suscetível de causar confusão ou sinal que possa falsamente induzir indicação geográfica*: a indicação geográfica pode destacar a procedência de determinado produto, por isso é proibido o registro de marca com a apropriação dessa indicação ou mesmo uma imitação que possa geral confusão.

X – *sinal que induza a falsa indicação quanto à origem, procedência, natureza, qualidade ou utilidade do produto ou serviço a que a marca se destina*: as indicações geográficas atribuem origem ao produto, vedando-se o pleito de registro de marca com essa indicação. A referência geográfica pode ser obtida no Brasil para destaque geral de produtos em dois casos:

(*a*) *denominação de origem*, com reconhecimento de área geográfica do produto, por exemplo Champagne (vinhos espumantes), Napa Valley (vinhos), Roquefort (queijos), Própolis Verde de MG (própolis).

(*b*) *indicação de procedência*, com os exemplos de Vale dos Vinhedos (vinhos), Vale dos Sinos (couro), Franca (para calçados), Canastra (queijos), Alta Mogiana (cafés), Mossoró (melões), Maués (guaraná).

XI – *reprodução ou imitação de cunho oficial, regularmente adotada para garantia de padrão de qualquer gênero ou natureza*: não se pode autorizar marca proveniente de instrumentos para cunhar moedas ou documentos oficiais.

XII – *reprodução ou imitação de sinal que tenha sido registrado como marca coletiva ou de certificação por terceiro*: as marcas coletivas e de certificação [t. III, §6, i. 2.1] conferem proteção, respectivamente, a sinais que distinguem coletividade de produtores e garantem qualidade técnica específica de produto. Transcendem o próprio prazo porque, mesmo que se extingam, não podem ser registradas em nome de terceiro, antes de expirado o prazo de 5 anos contados da extinção.

XIII – *nome, prêmio ou símbolo de evento esportivo, artístico, cultural, social, político, econômico ou técnico, oficial ou oficialmente reconhecido, bem como a imitação suscetível de criar confusão, salvo quando autorizados pela autoridade competente ou entidade promotora do evento*: sinais e símbolos de eventos esportivos, artísticos, culturais e demais descritos no inciso são de propriedade das entidades promotoras – que podem ser sociedades empresárias ou associações. A utilização ou apropriação de tais símbolos, com pedido de registro de marca é expressamente vedado. Por exemplo, símbolos ligados às Olimpíadas pertencem ao Comitê Olímpico Internacional e somente com autorização específica poderão ser utilizados por terceiros. É o que se verificou no Brasil com a Lei nº 13.284/2016, que regulou detalhes da competição no país e fixou diretrizes, no art. 3º, também para regime especial de proteção de marcas das entidades promotoras do evento.

XIV – *reprodução ou imitação de título, apólice, moeda e cédula da União, dos Estados, do Distrito Federal, dos Territórios, dos Municípios, ou de país*: cuida-se de extensão do conteúdo do inciso XI, desse mesmo art. 124. Isso porque, é vedado o registro de marca com reprodução de documentos com indicação de valor (títulos, apólice, moeda e cédula), nacional ou estrangeira.

XV – *nome civil ou sua assinatura, nome de família ou patronímico e imagem de terceiros, salvo com consentimento do titular, herdeiros ou sucessores*: O Código Civil, em seu art. 16, prevê: "Toda pessoa tem direito ao nome, nele compreendidos o prenome e o sobrenome", vedando-se o uso de nome alheio em propaganda comercial (art. 18 do CC). Cuida-se de direito da personalidade e sinal exterior mais visível da individualidade, sendo por meio dele que se identifica a pessoa no âmbito familiar, no meio social e profissional. É desse "nome" que trata o supramencionado art. 16 do CC, que compreende, necessariamente, duas partes: (*a*) *prenome*: trata-se, como se infere da própria etimologia da palavra, do primeiro nome, que corresponde ao chamado "nome de batismo". Pode ser simples ou composto, sendo imutável, salvo exceções legais; (*b*) *patronímico*: trata-se de nome de família que, coloquialmente, é chamado de sobrenome (embora, do ponto de vista técnico, sobrenome signifique, em verdade, um nome que se sobrepõe a outro, como o cognome), expressão usada no CC (GAGLIANO, 2004, v. 1, p. 118).

Em caso de homonímia, não se exige autorização recíproca, mas a lealdade na concorrência é fator decisivo para a concessão da marca na classe pleiteada (TOMAZETTE, 2011, v. 1, p. 153).

Igualmente tutelado é o direito de imagem, como representação exterior da pessoa por instrumentos como fotografia, pinturas, gravuras e caricaturas (art. 20 do CC).

Portanto, o objeto da regra é proteger os direitos exclusivos da personalidade, com todos os seus elementos intrínsecos, assim como a assinatura exclusiva de uma pessoa.

XVI – *pseudônimo ou apelido notoriamente conhecidos, nome artístico singular ou coletivo, salvo com consentimento do titular, herdeiros ou sucessores*: a proteção e respectiva vedação de registro dessa hipótese está relacionada ao nome escolhido e consagrado publicamente – seja pseudônimo, seja apelido – por pessoa física notoriamente conhecida e que tenha se consagrado com reconhecimento público justamente com essa indicação. Exemplo no Brasil são os apelidos Pelé e Silvio Santos, que rendem marcas específicas, respectivamente, a Edson Arantes do Nascimento e Senor Abravanel. Também os exemplos podem ser Toquinho, Biro-Biro, Adriana Partimpim, dentre outros. No caso de apelidos, exige-se a notoriedade e a concorrência leal como parâmetro de decisão restritiva ou não da concessão da marca.

Jurisprudência:

Caso Tiririca: STJ – 3ª T. – REsp nº 555.483 – Rel. Min. Antônio de Pádua Ribeiro – j. 14/10/2003: "I – O pseudônimo goza da proteção dispensada ao nome, mas, por não estar configurado como obra, inexistem direitos materiais e morais sobre ele. II. O uso contínuo de um nome não dá ao portador o direito ao seu uso exclusivo. Incabível a pretensão do autor de impedir que o réu use o pseudônimo 'Tiririca', até porque já registrado, em seu nome, no INPI".

XVII – *obra literária, artística ou científica, assim como os títulos que estejam protegidos pelo direito autoral e sejam suscetíveis de causar confusão ou associação, salvo com consentimento do autor ou titular*: os direitos autorais atribuem titularidade específica ao autor da obra intelectual [*t. III, §2*], vedando-se a apropriação por terceiros para registro como marca, sobretudo com a vigência do direito autoral. Nada impede a cessão do direito autoral para ser registrado, sendo pressuposto o acordo e a autorização do autor para tal finalidade.

XVIII – *termo técnico usado na indústria, na ciência e na arte, que tenha relação com o produto ou serviço a distinguir*: o desenvolvimento da técnica e da arte aperfeiçoa o vocabulário e o vincula a determinados produtos ou serviços, distinguindo-os. Não se mostra razoável que um termo técnico, vinculado a essa descrição, sejam apropriados especificamente por alguém. Daí a restrição legal.

XIX – *reprodução ou imitação, no todo ou em parte, ainda que com acréscimo de marca alheia registrada, para distinguir ou certificar produto ou serviço idêntico, semelhante ou afim, suscetível de causar confusão ou associação com marca alheia*: cuida-se de vedação geral da contrafação, com cópia ou utilização semelhante de marca já registrada que possa gerar confusão no cliente ou no consumidor. Significa prática de concorrência desleal, vedada expressamente pelo ordenamento.

Jurisprudência

Marca Bristol de hotelaria: STJ – 3ª T. – REsp nº 1.826.832 – Rel. Min. Paulo de Tarso Sanseverino – j. 25/05/2021: "(...) Caso concreto em que, estando vigente o registro da marca "BRISTOL HOTELARIA", a utilização não autorizada por terceiros das marcas "REDE BRISTOL", "BRISTOL HOTELS" ou "BRISTOL HOTÉIS", "B BRISTOL" e "REDE BRISTOL HOTÉIS", "B BRISTOL HOTELS" para designar serviços de hotelaria configura evidente violação do art. 129 da LPI, porquanto, utilizada a mesma marca para serviço não apenas semelhante ou afim, mas idêntico, mostra-se evidente a possibilidade de confusão ou de associação (...)".

Prescrição: STJ – 3ª T. – REsp nº 1.719.131 – Rel. Min. Marco Aurelio Bellizze – j. 11/02/2020: "(...) 5. A pretensão de abstenção de uso de marca para comercialização de bens tem prazo prescricional deflagrado pelo conhecimento da violação – teoria da *actio nata*. Precedentes. 6. A colocação no mercado de produtos identificados com marca objeto de direito exclusivo de terceiros é ato de contrafação acarreta para o usurpador o dever de indenizar os danos decorrentes. 7. Ainda que a solidariedade não seja expressamente prevista na Lei n. 92.79/1996, a responsabilidade civil é solidária para todos os autores e coautores que adotem condutas danosas ao direito protegido de outrem, conforme sistema geral de responsabilidade estabelecido no art. 942 do CC/2002. 8. As empresas recorrentes, integrantes do mesmo grupo empresarial, atuaram ativamente na colocação dos bens contrafeitos no mercado: enquanto uma fabrica os bens, a outra oferta-os à comercialização, sendo, portanto, responsáveis solidárias pelo dano causado pela diluição da marca (...)".

Caso Red Bull x Power Bull (anulação de registro): STJ – 3ª T. – REsp nº 1.922.135 – Rel. Min. Villas Bôas Cueva – j. 13/04/2021: "(...) Diante desse quadro, há o risco de que a em-presa mais antiga e conhecida [Red Bull] seja indevidamente associada ao produto das recorridas [Power Bull], embora não haja como consignar, conforme o tribunal de origem, a possibilidade de confusão por similitude visual das bebidas em questão. Há risco de associação errônea (...)".

Caso Dorflex: STJ – 3ª T. – REsp nº 1.848.648 – Rel. Min. Nancy Andrighi – j. 19/05/2020: "(...) Diante do contexto dos autos, e a partir da interpretação conferida à legislação de regência pela jurisprudência consolidada desta Corte, impõe-se concluir que as circunstâncias fáticas da hipótese – grau de semelhança entre as expressões confrontadas, possibilidade de confusão ou associação errônea pelos consumidores, tempo de existência da marca violada, utilização das expressões para designação de produtos afins – impõem o decreto de nulidade dos registros da recorrente (...)".

STJ – 3ª T. – REsp nº 1.832.148 – Rel. Min. Nancy Andrighi – j. 20/02/2020: "(...) 3. Como os efeitos decorrentes da renúncia ao registro operam-se prospectivamente – *ex nunc* –, sua extinção por esse motivo não enseja a perda do objeto da ação que veicula pretensão de declaração de nulidade da marca, pois a invalidação produz efeitos *ex tunc* – a partir da data do depósito do pedido (art. 167 da LPI). (...) 5. O acórdão recorrido apresenta fundamentação adequada, tendo os julgadores reconhecido, à unanimidade, com base nas circunstâncias específicas dos autos, a necessidade de invalidação da marca JOCA COLA, em face da similitude existente com a marca das recorridas (COCA-COLA)(...)".

STJ – 4ª T. – REsp nº 1.393.123 – Rel. Min. Maria Isabel Gallotti – j. 18/02/2020: "(...) Reconhecida a propriedade da marca em nome da ré-reconvinte, deve ser reconhecida a exclusividade e deferido o pedido de abstenção de uso de sua marca por parte da autora-reconvinda, enquanto perdurar válido o seu registro perante o órgão autárquico (...)".

Caso Iphone: STJ – 4ª T. – REsp nº 1.688.243 – Rel. Min. Luis Felipe Salomão – j. 20/09/2018: "(...) 1. A distintividade é condição fundamental para o registro da marca, razão pela qual a Lei 9.279/96 enumera vários sinais não registráveis, tais como aqueles de uso comum, genérico, vulgar ou meramente descritivos, porquanto desprovidos de um mínimo diferenciador que justifique sua apropriação a título exclusivo (artigo 124). (...) 3. A marca evocativa (ou sugestiva ou fraca) é constituída por expressão que lembra ou sugere finalidade, natureza ou outras características do produto ou serviço desenvolvido pelo titular. Em razão do baixo grau de distintividade da marca evocativa, a regra da exclusividade do registro é mitigada e seu titular deverá suportar o ônus da convivência com outras marcas semelhantes. Prece-dentes das Turmas de Direito Privado. (...) 7. O conjunto marcário "G GRADIENTE IPHONE" apresenta dois elementos: um elemento principal (a expressão "GRADIENTE") e dois secundários (o "G" estilizado e o termo "IPHONE"). O elemento principal exerce papel predominante no conjunto marcário, sendo o principal foco de atenção do público alvo. De outro lado, o elemento secundário pode desempenhar um papel meramente informativo ou descritivo em relação ao escopo de proteção pretendido. 8. No caso, a expressão "iphone", elemento secundário da marca mista concebida pela IGB, caracteriza-se como um termo evocativo, tendo surgido da aglutinação dos substantivos ingleses "internet" e "phone" para designar o aparelho telefônico com acesso à internet (também chamado de *smartphone*), o que, inclusive, ensejou o registro da marca na classe atinente ao citado produto. Desse modo, não há como negar que tal expressão integrante da marca mista sugere característica do produto a ser fornecido. Cuida-se, portanto, de termo evidentemente sugestivo. 9. Sob essa ótica, a IGB terá que conviver com o bônus e o ônus de sua opção pela marca mista "G GRADIENTE IPHONE": de um lado, a simplicidade e baixo custo de divulgação de um signo sugestivo de alguma característica ou qualidade do produto que visava comercia-lizar (o que tinha por objetivo facilitar o alcance de seu público-alvo); e, de outro lado, o fato de ter que suportar a coexistência de marcas semelhantes ante a regra da exclusividade mitigada das evocativas, exegese consagrada nos precedentes desta Corte. 10. Diferentemente do que ocorreu com a IGB, a Apple, com extrema habilidade, conseguiu, desde 2007, incrementar o grau de distintividade da expressão "iPhone" (originariamente evocativa), cuja indiscutível notoriedade nos dias atuais tem o condão de alçá-la à categoria de marca notória (exceção ao princípio da territorialidade) e, quiçá, de alto renome (exceção ao princípio da especificidade). 11. No que diz respeito ao"iPhone" da Apple, sobressai a ocorrência do fenômeno mercadológico denominado *secondary meaning* ("teoria do significado secundário da marca"), mediante o qual um sinal fraco (como os de caráter genérico, descritivo ou até evocativo) adquire eficácia distintiva (originariamente inexistente) pelo uso continuado e massivo do produto ou do serviço. A distinguibilidade nasce da perspectiva psicológica do consumidor em relação ao produto e sua marca, cujo conteúdo semântico passa a predominar sobre o sentido genérico originário. 12. Assim, é certo que a utilização da marca "iPhone" pela Apple– malgrado o registro antecedente da marca mista "G GRADIENTE IPHONE" – não evidencia circunstância que implique, sequer potencialmente, aproveita-mento parasitário, desvio de clientela ou diluição da marca, com a indução dos consumidores em erro (...)".

Caso Extra: STJ – 3ª T. – REsp nº 1.721.701 – Rel. Min. Nancy Andrighi – j. 10/04/2018: "(...) 2 – O propósito recursal é definir se a marca EXTRA INFORMÁTICA, utilizada pela empresa recorrida, é passível de coexistir com a marca EXTRA, registrada em momento anterior pelo recorrente. 3 – A Lei 9.279/96 contém previsão específica que impede o registro de marca quando se constatar a ocorrência de reprodução ou imitação, no todo ou em parte, ainda que com acréscimo, de marca alheia registrada, para distinguir ou certificar produto ou serviço idêntico, semelhante ou afim, suscetível de causar confusão ou associação com marca alheia (art. 124, XIX). 4 – É certo, de um lado, que o uso do vocábulo EXTRA em seu sentido semântico original não constitui exclusividade do recorrente, na medida em que traduz expressão dicionarizada dotada de significação própria, o que inviabiliza sua apropriação. 5 – Todavia, quando expressões dessa natureza estiverem previamente registradas, sua utilização por terceiros, como sinal distintivo, pode ser franqueada apenas na condição de elemento secundário do conjunto marcário, a fim de servir como elemento informativo ou descritivo relativamente ao escopo da proteção pretendida (...) 7 – A confrontação das marcas mistas em litígio, consoante dispostas na sentença, revela claramente que o sinal EXTRA constitui o elemento principal de ambos os registros, de maneira que, tratando-se de empresas que atuam no mesmo ramo de atividades, a confusão gerada no público consumidor, caso ambas coexistam, é indiscutível".

Caso Tic Tac: STJ – 3ª T. – REsp nº 1.340.933 – Rel. Min. Paulo de Tarso Sanseverino – *DJe* 17.03.2015: 1. Pretensão da autora de anular o ato do INPI que indeferiu o registro da marca Tic Tac para a distinção de biscoitos recheados. 2. Marca nominativa que configura reprodução de marca já registrada, Tic Tac, distintiva de bala. 3. Produtos que guardam relação de afinidade, pois se inserem no mesmo nicho comercial, visando a um público consumidor semelhante e utilizando os mesmos canais de comercialização. 4. Aplicação do princípio da especialidade que não deve se ater de forma mecânica à Classificação Internacional de Produtos e Serviços, podendo extrapolar os limites de uma classe sempre que, pela relação de afinidade dos produtos, houver possibilidade de se gerar dúvida no consumidor. 5. Caso concreto em que a concessão do registro pleiteado pela autora ensejaria, no consumidor, uma provável e inverídica associação dos biscoitos recheados com as pastilhas Tic Tac comercializadas pelas rés. 6. Indeferimento do registro que deve ser mantido, à luz do art. 124, XIX, da Lei nº 9.279/1996".

Caso Cheetos: STJ – 4ª T. – REsp nº 1.188.105 – Rel. Min. Luis Felipe Salomão – j. 05/03/2013: "A finalidade da proteção ao uso das marcas – garantida pelo disposto no art. 5º, XXIX, da CF/1988 e regulamentada pelo art. 129 da LPI – é dupla: por um lado protegê-la contra usurpação, proveito econômico parasitário e o desvio desleal de clientela alheia e, por outro, evitar que o consumidor seja confundido quanto à procedência do produto (art. 4º, VI, do CDC)' (REsp 1105422/MG, Relª Min. Nancy Andrighi, Terceira Turma, Julgado em 10.05.2011, *DJe* 18.05.2011). 5. A possibilidade de confusão ou associação entre as marcas fica nítida no caso, pois, como é notório e as próprias embalagens dos produtos da marca 'Chee.tos' e 'Cheese.ki.tos' reproduzidas no corpo do acórdão recorrido demonstram, o público consumidor alvo do produto assinalado pelas marcas titularizadas pelas sociedades empresárias em litígio são as crianças, que têm inegável maior vulnerabilidade, por isso denominadas pela doutrina – o que encontra supedâneo na inteligência do art. 37, § 2º, do Código de Defesa do Consumidor – como consumidores hipervulneráveis. 6. O registro da marca 'Cheese.ki.tos' violou o art. 124, XIX, da Lei da Propriedade Industrial e não atende aos objetivos da Política Nacional de Relações de Consumo, consoante disposto no art. 4º, incisos I, III e VI, do Código de Defesa do Consumidor, sendo de rigor a sua anulação (...)".

STJ – 4ª Turma – REsp nº 1.207.952 – Rel. Min. Luis Felipe Salomão – j. 23/08/2011: "1. A marca é importante elemento do aviamento, sendo bem imaterial, componente do estabelecimento do empresário, de indiscutível feição econômica. (...) 3. A marca é fundamental instrumento para garantia da higidez das relações de consumo. Desse modo, outra noção importante a ser observada quanto à marca é o seu elemento subjetivo, que permite ao consumidor correlacionar a marca ao produto ou serviço, evitando, por outro lado, o desleal desvio de clientela. 4. As importações paralelas lícitas são contratos firmados com o titular da marca no exterior, ou com quem tem o consentimento deste para comercializar o produto. Tendo o Tribunal de origem apurado não haver autorização, pela titular da marca, para a importação dos produtos, o artigo 132, inciso III, da Lei 9.279/96, não socorre a recorrente. 5. Tolerar que se possa recondicionar produtos, sem submissão ao controle e aos padrões adotados pelo titular da marca – que também comercializa o produto no mercado –, significaria admitir a inequívoca confusão ocasionada ao consumidor que, ao adquirir produto da marca, espera obter bem de consumo que atenda a determinado padrão de qualidade e confiabilidade que associa ao signo.

Caso Decolar: STJ – 4ª T. – REsp nº 773.126 – Rel. Min. Fernando Gonçalves – j. 21/05/2009: "1. O registro concedido, pelo Inpi, à marca 'Decolar Viagens e Turismo', sem uso exclusivo dos elementos nominativos, não proíbe, portanto, a utilização da expressão 'decolar' na composição da marca 'Decolar.com'. 2. Com base nos elementos fático-probatórios dos autos o Tribunal local assevera que 'o público alvo de ambas não é o mesmo, o que afasta a possibilidade de confusão entre os serviços oferecidos pelas duas empresas, a induzir em erro o consumidor, com prejuízos para a autora'. A revisão dessa conclusão atrai a incidência da Súmula nº 7 desta Corte. 3. 'Segundo o princípio da especialidade ou da especificidade, a proteção ao signo, objeto de registro no Inpi, estende-se somente a produtos ou serviços idênticos, semelhantes ou afins, desde que haja possibilidade de causar confusão a terceiros' (REsp 333.105/RJ, Rel. Min. Barros Monteiro). Assim afastada a possibilidade de confusão, sobeja a possibilidade de convivência das marcas (...)".

TRF 2ª R – AI nº 2000.02.01.04493-1 – 4ª T. – Rel. Des. Fed. Benedito Gonçalves, *DJU* 26.05.2003: "(...) Art. 124, XIX, da Lei nº 9.279/1996 (Lei de Propriedade Industrial). Cor com grafia em inglês. Peculiaridade. Coexistência de marcas idênticas pode gerar confusão no público consumidor. Medida liminar mantida. I – Vislumbra-se o desrespeito ao comando inserto no art. 124, XIX, da Lei nº 9.279/1996 (Lei de Propriedade Industrial), uma vez que a marca da agravante – Kakhi Jungle – obteve o registro, na mesma classe 25, que a marca Kakhi da parte agravada em data posterior. II – Não há como invocar-se a norma contida no art. 124, VIII, da Lei de Propriedade Industrial, para sustentar o argumento de que tal marca seria irregistrável, porque designa cor, uma vez que o próprio INPI havia concedido o registro da marca à agravada, sem qualquer ressalva, haja vista que a grafia da palavra Kakhi, com duas letras K e uma letra H, são por demais peculiares, eis que deriva do idioma inglês. III – Se a agravante optou por registrar a marca Kakhi Jungle em inglês, o fez justamente em virtude do impacto que tal causaria no público consumidor, da mesma forma que havia feito a parte agravada 13 (treze) anos antes. IV – A coexistência de marcas semelhantes para produtos idênticos pode induzir o público consumidor ao raciocínio de que são variantes da marca pioneira, comercializada por cadeia de loja nacionalmente conhecida no comércio de vestuário".

XX – *dualidade de marcas de um só titular para o mesmo produto ou serviço, salvo quando, no caso de marcas de mesma natureza, se revestirem de suficiente forma distintiva*: a LPI veda o registro de duas ou mais marcas para o mesmo produto ou serviço, de modo a evitar que mesmo titular reproduza marcas semelhantes, sem a devida distinção. Com essa vedação, também se objetiva coibir expediente de burla da caducidade, registrando marcas iguais ou semelhantes para impedir a extinção do registro [*t. III, § 6, i. 3.4*]. Nada impede, todavia, que sejam registradas marcas do mesmo produto ou serviço, mas com a imprescindível diversidade entre elas. Por exemplo, a marca *Vale* (da titular Vale S/A) está registrada na classe NCL(9)40 para tratamento de metais comuns e suas ligas tanto na forma nominativa, como na forma mista:

XXI – *a forma necessária, comum ou vulgar do produto ou de acondicionamento, ou, ainda, aquela que não possa ser dissociada de efeito técnico*: nos casos de marcas tridimensionais [*t. III, §2, i. 2.1*] que destacam o produto pela forma, também permitem a oposição ao registro de marca por terceiro.

XXII – *objeto que estiver protegido por registro de desenho industrial de terceiro*: a proteção específica como desenho industrial [*t. III, §5, i. 2.3*] não permite que outra pessoa, diversa do titular do registro do desenho, pleiteie o registro como marca, inclusive se houver semelhança geradora de confusão.

XXIII – *sinal que imite ou reproduza, no todo ou em parte, marca que o requerente evidentemente não poderia desconhecer em razão de sua atividade, cujo titular seja sediado ou domiciliado em território nacional ou em país com o qual o Brasil mantenha acordo ou que assegure reciprocidade de tratamento, se a marca se destinar a distinguir produto ou serviço idêntico, semelhante ou afim, suscetível de causar confusão ou associação com aquela marca alheia*: a última hipótese é constitui preceito aberto de vedação de má-fé na cópia ou na contrafação de marca que não seja notória e nem registrada no Brasil, mas que seja impossível de alegar desconhecimento por quem esteja inserido no mercado específico do produto ou do serviço. A interpretação do dispositivo permite constatar a existência de 3 requisitos: (*a*) o requerente não pode alegar desconhecimento da marca precedente em função da sua atividade; (*b*) o titular da marca deve estar sediado em território brasileiro ou deve estar estabelecido em país com o qual o Brasil mantenha acordo de proteção de marcas, com reciprocidade de tratamento; (*c*) que as marcas sejam semelhantes e possam causa confusão ou associação indevida.

2. CLASSIFICAÇÃO

2.1. Classificação pela função

Consoante previsão do art. 123 da LPI, as marcas podem ser:

(*a*) *marca de produto ou serviço*: aquela usada para distinguir produto ou serviço de outro idêntico, semelhante ou afim, de origem diversa. Exemplo:

(*b*) *marca de certificação*: aquela usada para atestar a conformidade de um produto ou serviço com determinadas normas ou especificações técnicas, notadamente quanto à qualidade, natureza, material utilizado e metodologia empregada. Cuida-se de meio de informação ao público sobre a conformidade com padrões específicos de controle de qualidade. O registro da marca de certificação só poderá ser requerido por pessoa sem interesse comercial ou industrial direto no produto ou serviço atestado (art. 128, § 3º, da LPI) e deverá conter as características do produto ou serviço objeto de certificação e as medidas de controle que serão adotadas pelo titular (art. 148 da LPI). Exemplos:

Marca pertencente à Associação Brasileira da Indústria do Café (ABIC) para as classes de ensino, controle de qualidade e publicações.

Marca pertencente à Centrais Elétricas Brasileiras S.A (ELETROBRAS) para treinamentos e certificação de máquinas e equipamentos elétricos.

 Marca pertencente à International Organization for Standatization (ISO) para análise de materiais, certificações diversas e publicações.

Jurisprudência:

STJ – 4ª T. – AgRg-REsp nº 1.185.538 – Rel. Min. Luis Felipe Salomão – *DJe* 13.12.2012: "1. O Tribunal de origem, amparado na análise dos elementos fático-probatórios dos autos, concluiu pela identidade entre as marcas em tela e a possibilidade de confusão do público consumidor acerca da procedência dos produtos, entendendo não haver ilegalidade no ato administrativo do INPI que indeferiu o pedido de registro".

(c) *marca coletiva*: aquela usada para identificar produtos ou serviços provindos de membros de uma determinada entidade (federação, sindicato, associação ou cooperativa, por exemplo) de modo a servir de orientação ao cliente ou consumidor de que o produto ou o serviço são provenientes dos membros de determinada entidade, servindo como selo de garantia, padrões de excelência ou qualidade específica. Deverá conter regulamento de utilização, dispondo sobre condições e proibições de uso da marca (art. 147, *caput*, da LPI). Exemplos:

2.2. Classificação pela forma de apresentação

As marcas poderão se apresentar como nominativas, figurativas e mistas[1].

(*a*) Nas *marcas nominativas* o símbolo se apresenta exclusivamente a partir de uma palavra, que pode ser o nome empresarial, nome de pessoa ou palavra vinculada ao produto, desde que não esteja entre as vedações [*t. III, §6, i. 1.2*].

PHILIPS   SONY®

(*b*) As *marcas figurativas* se relacionam a uma figura, uma imagem ou um desenho particularmente desenvolvido para distinguir o produto ou o serviço.

---

[1] Os exemplos foram retirados do *site* do INPI, excelente fonte de consulta do tema: http://manualdemarcas.inpi.gov.br/projects/manual/wiki/02_O_que_%C3%A9_marca#24-Princ%C3%ADpios-legais

(*c*) As *marcas mistas* combinam a palavra e o símbolo para criar uma identificação nominal acompanhada de figura.

(*d*) *Marcas tridimensionais* são constituídas por forma que individualiza produtos ou serviços de forma absolutamente singular, destacando-o como marca e não como patente de modelo de utilidade por não ter efeito técnico inovador.

2.3. Classificação como marca de alto renome

As marcas de alto renome foram objeto de regulamentação pela Convenção de Paris para a Proteção da Propriedade Industrial (CUP) de 1883. Cuida-se de exceção ao princípio da especialidade, conforme interpretação do art. 125 da LPI: "À marca registrada no Brasil considerada de alto renome será assegurada proteção especial, em todos os ramos de atividade". Portanto, a proteção depende de registro específico no INPI.

O objetivo da regra é proteger contra a utilização de marcas consagradas e internacionalmente identificáveis, com captação de clientela e concorrência desleal baseadas no reconhecimento da marca de renome. Em outros termos, evita-se que o consumidor seja levado ao erro de imaginar que o produtor da marca de renome esteja atuando em outro setor e com os mesmos padrões de qualidade que o levaram ao reconhecimento.

Exemplos de marca de alto renome concedidas no Brasil[2]: Fusca, Barbie, Playstation, Sonho de Valsa, Faber-Castell, Petrobras, Bauducco, Tigre, dentre outras.

Jurisprudência:

STJ – 3ª T. – REsp nº 1.582.179 – Rel. Min. Ricardo Villas Bôas Cueva – j. 09/08/2016: "(...)1. Visa a presente ação ordinária a declaração de nulidade do registro de propriedade industrial da marca SANYBRIL, que atua no mesmo ramo comercial da autora de marca BOM BRIL. 2. Conforme a jurisprudência consolidada desta Corte, marcas fracas ou evocativas, que constituem expressão de uso comum, de pouca originalidade, atraem a mitigação da regra de exclusividade decorrente do registro, admitindo-se a sua utilização por terceiros de boa-fé.

---

[2] file:///C:/Users/Gustavo%20Saad%20Diniz/Downloads/inpimarcas_marcasdealtorenomeemvigncia_20032018_PADRO.pdf

(...) 4. O Superior Tribunal de Justiça decidiu que, a partir do momento que o INPI reconhece uma marca como sendo de alto renome, a sua proteção se dará com efeitos prospectivos (*ex nunc*). Assim, a marca igual ou parecida que já estava registrada de boa-fé anteriormente não será atingida pelo registro daquela de alto renome, como no caso em apreço".

STJ – 3ª T. – REsp nº 1.207.026 – Rel. Min. Ricardo Villas Bôas Cueva – j. 17/03/2015: "(...) A superveniência da Resolução nº 121/2005 do Inpi não alterou o conteúdo do que foi decidido no título judicial. A marca da recorrente foi reconhecida como de alto renome e assim permaneceu. 4. Acolher a pretensão da recorrente e anotar o alto renome de sua marca sem prazo de validade seria o mesmo que conceder um direito perpétuo e ilimitado no tempo, o que não encontra amparo no ordenamento jurídico. 5. Recurso especial não provido.

2.4. Classificação como marca notoriamente reconhecida

Também como objeto de regulação pela CUP, a marca notoriamente reconhecida tem proteção transfronteiriça, e diferentemente da marca de alto renome, independe de registro, estendendo-se a proteção para todas as classes dos ramos de atividade (art. 126 da LPI).

Jurisprudência:

Caso Chandon: STJ – 4ª T. – Resp nº 1.209.919 – Rel. Min. Lázaro Guimarães – j. 13/03/2018: "1. As marcas de alto renome, registradas previamente no INPI como tal, gozam, nos termos do art. 125 da Lei 9.279/96, de proteção em todos os ramos de atividade, enquanto as marcas notoriamente conhecidas gozam de proteção internacional, independentemente de formalização de registro no Brasil, apenas em seu ramo de atividade, consoante dispõem os arts. 126 da referida lei e 6º bis, 1, da Convenção da União de Paris, ratificada pelo Decreto 75.572/75. Neste último, é plenamente aplicável o princípio da especialidade, o qual autoriza a coexistência de marcas idênticas, desde que os respectivos produtos ou serviços pertençam a ramos de atividades diversos. (...) 3. No caso dos autos, o uso das duas marcas não é capaz de gerar confusão aos consumidores, assim considerando o homem médio, mormente em razão da clara distinção entre as atividades realizadas por cada uma delas. Não há risco, de fato, de que o consumidor possa ser levado a pensar que a danceteria seria de propriedade (ou franqueada) da MOET CHÂNDON francesa, proprietária do famoso champanhe. 4. Não se tratando a recorrente de marca de alto renome, mas de marca notoriamente conhecida e, portanto, protegida apenas no seu mesmo ramo de atividade, não há como alterar as conclusões constantes do acórdão recorrido".

Caso Ryder: STJ – 4ª T. – REsp nº 1.306.335 – Rel. Min. Luis Felipe Salomão – j. 25/04/2017: "1. A Lei n. 9279/96 (art. 174) estabelece a prescrição quinquenal para a pretensão de nulidade do registro, tendo a Convenção da União de Paris de 1883 – CUP (art. 6 bis, 3) excepcionado a regra ao determinar que não haverá prazo para se anular as marcas registradas com má-fé. 2. As marcas notoriamente conhecidas (LPI, art. 136) e de alto renome (LPI, art. 125) mereceram uma especial proteção do legislador, notadamente em razão do princípio que as rege, de repressão ao enriquecimento sem causa, pelo aproveitamento econômico parasitário, já que o Brasil, na qualidade de país unionista, tem o dever de combater a concorrência desleal. 3. Assim, por gozarem de prestígio perante seu mercado atuante e do público em geral, o reconhecimento da marca como notoriamente conhecida ou de alto renome, por si só, atrai presunção relativa de má-fé (*rectius* uso indevido) por parte do terceiro registrador, cabendo prova em sentido contrário. 4. Tratando-se de marca notória, em razão do amparo protetivo diferenciado da norma – para fins de imprescritibilidade da ação anulatória –, basta ao requerente a demonstração de que a marca reivindicada era notoriamente conhecida, ao tempo do registro indevido, para obter, em seu favor, a inversão do ônus da prova da má-fé em face do requerido, anterior registrador e, como reverso, a boa-fé do reivindicante. 5. Na hipótese, verifica-se que a recorrente não impugna o fundamento crucial que deu substrato à sentença e ao acórdão – inexistência de prova da notoriedade da marca no Brasil ao tempo do registro –, pois, repita-se, limitou-se a discutir a presunção de má-fé da recorrida, o que atrai a incidência da Súm. 283 do STF. (...)".

STJ – 3ª T. – REsp nº 1.114.745 – Rel. Min. Massami Uyeda – j. 02/09/2010: "Proteção especial independente de registro no Brasil no seu ramo de atividade. Marca de alto renome. Exceção ao princípio da especificidade. Proteção especial em todos os ramos de atividade desde que tenha registro no Brasil e seja declarada pelo INPI. Notoriedade da marca 'Skechers'. Entendimento obtido pelo exame de provas. (...) III – O conceito de marca notoriamente conhecida não se confunde com marca de alto renome. A primeira – notoriamente conhecida – é exceção ao princípio da territorialidade e goza de proteção especial independente de registro no Brasil em seu respectivo ramo de atividade. A segunda – marca de alto renome – cuida de exceção ao princípio da especificidade e tem proteção especial em todos os ramos de atividade, desde que previamente registrada no Brasil e declarada pelo INPI – Instituto Nacional de Propriedade Industrial. (...) V – Nos termos do art. 124, inciso XIX, da Lei nº 9.279/1996, observa-se que seu objetivo é o de exclusivamente impedir a prática de atos de concorrência desleal, mediante captação indevida de clientela, ou que provoquem confusão perante os próprios consumidores por meio da reprodução ou imitação, no todo ou em parte, de marca alheia, para distinguir ou certificar produto ou serviço idêntico, semelhante ou afim. VI – No caso dos autos, não se observa, de plano, a possibilidade de confusão dos consumidores pelo que viável a convivência das duas marcas registradas 'Sketch', de propriedade da ora recorrente e, 'Skechers', da titularidade da ora recorrida, empresa norte-americana. VII – Enquanto a ora recorrente, Lima Roupas e Acessórios Ltda., titular da marca 'Sketch', comercializa produtos de vestuário e acessórios, inclusive calçados, a ora recorrida, 'Skechers USA INC II', atua, especificamente, na comercialização de roupas e acessórios de uso comum, para a prática de esportes, de uso profissional. De maneira que, é possível observar que, embora os consumidores possam encontrar em um ou em outro, pontos de interesse comum, não há porque não se reconhecer a possibilidade de convivência pacífica entre ambos".

3. DIREITOS SOBRE A MARCA

3.1. Aquisição

O direito de propriedade da marca é adquirido pelo registro válido no INPI (art. 129 da LPI). O reconhecimento do direito produz o efeito de assegurar ao titular o uso exclusivo em todo o território brasileiro, inclusive com possibilidade de coibir a contrafação – cópia ou similar – de quem ilicitamente usurpe, viole ou utilize a marca sem autorização. A proteção inclui o uso em papéis, impressos, propaganda, demais documentos relativos à atividade do titular (art. 131 da LPI), além de uso no ambiente da *internet* e redes sociais.

A aquisição poderá ser obtida a partir de uso precedente. Conforme prevê o art. 129, § 1º, da LPI, toda pessoa que, de boa-fé, na data da prioridade ou depósito, usava no País, há pelo menos 6 meses, marca idêntica ou semelhante, para distinguir ou certificar produto ou serviço idêntico, semelhante ou afim, terá direito de precedência ao registro.

3.2. Vigência, cessão e anotações

A marca tem vigência por 10 anos, contados da concessão do registro e com prorrogação por períodos iguais e sucessivos, ilimitadamente (art. 133 da LPI).

O titular deve realizar controle específico da vigência, porque o pedido de prorrogação deverá ser formulado durante o último ano de vigência do registro, instruído com o comprovante do pagamento da respectiva retribuição. Se passar o prazo da vigência do registro, admite-se prorrogação por 6 meses, com o pagamento de retribuição adicional como penalidade (art. 133, §§ 1º e 2º, da LPI).

3.3. Cessão, licença e proteção conferida pelo registro

Obtido o registro, poderá o titular da marca ou o depositante com prioridade (art. 130 da LPI):

(a) *ceder seu registro ou pedido de registro*: sendo titular da marca, a pessoa tem direito de realizar negócios com terceiros. O termo cessão implica transferência de titularidade de todos os registros ou pedidos de marcas iguais ou semelhantes (art. 135 da LPI), o que pode ser caracterizado pela transferência por compra e venda, doação, dação em pagamento, como também a integralização de capital de sociedade em que o titular seja sócio. Relevante é que haja manifestação de vontade e consentimento no negócio, que precisa ser averbado no INPI para produção de efeitos (art. 136, inciso I e 137 da LPI).

(b) *licenciar seu uso*: também é negócio comum no ambiente marcário o licenciamento de uso de marca para terceiros. O negócio pode se dar com ou sem remuneração, mas também o dever de averbação no INPI para eficácia contra terceiros (art. 140 da LPI). O licenciamento se dá sem prejuízo do titular exercer controle efetivo sobre as especificações, natureza e qualidade dos respectivos produtos ou serviços (art. 139, *caput*, a LPI).

(c) *zelar pela sua integridade material ou reputação*: além da cessão e licenciamento, a LPI cuida de atribuir direito de zelo pela marca, desmembrando-se em dois atributos específicos. O primeiro é o cuidado pela manutenção da integridade material da marca, que implica atuação decisiva para evitar a descaracterização. O segundo é manter a reputação, de modo que a marca esteja atrelada ao produto, serviço ou certificação e não tenha seu uso vinculado a ilícitos ou mesmo fatos que possam gerar má repercussão ou desvalorização da marca. Essa obrigação poderá ser inserida em contratos de licenciamento, com determinação ao licenciado para que tome as providências de proteção a marca (art. 139, parágrafo único da LPI).

Com a distinção atribuída pelo registro da marca, percebe-se que a LPI protege o uso e fruição econômica, além da tutela especial de zelo pela marca. Entretanto, a publicação e circulação da marca gera utilizações indiretas, seja por comerciantes, seja por pessoas que fazem menção ao sinal em discursos ou divulgações noticiosas. Nesse sentido, o art. 132 determina não poder o titular: I – impedir que comerciantes ou distribuidores utilizem sinais distintivos que lhes são próprios, juntamente com a marca do produto, na sua promoção e comercialização; II – impedir que fabricantes de acessórios utilizem a marca para indicar a destinação do produto, desde que obedecidas as práticas leais de concorrência; III – impedir a livre circulação de produto colocado no mercado interno, por si ou por outrem, com seu consentimento, ressalvado o caso de licença compulsória de patente; e IV – impedir a citação da marca em discurso, obra científica ou literária ou qualquer outra publicação, desde que sem conotação comercial e sem prejuízo para seu caráter distintivo.

3.4. Extinção da proteção

O registro da marca se extingue nas hipóteses dos art. 142 da LPI:

I – *pela expiração do prazo de vigência*: o prazo é o termo final da marca, sem pedido de renovação. Posteriormente, poderá ser utilizado por terceiros livremente, sem licença ou remuneração por *royalties*.

II – *pela renúncia, que poderá ser total ou parcial em relação aos produtos ou serviços assinalados pela marca*: a renúncia é ato unilateral do titular, com perda do direito parcial ou integral sobre a marca – a depender da extensão da renúncia. Apesar de não haver expressa menção, como nos casos de patente e de desenho industrial, em caso de renúncia devem ser ressalvados direitos de terceiros, que não poderão ser prejudicados pelo ato. É o caso de pendência de licenciamento da marca averbado junto ao INPI.

III – *pela caducidade*: a caducidade da marca está ligada à falta de utilização ou modificação de caracteres essenciais. Conforme previsão do art. 143 da LPI, caduca o registro, a requerimento de qualquer pessoa com legítimo interesse, se, decorridos 5 anos da sua concessão, na data do requerimento: I – o uso da marca não tiver sido iniciado no Brasil; ou II – o uso da marca tiver sido interrompido por mais de 5 anos consecutivos ou se, no mesmo prazo, a marca tiver sido usada com modificação que implique alteração de seu caráter distintivo original, tal como constante do certificado de registro.

Portanto, terceiro poderá pleitear a marca para si, contanto que demonstre a falta de utilização pelo titular ou que tenha ocorrido substancial alteração nas características. Se houver decurso do prazo sem demonstrar utilização (por exemplo, com exibição de notas fiscais que comprovem a produção e venda de produtos com a marca), somente poderá o titular justificar o desuso da marca por razões legítimas (art. 143, § 1º, da LPI). Como exemplo, está a busca de licenciamento em órgãos competentes, geradora por si do atraso na produção (STJ – REsp nº 1.377.159 – Rel. Min. João Otávio de Noronha). O ônus da prova é do titular, que terá prazo de 60 dias para defesa administrativa junto ao INPI (art. 143, § 2º, da LPI).

Ainda quanto ao uso, o art. 144 da LPI prevê que o uso da marca deverá compreender produtos ou serviços constantes do certificado, sob pena de caducar parcialmente o registro em relação aos não semelhantes ou afins daqueles para os quais a marca foi comprovadamente usada.

No caso de marca coletiva, a caducidade ocorre se não for usada por mais de uma pessoa autorizada (art. 153 da LPI).

Finalmente, o STJ consolidou entendimento de que a caducidade opera efeitos prospectivos ou *ex nunc* (STJ – EREsp nº 964.780 – Rel. Min. Nancy Andrighi).

IV – *pela falta de procurador domiciliado no Brasil*: obrigatoriamente, os titulares de marcas com domicílio no exterior deverão nomear procurador no Brasil (ar. 217 da LPI). Essa ausência implica extinção da patente.

Para os casos de marca coletiva e de certificação, também ocorre a extinção se a entidade deixar de existir ou se a marca for utilizada em condições outras que não aquelas previstas no regulamento de utilização (art. 151 da LPI). Se ocorrer caducidade nesses casos, não poderão ser registradas em nome de terceiro, antes de expirado o prazo de 5 anos, contados da extinção do registro (art. 154 da LPI).

Jurisprudência

STJ – 3ª T. – REsp nº 1.377.159 – Rel. Min. João Otávio de Noronha – j. 05/05/2016: "(...) A Lei n. 9.279/96, ao estabelecer as hipóteses de caducidade de registro de marca pelo não uso, abre hipótese de exceção ao prever, no parágrafo primeiro do art. 143, que não há de se cogitar de caducidade de registro se o retardo for justificado por razões legítimas. A busca de licença da Anvisa para comercialização de medicamento registrado no INPI está entre as razões legítimas previstas na norma em questão (...)".

STJ – 3ª T. – REsp nº 698.855 – Rel. Min. Nancy Andrighi – j. 25/09/2007: "Propriedade Industrial. Alegação de imitação de marca cujo registro fora solicitado pela autora, mas ainda não concedido por ocasião da propositura da ação. Registro obtido no curso do processo. (...) O fundamento utilizado pelo Tribunal 'a quo', de que as marcas do autor e do réu para o sabão em pedra controvertido são parecidas, mas não a ponto de confundir o consumidor atento não pode prosperar. O consumidor atento jamais confundiria embalagens de produtos, por mais parecidas que sejam. O que a lei visa a proteger em relação a imitações é a possibilidade de o produto concorrente ser adquirido, por engano, justamente pelo consumidor desatento ou incapaz de reparar nos detalhes da embalagem, seja por falta de instrução, por problemas de visão ou por pressa. Daí a necessidade de prover o recurso especial nessa parte, para conferir aos recorrentes a proteção da marca no período posterior ao deferimento do registro. A proteção conferida pelo art. 129 da LPI protege apenas a marca a partir do deferimento do registro. O período compreendido entre o protocolo e a concessão do registro é protegido, ou pelo art. 130, III, da referida Lei, ou pelo art. 21, XVI, da Lei nº 8.884/95, conforme o caso. (...)".

STJ – 3ª T. – REsp nº 1.149.402 – Rel. Min. Nancy Andrighi – j. 13/08/2013: "(...) 2. A Convenção da União de Paris para Proteção da Propriedade Industrial confere, no seu art. 6º, bis, proteção internacional às marcas notoriamente conhecidas, impedindo o registro ou determinando sua anulação, nos países integrantes da União, de marcas que constituam reprodução, imitação ou tradução suscetível de estabelecer confusão com aquela notória. O prazo para requerer o cancelamento do registro é de 5 (cinco) anos (art. 6º, bis, 2), salvo a hipótese de má-fé, em que, o requerimento de cancelamento do registro ou de proibição do uso poderá ser feito a qualquer tempo pelo interessado (art. 6º, bis, 3). 3. Na hipótese, a recorrente insurge-se contra o ato administrativo do INPI que declarou o cancelamento do registro de marca 'DIXIE & DESENHO' por motivo de desuso (caducidade). Não se pretende o cancelamento ou a proibição de uso de marca notória registrada ou utilizada de má-fé por aquele que não seja o seu titular. 4. A Convenção da União de Paris, no seu art. 6º, bis, não trata da hipótese de anulação do ato que cancelou o registro da marca por desuso (caducidade). 5. Ainda que se aceite uma interpretação extensiva do dispositivo (art. 6º, bis, 3), para admitir sua aplicação às hipóteses em que a má-fé do terceiro está no desuso da marca e não no seu uso, a tese da imprescritibilidade do requerimento para anulação do registro não convence. Ela não é a regra no direito brasileiro, sendo admitida somente em hipóteses excepcionalíssimas que envolvem direitos da personalidade, estado das pessoas, bens públicos. Os direitos patrimoniais, por sua vez, estão sujeitos aos prazos prescricionais do Código Civil ou das leis especiais. 6. Deve se reconhecer a inaplicabilidade do disposto no art. 6º, bis, 3, da Convenção da União de Paris à hipótese. (...)".

STJ – 2ª Seção – EREsp nº 964.780 – Rel. Min. Nancy Andrighi – j. 10/08/2011: "(...) 3. Denomina-se técnica de política judiciária a discussão sobre a direção – para frente (*ex nunc*) ou para trás (*ex tunc*) – e a extensão – limitada ou ilimitada – da atividade temporal dos efeitos de determinado instituto jurídico. Quando o legislador é silente acerca de sua definição, cabe ao Poder Judiciário preencher essa lacuna. Precedente do STF. 4. A nulidade do registro de marca industrial ocorre quando se reconhece a existência de determinado vício apto a macular a concessão do registro desde seu início. Quando for impossível manter a validade de algo nulo *ab ovo*, operam-se efeitos retroativos (*ex tunc*). 5. Já a caducidade do registro implica a declaração de determinada circunstância fática, que pode ser verificada pela inexistência de uso da marca desde seu registro ou pela interrupção do uso por prazo além do limite legal. Quando a condição para manutenção do registro deixa de existir, operam-se efeitos prospectivos (*ex nunc*). 6. A prospectividade dos efeitos da caducidade é a mais adequada à finalidade do registro industrial, pois confere maior segurança jurídica aos agentes econômicos e desestimula a contrafação. 7. Embargos de divergência acolhidos para prevalecer a orientação do REsp 330.175/PR, que reconhece efeitos prospectivos (*ex nunc*) da declaração de caducidade da marca industrial".

3.5. Depósito, exame e certificado

Cada marca deve ser individualizada e apresentada em pedido específico de *depósito* junto ao INPI. Além do requerimento em língua portuguesa, deverá conter etiquetas e o pagamento de retribuição (art. 155 da LPI).

Tal depósito atribui prioridade a quem faz o pedido, devendo-se aguardar o *exame* formal do sinal marcário para a classe pleiteada. Uma vez aceito para exame, o pedido é publicado para eventual apresentação de *oposição* por terceiros no prazo de 60 dias. A oposição é a recusa formal ou de conteúdo em relação à marca apresentada, com alegação das razões – por exemplo, do art. 124 da LPI – para que o registro não seja deferido. Sendo processo administrativo, o depositante e pretenso titular terá o prazo de outros 60 dias para se manifestar em defesa (art. 158 da LPI).

Em caso de oposição de marca notoriamente reconhecida ou de marca depositada no exterior, mas com dever de reconhecimento pelo mercado específico (art. 124, XXIII, da LPI), exige-se o depósito da marca pelo oponente, no prazo de 60 dias após a oposição (art. 158, § 2º, da LPI).

Concluído o exame, será proferida decisão do INPI, deferindo ou indeferindo o pedido de registro (art. 160 da LPI), com expedição do certificado de registro da marca (arts. 161 a 164 da LPI). Exemplo[3]:

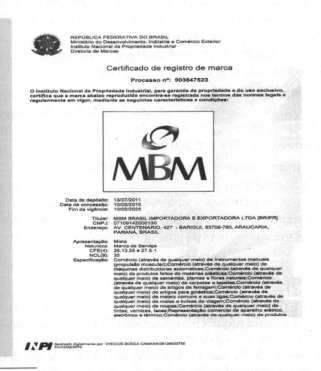

---

[3] http://www.mbmbrasil.com/img/presskit/arq/00000109.jpg

3.6. Nulidade do registro

A marca poderá ser declarada nula por meio de processo administrativo perante o INPI (arts. 168 a 172 da LPI) e por meio de ação judicial (arts. 173 e 175 da LPI). O fundamento da sanção jurídica de *nulidade* da marca será a contrariedade a dispositivos da LPI, conforme art. 165, desde o descumprimento de formalidades legais como o depósito e publicação, até mesmo sobre contrafação da marca, caso sejam detectados elementos similares de concorrência desleal ou fundamentos que atendam às vedações do art. 124 da LPI [*t. III, §1, i. 1.2*].

Diferentemente da patente [*t. III, §4, i. 2.4*], nas marcas é possível a declaração parcial de nulidade da marca, contanto que a parte subsistente possa ser considerada registrável (art. 165, parágrafo único, da LPI).

Obtida a declaração de nulidade, os efeitos são retroativos à data do depósito do pedido (art. 167 da LPI).

Administrativamente, a declaração de nulidade é distinta da oposição, que é mera recusa de registro para subsidiar a análise de mérito feita pelo INPI. A declaração administrativa terá por objetivo a invalidação completa e retroativa do registro, em vista do descumprimento da legislação. O prazo é decadencial de 180 dias contados da expedição do certificado e, uma vez apresentado, o titular terá o prazo de 60 dias para manifestação. Em seguida, segue-se decisão do Presidente do INPI (arts. 170 a 171 da LPI).

Por ter efeitos retroativos, o processo administrativo de nulidade terá seguimento mesmo com a extinção da marca (arts. 142 e 172 da LPI) por fim do prazo ou caducidade, por exemplo.

Judicialmente, com competência da Justiça Federal (STJ – AgInt no REsp nº 1.590.046 – Rel. Min. Marco Buzzi), a ação declaratória de nulidade de marca poderá ser proposta por qualquer interessado e pelo próprio INPI, que intervém nesse processo mesmo que não seja autor (art. 175, *caput*, da LPI). O prazo decadencial – embora o art. 174 expresse prescrição – é de 5 anos contados da data da concessão do registro.

Convencido da temeridade no uso da marca, além de critérios processuais de probabilidade do direito e de perigo de dano ou risco ao resultado útil, o juiz da causa poderá deferir tutela de urgência para suspensão dos efeitos do registro e do uso da marca, atendidos (art. 173, parágrafo único, da LPI e art. 300 do CPC).

Em caso de titular de marca registrada em país signatário da CUP, o art. 166 da LPI e art. 6º, *septies (1)*, da CUP, autorizam o pedido judicial de adjudicação do registro da marca declarada nula. Em outros termos, quem tem marca já registrada em outro país e vê evidências de nulidade e contrafação no Brasil, pode ajuizar ação para declaração de nulidade e para que a marca lhe seja compulsoriamente atribuído em território brasileiro.

Jurisprudência

STJ – 3ª T. – REsp nº 1.630.290 – Rel. Min. Nancy Andrighi – j. 27/02/2018: "(...) 2 – O propósito recursal é definir se a marca titulada pelo recorrido – ROLA MOÇA – deve ou não ser declarada parcialmente nula, em virtude de se tratar de marca "fraca" ou evocativa composta por expressões de uso comum. 3 – A marca em questão, ao contrário da tese defendida pelo recorrente, não se enquadra na definição de marca evocativa, na medida em que seus elementos nominativos não se relacionam com as características ou com a função dos produtos comercializados por seu titular (peças de vestuário). 4 – A regra do dispositivo legal indicado como violado (art. 124, VI, da LPI) não inviabiliza, *a priori*, o registro de sinais comuns ou vulgares, devendo-se analisar, cumulativamente, se tais expressões guardam relação com o produto ou o serviço que a marca visa distinguir ou se elas são empregadas comumente para designar alguma de suas características. 5 – Hipótese concreta em que tais pressupostos, que inviabilizariam o registro da marca do recorrido, não foram preenchidos, de modo que não há nulidade a ser declarada".

STJ – 3ª T. – REsp nº 1.464.975 – Rel. Min. Nancy Andrighi – j. 01/12/2016: "(...) 2 – Controvérsia que se cinge em definir se o registro da marca PADRÃO GRAFIA deve ou não ser anulado em virtude do direito de precedência alegado pela recorrida. (...) 6 – É possível o reconhecimento judicial da nulidade do registro de marca com fundamento em direito de precedência (art. 129, § 1º, da Lei 9.279/1996). 7 – A Lei de Propriedade Industrial protege expressamente aquele que vinha utilizando regularmente marca objeto de depósito efetuado por terceiro, garantindo-lhe, desde que observados certos requisitos, o direito de precedência de registro".

Caso Companhia Athletica: STJ – 3ª T. – REsp nº 1.448.123 – Rel. Min. Nancy Andrighi – j. 15/09/2016: "(...) 2. Recurso especial em que se discute se a anterioridade dos registros da marca 'COMPANHIA ATHLETICA', concedidos às empresas recorrentes, lhes dá o direito exclusivo de uso da expressão, importando na declaração de nulidade do registro da marca 'ATHLÉTICA CIA. DE GINÁSTICA', concedido posteriormente à recorrida. (...) 4. Dada a ressalva feita apenas quanto ao elemento 'COMPANHIA', quando do registro da marca 'COMPANHIA ATHLETICA', depreende-se que o INPI conferiu ao termo 'ATHLETICA' (com 'h') certo cunho de distintividade. 5. Inviável imputar às recorrentes o risco de arcar com a convivência com marca assemelhada pelo fato de o termo 'ATHLETICA' ser indicativo/associativo dos serviços prestados pela empresa quando as recorrentes preocuparam-se em adicionar a letra 'h' ao elemento, no intuito de conferir autenticidade e diferenciação à sua marca, afastando-se, portanto, a aplicação do art. 124, VI, da Lei 9.279/96. 6. As marcas 'COMPANHIA ATHLETICA' e 'ATHLÉTICA CIA DE GINÁSTICA' são consideravelmente semelhantes foneticamente e graficamente e, com efeito, a mera abreviação e inversão da ordem dos elementos que compõem a marca da recorrida não é suficiente para lhe conferir distintividade e novidade que uma marca exige para ser registrável, nos termos do art. 124, XIX, da Lei 9.279/96. 7. Em razão de ambas as empresas destinarem-se ao mesmo segmento mercadológico, além da identidade gráfica e fonética entre os elementos nominativos que as compõem, a possibilidade de confusão e/ou associação entre as marcas 'COMPANHIA ATHLETICA' e 'ATHLÉTICA CIA DE GINÁSTICA' pelos eventuais consumidores é notória, inclusive podendo causar prejuízo à reputação da marca das recorrentes, tornando-se inviável a coexistência entre elas".

STJ – 4ª T. – REsp nº 1.189.022 – Rel. Min. Luis Felipe Salomão – j. 25/02/2014: "(...) 4. A desconstituição do registro por ação própria é necessária para que possa ser afastada a garantia da exclusividade em todo o território nacional. (REsp 325158/SP, Rel. Ministra NANCY ANDRIGHI, Rel. p/ Acórdão Ministro CARLOS ALBERTO MENEZES DIREITO, TERCEIRA TURMA, julgado em 10/08/2006, *DJ* 09/10/2006, p. 284). Não há previsão legal para autorizar a retirada da eficácia de ato administrativo de concessão de registro marcário sem a participação do INPI e sem o ajuizamento de prévia ação de nulidade na Justiça Federal".

4. CONTRAFAÇÃO

A *contrafação* é ato ilícito de disfarce, falsificação e cópia com violação do direito de marca, que pode gerar confusão no cliente ou no consumidor, além de promover concorrência desleal. Ocorrerá contrafação por *reprodução* ou por *imitação*, levando-se em consideração a ocorrência do malferimento do direito de exclusividade da marca com consideração da territorialidade e da especificidade [t. III, §6, i. 1.1].

Se ocorrer reprodução – ou cópia – integral da marca, o titular tem o direito de proteção em razão da identidade privativa de sua marca. Por outro lado, sendo reprodução parcial, deve-se demonstrar a confusão com os *elementos identificadores* da singularidade da marca.

A imitação indica semelhança fonética, ortográfica, cacofônica ou ideológica. Gerará proteção ao titular em caso de inculta de confusão no cliente ou no consumidor.

Assim, por meio de prova visual e, muitas vezes, com recomendável perícia técnica, o titular da marca deverá demonstrar a ocorrência da contrafação: "A jurisprudência do Superior Tribunal de Justiça consolidou o entendimento de que, na hipótese de contrafação de marca, a procedência do pedido de condenação do falsificador em danos materiais e morais deriva diretamente da prova que revele a existência de contrafação" (STJ – AgInt no REsp nº 1.444.464 – Rel. Min. Raul Araújo).

Identificado o contrafator e o ilícito, surge ao titular da marca diversas pretensões baseadas em obrigações de fazer, não fazer e dar, entre elas: a pretensão de impedir o uso indevido, de proibir a fabricação de produtos ou prestação de serviços com a marca, de retirar compulsoriamente os produtos com contrafação colocados no mercado, de divulgar a ocorrência da contrafação. Prevê a LPI, ainda, diligências preliminares de busca e apreensão de marca falsificada, alterada ou imitada onde for preparada ou onde quer que seja encontrada, antes de utilizada para fins criminosos; ou destruição de marca falsificada nos volumes ou produtos que a contiverem, antes de serem distribuídos, ainda que fiquem destruídos os envoltórios ou os próprios produtos (art. 202 da LPI). Além disso, demonstrado o nexo de causalidade entre a conduta do contrafator e os prejuízos, com fundamento geral de responsabilidade civil (arts. 186 e 927 do CC e art. 207 da LPI), poderá pleitear a condenação ao pagamento de indenização pelos danos emergentes e lucros cessantes (art. 208 e 210 da LPI), com possíveis danos morais (art. 209 da LPI) (STJ – REsp nº 1.327.773 – Rel. Min. Luis Felipe Salomão).

Na apreensão de mercadorias se inclui o conteúdo do art. 198 da LPI, ao determina que "poderão ser apreendidos, de ofício ou a requerimento do interessado, pelas autoridades alfandegárias, no ato de conferência, os produtos assinalados com marcas falsificadas, alteradas ou imitadas ou que apresentem falsa indicação de procedência".

Finalmente, em caso de erro grosseiro do titular, a LPI prevê as perdas e danos correspondentes: "responderá por perdas e danos a parte que a tiver requerido de má-fé, por espírito de emulação, mero capricho ou erro grosseiro" (art. 204 da LPI).

Prescreve em 5 anos a ação para reparação de dano causado ao direito de propriedade industrial (art. 225 da LPI).

Jurisprudência:

STJ – 4ª T. – REsp nº 1.327.773 – Rel. Min. Luis Felipe Salomão – j. 28/11/2017: "(...) 3. A lei e a jurisprudência do Superior Tribunal de Justiça reconhecem a existência de dano material no caso de uso indevido da marca, uma vez que a própria violação do direito revela-se capaz de gerar lesão à atividade empresarial do titular, como, por exemplo, no desvio de clientela e na confusão entre as empresas, acarretando inexorável prejuízo que deverá ter o seu *quantum debeatur*, no presente caso, apurado em liquidação por artigos. 4. Por sua natureza de bem imaterial, é ínsito que haja prejuízo moral à pessoa jurídica quando se constata o uso indevido da marca. A reputação, a credibilidade e a imagem da empresa acabam atingidas perante todo o mercado (clientes, fornecedores, sócios, acionistas e comunidade em geral), além de haver o comprometimento do prestígio e da qualidade dos produtos ou serviços ofertados, caracterizando evidente menoscabo de seus direitos, bens e interesses extrapatrimoniais. 5. O dano moral por uso indevido da marca é aferível *in re ipsa*, ou seja, sua configuração decorre da mera comprovação da prática de conduta ilícita, revelando-se despicienda a demonstração de prejuízos concretos ou a comprovação probatória do efetivo abalo moral".

STJ – 3ª T. – REsp nº 1.418.171 – Rel. Min. Nancy Andrighi – j. 01/04/2014: "(...) 3. A questão sub judice vai além da mera análise acerca da suposta utilização indevida da marca 'Ypióca' pela recorrente, ao envasar sua cachaça nas garrafas litografadas pela recorrida, passando pela verificação da própria legitimidade de inserção dessa marca nos vasilhames utilizados para envasar os aguardentes, os quais seriam reutilizáveis por todas as empresas do segmento. 4. O titular da marca possui a prerrogativa de utilizá-la, com exclusividade, no âmbito dessa especialidade, em todo o território nacional pelo prazo de duração do registro no INPI e a finalidade da proteção ao uso das marcas é dupla: por um lado protegê-la contra usurpação, proveito econômico parasitário e o desvio desleal de clientela alheia e, por outro, evitar que o consumidor seja confundido quanto à procedência do produto. 5. Embora não haja controvérsia acerca da titularidade da marca, considerando as particularidades do mercado em questão, notadamente a possibilidade de troca dos vasilhames reutilizáveis entre as empresas fabricantes de aguardentes, deve-se verificar se a conduta, consistente em identificá-los por meio de litografia, está englobada no legítimo exercício dos direitos inerentes à propriedade do sinal distintivo. (...)".

Legitimação passiva – Caso "Shopping 25 de Março": STJ – 3ª T – REsp nº 1.295.838 – Rel. Min. Nancy Andrighi – j. 26/11/2013: "(...) 1 – A administradora de centro de comércio popular que, como firmado, na análise dos fatos, pela Justiça estadual de origem, permite e fomenta a violação ao direito de propriedade industrial das autoras, por parte dos lojistas locatários dos seus 'stands' e 'boxes', torna-se corresponsável pelo ilícito danoso realizado por intermédio dos terceiros cessionários dos espaços do estabelecimento. 2 – Considerada a moldura fática firmada pelo Tribunal de origem cuja reapreciação encontra obstáculo na Súmula 7 desta Corte, mantém-se a legitimidade passiva da proprietária do Shopping para a ação de proibição de atividade ilícita que vem realizando juntamente com os cessionários de suas unidades, para a ação ajuizada pelas titulares das marcas objeto de contrafação".

5. CONCORRÊNCIA DESLEAL E TIPOS PENAIS DA LPI

Um dos fundamentos gerais da LPI é a vedação da concorrência desleal [*t. III, §3, i. 4*]. Interessante notar que a legislação interna não define a concorrência desleal, optando pela descrição de condutas que caracterizam um tipo penal específico. É comum, portanto, recorrer ao conteúdo do art. 10 *bis* (2) da CUP para essa definição: "Constitui ato de concorrência desleal qualquer ato de concorrência contrário aos usos honestos em matéria industrial". O mesmo regramento internacional ainda acrescenta, em rol exemplificativo: "Qualquer fato capaz de criar, por qualquer meio, confusão ou associação indevida com o estabelecimento, os produtos ou a atividade industrial ou comercial de um concorrente" e "as indicações ou alegações cuja utilização no comércio seja suscetível de induzir o público a erro sobre a natureza, o modo de fabricação, as características, o emprego ou a qualidade das mercadorias".

Acrescente-se que o conteúdo penal do art. 195 da LPI vem servindo de parâmetro exemplificativo de condutas ilícitas do âmbito civil. São caracterizadoras de concorrência desleal a conduta de quem: I – publica, por qualquer meio, falsa afirmação, em detrimento de concorrente, com o fim de obter vantagem; II – presta ou divulga, acerca de concorrente, falsa informação, com o fim de obter vantagem; III – emprega meio fraudulento, para desviar, em proveito próprio ou alheio, clientela de outrem; IV – usa expressão ou sinal de propaganda alheios, ou os imita, de modo a criar confusão entre os produtos ou estabelecimentos; V – usa, indevidamente, nome comercial, título de estabelecimento ou insígnia alheios ou vende, expõe ou oferece à venda ou tem em estoque produto com essas referências; VI – substitui, pelo seu próprio nome ou razão social, em produto de outrem, o nome ou razão social deste, sem o seu consentimento; VII – atribui-se, como meio de propaganda, recompensa ou distinção que não obteve; VIII – vende ou expõe ou oferece à venda, em recipiente ou invólucro de outrem, produto adulterado ou falsificado, ou dele se utiliza para negociar com produto da mesma espécie, embora não adulterado ou falsificado, se o fato não constitui crime mais grave; IX – dá ou promete dinheiro ou outra utilidade a empregado de concorrente, para que o empregado, faltando ao dever do emprego, lhe proporcione vantagem; X – recebe dinheiro ou outra utilidade, ou aceita promessa de paga ou recompensa, para, faltando ao dever de empregado, proporcionar vantagem a concorrente do empregador; XI – divulga, explora ou utiliza-se, sem autorização, de conhecimentos, informações ou dados confidenciais, utilizáveis na indústria, comércio ou prestação de serviços, excluídos aqueles que sejam de conhecimento público ou que sejam evidentes para um técnico no assunto, a que teve acesso mediante relação contratual ou empregatícia, mesmo após o término do contrato; XII – divulga, explora ou utiliza-se, sem autorização, de conhecimentos ou informações a que se refere o inciso anterior, obtidos por meios ilícitos ou a que teve acesso mediante fraude; ou XIII – vende, expõe ou oferece à venda produto, declarando ser objeto de patente depositada, ou concedida, ou de desenho industrial registrado, que não o seja, ou menciona-o, em anúncio ou papel comercial, como depositado ou patenteado, ou registrado, sem o ser; XIV – divulga, explora ou utiliza-se, sem autorização, de resultados de testes ou outros dados não divulgados, cuja elaboração envolva esforço considerável e que tenham sido apresentados a entidades governamentais como condição para aprovar a comercialização de produtos.

A LPI ainda se ocupa da tipificação de diversas outras condutas criminosas, com tutela de: crimes contra patentes (arts. 183 a 186 da LPI); crimes contra desenhos industriais (arts. 187 a 188 da LPI); crimes contra as marcas e demais indicações (arts. 189 a 194 da LPI); crime de concorrência desleal (art. 195 da LPI).

Bibliografia: BARBOSA, Denis Borges. *Tratado da propriedade intelectual*. 2. ed. Rio de Janeiro: Lumen Juris, 2017. BASSO, Maristela. *Propriedade intelectual e importação paralela*. São Paulo: Atlas, 2011. COMPARATO, Fabio Konder. Natureza do prazo extintivo da ação de nulidade do registro de marcas. RDM, 77/57. GAGILANO, Pablo Stolze. *Novo curso de direito civil. Parte Geral*. 5. ed. São Paulo: Saraiva, 2004. GRAU-KUNTZ, Karin. Comentários à Lei de Marcas Alemã de 1995. RDM, 100. ROCHA FILHO, Valdir de Oliveira Rocha. Marcas de serviço. RDM, 74/30. SCHMIDT, Lélio Denícoli. *A proteção das marcas no Brasil*. In: COELHO, Fabio Ulhoa. *Tratado de direito comercial*. v. 6. São Paulo: Saraiva, 2015. SILVEIRA, Newton. *A propriedade intelectual e as novas leis autorais*. 2. ed. São Paulo: Saraiva, 1998. SOARES, José Carlos Tinoco. *Lei de patentes, marcos e direitos conexos*. São Paulo: RT, 1997.

TÍTULO IV

NEGÓCIOS E INSTRUMENTOS: TÍTULOS DE CRÉDITO E CONTRATOS

§1
TEORIA GERAL DOS TÍTULOS DE CRÉDITO

1. CONTEXTO

Os títulos de crédito têm importância histórica inigualável na demonstração das origens do Direito Comercial [t. I, §1, i. 1]. Também permitem a compreensão do papel da confiança da formação de instrumentos úteis às práticas comerciais [t. I, §2, i. 2.3], sobretudo por serem documentos essencialmente forjados para a troca econômica e redução de custos. Em essência, cuida-se da vestimenta jurídica da circulação do crédito, com formalidades aceitas para a incorporação de valores e transferência com autonomia e proteção da boa-fé.

Durante o processo de formação capitalista, ocorreram dois fenômenos fundamentais para a estabilização do modo de acumulação de capital: a preponderância do Estado nacional (garantidor da estabilidade institucional) e o crescimento do crédito bancário para financiamento das atividades produtivas. Esse equilíbrio foi garante histórico dos avanços econômicos e, mesmo hoje, é relação simbiótica imprescindível – inclusive nas crises. Em seguida, procurou-se a estabilização da circulação de mercadorias e do dinheiro, com a conformação de regras para esse fim.

Diante desse cenário, o desenvolvimento de instrumentos que pudessem agilizar a formalização do crédito e permitir a negociação desses documentos passou a imprescindir da técnica jurídica e do amálgama da confiança na validade desses títulos representativos de valor. "O crédito consiste na prestação presente de uma parte, fundada na confiança de uma contraprestação futura de outra" (SCALZILLI, SPINELLI, TELLECHEA, 2017, p. 489).

Mais do que a propriedade e o capital, busca-se o crédito!

E os títulos são os instrumentos para formalizar esse intento de irrigação economia com o fluxo de valores que movimentará todos os demais fatores de produção (BRAUDEL, 1996, p. 341). Servem tanto como meio de pagamento, como para efeito de documentação de valores para circulação econômica.

Se não se observa a mesma intensidade no uso de tais documentos como nos primórdios, eles ainda continuam importantes, seja pela transição para utilização eletrônica, seja pela presença marcante na atividade bancária. Por isso, essa disciplina não pode ser negligenciada, afinal de contas ela lida com a instrumentalização do crédito na atividade empresarial, permite compreender a circulação de valores e a função da intermediação no direito comercial.

Também são consequentes as interpretações que já vislumbram a influência de tecnologias na supressão de agentes intermediadores em operações econômicas, especialmente de crédito e securitização. É o que se vê claramente com as tecnologias *blockchain*, com sequências criptografadas que buscam transmitir absoluta segurança às transações, que são feitas sem agentes intermediários como bancos, emissores de moedas, órgãos reguladores. Os negócios passam a ser diretos, com circulação de crédito virtual.

Ainda sob o ponto das relações tradicionais, o crédito permite a disposição e utilização imediata de bens instrumentais na cadeia produtiva para a transformação e giro econômico. Mensuram-se os riscos das operações e os empresários que fornecem o crédito procuram a remuneração do capital de acordo com os riscos previamente calculados. Diz-se à voz corrente, que o empresário, mais do que capital, deve ter crédito! Nesse sentido, a inserção da confiança e a diminuição dos riscos permitem a diminuição do custo do capital emprestado e aprisionando do documento – título ou contrato – que lhe dá suporte. Essa a razão, por exemplo, para o surgimento de legislação da chamada pontuação de crédito (*credit scoring*), como a Lei nº 12.414/2011 (Lei do Cadastro Positivo), que expressamente disciplinou a prática do *credit scoring* para a diminuição de custos de empréstimos. Sobre o tema, decidiu o STJ que se trata de "método desenvolvido para avaliação do risco de concessão de crédito, a partir de modelos estatísticos, considerando diversas variáveis, com atribuição de uma pontuação ao consumidor avaliado (nota do risco do crédito)" (STJ – REsp nº 1.419.697 – Min. Paulo de Tarso Sanseverino). Na mesma linha de entendimentos, o STJ definiu em recurso repetitivo (Tema 1026) ser possível a inclusão de nome de devedor em sistemas de proteção de crédito por dívidas lançadas em Certidão de Dívida Ativa (STJ – REsp nº 1.807.180 – Min. Og Fernandes).

Na medida em que o crédito se revelou fundamental para a mercancia, a garantia da certeza do tráfico passou a estruturar instrumentos de circulação, haja vista que o uso massivo tornou a uniformização e a simplificação imprescindíveis. Sob o ponto de vista jurídico, o instrumento de crédito documenta, em seu conteúdo, o valor prometido, permitindo ao credor o exercício do direito inscrito. A obrigação de entrega do direito vale pela literalidade do documento, diferindo os títulos de crédito dos contratos em geral. Portanto, o título de crédito *constitui* e *prova* o direito ao crédito.

Além dessa função de documentação do crédito, os títulos permitem a *circulação* de valores, por meio da transmissão da posse e da tradição, garantida pela autonomia entre as obrigações assumidas. Dessa forma, os direitos adquiridos por um possuidor e adquirente do título não são contaminados por vícios anteriores, via de regra.

Essa função de circulação faz com que os valores não sejam estáticos e representem meios de troca. Um título representativo de depósito de produtos agrícolas pode ser negociado na bolsa de mercadorias e futuros, tendo por lastro justamente a safra que o originou. Já uma duplicata sacada para pagamento em 90 dias pode ser endossada ao banco em desconto para abastecimento imediato do capital de giro da empresa.

Numa visão utilitarista e para atendimento de necessidades, os títulos foram criados para atender a diversos negócios, adquirindo posterior uniformidade em razão do cosmopolitismo próprio do comércio.

Bibliografia: BARRETO FILHO, Oscar. *O crédito no direito.* In. TEPEDINO, Gustavo (et. al.) (Org.). *Obrigações e contratos: obrigações: função e eficácia.* São Paulo: RT, 2011. BRAUDEL, Fernand. *Civilização material, economia e capitalismo: séculos XV-XVIII.* V. 2. São Paulo: Martins Fontes, 1996. p. 341. FIGUEIREDO, Ivanildo. *Princípios do direito* cambiário. In: COELHO, Fabio Ulhoa (Coord.). *Tratado de direito comercial.* v. 8. São Paulo: Saraiva, 2015. SCHUMPETER, Joseph Alois. *Teoria do desenvolvimento econômico: uma investigação sobre lucros, capital, crédito, juro e o ciclo econômico.* 3.ed. Trad. Maria Silvia Possas. São Paulo: Nova Cultural, 1988. WEBER, Max. *Law in economy and society.* Trad. Edward Shils. Cambridge: Harvard University Press, 1954. WEBER, Max. *Economia e sociedade.* Vol. 1. 4. ed. São Paulo: Imprensa oficial – Universidade de Brasília, 2004. p. 212.

2. LEGISLAÇÃO

O advento do CC introduziu novas regras gerais de títulos de crédito que trouxeram certos desafios aos intérpretes, sobretudo pela necessidade de compatibilizar regras antinômicas, revogadas ou não e, ainda, para verificar se prepondera a legislação interna ou os Tratados internacionais da matéria que o Brasil foi signatário (como é o caso da Lei Uniforme de Genebra – LUG). Também tivemos diversos casos de interpretação da lei geral contra a lei especial, muitas vezes com a preponderância desta sobre aquela. O cenário resultante é o seguinte:

Código Civil (*lei geral interna*)

LUG
(*lei especial para letras de câmbio e duplicatas, com alguns preceitos gerais supletivos*)

Decreto nº 2.044/1908
(*lei especial interna, revogada em alguns pontos pela LUG, mas aplicável para alguns títulos*)

Leis especiais
(*aplicáveis aos títulos que regulam e com preponderância sobre as leis gerais* – LCh, LDupl, LCédulas, LTAgronegociais)

No confronto entre lei geral e lei especial, em princípio, prevalece a lei especial que tem regramento determinado para o título que regula as características. Todavia, na interpretação é precisa atentar para o fato de uma lei geral posterior regular exatamente o mesmo conteúdo de lei especial anterior: nesse caso, a lei posterior revoga a anterior, ainda que seja especial sobre o título. Tais conflitos entre regras estarão presentes em diversas análises dos títulos de crédito.

Jurisprudência

STJ – 4ª T. – REsp nº 1.316.256 – Rel. Min. Luis Felipe Salomão – j. 18/06/2013: "(...) 3. 'Constituem as debêntures um direito de crédito do seu titular diante da sociedade emissora, em razão de um contrato de empréstimo por ela concertado. As debêntures têm a natureza de título de renda, com juros fixos ou variáveis gozando de garantias determinadas nos termos da escritura da emissão. (...) Não assiste à debênture, portanto, no âmbito da teoria geral dos títulos de crédito, autonomia e literalidade, sendo que entre nós está também descaracterizada a cartularidade, por força da obrigatoriedade da forma nominativa e do uso uniforme dos títulos nominativos escriturais' (CARVALHOSA, Modesto. Comentários à lei de sociedades anônimas. São Paulo: Saraiva, 2011. p. 671). 4. O art. 70 da Lei Uniforme de Genebra (LUG), referente às notas promissórias e letras de câmbio, não se aplica às debêntures. Aplicam-se a estas o art. 206, § 5º, inciso I, do Código Civil, que estabelece prescreverem em 5 (cinco) anos a pretensão de cobrança de dívidas líquidas constantes de instrumento público ou particular. 5. As debêntures não perdem sua liquidez por dependerem de atualização monetária e cálculos aritméticos, a serem apurados quando da habilitação da falência. Precedentes (...)".

STJ – 4ª T. – REsp nº 1.633.399 – Rel. Min. Luis Felipe Salomão – j. 10/11/2016: "(...) 3. É imprescindível proceder-se à interpretação sistemática para a correta compreensão do art. 1.647, III, do CC/2002, de modo a harmonizar os dispositivos do Diploma civilista. Nesse passo, coerente com o espírito do Código Civil, em se tratando da disciplina dos títulos de crédito, o art. 903 estabelece que 'salvo disposição diversa em lei especial, regem-se os títulos de crédito pelo disposto neste Código'. 4. No tocante aos títulos de crédito nominados, o Código Civil deve ter uma aplicação apenas subsidiária, respeitando-se as disposições especiais, pois o objetivo básico da regulamentação dos títulos de crédito, no novel Diploma civilista, foi permitir a criação dos denominados títulos atípicos ou inominados, com a preocupação constante de diferençar os títulos atípicos dos títulos de crédito tradicionais, dando aos primeiros menos vantagens. 5. A necessidade de outorga conjugal para o aval em títulos inominados – de livre criação – tem razão de ser no fato de que alguns deles não asseguram nem mesmo direitos creditícios, a par de que a possibilidade de circulação é, evidentemente, deveras mitigada. A negociabilidade dos títulos de crédito é decorrência do regime jurídico-cambial, que estabelece regras que dão à pessoa para quem o crédito é transferido maiores garantias do que as do regime civil. 6. As normas das leis especiais que regem os títulos de crédito nominados, v.g., letra de câmbio, nota promissória, cheque, duplicata, cédulas e notas de crédito, continuam vigentes e se aplicam quando dispuserem diversamente do Código Civil de 2002, por força do art. 903 do Diploma civilista. Com efeito, com o advento do Diploma civilista, passou a existir uma dualidade de regramento legal: os títulos de crédito típicos ou nominados continuam a ser disciplinados pelas leis especiais de regência, enquanto os títulos atípicos ou inominados subordinam-se às normas do novo Código, desde que se enquadrem na definição de título de crédito constante no art. 887 do Código Civil. 7. Recurso especial não provido".

STJ – 4ª T. – REsp nº 1.352.704 – Rel. Min. Luis Felipe Salomão – j. 11/02/2014: "(...) 1. O art. 903 do Código Civil/2002 prescreve que, em caso de conflito aparente, devem ser observadas as normas especiais relativas aos títulos de crédito. Com efeito, não há cogitar de incidência do art. 889, § 2º, do Código Civil, pois a solução a ser dada aos casos em que não conste da nota promissória o lugar de emissão e pagamento é a conferida pelo art. 76 da Lei Uniforme de Genebra (LUG). 2. O art. 76 da LUG ressalva que permanece tendo o efeito de nota promissória a cártula em que não se indique a época de pagamento, lugar de pagamento e onde foi emitida, obtendo-se neste mesmo dispositivo as soluções a serem conferidas a cada uma dessas hipóteses, não havendo, pois, falar em perda da eficácia executiva do título. 3. Recurso especial não provido".

3. CONCEITO, TIPICIDADE, NATUREZA E CLASSIFICAÇÕES

3.1. Conceito

Em geral, as formulações conceituais dos títulos de crédito procuram ressaltar o documento em que se incorpora o crédito, valendo por si para o exercício do direito. As especificações decorrem das teorias aceitas por cada autor e também pela abrangência dos títulos que se quer dar.

Mais aceito e reproduzido foi o conceito de CESARE VIVANTE, apresentado no seu Tratado: "título de crédito é o documento necessário para o exercício do direito, literal e autônomo, nele mencionado" (VIVANTE, 1924, v. 3, p. 123).

Por sua a essencialidade e elementos clássicos, é o conceito que adotamos, malgrado as críticas que procuram asseverar que ele somente ressaltou características dos títulos de crédito. Acreditamos, todavia, que ele é esclarecedor para o direito brasileiro, até pela grande influência que teve na redação da primeira parte do art. 887 do CC: "O título de crédito, documento necessário[a] ao exercício do direito literal[b] e autônomo[c] nele contido[a], somente possui efeito quando preenche os requisitos da lei".

(*a*) Os títulos de crédito são caracterizados pela *cartularidade*, por isso a menção à *essencialidade* da corporificação no documento e, ainda, a incorporação do direito à cártula, numa relação de continente (o título) e conteúdo (o direito) [*t. IV, §1, i. 4*].

(*b*) Outro elemento conceitual essencial é a *literalidade*, já que o título vale e tem a eficácia pelo teor que nele se menciona e dele se extrai. Além disso, o teor literal do documento atribui certeza necessária quanto ao tipo do título, ao conteúdo de direito e a forma de seu exercício, de acordo com a promessa feita. Por exemplo, num cheque se ordena ao banco pagamento à vista de determinada quantia, ao passo que na duplicata sacada enuncia-se o pagamento de valor por mercadoria entregue. A literalidade permite obter a inteireza da promessa feita [*t. IV, §1, i. 4.2*].

(*c*) A *autonomia* tem a ver com a separação entre os direitos de diferentes titulares de um título de crédito (emitentes, avalistas endossantes, dentre outros coobrigados). Tais direitos podem ser exercidos sem que sejam contaminados pelos demais que lhe sucedem [*t. IV, §1, i. 4.3*], porque nas transferências o título se desvincula da causa original (COSTA, 2008, p. 74).

3.2. Tipicidade e atipicidade

Há uma grande divisão doutrinária sobre a livre possibilidade de criação de títulos de crédito. De um lado, estão WALDIRIO BULGARELLI, GLADSTON MAMEDE e FABIO ULHOA COELHO, que sustentam, entre outras razões, que a literalidade e autonomia de título somente pode decorrer de lei, vedando-se aos particulares a criação de novos instrumentos com essa natureza. De resto, a criação de documentos ficaria sujeita ao regime geral dos contratos. De outro lado, o posicionamento da atipicidade é defendido por NEWTON DE LUCCA (DE LUCCA, 2003, P. 121) e MARLON TOMAZETTE (TOMAZETTE, 2011, v. 2, p. 13), argumentando que, sob autonomia privada, as partes podem criar títulos e que a autorização decorre do CC.

Alinhamo-nos com o segundo posicionamento. Isso por conta da atuação do CC na matéria de títulos de crédito, que de certa maneira ampliou a autonomia privada na criação de títulos. Até a vigência do CC, os títulos de crédito dependiam de lei especial que os criasse, daí a compreensão de tipicidade. Acontece que o art. 903 do CC, enquanto regra geral, prevê a aplicação do Código na ausência de regra especial. Em seguida, no art. 907 do CC, dispõe-se: "É nulo o título ao portador emitido sem autorização de lei especial".

Sabe-se que existem quatro formas de circulação de títulos: ao portador, nominativos, à ordem e não à ordem [*t. IV, §1, i. 4.4*]. Ao se interpretar o art. 907 do CC, percebe-se que a tipicidade ficou restrita aos títulos ao portador. Todos os demais ficaram livres à influência do princípio da autonomia privada, bastando (*a*) que tenham os requisitos mínimos do art. 889 do CC (data da emissão, indicação precisa dos direitos que confere a assinatura do emitente) e (*b*) que sigam as demais regras gerias e peculiares do CC.

Conforme conclui MARLON TOMAZETTE (TOMAZETTE, 2011, v. 2, p. 14), a atipicidade não necessariamente reveste o título de crédito de executividade. Isso porque o art. 784, inciso I, do CPC menciona expressa e restritivamente como títulos executivos extrajudiciais a letra de câmbio, a nota promissória, a duplicata, a debênture e o cheque e o inciso XII prevê a exigência de disposição expressa de lei a atribuir força executiva. Assim, os títulos atípicos deveriam se revestir das outras formalidades do art. 784, III, do CPC, com a assinatura do devedor e duas testemunhas.

3.3. Natureza

Diversas discussões sobre a natureza jurídica dos títulos de crédito se verificam em doutrina, especialmente na compreensão de são documentos de legitimação do credor, por lhe atribuírem direitos específicos inscritos na cártula. Em razão desses pressupostos, os títulos podem ser: (*a*) *próprios* e (*b*) *impróprios*.

(*a*) Os títulos de crédito são *documentos de legitimação próprios* porque com eles se atribuem direitos específicos derivados da autonomia, que os desvincula de operações de cessões subsequentes.

(*b*) Dessa compreensão surgem os títulos tidos por impróprios, porquanto sejam vinculados aos contratos originários e não tem a função de circulação características dos títulos de crédito. Tais são os casos dos documentos de legitimação, como das passagens de ônibus, os recibos de depósitos e os ingressos de espetáculos públicos. Os documentos de legitimação até podem ser transferidos, mas não se prestam como meio de legitimação do cessionário.

3.4. Classificações

As classificações doutrinárias são inúmeras e variáveis entre os autores ao sabor do critério que elegem em cada uma das características dos títulos de crédito. A finalidade de se classificar tende a ser meramente didática, se falta o parâmetro legal ou o critério científico. Uma média entre os critérios pode ser feita quanto aos seguintes fatores:

(*a*) *Natureza*: títulos próprios, com todos os elementos de caracterização e autonomia na circulação; *títulos impróprios*, que legitimam o titular, mas estão vinculados a contrato, sem que ocorra transferência com legitimação plena do cessionário.

(*b*) *Vinculação à obrigação subjacente*: títulos abstratos independem da relação originária como nas letras de câmbio, nas notas promissórias e nos cheques; títulos causais têm vinculação à obrigação de origem, que pode ser resolvida, como no caso das duplicatas [*t. IV, §5*]. As partes podem retirar a abstração do título se o vincularem à obrigação de origem, como no caso das notas promissórias atreladas aos contratos bancários [*t. IV, §3, i. 5*].

(*c*) *Forma de cumprimento da obrigação*: os títulos de crédito têm basicamente dois comandos de pagamento que se extraem da literalidade. Há as *ordens de pagamento*, consoante as quais a pessoa que cria o título promete que outrem fará o pagamento, tal como se verifica no cheque e na letra de câmbio. O segundo comando é a *promessa de pagamento*, com a qual o próprio emitente assume obrigação de pagar o beneficiário no vencimento, conforme se vê na cédula de crédito.

4. CARACTERÍSTICAS

4.1. Cartularidade

A *cartularidade* tem direta relação com a corporificação do título no documento essencial ao exercício do direito. O termo cártula vem do latim "chartula", que era identificado como papel pequeno. Alguns autores preferem o uso da *incorporação* para descrever essa característica, já que o direito estaria no corpo do título. Todavia, a maior parte da doutrina afasta esse termo porque, em caso de perda do título, não necessariamente se perde o direito. Por outro lado, em alguns títulos é imprescindível a devolução da cártula para o emitente para fins de quitação. Em caso de perda, poderá o devedor exigir, retendo o pagamento, declaração do credor que inutilize o título desaparecido (art. 321 do CC).

A importância dessa característica, componente até do conceito dos títulos de crédito, é que o possuidor último do título é quem terá o exercício do direito garantido, podendo exigir o cumprimento da obrigação com a apresentação para o pagamento. Por esse fundamento, ainda, é que o devedor tem que apresentar o título como prova de que o pagou, conforme prevê o art. 324 do CC: "A entrega do título ao devedor firma a presunção de pagamento". Ainda na confirmação da posse da cártula com corporificação do direito, pode ocorrer remissão da dívida, na forma do art. 386 do CC, porque a "devolução voluntária do título da obrigação, quando por escrito particular, prova desoneração do devedor e seus coobrigados, se o credor for capaz de adquirir".

Cabe ressaltar, no entanto, que o art. 324, parágrafo único, do CC, ressalva que a quitação operada pela entrega do título fica sem efeito se o credor provar, no prazo decadencial de 60 dias, a falta de pagamento operada por qualquer circunstância.

A cartularidade implica, ainda, a juntada do documento original em ações executivas. Naturalmente que, com o advento do processo eletrônico, o risco de perda (STJ – REsp nº 330.086 – Min. Castro Filho) e a impossibilidade de juntada por estar em outro processo tornaram relativa essa exigência. Há também títulos como a duplicata, cuja lei admite a ação de execução baseada no protesto por indicação devidamente acompanhado do comprovante de entrega das mercadorias (STJ – REsp nº 1.024.691 – Min. Nancy Andrighi).

A característica da cartularidade ainda induz que a transferência do título implica a de todos os direitos que lhe são inerentes (art. 893 do CC) e isso legitima o possuidor de boa-fé a cobrar o pagamento com a simples exibição do devedor. Ademais, o título não poderá ser reivindicado tem que o possua de boa-fé (art. 896 do CC).

Jurisprudência

STJ –3ª T. – REsp nº 330.086 – Min. Castro Filho – j. 02/09/2003: "I – A juntada da via original do título executivo extrajudicial é, em princípio, requisito essencial à formação válida do processo de execução, visando assegurar a autenticidade da cártula apresentada e afastar a hipótese de ter o título circulado, sendo, em regra, nula a execução fundada em cópias de cheques, ainda que autenticadas. II – Devolvidos, no entanto, os originais dos cheques ao credor por decisão judicial, tendo em vista inexistência de cofre no cartório, e reapresentados em audiência, sem qualquer impugnação à autenticidade da cópia apresentada, não há falar em nulidade".

STJ – 3ª T. – REsp nº 1.024.691 – Min. Nancy Andrighi – j. 22/03/2011: "1. As duplicatas virtuais – emitidas e recebidas por meio magnético ou de gravação eletrônica – podem ser protestadas por mera indicação, de modo que a exibição do título não é imprescindível para o ajuizamento da execução judicial. Lei 9.492/97. 2. Os boletos de cobrança bancária vinculados ao título virtual, devidamente acompanhados dos instrumentos de protesto por indicação e dos comprovantes de entrega da mercadoria ou da prestação dos serviços, suprem a ausência física do título cambiário eletrônico e constituem, em princípio, títulos executivos extrajudiciais".

4.1.1. Tendência de descartularização

A tecnologia também trouxe impactos na documentação de dívida por meios físicos em papel. Assim, o art. 889, § 3º, do CC, dispõe que o título pode ser emitido a partir de caracteres criados em computador, ou meios equivalentes, devendo constar da escrituração do emitente, além da data de emissão, assinatura do emitente e direitos precisamente indicados. O dispositivo não indica que a característica da cartularidade simplesmente tenha acabado. Ao contrário, deve-se entender que a materialização do título na cártula adquiriu novo meio registro e documentação, já em conformidade com o avanço tecnológico. É característica do direito comercial a capacidade de adaptação [*Introdução e Conceitos*].

É diante dessa nova perspectiva que se percebe a criação de títulos por meios eletrônicos. Por exemplo, a Cédula de Produto Rural pode ser registrada em sistema de registro e de liquidação financeira de ativos autorizado pelo Banco Central do Brasil (art. 59 da Lei nº 8.929/94). Também os títulos agronegociais Certificado de Depósito Agropecuário e o *Warrant* Agropecuário serão cartulares (antes do registro em sistema) e escriturais ou eletrônicos, enquanto permanecerem registrados em sistema de registro e de liquidação financeira (art. 3º, § 1º, da Lei nº 11.076/2004). Em termos práticos, nesses dois títulos a lei admite o transporte do suporte em papel para o eletrônico. Já na Letra de Arrendamento Mercantil – LCM, regulada pela Lei nº 11.882/2008, a própria emissão do título pode ser feita por meio eletrônico depois da escrituração (Parentoni, 2014, p. 36). A preocupação passa a ser a manutenção de escrituração, permitindo a identificação da origem. Finalmente, por meio da Lei nº 13.986/2020, foram admitidas as formas escriturais para Cédula Imobiliária Rural, Certificado de Depósito Bancário, Cédula de Produto Rural, Letra de Crédito Imobiliário, Cédula de Crédito Imobiliário e Cédulas de Crédito Bancário.

Outro sinal importante dessa evolução é a possibilidade do apontamento de duplicata de serviços para protesto "por meio magnético ou de gravação eletrônica de dados, sendo de inteira responsabilidade do apresentante os dados fornecidos, ficando a cargo dos Tabelionatos a mera instrumentalização das mesmas" (art. 8º, § 1º, da Lei nº 9.492/97 – LProt).

Reitera-se, com suporte em Newton De Lucca, que a diferença de documento está no suporte (De Lucca, 2005, p. 44), adaptando-se a característica da cartularidade, já que agora a circulação do crédito (e não do título) pode ser escritural ou eletrônica (Figueiredo, 2015, p. 33).

A consolidação e aceitação dos títulos eletrônicos passa, ainda, pelo reconhecimento dos meios eletrônicos como formadores de documentos. E não é somente o papel que se presta à documentos, mas também meios digitais podem servir a tal função e suporte material (Parentoni, 2014, p. 29). Outro obstáculo importante superado pela tecnologia é a aposição de assinatura. Com o advento da assinatura digital reconhecida pelo sistema ICP-Brasil (Infraestrutura de Chaves Públicas Brasileiras) (MP nº 2.200-2/2001 e Lei nº 12.682/2012), também se atribuiu validade a documentos eletrônicos assinados digitalmente.

Outra inovação foi a inserção da duplicata escritural eletrônica no sistema jurídico brasileiro, por meio da Lei nº 13.775/2018, ao prever a emissão de duplicatas sob a forma escritural gerida por entidades com atividade de escrituração e controle de referidos títulos [*t. IV, §5*]. Referida regra não tipificou novo título de crédito, mas sim, regulou nova forma de emissão e cartularização da duplicata, com melhor especificação dos meios eletrônicos. Para as empresas que adotarem o sistema, substitui-se o Livro de Registro de Duplicatas do art. 19 da LDupl, conforme prevê o art. 9º da Lei nº 13.775/2018. A um só tempo, intentou-se: (*a*) aumentar a segurança da operação com a escrituração em empresa autorizada ou perante a Central Nacional de Títulos, minimizando-se os riscos da emissão de títulos falsos, frios ou sem lastro; (*b*) agiliza-se a instrumentalização da cártula, inclusive com declarações cambiais como aceite, endosso e aval, que poderão ser realizadas eletronicamente; (*c*) reduzem-se os custos para empresas – inclusive de menor porte – para aferir a veracidade das duplicatas escrituradas; (*d*) acrescenta-se segurança no mercado secundário; (*e*) será facilitado o intercâmbio de informações com Secretarias da Fazenda.

A técnica da escrituração também é adotada para outros títulos. A Lei nº 13.986/2020, inseriu na Lei nº 10.931/2004 o art. 27-A, permitindo a escrituração da Cédula de Crédito Bancário, no art. 16 facultou para a Cédula Imobiliária Rural (emitida com lastro em imóvel rural constituído como patrimônio de afetação) e no art. 38 para a CPR.

A tendência da escrituração – como passo anterior à digitalização total – prossegue no mercado de capitais. A CVM passou a dispensar o lastro papel para fins de aquisição do respectivo crédito por Fundo de Investimento em Direitos Creditórios, exigindo apenas documentação que fosse "necessária e suficiente" para cobrar o devedor (Ofício Circular CVM SIN número 5/2014).

Jurisprudência

STJ – 3ª T. – REsp nº 1.192.678 – Rel. Min. Paulo de Tarso Sanseverino – j. 13/11/2012: "(...) 1. A assinatura de próprio punho do emitente é requisito de existência e validade de nota promissória. 2. Possibilidade de criação, mediante lei, de outras formas de assinatura, conforme ressalva do Brasil à Lei Uniforme de Genebra. 3. Inexistência de lei dispondo sobre a validade da assinatura escaneada no Direito brasileiro. 4. Caso concreto, porém, em que a assinatura irregular escaneada foi aposta pelo próprio emitente. 5. Vício que não pode ser invocado por quem lhe deu causa. 6. Aplicação da 'teoria dos atos próprios', como concreção do princípio da boa-fé objetiva, sintetizada nos brocardos latinos 'tu quoque' e 'venire contra factum proprium', segundo a qual ninguém é lícito fazer valer um direito em contradição com a sua conduta anterior ou posterior interpretada objetivamente, segundo a lei, os bons costumes e a boa-fé 7. Doutrina e jurisprudência acerca do tema (...)".

Bibliografia CATEB, Alexandre. Declarações cambiais em títulos de crédito eletrônico. *RDM*, 157/138. DE LUCCA, Newton. *Títulos e contratos eletrônicos*. In: DE LUCCA, Newton (et. al). *Direito & Internet – aspectos jurídicos*. Bauru: ECIPRO, 2005. DINIZ, Gustavo Saad. Títulos de crédito escriturais e circulação eletrônica do crédito. *Revista de Direito Empresarial*, 17.3/101. PARENTONI, Leonardo Netto. A duplicata virtual em perspectiva, *Revista Magister de Direito Empresarial*, 56/5 e RDM, 163/145. SPINELLI, Luis Felipe. Os títulos de crédito eletrônicos e as suas problemáticas nos planos teórico e prático. *RDM*, 155-156/186.

4.2. Literalidade

A validade do documento está presa ao seu teor e nos exatos termos mencionados no título. Portanto, o exercício do direito é vinculado ao conteúdo lançado literalmente na cártula, no verso ou anverso, valendo o conteúdo cambial lançados no limite da lei.

Um exemplo auxilia na compreensão. No inverso de uma nota promissória consta o emitente (Paris), o favorecido (Heitor), o valor (R$ 50.000,00), o vencimento (10/11/2018) e a praça de pagamento (São Paulo). Significa dizer que Paris pagará a Heitor o valor de R$ 50.000,00 em 10/11/2018, na cidade de São Paulo. Esses são os limites do direito. Continuando: se no mesmo título, Heitor assina no verso, com os dizeres "pague-se a Menelau", entregando o título ao próprio Menelau, interpreta-se que houve endosso em preto, com circulação do documento ao endossatário e novo proprietário do documento. E ainda, no anverso pode constar: por aval, com assinatura de Helena. Ao fim e ao cabo, compreende-se que Helena é garantidora de Paris.

A função da característica da literalidade é justamente permitir retirar do título toda a extensão de direitos prometidos. São de teor simples, mas objetivamente lançados para valer pelo que está escrito no próprio título. Tais conclusões ainda permitem afirmar que documentos apartados do título que indiquem titularidade distinta, pagamento e garantia não serão possíveis ao portador de boa-fé do título. Obrigações assumidas verbalmente também não substituem o teor literal do título.

De outro lado, há obrigações derivadas da legislação que não podem ser desconhecidas pelo emitente e que podem ser cobradas independentemente de figurarem no título. Tais são os casos da correção monetária para recomposição do valor da moeda a partir do vencimento e juros de mora (art. 48 da LUG e art. 52, II, da LDupl).

Por fim, deve-se ponderar sobre os efeitos de um contrato, assinado por ambas as partes e que cuida do conteúdo literal do título de crédito. Tal contrato pode influir no cumprimento da obrigação lançada na cártula. Ressalvam-se, todavia, os casos em que o título circulou para terceiro de boa-fé, a quem são impossíveis os direitos pessoais pactuados entre emitente e beneficiário originalmente.

Ainda com esse raciocínio, deve-se interpretar as notas promissórias vinculadas a contratos de mútuo, expediente bancário muito comum.

Jurisprudência

STJ – 3ª T. – REsp nº 1.334.464 – Rel. Min. Villas Bôas Cueva – j. 15/03/2016: "3. O aceite é ato formal e deve se aperfeiçoar na própria cártula (assinatura do sacado no próprio título), incidindo o princípio da literalidade (art. 25 da LUG). Não pode, portanto, ser dado verbalmente ou em documento em separado. De fato, os títulos de crédito possuem algumas exigências que são indispensáveis à boa manutenção das relações comerciais. A experiência já provou que não podem ser afastadas certas características, como o formalismo, a cartularidade e a literalidade, representando o aceite em separado perigo real às práticas cambiárias, ainda mais quando os papéis são postos em circulação".

4.3. Autonomia

A característica da autonomia tem relação com as diversas obrigações que podem ser lançadas no título. Ou seja, podem ser identificados vínculos de crédito e débito distintos, geradores de obrigações autônomas e sucessivas. Cada pessoa que se integra à relação cambial exerce um direito próprio, em geral protegido quanto às relações alheias (FIGUEIREDO, 2015, p. 23). Emitente-beneficiário; endossante-endossatário; avalistas: todas essas relações lançadas no título são qualificadas pela autonomia, de modo que não as pessoas são afetadas por relações entre as outras. Numa cadeia de circulação do título e garantias a ele dadas, a parte no elo final da cadeia conta com a autonomia obrigacional em relação às anteriores, sem que o seu vínculo seja contaminado por vícios anteriores.

Tal característica é fundamental para preservar a transferência do título indene de questionamentos e com preservação do interesse do adquirente de boa-fé do direito ao crédito (art. 39 da LUG; art. 13 da LCh). De certa forma, essa assepsia entre as relações jurídicas também é garantia do pagamento. Por isso o endossatário possuidor do título é considerado o credor único da obrigação (art. 16 da LUG) e quem a ele paga não está obrigado a averiguar a autenticidade dos endossos, mas sim a regularidade da sucessão (art. 40 da LUG).

Derivam da autonomia três outros efeitos: (*a*) abstração; (*b*) independência; (*c*) inoponibilidade de exceções pessoais a terceiros de boa-fé.

Jurisprudência

STJ – 3ª T. – REsp nº 1.367.403 – Rel. Min. João Otávio de Noronha – j. 14/06/2016: "As características ou princípios dos títulos de crédito – literalidade, autonomia e abstração – são passíveis de oposição quando a cártula é posta em circulação. Contudo, quando se trata de relação entre o credor original e seu devedor, é possível a arguição de exceções que digam respeito ao negócio jurídico que gerou o direito de crédito representado no título, porquanto a relação jurídica existente entre o devedor de nota promissória e seu credor contratual direto é regida pelo direito comum".

4.3.1. Abstração

A abstração se liga à autonomia, porque alguns títulos de créditos são desvinculados da obrigação que lhe deu origem (ou negócio subjacente). Em razão da abstração, então, problemas que contaminem o negócio subjacente não têm repercussão no título de crédito, que pode continuar a circulação com autonomia. Do título se abstrai a causa (FIGUEIREDO, 2015, p. 25).

A característica da abstração é garantidora, a um só tempo, da autonomia, da literalidade e também da cartularidade, já que o título tem preservadas as suas características para valer e ser exigido por quem o portar e apresentar.

Três hipóteses mitigam a abstração:

(*a*) *Títulos causais*: há títulos de créditos afetados, por lei, negócio subjacente, de modo que a obrigação original dá causa à cártula. Nesses casos, perde-se a abstração em razão do *vínculo* causal e funcional entre negócio subjacente e título, de modo que os vícios de um repercutem direta e decisivamente no outro. Portanto, os vícios podem ser opostos a terceiros, ainda que estejam de boa-fé, porque devem se acautelar quanto à *causa debendi*. O exemplo mais claro é da duplicata, que está vinculada ao contrato de compra e venda mercantil ou ao contrário de prestação de serviços, formalizados por nota fiscal e que dão suporte ao título. Também são causais as Cédulas de Crédito, porquanto representativas de mútuo subjacente.

(*b*) A segunda hipótese é a perda de autonomia em razão da *vinculação de um título de crédito a um contrato*, fazendo-lhe perder a autonomia e a abstração. Tal é o caso da praxe bancária de atrelar notas promissórias aos contratos de empréstimo bancário, deixando ao credor a opção de executar um ou outro (STJ – Súm. 258).

(*c*) A terceira e última hipótese de perda da abstração é para os casos de *má-fé do credor*, manifestada com plena ciência em relação ao vício do negócio originário, seja por ter participado dele, seja por conhecimento posterior. A boa-fé é protegida nas relações cambiárias, sobretudo para garantir a circulação do crédito. Ao contrário, se o credor atua com a má-fé de se valer da abstração, sabendo que o negócio subjacente era nulo, a ele poderão ser oferecidas oposições ao pagamento. Em igual sentido, não se pode falar em abstração do título de crédito se o credor participou da relação originária e tente se aproveitar de vícios que ela apresente.

Jurisprudência

STJ – Súmula nº 258: A nota promissória vinculada a contrato de abertura de crédito não goza de autonomia em razão da iliquidez do título que a originou.

STJ– 4ª T. – REsp nº 1.175.238 – Rel. Min. Luis Felipe Salomão – j. 07/05/2015: "3. Segundo o princípio da abstração, o título de crédito, quando posto em circulação, desvincula-se da relação fundamental que lhe deu origem. A circulação do título de crédito é pressuposto da abstração. 4. Nas situações em que a circulação do título de crédito não acontece e sua emissão ocorre como forma de garantia de dívida, não há desvinculação do negócio de origem, mantendo-se intacta a obrigação daqueles que se responsabilizaram pela dívida garantida pelo título".

STJ – 3ª T. – AgRg no REsp nº 1.320.883 – Rel. Min. Villas Bôas Cueva: "A nota promissória vinculada a um contrato de mútuo bancário perde a autonomia".

4.3.2. *Independência*

Ainda decorre da autonomia a *independência* do título de crédito, significando que o título de crédito não precisa de outros documentos para lhe integrar a validade e a eficácia. Tal característica também reforça a literalidade e a autonomia, já que o título poderá circular independentemente de lhe serem atrelados documentos, adendos ou anexos. Na prática, essa característica vem à tona mais em casos de títulos dependentes, como na nota promissória vinculada a contrato (FIGUEIREDO, 2015, p. 27).

Ressalte-se, ainda, que tal característica pode ser afastada por disposição legal ou pela vontade das partes. No primeiro caso, isso ocorre em títulos como a duplicata sem aceite, que exige a apresentação do comprovante de entrega da mercadoria e instrumento de protesto para fins de execução (art. 15, II, da LDupl) ou ainda nos casos das Cédulas de Crédito Rural, Comercial e Industrial por orçamento (art. 3º, parágrafo único, do Decreto-Lei nº 167/67, art. 2º, parágrafo único, da Lei nº 6.840/80 e art. 3º, parágrafo único, do Decreto-Lei nº 413/69).

Perderá a independência e a abstração a nota promissória que estiver vinculada a contrato de financiamento. A nota promissória utilizada como meio de garantia em contratos de abertura de crédito tem caráter acessório, não gozando de autonomia e com vinculação à causa do contrato, conforme enunciado nº 258 da Súmula do STJ: "A nota promissória vinculada a contrato de abertura de crédito não goza de autonomia em razão da iliquidez do título que a originou".

Jurisprudência

STJ – Súmula nº 258: A nota promissória vinculada a contrato de abertura de crédito não goza de autonomia em razão da iliquidez do título que a originou.

STJ – 4ª T. – REsp nº 981.317 – Rel. Min. Fernando Gonçalves – j. 26/08/2008: "(...)Direito comercial. Aval. Autonomia e independência da obrigação avalizada. Cédula de crédito industrial. 1. Ao subtrair do aval a característica de garantia cambial típica, substancialmente autônoma e independente, porque não se subordina à obrigação avalizada, o julgado recorrido entra em aberto confronto com as disposições do Decreto-Lei 413/69 – arts. 41 e 52 – e da Lei Uniforme de Genebra – art. 32 – além de divergir do entendimento pacífico dos Tribunais, inclusive Supremo Tribunal Federal (RE 105.362-3/SP) e Superior Tribunal de Justiça (REsp 43.922-1/MG). 2. Ao declarar a nulidade do título (Cédula de Crédito Industrial), salvo o desvio de finalidade operado com a quantia mutuada, apropriada para quitação de débitos outros, anteriores, da tomadora para com o estabelecimento de crédito, não foi apontada qualquer balda quanto aos requisitos legais exigidos para sua validade. 3. Recurso especial conhecido e provido para, julgada improcedente a exceção de pré-executividade manejada pela empresa, determinar o prosseguimento da execução em relação aos avalistas, invertidos os ônus da sucumbência".

4.3.3. Inoponibilidade de exceções pessoais a terceiros de boa-fé

A teoria da criação [t. IV, §1, i. 3.3], somada à característica da autonomia (DE LUCCA, 1979, p. 98) vem acompanhada de importante consequência para os títulos de crédito: a abstração que desvincula a cártula de sua causa originária determina que os adquirentes do título que se sucedem na cadeia de transferências por endosso [t. IV, §1, i. 6.3] não poderão ser afetados por discussões atinentes à origem da dívida ou por convenções extracartulares. "O devedor não pode opor ao credor ou exequente do título as defesas ou exceções que poderia discutir frente ao emitente ou credor originário, salvo aquelas fundadas no próprio título" (FIGUEIREDO, 2015, p. 26).

Em outros termos, aos adquirentes e garantidores coobrigados do título de crédito abstrato – geralmente, endossatários – não são oponíveis exceções ou defesas pessoais vinculadas à causa, como por exemplo a nulidade da dívida, o distrato do contrato que originou a nota promissória, a abusividade de uma cobrança de cheque e a falta de qualidade de um produto vendido e documentado por cheque. PONTES DE MIRANDA bem exemplifica: "A falta de causa, a incapacidade e os vícios da vontade na relação subjacente ou sobrejacente, as exceções derivadas da causa, ou do negócio de que a letra de câmbio foi objeto, como o desconto (simulação, caução da letra de câmbio, prorrogação), e as exceções de direito processual (coisa julgada, falência, concordata) são exceções pessoais" (PONTES DE MIRANDA, v. 1, 1954, p. 224).

Com desvinculação da causa originária, é consequente que a cadeia de obrigações e relações jurídicas que se sucedam na cártula sejam protegidas contra a alegação de questões vinculadas às pessoas anteriores que tiveram a propriedade do título.

A regra base do preceito mencionado é o art. 17 da LUG: "As pessoas acionadas em virtude de uma letra não podem opor ao portador exceções fundadas sobre as relações pessoais delas com o sacador ou com os portadores anteriores, a menos que o portador ao adquirir a letra tenha procedido conscientemente em detrimento do devedor".

Na LCh, por exemplo, o art. 13 expressamente prevê a característica de que referido título tem obrigações autônomas e independentes. Em arremate, o art. 25 da mesma LCh consolida a inoponibilidade das exceções pessoais: "Quem for demandado por obrigação resultante de cheque não pode opor ao portador exceções fundadas em relações pessoais com o emitente, ou com os portadores anteriores, salvo se o portador o adquiriu conscientemente em detrimento do devedor". Portanto, ainda que haja matéria de fundo, como a validade do débito maculado por defeitos como a coação ou dolo, a cártula será devida. O art. 13, parágrafo único, da LCh ainda reforça que a assinatura de pessoa capaz cria obrigações para o signatário, mesmo que o cheque contenha assinatura de pessoas incapazes de se obrigar por cheque, ou assinaturas falsas, ou assinaturas de pessoas fictícias, ou assinaturas que, por qualquer outra razão, não poderiam obrigar as pessoas que assinaram o cheque, ou em nome das quais ele foi assinado.

Entrementes, com a edição do CC, a matéria passou a ser regulada também em termos gerais pelos arts. 915 e 916 da codificação civil.

No art. 915 do CC, consolidou-se que a oposição de pagamento do título, pelo devedor em relação ao portador, somente poderá ser objeto de relações pessoais diretas entre eles ou então matérias relativas à forma do título e ao seu conteúdo literal, à falsidade da própria assinatura, a defeito de capacidade ou de representação no momento da subscrição, e à falta de requisito necessário ao exercício da ação.

Assim, o art. 916 reforça a posição de inoponibilidade das relações pessoais precedentes na primeira parte do dispositivo: "As exceções, fundadas em relação do devedor com os portadores precedentes, somente poderão ser por ele opostas ao portador, se este, ao adquirir o título, tiver agido de má-fé".

O CC incorporou às inoponibilidade de exceções pessoais a aferição de boa-fé do portador, na linha do art. 17 da LUG e de entendimentos jurisprudenciais, especialmente do STJ. Assim, se o portador do título tiver adquirido o crédito de má-fé, ciente de que em sua origem há vício de nulidade na formação da dívida, poderá o devedor se opor ao pagamento.

A consequência prática é que a matéria de defesa de um devedor na ação cambial é mais restrita e ele não poderá discutir a origem da dívida se o portador endossatário do título estiver de boa-fé. Ao contrário, em caso de prescrição da ação cambial – com ajuizamento de ação de enriquecimento sem causa ou de cobrança [t. IV, §1, i. 9] –, circulação do título por cessão de crédito [t. IV, §1, i. 6.3.5], alegação de exceção de contrato não cumprido (art. 476 do CC) em título causal (FIGUEIREDO, 2015, p. 27), ou com existência de má-fé do credor, amplia-se o conteúdo da defesa.

Jurisprudência

STJ – 4ª T. – AgInt nos EDcl no REsp nº 1.575.781 – Rel. Min. Maria Isabel Gallotti – j. 18/02/2020: "(...) 1. Sendo o cheque título de crédito regido pelos princípios cambiários da autonomia, abstração e inoponibilidade das exceções pessoais, seu emitente se obriga perante o portador da cártula colocada em circulação, mesmo que não tenha celebrado negócio jurídico com ele. 2. Ao emitente que pretenda se proteger contra possíveis efeitos da circulação do título, é cabível a aposição da cláusula "não a ordem" (arts. 8º, II, e 17, § 1º, da Lei 7.357/85), fato não registrado no acórdão recorrido. 3. Não há, ademais, registros de que a alegada invalidação do negócio jurídico subjacente tenha se dado antes da circulação do título de crédito nem tampouco de que o terceiro adquirente tenha tomado ciência prévia do alegado vício do título (...)".

STJ – 3ª T. –REsp nº 1.669.968 – Rel. Min. Nancy Andrighi – j. 08/10/2019: "(...) 5. Nos termos do art. 25 da Lei 7.357/85, quem for demandado por obrigação resultante de cheque não pode opor ao portador exceções fundadas em relações pessoais com o emitente, ou com os portadores anteriores, salvo se o portador o adquiriu conscientemente em detrimento do devedor, isto é, salvo se constatada a má-fé do portador do título. 6. Na hipótese dos autos, contudo, verifica-se que os cheques, que embasaram o ajuizamento da ação monitória, já estavam prescritos, não havendo mais que se falar em manutenção das suas características cambiárias, tais quais a autonomia, a independência e a abstração. 7. Perdendo o cheque prescrito os seus atributos cambiários, dessume-se que a ação monitória neste documento fundada admitirá a discussão do próprio fato gerador da obrigação, sendo possível a oposição de exceções pessoais a portadores precedentes ou mesmo ao próprio emitente do título (...)".

STJ – 4ª T. – REsp nº 1.501.640 – Rel. Min. Moura Ribeiro – j. 27/11/2018: "(...) 8. O endosso do título transmitiu o vício que o inquinava, inclusive a possibilidade de declarar nulo o negócio simulado. No caso, não se cogita da vedação de opor exceções pessoais relativas ao emitente do título e ao endossante, mas, ao contrário, de vício na emissão do título, que o acompanha desde o nascedouro e não se convola com endossos sucessivos. 9. A inoponibilidade das exceções pessoais também não se aplica a massa falida, composta em seu aspecto objetivo pelo acervo patrimonial outrora pertencente a sociedade falida, uma vez que ela apenas sucede essa última nas relações jurídicas por ela mantidas, não sendo possível considerá-la terceira em relação a negócios celebrados pela sociedade cuja quebra foi decretada. (...)"

STJ – 4ª T. – AgInt nos EDcl no REsp nº 1.353.875 – Rel. Min. Luis Felipe Salomão – j. 16/05/2017: "(...) Com efeito, desde a multicitada e veemente advertência de Vivante acerca de que não se deve ser feita investigação jurídica de instituto de direito comercial sem se conhecer a fundo a sua função econômica, a abalizada doutrina vem, constantemente, lecionando que, no exame dos institutos do direito cambiário, não se pode perder de vista que é a sua disciplina própria que permite que os títulos de crédito circulem, propiciando os inúmeros e extremamente relevantes benefícios econômico-sociais almejados pelo legislador (REsp 1231856/PR, Rel. Ministro Luis Felipe Salomão, Quarta Turma, julgado em 04/02/2016, *DJe* 08/03/2016) (...)".

STJ – 4ª T – AgInt no AREsp nº 861.575 – Rel. Min. Raul Araújo – j. 21/03/2017: "(...) 1. A jurisprudência desta Corte firmou-se no sentido de que as exceções pessoais não são oponíveis a terceiro de boa-fé, salvo se comprovada sua má-fé. 2. No REsp 1.231.856/PR, a Quarta Turma desta Corte Superior reafirmou o entendimento de que a relação jurídica subjacente à emissão do cheque não pode ser oponível ao endossatário que se presume terceiro de boa-fé, ao tomar a cártula por meio do endosso, ressalvada a possibilidade de confirmação da má-fé por parte deste. 3. Não havendo de se cogitar má-fé do terceiro (endossatário), é vedada a oponibilidade de exceções pessoais relativas ao emitente do título e ao endossante, uma vez que a execução da cártula, no caso dos autos, constituiu simples exercício regular de direito por parte do endossatário".

STJ – 4ª T. – REsp nº 1.231.856 – Rel. Min. Luis Felipe Salomão – j. 04/02/2016: "(...) 3. Por um lado, o artigo 20 da Lei do Cheque – no que em nada discrepa da LUG – estabelece que o endosso transmite todos os direitos resultantes do cheque e o artigo 22, caput, do mesmo Diploma dispõe que o detentor de cheque 'à ordem' é considerado portador legitimado, se provar seu direito por uma série ininterrupta de endossos, mesmo que o último seja em branco. Por outro lado, consagrando o princípio da inoponibilidade das exceções pessoais a terceiros de boa-fé, o art. 25 da Lei do Cheque dispõe que quem for demandado por obrigação resultante de cheque não pode opor ao portador exceções fundadas em relações pessoais com o emitente, ou com os portadores anteriores, salvo se o portador o adquiriu conscientemente em detrimento do devedor. 4. O cheque endossado – meio cambiário próprio para transferência dos direitos do título de crédito – desvincula-se da sua causa, conferindo ao endossatário as sensíveis vantagens advindas dos princípios inerentes aos títulos de crédito, notadamente o da autonomia das obrigações cambiais. É dizer, como os títulos à ordem circularam, constituem direito próprio e autônomo do endossatário terceiro de boa-fé – que não pode ser tolhido –, em vista que a firma do emissor expressa sua vontade unilateral de se obrigar a essa manifestação, não sendo admissível que venha a frustrar as esperanças que desperta em sua circulação (...)".

STJ – AgRg no REsp nº 1.477.400 – Rel. Min. Moura Ribeiro – j. 04/08/2015: "(...) 1. A nota promissória vinculada ao negócio jurídico que a originou deixa de ser autônoma e abstrata. Precedentes. 2. Em se tratando de cessão de título de crédito mediante *factoring*, as exceções pessoais originariamente oponíveis pelo devedor ao faturizado passam a ser oponíveis à faturizadora, nova credora".

STJ – 3ª T. – AgRg-AG-Resp nº 724.963 – Rel. Min. Marco Aurélio Bellizze – DJe 09.12.2015: "À luz dos arts. 915 e 916 do Código Civil, o devedor só pode opor ao portador as exceções fundadas em relação pessoal com este ou em relação ao título, em aspectos formais e materiais, salvo na hipótese de má-fé do endossatário, não verificado na espécie. 2 – Agravo regimental a que se nega provimento".

STJ – 4ª T. – AgRg no AREsp nº 366.852 – Rel. Min. Luis Felipe Salomão – j. 25/11/2014: "(...) 1. Pacífico o entendimento desta Corte, no sentido de a regra da inoponibilidade das exceções pessoais a terceiros de boa-fé não abarca os vícios de forma do título – extrínsecos ou intrínsecos (...)".

STJ – 4ª T. – REsp nº 884.346 – Rel. Min. Luis Felipe Salomão – j. 06/10/2011: "(...) 1. O cheque é ordem de pagamento à vista e submete-se aos princípios, caros ao direito cambiário, da literalidade, abstração, autonomia das obrigações cambiais e inoponibilidade das exceções pessoais a terceiros de boa-fé. 2. Com a decisão contida no REsp. 1.068.513-DF, relatado pela Ministra Nancy Andrighi, ficou pacificado na jurisprudência desta Corte a ineficácia, no que tange ao direito cambiário, da pactuação extracartular da pós-datação do cheque, pois descaracteriza referido título de crédito como ordem de pagamento à vista e viola os princípios cambiários da abstração e da literalidade. 3. O contrato confere validade à obrigação entre as partes da relação jurídica original, não vinculando ou criando obrigações para terceiros estranhos ao pacto. Por isso, a avença da pós-datação extracartular, embora não tenha eficácia, traz consequências jurídicas apenas para os contraentes. 4. Com efeito, em não havendo ilicitude no ato do réu, e não constando na data de emissão do cheque a pactuação, tendo em vista o princípio da relatividade dos efeitos contratuais e os princípios inerentes aos títulos de crédito, não devem os danos ocasionados em decorrência da apresentação antecipada do cheque ser compensados pelo réu, que não tem legitimidade passiva por ser terceiro de boa-fé, mas sim pelo contraente que não observou a alegada data convencionada para apresentação da cártula".

4.4. Natureza de bem móvel e circulação

Os títulos de crédito se corporificam no documento que dá suporte ao direito neles mencionado. Assim, assumem a natureza e características de um *bem móvel* (art. 83, III, do CC), inclusive quanto à disciplina da transferência da propriedade pela tradição (art. 904 do CC) e dos efeitos da posse de boa-fé.

A propósito a legislação especial dos títulos considera que a posse de boa-fé induz à presunção de propriedade do título, conforme art. 16, II, da LUG e art. 24 da LDupl.

Em razão dessa natureza jurídica, os títulos de crédito podem circular, com transferência do crédito de acordo com as características e formalidades exigidas para cada título. Em geral, são quatro as formas de circulação:

4.4.1. Títulos ao portador

Essa espécie de circulação é peculiar porque o nome do beneficiário não consta do título e a transferência se faz por simples tradição (art. 904 do CC). Para o exercício do direito ao crédito, portanto, basta a simples apresentação ao devedor (art. 905, *caput*, do CC).

O devedor só poderá opor ao portador exceção fundada em direito pessoal, ou em nulidade de sua obrigação (art. 906 do CC).

Pela tipicidade específica [*t. IV, §1, i. 3.2*], no direito brasileiro é nula a emissão de título ao portador sem legislação que autorize. De outro lado, não podem ser emitidas ao portador as letras de câmbio, notas promissórias, duplicatas e cédulas de crédito. Os cheques podem circular ao portador até o limite de R$ 100,00 (art. 69 da Lei 9.069/95).

4.4.2. Títulos à ordem

Nos títulos à ordem, o nome do beneficiário aparece expresso no documento, mas ele é acompanhado pela *cláusula à ordem* que, em essência, admite a transferência do título feita por meio de endosso [*t. IV, §1, i. 6.3*]. O endosso é instituto cambiário típico que permite a circulação com menor formalidade, consistente em simples assinatura do proprietário "no verso ou no anverso" do próprio título (art. 910 do CC). Depois da assinatura, a transferência se completa pela tradição (art. 910, § 2º do CC).

Apresentado o título pelo endossante, a ele o emitente deve efetuar o pagamento. É do emitente a obrigação de aferir a regularidade da série de endossos, mas não a autenticidade das assinaturas (art. 911, parágrafo único, do CC). Assim, ocorre simplificação na circulação do título, já que basta a apresentação pelo portador – presumindo como legítimo possuidor do título (art. 911, *caput*, do CC).

Letras do câmbio, notas promissórias (art. 11 da LUG) e cheques (art. 17 da LCh) são essencialmente endossáveis, haja ou não cláusula à ordem expressa. Já as duplicatas têm a sua validade condicionada à cláusula à ordem estar expressa no título (art. 17 da LDupl).

4.4.3. Títulos não à ordem

Antípoda da cláusula anterior é aquela que retira a circulação do título, colocando *não à ordem* de quem o porta. Tal cláusula inibe a circulação por meio do instituto cambial do endosso.

Entretanto, a circulação poderá ocorrer por meio da cessão de crédito (arts. 294 a 296 do CC), que exige assinatura do proprietário e cessionário, além de notificação ao emitente.

A cláusula não é válida nas duplicatas (art. 2º, § 1º, da LDupl) e nos demais títulos, com legislação especial, ela precisa estar expressa. Nos títulos atípicos elas não são admitidas (art. 890 do CC) (TOMAZETTE, 2011, v. 2, p. 66).

Nos contratos de *factoring*, é comum que os títulos sejam transferidos ao faturizador com cláusula não à ordem, o que vem trazendo problemas para a consolidação desse contrato [*t. IV, §24, i. 2*].

4.4.4. Títulos nominativos

Nesse tipo de circulação, o nome do proprietário não figura somente na cártula, mas também em registros específicos do emitente, que podem consistir em livros. Para que a circulação produza a plenitude de efeitos, não basta a simples tradição, pois deve ser complementada por *termo de transferência* assinado pelo proprietário e pelo adquirente do título (art. 922 do CC).

O CC ainda admite a transferência do título nominativo por meio do endosso com assinatura do emitente e averbação em seus registros (art. 923, § 1º, do CC). O endossatário, legitimado por série regular e ininterrupta de endossos, tem o direito de obter a averbação no registro do emitente, comprovada a assinatura dos endossantes (art. 923, § 2º, CC).

Percebe-se que esse registro pode tornar mais complexa a circulação, justificando-se a autorização do art. 924 do CC de admitir a transformação de título nominativo em título à ordem ou ao portador, a pedido do proprietário e à sua custa.

4.4.5. Pro soluto e pro solvendo

A depender dos negócios, muitas vezes os títulos podem ser emitidos como pagamento e quitação da obrigação (*pro soluto*) ou com vinculação ao negócio, de modo que a quitação da obrigação ocorrerá com a compensação do título (*pro solvendo*).

Em termos práticos: uma nota promissória é emitida para pagamento de aluguel em atraso. Sendo ela uma promessa de pagamento e nada sendo dito em contrário, os aluguéis somente serão considerados quitados após o efetivo pagamento da cártula. Há natureza *pro solvendo* nesse título. Entretanto, se num distrato firmado entre as partes a nota promissória é entregue como pagamento, os aluguéis são considerados quitados, independentemente do que ocorrer com o título de crédito. Portanto, ele assumiu condição *pro soluto* e com desvinculação da obrigação originária e, em caso de inadimplemento, a cobrança passa a ser exclusivamente a execução da cártula.

Assim, o título pode ser entregue como forma de pagamento (*pro soluto*) ou como quitação (*pro solvendo*).

O recebimento *pro soluto* de títulos pode ser uma alternativa ao financiamento bancário restrito, por exemplo, na aquisição de um imóvel, sem empréstimo bancário ou alienação fiduciária, o adquirente pode emitir cheques *pro soluto* para quitação.

5. TEORIAS DOS TÍTULOS DE CRÉDITO

O fundamento do título de crédito ou, mais especificamente, a natureza da obrigação de pagamento do título, é objeto de importante querela doutrinária, que ora se pontua.

5.1. Teorias sobre a natureza

5.1.1. Teorias contratualistas

Esse conjunto teórico crê na existência de um contrato nos títulos de crédito, que é distinto daquele pacto que subjaz ao título. Todavia, há grande simplificação das características das cambiais, fazendo com que tal teoria não consiga explicar a circulação autônoma dos títulos.

Além disso, em vários títulos de crédito não se identifica a bilateralidade própria dos contratos, já que o sacador pode emitir o título sem a participação do credor.

5.1.2. Teorias institucionais ou legalistas

Em contraposição, há teorias que sustentam a origem da obrigação baseadas na lei e independente da vontade do subscritor. Os títulos se fundam em previsões legais, todavia a força criadora é a vontade, que inclusive permite a circulação das cártulas, com autonomia.

Portanto, o reducionismo à previsão legal também não convence.

Pro solvendo: para aguardar compensação

Pro soluto: para quitação

5.1.3. Teoria de Vivante: o sentido da vontade

Para CESARE VIVANTE, o protagonismo das teorias explicativas dos títulos de crédito está na *vontade* e na proteção que à ela se dá em relação à circulação autônoma e também quanto a possível sublevações de exceção pessoal na relação originária (VIVANTE, 1924, p. 133).

Todavia, o ensinamento de VIVANTE falha na separação da vontade em dois momentos, porque ela é única e geradora de obrigação que se perfaz mesmo sem a aceitação do credor e que tem o potencial da economia já na criação do título.

5.1.4. Teoria da declaração unilateral de vontade

ASCARELLI e DE LUCCA estão entre os que sustentam serem os títulos de crédito verdadeiras declarações unilaterais de vontade. Isso porque o título de crédito incorpora a própria vontade geradora da obrigação.

5.2. Teorias sobre o surgimento dos títulos de crédito

5.2.1. Teoria da criação

Esse conjunto teórico sustenta que a obrigação vinculante do título surge e é criada com a assinatura do emitente. Em outros termos, interessa somente a declaração de vontade de criar o título, que fica isolada e independe da transmissão da posse do título e nem tampouco importa a participação do credor – de resto, mera figura passiva. Afirma WILLE DUARTE COSTA sobre a teoria: "é o título que traduz a *obrigação* do subscritor e não sua *vontade*, exigindo-se apenas que esteja na posse de terceiro de boa-fé, qualquer que seja. Portanto, mesmo sem a vontade do criador, ou contra ela, a obrigação perdura. O que importa é a declaração firmada e não a vontade do subscritor em se obrigar" (COSTA, 2008, p. 143).

Essa visão parcial do fenômeno admite que sejam aceitos como válidos, por exemplo, títulos furtados ou falsificados. Além disso, o art. 29 da LUG admite a revogabilidade do título, mitigando a simples assinatura: "Se o sacado, antes da restituição da letra, riscar o aceite que tiver dado, tal aceite é considerado como recusado. Salvo prova em contrário, a anulação do aceite considera-se feita antes da restituição da letra".

5.2.2. Teoria da emissão

O contraponto veio com a teoria da emissão, que explica o surgimento do título no momento da entrega válida ao credor. Ou seja, não basta a assinatura, porque a eficácia da obrigação se dá com a transmissão do título ao credor legítimo. Assim, por esta teoria o "subscritor não ficaria obrigado se comprovasse que deixou de ter a posse do título contra sua vontade ou sem esta" (COSTA, 2008, p. 142).

Os críticos de tal teoria argumentam que ela não permite a adequada compreensão da característica da autonomia e da consequência da inoponibilidade de exceções pessoais a terceiros de boa-fé. Acudiria o devedor somente em situações de furto ou para qualquer portador de má-fé (COSTA, 2008, p. 143).

5.2.3. Teoria de Pontes de Miranda: os três momentos

PONTES DE MIRANDA descreveu três momentos para o surgimento do título (PONTES DE MIRANDA, v. 1, 1954, p. 31):

> SUBSCRIÇÃO ➔ TRANSMISSÃO AO CREDOR ➔ APRESENTAÇÃO
> (*assinatura do título*) (*eficácia do crédito*)

Segundo Pontes de Miranda, a *existência* e a *validade* do título se constroem no momento da assinatura e da emissão. Passa a existir obrigação, que será cambial se validamente forem preenchidos os requisitos do título de crédito.

O segundo momento é de *eficácia*: o título é transmitido ao credor de boa-fé e legítimo possuidor. Forma-se a relação jurídica pela identificação do titular do crédito.

Finalmente, o terceiro momento é do *cumprimento* da obrigação, que ocorre com a apresentação do título para pagamento (Pontes de Miranda, v. 1, 1954, p. 35).

Jurisprudência

STJ – Súmula nº 60: É nula a obrigação cambial assumida por procurador do mutuário vinculado ao mutuante, no exclusivo interesse deste.

5.2.4. Interpretação da legislação brasileira

A consequência prática das teorias sobre o surgimento reside na interpretação dos textos de direito positivo.

Nos arts. 16 e 17, a LUG adotou claramente a teoria da criação, especialmente por proteger o credor de boa-fé, que recebe o título de crédito. Cuida-se de regra geral, proveniente de convenção internacional aplicável a letras de câmbio e notas promissórias. Assim dispõe o mencionado art. 16: "O detentor de uma letra é considerado portador legítimo se justifica o seu direito por uma série ininterrupta de endossos, mesmo se o último for em branco. Os endossos riscados consideram-se, para este efeito, como não escritos. Quando um endosso em branco é seguido de um outro endosso, presume-se que o signatário deste adquiriu a letra pelo endosso em branco. Se uma pessoa foi por qualquer maneira desapossada de uma letra, o portador dela, desde que justifique o seu direito pela maneira indicada na alínea precedente, não é obrigado a restituí-la, salvo se a adquiriu de má-fé ou se, adquirindo-a, cometeu uma falta grave". [Criação]

Todavia, regra geral posterior sobreveio com o CC, com o uso eclético das teorias. É o que se observa nos arts. 896, 901 e 905, parágrafo único, que se alinham com a teoria da criação e protegem o credor de boa-fé. Dispõe o art. 896 do CC: "O título de crédito não pode ser reivindicado do portador que o adquiriu de boa-fé e na conformidade das normas que disciplinam a sua circulação". Esse conjunto de regras levou em consideração a criação, mas a qualificou com a boa-fé do portador. [Ecletismo]

Observa-se, no entanto, que o art. 909 do CC adota a teoria da emissão ao tutelar quem foi *desapossado injustamente do título*. O dispositivo afeta a eficácia da obrigação, acolhendo o fundamento da corrente teórica da emissão, porque o proprietário pode constituir em juízo novo título além de impedir que sejam pagos a outrem capital e rendimentos.

Tudo se confirma com a compreensão de que o credor tem propriedade sobre o título, conforme se interpreta do art. 16 da LUG.

6. DECLARAÇÕES CAMBIÁRIAS

Além das partes e da promessa de pagamento do título de crédito, podem ser lançadas na cambial outras declarações que produzem efeitos sobre a obrigação. São três as declarações:

aceite, que implica manifestação de vontade de aceitação do título de crédito; *endosso*, que cuida da manifestação de vontade apta a colocar o título para circular; *aval*, que é manifestação de vontade de garantia pessoal e coobrigação de terceiro em relação ao pagamento do título.

6.1. Saque

O saque é a declaração cambiária de emissão do título de crédito, denominando-se sacador quem pratica o ato. "Saque é a indicação a outrem para que se faça obrigado" e "há o sacador e sacado, – o que saca, ou indica que alguém se obrigue, e esse alguém, que é o sacado" (PONTES DE MIRANDA, v. 1, 1954, p. 31).

Em alguns títulos, o legislador atribui ao sacador o nome de emitente ou subscritor. Importa, contudo, o ato de formação válida da cártula, inclusive com identificação da capacidade do sacador [*t. IV, §2, i. 2*], a partir da criação [*t. IV, §1, i. 5.2*].

6.2. Aceite

6.2.1. Função

Em razão das características da letra de câmbio, torna-se necessário regular importante manifestação de vontade do título que se denomina *aceite*. Cuida-se da manifestação de vontade do sacado que o obriga no título perante o sacador (art. 21 da LUG). "O signatário admite a ordem contra ele dada para pagar quantia determinada, concordando com os ermos do saque e assumindo a qualidade de responsável principal pelo pagamento", somente ocorrendo na letra de câmbio e na duplicata (COSTA, 2008, p. 165).

O sacador emite o título com o lançamento dos elementos da obrigação pactuada. Em princípio, o sacado pode efetuar o pagamento ou enjeitar o título, tornando-se necessária a assinatura para mostrar aceitação e atribuir força cambial ao documento.

Nos dias atuais, a busca do aceite tem sido operação dispendiosa, burocrática e superada muitas vezes pela busca de agilidade nas operações. Se não ocorre em letras de câmbio, está cada vez mais em desuso com as duplicatas, especialmente pelo conteúdo do art. 15, inciso II, da LDupl, que caracteriza da duplicata como título executivo extrajudicial se houver (*a*) o protesto, (*b*) esteja acompanhada de documento hábil comprobatório da entrega e recebimento da mercadoria e (*c*) o sacado não tenha, comprovadamente, recusado o aceite na forma da LDupl [*t. IV, §5, i. 4*]. A jurisprudência do STJ confirma o conteúdo: "ainda que sem aceite, a duplicata que houver sido protestada, quando acompanhada de comprovação de realização do negócio jurídico subjacente, revela-se instrumento hábil a fundamentar a execução" (STJ – AgRg-AREsp nº 389.488/SP – Rel. Min. RAUL ARAÚJO). Não há aceite em cheque ou em nota promissória.

Não obstante essa constatação, é possível verificar que o aceite é manifestação de vontade do sacado que o vincula ao título de crédito e com a qual assume a obrigação de pagar o valor ao sacador da letra de câmbio ou de duplicata. O documento poderá ser apresentado para aceite, embora seja facultativo. Somente será obrigatório se for das vontades das partes (art. 22 da LUG). Em títulos à vista, a apresentação para aceite pode se revelar inócua.

6.2.2. Forma

O aceite na letra de câmbio e na duplicata se consubstancia pela assinatura do sacado na frente do título. Se o sacado assinar no verso do título, será preciso complementar a assinatura indicando "aceite", "aceitação", "de acordo" ou qualquer vocábulo que exprima a obrigação com o valor do anverso.

Nas duplicatas, o art. 15, II, da LDupl admite que o aceite seja substituído pelo protesto e comprovante de entrega da mercadoria.

Outra discussão, derivada do art. 29 da LUG, é a validade do aceite dado em documento separado. Em função da literalidade do título de crédito, o aceite dado em separado assume característica de reconhecimento de dívida, mas o título não está completo com suas obrigações cambiais. Somente haverá essa eficácia formativa do título no caso do *aceite riscado* pelo sacado, com assunção de nova obrigação para o mesmo título, conforme determina o art. 29 da LUG: "Se o sacado, antes da restituição da letra, riscar o aceite que tiver dado, tal aceite é considerado como recusado. Salvo prova em contrário, a anulação do aceite considera-se feita antes da restituição da letra". O ato de riscar o aceite está ligado ao direito de arrependimento do sacado, cessando os efeitos da obrigação assumida. Todavia, ainda que tenha riscado, se "o sacado tiver informado por escrito o portador ou qualquer outro signatário da letra de que aceita, fica obrigado para com estes, nos termos do seu aceite".

A data do aceite é, em primeiro, desnecessária. Torna-se importante somente nas letras de câmbio a certo termo da vista, por ser essencial identificar o dia do vencimento (o dia da vista do título...). Também será relevante a data no caso do art. 25 da LUG, quando houver prazo pactuado entre as partes para apresentação do documento para pagamento: "Quando se trate de uma letra pagável a certo termo de vista, ou que deva ser apresentada ao aceite dentro de um prazo determinado por estipulação especial, o aceite deve ser datado do dia em que foi dado, salvo se o portador exigir que a data seja a da apresentação. À falta de data, o portador, para conservar os seus direitos de recurso contra os endossantes e contra o sacador, deve fazer constar essa omissão por um protesto, feito em tempo útil".

Jurisprudência

STJ – Súmula 248: Comprovada a prestação dos serviços, a duplicata não aceita, mas protestada, é título hábil para instruir pedido de falência.

STJ – 3ª T. – REsp nº 1.334.464 – Rel. Min. Ricardo Villas Bôas Cueva – j. 15/06/2016: "(...) 2. O aceite promovido na duplicata mercantil corresponde ao reconhecimento, pelo sacado (comprador), da legitimidade do ato de saque feito pelo sacador (vendedor), a desvincular o título do componente causal de sua emissão (compra e venda mercantil a prazo). Após o aceite, não é permitido ao sacado reclamar de vícios do negócio causal realizado, sobretudo porque os princípios da abstração e da autonomia passam a reger as relações, doravante cambiárias (art. 15, I, da Lei nº 5.474/1968). 3. O aceite é ato formal e deve se aperfeiçoar na própria cártula (assinatura do sacado no próprio título), incidindo o princípio da literalidade (art. 25 da LUG). Não pode, portanto, ser dado verbalmente ou em documento em separado. De fato, os títulos de crédito possuem algumas exigências que são indispensáveis à boa manutenção das relações comerciais. A experiência já provou que não podem ser afastadas certas características, como o formalismo, a cartularidade e a literalidade, representando o aceite em separado perigo real às práticas cambiárias, ainda mais quando os papéis são postos em circulação. 4. O aceite lançado em separado à duplicata não possui nenhuma eficácia cambiária, mas o documento que o contém poderá servir como prova da existência do vínculo contratual subjacente ao título, amparando eventual ação monitória ou ordinária (art. 16 da Lei nº 5.474/1968). 5. A duplicata despida de força executiva, seja por estar ausente o aceite, seja por não haver o devido protesto ou o comprovante de entrega de mercadoria, é documento hábil à instrução do procedimento monitório".

STJ – 4ª T. – AgRg-AREsp nº 389.488/SP – Rel. Min. Raul Araújo – j. 17/05/2016: "(...) A jurisprudência deste Tribunal Superior é no sentido de que, ainda que sem aceite, a duplicata que houver sido protestada, quando acompanhada de comprovação de realização do negócio jurídico subjacente, revela-se instrumento hábil a fundamentar a execução".

6.3. Endosso

6.3.1. Função

Em razão das características das cambiais, admite-se que elas circulem e que se transmitam os direitos nelas inscritos, com preservação da declaração lançada e proteção do terceiro de boa-fé que receber o título. A forma específica de circulação dos títulos de crédito é conhecida como *endosso*. Cuida-se de declaração cambiária acessória de transferência do título e dos direitos nele inscritos, sem prejuízo das demais formas ordinárias de cessão de obrigações. Por transmitir direitos da cártula, não se admite a cisão do direito nela mencionado. Assim, veda-se o endosso parcial (art. 12 da LUG e art. 912 do CC).

Além de ser específico para títulos de crédito, o endosso demanda pressuposto específico: o título deve ter embutida a *cláusula à ordem*, que admite a circulação. A cláusula deverá estar escrita e explícita em títulos que não tenham presunção de circulação. Entretanto, na letra de câmbio, na nota promissória e no cheque (art. 11 da LUG e art. 17 da LCh), a cláusula à ordem é implícita e está presumida a circulação cambial por endosso.

O impedimento à circulação da cambial deverá ser escrito na *cláusula não à ordem*, que não se presume e nem se extrai de mero risco na cláusula a ordem. Ao contrário, deverá ser explícito e, caso esteja lançado de forma válida, a circulação somente poderá ocorrer por meio de cessão de créditos: "Quando o sacador tiver inserido na letra as palavras "não à ordem", ou uma expressão equivalente, a letra só é transmissível pela forma e com os efeitos de uma cessão ordinária de créditos" (art. 11 da LUG).

Considera-se legítimo possuidor o portador do título à ordem com série regular e ininterrupta de endossos, ainda que o último seja em branco. Aquele que paga o título está obrigado a verificar a regularidade da série de endossos, mas não a autenticidade das assinaturas (art. 911 do CC).

Jurisprudência

STJ – 4ª T. – REsp nº 1.231.856 – Rel. Min. Luis Felipe Salomão – j. 04/02/2016: "(...)1. "O título de crédito nasce para circular e não para ficar restrito à relação entre o devedor principal e seu credor originário. Daí a preocupação do legislador em proteger o terceiro adquirente de boa-fé para facilitar a circulação do título". (ROSA JR., Luiz Emygdio Franco. Títulos de crédito. 7 ed. Rio de Janeiro: Renovar, 2011, p. 215) 2. Com efeito, desde a multicitada e veemente advertência de Vivante acerca de que não se deve ser feita investigação jurídica de instituto de direito comercial sem se conhecer a fundo a sua função econômica, a abalizada doutrina vem, constantemente, lecionando que, no exame dos institutos do direito cambiário, não se pode perder de vista que é a sua disciplina própria que permite que os títulos de crédito circulem, propiciando os inúmeros e extremamente relevantes benefícios econômico-sociais almejados pelo legislador. 3. Por um lado, o artigo 20 da Lei do Cheque – no que em nada discrepa da LUG – estabelece que o endosso transmite todos os direitos resultantes do cheque e o artigo 22, *caput*, do mesmo Diploma dispõe que o detentor de cheque "à ordem" é considerado portador legitimado, se provar seu direito por uma série ininterrupta de endossos, mesmo que o último seja em branco. Por outro lado, consagrando o princípio da inoponibilidade das exceções pessoais a terceiros de boa-fé, o art. 25 da Lei do Cheque dispõe que quem for demandado por obrigação resultante de cheque não pode opor ao portador exceções fundadas em relações pessoais com o emitente, ou com os portadores anteriores, salvo se o portador o adquiriu conscientemente em detrimento do devedor. 4. O cheque endossado – meio cambiário próprio para transferência dos direitos do título de crédito – desvincula-se da sua causa, conferindo ao endossatário as sensíveis vantagens advindas dos princípios inerentes aos títulos de crédito, notadamente o da autonomia das obrigações cambiais. É dizer, como os títulos à ordem circularam, constituem direito próprio e autônomo do endossatário terceiro de boa-fé – que não pode ser tolhido –, em vista que a firma do emissor expressa sua vontade unilateral de se obrigar a essa manifestação, não sendo admissível que venha a frustrar as esperanças que desperta em sua circulação. Precedente (...)".

6.3.2. Forma

O endosso se dá por meio de manifestação de vontade do beneficiário (credor) do título, lançando-se assinatura no verso no documento. Se a assinatura for lançada no anverso (frente) do título, deverá ser expressamente indicado que se trata de endosso com transferência dos direitos. Por exemplo, basta que se mencione: "Por endosso" ou "Transfiro para..." (art. 13 da LUG e art. 910 do CC).

A transferência poderá ser feita *com* ou *sem* indicação do beneficiário. Cuida-se respectivamente, dos chamados *endosso em preto* e *endosso em branco*. Na primeira hipótese, indica-se com maior precisão a quem se deve pagar o título de crédito, naturalmente aumentando a segurança do negócio. Nada impede, ainda, que um endosso em branco seja posteriormente preenchido, com identificação do beneficiário. Por outro lado, na hipótese do endosso em branco, o título circula com presunção de que o beneficiário é o portador (art. 12 da LUG), bastando a tradição. Obriga-se, no entanto, a assinatura no verso do título (art. 13 da LUG).

Em razão da insegurança do negócio e da transferência de valores sem lastro, no art. 19 da Lei 8.088/90 foi previsto que as cambiais serão emitidas "sempre sob a forma nominativa, sendo transmissíveis somente por endosso em preto". Portanto, houve importante restrição também aos títulos de crédito ao portador, com previsão de que um endosso em branco tornaria inexigível qualquer débito representado pelo título" (art. 19, § 2º, da Lei nº 8.088/90).

Interpretação literal poderia indicar que não há mais endosso em branco. Entretanto, ao se expor o tema para interpretação do STJ, entendeu-se que a inexigibilidade do débito se produz no momento da apresentação ou da cobrança do título sem a identificação do endossatário ou credor do título. Assim, o documento poderá circular com endosso em branco até o momento do pagamento: "O fato de não haver o endossante aposto, no verso da cártula, o nome do endossatário não o nulifica, nem obsta a que o credor, identificando-se, venha a cobrar o quantum devido" (STJ – REsp nº 329.996 – Min. Barros Monteiro).

> Indicação do beneficiário

Jurisprudência

STJ – 4ª T. – REsp nº 204.595 – Rel. Min. Barros Monteiro – j. 25/04/2000: "(...) Satisfeito pelo credor o requisito da identificação para fins de controle fiscal, não há falar em nulidade do título ou ilegitimidade de parte".

STJ – 4ª T. – REsp nº 329.996 – Rel. Min. Barros Monteiro – j. 22/04/2002: "(...) Satisfeito pelo credor o requisito da identificação para fins de controle fiscal, não há falar-se em nulidade do título ou ilegitimidade de parte. O fato de não haver o endossante aposto, no verso da cártula, o nome do endossatário não o nulifica, nem obsta a que o credor, identificando-se, venha a cobrar o quantum devido. Precedente da Quarta Turma".

STJ – 3ª T. – REsp nº 1.560.576 – Rel. Min. João Otávio de Noronha – j. 02/08/2016: "(...) 2. O aval é uma garantia pessoal, específica para títulos cambiais, do cumprimento da obrigação contida no título. Trata-se de declaração unilateral de vontade autônoma e formal. O avalista não se equipara à figura do devedor principal, nada obstante a solidariedade quanto à obrigação de pagar. O endosso é ato cambial de transferência e de garantia ao mesmo tempo, porque o endossante, ao alienar o título, fica, por força de lei, responsável pela solução da dívida. 3. Se há uma nota promissória cujo crédito foi cedido e o título passado diretamente do beneficiário primário para o cessionário e se não há anterior endosso daquele, presume-se que o título não circulou antes da cessão. Portanto, assinatura de terceiro no verso desse título, sem indicação de sua finalidade, deve ser considerada aval, já que, desde a Lei n. 8.021/1990, os títulos ao portador foram extintos, de sorte que o endosso "em branco" não mais vigora. Assim, sendo o avalista dessa nota promissória credor de outra nota promissória e vindo a cobrá-la do devedor originário, que também é o cessionário na primeira nota referida, detendo-a em sua posse, compensáveis são os créditos e débitos, representados em ambas as notas (...)".

6.3.3. Efeitos: endosso com e sem garantia

A declaração de vontade do endosso produz efeito de *transferência formal da propriedade* do título, com preservação das características cambiais. A tradição completa a mudança de titularidade de crédito.

Outra consequência do endosso é a atribuição de corresponsabilidade do endossante, que *garante* o pagamento do título como *coobrigado*. Portanto, quem transfere o título por endosso, deixa a condição de credor para assumir a de *garantidor* do pagamento do pagamento da obrigação inscrita na cártula, salvo se o contrário for pactuado no ato do endosso.

A regra da garantia está prevista no art. 15 da LUG, valendo para letras de câmbio, notas promissórias e, por extensão, as duplicatas e cédulas de crédito: "O endossante, salvo cláusula em contrário, é garante tanto da aceitação como do pagamento da letra". Para os cheques, a previsão específica é do art. 21 da LCh: "Salvo estipulação em contrário, o endossante garante o pagamento".

Em títulos que não tenham lei especial, o art. 914 do CC passa a ser aplicável, com inversão da lógica: não haverá garantia e corresponsabilidade do endossante, salvo cláusula expressa em sentido contrário.

Entende-se, nessa linha de raciocínio, que o endossante pode inserir cláusula de *endosso sem garantia*. Ocorrerá somente a transferência da propriedade do título, sem corresponsabilidade do endossante. Basta acrescentar ao endosso a dicção "*Sem garantia*" ou "*Sem responsabilidade*".

Outra cláusula limitativa de efeitos do endosso é aquela que proíbe novo endosso, prevista no art. 15, segunda parte, da LUG: "O endossante pode proibir um novo endosso, e, neste caso, não garante o pagamento às pessoas a quem a letra for posteriormente endossada". Também o art. 21, parágrafo único, da LCh: "Pode o endossante proibir novo endosso; neste caso, não garante o pagamento a quem seja o cheque posteriormente endossado".

Por meio dessa cláusula, o endossante limita a pessoa que vai ser garantida numa cadeia de endossos e transferências. Assim, expressará no título, juntamente com a assinatura, as pessoas que poderão cobrá-lo junto ao garantidor coobrigado. Importante notar que não se trata de restrição à circulação por cláusula "não à ordem", por se admitir novo endosso, mas somente de declaração unilateral de limitação de corresponsabilidade.

6.3.4. Especializações

6.3.4.1. Endosso póstumo ou tardio

O tempo certo para o endosso é até o vencimento do título. Não há impedimento que o endosso seja feito após vencimento da obrigação, com os mesmos efeitos.

No entanto, se o endosso for feito depois de protestado o título por falta de pagamento – com aviso ao mercado da impontualidade – o endosso não terá os mesmos efeitos cambiais e terá as mesmas características de uma cessão de créditos, conforme art. 20 da LUG: "O endosso posterior ao vencimento tem os mesmos efeitos que o endosso anterior. Todavia, o endosso posterior ao protesto por falta de pagamento, ou feito depois de expirado o prazo fixado para se fazer o protesto, produz apenas os efeitos de uma cessão ordinária de créditos".

Considera-se *póstumo* ou *tardio* o endosso posterior ao protesto, atribuindo-se-lhe efeitos de cessão de crédito. O prazo será de: (*a*) 1 dia útil após o vencimento nas letras de câmbio e notas promissórias (art. 28 da Lei Saraiva); (*b*) 30 dias após o vencimento nas duplicatas (art. 13 da LDupl); (*c*) 30 dais na mesma praça e 60 dias em praça diversa, contados da apresentação do cheque (art. 48 da LCh).

No caso do cheque, o endosso póstumo produz somente efeito de cessão e o "o endosso sem data presume-se anterior ao protesto, ou declaração equivalente, ou à expiração do prazo de apresentação" (art. 27 da LCh).

Jurisprudência

TJSP – 17ª Câm. Dir. Priv. – Ap nº 0014889-81.2013.8.26.0008 – Rel. Des. Afonso Bráz – *DJe* 18.12.2017: "MONITÓRIA – CHEQUE – Contraordem ao pagamento da cártula, em razão de desacordo comercial. Título transferido por endosso póstumo. Exigibilidade do débito representado pelo cheque que deve ser comprovada pelo endossatário, que assume os riscos do negócio celebrado entre o endossante e o emitente. Ausência de comprovação da entrega das mercadorias, objeto do saque da cambial. Inexigibilidade reconhecida. Verba honorária mantida. Fixação de acordo com os limites e critérios do art. 85, § 2º, CPC. Sentença mantida. Recurso desprovido".

6.3.4.2. Endosso-mandato

Cuida-se de endosso com objetivos distintos da função cambial de transferência de propriedade da cártula: por meio do endosso-mandato ou endosso-procuração, o endossante outorga poderes para que o endossatário receba o crédito (art. 917 do CC). Portanto, o endossante resguarda para si o direito cambiário e transfere somente o exercício do direito de recebimento a terceiro (normalmente bancos).

Ressalve-se que a presunção é de endosso comum, caso estejam presentes os elementos formais. Portanto, a cláusula de endosso-mandato deve estar explícita no verso da cártula, mencionando os termos "por procuração", "valor para cobrança" ou "para cobrança". Assim, indica-se a outorga de poderes "em preto", com a transferência de posse para esses fins.

Por ser uso atípico, o endossatário-mandatário pode exercer os direitos inerentes ao título, incluindo a aceitação de pagamento, quitação, preservação da cártula e até mesmo a realização de novo endosso-mandato (art. 667 do CC). Só não será possível se assenhorar do direito ao crédito, que continua íntegro em favor do endossante-mandante. Assim, o endossatário-mandatário age em nome do endossante-mandante, inclusive quanto a matérias de defesa relativas ao título, conforme art. 18 da LUG. O raciocínio também implica a permanência dos riscos contra o endossante-mandante, já que a outra parte age em seu nome, inclusive quanto a danos causados.

Jurisprudência

STJ – Súmula nº 475 – Responde pelos danos decorrentes de protesto indevido o endossatário que recebe por endosso translativo título de crédito contendo vício formal extrínseco ou intrínseco, ficando ressalvado seu direito de regresso contra os endossantes e avalistas.

STJ – Súmula nº 476 – O endossatário de título de crédito por endosso-mandato só responde por danos decorrentes de protesto indevido se extrapolar os poderes de mandatário.

6.3.4.3. Endosso-caução

Trata-se de modalidade imprópria de endosso porque, novamente, não ocorre a transferência do título, mas tão somente a utilização do documento como garantia de alguma obrigação (COSTA, 2008, p. 183). Portanto, com o endosso-caução ou endosso-pignoratício, intenta-se constituir um penhor sobre a cártula, conforme art. 19 da LUG: "Quando o endosso contém a menção 'valor em garantia', 'valor em penhor' ou qualquer outra menção que implique uma caução, o portador pode exercer todos os direitos emergentes da letra, mas um endosso feito por ele só vale como endosso a título de procuração".

Assim, créditos de terceiros passam a ser garantidos pelo penhor de títulos, sem transferência do crédito, mas com disponibilidade de recebimento dos valores em caso de inadimplência do endossante-caucionante. Um banco pode fornecer crédito para um cliente que, por sua vez, endossa em caução diversas duplicatas para garantia do adimplemento do empréstimo. Referida operação difere do desconto bancário porque nele ocorre o endosso puro, com transferência de titularidade da cártula. Também se difere da cessão fiduciária de direitos creditícios do título, porque nesse caso se transfere a *propriedade fiduciária* [t. IV, §22, i. 1] da cártula em garantia de financiamento, que perdura até a quitação do débito.

Assim como ocorre o endosso-mandato, o endossatário-caucionado recebe a posse do título e poderá exercer os atributos para proteção, circulação, quitação e protesto, ressalvando que não há transferência do direito ao crédito, salvo se houver inadimplemento da operação garantida (art. 918 do CC).

Jurisprudência

STJ – 3ª T. – REsp nº 1.662.854 – Rel. Min. Ricardo Villas Bôas Cueva – j. 20/10/2018: "(...) 2. O endosso-caução ou endosso-pignoratício é uma espécie de endosso impróprio, pelo qual não se pretende transferir a propriedade do título, mas, sim, dar o título em garantia de pagamento de outra dívida, constituindo penhor sobre o documento. 3. O devedor do título empenhado, uma vez cientificado do penhor, não mais poderá pagar ao credor originário, salvo se obtiver autorização expressa do credor pignoratício. Caso feito o pagamento e não saldada imediatamente a dívida em cuja garantia se constituiu o penhor, o devedor do título responderá solidariamente com o credor, por perdas e danos, perante o credor pignoratício. Nessa hipótese, o título caucionado perde sua exigibilidade (...)".

STJ – 4ª T. – AgRg-Ag-REsp nº 595.067 – Rel. Min. Marco Buzzi – DJe 20.10.2015: "(...) 1. 'Só responde por danos materiais e morais o endossatário que recebe título de crédito por endosso-mandato e o leva a protesto se extrapola os poderes de mandatário ou em razão de ato culposo próprio, como no caso de apontamento depois da ciência acerca do pagamento anterior ou da falta de higidez da cártula'. Entendimento sedimentado no recurso repetitivo REsp 1063474/RS, 2ª S., Rel. Min. Luis Felipe Salomão, DJe 17.07.2011. 2. Tribunal a quo que asseverou ter a empresa de factoring, mediante endosso-mandato, procedido de forma culposa ao levar a protesto duplicatas pagas (...)".

STJ – 4ª T. – AgRg-EDcl-REsp nº 1.083.711 – Rel. Min. Maria Isabel Gallotti – j. 20.11.2014: "(...) 1. Nos termos da jurisprudência do STJ, o banco, em endosso-mandato, só responde pelo protesto indevido quando exorbitar os poderes ou em razão de falha na prestação do serviço. Precedentes (...)".

6.3.5. Endosso e cessão de crédito: funções e diferenças

Conforme foi analisado, o endosso é declaração cambial que produz diversos efeitos, sendo principal deles a transferência da propriedade do título. Acontece que, cambiariforme, o endosso fica sujeito a uma série de condições legais e pode ser inibido por algumas cláusulas lançadas na cártula, alterando-se substancialmente as regras para circulação e demandando negócio jurídico bilateral de cessão de crédito (art. 919 do CC).

"O endosso é a forma própria de transferência dos títulos de crédito. A cessão de créditos objetiva a transferência de qualquer tipo de crédito. Inclusive títulos" (Tomazette, 2011, p. 111). Sendo cambial, ao endosso se aplicam preceitos como a literalidade da cártula, a transferência somente do documento – e não do conteúdo do direito que forma a causa –, produção de efeitos independentemente de comunicação ao devedor e a coobrigação do endossante.

Diferentemente, a cessão de crédito tem conteúdo obrigacional que permite a discussão da causa e, de maneira menos formal, poderá ser feita por negócio jurídico bilateral mais amplo e translativo dos direitos e seus acessórios (art. 287 do CC). Em razão da extensão, é imperiosa a ciência do devedor para a produção de efeitos (art. 290 do CC). Por outro lado, com a cessão há rompimento do cedente com os direitos cedidos, de modo que ele responderá somente pela existência do crédito (art. 296 do CC) e pela evicção.

Em matéria cambial, o endosso será preferível à cessão de crédito, embora esta, pela amplitude, possa ser utilizada a qualquer momento. Todavia, a cessão será instrumento adequado e produtor de efeitos translativos em casos de perda de atributo cambial de circulação, como no caso do título prescrito, do título com cláusula "não à ordem", da inerência de falta de garantia como no contrato de *factoring* [t. IV, §24] ou do endosso póstumo.

	Endosso	**Cessão de Crédito**
Fundamentos	Leis especiais e art. 914 do CC	Arts. 294 a 296 do CC
Natureza	Declaração unilateral de vontade	Negócio jurídico bilateral
Forma	Escrito na cártula	Tem forma livre
Notificação ao devedor	Independe de comunicação ao devedor	Produz efeitos quando notificada ao devedor (art. 290 do CC)
Garantia	Salvo pacto diverso [t. IV, §1, i. 6.3.3], o endossante garante o pagamento (art. 15 da LUG)	Cedente responde, via de regra, somente pela existência do crédito (art. 295 do CC) e não responde pela solvência do devedor, salvo estipulação contrária (art. 296 do CC).
Terceiros de boa-fé	Endossatário de boa-fé é protegido contra exceções pessoais. O endossatário recebe o direito inscrito no título e não o direito que dá causa ao documento.	Discussões afetivas à causa do documento podem ser levantadas contra o terceiro cessionário de boa-fé, conforme art. 294 do CC: "O devedor pode opor ao cessionário as exceções que lhe competirem, bem como as que, no momento em que veio a ter conhecimento da cessão, tinha contra o cedente".

Jurisprudência

STJ – 4ª T. – REsp nº 1.315.592 – Rel. Min. Luis Felipe Salomão – j. 29/08/2017: "(...) 5. Para a solução de questão concernente aos institutos de direito cambiário do endosso e do aceite, é descabida a aplicação da disciplina da cessão de crédito. Com efeito, embora o endosso, no interesse do endossatário terceiro de boa-fé, tenha efeito de cessão, não se confunde com o instituto civilista da cessão de crédito. 6. Conquanto a duplicata mercantil seja causal na emissão, a circulação – após o aceite do sacado, ou, na sua falta, pela comprovação do negócio mercantil subjacente e o protesto – rege-se pelo princípio da abstração, desprendendo-se de sua causa original, sendo, por isso, inoponíveis exceções pessoais a terceiros de boa-fé, como a ausência da prestação de serviços ou a entrega das mercadorias compradas. (REsp 774.304/MT, Rel. Ministro Luis Felipe Salomão, Quarta Turma, julgado em 5/10/2010, *DJe* 14/10/2010)".

STJ – 4ª T. – AgInt no AREsp nº 446.869 – Rel. Min. Antonio Carlos Ferreira – j. 05/12/2017: "(...) 2. 'No contrato de factoring, a transferência dos créditos não se opera por simples endosso, mas por cessão de crédito, subordinando-se, por consequência, à disciplina do art. 294 do Código Civil, contexto que autoriza ao devedor a oponibilidade das exceções pessoais em face da faturizadora' (AgInt no REsp 1015617/SP, Rel. Ministro Raul Araújo, Quarta Turma, julgado em 13/12/2016, *DJe* 01/02/2017)".

STJ – 4ª T. – REsp nº 1.726.161 – Rel. Min. Luis Felipe Salomão – j. 06/08/2018: "(...) o FIDC, de modo diverso das atividades desempenhadas pelos escritórios de *factoring*, opera no mercado financeiro (vertente mercado de capitais) mediante a securitização de recebíveis, por meio da qual determinado fluxo de caixa futuro é utilizado como lastro para a emissão de valores mobiliários colocados à disposição de investidores. Consoante a legislação e a normatização infralegal de regência, um FIDC pode adquirir direitos creditórios por meio de dois atos formais: o endosso, cuja disciplina depende do título de crédito adquirido, e a cessão civil ordinária de crédito, disciplinada nos arts. 286-298 do CC, pro soluto ou pro solvendo (...)".

STJ – 4ª T. – AgInt nos EDcl no REsp nº 1.353.875 – Rel. Min. Luis Felipe Salomão – j. 16/05/2017: "(...) 1. A quitação regular de obrigação representada em título de crédito é a que ocorre com o resgate da cártula – tem o devedor, pois, o poder-dever de exigir daquele que se apresenta como credor cambial a entrega do título de crédito (o art. 324 do Código Civil, inclusive, dispõe que a entrega do título ao devedor firma a presunção de pagamento). (REsp 1236701/MG, Rel. Ministro Luis Felipe Salomão, Quarta Turma, julgado em 05/11/2015, *DJe* 23/11/2015) 2. Por um lado, o endosso, no interesse do endossatário, tem efeito de cessão de crédito, não havendo cogitar de observância da forma necessária à cessão civil ordinária de crédito, disciplinada nos arts. 288 e 290 do Código Civil. Por outro lado, a negociabilidade dos títulos de crédito é decorrência do regime jurídico-cambial, que estabelece regras que dão à pessoa para quem o crédito é transferido maiores garantias do que as do regime civil. 3. "Com efeito, desde a multicitada e veemente advertência de Vivante acerca de que não se deve ser feita investigação jurídica de instituto de direito comercial sem se conhecer a fundo a sua função econômica, a abalizada doutrina vem, constantemente, lecionando que, no exame dos institutos do direito cambiário, não se pode perder de vista que é a sua disciplina própria que permite que os títulos de crédito circulem, propiciando os inúmeros e extremamente relevantes benefícios econômico-sociais almejados pelo legislador". (REsp 1231856/PR, Rel. Ministro LUIS FELIPE SALOMÃO, QUARTA TURMA, julgado em 04/02/2016, *DJe* 08/03/2016) (...)".

STJ – 4ª T. – AgInt no AREsp nº 66.276/SP – Rel. Min. Marco Buzzi – j. 06/09/2016: "(...) 2. No contrato de factoring, a transferência dos créditos não se opera por simples endosso, mas por cessão de crédito, de modo que eventuais controvérsias sobre a operação devem ser dirimidas com base nas regras atinentes a essa espécie de negócio jurídico (arts. 286 a 298 do Código Civil de 2002). Precedentes. (...)".

STJ – 3ª T. – REsp nº 1.560.576 – Rel. Min. João Otavio de Noronha – j. 02/08/2016: "(...) 2. O aval é uma garantia pessoal, específica para títulos cambiais, do cumprimento da obrigação contida no título. Trata-se de declaração unilateral de vontade autônoma e formal. O avalista não se equipara à figura do devedor principal, nada obstante a solidariedade quanto à obrigação de pagar. O endosso é ato cambial de transferência e de garantia ao mesmo tempo, porque o endossante, ao alienar o título, fica, por força de lei, responsável pela solução da dívida. 3. Se há uma nota promissória cujo crédito foi cedido e o título passado diretamente do beneficiário primário para o cessionário e se não há anterior endosso daquele, presume-se que o título não circulou antes da cessão. Portanto, assinatura de terceiro no verso desse título, sem indicação de sua finalidade, deve ser considerada aval, já que, desde a Lei n. 8.021/1990, os títulos ao portador foram extintos, de sorte que o endosso "em branco" não mais vigora. Assim, sendo o avalista dessa nota promissória credor de outra nota promissória e vindo a cobrá-la do devedor originário, que também é o cessionário na primeira nota referida, detendo-a em sua posse, compensáveis são os créditos e débitos, representados em ambas as notas. 4. Havendo prática de agiotagem, devem ser declaradas nulas apenas as estipulações usurárias, conservando-se o negócio jurídico de empréstimo pessoal entre pessoas físicas mediante redução dos juros aos limites legais (...)".

STJ – 4ª T. – REsp nº 1.236.701 – Rel. Min. Luis Felipe Salomão – j. 05/11/2015: "(...) 2. Desarte, o cheque endossado – meio cambiário próprio para transferência dos direitos do título de crédito, que se desvincula da sua causa, conferindo ao endossatário as sensíveis vantagens advindas dos princípios inerentes aos títulos de crédito, notadamente o da autonomia das obrigações cambiais – confere, em benefício do endossatário, ainda em caso de endosso póstumo (art. 27 da Lei do Cheque), os efeitos de cessão de crédito. De fato, a menos que o emitente do cheque tenha aposto a cláusula 'não à ordem' – hipótese em que o título somente se transfere pela forma de cessão de crédito –, o endosso, no interesse do endossatário, tem efeito de cessão de crédito, não havendo cogitar de observância da forma necessária à cessão civil ordinária de crédito, disciplinada nos arts. 288 e 290 do Código Civil. 3. Assim, o art. 20, *caput*, da Lei do Cheque – no que em nada discrepa da Lei Uniforme de Genebra – esclarece que o endosso transmite todos os direitos resultantes do cheque. Com efeito, a teor da legislação, fica límpido que '[o] cheque é um título que tem vocação de circular pela simples tradição manual'. (MARTINS, Fran. Títulos de crédito. 14 ed. Rio de Janeiro: Forense, 2008, p. 313 e 314) 4. Como o endosso é plenamente compatível/aplicável ao fomento mercantil, é bem de ver que o princípio da reserva de lei atua como expressiva limitação constitucional ao poder do Estado, inclusive na sua função jurisdicional, que não se reveste de idoneidade jurídica que lhe permita criar ou restringir direitos conferidos por lei, 'sob pena de incidir em domínio constitucionalmente reservado ao âmbito de atuação material da lei em sentido formal'. (ACO 1048 QO, Relator(a): Min. CELSO DE MELLO, Tribunal Pleno, julgado em 30/08/2007, DJe-134 DIVULG 30-10-2007 PUBLIC 31-10-2007 DJ 31-10-2007 PP-00077 EMENTA VOL-02296-01 PP-00001) 5. Embora o contrato de factoring não se encontre sistematizado na legislação pátria, é certo que 'liga-se à necessidade de reposição do capital de giro nas empresas, geralmente nas pequenas e médias'. Bastante assemelhada ao desconto bancário, 'a operação de factoring repousa na sua substância, numa mobilização dos créditos de uma empresa; necessitando de recursos, a empresa negocia os seus créditos cedendo-os à outra', que se incumbe de cobrá-los, adiantando-lhe o valor desses créditos (*conventional factoring*) ou pagando-os no vencimento (*maturity factoring*); obriga-se contudo a pagá-los mesmo em caso de inadimplemento por parte do devedor da faturizada. (BULGARELLI, Waldirio. Contratos mercantis. 13 ed. São Paulo: Atlas, 2000, p. 541-546) (...)".

STJ – 3ª T. – REsp nº 1.280.801 – Rel. Min. João Otávio de Noronha – j. 24/03/2015: "(...) 2. Cheque constitui ordem de pagamento dirigida a um banco para pagar à vista determinada soma em proveito do portador, que, ao endossá-lo, é substituído pelo endossatário, que, igualmente, poderá realizar novo endosso, promovendo, assim, sua circulação. (...) 4. Durante o prazo de vigência da Lei n. 9.311/96, que foi prorrogada pelas Emendas Constitucionais n. 21/1999 e 31/2002, somente o primeiro endosso do cheque é considerado válido, motivo pelo qual, estando invalidada a cadeia sucessiva de endossos, os demais endossatários não têm legitimidade para propor execução de referido título. 5. Reconhecida a nulidade do endosso, desaparece a relação cambial, convertendo-se o cheque em documento escrito indicativo da existência de dívida líquida, ou seja, irá circular com mero efeito de cessão ordinária de crédito, disciplinada nos arts. 286 a 298 do Código Civil, tal como ocorre com os cheques nominativos com cláusula não à ordem, cabendo ao cessionário ingressar com ação monitória ou de cobrança para buscar a satisfação do crédito (...)".

STJ – 3ª T. – REsp nº 1.189.028 – Rel. Min. João Otávio de Noronha – j. 20/02/2014: "(...) 2. O prazo prescricional de 3 (três) anos previsto na Lei Uniforme de Genebra (LUG) se refere apenas à ação executiva. Para a ação ordinária de cobrança do crédito correspondente à nota promissória prescrita, ou mesmo ação monitória, deve ser observado o prazo prescricional de 5 (cinco) anos do Código Civil (art. 206, § 5º, I). 3. O art. 20 da LUG estabelece que o endosso póstumo produz os efeitos de uma cessão ordinária de créditos e não que deva ter a forma de uma cessão de créditos. 'Quando a legislação cambiária quer adotar a forma de cessão para a transmissão do título, ela o determina expressamente, como no caso da cláusula não à ordem (LUG, art. 11, al. 2ª, e LC, art. 17, § 1º)' (ROSA JUNIOR, Luiz Emygdio Franco da. Títulos de Crédito. 4ª ed., rev. e atual. de acordo com o novo Código Civil. Rio de Janeiro: Renovar, 2006, p. 257/258). 4. Como o endosso póstumo tem a forma de endosso, prescinde da notificação do devedor para ter validade em relação a ele, não se aplicando a norma do art. 290 do Código Civil. 5. A ação de locupletamento prevista no art. 48 do Decreto n. 2.044/1908 não exclui a possibilidade de ajuizamento de ação de cobrança, ficando ao alvedrio do credor a opção por aquela que melhor lhe aprouver, sendo certo, apenas, que deverá observar a *causa petendi*, o ônus probatório e o prazo prescricional próprio de uma ou outra. 6. Na ação de cobrança fundada em nota promissória prescrita, é assegurado o oferecimento de exceções pessoais, cujo ônus probatório recai sobre o devedor (...)".

STJ – 4ª T. – REsp nº 1.167.120 – Rel. Min. Nancy Andrighi – j. 05/11/2013: "(...) 4. Ainda que a transferência dos títulos de crédito seja formalizada por endosso, a aquisição de crédito por faturizadora caracteriza a realização de cessão de crédito, de modo a se afastar o direito de regresso contra o cedente na hipótese de inadimplemento. Precedentes. 5. De outro lado, o art. 294 do CC/02, ao dispor sobre a possibilidade de o devedor manifestar suas exceções pessoais no momento em que notificado da transferência do crédito estabelecem uma faculdade ao devedor de se opor à cessão. 6. Não oposta a exceção pelo devedor notificado da cessão de crédito, opera-se integralmente a despersonalização da relação originária, afastando-se, a princípio, a legitimidade do cedente. 7. Todavia, tratando-se de discussão acerca da existência do crédito, é possível a responsabilização do cedente nos termos do art. 295 do CC/02, razão pela qual deverá o cedente compor o polo passivo da demanda, nos termos do art. 47 do CPC (...)".

STJ – 3ª T. – REsp nº 1.141.877 – Rel. Min. Paulo de Tarso Sanseverino – j. 20/03/2012: "(...) 1 – A cessão de crédito, realizada mediante operação de desconto bancário, é ineficaz em relação ao devedor, enquanto não lhe for notificada. Aplicação do art. 290 do CC/2002. 2 – Inaplicabilidade do princípio da inoponibilidade das exceções pessoais, previsto nos artigos 14 e 17 da Lei Uniforme de Genebra (Decreto 57.663/66), e nos artigos 15, 17, § 1º, 20 e 25 da Lei do Cheque (Lei n. 7357/85), quando o principal instrumento negocial celebrado entre as partes é um contrato de cessão de crédito (operação de desconto bancário), tendo natureza acessória o endosso de cheques (...)".

STJ – 4ª T. – REsp nº 826.660 – Rel. Min. Luis Felipe Salomão – j. 19/05/2011: "(...) 4. O endosso póstumo ou impróprio, assim entendido aquele realizado ulteriormente ao vencimento do título, ou efetuado posteriormente ao protesto por falta de pagamento, ou ainda feito depois do prazo fixado para o protesto necessário, gera efeitos diversos do endosso propriamente dito, quais sejam, aqueles advindos de uma "cessão ordinária de crédito". O princípio da inoponibilidade de defesa pessoal a terceiro de boa-fé ostenta natureza eminentemente cambial, não sendo, pois, aplicável à espécie. 5. No caso em tela, o endosso deu-se posteriormente ao protesto do título por falta de pagamento, o que, por si só, é suficiente para afastar a restrição da defesa ao aspecto meramente formal da promissória. Tendo assentado o acórdão recorrido a prática manifesta de juros excessivos, tanto quanto a quitação substancial do referido título, não há cogitar da sua reforma (...)".

6.4. Aval

6.4.1. Função

À promessa de pagamento do título poderá ser acrescida uma garantia pessoal – ou fidejussória – dada por terceiro ou por signatário do título (art. 30 da LUG) e que é peculiar às cambiais: cuida-se do aval, que é *manifestação unilateral do avalista, que se compromete a pagar o título com o mesmo conteúdo assumido literalmente pelo avalizado* (art. 32 da LUG e art. 897 do CC).

Outro ponto importante é que o aval poderá ser integral ou se restringir a parte da obrigação principal lançada na cártula. Chama-se *aval parcial* a assunção somente de fração do valor representado pelo título de crédito e a restrição deverá ser explícita e específica na declaração de garantia por aval (art. 30 da LUG; arts. 12 e 25 da LDupl; art. 29 LCh). Os dispositivos se confrontam com o art. 897, parágrafo único, do CC, que não admite o aval parcial. Entretanto, o CC, como regra geral, não prevalece sobre os regramentos especiais da matéria [*t. IV, §1, i. 2*] e terá validade para títulos atípicos e cédulas de crédito que invocam as leis cambiais [*t. IV, §7, i. 1*].

Seja integral ou parcial, por força da inoponibilidade de exceções pessoais a terceiros de boa-fé, a responsabilidade do avalista subsiste, ainda que seja nula a obrigação da obrigação principal, a menos que a nulidade decorra de vício de forma (art. 899, § 2º, do CC).

Sendo garantia pessoal, poderá ser dado por pessoa física ou por pessoa jurídica devidamente autorizada por seus órgãos internos. Quanto à pessoa física, importante constatar que a lei exige que a validade do aval seja integrada pela chamada *outorga conjugal*. Assim, salvo no regime da separação absoluta de bens (art. 1.647, III, do CC), um cônjuge deverá autorizar que seja prestado o aval pelo outro, sob pena de anulação que poderá ser pleiteada até dois anos depois de terminada a sociedade conjugal (art. 1.649 do CC). Portanto, nos regimes da comunhão parcial de bens, comunhão universal de bens, participação final nos aquestos e separação obrigatória (STJ – REsp nº 1.163.074 – Rel. Min. Massami Uyeda), deverá um cônjuge dar sua autorização (e não ser coavalista). Em caso de recusa, admite o art. 1.648 do CC que seja pleiteado o suprimento da outorga, "quando um dos cônjuges a denegue sem motivo justo, ou lhe seja impossível concedê-la". A falta de autorização poderá causar a anulação do aval, inclusive com prejuízo a terceiros. O CC não faz diferenciação quanto aos efeitos e a invalidação da garantia contamina a garantia em sua inteireza, tal como interpreta o STJ para a fiança, no Enunciado nº 332 da Súmula: "A fiança prestada sem autorização de um dos cônjuges implica a ineficácia total da garantia".

Outra questão importante é que o aval pode ser em preto (com identificação da pessoa avalizada) ou em branco. Nesse segundo caso, a legislação faz presumir que tenha sido dado em favor do sacador ou emitente e devedor final do título de crédito (art. 31 da LUG e art. 899 do CC). Caso haja mais de uma assinatura caracterizadas como aval em branco, presume-se como *aval simultâneo* em favor do sacador (Enunciado 189 da Súmula do STF) em relação à totalidade das obrigações (art. 47 da LUG).

Finalmente, se o avalista tiver que pagar a obrigação, atribui-se-lhe o direito de regresso contra o avalizado e demais coobrigados anteriores (art. 899, § 1º, do CC).

Jurisprudência

STF – Súmula nº 189: Avais em branco e superpostos consideram-se simultâneos e não sucessivos.

STJ – Súmula nº 26: O avalista do título de crédito vinculado a contrato de mútuo também responde pelas obrigações pactuadas, quando no contrato figurar como devedor solidário.

STJ – 4ª T. – REsp nº 1.475.257 – Rel. Min. Maria Isabel Gallotti – j. 10/12/2019: "(...) O cônjuge que apenas autorizou seu consorte a prestar aval, nos termos do art. 1.647 do Código Civil (outorga uxória), não é avalista. Dessa forma, não havendo sido prestada garantia real, não é necessária sua citação como litisconsorte, bastando a mera intimação, como de fato postulado pelo exequente (art. 10, § 1º, incisos I e II, do CPC de 1973)".

STJ – 3ª T. – REsp nº 1.526.560 – Rel. Min. Paulo de Tarso Sanseverino – j. 16/03/2017: "(...) 1. O Código Civil de 2002 estatuiu, em seu art. 1647, inciso III, como requisito de validade da fiança e do aval, institutos bastante diversos, em que pese ontologicamente constituam garantias pessoais, o consentimento por parte do cônjuge do garantidor. 2. Essa norma exige uma interpretação razoável sob pena de descaracterização do aval como típico instituto cambiário. 3. A interpretação mais adequada com o referido instituto cambiário, voltado a fomentar a garantia do pagamento dos títulos de crédito, à segurança do comércio jurídico e, assim, ao fomento da circulação de riquezas, é no sentido de limitar a incidência da regra do art. 1647, inciso III, do CCB aos avais prestados aos títulos inominados regrados pelo Código Civil, excluindo-se os títulos nominados regidos por leis especiais. 4. Precedente específico da Colenda 4ª Turma (...)".

STJ – 4ª T. – REsp nº 1.633.399 – Rel. Min. Luis Felipe Salomão – j. 10/11/2016: "(...) "(...) 2. Diversamente do contrato acessório de fiança, o aval é ato cambiário unilateral, que propicia a salutar circulação do crédito, ao instituir, dentro da celeridade necessária às operações a envolver títulos de crédito, obrigação autônoma ao avalista, em benefício da negociabilidade da cártula. Por isso, o aval 'considera-se como resultante da simples assinatura' do avalista no anverso do título (art. 31 da LUG), devendo corresponder a ato incondicional, não podendo sua eficácia ficar subordinada a evento futuro e incerto, porque dificultaria a circulação do título de crédito, que é a sua função precípua. 3. É imprescindível proceder-se à interpretação sistemática para a correta compreensão do art. 1.647, III, do CC/2002, de modo a harmonizar os dispositivos do Diploma civilista. Nesse passo, coerente com o espírito do Código Civil, em se tratando da disciplina dos títulos de crédito, o art. 903 estabelece que 'salvo disposição diversa em lei especial, regem-se os títulos de crédito pelo disposto neste Código'. 4. No tocante aos títulos de crédito nominados, o Código Civil deve ter uma aplicação apenas subsidiária, respeitando-se as disposições especiais, pois o objetivo básico da regulamentação dos títulos de crédito, no novel Diploma civilista, foi permitir a criação dos denominados títulos atípicos ou inominados, com a preocupação constante de diferençar os títulos atípicos dos títulos de crédito tradicionais, dando aos primeiros menos vantagens. 5. A necessidade de outorga conjugal para o aval em títulos inominados – de livre criação – tem razão de ser no fato de que alguns deles não asseguram nem mesmo direitos creditícios, a par de que a possibilidade de circulação é, evidentemente, deveras mitigada. A negociabilidade dos títulos de crédito é decorrência do regime jurídico-cambial, que estabelece regras que dão à pessoa para quem o crédito é transferido maiores garantias do que as do regime civil. 6. As normas das leis especiais que regem os títulos de crédito nominados, v.g., letra de câmbio, nota promissória, cheque, duplicata, cédulas e notas de crédito, continuam vigentes e se aplicam quando dispuserem diversamente do Código Civil de 2002, por força do art. 903 do Diploma civilista. Com efeito, com o advento do Diploma civilista, passou a existir uma dualidade de regramento legal: os títulos de crédito típicos ou nominados continuam a ser disciplinados pelas leis especiais de regência, enquanto os títulos atípicos ou inominados subordinam-se às normas do novo Código, desde que se enquadrem na definição de título de crédito constante no art. 887 do Código Civil (...)".

STJ – 2ª T. – AgInt-REsp nº 1.365.814 – Rel. Min. Francisco Falcão – DJe 20.10.2016: "(...) A moderna jurisprudência do Superior Tribunal de Justiça firmou-se no entendimento de ser 'válido o aval prestado por pessoa física nas cédulas de crédito rural, pois a vedação contida no §3º do art. 60 do Decreto-Lei nº 167/1967 não alcança o referido título, sendo aplicável apenas às notas promissórias e duplicatas rurais. Precedentes das Terceira e Quarta Turmas do Superior Tribunal de Justiça' (AgRg-REsp 1557317/PR, Rel. Min. Moura Ribeiro, 3ª T., J. 17.11.2015, DJe 19.11.2015)".

STJ – 3ª T. – REsp nº 1.560.576 – Rel. Min. João Otávio de Noronha – j. 02/08/2016: "(...) 2. O aval é uma garantia pessoal, específica para títulos cambiais, do cumprimento da obrigação contida no título. Trata-se de declaração unilateral de vontade autônoma e formal. O avalista não se equipara à figura do devedor principal, nada obstante a solidariedade quanto à obrigação de pagar. O endosso é ato cambial de transferência e de garantia ao mesmo tempo, porque o endossante, ao alienar o título, fica, por força de lei, responsável pela solução da dívida (...)".

STJ – 4ª T. – REsp nº 647.229 – Rel. Min. Aldir Passarinho Junior – DJe 18.12.2009: "(...) I – A meação da mulher casada não responde por aval de seu cônjuge, por ausência de presunção de que a entidade familiar dele se houvesse beneficiado, já que constitui ato gratuito dado em favor de terceiro. II – É do credor o ônus de demonstrar o contrário (...)".

6.4.2. Forma

A manifestação do aval deve se dar por escrito no próprio título ou em documento à parte que faça expressa referência ao crédito garantido, mas com iguais efeitos cambiários (art. 31 da LUG).

A expressa mínima do aval é "bom para aval" ou por qualquer fórmula equivalente, além da assinatura. Deverá ser lançado no anverso ou frente do título, diferindo-se do aceite pela pessoa que assina: se for o sacado, cuida-se de aceite; se for terceiro, é aval.

Em vista do art. 898, *caput*, do CC e da interpretação do STJ, não é incomum que haja assinaturas no verso, dadas por pessoa distinta do beneficiário e que poderão ser interpretadas como aval. "Só a assinatura no verso da nota promissória caracteriza o aval" (STJ – AgRg no AG nº 468.946 – Min. ARI PARGENDLER).

6.4.3. Aval e fiança: funções e diferenças

O aval terá função de garantia do sacador ou emitente e devedor final do título de crédito, com características cambiais já descritas para essa declaração unilateral de vontade. Ademais, será contemplada com a autonomia obrigação e inoponibilidade de exceções pessoais ao terceiro de boa-fé.

A fiança, por sua vez, decorrerá de contrato e obrigações bilaterais. Vinculada a uma obrigação principal, tem característica de acessoriedade que não lhe traz autonomia, ou seja, não prevalecerá se a obrigação principal for declarada nula ou extinta por qualquer outro motivo.

Além disso, em completa diferença para o aval, na fiança se permite ao fiador "opor ao credor as exceções que lhe forem pessoais, e as extintivas da obrigação que competem ao devedor principal, se não provierem simplesmente de incapacidade pessoal, salvo o caso do mútuo feito a pessoa menor" (art. 837 do CC).

Alguns itens de comparação se fazem úteis:

	Aval	Fiança
Fundamentos	Leis especiais e arts. 897 a 900 do CC	Arts. 818 a 839 do CC
Natureza	Declaração unilateral de vontade	Negócio jurídico bilateral
Forma	Escrito na cártula ou em documento à parte, mas com vinculação ao título	Tem forma livre

	Aval	Fiança
Benefício de ordem	O avalista é sempre coobrigado e solidário	Salvo disposição em contrário, na fiança há o benefício de ordem (arts. 827 e 828, I, do CC).
Substituição	O aval é pessoal e insubstituível, senão pelo consenso	Se o fiador se tornar insolvente ou incapaz, poderá o credor exigir que seja substituído (art. 826 do CC).
Garantia	O aval poderá ser total e em alguns títulos de crédito admite-se o aval parcial	Não sendo limitada, a fiança compreenderá todos os acessórios da dívida principal, inclusive as despesas judiciais, desde a citação do fiador (art. 822 do CC).
Terceiros de boa-fé	Avalista não pode opor exceções pessoais aos terceiros de boa-fé (art. 899, § 2º, do CC), salvo o vício de forma.	O fiador poderá opor exceções pessoais a terceiros de boa-fé e que sejam extintivas da obrigação de pagamento (art. 837 do CC).
Outorga conjugal	Art. 1.647, III, do CC	Art. 1.647, III, do CC

Jurisprudência

STJ – 3ª T. – REsp nº 1.526.560 – Rel. Min. Paulo de Tarso Sanseverino – j. 16/03/2017: "(...) 1. O Código Civil de 2002 estatuiu, em seu art. 1647, inciso III, como requisito de validade da fiança e do aval, institutos bastante diversos, em que pese ontologicamente constituam garantias pessoais, o consentimento por parte do cônjuge do garantidor. 2. Essa norma exige uma interpretação razoável sob pena de descaracterização do aval como típico instituto cambiário. 3. A interpretação mais adequada com o referido instituto cambiário, voltado a fomentar a garantia do pagamento dos títulos de crédito, à segurança do comércio jurídico e, assim, ao fomento da circulação de riquezas, é no sentido de limitar a incidência da regra do art. 1647, inciso III, do CCB aos avais prestados aos títulos inominados regrados pelo Código Civil, excluindo-se os títulos nominados regidos por leis especiais. 4. Precedente específico da Colenda 4ª Turma. 5. Alteração do entendimento deste relator e desta Terceira Turma. 6. Recurso especial desprovido".

STJ – 4ª T. – REsp nº 1.633.399 – Rel. Min. Luis Felipe Salomão – DJe 01.12.2016: "(...) A necessidade de outorga conjugal para o aval em títulos inominados – de livre criação – tem razão de ser no fato de que alguns deles não asseguram nem mesmo direitos creditícios, a par de que a possibilidade de circulação é, evidentemente, deveras mitigada. A negociabilidade dos títulos de crédito é decorrência do regime jurídico-cambial, que estabelece regras que dão à pessoa para quem o crédito é transferido maiores garantias do que as do regime civil. 6. As normas das leis especiais que regem os títulos de crédito nominados, v.g., letra de câmbio, nota promissória, cheque, duplicata, cédulas e notas de crédito, continuam vigentes e se aplicam quando dispuserem diversamente do Código Civil de 2002, por força do art. 903 do Diploma civilista. Com efeito, com o advento do Diploma civilista, passou a existir uma dualidade de regramento legal: os títulos de crédito típicos ou nominados continuam a ser disciplinados pelas leis especiais de regência, enquanto os títulos atípicos ou inominados subordinam-se às normas do novo Código, desde que se enquadrem na definição de título de crédito constante no art. 887 do Código Civil (...)".

STJ – 3ª T. – AgInt-REsp nº 1.280.442 – Rel. Min. Ricardo Villas Bôas Cueva – DJe 30.08.2016: "(...) 1. O fiador garantidor da dívida responde legitimamente em igualdade com o afiançado pela execução movida pelo credor. A fiança é garantia acessória que segue a sorte da dívida principal. 2. O devedor pode opor ao portador do cheque tão somente as exceções fundadas em relação pessoal com este ou quanto ao título em aspectos formais e materiais, em observância aos princípios da autonomia e da abstração do título, o que não se verifica na presente hipótese, em que o recorrente, na condição de fiador, busca discutir a relação existente entre o devedor principal e o portador do cheque (...)".

STJ – 3ª T. – REsp nº 1.138.993 – Rel. Min. Massami Uyeda – j. 03/03/2011: "(...) I – O aval refere-se exclusivamente aos títulos de crédito e, portanto, só se presta em contrato cambiário, exigindo-se, por conseguinte, que o avalista pague somente pelo que avalizou, representando obrigação solidária. Por sua vez, a fiança constitui-se em uma garantia fidejussória ampla, passível de aplicação em qualquer espécie de obrigação e tem natureza subsidiária. Na espécie, cuida-se, portanto, de fiança (...)".

STJ – 3ª T. – REsp nº 248.842 – Rel. Min. Ari Pargendler – j. 25/04/2000: "(...) O aval supõe assinatura em título cambial ou cambiariforme, não se lhe assimilando a firma posta em instrumento particular, que sequer valeria como fiança se casado o seu autor".

7. VENCIMENTO E PAGAMENTO

7.1. Vencimento

O vencimento dos títulos poderá ser (art. 33 da LUG):

(*a*) à vista: pagável à apresentação e ser apresentada a pagamento dentro do prazo de 1 ano, a contar da sua data (art. 34 da LUG), salvo prazo encurtado pelo sacador ou endossantes.

(*b*) a um certo termo de vista: determina-se, quer pela data do aceite, quer pela do protesto (art. 35 da LUG).

(*c*) a um certo termo de data: contado a partir da emissão e determinado pela data correspondente do mês em que o pagamento se deve efetuar (art. 36 da LUG).

(*d*) pagável num dia fixado: fixada segundo o calendário do lugar de pagamento (art. 37 da LUG).

A LUG prevê hipóteses de vencimento antecipado no art. 43: "1º) se houve recusa total ou parcial de aceite; 2º) nos casos de falência do sacado, quer ele tenha aceite, quer não, de suspensão de pagamentos do mesmo, ainda que não constatada por sentença, ou de ter sido promovida, sem resultado, execução dos seus bens; 3º) nos casos de falência do sacador de uma letra não aceitável". Embora haja querela na doutrina sobre o assunto e, em vista de reserva feita pelo art. 10 do Decreto nº 57.663/66, entendemos que o vencimento antecipado está regido pelo art. 19 do Decreto nº 2.044/1908, que admite o vencimento antecipado somente pela falta ou recusa do aceite ou pela falência do aceitante.

7.2. Pagamento

O pagamento extingue a obrigação principal da cártula e pode fazer surgir o efeito recuperatório do regresso dos coobrigados – como endossantes e avalistas que fizerem o pagamento.

O título deve ser apresentado em dia fixo ou a certo termo de data ou de vista, podendo ser exigida a quitação (arts. 38 e 39 da LUG e art. 901 do CC). No caso de pagamento parcial, o sacado pode exigir que desse pagamento se faça menção na letra e que dele lhe seja dada quitação (art. 39, segunda parte, da LUG e art. 902, § 2º, do CC).

Além disso, de modo a evitar que entre em circulação, o título deverá ser entregue a quem o pagou. Essa devolução é entendida como presunção *juris tantum* de pagamento (art. 324 e 901 do CC). "Ficará sem efeito a quitação assim operada se o credor provar, em sessenta dias, a falta do pagamento" (art. 324, parágrafo único, do CC).

8. PROTESTO

A recusa de aceite ou de pagamento deve ser comprovada por um ato formal (protesto por falta de aceite ou falta de pagamento) (art. 44 da LUG). O protesto é ato delegado aos Cartórios com dupla função: (a) *comprobatória* de situação específica relativa a documentos e títulos, como por exemplo a falta de pagamento, a falta de aceite ou o inadimplemento de obrigação para fins falimentares; (b) *conservativa* de direitos, de modo que permite o exercício de direitos específicos de títulos de crédito em face de terceiros, como no exemplo do regresso do portador do título contra coobrigados como endossantes e avalistas.

O protesto e o respectivo serviço estão regulados pela Lei nº 9.492/97 (LProt). Ele é caracterizado como "ato formal e solene pelo qual se prova a inadimplência e o descumprimento de obrigação originada em títulos e outros documentos de dívida" (art. 1º, *caput*, da LProt). Entre os títulos judiciais e extrajudiciais (arts. 515 e 784 do CPC), também podem ser incluídos como protestáveis as certidões de dívida ativa da União, dos Estados, do Distrito Federal, dos Municípios e das respectivas autarquias e fundações públicas (art. 1º, parágrafo único, da LProt).

Há um procedimento específico para o acolhimento do título para protesto, cuja sequência é especificada pela LProt: (a) *distribuição* do Título ao Tabelionato com atribuições no local de pagamento ou de aceite (arts. 7º e 8º); (b) *apresentação e protocolização*: os títulos serão examinados em seus caracteres formais e terão curso se não apresentarem vícios (arts. 9º a 11); (c) *prazo*: registro no prazo de 3 dias úteis da protocolização (arts. 12 e 13); (d) *intimação do devedor* (arts. 14 e 15); (e) *desistência*: antes da lavratura, pode o apresentante desistir do protesto, em caso de acordo ou pagamento feito entre sacador e sacado, com pagamento de emolumentos do Cartório (art. 16); (f) *sustação do protesto*: judicialmente, o devedor ou coobrigados poderão obter a sustação antes de ser lavrado o protesto, de modo que poderão promover discussão judicial acerca da dívida (arts. 17 e 18); (g) *pagamento*: o título poderá ser pago junto ao Cartório, recebendo-se a respectiva quitação (art. 19); (h) caso nenhuma das hipóteses de desistência, sustação ou pagamento ocorra, lavra-se o protesto por falta de pagamento, de aceite ou de devolução (arts. 20 a 24).

Para as duplicatas escriturais foram acrescidos os seguintes serviços no art. 41-A da LProt (alterada pelo art. 8º da Lei nº 13.775/2018): I – escrituração e emissão de duplicata sob a forma escritural, observado o disposto na legislação específica, inclusive quanto ao requisito de autorização prévia para o exercício da atividade de escrituração pelo órgão supervisor e aos demais requisitos previstos na regulamentação por ele editada; II – recepção e distribuição de títulos e documentos de dívida para protesto, desde que escriturais; III – consulta gratuita quanto a devedores inadimplentes e aos protestos realizados, aos dados desses protestos e dos tabelionatos aos quais foram distribuídos, ainda que os respectivos títulos e documentos de dívida não sejam escriturais; IV – confirmação da autenticidade dos instrumentos de protesto em meio eletrônico; e V – anuência eletrônica para o cancelamento de protestos.

Jurisprudência

STJ – 4ª T. – REsp nº 1.231.856 – Rel. Min. Luis Felipe Salomão – j. 04/02/2016: "(...) 5. O protesto do cheque, com apontamento do nome do devedor principal (emitente), é facultativo e, como o título tem por característica intrínseca a inafastável relação entre o emitente e a instituição financeira sacada, é indispensável a prévia apresentação da cártula; não só para que se possa proceder à execução do título, mas também para cogitar do protesto. Tomadas essas cautelas, caracterizando o cheque levado a protesto título executivo extrajudicial, dotado de inequívoca certeza e exigibilidade, não se concebe que possam os credores de boa-fé se verem tolhidos quanto ao seu lídimo direito de resguardarem-se quanto à prescrição; visto que, conforme disposto no art. 202, III, do Código Civil de 2002, o protesto cambial interrompe o prazo prescricional para ajuizamento de ação cambial de execução, ficando, com a vigência do novel Diploma, superada a Súmula 153/STF".

TJMG – 10ª C.Cív. – AC nº 1.0693.15.003130-2/001 – Rel. Des. Manoel dos Reis Morais – *DJe* 26.08.2016: "(...) Segundo entendimento firmado pela Segunda Seção do e. STJ, em julgamento pelo regime do art. 543-C do CPC, 'no regime próprio da Lei nº 9.492, de 1997, legitimamente protestado o título de crédito ou outro documento de dívida, salvo inequívoca pactuação em sentido contrário, incumbe ao devedor, após a quitação da dívida, providenciar o cancelamento do protesto'. À míngua de prova de que a baixa do título protestado foi inviabilizada porquanto recusada a emissão da carta de anuência, indevida a responsabilização do credor por eventuais danos morais advindos da manutenção do apontamento".

9. AÇÕES PARA RECEBIMENTO DO CRÉDITO

9.1. Ação cambial

Além da cobrança extrajudicial por meio da lavratura do protesto, o credor do título tem à sua disposição ações de rito especial e mais céleres para a satisfação do que lhe é devido. No direito brasileiro, a ação que a doutrina e alguns dispositivos legais chamam de *ação cambial* (arts. 43 e seguintes da LUG e art. 49 do Decreto nº 2.044/1908), em geral, é representada pela *ação de execução por quantia certa* (art. 824 do CPC) e, no caso da CPR [*t. IV, §7, i. 5.5*], há interesse de agir na promoção de *ação de execução para entrega de coisa incerta* (art. 811 do CPC).

O processo de execução foi o escolhido, entre outros fatores, por ser mais célere no recebimento e garantia do débito e porque nele é desnecessária a cognição probatória extensiva do procedimento comum. Em outras palavras, os títulos de crédito e contratos cambiariformes são considerados títulos executivos extrajudiciais (art. 784, I, II e XI do CPC e art. 10 do Decreto-Lei nº 167/67; art. 10 do Decreto-Lei nº 413/69; art. 1º da Lei nº 6.313/75; art. 5º da Lei nº 6.840/80; art. 4º da Lei nº 8.929/94; arts. 20, 26 e 28 da Lei nº 10.931/2004; art. 24 da Lei nº 11.076/2004). Igualmente são exequíveis as duplicatas escriturais eletrônicas (art. 7º da Lei nº 13.775/2018). Há presunção de serem obrigações certas, líquidas e exigíveis (art. 783 do CPC).

A ação será movida *diretamente* em face do devedor (sacado ou aceitante) e seus avalistas, independentemente de protesto. Por outro lado, em desfavor de coobrigados como endossantes e avalistas dos endossantes, faz-se necessário o protesto, salvo se houver cláusula "sem despesa" (art. 53 da LUG).

Como documento essencial, junta-se à petição inicial o original do título de crédito. Na duplicata, é bom acrescentar, o protesto deverá ocorrer se não houver aceite na cártula, acrescentando-se como documento essencial o comprovante de entrega da mercadoria ou do serviço.

Ajuizada a ação, o devedor será citado para pagar a dívida em 3 dias, com ordem de penhora tão logo seja identificado o inadimplemento (art. 829 do CPC). Ao devedor executado faculta-se a apresentação de defesa por meio de *embargos à execução* no prazo de 15 dias (arts. 914 e 915 do CPC), com conteúdo de oposição previsto no art. 917 do CPC: I – inexequibilidade do título ou inexigibilidade da obrigação; II – penhora incorreta ou avaliação errônea; III – excesso de execução ou cumulação indevida de execuções; IV – retenção por benfeitorias necessárias ou úteis, nos casos de execução para entrega de coisa certa; V – incompetência absoluta ou relativa do juízo da execução; VI – qualquer matéria que lhe seria lícito deduzir como defesa em processo de conhecimento.

Admite-se, ainda, a construção doutrinária e jurisprudencial da exceção ou objeção de pré-executividade para discussão imediata de questões de ordem pública cognoscíveis de ofício pelo juiz (arts. 525, §11 e 803, parágrafo único, do CPC).

9.2. Ação de enriquecimento sem causa

O Brasil adotou ressalva em relação à previsão da LUG de haver somente a ação cambial (art. 53 da LUG). Assim, ainda tem vigência o art. 48 do Decreto nº 2.044/1908: "Sem embargo da desoneração da responsabilidade cambial, o sacador ou o aceitante fica obrigado a restituir ao portador, com os juros legais, a soma com a qual se locupletou à custa deste. A ação do portador para este fim é a ordinária".

Em termos atualizados: preenchidos determinados pressupostos, poderá ser ajuizada ação de conhecimento com rito comum para a cobrança do título de crédito. Admite-se também o rito da ação monitória (art. 700 do CPC).

Entretanto, os pressupostos de cabimento são mais estritos, porque: (*a*) deverá ter ocorrido a prescrição da força cambial da cártula, impossibilitando a execução; (*b*) poderá ter passado o prazo de protesto para execução dos devedores coobrigados; (*c*) o título de crédito deverá ser válido; (*d*) deverá ser demonstrado o nexo de causalidade do locupletamento indevido. Perceba-se, portanto, que a ação implica maior extensão de debate, inclusive com admissão de discussão de causa nos títulos abstratos.

Anote-se, por fim, que a prescrição a ação de enriquecimento sem causa tem prazo distinto em relação à ação cambial. Este tem previsão específica nas leis de regência dos títulos; já o prazo da ação de enriquecimento passará a fluir somente a partir do momento em que tiver cabimento a ação, ou seja, depois de esgotado o prazo da execução.

Apesar de divergência doutrinária, entendemos que o prazo será de 3 anos, com fundamento no art. 206, § 3º, inciso IV, do CC, que trata especificamente das ações de ressarcimento por enriquecimento sem causa.

9.3. Ação de cobrança com base na causa subjacente

Mostra-se possível, finalmente, que seja ajuizada ação de cobrança, sob rito comum do CPC, baseada fundamentalmente na causa do título, ou seja, com discussão e cognição ampla da origem da dívida.

Perceba-se que o fundamento é diverso da ação cambial e da ação de enriquecimento sem causa: na ação de cobrança deverá ser formada a sentença ou título executivo judicial para posterior cumprimento, com ampla instrução probatória e debates sobre a origem do débito.

Por ser esse o fundamento, a prescrição estará vinculada à própria pretensão condenatória, com variação de acordo com a natureza da obrigação originária e conforme previsão do art. 206 do CC.

Para exemplificar, suponha crédito derivado de procedimento médico realizado em clínica particular. Emite-se nota promissória que é inadimplida e não executada no prazo de 3 anos de prescrição cambial. Por má conservação, o título fica ilegível em relação a um dos requisitos essenciais. Assim, poderá o médico promover a ação de cobrança dos honorários no prazo prescricional de 5 anos (art. 206, § 5º, inciso II, do CC), contados da origem do serviço que lhe gerou o crédito.

10. PRESCRIÇÃO

O prazo de prescrição da ação cambial está previsto nas respectivas leis de regência dos títulos:

Título de Crédito	Prazo prescricional
Letra de Câmbio	• 3 anos, contados do seu vencimento, contra aceitante e avalista

Letra de Câmbio	• 1 ano, contado da data do protesto em tempo útil ou do vencimento, do portador contra os endossantes e o sacador • 6 meses, contados da data em que o endossante pagou ou foi acionado, dos endossantes contra os outros e o sacador
Nota Promissória	• 3 anos, contados do seu vencimento, contra emitente e avalista • 1 ano, contado da data do protesto em tempo útil ou do vencimento, do tomador contra endossantes • 6 meses, contados da data em que o endossante pagou ou que foi acionado, dos endossantes uns contra os outros
Cheque	• 6 meses, contados da expiração do prazo de apresentação • 6 meses, contados do dia em que o obrigado pagou o cheque ou que foi demandado, ação de regresso de um obrigado contra outro • art. 59 LCh
Duplicata	• 3 anos, contados da data do vencimento, contra o sacado e seus avalistas • 1 ano, *contado da data do protesto, contra endossante e seus avalistas* • 1 ano, contado da data do pagamento, de qualquer dos coobrigados contra os demais • Art. 18 LDupl
Cédula de Crédito Bancário	• 5 anos (art. 206, § 5º, I, CC)
Warrant e Conhecimento de Depósito	• 3 anos, contados da data da venda (primeiro endossante) • 1 ano (demais endossantes)
Debêntures	• 5 anos (art. 206, § 5º, I, CC) (STJ – REsp nº 1.316.256 – Rel. Min. Luis Felipe Salomão)
Títulos atípicos	• 3 anos (art. 206, § 3º, VIII)

Reitere-se, por pertinente, que o prazo da ação cambial executiva não se confunde com o prazo da ação de locupletamento indevido ou enriquecimento sem causa. Nesse caso, o prazo será de 3 anos, com fundamento no art. 206, § 3º, inciso IV, do CC, que trata especificamente das ações de ressarcimento por enriquecimento sem causa. A contagem se inicia após o fim do prazo da ação cambial.

Distinto, ainda, será o prazo da ação de cobrança, porquanto esteja vinculado à obrigação causal originária (art. 206 do CC, por exemplo).

Outro ponto importante diz respeito à prescrição intercorrente, que passou a ser regulada pelos arts. 921, III, §§ 1º e 3º, 924, V e 1.056 do CPC e art. 206-A do CC. Suspenso o processo de execução e decorrido mais de um ano sem encontrar bens penhoráveis, o juiz ordena o arquivamento dos autos e começa a correr a prescrição intercorrente coincidente com o prazo de prescrição do título (art. 206-A do CC), assegurado o contraditório: "o exequente permanece inerte por prazo superior ao de prescrição do direito material vindicado, conforme interpretação extraída do art. 202, parágrafo único, do Código Civil de 2002" (STJ – IAC nº 01 – REsp nº 1.604.412 – Rel. Min. MARCO AURÉLIO BELLIZZE).

Bibliografia parte geral: ALVES, Alexandre Ferreira de Assumpção. *Atos cambiários*. In: COELHO, Fabio Ulhoa (Coord.). *Tratado de direito comercial*. v. 8. São Paulo: Saraiva, 2015. BULGARELLI, Waldirio. *Títulos de crédito*. 14. ed. São Paulo: Atlas, 1998. CATEB, Alexandre Bueno.

Título de crédito eletrônico. In: COELHO, Fabio Ulhoa (Coord.). *Tratado de direito comercial*. v. 8. São Paulo: Saraiva, 2015. FIGUEIREDO, Ivanildo. *Princípios do direito* cambiário. In: COELHO, Fabio Ulhoa (Coord.). *Tratado de direito comercial*. v. 8. São Paulo: Saraiva, 2015. FRONTINI, Paulo Salvador. Títulos de crédito e títulos circulatórios: que futuro a informática lhes reserva? RT, 730/50. GUERREIRO, José Alexandre Tavares. Problemas atuais de direito cambiário. RDM, 51/64. MIRANDA, F. C. Pontes de. *Tratado de direito cambiário*. v. 1. São Paulo: Max Limonad, 1954. ROSA JÚNIOR, Luiz Emygdio F. da. Títulos de crédito. 7. ed. Rio de Janeiro: Renovar, 2011.

11. FUNÇÃO DA SECURITIZAÇÃO

A securitização não é operação simples e a sua compreensão implica raciocinar com dois fatores econômicos: a necessidade de crédito e a possibilidade de circulação do crédito formalizado em títulos.

O crédito é fundamental para o financiamento das atividades econômicas. Pode decorrer de contratos bancários [*t. IV, §21*], *factoring* [*t. IV, §24*] e também pela documentação feita pelos títulos de crédito. Seja qual for a formalização, toma-se o capital de terceiros para o giro econômico da atividade empresarial.

Nem sempre o capital de terceiros se mostra alternativa com custos transacionais rentáveis. Além disso, não é incomum que o tomador do empréstimo se encontra sem ativos suficientes para dar garantias à operação com instituições financeiras. Por outro lado, os empresários – industriais, comerciais, agrícolas – muitas vezes têm à sua disposição as mercadorias produzidas ou os créditos que têm para receber. São valores e permite-se a transformação em títulos de crédito. Assim, podem colocar em circulação e conseguir levantar recursos por meio desses títulos que são postos em circulação e oferecidos ao mercado com custos mais vantajosos do que num empréstimo bancário. Ao mercado interessarão tais títulos em vista dos valores neles embutidos, que podem ser inclusive valorizados pela flutuação dos preços das mercadorias que dão suporte aos documentos.

Com tal operação, permite-se, a um só tempo, mobilizar riquezas, dispersar riscos e gerar desintermediação bancária nos contratos de financiamento (CAMINHA, 2005, p. 38; CASTRO, 2017, p. 417). Além disso, os créditos pecuniários devem permitir constituição de fluxo de caixa estável para atrair os investidores e por esse motivo a cessão de crédito, para fins de securitização, deve ser incondicional, irretratável e onerosa.

Portanto, a *securitização*[1] é contrato por meio qual são adquiridos conjuntos de títulos representativos de valores a receber, com distribuição de riscos para o mercado adquirente. Os valores são agregados num conjunto e lançados em novo título com lastro no conjunto anterior (CHALHUB, 2000, p. 267). De acordo com ROGERIO ALESSANDRE DE OLIVEIRA CASTRO, ocorre simultaneamente um "agrupamento de créditos que serve de lastro para emissão de títulos padronizados negociáveis no mercado de capitais" e um "negócio jurídico que transforma instrumentos de dívida ou créditos em títulos ou valores mobiliários" (CASTRO, 2017, p. 418).

Poderão ser objeto de securitização direitos como negócios imobiliários, alugueis de *shopping center, royalties*, direitos de propriedade industrial, mas também direitos a créditos futuros – conhecidos no jargão de mercado como securitização de recebíveis, como no caso de recebíveis imobiliários (CRI) [*t. IV, §7, i. 4.2*] e do agronegócio (CRA) [*t. IV, §7, i. 5.9*].

Esses ativos componentes do lastro são negociados em 3 fases (CASTRO, 2017, p. 435):

---

[1] O nome securitização provém do anglicismo *security*, utilizado mais no sentido da distribuição de riscos que a operação permite.

(*a*) cessão do crédito (*pro soluto*) por quem deu origem aos ativos à securitizadora. A securitizadora normalmente é sociedade anônima com o propósito específico que adquire os recebíveis e emite os valores mobiliários;

(*b*) oferta aos investidores de mercado, com emissão dos valores mobiliários na forma da Lei nº 6.385/76, como por exemplo o CRI e o CRA;

(*c*) recebimento dos valores pela securitizadora.

Os investidores poderão receber na liquidação dos ativos, enquanto os geradores dos ativos ou cedentes receberão da securitizadora.

Um exemplo pode auxiliar na compreensão[2]: uma Usina devedores de debêntures garantidas por cessão de direitos de contratos de venda de açúcar e álcool pode dar lastro a Certificados de Recebíveis do Agronegócio – que ficam vinculados ao CRA – com transferência para uma Sociedade Securitizadora S/A. Em seguida, a Securitizadora faz publicação da oferta pública ao mercado, de modo a atrair investidores interessados na remuneração oferecida pelo CRA.

Por envolver grande confiança na existência e solvabilidade dos ativos, além da identificação dos riscos, é comum que os valores passíveis de securitização sejam avaliados por agências de *rating* das operações. Portanto, é possível identificar a presença de coligação contratual [*t. IV, §8, i. 9*] nas operações de *factoring*, por envolverem, de acordo com a descrição de ROGERIO ALESSANDRE DE OLIVEIRA CASTRO, classificação de risco, auditoria, serviços de custódia de valores mobiliários, criação de fundos de investimentos em direitos creditórios (FIDC) e emissão dos títulos próprios para securitização (CASTRO, 2017, p. 435).

A segurança do negócio também é reforçada no caso de falência do cedente do crédito, porquanto esteja previsto no art. 136, § 1º, da LREF, que "na hipótese de securitização de créditos do devedor, não será declarada a ineficácia ou revogado o ato de cessão em prejuízo dos direitos dos portadores de valores mobiliários emitidos pelo securitizador". Portanto, os negócios de cessão que dão suporte à securitização não estão sujeitos à decretação de ineficácia em ação revocatória [*t. V, §3, i. 5.2.5*].

Bibliografia: CAMINHA, Uinie. *Securitização*. São Paulo: Saraiva, 2005. CAMINHA, Uinie. *Securitização*. In: COELHO, Fabio Ulhoa (org.). *Tratado de direito comercial*. v. 4. São Paulo: Saraiva, 2015. CHALHUB, Melhim Namen. *Negócios Fiduciários*. Rio de Janeiro: Renovar, 2000. CASTRO, Rogerio Alessandre de Oliveira. *Factoring e securitização de recebíveis mercantis*. In: LIMA, Cintia Rosa Pereira de (et.al.) (coord.) *O direito brasileiro em evolução*. São Paulo: Almedina, 2017. NAJJARIAN, Irene Patrícia de Noronha. *Securitização de recebíveis mercantis*. São Paulo: Quartier Latin, 2010. PENTEADO JÚNIOR, Cassio Martins. A propósito da securitização de recebíveis: cessão de crédito ou cessão do contrato, *RDM*, 115/124. PENTEADO JÚNIOR, Cassio Martins. A securitização de recebíveis de créditos gerados em operações de bancos: a resolução n. 2493 e sua perspectiva jurídica, *RDM*, 111/120. SILVA, João Calvão da. *Titularização de créditos*. Coimbra: Almedina, 2003. RAMOS, André Luiz Santa Cruz. *O contrato de factoring e o direito de regresso do faturizador contra o faturizado*. Revista Brasileira de Direito Comercial, 2/78.

---

[2] Retirado do Jornal *Valor Econômico* de 28/09/2018, p. A5, feito pela Eco Securitizadora de Direitos Creditórios do Agronegócio S/A, lastreado em créditos do agronegócio devidos pela CMAA – Unidade Vale do Tijuco Açúcar e Álcool S/A, no valor de R$ 125 milhões.

§2
LETRA DE CÂMBIO

1. CONCEITO E FUNÇÃO

A letra de câmbio *é título de crédito formal, abstrato e autônomo com ordem de pagamento dada pelo sacador (emitente) para o sacado pagar determinada quantia ao tomador (beneficiário).*

```
SACADOR    →    SACADO    →    TOMADOR
      1ª Relação      2ª Relação
```

Essa operação é ligada à origem histórica do documento. Na Idade Média, a dificuldade e riscos de transportar pecúnia fez desenvolver operação bancária de câmbio de moeda. O mercador depositava dinheiro no banco para fazer pagamentos de mercadorias emitidas em outra cidade. O banco, na posição de sacado, emitia comando para que esse pagamento fosse realizado ao beneficiário e credor na outra cidade.

```
SACADOR              →   SACADO    →   TOMADOR
(mercador comprador)    (Banco)        (mercador vendedor)
```

De operação de câmbio de moeda do período conhecido como italiano, houve o desenvolvimento do título, porque na primeira relação descrita, demanda-se o aceite (com assinatura) do sacado para que ele assuma a obrigação de pagamento da dívida ao tomador. Assim, o título passou a circular e se transformou em instrumento de pagamento.

O uso da letra de câmbio foi perdendo gradativa frequência, mas a compreensão desse instrumento de crédito e pagamento ainda é relevante para algumas operações bancárias e também para transações de comércio exterior.

Relevante considerar, ainda, que se trata de título completo e com complexidade que recomendou a uniformização de sua forma e conteúdo. Por isso, a regulamentação é feita pela LUG e, nas reservas e omissão da convenção internacional, ainda se aplicam dispositivos do Decreto nº 2.044/1908, além dos comandos gerais do CC que sejam compatíveis.

2. REQUISITOS INTRÍNSECOS

Os requisitos intrínsecos do título de crédito se relacionam essencialmente à manifestação de vontade explicitada pelo documento. Com base nesse pressuposto, o art. 104 do CC determina como requisitos de validade o objeto lícito, forma prescrita em lei e capacidade de quem declara a vontade.

Quanto ao último requisito, leva-se em consideração a condição de absolutamente incapaz ou a transitoriedade da incapacidade que inabilite a pessoa a contratar validamente (art. 4º do CC e Estatuto da Pessoa com Deficiência). Um incapaz não se obriga por título de crédito, conforme art. 44 do Decreto 2.044/1908, aplicável em razão da omissão da LUG. Nada impede que o representante do incapaz, assuma a obrigação em nome dele, como nos casos de tutela e curatela. Todavia, o representante deverá indicar essa condição para que não assuma obrigação pessoal de pagamento (art. 8º da LUG).

Se houver assinaturas de incapazes ou falsas, o art. 7º da LUG determina que o título não é integralmente nulo, sendo válidas as demais obrigações lançadas no título por outros signatários.

Há também complexidade se a obrigação é assumida por pessoa jurídica. Por ele deverá assinar o título e assinar a obrigação quem tiver poderes atribuídos pelos atos constitutivos (estatuto ou contrato social, conforme o caso). Se quem assina o título não tem poderes ou há restrições tornadas públicas com o registro, o documento não é válido perante a sociedade, por força do que prevê o art. 1.015, caput, do CC [*t. II, §3, i. 5.1.2*]. Com a nova disciplina do art. 1.015 do CC, prevalecem entendimentos de aplicação da teoria da aparência e a tutela da boa-fé caso se identifique a assunção de obrigações por pessoa que, em aparência, induz terceiro a crer que a pessoa que assinou atua em nome da pessoa jurídica.

3. REQUISITOS FORMAIS

Os títulos de crédito precisam obedecer às formalidades para que atinjam os requisitos e características cambiais (arts. 1º e 2º da LUG). Se faltarem tais requisitos formais, perde-se a autonomia e abstração cambiais, servindo como mero instrumento de prova para pretensão genérica de cobrança ou monitória. Não é diferente com a letra de câmbio, que por ser título completo, adquire protagonismo em termos didáticos, ou seja, a plenitude de elementos faz com a doutrina utilize a letra de câmbio para explicação dos requisitos formais das cambiais.

Uma letra de câmbio se forma com o seguinte conteúdo:

```
LETRA DE CÂMBIO
N. _____ Vencimento _____ de _____ de_____.        R$

No vencimento pagará(ão) V. Sa(s) por esta única via de Letra de Câmbio, à _____, CPF
_____, ou à sua ordem a importância de _____ reais.
Na praça de _____.
A apresentação desta cambial poderá ser feita até _____ meses da data do saque.
Aceitante: _____.
Endereço: _____.
Cidade: _____ Estado: ___.
Documentos (CPF/CNPJ): _____.     Local e Data do Saque:
Outros documentos (RG): _____.     _____


   _____              _____
         Aceito(amos)                        (Assinatura)
```

Observam-se os requisitos essenciais e que podem ser convalidados posteriormente.

3.1. Requisitos essenciais

Os requisitos formais essenciais caracterizam a cambial e lhe atribuem os efeitos completos do instrumento de crédito, que vale pelo que nele está inscrito. Se faltam alguns dos requisitos no momento da apresentação, perdem-se os atributos da cambial. São eles:

(a) *Cláusula cambial* ou de *identificação do nome do título*. No caso, o art. 1º da LUG, prevê-se o nome "letra" E, no Brasil, por tradição e costume também se aceita "letra de câmbio".

(b) *Ordem de pagamento* expressamente inscrita, do sacador determinado ao sacado o pagamento ao beneficiário, conforme se depreende do texto do art. 1º da LUG – apesar da tradução corretar "o mandato puro e simples de pagador, que na verdade deve ser lido como ordem ou mandado". Se faltarem tais requisitos formais, perde-se a autonomia abstração cambial, servindo como mero instrumento de prova para pretensão genérica de cobrança ou monitória. Entrementes, na ordem de pagamento deverá constar também o valor nominal e por extenso. Sobre o valor pago, o art. 5º da LUG admite o pacto de juros compensatórios (ou remuneratórios), para meio de cláusula inserida pelo sacador, com identificação da taxa cobrada.

(c) *Nome do sacado:* cuida-se da identificação da pessoa a quem a ordem é dirigida, com posterior necessidade de aceite dessa figura no título.

(d) *Nome do beneficiário:* nesse caso, identifica-se o nome do tomador do título ou quem receberá o crédito.

(e) *Data de emissão:* essa é a data em que o título foi sacado originalmente.

(f) *Assinatura do sacador:* a assinatura é o ato de lançamento da declaração unilateral da vontade de emissão do título. Constitui o *saque*. Se o sacado não aceitar a letra, o sacador por ela responderá isoladamente, conforme art. 9º da LUG: "O sacador é garante tanto da aceitação como do pagamento de letra".

3.2. Requisitos convalidáveis

A ausência de três requisitos, conforme previsto na LUG, pode ser convalidada por outros constantes do título:

(a) *Local de emissão:* cuida-se da praça em que o título foi sacado e auxilia na identificação do direito aplicável. Todavia, a ausência desse conteúdo pode ser suprida pelo endereço declinado na identificação do sacador. Na ausência dos dois elementos de indicação do local do saque, a letra de câmbio perde a eficácia cambial.

(b) *Local do pagamento:* essa é a indicação do local onde o beneficiário deve apresentar o título para pagamento. Sem esse local, presume-se o endereço do sacado. Se ambos os locais faltarem no título, perde-se a eficácia cambial.

(c) *Vencimento:* na ausência da data de vencimento – que auxilia na contagem de prazo prescricional – presume-se que a letra de câmbio será paga à vista, conforme art. 2º, 2, da LUG.

3.3. Preenchimento posterior

A emissão do título com alguns dos requisitos essenciais em branco permite o preenchimento da letra pelo beneficiário e portador. É o que se extrai do conteúdo do art. 891 do CC, que condiciona o preenchimento à estrita observância de ajustes da época do saque: "O título de crédito incompleto ao tempo da emissão deve ser preenchido de conformidade com os ajustes realizados". Na mesma linha é o entendimento lançado no Enunciado nº 387 da Súmula do STF: "A cambial emitida ou aceita com omissões, ou em branco, pode ser completada pelo credor de boa-fé antes da cobrança ou do protesto".

Em caso de má-fé, caberá ao devedor provar que o preenchimento contrariou o que foi pactuado, já que existe presunção de boa-fé e poder conferido ao credor para lançar no título os requisitos faltantes.

A questão fica ainda mais complexa se a letra tiver circulado por endosso, porque o terceiro de boa-fé não poderá ser prejudicado por ajustes não lançados ou lançados incorretamente (art. 891, parágrafo único, do CC).

4. DECLARAÇÕES CAMBIÁRIAS

Além da declaração principal e essencial de saque, poderão ser lançadas na letra de câmbio *declarações autônomas* e independentes entre si, de modo que a invalidade de uma não afeta as demais. Cuida-se do *aceite* (intenção do sacado de assumir o pagamento do título); e *aval* (garantia fidejussória do título).

Todas elas foram abordadas em sede de teoria geral [*t. IV, §1, i. 6*].

§3
NOTA PROMISSÓRIA

1. CONCEITO E FUNÇÃO

A nota promissória *é título de crédito formal, abstrato e autônomo com promessa direta de pagamento do emitente ao beneficiário.*

EMITENTE → BENEFICIÁRIO

Diferentemente da letra de câmbio, não ocorre ordem de pagamento a intermediário, que assume o compromisso de pagar ao beneficiário. Na nota promissória a promessa é direta e assumida pelo devedor (emitente) perante o credor (beneficiário ou tomador). Portanto, não há a figura do aceite.

A base legal do título também é a LUG, além dos comandos gerais do CC e os específicos do Decreto nº 2.044/1908 nos casos de reservas à LUG.

2. REQUISITOS INTRÍNSECOS

Remete-se o leitor ao tópico deduzido para as letras de câmbio [*t. IV, §2, i. 2*].

3. REQUISITOS FORMAIS

Uma nota promissória se forma com o seguinte conteúdo:

```
                                          Vencimento:
No.|_____|  R$ |_____|
Ao(s) _____
      _____ pagarei por esta única via de NOTA PROMISSÓRIA
a _____ - CPF _____
ou à sua ordem, a quantia de |_____|
|_____| em moeda corrente deste país.
Pagável em FRANCA – SP              Franca, 16 de janeiro de 2004.
Emitente: _____
CPF: _____
Endereço: _____
```

3.1. Requisitos formais essenciais

Os requisitos formais essenciais caracterizam a nota promissória como cambial e lhe atribuem os efeitos completos de instrumentos de crédito, que vale pelo que nele está inscrito (art. 75 da LUG). Se faltam alguns dos requisitos no momento da apresentação, perdem-se os atributos da cambial. São eles:

(a) *Cláusula cambial* ou *identificação do nome do título,* que no Brasil é nota promissória em razão de reservas da LUG nesse ponto.

(b) *Promessa de pagamento* direta do emitente ao beneficiário, com especificação de valor e sem condições ou encargos.

(c) *Nome do beneficiário*: identifica-se a pessoa a quem a nota promissória deve ser paga.

(d) *Data da emissão:* indica-se a data da emissão originária da nota promissória.

(e) *Assinatura do emitente*: a assinatura é o ato de lançamento da declaração unilateral de vontade de emissão do título. Constitui a promessa de pagamento.

3.2. Requisitos convalidáveis

Podem ser supríveis por outros elementos da nota promissória:

(a) *Local de emissão:* a LUG admite que o local seja suprido por aquele indicado no endereço ao lado do nome do emitente, com presunção de que esse seja o foro de emissão. Se faltar essa informação, a nota promissória perde a eficácia cambial.

(b) *Local de pagamento:* essa é a indicação do local onde o beneficiário deve apresentar o título para pagamento. Na omissão do título, considera-se o local onde o título foi emitido. Se ambos faltarem, perde-se a eficácia cambial (art. 76, 3, da LUG).

Na nota promissória, se o vencimento não for mencionado, considera-se à nota a promessa de pagamento (art. 76, 2, da LUG).

3.3. Preenchimento posterior

Remete-se o leitor ao tópico deduzido para letras de câmbio [*t. IV, §2, i. 3.3*].

4. DECLARAÇÕES CAMBIÁRIAS

Além da declaração principal e essencial de promessa de pagamento, poderão ser lançadas na nota promissória *declarações autônomas* e independentes entre si, de modo que a invalidade de uma não afeta as demais. Cuida-se do *endosso* (transferência e circulação do título) e do *aval* (garantir fidejussória do título). Ambos foram abordados na teoria geral [*t. IV, §6*].

5. NOTA PROMISSÓRIA VINCULADA A CONTRATO

É comum na praxe de mercado, especialmente no bancário, a vinculação de uma nota promissória a um contrato. Nesse caso, a discussão surgida foi constatar se ainda estavam preservadas as características cambiais – inclusive a autonomia e a abstração – ou se as perdia para a vinculação ao contrato.

A primeira corrente entendia por bem preservar as características da cambial, mantendo-se a abstração e autonomia porque terceiros de boa-fé não poderiam ser prejudicados por peculiaridades da relação originária.

Todavia não foi essa a interpretação que prevaleceu, sobretudo após a controvérsia chegar ao STJ. Com efeito, a vinculação não desnatura a promessa de pagamento da nota promissória, de modo que o credor pode optar pela cobrança – e execução judicial – do contrato ou do título. O que a jurisprudência fez, em complementação, foi reconhecer a descaracterização da abstração e da autonomia da nota promissória, que passa a ser causal por ter amarras originárias ao contrato, inclusive quanto a boa-fé do credor e a iliquidez do título (art. 786 do CPC).

A matéria foi objeto do Enunciado nº 258 da Súmula do STJ: "A nota promissória vinculada a contrato de abertura de crédito não goza de autonomia em razão da iliquidez do título que a originou".

Jurisprudência

STJ – Súmula nº 258: A nota promissória vinculada a contrato de abertura de crédito não goza de autonomia em razão da iliquidez do título que a originou.

STJ – Súmula nº 504: O prazo para ajuizamento de ação monitória em face do emitente de nota promissória sem força executiva é quinquenal, a contar do dia seguinte ao vencimento do título.

STJ – 3ª T. – REsp nº 1.730.682 – Rel. Min. Nancy Andrighi – j. 05/05/2020: "(...) 4. Embora a formalidade seja essencial aos títulos de crédito, sendo responsável pela aplicação da disciplina específica do direito cambiário, pode a lei enumerar um requisito e, ainda assim, admitir que o documento não o contenha expressamente, ou o contenha de forma irregular, com a presença de vícios supríveis, sem que o documento perca a eficácia de um título de crédito. 5. Um dos defeitos supríveis é o da divergência entre valores da dívida, que é resolvido pela regra do art. 6, alínea 1ª, da LUG com a prevalência da expressão por extenso ou da de menor quantia, que, presumivelmente, correspondem à vontade do emitente da cártula. 6. A omissão quanto à data de vencimento da dívida é um requisito não essencial, pois, em virtude da ausência desse dado, considera-se que a dívida é exigível à vista, por se presumir ser essa a vontade do emitente da nota promissória. (...) 8. A interpretação sistemática da LUG permite inferir que para a solução de questões relacionadas a defeitos supríveis ou requisitos não essenciais o critério deve ser pautado pela busca da vontade presumida do emitente. 9. A nota promissória é um título de crédito próprio, e, assim, deve representar os elementos essenciais de uma operação de crédito, que são a confiança e o intervalo de tempo entre a prestação e a contraprestação. 10. Nesse cenário, se, entre duas datas de vencimento, uma coincide com a data de emissão do título - não existindo, assim, como se entrever, nessa hipótese, uma operação de crédito -, deve prevalecer a data mais posterior, ainda que eventualmente expressa numericamente, já que, por ser futura, admite ser presumida como a efetiva manifestação de vontade do emitente. (...)".

§4
CHEQUE

1. CONCEITO E FUNÇÃO

O cheque é título de *crédito formal, abstrato e autônomo, que contém ordem de pagamento à vista[a], dada pelo emitente[b] para instituição financeira (sacado)[c] para que pague ao beneficiário, por meio dos fundos de que o sacado é depositário[d]*.

(*a*) Há uma *ordem de pagamento à vista* embutida na promessa cambial corporificada no cheque.

```
EMITENTE  →  SACADO     →  BENEFICIÁRIO
             (Banco)
```

Cuida-se de meio de pagamento, por meio do qual o emitente determina ao banco que efetue o pagamento ao benefício, em razão dos fundos monetários de propriedade do emitente depositados na instituição financeira. Se não houver fundos no banco, o cheque não será pago ou poderá instituição financeira pagar o cheque por meio de empréstimo feito ao emitente (operação conhecida como cheque especial).

(*b*) O *emitente* do cheque é o titular de crédito depositado junto à instituição financeira e saca título especificamente voltado para usar os valores de que dispõe para o pagamento do beneficiário. Garantirá o pagamento e responderá pela obrigação como signatário (arts. 13, parágrafo e 15 da LCh). Mesmo que morra ou ocorra incapacidade superveniente do emitente, o valor do cheque será devido (art. 37 da LCh).

De outro lado, o beneficiário da cártula poderá ser a pessoa nomeada, com ou sem cláusula expressa "à ordem" (porque o cheque circula por endosso); a pessoa nomeada, com a cláusula "não à ordem" (art. 8º da LCh). Em relação ao título ao portador, o art. 69 da Lei nº 9.069/95 veda a emissão, pagamento e compensação de cheque de valor superior a R$ 100,00, sem identificação do beneficiário.

(*c*) Diferentemente de outros títulos de crédito, o cheque tem a obrigação *intermediação* de instituição financeira (art. 3º da LCh), sendo ela a depositária do crédito do emitente ou mesmo quem vai lhe fazer empréstimo em conta no caso de cheque especial.

(*d*) O pagamento ao beneficiário deverá ser feito com fundos do emitente disponíveis na instituição financeira no momento da apresentação do cheque (art. 4º da LCh). Poderão advir de saldo em conta corrente bancária ou então de crédito aberto em favor do correntista para cobertura do cheque sacado.

A regulamentação do cheque no Brasil é feita pela Lei nº 7.357/85 (LCh), que foi necessária em razão das diversas reservas que o nosso país fez em relação à Convenção de Genebra, incorporada pelo Decreto nº 57.595/66. Não obstante, a legislação brasileira manteve os parâmetros gerais do pacto internacional. Além disso, os instrumentos de pagamento que envolve obrigatoriamente uma instituição financeira na posição de sacado, há diversos parâmetros desse título de crédito que são provenientes de regras administrativas do Conselho Monetário Nacional (CMN) e Banco Central do Brasil (BCB) (art. 69 da LCh).

Jurisprudência

STJ – 4ª T. – AgRg-Ag-REsp nº 310.201 – Rel. Min. Raul Araújo – DJe 26.10.2015: "(...) 1. A jurisprudência desta Corte Superior é no sentido de que o estabelecimento bancário não está obrigado a verificar a autenticidade das assinaturas dos endossantes, mas apenas a regularidade formal da cadeia de endossos. 2. Não estando a instituição financeira obrigada a fazer a conferência da assinatura, também não tem o dever de verificar a existência de procuração em nome do outorgado e muito menos quais poderes tinham sido conferidos pelo autor".

STJ – 4ª T. – REsp nº 889.713 – Rel. Min. Raul Araújo – DJe 17.11.2014: "(...) 1. De acordo com o que dispõem o Código Civil de 2002, em seus arts. 915 e 916, e a Lei do Cheque, em seu art. 25, o devedor somente pode opor ao portador as exceções fundadas em relação pessoal com este ou em relação ao título, em aspectos formais e materiais. Nada pode opor ao atual portador relativamente a relações pessoais com os portadores precedentes ou mesmo com o emitente do título. 2. A única ressalva legal, que viabiliza as exceções mencionadas, tem cabimento quando o portador estiver agindo de má-fé, circunstância que não se verifica na espécie (...)".

TJSP – 23ª Câm. Dir. Priv. – Ap nº 991.08.072566-0 – Rel. Des. J. B. Franco de Godoi – DJe 13.07.2011: "Cambial com características de abstração e autonomia com relação ao negócio que lhes deu origem. Alegação de que o cheque foi entregue a terceiro, que o utilizou indevidamente que não afasta a exigibilidade do título. Inoponibilidade de exceções pessoais a terceiro de boa-fé. Arts. 906 CC/02 e 25 da Lei 7 357/85 – Recurso improvido".

2. REQUISITOS INTRÍNSECOS

Remete-se o leitor ao tópico deduzido para letras de câmbio [t. IV, §2, i. 2].

3. REQUISITOS FORMAIS

Um cheque se forma com o seguinte conteúdo (art. 1º da LCh): I – a denominação "cheque" inscrita no contexto do título e expressa na língua em que este é redigido; II – a ordem incondicional de pagar quantia determinada; III – o nome do banco ou da instituição financeira que deve pagar (sacado); IV – a indicação do lugar de pagamento; V – a indicação da data e do lugar da emissão; VI – a assinatura do emitente (sacador), ou de seu mandatário com poderes especiais. A regra legal deve ser integrada pela padronização promovida pelo BCB, que inclusive retirou algumas opções dadas pelo art. 2º da LCh, de modo a evitar insegurança com as transações desse título.

Percebe-se uma estrutura obrigacional com três figuras (emitente, sacado e beneficiário), mas há diferenças substanciais para a letra de câmbio: (*a*) o sacado, necessariamente, será instituição financeira; (*b*) o emitente precisa ter contrato de prestação de serviços de conta corrente com a instituição financeira; (*c*) o pagamento pressupõe fundos ou abertura de crédito pela instituição financeira para pagar o cheque sem fundos; (*d*) não há aceite do sacado (art. 6º da LCh), portanto, assinaturas distintas da emissão serão de endosso (arts. 17 a 28 da LCh) [t. IV, §1, i. 6.3] ou de aval (arts. 29 a 31 da LCh) [t. IV, §1, i. 6.4]; (*e*) o cheque com cláusula à ordem poderá circular por endosso puro e simples (arts. 17 e 18 da LCh) e se houver cláusula "não à ordem" só é transmissível pela forma e com os efeitos de cessão (art. 18, § 1º, da LCh).

4. TERMO FINAL DO CHEQUE E EFEITOS MORATÓRIOS

Todos os devedores respondem aos juros da mora (art. 280 do CC). Uma vez descumprida a obrigação, o devedor responde por perdas e danos, mais juros e atualização monetária, além de honorários de advogado (art. 389 do CC); especificamente, o devedor responde, além pelos prejuízos a que sua mora der causa, pelos juros dela decorrentes (art. 395 do CC). Mora é efeito do fato jurídico descumprimento.

Em regra, o inadimplemento contratual faz romper a incidência de juros moratórios a partir da data de citação em processo judicial, que visa à satisfação do crédito pela execução ou a constituição de sentença apta ao cumprimento. Essa é a lição que se colhe do art. 405 do CC.

O termo inicial dos juros moratórios deve corresponder ao dia em que configurada a mora, cujo reconhecimento depende da natureza jurídica da relação obrigacional, salvo a pactuação de juros de mora contratuais. No ordenamento jurídico brasileiro, dois são os momentos admitidos.

A primeira modalidade é a *mora in persona*, cuja instauração depende da interpelação da parte inadimplente. Não basta o inadimplemento, mas a *comunicação ou confirmação* do inadimplemento, seja por meio judicial (art. 240 CPC e art. 405 do CC), seja extrajudicial (art. 397, parágrafo único do CC). Opera-se, principalmente, nas relações obrigacionais que denotam obrigações ilíquidas ou que não conferem prazo certo para o pagamento. É ônus do credor adotar providências para que o devedor reconheça o inadimplemento, razão pela qual, na hipótese de sentença que meramente o confirma, a fixação do termo inicial dos juros moratórios retroage à data da citação.

Entretanto, o entendimento do STJ para títulos de crédito leva em consideração as peculiaridades de exigibilidade e eficácia imediata da cártula no vencimento.

Graças aos princípios do direito cambiário, os títulos de créditos expressam dívida *líquida* e *certa*, ou seja, imprimem certeza à existência da dívida e determinam, com precisão, o objeto; mesmo que, por ventura, não apresentem data de vencimento expressamente consignada, são cercados por referências legislativas que lhes conferem termo definido; o cheque, sendo ordem de pagamento à vista, desafia vencimento no momento em que é apresentado ao sacado, motivo pelo qual, na hipótese de emissão de cheque pós-datado, o sacado deve realizar o pagamento mesmo que o título seja apresentado em data anterior à constante no campo da data de emissão da cártula. Dessarte, mesmo que não haja uma data de vencimento específica, mas um intervalo temporal no qual o pagamento poderá ser efetuado, representado pelo prazo de apresentação, o cheque goza de termo definido (art. 33 da LCh).

Por reunir obrigação, positiva e líquida, com termo definido, o cheque constitui de pleno direito em mora o devedor quando de seu inadimplemento (art. 397, "caput", CC). Trata-se da mora *ex re* ou automática, posto que decorre automaticamente do próprio inadimplemento. A justificativa é lógica: "se o devedor acertou um prazo certo para cumprir a prestação e se não há dúvida quanto à expressão dessa prestação, não haverá também razão para se exigir que o credor o advirta quanto ao inadimplemento. Nesses casos, aplica-se o brocardo *dies interpellat pro homine*", isto é, o termo interpela no lugar do credor (STJ – REsp nº 1.257.846 – Rel. Min. Sidnei Beneti).

Uma vez consumada a mora, não há como postergar os seus efeitos, razão pela qual a constituição em mora pela citação processual é residual, isto é, somente se consolida quando, naquele momento, não tiver sido operada por outra forma legalmente admitida (art. 240 CPC).

Desse modo, compreende-se que "numa obrigação contratada como positiva e líquida, com vencimento certo, os juros moratórios correm a partir da data do vencimento da dívida" (STJ – EREsp nº 1.250.382 – Rel. Min. Sidnei Beneti – j. 02/04/2014).

Não importa o meio processual de cobrança, se execução, ação monitória ou ação de conhecimento sob o rito comum: a fluência dos juros moratórios dos títulos de crédito, especialmente no caso do cheque, recai no dia do vencimento, com prevalência do pacto de direito material consolidada na cártula. Importa a natureza da obrigação inadimplida e não o instrumento processual utilizado.

Importa a natureza da obrigação inadimplida, a ser líquida e positiva, independentemente de sua força executiva, e não o instrumento processual utilizado. Com efeito, mormente desprovido o título de qualidade cambiariforme por força do implemento da prescrição, tal fenômeno afeta tão somente sua exigibilidade e não a natureza de obrigação líquida e certeza que ostenta a dívida retratada na cártula, motivo pelo qual, inclusive, pode ser objeto de ação monitória.

A interpretação leva a efeito a aplicação do art. 903 do CC, que remete ao art. 52, inciso II, da LCh e que prevê: "Art. 52. Portador pode exigir do demandado: (...) II – os juros legais desde o dia da apresentação". Ressalva-se que o art. 10 da LCh, ao proibir a estipulação de juros no cheque, refere-se aos juros de natureza compensatória; a permissão consolidada nos arts. 52 e 53 é que alude aos juros moratórios, devidos pela falta de pagamento.

A apresentação é o momento crucial que determina a fixação dos juros moratórios, pois é quando a ordem de pagamento é efetivamente concretizada. A letra de câmbio à vista, por exemplo, também é pagável pelo sacado na data de sua apresentação, mas não é título que confirma, necessariamente, ao portador que o sacado apresenta provisões do emitente. No cheque, por sua vez, prevalece um acordo prévio de que os fundos disponíveis do sacador junto ao sacado serão pagos através de cheques, razão pela qual se diz que o sacado tem o *dever* de pagar. A apresentação, dessarte, corresponde ao momento em que a instituição financeira verificará a existência de fundos, sendo obrigatória para que haja o efetivo pagamento da cártula e, eventualmente, a comprovação do inadimplemento (art. 33 da LCh). Representa o momento em que é possível *imputar* ao devedor a responsabilidade pelo inadimplemento.

Assim, no entendimento consolidado do STJ, "os juros moratórios decorrentes de dívidas representadas em cheque devem ser fixados a partir da data da primeira apresentação do título para pagamento, independentemente da cobrança ter sido buscada por meio de ação monitória" (STJ – Ag Rg no AREsp nº 713.288 – Rel. Min. Maria Isabel Gallotti – j. 06/08/2015).

Jurisprudência

STJ – 3ª T. – REsp nº 1.257.846 – Rel. Min. Sidnei Beneti – j. 17/04/2012: "(...) 1.- Tratando-se de responsabilidade extracontratual, os juros de mora devem incidir a partir do evento danoso (Súmula 54/STJ). Cuidando-se de responsabilidade contratual, porém, os juros de mora não incidirão, necessariamente, a partir da citação. 2.- Nas hipóteses em que a mora se constitui *ex re*, não se sustenta que os juros moratórios incidam apenas a partir da citação, pois assim se estaria sufragando casos em que, a despeito de configurada a mora, não incidiriam os juros correspondentes. 3.- Quando se tratar de obrigação positiva e líquida, os juros moratórios são devidos desde o inadimplemento, mesmo nas hipóteses de responsabilidade contratual (...)".

5. APRESENTAÇÃO E PAGAMENTO

Em razão de sua característica essencial, o cheque é pagável a vista e deve ser considerada não escrita qualquer menção em sentido contrário. Mesmo que a apresentação ocorra antes do dia indicado como data de emissão, o cheque deve ser pago no dia da apresentação (art. 32 da LCh).

A apresentação da LCh é única, mas por regramentos administrativos admite-se uma segunda apresentação do cheque para permitir oportunidade de existência de fundos para pagamento da cártula. Se persistir a situação, o emitente pode ser enviado para o Cadastro de Emitentes de Cheques sem Fundos (CCF), com dados compartilhados entre as instituições financeiras.

Sobre a apresentação, o art. 33 da LCh é claro: o cheque deve ser apresentado para pagamento, a contar do dia da emissão, no prazo de 30 dias, quando emitido no lugar onde houver de ser pago; e 60 dias, quando emitido em outro lugar do País ou no exterior. No Brasil, paga-se o título mesmo que tenha passado o prazo de apresentação. Todavia, além da referência da apresentação, a data ainda se reveste de importância porque é depois dela que passa a fluir o prazo de prescrição da ação cambial. Findo o prazo prescricional, o banco pode se recusar a fazer o pagamento.

Também há importância na apresentação com relação a coobrigados indiretos, como endossantes, uma vez que para serem cobrados é necessário o protesto tempestivo – que ocorre no prazo de apresentação, conforme arts. 47, II e 48 da LCh.

Tal como visto anteriormente [*t. IV, §1, i. 7.2*], o sacado que fizer o pagamento pode exigir a entrega do título com quitação. Em caso de pagamento parcial, pode-se exigir que ele conste na cártula.

O sacado que paga cheque "à ordem" é obrigado a verificar a regularidade da série de endossos, mas não a autenticidade das assinaturas dos endossantes. A mesma obrigação incumbe ao banco apresentante do cheque à câmara de compensação (art. 39 da LCh). "O banco sacado responderá pelo pagamento do cheque falso, falsificado ou alterado, salvo dolo ou culpa do correntista, do endossante ou do beneficiário, dos quais poderá o sacado, no todo ou em parte, reaver o que pagou" (art. 39, parágrafo único, da LCh).

6. ESPÉCIES E PRÁTICAS

6.1. Cheque cruzado

O cruzamento do cheque com dois traços paralelos no anverso significa que a cártula somente pode ser paga por meio de crédito em conta do sacado (arts. 44 e 45 da LCh).

O cruzamento é *geral* se entre os dois traços não houver nenhuma indicação ou existir apenas a indicação "banco", ou outra equivalente.

O cruzamento é *especial* se entre os dois traços existir a indicação do nome do banco e somente nessa instituição financeira é que poderá ocorrer o pagamento por crédito em conta do beneficiário da cártula.

6.2. Cheque administrativo

Nesse caso, o emitente do cheque é a própria instituição financeira. Pode ser usado tanto pelo banco, como também por clientes que intentam dar maior segurança às operações, vez que adquirem do banco esse serviço que certeza de crédito na cártula.

6.3. Cheque visado

Essa modalidade é utilizada de modo a dar certeza da existência de fundos em favor do emitente. Assim, o banco sacado dá visto no verso do cheque, declarando que há valor suficiente para pagamento da cártula até o prazo de apresentação, conforme se dessume do art. 7º, *caput*, da LCh: "Pode o sacado, a pedido do emitente ou do portador legitimado, lançar e assinar, no verso do cheque não ao portador e ainda não endossado, visto, certificação ou outra declaração equivalente, datada e por quantia igual à indicada no título".

Em caso de cheque visado, a instituição financeira deve debitar à conta do emitente a quantia indicada no cheque e a reservá-la em benefício do portador legitimado, durante o prazo de apresentação (art. 7º, § 1º, da LCh).

O banco não responde pela solvabilidade do cheque, a não ser que deixe de reservar a quantia mencionada no visto.

6.4. Cheque para ser creditado em conta

O emitente ou o portador podem proibir que o cheque seja pago em dinheiro mediante a inscrição transversal, no anverso do título, da cláusula "para ser creditado em conta", ou outra equivalente. Nesse caso, o sacado só pode proceder a lançamento contábil (crédito em conta, transferência ou compensação), que vale como pagamento (art. 46 da LCh).

6.5. Cheque especial

Cuida-se de cheque ligado a contrato de abertura de crédito para cobertura de fundos do emitente, caso sejam feitas emissões de títulos sem a devida existência de valores depositados.

6.6. Cheque pós-datado

A prática comercial e a agilidade na concessão de crédito por instrumento mais simples que a nota promissória fez desenvolver a oposição de data no cheque que transfere a sua apresentação para o prazo pactuado entre as partes. Cuida-se de pacto que desvirtua a essência de pagamento à vista da cártula, além do conteúdo do art. 32, parágrafo único, da LCh: "O cheque apresentado para pagamento antes do dia indicado como data de emissão é pagável no dia da apresentação".

No entanto, os usos e costumes do comércio fizeram com que se tornasse muito comum a colocação desse prazo futuro, que se presta como mero referencial para a existência de fundos na data futura. Lance-se, normalmente no anverso, os dizeres "*Bom para*", "*Para o dia...*". Efetua-se uma promessa de pagamento futuro, que ainda assim não inibe a possibilidade de apresentação da cártula à vista.

Em termos penais, a emissão de título com esse pacto e a apresentação antes da data aprazada em tese não permitiria a caracterização do estelionato do art. 171, § 2º, VI, do CP, porque o título não foi emitido para pagamento, mas como título de dívida.

Jurisprudência

STF – Súmula nº 600: Cabe ação executiva contra o emitente e seus avalistas, ainda que não apresentado o cheque ao sacado no prazo legal, desde que não prescrita a ação cambiária.

STJ – Súmula nº 370: Caracteriza dano moral a apresentação antecipada de cheque pré-datado.

STJ – Súmula nº 503: O prazo para ajuizamento de ação monitória em face do emitente de cheque sem força executiva é quinquenal, a contar do dia seguinte à data de emissão estampada na cártula.

STJ – Súmula nº 531: Em ação monitória fundada em cheque prescrito ajuizada contra o emitente, é dispensável a menção ao negócio jurídico subjacente à emissão da cártula.

STJ – 3ª T. – REsp nº 1.837.461 – Rel. Min. Paulo de Tarso Sanseverino – j. 25/08/2020: "(...) 2. Controvérsia em torno da obrigação de o banco sacado averiguar a regularidade do endosso, no caso dos autos, verificando a legitimidade do endossante, respondendo por eventual defeito na prestação do serviço. 3. Nos termos do art. 39 da Lei do Cheque, o banco sacado deve verificar a regularidade da série de endossos, obrigação que não se limita apenas ao mero exame superficial das assinaturas e dos nomes dos beneficiários dos títulos, de modo a formar uma cadeia ininterrupta de endossos, que conferiria legitimidade ao portador da cártula. 4. A legitimidade é determinada pelos poderes que o endossante detém, especial-mente quando representa uma pessoa jurídica. 5. A teor do art. 14 do CDC e da Súmula 479/STJ, 'as instituições financeiras respondem objetivamente pelos danos gerados por fortuito interno relativo a fraudes e delitos praticados por terceiros no âmbito de operações bancárias' (...)".

STJ – 3ª T. – REsp nº 557.505 – 3ª T. – Rel. Min. Carlos Alberto Menezes Direito – *DJU* 21/06/2004: "A apresentação do cheque pré-datado antes do prazo avençado gera o dever de indenizar, presente, como no caso, a consequência da devolução do mesmo por ausência de provisão de fundos".

STJ – 3ª T. – Resp 195.748 – Rel. Min. Min. Sálvio de Figueiredo Teixeira – *DJU* 16/08/1999: "(...) FALÊNCIA – Cheque pré-datado. Executividade. Precedentes. Instrução de pedido de falência. Possibilidade. A circunstância de haver sido aposta no cheque data futura traz como única consequência prática, no âmbito do direito privado, a ampliação real do prazo de apresentação. A aposição de data futura, por si só, não desnatura o cheque como título hábil a instruir o pedido de falência".

STJ – 6ª T. – RHC nº 16.880 – Rel. Min. Hélio Quaglia Barbosa – *DJU* 24/10/2005: "(...) 1. Em que pese o pedido do recorrente se restringir a revogação da prisão preventiva por ausência dos requisitos que autorizam a segregação cautelar, percebe-se, conforme pacífica jurisprudência desta corte, que a emissão de cheque pré-datado descaracteriza a cártula de um título de pagamento à vista, transformando-a numa garantia de dívida. Atipicidade da conduta. 2. Recurso conhecido para conceder, de ofício a ordem, para trancar a ação penal".

TJPR – 4ª Câm. Crim. – Apr 0283648-0 – Rel. Des. Ronald Juarez Moro – j. 23/03/2006: "(...) I – 'Estelionato. Emissão de cheque sem fundos. Delito não caracterizado. Título dado para documentar dívida anterior do acusado então como ordem de pagamento. Absolvição mantida. Inteligência do art. 171, § 2º, nº VI, do Código Penal. Sendo dado em pagamento de débito anterior, não funciona o cheque como elemento integrante do delito de estelionato'" (RT 510/351). II – '(...) Se os dados, objetivamente, indicam que o cheque não foi emitido para pagamento à vista, não há que se perquirir acerca do ilícito penal insculpido no art. 171, § 2º, inciso VI do C. Penal. Sem fraude a matéria deixa de ter interesse penal (Súmula nº 246-STF). (...)' (HC nº 10.112-PI, quinta Turma – Rel. Min. Felix Fischer – Julgamento em 04.11.1999)".

7. SUSTAÇÃO E REVOGAÇÃO (OU CONTRAORDEM) DE PAGAMENTO

O emitente do título poderá pleitear *ao banco* que o pagamento não seja realizado, em vista de relevante razão de direito. Não se está a falar da sustação de protesto, mas da sustação do cheque prevista no art. 36 da LCh: "Mesmo durante o prazo de apresentação, o emitente e o portador legitimado podem fazer sustar o pagamento, manifestando ao sacado, por escrito, oposição fundada em relevante razão de direito".

Portanto, alegando extravio da cártula, furto, roubo, desacordo comercial, dentre outros, poderá o emitente comunicar formalmente ao banco que não realize o pagamento, devolvendo a cártula a quem a apresentar. Por envolver matéria regulatória, o BCB classificar os motivos para devolução dos cheques[1], alocando-os em alíneas que são carimbadas no verso do título:

---

[1] https://www.bcb.gov.br/pom/spb/Estatistica/Port/tabdevol.pdf

CLASSIFICAÇÃO	MOTIVO	DESCRIÇÃO
I. Cheque sem provisão de fundos	11	Cheque sem fundos – 1ª apresentação
	12	Cheque sem fundos – 2ª apresentação
	13	Conta encerrada
	14	Prática espúria
II. Impedimento ao pagamento	20	Cheque sustado ou revogado em virtude de roubo, furto ou extravio de folhas de cheque em branco
	21	Cheque sustado ou revogado
	22	Divergência ou insuficiência de assinatura
	23	Cheques emitidos por entidades e órgãos da Administração Pública Federal direta e indireta, em desacordo com os requisitos constantes do art. 74, § 2º, do Decreto-lei nº 200, de 25 de fevereiro de 1967
	24	Bloqueio judicial ou determinação do Bacen
	25	Cancelamento de talonário pelo participante destinatário
	27	Feriado municipal não previsto
	28	Cheque sustado ou revogado em virtude de roubo, furto ou extravio
	30	Furto ou roubo de cheque
	70	Sustação ou revogação provisória
III. Cheque com irregularidade	31	Erro formal (sem data de emissão, com o mês grafado numericamente, ausência de assinatura ou não registro do valor por extenso)
	33	Divergência de endosso
	34	Cheque apresentado por participante que não o indicado no cruzamento em preto, sem o endosso-mandato
	35	Cheque fraudado, emitido sem prévio controle ou responsabilidade do participante ("cheque universal"), ou com adulteração da praça sacada, ou ainda com rasura no preenchimento
IV. Apresentação indevida	37	Registro inconsistente
	38	Assinatura digital ausente ou inválida
	39	Imagem fora do padrão
	40	Moeda Inválida
	41	Cheque apresentado a participante que não o destinatário
	43	Cheque, devolvido anteriormente pelos motivos 21, 22, 23, 24, 31 e 34, não passível de reapresentação em virtude de persistir o motivo da devolução
	44	Cheque prescrito
	45	Cheque emitido por entidade obrigada a realizar movimentação e utilização de recursos financeiros do Tesouro Nacional mediante Ordem Bancária

CLASSIFICAÇÃO	MOTIVO	DESCRIÇÃO
IV. Apresentação indevida	48	Cheque de valor superior a R$ 100,00 (cem reais), emitido sem a identificação do beneficiário
	49	Remessa nula, caracterizada pela reapresentação de cheque devolvido pelos motivos 12, 13, 14, 20, 25, 28, 30, 35, 43, 44 e 45.
V. Emissão indevida	59	Informação essencial faltante ou inconsistente não passível de verificação pelo participante remetente e não enquadrada no motivo 31
	60	Instrumento inadequado para a finalidade
	61	Papel não compensável
VI. A serem empregados diretamente pela instituição financeira contratada	71	Inadimplemento contratual da cooperativa de crédito no acordo de compensação
	72	Contrato de Compensação encerrado

Distinta é a revogação ou contraordem de pagamento, prevista no art. 35 da LCh, e que cuida do cancelamento do título obtido por ordem judicial ou extrajudicial, com exposição das razões motivadoras do ato e que produzam os efeitos de extinção do cheque.

8. AÇÃO POR FALTA DE PAGAMENTO E PRESCRIÇÃO

Remete-se o leitor ao tópico deduzido na parte geral [*t. IV, §1, i. 9*].

Jurisprudência

STJ – Súmula nº 299: É admissível a ação monitória fundada em cheque prescrito.

STJ – 3ª T. – REsp nº 1.837.461 – Rel. Min. Nancy Andrighi – j. 10/03/2020: "(...) 3. O propósito recursal é definir se o protesto de cheque prescrito é ilegal e se enseja dano moral indenizável. 4. O protesto cambial apresenta, por excelência, natureza probante, tendo por finalidade precípua servir como meio de prova da falta ou recusa do aceite ou do pagamento de título de crédito. 5. De acordo com o disposto no art. 1º da Lei 9.492/97 ("Lei do Protesto Notarial"), são habilitados ao protesto extrajudicial os títulos de crédito e "outros documentos de dívida", entendidos estes como instrumentos que caracterizem prova escrita de obrigação pecuniária líquida, certa e exigível, ou seja, documentos que propiciem o manejo da ação de execução. 6. Especificamente quanto ao cheque, o apontamento a protesto mostra-se viável dentro do prazo da execução cambial - que é de 6 (seis) meses contados da ex-piração do prazo de apresentação -, desde que indicados os devedores principais (emitente e seus avalistas). Em relação aos coobrigados (endossantes e respectivos avalistas), o art. 48 da Lei 7.347/85 impõe que o aponte a protesto seja realizado no prazo para apresentação do título ao sacado. 7. Consoante decidido pela 2ª Seção no REsp 1.423.464/SC, submetido ao rito dos recursos especiais repetitivos, "sempre será possível, no prazo para a execução cambial, o protesto cambiário de cheque, com a indicação do emitente como devedor" (tema 945). 8. Na hipótese dos autos, o protesto do cheque foi irregular, na medida em que efetivado quase 3 (três) anos após a data da emissão do título. 9. Cuidando-se de protesto irregular de título de crédito, o reconhecimento do dano moral está atrelado à ideia do abalo do crédito causado pela publicidade do ato notarial, que, naturalmente, faz associar ao devedor a pecha de "mau pagador" perante a praça. 10. Todavia, na hipótese em que o pro-testo é irregular por estar prescrita a pretensão executória do credor, havendo, porém, vias alternativas para a cobrança da dívida consubstanciada no título, não há se falar em abalo de crédito, na medida em que o emitente permanece na condição de devedor, estando, de fato, impontual no pagamento. 11. Aquele que, efetivamente, insere-se na condição de devedor, estando em atraso no pagamento de dívida regularmente por si assumida, passível de cobrança por meios outros que não a execução, não pode se sentir moralmente ofendido por um ato que, apesar de extemporâneo, apenas testificou sua inadimplência (...)".

STJ – 4ª T. – AgInt-Ag-REsp nº 879.504 – Rel. Min. Antonio Carlos Ferreira – DJe 24.10.2016: "(...) 1. 'Na ação de cobrança prevista no art. 62 da Lei nº 7.357/1985. Hipótese dos autos. É imprescindível a demonstração da causa debendi, não apenas porque o cheque já perdeu sua natureza cambial, mas porque o referido dispositivo legal é claro ao afirmar que tal ação deve ser 'fundada na relação causal" (AgRg-REsp 1.104.489/RS, Rel. Min. Marco Buzzi, 4ª T., Julgado em 10.06.2014, DJe 18.06.2014)".

STJ – 4ª T. – AgRg-Ag-REsp nº 259.912 – Rel. Min. Antonio Carlos Ferreira – DJe 11.10.2013: "(...) 1. 'O termo inicial de contagem do prazo prescricional da ação de execução do cheque pelo beneficiário é de 6 (seis) meses, prevalecendo, para fins de contagem do prazo prescricional de cheque pós-datado, a data nele regularmente consignada, ou seja, aquela oposta no espaço reservado para a data de emissão' (REsp 1068513/DF, Relª Min. Nancy Andrighi, 2ª Seção, Julgado em 14.09.2011, DJe 17.05.2012) (...)".

STJ – 3ª T. – AgInt-Ag-REsp nº 970.537 – Rel. Min. Moura Ribeiro – DJe 04.08.2017: "(...) 3. O Tribunal de origem reconheceu que o cheque, objeto da presente ação e reconvenção, encontra-se prescrito, pois representa dívida líquida constante de instrumento particular, tendo decorrido mais de cinco anos desde sua emissão. Incidência, no caso, da prescrição quinquenal, prevista no art. 206, § 5º, I ('prescreve em cinco anos a pretensão de cobrança de dívidas líquidas constantes de instrumento público ou particular'). Precedentes desta Corte. 4. Em virtude do não provimento do presente recurso e da anterior advertência em relação à aplicabilidade do NCPC, incide caso a multa prevista no art. 1021, § 4º, do NCPC, no percentual de 3% sobre o valor atualizado da causa, ficando a interposição de qualquer outro recurso condicionada ao depósito da respectiva quantia, nos termos do § 5º daquele artigo de lei (...)".

STJ – ARg-Ag-REsp nº 654.728 – Rel. Min. Maria Isabel Gallotti – DJe 21.10.2015: "(...) 1. O prazo para ajuizamento de ação monitória em face do emitente de cheque sem força executiva é quinquenal, a contar do dia seguinte à data de emissão estampada na cártula (...)".

STJ – 4ª T. – AgRg-Ag-REsp nº 593.208 – Rel. Min. Raul Araújo – DJe 19.12.2014: "(...) 1. É indevido o protesto na hipótese de cheque prescrito. O protesto tem por finalidade precípua comprovar o inadimplemento de obrigação originada em título executivo ou outro documento de dívida e visa, ainda, à salvaguarda dos direitos cambiários do portador em face de possíveis coobrigados. 2. O cheque prescrito serve apenas como princípio de prova da relação jurídica subjacente que deu ensejo a sua emissão, não detendo mais os requisitos que o caracterizam como título executivo extrajudicial e que legitimariam o portador a exigir seu imediato pagamento e, por conseguinte, a fazer prova do inadimplemento pelo protesto. Precedentes. 3. A Lei do Cheque – em seu art. 48 – dispõe que o protesto deve ser feito antes da expiração do prazo de apresentação (30 dias, se da mesma praça, ou 60, se de praça diversa, mais 6 meses, a contar da data de emissão do cheque), quando então o título perde a sua executividade. 4. A perda das características cambiárias do título de crédito, como autonomia, abstração e executividade, quando ocorre a prescrição, compromete a pronta exigibilidade do crédito nele representado, o que desnatura a função exercida pelo ato cambiário do protesto de um título prescrito. Precedentes. 5. O protesto do cheque dois anos após sua emissão, no caso, exsurge como meio de coação e cobrança, o que não é cabível diante da finalidade prevista em lei para o ato cambiário. Precedentes (...)".

STJ – 4ª T. – REsp nº 1.199.001 – Rel. Min. Luis Felipe Salomão – j. 02/05/2013: "(...) 2. O art. 20 da Lei do Cheque esclarece que o endosso transmite todos os direitos resultantes de sua emissão e o artigo 22, do mesmo Diploma, dispõe que o detentor de cheque 'à ordem' é considerado portador legitimado, se provar seu direito por uma série ininterrupta de endossos, mesmo que o último seja em branco. 3. Portanto, o cheque endossado – meio cambiário próprio para transferência dos direitos do título de crédito, que se desvincula da sua causa, conferindo ao endossatário as sensíveis vantagens advindas dos princípios inerentes aos títulos de crédito, notadamente o da autonomia das obrigações cambiais –, confere, em benefício do endossatário, ainda em caso de endosso póstumo, nos termos do artigo 27 da Lei do Cheque, os efeitos de cessão de crédito. 4. O julgamento do REsp 1.094.571/SP, submetido ao rito do art. 543-C do CPC, consolidou a jurisprudência do STJ no sentido que, 'em ação monitória fundada em cheque prescrito, ajuizada em face do emitente, é dispensável menção ao negócio jurídico subjacente à emissão da cártula'".

Bibliografia: BARBI FILHO, Celso. *Cheque*. In: COELHO, Fabio Ulhoa (Coord.). *Tratado de direito comercial*. v. 8. São Paulo: Saraiva, 2015. CORDEIRO, Antonio Menezes. *Manual de direito bancário*. Coimbra: Almedina, 1998. DE LUCCA, Newton. *Títulos e contratos eletrônicos*. In: DE LUCCA, Newton (et. al). *Direito & Internet – aspectos jurídicos*. Bauru: ECIPRO, 2005. PARENTONI, Leonardo Netto. A duplicata virtual em perspectiva, *Revista Magister de Direito Empresarial*, 56/5 e *RDM*, 163/145. VIVANTE, Cesare. *Trattato di Diritto Commerciale*. v. 3. 5. ed. Milão: Vallardi, 1924.

§5
DUPLICATA

1. CONCEITO E FUNÇÃO

A duplicata é *título de crédito formal e causal, derivado de uma fatura de compra e venda mercantil ou de serviços*[a]*, sacada pelo emitente-credor*[b] *com ordem de pagamento ao devedor*[c].

A regulamentação da duplicata foi feita de modo inovador no Brasil pela Lei nº 5.474/68 (LDupl) – com o antecedente histórico do art. 219 do CCom (COSTA, 2008, p. 379).

```
          SACADOR      →    SACADO
          (Vendedor)        (Comprador)
```

(*a*) A duplicata é título de crédito causal porque é vinculada à compra e venda ou à prestação de serviços que lhe dá suporte. Essa vinculação é intrínseca entre o negócio subjacente representado por fatura (instrumentalizada pela nota fiscal) e a formalização do crédito feito por meio da duplicata, conforme previsão da LDupl: "Em todo o contrato de compra e venda mercantil entre partes domiciliadas no território brasileiro, com prazo não inferior a 30 (trinta) dias, contado da data da entrega ou despacho das mercadorias, o vendedor extrairá a respectiva fatura para apresentação ao comprador". A fatura deverá indicar precisamente o objeto do negócio (art. 1º, § 1º, da LDupl) e uma duplicata corresponderá a uma fatura (art. 2º, § 2º, da LDupl) (BOITEUX, 2015, p. 131). Não se altera essa característica nem mesmo com a emissão escritural eletrônica da duplicata, autorizada pela Lei nº 13.775/2018, porquanto se tenha nesse sistema somente o controle de emissão pela entidade de escrituração. Nessa linha de ideias, prevê o art. 4º, § 3º, da Lei nº 13.775/2018: "O sistema eletrônico de escrituração de que trata o *caput* deste artigo disporá de mecanismos que permitam ao sacador e ao sacado comprovarem, por quaisquer meios de prova admitidos em direito, a entrega e o recebimento das mercadorias ou a prestação do serviço, devendo a apresentação das provas ser efetuada em meio eletrônico".

Compra e venda mercantil → *Nota Fiscal Fatura* → *Duplicata*

Operacionalmente, para facilitar a compreensão: uma sociedade empresária fabrica determinado produto (vendedor/sacador), um doce, por exemplo, e o vende para o supermercado (comprador/sacado). O produto é enviado para o cliente com a devida formalização da operação, por meio de nota fiscal emitida para fins fiscais e tributários. Acontece que o legislador brasileiro inovou, autorizando que a operação econômica de referida transação fosse incorporada em título de crédito que duplicava a formalização do negócio e permitia a cobrança autônoma do valor da compra e venda. É o que se interpreta do art. 2º da LDupl: "No ato da emissão da fatura, dela poderá ser extraída uma duplicata para circulação como efeito comercial, não sendo admitida qualquer outra espécie de título de crédito para documentar o saque do vendedor pela importância faturada ao comprador".

Se a duplicata é causal na emissão, ela circula passa a ser conduzida pela abstração dos títulos, com desprendimento da causa original (STJ – REsp nº 1.315.592 – Rel. Min. Luis Felipe Salomão), aplicando-se-lhe a reserva de inoponibilidade de exceções pessoais a terceiros de boa-fé [*t. IV, §1, i. 4.3.3*].

(*b*) O emitente ou sacador da duplicata é o próprio credor o vendedor do produto ou do serviço, que incorpora o valor do negócio em título de crédito de sua emissão. Forma-se a duplicata por meio de aceite [*t. IV, §5, i. 4*], que poderá ser suprido, para formação de título executivo, com a comprovação do protesto, da entrega da mercadoria ou prestação de serviços, e que o sacado não tenha, de alguma forma, recusado o aceite, conforme estabelece o art. 15 da LDupl. A recusa do título também poderá ocorrer na forma escritural, conforme art. 12, § 2º, da Lei nº 13.775/2018.

(*c*) No outro polo da obrigação está o sacado ou pessoa que recebeu o produto ou serviço e, por meio da duplicata, tem contra si sacada uma ordem de pagamento do valor devido.

Jurisprudência

STJ – 3ª T. – REsp nº 1.790.004 – Rel. Min. Nancy Andrighi – j. 13/10/2020: "(…) 6. A duplicata é título de crédito causal no momento da emissão e adquire abstração e autonomia, desvinculando-se do negócio jurídico subjacente, com o aceite e a circulação. Precedente da 2ª Seção. 7. Com fundamento no protesto por indicação do art. 13, § 1º, da Lei 5.474/68, a jurisprudência desta Corte entendeu pela dispensabilidade da apresentação física da duplicata, bastando, para a constituição de título executivo extrajudicial i) os boletos de cobrança bancária; ii) os protestos por indicação; e iii) os comprovantes de entrega de mercadoria ou de prestação de serviços, o que permitiu a execução da denominada duplicata virtual. Precedentes. 8. Se o boleto que subsidia o protesto por indicação é suficiente para o protesto, o qual, somado ao comprovante da entrega de mercadorias, justifica o ajuizamento de ação executiva, deve-se entender que alguns dos elementos mencionados no art. 2º, § 1º, da Lei 5.474/68 admitem suprimento, podendo ser corrigidos por formas que não prejudiquem a segurança na tramitação da duplicata. 9. A assinatura do emitente na cártula cumpre as funções de representar a declaração de vontade unilateral que dá origem ao título de crédito e a de vincular o sacador, na hipótese de circulação do documento, como um dos devedores do direito nele inscrito. 10. A duplicata, por ser um título causal, permite a incidência da literalidade indireta, que autoriza a identificação de seus elementos no documento da compra e venda mercantil ou da prestação de serviços que lhe serve de ensejo, pois o devedor tem a ciência de que aquela obrigação também tem seus limites definidos em outro documento (…)".

STJ – 3ª T. – REsp nº 1.601.551 – Rel. Min. Ricardo Villas Bôas Cueva – j. 05/11/2019: "(…) Em observância ao princípio da literalidade, a aposição de número incorreto da fatura na duplicata invalida o título de crédito, retirando-lhe a exigibilidade executiva extrajudicial (…)".

STJ – 4ª T. – REsp nº 1.315.592 – Rel. Min. Luis Felipe Salomão – j. 29/08/2017: "(...) 'Conquanto a duplicata mercantil seja causal na emissão, a circulação – após o aceite do sacado, ou, na sua falta, pela comprovação do negócio mercantil subjacente e o protesto – rege-se pelo princípio da abstração, desprendendo-se de sua causa original, sendo, por isso, inoponíveis exceções pessoais a terceiros de boa-fé, como a ausência da prestação de serviços ou a entrega das mercadorias compradas (REsp 774.304/MT, Rel. Min. Luis Felipe Salomão, 4ª T., Julgado em 05.10.2010, *DJe* 14.10.2010)'".

STJ – 3ª T. – REsp nº 1.634.859 – Rel. Min. Nancy Andrighi – j. 09/03/2017: "(...) 2. A duplicata é um título causal que só passa a ter existência cambial, abstrata, pelo reconhecimento expresso do comprador ou tomador de serviço da prática do ato que possibilita sua emissão, com o aceite, ou pelo protesto acompanhado da comprovação da entrega e recebimento da mercadoria ou prestação do serviço, sem recusa regular, conforme prevê o art. 15, I e II, da Lei nº 5.474/1968. 3. Se não ocorre o aceite ou o regular protesto, a inexistência de causa à emissão de duplicata consubstancia vício de natureza formal para emissão do título, relativo à sua existência cambial e de natureza distinta das exceções pessoais, razão pela qual pode ser oposta ao endossatário que recebe a duplicata por endosso-caução. 4. Embora, em regra, o protesto permita que o portador exerça o direito de regresso contra os endossantes e avalistas da duplicata, na hipótese de duplicata simulada, o protesto deve ser sustado com o resguardo dos direitos do endossatário em relação ao endossante, pois, com esse procedimento, evita-se o dano que poderia sofrer o sacado e resguarda-se o interesse legítimo de ressarcimento junto ao emitente da cártula. 5. *In casu*, a duplicata foi emitida sem causa subjacente, sendo inexigível perante a sacada, que não aceitou o título, tendo sido impedido o protesto, resguardados os direitos da endossatária em face da endossante (...)".

2. REQUISITOS INTRÍNSECOS

Remete-se o leitor ao tópico deduzido para letras de câmbio [*t. IV, §2, i. 2*].

3. REQUISITOS FORMAIS

Uma duplicata tem que conter, necessariamente (art. 2º, § 1º, LDupl): I – a denominação "duplicata", a data de sua emissão e o número de ordem; II – o número da fatura; III – a data certa do vencimento ou a declaração de ser a duplicata à vista; IV – o nome e domicílio do vendedor e do comprador; V – a importância a pagar, em algarismos e por extenso; VI – a praça de pagamento; VII – a cláusula à ordem; VIII – a declaração do reconhecimento de sua exatidão e da obrigação de pagá-la, a ser assinada pelo comprador, como aceite cambial; IX – a assinatura do emitente.

Uma duplicata deve corresponder a uma fatura. Em caso de pagamento parcelado, admite-se que a duplicata emitida seja desdobrada em tantos quantos sejam as prestações e seus vencimentos. A distinção será feita com a manutenção do número da duplicata registrada, mas com acréscimo de letra do alfabeto sequenciada (art. 2º, 3º, da LDupl).

```
┌─────────────────────────────────────────────────────────────────────┐
│  Razão Social              DUPLICATA MERCANTIL                      │
│  Endereço: _____ Cidade:_____ Estado: ___ Te- │
│  lefone: (__)_____ CNPJ: _____ Inscrição Estadual: _____ Data │
│  do processamento: __/__/____                                       │
│  Fatura                                                             │
│  Nota Fiscal: _____ Data de Emissão: __/__/__ Duplicata: _____ Valor (R$):_____ │
│  Vencimento: __/__/__.        Para uso da Instituição Financeira [ ]│
│                                                                     │
│  Nome do Sacado: _____ Endereço de Cobrança: _____ │
│  Bairro: _____ Cidade: _____ Estado: _____ CEP: _____ │
│  Telefone: (__)_____ Praça de Pagamento: _____ CNPJ: _____ │
│  Inscrição Estadual: _____.                                    │
│                                     _____ │
│                                          (Assinatura do Emitente)   │
│  VALOR: _____.                                      │
│                                                                     │
│  Recebemos a exatidão desta DUPLICATA DE VENDA MERCANTIL/PRESTAÇÃO DE SERVIÇOS na │
│  importância acima que pagaremos à _____ ou à sua ordem na praça e vencimentos │
│  acima indicados.                                                   │
│                                     _____ │
│       Em __/__/__                        (Assinatura do Sacado)     │
└─────────────────────────────────────────────────────────────────────┘
```

4. PECULIARIDADES DO ACEITE, PAGAMENTO E PROTESTO

O aceite é parte integrante da duplicata, considerando o pressuposto de ser título emitido pelo próprio credor. A remesse e aceite da cártula, embora previstas na LDupl, foram agilizadas pela prática e não vem ocorrendo mais com todos os elementos exigidos pela lei. Feita a venda, com entrega da mercadoria, o vendedor saca a duplicata digitalmente e coloca em cobrança, que normalmente é feita por boletos bancários que referenciam a cártula registrada nos livros do vendedor.

Entretanto, para fins didáticos, é importante mencionar que a lei formalmente exige a remessa do título para aceite e deve ser devolvida quando não for à vista (arts. 6º e 7º da LDupl). A recusa do aceite é motivo de protesto [t. IV, §1, i. 8].

Relevante e atual é que a recusa da duplicata, que pode ser feita pelo devedor com os seguintes motivos do art. 8º da LDupl (replicados no art. 21 para os serviços): I – avaria ou não recebimento das mercadorias, quando não expedidas ou não entregues por sua conta e risco; II – vícios, defeitos e diferenças na qualidade ou na quantidade das mercadorias, devidamente comprovados; III – divergência nos prazos ou nos preços ajustados.

Do lado do vendedor, a proteção que lhe socorre é o protesto do título por falta de aceite, devolução ou de pagamento (art. 13 da LDupl), além de apresentação do comprovante de entrega da mercadoria para realizar a cobrança por meio de ação executiva cambial.

Finalmente, quanto ao pagamento, é lícito ao comprador resgatar a duplicata antes de aceitá-la ou antes da data do vencimento. Pode também constituir prova do pagamento o recibo, passado pelo legítimo portador ou por seu representante com poderes especiais, no verso do próprio título ou em documento, em separado, com referência expressa à duplicata. Além disso, a compensação de títulos dados em pagamento (art. 9º da LDupl).

Poderão ser deduzidos do pagamento quaisquer créditos a favor do devedor, resultantes de devolução de mercadorias, diferenças de preço, enganos verificados, pagamentos por conta e outros motivos assemelhados, desde que devidamente autorizados (art. 10 da LDupl).

Em caso de escrituração eletrônica, a Lei nº 13.775/2018 prevê requisitos específicos, porque a entidade de certificação deverá observar os seguintes aspectos: I – apresentação, aceite, devolução e formalização da prova do pagamento; II – controle e transferência da titularidade; III – prática de atos cambiais sob a forma escritural, tais como endosso e aval; IV – inclusão de indicações, informações ou de declarações referentes à operação com base na qual a duplicata foi emitida ou ao próprio título; e V – inclusão de informações a respeito de ônus e gravames constituídos sobre as duplicatas (art. 4º da Lei nº 13.775/2018). A entidade de escrituração da duplicata poderá emitir extrato da duplicata escriturada eletronicamente, certificando o seguinte conteúdo (art. 6º, § 1º, da Lei nº 13.775/2018): I – a data da emissão e as informações referentes ao sistema eletrônico de escrituração no âmbito do qual a duplicata foi emitida; II – os elementos necessários à identificação da duplicata, nos termos do art. 2º da LDupl; III – a cláusula de inegociabilidade; e IV – as informações acerca dos ônus e gravames.

Conforme previsão do art. 3º da Lei nº 13.775/2018, a emissão da duplicata será feita com lançamento das informações essenciais do título (art. 2º, § 1º, da LDupl) no sistema de dados gerido por entidades com esse objeto e que tenham autorização[1] para escrituração de duplicatas. A autorização poderá ser concedida também para a Central Nacional de Registro de Títulos e Documentos, com escrituração feita pelo oficial de registro do emissor da duplicata.

---

[1] A autorização de escrituração será feita pelo Banco Central do Brasil (BCB), conforme Decreto nº 9.769, de 16/04/2019, confirmando diretrizes do Conselho Monetário Nacional (CMN).

Assim, caberá ao credor, realizado o negócio que dá causa à duplicata – com entrega da mercadoria ou do serviço – indicá-la no sistema da empresa certificadora e escrituradora autorizada, emitindo-se a duplicata escritural com assinatura digital.

A duplicata ainda dependerá do aceite. Com base na teoria da criação, a obrigação vinculante continua sendo a assinatura do sacado da cártula, feita agora eletronicamente por meio do sistema de chaves públicas (ICP-Brasil), concretizando os preceitos dos arts. 16 e 17 da LUG e arts. 896, 901 e 905 do CC, mas agora diminuindo as discussões sobre o portador de boa-fé da cártula, porquanto esteja escriturada. Assim, a cártula será apresentada ao sacado pela escrituradora para aceite, de acordo com o prazo da regulamentação ou, na ausência dele, em 02 dias úteis.

O sacado poderá recusar o aceite no prazo de 10 dias do art. 8º da LDupl, aplicável conforme art. 12, § 2º, da Lei nº 13.775/2018. Se não houver motivo legítimo para a recusa, o sacado deverá dar o aceite no prazo de 15 dias úteis no sistema da escrituradora. Persistindo a recusa, será possível lavrar o protesto por falta de aceite. Entrementes, preservou-se o aceite presumido se forem somados o comprovante de entrega da mercadoria ou do serviço, que será registrada também no sistema da escrituradora.

As duplicatas escriturais – seja na íntegra, seja no extrato do art. 6º da Lei nº 13.775 – constituem título executivo, que inclusive pode se valer do preceito do art. 15 da LDupl para a falta de aceite, juntando-se o instrumento de protesto (art. 41-A da LProt) e o documento hábil comprobatório da entrega e recebimento da mercadoria.

5. TRIPLICATA

Em razão da necessidade de aceite, a lei permitiu que nova via da duplicata fosse emitida em caso de extravio. Para tanto, regulou a triplicata no art. 23 da LDupl: "A perda ou extravio da duplicata obrigará o vendedor a extrair triplicata, que terá os mesmos efeitos e requisitos e obedecerá às mesmas formalidades daquela".

6. AÇÃO PARA COBRANÇA

Remete-se o leitor ao tópico deduzido na parte geral [*t. IV, §1, i. 9*].

Tem-se falado, ainda, no desafio da execução da duplicata virtual, que seriam emitidos e recebidas por meio magnético ou de gravação eletrônica e que podem ser protestadas por mera indicação e sem exibição do título. Entendeu o STJ: "Os boletos de cobrança bancária vinculados ao título virtual, devidamente acompanhados dos instrumentos de protesto por indicação e dos comprovantes de entrega da mercadoria ou da prestação dos serviços, suprem a ausência física do título cambiário eletrônico e constituem, em princípio, títulos executivos extrajudiciais" (STJ – REsp nº 1.024.691 – Rel. Min. Nancy Andrighi).

Tramitam projetos de lei para regular a duplicata virtual, que difere da duplicata escritural.

Jurisprudência

STJ – Súmula nº 248: Comprovada a prestação dos serviços, a duplicata não aceita, mas protestada, é título hábil para instruir pedido de falência.

STJ – 3ª T. – REsp nº 1.334.464 – Rel. Min. Ricardo Villas Bôas Cueva – j. 15/03/2016: "(...) 2. O aceite promovido na duplicata mercantil corresponde ao reconhecimento, pelo sacado (comprador), da legitimidade do ato de saque feito pelo sacador (vendedor), a desvincular o título do componente causal de sua emissão (compra e venda mercantil a prazo). Após o aceite, não é permitido ao sacado reclamar de vícios do negócio causal realizado, sobretudo porque os princípios da abstração e da autonomia passam a reger as relações, doravante cambiárias (art. 15, I, da Lei nº 5.474/1968). 3. O aceite é ato formal e deve se aperfeiçoar na própria cártula (assinatura do sacado no próprio título), incidindo o princípio da literalidade (art. 25 da LUG). Não pode, portanto, ser dado verbalmente ou em documento em separado. De fato, os títulos de crédito possuem algumas exigências que são indispensáveis à boa manutenção das relações comerciais. A experiência já provou que não podem ser afastadas certas características, como o formalismo, a cartularidade e a literalidade, representando o aceite em separado perigo real às práticas cambiárias, ainda mais quando os papéis são postos em circulação. 4. O aceite lançado em separado à duplicata não possui nenhuma eficácia cambiária, mas o documento que o contém poderá servir como prova da existência do vínculo contratual subjacente ao título, amparando eventual ação monitória ou ordinária (art. 16 da Lei nº 5.474/1968). 5. A duplicata despida de força executiva, seja por estar ausente o aceite, seja por não haver o devido protesto ou o comprovante de entrega de mercadoria, é documento hábil à instrução do procedimento monitório (...)".

STJ – 3ª T. – REsp nº 1.354.776 – Rel. Min. Paulo de Tarso Sanseverino – j. 26/08/2014: "(...) 1. Validade da duplicata virtual como título executivo. Precedente da Segunda Seção desta Corte Superior. 2. Cabimento da instrução do pedido de falência com duplicatas virtuais protestadas por indicação, acompanhadas dos comprovantes de entrega das mercadorias. 3. Desnecessidade de prévio ajuizamento de execução forçada na falência requerida com fundamento na impontualidade do devedor (...)".

STJ – REsp nº 1.024.691 – Rel. Min. Nancy Andrighi – j. 22/03/2011: "(...) 1. As duplicatas virtuais – emitidas e recebidas por meio magnético ou de gravação eletrônica – podem ser protestadas por mera indicação, de modo que a exibição do título não é imprescindível para o ajuizamento da execução judicial. Lei 9.492/97. 2. Os boletos de cobrança bancária vinculados ao título virtual, devidamente acompanhados dos instrumentos de protesto por indicação e dos comprovantes de entrega da mercadoria ou da prestação dos serviços, suprem a ausência física do título cambiário eletrônico e constituem, em princípio, títulos executivos extrajudiciais".

Bibliografia: BOITEUX, Fernando Netto. *Duplicata*. In: COELHO, Fabio Ulhoa (Coord.). *Tratado de direito comercial*. v. 8. São Paulo: Saraiva, 2015.

§6
OUTROS TÍTULOS DE CRÉDITO

1. ENUMERAÇÃO

Outros títulos de crédito podem ser enumerados e algumas de suas características poderão ser descritas para estudo dirigido. Em geral, são títulos de crédito de atividades especializadas, como os instrumentos de depósito e de transporte. Outros têm pouca utilização.

Deveriam ser descritos nesta seção o *Warrant* Agropecuário e o Conhecimento de Depósito Agropecuário. Por questões didáticas e pertinência à mesma Lei nº 11.076/2004, optou-se pela alocação desses dois títulos de crédito junto às Cédulas do Agronegócio [*t. IV, §7, i. 5*].

2. TÍTULOS DE CRÉDITO DE DEPÓSITO

2.1. *Warrant* e Conhecimento de depósito

A atividade de armazém geral e depósito de mercadorias é estratégica na logística de uma atividade empresarial, por permitir que os produtos fiquem guardados e conservados em local apropriado e com utilização econômica e jurídica de *contratos de depósito* para evitar a excessiva circulação e perdas. Diminuem-se os custos; aumenta-se a segurança; evita-se a circulação física, mas se permite a circulação econômica. A propósito, os armazéns continuam regidos pelo vetusto Decreto nº 1.102, de 21 de novembro de 1903, que regula atividades de guarda e conservação de mercadorias (COSTA, 2008, p. 443).

Para documentar o recebimento da mercadoria e permitir a circulação desse valor, emitem-se títulos causais especialíssimos para tal finalidade. Antes disso, deve o armazém emitir *recibo* do bem depositado, declarando nele a natureza, quantidade, número e marcas, fazendo pesar, medir ou contar, no ato do recebimento as que forem suscetíveis de ser pesadas, medidas ou contadas (art. 6º do Decreto nº 1.102/1903) (COSTA, 2008, p. 446).

Warrant e Conhecimento de Depósito são dois títulos que podem ser sacados concomitantemente para formalização do mesmo valor: ao se depositar mercadoria ou bem em armazém, substitui-se o recibo dos produtos e efetiva-se a emissão do *conhecimento de depósito*, que representa *o valor da mercadoria depositada* e permite a livre negociação do montante nela lançado. Faculta-se, além disso, o saque do *warrant*, que documenta o crédito do depositante junto ao depositário e instrumentaliza verdadeiro documento de caução de que as mercadorias estão sob conhecimento e depositadas. A emissão é descrita no art. 15 do Decreto nº 1.102/1903: "Os armazéns gerais emitirão, quando lhes for pedido pelo depositante, dois títulos unidos, mas separáveis à vontade, denominados conhecimento de depósito e *warrant*".

Os títulos devem ser à ordem, com o seguinte conteúdo, que é semelhante par aos dois, ressalvada a nomenclatura: 1º – a denominação da empresa do armazém geral e sua sede; 2º – o nome, profissão e domicílio do depositante ou de terceiro por este indicado; 3º – O lugar e o prazo do depósito, facultado aos interessados acordarem, entre si, na transferência posterior das mesmas mercadorias de um para outro armazém da emitente ainda que se encontrem em localidade diversa da em que foi feito o depósito inicial. Em tais casos, far-se-ão, nos conhecimentos *warrants* respectivos, as seguintes anotações: a) local para onde se transferirá a mercadoria em depósito; b) despesas decorrentes da transferência, inclusive as de seguro por todos os riscos. 4º – A natureza e quantidade das mercadorias em depósito, designadas pelos nomes mais usados no comércio, seu peso, o estado dos envoltórios e todas as marcas e indicações próprias para estabelecerem a sua identidade, ressalvadas as peculiaridades das mercadorias depositada a granel. 5º – a qualidade da mercadoria tratando-se de diversos donos; 6º – a indicação do segurador da mercadoria e o valor do seguro. 7º – a declaração dos impostos e direitos fiscais, dos encargos e despesas a que a mercadoria está sujeita, e do dia em que começaram a correr as armazenagens; 8º – a data da emissão dos títulos e assinatura do empresário ou pessoa devidamente habilitada por este (art. 15, § 1º, do Decreto nº 1.102/1903).

Se os dois títulos são sacados concomitantemente, as mercadorias não podem ser retiradas sem a entrega dos dois (art. 21 do Decreto nº 1.102/1903) e nem os gêneros e mercadorias não poderão sofrer embaraço que prejudique a sua livre e plena disposição (art. 17 do Decreto nº 1.102/1903).

Ao portador do conhecimento de depósito é permitido retirar a mercadoria antes do vencimento da dívida constante do *warrant*, consignando o armazém geral o principal e juros até o vencimento e pagando os impostos fiscais, armazenagens vencidas e mais despesas (art. 22 do Decreto nº 1.102/1903) (Costa, 2008, p. 452). O portador do *warrant* que no dia do vencimento não for pago, e que não achar consignada no armazém geral a importância do seu crédito e juros, deverá interpor o respectivo protesto (art. 23 do Decreto nº 1.102/1903).

Por outro enfoque, as compras e vendas poderão ser feitas sobre documentos [*t. IV, §8, i. 5*], com a apresentação somente dos títulos.

Dispõe o art. 178 do CP que emitir conhecimento de depósito ou *warrant* em desacordo com disposição legal, incorre o agente na pena de reclusão de um a quatro anos e multa. Além disso, os armazéns gerais respondem civilmente: "1º – pela guarda, conservação e pronta e fiel entrega das mercadorias que tiverem recebido em depósito, sob pena de serem presos os empresários, gerentes, superintendentes ou administradores sempre que não efetuarem aquela entrega dentro de 24 horas depois que judicialmente forem requeridos; Cessa a responsabilidade nos casos de avarias ou vícios provenientes da natureza ou acondicionamento das mercadorias, e força maior, salvo a disposição do art. 37, § único; 2º – pela culpa, fraude ou dolo de seus empregados e prepostos e pelos furtos acontecidos aos gêneros e mercadorias dentro dos armazéns". A indenização devida pelos armazéns gerais nos casos referidos neste artigo, será correspondente ao preço da mercadoria e em bom estado no lugar e no tempo em que devia ser entregue. A prescrição seria de 3 meses, contados do dia em que a mercadoria foi ou devia ser entregue (art. 11 do Decreto nº 1.102/1903).

Jurisprudência

STJ – 4ª T. – REsp nº 1.217.701 – Rel. Min. Luis Felipe Salomão – j. 07/06/2016: "(...) 2. No contrato de armazenagem (depósito de mercadorias em armazém geral), o depositário emite um "recibo", ou títulos de sua emissão exclusiva, quais sejam, conhecimento de depósito e respectivo warrant, representativos, de um lado, das mercadorias depositadas e, de outro lado, das obrigações assumidas, em razão do contrato de depósito. 3. No caso, o contrato de depósito foi firmado em 26 de abril de 1995, a avença deve ser resolvida apenas à luz do Decreto n. 1.102 de 1903, por isso, não tem aplicação ao caso a Lei n. 9.973/2000, que trata do sistema de armazenagem de produtos agropecuários, estabelecendo no art. 6º, § 6º, que fica obrigado o depositário a celebrar contrato de seguro com a finalidade de garantir, a favor do depositante, os produtos armazenados contra incêndio, inundação e quaisquer intempéries que os destruam ou deteriorem. 4. A força maior é causa excludente de responsabilidade civil, que tem por característica marcante sua inevitabilidade, constituindo evento caracterizado por acontecimentos naturais, como inundação, raio, terremoto, ciclone, maremoto. Com efeito, em vista da própria natureza do contrato de depósito em armazém geral, simples chuva ou vendaval – desde que não tenha o vulto semelhante a de um ciclone de magnitude –, não são hábeis para se cogitar em eximir a armazenadora de sua obrigação de restituir, em adequado estado de conservação, os bens fungíveis depositados. 5. Por um lado, como o contrato de depósito contemplou o pagamento de sobretaxa para a cobertura do caso fortuito, o art. 37, parágrafo único, do Decreto n. 1.102 de 1903 dispõe que são nulas as convenções, ou cláusulas que diminuam ou restrinjam as obrigações e responsabilidades que, por esta lei, são impostas às empresas de armazéns gerais e as que figurarem nos títulos que elas emitirem. Por outro lado, o art. 393 do CC/2002 – correspondente ao art. 1.058 do CC/1916 – estabelece que o devedor não responde pelos prejuízos resultantes de caso fortuito ou força maior, apenas se expressamente não se houver por eles responsabilizado (...)".

STJ – 3ª T. – REsp nº 73.700 – Rel. Min. Eduardo Ribeiro – j. 09/10/1995: "Conhecimento de depósito – "Warrant" – Endosso. Cabe a empresa de armazéns gerais proceder a entrega das mercadorias a quem, como legítimo possuidor, apresente aqueles títulos. O conhecimento de depósito presta-se a evidenciar, em princípio, quem o proprietário da mercadoria, propriedade que se transmite com o endosso. Se isso não ocorreu, em virtude da natureza das relações pessoais entre endossante e endossatário, a matéria estranha ao depositário".

3. CONHECIMENTO DE TRANSPORTE

O conhecimento de transporte é título de crédito emitido por transportadora que recebem bens para transporte. Portanto, há vínculo com o prévio contrato de transporte [*t. IV, §14*] e os requisitos dependerão do meio utilizado.

No caso do conhecimento de transporte terrestre, os requisitos dos títulos eram fixados pelo art. 2º do Decreto nº 19.473/1930, que foi revogado pelo Decreto sem número de 25/04/1991[1]. Entrementes, somente para se ter referencial, o referido texto legislativo continha no art. 2º os requisitos para o conhecimento de transporte de mercadorias por terra, água ou ar: I. O nome, ou denominação da empresa emissora; II. O número de ordem; III. A data, com indicação de dia, mês e ano; IV. Os nomes do remetente e do consignatário, por extenso. O remetente pode designar-se como consignatário, e a indicação deste substituir-se pela cláusula ao portador. Será ao portador o conhecimento que não contiver a indicação do consignatário. V. O lugar da partida e o destino. Faltando a indicação do lugar da partida, entende-se ser este o mesmo da emissão. VI. A espécie e a quantidade ou peso da mercadoria, bem como as marcas, os sinais exteriores dos volumes de embalagem. VII. A importância do frete e o lugar e a forma de pagamento. A importância será declarada por extenso e em algarismos, prevalecendo a primeira, em caso de divergência. Não indicada outra forma, o pagamento será a dinheiro de contado e por inteiro, no ato da entrega da mercadoria e no lugar do destino, se outro não tiver sido designado. A falta de pagamento de frete e despesas autoriza a retenção da mercadoria, à conta e risco de quem pertencer. VIII. A assinatura do empresário ou seu representante, abaixo do contexto.

Para o transporte multimodal, os requisitos são previstos no art. 10 da Lei nº 9.611/98: I – a indicação "negociável" ou "não negociável" na via original, podendo ser emitidas outras vias, não

---

[1] http://www.planalto.gov.br/ccivil_03/dnn/anterior%20a%202000/Dnn25-4-91-4.htm#anexo.

negociáveis; II – o nome, a razão ou denominação social e o endereço do emitente, do expedidor, bem como do destinatário da carga ou daquele que deva ser notificado, quando não nominal; III – a data e o local da emissão; IV – os locais de origem e destino; V – a descrição da natureza da carga, seu acondicionamento, marcas particulares e números de identificação da embalagem ou da própria carga, quando não embalada; VI – a quantidade de volumes ou de peças e o seu peso bruto; VII – o valor do frete, com a indicação "pago na origem" ou "a pagar no destino"; VIII – outras cláusulas que as partes acordarem.

As leis não especificam outras características para o conhecimento de transporte, de modo que podem ser aplicáveis as regras gerais para o endosso, por exemplo, salvo pactuação de cláusula "não à ordem".

Jurisprudência

TJSP – 12ª Câm. Dir. Priv. – Ap. nº 1033121-43.2015.8.26.0562 – Rel. Des. Jacob Valente – DJe 23.06.2017: "Conhecimento de transporte. Documento que representa a propriedade da carga pelo portador, passível de transferência por endosso, nos termos do art. 576 e seguintes do Código Comercial. Situação em que o depositário da carga deve liberá-la a quem apresente o original do conhecimento, nos termos do art. 754 do Código Civil. Regime administrativo aduaneiro que não tem o condão de alterar o status jurídico entre o proprietário e o depositário da carga. Revogação, ainda, da IN 1.356/2013 pela de nº 1.443/2014, alterando a redação do § 3º do art. 55 da antiga IN 680/2006, restabelecendo a exigência da apresentação do original do conhecimento nos procedimentos por ela disciplinados. Pretensão negada. Sucumbência recursal. Nova disciplina do Código de Processo Civil que implica na cumulação sucumbencial em grau recursal, adotando parâmetros em função do proveito econômico obtido e do trabalho adicional dos advogados. Circunstância, no caso em testilha, que o recurso foi oposto contra sentença prolatada na vigência do Novo CPC, e o trabalho adicional dos advogados se resume na confecção de razões e contrarrazões, além do acompanhamento processual na instância, arbitrando-se honorários de R$ 1.500,00 (um mil e quinhentos reais) em favor dos patronos da instituição de ensino, cumulável com a de primeiro grau (§§ 2º e 11 do art. 85). Sentença mantida. Apelação não provida."

TJRJ – 17ª Câm. Civ. – Ap nº 0213895-85.2013.8.19.0001 – Rel. Des. Marcia Ferreira Alvarenga – DJe 15.07.2016: "Apelação cível. Obrigação de fazer. Transporte marítimo internacional. Retenção de mercadorias pelo agente marítimo. Ausência de apresentação do original de conhecimento de transporte (BL). Cabimento. 1. A controvérsia dos autos cinge-se sobre a documentação idônea para a liberação de mercadoria objeto de contrato de importação. Sustenta a autora que a ré, agente do armador contratado pela vendedora, reteve indevidamente as mercadorias, pois apresentou cópia do conhecimento de transporte (BL) e documentos comprobatórios da propriedade da carga. A ré, por sua vez, alegou que, agindo sob as ordens do armador, somente poderia liberar as mercadorias mediante apresentação do conhecimento de transporte (BL) original. 2. Como é cediço, o conhecimento de transporte (*Bill of Lading*) é documento peculiar, pois pode ser considerado recibo, contrato autônomo, documento de propriedade e título de crédito. Sua apresentação é fundamental em contratos de transporte marítimo, já que as mercadorias passam por diversos intermediários, sendo necessária à segurança jurídica, quanto à identificação do destinatário final. Não se pode reputar indevida a conduta da agente que se limita a requisitar a apresentação da documentação exigida, conforme as instruções do armador agenciado. 3. A norma que franqueia o levantamento de mercadoria sem o conhecimento de transporte (Decreto nº 6.759/2009) destina-se às autoridades fiscais, sendo descabido invocá-la também contra o particular, preposto do armador, que busca apenas cumprir seu dever de atuar de forma diligente no atendimento das instruções que lhe foram dirigidas. Recurso a que se nega provimento."

Bibliografia: COSTA, Wille Duarte. *Títulos de crédito*. 4. ed. Belo Horizonte: Del Rey, 2008. PACHECO, José da Silva. Depósito – Regime de entreposto aduaneiro de importação em *trading company* – Indenização – Prazo prescricional. RT, 626.

§7
INSTRUMENTOS CAMBIARIFORMES

1. CARACTERÍSTICAS COMUNS DOS INSTRUMENTOS CAMBIARIFORMES

A prática empresarial e de concessão de crédito gerou novos instrumentos com características amplas de contratos, mas revestidos de formalidades legais equivalentes às cambiais, como a tipicidade legal, a incorporação de valor, a possibilidade de circulação por endosso e a declaração cambial acessória do aval. O que distingue, efetivamente, os contratos cambiariformes é a sua natureza causal, que permite maior detalhamento da operação econômica revestida pelo documento.

Está a se falar das Cédulas de Crédito e Letras de Crédito, que podem ser atreladas a um financiamento setorial específico e finalístico, como no setor agrícola, industrial, comercial e de exportação.

Há características gerais e comuns em referidos contratos cambiariformes:

(*a*) os documentos são causais e com atributos cambiais;

(*b*) aplicam-se-lhes regras de direito cambial, inclusive quanto a endosso em preto e aval (art. 60 do Decreto-Lei nº 167/67; art. 52 do Decreto-Lei nº 413/69; art. 3º da Lei nº 6.313/75; art. 5º da Lei nº 6.840/80; art. 30 da Lei nº 10.931/2004, para exemplificar), dispensando-se o protesto para o exercício do regresso (art. 52 do Decreto-Lei nº 413/69);

(*c*) Os títulos poderão conter cláusula acessória de garantia real ou fidejussória, além de circular por meio de endosso em preto;

(*d*) os contratos com atribuições cambiais adquirem certeza, liquidez e exigibilidade para manejo de ação de execução por título extrajudicial (art. 784, XI, do CPC; art. 10 do Decreto-Lei nº 167/67; art. 10 do Decreto-Lei nº 413/69; art. 1º da Lei nº 6.313/75; art. 5º da Lei nº 6.840/80; art. 4º da Lei nº 8.929/94; arts. 20, 26, 27-C e 28 da Lei nº 10.931/2004; art. 24 da Lei nº 11.076/2004, dentre outros). Ressalve que na CPR é possível o manejo da execução para entrega da coisa incerta (art. 15 da Lei nº 8.929/94 e art. 811 do CPC), mas se for CPR com liquidação financeira, cabe ação de execução por quantia certa (art. 4º-A, § 2º, da Lei nº 8.929/94);

(*e*) Os documentos instrumentalizam não somente a circulação de crédito por meio de abertura para financiamentos específicos, mas também a abertura de crédito em conta corrente e conformam a liquidez do crédito, como na Cédula de Crédito Bancário e na Cédula de Crédito Rural. O débito poderá ser o saldo da conta consolidado. Ainda, podem conter a obrigação de entrega da mercadoria, como a Cédula de Produto Rural (art. 4º do Decreto-Lei nº 167/67; art. 4º do Decreto-Lei nº 413/69; art. 3º da Lei nº 6.313/75; art. 5º da Lei nº 6.840/80; art. 28 da Lei nº 10.931/2004; art. 1º da Lei nº 8.929/94).

2. CÉDULAS DE CRÉDITO INDUSTRIAL, COMERCIAL E DE EXPORTAÇÃO

Há instrumentos cambiariformes finalísticos, com objetivo específico de financiamento de atividade comercial, industrial e de exportação. Cada qual está regido por legislação específica.

2.1. Cédulas de Crédito Industrial

A Cédula de Crédito Industrial é regida pelo Decreto-Lei nº 413/69 com destinação específica a pessoas físicas e jurídicas que se dediquem à atividade empresarial de indústria e que queiram tomar financiamento para o desenvolvimento dessa empresa. Os valores são vinculados a um orçamento aprovado e com dever de comprovar essa aplicação no prazo e na forma exigidos pela instituição financiadora (arts. 2º e 3º do Decreto-Lei nº 413/69). Admite-se a fiscalização do órgão financiador para constatação de correta aplicação dos valores na atividade.

Constitui promessa de pagamento em dinheiro, exigível pelo valor nela constate, com garantia real, cedularmente constituída (arts. 9º e 10 do Decreto-Lei nº 413/69). As garantias reais poderão ser o penhor cedular; alienação fiduciária e hipoteca cedular (art. 19 do Decreto-Lei nº 413/69) e a validade quanto a terceiros depende de inscrição no registro (art. 29. Decreto-Lei nº 413/69).

Se o emitente houver deixado de levantar qualquer parcela do crédito deferido, ou tiver feito pagamentos parciais, o credor descontá-lo-á da soma declarada na cédula, tornando-se exigível apenas o saldo (art. 10, § 1º, do Decreto-Lei nº 413/69).

O conteúdo da Cédula de Crédito Industrial será o seguinte: I – denominação "Cédula de Crédito Industrial"; II – data do pagamento; se a cédula for emitida para pagamento parcelado, acrescentar-se-á cláusula discriminando valor e data de pagamento das prestações logo após a cláusula de garantias; III – nome do credor e cláusula à ordem; IV – valor do crédito deferido, lançado em algarismos e por extenso, e a forma de sua utilização; V – descrição dos bens objeto do penhor, ou da alienação fiduciária, que se indicarão pela espécie, qualidade, quantidade e marca, se houver, além do local ou do depósito de sua situação, indicando-se, no caso de hipoteca, situação, dimensões, confrontações, benfeitorias, título e data de aquisição do imóvel e anotações (número, livro e folha) do registro imobiliário; VI – taxa de juros a pagar e comissão de fiscalização, se houver, e épocas em que serão exigíveis, podendo ser capitalizadas; VII – obrigatoriedade de seguro dos bens objeto da garantia; VIII – praça do pagamento; IX – data e lugar da emissão; X – assinatura do próprio punho do emitente ou de representante com poderes especiais (art. 14 do Decreto-Lei nº 413/69).

A inadimplência de qualquer das parcelas, implica vencimento antecipado da dívida resultante da cédula, independentemente de aviso ou de interpelação judicial. Na cobrança, admite-se a capitalização dos juros da operação (art. 11, § 2º, do Decreto-Lei nº 413/69 e enunciado nº 92 da Súmula do STJ).

2.1.1. Nota de Crédito Industrial

O crédito industrial também poderá ser documentado por título mais simples e representativo somente da obrigação de pagamento, sem garantia real. Cuida-se da Nota de Crédito Industrial (NCI), com o seguinte conteúdo (art. 16 do Decreto-Lei nº 413/1969): I – denominação "Nota de Crédito Industrial"; II – data do pagamento; se a nota for emitida para pagamento parcelado, acrescentar-se-á a cláusula discriminando valor e data de pagamento das prestações; III – nome do credor e cláusula à ordem; IV – valor do crédito deferido, lançado em algarismos e por extenso, e a forma de sua utilização; V – taxa de juros a pagar e comissão de fiscalização, se houver, e épocas em que serão exigíveis, podendo ser capitalizadas; VI – praça de pagamento; VII – data e lugar da emissão; VIII – assinatura do próprio punho do emitente ou de representante com poderes especiais.

Cuida-se de crédito qualificado como privilégio especial para fins falimentares [*t. V, §3, i. 3*].

2.2. Cédulas de Crédito Comercial

A Cédula de Crédito Comercial é regida pela Lei nº 6.840/80, que é bastante sucinta e faz remissão ao conteúdo da Cédula de Crédito Industrial [*t. IV, §7, i. 2.1*]. Ela serve de instrumento para financiar atividade empresarial de comércio ou de prestação de serviços vinculada a orçamento aprovado pela instituição financeira (art. 2º da Lei nº 6.840/80).

Os preceitos sobre o conteúdo e as garantias demandam aplicação supletiva do Decreto-Lei nº 413/69 [*t. IV, §7, i. 2.1*].

2.3. Cédulas de Crédito à Exportação

A Cédula de Crédito à Exportação e a Nota de Crédito à Exportação são regidas pela Lei nº 6.313/75, que é bastante sucinta e faz remissão ao conteúdo da Cédula de Crédito Industrial. Ela serve de instrumento para financiar atividade empresarial voltada à exportação ou à produção de bens para exportação vinculada a orçamento aprovado pela instituição financeira.

Os preceitos sobre o conteúdo e as garantias demandam aplicação supletiva do Decreto-Lei nº 413/69 [*t. IV, §7, i. 2.1*].

Jurisprudência

STJ – Súmula nº 93: A legislação sobre cédulas de crédito rural, comercial e industrial admite o pacto de capitalização de juros.

STJ – 4ª T. – AgInt no AREsp nº 857.008 – Rel. Min. Marco Buzzi – j. 05/12/2017: "(...) 1. De acordo com o firme entendimento desta Corte Superior, não se mostra possível a incidência de comissão de permanência nas cédulas de crédito rural, comercial e industrial, na medida em que o Decreto-lei n. 167/1967 é expresso em só autorizar, no caso de mora, a cobrança de juros remuneratórios e moratórios (parágrafo único do art. 5º) e de multa de 10% sobre o montante devido (art. 71). 2. A possibilidade de revisão de contratos bancários prevista na Súmula n. 286/STJ estende-se a situações de extinção contratual decorrente de quitação, novação e renegociação".

3. CÉDULAS DE CRÉDITO BANCÁRIO

A Cédula de Crédito Bancário (CCB) foi instituída por meio da Medida Provisória nº 2.160-25/2001, posteriormente revogada pela Lei nº 10.931/2004. Cuida-se de promessa de pagamento que contém valor líquido, certo e exigível, vinculada à causa originária de emissão por incorporar no documento os valores que lhe deram origem. Há possibilidade de pactuação de garantias reais e fidejussórias cedularmente instituídas (art. 27 da Lei nº 10.931/2004), além de se admitir a circulação por endosso em preto se for emitida com cláusula à ordem (Abrão, 2011, p. 20 e 48). Com a alteração promovida pela Lei nº 13.986/2020, a CCB poderá ser emitida na forma escritural [*t. IV, §1, i. 4.1.1*].

Por meio desse documento, intentou-se fornecer às instituições financeiras uma alternativa de incorporação do crédito para lhes dar maior segurança e exequibilidade, com especificação no contrato cambiariforme de créditos ilíquidos – provenientes de contratos como a abertura de crédito e cheque especial, por exemplo – e a conversão em título executivo extrajudicial, inclusive na modalidade escritural (art. 784, XII, do CPC e arts. 27-C e 28 da Lei nº 10.931/2004). Confirma-se a função com a possibilidade de exigir, do credor, o valor exato da obrigação, ou de seu saldo devedor, por meio de planilha de cálculo e, quando for o caso, de extrato emitido pela instituição financeira, em favor da qual a Cédula de Crédito Bancário foi originalmente emitida (art. 28, § 2º, da Lei nº 10.931/2004). Os cálculos devem evidenciar o valor principal da dívida e encargos. Em caso de consolidação de crédito derivado de contrato de abertura de crédito em conta corrente, a cédula será emitida pelo valor total do crédito posto à disposição do emitente, competindo ao credor discriminar nos extratos da conta corrente ou nas planilhas de cálculo: as parcelas utilizadas do crédito aberto, os aumentos do limite do crédito inicialmente concedido, as eventuais amortizações da dívida e a incidência dos encargos nos vários períodos de utilização do crédito aberto (art. 28, § 2º, incisos I e II, da Lei nº 10.931/2004).

O art. 26 da Lei nº 10.931/2004 delimita a função da CCB: "A Cédula de Crédito Bancário é título de crédito emitido, por pessoa física ou jurídica, em favor de instituição financeira ou de entidade a esta equiparada, representando promessa de pagamento em dinheiro, decorrente de operação de crédito, de qualquer modalidade".

Para dar segurança à operação bancária, a CCB poderá ser registrada junto à Central de Custódia e Liquidação Financeira de Títulos (CETIP), que é companhia de capital aberto com objeto social de prestar serviços de registro, central depositária, negociação de ativos e títulos.

Outra possibilidade é a emissão escritura da CCB, de modo que o documento fica registrado em sistema eletrônico mantido por instituição financeira ou outra entidade autorizada pelo Banco Central (art. 27-A da Lei nº 13.986/2020). O suporte da cártula deixa de ser o papel e passa a ser eletrônico, com registro em entidade certificada e autorizada para tal atividade. Assim, caberá ao credor da CCB, após a emissão da cártula e entrega do crédito (que pode ser feita por chaves eletrônicas do ICP-Brasil – art. 29, § 5º, da Lei nº 10.931/2004), indicá-la no sistema da empresa escrituradora, que registra a operação e permite a circulação eletrônica do crédito, inclusive com registro do ato de pagamento.

Nessa emissão escritural, o sistema eletrônico fará constar: I – a emissão do título, com seus requisitos essenciais; II – a forma de pagamento ajustada no título; III – o endosso em preto de que trata o § 1º do art. 29 da Lei nº 10.931/2004 e a cadeia de endossos, se houver; IV – os aditamentos, as retificações e as ratificações de que trata o § 4º do art. 29 da Lei nº 10.931/2004; V – a inclusão de notificações, de cláusulas contratuais, de informações, inclusive sobre o fracionamento, quando houver, ou de outras declarações referentes à CCB ou ao CDB; e VI - as ocorrências de pagamento, se houver (art. 42-A da Lei nº 10.931/2004). Também devem ser mencionadas as garantias reais e fidejussórias, além de gravames gerados com a CCB.

Além das características descritas, o STJ demarcou dois importantes paradigmas para as CCBs: (*a*) permite-se a capitalização de juros com periodicidade inferior a um ano em contratos celebrados após 31.3.2000, data da publicação da Medida Provisória nº 1.963-17/2000, desde que expressamente pactuada; (*b*) a capitalização dos juros em periodicidade inferior à anual deve vir pactuada de forma expressa e clara. A previsão no contrato bancário de taxa de juros anual superior ao duodécuplo da mensal é suficiente para permitir a cobrança da taxa efetiva anual contratada (STJ – REsp nº 973.827 – Min. Maria Isabel Gallotti).

3.1. Conteúdo

O conteúdo da Cédula de Crédito Bancário dever ser o seguinte: I – a denominação "Cédula de Crédito Bancário"; II – a promessa do emitente de pagar a dívida em dinheiro, certa, líquida e exigível no seu vencimento ou, no caso de dívida oriunda de contrato de abertura de crédito bancário, a promessa do emitente de pagar a dívida em dinheiro, certa, líquida e exigível, correspondente ao crédito utilizado; III – a data e o lugar do pagamento da dívida e, no caso de pagamento parcelado, as datas e os valores de cada prestação, ou os critérios para essa determinação; IV – o nome da instituição credora, podendo conter cláusula à ordem; V – a data e o lugar de sua emissão; e VI – a assinatura do emitente e, se for o caso, do terceiro garantidor da obrigação, ou de seus respectivos mandatários (art. 29 da Lei nº 10.931/2004). Na emissão escritural, a escrituradora deverá mencionar os requisitos do art. 42-A da Lei nº 10.931/2004.

Poderão ser pactuados: I – os juros sobre a dívida, capitalizados ou não, os critérios de sua incidência e, se for o caso, a periodicidade de sua capitalização, bem como as despesas e os demais encargos decorrentes da obrigação; II – os critérios de atualização monetária ou de variação cambial como permitido em lei; III – os casos de ocorrência de mora e de incidência das multas e penalidades contratuais, bem como as hipóteses de vencimento antecipado da dívida; IV – os critérios de apuração e de ressarcimento, pelo emitente ou por terceiro garantidor, das despesas de cobrança da dívida e dos honorários advocatícios, judiciais ou extrajudiciais, sendo que os honorários advocatícios extrajudiciais não poderão superar o limite de dez por cento do valor total devido; V – quando for o caso, a modalidade de garantia da dívida, sua extensão e as hipóteses de substituição de tal garantia; VI – as obrigações a serem cumpridas pelo credor; VII – a obrigação do credor de emitir extratos da conta corrente ou planilhas de cálculo da dívida, ou de seu saldo devedor; VIII – outras condições de concessão do crédito, suas garantias ou liquidação (art. 28, § 1º, da Lei nº 10.931/2004).

3.2. Endosso em preto, protesto e demais especificações

A Cédula de Crédito Bancário será transferível por endosso em preto, ao qual se aplicam as regras do direito cambiário, caso em que o endossatário, mesmo não sendo instituição financeira ou entidade a ela equiparada, poderá exercer todos os direitos por ela conferidos, inclusive cobrar os juros e demais encargos na forma pactuada na Cédula (art. 29, § 1º, da Lei nº 10.931/2004).

Somente a via do credor é negociável e ela poderá ser protestada. Todavia, é dispensado o protesto para garantir o direito de cobrança contra endossantes, seus avalistas e terceiros garantidores (arts. 41 e 44 da Lei nº 10.931/2004).

A validade e eficácia da Cédula de Crédito Bancário não dependem de registro, mas as garantias reais, por ela constituídas, ficam sujeitas, para valer contra terceiros, aos efeitos do registro (art. 42 da Lei nº 10.931/2004). Ressalvam-se, contudo, as peculiaridades da forma escritural de emissão da CCB, previstas nos arts. 42-A e 42-B da Lei nº 10.931/2004.

Jurisprudência

Recurso repetitivo: STJ – 2ª Seção – REsp nº 1.291.575 – Rel. Min. Luis Felipe Salomão – j. 14/08/2013: "(...) A Cédula de Crédito Bancário é título executivo extrajudicial, representativo de operações de crédito de qualquer natureza, circunstância que autoriza sua emissão para documentar a abertura de crédito em conta-corrente, nas modalidades de crédito rotativo ou cheque especial. O título de crédito deve vir acompanhado de claro demonstrativo acerca dos valores utilizados pelo cliente, trazendo o diploma legal, de maneira taxativa, a relação de exigências que o credor deverá cumprir, de modo a conferir liquidez e exequibilidade à Cédula (art. 28, § 2º, incisos I e II, da Lei n. 10.931/2004)".

Recurso repetitivo: STJ – 2ª Seção – REsp nº 1.061.530 – Rel. Min. Nancy Andrighi – j. 22/10/2008: "(...) ORIENTAÇÃO 1 – JUROS REMUNERATÓRIOS a) As instituições financeiras não se sujeitam à limitação dos juros remuneratórios estipulada na Lei de Usura (Decreto 22.626/33), Súmula 596/STF; b) A estipulação de juros remuneratórios superiores a 12% ao ano, por si só, não indica abusividade; c) São inaplicáveis aos juros remuneratórios dos contratos de mútuo bancário as disposições do art. 591 c/c o art. 406 do CC/02; d) É admitida a revisão das taxas de juros remuneratórios em situações excepcionais, desde que caracterizada a relação de consumo e que a abusividade (capaz de colocar o consumidor em desvantagem exagerada (art. 51, § 1º, do CDC) fique cabalmente demonstrada, ante às peculiaridades do julgamento em concreto. ORIENTAÇÃO 2 – CONFIGURAÇÃO DA MORA a) O reconhecimento da abusividade nos encargos exigidos no período da normalidade contratual (juros remuneratórios e capitalização) descaracteriza a mora; b) Não descaracteriza a mora o ajuizamento isolado de ação revisional, nem mesmo quando o reconhecimento de abusividade incidir sobre os encargos inerentes ao período de inadimplência contratual. ORIENTAÇÃO 3 – JUROS MORATÓRIOS Nos contratos bancários, não regidos por legislação específica, os juros moratórios poderão ser convencionados até o limite de 1% ao mês (...)".

STJ – 4ª T. – AgInt no REsp nº 1.685.259 – Rel. Min. Maria Isabel Gallotti – j. 24/04/2018: "(...) 1. O art. 31 da Lei n. 10.931/2004, ao estabelecer que 'a garantia da Cédula de Crédito Bancário poderá ser fidejussória ou real', não veda a constituição de mais de uma garantia. 2. Para que seja constituída a mora da fiduciante que atrasa o pagamento de parcelas, é desnecessária sua notificação pessoal, basta que se comprove que o cartório de registro de títulos e documentos entregou a notificação extrajudicial no endereço declarado pela devedora (...)".

STJ – 4ª T. – AgInt no AREsp nº 960.797 – Rel. Min. Antonio Carlos Ferreira – j. 12/12/2017: "(...) 4. É permitida a capitalização de juros com periodicidade inferior à anual, em contratos celebrados com instituições integrantes do Sistema Financeiro Nacional, a partir de 31/3/2000 (MP n. 1.963-17/2000, reeditada como MP n. 2.170-36/2001), desde que expressamente pactuada (Súmula n. 539/STJ)".

Bibliografia FRONTINI, Paulo Salvador. *Cédula de Crédito Bancário*. RDM, 119/52.

4. CÉDULAS DE CRÉDITO IMOBILIÁRIO

A Cédula de Crédito Imobiliário (CCI) tem função de financiamento de atividade empresarial imobiliária, sendo usada principalmente para custear a construção de empreendimentos nesse setor. Poderá ser feita para a integralidade do valor financiado ou por frações, vendando-se que a CCI fracionária exceda o valor total do crédito que elas representam (art. 18, § 1º, da Lei nº 10.931/2004). Assim como as demais cédulas, a CCI poderá ser atrelada a garantias reais ou fidejussórias, sob a forma escritural ou cartular. A emissão escritura da CCI deverá ser feita por escritura pública ou instrumento particular, que permanecerá custodiado em instituição financeira (art. 18, § 4º, da Lei nº 10.931/2004). A circulação da CCI escritural ou a substituição do custodiante deverá ser feita por meio de entidade autorizada pelo Banco Central para exercer a atividade de registro ou de depósito centralizado de ativos financeiros (art. 18, § 4º-A, da Lei nº 10.931/2004).

O conteúdo da CCI será o seguinte: I – a denominação "Cédula de Crédito Imobiliário", quando emitida cartularmente; II – o nome, a qualificação e o endereço do credor e do devedor e, no caso de emissão escritural, também o do custodiante; III – a identificação do imóvel objeto do crédito imobiliário, com a indicação da respectiva matrícula no Registro de Imóveis competente e do registro da constituição da garantia, se for o caso; IV – a modalidade da garantia, se for o caso; V – o número e a série da cédula; VI – o valor do crédito que representa; VII – a condição de integral ou fracionária e, nessa última hipótese, também a indicação da fração que representa; VIII – o prazo, a data de vencimento, o valor da prestação total, nela incluídas as parcelas de amortização e juros, as taxas, seguros e demais encargos contratuais de responsabilidade do devedor, a forma de reajuste e o valor das multas previstas contratualmente, com a indicação do local de pagamento; IX – o local e a data da emissão; X – a assinatura do credor, quando emitida cartularmente; XI – a autenticação pelo Oficial do Registro de Imóveis competente, no caso de contar com garantia real; e XII – cláusula à ordem, se endossável (art. 19 da Lei nº 10.931/2004).

A cessão do crédito representado por CCI poderá ser feita por meio de sistema de entidade autorizada pelo Banco Central do Brasil a exercer a atividade de registro ou de depósito centralizado de ativos financeiros na qual a CCI tenha sido registrada ou depositada (art. 22 da Lei nº 10.931/2004).

4.1. Letra de Crédito Imobiliário

A mesma Lei nº 10.931/2004 autorizou as instituições financeiras a emitir título, cartular ou escritural, que esteja lastreado por créditos imobiliários garantidos por hipoteca ou por alienação fiduciária de coisa imóvel. Assim, referidas instituições podem renegociar os créditos de que são titulares com terceiros que estejam interessados. Cuida-se, portanto, da Letra de Crédito Imobiliário (art. 12 da Lei nº 10.931/2004).

O conteúdo da LCI deverá ter: I – o nome da instituição emitente e as assinaturas de seus representantes; II – o número de ordem, o local e a data de emissão; III – a denominação "Letra de Crédito Imobiliário"; IV – o valor nominal não superior ao montante que lhe originou e a data de vencimento, com prazo que não pode ser superior aos créditos que lhe servem de lastro; V – a forma, a periodicidade e o local de pagamento do principal, dos juros e, se for o caso, da atualização monetária; VI – os juros, fixos ou flutuantes, que poderão ser renegociáveis, a critério das partes; VII – a identificação dos créditos caucionados e seu valor; VIII – o nome do titular; e IX – cláusula à ordem, se endossável (art. 12, § 1º, da Lei nº 10.931/2004).

4.2. Certificado de Recebíveis Imobiliários

Um instrumento de securitização [t. IV, §1, i. 11] é o Certificado de Recebíveis Imobiliários (CRI), cuja previsão está na Lei nº 9.514/97 (que também regula a alienação fiduciária de imóveis). Cuida-se de título de crédito nominativo, de livre negociação, lastreado em créditos imobiliários e constitui promessa de pagamento em dinheiro (art. 6º da Lei nº 9.514/97), com emissão exclusiva das companhias securitizadoras (RIZZARDO, 2007, p. 267).

O conteúdo da CRI será: I – nome da companhia emitente; II – número de ordem, local e data de emissão; III – denominação "Certificado de Recebíveis Imobiliários"; IV – forma escritural; V – nome do titular; VI – valor nominal; VII – data de pagamento ou, se emitido para pagamento parcelado, discriminação dos valores e das datas de pagamento das diversas parcelas; VIII – taxa de juros, fixa ou flutuante, e datas de sua exigibilidade, admitida a capitalização; IX – cláusula de reajuste, observada a legislação pertinente; X – lugar de pagamento; XI – identificação do Termo de Securitização de Créditos que lhe tenha dado origem (art. 7º da Lei nº 9.514/97).

O CRI tem função de titularização de créditos de recebíveis imobiliários, na medida em que são colocados em mercado os direitos circunscritos pela CRI emitida pela securitizadora. Conforme art. 8º da Lei nº 9.514/97, a "securitização de créditos imobiliários é a operação pela qual tais créditos são expressamente vinculados à emissão de uma série de títulos de crédito, mediante Termo de Securitização de Créditos, lavrado por uma companhia securitizadora". Devem constar os seguintes elementos: I – a identificação do devedor e o valor nominal de cada crédito que lastreie a emissão, com a individuação do imóvel a que esteja vinculado e a indicação do Cartório de Registro de Imóveis em que esteja registrado e respectiva matrícula, bem como a indicação do ato pelo qual o crédito foi cedido; II – a identificação dos títulos emitidos; III – a constituição de outras garantias de resgate dos títulos da série emitida, se for o caso.

Conforme art. 9º da Lei nº 9.514/97, poderá ser atribuído regime fiduciário aos direitos creditórios. "Separa-se o crédito do patrimônio comum, ficando afetado a uma finalidade, que é a garantia dos títulos" (RIZZARDO, 2007, p. 270).

> **Bibliografia:** ABRÃO, Carlos Henrique. *Cédula de crédito bancário*. 2. ed. São Paulo: Atlas, 2011. SANTOS, Theóphilo de Azeredo. Notas sobre as cédulas de crédito bancário, *RDB*, 8___. THEDORO JÚNIOR, Humberto. A cédula de crédito bancário, *RDB*, 2003. VERÇOSA, Haroldo Malheiros Duclerc. A cédula de crédito bancário, *RDM*, 116. RIZZARDO, Arnaldo. *Contratos de crédito bancário*. 7. ed. São Paulo: RT, 2007.

5. CÉDULAS E TÍTULOS DO AGRONEGÓCIO

Alguns títulos foram instituídos para servir de base de financiamento da atividade agronegocial [*t. IV, §12, i. 1*]. Há tipicidade legal nesses instrumentos, regidos pelo Decreto-Lei nº 167/67 (Cédula de Crédito Rural, Nota de Crédito Rural, Nota Promissória Rural e Duplicata Rural), pela Lei nº 8.929/94 (Cédula de Produto Rural). Além de cédulas, as Leis nºs 11.076/2004 e 13.986/2020 instituíram títulos de crédito especializados para o agronegócio. Cuida-se de setor macroeconomicamente relevante e bastante sujeito às intempéries e às necessidades de capital para financiamento, de modo que a legislação foi emoldurada para implantação de política pública específica dessas atividades.

Também em relação aos referidos títulos, constata-se a transição para a emissão escritural das cártulas, com indicação para entidade escrituradora que vai controlar os atos cartulares como o pagamento e circulação por endosso, atribuindo mais segurança aos negócios [*t. 4, §1, i. 4.1.1*].

5.1. Cédula de Crédito Rural

A Cédula de Crédito Rural é regida pelo Decreto-Lei nº 167/67 e que tem por escopo financiar as atividades rurais específicas nela mencionadas, transferível e de livre circulação, sendo exigível pela soma dela constante ou do endosso (art. 10 do Decreto-Lei nº 167/67). Os valores poderão estar vinculados a um orçamento aprovado e com dever de comprovar essa aplicação no prazo e na forma exigidos pela instituição financiadora (arts. 2º e 3º do Decreto-Lei nº 167/67).

Assim como nos demais casos, a Cédula de Crédito Rural poderá ser emitida na forma cartular ou escritural, com garantia hipotecária, pignoratícia e poderá circular por endosso em preto se não constar cláusula não à ordem. Para que seja válida, a Cédula de Crédito Rural deverá conter: I – Denominação "Cédula Rural", que poderá ser acrescida pelo tipo de garantia; II – Data e condições de pagamento; havendo prestações periódicas ou prorrogações de vencimento, acrescentar: "nos termos da cláusula Forma de Pagamento abaixo" ou "nos termos da cláusula Ajuste de Prorrogação abaixo"; III – Nome do credor e a cláusula à ordem; IV – Valor do crédito deferido, lançado em algarismos e por extenso, com indicação da finalidade ruralista a que se destina o financiamento concedido e a forma de sua utilização; V – Descrição dos bens dados em garantia (hipotecária ou pignoratícia); VI – Taxa de juros a pagar, e da comissão de fiscalização, se houver, e o tempo de seu pagamento; VII – Praça do pagamento; VIII – Data e lugar da emissão; IX – assinatura do emitente ou de representante com poderes especiais, admitida a assinatura sob a forma eletrônica, desde que garantida a identificação inequívoca de seu signatário (arts. 14, 20 e 25 do Decreto-Lei nº 167/67).

Admite-se a fiscalização do órgão financiador para constatação de correta aplicação dos valores na atividade (arts. 6º a 8º do Decreto-Lei nº 167/67), além de ser possível a transferência dos recursos com a abertura de conta corrente (art. 4º do Decreto-Lei nº 167/67).

Jurisprudência

STJ – Súmula nº 93: A legislação sobre cédulas de crédito rural, comercial e industrial admite o pacto de capitalização de juros.

STJ – 4ª T. – AgInt no REsp nº 1.880.086 – Rel. Min. Maria Isabel Gallotti – j. 08/03/2021: "(...) Tratando-se de dívida oriunda de cédula de crédito rural pignoratícia, a pretensão de cobrança do crédito é quinquenal, nos termos do art. 206, § 5º, inciso I, do Código Civil, mas, por força da legislação aplicável à cambial, a sua pretensão executiva é trienal, de acordo com o art. 60 do Decreto-Lei n. 167/67 c/c art. 70 do Decreto n. 57.663/66 (...)".

STJ – 3ª T. – AgInt no REsp nº 1.703.071 – Rel. Min. Nancy Andrighi – j. 01/03/2021: "(...) É válido o aval prestado por terceiros em Cédulas de Crédito Rural, uma vez que a proibição contida no §3º do art. 60 do Decreto-Lei n. 167/1967 não se refere ao *caput* (Cédulas de Crédito), mas apenas ao §2º (Nota Promissória e Duplicata Rurais). Precedentes. Ante o entendimento do tema nesta Corte Superior, aplica-se, no particular, a Súmula 568/STJ".

STJ – 3ª T. – AgInt no REsp nº 1.505.308 – Rel. Min. Ricardo Villas Bôas Cueva – j. 08/02/2021: "(...) As cédulas de produto rural não estão submetidas ao dirigismo contratual que marca a cédula de crédito rural, prevalecendo a autonomia privada, com a livre estipulação das obrigações recíprocas, o que afasta a incidência das limitações impostas àquele título. Precedentes".

STJ – 4ª T. – AgInt no AREsp nº 358.513 – Rel. Min. Marco Buzzi – j. 10/04/2018: "(...) 2. "A interpretação sistemática do art. 60 do Decreto-lei nº 167/67 permite inferir que o significado da expressão 'também são nulas outras garantias, reais ou pessoais', disposta no seu § 3º, refere-se diretamente ao § 2º, ou seja, não se dirige às cédulas de crédito rural, mas apenas às notas e duplicatas rurais" (REsp n. 1.483.853/MS, Relator Ministro MOURA RIBEIRO, TERCEIRA TURMA, DJe 18/11/2014.). 2.1. No caso concreto, os autores requereram a declaração de nulidade do aval prestado em cédula de crédito rural pignoratícia e hipotecária, o que se afigura improcedente, conforme a jurisprudência deste Tribunal superior".

STJ – 4ª T. – AgInt no AREsp nº 946.792 – Rel. Min. Maria Isabel Gallotti – j. 23/05/2017: "(...) 1. A jurisprudência do STJ firmou o entendimento no sentido de que a emissão de cédula de crédito rural para quitar débitos anteriores do emitente não nulifica a cártula como título executivo, não havendo que se falar em desvio de finalidade".

STJ – 4ª T. – AgInt-Ag-REsp nº 999.544 – Rel. Min. Raul Araújo – DJe 16/03/2017: "(...) 1. Diversamente da nota promissória rural e da duplicata rural, que são emitidas pelo comprador da produção agrícola e representam o preço de venda a prazo de bens de natureza agrícola, em geral cedidas pelo produtor rural nas operações de desconto bancário, a cédula de crédito rural corresponde a financiamento obtido para viabilizar a produção agrícola. 2. 'As mudanças no Decreto-Lei nº 167/1967 não tiveram como alvo as cédulas de crédito rural. Por isso elas nem sequer foram mencionadas nas proposições que culminaram com a aprovação da Lei nº 6.754/1979, que alterou o Decreto-lei referido. A interpretação sistemática do art. 60 do Decreto-Lei nº 167/1967 permite inferir que o significado da expressão 'também são nulas outras garantias, reais ou pessoais', disposta no seu § 3º, refere-se diretamente ao § 2º, ou seja, não se dirige às cédulas de crédito rural, mas apenas às notas e duplicatas rurais' (REsp 1.483.853/MS, 3ª T., Rel. Min. Moura Ribeiro, Julgado em 04.11.2014, DJe de 18.11.2014). 3. O Decreto-Lei nº 167/1967, em seu art. 60, §§ 2º e 3º, determina a nulidade do aval e de outras garantias, reais ou pessoais, referindo-se apenas à nota promissória rural e à duplicata rural endossadas, ressalvando a validade das garantias nestes títulos quando prestadas por pessoas físicas participantes de sociedade empresária emitente, por esta ou por outras pessoas jurídicas. 4. Tal nulidade, portanto, não atinge a cédula de crédito rural, porque esta corresponde a um financiamento bancário, negócio jurídico, de natureza contratual, em que há a participação direta de instituição de crédito. Trata-se de operação diversa das referentes às notas promissórias e duplicatas rurais, nas quais o banco não participa da relação jurídica subjacente, ingressando na relação cambial apenas durante o ciclo de circulação do título. 5. Dada a natureza de financiamento bancário, inexiste óbice à prestação de quaisquer garantias na cédula de crédito rural, sendo válidas mesmo as dadas por terceiro pessoa física, cumprindo-se assim a função social dessa espécie contratual"(...).

STJ – 4ª T. – REsp nº 1.183.598 – Rel. Min. Luis Felipe Salomão – j. 19/11/2015: "(...) 4. A legislação especial de regência da nota e cédula de crédito industrial impõe que, para execução, a inicial precisa estar instruída pela cártula com demonstrativo de débito e crédito para conferir liquidez ao título de crédito, pois, muito embora inequívoco seu caráter cambiário advindo da lei, há também uma correlação com uma avença contratual para financiamento de atividade industrial (art. 1º do Decreto-Lei nº 413/1969). Dessarte, a nota de crédito industrial é promessa de pagamento em dinheiro, constituindo título de crédito, 'com cláusula à ordem' (art. 16, III, do Decreto-Lei nº 413/1969), passível, pois, de circular mediante endosso. 5. Por expressa previsão do art. 52 do Decreto-Lei nº 413/1969, aplicam-se à cédula de crédito industrial e à nota de crédito industrial, no que forem cabíveis, as normas do direito cambial, dispensado, porém, o protesto para garantir direito de regresso contra endossantes e avalistas. No caso, o prazo prescricional para ação cambial de execução é o trienal previsto no art. 70 da Lei Uniforme de Genebra e, consoante exposto na exordial, a nota de crédito foi emitida em 15 de dezembro de 1983, para aplicação em investimento fixo – concedido à primeira requerida, com aval dos demais réus –, convencionando o pagamento da dívida da seguinte forma: em 36 prestações mensais e sucessivas, com o pagamento da última prestação previsto para 10 de janeiro de 1988. A emitente do título, a partir de 10 de fevereiro de 1985, tornou-se inadimplente. 6. A teor do art. 11 c/c o art. 18 do Decreto-Lei nº 413/1969, o inadimplemento de qualquer prestação importa em vencimento antecipado da dívida resultante da cédula ou nota de crédito industrial, independentemente de aviso ou de interpelação judicial, a inadimplência de qualquer obrigação do eminente do título ou, sendo o caso, do terceiro prestante da garantia real. Todavia, embora o inadimplemento de uma prestação importe o vencimento antecipado, em vista das características desse negócio consubstanciado em título de crédito – inclusive, *v.g.*, pela expressa permissão legal de pactuação de aditivos, retificação, ratificação, fiscalização do emprego da quantia financiada, abertura de conta vinculada à operação, de amortizações periódicas, reutilização pelo devedor, para novas aplicações, das parcelas entregues para amortização ao débito –, passível de circular mediante endosso, e que se submete aos princípios, caros ao direito cambiário, da literalidade e cartularidade, é entendimento assente desta Corte que o prazo prescricional para ação cambial de execução deve ter, no interesse do credor, como termo inicial para fluência, a data avençada para o pagamento da última prestação. 7. Com efeito, como a presente execução por título extrajudicial foi ajuizada em 31 de julho de 1991, e a nota de crédito industrial tem vencimento da última prestação estabelecido para 10 de janeiro de 1988, é patente que a demanda foi manejada após ter operado a prescrição, de modo que, como bem observado pela Corte local, o recorrente deveria ter optado por uma ação de conhecimento, não podendo se valer, após inércia superior ao lapso trienal, da ação de execução para obtenção imediata de atos de agressão, pelo Judiciário, ao patrimônio dos executados. 8. Recurso especial não provido."

5.2. Nota de Crédito Rural

O crédito rural também poderá ser documentado por título mais simples e representativo somente da obrigação de pagamento, sem garantia real, na forma cartular ou escritural. Cuida-se da Nota de Crédito Rural, que deverá conter (art. 27 do Decreto-Lei nº 167/67): I – Denominação "Nota de Crédito Rural"; II – Data e condições de pagamento; havendo prestações periódicas ou prorrogações de vencimento, acrescentar: "nos termos da cláusula Forma de Pagamento abaixo" ou "nos termos da cláusula Ajuste de Prorrogação abaixo"; III – Nome do credor e a cláusula à ordem; IV – Valor do crédito deferido, lançado em algarismos e por extenso, com indicação da finalidade ruralista a que se destina o financiamento concedido e a forma de sua utilização; V – Taxa dos juros a pagar e da comissão de fiscalização se houver, e tempo de seu pagamento; VI – Praça do pagamento; VII – Data e lugar da emissão; VIII – assinatura do emitente ou de representante com poderes especiais, admitida a assinatura sob a forma eletrônica, desde que garantida a identificação inequívoca de seu signatário.

5.3. Nota Promissória Rural

A Nota Promissória Rural foi título concebido para permitir ao produtor documentar o crédito de vendas a prazo. O uso é tipificado pelo art. 42 do Decreto-Lei nº 167/67: "Nas vendas a prazo de bens de natureza agrícola, extrativa ou pastoril, quando efetuadas diretamente por produtores rurais ou por suas cooperativas; nos recebimentos, pelas cooperativas, de produtos da mesma natureza entregue pelos seus cooperados, e nas entregas de bens de produção ou de consumo, feitas pelas cooperativas aos seus associados".

Cuida-se de título com importante função no cooperativismo, porque pode ser emitido para adiantamento de valores de produção, conforme passou a prever o art. 42, § 1º, do Decreto-Lei nº 167/67: "A nota promissória rural emitida pelas cooperativas de produção agropecuária em favor de seus cooperados, ao receberem produtos entregues por eles, constitui promessa de pagamento representativa de adiantamento por conta do preço dos produtos recebidos para venda". Sendo ato cooperativo com adiantamento, deve inclusive ser ressalvado em caso de pedido de recuperação do produtor rural.

No título – que admite também a forma escritural – deve-se constar, para validade: I – Denominação "Nota Promissória Rural"; II – Data do pagamento; III – Nome da pessoa ou entidade que vende ou entrega os bens e à qual deve ser paga, seguido da cláusula à ordem; IV – Praça do pagamento; V – Soma a pagar em dinheiro, lançada em algarismos e por extenso, que corresponderá ao preço dos produtos adquiridos ou recebidos ou no adiantamento por conta do preço dos produtos recebidos para venda; VI – Indicação dos produtos objeto da compra e venda ou da entrega; VII – Data e lugar da emissão; VIII – assinatura do emitente ou de representante com poderes especiais, admitida a assinatura sob a forma eletrônica, desde que garantida a identificação inequívoca do signatário (art. 43 do Decreto-Lei nº 167/67).

5.4. Duplicata Rural

Outro instrumento para formalização do crédito decorrente de vendas do produto é a Duplicata Rural, tanto cartular, como escritural. Como título causal, será precedida por Nota Fiscal do produtor e a lei exige a remessa do título para aceite (art. 47 do Decreto-Lei nº 167/67), conforme se dá com a correlata Duplicata convencional [*t. IV, §5, i. 4*].

O conteúdo da Duplicata Rural será o seguinte (art. 48 do Decreto-Lei nº 167/67): I – Denominação "Duplicata Rural"; II – Data do pagamento, ou a declaração de dar-se a tantos dias da data da apresentação ou de ser à vista; III – Nome e domicílio do vendedor; IV – Nome e domicílio do comprador; V – Soma a pagar em dinheiro, lançada em algarismos e por extenso, que corresponderá ao preço dos produtos adquiridos; VI – Praça do pagamento; VII – Indicação dos produtos objetos da compra e venda; VIII – Data e lugar da emissão; IX – Cláusula à ordem; X – Reconhecimento de sua exatidão e a obrigação de pagá-la, para ser firmada do próprio punho do comprador ou de representantes com poderes especiais; XI – assinatura do emitente ou de representante com poderes especiais, admitida a assinatura sob a forma eletrônica, desde que garantida a identificação inequívoca de seu signatário.

5.5. Cédula de Produto Rural (CPR)

Regida pela Lei nº 8.929/94, a Cédula de Produto Rural (CPR) tem como principal característica a promessa de obrigação de entrega de produtos rurais, com ou sem garantia cedularmente constituída. Portanto, não é propriamente o pagamento de valor em pecúnia, mas a entrega de produção agrícola que vincula as partes. Poderá ser emitente o produtor rural e suas associações, inclusive cooperativas. A beneficiária do crédito poderá ser empresa interessada na revenda ou no recebimento do produto agrícola após o fornecimento de insumos, por isso a CPR pode ser utilizada para financiamento da produção junto a *tradings*, prestação de garantias, venda do produto, investimento especulativo (COELHO, 2015, p. 330).

Assim, para exemplificar, um produtor de café que pretende adquirir adubo, recebe o produto da fornecedora e emite em favor dela uma CPR com promessa de entrega de 1.000 sacas do produto na data da cédula. A produção fica vinculada à safra daquele ano do pagamento, porque se documenta a promessa de entrega de produtos rurais (COELHO, 2015, p. 331). Essa, aliás, é uma operação conhecida no agronegócio como *barter*: troca de insumo por produto.

Com o advento da Lei nº 13.986/2020, a CPR sofreu profundas alterações para modernização desse importantíssimo instrumento do crédito rural. Entre outras medidas, destacam-se: (*a*) emissão na forma cartular ou escritural, por sistemas eletrônicos e digitais que geridos por entidades escrituradoras autorizadas pelo Banco Central do Brasil (art. 3º-A); (*b*) aceitação do título como ativo financeiro para fins de registro, depósito em escrituradoras (art. 3º-A, § 4º e 3-D) e securitização; (*c*) emissão da CPR com liquidação financeira de modo que poderá ser substituída a entrega do produto por pagamento com clara identificação do preço ou do índice de preços, da taxa de juros, fixa ou flutuante, da atualização monetária ou da variação cambial a serem utilizados no resgate do título (art. 4º-A); (*d*) facultada liquidação do título por meio do Sistema Brasileiro de Pagamentos (art. 4º-B); (*e*) reforço de garantia sobre produtos por meio de alienação fiduciária (art. 8º, § 1º).

Ao se compreenderem a essência de vinculação da CPR à valor econômico da produção agrícola, justifica-se a previsão legal de que o emitente não poderá se eximir da evicção e nem tampouco alegar caso fortuito ou força maior para inadimplir a obrigação de entrega do produto (art. 11 da Lei nº 8.929/94). Também se torna compreensível a vinculação do produto rural ao pagamento do título, em preferência e benefício de ordem reforçado pelo conteúdo do art. 18: "Os bens vinculados à CPR não serão penhorados ou sequestrados por outras dívidas do emitente ou do terceiro prestador da garantia real, cumprindo a qualquer deles denunciar a existência da cédula às autoridades incumbidas da diligência, ou a quem a determinou, sob pena de responderem pelos prejuízos resultantes de sua omissão".

Para se formar validamente, a CPR deverá ter os seguintes requisitos: I – denominação "Cédula de Produto Rural" ou "Cédula de Produto Rural com Liquidação Financeira", conforme o caso; II – data da entrega ou vencimento e, se for o caso, cronograma de liquidação; III – nome e qualificação do credor e cláusula à ordem; IV – promessa pura e simples de entrega do produto, sua indicação e as especificações de qualidade, de quantidade e do local onde será desenvolvido o produto rural; V - local e condições da entrega; VI – descrição dos bens cedularmente vinculados em garantia, com nome e qualificação dos seus proprietários e nome e qualificação dos garantidores fidejussórios; VII – data e lugar da emissão; VIII – nome, qualificação e assinatura do emitente e dos garantidores, que poderá ser feita de forma eletrônica; IX – forma e condição de liquidação; e X - critérios adotados para obtenção do valor de liquidação da cédula (art. 3º da Lei nº 8.929/94). Faculta-se, todavia, a inserção de outras cláusulas não essenciais, que não retiram a cartularidade da CPR (art. 3º, § 1º, da Lei nº 8.929/94). Caso a emissão da CPR seja escritural, o art. 3º-C da Lei ainda determina constar a presença dos requisitos essenciais do título, transferências realizadas, aditamentos, notificações, forma de liquidação de entrega ajustada no título e garantias.

Outro ponto importante da reforma feita pela chamada "Lei do Agro" foi a melhor sistematização de uma prática do mercado, consistente na possibilidade de emissão da CPR com características financeiras, ou seja, para que ocorra liquidação do título em dinheiro. Determina o art. 4º-A da Lei nº 8.929/94, com a inserção, que a liquidação financeira deverá observar:

I – que sejam explicitados, em seu corpo, os referenciais necessários à clara identificação do preço ou do índice de preços, da taxa de juros, fixa ou flutuante, da atualização monetária ou da variação cambial a serem utilizados no resgate do título, bem como a instituição responsável por sua apuração ou divulgação, a praça ou o mercado de formação do preço e o nome do índice; II – que os indicadores de preço de que trata o inciso anterior sejam apurados por instituições idôneas e de credibilidade junto às partes contratantes, tenham divulgação periódica, preferencialmente diária, e ampla divulgação ou facilidade de acesso, de forma a estarem facilmente disponíveis para as partes contratantes; III – que seja caracterizada por seu nome, seguido da expressão "financeira". Sobre o tema, entendeu o STJ: "A emissão desse título pode se dar para financiamento da safra, com o paga-mento antecipado do preço, mas também pode ocorrer numa operação de 'hedge', na qual o agricultor, independentemente do recebimento antecipado do pagamento, pre-tende apenas se proteger contra os riscos de flutuação de preços no mercado futuro" (STJ – REsp nº 1.320.167 – Rel. Min. NANCY ANDRIGHI) (COELHO, 2015, p. 333).

A identificação da produção deverá ser precisa para registro da operação na escrituradora e, quando houver hipoteca, penhora e alienação fiduciária, para registro na matrícula do imóvel, inclusive para que produza efeitos contra terceiros (art. 12 da Lei nº 8.929/94). Importante considerar que a produção é meio de pagamento por meio da obrigação de dar lançada na cártula. Portanto, não constitui garantia, já que a lei admite a constituição de garantias cedulares por hipoteca, penhor e alienação fiduciária (art. 5º da Lei nº 8.929/94).

Assim como nas demais cédulas, aplicam-se à CPR as regras das cambias, com adaptações previstas no art. 10 da Lei nº 8.929/94: I – os endossos devem ser completos; II – os endossantes não respondem pela entrega do produto, mas, tão somente, pela existência da obrigação; III – é dispensado o protesto cambial para assegurar o direito de regresso contra avalistas. Na transferência escritural, há os mesmos efeitos do endosso.

O cumprimento parcial poderá ser anotado no verso da CPR, tornando-se exigível apenas o saldo (art. 4º da Lei nº 8.929/94). Já o descumprimento permite o ajuizamento de ação execução para entrega de coisa incerta (art. 811 do CPC).

Permite-se, finalmente, que a CPR seja negociada por entidade de intermediação (art. 19 da Lei nº 8.929/94).

Assim como nas demais cédulas, aplicam-se à CPR as regras das cambias, com adaptações previstas no art. 10 da Lei nº 8.929/94: I – os endossos devem ser completos; II – os endossantes não respondem pela entrega do produto, mas, tão somente, pela existência da obrigação; III – é dispensado o protesto cambial para assegurar o direito de regresso contra avalistas. Na transferência escritural, há os mesmos efeitos do endosso.

O cumprimento parcial poderá ser anotado no verso da CPR, tornando-se exigível apenas o saldo (art. 4º da Lei nº 8.929/94). Já o descumprimento permite o ajuizamento de ação execução para entrega de coisa incerta (art. 811 do CPC).

Permite-se, finalmente, que a CPR seja negociada por entidade de intermediação (art. 19 da Lei nº 8.929/94).

Outra alteração de relevo feita pela Lei nº 13.986/2020 foi a adoção da técnica do patrimônio rural em afetação para vinculação de bem ao financiamento por CPR. Assim, o imóvel rural ou fração dele pode ser utilizado a prestar garantias da CPR, tornando-se finalística a destinação do bem ao pagamento do débito. Assim, o patrimônio em afetação não poderá ser utilizado para realizar ou garantir o cumprimento de qualquer outra obrigação assumida pelo proprietário estranha àquela a qual esteja vinculado e é impenhorável e não poderá ser objeto de constrição judicial (art. 10, §3º, da Lei nº 13.986/2020). Ressalva-se, todavia, que não podem ser afetados bens já gravados por hipoteca, alienação fiduciária ou outra garantia real, além da pequena propriedade rural, área inferior ao módulo rural e o bem de família (art. 8º da Lei nº 13.986/2020).

Finalmente, na reforma da LREF, o art. 11 da Lei nº 8.929/94 teve a sua redação alterada para retirar do âmbito da recuperação judicial a CPR financeira com recursos antecipados, operações de *barter,* subsistindo ao credor o direito de restituição dos bens: "Não se sujeitarão aos efeitos da recuperação judicial os créditos e as garantias cedulares vinculados à CPR com liquidação física, em caso de antecipação parcial ou integral do preço, ou, ainda, representativa de operação de troca por insumos (*barter*), subsistindo ao credor o direito à restituição de tais bens que se encontrarem em poder do emitente da cédula ou de qualquer terceiro, salvo motivo de caso fortuito ou força maior que comprovadamente impeça o cumprimento parcial ou total da entrega do produto".

Jurisprudência

STJ – 4ª T. – REsp nº 1.327.643 – Rel. Min. Luis Felipe Salomão – j. 21/05/2019: "(...) Tendo em vista sua função social e visando garantir eficiência e eficácia à CPR, o art. 18 da Lei n. 8.929/1994 prevê que os bens vinculados à CPR não serão penhorados ou sequestrados por outras dívidas do emitente ou do terceiro prestador da garantia real, cabendo a estes comunicar tal vinculação a quem de direito (...)".

STJ – 4ª T. – AgInt no REsp nº 1.569.408 – Rel. Min. Lázaro Guimarães – j. 21/06/2018: "(...) A CPR é regida pelo princípio da autonomia privada, ao contrário da cédula de crédito rural, de maneira que os juros moratórios não estão limitados à taxa de 1% ao ano (...)".

STJ – 4ª T. – AgInt no AREsp nº 906.114 – Rel. Min. Raul Araújo – j. 06/10/2016: "(...) É aplicável à cédula de produto rural o mesmo tratamento conferido à cédula de crédito rural, quanto aos juros de mora, limitados em 1% (um por cento) ao ano, nos termos do art. 5º do Decreto-Lei nº 167/1967 (...)".

STJ – 4ª T. – REsp nº 1.049.984 – Rel. Min. Antonio Carlos Ferreira – j. 03/10/2017: "(...) 2. A CPR pode instrumentalizar uma compra e venda mercantil, como a referida no caso dos autos, podendo ser emitida para representar qualquer negócio jurídico em que o produtor rural assume a obrigação de entregar seu produto ao outro contratante. 3. O art. 2º da Lei n. 5.474/1968 proíbe ao vendedor das mercadorias sacar título diverso da duplicata, mas não impede o comprador de fazê-lo. 4. A CPR é regida pelo princípio da autonomia privada, autorizando a pactuação dos juros de mora à taxa anual de 12% (doze por cento), percentual que não viola o disposto no Decreto n. 22.626/1933 (...)".

STJ – 3ª T. – REsp nº 1.679.007 – Rel. Min. Paulo de Tarso Sanseverino – j. 14/11/2017: "(...) 2. Ilegitimidade passiva. Não figurando os recorrentes como devedores nos Certificados de Direitos Creditórios do Agronegócio (CDCA), que constituem títulos executivos a consubstanciar promessa de pagamento, mas em Cédulas de Produto Rural (CPR) cedidas em garantia a essas CDCA's, não é possível reconhecer a sua legitimidade para compor o polo passivo da execução, como também a possibilidade de serem cumulados pedidos executivos com base em títulos cujos procedimentos executivos não são os mesmos, nem os devedores coincidem (...)".

STJ – 3ª T. – REsp nº 1.435.979 – Rel. Min. Paulo de Tarso Sanseverino – j. 30/03/2017: "(...) 1.2. Ausência de vinculação da CPR a uma anterior concessão de crédito ao produtor rural (exegese da Lei 8.929/1994), uma vez que a CPR é considerada um título de crédito não causal. Doutrina sobre o tema. 1.3. Inocorrência de nulidade do título por desvio de finalidade na hipótese em que o emitente alega não ter recebido pagamento antecipado pelos produtos descritos na cártula. Julgados desta Corte Superior. 1.4. Impossibilidade de se acolher, no curso da execução proposta pelo endossatário, alegação de inexistência do negócio jurídico subjacente à CPR, tendo em vista a inoponibilidade das exceções pessoais ao endossatário de boa-fé (art. 17 da Lei Uniforme de Genebra – LUG). Doutrina sobre o tema. 1.5. Aplicabilidade subsidiária da LUG à CPR, 'ex vi' do art. 10 da Lei 8.929/94. (...) 1.7. Inaplicabilidade da limitação dos juros moratórios a 1% ao ano, prevista no art. 5º, p. u., do Decreto-Lei 167/1967, por se tratar de norma específica da Cédula de Crédito Rural – CCR. 1.8. Distinção entre a CPR e a CCR, quanto à autonomia da vontade das partes, sendo esta ampla na CPR e restrita na CCR. (...) 2.2. Inaplicabilidade do Código de Defesa do Consumidor ao negócio jurídico estabelecido entre cooperativa e cooperado, quando se tratar de ato cooperativo típico (cf. art. 79 da Lei 5.764/71). Julgados desta Corte e doutrina especializada sobre o tema. 2.3. Hipótese em que a CPR-F teria sido emitida para capitalizar uma cooperativa agrícola, conforme constou no acórdão recorrido, tratando-se, portanto, de ato cooperativo típico, não havendo falar em relação de consumo (...)".

STJ – 3ª T. – AgInt no AREsp nº 447.091 – Rel. Min. João Otávio de Noronha – j. 16/08/2016: "(...) O pagamento antecipado não é requisito essencial à validade da emissão da cédula de produto rural, que, não obstante sirva para o financiamento da safra, também pode ser formalizada numa operação de hedge quando o agricultor, independentemente do recebimento antecipado do pagamento, pretende proteger-se contra os riscos de possível flutuação de preços no mercado futuro (...)".

STJ – 3ª T. – REsp nº 1.538.139 – Rel. Min. Paulo de Tarso Sanseverino – j. 05/05/2016: "(...) 1. Ilegitimidade passiva: Não figurando os recorrentes como devedores nos Certificados de Direitos Creditórios do Agronegócio (CDCA), que constituem títulos executivos a consubstanciar promessa de pagamento, mas em Cédulas de Produto Rural (CPR) cedidas em garantia a essas CDCA's, não é possível reconhecer a sua legitimidade para compor o polo passivo da execução, como também a possibilidade de serem cumulados pedidos executivos com base em títulos cujos procedimentos executivos não são os mesmos, nem os devedores coincidem. 2. Cumulabilidade de ações executivas: A jurisprudência desta Corte, em consonância com o disposto no art. 573 do CPC/73, não reconhece a possibilidade de se cumularem execuções com base em títulos cujos procedimentos executivos são diversos, além de não serem os mesmos devedores (...). 4. Conversão da obrigação: Para eventual conversão da obrigação de entregar coisa, consubstanciada nas Cédulas de Produto Rural – CPR's (Físicas) emitidas pelos recorrentes, é necessária a concretização das hipóteses previstas no art. 627 do CPC. Precedentes (...)".

STJ – 4ª T. – AgRg no REsp nº 1.349.324 – Rel. Min. Maria Isabel Galotti – j. 01/12/2015: "(...) A jurisprudência desta Corte firmou-se no sentido de que a ausência do prévio pagamento pela aquisição dos produtos agrícolas enunciados na Cédula de Produto Rural não constitui desvio de finalidade, não gerando a nulidade do título de crédito".

STJ – 3ª T. – AgRg nos EDcl no AgRg no REsp nº 1.423.895 – Rel. Min. Paulo de Tarso Sanseverino – j. 06/08/2015: "(...) Irrelevância do art. 10, I, da Lei 8.929/94, pois o dispositivo não veda o endosso das CPR's em garantia de débitos outros, dispondo, apenas, acerca da necessidade de o endosso da Cédula ser em preto".

STJ – 3ª T. – REsp nº 1.320.167 – Rel. Min. Nancy Andrighi – j. 08/05/2014: "(...) 2. Discute-se a validade de Cédula de Produto Rural (CPR) na falta de pagamento antecipado do preço dos produtos agrícolas nela representados. 3. A Lei 8.929/94 não impõe, como requisito essencial para a emissão de uma Cédula de Produto Rural, o prévio pagamento pela aquisição dos produtos agrícolas nela representados. A emissão desse título pode se dar para financiamento da safra, com o pagamento antecipado do preço, mas também pode ocorrer numa operação de 'hedge', na qual o agricultor, independentemente do recebimento antecipado do pagamento, pretende apenas se proteger contra os riscos de flutuação de preços no mercado futuro (...)".

STJ – 4ª T. – REsp nº 1.097.242 – Rel. Min. Marco Buzzi – j. 20/08/2013: "(...) 2. Conforme preceitua a Lei n. 8.929/1994, a cédula de produto rural consubstancia título executivo extrajudicial representativo de promessa de entrega de produtos rurais, cujo inadimplemento ensejava originariamente o ajuizamento de execução por quantia certa, tão somente. A partir da alteração legislativa (Lei n. 10.200/2001), a cédula de produto rural pode, ou não, vir acompanhada da respectiva liquidação financeira, circunstância que definirá, em caso de descumprimento da obrigação nela inserida, o procedimento de execução a ser adotado (se específica de entrega de coisa ou se por quantia certa). 2.1. Na hipótese em foco, conforme consta da sentença, confirmada integralmente pelo Tribunal de origem, as cédulas de produto rural sob comento não possuem liquidação financeira. 3. Levando-se em conta que a ação monitória tem por escopo, precipuamente, a formação de um título executivo judicial, a correlata condenação deve referir-se, necessariamente, à obrigação comprovada pela prova escrita trazida aos autos. Não se concebe, portanto, conferir executividade à obrigação diversa daquela representada na cédula de produto rural, tal como pretendido pela demandante".

STJ – 3ª T. – REsp nº 866.414 – Rel. Min. Nancy Andrighi – j. 20/06/2013: "(...) 1. Nos termos de precedentes do STJ, a ocorrência de 'ferrugem asiática' não é fato extraordinário e imprevisível conforme exigido pelo art. 478 do CC/02. 2. A Lei 8.929/94 não impõe, como requisito essencial para a emissão de uma Cédula de Produto Rural, o prévio pagamento pela aquisição dos produtos agrícolas nela representados. A emissão desse título pode se dar para financiamento da safra, com o pagamento antecipado do preço, mas também pode ocorrer numa operação de 'hedge', na qual o agricultor, independentemente do recebimento antecipado do pagamento, pretende apenas se proteger contra os riscos de flutuação de preços no mercado futuro (...)".

Bibliografia ASSIS, Franciano Sabadin. *Da Cédula de Produto Rural: qualificação, regime jurídico e questões polêmicas*. Dissertação. Unesp, 2019. BULGARELLI, Waldirio. *A cédula de produto rural*. RDM, 97/114. BURANELLO, Renato. Cédula de Produto Rural (CPR): recuperação de crédito no agronegócio. RDM, 155-156/245. KESTENER, Beatriz M. A. C; GERBASI, Thiago Soares. A validade da Cédula de Produto Rural independente de adiantamento financeiro. O atual posicionamento do STJ. *RDM*, 153-154/116.PEREIRA, Lutero Paiva. *Cédula de Produto Rural*. Curitiba: Ithala, 2010.

5.6. Certificado de Depósito Agropecuário (CDA) e o *Warrant* Agropecuário (WA)

O Certificado de Depósito Agropecuário – CDA e o *Warrant* Agropecuário – WA são títulos especiais do agronegócio para documentação de depósito de safra em estabelecimentos especializados, com forma cartular ou escritural. Tal como ocorre com o certificado do depósito e *warrant* comuns [*t. IV, §6, i. 2*], ambos são sacados a partir do mesmo fato (o depósito de mercadorias), mas para finalidades distintas. Adquirem autonomia em relação à causa, mas ela lhes é comum: os valores representados pelas mercadorias depositadas são incorporados nas cártulas e podem ser objeto de negociação.

Assim, o *Warrant* Agropecuário é o título emitido para descrever e representar a mercadoria agrícola depositada no armazém e servir de instrumento de caução das mercadorias (o armazém deve ao depositante), ao passo que o Conhecimento de Depósito do Agronegócio será o título apto à transferência e negociação dos produtos depositados e terá transferibilidade para circulação por endosso. Ambos são unidos e emitidos em concomitância, sendo em formato de cártula no momento da emissão e assumindo a forma escritural ou eletrônica [*t. IV, §1, i. 4.1*] caso sejam registrados em sistema de liquidação financeira (COELHO, 2015, p. 337).

Ambos – WA e CDA – estão regulados pela Lei nº 11.076/2004 e foram afetados pela reforma da Lei nº 13.986/2020.

Conforme o art. 1º, § 1º, da Lei nº 11.076/2004, o CDA é título de crédito representativo de promessa de entrega de produtos agropecuários, seus derivados, subprodutos e resíduos de valor econômico, depositados em conformidade a legislação de armazenagem de produtos agropecuários (Lei nº 9.973/2000).

O WA é título de crédito representativo de promessa de pagamento em dinheiro que confere direito de penhor sobre o CDA correspondente, assim como sobre o produto nele descrito (art. 1º, § 2º, da Lei nº 11.076/2004).

Ambos são títulos executivos extrajudiciais, devem ser entregues a depositário autorizado pelo Banco Central em 30 dias contados da data da emissão dos títulos (art. 15 da Lei nº 11.076/2004). Poderão ser negociados em bolsa e têm as suas regras complementadas pelas cambiais, ressalvando-se que (*a*) os endossos devem ser completos; (*b*) os endossantes não respondem pela entrega do produto, mas, tão somente, pela existência da obrigação; (*c*) é dispensado o protesto cambial para assegurar o direito de regresso contra endossantes e avalistas (art. 2º da Lei nº 11.076/2004).

São requisitos de conteúdo para a validade do WA e do CDA: I – denominação do título; II – número de controle, que deve ser idêntico para cada conjunto de CDA e WA; III – menção de que o depósito do produto sujeita-se à Lei nº 9.973/2000 e, no caso de cooperativas, à LCoop; IV – identificação, qualificação e endereços do depositante e do depositário; V – identificação comercial do depositário; VI – cláusula à ordem; VII – endereço completo do local do armazenamento; VIII – descrição e especificação do produto; IX – peso bruto e líquido; X – forma de acondicionamento; XI – número de volumes, quando cabível; XII – valor dos serviços de armazenagem, conservação e expedição, a periodicidade de sua cobrança e a indicação do responsável pelo seu pagamento; XIII – identificação do segurador do produto e do valor do seguro; XIV – qualificação da garantia oferecida pelo depositário, quando for o caso; XV – data do recebimento do produto e prazo do depósito; XVI – data de emissão do título; XVII – identificação, qualificação e assinatura dos representantes legais do depositário; XVIII – identificação precisa dos direitos que conferem (art. 5º da Lei nº 11.076/2004).

O prazo do depósito a ser consignado no CDA e no WA será de até 1 (um) ano, contado da data de sua emissão, podendo ser prorrogado pelo depositário a pedido do credor, os quais, na oportunidade, ajustarão, se for necessário, as condições de depósito do produto (art. 13 da Lei nº 11.076/2004). No vencimento, os títulos são apresentados para a retirada do produto, ocorrendo baixa no registro eletrônico (art. 21 da Lei nº 11.076/2004).

Diversas regras do contrato de depósito são aplicáveis, especialmente quanto à veracidade da emissão do título e responsabilidade do depósito pela adequada conservação dos produtos sob sua guarda (arts. 9º, 11 e 12 da Lei nº 11.076/2004).

5.7. Certificado de Direitos Creditórios do Agronegócio (CDCA)

O Certificado de Direitos Creditórios do Agronegócio (CDCA) é regido pela Lei nº 11.076/2004, tratando-se de título de crédito vinculado a direitos creditórios originários de negócios realizados entre produtores rurais, ou suas cooperativas, e terceiros, inclusive financiamentos ou empréstimos, relacionados com a produção, a comercialização, o beneficiamento ou a industrialização de produtos ou insumos agropecuários ou de máquinas e implementos utilizados na atividade agropecuária (art. 23, § 1º, da Lei nº 11.076/2004).

O CDCA é título de crédito nominativo, de livre negociação, representativo de promessa de pagamento em dinheiro, com emissão exclusiva de cooperativas de produtores rurais e de outras pessoas jurídicas que exerçam a atividade de comercialização, beneficiamento ou industrialização de produtos e insumos agropecuários ou de máquinas e implementos utilizados na produção agropecuária.

O conteúdo da CDCA deverá ser: I – o nome do emitente e a assinatura de seus representantes legais; II – o número de ordem, local e data da emissão; III – a denominação "Certificado de Direitos Creditórios do Agronegócio"; IV – o valor nominal; V – a identificação dos direitos creditórios a ele vinculados e seus respectivos valores; VI – data de vencimento ou, se emitido para pagamento parcelado, discriminação dos valores e das datas de vencimento das diversas parcelas; VII – taxa de juros, fixa ou flutuante, admitida a capitalização; VIII – o nome da instituição responsável pela custódia dos direitos creditórios a ele vinculados; IX – o nome do titular; X – cláusula "à ordem", ressalvada a transferência na forma escritural (art. 25 da Lei nº 11.076/2004).

O título deverá ser registrado em sistema de registro e de liquidação financeira de ativos autorizado pelo BCB e custodiados em instituição financeira.

5.8. Letra de Crédito do Agronegócio (LCA)

A Letra de Crédito do Agronegócio (LCA) também é regida pela Lei nº 11.076/2004, para formalização de negócios com instituições financeiras (art. 26, parágrafo único, da Lei nº 11.076/2004). Cuida-se de título de crédito nominativo, de livre negociação, representativo de promessa de pagamento em dinheiro, com emissão exclusiva de instituições financeiras públicas ou privadas (art. 26 da Lei nº 11.076/2004). "Colocada junto a investidores, a LCA viabiliza a captação de recursos para possibilitar à instituição financeira emitente a realização de novos financiamentos às atividades econômicas ou outra operação própria do seu objeto" (COELHO, 2015, p. 340).

O conteúdo será: I – o nome da instituição emitente e a assinatura de seus representantes legais; II – o número de ordem, o local e a data de emissão; III – a denominação "Letra de Crédito do Agronegócio"; IV – o valor nominal; V – a identificação dos direitos creditórios a ela vinculados e seus respectivos valores; VI – taxa de juros, fixa ou flutuante, admitida a capitalização; VII – data de vencimento ou, se emitido para pagamento parcelado, discriminação dos valores e das datas de vencimento das diversas parcelas; VIII – o nome do titular; IX – cláusula "à ordem", ressalvada a transferência na forma escritural (art. 27 da Lei nº 11.076/2004).

5.9. Cédula Imobiliária Rural (CIR)

A Cédula Imobiliária Rural (CIR) é novidade no sistema inserido pela Lei nº 13.986/2020, tratando-se de título de crédito nominativo, transferível e de livre negociação, cartular ou escritural, representativa de: I - promessa de pagamento em dinheiro, decorrente de operação de crédito de qualquer modalidade; e II - obrigação de entregar, em favor do credor, bem imóvel rural, ou fração deste, vinculado ao patrimônio rural em afetação, e que seja garantia da operação de que trata o inciso I do *caput* deste artigo, nas hipóteses em que não houver o pagamento da operação até a data do vencimento (art. 17 da Lei nº 13.896/2020).

Cuida-se de instrumento de dívida com o objetivo de atrelar o pagamento à garantia por meio de imóvel rural, vinculando-o ao sistema de patrimônio de afetação rural dos arts. 7º a 16 da Lei nº 13.986/2020. São requisitos do título: I - a denominação "Cédula Imobiliária Rural"; II - a assinatura do emitente; III - o nome do credor, permitida a cláusula à ordem; IV - a data e o local da emissão; V - a promessa do emitente de pagar o valor da CIR em dinheiro, certo, líquido e exigível no seu vencimento; VI - a data e o local do pagamento da dívida e, na hipótese de pagamento parcelado, as datas e os valores de cada prestação; VII - a data de vencimento; VIII - a identificação do patrimônio rural em afetação, ou de sua parte, correspondente à garantia oferecida na CIR; e IX - a autorização irretratável para que o oficial de registro de imóveis processe, em favor do credor, o registro de transmissão da propriedade do imóvel rural, ou da fração, constituinte do patrimônio rural em afetação vinculado à CIR (art. 22 da Lei nº 13.896/2020).

O diferencial da CIR é a garantia do patrimônio em afetação, com segregação de imóvel, especialização do bem dentro do patrimônio geral, vinculação à CIR e impossibilidade de alienação ou de constituição de outras garantias (art. 10, §§ 2º e 3º, da Lei nº 13.986/2020). Assim, o imóvel rural passa a se vincular àquele título e a ter destinação finalística ao pagamento do débito e não poderá ser utilizado para realizar ou garantir o cumprimento de qualquer outra obrigação assumida pelo proprietário estranha àquela a qual esteja vinculado. Ressalva-se que não podem ser afetados bens já gravados por hipoteca, alienação fiduciária ou outra garantia real, além da pequena propriedade rural, área inferior ao módulo rural e o bem de família (art. 8º da Lei nº 13.986/2020).

Vencida a CIR e não liquidado o crédito por ela representado, o credor poderá exercer de imediato o direito à transferência, para sua titularidade, do registro da propriedade da área rural que constitui o patrimônio rural em afetação, ou de sua fração, vinculado à CIR no cartório de registro de imóveis correspondente (art. 28 da Lei nº 13.986/2020).

5.10. Securitização de direitos creditórios do agronegócio: Certificado de Recebíveis do Agronegócio

O Certificado de Recebíveis do Agronegócio (CRA) tem função específica de securitização [*t. IV, §1, i. 11*] e são emitidos por companhias com esse objeto social (COELHO, 2015, p. 341). Portanto, uma companhia securitizadora adquire conjuntos de títulos representativos de valores a receber, com distribuição de riscos para o mercado adquirente. Os valores são agregados num conjunto e lançados ao mercado no CRA emitido pela securitizadora (art. 36, parágrafo único, da Lei nº 11.076/2004) com lastro no conjunto anterior (que podem ser os créditos de venda de *commodities*, por exemplo – art. 40 da Lei nº 11.076/2004).

Com essa função, cuida-se de título de crédito nominativo, de livre negociação, representativo de promessa de pagamento em dinheiro e constitui título executivo extrajudicial (art. 36 da Lei nº 11.076/2004), com emissão somente na forma escritural (art. 37, § 1º, da Lei nº 11.076/2004) por entidade autorizada pelo BCB, devendo constar os requisitos essenciais do título, endossos, valores, vencimento, taxa de juros, garantias fixas ou flutuantes e cláusula de correção por variação cambial (arts. 35-D, 37 e 40 da Lei nº 11.076/2004).

O CRA poderá ter, conforme dispuser o Termo de Securitização de Direitos Creditórios, garantia flutuante, que assegurará ao seu titular privilégio geral sobre o ativo da companhia securitizadora, mas não impedirá a negociação dos bens que compõem esse ativo (art. 37, § 2º, da Lei nº 11.076/2004).

Além disso, para maior segurança da operação as companhias securitizadoras podem instituir regime fiduciário sobre direitos creditórios oriundos do agronegócio (art. 39 da Lei nº 11.076/2004).

Bibliografia: BURANELLO, Renato (coord.). *Direito do agronegócio*. São Paulo: Quartier Latin, 2011. BURANELLO, Renato. *Instrumentos para investimento e o certificado de recebíveis do agro-negócio*. RDM, 148/146. COELHO, Fabio Ulhoa. *Títulos do agronegócio*. In: COELHO, Fabio Ulhoa (Coord.). *Tratado de direito comercial*. v. 8. São Paulo: Saraiva, 2015. PEREIRA, Lutero de Paiva. *Comentários à lei da Cédula de Produto Rural*. 3. ed. Curitiba: Juruá, 2005.

§8

TEORIA GERAL DOS CONTRATOS EMPRESARIAIS

1. OBRIGAÇÕES EMPRESARIAIS

As obrigações são vínculos jurídicos que autorizam a um dos sujeitos exigir comportamento ou coisa do outro. O conceito continua aplicável, mas é interessante observar, com FRAN MARTINS, que é preciso compreender obrigações sob o ponto de vista da lógica específica do Direito Comercial (MARTINS, 2019, p. 6). A obrigação é uma só, mas a distinção passa a embutir a atividade [*t. I, §5, i. 1*] no dimensionamento de vínculos dinâmicos que concatenam diversos atos finalisticamente voltados para a produção de bens ou prestação de serviços.

Ainda é preciso ter em vista, atualmente, a visão das obrigações como um processo, conforme doutrina de CLOVIS DO COUTO E SILVA, que as desdobra em duas fases: (*a*) de nascimento e desenvolvimento dos deveres e (*b*) de adimplemento (SILVA, 2006, p. 43). Assim, o surgimento da obrigação empresarial atende à peculiar atividade profissional desenvolvida sob a lógica própria do empreendimento lucrativo e de um processo econômico do vínculo obrigacional. Ainda nessa linha, a prestação primária (débito) e a prestação secundária (responsabilidade) devem ser interpretadas – na formação, no cumprimento e na extinção – com consideração das peculiaridades dos sujeitos empresários e do mercado. A repercussão ocorre em deveres como a minimização de assimetria informacional, cooperação em contratos de longo prazo, responsabilidade pré e pós contratual, preenchimento da cláusula geral de boa-fé.

2. CONTRATOS EMPRESARIAIS

Ao adjetivar um contrato como empresarial, tem-se em vista a peculiar forma de interpretar essa atividade, especialmente depois da unificação das obrigações promovida pelo CC [*t. I, §2, i. 3*] e da pretendida presunção de simetria dos contratantes nas relações interempresariais, prevista no art. 480-B do CC (inserido pela MP nº 881/2019). Cuida-se de *negócio jurídico (bilateral ou plurilateral) com finalidade de criar, modificar e extinguir regras pactuadas em vínculo jurídico interempresarial*. De um lado estão os contratos civis, puros, insculpidos e regidos pela construção de cláusulas gerais e regras típicas, seja do CC, seja da legislação especial (como na locação, por exemplo). De outro lado, representando o estágio de moldura capitalista e cumprindo o preceito de defesa do consumidor (arts. 5º, XXXII e 170, V, ambos da CF), colocam-se os contratos orientados pela estrutura positiva protetiva do CDC.

Os contratos do campo civil, em geral, contemplam atos isolados e sem a característica do desempenho de atividade organizada.

Por sua vez, os contratos de consumo ficam sujeitos à força atrativa dos arts. 2º e 3º do CDC, que descrevem as *fattispeci* do consumidor e do fornecedor, respectivamente. Essa definição passa pela investigação de quem seja, economicamente, a pessoa física ou jurídica que adquire ou utiliza produtos ou serviço como *destinatário final*.

Como se trata interpretação de legislação infraconstitucional, é importante percorrer a evolução da jurisprudência do STJ, que saiu do chamado *maximalismo*, passou pelo *finalismo* e atualmente sustenta o chamado *finalismo mitigado*. O percurso principia com o exemplo, dentre outros, do Conflito de Competência nº 41.056, relatado pela Min. NANCY ANDRIGHI. Nesse caso, adotou-se a teoria maximalista e ampla do conceito de consumidor, bastando a justaposição ao final da cadeia de circulação do produto ou serviço, quem quer seja, ainda que pessoa jurídica e empresária. Todavia, a 2ª Seção mudou o posicionamento em novembro de 2004, no REsp nº 541.867, relator Min. BARROS MONTEIRO, pacificando interpretação finalista, com entendimento de que "aquisição de bens ou a utilização de serviços, por pessoa natural ou jurídica, com o escopo de implementar ou incrementar a sua atividade negocial, não se reputa como relação de consumo e, sim, como uma atividade de consumo intermediária". Por fim, no AgRg no REsp nº 1.331.112, julgado na Corte Especial e relatado pelo Min. HERMAN BENJAMIN, consolidou-se o chamado finalismo mitigado, que dá relevância à vulnerabilidade do empresário, pessoa jurídica ou não, como critério para a aplicação do CDC.

Diante de um campo de eficácia legislativa bastante demarcado – e de um direito tão especial, como deontologicamente peculiar, como é o comercial – exigiu-se da doutrina a colocação dos contratos empresariais num campo de interpretação que adaptasse os preceitos gerais do CC e afastasse, sempre que necessário, a força atrativa e protetiva das regras de consumo. O contrato empresarial passou a ser compreendido como um processo para "atendimento do fim compartilhado pelas empresas" (FORGIONI, 2015, p. 23), com peculiaridades da prática e do mercado que acabam por exigir um esforço destacado do intérprete. Isso porque o pacto contido num contrato pode ultrapassar os limites dos polos contratantes e se projetar externamente, inclusive alterando equilíbrio da concorrência, como no caso de acordos verticais de distribuição, que podem alternar marginalmente o preço da mercadoria em razão de concentrações econômicas moldadas pela cadeia de contratos.

Jurisprudência

STJ – 4ª T. – AgInt no REsp nº 1.140.331 – Rel. Min. Maria Isabel Gallotti – j. 29/08/2017: "(...) 1. A jurisprudência deste Superior Tribunal de Justiça se firmou no sentido de que não se aplica do Código de Defesa do Consumidor a contratos celebrados por empresa para aquisição de maquinário de elevado valor, a ser utilizado em sua atividade negocial.(...) 2. Desqualificada a condição de consumidora final, não faz jus a agravante à tramitação do feito no seu domicílio, diante da higidez da cláusula de eleição do foro contratual" (...).

STJ – 3ª T. – REsp nº 836.823 – Rel. Min. Sidnei Beneti – j. 12/08/2010: "(...) I – A relação de consumo existe apenas no caso em que uma das partes pode ser considerada destinatária final do produto ou serviço. Na hipótese em que produto ou serviço são utilizados na cadeia produtiva, e não há considerável desproporção entre o porte econômico das partes contratantes, o adquirente não pode ser considerado consumidor e não se aplica o CDC, devendo eventuais conflitos serem resolvidos com outras regras do Direito das Obrigações. Precedentes. II – Não configurada a relação de consumo, não se pode invalidar a cláusula de eleição de foro com base no CDC".

STJ – 4ª T. – REsp nº 656.932 – Rel. Min. Antonio Carlos Ferreira – j. 24/04/2014: "(...) 2. O risco faz parte do contrato de aplicação em fundos de investimento, podendo a instituição financeira, entretanto, criar mecanismos ou oferecer garantias próprias para reduzir ou afastar a possibilidade de prejuízos decorrentes das variações observadas no mercado financeiro. 3. Embora nem a sentença nem o acórdão esmiucem, em seus respectivos textos, os contratos de investimento celebrados, ficou suficientemente claro ter sido pactuado o mecanismo *stop loss*, o qual, conforme o próprio nome indica, fixa o ponto de encerra-mento de uma operação com o propósito de "parar" ou até de evitar determinada "perda". Do não acionamento do referido mecanismo pela instituição financeira na forma contrata-da, segundo as instâncias ordinárias, é que teria havido o prejuízo (...)".

STJ – 3ª T. – REsp nº 1.003.893 – Rel. Min. Massami Uyeda – j. 10/08/2010: "(...) 2. O fornecedor de serviços que causem riscos, normais e previsíveis, aos consumidores, tem o dever de dar as informações necessárias e adequadas a seu respeito, ou seja, acerca da natureza e fruição dos serviços, considerando, para tanto, o conhecimento do homem médio, consumidor-padrão. 3. No investimento em fundos derivativos, principalmente os vinculados ao dólar-americano, é ínsito o alto grau de risco, tanto para grandes ganhos, como para perdas consideráveis. Aqueles que se encorajam a investir em fundos arrojados, estão cientes dos riscos do negócio (...)".

STJ – 3ª T. – REsp nº 1.599.535 – Rel. Min. Nancy Andrighi – j. 14/03/2017: "(...) Cinge-se a controvérsia à incidência do CDC aos contratos de corretagem de valores e títulos mobiliários. - Na ausência de contradição, omissão ou obscuridade, não existe violação ao art. 535, II, do CPC/73. O valor operação comercial envolvida em um determinado contrato é inca-paz de retirar do cidadão a natureza de consumidor a ele conferida pela legislação consumerista. É incabível retirar a condição de consumidor de uma determinada pessoa em razão da presunção de seu nível de discernimento comparado ao da média dos consumidores. Impõe-se reconhecer a relação de consumo existente entre o contratante que visa a atender necessidades próprias e as sociedades que prestam de forma habitual e profissional o serviço de corretagem de valores e títulos mobiliários (...)".

2.1. Funções da classificação

A classificação do contrato como empresarial traz consequências específicas, destacando-se algumas delas para fins didáticos:

(*a*) há o redimensionamento das cláusulas gerais para a *atividade* empresarial. Como exemplo, cita-se a função social do contrato (art. 421 do CC), com as limitações da Declaração de Direitos de Liberdade Econômica (MP nº 881/2019) e com os contornos da autonomia da vontade em razão da projeção interna de cumprimento da vocação do contrato e do padrão de exigência de colaboração (ROSENVALD, 2007, p. 91), assim como de projeções externas do desempenho de normal funcionamento do mercado[1]. Igualmente relevante é a compreensão da boa-fé objetiva, com parâmetros pautados para relações entre empresários e com problemas

---

[1] Afirmam NERY e NERY: "A função mais destacada do contrato é a econômica, isto é, de propiciar a circulação da riqueza, transferindo-a de um patrimônio para outro (Roppo, *Il contratto*, p. 12 et. Seq.). Essa liberdade parcial de contratar, com o objetivo de fazer circular riqueza, tem de cumprir sua função social, tão ou mais importante do que o aspecto econômico do contrato. Por isso fala-se em *fins econômico-sociais* do contrato como diretriz para sua existência, validade e eficácia. Como função social é cláusula geral, o juiz poderá preencher os claros do que significa essa função social, com valores jurídicos, sociais, econômicos e morais. A solução será dada diante do que se apresentar no caso concreto, ao juiz. Poderá proclamar a inexistência do contrato por falta de objeto; declarar sua nulidade por fraude à lei imperativa (CC 166 VI), porque a norma do CC 421 é de ordem pública (CC 2015 par ún); convalidar o contrato anulável (CC 171 e 172); determinar a indenização pela parte que desatendeu a função social do contrato etc. São múltiplas as possibilidades que se oferecem como soluções ao problema do desatendimento à cláusula geral da *função social do contrato*" (NERY; NERY, 2006, p. 411).

derivadas de assimetrias informacionais, imputação de conhecimento, assunção de riscos inerentes e dependência econômica.

(b) percebe-se a influência fatores econômicos de formação, cumprimento e extinção do contrato, que emolduram o processo contratual na linha de Couto e Silva;

(c) torna-se relevante a qualificação da compreensão da dependência econômica [t. IV, §8, i. 12] e a verificação de consequências na relação interempresarial.

2.2. Boa-fé objetiva empresarial

A interpretação de contratos com peculiaridades da atividade empresarial demanda a ampliação da força dogmática da cláusula geral da boa-fé objetiva, inserindo-a como instrumento de integração sistêmica, porque o dispositivo dá certa mobilidade (Canaris, 1996, p. 135) à concreção das regras. Tal técnica está presente no Código Civil de diversos países, destacando-se o §242 do BGB alemão, art. 1.337 do *Codice Civile* italiano, art. 277 do Código Civil português e art. 1.258 do Código Civil espanhol.

É relevantíssima a orientação de Judith Martins-Costa sobre as cláusulas gerais, em seu texto lapidar sobre o assunto: "As cláusulas gerais atuam instrumentalmente como meios para esta concreção porquanto são elas elaboradas através da formulação de hipótese legal que, em termos de grande generalidade, abrange e submete a tratamento jurídico todo um domínio de casos" (Martins-Costa, 1992, p. 50).

No Brasil, a boa-fé objetiva adquire três importantes dimensões reconhecidas pela doutrina (Martins-Costa, 2015): (a) interpretativa (art. 113 do CC); (b) punitiva do abuso de direito (art. 187 do CC); (c) ajustamento comportamental, da conclusão à execução do contrato (art. 422 do CC)[2].

Em direito comercial, a boa-fé objetiva indica "retidão de comportamento no mercado, conforme os modelos ali esperados" (Forgioni, 2015, p. 124). Assim, permite-se a utilização da cláusula geral para combater comportamentos contraditórios, *venire contra factum proprium*, responsabilidade pela *culpa in contrahendo*, responsabilidade pré (STJ – REsp nº 300.129) e pós contratual e violação do dever de informação.

Jurisprudência:

STJ – 4ª T. – REsp nº 1.338.432 – Rel. Min. Luis Felipe Salomão – j. 24/10/2017: "(...)1. Como de sabença, a *supressio* inibe o exercício de um direito, até então reconhecido, pelo seu não exercício. Por outro lado, e em direção oposta à *supressio*, mas com ela intimamente ligada, tem-se a teoria da *surrectio*, cujo desdobramento é a aquisição de um direito pelo decurso do tempo, pela expectativa legitimamente despertada por ação ou comportamento. 2. Sob essa ótica, o longo transcurso de tempo (quase seis anos), sem a cobrança da obrigação de compra de quantidades mínimas mensais de combustível, suprimiu, de um lado, a faculdade jurídica da distribuidora (promitente vendedora) de exigir a prestação e, de outro, criou uma situação de vantagem para o posto varejista (promissário comprador), cujo inadimplemento não poderá implicar a incidência da cláusula penal compensatória contratada".

STJ – 3ª T. – REsp nº 1.203.109 – Rel. Min. Marco Aurélio Bellizze – j. 05/05/2015: "(...) 5. A funcionalização dos contratos, positivada no art. 421 do Código Civil, impõe aos contratantes

---

[2] Em livre tradução, o §242 do BGB determina que o devedor deve cumprir a prestação de acordo com a lealdade e a boa-fé, observados os usos e costumes do tráfico jurídico.

o dever de conduta proba que se estende para além da vigência contratual, vinculando as partes ao atendimento da finalidade contratada de forma plena. 6. São válidas as cláusulas contratuais de não concorrência, desde que limitadas espacial e temporalmente, porquanto adequadas à proteção da concorrência e dos efeitos danosos decorrentes de potencial desvio de clientela – valores jurídicos reconhecidos constitucionalmente".

STJ – 3ª T. – Resp nº 1.162.985 – Rel. Min. Nancy Andrighi – j. 18/06/2013: "(...) 1. Discussão sobre a possibilidade de alteração em contrato de representação comercial, que implique redução da remuneração do representante, quando há sua anuência tácita. 2. Diante das peculiaridades da hipótese, verifica-se que não houve uma redução da comissão da representante, em relação à média dos resultados auferidos nos últimos seis meses de vigência do contrato, o que, de fato, seria proibido nos termos do art. 32, § 7º, da Lei 4.886/65. Desde o início da relação contratual, a comissão foi paga no patamar de 2,5%, o que leva à conclusão de que a cláusula que previu o pagamento da comissão de 4%, na realidade, nunca chegou a viger. 3. O princípio da boa-fé objetiva torna inviável a pretensão da recorrente, de exigir retroativamente valores a título da diferença, que sempre foram dispensados, frustrando uma expectativa legítima, construída e mantida ao longo de toda a relação contratual pela recorrida (...)".

Em matéria societária – caso Fertifos: STJ – 3ª T. – REsp nº 1.102.424 – Rel. Min. Massami Uyeda – j. 18/08/2009: "(...) IV – Na inicial da ação anulatória não há pretensão dirigida contra a reorganização societária, por ser ela mera consequência à escolha do novo Conselho de Administração da FÉRTIFOS, motivo pelo qual o objeto da controvérsia cinge-se à validade ou não da Assembleia Geral Ordinária da referida empresa, realizada em 27.4.2006; V – Nos termos do art. 1.089 do CC/2002, a sociedade anônima será regida, em regra, por lei especial (Lei n. 6.404/76) e apenas nos casos em que a legislação específica seja omissa, serão aplicadas as disposições gerais do Código Civil; VI – Os princípios gerais de direito relativos à reserva mental (art. 110 do CC) e ao abuso de direito (art. 187 do CC) são inaplicáveis à hipótese dos autos, ante a existência de norma específica a respeito; VII – Ante a peculiaridade do caso, em que sequer as tratativas preliminares foram concluídas pelas partes, além de não levadas a registro, nos termos do art. 118 da LSA, inexiste ofensa ao princípio da boa-fé objetiva. VIII – Ademais, independentemente da ocorrência ou não de boa-fé no trato entre o grupo BUNGE e as empresas MOSAIC E OUTRA, os assistentes litisconsorciais das empresas BUNGE, OURO VERDE, FÉRTIFOS e FOSFÉRTIL, membros do Conselho de Administração e acionistas minoritários da companhia, possuem legitimidade para requererem a aplicação do comando legal específico que rege as sociedades anônimas; IX – Os acordos de acionistas sobre o poder de controle da sociedade anônima somente deverão ser observados pela companhia quando arquivados na sua sede (art. 118 da Lei n. 6.404/76). X – Eventuais tratativas prévias entre os acionistas acerca da composição do Conselho de Administração da FÉRTIFOS, porquanto informais (via e-mail) e não arquivadas na sede social da empresa, não podem ser opostas à sociedade; XI – As deliberações dos acionistas, que ensejaram a substituição dos 3 (três) conselheiros indicados pelas recorridas, observaram estritamente os requisitos legais e estatutários, devendo ser reconhecida a validade da referida A.G.O; XII – Recurso especial provido".

Em matéria societária – Caso Fertifos: TJSP – 3ª Câm. Dir. Priv. – Ap. Civ. nº 514.706-4/0-00 – Rel. Des. Beretta da Silveira – j. 28/08/2007: "Ação anulatória – Substituição de membros do Conselho de Administração de empresa – Cerceamento de defesa inocorrente – A compreensão quanto à extensão do pedido passa pela análise dos princípios da boa-fé objetiva e do abuso exercício de direito – Prova dos autos que demonstra tratativas prévias entre os sócios para eleição do Conselho de Administração – Violação do princípio da boa-fé objetiva e reserva mental, caracterizado o abuso de direito – Doutrina – Ação procedente – Recurso provido".

3. CARACTERÍSTICAS DOS CONTRATOS EMPRESARIAIS

A doutrina está a delimitar fronteiras de peculiaridades dos contratos empresariais, de modo a permitir melhor racionalização do processo de formação, cumprimento e extinção de avenças interempresariais. Algumas peculiaridades podem ser ressaltadas, entre outras (FORGIONI, 2015):

(*a*) *extensão da autonomia privada* ao máximo da licitude, diante da particularidade do lucro e de seu incremento como motores da criatividade de contratos engendrados para esse fim [*t. I, §2, i.2.3*].

(*b*) perseguição da *função econômica* e identificação da *causa* (ROPPO, 2001, p. 381-387; NERY, 2006, p. 241-247) do contrato, de modo a alcançar o escopo de circulação dos bens e dos serviços.

(*c*) tutela da *confiança* para minimização de custos de transação [*t. I, §4, i. 2*]. Confiança e lealdade advêm de padrões e são pontes seguras para a boa-fé. Indicam a crença de que o comportamento será desempenhado em conformidade com legítimas expectativas. Em contratos empresariais, a confiança pode aprisionar riscos e gerar cooperação.

(*d*) relevância destacada de usos e costumes, como regras integrantes dos contratos e de sua interpretação [*t. I, §2, i. 3.2.1*].

(*e*) *minimização de efeitos de oportunismo e conflitos de interesses*, como consequência do comportamento das partes, sobretudo em contratos de necessária colaboração. Conforme orienta PAULA FORGIONI, essa descrição é feita pelos economistas, a partir da metodologia *principal/agent*, de modo a coibir decisões que possam prejudicar os negócios da contraparte. Geralmente são duas as soluções: "[*i*] concessão de incentivos para que agente comporte-se de acordo com os fins do principal; [*ii*] obrigatoriedade de prestação, pelo agente, de informações sobre sua atividade e/ou sobre o mercado" (FORGIONI, 2015, p. 167).

(*f*) produção de *dependência econômica*, que em maior ou menor grau, de acordo com o contrato, pode ser caracterizada por influência decisiva de poder de uma das partes para impor circunstâncias e condições à outra, que as aceita para manter o contrato e se manter no mercado (DINIZ, 2014, p. 96).

(*g*) efeitos da *lex mercatoria* de usos mercantis internacionais num mercado cada vez mais intercomunicante.

Outro aspecto notável é que os contratos empresariais passaram a ser compreendidos num contexto de mercado, por serem instrumentos que se prestam à organização da atividade empresarial, que servem à circulação de bens, colaboração interempresarial e que auxiliam no abastecimento de crédito para a cadeia produtiva. Não é incomum, portanto, que os efeitos contratuais ultrapassem os limites das partes e produzam efeitos para terceiros e impactos no mercado.

4. FASE PRÉ-CONTRATUAL

As partes não estão vinculadas antes da formação válida e eficaz do contrato. Entretanto, certas obrigações podem ser determinadas pela lei[a], derivadas de expectativa e da confiança[b] ou predeterminadas[c]. Significa dizer que as partes não estão vinculadas por contrato, mas entre eles existem obrigações derivadas da legislação ou mesmo do comportamento que demanda confiança. Não se fala propriamente de inadimplemento e resolução contratual (porque o contrato não se formou), mas de descumprimento desses deveres e obrigações prévias ao contrato, com possibilidade de se exigir reparação de eventuais danos.

O instante pré-contratual está na formação de motivos e circunstâncias ou então na troca de *minutas* ou projeto de contrato sem eficácia (GOMES, 2008, p. 68). Alguns deles podem adquirir relevância jurídica, seja na formação da base do contrato, seja ocorrendo a promessa de uma das partes em fornecer informações ou se ocultar tais informações que sejam relevantes à formação do contrato. Indistintamente, percebe-se o *consentimento com as negociações e confiança interpartes gerada pelas tratativas* que antecedem o contrato, além do protagonismo da boa-fé objetiva na avaliação das condutas e interpretação do contrato. ORLANDO GOMES fala em figuras negociais constitutivas de *compromissos preparatórios*, por exemplo, a opção, o contrato preliminar e o acordo provisório (GOMES, 2008, p. 69).

Para concretização do que se afirma, no ambiente de mercado e empresarial, a fase pré-contratual é comumente caracterizada por negociações de propostas comerciais ou detalhamentos técnicos da proposta, com fluxo mínimo de informações sobre o produto ou serviço, sem implica transferência de tecnologia ou antecipação de elementos de execução técnica da proposta.

(*a*) Há obrigações prévias exigíveis por regras legais, que são determinantes de características e elementos essenciais do contrato definitivo e sem que caracterizem contrato preliminar – já que nele estão todos os elementos do contrato definitivo (arts. 462 a 466 do CC).

É o caso, para exemplificar, da Circular de Oferta de Franquia (COF) prevista no art. 3º da Lei nº 8.955/94 e que deve especificar características da franquia para o potencial franqueado que tiver *interesse* na implantação do sistema, sob pena de anulabilidade (art. 4º da Lei nº 8.955/94). Além da sanção jurídica da anulação do negócio, ainda é possível que se alegue responsabilidade pré-contratual caso sejam alterados elementos da franquia em contrariedade à COF, com implicação de reparação e danos. Semelhante raciocínio pode ser utilizado com o Documento de Informação Pré-Contratual – DIPC previsto no art. 9º da Lei nº 13.288/2016 para os contratos de integração agroindustrial.

Outro exemplo é a vinculação da oferta feita ao público, contendo os elementos do contrato. Cuida-se hipótese vinculante, conforme prevê o art. 429 do CC: "A oferta ao público equivale a proposta quando encerra os requisitos essenciais ao contrato, salvo se o contrário resultar das circunstâncias ou dos usos". Em matéria de consumidor, o CDC prevê semelhantes consequências nos arts. 6º, IV, 31 e 37 (STJ – REsp nº 1.261.513 – Rel. Min. MAURO CAMPBELL MARQUES).

(*b*) Mais complexos são os deveres derivados da *confiança* entre as partes, porque dependerão da análise específica do comportamento pré-contratual, das características do negócio, do nível de informações e expectativas geradas entre as partes para se estabelecer consequências jurídicas pré-contratuais.

(*c*) por fim, as próprias partes podem predeterminar obrigações prévias ao contrato, de modo que as partes assinam contratos prévios (às vezes coligados) de sigilo, transferências de informações, elaboração de projetos que antecedem o contrato definitivo e que não caracterizam ainda o vínculo entre as partes, mas com possíveis cláusulas penais. De certa maneira, as circunstâncias são aprisionadas em instrumento contratual pré-contratual com os detalhes técnicos da proposta. Se uma parte não o assina, a ele não se vincula, salvo prova do conhecimento, afronta à confiança e à má-fé (STJ – REsp nº 1.331.081 – Rel. Min. RAUL ARAÚJO).

Para fins de responsabilidade pré-contratual, a doutrina orienta que devem estar presentes: (*a*) consentimento com as negociações e confiança interpartes gerada pelas tratativas que antecedem o contrato como condutas geradoras de eventual reparação; (*b*) dano atual e certo derivado do rompimento das tratativas ou da sonegação de informações relevantes; (*c*) nexo de causalidade adequada entre a conduta e o dano. Nas palavras de ANTONIO CHAVES: "há responsabilidade pré-contratual quando ocorre a ruptura arbitrária e intempestiva das negociações contrariando o consentimento dado na sua elaboração, de modo tal que a outra parte, se soubesse que ocorria o risco de uma retirada repentina, não teria tomado as medidas que adotou" (CHAVES, 1997, p. 11).

Jurisprudência

STJ – 4ª T. – REsp nº 1.309.972 – Rel. Min. Luis Felipe Salomão – j. 27/04/2017: "1. Tradicionalmente, a responsabilidade civil divide-se em responsabilidade civil stricto sensu (delitual ou aquiliana) e a responsabilidade contratual (negocial ou obrigacional), segundo a origem do dever descumprido, contrato ou delito, critério que, apesar de conferir segurança jurídica, mereceu aperfeiçoamentos, à luz da sistemática atual do Código Civil, dos microssistemas de direito privado e da Constituição Federal. (...) 3. A responsabilidade pela confiança é autônoma em relação à responsabilidade contratual e à extracontratual, constituindo-se em um terceiro fundamento ou 'terceira pista' (*dritte Spur*) da responsabilidade civil, tendo caráter subsidiário: onde houver o dano efetivo, requisito essencial para a responsabilidade civil e não for possível obter uma solução satisfatória pelos caminhos tradicionais da responsabilidade, a teoria da confiança será a opção válida. 4. A teoria da confiança ingressa no vácuo existente entre as responsabilidades contratual e extracontratual e seu reconhecimento se fundamenta principalmente no fato de que o sujeito que dá origem à confiança de outrem e, após, frustra-a, deve responder, em certas circunstâncias, pelos danos causados dessa frustração. A defraudação da confiança constitui o verdadeiro fundamento da obrigação de indenizar. (...) 6. A responsabilidade pela quebra da confiança possui a mesma *ratio* da responsabilidade pré-contratual, cuja aplicação já fora reconhecida pelo STJ (REsp 1051065/AM, REsp 1367955/SP). O ponto que as aproxima é o fato de uma das partes gerar na outra uma expectativa legítima de determinado comportamento, que, após, não se concretiza. O ponto que as diferencia é o fato de, na responsabilidade pré-contratual, a formalização de um contrato ser o escopo perseguido por uma das partes, enquanto que na responsabilidade pela confiança, o contrato, em sentido estrito, não será, ao menos necessariamente, o objetivo almejado. 7. No caso dos autos, ainda que não se discuta a existência de um contrato formal de compra e venda entre as partes ou de qualquer outra natureza, impossível negar a existência de relação jurídica comercial entre as empresas envolvidas, uma vez que a IBM portou-se, desde o início das tratativas, como negociante, com a apresentação de seu projeto, e enquanto titular deste, repassando à Radiall as especificações técnicas do produto a ser fabricado, assim como as condições do negócio. (...) 9. Mostrou-se, de fato, incontroverso que os investimentos realizados pela recorrente, para a produção das peças que serviriam ao computador de bordo de titularidade da recorrida, foram realizados nos termos das relações que se verificaram no início das tratativas entre essas empresas, fatos a respeito dos quais concordam os julgadores de origem. (...) 13. Recurso especial parcialmente provido, para reconhecer a responsabilidade solidária da IBM – Brasil pelo ressarcimento dos danos materiais (danos emergentes e lucros cessantes) à recorrente".

STJ – 3ª T. – REsp nº 1.367.955 – Rel. Min. Paulo de Tarso Sanseverino – j. 18/03/2014: "1. Demanda indenizatória proposta por empresa de eventos contra empresa varejista em face do rompimento abrupto das tratativas para a realização de evento, que já estavam em fase avançada. (...) 4. Aplicação do princípio da boa-fé objetiva na fase pré-contratual. Doutrina sobre o tema. 5. Responsabilidade civil por ruptura de tratativas verificada no caso concreto (...)".

STJ – 4ª T. – REsp nº 1.331.081 – Rel. p. o acórdão Min. Raul Araújo – j. 25/06/2013: "1. Prevendo o pré-contrato a existência de mais de um comprador e não tendo um deles assinado sequer o instrumento pré-contratual, o negócio jurídico não se aperfeiçoou, pela falta de convergência de vontades das partes contratantes. 2. Nesse cenário, mostra-se inviável a exigência, pelo alienante, da cláusula penal prevista na contratação que não se aperfeiçoou".

STJ – 3ª T. – REsp nº 1.051.065 – Rel. Min. Ricardo Villas Bôas Cueva – j. 21/02/2013: "(...)3. A responsabilidade pré-contratual não decorre do fato de a tratativa ter sido rompida e o contrato não ter sido concluído, mas do fato de uma das partes ter gerado à outra, além da expectativa legítima de que o contrato seria concluído, efetivo prejuízo material (...)".

STJ – 3ª T. – REsp nº 977.007 – Rel. Min. Nancy Andrighi – j. 24/11/2009: "(...)Apesar de tais expectativas de natureza subjetiva, em essência tal contrato é comutativo, nos termos dos precedentes do STJ. A negociação é influenciada pelas leituras que as partes fazem acerca dos riscos futuros, mas as prestações são certas. Assim, o fundamento para a constatação, ainda que em tese, da ocorrência de onerosidade excessiva deve estar fundado na alteração inaceitável da comutatividade e não na quebra das expectativas pré-contratuais meramente subjetivas. As prestações são sempre definidas pelo exercício da autonomia de vontade das partes, de modo que a álea a considerar é aquela baseada nos limites aceitáveis do equilíbrio contratual e não nas valorações de interesses precedentes à contratação (...)".

5. FORMAÇÃO DO CONTRATO EMPRESARIAL

Conforme se observou, a fase pré-contratual se difere em relação aos elementos e consequências da fase de formação do contrato, porque nesta está compreendida a proposta ou oferta, conforme elementos previstos nos arts. 427 a 435 do CC. Há relevo na compreensão dos instantes de formação: a *proposta*[a] e a *aceitação*[b].

(*a*) A *proposta* decorre de inequívoca manifestação de vontade para se vincular por meio de contrato. Poderá ser expressa ou tácita, desde que a lei não exija a forma expressa como regra (art. 107 do CC).

A regra geral é que "proposta de contrato obriga o proponente, se o contrário não resultar dos termos dela, da natureza do negócio, ou das circunstâncias do caso" (art. 427 do CC). Portanto, se for feita a proposta e não for impedida ou obstaculizada antes de chegar ao aceitante, vincula e se torna obrigatória.

O próprio CC especifica no art. 428 os casos em que a proposta deixa de ser obrigatória: I – se, feita sem prazo a pessoa presente, não foi imediatamente aceita. Considera-se também presente a pessoa que contrata por telefone ou por meio de comunicação semelhante; II – se, feita sem prazo a pessoa ausente, tiver decorrido tempo suficiente para chegar a resposta ao conhecimento do proponente; III – se, feita a pessoa ausente, não tiver sido expedida a resposta dentro do prazo dado; IV – se, antes dela, ou simultaneamente, chegar ao conhecimento da outra parte a retratação do proponente. Conforme entende Fran Martins, o dispositivo cuida de contratação entre *presentes* e *ausentes* e, não necessariamente, precisam ser pessoas no mesmo recinto. A regra está a tratar de *declarações consecutivas* e *declarações intervaladas* (Martins, 2018, p. 66).

Relevante, ainda, é compreender o inciso I, do art. 428, do CC, que considera o contrato feito entre presentes se ocorrer imediata intercomunicação (telefone ou meio de comunicação semelhante), ainda que sem a presença física. Portanto, em era de novas tecnologias, a comunicação por meio da *internet* ou redes sociais (via *Skype, Whatsapp, Facebook, Instagram*, ou meios supervenientes) que permita colher as instâncias de proposta e de aceitação podem ser vinculantes entre as partes. A própria contratação por adesão, em termos de uso e licenciamento assinalados eletronicamente representam o vínculo contratual feito e aceito entre as partes.

Deve-se compreender que nos contratos entre ausentes, o CC adotou a teoria da *expedição* como critério de formação do contrato (art. 434, *caput*, do CC). Portanto, esse é o instrumento de interpretação, ressalvadas as exceções do art. 428 do CC e também se chegar ao proponente, antes da aceitação expedida, a própria retratação do aceitante (art. 433 do CC).

(*b*) A *aceitação* é a manifestação da contraparte de que concorda com os termos da proposta, sendo ela exigível, salvo nos casos em que a aceitação expressa não seja costume (art. 432 do CC). Deve ser manifestada no tempo e condições da proposta. Caso seja apresentada posteriormente ou com outras condições, interpreta-se como nova proposta feita ao antigo proponente (art. 431 do CC).

Se a aceitação, por circunstância imprevista, chegar tarde ao conhecimento do proponente, deverá ele comunicar de imediato ao aceitante, de modo a infirmar a formação do contrato. Não o fazendo, poderá responder o proponente por perdas e danos (art. 430 do CC).

Considera-se inexistente a aceitação, se antes dela ou com ela chegar ao proponente a retratação do aceitante (art. 433 do CC).

Conforme orienta Orlando Gomes, o aceitante integra sua vontade na do proponente e a declaração do aceitante é ato receptício e potestativo de vontade. Entretanto, continua o jurista, pode ocorrer aceitação expressada por meio de atos de cumprimento: significa dizer que o contrato tem começo de execução, como no caso de utilização de matéria-prima enviada sem pedido em compra e venda mercantil (Gomes, 2008, p. 76-77).

A evolução dos negócios empresariais vem acompanhada de outras maneiras de formar o contrato que rompem o esquema clássico de proposta e aceitação. Assim, a regras do CC para contratos entre presentes e ausentes, momento de chegada de proposta e aceitação efetiva precisam ser compatibilizadas com novos desafios fáticos. Exemplifica-se com: (*a*) *contratação conjunta*: por meio de documento único e que torna difícil a distinção de policitante e oblato; (*b*) *relações contratuais fáticas*: a contratação é determinada pelos elementos de fato que indicam a conclusão de um contrato (HIRATA, 2011), como nos casos de associações que prestam serviços a terceiros não associados, que aceitam os préstimos ou em casos de contratos com conteúdo vinculado de "herdeiros e sucessores"; (*c*) *contratação flexível*: o contrato se forma mesmo havendo descompasso e desarranjo entre aceitação e proposta, porque as partes se comportam como se houvesse contrato; (*d*) *formação progressiva*: por mutilação de proposta e aceitação em fases; (*e*) *relevância às tratativas*: por meio de arranjo prévio e comportamento indicativo, as tratativas assumem conotação direta de contrato, sem prévia proposta ou aceitação (ROPPO, 2001, p. 138-139); (*f*) *contratação em massa*: contratos que implicam aceitação geral de multiplicidade de pessoas; (*g*) *contratações cruzadas*: ambos os contratantes estabelecem condições e manifestam a intenção de que suas próprias condições sejam incorporadas no contrato se as condições da contraparte forem excluídas.

5.1. Formação de contratos eletrônicos

Em matéria de formação de contratos empresariais, hoje é de extrema relevância situar a formação de contratos eletrônicos – ou intermediados por suporte computadores ou meios eletrônicos – no *script* das regras do CC.

A dúvida que se coloca é da própria aplicabilidade da teoria da expedição, uma vez que o envio é imediato, mas a efetiva recepção da comunicação eletrônica é bastante discutível em termos de geração de obrigações.

Primeiro ponto a discutir está na caracterização do contrato eletrônico como sendo entre ausentes ou entre pessoas presentes. Tende-se a afirmar que a *imediatidade* da resposta é o parâmetro de identificação de contrato entre ausentes.

Segundo problema é a aplicação da expedição (art. 434 do CC) como regra de formação do contrato. Em geral, a tendência é considerar feita a oferta quando entra no sistema computacional do adquirente, e a aceitação dele se produz quando os dados chegam ao computador do proponente. Há, portanto, uma mudança para a teoria da recepção, como apta a descrever a formação de contratos feitos por meios eletrônicos.

Assim, o *e-mail* ou o comunicado direto no *site*, como apto a determinar a anuência do oblato deve ser considerado recebido não quando chega ao provedor de acesso e ou servidor de correio eletrônico, mas quando esta remete a mensagem eletrônica ao proponente, que a recebe em seu computador. Assim, se o emitente perde o controle sobre a mensagem enviada e não apresenta concomitante retratação, o contrato estará formado (COELHO, v. 3, 2013, p. 57).

6. CUMPRIMENTO E DESCUMPRIMENTO DO CONTRATO EMPRESARIAL

6.1. Cumprimento

As obrigações de um contrato são pactuadas para o cumprimento e satisfação da avença, com comportamento do devedor para execução daquilo que se obrigou. Sendo contrato de exaurimento instantâneo, o adimplemento causa a extinção. Se for contrato com trato sucessivo e de execução diferida no tempo, também se sucedem as obrigações, que são cumpridas na medida do vencimento.

O CC regula diversos institutos geradores de cumprimento e extinção das obrigações, que devem ser analisados sob o prisma da atividade empresarial (e sem o intuito de exaurir a compreensão de cada um deles):

(*a*) *Pagamento*: o pagamento (*solutio*) é ato jurídico de cumprimento efetivo do contrato, com encerramento do processo obrigacional nele contido. Em regra, as pessoas vinculadas pelo pacto são obrigadas ao pagamento e satisfação das obrigações prometidas e da prestação devida (art. 313 do CC), mas o art. 304 do CC prevê que qualquer interessado na extinção da dívida pode pagá-la, usando, se o credor se opuser, dos meios conducentes à exoneração do devedor. Terceiros sem interesse até podem efetuar o pagamento, mas deve haver concordância do devedor e não ocorrer sub-rogação nos direitos do credor (art. 305 do CC), sob pena de não obrigar a reembolsar aquele que pagou.

É preciso compreender, no contexto da satisfação das obrigações com pagamento, que foi construída na doutrina e vem sendo acolhida no STJ a corrente do *adimplemento substancial* como causa de extinção. Em termos precisos, faz-se análise da proporção paga e, sendo ela suficiente, gera-se pretensão de cobrança do valor inadimplido, mas não de resolução contratual, preservando-se a avença. Com base na boa-fé, tal teoria tem por objetivo impedir o uso desequilibrado do direito de resolução por parte do credor, mantendo-se o recebimento das prestações devidas. Decisão do STJ, relatada pelo Min. Sidnei Beneti, indica os elementos para essa caracterização: "No adimplemento substancial tem-se a evolução gradativa da noção de tipo de dever contratual descumprido, para a verificação efetiva da gravidade do descumprimento, consideradas as consequências que, da violação do ajuste, decorre para a finalidade do contrato. Nessa linha de pensamento, devem-se observar dois critérios que embasam o acolhimento do adimplemento substancial: a seriedade das consequências que de fato resultaram do descumprimento e a importância que as partes aparentaram dar à cláusula pretensamente infringida" (STJ – REsp 1.215.289 – Min. Sidnei Beneti).

De outro lado, o pagamento deve ser feito ao credor ou a quem de direito o represente, sob pena de só valer depois de por ele ratificado, ou tanto quanto reverter em seu proveito. O jargão "quem paga mal, paga duas vezes" é válido nessa interpretação (STJ – REsp nº 13.949 – Min. Athos Carneiro). Portanto, o pagamento deve ser feito a pessoa certa e especificada no contrato e, havendo dúvida, qualquer que seja a razão, motiva-se processo de consignação em pagamento (art. 539 do CPC). Naturalmente que em atividades empresariais, com muitos prepostos e funcionários, o pagamento será considerado válido se feito àquele portador da quitação, salvo se as circunstâncias contrariarem a presunção daí resultante (art. 311 do CC). A exoneração de pagamento a pessoa diversa somente ocorrerá com demonstração de boa-fé nos casos de credor putativo e com aplicação da teoria da aparência (art. 309 do CC). Por exemplo, em caso de locação não residencial com pagamento diretamente ao locador. Em caso de falecimento deste, o pagamento passa a ocorrer para o único filho então conhecido, eis que aparece novo filho, com reconhecimento de paternidade então desconhecido pelo locatário, que passa a pleitear a metade dos aluguéis. No caso, a aparência e a boa-fé protegem o inquilino.

Autoriza-se a revisão das prestações, com aplicação da teoria da imprevisão, se "sobrevier desproporção manifesta entre o valor da prestação devida e o do momento de sua execução, poderá o juiz corrigi-lo, a pedido da parte, de modo que assegure, quanto possível, o valor real da prestação" (art. 317 do CC)[3]. Para a revisão do contrato, percebe-se a necessidade de

---

[3] Não cabe nesse local a intensa discussão teórica sobre o fundamento do art. 317 do CC. Pela redação, vê-se a adoção da *teoria da imprevisão*, que seria nova versão da *rebus sic stantibus* romana. Por ela, o

identificação de alguns elementos: (*a*) o contrato deve ser de trato sucessivo ou execução diferida no tempo; (*b*) é preciso evento extraordinário, imprevisível e sem imputação ao contratante devedor da obrigação; (*c*) desequilíbrio contratual para recomposição do valor real da prestação. "Se os motivos eram previsíveis, estavam esses incluídos na noção de risco contratual já assumido e assimilado pelas partes" (Simão, 2020, p. 129).

Quem paga tem direito à quitação, que poderá ser dada por instrumento particular, designará o valor e a espécie da dívida quitada, o nome do devedor, ou quem por este pagou, o tempo e o lugar do pagamento, com a assinatura do credor, ou do seu representante (arts. 319 e 320 do CC). O recibo deve ser completo (STJ – REsp nº 326.971 – Rel. Min. Ruy Rosado de Aguiar). Relevante em matéria de títulos de crédito, em que prevalece a cartularidade e a posse do título [*t. IV, §1, i. 4.1*], a devolução do documento é relevante para a quitação. Entretanto, se o título for perdido, poderá o devedor exigir, retendo o pagamento, declaração do credor que inutilize o título desaparecido (arts. 321 e 324 do CC).

Via de regra, o lugar do pagamento é o domicílio do devedor salvo se as partes convencionarem diversamente, ou se o contrário resultar da lei, da natureza da obrigação ou das circunstâncias (art. 327 do CC). Em matéria comercial, também é relevante a prática e o costume [*t. I, §2, i. 3.2.1*], confirmando o que prevê o art. 330 do CC: "O pagamento reiteradamente feito em outro local faz presumir renúncia do credor relativamente ao previsto no contrato".

Por fim, salvo previsão legal específica, não tendo sido ajustada época para o pagamento, pode o credor exigi-lo imediatamente (art. 331 do CC). Em geral, deve-se respeitar o prazo previsto no contrato, mas o próprio CC fixa critérios de vencimento antecipado da dívida, assistindo ao credor o direito de cobrar antes do vencimento nas seguintes hipóteses: I – no caso de falência do devedor, ou de concurso de credores; II – se os bens, hipotecados ou empenhados, forem penhorados em execução por outro credor; III – se cessarem, ou se se tornarem insuficientes, as garantias do débito, fidejussórias, ou reais, e o devedor, intimado, se negar a reforçá-las (art. 333 do CC).

Jurisprudência

STJ – 4ª T. – REsp nº 1.051.270 – Rel. Min. Luis Felipe Salomão – j. 04/08/2011: "1. É pela lente das cláusulas gerais previstas no Código Civil de 2002, sobretudo a da boa-fé objetiva e da função social, que deve ser lido o art. 475, segundo o qual '[a] parte lesada pelo inadimplemento pode pedir a resolução do contrato, se não preferir exigir-lhe o cumprimento, cabendo, em qualquer dos casos, indenização por perdas e danos'. 2. Nessa linha de entendimento, a teoria do substancial adimplemento visa a impedir o uso desequilibrado do direito de resolução por parte do credor, preterindo desfazimentos desnecessários em prol da preservação da avença, com vistas à realização dos princípios da boa-fé e da função social do contrato. 3. No caso em apreço, é de se aplicar a da teoria do adimplemento substancial dos contratos, porquanto o réu pagou: '31 das 36 prestações contratadas, 86% da obrigação total (contraprestação e VRG parcelado) e mais R$ 10.500,44 de valor residual garantido'. O mencionado descumprimento contratual é inapto a ensejar a reintegração de posse pretendida e, consequentemente, a resolução do contrato de arrendamento mercantil, medidas desproporcionais diante do

---

inadimplemento da obrigação é consequência da álea extraordinária e imprevista que rompeu o equilíbrio do contrato, sem que possa imputar causa ao inadimplente. Todavia, há importante doutrina com a sustentação da *teoria da perda da base objetiva* do negócio como modelo técnico mais preciso para revisão de contratos, já que restringe a análise à estrutura patrimonial e econômica do contrato e, em caso de perda dessa base externa, o contrato deve ser revisto (LARENZ, Karl. *Base del negocio jurídico y cumplimiento de los contratos*. trad. Carlos Fernández Rodríguez. Granada: Editora Comares, 2002).

substancial adimplemento da avença. 4. Não se está a afirmar que a dívida não paga desaparece, o que seria um convite a toda sorte de fraudes. Apenas se afirma que o meio de realização do crédito por que optou a instituição financeira não se mostra consentâneo com a extensão do inadimplemento e, de resto, com os ventos do Código Civil de 2002. Pode, certamente, o credor valer-se de meios menos gravosos e proporcionalmente mais adequados à persecução do crédito remanescente, como, por exemplo, a execução do título" (...).

STJ – 3ª T. – REsp nº 1.200.105 – Rel. Min. Paulo de Tarso Sanseverino – j. 19/06/2012: "(...) Ação de reintegração de posse de 135 carretas, objeto de contrato de 'leasing', após o pagamento de 30 das 36 parcelas ajustadas. (...) Correta a decisão do tribunal de origem, com aplicação da teoria do adimplemento substancial. Doutrina e jurisprudência acerca do tema (...)".

STJ – 3ª T. – REsp nº 415.971 – Rel. Min. Nancy Andrighi – j. 14/05/2002: "(...) A falta de pagamento de mais da metade do valor do prêmio é justificativa suficiente para a não oneração da companhia seguradora que pode, legitimamente, invocar em sua defesa a exceção de suspensão do contrato pela inadimplência do segurado. – Apenas a falta de pagamento da última prestação do contrato de seguro pode, eventualmente, ser considerada adimplemento substancial da obrigação contratual, na linha de precedentes do STJ, sob pena de comprometer as atividades empresariais da companhia seguradora".

STJ – 4ª T. – REsp nº 326.971 – Rel. Min. Ruy Rosado de Aguiar – j. 11/06/2002: "(...) 1. O recibo fornecido pelo lesado deve ser interpretado restritivamente, significando apenas a quitação dos valores que refere, sem obstar a propositura de ação para alcançar a integral reparação dos danos sofridos com o acidente (...)".

STJ – 4ª T. – REsp nº 13.949 – Rel. Min. Athos Carneiro – j. 29/06/1992: "Duplicata. Endosso em preto. Pagamento feito ao endossante, invalidade. O pagamento feito pelo devedor de título a ordem, sem que o mesmo lhe seja devolvido, não pode ser oposto ao endossatário portador legítimo e de boa-fé. Quem paga mal, paga duas vezes. (...)"

(b) *Pagamento em consignação*: consignar o pagamento significa fazê-lo conhecido pela outra parte, seja em caso de recusa, seja em caso de dúvida do sujeito a receber (dentre outros casos do art. 335 do CC). A lei considera, nesta modalidade especial de pagamento, o depósito da coisa devida, na justiça ou em estabelecimento bancário (art. 334 do CC). Há procedimento especial previsto nos arts. 539 e seguintes do CPC. Para a consignação produzir o efeito extintivo do contrato é necessário que se produza com objeto, modo e tempo e todos os requisitos sem os quais não é válido o pagamento (art. 336 do CC).

(c) *Pagamento com sub-rogação*: cuida-se de caso de transmissão de crédito consequente ao cumprimento de obrigação por terceiro, porque pagar com sub-rogação é pagar em substituição de outrem e se opera em favor: I – do credor que paga a dívida do devedor comum; II – do adquirente do imóvel hipotecado, que paga a credor hipotecário, bem como do terceiro que efetiva o pagamento para não ser privado de direito sobre imóvel; III – do terceiro interessado, que paga a dívida pela qual era ou podia ser obrigado, no todo ou em parte (art. 346 do CC). Assim, o novo credor recebe todos os direitos, ações, privilégios e garantias do primitivo, em relação à dívida, contra o devedor principal e os fiadores.

(d) *Imputação do pagamento*: nesse caso de extinção, a "pessoa obrigada por dois ou mais débitos da mesma natureza, a um só credor, tem o direito de indicar a qual deles oferece pagamento, se todos forem líquidos e vencidos" (art. 352 do CC). Representa a formal indicação, pelo devedor, de qual débito está satisfazendo perante o credor, caso se obrigue por mais de um e seja, todos, de mesma natureza.

(e) *Dação em pagamento*: ao receber prestação diversa da que foi combinada, ocorre a chamada dação em pagamento. É preciso que se determine o preço da coisa, passando a relação jurídica a ter regulamento supletivo pela compra e venda (art. 357 do CC). Caso a dação seja de título de crédito, operam-se os efeitos da cessão (art. 358 do CC), mas a transferência é feita *pro solvendo*, ou seja, a quitação do negócio somente ocorrerá com o efetivo pagamento do título.

(f) *Novação*: a novação é negócio jurídico extintivo da obrigação principal, acessórios e garantias da obrigação original, salvo se o contrário resultar do pacto (art. 364 do CC), porque é criada nova obrigação, que extingue a anterior. A novação ocorre nas hipóteses previstas no art. 360 do CC: I – quando o devedor contrai com o credor nova dívida para extinguir e substituir a anterior; II – quando novo devedor sucede ao antigo, ficando este quite com o credor; III – quando, em virtude de obrigação nova, outro credor é substituído ao antigo, ficando o devedor quite com este.

Exige-se *animus novandi*, de modo que as partes devem expressa ou tacitamente, manifestar a vontade de criar novas obrigações substitutivas da primitiva, sob pena de que "a segunda obrigação confirma simplesmente a primeira" (art. 361 do CC). Conforme esclarece FRAN MARTINS, sobre o dispositivo legal, "só haverá novação quando há o *ânimo de novar*, expresso ou tácito, mas inequívoco, ou seja, quando a segunda obrigação tem por finalidade extinguir a obrigação primitiva, criando outra. Se tal não se verificar, a segunda obrigação criada será simplesmente uma confirmação da primeira, não a extinguindo" (MARTINS, 2018, p. 25).

Se a novação é feita com substituição do devedor, não se depende da anuência dele e se o novo devedor for insolvente "não tem o credor, que o aceitou, ação regressiva contra o primeiro, salvo se este obteve por má-fé a substituição" (art. 363 do CC).

(g) *Compensação*: o art. 368 do CC explicita a hipótese da compensação extintiva do contrato: "Se duas pessoas forem ao mesmo tempo credor e devedor uma da outra, as duas obrigações extinguem-se, até onde se compensarem". As dívidas a compensar devem ser líquidas, vencidas e de coisas fungíveis.

Jurisprudência

STJ – 3ª T. – REsp nº 1.779.128 – Rel. Min. Paulo de Tarso Sanseverino – j. 12/03/2019: "(...) Estatuição expressa pelo Código Civil de que a compensação se consubstancia quando 'duas pessoas forem ao mesmo tempo credor e devedor uma da outra' (art. 368) e, ainda, que 'o devedor somente pode compensar com o credor o que este lhe dever' (art. 371). 6. A credora, no caso, a massa falida do Banco Santos (recorrida), não é devedora da recorrente Cotrel, e nem o Banco Santos o era antes de sua falência, de modo que, não há falar na concretização da hipótese legal a habilitar a figura da compensação (...)".

STJ – 2ª T. – REsp nº 1.629.375 – Rel. Min. Herman Benjamin – *DJe* 28.10.2016: "(...) 1 – A Primeira Seção do STJ, em julgamento concluído em 10.12.2014 nos autos do Recurso Especial 1.402.616/RS, firmou o entendimento de não ser possível compensar os honorários fixados no processo de conhecimento com os arbitrados no processo de Embargos à Execução, uma vez que, nos termos do art. 368 do Código Civil/2002, a compensação é possível quando duas pessoas forem, ao mesmo tempo, credora e devedora uma da outra. A partir da exigência de sucumbência recíproca, deve-se identificar credor e devedor, para que, havendo identidade subjetiva entre eles, possa ser realizada a compensação, o que não se verifica na hipótese em exame".

(h) *Confusão*: o contrato se extingue caso se confundam nas mesmas pessoas as qualidades de credor e devedor (art. 381 do CC), seja quanto à dívida toda ou somente parte dela. A confusão operada na pessoa do credor ou devedor solidário só extingue a obrigação até a concorrência da respectiva parte no crédito, ou na dívida, subsistindo quanto ao mais a solidariedade (art. 383 do CC).

(i) *Remissão das dívidas*: a remissão é a liberalidade do credor perdoar o devedor de suas obrigações contratuais e renunciar o crédito, que se extinguem sem prejuízo de terceiro (art. 385 do CC). Em matéria de títulos de crédito, a devolução voluntária do título da obrigação, quando por escrito particular, é forma de remitir e prova desoneração do devedor e seus coobrigados, se o credor for capaz de alienar, e o devedor capaz de adquirir (art. 386 do CC). Em caso de penhor, a restituição voluntária do objeto empenhado prova a renúncia do credor à garantia real, não a extinção da dívida (art. 387 do CC).

6.2. Descumprimento

O inadimplemento de obrigações é gerado pelo descumprimento do que se prometeu no contrato, podendo conduzir à extinção com a resolução [*t. IV, §8, i. 7.2*].

Além da possível consequência jurídica da extinção, identifica-se a ocorrência de ilícito contratual, de modo que o devedor poderá ser condenado ao pagamento de perdas e danos, mais juros, correção monetária e honorários de advogado (art. 389 do CC). A consequência jurídica poderá ser obtida pela análise de um *inadimplemento absoluto* e um *inadimplemento relativo*. No primeiro caso, descumpre-se a obrigação integral, gerando a reparação de danos, além de cláusulas penais. No segundo caso, o devedor poderá ainda cumprir antes da constituição em mora e com o objetivo de preservar o contrato. Deve-se identificar, portanto, a *violação positiva da obrigação*, com elementos indicados por NELSON NERY JÚNIOR e ROSA MARIA ANDRADE NERY: "a) que tenha havido a prestação (visão aparente de que tenha havido adimplemento); b) o cumprimento da prestação tenha sido defeituoso (desconformidade entre o prestado e o que deveria sê-lo); c) que o não haja regulamentação do cumprimento defeituoso pelas regras sobre vícios; d) que existam danos típicos (não comuns às hipóteses de mora e impossibilidade)" (NERY; NERY, 2006, p. 445). Motiva-se, portanto, a resolução e/ou a reparação de danos.

Se a obrigação é negativa, ou seja, não se deve praticar determinado ato, o inadimplemento se verifica desde o dia em que executou o ato de que se devia abster (art. 390 do CC).

O inadimplemento da obrigação constitui o devedor em *mora*, com atraso ou descumprimento da obrigação. Considera-se em mora o devedor (*mora debitoris*) que não efetuar o pagamento e o credor que não quiser recebê-lo no tempo, lugar e forma que a lei ou a convenção estabelecer (art. 394 do CC). Estará em mora (*mora creditoris*) o credor que se recusar receber no tempo, lugar e forma pactuados.

A mora poderá se caracterizar de três formas: (*a*) *ex re ipsa* (na própria coisa) ou de pleno direito, caso o inadimplemento de obrigações positiva e líquida ocorra no seu termo certo, constituindo-se a mora (art. 397, *caput*, do CC); (*b*) por constituição formal, caso não haja termo ou prazo final, deverá o credor constituir a mora por meio de interpelação judicial ou extrajudicial (art. 397, parágrafo único, do CC); (*c*) nas obrigações provenientes de ato ilícito, considera-se o devedor em mora, desde que o praticou (art. 398 do CC).

Em alguns casos a purgação da mora é admitida, conforme prevê a legislação de forma exemplificativa: (*a*) por parte do devedor, oferecendo este a prestação mais a importância dos prejuízos decorrentes do dia da oferta (art. 401, I, do CC); (*b*) por parte do credor, oferecendo-se este a receber o pagamento e sujeitando-se aos efeitos da mora até a mesma data (art. 401, I, do CC); (*c*) pelo locatário, na ação de despejo (art. 62, II, da LI); (*d*) o devedor fiduciante na alienação fiduciária para bens móveis e imóveis (art. 3º, § 2º, do Decreto nº 911/69 e art. 34 da Lei nº 9.514/97).

Demais disso, o descumprimento gera quatro importantes consequências (art. 395 do CC): (*a*) ressarcimento de perdas e danos; (*b*) incidência de juros legais; (*c*) incidência de cláusula penal; (*d*) consequências de arras ou sinal.

(a) *ressarcimento de perdas e danos*: o descumprimento pode caracterizar ilícito contratual, como potencial causa para danos ao credor, que abrangem, além do que ele efetivamente perdeu, o que razoavelmente deixou de lucrar por efeito da inexecução do contrato (arts. 402 e 403 do CC). Entre a conduta e o dano deve ser demonstrada a causalidade adequada (STJ – REsp nº 1.615.977 – Rel. Min. MARCO AURELIO BELLIZZE). O valor obtido para reparação de danos será pago com atualização monetária, juros, multa contratual e honorários de advogado (art. 404 do CC).

(b) *incidência de juros legais*: a fixação de perdas e danos gera valor monetário sujeito à remuneração por juros.

Juros de mora contam-se desde a citação no processo (art. 405 do CC[4]) (STJ – AgInt-REsp nº 1.409.195 – Rel. Min. LUIS FELIPE SALOMÃO) e se referem ao tempo de atraso no adimplemento. Incidem em taxa fixa determinada pelo art. 406 do CC, "segundo a taxa que estiver em vigor para a mora do pagamento de impostos devidos à Fazenda Nacional". Esse comando remete ao art. 161, § 1º, do CTN, com juros de mora são calculados à taxa de 1% ao mês.

Juros compensatórios são remuneratórios do capital e normalmente são pactuados em contrato e não estão relacionados à reparação de danos.

(c) *incidência de cláusula penal*: cuida-se de pacto acessório à obrigação principal, vinculadas a *multas moratórias* para compelir o atraso cumprimento da obrigação e *multas compensatórias* que fixam previamente os danos. Parte da doutrina entende haveria *multas pela violação positiva de obrigação*, em razão de cumprimento imperfeito do contrato (ROSENVALD, 2007, p. 56). Ambas devem ser proporcionais e servir de estímulo ao cumprimento e desestímulo ao descumprimento do contrato. Inadimplido o contrato e constituída a mora, incorre de pleno direito o devedor na cláusula penal (art. 408 do CC), que poderá se referir à inexecução completa da obrigação, à de alguma cláusula especial ou simplesmente à mora (art. 409 do CC). Afirma NELSON ROSENVALD: "Cuida-se de pena negocial que substitui o insucesso da obrigação principal como prestação a ser cumprida pelo devedor faltoso. É comum que seja fixada em dinheiro, mas eventualmente as partes poderão estipular que a pena se traduza na entrega do objeto, na prestação de determinada atividade do devedor ou mesmo na perda de uma situação jurídica. Concerne ao âmbito de autonomia negocial a determinação de espécie da pena" (ROSENVALD, 2007, p. 53).

A proporcionalidade na fixação da multa será importante, por conta de possibilidade de revisão judicial dos valores (art. 413 do CC), porque o valor da multa não pode exceder o da obrigação principal (art. 412 do CC). Exemplifica-se com a multa no contrato *built to suit*, que prevê compensação ao locador que construiu o imóvel sob medida e que poderá cobrar "a soma dos valores dos aluguéis a receber até o termo final da locação" (art. 54-A da LI).

Entretanto, a partes podem ter estipulado a cláusula penal para o caso de total inadimplemento da obrigação, por isso ela se converte em alternativa a benefício do credor (art. 410 do CC). A depender da obrigação, pode o credor exigir a satisfação da pena cominada, juntamente com o desempenho da obrigação principal (art. 411 do CC).

(d) *consequências de arras ou sinal*: em contratos empresariais também é válido o pacto de arras ou sinal, como princípio de pagamento. As consequências são previstas no art. 417 do CC: "deverão as arras, em caso de execução, ser restituídas ou computadas na prestação devida, se do mesmo gênero da principal".

---

[4] Prevê o Enunciado nº 54 da Súmula do STJ que "os juros moratórios fluem a partir do evento danoso, em caso de responsabilidade extracontratual".

Jurisprudência

STJ – 3ª T. – REsp nº 1.056.295 – Rel. Min. Nancy Andrighi – j. 05/02/2009: "(...)Se a recorrente explora atividade agropecuária e, por culpa da recorrida, ficou anos sem dispor do veículo, faz jus à reparação dos lucros cessantes. Na hipótese, essa parcela indenizatória não é aferível segundo o custo de locação de veículo similar. A apuração dos lucros cessantes há de ser em função dos produtos agropecuários que poderia vender ou transportar a mais. Os lucros cessantes estão definidos no art. 402 do CC/2002 e, neste julgamento, não correspondem a despesas com locação de veículo similar, por não equivalerem ao que a vítima 'razoavelmente deixou de lucrar'. O TJ/RJ assegurou à recorrente indenização pelos lucros cessantes, de acordo com o pedido expresso, não havendo violação à coisa julgada(...)".

STJ – 3ª T. – EDcl-AI nº 922.114 – Rel. Min. Sidnei Beneti – j. 16/04/2009: "(...) O art. 119, que estabelece a necessidade de prévia interpelação para a resolução unilateral, nos termos do art. 1.092 do mesmo Código Civil, de contratos duráveis, como o da prestação de serviços em caráter continuado, e art. 129, que dispensa, no geral, a forma nas declarações de vontade, salvo quando a lei o exigir, foram, no caso, adequadamente enfocados e interpretados pelo acórdão recorrido, não havendo margem de argumentação contrária ao julgado (...)".

STJ – REsp nº 1.112.524 – Rel. Ministro Luiz Fux – j. 01/09/2010: "(...) 3. Sob essa ótica, a jurisprudência desta Corte, há muito, assenta o entendimento de que "a correção monetária plena é mecanismo mediante o qual se empreende a recomposição da efetiva desvalorização da moeda, com o escopo de se preservar o poder aquisitivo original, sendo certo que independe de pedido expresso da parte interessada, não constituindo um plus que se acrescenta ao crédito, mas um *minus* que se evita".

STJ – 4ª T. – AgRg no REsp nº 1.179.78 – Rel. Min. Luis Felipe Salomão – j. 19/04/2016: "(...) 2. A cláusula penal, consistente na retenção de percentual sobre o valor das prestações pagas, visa, entre outras coisas, ao ressarcimento do promitente vendedor pela utilização do imóvel durante o período em que o contrato foi cumprido (REsp 963.073/DF, Rel. Ministro Sidnei Beneti, Rel. p/ Acórdão Ministra Nancy Andrighi, Terceira Turma, julgado em 22.03.2011, DJe 16.04.2012). Por outro lado, caso o promissário comprador continue na posse do bem após a mora, será devida, ao credor, indenização por perdas e danos, a título de aluguéis, o que não se confunde com a pena convencional (...)".

Caso Zeca Pagodinho: STJ – 3ª T. – REsp nº 1.203.153 – Rel. Min. Paulo de Tarso Sanseverino – j. 03/06/2014: "(...) 1. Ação de indenização por danos materiais e morais ajuizada por cervejaria em face de cantor e respectiva produtora em razão do rompimento de contrato de prestação de serviços com cláusula de exclusividade e da promoção do produto da concorrente com o objetivo de ferir a imagem da autora. (...) 4. Inexistência de cobrança em duplicidade de multas contratuais, pois a condenação dos réus à devolução da remuneração proporcionalmente aos serviços não prestados fundamenta-se, nos termos do art. 876, segunda parte, do CC/02. 5. Razoabilidade da indenização por danos morais fixada em 1.000 salários mínimos. 6. Reprovabilidade do comportamento dos réus após o rompimento do vínculo contratual, passando a atuar na promoção do produto vendido pela principal concorrente da autora, com grave violação à ética contratual a ser observada em razão do princípio da boa-fé objetiva (art. 422 do CC/02). 7. Consideração do dolo e da malícia dos réus em ferir a imagem da autora, além da capacidade econômica das partes (...)".

STJ – 3ª T. – REsp 1.335.617 – Rel. Min. Sidnei Beneti – j. 27/03/2014: "(...) 2.- A cláusula penal compensatória funciona a um só tempo como punição pelo descumprimento e como compensação previamente fixada pelos próprios contratantes pelas perdas e danos decorrentes desse mesmo inadimplemento".

STJ – 4ª T. – REsp nº 1.353.927 – Rel. Min. Luis Felipe Salomão – j. 17/05/2018: "(...) 2. A equidade, como sabido, é cláusula geral que visa obter modelo ideal de justiça distributiva, com aplicação excepcional nos casos previstos em lei. Entre outras funções, a equidade pode ostentar papel corretivo, obstando a concretização de evidente injustiça, mediante a garantia do equilíbrio das prestações estabelecidas entre os sujeitos de direito. Daí a opção do legislador civilista de conferir ao magistrado o dever de utilizar a equidade corretiva como parâmetro para o balanceamento judicial da cláusula penal. (...) 10. Como de sabença, a existência de lojas desocupadas em um shopping center depõe contra o sucesso de todo o empreendimento, podendo trazer à tona ilações malfazejas à massa de seus inquilinos, empregados e investidores, influenciando, diretamente, o desejo dos consumidores de frequentarem suas dependências e, consequentemente, procederem à compra dos produtos oferecidos. 11. As consequências econômicas da inexecução perpetrada pelos locatários pode, desse modo, ter proporções muito maiores, o que justifica uma redução mais comedida do valor pactuado a título de cláusula penal (...)".

7. EXTINÇÃO DO CONTRATO EMPRESARIAL

A extinção do contrato coloca fim às obrigações vinculantes das partes e ocorre pelo *modo normal* com a execução ou cumprimento instantâneo, diferido ou continuado. Entretanto, além dos casos de nulidade e anulação, ORLANDO GOMES afirma que a extinção poderá ocorrer de modo *superveniente* e *anormal* (GOMES, 2008, p. 203) e pode se dar por distrato, cláusula resolutiva expressa, exceção de contrato não cumprido e resolução por onerosidade excessiva, de acordo com disposições gerais do Código Civil (arts. 472 a 480).

O regramento do CC procurou uniformizar e trazer mais acuidade técnica à terminologia. A *resilição* e a *resolução* indicam, em linhas gerais e respectivamente, o distrato (unilateral e bilateral dos arts. 472 e 473 do CC) e o inadimplemento das obrigações pactuadas (arts. 474 a 480 do CC). À *rescisão* restou a utilização em casos específicos previstos na legislação esparsa e vetusta, além de hipóteses de rompimento do contrato em razão de lesão. Todavia, a matéria não é tão linear, em vista da necessidade de compatibilização com leis mais antigas e disciplinas ainda redigidas sob influências de interpretações anteriores.

7.1. Resilição

A resilição é ato que põe fim ao contrato. Cuida-se de gênero, do qual fazem partes os termos distrato, denúncia e revogação. Poderá ser *unilateral* se somente uma das partes o deseja (comumente chamada de denúncia e de revogação); *bilateral* ou *distrato*, se ambos assim o pactuam.

O distrato se faz validamente pela mesma forma do contrato (art. 472 do CC).

Já a resilição unilateral tem por instrumento a denúncia notificada à contraparte, nos casos em que a lei expressa ou explicitamente o permitir (art. 473, *caput*, do CC).

É possível a fixação de *multa penitencial* caso as partes pactuem restrições ao direito de se arrepender. "Trata-se de compensação pecuniária atribuída à parte que se viu privada da vantagem do contrato porque a outra se arrependeu de o ter celebrado" (GOMES, 2008, p. 225).

Há ressalva, no entanto, relativa à eficácia da resilição do unilateral. Isso porque a regra do art. 473, parágrafo único, do CC, determina que somente pode ser considerada eficaz se houver transcorrido prazo compatível com o vulto dos investimentos: "Se, porém, dada a natureza do contrato, uma das partes houver feito investimentos consideráveis para a sua execução, a denúncia unilateral só produzirá efeito depois de transcorrido prazo compatível com a natureza e o vulto dos investimentos".

A consequência prática poderá ser a reparação de danos por enriquecimento indevido de uma das partes, além de causar fortes prejuízos àquele que desembolsou valores, valendo-se da confiança e de legítimas expectativas para que esses investimentos fossem diluídos ao longo do cumprimento da avença. Sobre o assunto, entende a doutrina que (*a*) as partes devem ter ciência dos investimentos; (*b*) os investimentos devem ser inerentes ao negócio; (*c*) eventual prorrogação contratual não pode impingir sacrifícios desmesurados à outra parte; (*d*) "será possível reconhecer a indenização – e não a prorrogação compulsória – se ficar demonstrado que o denunciante do contrato tem razões mais importantes para desfazer o contrato do que dar ao denunciado tempo hábil para recuperar os investimentos que fez" (BDINE JÚNIOR, 2012, p. 98-104).

Há entendimentos que acrescentam necessária inserção de boa-fé para verificação do comportamento da parte e se realmente era o caso de retirar a eficácia do direito da parte de ver rompido o contrato. É o caso de RUY ROSADO DE AGUIAR JÚNIOR, que afirma: "A boa-fé fornecerá sólidos subsídios para a solução de cada caso, na busca da solução adequada para salvaguardar os interesses de ambas as partes, tendo em vista que a permanência indefinida do contrato, após a notificação, deve ser descartada" (AGUIAR JÚNIOR, 2007, p. 439).

Seguindo a linha de raciocínio, ainda possível resolver pendências não pela via da reparação de danos, mas pela prorrogação do contrato. O STJ inclusive já se pronunciou sobre o tema: "A regra do art. 473, par. único, do CC/02, tomada por analogia, pode solucionar litígios como o presente, onde uma das partes do contrato afirma, com plausibilidade, ter feito grande investimento e o Poder Judiciário não constata, em cognição sumária, prova de sua culpa a justificar a resolução imediata do negócio jurídico. Pode-se permitir a continuidade do negócio durante prazo razoável, para que as partes organizem o término de sua relação negocial. O prazo dá às partes a possibilidade de ampliar sua base de clientes, de fornecedores e de realizar as rescisões trabalhistas eventualmente necessárias" (STJ – REsp nº 972.436/BA – Rel. Min. NANCY ANDRIGHI).

Em nossa opinião, a boa-fé é critério secundário de análise, porque o parágrafo único, do art. 473, utiliza a técnica da ineficácia da resilição, além do fundamento primaz do abuso de direito (STJ – REsp nº 1.555.202 – Min. LUIS FELIPE SALOMÃO). Os contornos devem ser objetivos: se houve investimentos específicos e expectativa de fluxo de prazo contratual para ressarcir tais investimentos, a resilição deve se protrair no tempo para que o ressarcimento ocorra. Entretanto, a continuidade do contrato é de difícil verificação, uma vez que as partes, em geral, são remetidas a condições de perda de confiança e impossibilidade de cumprimento contratual. Portanto, se for abusivo o direito à resilição, por conta da pendência de investimentos específicos – muitas vezes determinado pela parte que resiliu – deve-se caminhar para a solução de reparação de danos e pagamento de equivalente indenização.

Jurisprudência:

STJ – 4ª T. – REsp nº 1.555.202 – Rel. Min. Luis Felipe Salomão – j. 13/12/2016: "(...) 1. É das mais importantes tendências da responsabilidade civil o deslocamento do fato ilícito, como ponto central, para cada vez mais se aproximar da reparação do dano injusto. Ainda que determinado ato tenha sido praticado no exercício de um direito reconhecido, haverá ilicitude se o fora em manifesto abuso, contrário à boa-fé, à finalidade social ou econômica do direito, ou, ainda, se praticado com ofensa aos bons costumes. 2. Tendo uma das partes agido em flagrante comportamento contraditório, ao exigir, por um lado, investimentos necessários à prestação dos serviços, condizentes com a envergadura da empresa que a outra parte representava, e, por outro, após apenas 11 (onze) meses, sem qualquer justificativa juridicamente relevante, a rescisão unilateral do contrato, configura-se abalada a boa-fé objetiva, a reclamar a proteção do dano causado injustamente. 3. Se, na análise do caso concreto, percebe-se a inexistência de qualquer conduta desabonadora de uma das partes, seja na conclusão ou na execução do contrato, somada à legítima impressão de que a avença perduraria por tempo razoável, a resilição unilateral imotivada deve ser considerada comportamento contraditório e antijurídico, que se agrava pela recusa na concessão de prazo razoável para a reestruturação econômica da contratada. 4. A existência de cláusula contratual que prevê a possibilidade de rescisão desmotivada por qualquer dos contratantes não é capaz, por si só, de afastar e justificar o ilícito de se rescindir unilateralmente e imotivadamente um contrato que esteja sendo cumprindo a contento, com resultados acima dos esperados, alcançados pela contratada, principalmente quando a parte que não deseja a resilição realizou consideráveis investimentos para executar suas obrigações contratuais. 5. Efetivamente, a possibilidade de denúncia 'por qualquer das partes' gera uma falsa simetria entre os contratantes, um sinalagma cuja distribuição obrigacional é apenas aparente. Para se verificar a equidade derivada da cláusula, na verdade, devem ser investigadas as consequências da rescisão desmotivada do contrato, e, assim, descortina-se a falácia de se afirmar que a resilição unilateral era garantia recíproca na avença. 6. O mandamento constante no parágrafo único do art. 473 do diploma material civil brasileiro se legitima e se justifica no princípio do equilíbrio econômico. Com efeito, deve-se considerar que, muito embora a celebração de um contrato seja, em regra, livre, o distrato é um ônus, que pode, por vezes, configurar abuso de direito. 7. Estando claro, nos autos, que o comportamento das recorridas, consistente na exigência de investimentos certos e determinados como condição para a realização da avença, somado ao excelente desempenho das obrigações pelas recorrentes, gerou legítima expectativa de que a cláusula contratual que permitia a qualquer dos contratantes a resilição imotivada do contrato, mediante denúncia, não seria acionada naquele momento, configurado está o abuso do direito e a necessidade de recomposição de perdas e danos, calculadas por perito habilitado para tanto. Lucros cessantes não devidos. (...)".

STJ – 3ª T. – REsp nº 1.517.201 – Rel. Min. Ricardo Villas Bôas Cueva – j. 12/05/2015: "(...)3. Nas relações jurídicas paritárias, havendo manifestação de uma das partes no sentido de rescindir o contrato, não pode o Poder Judiciário, em regra, impor a sua continuidade, sob pena de ofensa ao art. 473, caput, do Código Civil de 2002 (...)".

STJ – 3ª T. – REsp nº 972.436 – Rel. Min. Nancy Andrighi – j. 17/03/2009: "(...) – O exame da função social do contrato é um convite ao Poder Judiciário, para que ele construa soluções justas, rente à realidade da vida, prestigiando prestações jurisdicionais intermediárias, razoáveis, harmonizadoras e que, sendo encontradas caso a caso, não cheguem a aniquilar nenhum dos outros valores que orientam o ordenamento jurídico, como a autonomia da vontade. – Não se deve admitir que a função social do contrato, princípio aberto que é, seja utilizada como pretexto para manter duas sociedades empresárias ligadas por vínculo contratual durante um longo e indefinido período. Na hipótese vertente a medida liminar foi deferida aos 18.08.2003, e, por isto, há mais de 5 anos as partes estão obrigadas a estarem contratadas. – A regra do art. 473, par. único, do CC/02, tomada por analogia, pode solucionar litígios como o presente, onde uma das partes do contrato afirma, com plausibilidade, ter feito grande investimento e o Poder Judiciário não constata, em cognição sumária, prova de sua culpa a justificar a resolução imediata do negócio jurídico. Pode-se permitir a continuidade do negócio durante prazo razoável, para que as partes organizem o término de sua relação negocial. O prazo dá às partes a possibilidade de ampliar sua base de clientes, de fornecedores e de realizar as rescisões trabalhistas eventualmente necessárias (...)".

STJ – 4ª T. – REsp nº 1.169.789 – Rel. Min. Antonio Carlos Ferreira – j. 16/08/2016: "(...) 1. Na vigência do Código Civil de 1916, é permitida ao fornecedor a resilição unilateral do contrato de distribuição de produto alimentício celebrado por prazo indeterminado, exigindo-se, entretanto, aviso prévio com antecedência razoável para que a parte contrária – o distribuidor – possa se preparar, sob todos os aspectos, para a extinção do contrato. 2. A ausência da referida notificação com prazo razoável confere ao distribuidor, em tese, o direito de postular indenização (...)".

STJ – 4ª T. – EDcl no REsp nº 654.408 – Rel. Min. Raul Araújo – j. 15/08/2013: "(...) 1. O v. acórdão embargado reconheceu a necessidade de conceder-se prazo razoável de aviso prévio, antecedente à rescisão do contrato verbal de distribuição. O aviso prévio foi reconhecido justamente para evitar maiores prejuízos para a distribuidora, evitando-se os lucros cessantes e danos emergentes ocorrentes no caso. 2. Nos danos emergentes, por lógica, estão abrangidos os valores despendidos com a demissão abrupta e inesperada de empregados, tanto que, nos dizeres do aresto embargado, havia necessidade de se evitar a súbita 'inativação de uma estrutura adaptada para o desenvolvimento da atividade'. Não há como desatrelar da concessão da indenização pelos danos materiais a parcela referente às despesas com a dispensa inesperada de pessoal, também decorrente da inobservância do prazo razoável de aviso prévio, pois representa dano patrimonial efetivamente suportado pela embargada, por rompimento da relação contratual existente entre as partes".

7.2. Resolução

A resolução é a consequência do inadimplemento [*t. IV, §8, i. 6.2*] de obrigações e pode implicar extinção do vínculo contratual. Conforme doutrina de RUY ROSADO DE AGUIAR JÚNIOR: "A resolução é a modalidade de extinção do contrato que pressupõe o inadimplemento do devedor e nisso reside a especificidade que a distingue de outras formas de extinção" (AGUIAR JÚNIOR, 2007, p. 441). O jurista ainda prossegue definindo como requisitos à essa modalidade de resolução, em resumo: (*a*) contrato bilateral; (*b*) inadimplemento definido; e, (*c*) credor não inadimplente.

A cláusula resolutiva de um contrato é aquela que prevê a consequência jurídica do inadimplemento. Poderá ser expressa, operando de pleno direito; e poderá ser tácita – e não escrita – dependendo de interpelação judicial (art. 474 do CC). Portanto, surge à parte lesada pelo inadimplemento o direito potestativo (de sua escolha) de pedir a resolução (a extinção) do contrato, se não preferir o cumprimento da avença. Em ambos os casos, admite-se o pleito de reparação de danos caso seja demonstrado o nexo de causalidade com prejuízo sofrido em razão do inadimplemento.

7.2.1. Resolução por inadimplemento

A resolução por inadimplemento é opção dada ao credor da obrigação – esteja ela prevista no contrato ou não – para extinguir o contrato a partir de inadimplemento absoluto da prestação. Extraem-se essas consequências do art. 475 do CC: "A parte lesada pelo inadimplemento pode pedir a resolução do contrato, se não preferir exigir-lhe o cumprimento, cabendo, em qualquer dos casos, indenização por perdas e danos". Na lição de NELSON ROSENVALD, ao comentar o artigo 474 do CC: "A importância da resolução consiste na possibilidade de corrigir o desequilíbrio superveniente, mediante o direito potestativo ao desfazimento da relação jurídica e o retorno à situação originária" (ROSENVALD, 2012, p. 538).

Importante considerar que a resolução por inadimplemento deve ser analisada no contexto integral do contrato, ou seja, deve-se levar em consideração a proporção do descumprimento, sempre com vistas a preservar a relação contratual e, conforme se disse, o adimplemento substancial da obrigação, de modo a "impedir o uso desequilibrado do direito de resolução por parte do credor, preterindo desfazimentos desnecessários em prol da preservação da avença" (STJ – REsp nº 1.051.270 – Min. LUIS FELIPE SALOMÃO). Retomam-se aqui os argumentos deduzidos para o adimplemento substancial [*t. IV, §8, i. 6.1*].

Nesses casos também é possível a conversão em perdas e danos, em vista do inadimplemento de obrigações contratuais como fato característico de ilícito (art. 927 do CC). O dano emergente será mensurado pela prestação financeira inadimplida, mas também por frustação de legítimas expectativas de lucratividade.

7.2.2. Resolução por onerosidade excessiva

Assim como na revisão dos contratos lastreada na imprevisão[5], positivada no art. 317 do CC, o CC cuida da resolução extinção do contrato de trato sucessivo caso sobrevenha onerosidade excessiva em razão de acontecimentos extraordinários e imprevisíveis. Esse é o conteúdo

---

[5] Conforme já se discutiu com o art. 317 do CC, também na análise do art. 478 ocorre a disputa doutrinária, com propostas sobre a perda base objetiva de Larenz. Tal corrente é relevante fonte doutrinária, apesar da inspiração do CC no *Codice Civile* italiano fez a teoria da imprevisão repercutir no sistema pátrio em vigor.

do art. 478 do CC: "Nos contratos de execução continuada ou diferida, se a prestação de uma das partes se tornar excessivamente onerosa, com extrema vantagem para a outra, em virtude de acontecimentos extraordinários e imprevisíveis, poderá o devedor pedir a resolução do contrato. Os efeitos da sentença que a decretar retroagirão à data da citação".

O dispositivo especifica três pressupostos: (*a*) alteração radical nas bases do contrato, por conta de circunstâncias imprevisíveis, caracterizando a chamada álea extraordinária; (*b*) prestações excessivamente onerosas; (*c*) extrema vantagem à contraparte.

Com suporte na teoria da base objetiva, os critérios e as ponderações de causas devem ser estritos e a revisão das cláusulas pactuadas abusivamente, conformando-as à realidade pelo desaparecimento das circunstâncias objetivas que conferiam suporte à relação jurídica de equivalência[6], pode ser identificada em circunstâncias restritas como o advento de situações extraordinárias que possam implicar: (*a*) mudança no estado da técnica e de exigências do administrador público; (*b*) modificações insustentáveis no preço, com alterações que tornem insuportável à parte manter a base do contrato; (*c*) alterações climáticas extraordinárias que possam comprometer as bases do que foi contratado. Em termos mais genéricos, desequilibra-se a álea externa do contrato, já que a álea interna tem direta relação com os riscos assumidos e calculados pelas partes.

Dentre outras discussões, a venda com entrega futura da safra de soja é a mais característica da discussão. Entretanto, o STJ firmou jurisprudência no sentido de que a venda antecipada para entrega futura nos contratos agrícolas tem em si embutido o risco inerente ao negócio e a cotação no mercado internacional não era imprevisível. Portanto, não se cogita de resolução contratual por onerosidade excessiva e com base imprevisão, conforme decidido nos precedentes consolidados no REsp nº 783.520 e REsp nº 884.066 (Min. Humberto Gomes de Barros). Ainda em questão agronegocial, percebe-se a força da imprevisibilidade em contratos de fornecimento atrelados a Cédula de Produto Rural vinculada à variação cambial. No REsp nº 579.107, entendeu a Min. Nancy Andrighi que a cláusula deve ser revista para distribuição equitativa entre credor e devedor em relação à variação cambial: "Dada a abrupta variação cambial da moeda americana frente ao real, verificada em janeiro de 1999, deve ser reconhecida a onerosidade excessiva das prestações tomadas pelo devedor que pactuou cédula de produto rural com cláusula de indexação pela variação cambial. Nessa hipótese, deve a cláusula ser revisada para se distribuir entre devedor e credor, equitativamente, a variação cambial observada".

Jurisprudência

STJ – 4ª T. – REsp nº 1.412.662 – Rel. Min. Luis Felipe Salomão – j. 01/09/2016: "(...) 2. É firme o entendimento do STJ quanto à possibilidade de revisão dos contratos findos, ainda que em decorrência de quitação, para o afastamento de eventuais ilegalidades. Precedentes. Súm. 286 do STJ (...)".

STJ – 3ª T. – REsp nº 1.321.614 – Rel. Min. Ricardo Villas Bôas Cueva – j. 16/12/2014: "(...) 5. A teoria da base objetiva, que teria sido introduzida em nosso ordenamento pelo art. 6º, inciso V, do Código de Defesa do Consumidor – CDC, difere da teoria da imprevisão por prescindir da previsibilidade de fato que determine oneração excessiva de um dos contratantes. Tem por pressuposto a premissa de que a celebração de um contrato ocorre mediante consideração de determinadas circunstâncias, as quais, se modificadas no curso da relação contratual, determinam, por sua vez, consequências diversas daquelas inicialmente estabelecidas, com repercussão

---

[6] LARENZ. Base del Negocio Jurídico y Cumplimiento de los Contratos. Trad: Carlos Fernandez Rodrigues. Madrid: Revista de Derecho Privado, 1956. p. XXIX.

direta no equilíbrio das obrigações pactuadas. Nesse contexto, a intervenção judicial se daria nos casos em que o contrato fosse atingido por fatos que comprometessem as circunstâncias intrínsecas à formulação do vínculo contratual, ou seja, sua base objetiva. 6. Em que pese sua relevante inovação, tal teoria, ao dispensar, em especial, o requisito de imprevisibilidade, foi acolhida em nosso ordenamento apenas para as relações de consumo, que demandam especial proteção. Não se admite a aplicação da teoria do diálogo das fontes para estender a todo direito das obrigações regra incidente apenas no microssistema do direito do consumidor, mormente com a finalidade de conferir amparo à revisão de contrato livremente pactuado com observância da cotação de moeda estrangeira".

STJ – 3ª T. – REsp nº 5.723 – Rel. Min. Eduardo Ribeiro – j. 25/06/1991: "(...) o risco é próprio dos negócios jurídicos e dificilmente a ele não se expõe um contrato. Ocorrendo, entretanto, fato excepcionalíssimo, contrarias as normas de equidade que alguém se enriqueça às custas da desgraça do outro (...)".

7.3. Exceção de contrato não cumprido

A resolução do contrato pela exceção de contrato não cumprido (*exceptio non adimpleti contractus*) decorrente do rompimento do sinalagma contratual, permitindo a uma das partes que se recuse a cumprir a sua obrigação, porque a outra não executou a prestação que devia. Em outras palavras, se uma das partes não cumpriu o que deve, não lhe assiste o direito de cobrar o que lhe é devido pela outra parte. Esse é conteúdo que se extrai do art. 476 do CC: "Nos contratos bilaterais, nenhum dos contratantes, antes de cumprida a sua obrigação, pode exigir o implemento da do outro".

Cuida-se de *exceção substancial dilatória*. *Exceção* porque é meio de defesa do demandado, e *substancial*, pois atinge o conteúdo do direito – e não o processo. É *dilatória*, pois o demandado não nega a existência do direito que fundamenta as pretensões do autor, nem nega a sua obrigação, nega-se apenas a exigibilidade da pretensão demandada, num momento específico, em razão do inadimplemento da contraprestação. É uma maneira de se obstar o cumprimento de sua própria obrigação, até que a parte contrária cumpra aquilo com que se obrigou.

SERPA LOPES indica os requisitos necessários à aplicação da exceção do contrato não cumprido, são eles: (*a*) vínculo sinalagmático; (*b*) coetaneidade das prestações; (*c*) inadimplemento; e, (*d*) boa-fé do excipiente (demandado) (SERPA LOPES, 1959, p. 227).

É também adequado atrelar a exceção do contrato não cumprido ao dever lateral de boa-fé, conforme orienta JUDITH MARTINS-COSTA, já que se intenta impedir, com essa limitação, "que a parte que tenha violado deveres contratuais exija o cumprimento pela outra parte, ou valha-se do seu próprio incumprimento para beneficiar-se de disposição contratual ou legal" (MARTINS-COSTA, 2000, p. 460).

Trata-se de hipótese de defesa de substancial da contraparte que se vê prejudicada pelo comportamento prejudicial, conforme orientam NELSON NERY JÚNIOR e ROSA MARIA ANDRADE NERY: "O exercício da exceção, contudo, pressupõe a existência de obrigações recíprocas *exigíveis* (...). Retroage a resolução até a data em que se elaborou o contrato, visto que opera efeitos *ex tunc*, tudo retorna ao *status quo ante*, quer em relação às partes contratantes, quer em relação a terceiros" (NERY; NERY, 2006, p. 445). A exceção também poderá ocorrer por cumprimento defeituoso (*exceptio non rite adimpleti contractus*) e parcial do contrato, gerando opção de resolução ou mesmo de reparação de danos.

Exemplo claro é a possível recusa de entrega da coisa, sem o pagamento do preço em contrato de compra e venda que não seja a crédito (art. 491 do CC).

Jurisprudência

STJ – 3ª T. – REsp nº 1.615.977 – Rel. Min. Marco Aurelio Bellizze – j. 27/09/2016: "(...) 1. O presente recurso especial está atrelado à ação de cobrança ajuizada pela Petrobrás Distribuidora S.A. em decorrência de alegado inadimplemento de contrato de mútuo por parte dos recorridos, o qual foi celebrado entre os litigantes para a reforma de posto de combustível que, posteriormente à avença, sofreu interdição em razão de vazamento de gasolina. 2. Com base nas informações colhidas soberanamente pelas instâncias ordinárias, competentes para análise das premissas fáticas e probatórias e interpretação das cláusulas contratuais, conclui-se que: (I) da interdição e demolição do posto de combustível, derivadas dos danos causados pelo vazamento de gasolina na região, surgiu a impossibilidade de dar continuidade à reforma do posto de combustível, que era expressamente o objetivo do contrato de mútuo; (II) ambos os contratantes estavam cientes ao tempo da celebração do contrato dos danos advindos do vazamento de gasolina no solo do posto de combustível e das imediações, de maneira que, no momento da assinatura do ajuste, houve assunção recíproca pelas partes contratantes dos riscos da não realização do fim a que estava vinculada a avença; (III) o contrato foi celebrado pelos recorridos diretamente com a Petrobrás Distribuidora S.A., não na condição de instituição financeira, mas de sujeito diretamente ligado ao evento danoso; (IV) houve a celebração de verdadeiro contrato de financiamento de obra, sendo certo que a quantia investida estava vinculada à prossecução de determinado fim, havendo bilateralidade e sinalagma na relação jurídica dele resultante. Não se tratou de mero contrato de mútuo, investido da característica da unilateralidade e da consequente assunção de risco apenas pelos mutuários; (V) deparando-se com a inviabilidade de realização do propósito da avença, a mutuante também interrompeu o cumprimento de suas obrigações contratuais, deixando de repassar os valores remanescentes do financiamento da obra. Assim, a Petrobrás Distribuidora S.A. ainda não havia cumprido integralmente o contrato quando deu por rompida a avença, deixando, pois, de observar o disposto no art. 476 do Código Civil de 2002 (*exceptio non adimplenti contractus*); e (VI) a invocação de cláusula resolutiva expressa (CC/2002, art. 474), quando o inadimplemento contratual é recíproco pelos contratantes, afronta os princípios da boa-fé objetiva e da probidade, nos quais se deve pautar toda relação contratual, tanto em sua formação como em sua execução, nos termos do art. 422 do Código Civil de 2002. 3. Com base em todas essas ponderações e mais uma vez adotando a teoria da causalidade adequada (CC/2002, art. 403) – segundo a qual somente se considera existente o nexo causal a caracterizar a responsabilidade civil quando a conduta do agente for determinante à ocorrência do dano –, concluo que o rompimento do contrato de financiamento decorreu do inadimplemento recíproco dos contratantes, já que ambos, tanto por ações como por omissões, deram causa à impossibilidade de cumprimento da finalidade a que se destinava a avença. 4. Uma vez configurada a concorrência de culpa de ambos os contratantes pelo rompimento do ajuste, a responsabilidade civil deve ser distribuída entre eles proporcionalmente ao grau de cooperação de cada um na inexecução do contrato, até mesmo para se evitar eventual enriquecimento sem causa de qualquer um deles. 5. Em razão das limitações contidas na devolutividade do recurso especial, bem como do princípio da *non reformatio in pejus*, a melhor solução, no caso em exame, é manter a condenação fixada no acórdão recorrido que, concluindo pela culpa recíproca na resolução do contrato de mútuo, determinou o restabelecido *status quo ante* e condenou os ora recorridos a devolver à Petrobrás Distribuidora S.A. os valores que efetivamente lhe foram repassados a título de empréstimo – R$ 467.752,44 (...) –, acrescidos de juros moratórios e correção monetária, mas sem incidência de penalidades ou honorários contratuais, permitindo, ainda, a compensação pelos ora recorridos das parcelas do empréstimo já quitadas, com a devida apuração em liquidação de sentença (...)".

STJ – 3ª T. – REsp nº 1.424.074 – Rel. Min. Ricardo Villas Bôas Cueva – j. 10/11/2015: "(...) 1. Trata-se de ação de obrigação de fazer cumulada com cobrança e indenização, na qual se discute inadimplência em contrato de locação de banco de dados baseado na adoção do processo de filtragem denominado 'merge and purge' (fusão e expurgo), que consiste no cruzamento de dados, de modo a eliminar duplicidade de registros, priorizando aqueles que devem ser utilizados em banco de dados do contratante. 2. O contrato de adesão tem como principal característica o fato de ser desprovido de fase pré-negocial, porquanto é elaborado unilateralmente, cabendo à outra parte contratante, que figura na condição de aderente, apenas aceitar as cláusulas padronizadas ali contidas, de modo que não lhe é assegurada interferência no conteúdo do ajuste. 3. O negócio jurídico em exame é dotado de singularidade, principalmente se observado seu objeto, qual seja, a locação de banco de dados. A inexistência de cláusulas padronizadas, a adoção do método de filtragem 'merge and purge', o valor estipulado e outras peculiaridades afastam o caráter impositivo e unilateral da avença, de modo que a eventual existência de ambiguidade ou contradição na interpretação do contrato em tela não atrai a incidência do disposto no art. 423 do Código Civil. (...) 5. Constatado o excesso do montante estabelecido em cláusula penal, deve o magistrado reduzi-la a patamar razoável, de acordo com as obrigações cumpridas, observadas a natureza e a finalidade do contrato. 6. Recurso especial de American Express do Brasil Tempo Ltda. não provido. Recurso especial de Seta Empreendimentos e Participações S/C Ltda. provido para fixar a multa contratual em 20% do valor da condenação, que corresponde à extensão das obrigações não cumpridas".

STJ – 3ª T. – REsp nº 1.331.115 – Rel. Min. Nancy Andrighi – j. 19/11/2013: "(...) 8. A exceção do contrato não cumprido tem incidência temporária e efeito primordial de indução do contratante renitente ao cumprimento das obrigações contratual e voluntariamente assumidas. 9. Na hipótese dos autos, em que à época da sentença, a obrigação já se encontrava plenamente satisfeita por uma das partes, não há espaço para incidência da exceção do contrato não cumprido, por ausência de pressupostos legais".

STJ – 3ª T. – REsp nº 1.345.653 – Rel. Min. Ricardo Villas Bôas Cueva – j. 04/12/2012: "(...) 2. O contrato de concessão para venda de veículos automotivos é de natureza estritamente empresarial, tipificado na Lei nº 6.729/79, denominada Lei Renato Ferrari, na qual estão estabelecidos, de forma genérica, os direitos e obrigações tanto do concedente quanto do concessionário, determinando, ainda, o regramento mínimo a ser observado pelas pessoas jurídicas contratualmente ligadas. E como se não bastasse, o citado diploma trouxe para o direito comercial uma inovação: a convenção das categorias econômicas e a convenção da marca como fontes supletivas de direitos e obrigações para os integrantes da relação contratual. 3.- 'A exceção de contrato não cumprido somente pode ser oposta quando a lei ou o próprio contrato não determinar a quem cabe primeiro cumprir a obrigação. (...) A recusa da parte em cumprir sua obrigação deve guardar proporcionalidade com a inadimplência do outro, não havendo de se cogitar da arguição da exceção de contrato não cumprido quando o descumprimento é parcial e mínimo' (REsp 981.750/MG, Rel. Ministra Nancy Andrighi, DJe 23/4/2010). 4. Diante da ausência de previsão na convenção de marcas de que o pagamento do preço seria efetuado antes do faturamento do pedido de mercadoria, o acórdão acabou por violar o artigo 476 do Código Civil.

STJ – 3ª T. – REsp nº 673.773 – Rel. para o acórdão Min. Ari Pargendler – j. 15/03/2007: "(...) A exceção de contrato não cumprido constitui defesa indireta de mérito (exceção substancial); quando acolhida, implica a improcedência do pedido, porque é uma das espécies de fato impeditivo do direito do autor, oponível como preliminar de mérito na contestação (CPC, art. 326) (...)".

STJ – 3ª T. – REsp nº 764.901 – Rel. Min. Nancy Andrighi – j. 10/10/2006: "(...) – O lojista pode deixar de efetuar o pagamento total do preço do contrato de promessa de compra e venda de loja situada em shopping center, se o incorporador-administrador descumpre sua obrigação de respeitar a cláusula de exclusividade na comercialização de determinado produto pelo lojista (mix), permitindo que loja âncora venda o mesmo produto vendido pelo lojista. Trata-se de aplicação do art. 1.092 do Código Civil/1916 (art. 476, do Código Civil atual). – Tratando-se de shopping center, o incorporador-administrador, além de ter a obrigação de entregar a loja num ambiente com características comerciais predeterminadas no contrato assinado com o lojista (tenant mix), não pode alterar tais características depois de instalado o shopping, isto é, durante todo o período de vigência do contrato entre lojista e empreendedor, sob pena de desvirtuamento do objeto do contrato (res sperata). (...)".

7.4. Rescisão

Por muito tempo, o termo rescisão foi indistintamente utilizado para cuidar da extinção e cancelamento do contrato, sem precisar especificamente a causa e sem importar se ocorria em função de distrato, inadimplemento ou anulação. Há diversos textos legislativos que ainda empregam o termo que rescisão, que por vezes deverá ser interpretado como resilição ou resolução. Exemplos disso são os arts. 35 e 36 da LRepr e arts. 24 a 26 da Lei nº 6.729/79.

Tecnicamente, com o advento do CC, *rescisão* significa ruptura em casos de *lesão* (art. 157 do CC), que significa a assunção de obrigações manifestamente desproporcionais por uma pessoa, sob premente necessidade, ou por inexperiência, se obriga a prestação manifestamente. Conforme ensina ORLANDO GOMES, a rescisão se aproxima da anulabilidade "porque há de ser pleiteada em ação proposta pelo interessado" (GOMES, 2008, p. 227).

8. INTERPRETAÇÃO DO CONTRATO EMPRESARIAL

Interpretar o contrato é dar sentido justo e desejado ao seu conteúdo, seja em relação aos termos expressos no instrumento, seja quanto a preceitos implícitos ou que emanam do comportamento das partes.

Em matéria de contratos empresariais, há grande relevo também em relação às circunstâncias, em razão da necessidade de dar efeito à prática desempenhada pelas partes ao longo da relação contratual. Mais especificamente, cuida-se da atribuição de sentido ao comportamento posterior ao contrato manifestado em declarações, em negócios ou em operações de atos materiais (ROPPO, 2001, p. 473-474).

Os preceitos para orientar a interpretação eram mais amplos no CCom do que no CC, que cuida na interpretação de contratos nos arts. 110 a 114. Valem agora, os seguintes parâmetros em direito posto:

(*a*) Pela teoria da declaração, prevalece o que a parte tiver efetivamente manifestado no contrato, em detrimento do que ficou reservado em sua mente. Portanto, se a parte contratante não tiver conhecimento do que o outro pensa, prevalecerá aquilo que for dito verbal ou expressamente (art. 110 do CC).

(*b*) O silêncio da parte pode produzir efeitos, se houver *comportamento concludente*, quando não for necessária declaração expressa e desde que consideradas as circunstâncias ou for autorizado pelos usos de mercado. Portanto, ainda que silente, o contrato pode ter eficácia (art. 111 do CC). Por exemplo, num contrato de compra e venda mercantil de fornecimento contínuo de mercadorias, o fornecimento de produto além do contratado, sem rechaço, mas com uso, implica aceitação. Também se exemplifica com franquia, em que a parte demonstra aceitação ao desempenhar funções como franqueado (STJ – REsp nº 1.881.149 – Rel. Min. NANCY ANDRIGHI).

(*c*) Privilegia-se mais a intenção das partes (ou substância) do que a declaração que se externa no contrato (art. 112 do CC). O preceito não se confunde com o conteúdo do art. 110 do CC e nem tampouco o contradiz, porque a declaração prevalece sobre o reserva mental – não conhecida da contraparte –, mas prevalecerá a intenção das partes se for lançado texto diverso no instrumento contratual. Implica dizer que a parte conhece o que efetivamente foi desejado e intencionado na troca de obrigações, mas o contrato não soube declarar adequadamente aquilo que se quis.

(*d*) A boa-fé [*t. IV, §8, i. 2.2*] e os usos [*t. I, §2, i. 3.2.1*] servem de parâmetros para interpretação dos contratos (art. 113 do CC). Avalia-se se a cláusula pactuada não malfere a probidade e confiança esperadas das partes e nem tampouco contrarie os usos para determinado contrato.

Consoante valioso estudo de JUDITH MARTINS-COSTA, a boa-fé dificilmente atua de forma isolada, mas é utilizada para pautar a interpretação de circunstâncias fáticas e normativas do caso concreto, servindo "como critério para auxiliar a determinação do significado que a operação contratual revela *segundo uma valoração conduzida à luz da conduta conforme a boa-fé*". Assim, continua a civilista sobre o art. 113, trata-se de "regra de interpretação que remete o intérprete ao exame do texto (declaração) *em seu contexto fático e normativo*, para contrastar a específica manifestação de vontade com o padrão da conduta segundo a boa-fé" (MARTINS-COSTA, 2015, p. 449 e 460).

(*e*) Outro parâmetro de ordem geral positivado pelo CC é da interpretação estrita de negócios jurídicos benéficos ou de renúncia (art. 114 do CC). Uma cláusula que impute benefício à parte não poderá ser indevidamente ampliada para estendê-lo além do limite contido no contrato. O mesmo raciocínio se dá em relação às renúncias de direitos, já que, ao usar a potestatividade de abrir mão de um direito, deve ser estrita a extensão dos efeitos.

(*f*) Além dos limites dos arts. 110 a 114 do CC, o art. 423 também contém preceito de interpretação importante para o ambiente empresarial, ainda que em contratos de adesão: "Quando houver no contrato de adesão cláusulas ambíguas ou contraditórias, dever-se-á adotar a interpretação mais favorável ao aderente". Há contratos empresariais com cláusulas preestabelecidas e determinadas por uma das partes, sem maior possibilidade de negociação de cláusulas – como acontece com franquias, concessão mercantil, algumas distribuições, dentre outros. Há certa assimetria entre as partes, geradora muitas vezes de forte dependência econômica [*t. IV, §8, i. 12*]. Por esse motivo o legislador criou fator de interpretação de cláusulas em favor do aderente.

Afora os critérios interpretativos previstos no CC, a legislação especial também indica alguns critérios para contratos especiais, que serão analisados nos tipos específicos.

Além desses, ainda são importantes alguns critérios complementares da doutrina, que em muito auxiliam na obtenção de sentido de um contrato:

(*g*) A interpretação de um contrato deve visar à conservação do contrato, de modo a preservar a função pretendida, as prestações prometidas e o significado mais útil à avença. É a orientação de ORLANDO GOMES: "a interpretação deve conduzir à conservação do contrato, de modo que produza efeitos, como também devem produzi-los suas cláusulas" (GOMES, 2008, p. 243).

(*h*) Ainda se buscam, como fontes doutrinárias, os dispositivos do revogado art. 131 do CCom. Alguns dos incisos foram repetidos pelo CC, mas outros foram suprimidos, fazendo com que a doutrina os invoque. Especial relevância pode ser dada ao comportamento pós-contratual (art. 131, nº 3, do CCom) ou mesmo a interpretação em favor do devedor (art. 131, nº 5, do CCom)[7].

De resto, os instrumentos do CC são incrementados por valiosas análises doutrinárias que remontam clássicos como POTHIER, que enumerou, dentre outras: (*a*) indagação da intenção comum das partes sobrepujando o sentido gramatical; (*b*) quando uma cláusula tiver dois sentidos, deve-se entender aquele em que produz efeitos; (*c*) quando uma cláusula tiver dois sentidos, deverá ocorrer interpretação que atenda à natureza do contrato (função econômica); (*d*) aquilo em que o contrato for ambíguo, interpreta-se com os usos do país (POTHIER, 1835, p. 70-79). Também TULLIO ASCARELLI anota outros meios para interpretação:

---

[7] Preceituou ORLANDO GOMES como postulado de interpretação: "no caso de permanecer obscuro depois de observadas as regras hermenêuticas estabelecidas, deve o contrato gratuito ser interpretado no sentido menos gravoso para a parte com posição de devedor, enquanto no contrato oneroso a interpretação deve conduzir ao maior equilíbrio das prestações *extrema ratio*" (GOMES, 2008, p. 243-244).

(*a*) conceitos "elásticos" como a boa-fé, pré-compreensão da diligência do bom pai de família, homem ativo e probo, que são *standards* de conduta; (*b*) atenção especial para a hierarquia das normas e o critério de especialidade; (*c*) correta qualificação do instituto jurídico; (*d*) desejo de segurança induz a preferência de adaptação para escopo indireto de um instituto, do que a elaboração de um novo esquema negocial (Ascarelli, 1947).

Em estruturas interpretativas de *common law*, conforme se vê em precedentes dos EUA, usam-se parâmetros de consequências econômicas e categorias específicas. Por exemplo, no precedente *Louisa Hammer v. Franklin Sidway* (NY, 1891), ocorreu investigação de barganha e do mútuo consenso (*consideration*) para geração de efeitos do contrato. Já em *Bolin Farms v. American Cotton Shippers Association* (1974), foi analisada a mudança de circunstâncias para preservação do *pact sunt servanda*. Na decisão, foram combinados aspectos fáticos *ex ante* e *ex post* para mudanças no contrato.

Jurisprudência

STJ – 3ª T. - REsp nº 1.881.149 - Rel. Min. Nancy Andrighi - j. 01/06/2021: "(...) 4. A forma do negócio jurídico é o modo pelo qual a vontade é exteriorizada. No ordenamento jurídico pátrio, vigora o princípio da liberdade de forma (art. 107 do CC/02). Isto é, salvo quando a lei requerer expressamente forma especial, a declaração de vontade pode operar de forma expressa, tácita ou mesmo pelo silêncio (art. 111 do CC/02). 5. A manifestação de vontade tácita configura-se pela presença do denominado comportamento concludente. Ou seja, quando as circunstâncias evidenciam a intenção da parte de anuir com o negócio. A análise da sua existência dá-se por meio da aplicação da boa-fé objetiva na vertente hermenêutica. 6. Na hipótese, a execução do contrato pela recorrente por tempo considerável configura verdadeiro comportamento concludente, por exprimir sua aceitação com as condições previamente acordadas com a recorrida (...)".

STJ – 4ª T. – REsp nº 1.580.446 – Rel. Min. Luis Felipe Salomão – j. 23/02/2021: "(...) 2. Consoante incontroverso nos autos, era prática usual (e reiterada), no âmbito da cadeia de distribuição de medicamentos, que o pagamento efetuado pelas varejistas para a aquisição dos produtos a serem revendidos ao consumidor final ocorresse por meio de boleto bancário, emitido por instituição financeira em favor da comerciante atacadista. 3. Mediante a utilização de software eletrônico que, de forma instantânea, possibilitava o recebimento de pedidos de compras on-line, a distribuidora emitia uma "duplicata virtual", com o preenchimento de formulário disponibilizado pela instituição financeira, que gerava um boleto bancário, posteriormente remetido (acompanhado dos produtos) às farmácias e drogarias para o devido pagamento. (...) 5. À luz do disposto no artigo 325 do Código Civil incidente em relações jurídicas paritárias como a dos autos, a obrigação das compradoras não se resume ao pagamento do preço, presumindo-se a sua responsabilidade pelas "despesas com o pagamento e a quitação", salvo em se tratando de despesa excepcional decorrente de fato imputável ao credor. 6. Nesse quadro, a chamada tarifa de emissão de boleto bancário caracteriza despesa decorrente da oferta desse meio de pagamento às varejistas (compradoras), revelando-se razoável que lhes seja imputada. Precedente da Terceira Turma. Superação de julgado anterior (em sentido contrário) no qual não se debateu a citada norma do Codex Civil por falta de prequestionamento. (...) 9. Na espécie, tendo em vista os usos e costumes do segmento empresarial e as práticas adotadas, de longa data, pelas partes, encontram-se presentes os requisitos para que o silêncio reiterado das varejistas sobre a adoção dos boletos bancários e o repasse do respectivo custo seja considerado manifestação de vontade apta a produção de efeitos jurídicos, vale dizer: seja atestada a existência de consenso em relação à forma de pagamento das "mercadorias" e à cobrança de tarifa. 10. Isso porque: (i) configurado o comportamento negativo das farmácias e drogarias, que, por mais de dez anos, pagaram os boletos bancários sem manifestar qualquer insurgência contra tal modalidade

de adimplemento e a respectiva tarifa que lhes era cobrada; (ii) inexiste controvérsia sobre o fato de ser prática corriqueira do segmento empresarial a comercialização mediante boletos bancários com o escopo de otimizar a logística de distribuição de medicamentos, cuja relevância pública decorre da Constituição de 1988 e da Portaria 802/98 do Ministério da Saúde; (iii) também é incontroversa a habitualidade das negociações celebradas entre a atacadista e as varejistas com a utilização da citada forma de pagamento; (iv) cabia às compradoras sociedades empresárias cuja vulnerabilidade não se reconheceu nos autos apresentar resistência contra o modo de adimplemento ofertado durante os longos anos da relação contratual, merecendo destaque o fato de ter sido pleiteada na inicial a manutenção do pagamento via boleto bancário, havendo apenas objeção acerca do repasse da tarifa; e (v) revela-se evidente a convicção da atacadista sobre a adesão das varejistas quanto às cobranças efetuadas, na medida em que beneficiadas com a agilidade da forma de pagamento e a consequente pronta entrega dos produtos, entre outras facilidades que lhes eram ofertadas.". 11. Em resumo, portanto, não há falar em abuso de poder econômico da atacadista (...)".
STJ – 4ª T. – REsp nº 1.309.800 – Rel. Min. Luis Felipe Salomão – j. 22/08/2017: "(...) 5. Como de sabença, a boa-fé objetiva constitui relevante vetor interpretativo dos contratos (artigo 113 do Código Civil). Nada obstante, tal cláusula geral não pode resultar na transmutação de um pacto válido em outro, sem atentar para os elementos essenciais de cada um, máxime quando inexistente indício mínimo de prova apta a fundamentar a prestação jurisdicional requerida pela parte. Ademais, o diploma civilista erigiu o silêncio – não falar ou não fazer – como modalidade de manifestação da vontade, apta à produção de efeitos jurídicos (artigo 111). 6. Sob essa ótica, o fato jurídico extraído da utilização de bem infungível de terceiro demonstra a ocorrência de uma cessão de uso e gozo da coisa, mas não é capaz de, por si só, caracterizá-la como locação, consoante defendido no acórdão recorrido. Tal uso, ao revés, pode, sim, traduzir hipótese de comodato, cuja prova da gratuidade decorre, principalmente, do silêncio do proprietário da balsa que, ao notificar a Petrobrás sobre a aquisição do bem, não formulou qualquer pretensão voltada ao recebimento de aluguéis. Limitou-se a assinalar que a balsa continuaria como píer, sem especificar qualquer pacto antecedente a ser prorrogado nem demonstrar, explicitamente, sua intenção de estabelecer uma relação jurídica locatícia, máxime sendo consabido que o comodato não pode ser convertido em locação de forma unilateral. 7. Ademais, a inexistência de qualquer pagamento pela ré, durante sete anos, sem qualquer prova de irresignação da autora, torna muito pouco crível a alegação de que firmado um contrato de locação entre as partes. Nesse contexto, sobressai evidente a indagação sobre qual seria o motivo para o silêncio, durante tantos anos, da suposta credora, se a dívida vultosa (R$ 2.199.687,00 – dois milhões, cento e noventa e nove mil, seiscentos e oitenta e sete reais) deveria, hipoteticamente, vencer-se a cada mês. Por outro turno, o argumento trazido pela Petrobrás, acerca da existência de parceria comercial justificadora da gratuidade da cessão da balsa – contratação de fretes de mercadorias que poderia caracterizar hipótese de comodato modal –, parece mesmo mais plausível que a versão dada pela autora, tendo em vista as circunstâncias fáticas delineadas nas instâncias ordinárias. (...)
STJ – 4ª T. – REsp nº 1.535.727 – Rel. Min. Marco Buzzi – j. 10/05/2016: "(...) 6. Na hipótese, a "cláusula de raio" inserta em contratos de locação de espaço em *shopping center* ou normas gerais do empreendimento não é abusiva, pois o *shopping center* constitui uma estrutura comercial híbrida e peculiar e as diversas cláusulas extravagantes insertas nos ajustes locatícios servem para justificar e garantir o fim econômico do empreendimento. 7. O controle judicial sobre eventuais cláusulas abusivas em contratos de cunho empresarial é restrito, face a concretude do princípio da autonomia privada e, ainda, em decorrência de prevalência da livre iniciativa, do *pacta sunt* servanda, da função social da empresa e da livre concorrência de mercado (...)10. Os ajustes locatícios, notadamente aqueles firmados para locação de espaço em *shopping center*, não constituem mero contratos de adesão, pois são de livre estipulação/comutativo entre os contratantes, sem a preponderância de um sobre outro, onde tanto locador como locatário estão livres para pactuarem as cláusulas contratuais que melhor assistam às suas necessidades".

STJ – 4ª T. – REsp nº 1.322.704 – Rel. Min. Luis Felipe Salomão – j. 23/10/2014: "(...) 1. O ordenamento jurídico brasileiro, de forma ampla e genérica, confere à fotografia proteção própria de direito autoral. Art. 7º, inciso VII, da Lei n. 9.610/1998 e art. 2 da Convenção de Berna. 2. Porém, em se tratando de fotografia, para efeitos de proteção do direito autoral das obras artísticas, é autor o fotógrafo e não o fotografado, este último titular de outros direitos da personalidade, como a imagem, a honra e a intimidade. É o fotógrafo o detentor da técnica e da inspiração, quem coordena os demais elementos complementares ao retrato do objeto – como iluminação –, é quem capta a oportunidade do momento e o transforma em criação intelectual, digna, portanto, de tutela como manifestação de cunho artístico. (...) A ideia de que a cessão de direitos de imagem não deve ser interpretada ampliativamente está, a rigor, correta (Arts. 11 e 20 do Código Civil de 2002). Isso, todavia, não afasta métodos também consagrados de hermenêutica contratual que incidiriam no caso em apreço, como aquele segundo o qual "nas declarações de vontade se atenderá mais à sua intenção que ao sentido literal da linguagem" (art. 85 do CC/1916 e art. 112 do CC/2002); o de que os negócios jurídicos devem ser interpretados conforme os usos e costumes (art. 113, CC/2002); ou que 'o silêncio importa anuência, quando as circunstâncias ou os usos o autorizarem, e não for necessária a declaração de vontade expressa' (art. 111 do CC/2002) (...)".

STJ – 4ª T. – REsp nº 1.306.367 – Rel. Min. Luis Felipe Salomão – j. 20/03/2014: "(...) 4. Com efeito, havendo essa prática no mercado de seguro, a qual, inclusive, recebeu disciplina normativa pelo órgão regulador do setor, há de ser aplicado o art. 432 do Código Civil, segundo o qual "[s]e o negócio for daqueles em que não seja costume a aceitação expressa, ou o proponente a tiver dispensado, reputar-se-á concluído o contrato, não chegando a tempo a recusa". Na mesma linha, o art. 111 do Estatuto Civil preceitua que "[o] silêncio importa anuência, quando as circunstâncias ou os usos o autorizarem, e não for necessária a declaração de vontade expressa". Doutrina e precedente. 5. No caso, não havendo nenhuma indicação de fraude e tendo o sinistro ocorrido efetivamente após a contratação junto à corretora de seguros, ocasião em que o consumidor firmou autorização de pagamento do prêmio mediante débito em conta, se em um prazo razoável não houve recusa da seguradora, só tendo havido muito tempo depois e exclusivamente em razão do sinistro noticiado, há de considerar-se aceita a proposta e plenamente aperfeiçoado o contrato (...)".

STJ – 4ª T. – REsp nº 114.436 – Rel. Min. Antônio de Pádua Ribeiro – j. 31/08/2000: "(...) A palavra "avalista", constante do instrumento contratual, deve ser entendida, em consonância com o art. 85 do Código Civil, como coobrigado, co-devedor ou garante solidário. Precedentes (...)".

9. COLIGAÇÕES E REDES CONTRATUAIS

Outro ponto importante de estudo para os contratos empresariais é a transcendência de obrigações previstas num único contrato. Quer-se dizer que contratos diferentes têm criado relação de dependência e vinculação recíproca para dar a correta vestimenta de complexas operações econômicas empresariais (MARINO, 2009, p. 99). Chamam-se essas relações de (*a*) *contratos coligados* e (*b*) *redes contratuais*.

(*a*) Nos *contratos coligados* há relação de dependência entre os contratos, de modo que o tratamento jurídico de um é influenciado pelo outro (ROPPO, 2001, p. 387). Explica GIOVANNI ETTORE NANNI: "a causa concreta é o elemento que caracteriza a coligação contratual. Ela forma uma unidade funcional de operação econômica em comum" (NANNI, 2011, p. 249). Identifica-se, assim, um nexo de finalidades entre os contratos coligados para chegar ao resultado econômico pretendido na operação.

Exemplo comum de coligação contratual são contratos de locação de posto de gasolina e distribuição de combustíveis em concomitância e com ligação determinante de uma análise conjunto de validade e eficácia de cláusulas contratuais (STJ – REsp nº 440.398, 475.220, 687.336 e REsp nº 1.519.041). Outro exemplo são os contratos de *project finance* com o acordo de financiamento de empreendimentos determinados, como grandes obras de infraestrutura e comércio internacional. A decisão de financiamento é conduzida por instituição financeira, que avalia o empreendimento e identifica o potencial de ressarcimento pelo potencial de rendimentos do projeto. O financiamento envolve um encadeamento de contratos e sujeitos: há os promotores do projeto (*sponsors*); as sociedades de propósito específico constituídas para realização da empresa; os financiadores (*lenders*), que disponibilizam os recursos. Isso sem contar outros contratos derivados do empreendimento, como no caso de contratação de engenheiros, empreiteiras, fornecedores, dentre outros (SILVA, 2017). Mais uma exemplificação pode ser feita com a sublocação do estabelecimento onde se situa a franquia e a análise conjunta que se há de fazer, tanto para os efeitos do *franchising*, quanto para a ação renovatória do contrato de locação (art. 3º da LFranq) [*t. IV, §18, i. 2*].

Consequência prática da coligação poderá ser a propagação de invalidades entre os contratos, com contágio que poderá ser determinante da aplicação do art. 184 do CC, consoante orientação de RODRIGO XAVIER LEONARDO (LEONARDO, 2018).

(*b*) As *redes contratuais*, por sua vez, unem contratos entre pessoas distintas, com causas individuais (funções econômicas) distintas, mas que se intercambiam para a formação de uma causa da rede ou função da rede, como acontece com as franquias, concessões mercantis e contratos de integração agroindustrial.

Orienta LUCIANO DE CAMARGO PENTEADO que a rede contratual organiza operação econômica e a causa da rede é determinante de "um nexo de imputação de responsabilidade aos sujeitos integrantes da rede diverso dos nexos de cada um dos contratos isoladamente considerados" (PENTEADO, 2007, p. 483). MARCOS BERNARDES DE MELO ainda complementa que há "uma interligação de relações jurídicas obrigacionais para atingir fins econômicos que não poderiam ser alcançados por relações jurídicas isoladamente consideradas" (MELO, 2003, p. 30).

Nas redes há contratos independentes que formam um sistema com finalidade econômica comum. Interligam-se pela eficácia para alcançar a finalidade econômica pretendida, por meio da convivência colaborativa de contratos distintos (LORENZETTI, t. I, 2007, p. 52). Identifica-se o dever de colaboração interna entre as partes, mas também externamente todos os que estão na rede se integram à finalidade do negócio.

Por isso as redes são mais usadas em estratégias empresariais de contratação em massa, ao passo que na coligação tal característica pode não se identificar (MARINO, 2009, p. 96).

Jurisprudência

STJ – 3ª T. – REsp nº 1.475.477 – Rel. Min. Marco Aurelio Bellizze – j. 18/05/2021: "(...) 1. Nos contratos coligados ou conexos há uma justaposição de modalidades diversas de contratos, de maneira que cada um destes mantém sua autonomia, preservando suas características próprias, haja vista que o objetivo da junção de tais contratos é possibilitar uma atividade econômica específica. 2. O fato de o contrato de sublocação possuir outros pactos adjacentes não retira sua autonomia nem o desnatura, notadamente quando as outras espécies contratuais a ele se coligam com o único objetivo de concretizar e viabilizar sua finalidade econômica, de modo que as relações jurídicas dele decorrentes serão regidas pela Lei n. 8.245/1991. Interesse de agir reconhecido, no caso vertente (...)".

STJ – 3ª T. – REsp nº 1.669.229 – Rel. Min. Nancy Andrighi – j. 10/04/2018: "(...) 4. A coligação contratual deve ser analisada a partir da causa ou função econômico-social dos contratos, sendo irrelevante que um dos instrumentos seja subscrito por pessoa que não subscreveu o outro, e pode ser instaurada por força da lei, da natureza de um dos contratos ou mediante cláusula contratual, expressa ou implícita (respectivamente, coligação contratual *ex lege*, natural ou voluntária). 5. O Tribunal de origem, a partir de um processo interpretativo das respectivas cláusulas, concluiu que o repasse dos valores definidos no contrato de empréstimo firmado com a Cohab/BU, assim como a execução da obra a ser realizada pela Jakef, estavam submetidos à rigorosa fiscalização da CEF, a revelar a convergência finalística das prestações ajustadas entre as partes, configurando, pois, a coligação contratual (...)".

STJ – 3ª T. – REsp nº 1.519.041 – Rel. Min. Marco Aurélio Bellizze – j. 01/09/2015: "(...) 2. A indiscutível coligação e conexão entre os contratos celebrados, para o fornecimento, intermediação e aquisição de gás natural, a evidenciar, portanto, o nexo de funcionalidade dos ajustes, não subtrai a autonomia e a individualidade da relação jurídica inserta em cada contrato, com partes e objetos próprios. Por contratos coligados compreende-se a celebração de dois ou mais contratos autônomos, mas que guardam entre si um nexo de funcionalidade econômica, a propiciar a consecução de uma finalidade negocial comum. (...) 2.2 Não se olvida que a consecução do negócio econômico em comum, perseguido pelas partes e viabilizado pela coligação dos contratos, depende, naturalmente, do cumprimento das obrigações contratuais de todos os envolvidos, no bojo dos respectivos ajustes. Indiscutível, nessa medida, que as partes de cada relação contratual tenham reciprocamente interesses jurídico e econômico quanto à perfectibilização dos ajustes como um todo. Essa circunstância, todavia, não torna um dos contratantes titular dos direitos e obrigações discutidos no bojo do outro contrato coligado. 2.3 A partir da delimitação do objeto da contenda arbitral, pode-se antever com segurança que o provimento de mérito perseguido na arbitragem, independente de seu desfecho, não teria o condão de repercutir diretamente na esfera jurídica da Petrobrás, que, é certo, não titulariza a relação jurídica representada pelo contrato GSA downstream. Por consectário, não se haveria de cogitar, igualmente, que o provimento arbitral regularia de modo uniforme a situação jurídica dos supostos litisconsortes (a Copergás e a Petrobrás) (...)".

STJ – 4ª T. – REsp nº 1.127.403 – Rel. Min. Marco Buzzi – j. 04/02/2014: "(...) 3. Em que pese a alegação da casa bancária de que teria formulado contrato de crédito direto ao consumidor, tal assertiva não se depreende do acervo fático delineado pelas instâncias ordinárias, denotando-se a existência de contrato coligado (compra e venda de cozinhas com pagamento parcelado na relação consumidor-lojista) amparado em cessão de crédito operada entre o banco e o fornecedor dos bens em virtude de financiamento, por meio da qual passou a casa bancária a figurar como efetiva credora dos valores remanescentes a serem pagos pelos consumidores (prestações). 3.1 O contrato coligado não constitui um único negócio jurídico com diversos instrumentos, mas sim uma pluralidade de negócios jurídicos, ainda que celebrados em um único documento, pois é a substância do negócio jurídico que lhe dá amparo, não a forma. 3.2 Em razão da força da conexão contratual e dos preceitos consumeristas incidentes na espécie – tanto na relação jurídica firmada com o fornecedor das cozinhas quanto no vínculo mantido com a casa bancária –, o vício determinante do desfazimento da compra e venda atinge igualmente o financiamento, por se tratar de relações jurídicas trianguladas, cada uma estipulada com o fim precípuo de garantir a relação jurídica antecedente da qual é inteiramente dependente, motivo pelo qual possível a arguição da exceção de contrato não cumprido, uma vez que a posição jurídica ativa conferida ao consumidor de um produto financiado/parcelado relativamente à oponibilidade do inadimplemento do lojista perante o agente financiador constitui efeito não de um ou outro negócio isoladamente considerado, mas da vinculação jurídica entre a compra e venda e o mútuo/parcelamento. 3.3 Entretanto, a ineficácia superveniente de um dos negócios, não tem o condão de unificar os efeitos da responsabilização civil, porquanto, ainda que interdependentes entre si, parcial ou totalmente, os ajustes coligados constituem negócios jurídicos com características próprias, a ensejar interpretação e análise singular, sem contudo, deixar à margem o vínculo unitário dos limites da coligação. 3.4 Assim, a interpretação contratual constitui premissa necessária para o reconhecimento da existência e para a determinação da intensidade da coligação contratual, o que no caso concreto se dá mediante a verificação do animus da casa bancária na construção da coligação e o proveito econômico por ela obtido, pois não obstante o nexo funcional característico da coligação contratual, cada um dos negócios jurídicos entabulados produz efeitos que lhe são típicos nos estritos limites dos intentos dos participantes. 3.5 Inviável responsabilizar solidariamente a financeira pelos valores despendidos pelos consumidores, uma vez que, ao manter o contrato coligado, não se comprometeu a fornecer garantia irrestrita para a transação, mas sim balizada pelos benefícios dela advindos, ou seja, no caso, nos termos da cessão de crédito operada, que não abarca os valores pagos à título de entrada diretamente ao lojista (...)".

STJ – 5ª T. – AgRg no REsp nº 1.206.723 – Rel. Min. Jorge Mussi – j. 17/05/2012: "(...) 5. A interdependência, a conexidade ou a coligação dos contratos firmados pelas partes (cisão de empresa, acordo de acionistas e contrato de locação) resultam claras e evidentes, haja vista a unidade dos interesses representados, principalmente os de natureza econômica, constituindo esse plexo de avenças o que a doutrina denomina de contratos coligados; em caso assim, embora possível visualizar de forma autônoma cada uma das figuras contratuais entabuladas, exsurge cristalina a intervinculação dos acordos de vontade assentados, revelando a inviabilidade da revisão estanque e individualizada de apenas um dos pactos, quando unidos todos eles pela mesma função econômica comum. 6. O art. 19 da Lei 8.245/91, ao regular a revisão judicial do aluguel, a fim de ajustá-lo ao preço de mercado, consagrou a adoção da teoria da imprevisão no âmbito do Direito Locatício, oferecendo às partes contratantes um instrumento jurídico para a manutenção do equilíbrio econômico do contrato; no caso sub judice, porém, a Revisional não objetiva o restabelecimento do equilíbrio econômico inicial do contrato, mas reflete pretensão de obter a alteração do critério de determinação do valor do aluguel, distanciando-se dos parâmetros originais, por isso que refoge aos limites do art. 19 da Lei 8.245/91, daí não haver legítimo interesse jurídico dos autores a ser preservado, mas mero interesse econômico. Precedente (...)".

TJ/SP – 19ª Câmara de Direito Privado – APL nº 0103401-40.2008.8.26.0000 – Rel. Des. Mario de Oliveira – j. 27/05/2013: "(...) RESCISÃO DE CONTRATO. FORNECIMENTO DE COMBUSTÍVEL. FRANQUIA. CIRCULAR DE OFERTA DE FRANQUIA. Pedido de anulação do contrato, por falta de apresentação da circular de oferta de franquia. Descabimento. Hipótese em que o autor prosseguiu em suas atividades, ainda que sem as orientações da referida circular, por possuir experiência anterior no mesmo ramo empresarial. Convalidação do pacto, em função do disposto nos artigos 172, 173 e 174 do Código Civil. Sentença mantida. Recurso improvido. RESCISÃO DE CONTRATO. FORNECIMENTO DE COMBUSTÍVEL. FRANQUIA. Pedido de indenização com base na obrigação de aquisição de produtos com exclusividade, prática de preços diferenciados e imposição de preços de revenda. Descabimento. Hipótese em que a cláusula de exclusividade atendeu ao interesse de ambas as partes, os preços diferenciados praticados pela ré, em relação a outros revendedores, não franqueados, foi justificada por cláusula contratual e foi conferida ao autor a possibilidade de fixação dos preços de revenda ao consumidor final, não havendo imposição de preços pela ré. Sentença mantida Recurso improvido. RESCISÃO DE CONTRATO. FORNECIMENTO DE COMBUSTÍVEL. FRANQUIA. Alegada a inviabilidade do negócio por falta de transferência de Know-how. Descabimento. Hipótese em que a notoriedade da empresa ré faz presumir seu conhecimento sobre toda a cadeia produtiva, estando apta ao desenvolvimento de contratos da natureza deste, ora em exame Transferência ao autor dos manuais de operação Sentença mantida Recurso improvido. RESCISÃO DE CONTRATO. FORNECIMENTO DE COMBUSTÍVEL. FRANQUIA. Pedido de indenização em relação ao fundo de comércio. Cabimento. O fundo de comércio representa o conjunto de bens materiais e imateriais, formado mediante a colaboração de franqueadora e franqueado Indenização devida, à razão de 1/3 do valor a ser apurado em sede de liquidação. Sentença reformada. Recurso provido. RESCISÃO DE CONTRATO. FORNECIMENTO DE COMBUSTÍVEL. FRANQUIA. Pedido de condenação da ré ao pagamento da Receita Operacional Mínima. Cabimento. Hipótese em que a suspensão do pagamento da verba deu-se antes mesmo da denúncia dos contratos. Pagamento devido, com atualização monetária e juros de mora Sentença reformada. Recurso provido".

10. CONTRATOS RELACIONAIS

Outra dimensão importante para interpretação dos contratos empresariais é a compreensão de pactos de longa duração para fazer frente às atividades empresariais e que implicam forte carga de confiança e colaboração entre as partes. Formam-se muitas vezes concentrações econômicas não societárias (DINIZ, 2016) [t. II, §3, i. 5.2.1].

Entre as nomenclaturas para tal fenômeno, a qualificação de contratos como relacionais tem por objetivo identificar a partilha de riscos e benefícios entre as partes, que se colocam na relação contratual com fortes vínculos de cooperação, solidariedade e confiança. Fugindo ao esquema societário, tais contratos se protraem no tempo e, por isso, necessitam de estável disciplina de acontecimentos futuros e controle da possível dependência do relacionamento gerado entre as partes.

As questões giram em torno das adaptações a comportamentos futuros não regulados, tratamento de oportunismos gerados por especificidades de ativos, interpretação de cláusulas, manutenção da confiança como base do contrato, consideração de utilidade de prestação descumprida. Tais questionamentos surgem da evolução do modelo contratual clássico de execução instantânea e descontinuidade com o futuro. Nos contratos de colaboração ou nos contratos relacionais, ocorrem projeções no tempo que demandam cuidados especiais das partes e uma carga de critérios de solução dos problemas delas derivados. PAULA FORGIONI adverte, todavia, que nem mesmo nos EUA há consenso sobre a incorporação dessa teoria nos Tribunais e os parâmetros ainda estão em construção (FORGIONI, 2015, p. 66).

11. CONTRATOS TÍPICOS, ATÍPICOS, SOCIALMENTE TÍPICOS E ABERTOS: A BUSCA DA CAUSA COMO FUNÇÃO ECONÔMICA

Embora com certa celeuma, a doutrina descreve os contratos de acordo com a existência de regramento específico no ordenamento jurídico.

São *típicos* os contratos em que se encontram regras específicas para definição da moldura do pacto, com identificação de função econômica e muitas vezes, regramento que cuida da formação, passando pela execução e correção de dependências econômicas e chegando à extinção contratual. São exemplos a locação (LI) e a franquia (LFranq).

Contratos *atípicos*, *contrario sensu*, são feitos com base no princípio da autonomia privada [t. I, §2, i. 2.3], na liberdade de celebração e de determinação de conteúdo (*Abschlußfreiheit* e *Inhaltsfreiheit*) e sem previsões específicas na legislação. As necessidades empresariais determinam a criação de contratos úteis para a alocação de riscos, aprisionamento de custos de transação e organização da atividade empresarial. Surgiram diversos arranjos com a marca da atipicidade, mas com relevância e aceitações sociais perfeitamente adequadas à segurança do tráfico mercantil. A falta de regras específicas de moldura do contrato não inibe a livre criação e regulação feita com aplicação de preceitos gerais do sistema.

Na sua aplicação e interpretação implicam análise específica da causa, declarações negociais e daquilo que as partes efetivamente praticam para que sejam integrados adequadamente. Exemplifica-se com o contrato de *know-how* (transferência de tecnologia) e o *sourcing* (inserção de produção customizada).

A afirmação de que um contrato é *socialmente típico* indica repetição, frequência e aceitação que delimitam os contornos de um contrato, com propagação em doutrina e jurisprudência que delimitar os contornos antes de ser positivado. Foi o caso da franquia, do *built to suit* e da integração agroindustrial, antes das respectivas leis. É o caso do *factoring*.

A classificação adquire relevância para compreensão da operação econômica pretendida por meio do contrato, com objetivos de delimitação do fim contratual, interpretação das cláusulas e também a preservação da *causa* contratual, além da correção de dependência econômica [t. IV, §8, i. 12].

Sobre a causa contratual LUCIANO DE CAMARGO PENTEADO constatou "*crescente atipicidade de figuras*" que demandam "o conceito de causa, da causa concreta, categorial, presente em cada contrato como ato humano dotado de estatuto ontológico único, singular e irrepetível e de onde o juiz deve partir para, através do sistema, captar a intenção axiológica" (PENTEADO, 2013, p. 125). Diz o autor, ainda, que a concepção de causa se aproximou em demasia do objeto do contrato, mas sugere que, na busca do fim, sejam aplicadas as seguintes ideias: "a) em situações de necessidade de prestações de contratos diversos, unificadas pelo fim, a causa permite ver a dependência funcional entre as mesmas e permitir tratamento unitário, como se de um contrato só se tratasse, com causa diversa, em papel expansivo que leva à transubstanciação; b) em situações de contratos atípicos, pode-se utilizar a ideia de causa contratual para buscar sempre um equilíbrio jurídico entre as posições das diferentes partes, quer em sentido estritamente comutativo, quando as mesmas estão em simetria de poder fático, quer em sentido redistributivo, quando as mesmas estão em assimetria de poder fático (quer este diga respeito ao plano informacional, econômico ou técnico); c) há casos em que certas prestações são postas ao lado do contrato típico, mas adquirem tamanho grau de dependência com relação a este que se pode falar de um efeito envolvedor da causa, a trazer a prestação para dentro do negócio e, na hipótese de frustração do contrato, permitir a indenização pelo cumprimento da prestação supostamente de caráter meramente lateral (...); d) Por fim, a reestruturação de prestações típicas de certos contratos pela prática econômica pode afetar a causa concreta e permitir, assim, a requalificação da espécie, consequentemente, alterando-se o regime jurídico decorrente" (PENTEADO, 2013, p. 146).

12. O PROBLEMA DA DEPENDÊNCIA ECONÔMICA

A legislação muitas vezes estabelece critérios de equiparação de partes contratuais que se apresentem com desigualdades técnicas e econômicas. É o que se constata para regras protetivas no contrato de trabalho ou então nas relações de consumo [*t. IV, §8, i. 3*]. O contrato interempresarial, em geral, é feito com equivalência entre as partes contratantes, que se colocam no contrato em posições equivalentes para negociação de cláusulas. Pode acontecer, no entanto, que uma das partes esteja tenha condições de fazer exigências que impossibilitem negociação ou que gerem uma *dependência econômica* que não está diretamente protegida ou que demanda adequado manejo do sistema positivo para equacionamento.

A dependência econômica deriva de uma posição superior de barganha. Pode fazer parte do sinalagma do contrato (sem consequências jurídicas), pode induzir abuso de direito ou até mesmo gerar extinção oportunística do contrato (BLUMBERG, 2011, p. 162), com consequências internas (no relacionamento contratual) e externas (na projeção de mercado do contrato).

Ainda na compreensão do que seja a dependência econômica, vale retomar conceito atemporal feito por ORLANDO GOMES e ELSON GOTTSCHALK, que afirmam, com análise de um contrato de fornecimento, entender-se por dependência econômica "a condição de alguém que para poder subsistir, estão dependendo exclusivamente ou predominantemente da remuneração que lhe dá a pessoa para quem trabalham" (GOMES; GOTTSCHALK, 1968, p. 130). Percebe-se, então, o poder exercido de uma parte em relação à outra, afetando-lhe a autonomia por ingerência financeira direta ou indireta, além de possíveis repercussões de domínio técnico e social.

A dependência econômica contratual pode ser caracterizada por *influência decisiva*[a] *de poder*[b] *de uma das partes*[c] *para impor circunstâncias e condições à outra*[d], *que as aceita para manter o contrato*[e] *e se manter no mercado*[f] (DINIZ, 2018, p. 135). Desdobram-se seis elementos:

(*a*) A dependência econômica, para ser juridicamente relevante, precisa ser decisiva na condução do contrato – da formação à extinção – de modo a induzir a parte dependente a aceitar motivações juridicamente relevantes, que por vezes podem ser imposições abusivas e que excedam "manifestamente os limites impostos pelo seu fim econômico ou social, pela boa-fé ou pelos bons costumes" (art. 187 do CC). Diz ALVINO LIMA que atua com abuso de direito alguém que "obedecendo apenas aos limites objetivos da lei, mas que o exercício do direito, que lhe confere o preceito legal, viola os princípios da finalidade econômica e social da instituição, da sua destinação, produzindo o desequilíbrio entre o interesse individual e o da coletividade, abusa de seu direito" (LIMA, 1956, p. 26). Com esses elementos, o abuso de direito tem natureza essencialmente delitual pela violação da finalidade do direito.

(b) A influência decisiva pode representa manifestação de poder contratual e se manifesta num controle não societário da parte dominante sobre a outra. Não se trata da influência dominante societária, característica de grupos e objeto de tutela específica [t. II, §3, i. 5.2]. Trata-se de interferência externa de uma das partes sobre a outra, exercida por meio do contrato e com alterações na organização econômica da contraparte dominada. Esse exercício abusivo, diz CALIXTO SALOMÃO FILHO, caracteriza desvio de função de poder (SALOMÃO FILHO, 2003, p. 206).

(c) O conceito de parte contratual também merece atenção na caracterização da dependência econômica, uma vez que a relação interempresarial, em princípio, se molda com equilíbrio contratual. Entretanto, a preponderância da parte dominante economicamente pode gerar consequências jurídicas, que somente são relevantes na medida em que alterem as bases objetivas do contrato ou que ultrapassem limites de legítimas expectativas, transfiram riscos ou excedam os contornos da função econômica do direito contratado[8].

(d) A imposição de preços, de circunstâncias tornadas relevantes e condições ao contrato que modulem a autonomia da vontade pela aceitação não negociada, ou sem alternativas, ou somente para se manter no mercado, torna-se relevante se moldar cláusulas contratuais que consolidem abusivamente a situação de dependência.

(e) Outro aspecto é que os efeitos da dependência econômica se projetam interna e externamente ao contrato. Conforme já foi afirmado, não somente a relação entre as partes é afetada pelo abuso de dependência econômica, mas também as condições de mercado podem ser influenciadas, implicando intervenção para preservação das condições de livre iniciativa. Torna-se, então, necessária a avaliação da conduta da parte para identificar eventuais abusos no exercício de direitos, especialmente considerando fatores como a natureza da conduta, os interesses individuais das partes, os interesses comuns nos contratos e o interesse social em conter eventuais liberdades de ação da contraparte.

(f) Por fim, a projeção externa da dependência econômica pode induzir distorções concorrenciais no mercado, gerando condutas anticompetitivas passíveis de intervenção de órgãos reguladores.

Conforme já se afirmou [t. IV, §8, i. 12], a dependência econômica é um traço comum do contrato empresarial. Trata-se, portanto, de fenômeno econômico que precisa ser juridicizado, com atribuição de consequências, uma vez constatada a ocorrência patológica para o contrato, manifestada pelo abuso.

No direito brasileiro, não há figura específica para a dependência econômica, o que remete o intérprete para pautas de interpretação como a vedação de lucros arbitrários (art. 173, § 4º, da CF e art. 36, inciso IV, Lei nº 12.529/2011), cláusulas gerais esparsas como a vedação de cláusulas potestativas (art. 122 do CC), enriquecimento sem causa (art. 884 CC), lesão (art. 157 CC), abuso de direito (art. 187 CC), resilição unilateral (art. 473 CC) e a salvaguarda da boa-fé.

---

[8] Compreendidos no direito econômico como acordos verticais, esses contratos podem promover uma rediscussão do sujeito como figura básica de imputação, tamanha a sofisticação de arranjos contratuais de concentração *sem* grupo societário [t. IV, §8, i. 9].

Com o advento da LLE, a interpretação da dependência econômica deve ser acompanhada pela presunção de paridade e simetria entre as partes, além do respeito à alocação de riscos definidas pelo contrato (art. 421-A do CC). Essa abertura sistêmica precisa ser preenchida por adequadas análises que compreendam: (*a*) a qualificação jurídica da relação entre as partes; (*b*) a função social e econômica do contrato, para mensuração de riscos e expectativas das partes; (*c*) o comportamento da parte dominante, de modo a identificar o abuso.

12.1. Correção por força de lei

A legislação brasileira tem alguns textos legais que regulam contratos típicos e socialmente típicos, implementando certas correções à dependência econômica identificada e gerada por desigualdade real (GUERREIRO, 1983, p. 34). Alguns exemplos facilitam a compreensão e a demonstração de que microssistemas podem dimensionar o direito envolvido e aplicar políticas de correção à distorção do abuso de poder econômico.

É o caso da representação comercial, que apresenta indenizações específicas para proteção do representante, como no direito à comissão a partir do pagamento do pedido (art. 31 da Lei nº 4.886/64 – LRepr), à indenização de 1/12 total da retribuição auferida durante o tempo em que exerceu a representação (art. 27, alínea "j", da LRepr, à resolução por justa causa (art. 36 da LRepr) e à vedação da cláusula *del credere* (art. 43 da LRepr), além da resilição de 90 dias condicionada ao transcurso de prazo compatível com investimentos, que revogou a concessão de pré-aviso de 30 dias do art. 34 da LRepr.

Exemplifica-se, ainda, com as tutelas de dependência econômica previstas na Lei nº 4.504/64 (Estatuto da Terra – ET), como a presunção de 3 anos para contratos de arrendamento, no silêncio do contrato (art. 95, inciso II, ET); indenização por benfeitorias e autotutela de permanência enquanto não for indenizado; permanência do contrato até o final da colheita (art. 28 do Decreto nº 59.566/66).

No caso da concessão mercantil, a Lei nº 6.729/79 fixa alguns parâmetros mínimos na complexa relação entre montadoras e concessionárias, ao fixar critérios para contratação de nova concessão na mesma área (art. 6º), quotas de produção (art. 7º), manutenção de estoques proporcionais (art. 10), liberdade de preço de revenda do concessionário (art. 13), regramento de resilição e resolução contratuais com previsão de reparações específicas (arts. 22 a 27), dentre outros.

Outra correção que a legislação tenta fazer é nos contratos *built to suit* para minimizar a dependência econômica do locador com a validade da renúncia do direito de revisão (art. 54-A, § 1º, da Lei nº 8.245/91) e multa compensatória de denúncia antecipada que pode ser a soma dos valores dos aluguéis a receber até o termo final da locação (art. 54-A, § 2º, da Lei nº 8.245/91) (ZANETTI, 2011).

12.2. Correção pelas cláusulas gerais

Além das correções específicas descritas, ainda é possível buscar no referencial das cláusulas gerais o potencial para correção de abusos da dependência econômica, da formação à extinção do contrato, especialmente em casos que não tenham o *script* regulado no direito positivo, como em contratos de licença, transferência de tecnologia e assistência técnica, *leasing* e fornecimento.

Antes do contrato, já se disse, há a possibilidade de responsabilidade precontratual [*t. IV, §8, i. 4*]. Na formação do contrato avalia-se o comportamento conforme a boa-fé, inclusive na aferição do abuso em assimetrias informacionais que prejudiquem a partes.

Também podem ser identificadas consequências na interpretação de dependência econômica de contratos (art. 113 do CC). Por exemplo, no julgado do Tribunal de Justiça de São Paulo, em ação que pretendia a extinção da relação contratual e indenização por perdas e danos, concluiu que a ruína financeira não foi decorrente do contrato ou de posteriores alterações, mas dos próprios riscos empresariais da sociedade empresária prestadora de serviços terceirizados de instalação e manutenção de TV a cabo, até porque era dada a oportunidade de seguir prestando os serviços ou não (TJSP – Apelação nº 9226510-35.2008.8.26.0000 – Des. EDGARD ROSA).

Também na extinção se vê influência da dependência econômica. O pressuposto não é vedar a extinção ou intervir em favor de uma das partes, mas permitir a extinção em termos justos, mesmo que não previstos no contrato (EISENBERG, 1997, p. 302).

Pode-se retomar a discussão da resilição unilateral e o conteúdo do art. 473, parágrafo único, do CC. Como consequência, as condições da eficácia da resilição estão em dois fatores bastante abertos e conjugados: transcurso de prazo razoável para ressarcimento de investimentos específicos (ou seja, implementados para a execução do contrato). O objetivo da regra é evitar enriquecimento indevido, em detrimento de quem desembolsou valores, valendo-se da confiança e com legítimas expectativas para que esses investimentos lhe sejam diluídos ao longo do cumprimento da avença.

12.3. Acordos verticais e concentrações empresariais

Os contratos também podem revelar práticas colusivas de atuação ajustada entre as partes, justamente para prejudicar concorrentes. Nesse sentido, é possível "distinguir acordos cujo objetivo é restringir ou limitar a concorrência (como a adoção de preços uniformes por revendedores) daqueloutros que não tem esse objetivo, mas acabam produzindo efeitos prejudiciais às estruturas do livre mercado (como no compartilhamento de unidades industriais)" (COELHO, 2013, p. 45).

Esses são efeitos externos do contrato – individuais, em redes ou coligados – que afetam a liberdade iniciativa e podem afetar mercados relevantes e o acesso à concorrência.

13. CONTRATOS ELETRÔNICOS

Os contratos passaram a ser instrumentalizados por meio de plataformas digitais e suporte em computadores, redes virtuais e internet, oferecendo aos intérpretes do direito novos desafios e distintas perspectivas. Se as trocas de minutas e propostas eram feitas por papel e por correspondência, agora as avenças também são feitas à distância, com utilização de mensagens enviadas por máquinas, mas plenas de validade e produção de efeitos jurídicos.

Uma das consequências, mais de ordem processual, é que contratos que admitem a forma verbal podem ser provados por meios eletrônicos (art. 441 do CPC).

Todavia, está a se cuidar de contratos com aceitação e proposta concluídas com base técnica em criptografia, *blockchain* ou outros instrumentos de segurança e com (*a*) digitação de termos concludentes; (*b*) indicação de aceitação e pressão de botões virtuais que induzem a conclusão do negócio; (*c*) troca de oferta e aceitação por meio virtual, sejam e-mails e redes sociais, sejam programas de computador voltados a colher manifestação de vontade concludente de negócio. Releva notar, conforme advertido por NEWTON DE LUCCA, que não se está diante de novo tipo contratual, mas de contrato típico ou atípico "celebrado por um meio eletrônico" (DE LUCCA, 2000, p. 46).

Portanto, a regulação e interpretação do contrato está muitas vezes na identificação de chaves de segurança que deem fidedignidade ao conteúdo e vinculação da assinatura eletrônica. No Brasil, a regulamentação é feita pela Medida Provisória nº 2.200-2, de 24 de agosto de 2001 e que institui o sistema de Infraestrutura de Chaves Públicas Brasileira (ICP-Brasil). Se são obedecidos os sistemas de chaves públicas do ICP-Brasil, os documentos são produzidos com validade e com presunção de veracidade (art. 10, § 1º, da MP 2.200-2/2001 e art. 219 do CC).

Jurisprudência

STJ – 3ª T. – REsp nº 1.495.920 – Rel. Min. Paulo de Tarso Sanseverino – j. 15/05/2018: "(...) 3. Possibilidade, no entanto, de excepcional reconhecimento da executividade de determinados títulos (contratos eletrônicos) quando atendidos especiais requisitos, em face da nova realidade comercial com o intenso intercâmbio de bens e serviços em sede virtual. 4. Nem o Código Civil, nem o Código de Processo Civil, inclusive o de 2015, mostraram-se permeáveis à realidade negocial vigente e, especialmente, à revolução tecnológica que tem sido vivida no que toca aos modernos meios de celebração de negócios, que deixaram de se servir unicamente do papel, passando a se consubstanciar em meio eletrônico. 5. A assinatura digital de contrato eletrônico tem a vocação de certificar, através de terceiro desinteressado (autoridade certificadora), que determinado usuário de certa assinatura a utilizara e, assim, está efetivamente a firmar o documento eletrônico e a garantir serem os mesmos os dados do documento assinado que estão a ser sigilosamente enviados. 6. Em face destes novos instrumentos de verificação de autenticidade e presencialidade do contratante, possível o reconhecimento da executividade dos contratos eletrônicos (...)".

13.1. *Blockchain*

A tecnologia *blockchain* revoluciona diversas frentes do capitalismo e não é diferente em relação aos contratos. Cuida-se de tecnologia de uma cadeia de blocos (daí *blockchain*) que fundamenta operações de moedas eletrônicas e negócios diversos e significa avanço no mero armazenamento de dados realizado pela *internet*. Ao contrário, a nova tecnologia permite a troca de valores, muitas vezes sem intermediação.

Explica-se: quando se envia um *e-mail* com arquivo anexo ou se transmite uma mensagem em rede social, transmite-se uma cópia do documento digital, com possibilidade de cópias em série e sem restrições. Em operações econômicas, envolvendo valores, sempre foi necessário que houvesse um intermediário na transação eletrônica (bancos, corretoras, órgãos de governo) de modo a trazer legitimidade, confiança e segurança para a operação e evitar a cópia indiscriminada.

A operação é encarecida com a presença do intermediário, que cobra por seus serviços. O custo cobrado não é somente o pagamento em dinheiro, mas também pode se estar representado pelo envio de dados e obtenção de informações pessoais – muitas vezes com graves riscos para a intimidade – para alimentação sistemática do chamado *big data*. Alimenta-se o jargão de que *se você não pagou pela operação, significa que você é o produto!* Some-se a isso os constantes ataques de *hackers* e *crackers* à segurança da rede centralizada na atividade do intermediário.

É com esse cenário que a tecnologia *blockchain* visa ao rompimento com a intermediação, na medida em que inaugura a fase da *internet value* ou internet de valor como se fosse uma plataforma com oferta de um livro caixa descentralizado por meio do qual as pessoas cambiam valores diretamente. O fundamento técnico é uma rede descentralizada de computadores que verifica e confere as transações em blocos – e não em único computador centralizado – atribuindo segurança e confiabilidade à operação, por ser esse o interesse das partes envolvidas.

Será permitido que duas partes se aproximem em negócio automatizado, com manutenção de segurança dos dados transmitidos e com redução de assimetrias informacionais e pactuem contrato de transferência de tecnologia com pagamento feito diretamente pela internet, sem a intermediação bancária e com a emissão de títulos de créditos totalmente eletrônicos para instrumentar a operação.

A atividade empresarial também será totalmente revolucionada por meio de maquinário totalmente conectado e moldado com inteligência artificial para comprar a energia que utilizam, só para dar outro exemplo do que essa tecnologia permite potencializar.

13.2. Bitcoins

Outro apontamento interessante, ainda na linha das chaves públicas, tecnologia *blockchain*, desintermediação e confiança sistêmica foi a criação de moedas virtuais que escapam ao sistema de emissão de moeda por bancos centrais e com a distribuição monetária pela intermediação de instituições financeiras. A tecnologia *blockchain* permitiu a criação de verdadeiro meio de pagamentos utilizado em ambiente eletrônico, com diversas moedas virtuais às quais se atribui valor.

Criam-se espaços virtuais de *Initial Coin Offering*, especialmente destinado à oferta de novas moedas virtuais, ainda vedadas no Brasil. Criam-se, ainda, condições para feitura dos chamados *smart contracts*, que podem armazenar dados, enviar e receber meios de pagamento e interagir com outros contratos, independentemente de qualquer controle.

O processo é irrefreável.

Observe-se: a CVM tem a Instrução nº 555, de 17 de dezembro de 2014. Cuida-se da regulação da aplicação de fundos de investimentos, normalmente feita em sistemas tradicionais de intermediação financeira certificada para atribuir confiabilidade. A CVM não admitia investimentos em criptomoedas, mas em Ofício Circular nº 11/2018, da Superintendência de Relações com Investidores Institucionais (SIN), interpretou-se o conjunto de artigos (98 e seguintes) da Instrução nº 555 com a possibilidade de investimentos em *criptoativos*, devendo-se evitar práticas fraudulentas, lavagem de dinheiro, manipulação de preços e operações pouco confiáveis.

14. CLASSIFICAÇÃO ESTRUTURAL DA OBRA

As classificações jurídicas[9] têm variações derivadas da visão do doutrinador. Algumas se consagram e se estabilizam. Outras se prestam a incutir incertezas didáticas. Costumamos utilizar classificações que sejam feitas pelo legislador ou então que sejam derivadas de critérios científicos definidores de padrões para o objeto classificado.

Em relação aos contratos empresariais e somente para manter certo respaldo didático, serão acomodados os contratos em espécie em 3 grandes categorias consagradas pela tradição da doutrina comercialista. Os critérios estão relacionados à atividade econômica da empresa, que consiste na organização dos fatores de produção (propriedade, trabalho – e serviços –, tecnologia e capital) [*t. I, §5, i. 5.1*]:

---

[9] Em proposta de classificação bem completa quanto às tendências doutrinárias consolidadas: MARINO, Francisco Paulo De Crescenzo. *Classificação dos contratos*. In: JARBUR, Gilberto Haddad; PEREIRA JÚNIOR, Antonio Jorge, *Direito dos contratos*. São Paulo: Quartier Latin, 2006 p. 44.

(a) *contratos de circulação de riqueza e transferência de tecnologia*: implicam transferência de propriedade, fruição de bens e transferência econômica entre as partes. São eles, na presente obra: compra e venda mercantil, locação não residencial, *know-how* e transferência de tecnologia.

(b) *contratos auxiliares da atividade*: são contratos com outros empresários que o suporte à atividade empresarial, seja durante a atividade, seja posteriormente, para permitir a captação da clientela e o escoamento da produção. São eles, na presente obra: agência (representação comercial), distribuição, franquia, concessão mercantil.

(c) *contratos para prevenção de riscos*: adotamos aqui orientação de ORLANDO GOMES (GOMES, 2008, p. 104), que inclui em sua classificação uma rubrica específica para o contrato de seguro.

(d) *contratos para fluxo de crédito*: a atividade empresarial necessita de crédito, como capital de terceiros [*t. II, §3, i. 4.1.6*] para fazer frente ao giro econômico da empresa. Assim, serão descritos na presente obra: atividade bancária e contratos bancários em geral e o *factoring*.

(e) *contratos de organização ou associativos* foram descritos na presente obra por meio dos contratos de sociedade e consórcios, por representarem a forma encontrada por economistas para explicação de hierarquias com as quais se criam estruturas produtivas e eficientes.

A advertência da incerteza da classificação se justifica, porque alguns contratos são híbridos e perpassam as linhas fluídas das categorias fixadas. Outros nem cabem no *script* predefinido.

Bibliografia: ABRANTES, José João. *A excepção de não cumprimento do contrato*. 3. ed. Coimbra: Almedina, 2018. AGUIAR JÚNIOR, Ruy Rosado de. *Extinção dos contratos*. In: FERNANDES, Wanderley. (coord.) *Contratos empresariais: fundamentos e princípios dos contratos empresariais*. São Paulo: Saraiva, 2007. ASCARELLI, Tullio. *Studi di diritto comparato e in tema di interpretazione*. Milão: Giuffrè, 1952. BDINE JÚNIOR, Hamid Charif. Resilição contratual e o art. 473 do CC. *Revista do Advogado*, 116/98. BERTRAN, Maria Paula. *Interpretação contratual e análise econômica do direito*. São Paulo: Quartier Latin, 2008. BLUMBERG, Phillip I.; STRASSER, Kurt A.; GEORGAKOPOULOS, Nicholas A.; GOUVIN, Eric J. *Blumberg on Corporate Groups*. v. 5, p. IX. [N.c.]: Wolters Kluwer, 2011-2012. CANARIS, Claus-Wilhelm Canaris. *Pensamento sistemático e conceito de sistema na ciência do direito*. 2. ed. Lisboa: Calouste Gulbenkian, 1996. CHAVES, Antônio. *Responsabilidade Pré Contratual*. 2. ed. São Paulo: Lejus, 1997. COELHO, Fabio Ulhoa, *Curso de Direito comercial*, v. 3. 14. ed. São Paulo, Saraiva, 2013. COMPARATO, Fabio Konder. *Notas sobre a execução específica da obrigação de contratar*. RDM, 97/104. DINIZ, Gustavo Saad. Acordos verticais e dependência econômica, *RDP*, 59. COVAS, Silvanio. *Contratos eletrônicos*. In: COELHO, Fabio Ulhoa. *Tratado de direito comercial*. v. 5. São Paulo: Saraiva, 2015. FORGIONI, Paula A. *Direito concorrencial e restrições verticais*. São Paulo: Revista dos Tribunais, 2007. FORGIONI, Paula A. *A interpretação dos negócios empresariais*. In: Fabio Ulhoa Coelho. *Tratado de direito comercial*. v. 5. São Paulo: Saraiva, 2015. EISENBERG, Melvin. *Relational contracts*. In: Jack Beatson (et. al). *Good faith and fault in contract law*. Oxford, Oxford, 1997. FINKELSTEIN, Maria Eugênia. *Comércio eletrônico*. In: COELHO, Fabio Ulhoa. *Tratado de direito comercial*. v. 6. São Paulo: Saraiva, 2015. FORGIONI, Paula A. *Apontamentos sobre aspectos jurídicos do e-commerce*. RDM, 119/68. FORGIONI, Paula A.; MIURA, Maira Yuriko Rocha. *Revisão contratual em momentos de crise*. Revista do Advogado, 148/219. GUERREIRO, José Alexandre Tavares. Aplicação analógica da lei dos revendedores. RDM, n. 49/34. GODOY, Claudio Luiz Bueno. *Função social do contrato*. São Paulo: Saraiva, 2004. GOMES, Orlando. *Contratos*. 26. ed. Rio de Janeiro: Forense, 2008. GOMES, Orlando. *Contratos*. Rio de Janeiro: Forense, 2008. GOMES, Orlando; GOTTSHALK, Elson. *Curso de direito do trabalho*. Rio de Janeiro: Forense, 1968. GRAMSTRUP, Erik Frederico. *Contratos relacionais*. In: Renan Lotufo e Giovanni Ettore Nanni. *Teoria geral dos contratos*. São Paulo: Atlas, 2011. HIRATA, Alessandro. *Relações contratuais fáticas*. Tese. USP. 2011. GRAU,

Eros Roberto. *Impossibilidade econômica de cumprir o que foi contratado*. In: CASTRO, Rodrigo R. Monteiro de et. al. *Direito empresarial e outros estudos em homenagem ao Professor José Alexandre Tavares Guerreiro*. São Paulo: Quartier Latin, 2013. JORGE JÚNIOR, Alberto Gosson. Resolução do contrato por inadimplemento do devedor. *Revista do Advogado*. n. 116/8. LEÃES, Luiz Gastão Paes de Barros. A onerosidade excessiva no Código Civil. RDB, 31. LIMA, Alvino. Abuso de direito. *Revista Forense*, n. 166/25. LEONARDO, Rodrigo Xavier. *Os contratos coligados, os contratos conexos e as redes contratuais*. In: CARVALHOSA, Modesto. *Tratado de Direito Empresarial*. 2.ed. São Paulo: Thomson Reuters, 2018. LORENZETTI, Ricardo Luis. *Tratado de los contratos*. T. I. Buenos Aires: Rubinzal, 2007. LUCCA, Newton de (et. al.). *Direito & Internet*. Bauru: EDIPRO, 2000. MARINO, Francisco Paulo De Crescenzo. *Interpretação e integração dos contratos*. In: Antonio Jorge Pereira Júnior. *Direito dos contratos*. São Paulo: Quartier Latin, 2006. MARINO, Francisco Paulo de Crescenzo. *Contratos coligados no direito brasileiro*. São Paulo: Saraiva, 2009. MARINO, Francisco Paulo De Crescenzo. *Classificação dos contratos*. In: Gilberto Haddad Jabur e Antonio Jorge Pereira Júnior. *Direito dos contratos*. São Paulo: Quartier Latin, 2006. MARQUES, Claudia Lima. Proteção do consumidor no comércio eletrônico e a chamada nova crise do contrato: por um direito do consumidor aprofundado. RDC, 57. MARTINS-COSTA, Judith Martins-Costa. *A boa-fé no direito privado: critérios para a sua aplicação*. São Paulo: Marcial Pons, 2015. MARTINS-COSTA, Judith. Cláusulas gerais como fatores de mobilidade do sistema jurídico. RT, v. 680/47. MELO, Marcos Bernardes. *Teoria do fato jurídico – plano da eficácia*. São Paulo: Saraiva, 2003. NANNI, Giovanni Ettore. *Contratos coligados*. In: Renan Lotufo. *Teoria Geral dos contratos*. São Paulo: Atlas, 2011. MONTEIRO, António Pinto. *Cláusula penal e indemnização*. Coimbra: Almedina, 1999. NEVES, Julio Gonzaga Andrade. *A supressio (Verwirkung) no direito civil*. São Paulo: Coimbra, 2016. PENTEADO, Luciano de Camargo. *Redes contratuais e contratos coligados*. In: Giselda Maria Fernandes Novaes Hironaka (Coord.), *Direito Contratual – Temas Atuais*. São Paulo: Método, 2007. PENTEADO, Luciano de Camargo. Abuso do poder econômico-contratual e boa-fé. RDP, v. 11/138. PENTEADO, Luciano de Camargo. *Doação com encargo e causa contratual*. 2. ed. São Paulo: Revista dos Tribunais, 2013. PENTEADO, Luciano de Camargo. *Integração de contratos incompletos*. Tese (Livre-Docência). Faculdade de Direito de Ribeirão Preto da Universidade de São Paulo. 2014. POTHIER. *Tratado das obrigações pessoaes e recíprocas nos pactos, contratos, convenções*. Trad. José Homem Correa Telles. Lisboa: Imprensa Nevesiana, 1835. RIBEIRO, Marcia Carla Pereira. *Teoria geral dos contratos empresariais*. In: Fabio Ulhoa Coelho. *Tratado de direito comercial*. v. 5. São Paulo: Saraiva, 2015. ROPPO, Vincenzo. *Il contratto*. Milão: Giuffrè, 2001. ROSENVALD, Nelson. *A função social do contrato*. In: Giselda Maria Fernandes Novaes Hironaka (et. al.) (coord.). *Direito Contratual – Temas Atuais*. São Paulo: Método, 2007. ROSENVALD, Nelson. *Cláusula penal*: a pena privada nas relações negociais. Rio de Janeiro: Lumen Juris, 2007. ROSITO, Francisco. *Os contratos conexos e sua interpretação*. RDM, 145/85. SALOMÃO FILHO, Calixto. *Direito concorrencial. As condutas*. São Paulo: Malheiros, 2003. SALOMÃO FILHO, Calixto. Breves acenos para uma análise estruturalista do contrato. RDM, 141/7. SCHREIBER, Anderson. *A boa-fé objetiva e o adimplemento substancial*. In: Giselda Maria Fernandes Novaes Hironaka (et. al) (coord.). *Direito Contratual – Temas Atuais*. São Paulo: Método, 2007. SILVA, Raphael Andrade. *Estruturas contratuais em Project Finance*. Rio de Janeiro: Lumen Juris, 2019. SIMÃO, José Fernando. *Redimensionamento da prestação em face dos arts. 317 e 479 do Código Civil*. Revista do Advogado, 148/125. TIMM, Luciana Benetti. *Análise econômica do direito das obrigações e contratos comerciais*. In: Fabio Ulhoa Coelho. *Tratado de direito comercial*. v. 5. São Paulo: Saraiva, 2015. WARDE JÚNIOR, Walfrido. *A boa-fé nos contratos empresariais*. In: Fabio Ulhoa Coelho. *Tratado de direito comercial*. v. 5. São Paulo: Saraiva, 2015. ZANETTI, Ana Carolina Devito Dearo. *Contrato de distribuição*. São Paulo: Atlas, 2015. ZANETTI, Cristiano de Souza. *Build to suit: qualificação e consequências*. In: Luiz Olavo Baptista (et al.) (org.). *Construção civil e direito*. São Paulo: LexMagister, 2011.

§9
COMPRA E VENDA

1. CONCEITO E FUNÇÃO

Por meio da compra e venda, *por consenso, o vendedor transfere o domínio(a) da coisa ao comprador, que se obriga com pagamento do preço em dinheiro(b)*. Três são os elementos: *consensus, pretium* e *res*. Qualifica-se como mercantil a compra e venda feita por empresários, em geral para integração a cadeias produtivas e com intuito lucrativo ou para realização de operações no mercado de capitais (CAMPOBASSO, 2013, p. 403; LORENZETTI, t. I, 2007, p. 200).

(*a*) No sinalagma do contrato de compra e venda há a transferência do domínio da coisa vendida (art. 481 do CC), com acordo sobre o objeto, preço e condições de pagamento – compra e venda pura, obrigatória e perfeita (art. 482 do CC). Responde o vendedor pelos vícios redibitórios (art. 441 do CC).

Com relação à coisa vendida, ela poderá ser atual, futura [*t. IV, §9, i. 4.3*], universalidades como o estabelecimento (LORENZETTI, t. I, 2007, p. 404) [*t. III, §1, i. 3*] ou então ser especificada à vista de amostras, protótipos ou modelos, que servirão de base para o acordo (art. 484 do CC). A *tradição* é a transferência de móveis; o *registro na Matrícula*, de imóveis.

(*b*) A outra parte do contrato é o pagamento do preço em dinheiro, com arremate do contrato de modo a ocorrer a entrega da prestação de cada parte. É preciso que o preço seja certo ou determinável, sendo nula qualquer disposição que deixe ao arbítrio exclusivo de uma das partes a fixação (art. 489 do CC).

Quanto ao preço, poderá ele ser definido no contrato, especificado por terceiro designado pelas partes (art. 485 do CC) ou então fixado por taxa de mercado ou de bolsa, em certo e determinado dia e lugar (art. 486 do CC). As três hipóteses são muito relevantes para compras e vendas mercantis, por exemplo, em venda de quotas de sociedade limitada, venda de maquinário por meio de especificação de preço por engenheiro e venda futura de *commodities* agrícolas.

Se não houver fixação de preço, o CC resolve com o critério do art. 488: "Convencionada a venda sem fixação de preço ou de critérios para a sua determinação, se não houver tabelamento oficial, entende-se que as partes se sujeitaram ao preço corrente nas vendas habituais do vendedor".

Até o momento da tradição, os riscos da coisa correm por conta do vendedor, e os do preço por conta do comprador (art. 492 do CC).

Jurisprudência

STJ – 4ª T. – REsp nº 256.456/SP – Rel. Min. Ruy Rosa de Aguiar – j. 22/03/2001: "COMPRA E VENDA. Laranja. Preço. Modificação substancial do mercado. O contrato de compra e venda celebrado para o fornecimento futuro de frutas cítricas (laranja) não pode lançar as despesas à conta de uma das partes, o produtor, deixando a critério da compradora a fixação do preço. Modificação substancial do mercado que deveria ser suportada pelas duas partes, de acordo com a boa-fé objetiva (art. 131 do C. Comercial). Recurso conhecido e provido".

2. CARACTERÍSTICAS E ELEMENTOS

Os objetivos da obra determinam descrição de características da compra e venda mercantil. Portanto, serão especificadas condições e peculiaridades dessa natureza. Especial destaque merece o art. 191, segunda parte, do CCom, que estipulava algumas características ainda apreciáveis: "É unicamente considerada mercantil a compra e venda de efeitos móveis ou semoventes, para os revender por grosso ou a retalho, na mesma espécie ou manufaturados, ou para alugar o seu uso; compreendendo-se na classe dos primeiros a moeda metálica e o papel-moeda, títulos de fundos públicos, ações de companhias e papéis de crédito comerciais, contanto que nas referidas transações o comprador ou vendedor seja comerciante". Cuida-se de mera referência teórica e conceitual, porque o dispositivo tinha influência da teoria do ato de comércio [t. I, §1, i. 4], que não se coaduna com a atual interpretação da atividade empresarial.

Portanto, como objeto de análise, será feita especificação que gira em torno (*a*) da justaposição de partes com a qualificação empresarial; (*b*) de alienação de bens móveis, inclusive em revenda; (*c*) do fornecimento de mercadorias para insumos [t. IV, §9, i. 4.2]; (*c*) venda de títulos e valores mobiliários, bens corpóreos e incorpóreos (p. ex., participações societárias, marcas, patentes, *trade dress*, *know-how*, dentre outros).

São elementos que caracterizam as obrigações de cada uma das partes, conforme já se especificou: (*a*) consenso entre as partes empresárias; (*b*) transferência do bem; (*c*) pagamento do preço.

3. CLÁUSULAS EMPRESARIAIS PECULIARES

Algumas cláusulas de contratos de compra e venda podem ser especificadas para contratos empresariais:

(*a*) *venda a contento*: nessa sorte de venda, o contrato se aperfeiçoa somente com a aprovação do comprador em relação a medidas, peso, prova, características técnicas, físicas, químicas e organolépticas. Há condição suspensiva vinculada ao contento do comprador com o bem adquirido. Assim, as mercadorias são recebidas em comodato (gratuitamente), enquanto não houve a manifestação do agrado (art. 511 do CC).

São duas as formas: a primeira, com a entrega da coisa sob condição suspensiva, não se reputando perfeita, enquanto o adquirente não manifestar seu agrado (art. 509 do CC). A segunda, é da venda sujeita à prova, que é feita sob a condição suspensiva de que a coisa tenha as qualidades asseguradas pelo vendedor e seja idônea para o fim a que se destina (art. 510 do CC).

Se o comprador enjeitar o contrato, não se aperfeiçoa em prazo estipulado ou após interpelação (art. 512 do CC) e são devolvidos os bens.

(*b*) *preempção ou preferência*: por meio dessa cláusula, o comprador se obriga a oferecer ao vendedor a coisa objeto do contrato, antes de vendê-la a terceiro. Assim, o vendedor pode usar seu direito de prelação na compra, tanto por tanto (art. 513 do CC). Em caso de desrespeito à preferência, responderá o comprador por perdas e danos, com solidariedade do adquirente se tiver agido de má-fé (art. 518 do CC). Regula-se "a preempção convencional constituída como cláusula de outros contratos (locação, arrendamento, sociedade etc.), a não ser que regra específica exista" (NERY, NERY, 2006, p. 463).

(c) *venda sobre documentos*: "na venda sobre documentos, a tradição da coisa é substituída pela entrega do seu título representativo e dos outros documentos exigidos pelo contrato ou, no silêncio deste, pelos usos" (art. 529 do CC). Portanto, a tradição da coisa objeto do contrato é substituída pela apresentação e entrega do título representativo do valor. "O título representativo *in sè* e *per sè*, em seus caracteres estruturais e funcionais, não representa o direito real, mas um simples direito de crédito de retomá-la [tê-la – coisa], que é precisamente o direito esperado pelo possuidor diante do detentor" (Nery, Nery, 2006, p. 468).

Sendo venda sobre documentos – e estando estes em ordem – o comprador não pode se recusar a fazer o pagamento sob alegação de defeito ou estado da coisa vendida, "salvo se o defeito já houver sido comprovado". Ou seja, o defeito deve ser comprovado de forma cabal antes da recusa e com prova pré-constituída, eliminando-se a possibilidade de aplicação do *solve et repete* (paga-se e depois se pede a repetição do indébito) (Nery, Nery, 2006, p. 469).

Exemplo prático que melhor pode concretizar esse tipo de cláusulas é a venda de bens depositados, como por exemplo, uma safra agrícola. Do valor da *commodity* depositada podem ser extraídos títulos como o *warrant* e o conhecimento de depósito. O primeiro representa instrumento de crédito; o segundo, meio de circulação. Portanto, a safra depositada poderá ser objeto de negócio com a circulação dos títulos representativos do valor.

Outro exemplo são as compras e vendas internacionais, com apresentação de documentos representativos de mercadoria transportada (art. 32, 1, da CISG).

(d) *compra e venda condicional*: são comuns as cláusulas com condições suspensivas (art. 125 do CC) ou resolutivas (art. 127 do CC).

A condição suspensiva deve ser expressa e restringe a eficácia do contrato, de modo que enquanto ela não ocorrer, não se terá adquirido o direito. Exemplo são condições em acordos de acionistas como o *call option* (direito de comprar ações da outra parte) e *put option* (dever de comprar ações da outra parte) [*t. II, §11, i. 4.4*].

A condição resolutiva implica perda de efeitos do contrato se ocorrer o evento futuro.

3.1. Cláusulas *INCOTERMS*

As *International Commercial Terms* (Termos de Comércio Internacional) representam um conjunto de padrões internacionais criados pela Câmara de Comércio Internacional (CCI) e aceitos costumeiramente para utilização em contratos de compra e venda para abranger cláusulas de logística, processos de importação e exportação, transporte e seguros. Normalmente, informam o responsável pelos custos de frete, ponto de coleta da mercadoria e quem paga o seguro (Coelho, 2015, p. 251). A CCI seleciona a melhor aplicação para transporte marítimo e aquático, além daqueles aplicáveis para os demais meios de transporte, inclusive multimodal.

São designadas por siglas e, lançadas no contrato, vinculam as partes, de acordo com grupos[1]:

> Grupo E
> EXW – *Ex Works* – mercadoria entregue no estabelecimento do vendedor, que tem poucas obrigações. O comprador recebe a mercadoria no local de produção (fábrica, plantação, mina, armazém), e assume todos os riscos, desde a retirada no local designado até o destino final.

---

[1] Fonte: https://www.bb.com.br/docs/pub/dicex/dwn/IncotermsRevised.pdf. Acessado em: 28.09.2018.

Grupo F

FCA – *Free Carrier* (Franco Transportador ou Livre Transportador). A obrigação do vendedor termina ao entregar a mercadoria, desembaraçada para a exportação, à custódia do transportador nomeado pelo comprador, no local designado. O vendedor deve fazer o desembaraço.

FAS – *Free Alongside Ship* (Livre no Costado do Navio). A obrigação do vendedor é colocar a mercadoria ao lado do costado do navio no cais do porto de embarque. O desembaraço da mercadoria é responsabilidade do vendedor.

FOB – *Free on Board* (Livre a Bordo do Navio). O vendedor deve colocar a mercadoria a bordo do navio indicado pelo comprador, no porto de embarque designado e sob sua conta e risco. Compete ao vendedor atender as formalidades de exportação.

Grupo C

CFR – *Cost and Freight* (Custo e Frete). As despesas decorrentes da colocação da mercadoria a bordo do navio, o frete até o porto de destino designado e as formalidades de exportação correm por conta do vendedor; os riscos e danos da mercadoria, a partir do momento em que é colocada a bordo do navio são de responsabilidade do comprador, que deverá contratar e pagar o seguro e os gastos com o desembarque.

CIF – *Cost, Insurance and Freight* (Custo, Seguro e Frete). Todas despesas, inclusive seguro marítimo e frete, até a chegada da mercadoria no porto de destino designado correm por conta do vendedor; todos os riscos, desde o momento que transpõe a amurada do navio para desembarque, são de responsabilidade do comprador. Deverá ser utilizado o termo CIP para os casos de transporte rodoviário, ferroviário ou aéreo.

CPT – *Carriage Paid To* (Transporte Pago Até). O vendedor paga o frete até o local do destino indicado. Do outro lado, o comprador assume os riscos por perdas e danos, a partir do momento em que a transportadora assume a custódia das mercadorias. Este termo pode ser utilizado independentemente da forma de transporte, inclusive multimodal.

CIP – *Carriage and Insurance Paid to* (Transporte e Seguro Pagos até). O frete é pago pelo vendedor até o destino convencionado; as responsabilidades são as mesmas indicadas na CPT, somadas ao pagamento de seguro até o destino. Os riscos e danos passam para a responsabilidade do comprador no momento em que o transportador assume a custódia das mercadorias. Também independe do tipo de transporte.

Grupo D

DAF – *Delivered At Frontier* (Entregue na Fronteira). A entrega da mercadoria é feita num ponto antes da fronteira alfandegária com o país limítrofe em que foi desembaraçada para exportação, porém não desembaraçada para importação. Desse ponto em diante, a responsabilidade por despesas, perdas e danos é do comprador.

DES – *Delivered Ex-Ship* (Entregue no Navio). O vendedor coloca a mercadoria, não desembaraçada, a bordo do navio, no porto de destino designado, à disposição do comprador. Até chegar ao destino, a responsabilidade por perdas e danos é do vendedor.

DEQ – *Delivered Ex-Quay* (Entregue no Cais). O vendedor entrega a mercadoria não desembaraçada ao comprador, no porto de destino designado. A responsabilidade pelas despesas de entrega das mercadorias ao porto de destino e desembarque no cais é do vendedor.

DDU – *Delivered Duty Unpaid* (Entregues Direitos Não pagos). Entrega e descarregamento de mercadorias dentro do país do comprador. Os riscos e despesas até a entrega da mercadoria correm por conta do vendedor, exceto as decorrentes do pagamento de direitos, impostos e outros encargos decorrentes da importação.

DDP – *Delivered Duty Paid* (Entregue Direitos Pagos). O vendedor cumpre os termos de negociação ao tornar a mercadoria disponível no país do importador no local combinado desembaraçada para importação, porém sem o compromisso de efetuar desembarque; o vendedor assume os riscos e custos referentes a impostos e outros encargos até a entrega da mercadoria; este termo representa o máximo de obrigação do vendedor em contraposição ao EXW.

Não é incomum que essas siglas – ao menos as mais simples e adaptáveis ao mercado interno – sejam utilizadas entre as partes em contratos nacionais. Não se trata de expediente dos mais prudentes, mas no intuito de se aproveitar de usos e costumes aceitos e agilizar negociações, as partes inserem cláusulas de *incoterms* que acabam produzindo efeito pela aceitação e incorporação do uso à avença. Passa a ser relevante a interpretação do disposto no contrato, buscando equivalência na sigla do padrão internacional da CCI e a contextualização ao contrato feito.

Jurisprudência

TJPR – 17ª C.Cív. – AC nº 1357396-1 – Rel. Des. Luis Sérgio Swiech – j. 16.09.2015: "Ação de cobrança. Frete. Transporte marítimo internacional. Sentença que julgou improcedentes os pedidos iniciais (art. 269, I do CPC). 1. Responsabilidade pelo pagamento do frete. Direito internacional. Incoterms. Cláusula FOB – Free On Board aliada à contratação de frete na modalidade Collect. Pagamento que incumbe ao importador/comprador. Sentença mantida. 2. Ônus sucumbenciais mantidos. Recurso conhecido e desprovido".

TJRJ – 19ª C.Cív. – Ap nº 0198820-45.2009.8.19.0001 – Rel. Des. Guaraci de Campos Vianna – *DJe* 16.10.2015: "(...) 3. Segundo a International Chamber of Commerce que publica os Incoterms (normas definidoras para trocas comerciais internacionais), o valor FOB se refere ao custo da mercadoria importada com seus valores agregados até a amurada do navio no porto de origem enquanto o CIF – Cost, Insurance and Freight, agrega ainda ao valor FOB – Free On Board, o preço do frete e do seguro marítimos correspondentes, sendo devido o preço do serviço calculado com base do valor CIF dos bens importados. 4. Alternâncias aos serviços inicialmente contratados que deveriam ser esclarecidos pela prestadora do serviço, notificando sobre os novos contornos, o que na hipótese facilmente seria registrado eis que desde o início a negociação viabilizou-se via e-mail. 5. Contudo, inegável que houve prestação de serviço adicional, e embora não se tenha composto novos limites ao negócio acerca de tais mudanças não poderia a autora isentar-se de agregar ao valor inicial o pagamento por esses novos serviços. 6. Dever de observância ao Princípio da boa-fé, ética e da autonomia da vontade na relação negocial (...)".

TJSP – 25ª CDPriv. – Ap nº 1892694520068260100/SP – Rel. Des. Marcondes D'Angelo – *DJe* 26.04.2012: "(...) Contrato internacional de compra e venda de 'cebolas amarelas holandesas'. Prova do negócio e do inadimplemento. Avença que previu entrega sob condição 'CIF' (Cost, Insurance and Freight). Princípio do pacta sunt servanda. Provas dos autos que demonstram que as mercadorias foram embarcadas e desembarcadas, nos moldes da legislação pertinente. Má qualidade do produto não comprovada pelas apelantes, as quais assumiram a responsabilidade pelo transporte após o desembaraço da exportação. Contrato presumidamente consensual. Aceitação da proposta que vinculou as recorrentes desde a aquele momento. Irrelevância da tradição, a qual é pressuposto para a aquisição da propriedade. Certificação do Ministério da Agricultura que, ademais, objetiva a análise de elementos outros, além do aspecto sanitário. Exegese do Decreto nº 3.664/2000. Portaria nº 529/1995 que, outrossim, especifica os critérios de classificação. Perícia particular realizada pelas demandadas que, confessadamente, não observou a portaria na íntegra. Impossibilidade de utilizá-la como parâmetro. Perícia elaborada pela autora que, por seu turno, levou em conta o Regulamento nº 1508/2001 da CE. Concessão de descontos que não faz presumir a má qualidade dos produtos (...)".

Bibliografia JOLIVET, Emmanuel. Incoterms e técnica contratual, RDM, 149-150/93.

4. EXTINÇÃO DO CONTRATO

As causas de extinção acompanham as regras gerais do CC [*t. IV, §8, i. 7*].

Bibliografia: DE LUCCA, Newton. *Títulos e contratos eletrônicos*. In: DE LUCCA, Newton (et. al). *Direito & Internet – aspectos jurídicos*. Bauru: ECIPRO, 2005. PARENTONI, Leonardo Netto. A duplicata virtual em perspectiva, *Revista Magister de Direito Empresarial*, 56/5. VIVANTE, Cesare. *Trattato di Diritto Commerciale*. v. 3. 5. ed. Milão: Vallardi, 1924.

5. COMPRAS E VENDAS ESPECIAIS

5.1. Reserva de domínio[2]

A compra e venda com reserva de domínio é instrumento utilizado em vendas a crédito parcelado – sobretudo de bens duráveis (CAMPOBASSO, 2013, p. 410) –, com inserção de cláusula que *condiciona* a transferência da propriedade do bem ao pagamento do preço (art. 521 do CC, semelhante ao art. 1.523 do *Codice Civile* italiano). O domínio fica reservado ao vendedor, atribuindo-se ao comprador somente a posse do bem e a responsabilidade pelos riscos, a partir de quando lhe foi entregue (art. 524 do CC).

Afirma FRAN MARTINS sobre a natureza do contrato: "Trata-se, evidentemente, de *condição* imposta pelo vendedor e aceita pelo comprador, condição que faz que o comprador não seja considerado proprietário da coisa a não ser depois de efetuado todo o pagamento. Se o contrato tem por finalidade máxima transferir o domínio da coisa do vendedor para o comprador, mas se essa transferência fica diferida para o momento em que todo o preço seja pago, apesar de já estar o comprador de posse da coisa, há aí uma condição que suspende a integração do comprador no domínio da coisa enquanto não for pago todo o preço, caracterizando-se, desse modo, a condição *suspensiva*" (MARTINS, 2018, p. 101). Portanto, a cláusula de reserva de propriedade oferece tutela eficaz ao credor contra o inadimplemento, porque a transferência de domínio somente ocorre após o pagamento do preço e os riscos de perda da coisa ficam a cargo do comprador (CAMPOBASSO, 2013, p. 410).

Além da condição de pagamento do preço (art. 521 do CC), a compra e venda com reserva de domínio deverá ser feita por escrito e depende de registro no domicílio do comprador para valer contra terceiros (art. 522 do CC e art. 129, 5º, da LRP).

O vendedor somente poderá executar a cláusula de reserva de domínio após constituir o comprador em mora, mediante protesto do título ou interpelação judicial (art. 525 do CC). Constituída a mora, é opção do vendedor cobrar o valor devido ou reintegrar-se na posse do bem (art. 526 do CC).

Normalmente, a venda com reserva de domínio está ligada a objetos móveis e infungíveis, nos quais se transmite a posse, reservando-se a propriedade. Em vista dessa característica essencial, há reservas doutrinárias em admitir essa venda complexa em bens como o estabelecimento (por ser universalidade de fato) [*t. III, §1, i. 1*] e quotas ou ações representativas de participações societárias [*t. II, §3, i. 3.3*] (NERY, NERY, 2006, p. 466).

Por se tratar de propriedade condicionada ao pagamento, a superveniência de falência do comprador faz com que o bem objeto da venda com serva de domínio e o respectivo crédito não se submeta aos efeitos da recuperação judicial e prevaleçam os direitos de propriedade sobre a coisa e as condições contratuais, ressalvada a essencialidade para a atividade empresarial (art. 49, § 3º, da LREF) [*t. V, §2, i. 3.1*].

---

[2] Optou-se pelo destaque de venda especial para a reserva de domínio, por se tratar de instrumento comum nos contratos empresariais de máquinas, por exemplo. Por esse motivo não está no rol de cláusulas peculiares.

Jurisprudência

STJ – 3ª T. – REsp nº 1.629.000 – Rel. Min. Nancy Andrighi – j. 28/03/2017: "(...) 2. A mora do comprador, na ação ajuizada pelo vendedor com o intuito de recuperação da coisa vendida com cláusula de reserva de domínio, pode ser comprovada por meio de notificação extrajudicial enviada pelo Cartório de Títulos e Documentos (...)".

STJ – 4ª T. – REsp nº 1.056.837 – Rel. Min. Marco Buzzi – j. 03/11/2015: "(...) Hipótese: A controvérsia diz respeito à necessidade ou não de prévia rescisão do contrato de compra e venda com reserva de domínio a fim de viabilizar a manutenção/recuperação da posse do bem vendido, ante o inadimplemento do comprador. 1. A cláusula de reserva de domínio ou *pactum reservati dominii* é uma disposição inserida nos contratos de compra e venda que permite ao vendedor conservar para si a propriedade e a posse indireta da coisa alienada até o pagamento integral do preço pelo comprador, o qual terá apenas a posse direta do bem, enquanto não solvida a obrigação. Nascido na prática mercantil, o pacto com reserva de domínio é hoje um instituto difundido no mundo dos negócios e foi sistematizado no ordenamento jurídico a partir do advento do Código Civil de 2002 (arts. 521-528), porém já contava com tratamento esparso antes mesmo do citado diploma legal. (...) 3. Desnecessário o ajuizamento preliminar de demanda rescisória do contrato de compra e venda, com reserva de domínio, para a obtenção da retomada do bem. Isso porque não se trata, aqui, da análise do *ius possessionis* (direito de posse decorrente do simples fato da posse), mas sim do *ius possidendi*, ou seja, do direito à posse decorrente do inadimplemento contratual, onde a discussão acerca da titularidade da coisa é inviabilizada, haja vista se tratar de contrato de compra e venda com reserva de domínio onde a transferência da propriedade só se perfectibiliza com o pagamento integral do preço, o que não ocorreu em razão da inadimplência do devedor (...)".

STJ – 2ª Seção – AgRg no CC nº 119.337/MG – Rel. Min. Raul Araújo – j. 08/02/2012: "(...) 4. Diante disso, como não se pode imputar à sociedade recuperanda o descumprimento do prazo de 180 dias, e tendo em conta que o deferimento imediato do pedido de busca e apreensão coloca em risco o funcionamento da sociedade e o futuro plano de recuperação judicial, já que os bens objeto do contrato de compra e venda com reserva de domínio, no caso, são o "coração de uma usina de açúcar e álcool", mostra-se correta a manutenção dos referidos bens na posse da suscitante, até ulterior deliberação (...)".

5.2. Fornecimento

O contrato de fornecimento se forma por compra e venda complexa e, normalmente, com trato sucessivo e duradouro de obrigações para abastecimento da cadeia produtiva empresarial, com "prestações periódicas e continuativas de coisas" (CAMPOBASSO, 2013, p. 413). Visa à ligação entre o produtor da matéria-prima ou do insumo àquele que vai transformar e industrializar (FORGIONI, 2005, p. 103).

Pactua-se a entrega de mercadorias com determinação de quantidades, qualidades, prazos, exclusividade e estabilidade de preço, conforme conceito de FRAN MARTINS: "Entende-se por *contrato de fornecimento* aquele em que as duas partes acordam no fornecimento, pelo vendedor, de certas mercadorias, para entregar em prazo determinado ou não, por um preço que pode ser fixado antecipadamente para todas as entregas parciais ou ajustado em cada uma dessas entregas" (MARTINS, 2018, p. 134)[3].

Sobre o contrato, afirma FABIO ULHOA COELHO: "a função do contrato de fornecimento é *estabilizar* determinados aspectos da relação negocial, poupando as partes de renegociações

---

[3] As características se assemelham ao art. 1.559 do Código Civil italiano, que cuida do contrato de *sommistrazione* com pagamento de preço por prestações periódicas e continuativas de coisas.

periódicas sobre eles e possibilitando o cálculo empresarial relativamente ao suprimento de insumos (para o comprador) ou garantia de demanda (para o vendedor)" (COELHO, 2015, p. 257).

Diferentemente da omissão do CC, no direito italiano o *Codice Civile* regulou diversos aspectos do fornecimento, com dispositivos sobre necessidade de aviso prévio para suspensão de fornecimento (art. 1.565 do *Codice Civile*), pacto de preferência no recebimento de mercadoria (art. 1.566 do *Codice Civile*) e exclusividade (art. 1.567 do *Codice Civile*) (CAMPOBASSO, 2013, p. 415).

Jurisprudência

STJ – 3ª T. – REsp nº 1.637.629 – Rel. Min. Nancy Andrighi – j. 06/12/2016: "(...)Na hipótese dos autos, a alteração unilateral de contrato de fornecimento de baterias de automóveis pela recorrente impôs pesado ônus sobre as atividades comerciais da recorrida. Contudo, tal ato é incapaz de gerar danos morais (exclusivamente extrapatrimoniais) para além daqueles de natureza material (...)".

STJ – 4ª T. – REsp nº 1.279.188 – Rel. Min. Luis Felipe Salomão – j. 16/04/2015: "(...) 1. O cerne da controvérsia consiste em investigar a possível ilicitude praticada pela ora recorrente no tocante à limitação do fornecimento de matéria-prima à recorrida, limitação essa acompanhada de redução de seu crédito e diminuição dos prazos de pagamento, tudo isso após cerca de um ano do início da relação negocial, a qual, essencialmente, se manteve de forma verbal. 2. Ficou claro da moldura fática dos autos que as partes firmaram contrato em meados de 1996 e que em agosto de 1997 houve uma redução do volume de produtos fornecidos pela recorrente à recorrida, tudo isso em razão de problemas operacionais, sendo que havia acordo verbal de fornecimento em volume superior. Com efeito, não se trata de relação contratual de longa duração, na qual os costumes comerciais têm aptidão de gerar a legítima expectativa em um contratante de que o outro se comportará de forma previsível. 3. Em boa verdade, em se tratando de problemas de produção, tem-se situação absolutamente previsível para ambos os contratantes, de modo que a redução no fornecimento de produtos, nessa situação, não revela nenhuma conduta ilícita por parte do fornecedor. A controvérsia comercial subjacente aos autos insere-se no risco do empreendimento, o qual não pode ser transferido de um contratante para outro, notadamente em contratos ainda em fase de amadurecimento, como no caso. 4. Quanto à redução do fornecimento e do crédito posteriormente ao inadimplemento da recorrida, outra providência não se esperava da recorrente. Não se pode impor a um dos contratantes que mantenha as condições avençadas verbalmente quando, de fato, a relação de confiabilidade entre as partes se alterou. Era lícito, portanto, que a contratada reduzisse o volume de produto fornecido e modificasse as condições de crédito e pagamento, diante do inadimplemento pretérito da contratante, precavendo-se de prejuízo maior. (...). 6. Assim, no caso de inadimplemento do contratante – circunstância que sugere, realmente, alteração de solvabilidade de uma das partes –, se era lícito ao outro reter sua prestação, era-lhe igualmente lícito reduzir o volume dos produtos vendidos, dos prazos de pagamento e do crédito, na esteira do adágio de que quem pode o mais pode o menos (...)".

STJ – 3ª T. – REsp nº 1.018.296 - Rel. Min. Nancy Andrighi - j. 23/03/2010: "(...) – No contrato de fornecimento de derivados de laranja, em razão de uma super safra, houve transação e distrato, nos quais a recorrente cedeu aos plantadores de laranja, na maioria seus sócios, a opção de venda diretamente à recorrida, por preço substancialmente superior àquele praticado no mercado. – É direito subjetivo das partes promover a renegociação de cláusula contratual *"phase out"* a qualquer tempo, respeitada a autonomia das vontades contratantes. Havendo participação ativa dos sócios na venda direta do produto e ausência de prova da alegada coação, improcede a pretensão de anulabilidade da transação. - É válido o distrato com transação que assegura a opção de venda do produto diretamente aos sócios, implementado com preço superior ao do mercado, especialmente em período de super safra (...)".

TJSP – 23ª Câm. Dir. Priv. – APL nº 017839-972002.8.26.0100 – Rel. Des. Rizzatto Nunes – j. 21/09/2011: "RESPONSABILIDADE CIVIL. CONTRATO COMPRA E VENDA

MERCANTIL. Fornecimento de combustível e comodato de equipamentos. Danos materiais e morais. Hipótese em que restou comprovado que a ré não cumpriu suas obrigações contratuais ao não instalar devidamente os tanques e bombas de combustível, o que fez com que o posto dos autores ficasse sem condições normais de trabalho".

TJSP – 1ª Câm. Res. Dir. Empr. – APL nº 1037006-64.2013. 8.26.0100 – Rel. Des. Enio Zuliani – j. 16/08/2017: "(...) Contrato de Compra e Venda de Combustível com Exclusividade e Garantia Hipotecária firmado entre IPIRANGA e 03 Postos (PATELOSA POSTO DE SERVIÇOS LTDA, PATLO POSTO DE SERVIÇOS LTDA e LUIGI POSTO DE SERVIÇOS LTDA) tendo a SYNTHESE como garantidora hipotecária. Aquisição de gasolina de fornecedores estranhos à IPIRANGA e não aquisição da quantidade mínima estipulada. Inadimplemento contratual configurado. Infrações ao contrato suficientes para ensejar a rescisão contratual por culpa dos réus. Condenação solidária dos réus pela multa contratual e pagamento do valor adiantado a título de exclusividade de forma proporcional às quantidades que deixaram de ser adquiridas. (...). O fato de os réus serem flagrados adquirindo gasolina de outros fornecedores estranhos à contratação ou de não adquirir a quantidade mínima estipulada estão provados não só por fotos, mas por nota fiscal de fornecimento, por planilha de consumo e pelo boleto de pagamento".

TJRS – 20ª Câmara Cível – APL nº 70077647378 – Rel. Des. Carlos Cini Marchionatti – j. 08/08/2018: "(...) O indeferimento de licença ambiental, ao encargo do posto revendedor, justifica a resolução do contrato complexo de fornecimento para revenda de gás natural veicular. O contrato paritário, com riscos inerentes ao empreendimento por sociedades empresárias do ramo do fornecimento de combustíveis, se resolve com a restituição das partes ao estado anterior, indenizando-se a fornecedora em razão dos gastos com instalação dos equipamentos para fornecimento do combustível, e assunção do passivo ambiental pela guarda dos equipamentos pelo posto de combustíveis. A condição suspensiva do contrato, para que se caracterizasse perfectibilizado, estipulada no primeiro fornecimento de GNV para revenda, não ocorreu. E sem a perfectibilização do contrato não incide a multa por resolução contratual exigível do posto revendedor pela fornecedora".

TJRS – 17ª Câmara Cível – APL nº 70075162370 – Rel. Des. Marta Borges Ortiz – j. 22/02/2018: "(...)1. Inaplicável o Código de Defesa do Consumidor ao contrato entabulado entre as partes, uma vez que o produtor se utiliza dos serviços da ré – fornecimento de insumos e outros investimentos – para impulsionar sua atividade empresarial, qual seja, produção de fumo (...)".

Bibliografia: COELHO, Fabio Ulhoa. *Compra e venda mercantil*. In: COELHO, Fabio Ulhoa. *Tratado de direito comercial*. v. 5. São Paulo: Saraiva, 2015. MARTINS, Fran. *Contratos e obrigações comerciais*. 18. ed. São Paulo: Forense, 2018.

5.3. Compra e venda no mercado de capitais

Diversas operações realizadas no mercado de valores mobiliários e de capitais podem ter por base negocial um contrato de compra e venda. Terão elas, no entanto, peculiaridades regulatórias e funções específicas para as bolsas de valores, mercadorias e futuros. Essa combinação pode ser observada com alguns elementos de análise.

Não foram abordados contratos como o *swap*, que permite a troca de títulos de valores, uns pelos outros, de modo a mitigar as consequências da oscilação de preço no mercado (LORENZETTI, t. III, 2007, p. 409).

Jurisprudência

STJ – 3ª T. – REsp nº 1.689.225 – Rel. Min. Ricardo Villas Bôas Cueva – j. 21/05/2019: "(...) 2. Hipótese em que a parte autora, empresa fabricante de produtos de madeira para fins de exportação, busca a reparação de prejuízos que afirma ter sofrido na liquidação de contrato de *swap* cambial. Alegação de imprevisibilidade e inevitabilidade da crise mundial, da qual teria resultado a maxidesvalorização do real em relação ao dólar no segundo semestre de 2008. 3. Nos contratos de derivativos, é usual a liquidação com base apenas na diferença entre o valor do parâmetro de referência verificado na data da contratação e no vencimento, sem a anterior entrega física de numerário. 4. As normas protetivas do direito do consumidor não incidem nas relações jurídicas interempresariais envolvendo contratos de derivativos. 5. É válida a cláusula que prevê a rescisão antecipada do contrato de derivativo firmado com instituição financeira na eventualidade de ser alcançado limite previamente estabelecido de liquidação positiva para o cliente. 6. A exposição desigual das partes contratantes aos riscos do contrato não atenta contra o princípio da boa-fé, desde que haja, ao tempo da celebração da avença, plena conscientização dos riscos envolvidos na operação. 7. A aferição do dever de apresentar informações precisas e transparentes acerca dos riscos do negócio pode variar conforme a natureza da operação e a condição do operador, exigindo-se menor rigor se se fizerem presentes a notoriedade do risco e a reduzida vulnerabilidade do investidor. 8. Os contratos de derivativos são dotados de álea normal ilimitada, a afastar a aplicabilidade da teoria da imprevisão e impedir a sua revisão judicial por onerosidade excessiva (...)".

5.3.1. Mercado à vista

No caso de operações em bolsa de valores e mercadorias à vista, o título é oferecido e essa posição vendida é liquidada à vista ou logo em seguida à aceitação da proposta. O objeto da venda poderá ser ações, derivativos ou certificados de recebíveis. Caberá ao comprador fazer o pagamento do preço e ao vendedor transferir os títulos negociados.

O pagamento das operações fechadas é feito por meio da Companhia Brasileira de Liquidação e Custódia (CBLC), uma *clearing house* autorizada pela CVM, que atua na compensação, liquidação e controle de riscos dos negócios realizados no mercado à vista e futuro operado pela B3 (bolsa de valores). Cuida-se de companhia com participação de agentes de compensação, corretoras, bancos e distribuidoras de títulos (Eizirk, 2008, p. 233).

A operação é descrita por Nelson Eizirik: "Em linhas gerais, no dia da liquidação da operação, o título é retirado da conta mantida junto à CBLC pelo vendedor e incluído na conta mantida pelo comprador. Ao mesmo tempo, o valor relativo ao preço pago por este título é debitado da conta do comprador e creditado na conta do vendedor. Este procedimento de troca de títulos pelo valor pago é realizado automaticamente pela CBLC, sem interferência dos participantes do negócio" (Eizirk, 2008, p. 213).

Controverte-se em doutrina sobre a natureza do contrato, porque a intermediação poderia descaracterizar a compra e venda, em vista da falta de relação direta. Entretanto, acredito que na liquidação com entrega da coisa, há caracterização específica da compra e venda. Em caso de interposição do intermediário, há compra e venda especialíssima, com intermediação na eficácia do pagamento condicionada à liquidação financeira.

5.3.2. Mercado a termo

No chamado mercado a termo, ocorrem operações de compra e venda de ativos para *liquidação em data futura*. As partes pactuam o preço e o prazo de entrega do ativo a partir do fechamento do pregão em bolsa. Duas peculiaridades: o vínculo das partes é até a entrega do produto adquirido; o preço é o resultado do preço à vista com aplicação de juros do prazo do contrato.

Afirma Nelson Eizirik sobre o interesse do comprador nesse tipo de negócio: "(i) garantir o preço de algum tipo de ativo cuja cotação ele espera que vá subir; (ii) diversificar riscos, adquirindo diferentes tipos de papeis a termo; (iii) obter caixa rapidamente sem perder, por exemplo, a participação na companhia por meio da venda de ações à vista e da subsequente compra de tais papeis a termo; e (iv) alavancar ganhos, já que a compra a termo confere ao investidor a possibilidade de adquirir uma quantidade de ativos superior à que sua disponibilidade financeira permitiria comprar à vista". Ao vendedor interessam ganhos extras com os juros a operação a termo (Eizirik, 2008, p. 214).

As operações de mercado a termo também contam com a intermediação da CBLC, com depósitos em garantia do contrato.

5.3.3.   Mercado futuro

A compra e venda poderá ter por objeto coisa atual ou futura. No segundo caso, sendo aleatório, ficará sem efeito o contrato se esta não vier a existir (art. 483 do CC). Portanto, a venda é feita sobre certa coisa esperada (*emptio rei speratae*), com aplicação do art. 459 do CC. Nesses casos, ocorre compra e venda com *entrega futura* da mercadoria.

É diferente a perspectiva contratual no mercado futuro, porque nele o ativo é objeto de compra e venda para *liquidação em data futura*. Segundo Ricardo Lorenzetti, levantando divergência no tema, é contrato atípico, com aplicação de regras de compra e venda futura com fixação do preço por parte de terceiro ou por referência a uma coisa e padrões regulatórios de mercado (Lorenzetti, t. III, 2007, p. 408).

Também há diferenças para a operação a termo: (*a*) as partes não ficam vinculadas até a liquidação na venda futura, porque poderão venda de seus ativos no interregno; (*b*) "no contrato a termo, as diferenças de preço são ajustadas na data do vencimento, ao passo que nos contratos futuros tais diferenças são ajustadas diariamente" (Eizirik, 2008, p. 216).

As vendas futuras no mercado de valores mobiliários são muito importantes no ambiente empresarial, não somente pela circulação de lotes padronizados de *commodities* e ativos financeiros, mas também pela proteção contra instabilidades de preços das mercadorias, conhecida como *hedging* (Eizirik, 2008, p. 214). Portanto, as partes projetam os preços a longo prazo para estabilizar lucros e prejuízos e evitar assunção de grandes riscos que podem lhes instabilizar financeiramente.

A equalização da operação é diária, com variações em conta corrente derivadas da flutuação da *commodity* até a data da liquidação.

5.3.4.   Mercado de opções

Por meio desse mercado, permite-se às partes a negociação da própria *opção* de comprar (*call*) e vender (*put*) determinado ativo, mediante ajuste de *prêmio* e com *preço de exercício* (*strike*) da compra determinado pelo pregão da bolsa em data determinada. Portanto, o adquirente (titular) paga o alienante (lançador) um prêmio pela opção, permitindo-se-lhe o exercício da opção *até* o vencimento ou *na* data do vencimento, conforme ficar pactuado. Há direito à opção e não obrigação de exercê-la.

Novamente, o objetivo é a proteção do preço contratual às variações de mercado (*hedge*). Assim, um produtor de café que estima safra em 1000 sacas e queira se proteger da variação do mercado, pode assegurar o preço de venda com margem de lucro ao comprar opções de venda de café a US$ 120 a saca em 60 dias, com pagamento de prêmio a US$ 5. Portanto, desembolsará US$ 5.000 de imediato, mas estará protegido de uma variação de preços para baixo: se a saca for a US$ 100, poderá exercer a opção de venda e obter ganhos extras de US$ 15.000 (abatido o prêmio) em razão da proteção. Se a saca de café for a US$ 160, poderá vender por este preço mais vantajoso, sem exercer a opção[4].

6. COMPRAS E VENDAS INTERNACIONAIS (CISG)

As compras e vendas podem ocorrer no mercado externo. Se antes os contratos ficavam regidos pela LINDB, a *United Nations Convention on Contracts for the Intertional Sale of Goods* (CISG), firmada em Viena em 1980 e incorporada ao direito brasileiro pelo Decreto Legislativo nº 538, de 20.03.2012, com vigência em 01.04.2014, mudou esse parâmetro legal. A regra de conexão do art. 9º da LINDB era a seguinte: "Art. 9º. Para qualificar e reger as obrigações, aplicar-se-á a lei do país em que se constituírem. § 1º. Destinando-se a obrigação a ser executada no Brasil e dependendo de forma essencial, será esta observada, admitidas as peculiaridades da lei estrangeira quanto aos requisitos extrínsecos do ato. §2º. A obrigação resultante do contrato reputa-se constituída no lugar em que residir o proponente".

Todavia, se o contrato for celebrado com um dos países signatários, passa ser regulado pelas regras de conexão da CISG. Estão incluídas na convenção as compras e vendas de mercadorias a serem fabricadas ou produzidas, excluindo-se a encomenda com fornecimento dos materiais necessários à fabricação ou o fornecimento de mão de obra (art. 3º da CISG) (CAMPOBASSO, 2013, p. 403). São quatro blocos de regras: (*a*) aplicação da convenção; (*b*) formação do contrato, sem cuidar da validade; (*c*) regras de compra e venda de mercadorias, com obrigações do vendedor e do comprador, extinção do contrato e riscos de perdas; (*d*) disposições finais relativas à adoção do texto, reservas e ratificação.

6.1. Âmbito de aplicação e critérios de interpretação

A CISG é aplicável aos contratos de compra e venda de mercadorias entre partes que estejam estabelecidas em Estados distintos e signatários da convenção; se as regras de direito internacional levarem à aplicação da lei de um Estado contratante da CISG; se as partes elegerem a CISG como regramento aplicável (CISG, art. 1º). Afasta-se a aplicação da Convenção para compras e vendas: (*a*) de mercadorias adquiridas para uso pessoal, familiar ou doméstico, salvo se o vendedor, antes ou no momento de conclusão do contrato, não souber, nem devesse saber, que as mercadorias são adquiridas para tal uso; (*b*) em hasta pública; (*c*) em execução judicial; (*d*) de valores mobiliários, títulos de crédito e moeda; (*e*) de navios, embarcações, aerobarcos e aeronaves; (*f*) de eletricidade (art. 2º da CISG).

Em termos de interpretação, o art. art. 7º(1) da CISG prevê três critérios.

Primeiro, há *caráter internacional* na Convenção, de modo que se deve buscar a *autonomia* de sua aplicação, independentemente das influências dos direitos internos.

Segundo, promove-se *a uniformidade de aplicação* por juízes e árbitros, com a investigação de decisões estrangeiras como balizas de interpretação[5].

---

[4] Exemplo extraído do seguinte site: <<http://www.investidor.gov.br/menu/Menu_Investidor/derivativos/mercado_opcoes.html>>.

[5] Referenciais de consulta: *Case Law on UNCITRAL Texts* (CLOUT) (http://www.uncitral.org/uncitral/en/case_law.html); *Global Sales Law* tem o *site* CISG-online (http://www.globalsaleslaw.org/index.cfm?pageID=29), em ambos os casos para consulta de julgados sobre as regras da convenção. Encontram-se também interpretações do Instituto de Direito Privado UNIDROIT. No Brasil, importante referência doutrinária e de análise de decisões é o site CISG-Brasil: http://www.cisg-brasil.net/doutrina.

Terceiro e último é o parâmetro da *boa-fé* no comércio internacional, levando-se em consideração a intenção das partes (se conhecido) ou declarações e condutas observadas segundo o sentido que lhe daria pessoa razoável, com a mesma qualificação e nas mesmas circunstâncias da outra parte (art. 8º, 1 e 2, da CISG).

Costumes e práticas comuns também são considerados válidos pela CISG. Presume-se que as partes consideraram tacitamente aplicáveis ao contrato, ou à sua formação, todo e qualquer uso ou costume geralmente reconhecido e regularmente observado no comércio internacional, em contratos de mesmo tipo no mesmo ramo de comércio, de que tinham ou devessem ter conhecimento.

6.2. Regras de formação do contrato

Os arts. 14 a 17 da CISG exigem concomitante preenchimento de três elementos para formação do contrato: intenção do ofertante em se vincular à proposta no caso de aceitação; suficiência na definição, com presença dos termos contratuais na oferta; torna-se efetiva ao atingir o destinatário. A proposta será precisa se designar no conteúdo as mercadorias e, expressa ou implicitamente, fixar a quantidade e o preço, ou pelo menos os meios para determiná-los (art. 14, 1, da CISG).

A eficácia da proposta ocorre quando ela chega ao destinatário – inclusive de forma verbal – e a retirada somente produzirá efeitos se chegar antes da proposta ou simultaneamente a ela (art. 15 da CISG), valendo tal preceito inclusive para os meios eletrônicos de comunicação. Admite-se a revogação da proposta até a conclusão do contrato, salvo se a proposta fixar prazo para aceitação ou por outro modo ficar indicado que ela é irrevogável; ou ainda se for razoável que o destinatário a considerasse irrevogável e tiver ele agido em confiança na proposta recebida (art. 16 da CISG).

Se não houver recusa extintiva da proposta, a aceitação prevista nos arts. 18 a 22 da CISG demandará simultaneidade em outros três elementos: concordância explicitada em relação à oferta; ser efetiva; e sem aditamentos, limitações ou modificações (art. 19, 1, da CISG). A manifestação pode ser expressamente declarada ou produzir efeitos por meio de conduta do destinatário que indique concordância (art. 18, 1, da CISG). A manifestação de consentimento forma validamente o contrato e a aceitação não produzirá efeitos se manifestada fora do prazo – se previsto – ou em prazo razoável para o tipo de obrigação da proposta, conforme art. 18 (1) da CISG.

A aceitação não pode conter limitações ou alterações em sua substância, compreendendo-se como essenciais as cláusulas de preço, pagamento, qualidade e quantidade das mercadorias, lugar e momento da entrega, extensão da responsabilidade de uma das partes perante a outra ou o meio de solução de controvérsias (art. 19, 3, da CISG).

A desistência somente produzirá efeitos se chegar antes ou concomitantemente à aceitação.

6.3. Obrigações das partes

6.3.1. *Obrigações do vendedor*

A obrigação principal do vendedor é entregar no prazo a mercadoria, livre e desembaraçada de reivindicações de terceiros (arts. 33, 41 a 43 da CISG).

O local da entrega deverá ser estipulado no contrato, mas no silêncio deverá (art. 31 da CISG): (*a*) remeter as mercadorias ao primeiro transportador para traslado ao comprador, quando o contrato de compra e venda implicar também o transporte das mercadorias; (*b*) fora dos casos previstos na alínea anterior, colocar as mercadorias à disposição do comprador no lugar em que se encontrarem, quando o contrato se referir a mercadorias específicas ou a mercadorias não identificadas que devam ser retiradas de um conjunto determinado ou devam ser fabricadas ou produzidas, e, no momento da conclusão do contrato, as partes souberem que as mercadorias se encontram, devem ser fabricadas ou produzidas em lugar determinado; (c) por as mercadorias à disposição do comprador no lugar do estabelecimento comercial do vendedor no momento de conclusão do contrato, nos demais casos.

Obriga-se o vendedor com a *conformidade* da mercadoria, conforme preceitos do art. 35 da CISG e considerando se o comprador sabia ou não podia ignorar desconformidades: (a) forem adequadas ao uso para o qual mercadorias do mesmo tipo normalmente se destinam; (b) forem adequadas a algum uso especial que, expressa ou implicitamente, tenha sido informado ao vendedor no momento da conclusão do contrato, salvo se das circunstâncias resultar que o comprador não confiou na competência e julgamento do vendedor, ou que não era razoável fazê-lo; (c) possuírem as qualidades das amostras ou modelos de mercadorias que o vendedor tiver apresentado ao comprador; (d) estiverem embaladas ou acondicionadas na forma habitual para tais mercadorias ou, à falta desta, de modo apropriado à sua conservação e proteção. Responde o vendedor pela desconformidade, com restituição de valores e reparação de danos (arts. 74 a 77 da CISG), salvo se completar a quantidade ou substituir a mercadoria que não apresentou a qualidade esperada (arts. 36, 37, 47 e 48 da CISG).

A lei interna brasileira cuida dos deveres do vendedor de entregar a coisa e transferir a propriedade (arts. 481 e 1.267 do CC), com responsabilidade por vícios redibitórios e evicção. Não faz menção à conformidade prevista na CISG (Ribeiro, 2014, p. 19). A CISG, de forma mais completa, usa a premissa de que o vendedor tem o domínio técnico e controle sobre as mercadorias objeto do negócio, transferindo-lhe responsabilidade por tal fato.

6.3.2. Obrigações do comprador

A obrigação principal do comprador é pagar o preço e receber as mercadorias nas condições estabelecidas no contrato (arts. 53 e 60 da CISG).

Em caso de conclusão válida do contrato sem fixação – expressa ou implícita – do preço ou o modo de determiná-lo, entender-se-á, salvo disposição em contrário, que as partes tenham implicitamente se referido ao preço cobrado por tais mercadorias no momento da conclusão do contrato, vendidas em circunstâncias semelhantes no mesmo ramo de comércio (art. 55 da CISG). O local do pagamento, se não for estipulado no contrato, presume-se como sendo o local do estabelecimento do vendedor ou no local da entrega, se ficar estipulado pagamento contra entrega de mercadoria e documentos.

Além de cobrar o valor devido, o recebimento do preço ou a execução de outras obrigações, faculta-se ao vendedor o pedido de perdas e danos em caso de inadimplemento do comprador (art. 61 da CISG).

São causas gerais excludentes de responsabilidade, tanto para vendedor, como para comprador, previstas no art. 79 da CISG:

(1) Nenhuma das partes será responsável pelo inadimplemento de qualquer de suas obrigações se provar que tal inadimplemento foi devido a motivo alheio à sua vontade, que não era razoável esperar fosse levado em consideração no momento da conclusão do contrato, ou que fosse evitado ou superado, ou ainda, que fossem evitadas ou superadas suas consequências.

(2) Se o inadimplemento de uma das partes for devido à falta de cumprimento de terceiro por ela incumbido da execução total ou parcial do contrato, esta parte somente ficará exonerada de sua responsabilidade se: (a) estiver exonerada do disposto no parágrafo anterior; e (b)

o terceiro incumbido da execução também estivesse exonerado, caso lhe fossem aplicadas as disposições daquele parágrafo.

(3) A exclusão prevista neste artigo produzirá efeito enquanto durar o impedimento.

(4) A parte que não tiver cumprido suas obrigações deve comunicar à outra parte o impedimento, bem como seus efeitos sobre sua capacidade de cumpri-las. Se a outra parte não receber a comunicação dentro de prazo razoável após o momento em que a parte que deixou de cumprir suas obrigações tiver ou devesse ter tomado conhecimento do impedimento, esta será responsável pelas perdas e danos decorrentes da falta de comunicação.

(5) As disposições deste artigo não impedem as partes de exercer qualquer outro direito além da indenização por perdas e danos nos termos desta Convenção.

Por fim, há previsão específica quanto ao risco. Da produção até a entrega, o risco é do vendedor. Uma vez entregue a mercadoria, transferem-se os riscos sobre os bens adquiridos ao comprador, que deve pagar o preço, mesmo que a mercadoria se perca já em seu poder (art. 66 da CISG). Portanto, o critério é a retirada e posse da mercadoria.

Prevê o art. 61, 1, que se "contrato de compra e venda implicar também o transporte das mercadorias e o vendedor não estiver obrigado a entregá-las em lugar determinado, correrão por conta do comprador os riscos a partir da entrega das mercadorias ao primeiro transportador, para serem trasladadas ao comprador nos termos do contrato. Se o vendedor estiver obrigado a entregar as mercadorias ao transportador em lugar determinado, os riscos só se transferirão ao comprador quando as mercadorias forem entregues ao transportador naquele lugar. O fato de estar o vendedor autorizado a reter os documentos representativos das mercadorias não prejudicará a transferência do risco".

6.4. *Exceptio non adimpleti contractus* no sistema CISG

Sendo obrigação do comprador pagar o preço para receber a mercadoria, é lícito ao vendedor considerar o pagamento como condição de entrega da mercadoria ou dos documentos (CISG, art. 58, 1). Assim, a compra e venda internacional de mercadorias está sujeita à exceção de contrato não cumprimento, na medida em que a convenção autoriza uma parte a *suspender* o cumprimento se ficar evidente que a outra não vai cumprir suas obrigações na avença (art. 71 da CISG).

A técnica utilizada pelo art. 71 da CISG foi da *suspensão* do cumprimento de obrigações, com advertência à outra parte e com retomada de efeitos contratuais se houver cumprimento das obrigações. Por outro lado, a convenção usa critério qualificador do inadimplemento, que é a *evidência* de descumprimento devido a incapacidade financeira e solvência ou à forma como se obrigou a cumprir a avença.

Caso o comprador atrase o pagamento, deverá o vendedor manter a mercadoria e, posteriormente, cobrar os custos de tal manutenção, mantendo a posse do bem até que seja ressarcido. Ademais, a parte que estiver obrigada a providenciar a conservação das mercadorias poderá vendê-las por qualquer meio apropriado se a outra parte retardar por um tempo não razoável tomar posse delas, aceitar sua devolução ou pagar o preço dos gastos de sua conservação, desde que comunique à outra parte, com antecedência razoável, sua intenção de proceder à venda (arts. 86 a 88 da CISG).

6.5. Extinção do contrato

A resolução por inadimplemento de obrigações somente gerará efeitos se for notificada (art. 26 da CISG). Ressalte-se que a convenção adota o critério da *essencialidade* ou inadimplemento substancial para definir a utilidade da indenização. Conforme prevê o art. 25 da CISG, a "violação do contrato por uma das partes é considerada como essencial se causar à outra parte prejuízo de tal monta que substancialmente a prive do resultado que poderia esperar do contrato, salvo se a parte infratora não tiver previsto e uma pessoa razoável da mesma condição e nas mesmas circunstâncias não pudesse prever tal resultado". Portanto, a compreensão de previsibilidade do resultado está relacionada à análise das expectativas da parte que sofreu o prejuízo e não propriamente do dano gerado.

Por outro lado, o art. 49 da CISG admite a rescisão do contrato por violação essencial ou por falta de entrega, salvo se forem entregues as mercadorias e o comprador, em caso de entrega tardia não se opuser em prazo razoável contado do conhecimento da entrega. Semelhante dispositivo cuida da rescisão pleiteada pelo vendedor em caso de inadimplemento do comprador (art. 64 da CISG). A rescisão também é prevista como causa geral de extinção no art. 72 da CISG, se uma das partes incorrer em violação do contrato. Em complementação, o art. 81 da CISG cuida dos efeitos da rescisão, com previsão de que ela tem efeito liberatório de ambas as partes em relação às obrigações, ressalvas as perdas e danos que possam ser devidas em função de violação do contrato e eventuais direitos das partes previstos com o advento de rescisão.

Quanto à modificação e à resilição, poderá ocorrer de comum acordo entre as partes. Se o contrato escrito determinar a forma escrita para modificações e resilição, assim deverão as partes proceder. Todavia, a forma poderá ser desconsiderada se uma das partes confiou que poderiam se operaram de outra maneira (art. 29 da CISG).

Bibliografia: ANNES, Cyro Faria. *A quebra fundamental do contrato e a Convenção de Viena sobre a Compra e Venda Internacional de Mercadorias.* In: FRADERA, Véra Jacob; MOSER, Luiz Gustavo Meira. *A compra e venda internacional de mercadorias: estudos sobre a Convenção de Viena de 1980.* São Paulo: Atlas, 2011. BENETTI, Giovana, *A aceitação pelo silêncio na Convenção...* In: SCHWENZER, Ingeborg. (et. al.) (coord.), *A CISG e o Brasil.* São Paulo: Marcial Pons, 2015. EIZIRIK, Nelson (et.al.). *Mercado de capitais. Regime jurídico.* Rio de Janeiro: Renovar, 2008. FORGIONI, Paula. *Contrato de distribuição.* São Paulo: RT, 2005. GULLO, Marcely Fusaro. Proposta e aceitação. Coimbra: Instituto Jurídico, 2015. RIBEIRO, Julio Cesar de Lima, *Obrigação do vendedor de entrega das mercadorias "em conformidade" nos contratos de compra e venda internacional (art. 35 da CISG),* Coimbra, Instituto Jurídico, 2014. XAVIER, Rafael Branco. Written requirements in Brazil and Argentina: a comparison under de applicability of the CISG. In: SCHWENZER, Ingeborg (et. all.) (coord.). *Cisg and Latin America: regional ans global perspectives.* Eleven International Publishing. p. 452.

§10
LOCAÇÃO NÃO RESIDENCIAL (EMPRESARIAL)

1. CONCEITO E FUNÇÃO

Por meio do contrato de locação *o locador se obriga a ceder ao locatário ou uso de coisa não fungível*[a] *por determinado tempo*[b]*, em troca do pagamento de retribuição*[c].

(*a*) No sinalagma do contrato de locação, o locador e o locatário pactuam o uso de determinado e específico bem, que tem natureza fungível, ou seja, não se admite a substituição do bem por outro de igual qualidade e espécie. Em atividades empresariais, a locação poderá ser do prédio, de loja em shopping center, mas também pode incluir a complexa relação de construção sob medida para fins específicos de locação, conhecida como *built to suit* [*t. IV, §10, i. 5.2*].

(*b*) A locação poderá ser pactuada por prazo indeterminado ou determinado. Anote-se a importância da cláusula de prazo é bastante relevante nos contratos de locação empresarial, em vista de ser fato específico que permite o ajuizamento de ação renovatória do contrato (art. 51 da LI) [*t. IV, §10, i. 3*], além de outras garantias dadas pela legislação como no caso da preferência e preservação do contrato se houver a venda do imóvel. Durante o prazo estipulado para a duração do contrato, não poderá o locador reaver o imóvel alugado. Todavia, em vista de devolução do imóvel antes do tempo pactuado, poderá ser pactuada multa, proporcional ao período de cumprimento do contrato, ou, na sua falta, a que for judicialmente estipulada (art. 4º da LI).

(*c*) A locação é contrato oneroso que implica pagamento de aluguel pelo uso da coisa pelo tempo do contrato. É livre a convenção do aluguel, vedada a sua estipulação em moeda estrangeira e a sua vinculação à variação cambial ou ao salário mínimo (art. 17 da LI). Poderão as partes convencionar cláusulas de reajuste monetário do contrato, além de pactuar revisões contratuais periódicas, sendo recomendável a fixação de parâmetros específicos para essa modificação. Não havendo acordo, o locador ou o locatário, após três anos de vigência do contrato ou do acordo anteriormente realizado, poderão pedir revisão judicial do aluguel, a fim de ajustá-lo ao preço de mercado (art. 19 da LI). Faculta-se, o pacto de locação em valor percentual sobre o faturamento do locatário, como acontece comumente nos *shoppings centers*.

Analisaremos exclusivamente as locações não residenciais sob regime da Lei nº 8.245/91 (LI), em vista de serem as regras aplicáveis a estratégias empresariais baseadas em locação de imóveis, tanto sob o ponto de vista de ser a própria atividade do locador (como nos *shoppings centers* e galpões industriais), tanto no caso do empresário na posição de locatário. Ressalva-se, ainda, que em tópico específico [*t. IV, §10, i. 5.3*] será abordada a locação de bens móveis sob o regime do CC, por serem instrumentos importantes no segmento de maquinário.

Continua prevista por lei especial a locação de imóveis rurais (arrendamento e parceria do ET) – abordados em seção específica [*t. IV, §12*] –, a locação de imóveis de propriedade da União, dos Estados e dos Municípios, de suas autarquias e fundações públicas; de vagas autônomas de garagem ou de espaços para estacionamento de veículos; de espaços destinados à publicidade; em apart-hotéis, hotéis-residência ou equiparados, assim considerados aqueles que prestam serviços regulares a seus usuários e como tais sejam autorizados a funcionar; e o arrendamento mercantil (art. 1º da LI).

2. CARACTERÍSTICAS E OBRIGAÇÕES DAS PARTES

São *obrigações do locador* (art. 22 da LI): I – entregar ao locatário o imóvel alugado em estado de servir ao uso a que se destina; II – garantir, durante o tempo da locação, o uso pacífico do imóvel locado; III – manter, durante a locação, a forma e o destino do imóvel; IV – responder pelos vícios ou defeitos anteriores à locação; V – fornecer ao locatário, caso este solicite, descrição minuciosa do estado do imóvel, quando de sua entrega, com expressa referência aos eventuais defeitos existentes; VI – fornecer ao locatário recibo discriminado das importâncias por este pagas, vedada a quitação genérica; VII – pagar as taxas de administração imobiliária, se houver, e de intermediações, nestas compreendidas as despesas necessárias à aferição da idoneidade do pretendente ou de seu fiador; VIII – pagar os impostos e taxas, e ainda o prêmio de seguro complementar contra fogo, que incidem ou venham a incidir sobre o imóvel, salvo disposição expressa em contrário no contrato; IX – exibir ao locatário, quando solicitado, os comprovantes relativos às parcelas que estejam sendo exigidas; X – pagar as despesas extraordinárias de condomínio, que não se referem a gastos rotineiros de manutenção do prédio, entre eles obras de reformas ou acréscimos que interessem à estrutura integral do imóvel; pintura de fachada, instalação de equipamentos de segurança e de incêndio.

São *obrigações do locatário* (art. 23 da LI): I – pagar pontualmente o aluguel e os encargos da locação, legal ou contratualmente exigíveis; II – servir-se do imóvel para o uso convencionado ou presumido, compatível com a natureza deste e com o fim a que se destina, devendo tratá-lo com o mesmo cuidado como se fosse seu; III – restituir o imóvel, finda a locação, no estado em que o recebeu, salvo as deteriorações decorrentes do seu uso normal; IV – levar imediatamente ao conhecimento do locador o surgimento de qualquer dano ou defeito cuja reparação a este incumba, bem como as eventuais turbações de terceiros; V – realizar a imediata reparação dos danos verificados no imóvel, ou nas suas instalações, provocados por si, seus dependentes, familiares, visitantes ou prepostos; VI – não modificar a forma interna ou externa do imóvel sem o consentimento prévio e por escrito do locador; VII – entregar imediatamente ao locador os documentos de cobrança de tributos e encargos condominiais, bem como qualquer intimação, multa ou exigência de autoridade pública, ainda que dirigida a ele, locatário; VIII – pagar as despesas de telefone e de consumo de força, luz e gás, água e esgoto; IX – permitir a vistoria do imóvel pelo locador ou por seu mandatário; X – cumprir integralmente a convenção de condomínio e os regulamentos internos; XI – pagar o prêmio do seguro de fiança; XII – pagar as despesas ordinárias de condomínio que podem ser, entre elas, salários e encargos de administração, tarifas públicas das áreas comuns, limpeza e pinturas das áreas comuns e manutenção de equipamentos.

3. CLÁUSULAS EMPRESARIAIS PECULIARES

Num contrato de locação para atividade empresarial, constatam-se algumas características, derivadas da LI:

(*a*) poderá ocorrer a *cessão da locação*, a sublocação e o empréstimo do imóvel, total ou parcialmente, mas as transferências dependem do consentimento prévio e escrito do locador (13 da LI). Se o locatário é sociedade empresária, a mudança de controle ou a venda de participações acionárias, em princípio, não estão incluídas nas restrições da cessão contratual, salvo se o contrato exigir comunicação e autorização expressa do locador em vista de certo personalismo na locação, como no caso de *shopping center*.

(*b*) O empresário locatário terá *preferência* na aquisição do imóvel em caso de venda (art. 27 da LI), tanto por tanto em relação ao preço oferecido por terceiro interessado. O locador deverá oferecer o imóvel para venda em igualdade de condições por meio de notificação que dê ciência inequívoca das condições do negócio. O direito de preferência do locatário está sujeito a prazo decadencial se não manifestada, de maneira inequívoca, sua aceitação integral à proposta, no prazo de trinta dias (art. 28 da LI). Ocorrendo aceitação da proposta, pelo locatário, a posterior desistência do negócio pelo locador acarreta, a este, responsabilidade pelos prejuízos ocasionados, inclusive lucros cessantes (art. 29 da LI).

O direito de preferência não alcança: casos de perda da propriedade ou venda por decisão judicial; permuta; doação; operações societárias de integralização de capital, cisão, fusão e incorporação [*t. II, §10, i. 11*]; constituição da propriedade fiduciária [*t. IV, §22*]; perda da propriedade ou venda por quaisquer formas de realização de garantia, inclusive mediante leilão extrajudicial.

O locatário preterido no seu direito de preferência poderá reclamar do alienante as perdas e danos ou, depositando o preço e demais despesas do ato de transferência, haver para si o imóvel locado, se o requerer no prazo decadencial de seis meses, a contar do registro da venda no cartório, desde que o contrato de locação esteja averbado pelo menos trinta dias antes da alienação junto à matrícula do imóvel (art. 33 da LI).

(*c*) Caso o locador *venda* o imóvel durante a vigência da locação, coloca-se em risco a atividade empresarial do locatário se não forem tomadas medidas específicas de proteção da relação locatícia. Isso porque, o adquirente do imóvel poderá denunciar o contrato, dando prazo de 90 dias contados do registro da venda para a desocupação do imóvel. O contrato somente estenderá seus efeitos para o adquirente se a locação for por tempo determinado e o contrato contiver cláusula de vigência em caso de alienação e estiver averbado junto à matrícula do imóvel (art. 8º, *caput*, da LI). Caso o adquirente não promova a denúncia no prazo, presume-se a concordância na manutenção da locação (art. 8º, § 2º, da LI).

(*d*) As *benfeitorias* necessárias introduzidas pelo locatário, ainda que não autorizadas pelo locador, bem como as úteis, desde que autorizadas, serão indenizáveis e permitem o exercício do direito de retenção, salvo se as partes pactuarem em sentido diverso (art. 35 da LI). Portanto, eventuais reparos, reformas, melhorias inseridas no imóvel pelo locatário empresário poderão ser indenizadas ou retidas, a não ser que haja cláusula excludente expressa no contrato. Não se pode confundir benfeitorias com maquinário e equipamentos, como por exemplo, aparelhos de ar condicionado central, que pertencem ao locatário e devem ser devolvidos ou indenizados pelo locador.

(*e*) Pode ser exigida garantia contratual, sendo vedado o acúmulo ou sobreposição de garantias, sob pena de nulidade (art. 37, parágrafo único, da LI). As modalidades são as seguintes: I – caução; II – fiança; III – seguro de fiança locatícia; IV – cessão fiduciária de quotas de fundo de investimento.

(*f*) nos contratos de locação não residencial para fins empresariais, aplica-se o direito à ação renovatória. Nos demais casos de locação não residencial, o contrato por prazo determinado cessa, de pleno direito, findo o prazo estipulado, independentemente de notificação ou aviso. Se o locatário permanecer no imóvel por mais de 30 dias, prorroga-se o contrato por tempo indeterminado (art. 56 da LI).

Denúncia

(g) O contrato de locação por prazo indeterminado pode ser denunciado por escrito, pelo locador, concedidos ao locatário trinta dias para a desocupação (art. 57 da LI).

Jurisprudência

STJ – Súmula nº 335: Nos contratos de locação, é válida a cláusula de renúncia à indenização das benfeitorias e ao direito de retenção.

STJ – Súmula 549: É válida a penhora de bem de família pertencente a fiador de contrato de locação.

Caso AirBNB: STJ – 4ª T. – REsp nº 1.819.075 – Rel. Min. Raul Araújo – j. 20/04/2021: "(...) 1. Os conceitos de domicílio e residência (CC/2002, arts. 70 a 78), centrados na ideia de permanência e habitualidade, não se coadunam com as características de transitoriedade, eventualidade e temporariedade efêmera, presentes na hospedagem, particularmente naqueles moldes anunciados por meio de plataformas digitais de hospedagem. 2. Na hipótese, tem-se um contrato atípico de hospedagem, que se equipara à nova modalidade surgida nos dias atuais, marcados pelos influxos da avançada tecnologia e pelas facilidades de comunicação e acesso proporcionadas pela rede mundial da internet, e que se vem tornando bastante popular, de um lado, como forma de incremento ou complementação de renda de senhorios, e, de outro, de obtenção, por viajantes e outros interessados, de acolhida e abrigo de reduzido custo. (...) 4. Embora aparentemente lícita, essa peculiar recente forma de hospedagem não encontra, ainda, clara definição doutrinária, nem tem legislação reguladora no Brasil, e, registre-se, não se confunde com aquelas espécies tradicionais de locação, regidas pela Lei 8.245/91, nem mesmo com aquela menos antiga, genericamente denominada de aluguel por temporada (art. 48 da Lei de Locações). (...) 6. Tampouco a nova modalidade de hospedagem se enquadra dentre os usuais tipos de hospedagem ofertados, de modo formal e profissionalizado, por hotéis, pousadas, hospedarias, motéis e outros estabelecimentos da rede tradicional provisora de alojamento, conforto e variados serviços à clientela, regida pela Lei 11.771/2008. 7. O direito de o proprietário condômino usar, gozar e dispor livremente do seu bem imóvel, nos termos dos arts. 1.228 e 1.335 do Código Civil de 2002 e 19 da Lei 4.591/64, deve harmonizar-se com os direitos relativos à segurança, ao sossego e à saúde das demais múltiplas propriedades abrangidas no Condomínio, de acordo com as razoáveis limitações aprovadas pela maioria de condôminos, pois são limitações concernentes à natureza da propriedade privada em regime de condomínio edilício. 8. O Código Civil, em seus arts. 1.333 e 1.334, concede autonomia e força normativa à convenção de condomínio regularmente aprovada e registrada no Cartório de Registro de Imóveis competente. Portanto, existindo na Convenção de Condomínio regra impondo destinação residencial, mostra-se indevido o uso de unidades particulares que, por sua natureza, implique o desvirtuamento daquela finalidade (CC/2002, arts. 1.332, III, e 1.336, IV). 9. Não obstante, ressalva-se a possibilidade de os próprios condôminos de um condomínio edilício de fim residencial deliberarem em assembleia, por maioria qualificada (de dois terços das frações ide-ais), permitir a utilização das unidades condominiais para fins de hospedagem atípica, por intermédio de plataformas digitais ou outra modalidade de oferta, ampliando o uso para além do estritamente residencial e, posteriormente, querendo, incorporarem essa modificação à Convenção do Condomínio (...)".

STJ – 3ª T. – REsp nº 1.475.477 – Rel. Min. Marco Aurélio Bellizze – j. 18/05/2021: "(...)1. Nos contratos coligados ou conexos há uma justaposição de modalidades diversas de contratos, de maneira que cada um destes mantém sua autonomia, preservando suas características próprias, haja vista que o objetivo da junção de tais contratos é possibilitar uma atividade econômica específica. 2. O fato de o contrato de sublocação possuir outros pactos adjacentes não retira sua autonomia nem o desnatura, notadamente quando as outras espécies contratuais a ele se coligam com o único objetivo de concretizar e viabilizar sua finalidade econômica, de modo que as relações jurídicas dele decorrentes serão regidas pela Lei n. 8.245/1991. Interesse de agir reconhecido, no caso vertente (...)".

STJ – 3ª T. – REsp nº 1.919.208 – Rel. Min. Nancy Andrighi – j. 20/04/2021: "(...) 4. Recai sobre o locatário a responsabilidade pela deterioração anômala do bem, circunstância que autoriza o locador a exigir, para além da rescisão do ajuste, indenização por perdas e danos. 5. A determinação das perdas e danos está submetida ao princípio da reparação integral, de maneira que devem abranger tanto o desfalque efetivo e imediato no patrimônio do credor, como a perda patrimonial futura, a teor do disposto no art. 402 do CC/02. 6. Para além dos danos emergentes, a restituição do imóvel locado em situação de deterioração enseja o pagamento de indenização por lucros cessantes, pelo período em que o bem permaneceu indisponível para o locador (...)".

STJ – Corte Especial – EREsp nº 1.411.420 – Rel. Min. Nancy Andrighi – j. 03/06/2020: "(...) 4. A ação revisional é resguardada para as hipóteses em que não há acordo entre locador e locatário sobre o valor do aluguel. Por exercício da autonomia privada das partes contratantes, nada impede que: i) os gastos relativos à acessão sejam descontados do valor do aluguel por determinado tempo; ii) a acessão seja realizada por investimento exclusivo de uma das partes com a correspondente indenização ao final do contrato, seja pelo locador, seja pelo locatário; iii) a acessão seja custeada por apenas uma parte, renunciando-se à indenização correspondente ao investimento. 5. Contudo, ausente consenso entre as partes, em sede de ação revisional de locação comercial, o novo aluguel deve refletir o valor patrimonial do imóvel locado, inclusive decorrente de benfeitorias e acessões nele realizadas pelo locatário, pois estas incorporam-se ao domínio do locador, proprietário do bem (...)".

STJ – 3ª T. – AgRg-REsp nº 1.356.049 – Rel. Min. Ricardo Villas Bôas Cueva – j. 25/02/2014: "(...) 1. Nos termos da jurisprudência desta Corte, a inobservância do direito de preferência do locatário na aquisição do imóvel enseja o pedido de perdas e danos, que não se condiciona ao prévio registro do contrato de locação na matrícula imobiliária (...)".

STJ – 4ª T. – REsp nº 912.223 – Rel. Min. Marco Buzzi – DJe 17/09/2012: "(...) 2. A averbação do contrato de locação no registro imobiliário é medida necessária apenas para assegurar ao locatário o direito real de perseguir e haver o imóvel alienado a terceiro, dentro dos prazos e observados os pressupostos fixados na Lei nº 8.425/1991. A falta dessa providência não inibe, contudo, o locatário de demandar o locador alienante por violação a direito pessoal, reclamando deste as perdas e danos que porventura vier a sofrer pela respectiva preterição. Precedentes (...)".

STJ – 4ª T. – REsp nº 475.132 – Rel. Min. Ruy Rosado de Aguiar – DJ 15.12.2003: "(...) O inquilino pode promover ação para anular atos jurídicos que poderiam prejudicar o seu direito de preferência à aquisição do imóvel".

TJSP – 34ª CDPriv. – Ap. nº 0000338-39.2013.8.26.0318 – Rel. Des. Rosa Maria de Andrade Nery – DJe 18.12.2014: "(...) Desnecessidade de comprovação da propriedade do imóvel locado, pelo locador. Validade de cláusula contratual que dispõe sobre a renúncia ao direito de indenização por benfeitorias e ao direito de retenção. Inteligência do art. 35, da Lei 8.245/91, bem como, existência de cláusula contratual isentando o locatário do pagamento dos alugueres pelo período de 5 anos, a fim de compensar o valor da reforma. Afastada a preliminar de ilegitimidade ativa de parte. Recurso não provido".

4. AÇÃO RENOVATÓRIA

Algumas atividades empresariais montam estratégias de formação do estabelecimento e respectivo aviamento [*t. III, §1, i. 2.2*] em imóveis locados. Por um enfoque, evita-se a imobilização de capital, permitindo investimentos em expansão da atividade e estoque. Por outro, a atividade entroniza os custos de transação derivados da relação locatícia. Em vista de certa dependência econômica [*t. IV, §8, i. 12*], a LI atribui garantia ao locatário empresário de ter o contrato renovado compulsoriamente, ainda que o locador não concorde, desde que cumpridos requisitos previstos nos arts. 51 e seguintes da LI.

Antes da LI, vigorava o Decreto nº 24.150/34, conhecido como Lei de Luvas, que além da renovação, ainda tinha previsão de indenização para ressarcimento dos prejuízos da "mudança, perda do lugar do comércio ou indústria, e desvalorização do fundo de comércio" (art. 20). Referida regra foi revogada expressamente pelo art. 90 da LI, apesar de ainda se praticar, como costume, a cobrança de luvas indenizatórias para ingresso em determinados imóveis situados em locais valorizados.

Regulou-se, então, a ação renovatória do contrato de locação, cujo escopo é reconstituir o contrato nos mesmos moldes, pelo igual prazo, ressalvada a reavaliação do valor do aluguel para lhe atribuir preço atualizado de mercado. Para ajuizamento da ação o locatário empresário ou sociedade empresária deverá apresentar em juízo os seguintes requisitos cumulativos previstos no art. 51 da LI: I – o contrato a renovar deve ter sido celebrado por escrito e com prazo determinado; II – o prazo mínimo do contrato a renovar ou a soma dos prazos ininterruptos dos contratos escritos deverá ser de cinco anos; III – o locatário deve estar explorando seu comércio, no mesmo ramo, pelo prazo mínimo e ininterrupto de três anos.

Necessário esclarecer que, apesar de se mencionar no *caput* e no inciso III do art. 51 que o imóvel deve ser destinado ao comércio, a interpretação pode ser alargada para a atividade empresarial e também para as sociedades simples e cooperativas. Isso porque, quando da elaboração da LI, estava ainda em vigor a teoria dos atos de comércio. Some-se a isso que outras empresas poderão ser enquadradas no sistema de proteção da locação não residencial por equiparação entre os objetivos das regras. Essa é a interpretação que se extrai do art. 51, § 4º, da LI. Ainda é preciso considerar que a LI equipara à locação não residencial se o locatário for pessoa jurídica e o imóvel destinar-se ao uso de seus titulares, diretores, sócios, gerentes, executivos ou empregados (art. 55 da LI).

Acrescente-se que a legitimação ativa poderá se estender aos cessionários ou sucessores da locação; à sociedade que receber do empresário em integralização de capital o estabelecimento (antigo fundo de comércio); por sub-rogação, ao sócio sucessor de outro, falecido.

Por sua natureza constitutiva de nova relação locatícia, a ação renovatória está sujeita a prazo decadencial, que deverá ser contado de forma peculiar: decairá do direito aquele que não propuser a ação no interregno de um ano, no máximo, até seis meses, no mínimo, anteriores à data da finalização do prazo do contrato em vigor (art. 51, § 5º, da LI). A data-base de contagem é o fim do prazo contratual. Dele se busca o interregno compreendido entre 1 ano e 6 meses do encerramento do tempo para ajuizamento do pedido renovatório.

Pode se desobrigar da renovação, inclusive podendo alegar como matéria de defesa, se o locador: I – por determinação do Poder Público, tiver que realizar no imóvel obras que importarem na sua radical transformação; ou para fazer modificação de tal natureza que aumente o valor do negócio ou da propriedade; II – o imóvel vier a ser utilizado por ele próprio ou para transferência de fundo de comércio existente há mais de um ano, sendo detentor da maioria do capital o locador, seu cônjuge, ascendente ou descendente (art. 52 da LI). Ressalve-se que o comportamento do locador na alegação de tais escusas deverá ser operado com boa-fé. Primeiro, porque não poderá usar o imóvel no mesmo ramo de atividade do locatário, evitando-se que se locuplete às custas do trabalho de formação de clientela do inquilino. Segundo, se a renovação não ocorrer em razão de proposta de terceiro, em melhores condições, ou se o locador, no prazo de três meses da entrega do imóvel, não der o destino alegado ou não iniciar as obras determinadas pelo Poder Público ou que declarou pretender realizar, terão o locatário direito a indenização para ressarcimento dos prejuízos e dos lucros cessantes que tiver que arcar com a mudança, perda do lugar e desvalorização do fundo de comércio (art. 53, § 3º, da LI).

O rito da renovatória é regulado pelo art. 71 da LI. Basicamente, a petição inicial deverá indicar o preenchimento dos requisitos do art. 51 da LI, cumprimento do contrato e indicação das condições para renovação, inclusive de garantias. As alegações do locador em contestação são bastante estritas, porque poderá alegar a falta de cumprimento dos requisitos da LI, ter proposta de terceiro em melhores condições, prova da desobrigação do art. 52. De interessante é que o locador, em defesa, poderá pedir a fixação de aluguel provisório, para vigorar a partir do primeiro mês do prazo do contrato a ser renovado, não excedente a oitenta por cento do pedido, desde que apresentados elementos hábeis para aferição do justo valor do aluguel (art. 72, § 2º, da LI).

Não sendo renovada a locação, o juiz determinará a expedição de mandado de despejo, que conterá o prazo de 30 dias para a desocupação voluntária, se houver pedido na contestação (art. 74 da LI). De outro lado, julgado procedente o pedido, o locatário terá direito à renovação do contrato por igual prazo, interpretando o STJ ser o termo limitado a 5 anos (STJ – REsp nº 1.323.410 – Rel. Min. NANCY ANDRIGHI), motivando nova renovatória em seguida.

Jurisprudência

Caso TendTudo: STJ – REsp nº 1.566.231 – 3ª T. – Rel. Min. Ricardo Villas Bôas Cueva – *DJe* 07/03/2016: "(...) 7 – O valor revisado do aluguel substitui por completo o originalmente pactuado, sendo assim exigido desde a citação da parte requerida até o termo final do contrato, considerado este não apenas o expressamente avençado como tal, mas, sim, a data da efetiva desocupação do imóvel no caso de eventual prorrogação do contrato por prazo indeterminado (art. 56, parágrafo único, da Lei nº 8.245/1991)".

STJ – 3ª T. – REsp nº 1.290.933 – Rel. Min. João Otávio de Noronha – *DJe* 24.04.2015: "(...) 2. Na ação renovatória, é possível a execução provisória do julgado, com a determinação de expedição do mandado de despejo para a desocupação do imóvel locado e mediante caução prestada pelo locador, não sendo necessário que se aguarde o trânsito em julgado da sentença. Art. 74 da Lei nº 8.245/1991 (...)".

STJ – 3ª T. – REsp nº 1.323.410 – Rel. Min. Nancy Andrighi – *DJe* 20.11.2013: "(...) 3. A Lei nº 8.245/1991 acolheu expressamente a possibilidade de *accessio temporis*, ou seja, a soma dos períodos ininterruptos dos contratos de locação para se alcançar o prazo mínimo de 5 (cinco) anos exigido para o pedido de renovação, o que já era amplamente reconhecido pela jurisprudência, embora não constasse do Decreto nº 24.150/1934. 4. A renovatória, embora vise a garantir os direitos do locatário face às pretensões ilegítimas do locador de se apropriar patrimônio imaterial, que foi agregado ao seu imóvel pela atividade exercida pelo locatário, notadamente o fundo de comércio, o ponto comercial, também não pode se tornar uma forma de eternizar o contrato de locação, restringindo os direitos de propriedade do locador, e violando a própria natureza bilateral e consensual da avença locatícia. 5. O prazo de 5 (cinco) anos mostra-se razoável para a renovação do contrato, a qual pode ser requerida novamente pelo locatário ao final do período, pois a lei não limita essa possibilidade. Mas permitir a renovação por prazos maiores, de 10, 15, 20 anos, poderia acabar contrariando a própria finalidade do instituto, dadas as sensíveis mudanças de conjuntura econômica, passíveis de ocorrer em tão longo período de tempo, além de outros fatores que possam ter influência na decisão das partes em renovar, ou não, o contrato. 6. Quando o art. 51, caput, da Lei nº 8.245 dispõe que o locatário terá direito à renovação do contrato 'por igual prazo', ele está se referindo ao prazo mínimo exigido pela legislação, previsto no inciso II do art. 51 da Lei nº 8.245/1991, para a renovação, qual seja, de 5 (cinco) anos, e não ao prazo do último contrato celebrado pelas partes. (...) 9. Se, no curso do processo, decorrer tempo suficiente para que se complete novo interregno de 5 (cinco) anos, ao locatário cumpre ajuizar outra ação renovatória (...)".

STJ – 4ª T. – AgRg-REsp nº 1.342.090 – Relª Min. Maria Isabel Gallotti – *DJe* 28.05.2013: "(...) 2. O pedido de renovação da locação – art. 51 da Lei nº 8.245/1991, embora respaldado em relação ao antigo locador, não prevalece perante o terceiro adquirente, em razão da denúncia do contrato por tempo indeterminado veiculada em processo conexo, no qual deferida a extinção do vínculo contratual com fundamento no art. 8º, *caput* e § 1º, do referido diploma legal (...)".

STJ – 6ª T. – REsp nº 1.003.816 – Rel. Min. Og Fernandes – *DJe* 29.08.2011: "(...) 3. Nesse sentido, já decidiu esta colenda Sexta Turma, ao pontuar que '(...) o caráter dúplice da ação [renovatória] admite o acolhimento do pedido de desocupação do prédio, no caso de a demanda não vingar, seja por improcedência, seja por carência, seja ainda por desistência' (REsp 64.839/SP, Rel. Min. Anselmo Santiago, *DJ* 22.06.1998). 4. Recurso especial a que se dá provimento, a fim de estabelecer ao locatário o prazo de 30 (trinta) dias para a desocupação do imóvel, a contar do trânsito em julgado do presente acórdão, na forma da Lei do Inquilinato em vigor".

STJ – 6ª T. – AgRg-REsp nº 61.436/SP – Rel. Min. Hamilton Carvalhido – *DJU* 17.04.2006: "(...) 1. Embora inadmitida na letra mesma da lei atualmente em vigor, a existência de hiato entre os contratos escritos, por 'ininterruptos' os prazos contratuais a serem somados, esta Corte Superior de Justiça firmou sua jurisprudência no sentido de afirmar a possibilidade do *accessio temporis*, mesmo após a edição da Lei nº 8.245/1991, nas hipóteses em que for curto o período existente entre os contratos escritos. 2. Em hipóteses tais, em que mediou período razoável entre os contratos escritos – dezesseis meses –, não há como se ter como admissível a *accessio temporis* (...)".

STJ – 6ª T. – REsp nº 693.729/MG – Rel. Min. Nilson Naves – *DJU* 23.10.2006: "(...) 1. Tratando-se de soma de dois ou mais contratos ininterruptos, o prazo a ser fixado na renovatória deve ser o mesmo do último contrato em vigor, observado o limite máximo de cinco anos. 2. No caso, tendo sido o último pacto estabelecido por dois anos, por esse período deve ser prorrogada a locação na renovatória".

STJ – 6ª T. – REsp nº 141.576 – Rel. Min. Hamilton Carvalhido – *DJU* 22.09.2003: "(...) O art. 52, § 3º, da Lei do Inquilinato busca evitar a retomada insincera, assegurando ao locatário o direito de vir a ser ressarcido pelos danos causados pelo locador que se utiliza indevidamente da prerrogativa legal, empregando-a como subterfúgio especulativo, conferindo destinação diversa da declarada ou, ainda, quedando-se inerte pelo prazo de três meses contados da entrega do imóvel. O não preenchimento, *in totum*, dos requisitos legais hábeis a determinar a renovação do contrato importa na exclusão da responsabilidade indenizatória, sendo induvidoso que, em hipóteses tais, a retomada do imóvel, ainda que imotivada, substancia exercício regular de direito inerente à propriedade do locador (...)".

TJCE – Ap nº 0168035-24.2013.8.06.0001 – Rel. Des. Maria Vilauba Fausto Lopes – *DJe* 16.12.2015: "(...) Em relação à indenização pelo fundo de comércio, o presente contrato de locação é regido pela Lei do Inquilinato – Lei nº 8.245/91 e não pelo Decreto nº. 24.150/34, chamada Lei de Luvas, sendo, portanto, incabível a indenização, conforme entendimento jurisprudencial pátrio (...)".

5. EXTINÇÃO DO CONTRATO

A extinção do contrato ocorrerá nas hipóteses já descritas nessa obra [*t. IV, §8, i. 7*], com as peculiaridades do contrato.

A resilição poderá se materializar a qualquer momento, mas em vista da legítima expectativa do uso do imóvel por prazo específico, poderá ser exigida multa proporcional se a devolução do imóvel ocorrer durante a vigência do contrato (art. 4º da LI). Entretanto, se o contrato tiver vigência por tempo indeterminado, o locatário poderá denunciar a locação mediante aviso por escrito ao locador, com antecedência mínima de trinta dias, com a possibilidade de lhe ser exigido o aluguel do período (art. 6º da LI).

De resto, a locação também poderá ser desfeita nas hipóteses do art. 9º da LI: (*a*) por mútuo acordo, que implique distrato consensual da avença; (b) em decorrência da prática de infração legal ou contratual, que traz a consequência da resolução por inadimplemento e permite o ajuizamento da ação de despejo – ação cabível para reaver o imóvel (art. 5º da LI); (c) em decorrência da falta de pagamento do aluguel e demais encargos, que também implica inadimplemento e é causa de despejo; (*d*) para a realização de reparações urgentes determinadas pelo Poder Público, que não possam ser normalmente executadas com a permanência do locatário no imóvel ou, podendo, ele se recuse a consenti-las.

Bibliografia: AZEVEDO, Álvaro Villaça. *Teoria geral dos contratos típicos e atípicos*: curso de direito civil. São Paulo: Atlas, 2002. BARBOSA, Paulo Henrique Laranjeira. *Locação empresarial*. In: COELHO, Fabio Ulhoa. *Tratado de direito comercial*. v. 6. São Paulo: Saraiva, 2015. BESSONE, Darcy. *Do contrato*: teoria geral. 4ª ed. São Paulo: Saraiva, 1997. DINIZ, Maria Helena. *Lei de locações de imóveis urbanos comentada*. 12. ed. São Paulo: Saraiva, 2012. FUX, Luiz. *Locações*: processo e procedimentos. 5. ed. Niterói, RJ: Impetus, 2008. LEONARDO, Rodrigo Xavier. *Redes contratuais no mercado habitacional*. São Paulo: Editora Revista dos Tribunais, 2003. PENTEADO, Luciano de Camargo. *Direito das coisas*. 2ª ed. rev. atual. e ampl. São Paulo: Editora Revista dos Tribunais, 2012. SCAVONE JÚNIOR, Luiz Antonio. *Direito imobiliário*: teoria e prática. Rio de Janeiro: Editora Forense, 2010.

6. LOCAÇÕES ESPECIAIS

6.1. *Shopping center*

O *shopping center* (centro de compras) é atividade empresarial com atrativos para a clientela, moldados a partir de uma *mistura de locatários, produtos, lojistas, entretenimento, estacionamento e convivência* (*tenant mix*). Portanto, o estabelecimento de um *shopping center* acomoda *outros estabelecimentos por meio de diversos contratos de locação*, com diferença substancial para loja de departamento e hipermercado, porque estes exploram diretamente a revenda dos produtos. Há um estabelecimento de conjunto ou sobrestabelecimento, "formado pela integração dos estabelecimentos dos lojistas" (BARCELLOS, 2015, p. 139 e 143).

A estratégia empresarial é de utilização de contrato de locação, sujeito ao regramento geral do tipo, mas com peculiaridades abertas à autonomia da vontade e à relação interempresarial que também se verifica na relação entre a empresa que explora a atividade de *shopping center* e o lojista que lhe aluga o espaço. Portanto, na causa contratual há relação locatícia presa aos elementos da LI e, concomitantemente, fornecimento de serviços administrativos aos lojistas, com liberdade de contratar as cláusulas.

Prevê o art. 54 da LI que "nas relações entre lojistas e empreendedores de shopping center, prevalecerão as condições livremente pactuadas nos contratos de locação". Há somente restrições à cobrança por obras e reformas de áreas comuns, sem outras restrições à autonomia da vontade das partes. Admitem-se cláusulas como integração a associação de lojistas, adesão a regulamentos internos, adesão ao horário de funcionamento, proibição de alteração de ramo de atividade, padronização de projeto de loja, proibição de revenda de produtos usados, cláusula de raio de não concorrência, dentre outras.

Disso decorre a validade de cláusulas como: (*a*) a cobrança de aluguel fixo e variável pelo percentual de faturamento, rateio de despesas de áreas comuns e de peças de publicidade.

Essa a remuneração da *res sperata* oferecida pelo empreendimento, que se trata de relação entre empresários, à qual não se aplica o CDC (STJ – REsp nº 689.266); (*b*) possibilidade de cobrança de "luvas" ou taxas de adesão na entrada do lojista (STJ – REsp nº 440.872 e REsp nº 1.003.581); (*c*) ao contrário, pelas peculiaridades do negócio, não se considera válido o trespasse do estabelecimento sem a participação do locador (STJ – REsp nº 1.202.077). Também se aplicam: (*d*) os preceitos da ação renovatória [*t. IV, §10, i. 3*], com a ressalva de que a empresa de *shopping* não poderá recusar a renovação do contrato com fundamento no uso próprio (art. 52, § 2º, da LI); (*e*) os fundamentos para contratos em rede [*t. IV, §8, i. 9*] (BARCELLOS, 2015, p. 146-151).

Jurisprudência

Cláusula de raio: STJ – 4ª T. – REsp nº 1.535.727 – Rel. Min. Marco Buzzi – j. 10/05/2016: "(...) 6. Na hipótese, a "cláusula de raio" inserta em contratos de locação de espaço em shopping center ou normas gerais do empreendimento não é abusiva, pois o shopping center constitui uma estrutura comercial híbrida e peculiar e as diversas cláusulas extravagantes insertas nos ajustes locatícios servem para justificar e garantir o fim econômico do empreendimento. 7. O controle judicial sobre eventuais cláusulas abusivas em contratos de cunho empresarial é restrito, face a concretude do princípio da autonomia privada e, ainda, em decorrência de prevalência da livre iniciativa, do pacta sunt servanda, da função social da empresa e da livre concorrência de mercado. 8. Inaplicabilidade do diploma consumerista à espécie (...) 10. Os ajustes locatícios, notadamente aqueles firmados para locação de espaço em shopping center, não constituem mero contratos de adesão, pois são de livre estipulação/comutativo entre os contratantes, sem a preponderância de um sobre outro, onde tanto locador como locatário estão livres para pactuarem as cláusulas contratuais que melhor assistam às suas necessidades (...)".

Cláusula do aluguel em dobro no mês de dezembro: STJ – 3ª T. – REsp nº 1.409.849 – Rel. Min. Paulo de Tarso Sanseverino – j. 26/04/2016: "(...) 1. Afastamento pelo acórdão recorrido de cláusula livremente pactuada entre as partes, costumeiramente praticada no mercado imobiliário, prevendo, no contrato de locação de espaço em shopping center, o pagamento em dobro do aluguel no mês de dezembro. 2. O controle judicial sobre eventuais cláusulas abusivas em contratos empresariais é mais restrito do que em outros setores do Direito Privado, pois as negociações são entabuladas entre profissionais da área empresarial, observando regras costumeiramente seguidas pelos integrantes desse setor da economia. 3. Concreção do princípio da autonomia privada no plano do Direito Empresarial, com maior força do que em outros setores do Direito Privado, em face da necessidade de prevalência dos princípios da livre iniciativa, da livre concorrência e da função social da empresa. 4. Recurso especial provido".

Caso Shopping Center Morumbi. Responsabilidade civil por disparos de arma de fogo em cinema: STJ – 4ª T. – AgRg no REsp nº 1.087.717 – Rel. Min. Marco Buzzi – j. 03/03/2016: "(...) 2. 'Não se revela razoável exigir das equipes de segurança de um cinema ou de uma administradora de shopping centers que previssem, evitassem ou estivessem antecipadamente preparadas para conter os danos resultantes de uma investida homicida promovida por terceiro usuário, mesmo porque tais medidas não estão compreendidas entre os deveres e cuidados ordinariamente exigidos de estabelecimentos comerciais de tais espécies.' (REsp 1384630/SP, Rel. Ministro PAULO DE TARSO SANSEVERINO, Rel. p/ Acórdão Ministro RICARDO VILLAS BÔAS CUEVA, TERCEIRA TURMA, julgado em 20/02/2014, DJe 12/06/2014; [...] Assim, se o shopping e o cinema não concorreram para a eclosão do evento que ocasionou os alegados danos morais, não há que se lhes imputar qualquer responsabilidade, sendo certo que esta deve ser atribuída, com exclusividade, em hipóteses tais, a quem praticou a conduta danosa, ensejando, assim o reconhecimento do fato de terceiro, excludente do nexo de causalidade e, em consequência, do dever de indenizar (art. 14, §

3º, inc. II, CDC)".(REsp 1133731/SP, Rel. Ministro MARCO BUZZI, QUARTA TURMA, julgado em 12/08/2014, DJe 20/08/2014) (...)".

Cláusula limitadora de revisão judicial do aluguel mínimo: STJ – 3ª T. – REsp nº 1.413.818 – Rel. Min. Ricardo Villas Bôas Cueva – j. 14/10/2014: "(...) 3. O princípio do pacta sunt servanda, embora temperado pela necessidade de observância da função social do contrato, da probidade e da boa-fé, especialmente no âmbito das relações empresariais, deve prevalecer. 4. A cláusula que institui parâmetros para a revisão judicial do aluguel mínimo visa a estabelecer o equilíbrio econômico do contrato e viabilizar a continuidade da relação negocial firmada, além de derivar da forma organizacional dos shoppings centers, que têm como uma de suas características a intensa cooperação entre os empreendedores e os lojistas. 5. A renúncia parcial ao direito de revisão é compatível com a legislação pertinente, os princípios e as particularidades aplicáveis à complexa modalidade de locação de espaço em shopping center (...)".

STJ – 3ª T. – REsp nº 1.295.808 – Rel. Min. João Otávio de Noronha – j. 24/04/2014: "(...) 1. O lojista que se estabelece em um shopping center integra a sua empresa com o empreendimento para usufruir do planejamento, organização e clientela que o frequenta. Portanto, mais que um simples contrato de locação, há uma relação associativa na qual a colaboração entre os lojistas e o empreendimento é necessária para concretizar-se esse modelo de exploração comercial. 2. Nos contratos de locação de loja em shopping center, é fixada a cobrança de aluguel percentual, proporcional ao faturamento bruto mensal da atividade comercial, e que se justifica devido à infraestrutura do empreendimento, que colabora para o sucesso do lojista locatário. O aluguel percentual representa um rateio do sucesso, que em parte é possibilitado pela estrutura e planejamento oferecidos pelo shopping center. 3. Representa violação contratual a conduta do locatário que, a despeito de ter assumido a obrigação de efetuar o pagamento do aluguel com base no faturamento, instala ponto de vendas de produtos pela internet, que são faturados em nome de empresa diversa. Os ganhos com o comércio eletrônico não ingressam no faturamento da loja situada no shopping center locador e, por isso, não integram a base para o cálculo do aluguel. 4. A violação contratual acerca da contraprestação devida pelo uso do espaço locado autoriza o desfazimento da locação, nos termos do art. 9º, II, da Lei 8.245/1991 (...)".

STJ – 3ª T. – REsp nº 1.259.210 – Rel. Min. Nancy Andrighi – j. 26/06/2012: "(...) 1. Conquanto a relação entre lojistas e administradores de Shopping Center não seja regulada pelo CDC, é possível ao Poder Judiciário reconhecer a abusividade em cláusula inserida no contrato de adesão que regula a locação de espaço no estabelecimento, especialmente na hipótese de cláusula que isente a administradora de responsabilidade pela indenização de danos causados ao lojista. 2. A promessa, feita durante a construção do Shopping Center a potenciais lojistas, de que algumas lojas-âncoras de grande renome seriam instaladas no estabelecimento para incrementar a frequência de público, consubstancia promessa de fato de terceiro cujo inadimplemento pode justificar a rescisão do contrato de locação, notadamente se tal promessa assumir a condição de causa determinante do contrato e se não estiver comprovada a plena comunicação aos lojistas sobre a desistência de referidas lojas, durante a construção do estabelecimento (...)".

STJ – 4ª T. – REsp nº 1.100.571 – Rel. Min. Luis Felipe Salomão – j. 07/04/2011: "(...) Legitimidade passiva das locadoras. Desenvolvimento de atividade de entretenimento com o fim de atrair um maior número de consumidores. Responsabilidade. Defeito do serviço (vício de qualidade por insegurança). Dano moral. Valor exorbitante. Redução. (...) 3 – No caso em julgamento – trágico acidente ocorrido durante apresentação do Circo VostoK, instalado em estacionamento de shopping center, quando menor de idade foi morto após ataque por leões –, o art. 17 do Código de Defesa do Consumidor estende o conceito de consumidor àqueles que sofrem a consequência de acidente de consumo. Houve vício de qualidade na prestação do serviço, por insegurança, conforme asseverado pelo acórdão recorrido (...)".

STJ – 3ª T. – REsp nº 1.202.077 – Rel. Min. Vasco Della Giustina – j. 01/03/2011: "(...) 4. Afigura-se destemperado o entendimento de que o art. 13 da Lei do Inquilinato não tenha aplicação às locações comerciais, pois, prevalecendo este posicionamento, o proprietário do imóvel estaria ao alvedrio do inquilino, já que segundo a conveniência deste, o locador se veria compelido a honrar o ajustado com pessoa diversa daquela constante do instrumento, que não rara as vezes, não possuirá as qualidades essenciais exigidas pelo dono do bem locado (capacidade financeira e idoneidade moral) para o cumprir o avençado (...)".

STJ – 5ª T. – REsp nº 1.107.241 – Rel. Min. Jorge Mussi – j. 19/08/2009: "(...) 2. Ainda que a relação entre lojista e empreendedor de shopping center seja atípica, a Lei do Inquilinato preceitua que devem prevalecer as condições livremente pactuadas no respectivo contrato e as disposições procedimentais nela previstas (...)".

Possibilidade de luvas na contratação inicial: STJ – 5ª T. – REsp nº 1.003.581 – Rel. Min. Arnaldo Esteves de Lima – j. 04/12/2008: "(...) 1. Não há ilegalidade na cobrança de luvas em contrato inicial de locação. Inteligência dos arts. 43, I, e 456 da Lei 8.245/91. Precedente do STJ".

STJ – 3ª T. – REsp nº 764.901 – Rel. Min. Nancy Andrighi – j. 10/10/2006: "(...) – O lojista pode deixar de efetuar o pagamento total do preço do contrato de promessa de compra e venda de loja situada em shopping center, se o incorporador-administrador descumpre sua obrigação de respeitar a cláusula de exclusividade na comercialização de determinado produto pelo lojista (mix), permitindo que loja âncora venda o mesmo produto vendido pelo lojista. Trata-se de aplicação do art. 1.092 do Código Civil/1916 (art. 476, do Código Civil atual). – Tratando-se de shopping center, o incorporador-administrador, além de ter a obrigação de entregar a loja num ambiente com características comerciais predeterminadas no contrato assinado com o lojista (tenant mix), não pode alterar tais características depois de instalado o shopping, isto é, durante todo o período de vigência do contrato entre lojista e empreendedor, sob pena de desvirtuamento do objeto do contrato (res sperata)".

STJ – 3ª T. – REsp nº 764.901 – Rel. Min. Nancy Andrighi – j. 10/10/2006: "(...) O lojista pode deixar de efetuar o pagamento total do preço do contrato de promessa de compra e venda de loja situada em shopping center, se o incorporador-administrador descumpre sua obrigação de respeitar a cláusula de exclusividade na comercialização de determinado produto pelo lojista (mix), permitindo que loja âncora venda o mesmo produto vendido pelo lojista. Trata-se de aplicação do art. 1.092 do Código Civil/1916 (art. 476, do Código Civil atual). – Tratando-se de shopping center, o incorporador-administrador, além de ter a obrigação de entregar a loja num ambiente com características comerciais predeterminadas no contrato assinado com o lojista (tenant mix), não pode alterar tais características depois de instalado o shopping, isto é, durante todo o período de vigência do contrato entre lojista e empreendedor, sob pena de desvirtuamento do objeto do contrato (res sperata)".

STJ – 4ª T. – REsp nº 493.723/DF – Rel. Min. Jorge Scartezzini – j. 22/08/2006: "(...) 1. Não raramente, na formação de um shopping, ao condomínio *pro indiviso*, superpõe-se um condomínio por unidades autônomas, regulado pela Lei nº 4.591/64, hipótese em que a implantação reclama máxima cautela na definição e regulamentação da amplitude das respectivas áreas de uso comum e forma de sua utilização pelos condôminos, bem como no tocante ao rateamento de despesas, a fim de impedir o surgimento de graves dificuldades operacionais, neste contexto, a Convenção de Condomínio visa estabelecer definições, firmar diretrizes administrativas e fixar as regras de custeio dos encargos condominiais, obrigando a todos condôminos, nos termos do art. 9º, da Lei nº 4.591/64 (...)".

Vedação de luvas na renovação: STJ – 6ª T. – REsp nº 440.872 – Rel. Min. Fernando Gonçalves – j. 20/02/2003: "(...) 1 – A exigência de pagamento pelo ponto comercial e/ou luvas, quando já em vigor o contrato de locação, ainda que não seja uma renovação, no sentido estrito da palavra, representa verdadeira perturbação ao direito do locatário de permanecer no imóvel, ferindo os princípios norteadores da Lei nº 8.245/91, insculpidos no seu art. 45 (...)".

Exceção de contrato não cumprido: STJ – 4ª T. – REsp nº 152.497 – Rel. Min. Ruy Rosado de Aguiar – j. 15/08/2002: "SHOPPING CENTER. Contrato de reserva. Res sperata. Exceção de contrato não cumprido. O lojista pode deixar de efetuar o pagamento das prestações previstas no "contrato de direito de reserva de área comercial para instalação de loja e de integração no 'tenant mix' do centro comercial" se o empreendedor descumpre com a sua obrigação de instalar loja âncora no local previsto, em prejuízo do pequeno lojista. Para isso, não há necessidade de também rescindir o contrato de locação da loja. Art. 1.092 do CCivil. Recurso conhecido e provido".

Bibliografia: AZEVEDO, Álvaro Villaça. Atipicidade mista do contrato de utilização de unidade em centros comerciais e seus aspectos fundamentais, *RT*, 716. BARCELLOS, Rodrigo Arantes. *Shopping center*. In: COELHO, Fabio Ulhoa. *Tratado de direito comercial*. v. 6. São Paulo: Saraiva, 2015. BESSONE, Darcy. O shopping na lei do inquilinato. *RT*, 680/29. BESSONE, Darcy. Problemas jurídicos do *shopping center*. *RT*, 660. BESSONE, Darcy. O *shopping* na lei do inquilinato. *RT*, 680. COMPARATO, Fabio Konder. *As cláusulas de não concorrência nos "shopping centers"*. RDM, 97/23. GOMES, Orlando. Traços do perfil jurídico de um *shopping center*. RT, 576. LEÃES, Luiz Gastão Paes de Barros. *Shopping centers*: convenção de impedimento de novo estabelecimento. RDI, 38. LEÃES, Luiz Gastão Paes de Barros. *O shopping center como condomínio voluntário*. In: CASTRO, Rodrigo R. Monteiro de et. at. *Direito empresarial e outros estudos em homenagem ao Professor José Alexandre Tavares Guerreiro*. São Paulo: Quartier Latin, 2013. PEREIRA, Caio Mario da Silva. *Shopping centers*, organização econômica e disciplina jurídica, *RT*, 580/18. REQUIÃO, Rubens. Considerações jurídicas sobre os centros comerciais (*shopping centers*) no Brasil. *RT*, 571.

6.2. *Built to suit*

Outra forma atual de contrato de locação que ganha cada vez mais espaço no mercado é a construção *built do suit* (construção sob medida), por meio da qual o locador constrói ou reforma o imóvel para atender às necessidades do locatário empresário. Para caracterização dessa locação especial, observa-se a necessidade de previsão do imóvel objeto da locação especial; do investimento relevante; a construção ou reforma de acessões e benfeitorias; e a locação em si (cessão de uso remunerada). Observa-se, portanto, que o interesse das partes fica delimitado pelo desenvolvimento de atividade empresarial pelo locatário em imóvel estilizado e preparado especificamente para as suas atividades, sem descapitalização, enquanto o locador poderá obter rendimento acima da média de mercado, derivado dos investimentos que fizer para a adaptação do imóvel.

Duas são as obrigações: (*a*) a construção ou reforma de acessões em determinado imóvel, tornando-as adequadas às necessidades determinadas pelo inquilino; (*b*) a cessão do uso do imóvel por valor que permita não somente a remuneração da fruição, mas também o ressarcimento do investimento do locador na obra, com margem de resultado a favor do locador (ZANETTI, 2011, p. 115).

Por força do que dispõe o art. 54-A da Lei do Inquilinato, prevalecem as condições livremente pactuadas, com possibilidade de ser convencionada a renúncia ao direito de revisão do valor dos aluguéis durante o prazo de vigência do contrato de locação e em caso de denúncia antecipada do vínculo locatício pelo locador, compromete-se este a cumprir a multa convencionada, que não excederá, porém, a soma dos valores dos aluguéis a receber até o termo final da locação (art. 54-A, §§ 1º e 2º, da Lei nº 8.245/91).

FERNANDA BENEMOND destaca outras cláusulas importantes do contrato: multa contratual quando de uma denúncia antecipada; renúncia do locatário quanto ao direito de revisão do valor de remuneração; garantias contratuais; comodato, cessão ou sublocação; preferência (BENEMOND, 2013, p. 44).

Jurisprudência

STJ – 3ª T. – REsp nº 1.409.849 – Rel. Min. Paulo de Tarso Sanseverino – j. 26/04/2016: "(...) 1. Afastamento pelo acórdão recorrido de cláusula livremente pactuada entre as partes, costumeiramente praticada no mercado imobiliário, prevendo, no contrato de locação de espaço em shopping center, o pagamento em dobro do aluguel no mês de dezembro. 2. O controle judicial sobre eventuais cláusulas abusivas em contratos empresariais é mais restrito do que em outros setores do Direito Privado, pois as negociações são entabuladas entre profissionais da área empresarial, observando regras costumeiramente seguidas pelos integrantes desse setor da economia. 3. Concreção do princípio da autonomia privada no plano do Direito Empresarial, com maior força do que em outros setores do Direito Privado, em face da necessidade de prevalência dos princípios da livre iniciativa, da livre concorrência e da função social da empresa (...)".

TJSP – 32ª Câm. Dir. Priv. – Ap. nº 1017220-91.2017.8.26.0068 – Rel. Des. Ruy Coppola – j. 13/05/2021: "Ação de reparação de danos. Autoras que postulam o ressarcimento de danos emergentes e lucros cessantes em razão da frustração da expectativa da contratação de locação de bem imóvel na modalidade "built to suit", conforme carta de intenção firmada pela ré. Conforme disposto no art. 427 do CC, a proposta de contrato obriga o proponente, se o contrário não resultar dos termos dela. Carta de aceitação que deixou clara a condição de que a locação dependeria de análise prévia da viabilidade jurídica da locação, bem como da elaboração de contrato próprio dispondo sobre as obrigações contratuais. Autoras que, não obstante, assumiram o risco do negócio ao iniciar os investimentos no imóvel sem que a locação tivesse sido formalizada. Impossibilidade de impor à ré a obrigação de ressarcimento pelos supostos danos advindos do precipitado investimento. Sentença de improcedência mantida. Recurso improvido".

TJSP – 28ª Câm. Dir. Priv. – Ap. nº 1035294-32.2019.8.26.0196 – Rel. Des. Sérgio Alfieri – j. 27/04/2021: "(...)Natureza de locação na modalidade "built to suit" que é evidente, ante a previsão expressa e detalhada no instrumento contratual e a estipulação de substancial reforma do imóvel a cargo dos locadores. Dicção do art. 54-A da Lei nº 8.245/91. Multa contratual no valor de 10% dos aluguéis restantes até o fim do contrato que não admite redução e não compreende os prejuízos com as reformas realizadas e a realizar. Indenização de tais despesas que é devida por expressa previsão contratual. Quantias despendidas que foram comprovadas e consideradas, por perito judicial, compatíveis com as obras realizadas e a realizar".

TJSP – 31ª Câm. Dir. Priv. – Ap. nº 1044444-68.2018.8.26.0100 – Rel. Des. Carlos Nunes – j. 25/08/2020: "LOCAÇÃO DE IMÓVEL NÃO RESIDENCIAL – Centro de Distribuição de medicamentos – Argumento da autora de que a locação teria sido ajustada na modalidade "built-to-suit", para abrigar os produtos comercializados pela agravante – Temperatura excessivamente elevada constatada no interior do imóvel – Instrumento contratual prevendo temperatura máxima de 28º C no galpão – Prova pericial constatando que as medidas adotadas pela apelada não estabilizaram a temperatura nos padrões adequados à estocagem e manutenção dos medicamentos – Necessidade de instalação de um sistema de refrigeração – Despesa mensal extra com energia elétrica, no entanto, que deve ser suportada pela locatária, a quem compete o pagamento das contas de consumo do imóvel, nos termos da Lei de Locações e do contrato firmado entre as partes – Violação ao dever de informação – Não caracterização – Empresa de grande porte, a quem compete estimar os próprios custos operacionais – Recurso parcialmente provido".

Bibliografia: ARAUJO, Paula Miralles de. *Contratos Built to Suit*: qualificação e regime jurídico. 2015. Dissertação (Mestrado em Direito Civil) – Faculdade de Direito, Universidade de São Paulo, São Paulo, 2015. Disponível em: <http://www.teses.usp.br/teses/disponiveis/2/2131/

tde-09122015-140803/>. BENEMOND, Fernanda Henneberg. *Contratos Built to Suit*. Coimbra: Almedina, 2013. COSTA JÚNIOR, Álvaro Luiz Miranda. Built to suit: negócio imobiliário estruturado na Administração Pública. *Revista do Fórum de Contratação e Gestão Pública* – FCGP, ano 13, nº 153, p. 21-32, Belo Horizonte, set. 2014. FIGUEIREDO, Luiz Augusto Haddad. Built to suit. In: *Revista de Direito Imobiliário*, nº 72, 2012. GASPARETTO, Rodrigo Ruete. *Contratos built to suit*: um estudo da natureza, conceito e aplicabilidade dos contratos de locação atípicos no direito brasileiro. São Paulo: Scortecci, 2009. LEONARDO, Rodrigo Xavier. *Redes contratuais no mercado habitacional*. São Paulo: Editora Revista dos Tribunais, 2003. ZANETTI, Cristiano de Souza. Build to suit: qualificação e consequências. In: Luiz Olavo Baptista (et al.) (org.). *Construção civil e direito*. São Paulo: LexMagister, 2011.

6.3. Locação de bens móveis

A locação de bens móveis deve ser estudada em razão da importância que tem no ambiente empresarial, já que é comum a utilização desse negócio no ramo de máquinas, equipamentos industriais e veículos. A regência foge do escopo da LI, sendo matéria atraída pelo regramento geral do CC.

Assim, o locador cede ao locatário, por tempo determinado ou não, o uso e gozo de bem móvel não fungível, mediante certa retribuição (art. 564 do CC). Será o locador obrigado a entregar ao locatário a coisa alugada, com suas pertenças, em estado de servir ao uso a que se destina, e a mantê-la nesse estado, pelo tempo do contrato, salvo cláusula expressa em contrário; e a garantir-lhe, durante o tempo do contrato, o uso pacífico da coisa (art. 565 do CC). Já o locatário se obriga: I – a servir-se da coisa alugada para os usos convencionados ou presumidos, conforme a natureza dela e as circunstâncias, bem como tratá-la com o mesmo cuidado como se sua fosse; II – a pagar pontualmente o aluguel nos prazos ajustados, e, em falta de ajuste, segundo o costume do lugar; III – a levar ao conhecimento do locador as turbações de terceiros, que se pretendam fundadas em direito; IV – a restituir a coisa, finda a locação, no estado em que a recebeu, salvas as deteriorações naturais ao uso regular (art. 569 do CC).

Quanto ao bem objeto da locação, se ele se deteriorar sem culpa do locatário, poderá ele pedir redução proporcional do preço do aluguel ou resolver o contrato (art. 567 do CC), porque é o locador responsável por vícios anteriores do bem (art. 568 do CC). Por outro lado, se o locatário for o causador do dano, com emprego diverso do bem ou danificar por abuso, poderá o locador, além de resolver o contrato, exigir perdas e danos (art. 570 do CC).

Se houver prazo estipulado à duração do contrato, antes do vencimento não poderá o locador reaver a coisa alugada, senão ressarcindo ao locatário as perdas e danos resultantes, nem o locatário devolvê-la ao locador, senão pagando, proporcionalmente, a multa prevista no contrato (art. 571 do CC). Findo o prazo, cessa a locação, mas se o locatário permanecer com a coisa, presume-se a prorrogação do contrato por tempo indeterminado (art. 574 do CC). Se o locatário não restituir a coisa após notificado, será devedor do aluguel e responderá por danos.

Se a coisa for alienada durante a locação, o adquirente não ficará obrigado a respeitar o contrato, se nele não for consignada a cláusula da sua vigência no caso de alienação, e não constar de registro em Títulos e Documentos (art. 576 do CC).

Salvo disposição em contrário, o locatário goza do direito de retenção, no caso de benfeitorias necessárias, ou no de benfeitorias úteis, se estas houverem sido feitas com expresso consentimento do locador (art. 578 do CC).

Jurisprudência

TJSP – 27ª C.Ext.DPriv. – Ap. nº 0005972-81.2013.8.26.0070 – Rel. Milton Carvalho – *DJe* 15.12.2016: "(...) Locatária que comunicou a locadora, dando notícia do acidente, logo em seguida ao sinistro. Contrato por tempo indeterminado. Obrigação de pagar o aluguel proporcional aos dez dias, contratualmente previstos como antecedência mínima para a denúncia do contrato. Recurso provido em parte".

TJSP – 25ª CD.Priv. – Ap. nº 0006306-98.2010.8.26.0045 – Relª Carmen Lucia da Silva – *DJe* 15.12.2016: "(...) 'Check-list' e 'inspeção conjunta' são atos distintos, sendo que a demandante apenas demonstrou a realização de 'check-list' após o término da locação das empilhadeiras. Partes que não realizaram inspeção conjunta, conforme previsto no contrato, visando a constatar qualquer irregularidade ou dano nas empilhadeiras que não sejam provenientes de desgaste natural decorrente do uso normal delas".

§11
KNOW-HOW E TRANSFERÊNCIA DE TECNOLOGIA

1. CONCEITO E FUNÇÃO

O *know-how* é o conhecimento especializado para determinado sistema produtivo ou técnica de produto ou de serviço, gerado no âmbito de organizações empresariais. Tem valor específico e poderá ser objeto de cessão de uso por meio de contrato com ampla margem de autonomia para as partes. Portanto, com o contrato socialmente típico de *know-how* ou de transferência de tecnologia *o titular do conhecimento autoriza o contratante a utilizar os processos industriais, formulações ou processos organizacionais*[a], *durante certo tempo*[b], *mediante retribuição*[c].

(a) O *know-how* representa bem imaterial e um valor derivado do conhecimento e da inovação. Por meio de contrato, permite-se o compartilhamento do segredo e da formação de processos organizacionais específicos e próprios do tempo em que vivemos. O objeto do contrato é a transferência do *know-how*, diferindo-se fundamentalmente da assistência técnica porque esta implica prestação de serviços (MARTINS, 2018, p. 418).

O sigilo industrial é fator importante e bifronte: está na produção da tecnologia e na cessão ao terceiro. Portanto, o sigilo abrange o *know-how*. Justifica-se, assim, a regulação de seus requisitos no acordo TRIPS da Rodada Uruguai de Negociações Comerciais Multilaterais do GATT e foi internalizado no Brasil por meio do Decreto nº 1.355/94. Na Parte I da ata final, regulam-se princípios gerais. Entre eles, a Seção 7, art. 39, cuida da proteção de informações confidenciais e fixa o seguinte parâmetro: "2. Pessoas físicas e jurídicas terão a possibilidade de evitar que informação legalmente sob seu controle seja divulgada, adquirida ou usada por terceiros, sem seu consentimento, de maneira contrária a práticas comerciais honestas, desde que tal informação: a) seja secreta, no sentido de que não seja conhecida em geral nem facilmente acessível a pessoas de círculos que normalmente lidam com o tipo de informação em questão, seja como um todo, seja na configuração e montagem específicas de seus componentes; b) tenha valor comercial por ser secreta; e c) tenha sido objeto de precauções razoáveis, nas circunstâncias, pela pessoa legalmente em controle da informação, para mantê-la secreta".

Na Comunidade Europeia, o Regulamento CE nº 774, de 27.04.2004, cuida da transferência de tecnologia no art. 1º, como o "acordo de concessão de licença de saber-fazer, um acordo de concessão de licença de direitos de autor sobre programas informáticos ou um acordo misto de concessão de licenças de patentes, de saber-fazer ou de direitos de autor sobre programas informáticos, incluindo qualquer acordo desse tipo que contenha disposições respeitantes à venda e compra de produtos ou à concessão de licenças relativas a outros direitos de propriedade intelectual ou à cessão de direitos de propriedade intelectual, desde que essas disposições não constituam o objeto principal do acordo e estejam directamente relacionadas com o fabrico

Sigilo industrial

dos produtos contratuais. É igualmente equiparada a acordos de transferência de tecnologia a cessão de patentes, saber-fazer, direitos de autor sobre programas informáticos ou uma conjugação dos mesmos, sempre que parte do risco associado à exploração da tecnologia incumba ao cedente, nomeadamente quando o montante a desembolsar pela referida cessão depender do volume de negócios realizado pelo cessionário relativamente aos produtos fabricados com base na tecnologia cedida, da quantidade de tais produtos fabricados ou do número de operações realizadas com base na utilização da tecnologia". O referido Regulamento CE nº 774/2004 trata como secreto o conhecimento que não é conhecido nem de fácil obtenção.

Prazo

(*b*) A utilização do *know-how* deve ser feita por tempo especificado no contrato, de modo a gerar segurança para quem utiliza o conhecimento e também para que terceiros saibam da relação entre as partes. Cuida-se, nesse caso, de *licença*. Por outro lado, o *know-how* poderá ser transferido de forma definitiva, com mudança de titularidade. Entende FRAN MARTINS sobre essa segunda hipótese: "Apesar de ser feita em caráter definitivo, o novo detentor do *know-how*, em regra, não pode cedê-lo a terceiros, a não ser com o consentimento do cedente. O caráter definitivo, no caso, significa apenas que o *know-how* não é concedido apenas por certo lapso de tempo" (MARTINS, 2018, p. 419).

Remuneração

(*c*) A retribuição do uso da tecnologia é conhecida por *royalty* e será determinada no contrato de acordo com o tipo de vantagem oferecida, podendo ser fixa com percentuais sobre o acréscimo de faturamento gerado pelo uso da tecnologia.

Em função dessa especificidade, os contratos de transferência de tecnologia devem ser averbados junto ao INPI (art. 211 da LPI), conforme Ato Normativo nº 135/1997. Referida regra administrativa reconhece como contratos de transferência de tecnologia a licença de direitos (exploração de patentes ou de uso de marcas), a aquisição de conhecimentos tecnológicos (fornecimento de tecnologia e prestação de serviços de assistência técnica e científica) e os contratos de franquia.

Na legislação, o contrato foi incidentalmente regulado pela Lei nº 10.168/2000, que criou a Contribuição de Intervenção no Domínio Econômico sobre Royalties (CIDE), com previsão no art. 2º, § 1º, do seguinte conteúdo: "Consideram-se, para fins desta Lei, contratos de transferência de tecnologia os relativos à exploração de patentes ou de uso de marcas e os de fornecimento de tecnologia e prestação de assistência técnica".

2. CARACTERÍSTICAS E ELEMENTOS

O objeto do contrato poderá ser o próprio *know-how* ou a transferência de tecnologia, como também poderá ser integrado com autorização de uso de patentes ou constituir parte integrante e acessória de outros contratos, como ocorre na franquia [*t. IV, §18*] e com a *joint venture* [*t. IV, §19*]. Sobre o assunto, afirma FRAN MARTINS: "E na transferência ao *know-how* misto leva-se em consideração o elemento mais importante, se o simples *know-how*, se os elementos complementares. Em pesquisas realizadas verificou-se que, em certas indústrias, há predominância de um elemento sobre outro. Assim, na indústria farmacêutica vale mais a patente que o *know-how*; já nas indústrias têxtil e metalúrgica, a patente é de pouca importância, tendo predominância o *know-how*. O assunto tem importância para poder fixar a remuneração do *know-how*" (MARTINS, 2018, p. 421).

Fases

Ainda com suporte na doutrina de FRAN MARTINS é possível observar que o contrato de *know-how* ou transferência de tecnologia poderá ser formar por várias fases: (*a*) primeiro, com entendimentos preliminares entre o detentor do *know-how* e o pretendente, de modo a esclarecer minimamente quais serão os procedimentos e conhecimentos a serem cedidos, numa medida tal que não implique a divulgação do conteúdo e nem gere assimetria informacional a ponto de levar a outra parte a erro – mantendo-se, ainda, o sigilo por meio de convenção particular para esses fins e para garantia opção de aquisição; (*b*) ajustadas as partes, com encontro de proposta e aceitação, forma-se o contrato definitivo com descrição do *know-how* transferido e descrição de direitos e obrigações das partes, além da preservação do sigilo sobre o conhecimento transferido; (*c*) "o beneficiário deve remunerar o fornecedor pela concessão do *know-how* que esse lhe fez. Essa remuneração (*royalty*) é estipulada por livre acordo entre as partes, e seu pagamento pode ser feito de uma só vez, ou com uma entrada inicial e percentagens sobre vendas, ou somente constituindo percentagens sobre vendas ou o pagamento de importâncias fixas, feito parceladamente" (MARTINS, 2018, p. 422).

3. EXTINÇÃO E COIBIÇÃO DE CONCORRÊNCIA DESLEAL

Não havendo regra específica, a extinção do contrato fica sujeita à disciplina geral de resilição e resolução [*t. IV, §8, i. 7*].

Questão importante é a perda da base objetiva do contrato, decorrente de mudança substancial no objeto de *know-how*, em razão da perda de valor na tecnologia transferida. Nesse caso, a aplicação da imprevisão não pode ser não medida adequada se o risco da perda de atualidade do conhecimento integrar o próprio negócio. Por outro lado, a perda de atualidade poderá implicar redução do valor da remuneração, conforme o caso.

É comum que prevaleça a eficácia do sigilo transferido mesmo após a extinção da transferência de tecnologia.

Outro enfoque é a proteção contra o uso indevido do *know-how*, seja pela falta de autorização, seja pela extinção do contrato. Não havendo legislação específica, aplica-se a proteção da concorrência desleal prevista no art. 211 da LPI, com causas específicas enumeradas pelo art. 195, XI e XII, da LPI: "XI – divulga, explora ou utiliza-se, sem autorização, de conhecimentos, informações ou dados confidenciais, utilizáveis na indústria, comércio ou prestação de serviços, excluídos aqueles que sejam de conhecimento público ou que sejam evidentes para um técnico no assunto, a que teve acesso mediante relação contratual ou empregatícia, mesmo após o término do contrato; XII – divulga, explora ou utiliza-se, sem autorização, de conhecimentos ou informações a que se refere o inciso anterior, obtidos por meios ilícitos ou a que teve acesso mediante fraude". Além do tipo penal, ainda é possível utilizar o fundamento para ações de obrigação de não fazer e reparatórias de danos.

Jurisprudência

STJ – 3ª T. – REsp nº 1.627.606 – Rel. Min. Ricardo Villas Bôas Cueva – j. 02/05/2017: "(...) Inexiste usurpação de know-how quando seguradora e corretora trabalham em conjunto para desenvolver produto com a expertise de cada uma, não havendo também confidencialidade das informações técnicas envolvidas, típicas da atividade de corretagem, a gerar apenas aviamento (...)".

STJ – 4ª T. – RCD no AREsp nº 441.536 – Rel. Min. Raul Araújo – j. 02/05/2017: "(...)3. Recurso especial em que se alega que os desenhos técnicos foram acessados de forma lícita, por transferência de know-how, não tendo a recorrida provado o contrário, não havendo, portanto, conduta que configure concorrência desleal, e que os desenhos técnicos são de conhecimento público, não estando protegidos por segredo industrial (...)".

STJ – 2ª T. – REsp nº 1.200.528 – Rel. Min. Francisco Falcão – j. 16/02/2017: "(...) IV – A supressão operada na redação originária do art. 2º da Lei n. 5.648/70, em razão do advento do artigo 240 da Lei 9.279/96, não implica, por si só, em uma conclusão mecânica restritiva da capacidade de intervenção do INPI. Imprescindibilidade de conformação das atividades da autarquia federal com a cláusula geral de resguardo das funções social, econômica, jurídica e técnica. V – Possibilidade do INPI intervir no âmbito negocial de transferência de tecnologia, diante de sua missão constitucional e infraconstitucional de regulamentação das atividades atinentes à propriedade industrial. Inexistência de extrapolação de atribuições (...)".

Caso Campari: STJ – 3ª T. – REsp nº 1.498.829 – Rel. Min. Ricardo Villas Bôas Cueva – j. 05/05/2015: "(...) 1. Trata-se de ação ordinária visando a obtenção de indenização por prejuízos suportados em decorrência do término de contrato de distribuição do produto Bitter Campari no Brasil. 2. É inerente aos contratos de distribuição que o produtor tenha conhecimento das técnicas mercadológicas usuais de venda desenvolvidas pela distribuidora e de seu campo de atuação, informações essas que não configuram expertise singular indenizável. 3. O Tribunal local, apesar de instado nas contrarrazões da apelação e nos aclaratórios, não esclareceu quais seriam os elementos integrantes do suposto know-how da distribuidora, qualificados como secretos e originais, que teriam sido apropriados pela Campari sem autorização, a dar amparo ao pleito indenizatório (...)".

STJ – 3ª T. – REsp nº 649.261 – Rel. Min. Carlos Alberto Menezes Direito – j. 06/03/2007: "Declaração de caducidade de marca. Natureza do contrato. Ausência de utilização. 1. Constando da inicial que o contrato além de transferência de tecnologia e assistência técnica previa a licença para uso de marca fica desbastada no plano infraconstitucional a necessidade de sua averbação no órgão competente, antigamente Departamento Nacional de Propriedade Industrial, hoje Instituto Nacional de Propriedade Industrial – INPI. 2. O art. 94 do Código da Propriedade Industrial autoriza que o INPI possa declarar de ofício a caducidade da marca por falta de uso. 3. Explicitando o acórdão que o deferimento da marca não foi para produtos importados e, ainda, que outros meios havia para que a marca não ficasse inativa, não se sustenta o argumento da força maior diante da vedação da importação de produtos que seria objeto dos registros da recorrente".

TJSP – 1ª Câm. Reservada de Dir. Empresarial – Ap. nº 1061376-10.2013.8.26.0100 – Rel. Des. Fortes Barbosa – j. 07/02/2018: "Ação inibitória e indenizatória – Contrato de licença de patente – Propriedade industrial inexistente – Transferência de 'know-how' – Reenquadramento do contrato em questão – Utilização indevida do 'know-how' pelo licenciado após a extinção do contrato de licenciamento – Causa de pedir, porém, que não faz referência à transferência de 'know-how' – Impossibilidade de acolhimento dos pedidos – Sentença reformada – Improcedência da ação – Apelo conhecido e provido".

TJSP – 5ª Câm. Dir. Priv – Ap. nº 9079476-90.2007.8.26.0000 – Rel. Des. Christine Santini – j. 19/10/2011: Apelação Cível. Ação de rescisão contratual cumulada com perdas e danos e ação de cobrança cumulada com declaração de nulidade de cláusula contratual Contrato de trespasse, com prazo de 12 meses para cumprimento de cláusula de transferência de know--how técnico e administrativo. Prazo não observado pelo réu-alienante. Rescisão contratual incabível. Questão a ser resolvida pela composição dos prejuízos. Perdas e danos não comprovadas. Cabível a aplicação da multa contratual em razão do inadimplemento do réu, que, no entanto, deve ser reduzida ante a sua fixação em valor excessivo Inadimplemento também do autor com relação às parcelas do preço de aquisição Compensação entre o valor da multa aplicada ao réu e o saldo em aberto devido pelo autor Sucumbência recíproca Reforma da sentença tão só para determinar a compensação dos valores devidos. Dá-se parcial provimento ao recurso de apelação".

TJSP – 9ª Câm. Dir. Priv. – Ap. nº 9112983-42.2007.8.26.0000 – Rel. Des. Grava Brazil – j. 10/05/2011: "Ação ordinária de obrigação de fazer – Contrato de Transferência de Tecnologia averbado perante o INPI – Improcedência – Inconformismo – Acolhimento – Apelante não pretende a declaração de propriedade da patente de inovação, mas tão somente o reconhecimento de sua exclusividade para explorá-la no Brasil – Averbação do contrato de transferência de tecnologia perante o INPI é apta a gerar efeitos a terceiros – Natureza do contrato – Acordo internacional (TRIPs) que prevê proteção à propriedade intelectual entre os Estados Membros – Ofício expedido pelo INPI não é suficiente para exaurir a cognição do julgador – Impossibilidade da apuração da semelhança dos produtos vendidos entre as partes – Necessidade de prova pericial – Sentença anulada – Recurso provido".

TJSP – 20ª Câm. Dir. Priv. – Ap. nº 9137743-65.2001.8.26.0000 – Rel. Des. Claudio Augusto Pedrassi – j. 10/12/2007: "COBRANÇA – Contrato de fornecimento de 'kits' de blindagem e transferência de 'know-how' de montagem de tais 'kits' – Contrato não averbado junto ao INPI – Irrelevância – Finalidade da averbação é a oponibilidade da avença em face de terceiros – Falta da averbação que não afeta a higidez do contrato – Alegação rejeitada. COBRANÇA – Alegação de inexistência de transferência de tecnologia – Contrato que prevê a cobrança dos valores pelo fornecimento dos 'kits' de blindagem e transferência de 'know-how' – Ré que admite que recebeu 10 'kits' correspondente aos valores cobrados – Ademais; prova da efetiva da transferência de 'know-how' dos procedimentos de blindagem – Prova consistente a respeito – Sentença de procedência parcial bem lançada – Recurso improvido".

Bibliografia: BARBOSA, Denis Borges. *Tratado da propriedade intelectual – Tomo Ia IV.* Rio de Janeiro: Lumen Juris, 2010. BRAGA, Rodrigo Bernardes; TIMM, Luciano Benetti. *Propriedade intelectual.* Belo Horizonte: Arraes Editores, 2011. DIAS, Alexandre Aparecido; GARNICA, Leonardo Augusto. O processo de transferência de tecnologia. In: DIAS, Alexandre Aparecido, et. al., PORTO, Geciane Silveira (Org.). Gestão da inovação e empreendedorismo. Rio de Janeiro: Elsevier, 2013 p. 155-169. p. 207-227. FRÓES, Carlos Henrique de Carvalho. Contratos de Tecnologia. Revista Forense, 253/123. FRANCO, Karin Klempp. A regulação da contratação internacional de transferência de tecnologia – perspectiva do direito de propriedade industrial, das normas cambiais e tributárias e do direito concorrencial. 2010. 242 f. Tese (Doutorado em Direito) – Faculdade de Direito, Universidade de São Paulo, São Paulo. RIBEIRO, Marcia Carla Pereira; BARROS, Marcelle Franco Espíndola. RIL, 204. SILVEIRA, Newton. *Propriedade intelectual.* Barueri: Manole, 2011.

§12
ARRENDAMENTO, PARCERIA E INTEGRAÇÃO AGROINDUSTRIAL

1. INSERÇÃO DO AGRONEGÓCIO NO DIREITO EMPRESARIAL

A moldura do mercado pelo regramento jurídico demanda singular equilíbrio porque, de um lado, não pode inviabilizar as balizas econômicas em bom funcionamento e, de outro, deve permitir avanços significativos. Em matéria de agronegócio, essa constatação é ainda mais sinuosa: (*a*) o Brasil é competidor mundial de ponta em matéria de produtividade agropecuária e o setor ocupa sensível posição no PIB brasileiro; (*b*) houve certa melhora no marco legal para apropriação dos fatores de produção (capital, trabalho, propriedade e tecnologia) pelo empreendedor rural, entretanto, ainda são verificáveis entraves jurídicos e demandas econômicas; (*c*) pela relevância já apontada, o setor apresenta inseguranças jurídicas surgidas da indefinição do marco legal das organizações privadas da atividade agronegocial.

Assim, a proteção jurídica da rede agronegocial implica analisar algumas balizas para maior clareza nos fatores de produção do empresário ou sociedade empresária com atividade rural[1]. Essas garantias podem ser observadas a partir da análise das organizações (já feitas no t. II desta obra), por meio de inscrição facultativa como empresário, sociedades limitadas, sociedades anônimas e sociedades cooperativas. Nesse espaço, serão analisados os contratos de circulação de riqueza em perspectiva agronegocial.

Outra constatação a ser feita está na separação econômica da atividade em três tipos (Zilbetti; Barroso, 2009, p. 11): (*a*) *agronegócio típico* ou *porteira adentro*, com negócios ligados à agropecuária e à agroindústria, como o preparo e conservação do solo, práticas culturais, adaptação de cultivares, análises agronômicas, plantio, colheitas, criações animais, entrega da produção; (*b*) *agronegócio à montante* ou *pré-porteira*, vinculado a atividades empresárias de fornecimento de insumos para o agronegócio típico, exemplificando-se com parte mecânica de produção de máquinas, implementos e equipamentos de irrigação; parte química de fertilizantes e defensivos; parte biológica de produção de sementes, micro-organismos, controles biológicos, transgenia; (*c*) *agronegócio à jusante* ou *pós-porteira*, que são atividades empresariais ou cooperativas de aquisição, beneficiamento, industrialização e transporte da produção agropecuária até o consumidor final, com exemplos da estruturas agroindustriais

Extensão da atividade

---

[1] Nesse sentido é a orientação de Fernando Campos Scaff, para quem "a atividade agrária demonstra sua relevância quando compreendida não de forma autônoma e individualizada, mas sim interpretada tal como um dos elementos da empresa" (Scaff, 1997, p. 36).

de tecnologia pós-colheita ou produção, processamento, logística, linha de produção, além das cadeias contratuais de auxílio do empresário, com transporte, armazenagem, comercialização.

Diversos contratos descritos são resolvidos com a utilização dos arranjos contratuais clássicos, como o contrato de compra e venda para fornecimento contínuo [*t. IV, §9, i. 4.2*] e a prestação de serviços [*t. IV, §13*], devidamente adaptados para as peculiaridades mercadológicas e de especificidades de ativos agronegociais. Em vista disso, a descrição desta obra será de 3 contratos específicos agronegociais que implicam circulação da riqueza (arrendamento), atuação conjunta na produção (parceria) e o hibridismo da produção integrada (contrato de integração agroindustrial), afora os títulos do agronegócio já descritos [*t. IV, §7, i. 5*].

2. ARRENDAMENTO

2.1. Função

Com o contrato de arrendamento *o arrendante ou arrendador se obriga a ceder ao arrendatário a posse ou uso temporário da terra*[a] *por determinado tempo*[b]*, em troca do pagamento de retribuição*[c] *para o exercício de atividade agrícola ou pecuária*[a]*.*

(*a*) O arrendamento se aproxima da locação, diferindo-se em relação ao objeto do contrato, que é a cessão da posse para uso da terra para fins de atividade agrícola, pecuária, agroindustrial e extrativa (art. 92, *caput*, do Estatuto da Terra – ET). Podem estar incluídos "outros bens, benfeitorias e ou facilidades" (art. 3º do Decreto nº 59.566/66).

(*b*) O arrendamento poderá ser pactuado por prazo determinado ou indeterminado (com presunção de prazo mínimo de 3 anos). Acontece que, nesse tipo de contrato, há a peculiar proteção da safra pendente. Por esse motivo, o ET erige duas regras específicas: I – os prazos de arrendamento terminarão sempre depois de ultimada a colheita, inclusive a de plantas forrageiras temporárias cultiváveis. No caso de retardamento da colheita por motivo de força maior, considerar-se-ão esses prazos prorrogados nas mesmas condições, até sua ultimação; II – presume-se feito, no prazo mínimo de três anos, o arrendamento por tempo indeterminado, observadas também as regras da safra pendente (art. 95, I e II, do ET). Se o arrendatário for plantar qualquer cultura que implique extensão do prazo, deverá se ajustar previamente com o arrendador.

(*c*) O arrendamento é contrato oneroso que implica pagamento de retribuição específica do aluguel pelo uso da terra. É livre a convenção do preço, com reajustes pactuados pelas partes de acordo com índices de mercado, com pagamento *in natura* da produção ou com a variação do preço do que se produz na terra. Nesse segundo caso, prevê o art. 92, § 2º, do ET, que "nos casos em que ocorra exploração de produtos com preço oficialmente fixado, a relação entre os preços reajustados e os iniciais não pode ultrapassar a relação entre o novo preço fixado para os produtos e o respectivo preço na época do contrato".

Serão nulas cláusulas em que se exija do arrendatário (art. 93 do ET): I – prestação de serviço gratuito; II – exclusividade da venda da colheita; III – obrigatoriedade do beneficiamento da produção em seu estabelecimento; IV – obrigatoriedade da aquisição de gêneros e utilidades em seus armazéns ou barracões; V – aceitação de pagamento em ordens, vales, borós ou outras formas regionais substitutivas da moeda. E, em caso de financiamento do arrendante ao arrendatário, será facultado exigir a venda da colheita até o limite do financiamento concedido.

2.2. Características e obrigações das partes

São características e elementos do contrato de arrendamento (art. 95 do ET):
Quanto ao prazo:

I – os prazos de arrendamento terminarão sempre depois de ultimada a colheita, inclusive a de plantas forrageiras temporárias cultiváveis. No caso de retardamento da colheita por motivo de força maior, considerar-se-ão esses prazos prorrogados nas mesmas condições, até sua ultimação;

II – presume-se feito, no prazo mínimo de três anos, o arrendamento por tempo indeterminado, observada a regra do item anterior;

III – o arrendatário, para iniciar qualquer cultura cujos frutos não possam ser recolhidos antes de terminado o prazo de arrendamento, deverá ajustar, previamente, com o arrendador a forma de pagamento do uso da terra por esse prazo excedente;

Quanto à preferência:

IV – em igualdade de condições com estranhos, o arrendatário terá preferência à renovação do arrendamento, devendo o proprietário, até 6 meses antes do vencimento do contrato, fazer-lhe a competente notificação extrajudicial das propostas existentes. Não se verificando a notificação extrajudicial, o contrato considera-se automaticamente renovado, desde que o arrendador, nos 30 dias seguintes, não manifeste sua desistência ou formule nova proposta, tudo mediante simples registro de suas declarações no competente Registro de Títulos e Documentos;

V – os direitos assegurados no item anterior não prevalecerão se, no prazo de 6 meses antes do vencimento do contrato, o proprietário, por via de notificação extrajudicial, declarar sua intenção de retomar o imóvel para explorá-lo diretamente ou por intermédio de descendente seu;

Subarrendamento:

VI – sem expresso consentimento do proprietário é vedado o subarrendamento;

Substituição da área:

VII – poderá ser acertada, entre o proprietário e arrendatário, cláusula que permita a substituição de área arrendada por outra equivalente no mesmo imóvel rural, desde que respeitadas as condições de arrendamento e os direitos do arrendatário;

Benfeitorias:

VIII – o arrendatário, ao termo do contrato, tem direito à indenização das benfeitorias necessárias e úteis; será indenizado das benfeitorias voluptuárias quando autorizadas pelo proprietário do solo; e, enquanto o arrendatário não for indenizado das benfeitorias necessárias e úteis, poderá permanecer no imóvel, no uso e gozo das vantagens por ele oferecidas, nos termos do contrato de arrendamento e das disposições do inciso I deste artigo;

Restituição de animais de cria e corte:

IX – constando do contrato de arrendamento animais de cria, de corte ou de trabalho, cuja forma de restituição não tenha sido expressamente regulada, o arrendatário é obrigado, findo ou rescindido o contrato, a restituí-los em igual número, espécie e valor;

Ressarcimento de prejuízos:

X – o arrendatário não responderá por qualquer deterioração ou prejuízo a que não tiver dado causa. Importante anotar, nessa matéria, que o arrendatário será responsável por danos ambientais que causar no uso da terra. Entretanto, em vista de princípios do risco integral e por ser obrigações *propter rem*, o arrendador não poderá se escusar ao pagamento e reparação do dano ambiental caso o arrendatário não o faça.

Complementação pelo Decreto nº 59.566/66:

XI – previsto no Regulamento do ET, que é Decreto nº 59.566/66, estão preceitos sobre (a) limites da remuneração e formas de pagamento em dinheiro ou no seu equivalente em produtos; (b) prazos mínimos de arrendamento e limites de vigência para os vários tipos de atividades agrícolas; (c) bases para as renovações convencionadas; (d) formas de extinção ou rescisão; (e) direito e formas de indenização ajustadas quanto às benfeitorias realizadas. Deverão ser reguladas cláusulas que assegurem a conservação dos recursos naturais e a proteção social e econômica dos arrendatários e dos parceiros-outorgados a saber (art. 13 do Decreto nº 59.566/66).

Quanto aos prazos mínimos, o art. 13 do Decreto nº 59.566/66 prevê: 3 anos nos casos de arrendamento em que ocorra atividade de exploração de lavoura temporária e ou de pecuária de pequeno e médio porte, ou em todos os casos de parceria; 5 anos nos casos de arrendamento em que ocorra atividade de exploração de lavoura permanente e ou de pecuária de grande porte para cria, recria, engorda ou extração de matérias-primas de origem animal; 7 anos nos casos em que ocorra atividade de exploração florestal.

Limitação do preço:

XII – a remuneração do arrendamento, sob qualquer forma de pagamento, não poderá ser superior a 15% do valor cadastral do imóvel, incluídas as benfeitorias que entrarem na composição do contrato, salvo se o arrendamento for parcial e recair apenas em glebas selecionadas para fins de exploração intensiva de alta rentabilidade, caso em que a remuneração poderá ir até o limite de 30%.

Preferência no acesso à terra:

XIII – a todo aquele que ocupar, sob qualquer forma de arrendamento, por mais de 5 anos, um imóvel rural desapropriado, em área prioritária de Reforma Agrária, é assegurado o direito preferencial de acesso à terra.

Preferência na aquisição da terra:

No caso de venda da terra, o art. 92, §§ 3º e 4º, do ET, assegura ao arrendatário a preferência na aquisição do imóvel, em igualdade de condições, devendo o proprietário dar-lhe conhecimento da venda, a fim de que possa exercitar o direito de preempção dentro de 30 dias, a contar da notificação judicial ou comprovadamente efetuada, mediante recibo. O arrendatário a quem não se notificar a venda poderá, depositando o preço, haver para si o imóvel arrendado, se o requerer no prazo decadencial de 6 meses, a contar da transcrição do ato de alienação no Registro de Imóveis.

O arrendamento se extingue (art. 26 do Decreto nº 59.566/66): I – pelo término do prazo do contrato e do de sua renovação; II – pela retomada; III – pela aquisição da gleba arrendada, pelo arrendatário; IV – pelo distrato ou rescisão do contrato; V – pela resolução ou extinção do direito do arrendador; VI – por motivo de força maior, que impossibilite a execução do contrato; VII – por sentença judicial irrecorrível; VIII – pela perda do imóvel rural; IX – pela desapropriação, parcial ou total, do imóvel rural; X – por qualquer outra causa prevista em lei.

A ação a ser manejada é o despejo, com causas descritas no art. 32 do Decreto nº 59.566/66.

Jurisprudência

STJ – 3ª T. – REsp nº 1.692.763– Rel. Min. Nancy Andrighi – j. 11/12/2018: "(...) 4. O Dec. 59.566/66, em seu art. 18, parágrafo único, veda que os contratantes ajustem o preço do arrendamento rural em quantidade fixa de frutos ou produtos (ou de seu equivalente em dinheiro). 5. Esta Corte Superior tem entendido que a invocação de vício no negócio jurídico por quem a ele deu causa revela conduta contraditória, apta a obstar o decreto judicial da invalidade alegada, na medida em que representa afronta à boa-fé objetiva, princípio consagrado no art. 422 do CC/02. Precedentes. 6. No particular, o que se verifica é que, além de não ter sido apontado qualquer vício de consentimento na contratação, a avença foi firmada há mais de 16 anos, não havendo notícia de que, antes da oposição dos presentes embargos, (aproximadamente quatro anos após o advento do termo final pactuado), o recorrente tenha apresentado qualquer insurgência quanto à cláusula que ora se discute. 7. Entender pela inviabilidade do prosseguimento desta execução equivaleria a premiar o comportamento contraditório do recorrente, que, durante mais de metade do período de vigência do contrato, adimpliu sua obrigação nos moldes como acordado (entrega de produto), tendo invocado a nulidade da cláusula tão somente quando em curso o processo executivo que objetivava a satisfação das parcelas não pagas, em clara ofensa à legítima confiança depositada no negócio jurídico pela recorrida. 8. A proibição de comportamentos contraditórios constitui legítima expressão do interesse público, que se consubstancia tanto na tutela da confiança quanto na intolerância à pratica de condutas maliciosas, torpes ou ardis. 9. O fato de o contrato que aparelha a presente execução ter previsto a remuneração do arrendamento em quantidade fixa de sacas de soja não lhe retira, por si só, os atributos que o caracterizam como título executivo - certeza, exigibilidade e liquidez (arts. 580 e 618, I, do CPC/73). No particular, o Tribunal de origem, soberano no exame do acervo fático-probatório, foi categórico ao afirmar que o efetivo valor da dívida em cobrança pode ser obtido mediante sim-ples operação matemática. 10. O reexame de fatos e provas é vedado em recurso especial (...)".

STJ – 3ª T. – REsp nº 1.277.085 – Rel. Min. Ricardo Villas Bôas Cueva – j. 27/09/2016: "(...) 1. O Estatuto da Terra prevê a necessidade de notificação do arrendatário seis meses antes do término do prazo ajustado para a extinção do contrato de arrendamento rural, sob pena de renovação automática. 2. As partes não podem estabelecer forma alternativa de renovação do contrato, diversa daquela prevista no Estatuto da Terra, pois trata-se de condição obrigatória nos contratos de arrendamento rural. 3. Em se tratando de contrato agrário, o imperativo de ordem pública determina sua interpretação de acordo com o regramento específico, visando obter uma tutela jurisdicional que se mostre adequada à função social da propriedade. As normas de regência do tema disciplinam interesse de ordem pública, consubstanciado na proteção, em especial, do arrendatário rural, o qual, pelo desenvolvimento do seu trabalho, exerce a relevante função de fornecer alimentos à população (...)".

STJ – 3ª T. – REsp nº 1.455.709 – Rel. Min. Ricardo Villas Bôas Cueva – j. 05/05/2016: "(...) os prazos mínimos de vigência para os contratos agrários constituem norma cogente e de observância obrigatória, não podendo ser derrogado por convenção das partes contratantes(...)".

STJ – 3ª T. – REsp nº 1.266.975 – Rel. Min. Ricardo Villas Bôas Cueva – j. 10/03/2016: "(...) 3. É nula cláusula contratual que fixa o preço do arrendamento rural em frutos ou produtos ou seu equivalente em dinheiro, nos termos do art. 18, parágrafo único, do Decreto nº 59.566/1966. Essa nulidade não obsta que o credor proponha ação de cobrança, caso em que o valor devido deve ser apurado, por arbitramento, em liquidação. Precedentes. 4. O contrato de arrendamento rural que estabelece pagamento em quantidade de produtos pode ser usado como prova escrita para aparelhar ação monitória com a finalidade de determinar a entrega de coisa fungível, porquanto é indício da relação jurídica material subjacente (...)".

STJ – 4ª T. – REsp nº 1.175.438 – Rel. Min. Luis Felipe Salomão – j. 25/03/2014 "(...) 1. Apesar de sua natureza privada, o contrato de arrendamento rural sofre repercussões de direito público em razão de sua importância para o Estado, do protecionismo que se quer dar ao homem do campo e à função social da propriedade e ao meio ambiente, sendo o direito de preferência um dos instrumentos legais que visam conferir tal perspectiva, mantendo o arrendatário na exploração da terra, garantindo seu uso econômico. 2. O Estatuto da Terra prevê que: 'O arrendatário a quem não se notificar a venda poderá, depositando o preço, haver para si o imóvel arrendado, se o requerer no prazo de seis meses, a contar da transcrição do ato de alienação no Registro de Imóveis' (art. 92, § 4º, da Lei nº 4.504/1964). 3. A interpretação sistemática e teleológica do comando legal permite concluir que o melhor norte para definição do preço a ser depositado pelo arrendatário é aquele consignado na escritura pública de compra e venda registrada no cartório de registro de imóveis(...).5. Outrossim, não podem os réus, ora recorridos, se valerem da própria torpeza para impedir a adjudicação compulsória, haja vista que simularam determinado valor no negócio jurídico publicamente escriturado, mediante declaração de preço que não refletia a realidade, com o fito de burlar a lei, pagando menos tributo, conforme salientado pelo acórdão recorrido. 6. Na hipótese, os valores constantes na escritura pública foram inseridos livremente pelas partes e registrados em cartório imobiliário, dando-se publicidade ao ato, operando efeitos erga omnes, devendo-se preservar a legítima expectativa e confiança geradas, bem como o dever de lealdade, todos decorrentes da boa-fé objetiva (...)".

STJ – 4ª T. – REsp nº 1.339.432 – Rel. Min. Luis Felipe Salomão – j. 16/04/2013: "(...) 3. O direito de preferência previsto no Estatuto da Terra beneficia tão somente o arrendatário, como garantia do uso econômico da terra explorada por ele, sendo direito exclusivo do preferente. (...) 5. O prazo mínimo do contrato de arrendamento é um direito irrenunciável que não pode ser afastado pela vontade das partes sob pena de nulidade. 6. Consoante o pacificado entendimento desta Corte, não se faz necessário o registro do contrato de arrendamento na matrícula do imóvel arrendado para o exercício do direito de preferência. Precedentes. 7. Na trilha dos fatos articulados, afasta-se a natureza do contrato de arrendamento para configurá-lo como locação de pastagem, uma vez que não houve o exercício da posse direta pelo tomador da pastagem, descaracterizando-se o arrendamento rural (...)".

STJ – 3ª T. – REsp nº 1.336.293 – Rel. Min. João Otávio de Noronha – j. 24/05/2016: "(...) 2. O arrendamento rural e a parceria agrícola, pecuária, agroindustrial e extrativista são os principais contratos agrários voltados a regular a posse ou o uso temporário da terra, na forma do art. 92 da Lei n. 4.504/64, o Estatuto da Terra. 3. A atividade pecuária para a criação de gado bovino deve ser reconhecida como de grande porte, de modo que incide o prazo de 5 (cinco) anos para a duração do contrato de arrendamento rural, nos termos do art. 13, II, «a», do Decreto n. 59.566/66 (...)".

TJMT – 2ª Câmara Cível – AI nº 0103405-55.2012.8.11.0000 – Rel. Des. Clarice Claudino da Silva – j. 07/11/2012: "Agravo de instrumento. Arrendamento rural. Decreto 59.566/66. Desocupação. Notificação premonitória. Comprovação. Concessão da ordem em antecipação de tutela. Possibilidade. Recurso provido. De acordo com o Superior Tribunal de Justiça, em arrendamento rural, é possível a concessão do despejo em tutela antecipada sem a oitiva do réu, desde que oportunizada a purgação da mora via notificação premonitória".

TJMS – 2ª Câmara Cível – APL nº 08000913-48.2016.8.12.0043 – Rel. Des. Paulo Alberto de Oliveira – j. 16/08/2017: "(...) 1. Discute-se no presente recurso, em síntese, a possibilidade de renovação compulsória de contrato de arrendamento rural. 2. O art. 22, do Decreto nº 59.566, de 14/11/1966, que regulamentou a Lei nº 4.504, de 20/11/1964 (Estatuto da Terra), cuida da hipótese de concurso de interesses entre terceiro(s) e o arrendatário, situação na qual se exige prévia notificação 'das propostas recebidas' para efeito de eventualmente se exercer direito de preferência, isso se estiver o arrendatário em 'igualdade de condições', o que não é o caso dos autos, pois sequer há notícia de proposta de terceiros. 3. Outrossim, o § 2º, do referido art. 22 e, igualmente, o inc. V, do art. 95, da Lei nº 4.504, de 30/11/1964 (Estatuto da Terra), afastam a preferência alegada pelo autor-agravante, para efeito de renovação compulsória por mais três (3) anos, na medida em que possibilitam a retomada da área, em prejuízo ao direito de preferência do arrendatário, se o arrendante 'declarar sua intenção de retomar o imóvel para explorá-lo diretamente, ou para seu cultivo direto e pessoal, [...] ou através de descendente seu' (art. 95, inc. V, do Estatuto da Terra), exatamente a hipótese dos autos, na qual se firmou contrato de parceria agrícola entre a ré-proprietária e seus filhos (...)".

3. PARCERIA

3.1. Função

O contrato de parceria rural tem conceito previsto no art. 96, § 1º do ET, que auxilia na diferenciação para o arrendamento: "Parceria rural é o contrato agrário pelo qual uma pessoa se obriga a ceder à outra, por tempo determinado ou não, o uso específico de imóvel rural, de parte ou partes dele, incluindo, ou não, benfeitorias, outros bens e/ou facilidades, com o objetivo de nele ser exercida atividade de exploração agrícola, pecuária, agroindustrial, extrativa vegetal ou mista; e/ou lhe entrega animais para cria, recria, invernagem, engorda ou extração de matérias-primas de origem animal, mediante partilha, isolada ou cumulativamente, dos seguintes riscos: I – caso fortuito e de força maior do empreendimento rural; II – dos frutos, produtos ou lucros havidos nas proporções que estipularem, observados os limites percentuais estabelecidos no inciso VI do *caput* deste artigo; III – variações de preço dos frutos obtidos na exploração do empreendimento rural".

O diferencial está justamente na partilha de riscos. Se no arrendamento o uso da terra rende valor remuneratório a título de aluguel, na parceria o parceiro proprietário disponibiliza a terra, mas concorre com os riscos da exploração, recebendo percentual em partilha dos resultados dos frutos, produtos ou lucros. Portanto, no contrato de parceria *o parceiro-proprietário se obriga a ceder ao parceiro-produtor a posse ou uso temporário da terra*[a] *por determinado tempo*[b], *com partilha dos resultados*[c] *obtidos com o exercício de atividade agrícola ou pecuária*[a].

(*a*) Na parceria as partes pactuam obrigações derivadas da cessão do uso partilhado da terra, com atribuições na administração dos bens, no custeio da exploração econômica e obrigações derivadas da partilha de resultados – superavitários ou deficitários. Não se trata de contrato de sociedade, muito embora o art. 96, inciso VI, do ET, preveja a possibilidade de aplicação supletiva das regras do arrendamento e do contrato de sociedade (remetendo-se, assim, ao capítulo do CC sobre o assunto – arts. 981 e seguintes).

(*b*) A parceria pode ser pactuada por tempo determinado. Se não houver convenção do prazo, será no mínimo de três anos, assegurado ao parceiro o direito à conclusão da colheita pendente (art. 96, II, do ET).

(*c*) A partilha dos resultados na parceria é objeto de forte dirigismo contratual, com previsão específica dos percentuais no art. 96, inciso VI, do ET: "(...) a quota do proprietário não poderá ser superior a: a) 20% (vinte por cento), quando concorrer apenas com a terra nua; b) 25% (vinte e cinco por cento), quando concorrer com a terra preparada; c) 30% (trinta por cento), quando concorrer com a terra preparada e moradia; d) 40% (quarenta por cento), caso concorra com o conjunto básico de benfeitorias, constituído especialmente de casa de moradia, galpões, banheiro para gado, cercas, valas ou currais, conforme o caso; e) 50% (cinquenta por cento), caso concorra com a terra preparada e o conjunto básico de benfeitorias enumeradas na alínea d deste inciso e mais o fornecimento de máquinas e implementos agrícolas, para atender aos tratos culturais, bem como as sementes e animais de tração, e, no caso de parceria pecuária, com animais de cria em proporção superior a 50% (cinquenta por cento) do número total de cabeças objeto de parceria; f) 75% (setenta e cinco por cento), nas zonas de pecuária ultraextensiva em que forem os animais de cria em proporção superior a 25% (vinte e cinco por cento) do rebanho e onde se adotarem a meação do leite e a comissão mínima de 5% (cinco por cento) por animal vendido; g) nos casos não previstos nas alíneas anteriores, a quota adicional do proprietário será fixada com base em percentagem máxima de 10% (dez por cento) do valor das benfeitorias ou dos bens postos à disposição do parceiro".

A participação poderá ser fixada em percentual dos produtos, em quantidade ou volume. Para tanto, prevê o art. 96, § 2º, do ET, que, ao final do contrato, deverá ser realizado o ajustamento do percentual pertencente ao proprietário, de acordo com a produção.

3.2. Características e obrigações das partes

São características e elementos do contrato de arrendamento (art. 96 do ET):

Quanto ao prazo:

I – o prazo dos contratos de parceria, desde que não convencionados pelas partes, será no mínimo de três anos, assegurado ao parceiro o direito à conclusão da colheita pendente, ressalvado os casos de retardamento por força maior;

Quanto à preferência na renovação do contrato:

II – expirado o prazo, se o proprietário não quiser explorar diretamente a terra por conta própria, o parceiro em igualdade de condições com estranhos, terá preferência para firmar novo contrato de parceria;

Quanto às despesas com a criação:

III – as despesas com o tratamento e criação dos animais, não havendo acordo em contrário, correrão por conta do parceiro tratador e criador;

Quanto à moradia:

IV – O proprietário assegurará ao parceiro que residir no imóvel rural, e para atender ao uso exclusivo da família deste, casa de moradia higiênica e área suficiente para horta e criação de animais de pequeno porte;

Conteúdo mínimo do contrato:

V – além do conteúdo do art. 12 do Decreto nº 59.566/66, serão complementadas, conforme o caso, as seguintes condições, que constarão, obrigatoriamente, dos contratos de parceria agrícola, pecuária, agroindustrial ou extrativa: a) quota-limite do proprietário na participação dos frutos, segundo a natureza de atividade agropecuária e facilidades oferecidas ao parceiro; b) prazos mínimos de duração e os limites de vigência segundo os vários tipos de atividade agrícola; c) bases para as renovações convencionadas; d) formas de extinção ou rescisão; e) direitos e obrigações quanto às indenizações por benfeitorias levantadas com consentimento do proprietário e aos danos substanciais causados pelo parceiro, por práticas predatórias na área de exploração ou nas benfeitorias, nos equipamentos, ferramentas e implementos agrícolas a ele cedidos; f) direito e oportunidade de dispor sobre os frutos repartidos. Deverão ser reguladas cláusulas que assegurem a conservação dos recursos naturais e a proteção social e econômica dos arrendatários e dos parceiros-outorgados a saber (art. 13 do Decreto nº 59.566/66).

Participação percentual nos frutos:

VI – No inciso VI do art. 96 são descritos os percentuais, já mencionados no item anterior.

Aplicação supletiva de legislação do arrendamento e contrato de sociedade:

VII – aplicam-se à parceria agrícola, pecuária, agropecuária, agroindustrial ou extrativa as normas pertinentes ao arrendamento rural, no que couber, bem como as regras do contrato de sociedade, no que não estiver regulado pela presente Lei.

Cobrança de fertilizantes e inseticidas:

VIII – o proprietário poderá sempre cobrar do parceiro, pelo seu preço de custo, o valor de fertilizantes e inseticidas fornecidos no percentual que corresponder à participação deste, em qualquer das modalidades previstas nas alíneas do inciso VI do *caput* deste artigo.

Jurisprudência

STJ – 3ª T. – REsp nº 1.535.927 – Rel. Min. Ricardo Villas Bôas Cueva – j. 13/10/2015: "(...) 1. No contrato de parceria agrícola não se admite a denúncia vazia, devendo o pedido de retomada do bem imóvel ter sempre como causa subjacente um dos motivos admitidos na legislação de regência (art. 22, *caput* e § 2º, do Decreto nº 59.566/1966). 2. No caso dos autos, a denúncia não pode ser considerada vazia, porquanto efetivada a notificação extrajudicial a que se refere o § 2º do art. 22 do Decreto nº 59.566/1966, tempestivamente, no ano de 2009, tendo, ademais, as instâncias ordinárias assentado que desde 2005 o parceiro agricultor tinha plena ciência da intenção da parceira proprietária de retomar o imóvel para uso próprio".

TJSP – 35ª Câm. Dir. Priv. – APL nº 992.07.013852-3 – Rel. Min José Malerbi – j. 09/08/2010: "PARCERIA AGRÍCOLA. (...). CONTRATO ESCRITO. NOTIFICAÇÃO PRÉVIA. (...). Nulidades afastadas. Não se considera violado o Estatuto da Terra, pois a modalidade do contrato agrário é de parceria, com características próprias, não incidindo as regras quanto à notificação prevista para o arrendamento rural, diante de contratação expressa de termos para o término do prazo, independente de notificação. Regulamentação do Decreto 59.566/66 tornando obrigatório o que a lei não prevê para a parceria. Normas gerais de direito aplicáveis ao caso, respeitado o pacto. Recurso não provido".

TJSP – 30ª Câm. Dir. Priv. – AP nº 0000518-60.2007.8.26.0352 – Rel. Des. Bonilha Filho – j. 27/08/2014: "Parceria agrícola. Resolução contratual. Ação monitória. Cláusula que prevê o pagamento de 2000 sacas de 60 kgs de milho industrial. Cultivo incontroverso. O contrato com denominação de parceria agrícola, no caso dos autos, encerra negócio de arrendamento rural. Aluguel convencionado entre as partes em espécie. Inadimplemento. Correção monetária. Atualização incidente desde o vencimento da obrigação (...)".

TJSP – 30ª Câm. Dir. Priv. – AP nº 100021-36.2017.8.26.0311 – Rel. Min. Marcos Ramos – j. 06/06/2018: Parceria agrícola. Ação declaratória de resolução contratual, cumulada com pleitos de cobrança e de despejo liminar. (...). Confissão no sentido de que colheu o produto da lavoura por três safras consecutivas e nada repassou aos autores. Comportamento que deu azo à rescisão do pacto e à decretação de seu despejo. Inteligência do art. 32, III e IX, do Decreto nº 59.566/66".

TJSP – 35ª Câm. Dir. Priv. – APL nº 9206195-88.2005.8.26.0000 – Rel. Min. Artur Marques – J. 29/08/2011: "Parceria rural. (...). 2. Ante o não pagamento da participação dos frutos da parceria, correta o decreto de despejo, com fundamento nos arts. 92, § 6º, do Estatuto da Terra, e art. 32, inc. III, c.c art. 34, *caput*, do Decreto 59.566/66".

4. INTEGRAÇÃO AGROINDUSTRIAL

4.1. Função

A Lei nº 13.288/2016, conhecida por Lei da Integração (LIntegr), inovou o ordenamento jurídico com a regulação do que se tipificou como contrato de integração vertical de cadeia agroindustrial, visando "a planejar e a realizar a produção e a industrialização ou comercialização de matéria-prima, bens intermediários ou bens de consumo final" (art. 2º, inciso I, da LIntegr). Afastou-se, por decisões jurisprudenciais e por força do art. 96, § 5º, do ET, a aplicação das regras da parceria para esse tipo contrato[2].

O contrato tem como partes o *produtor integrado*, pessoa física ou jurídica, que fornece a matéria prima, bens intermediários ou bens de consumo final; e o *integrador*, que recebe a produção intermediária ou final da outra parte. Sendo contrato bilateral, sinalagmático, de trato sucessivo e oneroso, cuida das atribuições no processo produtivo, dos compromissos financeiros, dos deveres sociais, dos requisitos sanitários, das responsabilidades ambientais, entre outras causas vinculadas ao objeto agrossilvipastoril do contrato (art. 2º, IV, da LIntegr). A aplicação prática ocorre sobretudo avicultura e suinocultura, que utiliza o modelo em grande parte de sua produção. Exclui-se, contudo, a integração entre cooperativa e cooperados, ainda sujeita ao ato cooperativo e sistema do art. 79 da Lei nº 5.764/71 (LCoop), conforme determina o art. 1º, parágrafo único, da LIntegr.

---

[2] Antes da *LIntegr*, o STJ julgou o REsp. nº 865.132 e considerou inaplicável o regime de parceria agrícola ao que se chamou, na época, parceria agroindustrial suinícola. Confirmou-se posicionamento anterior do REsp nº 171.989. Posteriormente, a Lei nº 11.443/2007, inseriu o § 5º, no art. 96 do ET, excluindo a aplicação do texto legal às "parcerias agroindustriais de aves e suínos".

Cuida-se, ademais, de contrato de colaboração para "coordenação do processo pro-dutivo, e não somente a aquisição do produto final" com "coordenação das atividades de produção e relações entre o produtor integrado e o integrador" (KHAYAT, 2021, p. 54).

Verifica-se dirigismo contratual com a criação de fóruns e comissões paritárias, com objetivo de garantir mais equidade e transparência nas negociações entre integrador e produtor integrado. Exemplifica-se com o Fórum Nacional de Integração (Foniagro), que define diretrizes de acompanhamento das relações em âmbito nacional e as Comissões para Acompanhamento, Desenvolvimento e Conciliação da Integração (CADECS), constituídas para assegurar espaço paritário, de âmbito regional.

4.2. Distinção entre contratos

A inovação legislativa gerou novo tipo contratual que deve ser comparado com outros instrumentos obrigacionais já utilizados em atividades agrárias, mas que têm função econômica distinta.

O primeiro deles é o arrendamento. Por meio desse instrumento, o proprietário ou possuidor direto da terra dá o imóvel ao arrendatário para exploração e uso para fins agropastoris, mediante remuneração pelo uso da terra. Trata-se de instrumento de cessão de uso e gozo do imóvel rural, preocupando-se o legislador em cuidar dos direitos, obrigações e situações de dependência econômica surgidas dessa causa. Entre elas se enumeram (a) a manutenção de safras mínimas por controle do prazo; (b) preferência de aquisição do imóvel e renovação do contrato; (c) regime das benfeitorias; (d) revisão dos valores, entre outros. O arrendamento em muito se afasta da integração vertical de cadeia agroindustrial, já que a regra daquele contrato tem o escopo principal de disciplinar somente o uso do imóvel, com riscos totalmente assumidos pelo arrendatário.

Mais complexa é a diferenciação com a parceria. Por meio desse contrato, preconiza-se instrumento de entrega de imóvel para o parceiro, mas com partilha de riscos e repartição dos frutos, produtos e lucros nas proporções que as partes estipularem. Nesse contrato se combina a cessão da terra para exploração econômica com o concurso dos parceiros com os riscos do empreendimento, repartindo os resultados. Por muito tempo antes da LIntegr, os contratos de integração eram feitos sob a vestimenta da parceria, mas entre os contratos se identifica diferença porque: (a) na parceria há disponibilização da terra, alterando a formação do preço; (b) na integração, o integrador atua não com cessão onerosa da terra, mas com a organização e integração produtiva do produtor integrado à sua cadeia empresarial; (c) na parceria, identifica-se o fim comum, ao passo que na integração não há propriamente um interesse comum e um concurso equitativo com os riscos da atividade integrada, já que o integrador intenta receber o produto ou animal engordado e produtor integrado quer receber o preço pactuado. Não há distribuição de riscos e lucros. Portanto, o sistema de tutela do ET para a parceria leva em consideração as peculiaridades do contrato para afastar a semelhança das causas contratuais.

Também é distinta a integração da terceirização [t. IV, §13, i. 4], já que naquela não se tira atividade-meio ou atividade-fim da cadeia, conforme prevê a Lei nº 13.429, de 31 de março de 2017. Na integração, o produtor integrado é trazido à cadeia produtiva para fornecimento controlado pelo integrador. Já na terceirização, a preocupação do legislador é de mera garantia de direitos trabalhistas e com a preocupação da subordinação característica da relação de emprego. Assim, no contrato de integração, coloca-se à disposição a organização de fatores produtivos e não o trabalho do integrado.

4.3. Identificação da função econômica

Vistos alguns instrumentos, percebe-se que as transações no sistema agroindustrial podem ocorrer por simples operações de compra e venda, com formação de preços por regras de oferta e procura no mercado, ou então por meio de organizações e concentrações e econômicas realizadas por contratos.

A integração combina processos produtivos de uma mesma empresa, havendo um mesmo comando decisório sem *causa societas* [t. II, §3, i. 3.3]. Será *vertical* quando houver distinção tecnológica entre os processos produtivos. Será *horizontal* se ocorrer semelhança tecnológica. Em geral, na cadeia agronegocial, a integração é vertical, porque retira do integrador uma fase importante e a transfere para o produtor integrado, que tem melhores custos e eficiência econômica para a realização desta fase (que pode ser a engorda e entrega a ponto de abate).

Cabe ao integrador coordenar e determinar padrões produtivos, além de fornecer bens, insumos e serviços ao produtor integrado, além de maquinários para restituição ao final do contrato (art. 8º da LIntegr).

Se adotarmos o conceito de causa no sentido de função econômica, no contrato de integração há destaque de parte da cadeia produtiva para serviços ou produção agrossilvipastoril, com entrega de produção em troca de maquinário e fornecimento de insumos. Embutem-se serviços, compra e venda de insumos, fornecimento de produtos, de modo a garantir regular abastecimento da cadeia do integrador, que finalizará a industrialização do produto. Assim, além de diferir de outros contratos, ainda se permite a identificação de vetor interpretativo e de aplicação das regras pertinentes ao contrato, além da supressão de lacunas da legislação.

Com essas características e causa ou função econômica bem delimitada, deverá o contrato de integração vertical conter (art. 4º da LIntegr): I – as características gerais do sistema de integração e as exigências técnicas e legais para os contratantes; II – as responsabilidades e as obrigações do integrador e do produtor integrado no sistema de produção; III – os parâmetros técnicos e econômicos indicados ou anuídos pelo integrador com base no estudo de viabilidade econômica e financeira do projeto; IV – os padrões de qualidade dos insumos fornecidos pelo integrador para a produção animal e dos produtos a serem entregues pelo integrado; V – as fórmulas para o cálculo da eficiência da produção, com explicação detalhada dos parâmetros e da metodologia empregados na obtenção dos resultados; VI – as formas e os prazos de distribuição dos resultados entre os contratantes; VII – visando a assegurar a viabilidade econômica, o equilíbrio dos contratos e a continuidade do processo produtivo, será cumprido pelo integrador o valor de referência para a remuneração do integrado, definido pela Cadec na forma do art. 12 desta Lei, desde que atendidas as obrigações contidas no contrato; VIII – os custos financeiros dos insumos fornecidos em adiantamento pelo integrador, não podendo ser superiores às taxas de juros captadas, devendo ser comprovadas pela Cadec; IX – as condições para o acesso às áreas de produção por preposto ou empregado do integrador e às instalações industriais ou comerciais diretamente afetas ao objeto do contrato de integração pelo produtor integrado, seu preposto ou empregado; X – as responsabilidades do integrador e do produtor integrado quanto ao recolhimento de tributos incidentes no sistema de integração; XI – as obrigações do integrador e do produtor integrado no cumprimento da legislação de defesa agropecuária e sanitária; XII – as obrigações do integrador e do produtor integrado no cumprimento da legislação ambiental; XIII – os custos e a extensão de sua cobertura, em caso de obrigatoriedade de contratação de seguro de produção e do empreendimento, devendo eventual subsídio sobre o prêmio concedido pelo poder público ser direcionado proporcionalmente a quem arcar com os custos; XIV – o prazo para aviso prévio, no caso de rescisão unilateral e antecipada do contrato de integração, deve levar em consideração o ciclo produtivo da atividade e o montante dos investimentos realizados, devidamente pactuado entre as partes; XV – a instituição de Comissão de Acompanhamento, Desenvolvimento e Conciliação da Integração – CADEC, a quem as partes poderão recorrer para a interpretação de cláusulas contratuais ou outras questões inerentes ao contrato de integração; XVI – as sanções para os casos de inadimplemento e rescisão unilateral do contrato de integração. Além disso, o art. 4º, parágrafo único, da *LIntegr* prevê que o foro do lugar onde se situa o empreendimento do produtor integrado é competente para ações fundadas no contrato de integração, devendo ser indicado no contrato.

Destaca-se, ainda, que uma cadeia integrada formará uma rede de contratos de operação econômica organizada entre diversos produtores, formando a causa contratual de uma rede, a partir de contratos distintos. Suplanta-se o fim econômico isolado para compor relações obrigacionais vinculadas pelo nexo organizacional de operação econômica comum.

4.4. Função do Documento de Informação Pré-Contratual – DIPC

Dispõe o art. 9º da LIntegr que o integrador deve apresentar ao produtor interessado em *aderir* ao sistema de integração um documento com natureza jurídica de *oferta*, denominado Documento de Informação Pré-Contratual – DIPC. Deve conter, para completo esclarecimento do produtor integrado (art. 9º da LIntegr): I – razão social, forma societária, Cadastro Nacional da Pessoa Jurídica – CNPJ e endereços do integrador; II – descrição do sistema de produção integrada e das atividades a serem desempenhadas pelo produtor integrado; III – requisitos sanitários e ambientais e riscos econômicos inerentes à atividade; IV – estimativa dos investimentos em instalações zootécnicas ou áreas de cultivo e dos custos fixos e variáveis do produtor integrado na produção; V – obrigação ou não do produtor integrado de adquirir ou contratar, apenas do integrador ou de fornecedores indicados formalmente pelo integrador, quaisquer bens, serviços ou insumos necessários à operação ou à administração de suas instalações zootécnicas ou áreas de cultivo; VI – relação do que será oferecido ao produtor integrado no que se refere a: a) suprimento de insumos; b) assistência técnica e supervisão da adoção das tecnologias de produção recomendadas cientificamente ou exigidas pelo integrador; c) treinamento do produtor integrado, de seus prepostos ou empregados, especificando duração, conteúdo e custos; d) projeto técnico do empreendimento e termos do contrato de integração; VII – estimativa de remuneração do produtor integrado por ciclo de criação de animais ou safra agrícola, utilizando-se, para o cálculo, preços e índices de eficiência produtiva médios nos vinte e quatro meses anteriores, e validados pela respectiva Cadec; VIII – alternativas de financiamento por instituição financeira ou pelo integrador e garantias do integrador para o cumprimento do contrato durante o período do financiamento; IX – os parâmetros técnicos e econômicos indicados pelo integrador e validados pela respectiva Cadec para uso no estudo de viabilidade econômico-financeira do projeto de financiamento do empreendimento; X – caráter e grau de exclusividade da relação entre o produtor integrado e o integrador, se for o caso; XI – tributos e seguros incidentes na atividade e a responsabilidade das partes, segundo a legislação pertinente; XII – responsabilidades ambientais das partes, segundo o art. 10 desta Lei; XIII – responsabilidades sanitárias das partes, segundo legislação e normas infralegais específicas.

Tem por objetivo definir a expectativa do produtor integrado e exerce semelhante função à Circular de Oferta de Franquia (COF) [*t. IV, §18, i. 3*]. Diferente, contudo, é que a LIntegr não indica o regime de anulabilidade pela falta de entrega da DIPC e nem da atualização prevista no art. 9º, parágrafo único, da LIntegr.

O regime de *nulidade* somente advém da falta de regulação precisa do conteúdo do art. 4º da LIntegr, que trata do contrato principal.

Jurisprudência

TJSC – Ap. nº 0001162-36.2000.8.24.0018 – Rel. Des. Luiz Antonio Zanini Fornerolli – j. 15/08/2016: "(...) Em se tratando de contrato de parceria avícola por tempo indeterminado, a resilição unilateral, sem a devida notificação prévia, acarreta evidente prejuízo à parte contrária, devendo o prejudicado ser ressarcido pelos respectivos lucros cessantes".

Bibliografia: BURANELLO, Renato. *Autonomia didática do direito do agronegócio.* In: BURANELLO, Renato; SOUZA, André Ricardo Passos de; PERIN JÚNIOR, Ecio (coord.). *Direito do agronegócio.* São Paulo: Quartier Latin, 2011. BURANELLO, Renato; MORATO, Marcelo Lins. *Principais tipos societários nas atividades de produção e comercialização agropecuária.* In: BURANELLO, Renato; SOUZA, André Ricardo Passos de; PERIN JÚNIOR, Ecio. (coord.). *Direito do agronegócio.* São Paulo: Quartier Latin, 2011. BURANELLO, Renato. *Contratos do agronegócio.* In: COELHO, Fabio Ulhoa (coord.). *Tratado de direito comercial.* v. 8. São Paulo: Saraiva, 2015. CASTRO, Rogério Alessandre de Oliveira. *Setor sucroenergético e sua adequada regulação: sustentabilidade x viabilidade econômica.* Curitiba: Juruá, 2012. COELHO, Fabio Ulhoa. *Títulos do agronegócio.* In: COELHO, Fabio Ulhoa (coord.). *Tratado de direito comercial.* v. 8. São Paulo: Saraiva, 2015. DARIO, Bruno Baltieri. *Impactos jurídicos da tipificação do contrato agroindustrial de integração no Brasil: o caso do setor avícola.* Dissertação (Mestrado). Faculdade de Direito de Ribeirão Preto da USP. 2018. DINIZ, Gustavo Saad. O paradoxo do autofinanciamento das cooperativas. *RDE*, n. 14, p. 135-154, 2010. KHAYAT, Gabriel Fernandes. *Contrato de integração agroindustrial: teoria geral e prática.* Curitiba: Juruá, 2021. MANIGLIA, Elisabete. *A agroindústria na região Sudeste.* In: ZILBETTI, Darcy Walmor; BARROSO, Lucas Abreu. *Agroindústria: uma análise do contexto socieconômico e jurídico brasileiro.* São Paulo: Leud, 2009. MASTROROCCO, Daniela; EID, Patricia Guilherme. *Complexo agroindustrial e arrendamento do estabelecimento agrário.* In: BURANELLO, Renato; SOUZA, André Ricardo Passos de; PERIN JÚNIOR, Ecio. (coord.). *Direito do agronegócio.* São Paulo: Quartier Latin, 2011. SCAFF, Fernando Campos. *Aspectos fundamentais da empresa agrária.* São Paulo: Malheiros, 1997. ZILBETTI, Darcy Walmor; BARROSO, Lucas Abreu. *Agroindústria: uma análise do contexto socieconômico e jurídico brasileiro.* São Paulo: Leud, 2009. VALERIO, Marco Aurélio Gumieri. *A agroindústria no sistema do biodiesel.* In: ZILBETTI, Darcy Walmor; BARROSO, Lucas Abreu. *Agroindústria: uma análise do contexto socieconômico e jurídico brasileiro.* São Paulo: Leud, 2009. ZILBETTI, Darcy Walmor. *A agroindústria no sistema do direito agrário e do desenvolvimento sustentável.* In: ZILBETTI, Darcy Walmor; BARROSO, Lucas Abreu. *Agroindústria: uma análise do contexto socieconômico e jurídico brasileiro.* São Paulo: Leud, 2009.

§13
PRESTAÇÃO DE SERVIÇOS, TERCEIRIZAÇÃO E EMPREITADA

1. CONCEITO E FUNÇÃO

A prestação de serviços é contrato que reveste operação econômica de oferecimento e concretização de serviços especializados de uma parte (o prestador) a outra (o tomador) e compõe círculo terciário de atividade econômica (ao lado da agricultura e indústria, respectivamente primário e secundário).

Por meio da prestação de serviços *o prestador realiza serviço ou trabalho lícito, material ou imaterial*[a] *ao tomador, mediante retribuição*[b]*, sem sujeição às leis trabalhistas*[c]*.*

(*a*) O objeto do contrato é a prestação de serviços ou trabalho lícito, material ou imaterial, conforme prevê o art. 594 do CC. O serviço consiste no desempenho de atividade, obra, tarefa, mister, função, por meio do emprego do próprio trabalho como elemento de transformação. Cuida-se do emprego de habilidades específicas, aprisionadas no contrato em cláusulas de obrigação de fazer.

Importante considerar que o serviço deverá ser descrito com exatidão no contrato, com emprego de conhecimento intelectual ou mesmo execução física de determinada atividade. Entende-se que o prestador se obrigou a todo e qualquer serviço compatível com as suas forças e condições (art. 601 do CC).

Essa definição no âmbito civil influencia, por exemplo, em matéria tributária. Escapa do conceito de serviço (obrigação de fazer) a locação de bens (obrigação de dar), afastando-se a incidência de imposto sobre serviços (ISS) sobre a locação de máquinas (STF – RE nº 116.121 – Min. MARCO AURÉLIO). Em matéria tributária, entende-se o serviço como "o oferecimento de uma utilidade para outrem, a partir de um conjunto de atividades materiais ou imateriais, prestados com habitualidade ou intuito de lucro, podendo estar conjugada ou não com a entrega de bens ao tomador" (STF – RE nº 671.703 – Rel. Min. LUIZ FUX).

(*b*) Sendo contrato oneroso, há retribuição pelos serviços prestados. Tal remuneração será livremente fixada entre as partes, segundo fatores de especialização, singularidade e exigências técnicas do serviço prestado. Se o preço não for estipulado no contrato, determina o art. 596 do CC que será fixado por arbitramento judicial "segundo o costume do lugar, o tempo de serviço e sua qualidade".

(*c*) A relação entre tomador e prestador não será regida pela legislação especial protetiva do vínculo empregatício ou quaisquer outras que prevaleçam sobre o regramento geral do CC. Há muita controvérsia sobre a utilização indevida do contrato de prestação de serviços como forma de disfarçar uma efetiva e real relação de emprego, regida pela CLT. Pela primazia da realidade, prevalecerá a regência especializada da legislação trabalhista, inclusive quanto à discussão da terceirização [*t. IV, §13, i. 4*].

2. CARACTERÍSTICAS E ELEMENTOS

Algumas características sobressaem:

(*a*) Relativamente à retribuição, salvo pacto ou costume diverso, deverá ser paga depois de prestado o serviço e integralmente (art. 597 do CC).

(*b*) A prestação de serviços é *personalíssima*, de modo que uma parte não poderá ceder o contrato sem anuência da outra (art. 605 do CC).

(*c*) A prestação de serviços deverá ser realizada por pessoa *especializada*. Se não tiver habilitação exigida pela legislação, o prestador não poderá exigir a retribuição normal, salvo se houver benefício ao tomador e boa-fé, com possível fixação de remuneração razoável pelo juiz (art. 606 do CC). Não se trata do caso de honorários médicos e advocatícios, por exemplo, em vista da exigibilidade de inscrição específica nos respectivos órgãos de classe e por serem normativos de ordem pública. Em outro sentido, já se viu a possibilidade de remuneração do agente em contrato de representação comercial que não esteja devidamente habilitado pelos respectivos Conselhos regionais.

(*d*) O *aliciamento* do prestador de serviço por terceiro é desestimulado pelo CC. Aquele que aliciar pessoas obrigadas em contrato escrito a prestar serviço a outrem pagará a este a importância que ao prestador de serviço, pelo ajuste desfeito, houvesse de caber durante dois anos (art. 608 do CC).

3. EXTINÇÃO DO CONTRATO

As causas de extinção acompanham as regras gerais do CC [*t. IV, §8, i. 7*]. Ressalvam-se algumas peculiaridades:

(*a*) Quanto ao prazo, a prestação de serviços não ser pactuada por tempo superior a 4 anos, ainda que o contrato tenha por causa o pagamento de dívida de quem o presta, ou se destine à execução de certa e determinada obra. Neste caso, decorridos quatro anos, dar-se-á por findo o contrato, ainda que não concluída a obra (art. 598 do CC).

Por outro lado, não havendo prazo e nem se podendo inferir sobre a natureza da obrigação prestada, as partes poderão resilir o contrato a qualquer tempo, por meio de aviso: I – com antecedência de oito dias, se o salário se houver fixado por tempo de um mês, ou mais; II – com antecipação de quatro dias, se o salário se tiver ajustado por semana, ou quinzena; III – de véspera, quando se tenha contratado por menos de sete dias (art. 599 do CC).

Não se conta no prazo do contrato o tempo em que o prestador de serviço, por culpa sua, deixou de servir (art. 600 do CC).

(*b*) O prestador de serviço contratado por tempo certo, ou por obra determinada, não se pode ausentar, ou despedir, sem justa causa, antes de preenchido o tempo, ou concluída a obra (art. 602 do CC). A parte que resilir o contrato sem justa causa terá o direito a eventuais perdas e danos. Ao prestador poderá ser devida a retribuição vencida e por metade a que lhe tocaria de então ao termo legal do contrato (art. 603 do CC).

(*c*) O contrato ainda se extingue: com a morte de qualquer das partes; com o escoamento do prazo; a conclusão da obra; a resolução do contrato mediante aviso prévio, por inadimplemento de qualquer das partes; a impossibilidade da continuação do contrato, motivada por força maior (art. 607 do CC).

Jurisprudência

White Martins v. Plurimus: STJ – 3ª T. – REsp nº 1.659.893 – Rel. Min. Paulo de Tarso Sanseverino – j. 16/03/2021: "(...) 2. A pretendida resolução contratual decorre da alegação de que a contratada, orquestrando um "verdadeiro golpe", orientou as contratantes a adotarem uma tese jurídico-tributária "estapafúrdia", consistente na utilização da taxa SELIC composta como índice de correção monetária de créditos tributários objetos de futura compensação tributária, o que acabou causando prejuízos financeiros enormes decorrentes de autuações fiscais milionárias. (...) 5. Não obstante as peculiaridades do caso concreto, os contratos de prestação de serviços de advocacia e assessoria jurídico-tributária encerram uma obrigação de meio, na qual a contratada se obrigou tão-somente a bem realizar as atividades ali descritas, desatrelada à obtenção de um resultado específico. 6. De acordo com a doutrina e precedentes desta Corte, a responsabilidade civil subjetiva do advogado, por inadimplemento de suas obrigações de meio, depende da demonstração de ato culposo ou doloso, do nexo causal e do dano causado a seu cliente. 7. Especificidades do caso concreto que revelam que as contratantes não lograram êxito em demonstrar qualquer conduta ilícita da contratada, consistente em eventuais falhas de diligência, desatenção e cuidados afetos à atividade advocatícia. 8. A boa-fé objetiva tem por escopo resguardar as expectativas legítimas de ambas as partes na relação contratual, por intermédio do cumprimento de um dever genérico de lealdade e crença, sem distinção. 9. A pretendida declaração de descumprimento da obrigação contratual está em nítido descompasso com o proceder anterior das contratantes, conduta vedada pelo ordenamento jurídico. 10. Ressoa dos autos que as contratantes sabiam exatamente dos riscos envolvidos nas operações e mesmo assim os assumiu, fragiliza o nexo causal. 11. Com relação aos prejuízos supostamente suportados pelas contratantes, sequer se formou nos autos um juízo de certeza, ante a presença de divergência entre as instâncias julgadoras. 12. Impossibilidade de acolhimento do pedido de declaração de nulidade de cláusula contratual, ante à ausência de demonstração da sua abusividade (...)".

Universal v. Totvs: STJ – 3ª T. – REsp nº 1.731.193 – Rel. Min. Moura Ribeiro – j. 22/09/2020: "(...) 2. A discussão posta em causa diz respeito ao (des)cumprimento de um contrato firmado entre UNIVERSAL e TOTVS para desenvolvimento e implementação de software para gestão empresarial integrada. 3. Não se configura negativa de prestação jurisdicional quando o órgão julgador examina, de forma fundamentada, todas as questões submetidas à sua apreciação na medida necessária para o deslinde da controvérsia, ainda que em sentido contrário à pretensão da parte. 4. A prestação deficitária ou incompleta só representa cumprimento parcial da obrigação quando aproveite o credor, do contrário, estará configurado inadimplemento total. 5. Uma empresa que encomenda a confecção e implementação de software para gestão integrada de suas atividades produtivas somente tem interesse em um sistema que seja efetivamente capaz de substituir, com vantagem, aquele anteriormente utilizado. Trata-se, portanto, de uma obrigação de resultado. 6. Se o novo sistema não cumpre sua finalidade específica, fica configurado verdadeiro inadimplemento da obrigação, e não cumprimento parcial, o que enseja o desfazimento do negócio jurídico. 7. O pedido de per-das e danos não pode ser acolhido, porque não comprovado o nexo causal entre a conduta inquinada e os prejuízos alegados. 8. O restabelecimento das partes ao estado anterior, que se impõe como consectário da resolução do contrato, impede a execução da confissão de dívida firmada em razão do mesmo negócio jurídico (...)".

STJ – 3ª T. – REsp nº 1.758.767 – Rel. Min. Paulo de Tarso Sanseverino – j. 09/10/2018: "(...) 2. Possibilidade, em tese, de reconhecimento da responsabilidade civil do advogado pelo não conhecimento do recurso especial interposto intempestivamente e, ainda, sem ter sido instruído, o agravo de instrumento manejado contra a sua inadmissão, com os necessários documentos obrigatórios. 3. Os advogados, atuando em nome do seu cliente e representan-do-a judicialmente, comprometem-se, quando da celebração do mandato judicial, a observar a técnica ínsita ao exercício da advocacia e, ainda, a articular a melhor defesa dos interesses da mandante, embora sem a garantia do resultado final favorável (obrigação de meio), mas adstritos à uma atuação dentro do rigor profissional exigido, nisso incluindo-se a utilização dos recursos legalmente estabelecidos, dentro dos prazos legalmente previstos (...). 5. Tonalizado pela perda de uma chance, o elemento "dano" se consubstancia na frustração da probabilidade de alcançar um resultado muito provável. 6. Nessa conjuntura, necessário perpassar pela efetiva probabilidade de sucesso da parte em obter o provimento do recurso especial intempestivamente interposto. 7. Na origem, com base na análise da fundamentação do acórdão recorrido e, ainda, das razões do referido apelo excepcional, a conclusão foi de que o recurso estava fadado ao insucesso (...)".

STJ – 4ª T. – REsp nº 1.433.658 – Rel. Min. Luis Felipe Salomão – j. 09/12/2014: "(...) 1. Consoante previsto no art. 22 da Lei n. 8.906/1994, 'a prestação de serviço profissional assegura aos inscritos na OAB o direito aos honorários convencionados, aos fixados por arbitramento judicial e aos de sucumbência', sendo certo que 'na falta de estipulação ou de acordo, os honorários são fixados por arbitramento judicial, em remuneração compatível com o trabalho e o valor econômico da questão' (§ 2º). 2. A existência de contrato escrito caracteriza a irrefutabilidade dos honorários, haja vista que lhes confere liquidez e certeza, sendo certo que a ausência desse instrumento ou o dissentimento das partes acerca do montante devido a título de honorários legitimam o seu prévio arbitramento judicial, nos termos do art. 596 do CC, segundo o qual 'não se tendo estipulado nem chegado a acordo as partes, fixar-se-á por arbitramento a retribuição'. 3. No caso concreto, parece razoável supor que os serviços apontados pela sociedade de advogados na petição inicial foram prestados, em sua maioria, consoante se dessume da sentença e do acórdão recorrido, neste incluída a declaração de voto concordante (...)".

STJ – 4ª T. – REsp nº 1.130.307 – Rel. Min. Marco Buzzi – j. 09/04/2013: "(...) 4. Pedido de concessão de indenização por lucros cessantes, baseado na consideração de que o aresto hostilizado fixou a natureza jurídica do contrato como sendo de prestação de serviços e, portanto, seria aplicável ao caso o disposto no art. 1.228 do CC/1916, correspondente ao art. 603 do CC/2002. Norma que prevê o direito da parte prejudicada, face à resilição unilateral do contrato típico de prestação de serviços, de obter metade da remuneração que seria devida até o final do prazo de vigência do ajuste. Matéria, todavia, dissociada da realidade dos autos. Em momento algum, houve alusão nas instâncias ordinárias a tratar-se o contrato celebrado entre as partes como sendo aquele tipicamente disciplinado sob o título de 'locação de serviços' no CC/1916 e 'prestação de serviços' à égide do CC/2002(...)".

STJ – 4ª T. – REsp nº 711.972 – Rel. Min. Raul Araújo – j. 05/10/2010: "(...) 1. Da leitura dos arts. 1.217, 1.221, 1.225, 1.226 e 1.229 do Código Civil/1916, que tratam da locação de serviços, percebe-se que, tal como disciplinado o instituto, seu objeto é o serviço prestado por pessoa física contratada, como locador. 2. Sendo assim, não se pode reconhecer que preceito legal sobre aquela locação, no caso o art. 1.228 da Lei Civil de 1916, tenha aplicação obrigatória ou automática a contrato de locação de serviços por terceirização, envolvendo duas pessoas jurídicas, máxime quando inexiste cláusula contratual assim dispondo expressamente" (...).

STJ – 3ª T. – AgRg nos EDcl no Ag nº 857.388/SP – Rel. Min. Ari Pargendler – j. 02/10/2007: "(...)Se o ajuste é rescindido sem justa causa pelo tomador, o prestador de serviços tem direito ao pagamento, por inteiro, da retribuição vencida e, por metade, a que perceberia até o termo final do contrato (CC, de 1916, art. 1.118)".

STJ – 3ª T. – REsp nº 509.304 – Rel. Min. Ricardo Villas Bôas Cueva – j. 16/05/2013: "(...) 1. O contrato de administração imobiliária possui natureza jurídica complexa, em que convivem características de diversas modalidades contratuais típicas – corretagem, agenciamento, administração, mandato –, não se confundindo com um contrato de locação, nem necessariamente dele dependendo. 2. No cenário caracterizado pela presença da administradora na atividade de locação imobiliária se sobressaem pelo menos duas relações jurídicas distintas: a de prestação de serviços, estabelecida entre o proprietário de um ou mais imóveis e essa administradora, e a de locação propriamente dita, em que a imobiliária atua como intermediária de um contrato de locação. 3. Na primeira, o dono do imóvel ocupa a posição de destinatário final econômico daquela serventia, vale dizer, aquele que contrata os serviços de uma administradora de imóvel remunera a expertise da contratada, o *know-how* oferecido em benefício próprio, não se tratando propriamente de atividade que agrega valor econômico ao bem. 4. É relação autônoma que pode se operar com as mais diversas nuances e num espaço de tempo totalmente aleatório, sem que sequer se tenha como objetivo a locação daquela edificação. 5. A atividade da imobiliária, que é normalmente desenvolvida com o escopo de propiciar um outro negócio jurídico, uma nova contratação, envolvendo uma terceira pessoa física ou jurídica, pode também se resumir ao cumprimento de uma agenda de pagamentos (taxas, impostos e emolumentos) ou apenas à conservação do bem, à sua manutenção e até mesmo, em casos extremos, ao simples exercício da posse, presente uma eventual impossibilidade do próprio dono, tudo a evidenciar a sua destinação final econômica em relação ao contratante (...)".

4. TERCEIRIZAÇÃO

Outro impacto nas análises da prestação de serviços está, muitas vezes, na utilização desse contrato para repassar a terceiros os serviços inerentes ou acessórios da cadeia produtiva de uma organização empresarial. Em outros termos, podem ser prestadas atividades inerentes ao objeto da empresa (atividades-fim) ou mesmo complementares (atividades-meio), com utilização do serviço prestado por terceiros para formalização da chamada *terceirização*.

O tema adquiriu contornos de acalentada polêmica em vista da alteração substancial promovida pela Lei nº 13.429/2017 (LTerc), que alterou (*a*) a legislação do trabalho temporário, (*b*) regulou o contrato de prestação de serviços e (*c*) admitiu a possibilidade de terceirização também de atividades-fim. Até o advento dessa lei, a interpretação dada pela Justiça do Trabalho, em especial do TST, com o Enunciado nº 331, era de admitir a prestação de serviços terceirizados de atividades que não integrassem a essência da cadeia produtiva. Dois pontos merecem destaque do entendimento anterior: "I – A contratação de trabalhadores por empresa interposta é ilegal, formando-se o vínculo diretamente com o tomador dos serviços, salvo no caso de trabalho temporário" e "II – Não forma vínculo de emprego com o tomador a contratação de serviços de vigilância (Lei nº 7.102, de 20.06.1983) e de conservação e limpeza, bem como a de serviços especializados ligados à atividade-meio do tomador, desde que inexistente a pessoalidade e a subordinação direta". Portanto, a interpretação era de fraude à lei de responsabilidade subsidiária do tomador de serviços casos fossem repassadas atividades-fim da empresa, ressalvando-se somente as atividades-meio como vigilância e limpeza.

O advento da LTerc alterou o cenário, porquanto permite a contratação de "empresas" prestadoras de serviços para trabalho temporário, que é "aquele prestado por pessoa física contratada por uma empresa de trabalho temporário que a coloca à disposição de uma empresa tomadora de serviços, para atender à necessidade de substituição transitória de pessoal permanente ou à demanda complementar de serviços" (art. 1º da LTerc). Portanto, a tomadora dos serviços contrata a empresa de trabalho temporário ou a prestadora de serviços, que disponibiliza o funcionário para realização da atividade contratada. Não haverá vínculo de emprego com a tomadora, seja dos funcionários, seja dos sócios da prestadora do serviço. Entretanto, a LTerc cuida da responsabilidade subsidiária do tomador em caso ausência de pagamento de verbas trabalhistas pela prestadora dos serviços – significando dizer que a tomadora deverá fiscalizar o pagamento desse custo da prestadora.

A grande diferença é que, com a LTerc, o contrato de trabalho temporário poderá versar sobre o desenvolvimento de atividades-meio e atividades-fim a serem executadas na empresa tomadora de serviços, contanto que haja o pagamento das verbas trabalhista. A matéria foi objeto de arguição de inconstitucionalidade no STF, na ADPF nº 324 e no RE nº 958.252, respectivamente relatados pelos Min. Luis Roberto Barroso e Luiz Fux. Aprovou-se a seguinte tese na repercussão geral do recurso extraordinário: "É lícita a terceirização ou qualquer outra forma de divisão do trabalho entre pessoas jurídicas distintas, independentemente do objeto social das empresas envolvidas, mantida a responsabilidade subsidiária da empresa contratante".

Há impactos da nova legislação na matéria empresarial. Primeiro, porque os trabalhadores são grupos de interesses da organização empresarial [*t. I, §5, i. 5.2*], que agora podem ser retirados da cadeia produtiva direta e transferidos para concentrações econômicas feitas por meio de arranjos contratuais [t. IV, §3, i. 5.2.1]. Segundo, porque há regulação específica em relação à organização empresarial – seja empresário ou sociedade – incorretamente chamada pela lei de "empresa de prestação de serviços a terceiros". Terceiro, porque também o contrato de prestação de serviços, tipificado em preceitos gerais no CC, passou agora a ter regulação de tipificação na LTerc.

Em termos organizacionais, a LTerc determina como requisitos da organização empresarial de prestação de serviços: I – prova de inscrição no Cadastro Nacional da Pessoa Jurídica (CNPJ); II – registro na Junta Comercial; III – capital social compatível com o número de empregados, observando-se os seguintes parâmetros: a) empresas com até dez empregados – capital mínimo de R$ 10.000,00; b) empresas com mais de dez e até vinte empregados – capital mínimo de R$ 25.000,00; c) empresas com mais de vinte e até cinquenta empregados – capital mínimo de R$ 45.000,00; d) empresas com mais de cinquenta e até cem empregados – capital mínimo de R$ 100.000,00; e e) empresas com mais de cem empregados – capital mínimo de R$ 250.000,00.

Quanto às cláusulas contratuais, o contrato celebrado pela empresa de *trabalho temporário* e a tomadora de serviços será por escrito, ficará à disposição da autoridade fiscalizadora no estabelecimento da tomadora de serviços e conterá: qualificação das partes; motivo justificador da demanda de trabalho temporário; prazo da prestação de serviços; valor da prestação de serviços; disposições sobre a segurança e a saúde do trabalhador, independentemente do local de realização do trabalho; garantia de condições de segurança, higiene e salubridade dos trabalhadores, se o trabalho for realizado nas dependências da tomadora; extensão de atendimento médico aos trabalhadores da prestadora.

Já o *contrato de prestação de serviços* conterá: qualificação das partes; especificação do serviço a ser prestado; prazo para realização do serviço, quando for o caso; valor; possibilidade execução dos serviços nas instalações físicas da empresa contratante ou em outro local, de comum acordo entre as partes e com garantia de segurança, higiene e salubridade dos trabalhadores.

Jurisprudência

STF – ADPF nº 324 e RE nº 958.252 – relatores, respectivamente, Min. Luis Roberto Barroso e Luiz Fux – j. 30/08/2018: "É lícita a terceirização ou qualquer outra forma de divisão do trabalho entre pessoas jurídicas distintas, independentemente do objeto social das empresas envolvidas, mantida a responsabilidade subsidiária da empresa contratante".

TST – 4ª T. – RR nº 67-98.2011.5.04.0015 – Rel. Min. Caputo Bastos – j. 12.09.2018: "(...) Desse modo, a partir dessa data, em razão da natureza vinculante das decisões proferidas pelo excelso Supremo Tribunal Federal nos aludidos feitos, deve ser reconhecida a licitude das terceirizações em qualquer atividade empresarial, de modo que a empresa tomadora apenas poderá ser responsabilizada subsidiariamente (...)".

STJ – 3ª T. – REsp nº 1.873.122 – Rel. Min. Nancy Andrighi – j. 20/10/2020: "(...) 4. Se o contrato, firmado livremente pelas partes, estabelece que as atividades serão prestadas por equipe própria da representante, a seu encargo, risco e responsabilidade, a inferência lógica que daí decorre é que a terceirização está vedada. A representada goza de expectativa legítima de que os serviços serão oferecidos diretamente pela contratante, de acordo com a obrigação por ela assumida, e não por terceiros. 5. Não se pode descurar, ademais, que os contratos da espécie aqui tratada são classificados pela doutrina como sendo individuais e personalíssimos (realizado *intuitu personae*). São, portanto, contratos celebrados "em função da pessoa do contratante, que tem influência decisiva para o consentimento do outro, a quem interessa que a prestação seja cumprida por ele próprio, pelas suas características particulares (habilidade, experiência, técnica, idoneidade etc.)". Doutrina. 6. A ausência de autorização da recorrente para a terceirização realizada pela recorrida representa violação da boa-fé objetiva, pois, feita de maneira sub-reptícia, a subcontratação não permite que a representada, ao menos, verifique, no intuito de assegurar a lisura de suas práticas negociais, se as pessoas que passarão a ofertar seus serviços estão legalmente habilitadas para as tarefas (art. 2º da Lei 4.886/65), bem como se não há algum outro impedimento a obstar o ofício da representação comercial (art. 4º da Lei 4.886/65) (...)".

5. EMPREITADA

Por meio da empreitada, o empreiteiro compromete-se com a execução de determinada obra, seja com oferta do trabalho, seja contribuindo para ela com o trabalho e os materiais (art. 610 do CC).

O fornecimento de materiais não se presume, devendo estar expresso no contrato. Tampouco se presume que haverá a empreita somente com a elaboração do projeto (art. 610, §§ 1º e 2º, do CC).

O empreiteiro responderá pelos riscos dos serviços e dos materiais (arts. 611 a 613 do CC). Concluída a obra de acordo com o ajuste, ou o costume do lugar, o dono é obrigado a recebê-la. Poderá, porém, rejeitá-la, se o empreiteiro se afastou das instruções recebidas e dos planos dados, ou das regras técnicas em trabalhos de tal natureza (art. 615 do CC) ou pedir abatimento do preço (art. 616 do CC).

Concluída e recebida a obra, há prazo de garantia em relação ao empreiteiro. Nos contratos de empreitada de edifícios ou outras construções consideráveis, o empreiteiro de materiais e execução responderá, durante o prazo irredutível de cinco anos, pela solidez e segurança do trabalho, assim em razão dos materiais, como do solo. A ação deverá ser proposta no prazo de 180 dias aparecimento do defeito (art. 618 do CC).

Jurisprudência

STJ – 4ª T. – REsp nº 1.296.849 – Rel. Min. Maria Isabel Gallotti – j. 14/02/2017: "(...) 3. O termo inicial do prazo decadencial previsto no parágrafo único do art. 618 do Código Civil conta-se do momento em que o dono da obra toma ciência da existência do vício construtivo coberto pela garantia legal. Hipótese em que, em razão da inexistência de prova da ciência do autor, fixado o termo a partir da expedição da notificação extrajudicial da ré (...)".

STJ – 3ª T. – REsp nº 1.446.315 – Rel. Min. Moura Ribeiro – j. 25/08/2015: "(...) 2. O art. 369 do CC fixa os requisitos da compensação, que só se perfaz entre dívidas líquidas, vencidas e de coisas fungíveis. 3. Dívida ilíquida. Devedor de nota promissória que pretende se utilizar da compensação com base em seu crédito futuro que vier a ser apurado em ação ordinária de indenização por perdas e danos, por ele ajuizada. Não se compensa dívida líquida e exigível com créditos que nem sequer foram constituídos. 4. Impossibilidade de se aplicar ao caso a regra da exceção do contrato não cumprido. Obra entregue com o aceite da tomadora do serviço, mesmo após a explosão da turbina. Se o dono da obra a recebe e paga o que lhe foi entregue, presume-se verificado e em ordem (art. 614, § 1º, do CC) (...)".

STJ – 3ª T. – REsp nº 1.290.383 – Rel. Min. Paulo de Tarso Sanseverino – j. 11/02/2014: "(...) 1. Controvérsia em torno do prazo para o exercício da pretensão indenizatória contra o construtor por danos relativos à solidez e segurança da obra. 2. Possibilidade de responsabilização do construtor pela fragilidade da obra, com fundamento tanto no art. 1.245 do CCB/16 (art. 618 CCB/02), em que a sua responsabilidade é presumida, ou com fundamento no art. 1.056 do CCB/16 (art. 389 CCB/02), em que se faz necessária a comprovação do ilícito contratual, consistente na má-execução da obra. Enunciado 181 da III Jornada de Direito Civil. 3. Na primeira hipótese, a prescrição era vintenária na vigência do CCB/16 (cf. Sumula 194/STJ), passando o prazo a ser decadencial de 180 dias por força do disposto no parágrafo único do art. 618 do CC/2002. 4. Na segunda hipótese, a prescrição, que era vintenária na vigência do

CCB/16, passou a ser decenal na vigência do CCB/02. Precedente desta Turma. 5. O termo inicial da prescrição é a data do conhecimento das falhas construtivas, sendo que a ação fundada no art. 1.245 do CCB/16 (art. 618 CCB/02) somente é cabível se o vício surgir no prazo de cinco anos da entrega da obra (...)".

Bibliografia: BESSONE, Darcy. Da comercialidade da empreitada de construção. RT, 652. VERÇOSA, Haroldo Malheiro Duclerc. O direito e a "terceirização" da economia. RT, 688.

§14
TRANSPORTE

1. CONCEITO E FUNÇÃO

Dispõe o art. 730 do CC: "Pelo contrato de transporte alguém se obriga, mediante retribuição[b], a transportar, de um lugar para outro[a], pessoas[c] ou coisas[d]".

(*a*) A causa do contrato típico de transporte é a combinação o serviço de deslocamento de pessoas ou coisas de um lugar (a origem) para outro (o destino) e depósito. Tem grande utilidade na atividade empresarial, por formalizar instrumento de circulação das mercadorias produzidas, saindo do fabricante e chegando à clientela. Ademais, poderá ser *unimodal*, se envolver somente um meio de transporte; ou *multimodal*, "se utiliza duas ou mais modalidades de transporte, desde a origem até o destino, e é executado sob a responsabilidade única de um Operador de Transporte Multimodal" (art. 2º da Lei nº 9.611/98).

(*b*) Sendo contrato oneroso, retribuição específica para o transportador, que recebe o frete pelo serviço prestado e também pelo período em que a mercadoria fica depositada e as pessoas sob seus cuidados. Pode o remetente desistir do transporte ou trocar o destinatário, mas em ambos os casos deve pagar os acréscimos de despesa decorrentes da contraordem, mais as perdas e danos que houver (art. 748 do CC).

(*c*) O transporte de pessoas é realizado por atividade empresarial específica e com regras de serviço público estabelecidas por órgãos reguladores dos meios terrestre, aquático, ferroviário e aéreo (art. 731 do CC). Nesse relacionamento com a pessoa transportadora, há caracterização de relação de consumo sujeita ao CDC e responde pelos danos causados às pessoas quanto ao itinerário, horários e acidentes – mesmo que causados por terceiros (art. 734 a 737 do CC).

(*d*) O transportador poderá receber coisas em depósito e, sob seus cuidados (arts. 629 e 751 do CC), levá-las ao destino. A coisa deve estar caracterizada e individualizada pela sua natureza, valor, peso e quantidade, devendo o destinatário ser indicado ao menos pelo nome e endereço (art. 743 do CC). A incorreta descrição dos bens transportados dá ao transportador direito a indenização pelo prejuízo que sofrer (art. 745 do CC).

Jurisprudência

STJ – 3ª T. – REsp nº 1.391.650 – Rel. Min. Nancy Andrighi – j. 18/10/2016: "Inaplicabilidade do CDC, como regra geral, aos contratos de transporte marítimo pela dificuldade de enquadramento como consumidor das partes contratantes. Ausência de demonstração de vulnerabilidade de uma das partes para a aplicação da legislação consumerista (...)".

STJ - 3ª T. - REsp nº 1.417.293 - Rel. Min. Nancy Andrighi - j. 19/08/2014: "(...) 4. A natureza da relação estabelecida entre as pessoas jurídicas - se de consumo ou puramente empresarial - não pode ser qualificada a partir de uma análise feita exclusivamente pelo prisma dos contratantes, à margem de qualquer reflexão sobre o contexto no qual se insere o contrato celebrado. 5. Quando o vínculo contratual entre as partes é necessário para a consecução da atividade empresarial (operação de meio), movido pelo intuito de obter lucro, não há falar em relação de consumo, ainda que, no plano restrito aos contratantes, um deles seja destinatário fático do bem ou serviço fornecido, retirando-o da cadeia de produção. 6. Excepcionalmente, o STJ admite a incidência do CDC nos contratos celebrados entre pessoas jurídicas, quando evidente que uma delas, embora não seja tecnicamente a destinatária final do produto ou serviço, apresenta-se em situação de vulnerabilidade em relação à outra. 7. Em regra, o contrato de transporte de cargas é serviço agregado à atividade empresarial dos importadores e exportadores de bens, que dele se valem para levar os seus produtos aos respectivos consumidores, transferindo-lhes o custo no preço final (consumo intermediário). 8. Na espécie, as recorridas não são destinatárias finais - no sentido fático e econômico - dos serviços de transporte marítimo de cargas prestado pelos recorrentes, nem foi reconhecida pelo Tribunal de origem a condição de vulnerabilidade daquelas em face destes, a atrair a incidência do CDC. (...)".

Seguro em contrato de transporte: STJ - 4ª T. - REsp nº 1.314.318 - Rel. Min. Luis Felipe Salomão - j. 28/06/2016: "(...) 2. Em contratos de seguro, quando há a inserção de mecanismos capazes de evitar a ocorrência do sinistro - como a instalação de rastreadores -, o montante a ser pago a título de prêmio deverá sofrer redução proporcional. Parte-se da premissa de que, onde há o maior risco de sinistro, o prêmio será maior; se o perigo de ocorrência do sinistro for menor, o prêmio deverá ser adequado à situação fática subjacente. 3. O instrumento contratual também poderia ser celebrado sem a limitação de gerenciamento de risco referente ao sistema de rastreamento, mas se a segurada aceitou a imposição, inclusive com a contratação de empresa responsável pelo monitoramento do veículo por tecnologia via satélite, foi porque preferiu convencionar o seguro com um valor de prêmio menor. 4. Nesse contexto, a cláusula de gerenciamento de riscos, em si, é legal e compatível com os contratos de seguro (...)".

2. CARACTERÍSTICAS E ELEMENTOS DO TRANSPORTE DE COISAS

Em razão das peculiaridades do transporte de pessoas e a da sujeição ao regramento do consumidor, a presente obra cuidará somente do transporte de coisas e de sua utilidade para a atividade empresarial.

Relevante notar que deverá ser emitida documentação específica de depósitos das coisas transportadas. Para tanto, exige o art. 744 que seja emitido *título de crédito* (MARTINS, 2018, p. 189) específico denominado *conhecimento de transporte* ou *conhecimento de frete*, com menção que identifiquem os bens transportados. Tal prova do depósito e transporte é entregue ao remetente, que deve enviar ao destinatário para que receba a mercadoria no destino (MARTINS, 2018, p. 186).

O conteúdo do *conhecimento de transporte* atualmente é regido pela Lei nº 9.611/98, que cuida do transporte multimodal de cargas e prevê no art. 10 o seguinte conteúdo: I - a indicação "negociável" ou "não negociável" na via original, podendo ser emitidas outras vias, não negociáveis; II - o nome, a razão ou denominação social e o endereço do emitente, do expedidor, bem como do destinatário da carga ou daquele que deva ser notificado, quando não nominal; III - a data e o local da emissão; IV - os locais de origem e destino; V - a descrição da natureza da carga, seu acondicionamento, marcas particulares e números de identificação da embalagem ou da própria carga, quando não embalada; VI - a quantidade de volumes ou de peças e o seu peso bruto; VII - o valor do frete, com a indicação "pago na origem" ou "a pagar no destino"; VIII - outras cláusulas que as partes acordarem.

O transportador poderá recusar a mercadoria nas seguintes hipóteses: (*a*) embalagem inadequada, que coloque em risco a saúde das pessoas ou que danifique o veículo e outros bens (art. 746 do CC); (*b*) coisas cujo transporte ou comercialização não sejam permitidos, ou que venham desacompanhada dos documentos exigidos pela legislação (art. 747 do CC).

Jurisprudência

STJ – 3ª T. – REsp nº 1.505.276 – Rel. Min. Paulo de Tarso Sanseverino – j. 01/03/2016: "(...)1. 'Transporte Multimodal de Cargas é aquele que, regido por um único contrato, utiliza duas ou mais modalidades de transporte, desde a origem até o destino, e é executado sob a responsabilidade única de um Operador de Transporte Multimodal' (art. 2º da Lei 9.611/98). 2. 'A emissão do Conhecimento de Transporte Multimodal de Cargas e o recebimento da carga pelo Operador de Transporte Multimodal dão eficácia ao contrato de transporte multimodal' (Art. 9º da Lei 9.611/98). 3. Hipótese em que o armador não emitiu o conhecimento de transporte multimodal, tampouco se responsabilizou pelas demais modalidades de transporte necessárias para a entrega da carga em seu destino. 4. Inocorrência de transporte multimodal no caso concreto. 5. Inaplicabilidade da prescrição ânua prevista no art. 22 da Lei 9.611/98 (...)".

STJ – 2ª Seção – REsp nº 1.340.041 – Rel. Min. Ricardo Villas Bôas Cueva – j. 24/06/2015: "(...) 1. Ação de cobrança de valores relativos a despesas de sobre-estadia de contêineres (*demurrage*) previamente estabelecidos em contrato de transporte marítimo (unimodal). Acórdão recorrido que afastou tese defensiva de prescrição ânua da pretensão autoral.(...) 3. Para as ações fundadas no não cumprimento das responsabilidades decorrentes do transporte multimodal, o prazo prescricional, apesar da revogação do Código Comercial, permanece sendo de 1 (um) ano, haja vista a existência de expressa previsão legal nesse sentido (art. 22 da Lei nº 9.611/1998). 4. A diferença existente entre as atividades desempenhadas pelo transportador marítimo (unimodal) e aquelas legalmente exigidas do Operador de Transporte Multimodal revela a manifesta impossibilidade de se estender à pretensão de cobrança de despesas decorrentes da sobre-estadia de contêineres (pretensão do transportador unimodal contra o contratante do serviço) a regra prevista do art. 22 da Lei nº 9.611/1998 (que diz respeito ao prazo prescricional ânuo aplicável às pretensões dos contratantes do serviço contra o Operador de Transporte Multimodal). 5. Além disso, as regras jurídicas sobre a prescrição devem ser interpretadas estritamente, repelindo-se a interpretação extensiva ou analógica. Daí porque afigura-se absolutamente incabível a fixação de prazo prescricional por analogia, medida que não se coaduna com os princípios gerais que regem o Direito Civil brasileiro, além de constituir verdadeiro atentado à segurança jurídica, cuja preservação se espera desta Corte Superior. 6. Por isso, em se tratando de transporte unimodal de cargas, quando a taxa de sobre-estadia objeto da cobrança for oriunda de disposição contratual que estabeleça os dados e os critérios necessários ao cálculo dos valores devidos a título de ressarcimento pelos prejuízos causados em virtude do retorno tardio do contêiner, será quinquenal o prazo prescricional (art. 206, § 5º, inciso I, do Código Civil). Caso contrário, ou seja, nas hipóteses em que inexistente prévia estipulação contratual, aplica-se a regra geral do art. 205 do Código Civil, ocorrendo a prescrição em 10 (dez) anos (...)".

3. RESPONSABILIDADE DO TRANSPORTADOR

Conforme prevê o art. 750 do CC, a "responsabilidade do transportador, limitada ao valor constante do conhecimento, começa no momento em que ele, ou seus prepostos, recebem a coisa; termina quando é entregue ao destinatário, ou depositada em juízo, se aquele não for encontrado".

Caso o transporte não possa ser feito ou houver longa interrupção, o transportador solicitará instruções ao remetente, e zelará pela coisa, por cujo perecimento ou deterioração responderá, salvo força maior (art. 753 do CC).

Perdurando o impedimento, sem motivo imputável ao transportador e sem manifestação do remetente, poderá aquele depositar a coisa em juízo, ou vendê-la, obedecidos os preceitos legais e regulamentares, ou os usos locais, depositando o valor (art. 753, § 1º, do CC). Se o impedimento for responsabilidade do transportador, este poderá depositar a coisa, por sua conta e risco, mas só poderá vendê-la se perecível (art. 753, § 2º, do CC).

Sendo de responsabilidade do transportador a entrega da mercadoria indene de defeitos por ele causados, o prazo para reclamação é curto e cabe ao destinatário aferir se a mercadoria foi entregue sem problemas. Assim, em caso de perda parcial ou de avaria, o art. 754, parágrafo único, do CC, prevê o prazo decadencial de 10 dias para denúncia do dano e acionamento pelo destinatário.

No caso de transporte cumulativo, todos os transportadores respondem solidariamente pelo dano causado perante o remetente, ressalvada a apuração final da responsabilidade entre eles, de modo que o ressarcimento recaia, por inteiro, ou proporcionalmente, naquele ou naqueles em cujo percurso houver ocorrido o dano (art. 756 do CC).

Jurisprudência

STJ – 3ª T. – AgInt no AREsp nº 1.268.854 – Rel. Min. Marco Aurélio Bellizze – j. 21/08/2018: "(...) A jurisprudência desta Corte dispõe que, "diante da existência de interesse econômico no serviço, consistente no lucro decorrente da entrega dos produtos a seus destinatários, exsurge, em regra, a responsabilidade solidária entre a tomadora e a empresa de transporte de cargas, devendo ambas responderem perante terceiros no caso de acidente ocorrido durante o deslocamento da mercadoria" (REsp 1.282.069/RJ, Rel. Ministro Luis Felipe Salomão, Quarta Turma, julgado em 17/5/2016, DJe 7/6/2016). Esse entendimento aplica-se, de igual forma, em relação à transportadora que terceiriza os serviços contratados para uma outra empresa de transporte. Precedentes. (...)".

STJ – 4ª T. – AgInt no AREsp nº 885.407 – Rel. Min. Marco Buzzi – j. 24/04/2018: "(...) O roubo à mercadoria pode ser considerado como excludente de responsabilidade civil do transportador de carga, quando este tenha adotado diligências para evitar ou para diminuir as chances de ocorrência do evento. Precedentes. (...)".

STJ – 3ª T. – REsp nº 1.660.163 – Rel. Min. Nancy Andrighi – j. 06/03/2018: "(...) 5. O roubo de mercadoria transportada, praticado mediante ameaça exercida com arma de fogo, é fato desconexo ao contrato de transporte e, sendo inevitável, diante das cautelas exigíveis da transportadora, constitui-se em caso fortuito ou força maior, excluindo-se sua responsabilidade pelos danos causados, nos termos do CC/2002. 6. Conforme jurisprudência do STJ, 'se não for demonstrado que a transportadora não adotou as cautelas que razoavelmente dela se poderia esperar, o roubo de carga constitui motivo de força maior a isentar a responsabilidade daquela' (REsp 435.865/RJ, 2ª Seção). (...)".

TJSP – 20ª CDPriv. – Ap. nº 0025157-31.2006.8.26.0562 – Rel. Des. Correia Lima – DJe 07.04.2015: "Responsabilidade civil. Transporte marítimo internacional de carga. Mercadorias furtadas sob a custódia de operador portuário. Decadência afastada. Aplicabilidade do art. 515, § 3º, do CPC. Responsabilidade objetiva do transportador. Excludentes de responsabilidade não comprovadas. Indenização paga à dona da carga segurada. Direito de regresso da seguradora em face da transportadora. Relação de consumo caracterizada. Súmula nº 188 do C. STF. Dever da transportadora de indenizar configurado. Furto da mercadoria decorrente de falha na vigilância e guarda da depositária Tecondi. Responsabilidade objetiva do depositário. Dever de indenizar a transportadora pelos valores a serem despendidos por ela em relação à seguradora da carga. Existência, todavia, de relação contratual de garantia entre a depositária e a companhia de seguros litisdenunciada. Procedência decretada nesta instância ad quem. Recurso da corré Costa Container Line Spa improvido e recurso das autoras provido".

TJSP – 21ª CDPriv. – EI nº 0003401-29.2007.8.26.0562 – Rel. Des. Ademir Benedito – DJe 06.02.2015: "RESPONSABILIDADE CIVIL – TRANSPORTE MARÍTIMO DE CARGA

– EVENTO DANOSO – "Responsabilidade civil. Transporte de carga. Responsabilidade objetiva do transportador. Dever de condução de forma incólume da coisa ao seu destino. Evento danoso ocorrido, cuja responsabilidade restou atribuída à transportadora. Ação procedente. Embargos infringentes rejeitados. Acórdão mantido".

TJSP – 23ª CDPriv. – ED nº 1031946-13.2013.8.26.0100 – Rel. Des. Paulo Roberto de Santana – *DJe* 19.12.2014: "(...) Seguro. Comércio internacional de mercadorias. Extravio de carga acondicionada em contêiner entregue já lacrado pelo embarcador ao transportador marítimo na modalidade *full container load*. Responsabilidade do transportador afastada em razão de ressalva expressa aposta no respectivo conhecimento. Improcedência da ação quanto à corré embargante que se impõe. Embargos acolhidos, com o efeito modificativo pretendido".

TJSP – 38ª CDPriv. – Ap. nº 0022646-50.2012.8.26.0562 – Rel. Des. Eduardo Siqueira – *DJe* 25.04.2014: "Apelação. Ação de cobrança *demurrage*. Cláusula Fob (*free on board*). Responsabilidade pelo pagamento da taxa de sobre-estadia. Cuidando-se de exportação com a cláusula FOB, o transportador marítimo, com ou sem navio, adere a essa cláusula, também no que diz respeito a *demurrages* ou danos no destino decorrentes da conduta do importador ou consignatário da carga. Se o importador abandonou a carga no porto de destino, ensejando *demurrage* pela demora na restituição do contêiner utilizado no seu acondicionamento, cumpria realmente à autora (NVOCC) o pagamento do respectivo montante ao titular do direito de exploração econômica do contêiner, voltando-se contra o causador do dano isto é, o importador, por força da cláusula FOB, visando ao justo ressarcimento. A troca de comunicações destinada à obtenção de solução consensual à desavença não constitui assunção de responsabilidade pela exportadora. Descabe mesmo à ré o pagamento da indenização pleiteada, em tese a cargo da importadora, contra quem a apelante se deve voltar (...)".

TJSP – 38ª CDPriv. – Ap. nº 0001539-49.2010.8.26.0002 – Rel. Des. César Peixoto – *DJe* 05.05.2014: "(...) Transporte marítimo internacional. Avaria de carga por infiltração de água em contêiner durante a vigência do contrato. Responsabilidade objetiva da companhia. Infração dos deveres de custódia, vigilância e conservação segura do bem. Indenização devida. Lucros cessantes decorrentes do rompimento de outros contratos de exportação com o importador. Perda patrimonial configurada. Dano concreto. Inexistência da demonstração de preexcludentes. Ônus do exclusivo do operador e seus subcontratados. Recurso não provido".

§15
AGÊNCIA OU REPRESENTAÇÃO COMERCIAL

1. CONCEITO E FUNÇÃO

A representação comercial ou agência é importante e estratégico contrato de auxílio ao empresário, porque se trata de pessoa que capta clientes e negócios, auxiliando na venda de produtos e serviços.

O conceito do contrato de agência ou representação comercial está previsto no art. 1º da Lei nº 4.886/64 (LRepr): *"Exerce a representação comercial autônoma a pessoa jurídica ou a pessoa física[a], sem relação de emprego, que desempenha, em caráter não eventual[b] por conta de uma ou mais pessoas[c], a mediação para a realização de negócios mercantis, agenciando propostas ou pedidos, para transmiti-los aos representados, praticando ou não atos relacionados com a execução dos negócios[d]"*. Semelhante é o conteúdo do art. 710 do CC: *"Pelo contrato de agência, uma pessoa assume[a], em caráter não eventual e sem vínculos de dependência[b], a obrigação de promover, à conta de outra[c], mediante retribuição[e], a realização de certos negócios[d], em zona determinada[f] (...)"*.

Percebe-se que o art. 710 do CC regulou praticamente o mesmo conteúdo do art. 1º da LRepr, acrescentando a remuneração e a zona de atuação. Ainda que seja lei geral contrapondo lei especial, a vigência de lei posterior com mesmo conteúdo revoga a anterior nesse ponto (HAICAL, 2012, p. 33). Prevalece o art. 710 do CC. Todavia, somente para fins didáticos, optamos por manter os textos de forma comparativa e assinalando os pontos em comum que compõem os elementos nucleares do conceito de representação comercial.

Por outro enfoque, há quem sustente que se trata de contratos diversos – a agência do CC e a representação comercial da LRepr, sem revogação de um tipo pelo outro. Com o devido respeito, reputamos tratar do mesmo contrato, porque a função econômica realizada é exatamente a mesma de agenciamento de clientela, tal como enunciado nos dois dispositivos que lançaram os conceitos. Por isso, os termos serão tratados com sinonímia.

(*a*) O representante comercial ou agente poderá atuar como pessoa física ou jurídica, contanto que tenha autonomia no exercício de suas atribuições em relação à pessoa do representado. Além disso, deverá estar inscrito em Conselhos Regionais de Representantes Comerciais (arts. 2º, 3º, 5º a 26 da LRepr). A falta do registro tem consequências deontológicas na profissão por atuação irregular (art. 18 da LRepr), mas não implica perda dos direitos e remunerações (STJ – RE nº 12.005 – Min. ATHOS GUSMÃO CARNEIRO).

Não pode ser representante comercial quem estiver impedido de ser empresário [t. II, §1, i. 5.3]; o falido não reabilitado; quem tenha sido condenado por infração penal de natureza infamante, tais como falsidade, estelionato, apropriação indébita, contrabando, roubo, furto, lenocínio ou crimes também punidos com a perda de cargo público; quem tiver o registro de empresário cancelado como penalidade (art. 4º da LRepr).

(b) A autonomia descrita no art. 1º da LRepr, assim como a não eventualidade e a ausência de vínculos de dependência do art. 710 do CC indicam que o representante comercial é organização empresarial distinta, com riscos próprios e independente em relação ao representado, de modo que a ele não se subordina, responde por seus atos (art. 30, parágrafo único da LRepr) e não caracteriza relação de emprego, apesar de seguir instruções (art. 712 do CC) (CAMPOBASSO, 2013, p. 444). Muitas vezes o contrato de representação comercial pode ser utilizado para fraude à relação de trabalho, de modo que se forem demonstrados os elementos de vínculo de emprego do art. 3º da CLT – não eventualidade, dependência e salário – poderá ser superado o contrato de agência pela primazia da realidade da relação empregatícia. A competência da Justiça do Trabalho somente ocorrerá para a defesa da primazia da realidade, porque o STF, em repercussão geral do RE nº 606.003, definiu que a Justiça Comum é competente para análise dessa relação interempresarial.

Jurisprudência

Repercussão geral (Tema 550): STF – Pleno – RE nº 606.003 – Rel. Min. Roberto Barroso – j. 28/09/2020: "(...) Preenchidos os requisitos dispostos na Lei 4.886/65, compete à Justiça Comum o julgamento de processos envolvendo relação jurídica entre representante e representada comerciais, uma vez que não há relação de trabalho entre as partes".

TST – 2ª T. – RR nº 20458-72.2014.5.04.0014 – Rel. Min. Maria Helena Mallmann – *DJe* 15/12/2017: "(...) A decisão regional está em sintonia com a jurisprudência desta Corte no sentido de que o desvirtuamento da relação de representação comercial, a fim de mascarar a terceirização ilícita, acarreta vínculo de emprego direto entre a reclamante e a tomadora de serviços, além de configurar a responsabilidade solidária. Precedentes. Óbice da Súmula 333 do TST. Recurso de revista não conhecido".

(c) A atuação do representante comercial ou agente se dá à conta do representado, proponente ou agenciado, ou seja, *em favor do representado*. Importante fazer uma diferenciação técnica: não se trata da representação do CC, por meio da qual se age *em nome* de outrem, como no caso da tutela do incapaz ou do mandato. Por esse motivo que muitos repudiam a terminologia representação comercial, em razão da imprecisão que geraria. Todavia, a tradição de manter o *nomen juris* representação comercial, ao lado da agência, ocorre porque a atuação da representação é à conta do representado, no sentido de que atua em seu favor, levando o seu produto ou serviço para conclusão de negócios. Assim, o agente intermedeia e oferece negócios em favor do agenciado, de modo a angariar clientela e realizar a venda de produtos ou serviços do representado. A atuação à conta do representado não permite, por exemplo, conceder abatimentos, descontos ou dilações, nem agir em desacordo com as instruções do representado, salvo autorização expressa (art. 29 da LRepr).

Sendo contrato de trato sucessivo e com forte carga de confiança entre as partes, a atuação deverá ser diligente e seguindo instruções do representado ou proponente (art. 712 do CC). Nesse sentido, poderá o representante tomar conhecimento das reclamações atinentes aos negócios, transmitindo-as ao representado e sugerindo as providências acauteladoras do interesse deste (art. 30 da LRepr).

(d) Presente no art. 1º da LRepr e no art. 710 do CC, a causa do contrato de representação comercial é justamente a agência, enquanto intermediação de negócios, recebimento de propostas ou pedidos, que poderão ser aceitos pelo representado – não é atividade do representante executar o negócio.

(e) Por se tratar de contrato oneroso, como é comum aos contratos empresariais, há previsão de retribuição ao representante, comumente denominada *comissão*. Referido valor não é salário, mas remunera o serviço autônomo prestado pelo representante em favor do representado. Poderá ser fixado em valor fixo, percentual sobre as vendas ou misto, tudo a depender de parâmetros e usos de mercado específico.

(f) O art. 710 do CC ainda determina como componente da representação comercial ou agência a delimitação de zona de atuação do representante. Essa indicação geográfica, que podem ser países, regiões, estados ou cidades, tem importância singular, não somente por indicar o local em que o representante deve atuar de forma diligente, como também estará atrelada à colocação de outros agentes no mesmo espaço – o que dependerá de ajuste. É o que se extrai do art. 711 do CC: "Salvo ajuste, o proponente não pode constituir, ao mesmo tempo, mais de um agente, na mesma zona, com idêntica incumbência; nem pode o agente assumir o encargo de nela tratar de negócios do mesmo gênero, à conta de outros proponentes". Além disso, a zona poderá ser *exclusiva* de um representante, de modo que naquele espaço somente ele poderá atuar. Portanto, salvo se as partes pactuarem de forma diversa, o agente terá direito à remuneração correspondente aos negócios concluídos dentro de sua zona, ainda que sem a sua interferência (art. 714 do CC).

2. CARACTERÍSTICAS E ELEMENTOS

O art. 27 da LRepr prevê o seguinte conteúdo para o contrato:

(a) *condições e requisitos gerais da representação*: cuida-se da cláusula de definição do objeto da agência, com frequências de atuação, diligência esperada do agente, prestação de informações, visitação de clientes e instruções do representado ou proponente. Dispõe o art. 28 da LRepr: "O representante comercial fica obrigado a fornecer ao representado, segundo as disposições do contrato ou, sendo este omisso, quando lhe for solicitado, informações detalhadas sobre o andamento dos negócios a seu cargo, devendo dedicar-se à representação, de modo a expandir os negócios do representado e promover os seus produtos".

(b) *indicação genérica ou específica dos produtos ou artigos objeto da representação*: o contrato deverá indicar quais os produtos e serviço do representado estarão à conta do representante para oferecimento e intermediação de negócios.

(c) *prazo certo ou indeterminado da representação*: o contrato poderá ser estipulado com prazo indeterminado (hipótese mais comum e estimulada pela LRepr) ou determinado. Em relação ao prazo determinado ou certo, a LRepr traz algumas especificações. Primeiro, porque o contrato se prorroga por tempo indeterminado caso não haja resilição (art. 27, § 2º, da LRepr). Segundo, porque será considerado de prazo indeterminado todo contrato que suceder, dentro de seis meses, a outro contrato, com ou sem determinação de prazo (art. 27, § 3º, da LRepr). Finalmente, porque a LRepr prevê hipótese de indenização específica ao fim do contrato (distinta daquela do art. 27, "j") e que "corresponderá à importância equivalente à média mensal da retribuição auferida até a data da rescisão, multiplicada pela metade dos meses resultantes do prazo contratual".

(d) *indicação da zona ou zonas em que será exercida a representação*: conforme afirmado, o contrato de representação comercial deverá indicar a área de abrangência e atuação do representado para diversos fins, seja para demarcação do espaço de atuação e fiscalização, seja para fins remuneratórios.

A definição de regras de remuneração merece especial destaque e análise. A regra geral é prevista no art. 714 do CC: "Salvo ajuste, o agente ou distribuidor terá direito à remuneração correspondente aos negócios concluídos dentro de sua zona, ainda que sem a sua interferência". Ou seja, se não houver previsão em sentido contrário, as vendas efetuadas na zona de representação – pelo representado ou por terceiro – serão devidas ao representante, ainda que ele não as tenha agenciado e não seja agente exclusivo naquele local.

Ademais, é possível que o contrato estabeleça *exclusividade* de zona, em previsão distinta daquela do art. 714 do CC, porque haverá cláusula inibitória de atuação no espaço exclusivo. Nesse caso, as vendas no local somente devem ser intermediadas pelo representante e a violação da cláusula determina imediata remuneração, ainda que sem agenciamento. É o conteúdo do art. 31 da LRepr: "Prevendo o contrato de representação a exclusividade de zona ou zonas, ou quando este for omisso, fará jus o representante à comissão pelos negócios aí realizados, ainda que diretamente pelo representado ou por intermédio de terceiros".

A exclusividade deve ser expressa no contrato e não se presume (art. 31, parágrafo único, da LRepr), mas poderá ser provada por outros meios (STJ – REsp nº 1.634.077 – Min. Nancy Andrighi).

Jurisprudência

STJ – 3ª T. – REsp nº 1.634.077 – Rel. Min. Nancy Andrighi – j. 09/03/2017: "(...) 2. É possível presumir a existência de exclusividade em zona de atuação de representante comercial quando: (i) não for expressa em sentido contrário; e (ii) houver demonstração por outros meios da existência da exclusividade. 3. A resolução contratual é cabível nos casos de inexecução do contrato, que pode ocorrer de modo voluntário ou involuntário, gerando efeitos retroativamente (*ex tunc*). 4. A pretensão do representante comercial autônomo para cobrar comissões nasce mês a mês com o seu não pagamento no prazo legal, pois, nos termos do art. 32, § 1º, da Lei 4.886/65. Assim, a cada mês em que houve comissões pagas a menor e a cada venda feita por terceiro em sua área de exclusividade, nasce para o representante comercial o direito de obter a devida reparação. 5. É quinquenal a prescrição para cobrar comissões, verbas rescisórias e indenizações por quebra de exclusividade contratual, conforme dispõe o parágrafo único do art. 44 da Lei 4.886/65 (...)".

(*e*) *garantia ou não, parcial ou total, ou por certo prazo, da exclusividade de zona ou setor de zona*: a exclusividade em zona de atuação pode ser pactuada por prazo específico.

(*f*) *retribuição e época do pagamento, pelo exercício da representação, dependente da efetiva realização dos negócios, e recebimento, ou não, pelo representado, dos valores respectivos*: a retribuição dos serviços do representante comercial é usualmente chamada de comissão e deve estar prevista no contrato em seus termos e condições. Poderá ser por valor fixou ou em percentual sobre as vendas efetuadas. O que se destaca na alínea "f" do art. 27 é a licitude de condicionar o pagamento à efetiva realização de negócios. Por outro lado, faculta-se às partes negociar se esse mesmo pagamento de comissão poderá ser feito com o recebimento dos valores das vendas efetuadas. Em outros termos, se basta a realização do negócio ou se depende do recebimento dos valores, representada normalmente pela liquidação de duplicatas emitidas para formalização do negócio subjacente de compra e venda.

Independentemente desse pacto, o direito à retribuição é adquirido pelo representante quando o cliente do representado paga os valores devidos (art. 32 da LRepr), com prazo de pagamento ao representante até o dia 15 do mês subsequente ao da liquidação da fatura.

Se houver previsão de recusa de venda a cliente agenciado pelo representante, fica o representado obrigado ao pagamento da comissão (art. 33 da LRepr). Portanto, a LRepr admite o não pagamento em caso de *recusa*, mas nada dispõe sobre a *inadimplência* do cliente. Assim, em caso de aceitação de venda e silêncio do contrato sobre o pagamento na liquidação das duplicatas, a comissão será devida.

A LRepr admite que a comissão não seja pagar ao representante em caso de *insolvência* do cliente, conforme previsto no art. 33, § 1º, da LRepr: "Nenhuma retribuição será devida ao representante comercial, se a falta de pagamento resultar de insolvência do comprador, bem como se o negócio vier a ser por ele desfeito ou for sustada a entrega de mercadorias devido à situação comercial do comprador, capaz de comprometer ou tornar duvidosa a liquidação". Para a aplicação do dispositivo, a insolvência deve ser decretada, com abrangência do crédito do representado na massa falida ou no passivo de devedor civil.

(g) *os casos em que se justifique a restrição de zona concedida com exclusividade*: ainda com previsão sobre a exclusividade, o dispositivo cuida de especificação de zona e condições para restrição, que devem estar expressas no contrato.

(h) *obrigações e responsabilidades das partes contratantes*: as obrigações das partes devem ser especificadas no contrato e podem ser de diversa natureza, como prestação de contas, periodicidade de visitação, investimentos específicos, estratégias de *marketing* conjunto, contratação de degustadores, envio de amostras, sigilo comercial, dentre outros.

(i) *exercício exclusivo ou não da representação a favor do representado*: a contratação do representante pode se dar com exclusividade em favor do representado, ou seja, ele não poderá prestar serviços de outras representações. A limitação tem a ver com a dedicação e diligência para o produto do representado, de modo a não gerar preferência ou contradição na atuação do representante em favor de produto concorrente. É possível, por outro enfoque, que a representação seja exclusiva de um determinado segmento (roupas, por exemplo), admitindo-se que o representante atue com produtos diversos, como vinhos, alimentos e produtos de limpeza. Extrai essa conclusão do conteúdo do art. 41 da LRepr: "Ressalvada expressa vedação contratual, o representante comercial poderá exercer sua atividade para mais de uma empresa e empregá-la em outro mister ou ramos de negócios".

(j) *indenização devida ao representante, pela rescisão do contrato fora dos casos de justa causa, cujo montante não poderá ser inferior a 1/12 (um doze avos) do total da retribuição auferida durante o tempo em que exerceu a representação*: o representado ou proponente deverá indenização ao representante em caso de denúncia (resilição unilateral) ou resolução por inadimplemento de suas obrigações. Não se trata de reparação de danos por ilícito, mas de compensação específica derivada da captação de clientela e da situação de dependência econômica do contrato [*t. IV, §8, i. 12*] (FABIANI, 2018, p. 139). Embora tenhamos divergência quanto ao posicionamento – por afetar a autonomia privada e ser direito dispositivo – o STJ entende que a antecipação de 1/12 afronta o art. 27, "j", da LRepr (STJ – 3ª T. – REsp nº 1.831.947 – Rel. Min. Nancy Andrighi).

Jurisprudência

STJ – 3ª T. – REsp nº 1.831.947 – Rel. Min. Nancy Andrighi – j. 10/12/2019: "(...) 3. A Lei 4.886/65, em seu art. 27, "j", estabelece que o representante deve ser indenizado caso o contrato de representação comercial seja rescindido sem justo motivo por iniciativa do representado. 4. O pagamento antecipado, em conjunto com a remuneração mensal devida ao representante comercial, desvirtua a finalidade da indenização prevista no art. 27, "j", da Lei 4.886/65, pois o evento, futuro e incerto, que autoriza sua incidência é a rescisão unilateral imotivada do contrato. 5. Essa forma de pagamento subverte o próprio conceito de indenização. Como é sabido, o dever de reparar somente se configura a partir da prática de um ato danoso. No particular, todavia, o evento que desencadeou tal dever não havia ocorrido – nem era possível saber se, de fato, viria a ocorrer – ao tempo em que efetuadas as antecipações mensais. 6. O princípio da boa-fé impede que as partes de uma relação contratual exercitem direitos, ainda que previstos na própria avença de maneira formalmente lícita, quando, em sua essência, esse exercício representar deslealdade ou gerar consequências danosas para a contraparte (...)".

3. CLÁUSULAS E CONSEQUÊNCIAS PECULIARES

O representante poderá ter atuação especial em nome do representado, por se tratar de pessoa com alta carga de confiança e na linha de frente das negociações com os clientes – muitas vezes, distantes da sede da empresa representada. É o agente quem toma conhecimento de reclamações, com o dever de transmiti-las ao proponente e sugerir providências. Cuida-se de dever embutido com comportamento diligente, de modo a evitar a desídia. Entretanto, essa atuação deverá ser bem precisa no contrato, por um fator importante: não se presume mandato, que deverá ser expresso. Mesmo que tenha essa atuação extraordinária, os "direitos dos representantes comerciais quando, a título de cooperação, desempenhem, temporariamente, a pedido do representado, encargos ou atribuições diversos dos previstos no contrato de representação" (art. 38 da LRepr).

Outra compreensão importante para o contrato de representação comercial é a nulidade da cláusula *del credere*, que é expressamente vedada pelo art. 43 da LRepr. Em termos precisos, cuida-se de cláusula que transfere para o representante ou agente a responsabilidade pela solvência do cliente, ou seja, seria o representante solidariamente responsável pela inadimplência do cliente, sendo permitido o desconto de comissões ou a cobrança por eventual falta de pagamento. Conforme observado no art. 33, § 1º, o representante não receberá suas comissões em caso de insolvência, mas não se prevê a compensação por inadimplência.

Por fim, três peculiaridades processuais são de se destacar.

A primeira, é que a LREpr fixa como foro competente para as controvérsias do contrato de agência o foro do domicílio do representante. Duas outras questões exsurgem: (*a*) o STF, no RE nº 606.003 com repercussão geral, fixou a competência da Justiça Comum para solução de controvérsias sobre a matéria, por não estar no espectro de relações de trabalho do art. 114, I, da CF; (*b*) há validade de cláusula compromissória de arbitragem que fixa Câmara em localidade diversa do domicílio do representante.

A segunda é que o crédito do representante comercial, na falência, recebe a mesma classificação do crédito trabalhista (art. 44, *caput*, da LRepr). Por entendimentos da jurisprudência, o crédito de representante pessoa jurídica era rebaixado a crédito com privilégio especial, em vista da perda do caráter alimentar [*t. V, §4, i. 3.1*]. Todavia, em vista da reformada legislação falimentar e da extinção da classe dos créditos privilegiados do art. 83 da LREF, a comparação da literalidade do art. 44, *caput*, da LRepr com o art. 83, I, da LREF, implica qualificar os créditos devi-dos ao representante comercial na classe dos créditos trabalhistas, somente com o limitador de 150 salários-mínimos por credor.

Terceira e última é que a pretensão de cobrança das retribuições e demais direitos do representante prescreve em 5 anos (art. 44, parágrafo único, da LRepr).

Jurisprudência

STJ – 3ª T. – REsp nº 1.873.122 – Rel. Min. Nancy Andrighi – j. 20/10/2020: "(...) 4. Se o contrato, firmado livremente pelas partes, estabelece que as atividades serão prestadas por equipe própria da representante, a seu encargo, risco e responsabilidade, a inferência lógica que daí decorre é que a terceirização está vedada. A representada goza de expectativa legítima de que os serviços serão oferecidos diretamente pela contratante, de acordo com a obrigação por ela assumida, e não por terceiros. 5. Não se pode descurar, ademais, que os contratos da espécie aqui tratada são classificados pela doutrina como sendo individuais e personalíssimos (realizado *intuitu personae*). São, portanto, contratos celebrados "em função da pessoa do contratante, que tem influência decisiva para o consentimento do outro, a quem interessa que a prestação seja cumprida por ele próprio, pelas suas características particulares (habilidade, experiência, técnica, idoneidade etc.)". Doutrina. 6. A ausência de autorização da recorrente para a terceirização realizada pela recorrida representa violação da boa-fé objetiva, pois, feita de maneira sub-reptícia, a subcontratação não permite que a representada, ao menos, verifique, no intuito de assegurar a lisura de suas práticas negociais, se as pessoas que passarão a ofertar seus serviços estão legalmente habilitadas para as tarefas (art. 2º da Lei 4.886/65), bem como se não há algum outro impedimento a obstar o ofício da representação comercial (art. 4º da Lei 4.886/65) (...)".

STJ – 3ª T. – REsp nº 1.761.045 – Rel. Min. Paulo de Tarso Sanseverino – j. 05/11/2019: "(...) 2. O contrato de representação de seguro não se confunde com a representação comercial, pois, enquanto o representante comercial deve transmitir as propostas e obter aprovação do representado, o representante de seguros atua sem vínculo de dependência, realizando contratos de seguro em nome da sociedade seguradora sem ter que lhe apresentar as propostas recebidas. 3. Inaplicabilidade, mesmo por analogia, da regra do art. 39 da Lei 4.886/65, que disciplina a representação comercial, para afastar a cláusula de eleição de foro estabelecida em contrato de representação de seguro. 4. Contratos típicos distintos, com regulamentação própria. 5. Hipossuficiência das empresas demandadas não reconhecida, sendo que eventual assimetria na capacidade econômica entre as partes não é causa suficiente para o afastamento da cláusula de eleição de foro (...)".

STJ – 3ª T. – AgInt nos EDecl no REsp nº 1.755.097 – Rel. Min. Nancy Andrighi – j. 02/02/2019: "(...) A jurisprudência desta Corte perfilha entendimento segundo o qual o valor das mercadorias a que faz referência o art. 32, § 4º, da Lei 4.886/65 - e que serve como base de cálculo para o cálculo da comissão devida ao representante comercial - corresponde ao valor dos produtos no momento em que realizada a venda, considerando-se o preço lançado na nota fiscal, nele incluídos o valor dos tributos e qualquer outros que tenham constado da nota fiscal, como, eventualmente, o frete (...)".

STJ – 4ª T. – AgInt no AREsp nº 904.814/SP – Rel. Min. Lázaro Guimarães – j. 15/05/2018: "(...) A prescrição prevista no art. 44, parágrafo único, da Lei 4.886/65 refere-se apenas ao ajuizamento da ação, não abrangendo a base de cálculo da indenização por rescisão sem justa causa de contrato de representação comercial, que deve levar em conta os valores percebidos durante toda a vigência do contrato".

STJ – 3ª T. – REsp nº 1.628.160 – Rel. Min. Moura Ribeiro – 3ª T. – j. 18/10/2016: "(...) 1. A competência territorial para dirimir controvérsias surgidas entre o representante comercial e o representado fixa-se, consoante previsto no art. 39 da Lei nº 4.886/65, no foro do domicílio do representante comercial. 2. Referida competência é de ordem relativa e pode ser validamente afastada por cláusula de eleição de foro, mesmo inserida em contrato de adesão, caso não comprovada a hipossuficiência do representante comercial ou prejuízo ao seu direito de ampla defesa. 3. A superioridade econômica da empresa contratante não gera, por si só, a hipossuficiência da contratada, em especial, nos contratos de concessão empresarial (...)".

STJ – 3ª T. – REsp nº 1.323.404 – Rel. Min. Nancy Andrighi – j. 27/08/2013: "(...) 1. Discussão relativa à prescrição da pretensão do representante comercial de receber diferenças de comissão e à alegada nulidade de cláusulas que permitiram a redução unilateral e paulatina de área de atuação em contrato de representação, que não contém cláusula de exclusividade, por violação ao disposto no art. 32, § 7º, da Lei 4.886/65. 2. Esta Corte tem entendimento pacífico no sentido da aplicação do prazo prescricional de 5 anos, para contratos de representação comercial celebrados após a entrada em vigor da Lei 8.420/92, sem fazer qualquer ressalva em relação à condição de falido ou não do representado (...)".

STJ – 3ª T. – AgInt no AREsp nº 901.594 – Rel. Min. Ricardo Villas Bôas Cueva – j. 18/08/2016: "(...) O prazo prescricional descrito no parágrafo único do artigo 44 da Lei nº 4.886/65, incluído pela Lei nº 8.420/92, refere-se ao exercício do direito de ação e não ao próprio direito indenizatório vindicado".

4. EXTINÇÃO

A LRepr regula a extinção do contrato com a utilização de termos como denúncia e rescisão, muitas vezes no sentido de resilição e resolução contratual. Assim serão abordados os casos de extinção.

4.1. Resilição

A denúncia do contrato por prazo determinado não é possível, a não ser que fique demonstrada da justa causa e que caracterização resolução contratual. Caso a parte intente resilir o contrato a prazo certo, ou deverá ser por meio de distrato consensual ou deverá indenizar a contraparte preterida em sua legítima expectativa de vigência do contrato, além de dever a indenização compensatória do art. 27, alínea "j", da LRepr.

Nos contratos por prazo indeterminado a denúncia será admissível a qualquer tempo. A matéria era regida pelo art. 34 da LRepr, que admite, após o fluxo de pelo menos 6 meses, a concessão de pré-aviso com antecedência de 30 dias ou, alternativamente, o pagamento de importância igual a 1/3 das comissões auferidas pelo representante nos 3 meses anteriores. Entretanto, a mesma matéria – denúncia em contrato por prazo indeterminado – passou a ser regida pelo art. 720 do CC, que derrogou a disciplina anterior ao dispor: "Se o contrato for por tempo indeterminado, qualquer das partes poderá resolvê-lo, mediante aviso prévio de noventa dias, desde que transcorrido prazo compatível com a natureza e o vulto do investimento exigido do agente".

Portanto, o prazo para denúncia do contrato é de 90 dias, mas deverá ter transcorrido prazo razoável e compatível com os investimentos feitos pelo representante comercial, sob pena de indenização, que será fixada pelo juiz caso as partes não se componham (art. 720, parágrafo único, do CC). Cuida-se de proteção específica da dependência econômica, na linha do que prevê o art. 473 do CC [*t. IV, §8, i. 7.1*] e para ser coerente com a exigência do art. 713 do CC de que todas as despesas com a agência correm a cargo do agente, salvo pacto diverso.

Além de eventual indenização de investimentos específicos, determina o art. 27, § 5º, da LRepr, que ocorra o pagamento de comissões pendentes, gerada por pedidos em carteira ou em fase de execução e recebimento, terá vencimento na data da rescisão.

4.2. Resolução

Chamados de casos de rescisão, a LRepr cuida de hipóteses de admissível resolução contratual por inadimplemento de obrigações das partes, algumas delas ligadas à forte relação de confiança gerada pelo contrato de características relacionais [*t. IV, §8, i. 10*].

Constituem motivos justos para resolução do contrato, *pelo representado* ou *proponente* (art. 35 da LRepr), que fica isento das indenizações da LRepr, mas pode pleitear perdas e danos (art. 717 do CC):

(*a*) *a desídia do representante no cumprimento das obrigações decorrentes do contrato*: o agente deve ter atuação com diligência, significando o dever de angariar e visitar clientes e realizar negócios à conta do proponente na zona fixada (art. 712 do CC). O abandono e descaso implicam muitas vezes a perda do referencial no mercado atendido pelo representante, de modo a justifica a resolução contratual sem qualquer direito a indenização ao agente. Ressalva-se, contudo, o conteúdo do art. 45 da LRepr: "Não constitui motivo justo para rescisão do contrato de representação comercial o impedimento temporário do representante comercial que estiver em gozo do benefício de auxílio-doença concedido pela Previdência Social".

(b) *a prática de atos que importem em descrédito comercial do representado*: cuida-se de hipótese em que o representante passa a atuar em desfavor dos interesses do representado, com maledicência quanto ao produto ou serviço ou mesmo atuação em favor de concorrentes.

(c) *a falta de cumprimento de quaisquer obrigações inerentes ao contrato de representação comercial*: a hipótese é de claro descumprimento de obrigações contratuais, sejam elas do núcleo de captação de negócios, sejam acessórias como a prestação de contas e apresentação de relatórios de visitação e vendas.

(d) *a condenação definitiva por crime considerado infamante*: entendem-se como infamantes os crimes que acabar por denegrir a imagem, honra e probidade de quem o pratica. Sendo o representante comercial alguém que atua à conta de outrem, a condenação que afete a sua imagem indiretamente poderá afetar o representado.

(e) *força maior*: o último caso é gerador de incerteza, mas está vinculado a fatos que escapam ao controle das partes. Há comandos externos como instabilidades políticas (guerras e revoluções), decisões administrativas (fato do príncipe) e fenômenos naturais que podem ser inseridos em referidas ocorrências. "Eventual insucesso do empreendimento ou dificuldades financeiras estão, inexoravelmente, abrangidos pelo risco inerente a qualquer atividade empresarial, não podendo ser considerados fortuito externo (força maior)" (STJ – REsp nº 1.341.605 – Min. LUIS FELIPE SALOMÃO).

Além de estar indene às compensações da LRepr em casos de justa causa, somente com a caracterização do motivo justo poderá o representado reter comissões devidas ao representante, com o fim de ressarcir-se de danos por este causados e para compensar prejuízos (art. 37 da LRepr). O agente, por sua vez, terá direito às comissões pendentes (art. 717 do CC).

Constituem motivos justos para resolução do contrato, *pelo representante* ou *agente* (art. 36 da LRepr), sem prejuízo das indenizações da LRepr e eventual reparação de danos:

(a) *redução de esfera de atividade do representante em desacordo com as cláusulas do contrato*: a situação de dependência econômica do contrato pode implicar comportamento do representado gerador de redução das atividades, recusa deliberada de conclusão de negócios ou mesmo as vendas diretas para clientes da zona de representação. Esses são casos de redução de atividades caracterizados da resolução do contrato pelo representado, por justa causa. O dispositivo do art. 36, "a", da LRepr está em linha com o art. 27, § 7º, da mesma lei: "São vedadas na representação comercial alterações que impliquem, direta ou indiretamente, a diminuição da média dos resultados auferidos pelo representante nos últimos seis meses de vigência". Há consonância, ainda, com o conteúdo do art. 715 do CC: "O agente ou distribuidor tem direito à indenização se o proponente, sem justa causa, cessar o atendimento das propostas ou reduzi-lo tanto que se torna antieconômica a continuação do contrato".

(b) *a quebra, direta ou indireta da exclusividade, se prevista no contrato*: conforme visto, a exclusividade não se presume, mas se for concedida, não poderá ser quebrada por comportamento do representado de fazer vendas diretas ou de colocar outro representante ou distribuidor na zona exclusiva.

(c) *a fixação abusiva de preços em relação à zona do representante, com o exclusivo escopo de impossibilitar-lhe ação regular*: é vedada pela LRepr a estratégia do representado de aumentar os preços deliberadamente para dificultar a atuação do representante ou para tentar caracterizar a desídia.

(d) *o não pagamento de sua retribuição na época devida*: cuida-se de hipótese de inadimplemento de comissões por parte do representado. Há conformidade com o art. 718 do CC: "Se a dispensa se der sem culpa do agente, terá ele direito à remuneração até então devida, inclusive sobre os negócios pendentes, além das indenizações previstas em lei especial".

(e) *força maior*: a esse caso, aplica-se o raciocínio do art. 35, "e".

5. DIFERENÇA PARA O CONTRATO DE COMISSÃO E OUTRAS FIGURAS

O contrato de agência deve ser diferenciado de outras figuras, especialmente quanto à função econômica e à remuneração.

Em relação ao contrato de distribuição, em parte regulado no mesmo capítulo do Código Civil, remetemos o leitor ao *t. IV, §16*.

Já com relação ao contrato de comissão, é importante uma remissão para compreender que na agência o representante comercial tem atuação autônoma e à conta do representado para angariar clientes para celebração de novos negócios, recebendo retribuição (que, na prática se chama comissão). Por outro lado, no contrato típico de comissão, regrado nos arts. 693 e seguintes do CC, tem-se maior proximidade com o mandato, embora com ele não se confunda, conforme orienta FRAN MARTINS (2019, p. 240). A grande diferença é que comissão age em seu próprio nome na aquisição ou venda de bens para obtenção de lucros razoáveis (art. 696 do CC), mesmo que siga instruções do terceiro chamado comitente. Portanto, o comissário obriga-se pessoalmente em relação às pessoas com quem contrata, inclusive com isolamento dos riscos de responsabilidade do comitente (art. 694 do CC). O mesmo FRAN MARTINS entende ser possível que haja elementos de comissão na agência se o representante agir em seu próprio nome obrigando-se diretamente (2019, p. 249).

Diante dessa característica, o comissário assume obrigações em seu próprio no-me para com terceiros, com deveres de: (*a*) cumprir os comandos do contrato para atuação em seu nome e à conta do comitente (art. 695 do CC); (*b*) avisar o comitente sobre danos sofridos por mercadorias sob sua guarda, caso as tenha, inclusive sob pena de responsabilidade; (*c*) prestar contas ao comitente (MARTINS, 2019, p. 244-246).

Uma outra diferença é relevante: se na agência a cláusula *del credere* é nula (art. 43 da LRepr), na comissão é possível pactuar o contrato com o comissário assumindo a responsabilidade pela solvabilidade do cliente, com pacto de remuneração pelo risco assumido, conforme determina o art. 698 do CC: "Se do contrato de comissão constar a cláusula *del credere*, responderá o comissário solidariamente com as pessoas com que houver tratado em nome do comitente, caso em que, salvo estipulação em contrário, o comissário tem direito a remuneração mais elevada, para compensar o ônus assumido".

Finalmente, em relação à corretagem, é preciso compreender que o corretor somente faz intermediação simples entre vendedor e comprador, sem atuação autonomia específica que lhe outorga a agência ou mesmo a comissão, mas mera instrução para um ou mais negócios (art. 722 do CC) (MARTINS 2019, p. 240 e 249).

Jurisprudência

STJ – 4ª T. – REsp nº 1.341.605 – Rel. Min. Luis Felipe Salomão – j. 10/10/2017: "(...) 1. Nos termos do artigo 34 da Lei 4.886/65, a denúncia injustificada, por qualquer das partes, do contrato de representação ajustado por tempo indeterminado e que haja vigorado por mais de seis meses, obriga o denunciante (salvo outra garantia convencionada) à concessão de aviso prévio de trinta dias ou ao pagamento de importância igual a um terço das comissões auferidas pelo representante, nos três meses anteriores. 2. Outrossim, ainda que se trate de contrato por tempo certo, caso a rescisão injustificada ocorra por iniciativa do representado, será devida ao representante (parte vulnerável da relação jurídica) indenização equivalente a um doze avos do total da retribuição auferida durante o tempo em que exercera a representação (artigo 27, letra 'j', da Lei 4.886/65). 3. Desse modo, sob a ótica do representante, as referidas verbas (aviso prévio e indenização de um doze avos) ser-lhe-ão devidas quando inexistente justa causa para a rescisão contratual de iniciativa do representado. No ponto, o artigo 35 da Lei 4.886/65, em rol taxativo, enumera a força maior como um dos motivos considerados justos para que o representado proceda à rescisão da representação comercial. 4. Em se tratando de responsabilidade objetiva (fundada no risco), a 'força maior', apta a afastar a responsabilidade do devedor, deverá consubstanciar impossibilidade genérica reconhecida em relação a qualquer pessoa. Nessa perspectiva, distingue-se o caso fortuito interno – que, por envolver risco inerente à atividade desempenhada, não poderá ser invocado como excludente da responsabilidade objetiva – do caso fortuito externo (ou força maior), 'em que o dano decorre de causa completamente estranha à conduta do agente, e por isso causa de exoneração de responsabilidade' (MIRAGEM, Bruno. Direito civil: direito das obrigações. São Paulo: Saraiva, 2017, p. 530-532). 5. Nessa ordem de ideias, eventual insucesso do empreendimento ou dificuldades financeiras estão, inexoravelmente, abrangidos pelo risco inerente a qualquer atividade empresarial, não podendo ser considerados fortuito externo (força maior), aptos a exonerar a responsabilidade do representado pelo pagamento do aviso prévio e da indenização de doze avos, previstos na lei de regência, quando da rescisão unilateral do contrato de representação comercial (...)".

STJ – 4ª T. – AgInt no REsp nº 1.298.302 – Rel. Min. Raul Araújo – j. 08/08/2017: "(...) 1. 'Constatado motivo justo para rescisão do contrato de representação comercial pelo descumprimento das obrigações contratuais, o recorrente não fará jus às indenizações previstas nos arts. 27, alínea j, e 34 da Lei n. 4.886/1965, nos termos do art. 35, alínea c, da mesma legislação' (AgRg no AREsp 611.404/RS, Rel. Ministro MARCO AURÉLIO BELLIZZE, TERCEIRA TURMA, julgado em 10/03/2015, DJe de 18/03/2015). 2. O eg. Tribunal de origem, com base nos elementos fático-probatórios dos autos, concluiu pela existência de justo motivo para a rescisão unilateral do contrato de representação comercial, em razão do não cumprimento de metas, e afastou as indenizações postuladas na inicial (...)".

STJ – 3ª T. – REsp nº 1.469.119 – Rel. Min. Nancy Andrighi – j. 23/05/2017: "(...) 3. O propósito do recurso especial é determinar se, à luz do art. 27, 'j', da Lei 4.886/65, a base de cálculo da indenização por rescisão sem justa causa deve incluir os valores percebidos durante toda a vigência do contrato de representação comercial ou se deve ser limitada ao quinquênio anterior à rescisão, devido à prescrição quinquenal (art. 44, parágrafo único, da Lei 4.886/65). 4. O direito e a pretensão de receber verbas rescisórias (arts. 27, 'j', e 34 da Lei 4.886/65) nascem com a resolução injustificada do contrato de representação comercial. 5. É quinquenal a prescrição para cobrar comissões, verbas rescisórias e indenizações por quebra de exclusividade contratual, conforme dispõe o parágrafo único do art. 44 da Lei 4.886/65. 6. Conforme precedentes desta Corte, contudo, essa regra prescricional não interfere na forma de cálculo da indenização estipulada no art. 27, 'j', da Lei 4.886/65 (REsp 1.085.903/RS, Terceira Turma, julgado em 20/08/2009, DJe 30/11/2009). 7. Na hipótese, nos termos do art. 27, 'j', da Lei 4.886/65, até o termo final do prazo prescricional, a base de cálculo da indenização para rescisão injustificada permanece a mesma, qual seja, a integralidade da retribuição auferida durante o tempo em que a recorrente exerceu a representação comercial em nome da recorrida (...)".

Bibliografia: ASSIS, Araken de. *Contratos nominados: mandato, comissão, agência e distribuição, corretagem e transporte*. São Paulo: RT, 2005. AZEVEDO, Álvaro Villaça. Validade de denúncia em contrato de distribuição sem pagamento indenizatório. *RT,* 737/98. AZEVEDO, Antônio Junqueira de. Contrato de distribuição – causa final dos contratos de trato sucessivo – resilição unilateral e seu momento de eficácia – interpretação contratual – negócio per relationem e preço determinável – conceito de "compra" de contrato e abuso de direito. *RT*, n. 826/119. CARDOZO, Vivian Sapienza. *Contratos de representação comercial: controvérsias e peculiaridades à luz da legislação brasileira*. São Paulo: Almedina, 2016. HAICAL, Gustavo. *O contrato de agência: seus elementos tipificadores e efeitos jurídicos*. São Paulo: Revista dos Tribunais, 2012. FABIANI, Igor Longo. *Dependência econômica no contrato de agência*. Dissertação(Mestrado). Faculdade de Direito de Ribeirão Preto da USP. 2018. MONTEIRO, António Pinto. *Contrato de agência: anotação ao Decreto-Lei n. 178/86, de 3 de julho*. Coimbra: Almedina, 2010. REQUIÃO, Rubens. *Do representante comercial*. 6. ed. Rio de Janeiro: Forense, 1995. REQUIÃO, Rubens. Representação comercial – contrato a prazo determinado reiteradamente prorrogado. *RT,* 435/11. REQUIÃO,

Rubens Edmundo. *Nova regulamentação da representação comercial autônoma*. São Paulo: Saraiva, 2003. SAAD, Ricardo Nacim. *Representação comercial*. São Paulo: Saraiva, 2003. SADDI, Jairo. Considerações acerca da representação comercial frente ao novo código civil. *RDM*, 129/54. . TADDEI, Marcelo Gazzi. *O contrato de representação comercial: análise das questões controvertidas no âmbito da doutrina e da jurisprudência*, RDM, 149-150/33. WALD, Arnold. Do regime jurídico do contrato de representação comercial. *RT,* 696/17.

§16
DISTRIBUIÇÃO

1. REGIMES DA DISTRIBUIÇÃO

A distribuição permite a venda indireta de produtos, que poderão chegar ao mercado consumidor com redução de custos de transação (FORGIONI, 2005).

Há duplo regime:

O primeiro é do *contrato socialmente típico de distribuição*, cujas características continuam sendo moldadas por práticas de mercado e disposições gerais do CC.

O segundo, é da *agência-distribuição*, cuja disciplina está nos arts. 710 a 721 do CC.

Diferem-se, basicamente, porque na segunda o distribuidor está encarregado de agenciar vendas à conta do proponente. No contrato socialmente típico, o distribuidor adquire as mercadorias e as revende. Em ambos os casos, a operação econômica é fazer com que a mercadoria chegue ao mercado de destino (FORGIONI, 2005, p. 111; ZANETTI, 2015, p. 17).

2. CONCEITO E FUNÇÃO DA AGÊNCIA-DISTRIBUIÇÃO

O contato de agenciamento por distribuição teve o seu conteúdo descrito no art. 710 do CC, constituído *pela assunção(a), em caráter não eventual e sem vínculos de dependência(b), da obrigação de promover, à conta de outro(a), mediante retribuição(c), a realização de certos negócios, tendo a coisa a ser negociada à disposição(a) e em zona determinada(d)*. Os elementos nucleares da função econômica contratual são muito semelhantes àqueles da agência ou representação comercial [*t. IV, §15*], diferindo-se, conforme se vê no CC, quanto à disposição da coisa a ser negociada.

(*a*) Enquanto o agente/representante capta negócios, que são travados diretamente entre o cliente e o proponente/representado, no contrato de distribuição o agenciado envia os produtos para o distribuidor, que agencia as vendas. A atuação se dá à conta do fabricante dos produtos e de modo a angariar negócios diversos que permitam a venda dos produtos recebidos pelo distribuidor, que ficam à sua disposição.

Tem-se entendido que essa disciplina do art. 710 do CC positiva espécie de agenciamento de vendas por meio de distribuição. Ou seja, a mercadoria é enviada ao distribuidor, que capta vendas em troca de retribuição, como desdobramento ou modalidade do contrato de agência. Assim o agente-distribuidor promove negócios do proponente, agenciando-lhe ofertas e propostas, em caráter não eventual, em zona delimitada e em troca de remuneração, tendo consigo a coisa negociada.

O fato de os bens – objetos dos contratos firmados pelo proponente – estarem em poder do distribuidor gera obrigação deste, no cumprimento do contrato, de guardar a coisa e de realizar a tradição do bem ao cliente quando o negócio jurídico for celebrado (HAICAL, 2012, p. 88). Diferentemente da distribuição atípica, em nenhum momento o agente-distribuidor assume o risco da atividade de revender os bens em seu poder, motivo pelo qual continua atuando à conta do proponente.

(*b*) Não há vínculos de dependência entre as partes, seja da agência-distribuição, seja na distribuição atípica. Assim, distribuidor e fabricante são organizações empresariais distintas e independentes, sem qualquer subordinação.

(*c*) Por se tratar de contrato oneroso, como é comum aos contratos empresariais, há previsão de retribuição ao distribuidor, que poderá ser fixada em valores fixos, variáveis ou mesmo ficar livre para parâmetros e usos de mercado específico. Conforme prevê o art. 713 do CC, salvo estipulação diversa, todas as despesas com a distribuição correm a cargo do distribuidor.

(*d*) Pode haver delimitação de zona de atuação do distribuidor. Essa indicação geográfica indica o local de atuação diligente do distribuidor. Prevalece o disposto no art. 714 do CC em caso de vendas na zona fixada: "Salvo ajuste, o agente ou distribuidor terá direito à remuneração correspondente aos negócios concluídos dentro de sua zona, ainda que sem a sua interferência".

Haverá ressarcimentos derivados de dependência econômica. O primeiro é de indenização se o proponente, sem justa causa, cessar o atendimento das propostas ou reduzi-lo de forma que se torna antieconômica a continuação do contrato de distribuição (art. 715 do CC).

O segundo é a resilição conforme determina o art. 720 do CC: "Se o contrato for por tempo indeterminado, qualquer das partes poderá resolvê-lo, mediante aviso prévio de noventa dias, desde que transcorrido prazo compatível com a natureza e o vulto do investimento exigido do agente".

3. CONCEITO E FUNÇÃO DA DISTRIBUIÇÃO

O contrato de distribuição socialmente típico (ZANETTI, 2015, p. 52) consiste na atividade empresarial de revenda de bens que o distribuidor adquire do fabricante e distribui, comercializando-os em certa zona, região ou área. PAULA FORGIONI ainda descreve, com base na jurisprudência, que a distribuição: (*a*) tem várias operações de compra e venda de bens destinados à revenda e unificadas pela causa contratual; (*b*) a retribuição do distribuidor decorre da diferença entre o preço de aquisição da mercadoria e o preço de revenda; (*c*) o distribuidor adquire a propriedade do bem; (*d*) o distribuidor comercializa os bens que adquiriu em determinada zona; (*e*) pode haver vinculação econômica entre o fabricante e o distribuidor (FORGIONI, 2005, p. 88).

Portanto, ainda persiste a distribuição atípica, por meio da qual o distribuidor simplesmente revende os produtos recebidos – a partir de contratos prévios de compra e venda ou estimatórios. A remuneração, nesse caso, seria o sobrepreço praticado na distribuição. Assim, o contrato de distribuição atípico se forma com a obrigação de revenda de bens, porque o distribuidor os adquire, em caráter não eventual, para revenda posterior. A remuneração do distribuidor viria da diferença do preço de compra para o preço de venda.

Segundo ANA CAROLINA DEVITO DEARO ZANETTI, algumas cláusulas acidentais podem ser pactuadas: (*a*) exclusividade territorial; (*b*) exclusividade de comercialização; (*c*) aquisição mínima; (*d*) manutenção de estoque mínimo; (*e*) serviço de assistência técnica; (*f*) publicidade dos produtos; (*g*) orientações técnicas; (*h*) prestação de informações sobre o mercado (ZANETTI, 2015, p. 32-36).

Jurisprudência

STJ – 3ª T. – REsp nº 1.780.396 – Rel. Min. Nancy Andrighi – j. 18/02/2020: "(...) 4. Em um contrato de distribuição, o distribuidor desempenha relevante função, consistente na efetiva aquisição – e não na mera intermediação – das mercadorias produzidas pelo fabricante com a exclusiva finalidade de, numa determinada localidade, revendê-las, extraindo-se da diferença entre o valor da compra e o obtido com a revenda, a sua margem de lucro. 5. Na espécie, não houve entre as partes uma avença formal/escrita de contrato de distribuição. Portanto, o que se deve perscrutar é se as atividades desenvolvidas pelas partes e a dinâmica desta integração são hábeis a fazer com que se conclua que configuravam uma verdadeira relação de distribuição. 6. Na espécie, com base no enquadramento fático realizado pelo Tribunal de origem, pode-se constatar que a BROKER DISTRIBUIDORA, em caráter não eventual, adquiria os produtos fabricados pela GENERAL MILLS – que lhe concedia um desconto de 25% (vinte e cinco por cento) do preço de venda ao atacado – para revender na região metropolitana de Belo Horizonte - MG, retirando o seu lucro desta margem de comercialização. 7. Ademais, não se tratava de uma mera compra e venda mercantil de produtos, uma vez que certas obrigações eram impostas à BROKER DISTRIBUIDORA, como as de captação de clientela, de atingimento de metas de vendas e de impossibilidade de comercialização de produtos semelhantes ou concorrentes. 8. Ainda, havia a impossibilidade de a BROKER DISTRIBUIDORA escolher quais produtos gostaria de adquirir, estando engessada à obrigação de aquisição de todo mix de produtos YOKI, o que, de fato, a distanciava da figura de atacadista (...)".

STJ – 3ª T. – REsp nº 1.799.627 – Rel. Min. Ricardo Villas Bôas Cueva – j. 23/04/2019: "(...) 3. Necessidade prévia de estabelecer as distinções entre o contrato de distribuição autêntico - também denominado "contrato de concessão comercial" – e o contrato de representação comercial. 4. Enquanto a atividade do representante comercial fica limitada ao agenciamento de propostas ou pedidos em favor do representado, sendo a respectiva remuneração normalmente calculada em percentual sobre as vendas por ele realizadas (comissões), age o distribuidor em seu próprio nome adquirindo o bem para posterior revenda a terceiros, tendo como proveito econômico a diferença entre o preço de venda e aquele pago ao fornecedor (margem de comercialização). 5. A despeito de ter o legislador utilizado a expressão "distribuição" para nomear uma das modalidades dos contratos disciplinados pelos arts. 710 e seguintes do Código Civil de 2002, tais preceitos não se aplicam aos contratos de concessão comercial, conforme compreensão firmada na I Jornada de Direito Comercial realizada pelo Conselho da Justiça Federal (Enunciado nº 35). 6. A Lei nº 6.729/1979 (Lei Ferrari), não obstante dispor sobre concessão comercial, tem seu âmbito de aplicação restrito às relações empresariais estabelecidas entre produtores e distribuidores de veículos automotores de via terrestre. Precedentes. 7. Tratando a hipótese de contrato atípico, deve a pretensão recursal ser analisada com base nas regras ordinárias aplicáveis aos contratos em geral, devendo prevalecer o princípio da força obrigatória dos contratos (*pacta sunt servanda*), notada-mente por se tratar de relação empresarial (...)".

STJ – 3ª T. – REsp nº 1.320.870 – Rel. Min. Ricardo Villas Bôas Cueva – j. 27/06/2017: "1. Ação indenizatória promovida por empresa distribuidora em desfavor da fabricante de bebidas objetivando reparação por danos materiais e morais supostamente suportados em virtude da ruptura unilateral do contrato de distribuição que mantinha com a recorrente (ou integrantes do mesmo grupo empresarial), de modo formal, desde junho de 1986. 2. Acórdão recorrido que, apesar de reconhecer que a rescisão foi feita nos exatos termos do contrato, de forma motivada e com antecedência de 60 (sessenta dias), concluiu pela procedência parcial do pleito autoral indenizatório, condenando a fabricante a reparar a distribuidora por parte de seu fundo de comércio, correspondente à captação de clientela. 3. Consoante a jurisprudência desta Corte Superior, é impossível aplicar, por analogia, as disposições contidas na Lei nº 6.729/1979 à hipótese de contrato de distribuição de bebidas, haja vista o grau de particularidade da referida norma, que, como consabido, estipula exclusiva e minuciosamente as obrigações do cedente e das concessionárias de veículos automotores de via terrestre, além de restringir de forma bastante grave a liberdade das partes contratantes em casos tais. 4. A resilição unilateral de contrato de distribuição de bebidas e/ou alimentos, após expirado o termo final da avença, quando fundada em justa causa (inadimplemento contratual reiterado), não constitui ato ilícito gerador do dever de indenizar (...)".

STJ – REsp nº 1.169.789 – Rel. Min. Antonio Carlos Ferreira – j. 16/08/2016: "(...) 1. Na vigência do Código Civil de 1916, é permitida ao fornecedor a resilição unilateral do contrato de distribuição de produto alimentício celebrado por prazo indeterminado, exigindo-se, entretanto, aviso-prévio com antecedência razoável para que a parte contrária – o distribuidor – possa se preparar, sob todos os aspectos, para a extinção do contrato. 2. A ausência da referida notificação com prazo razoável confere ao distribuidor, em tese, o direito de postular indenização (...)".

STJ – 4ª T. – REsp nº 1.412.658 – Rel. Min. Luis Felipe Salomão – j. 01/12/2015: "(...) 4. A prática dos descontos é parte de uma trama estratégica de mercados e significa sempre uma liberalidade de quem os concede, resultando dessa assertiva a não obrigatoriedade de sua continuidade e a possibilidade de serem suprimidos quando assim julgar conveniente o fornecedor, tomando como base seu plano de desenvolvimento. 5. O contrato de distribuição é avençado entre profissionais, pessoas que, no discernimento, e quanto à capacidade de decisão, devem ser tratadas como iguais, em perfeitas condições de analisar a conveniência de cada uma das cláusulas, de negociá-las na medida do possível, de recusá-las ou de vir mesmo a não contratar. 6. A cessação dos descontos oferecidos no momento da contratação não pressupõe a má-fé do fornecedor, tampouco significa intenção de rescisão do contrato de distribuição, não exigindo, para tanto, aviso prévio por parte do fornecedor (...)".

STJ – 3ª T. – REsp nº 1.255.315 –Rel. Min. Nancy Andrighi – j. 13/09/2011: "(...) 1. De acordo com os arts. 124 do CCom e 129 do CC/1916 (cuja essência foi mantida pelo art. 107 do CC/2002), não havendo exigência legal quanto à forma, o contrato pode ser verbal ou escrito. 2. Até o advento do CC/2002, o contrato de distribuição era atípico, ou seja, sem regulamentação específica em lei, de sorte que sua formalização seguia a regra geral, caracterizando-se, em princípio, como um negócio não solene, podendo a sua existência ser provada por qualquer meio previsto em lei. 3. A complexidade da relação de distribuição torna, via de regra, impraticável a sua contratação verbal. Todavia, sendo possível, a partir das provas carreadas aos autos, extrair todos os elementos necessários à análise da relação comercial estabelecida entre as partes, nada impede que se reconheça a existência do contrato verbal de distribuição. 4. A rescisão imotivada do contrato, em especial quando efetivada por meio de conduta desleal e abusiva – violadora dos princípios da boa-fé objetiva, da função social do contrato e da responsabilidade pós-contratual – confere à parte prejudicada o direito à indenização por danos materiais e morais (...)".

STJ – 3ª T. – REsp nº 681.100 – Rel. Min. Carlos Alberto Menezes Direito – j. 20/06/2006: "(...) 1. Havendo disposição contratual assegurando às partes interromper o negócio de distribuição de bebidas, o que afasta a configuração de cláusula abusiva ou potestativa, é impertinente buscar analogia com dispositivo de outra lei especial de regência para os casos de concessão de veículos automotores de via terrestre (...)".

Caso Disco: STF – 2ª T. – RE nº 88.716 – Rel. Min. Moreira Alves – j. 11/09/1979: "(...) Distinção entre minuta, em que se fixa o conteúdo de certas cláusulas, mas se deixam em aberto outras e contrato preliminar (...)".

Bibliografia: AZEVEDO, Alvaro Vilaça. Validade de denúncia em contrato de distribuição sem pagamento indenizatório, *RT,* 737/97. FORGIONI, Paula A. *Contrato de distribuição.* São Paulo: RT, 2005. OLIVEIRA, Carlos Alberto Hauer. *Contrato de distribuição.* In: COELHO, Fabio Ulhoa. *Tratado de direito comercial.* v. 5. São Paulo: Saraiva, 2015. THEODORO JÚNIOR, Humberto. Do contrato de agência e distribuição no novo Código Civil. *RT,* 812/22. TIMM, Luciano Benetti; SABOYA, Lausiane Luz de. O contrato de distribuição no novo Código Civil, *Revista Trimestral de Direito Civil,* 35/75. ZANETTI, Ana Carolina Devito Dearo. *Contrato de distribuição: inadimplemento recíproco.* São Paulo: Atlas, 2015.

§17
CONCESSÃO MERCANTIL

1. CONCEITO E FUNÇÃO

A concessão mercantil é contrato de colaboração por meio do qual *o fornecedor-concedente vende os produtos ao concessionário, que os revende em nome próprio*. A remuneração do concessionário decorre da diferença do preço de aquisição e do preço de revenda, enquanto o concedente consegue estruturar rede escoamento de produtos, além da prestação de assistência técnica especializada.

Diferentemente da distribuição, na concessão ocorre ingerência do fornecedor ou concedente na atividade do concessionário, que não raro envolve autorização de uso de marcas e prestação de assistência técnica em razão da especificidade do produto fornecedor. As partes – concedente e concessionário – são juridicamente independentes, mas há perda de autonomia do concessionário.

O regime jurídico do contrato é atípico [*t. IV, §8, i. 11*]. Entretanto, para a concessão de veículos automotores (automóvel, caminhão, ônibus, trator, motocicleta e similares), implementos e componentes novos há regras especiais na Lei nº 6.729/79 (Lei Ferrari). Cuida-se de contrato entre produtores e distribuidores de veículos automotores ajustado sob forma escrita padronizada para cada marca e com especificação de produtos, área demarcada, distância mínima e quota de veículos automotores, bem como das condições relativas a requisitos financeiros, organização administrativa e contábil, capacidade técnica, instalações, equipamentos e mão de obra especializada do concessionário (art. 20 da Lei Ferrari) (FORGIONI, 2005, p. 91).

Procurou essa lei especial fixar parâmetros e intervenções no contrato para minimizar os efeitos da dependência econômica entre as partes [*t. IV, §8, i. 12*]. Há condução sobre as obrigações respectivas, proteção na extinção contratual e a inibição de condutas que possam subordinar o concessionário desarrazoadamente. O art. 16 da Lei Ferrari tem conteúdo aberto para essa interpretação, porque a marca deve ser resguardada juntamente com os interesses da montadora e da rede de distribuição, vendando-se: I – prática de atos pelos quais o concedente vincule o concessionário a condições de subordinação econômica, jurídica ou administrativa ou estabeleça interferência na gestão de seus negócios; II – exigência entre concedente e concessionário de obrigação que não tenha sido constituída por escrito ou de garantias acima do valor e duração das obrigações contraídas; III – diferenciação de tratamento entre concedente e concessionário quanto a encargos financeiros e quanto a prazo de obrigações que se possam equiparar.

2. CONCESSÃO COMERCIAL DE VEÍCULOS AUTOMOTORES DE VIA TERRESTRE

2.1. Elementos

A Lei Ferrari regula a relação entre (*a*) o *produtor ou concedente* (a empresa industrial que realiza a fabricação ou montagem de veículos automotores) e (*b*) o *distribuidor ou concessionário* (a empresa comercial que realiza a comercialização de veículos automotores, implementos e componentes novos, presta assistência técnica a esses produtos e exerce outras funções pertinentes à atividade). Pactua-se na concessão o fornecimento estável de veículos e implementos, a assistência técnica, a autorização de uso de marca, com rentabilidade derivada do sobrepreço praticado pelo concessionário em área operação exclusiva (art. 5º, § 2º) e especificada com distância para outras concessões do mesmo fabricante.

Constitui *objeto* da concessão (art. 3º da Lei Ferrari): I – a comercialização de veículos automotores, implementos e componentes fabricados ou fornecidos pelo produtor; II – a prestação de assistência técnica a esses produtos, inclusive quanto ao seu atendimento em garantia ou revisão; III – o uso gratuito da marca do concedente, como identificação. São inerentes à concessão a área operacional de responsabilidade do concessionário para o exercício de suas atividades e as *distâncias mínimas* entre estabelecimentos de concessionários da mesma rede, fixadas segundo critérios de potencial de mercado e evitando-se a sobreposição de locais de atuação (art. 5º da Lei Ferrari). "O concessionário obriga-se à comercialização de veículos automotores, implementos, componentes e máquinas agrícolas, de via terrestre, e à prestação de serviços inerentes aos mesmos, nas condições estabelecidas no contrato de concessão comercial sendo-lhe defesa a prática dessas atividades, diretamente ou por intermédio de prepostos, fora de sua área demarcada" (art. 5º, § 2º, da Lei Ferrari). O concedente poderá contratar livremente *serviços autorizados* de prestadores de serviços de reparação (art. 28 da Lei Ferrari), sem implicar afronta à cláusula de área.

Ainda quanto à área, o contrato poderá autorizar a existência de mais de um concessionário da mesma rede em mesma localidade, tudo a depender do plano de negócios estabelecido e do potencial econômico. O concedente somente poderá alterar as condições da área e a contratação de outra concessão para o mesmo local se o mercado de veículos automotores novos apresentar as condições justificadoras da contratação que tenham sido ajustadas entre o produtor e sua rede de distribuição; ou para prover vaga de concessão extinta (art. 6º da Lei Ferrari).

Entrementes, o consumidor terá livre escolha para aquisição do bem em qualquer concessionário (art. 5º, § 3º, da Lei Ferrari). Conforme prevê o art. 13 da Lei Ferrari, o concedente somente fixa os preços de maneira uniforme para toda a rede, mas o concessionário tem liberdade de praticar o preço de venda com o consumidor – naturalmente estimando os seus custos e a concorrência, com margens apertadas em função desses fatores.

A legislação cuida com bastante cuidado dos *produtos envolvidos* na concessão, de modo que podem ser especificadas cláusulas com inclusão de uma ou mais classes de veículos automotores ou ainda ser vedada a comercialização de veículos automotores novos fabricados ou fornecidos por outro produtor (art. 3º, § 1º, da Lei Ferrari). Os lançamentos de novos produtos estarão sempre incluídos na classe englobada pelo contrato e, se houver classe diversa, o concessionário terá preferência em comercializá-los, se atender às condições prescritas pelo concedente para esse fim.

O contrato ainda deverá definir dois importantes elementos de equilíbrio econômico-financeiro da avença: *quotas e índice de fidelidade de compra*.

As quotas são definidas pelo art. 7º da Lei Ferrari como parte da produção estimada de acordo com a produção da concedente destinada ao mercado interno para o período anual subsequente, de acordo com os produtos expectativa de mercado da marca. Definida a produção, as partes ajustarão a quota que cabe ao concessionário na área respectiva, consoante a respectiva capacidade empresarial e desempenho de comercialização e conforme a capacidade do mercado de sua área demarcada. A lei garante a revisão anual da quota, mas a fixação desse parâmetro independe das vendas no período anterior. Naturalmente que a incorreta estimação do mercado de inserção da concessionária e da aceitação da marca pode trazer impactos nas vendas e nos altos estoques, sendo imperiosa a revisão dos anos subsequentes para evitar a inviabilização da concessionária.

Por sua vez, o índice de fidelidade de compra é composto pelos percentuais de aquisição obrigatória pelos concessionários (art. 8º da Lei Ferrari), calculados com base nas quotas. Não estão sujeitas ao índice de fidelidade de compra ao concedente as aquisições que o concessionário fizer de acessórios para veículos automotores e de implementos de qualquer natureza e máquinas agrícolas.

2.2. Características e obrigações das partes

O concessionário se obriga a fazer os pedidos do concessionário e os fornecimentos do concedente deverão corresponder à quota de veículos automotores e enquadrar-se no índice de fidelidade de componentes (art. 9º da Lei Ferrari).

Além de pautar os pedidos, as quotas e o índice de fidelidade permitem ao concedente exigir do concessionário manutenção de estoque proporcional à rotatividade dos produtos novos, objeto da concessão, e adequado à natureza dos clientes do estabelecimento (art. 10 da Lei Ferrari). A intervenção estatal no contrato para equilíbrio de forças na equação econômica ainda se mostre nos percentuais de limite de estoques facultados ao concessionário: (*a*) de veículos automotores em geral a 65% e de caminhões em particular a 30% da atribuição mensal das respectivas quotas anuais por produto diferenciado, ressalvado o disposto na alínea b seguinte; (*b*) de tratores, a 4% da quota anual de cada produto diferenciado; (*c*) de implementos, a 5% do valor das respectivas vendas que houver efetuado nos últimos 12 meses; (*d*) de componentes, a valor que não ultrapasse o preço pelo qual adquiriu aqueles que vendeu a varejo nos últimos 3 meses.

Sobre as vendas e a quem se pode vender, duas são as regras para o contrato:

Para o concessionário: ele só poderá realizar a venda de veículos automotores novos diretamente a consumidor, vedada a comercialização para fins de revenda (art. 12 da Lei Ferrari).

Para o concedente: em regra, não poderá venda diretamente ao consumidor, salvo nos casos do art. 15: I – independentemente de atuação ou pedido de concessionário: (*a*) à Administração Pública, Direta ou Indireta, ou ao Corpo Diplomático; (*b*) a outros compradores especiais, nos limites que forem previamente ajustados com sua rede de distribuição; II – através da rede de distribuição: (*a*) para a administração pública, incumbindo o encaminhamento do pedido a concessionário que tenha esta atribuição; (*b*) a frotistas de veículos automotores, expressamente caracterizados, cabendo unicamente aos concessionários objetivar vendas desta natureza; (*c*) a outros compradores especiais, facultada a qualquer concessionário a apresentação do pedido.

Finalmente, além do contrato individual entre as partes (art. 20 da Lei Ferrari), o art. 17 prevê a pactuação de convenção coletiva, com força normativa e vinculante, com especificação de regras para toda a rede. O pacto coletivo poderá ser feito entre entidades de classe representativas ou entre o concedente e a rede de concessionárias. A convenção da marca poderá ter o seguinte conteúdo (art. 19 da Lei Ferrari): I – atendimento de veículos automotores em garantia ou revisão (artigo 3º, II); II – uso gratuito da marca do concedente (artigo 3º, III); III – inclusão na concessão de produtos lançados na sua vigência e modalidades auxiliares de venda (artigo

3º, § 2º, a, § 3º); IV – comercialização de outros bens e prestação de outros serviços (artigo 4º, parágrafo único); V – fixação de área demarcada e distâncias mínimas, abertura de filiais e outros estabelecimentos (artigo 5º, I e II, § 4º); VI – venda de componentes em área demarcada diversa (artigo 5º, § 3º); VII – novas concessões e condições de mercado para sua contratação ou extinção de concessão existente (artigo 6º, I e II); VIII – quota de veículos automotores, reajustes anuais, ajustamentos cabíveis, abrangência quanto a modalidades auxiliares de venda (artigo 7º, §§ 1º, 2º, 3º e 4º) e incidência de vendas diretas (artigo 15, § 2º); IX – pedidos e fornecimentos de mercadoria (artigo 9º); X – estoques do concessionário (artigo 10 e §§ 1º e 2º); XI – alteração de época de pagamento (artigo 11); XII – cobrança de encargos sobre o preço da mercadoria (artigo 13, parágrafo único); XIII – margem de comercialização, inclusive quanto a sua alteração em casos excepcionais (artigo 14 e parágrafo único), seu percentual atribuído a concessionário de domicílio do comprador (artigo 5º, § 2º); XIV – vendas diretas, com especificação de compradores especiais, limites das vendas pelo concedente sem mediação de concessionário, atribuição de faculdade a concessionários para venda à Administração Pública e ao Corpo Diplomático, caracterização de frotista de veículos automotores, valor de margem de comercialização e de contraprestação de revisões, demais regras de procedimento (artigo 15, § 1º); XV – regime de penalidades gradativas (artigo 22, § 1º); XVI – especificação de outras reparações (artigo 24, IV); XVII – contratações para prestação de assistência técnica e comercialização de componentes (artigo 28); XVIII – outras matérias que as partes julgarem de interesse comum.

2.3. Extinção do contrato e proteções específicas

2.3.1. Resilição

Via de regra, o contrato de concessão deverá ser pactuado por prazo indeterminado. Entretanto, deverá transcorrer prazo compatível com os investimentos feitos e, caso seja pactuado, não poderá ser inferior a 5 anos, e se tornará automaticamente de prazo indeterminado se nenhuma das partes manifestar à outra a intenção de não prorrogá-lo, antes de 180 dias do seu termo final e mediante notificação por escrito devidamente comprovada (art. 21 da Lei Ferrari).

Admite-se a resilição por distrato pactuado entre as partes (art. 22, I, da Lei Ferrari), com 120 dias para serem ultimados os negócios (art. 22, § 2º, da Lei Ferrari).

Caso não ocorra a prorrogação do contrato, o concedente ficará obrigado perante o concessionário a: I – readquirir-lhe o estoque de veículos automotores e componentes novos, estes em sua embalagem original, pelo preço de venda à rede de distribuição, vigente na data de reaquisição; II – comprar-lhe os equipamentos, máquinas, ferramentas e instalações destinados à concessão, pelo preço de mercado correspondente ao estado em que se encontrarem e cuja aquisição o concedente determinara ou dela tivera ciência por escrito sem lhe fazer oposição imediata e documentada, excluídos desta obrigação os imóveis do concessionário (art. 23 da Lei Ferrari). Todavia, se a iniciativa de não prorrogar o contrato couber ao concessionário, o concedente ficará desobrigado de tais aquisições e indenizações.

2.3.2. Resolução e reparações

A lei intervém com dispositivos específicos relativos à resolução contratual, com fixação de reparações e compensações derivadas da boa-fé, dependência econômica e investimentos específicos. Salvo litígio entre as partes, os valores de reparação devem ser pagos dentro de 60 dias da data da extinção da concessão e, no caso de mora, ficarão sujeitos à correção monetária e juros legais, a partir do vencimento do débito (art. 27 da Lei Ferrari).

A resolução por inadimplemento contratual será de iniciativa da parte inocente, em virtude de infração a dispositivo legais, das convenções ou do próprio contrato, considerada infração também a cessação das atividades do contraente (art. 22, inciso III, da Lei Ferrari). As duas outras hipóteses do art. 22 da Lei Ferrari cuidam de resilição por distrato, por força maior e extinção por termo final do prazo contratual, dispondo as partes de prazo de 120 dias para a extinção contratual (art. 22, § 2º, da Lei Ferrari).

Restou, portanto, o inadimplemento contratual que deve ser precedida pela aplicação de penalidades gradativas (art. 22, § 1º, da Lei Ferrari) e o também o prazo de 120 dias para a extinção das relações pendentes entre as partes.

A Lei Ferrai ainda divide reparações específicas ao concessionário em caso de resolução contratual por culpa do concedente em contratos por prazo determinado e indeterminado.

No contrato por prazo indeterminado, em caso de resolução contratual, obriga-se o concedente a reparar nos seguintes termos: I – readquirindo-lhe o estoque de veículos automotores, implementos e componentes novos, pelo preço de venda ao consumidor, vigente na data da rescisão contratual; II – efetuando-lhe a compra dos equipamentos, máquinas, ferramentas e instalações destinados à concessão, pelo preço de mercado; III – pagando-lhe perdas e danos, à razão de 4% do faturamento projetado para um período correspondente à soma de uma parte fixa de 18 meses e uma variável de 3 meses por quinquênio de vigência da concessão, devendo a projeção tomar por base o valor corrigido monetariamente do faturamento de bens e serviços concernentes à concessão, que o concessionário tiver realizado nos 2 anos anteriores à rescisão; IV – satisfazendo-lhe outras reparações que forem eventualmente ajustadas entre o produtor e sua rede de distribuição (art. 24 da Lei Ferrari).

Já no contrato por prazo determinado, as reparações serão as mesmas do art. 24, mas com duas ressalvas: I – quanto às perdas e danos do inciso III, será a indenização calculada sobre o faturamento projetado até o término do contrato e, se a concessão não tiver alcançado 2 anos de vigência, a projeção tomará por base o faturamento até então realizado; II – quanto às demais reparações, serão satisfeitas as obrigações vincendas até o termo final do contrato rescindido (art. 25 da Lei Ferrari).

Se a resolução contratual for motivada por culpa do concessionário, pagará ao concedente a indenização correspondente a 5% do valor total das mercadorias que dele tiver adquirido nos últimos 4 meses do contrato (art. 26 da Lei Ferrari).

Jurisprudência

STJ – 3ª T. – REsp nº 1.683.245 – Rel. Min. Paulo de Tarso Sanseverino – j. 06/10/2020: "(...) 3. Possibilidade, contudo, de resolução imotivada do contrato de concessão por qualquer das partes, em respeito à liberdade contratual, sem prejuízo da obrigação de reparar as perdas e danos experimentadas pela parte inocente (REsp 966.163/RS). 4. Descabimento da alegação de ineficácia da norma legal aludida no item 2, cabendo às montadoras, na hipótese de inexistência de convenção, inserir em seus contratos de concessão o regime de penalidades gradativas para atender ao comando legal (REsp 1.338.292/SP), o que não ocorreu na espécie. 5. Possibilidade de o magistrado emitir juízo sobre a gravidade das infrações imputadas à concessionária, na hipótese de ausência de pactuação de penalidades gradativas, de modo a aferir a culpa pela resolução do contrato (REsp 1.338.292/SP). 6. Caso concreto em que o Tribunal de origem reconheceu a gravidade das infrações praticadas pela concessionária. 7. Descabimento da condenação da concessionária ao pagamento da indenização prevista no art. 26 da Lei Ferrari na hipótese em que a montadora descumpre o comando legal referente às penalidades gradativas. Suprimento judicial de lacuna normativa. 8. Descabimento, outrossim, da condenação da montadora ao pagamento da indenização prevista no art. 24 da Lei Ferrari na hipótese em que a resolução do contrato encontra justificativa na gravidade das infrações praticadas pela concessionária, pois a inobservância, pela montadora, do regime de penalidades gradativas não afasta a culpa da concessionária pela resolução do contrato. 9. Declaração de resolução do contrato sem condenação às indenizações previstas na Lei Ferrari (...)".

STJ – 3ª T. – REsp nº 1.400.779 – Rel. Min. Ricardo Villas Bôas Cueva – j. 05/06/2014: "(...) 3. Nos termos da Lei nº 6.729/79 (Lei Renato Ferrari), para a resolução unilateral, a parte inocente que alegar descumprimento da lei, do contrato ou de convenção deverá cercar-se de um amplo e contundente contexto probatório para justificar a culpa da parte adversa, haja que as relações reguladas pelo mencionado diploma envolvem valores expressivos, múltiplas contratações, além de penalidades gradativas que devem ser obedecidas e devidamente demonstradas (...)".

STJ – 4ª T. – REsp nº 966.163 – Rel. Min. Luis Felipe Salomão – j. 26/10/2010: "(...) 2. O princípio da boa-fé objetiva impõe aos contratantes um padrão de conduta pautada na probidade, "assim na conclusão do contrato, como em sua execução", dispõe o art. 422 do Código Civil de 2002. Nessa linha, muito embora o comportamento exigido dos contratantes deva pautar-se pela boa-fé contratual, tal diretriz não obriga as partes a manterem-se vinculadas contratualmente ad aeternum, mas indica que as controvérsias nas quais o direito ao rompimento contratual tenha sido exercido de forma desmotivada, imoderada ou anormal, resolvem-se, se for o caso, em perdas e danos. 3. Ademais, a própria Lei nº 6.729/79, no seu art. 24, permite o rompimento do contrato de concessão automobilística, pois não haveria razão para a lei preconceber uma indenização mínima a ser paga pela concedente, se esta não pudesse rescindir imotivadamente o contrato (...)".

STJ – 3ª T. – REsp nº 1.345.653 – Rel. Min. Ricardo Villas Bôas Cueva – j. 04/12/2012: "(...) 2. O contrato de concessão para venda de veículos automotivos é de natureza estritamente empresarial, tipificado na Lei nº 6.729/79, denominada Lei Renato Ferrari, na qual estão estabelecidos, de forma genérica, os direitos e obrigações tanto do concedente quanto do concessionário, determinando, ainda, o regramento mínimo a ser observado pelas pessoas jurídicas contratualmente ligadas. E como se não bastasse, o citado diploma trouxe para o direito comercial uma inovação: a convenção das categorias econômicas e a convenção da marca como fontes supletivas de direitos e obrigações para os integrantes da relação contratual. 3.– 'A exceção de contrato não cumprido somente pode ser oposta quando a lei ou o próprio contrato não determinar a quem cabe primeiro cumprir a obrigação. (...) A recusa da parte em cumprir sua obrigação deve guardar proporcionalidade com a inadimplência do outro, não havendo de se cogitar da arguição da exceção de contrato não cumprido quando o descumprimento é parcial e mínimo' (REsp 981.750/MG, Rel. Ministra Nancy Andrighi, *DJe* 23/4/2010). 4. Diante da ausência de previsão na convenção de marcas de que o pagamento do preço seria efetuado antes do faturamento do pedido de mercadoria, o acórdão acabou por violar o artigo 476 do Código Civil (...)".

STJ – 3ª T. – REsp nº 1.308.074 – Rel. Min. Ricardo Villas Bôas Cueva – j. 27/11/2012: "(...) 2. A Lei nº 6.729/79, conhecida como 'Lei Renato Ferrari', estabelece, em seus artigos 23, 24 e 25, a forma de indenização quando a concedente dá causa à rescisão do contrato. De fato, estipula as perdas e danos a que a concessionária faz jus, encerrando a obrigação de pagar o que se gastou, inclusive com a reaquisição de produtos, além da projeção do faturamento com a média de vendas anteriores (...)".

TJSP – 34ª Câm. Dir. Privado – Ap. nº 1016721-74.2018.8.26.0003 – Rel. Des. Costa Wagner – j. 17/05/2021: "(...) 1 – Recurso de apelação da Autora. Insurgência que não se sustenta. Culpa exclusiva da Autora pela rescisão contratual bem demonstrada. Laudo pericial conclusivo, elaborado com imparcialidade, assentado em critérios técnicos e equidistantes dos interesses das partes. Desempenho comercial insatisfatório, insuficiência de capital de giro, dívidas acumuladas da Autora e encerramento das atividades da filial sem prévio aviso que justificam a rescisão contratual. Penalidades gradativas corretamente aplicadas através de sucessivas notificações extrajudiciais, com concessão do prazo de 120 dias previsto em lei para o encerramento das atividades. Decreto de improcedência da ação principal mantido (...)".

TJSP – 30ª Câm. Dir. Privado – Ap. nº 0142156-56.2010.8.26.0100 – Rel. Des. Maria Lúcia Pizzotti – j. 13/12/2017: "(...) O regime de exclusividade é previsto no art. 3º da Lei 6729/79 – Lei Ferrari, como condição do contrato de concessão comercial, estabelecido, inclusive, no contrato firmado entre as partes. A perícia contábil, bem como a farta documentação trazida aos autos, permite concluir que a ré deu causa à rescisão contratual, ao impor, de forma unilateral, expansão desarrazoada à autora, causando-lhe sérios prejuízos financeiros. Enorme importe financeiro realizado pela autora (expansão das suas atividades em curto espaço de tempo). Abuso de poder econômico. Recurso improvido".

TJSP – 25ª Câm. Dir. Priv. – Ap. nº 1104695-91.2014.8.26.0100 – Rel. Des. Claudio Hamilton – j. 28/06/2018: "(...) Violação da área de atuação de revenda conferida à concessionária autora. Lei Ferrari e Convenção da Marca Honda que exigem, para caracterização da irregularidade, a existência de conduta ativa da ré, que positivamente atrai consumidores de outras áreas para negociação em seu local de atuação. Hipótese em que o consumidor se dirigiu por vontade própria à revendedora da marca ora ré. Improcedência da ação mantida. Preliminar de não conhecimento do recurso rejeitada. Recurso da autora desprovido".

TJSP – 32ª Câm. Dir. Priv. – Ap. 0005235-41.2015.8.26.0286 – Rel. Des. Ruy Coppola – j. 31/08/2017: "(...) Pretensão da autora de renovação do contrato de concessão comercial por prazo indeterminado. Sentença de improcedência. Em que pese a dicção da Lei Ferrari que determina que o contrato de distribuição de veículos deve vigorar por no mínimo 05 anos, a intenção da lei é permitir ao representante ressarcir os investimentos gastos. No caso em tela, o contrato de 2 anos foi renovado sucessivamente por duas vezes, vigorando pelo prazo de 06 anos, sendo suficiente para que a autora recuperasse o valor investido. Prevalência do *pact sunt servanda*, considerando as nuances do caso concreto. Sentença mantida. Majoração dos honorários recursais. Recurso improvido".

TJSP – 25ª Câm. Dir. Priv. – Ap. nº 0044221-26.2004.8.26.0100 – Rel. Des. Vanderci Álvares – j. 08/10/2015: "(...) 1. Na constância do contrato de concessão de revenda e serviços de veículos automotores, inadmissível a ruptura unilateral do contrato, sem perpassar pelo regime das penalidades gradativas previstas no artigo 22, § 1º da Lei 6.729/79 (Lei Ferrari), norma cogente e autoaplicável. 2. Não obstante, quando praticadas pela concessionária infrações contratuais de gravidade máxima, devidamente comprovadas por perícia, estas fazem emergir o reconhecimento da culpa recíproca. 3. Estadeada a culpa recíproca é de se declarar compensadas as respectivas indenizações a que cada parte teria direito, por força da Lei Ferrari (...)".

Bibliografia: CASTRO, Fernando Botelho Penteado de. *Contrato típico de concessão comercial.* In: COELHO, Fabio Ulhoa. *Tratado de direito comercial.* v. 5. São Paulo: Saraiva, 2015. FORGIONI, Paula A. *Contrato de distribuição.* São Paulo: RT, 2005. LEÃES, Luiz Gastão Paes de Barros. *O conceito de área demarcada na concessão mercantial de veículos.* RDM, 110/16. THEODORO JÚNIOR, Humberto. Do contrato de agência e distribuição no novo Código Civil. *RT*, 812/22. ZANETTI, Ana Carolina Devito Dearo. *Contrato de distribuição: inadimplemento recíproco.* São Paulo: Atlas, 2015.

§18
FRANQUIA EMPRESARIAL

1. CONCEITO E FUNÇÃO

Após a reforma feita pela Lei nº 13.966/2019 (LFranq), o art. 1º da LFranq determina elementos para a compreensão do contrato de franquia: "*Esta lei disciplina o sistema de franquia empresarial[a], pelo qual um franqueador autoriza por meio de contrato um franqueado[b] a usar marcas e outros objetos de propriedade intelectual, sempre associados ao direito de produção ou distribuição exclusiva ou não exclusiva de produtos ou serviços e também ao direito de uso de métodos e sistemas de implantação e administração de negócio ou sistema operacional desenvolvido ou detido pelo franqueador[c], mediante remuneração direta ou indireta[d], sem caracterizar relação de consumo ou vínculo empregatício em relação ao franqueado ou a seus empregados, ainda que durante o período de treinamento[e]*".

(*a*) Se a franquia é feita com diversos franqueados, pode-se dizer que há caracterização de uma rede contratual, com efeitos já analisados nesta obra [*t. IV, §8, i. 9*].

(*b*) As partes na franquia justapõem figuras que indicam caracterização de contrato relacional [*t. IV, §8, i. 12*] e também elementos de dependência econômica [*t. IV, §8, i. 12*]. De um lado, o franqueador é detentor do *know-how* empresarial e da estrutura de aviamento que será disponibilizada para exploração. De outro, o franqueado é autorizado de forma *personalíssima* (art. 2º, IV, da LFranq) a obter ganhos com o sistema produtivo engendrado pelo franqueador. Há entre as partes uma relação interempresarial e de fomento absolutamente afastada da lógica consumerista, sendo inaplicável o CDC nesta relação (STJ – REsp nº 1.602.076 – Rel. Min. Nancy Andrighi). A redação da LFranq foi especificada com o termo "autorização" em detrimento de "cessão" do *know how* e da propriedade industrial que figurava na lei anterior. Assim, há maior precisão técnica nessa nova construção do contrato, porque efetiva a autorização de uso do conhecimento intelectual e industrial do respectivo titular.

Outra importante inovação da LFranq é a ampliação do uso desse contrato para empresas estatais, de modo a permitir a expansão estruturada por contratos administrativos de franquia de implantação de interesse coletivo, conforme determina o art. 173 da CF.

(*c*) O objeto do contrato de franquia está descrito neste dispositivo do art. 1º da LFranq, para ser adotado por empresa privada, empresa estatal ou entidade sem fins lucrativos, independentemente do segmento em que desenvolva as atividades. Portanto, há uma amplitude de atividades a serem desempenhadas, incluindo-se no contrato não somente o direito de usar propriedade industrial, distribuição de produtos, tecnologias, sistemas operacionais e administrativo, mas também o *trade dress*, o sistema produto-serviço de exploração econômica e a própria transferência de tecnologia podem ser incluídas como parte do conhecimento transmitido para o franqueado. Representa o núcleo do contrato a ser precisamente descrito na Circular de Oferta de Franquia, sob pena de nulidade ou de anulabilidade do contrato, conforme o caso (arts. 2º, §2º e 4º da da LFranq).

(*d*) Com a inerência de onerosidade nesta relação entre empresários, o contrato de franquia poderá ter remuneração direta pela concessão do *know-how*, conhecida por *royalties* e, ainda, remuneração indireta derivada do fornecimento exclusivo de mercadorias (como vestuários, calçados e alimentos), aluguel e manutenção de equipamentos (nas franquias industriais) e a venda de materiais (como no caso das franquias de serviços educacionais) (CAMPOBASSO, 2013, p. 417). Ainda é possível exigir do franqueado a taxa de adesão à franquia e a participação da estratégia de *marketing* da rede.

(*e*) Não há vínculo de emprego entre franqueador e franqueado. Cuida-se de duas organizações empresariais que devem ser distintas e independentes, embora haja grande ingerência do franqueador para verificar o cumprimento das obrigações acessórias do contrato. Cada parte assume o seu próprio risco empresarial e do entorno de sua própria organização, inclusive quanto a relações com seus próprios empregados, consumidores, tributos e demais obrigações inerentes. A nova LFranq ainda exclui o vínculo empregatício para períodos de treinamento do franqueado para operação do sistema.

Jurisprudência

TST – 8ª T. – AIRR nº 1275-10.2013.5.04.0028 – Rel. Min. Maria Cristina Irigoyen Peduzzi – *DJe* 19.12.2017: "(...) Consignou o Eg. Tribunal Regional que 'o objeto do contrato firmado entre as demandadas – Comercialização de produtos e serviços da marca pertencente à segunda ré – Inseriu o autor na atividade econômica de sua empregadora, a qual recebeu diretamente a prestação do labor e a coordenou por seus prepostos sem interferência da segunda reclamada. Diante do analisado, nada indica ter esta última atuado no papel de tomadora. Ausentes os pressupostos da Súmula nº 331 do TST, portanto'(...)".

TST – 8ª T – ARR nº 622-86.2013.5.04.0002 – Rel. Min. Dora Maria da Costa – *DJe* 11.12.2017: "(...) O Regional concluiu pela existência de consórcio empresarial entre as reclamadas na forma do artigo 2º, § 2º, da CLT, na medida em que o conjunto probatório demonstra que, apesar da existência de contrato de franquia, na verdade a primeira e a segunda reclamadas funcionavam como filiais da terceira reclamada, atuando exclusivamente na comercialização de seus produtos e de acordo com suas diretrizes, não sendo a relação pautada pela autonomia empresarial das franqueadas em face da franqueadora. Diante do quadro fático delineado, cujo teor é insuscetível de reexame nesta instância superior, nos termos da Súmula nº 126 do TST, descabe cogitar de violação dos arts. 2º, § 2º, da CLT, 265 do CC e 2º da Lei nº 8.955/94 (...)".

TST – 2ª T. – AIRR nº 10077-55.2015.5.18.0054 – Rel. Min. Maria Helena Mallmann – *DJe* 01.12.2017: "(...) O Tribunal Regional, amparado pelas provas constantes dos autos, afastou a responsabilidade solidária da segunda reclamada por entender que não havia ingerência na primeira reclamada e que o contrato comercial firmado entre ambas estava dentro dos limites convencionais da franquia empresarial, sem a existência de qualquer desvirtuamento (...)".

TJMG – 9ª Câmara Cível – AC nº 10525140185576001 – Rel. Des. Luiz Artur Hilário – j. 24/07/2017: "(...) A empresa franqueada, pessoa jurídica de direito privado diversa da pessoa jurídica franqueadora, não transfere suas dívidas contraídas à empresa de Franchising, devendo arcar com o pagamento dos débitos existentes e contraídos por ela própria. Realizado contrato de publicidade entre a franqueada e o fornecedor dos serviços, deve a própria contratante arcar com o pagamento do estipulado, não podendo ser transferida dívida à franqueadora, que não realizou qualquer negócio jurídico com o fornecedor/credor. (...). Ausente qualquer razão jurídica, contratual ou legalmente determinada, que leve a responsabilização solidária ou subsidiária da franqueadora no pagamento das dívidas realizadas pela franqueada, devem ser julgados improcedentes os pedidos formulados nesse sentido".

2. CARACTERÍSTICAS E ELEMENTOS

O objeto do contrato de franquia pode ter especificações, que servem inclusive para dimensionar critérios de imputação de responsabilidade:

(*a*) *Franquia de marca e produto*: por meio dela, bens ou serviços idealizados e de qualidade garantida pelo franqueador são distribuídos para revenda pelo franqueador.

(*b*) *Franquia de formatação de negócio (business format franchising)*: essa espécie inclui a estruturação do próprio negócio do franqueado pelo franqueador, que dele recebe o *know-how* de aviamento e a transferência de conhecimento de padronização visual, de técnicas comerciais e de contínua assistência (REDECKER, 2002, p. 59).

(*c*) *Master franchising*: nesse caso, a formatação de negócio é expandida para outorgar ao franqueado, ou terceiro, poderes para expandir a rede ou coordenar as franquias em determinada localidade. Permite-se, com essa estratégia, maior eficiência na expansão territorial da rede de franqueados.

(*d*) *Franquia de serviços:* tem-se por objeto a prestação de um serviço idealizado pelo franqueador. Transmite-se ao franqueado a sua técnica, que pode ser um sistema educacional, uma forma de aprendizado, ou mesmo um estilo diferenciado que possibilite prestar o serviço nos moldes idealizados.

(*e*) *Franquia de distribuição*: nesse caso, o franqueado trabalha somente com produtos e serviços de marcas específicas, com intermediação do franqueador que forma uma grande rede de distribuição. É o caso, por exemplo, das lojas de conveniência de postos de gasolina.

(*f*) *Franquia industrial*: nesse caso, o franqueador transfere ao franqueado tecnologia, *know-how* e licenças para que este produza determinados bens, de acordo com as técnicas e projetos fornecidos. Há necessidade de grandes investimentos e conhecimento técnico do franqueador, por envolver não apenas a comercialização, mas também a fabricação de produtos e o sigilo industrial.

ADALBERTO SIMÃO FILHO ainda fala em outras peculiaridades: *franchising associativo*: que implica participação recíproca nos capitais de cada empresa, que pode afastar do modelo de rede contratual para se aproximar do controle societário; *franchising financeiro*: o franqueado é mero investidor, colocando outra pessoa à frente da franquia adquirida, desde que haja concordância do franqueador, vez que pode ocorrer violação do personalismo; *multifranquias*: um mesmo franqueado possui várias unidades da mesma rede; *franquias multimarcas:* um franqueado detém franquias de várias redes, gerindo-as conforme acordo dos franqueadores; *franquia de conversão*: franqueado que já tinha atividade empresarial própria e, posteriormente, convertem-na em modelo de franquia, reformulando seu negócio; *franquia itinerante*: franqueado que opera uma unidade móvel no modelo de franquia, em zonas geralmente itinerantes de difícil acesso territorial (SIMÃO FILHO, 2000, p. 48).

Todas essas cláusulas demonstram que se trata de contrato típico, mas com pouca intervenção no conteúdo e formato da franquia, com grande margem de liberdade e autonomia de vontade às partes para pactuarem as características do negócio quanto ao seu prazo, obrigações das partes, manutenção de estoques, preferência na aquisição de estabelecimento de outro franqueado e extinção do contrato (por resilição ou resolução) [*t. IV, §8, i. 7*].

Ao contrato poderá ser acrescida cláusula de exclusividade de territorial, com definição de cláusula de raio ou de área que nem o franqueador e nem outro franqueado poderão fazer concorrência ou afetar o equilíbrio financeiro daquela franquia. Afirma ADALBERTO SIMÃO FILHO: "protege-se, desta forma, a possibilidade de uma concorrência danosa sobre o franqueado e racionaliza o processo distributivo, evitando até a saturação de pontos de mercado, quando bem aplicada" (SIMÃO FILHO, 2000, p. 71).

Pode-se pactuar, ainda, o *engineering*. Cuida-se de cláusula que diz respeito à formatação da construção do estabelecimento e que poderá influir na dinâmica do negócio, dos processos industriais ou comerciais.

Outra discussão importante diz respeito à definição de responsabilidade do franqueador. Em princípio, a moldura do contrato cria organizações empresariais distintas, cada uma respondendo por seus próprios riscos. Entretanto, a análise mais amiúde das atividades, caso a caso, pode implicar alteração dessa regra geral, sobretudo quando se esconde ou se frauda uma realidade fática. É o caso, por exemplo, do contrato de franquia que escamoteia relação de trabalho, sendo superado para trazer vínculo de emprego. É o caso, ainda, do franqueador que fabrica o produto e o vende por meio da franqueada, de modo que a ocorrência de um vício amplia a responsabilidade perante o consumidor para o fabricante.

A LFranq passou a prever regras específicas sobre a coligação contratual [*t. IV, §8, i. 9*], caso o franqueador subloque ao franqueado o estabelecimento onde se ache instalada a franquia. Na prática, se o locatário de um imóvel for o franqueador, ele pode repassar o "ponto" para que sirva de estabelecimento do franqueado, de modo que cria um vínculo funcional entre o contrato de franquia e o contrato de sublocação. Para preservação dessa dupla situação de dependência econômica, o art. 3º da LFranq prevê que tanto o franqueador como o franqueado terão o direito de propor a ação renovatória compulsória do contrato de locação (arts. 51 e 71 da LI). O valor do aluguel da sublocação poderá ser superior ao valor que o franqueador paga ao proprietário do imóvel na locação originária do ponto comercial, desde que: "I – essa possibilidade esteja expressa e clara na Circular de Oferta de Franquia e no contrato; e II – o valor pago a maior ao franqueador na sublocação não implique excessiva onerosidade ao franqueado, garantida a manutenção do equilíbrio econômico-financeiro da sublocação na vigência do contrato de franquia" (art. 3º da LFranq).

Por fim, além da franquia para empresas estatais, a LFranq passou a regular: (*a*) contratos de franquia internacional, podem ter redação em língua portuguesa ou tradução certificada, com opção pelo foro de domicílio de um dos contratantes;[1] (*b*) caso seja expressa a opção de foro no contrato internacional de franquia, as partes deverão constituir e manter representante legal ou procurador devidamente qualificado e domiciliado no país do foro definido, com poderes para representá-las administrativa e judicialmente, inclusive para receber citações; (c) as partes podem instituir cláusula compromissória de arbitragem, com orientação do STJ de que, sendo contrato de adesão, seja aplicado o art. 4º, § 2º, da Lei de Arbitragem, a determinar expressa concordância com a instituição do procedimento e fixação por escrito em documento anexo ou em negrito (STJ – REsp nº 1.803.752 – Rel. Min. Nancy Andrighi).

Jurisprudência

STJ – 3ª T. – REsp nº 1.881.149 - Rel. Min. Nancy Andrighi - j. 01/06/2021: "(...) 3. A franquia qualifica-se como um contrato típico, consensual, bilateral, oneroso, comutativo, de execução continuada e solene ou formal. Conforme entendimento consolidado desta Corte Superior, como regra geral, os contratos de franquia têm natureza de contato de adesão. Nada obstante tal característica, a franquia não consubstancia relação de consumo. Cuida-se, em verdade, de relação de fomento econômico, porquanto visa ao estímulo da atividade empresarial pelo franqueado. 4. A forma do negócio jurídico é o modo pelo qual a vontade é exteriorizada. No ordenamento jurídico pátrio, vigora o princípio da liberdade de forma (art. 107 do CC/02).

---

[1] Prevê o art. 7º, §2º, da LFranq: "§ 2º Para os fins desta Lei, entende-se como contrato internacional de franquia aquele que, pelos atos concernentes à sua conclusão ou execução, à situação das partes quanto a nacionalidade ou domicílio, ou à localização de seu objeto, tem liames com mais de um sistema jurídico".

Isto é, salvo quando a lei requerer expressamente forma especial, a declaração de vontade pode operar de forma expressa, tácita ou mesmo pelo silêncio (art. 111 do CC/02). 5. A manifestação de vontade tácita configura-se pela presença do denominado comportamento concludente. Ou seja, quando as circunstâncias evidenciam a intenção da parte de anuir com o negócio. A análise da sua existência dá-se por meio da aplicação da boa-fé objetiva na vertente hermenêutica. 6. Na hipótese, a execução do contrato pela recorrente por tempo considerável configura verdadeiro comportamento concludente, por exprimir sua aceitação com as condições previamente acordadas com a recorrida. 7. A exigência legal de forma especial é questão atinente ao plano da validade do negócio (art. 166, IV, do CC/02). Todavia, a alegação de nulidade pode se revelar abusiva por contrariar a boa-fé objetiva na sua função limitadora do exercício de direito subjetivo ou mesmo mitigadora do *rigor legis*. A proibição à contraditoriedade desleal no exercício de direitos manifesta-se nas figuras da vedação ao comporta-mento contraditório (*nemo potest venire* contra *factum proprium*) e de que a ninguém é dado beneficiar-se da própria torpeza (*nemo auditur propriam turpitudinem allegans*). A conservação do negócio jurídico, nessa hipótese, significa dar primazia à confiança provo-cada na outra parte da relação contratual. 8. No particular, a franqueadora enviou à franqueada o instrumento contratual de franquia. Esta, embora não tenha assinado e restituído o documento àquela, colocou em prática os termos contratados, tendo recebido treina-mento da recorrida, utilizado a sua marca e instalado as franquias. Inclusive, pagou à franqueadora as contraprestações estabelecidas no contrato. Assim, a alegação de nulidade por vício formal configura-se comportamento contraditório com a conduta praticada anteriormente. Por essa razão, a boa-fé tem força para impedir a invocação de nulidade do contrato de franquia por inobservância da forma prevista no art. 6º da Lei 8.955/94.(...)".

STJ – 3ª T. – REsp nº 1.803.752 – Rel. Min. Nancy Andrighi – j. 04/02/2020: "(...) Os contratos de franquia, mesmo não consubstanciando relação de consumo, devem observar o que prescreve o art. 4º, § 2º, da Lei 9.307/96, na medida em que possuem natureza de contrato de adesão (...)".

STJ – 4ª T. – AgRg no REsp nº 1.336.491 – Rel. Min. Marco Buzzi – j. 27/11/2012: "(...) 2. 'O contrato de franquia, por sua natureza, não está sujeito ao âmbito de incidência da Lei n. 8.078/1990, eis que o franqueado não é consumidor de produtos ou serviços da franqueadora, mas aquele que os comercializa junto a terceiros, estes sim, os destinatários finais.' (REsp 632958/AL, Rel. Ministro ALDIR PASSARINHO JUNIOR, QUARTA TURMA, julgado em 04/03/2010, DJe 29/03/2010) (...)".

STJ – 4ª T. – AgInt no REsp nº 1.459.155 – Rel. Min. Luis Felipe Salomão – j. 16/05/2017: "(...) 1. 'Cabe às franqueadoras a organização da cadeia de franqueados do serviço, atraindo para si a responsabilidade solidária pelos danos decorrentes da inadequação dos serviços prestados em razão da franquia' (REsp 1.426.578/SP, Rel. Ministro MARCO AURÉLIO BELLIZZE, TERCEIRA TURMA, julgado em 23/06/2015, DJe 22/9/2015).

TJRJ – 19ª Câmara Cível – APL nº 0039992-43.2012.8.19.0001 – Rel. Des. Lúcio Durante – j. 30/09/2014: "(...) Controvérsia que gira em torno da não renovação do contrato de franquia e utilização indevida pela ré na marca Astral e do *know-how* da autora, além da prática de concorrência desleal por parte da ex-franqueada. (...). Conceito extraído do artigo 2º da Lei 8.955/94. A franquia é uma relação de parceria econômica entre a franqueadora, que deseja vender os produtos ou serviços protegidos por sua marca, e da franqueada, que procura tirar proveito do *know-how* e do prestígio já conquistado pela franqueadora perante o público. O segredo do negócio é legalmente protegido pela Lei de Propriedade Industrial (Lei nº 9.279/96), sendo considerado crime a utilização não autorizada de informações e conhecimento confidenciais aos negócios. Assim, os contratos de franquia costumam, conter cláusulas de não concorrência, ou seja, estipulam um período para que, durante e após a execução do contrato, a franqueada e seus familiares não possam exercer atividade concorrente à franqueadora, sob pena de incidência de multa e até mesmo a configuração de crime contra a propriedade intelectual. Cumpre à franqueada respeitar as condições contratuais e agir sempre como responsável pela integridade da rede. A franqueada que cria subterfúgios ao cumprimento do contrato e utiliza-se de sua posição para auferir benefícios indevidos, também pode agir abusivamente. (...)".

TJMG – 17ª Câmara Cível – AC nº 10210120061333001 – Rel. Des. Evandro Lopes da Costa Teixeira – j. 13/02/2014: "(...) É possível a aplicação da cláusula de não concorrência prevista no contrato de franquia firmado entre as partes, quando a franqueada não prova que a franqueadora é a responsável pela rescisão do contrato. A cláusula da não concorrência fica restrita aos cursos que se assemelham àqueles que eram fornecidos durante o contrato de franquia firmado entre as partes. A franqueadora não tem direito à indenização pelos lucros cessantes, porque a franqueada, sem justo motivo, tem o direito de rescindir o contrato, a qualquer momento, e a multa contratual prevista para a violação de cláusula contratual já tem a finalidade de compensar a franqueadora, pela violação à cláusula de não concorrência. A violação à cláusula da não concorrência e a rescisão contratual, por si só, não causa dano moral à franqueadora, e não há prova de que tenha abalado o bom nome da parte autora perante a sociedade".

3. CIRCULAR DE OFERTA DE FRANQUIA (COF)

A Circular de Oferta de Franquia (COF) é *proposta* do franqueador a todos aqueles que queiram estruturar sistema de franquia, com indicação de características da empresa, do *know-how* concedido e das expectativas que se pode ter em relação à proposta.

A COF deve ser entregue no mínimo 10 dias antes da assinatura do contrato ou pré-contrato de franquia ou ainda do pagamento de qualquer tipo de taxa pelo franqueado ao franqueador ou a empresa ou pessoa ligada a este, salvo no caso de licitação ou pré-qualificação promovida por entidade pública (que, nesse caso, deverá fazer a divulgação da COF logo no início do certame) (art. 2º, §1º, da LFranq). Cuida-se de documento que integra a *validade* do contrato definitivo porque a falta de entrega ou a veiculação de informações falsas permite ao franqueado arguir a *nulidade* ou a *anulabilidade* do contrato e exigir devolução de todas as quantias que já houver pago ao franqueador, além de perdas e danos (arts. 2º, § 1º e 4º, da LFranq). Inovou o legislador ao colocar a opção de sanção jurídica, conforme o caso. Ou seja, a invalidação com nulidade ou anulabilidade dependerá do tipo de vício que a falta de entrega ou a omissão no conteúdo da COF gerar e se será possível a convalidação de atos praticados pelas partes. Por exemplo, se as informações da COF forem simuladas (art. 167 do CC), com informação não verdadeira, a sanção será da nulidade. Por outro lado, se o número exato de franqueados desligados nos últimos 24 meses não for preciso (art. 2º, X, LFranq), poderá ocorrer a anulação do contrato se as partes não o convalidarem. Num caso ou noutro, poderá o franqueado "exigir a devolução de todas e quaisquer quantias já pagas ao franqueador, ou a terceiros por este indicados, a título de filiação ou de royalties, corrigidas monetariamente" (art. 2º, § 2º, da LFranq).

O conteúdo da COF está previsto no art. 2º e alguns dos itens poderão ser regulados com mais precisão, repetidos ou incluídos no contrato de franquia:

I – histórico resumido do negócio franqueado;

II – qualificação completa do franqueador e das empresas a que esteja ligado, identificando-as com os respectivos números de inscrição no Cadastro Nacional da Pessoa Jurídica (CNPJ);

III – balanços e demonstrações financeiras da empresa franqueadora, relativos aos 2 (dois) últimos exercícios;

IV – indicação das ações judiciais relativas à franquia que questionem o sistema ou que possam comprometer a operação da franquia no País, nas quais sejam parte o franqueador, as empresas controladoras, o subfranqueador e os titulares de marcas e demais direitos de propriedade intelectual;

V – descrição detalhada da franquia e descrição geral do negócio e das atividades que serão desempenhadas pelo franqueado;

VI – perfil do franqueado ideal no que se refere a experiência anterior, escolaridade e outras características que deve ter, obrigatória ou preferencialmente;

VII – requisitos quanto ao envolvimento direto do franqueado na operação e na administração do negócio;

VIII – especificações quanto ao: a) total estimado do investimento inicial necessário à aquisição, à implantação e à entrada em operação da franquia; b) valor da taxa inicial de filiação ou taxa de franquia; c) valor estimado das instalações, dos equipa-mentos e do estoque inicial e suas condições de pagamento;

IX – informações claras quanto a taxas periódicas e outros valores a serem pagos pelo franqueado ao franqueador ou a terceiros por este indicados, detalhando as respectivas bases de cálculo e o que elas remuneram ou o fim a que se destinam, indicando, especificamente, o seguinte: a) remuneração periódica pelo uso do sistema, da marca, de outros objetos de propriedade intelectual do franqueador ou sobre os quais este detém direitos ou, ainda, pelos serviços prestados pelo franqueador ao franqueado; b) aluguel de equipamentos ou ponto comercial; c) taxa de publicidade ou semelhante; d) seguro mínimo;

X – relação completa de todos os franqueados, subfranqueados ou subfranqueadores da rede e, também, dos que se desligaram nos últimos 24 (vinte quatro) meses, com os respectivos nomes, endereços e telefones;

XI – informações relativas à política de atuação territorial, devendo ser especificado: a) se é garantida ao franqueado a exclusividade ou a preferência sobre determinado território de atuação e, neste caso, sob que condições; b) se há possibilidade de o franqueado realizar vendas ou prestar serviços fora de seu território ou realizar exportações; c) se há e quais são as regras de concorrência territorial entre unidades próprias e franqueadas;

XII – informações claras e detalhadas quanto à obrigação do franqueado de adquirir quaisquer bens, serviços ou insumos necessários à implantação, operação ou administração de sua franquia apenas de fornecedores indicados e aprovados pelo franqueador, incluindo relação completa desses fornecedores;

XIII – indicação do que é oferecido ao franqueado pelo franqueador e em quais condições, no que se refere a: a) suporte; b) supervisão de rede; c) serviços; d) incorporação de inovações tecnológicas às franquias; e) treinamento do franqueado e de seus funcionários, especificando duração, conteúdo e custos; f) manuais de franquia; g) auxílio na análise e na escolha do ponto onde será instalada a franquia; e h) leiaute e padrões arquitetônicos das instalações do franqueado, incluindo arranjo físico de equipamentos e instrumentos, memorial descritivo, composição e croqui;

XIV – informações sobre a situação da marca franqueada e outros direitos de propriedade intelectual relacionados à franquia, cujo uso será autorizado em contrato pelo franqueador, incluindo a caracterização completa, com o número do registro ou do pedido protocolizado, com a classe e subclasse, nos órgãos competentes, e, no caso de cultivares, informações sobre a situação perante o Serviço Nacional de Proteção de Cultivares (SNPC);

XV – situação do franqueado, após a expiração do contrato de franquia, em relação a: a) *know-how* da tecnologia de produto, de processo ou de gestão, informações confidenciais e segredos de indústria, comércio, finanças e negócios a que venha a ter acesso em função da franquia; b) implantação de atividade concorrente à da franquia;

XVI – modelo do contrato-padrão e, se for o caso, também do pré-contrato padrão de franquia adotado pelo franqueador, com texto completo, inclusive dos respectivos anexos, condições e prazos de validade;

XVII – indicação da existência ou não de regras de transferência ou sucessão e, caso positivo, quais são elas;

XVIII – indicação das situações em que são aplicadas penalidades, multas ou indenizações e dos respectivos valores, estabelecidos no contrato de franquia;

XIX – informações sobre a existência de cotas mínimas de compra pelo franqueado junto ao franqueador, ou a terceiros por este designados, e sobre a possibilidade e as condições para a recusa dos produtos ou serviços exigidos pelo franqueador;

XX – indicação de existência de conselho ou associação de franqueados, com as atribuições, os poderes e os mecanismos de representação perante o franqueador, e detalhamento das competências para gestão e fiscalização da aplicação dos recursos de fundos existentes;

XXI – indicação das regras de limitação à concorrência entre o franqueador e os franqueados, e entre os franqueados, durante a vigência do contrato de franquia, e detalhamento da abrangência territorial, do prazo de vigência da restrição e das pena-lidades em caso de descumprimento;

XXII – especificação precisa do prazo contratual e das condições de renovação, se houver;

XXIII – local, dia e hora para recebimento da documentação proposta, bem como para início da abertura dos envelopes, quando se tratar de órgão ou entidade pública.

Jurisprudência

STJ – 3ª T. – REsp nº 1.862.508 – Rel. Min. Nancy Andrighi – j. 24/11/2020: "(...) 3. O propósito recursal consiste em definir se a conduta da franqueadora na fase pré-contratual, deixando de prestar informações que auxiliariam na tomada de decisão pela franqueada, pode ensejar a resolução do contrato de franquia por inadimplemento (...) 9. O princípio da boa-fé objetiva já incide desde a fase de formação do vínculo obrigacional, antes mesmo de ser celebrado o negócio jurídico pretendido pelas partes. Precedentes. 10. Ainda que caiba aos contratantes verificar detidamente os aspectos essenciais do negócio jurídico (*due diligence*), notadamente nos contratos empresariais, esse exame é pautado pelas informações prestadas pela contraparte contratual, que devem ser oferecidas com a lisura esperada pelos padrões (*standards*) da boa-fé objetiva, em atitude cooperativa. 11. O incumprimento do contrato distingue-se da anulabilidade do vício do consentimento em virtude de ter por pressuposto a formação válida da vontade, de forma que a irregularidade de comporta-mento somente é revelada de forma superveniente; enquanto na anulação a irregularidade é congênita à formação do contrato. 12. Na resolução do contrato por inadimplemento, em decorrência da inobservância do dever anexo de informação, não se trata de anular o negócio jurídico, mas sim de assegurar a vigência da boa-fé objetiva e da comutatividade (equivalência) e sinalagmaticidade (correspondência) próprias da função social do contrato entabulado entre as partes. 12. Na hipótese dos autos, a moldura fática delimitada pelo acórdão recorrido consignou que: a) ainda na fase pré-contratual, a franqueadora criou na franqueada a expectativa de que o retorno da capital investido se daria em torno de 36 meses; b) apesar de transmitir as informações de forma clara e legal, o fez com qualidade e amplitude insuficientes para que pudessem subsidiar a correta tomada de decisão e as expectativas corretas de retornos; e c) a probabilidade de que a franqueada recupere o seu capital investido, além do caixa já perdido na operação até o final do contrato, é mínima, ou quase desprezível (...)".

TJSP – 36ª Câm. Dir. Priv. – Ap. nº 0040543-82.2009.8.26.0114 – Rel. Des. Pedro Baccarat – j. 24/05/2012: "Franqueadores que não demonstraram a entrega da Circular de Oferta de Franquia. Descumprimento do art. 3º da Lei 8.955/94. Devolução da taxa de franquia no valor de R$

20.000,00. Ausência de prova de realização de atividade ou efetiva transferência de tecnologia que justificasse o vultoso pagamento. Impossibilidade de ressarcimento do aluguel do imóvel, das despesas com publicidade ou indenização pelo desligamento da coautora de seu emprego anterior. Dano moral não configurado. Insucesso da negociação que não pode ser imputado aos réus. Sucumbência recíproca. Recurso das autoras parcialmente provido, desprovido o dos réus".

TJSP – 2ª Câmara Reservada de Direito Empresarial – APL nº 4010307-40.2013.8.26.0114 – Rel. Des. Carlos Alberto Garbi – j. 13/11/2017: "(...). A Circular de oferta de Franquia foi efetivamente entregue pela ré ao autor fora do prazo de dez dias previsto no art. 4º, da Lei de Franchising, o que implica, em regra, na anulação do negócio, como determina o dispositivo legal (...). Trata-se de uma cautela da legislação para evitar que o interessado seja pressionado a contratar a franquia sem avaliar adequadamente as despesas e os riscos do negócio. É certo que a anulabilidade do ajuste prevista na lei não é absoluta, devendo sempre ser demonstrado o efetivo prejuízo da parte com o descumprimento do prazo decenal pelo franqueador. Nota-se que a ré não somente descumpriu o prazo decenal legal como também outras exigências de sua responsabilidade, assim como não demonstrou a real situação de sua franquia, haja vista sua tentativa de ocultar eventual existência de desligamento ou insatisfação de outros franqueados".

TJSP – 2ª Câmara Reservada de Direito Empresarial – APL nº 1015256-07.2016.8.26.0001 – Rel. Des. Ricardo Negrão – j. 12/06/2017: "FRANQUIA. Circular de Oferta de Franquia. Afirmação da franqueadora de que é titular da marca 'Nação Verde'. Constatação de que na data da contratação a franqueadora não possuía o registro da marca. Veiculação de informação falsa na COF sobre elemento essencial do contrato de franquia. Violação da boa-fé contratual (art. 7º da Lei n. 8.955/94), não fosse pela anulação do negócio jurídico verbal decorrente da não entrega da COF. Franquia sequer instaurada".

TJSP – 1º Câmara Reservada e Direito Empresarial – APL nº 006514-86.2009.8.26.0114 – Rel. Des. Teixeira Leite – j. 22/01/2013: "FRANQUIA. Ação de anulação de contrato de franquia e pedido de devolução de valores. Não comprovação de irregularidades na circular de oferta. (...). A anulação da franquia com fundamento na Lei nº 8.955/94, depende do apontamento do nexo de causalidade entre a omissão do franqueador e o prejuízo alegado pelo franqueado. Recurso desprovido".

TJSP – 1ª Câmara Reservada de Direito Empresarial – APL nº 0135091-39.2012.8.26.0100 – Rel. Des. Maia da Cunha – j. 21/05/2013: "CONTRATO DE FRANQUIA. ANULAÇÃO DO CONTRATO. Alegação de vício de consentimento diante da sonegação pela requerida de informações essenciais acerca das reais condições do objeto da franquia, bem como o descumprimento do determinado pela Lei 8.955/94, em seu artigo 3º. Verificação das condições gerais da franquia a ser adquirida é uma diligência normal que se espera de empresários e investidores. Ausência de má-fé da ré ou vício de consentimento. Se a autora tivesse agido com a cautela que se exige normalmente de empresários, teria condições de saber a real dimensão dos lucros proporcionados pelo negócio".

TJRJ – 9ª Câmara Cível – APL nº 0061024-10.2013.8.19.0021 – Rel. Des. Luiz Felipe Miranda de Medeiros Francisco – j. 28/11/2017: "(...) Franqueador que descumpriu obrigação contratual, prevista no artigo 3º da Lei 8.955/94. Circular de oferta de franquia que visa dar transparência ao franqueado para que possa avaliar, adequadamente, se deseja ou não contratar. Autonomia da vontade consubstanciada na liberdade de contratar e liberdade contratual".

Bibliografia: ABRÃO, Nelson, A lei da franquia empresarial (nº 8.955, de 15/12/1994), *RT, 722/25*. ABRÃO, Nelson. *Da franquia comercial (franchising)*. São Paulo: RT, 1984. ANDRADE, Jorge Pereira, *Contratos de franquia e leasing*. São Paulo: Atlas, 1993. AMENDOEIRA JÚNIOR, Sidnei. *Principais características dos contratos de franchising*. In: BRUSCHI, Gilberto Gomes (et al). (org.). *Direito Processual Empresarial*. Rio de Janeiro: Elsevier, 2012. BOJUNGA, Luiz Edmundo Appel. Natureza jurídica do contrato de franchising. RT 653/54. BRAGA, Carlos D. A. *Contrato de franquia empresarial*. In: COELHO, Fabio Ulhoa. *Tratado de direito comercial*. v. 6. São Paulo: Saraiva, 2015. COMPARATO, Fabio Konder. Franquia e concessão de venda no Brasil – da consagração ao repúdio? *RDM*, 18/53. CRETELLA NETO, José. *Manual jurídico do franchising*, São Paulo, Atlas,

2003. CREUZ, Luís Rodolfo Cruz; OLIVEIRA, Bruno Batista da Costa. Indenizações no sistema de franquia empresarial. *RT*, 852/54. FERNANDES, Lina. *Do contrato de franquia*. Belo Horizonte: Del Rey, 2000. LEÃES, Luiz Gastão Paes de Barros. *Denúncia de contrato de franquia por tempo indeterminado. RT*, 719/81. MELLO, Adriana Mandim Theodoro. *Franquia empresarial: responsabilidade civil na extinção do contrato*. Rio de Janeiro: Forense, 2001. REDECKER, Ana Cláudia. *Franquia empresarial*. São Paulo: Memória Jurídica, 2002. REQUIÃO, Rubens. *Contrato de franquia comercial ou de concessão de vendas. RT*, 513/41. SILVEIRA, Newton. *O contrato de "franchising"*. In: BITTAR, Carlos Alberto (coord.). *Novos contratos empresariais*. São Paulo: RT, 1990. SIMÃO FILHO, Adalberto. *Franchising: aspectos jurídicos e contratuais*. 4. ed. São Paulo: Atlas, 2000.

§19
JOINT VENTURE

1. CONCEITO E FUNÇÃO

O contrato é *joint venture* é atípico e de colaboração, celebrado entre empresários com o objeto de realização de empreendimento comum, por tempo determinado. Cuida-se de instrumento muito comum para formação de associações empresariais, havendo estímulos de organismos públicos e privados, nacionais e estrangeiros, para operações com interesses em comum.

Há duas espécies: (*a*) *corporated joint venture*: por meio de utilização de contrato de sociedade para a pactuação da colaboração entre as partes; (*b*) *common business purpose*: com utilização de contratos e fixação de obrigações de organização dos propósitos colaborativos (BASSO, 2002, p. 43). A opção por uma das espécies relega as partes aos custos transacionais de estruturas hierárquicas societárias [*t. II*] ou negociais relacionais [*t. IV*] para interpretação e aplicação das regras, em vista da atipicidade.

Pactua-se contrato base, que pode ser sequenciado por uma série de contratos coligados complementares para concretização do empreendimento comum, como por exemplo a transferência de tecnologia, fornecimento, financiamento, autorização de uso de marcas, logística, transporte, conforme interesses na produção de resultados lucrativos a serem partilhados. Também poderá ser especificada a limitação de poderes e de responsabilidades entre as partes *co-ventures*.

2. CARACTERÍSTICAS E ELEMENTOS

2.1. *Corporate joint venture*

As *joint ventures* societárias implicam a constituição de sociedade entre as partes, de modo que o empreendimento comum deverá ser alcançado com a utilização de estruturas hierárquicas de decisão e formação de poder e com formação de personalidade jurídica distinta em relação às *co-ventures*. Além de criação de novo centro de imputação de obrigações, essa opção permite aos sócios a criação de estrutura estável e de responsabilização específica, com limitação de riscos.

Caso sejam sócios estrangeiros, a sociedade será regida pela legislação em que for constituída. Além das características gerais das sociedades, ainda poderá apresentar, como peculiaridades: (*a*) definição das participações societárias e, dependendo do tipo societário, a mensuração de poder de cada parte; (*b*) pactuação específica sobre a política de investimentos e partilha de lucros e prejuízos do negócio. Outras cláusulas poderão ser livremente negociadas em acordos parassociais [*t. II, §10, i. 4.4*], que poderão definir não somente obrigações de *causa societas*, mas também obrigações atinentes aos compromissos assumidos pelas partes na operação comum, como seria o caso de logística, autorização de uso de marcas e patentes e *know-how*, por exemplo.

2.2. *Common business purpose joint venture*

As *joint ventures* contratuais, *non corporate* ou *common business purpose* são moldadas por contratos que fixarão as obrigações partilhadas entre as partes para a divisão dos resultados. Não necessariamente implicam a formação de sociedade, de modo que, operacionalmente, um dos parceiros poderá oferecer a estrutura para o outro.

Por exemplo, suponham-se duas concorrentes: ABC e XYZ, em que a primeira tem cadeia de distribuição e logística eficientes e a segunda marca de produto. ABC não tem semelhante produto àquele de XYZ em seu portfólio. XYZ não consegue fazer com que o seu produto chegue de forma eficiente à clientela. O pacto de *joint venture* entre elas consistirá na autorização de uso da rede de distribuição de uma para fazer com que o produto da outra chegue ao mercado. A produção é de XYZ, que repassa o produto a ABC, que os revende, repassando os resultados à parceira. Tudo isso sem a formação de nova sociedade.

Num contrato com essas complexidades, poderão ser pactuadas as seguintes cláusulas: (*a*) delimitação do objeto do empreendimento comum; (*b*) atribuições de cada parte no negócio; (*c*) definição dos riscos, partilha de resultados e prejuízos; (*d*) previsão de esferas de atuação, poderes das partes e controle conjunto do negócio; (*e*) prestação recíproca de contas; (*f*) controle sobre a autonomia de atuação de cada parte, levando-se em consideração o objeto da *joint venture*; (*g*) prazo; (*h*) indicação de formação de consórcio ou grupo de sociedades, se for o caso [*t. II, §3, i. 5.2*].

3. CLÁUSULAS EMPRESARIAIS PECULIARES

3.1. Pactos antecedentes ao contrato principal

As partes podem pactuar instrumentos anteriores ao contrato principal de *joint venture*. Isso poderá ocorrer com a técnica do (*a*) *contrato preliminar* ou com mero (*b*) *protocolo de intenções*.

(*a*) No caso de utilização do contrato preliminar (art. 462 do CC), as partes devem fixar todos os requisitos essenciais ao contrato a ser celebrado. Se não constar cláusula de arrependimento, qualquer das partes terá o direito de exigir a celebração do definitivo, assinando prazo à outra para que o efetive (art. 463 do CC). Trata-se de forma mais incomum.

(*b*) O protocolo de intenções é instrumento atípico e que somente descreve elementos de proposta e de aceitação para a concretização da *joint venture*. Nele são previstas cláusulas de sigilo e intenções para os limites do contrato principal.

Nele serão previstas, entre outras obrigações: (*a*) delimitação do objeto da *joint venture*; (*b*) forma de atuação de cada parte; (*c*) sigilo das informações trocadas; (*d*) planejamento estratégico de negócios para aferição da viabilidade econômico-financeira da *joint venture* e desistência em caso de desinteresse superveniente; (*e*) preparo prévio de compartilhamento de conhecimento e licenciamento; (*f*) prazo para início das atividades em operação conjunta, uma vez encerrado o planejamento.

3.2. Cláusulas do contrato principal

O contrato de *joint venture* poderá ter as seguintes cláusulas: (*a*) indicação das partes contratantes; (*b*) indicação precisa de formação de *joint venture*, com especificação do objeto da operação comum projetada e das tecnologias trocadas entre as partes; (*c*) descrição precisas das obrigações de cada uma partes na execução do projeto, inclusive em aportes de capital e bens; (*d*) se for societária, qual o tipo e quais os pactos parassociais e se for obrigacional, qual das partes cuidará diretamente da operação; (*e*) preço, distribuição de resultados, partilha de prejuízos e eventual revisão de equilíbrio econômico-financeiro da avenção; (*f*) delegação de poderes e atribuições na gestão do contato por cada parte, além da prestação de contas e fiscalização; (*g*) cláusula de preferência na aquisição de direitos na *joint venture*; (*i*) sigilo; (*j*) prazo; (*l*) extinção e multas; (*m*) cláusula compromissória de arbitragem.

As cláusulas terão especificidades decorrentes das atividades empreendidas.

Jurisprudência

STJ – 4ª T. – REsp nº 1.377.697 – Rel. Min. Marco Buzzi – j. 13/09/2016: "(...) i) no longínquo ano de 1991, a sócia majoritária permaneceu inerte na promoção da modificação do estatuto social e apuração de haveres devidos à então sócia retirante, bem como à busca de outro parceiro comercial que pudesse viabilizar a manutenção da sociedade com outro objeto social; ii) desde a notificação datada de 18.02.1991 foi revogada a licença para o uso das marcas que veiculavam o próprio objeto social da empresa, tendo ainda sido inviabilizada a utilização da expressão marcária na denominação social; iii) está completamente esvaziada a razão da existência da sociedade, criada que foi para viabilizar o acordo de associação (joint venture) antes existente entre as partes; iv) a empresa 'irmã', parceira comercial criada para comercializar os produtos fabricados pela sociedade objeto da presente controvérsia, foi extinta/dissolvida totalmente, por força de determinação judicial transitada em julgado no ano de 1994; v) a manutenção da empresa de maneira apenas formal, ao contrário de servir aos propósitos da função social enseja uma violação aos ditames da ordem econômica, legal e social. 5. Recurso especial provido para julgar procedente o pedido veiculado na demanda, determinando a dissolução total da sociedade".

CADE – Súmula nº 04: "É lícita a estipulação de cláusula de não concorrência na vigência de *joint venture*, desde que guarde relação direta com seu objeto e que fique restrita aos mercados de atuação".

Bibliografia: BASSO, Maristela. *Joint ventures: manual prático das associações empresariais*. São Paulo: Livraria do Advogado, 2002. BAPTISTA, Luiz Olavo. A Joint Venture – Uma Perspectiva Comparatista, *RDM*, 42. FERRAZ, Daniel Amin. *"Joint venture" e contratos internacionais*. Belo Horizonte: Mandamentos, 2001. GAMBARO, Carlos Maria. O Contrato Internacional de Joint Venture. *RIL*, 146. PENTEADO, Mauro Rodrigues. *Consórcios de empresas*. São Paulo: Livraria Pioneira Editora, 1979. STRENGER, Irineu. *Contratos internacionais do comércio*. São Paulo: Editora Revista dos Tribunais, 1992.

§20
SEGURO

1. CONCEITO E FUNÇÃO

O contrato de seguro é bilateral, oneroso, formal por imprescindir da apólice (art. 758 do CC), de adesão (art. 54 do CDC), comutativo e pode ser conceituado a partir do conteúdo normativo do art. 757 do CC: "Pelo contrato de seguro, o segurador[a] se obriga, mediante o pagamento do prêmio[f], a garantir[c] interesse legítimo[d] do segurado[b], relativo a pessoa ou a coisa, contra riscos predeterminados[e]". Seis elementos se desdobram:

(a) Um dos sujeitos do contrato é a *sociedade seguradora*, cujo objeto social é justamente garantir o interesse do segurado e assegurar o ressarcimento caso o risco se concretize. A companhia opera sob regras técnicas específicas baseadas em probabilidades para neutralização de riscos por meio do contrato (CAMPOBASSO, 2013, p. 513). A obrigação da seguradora é pagar certa soma em dinheiro, caso um evento fortuito venha a se confirmar. Cuida-se, ademais, de sociedade dependente de autorização (arts. 757, parágrafo único e 1.123 e seguintes do CC) e sob fiscalização da Superintendência de Seguros Privados – SUSEP, que é autarquia de controle da estabilidade do mercado de seguros, autorização de funcionamento e de tutela da liquidez das sociedades seguradoras, que não se sujeitam à recuperação e à falência [t. V, §3, i. 1]. Somente sociedades anônimas e cooperativas agrícolas, de seguro de saúde e acidente do trabalho poderão atuar nesse mercado (arts. 24, 72 a 74, 79 do Decreto-Lei nº 73/66).

(b) No outro polo do contrato estará o *segurado* que, juridicamente, *transfere os seus riscos para a seguradora*. Em razão das características do serviço e sendo o segurado destinatário final, o contrato de seguro fica sujeito às regras e custos transacionais do CDC.

(c) É essencial ao contrato a *garantia* que a seguradora dá ao segurado, porque por meio dessa promessa, elimina-se um risco com a cobertura oferecida. O interesse é protegido.

(d) O *interesse* legítimo constitui o próprio objeto do contrato "para definir a qualidade de segurado, e a essência do conteúdo dos seguros, como a garantia, a lesão a ser indenizada e a indenização" (TZIRULNIK, 2015, p. 402). Conforme prevê o art. 757 do CC, poderá ser relativo à pessoa (a vida, partes do corpo ou a saúde, por exemplo) ou a coisas (como prédios, maquinário, veículos, dentre outros). O pagamento do prejuízo do interesse segurado deverá ser em dinheiro, salvo se convencionada a reposição da coisa (art. 776 do CC).

(e) O *risco* é evento desvantajoso, futuro e incerto, mas possível, que poderá acometer o interesse legítimo do segurado. Se ocorre o sinistro, verifica-se o dano e são produzidos os efeitos de ressarcir o interesse segurado. Portanto, o risco deverá resultar prejuízo econômico mensurável, além de derivado de fato lícito – salvo nos casos de seguro de responsabilidade civil (art. 762 do CC). Diz Tullio Ascarelli: "a pluralidade dos riscos permite justamente prever a verificação deles conforme leis estatísticas e, portanto, substituir, a um risco incerto, a previsão de uma determinada percentagem de sinistros a cada ano" (Ascarelli, 1945, p. 229). Ademais, para o cálculo do custo do seguro, os riscos devem estar *dispersos*, ou seja, um evento não pode afetar todos os casos possíveis e os riscos devem ser *homogêneos*. Assim, o risco não pode ser de incêndio em todas as casas de uma cidade (por falta de dispersão) e não poderá ser calculado pelo somatório do incêndio e da inundação das casas dessa mesma localidade (por falta de homogeneidade). O risco é o fortuito, por isso será nulo o contrato para garantia de risco proveniente de ato doloso do segurado, do beneficiário ou de quem os represente (art. 762 do CC). Diz Ernesto Tzirulnik: "o segurador reunirá um ou diversas massas de negócios, promovendo a comunhão entre os seus clientes, os segurados, que pagarão os prêmios para a formação do fundo financeiro capaz de prover as indenizações dos prejuízos ou o pagamento dos capitais àqueles que sofrerem os efeitos dos sinistros" (Tzirulnik, 2015, p. 399).

Prêmio

(f) Finalmente, o *prêmio* constitui a contraprestação dada pela garantia de cobertura dos riscos que podem atingir o interesse. O cálculo da garantia é feito por meio de equilíbrio atuarial e pela dita "lei dos grandes números": quando a observação é feita sobre o grande número de casos de interesses segurados, as chances de dissipação dos riscos tendem a ser maiores, por aumentar o número de chances possíveis do evento ocorrer. Os grandes números permitem a predominância das causas regulares sobre as causas acidentais. Grosso modo, para melhor compreensão, em 12 meses, se de 1000 seguros feitos, 10 forem pagos, divide-se a participação nos 10 sinistros para todos, resultando o prêmio de cada um. Assim, quanto maiores as possibilidades de ocorrência do risco, maior o custo do prêmio em vista do potencial de ressarcimento do interesse segurado. Se, juridicamente, o segurado transfere os riscos para a seguradora, *tecnicamente, os riscos são repartidos entre todos aqueles que pagam o prêmio para semelhantes interesses segurados* (Alvim, 1999). Em outros termos, várias pessoas, ao pagar seus respectivos prêmios, repartem os custos operacionais do seguro, já que nem todos os riscos, por cálculos estatísticos, efetivamente ocorrerão.

Cuida-se de contrato essencialmente empresarial, aliás, desde a origem dos seguros marítimos das Companhias de Navegação [*t. I, §1, i. 1*]. Demais disso, no nosso direito ainda há diversos dispositivos do CCom, a respeito de seguro marítimo, que estão em vigor (arts. 470, 9, 604, 648, 651, entre outros, do CCom).

Também é importante constatar que, em termos teóricos, prevaleceu posição de Tullio Ascarelli sobre a unitariedade do contrato, permitindo analisar de forma semelhante contrato de seguro de coisas e seguro em vida, ainda que neste último muitas vezes se fale em indenização. Acontece que, para a teoria de Ascarelli, prevalece o conceito de *necessidade* do segurado, que indistintamente protege o segurado contra riscos preexistentes ao contrato, em verdadeiro ato de previdência. Com essa estrutura, rompeu-se com o sistema anterior de compreender o contrato de seguro como mera indenização.

No mesmo sentido, Fabio Konder Comparato tem estudo referencial que fundamenta a afirmação de que o interesse legítimo terá seus riscos cobertos e protegidos contra a necessidade concreta do dano à coisa ou a necessidade abstrata das ocorrências contra a pessoa.

Em arremate dos fundamentos, é preciso constatar que as características de garantia e cobertura do risco do interesse legítimo afastam as características de contrato aleatório do contrato de seguro. *O objeto é o interesse e a causa é o risco*. Acrescente que se trata de um contrato que exige das partes a mais estrita boa-fé, conforme conteúdo do art. 765 do CC: "O segurado e o segurador são obrigados a guardar na conclusão e na execução do contrato, a mais estrita boa-fé e veracidade, tanto a respeito do objeto como das circunstâncias e declarações a ele concernentes". Cuida-se de parâmetro contratual relevante das dimensões de interpretação, punição do abuso de direito e identificação do comportamento, que é qualificado, no caso do seguro, pelas próprias características de cobertura do risco e do interesse. Portanto, o preceito acresce parâmetro severo de avaliação do comportamento das partes, de forma mais precisa que do art. 4º, inciso III e art. 51, inciso IV, ambos do CDC. Manifesta-se essa boa-fé, entrementes, em fatos como: (*a*) a precisa informação de fatos preexistentes e a comunicação recíproca de informações que afetem o equilíbrio das prestações do contrato de seguro (art. 766 do CC); (*b*) o agravamento intencional do risco objeto do contrato, sob pena de perda do direito à garantia (art. 768 do CC); (*c*) a obrigação de comunicar ao segurador, logo que saiba, todo incidente suscetível de agravar consideravelmente o risco coberto, sob pena de perder o direito à garantia, se provar que silenciou de má-fé (art. 769 do CC); (*d*) a diminuição do risco no curso do contrato não acarreta a redução do prêmio estipulado; mas, se a redução do risco for considerável, o segurado poderá exigir a revisão do prêmio, ou a resolução do contrato (art. 770 do CC); (*e*) o segurado participará o sinistro ao segurador, logo que o saiba, e tomará as providências imediatas para minorar-lhe as consequências, sob pena de perder o direito à indenização (art. 771 do CC); (*f*) o segurador que, ao tempo do contrato, sabe estar passado o risco de que o segurado se pretende cobrir, e, não obstante, expede a apólice, pagará em dobro o prêmio estipulado (art. 773 do CC); (*g*) não inclusão na garantia do sinistro provocado por vício intrínseco – defeito própria – da coisa segurada, não declarado pelo segurado (art. 784 do CC).

2. CARACTERÍSTICAS E ELEMENTOS

Por ser contrato de adesão e com forte captação de poupança popular, há interferência do órgão regulador do setor de seguros – a SUSEP – no controle do conteúdo do contrato. Cuida-se, ainda, de contrato que exige a forma escrita, porque se prova com a exibição da apólice ou do bilhete do seguro, e, na falta deles, por documento comprobatório do pagamento do respectivo prêmio (art. 758 do CC).

Em geral o contrato terá conteúdo a refletir os quatro elementos (garantia, interesse, risco e prêmio), que deverão estar expressos na proposta escrita (art. 759 do CC). Além disso, a apólice deverá mencionar o início e o fim de sua validade, o limite da garantia e o prêmio devido, e, quando for o caso, o nome do segurado e o do beneficiário (art. 760 do CC).

Na regulação da garantia, o contrato deverá definir a proteção do interesse segurável e a eliminação do risco, com precisa descrição das coberturas incluídas. Nos seguros de dano, a garantia prometida não pode ultrapassar o valor do interesse segurado no momento da conclusão do contrato (art. 778 do CC). Diversamente, no seguro de pessoas, o capital segurado é livremente estipulado pelo proponente, que pode contratar mais de um seguro sobre o mesmo interesse, com o mesmo ou diversos seguradores (art. 789 do CC).

O objeto do contrato é o interesse protegido, com definição dos valores para coisas e estipulação para pessoas. A legitimidade atribui eficácia ao interesse.

O risco do seguro compreenderá todos os prejuízos resultantes ou consequentes, como sejam os estragos ocasionados para evitar o sinistro, minorar o dano, ou salvar a coisa (art. 779 do CC).

Quanto à descrição do prêmio, poderá ser ele de duas espécies: prêmio puro, que consiste em contribuição para o fundo gerido pela seguradora; e carregamento, que trata da remuneração pelos serviços securitários. O fato de se não ter verificado o risco, em previsão do qual se faz o seguro, não exime o segurado de pagar o prêmio, salvo disposição contratual específica em contrário (art. 764 do CC). Em caso de inadimplemento do prêmio, perde-se o direito à indenização se o sinistro ocorrer antes da purgação da mora (art. 763 do CC).

3. SEGURO DE DANO

O seguro de dano tem função de pagar os prejuízos resultantes ou consequentes de um risco, de forma a evitar o sinistro, minorar o dano, ou salvar a coisa (art. 779 do CC). Portanto, se um prédio for o objeto do interesse segurado e nele ocorre um incêndio, os efeitos do seguro podem ser o pagamento da perda estrutural e o lucro cessante decorrente da paralisação de uso, além de despesas para evitar a consumação do prejuízo. O valor do ressarcimento do prejuízo não pode ultrapassar o valor do interesse segurado (art. 780 do CC), sob pena de malferimento da estrita boa-fé e perda da garantia (art. 766 do CC).

Elemento importante é a *indenização*, que não pode ultrapassar o valor do interesse segurado no momento do sinistro e, nunca, o limite máximo da garantia fixado na apólice (art. 781 do CC). Acontece que o equilíbrio econômico-financeiro e atuarial do contrato de seguro foi estimado com os valores da apólice, justificando o comando do dispositivo legal. Entretanto, é preciso constatar que se o seguro sobre a coisa for também de responsabilidade civil, estarão incluídos na garantia o pagamento de perdas e danos (inclusive morais) devidos pelo segurado a terceiro (art. 787 do CC).

Por outro enfoque, o seguro de um interesse por menos do que valha acarreta a redução proporcional da indenização, no caso de sinistro parcial, salvo disposição contratual em sentido diverso (art. 783 do CC). Significa dizer que, ao contratar seguro por valor inferior ao da coisa segurada, o segurado optou pelo *rateio* do risco com a seguradora. Portanto, se o seguro for de um bem que valha 100, mas com apólice segurada em 50, se ocorrer o sinistro com perda total significa que o segurado rateou o prejuízo com a seguradora, podendo receber somente metade do valor do sinistro, no exemplo, 25.

Discussão interessante ocorre se o segurado pretender fazer seguro sobre mesma coisa já segurada. Antes do CC, interpretava-se que ele perdeu o interesse legítimo. Na atual codificação, entretanto, o segurado que, na vigência do contrato, pretender obter novo seguro sobre o mesmo interesse, e contra o mesmo risco junto a outro segurador, deve previamente comunicar sua intenção por escrito ao primeiro, indicando a soma por que pretende segurar-se, de modo a não ultrapassar o interesse segurado (art. 782 do CC).

Jurisprudência

STJ – 4ª T. – REsp nº 208.605 – Rel. Min. Sálvio de Figueiredo Teixeira – j. 14/09/1999: "Nos termos da jurisprudência da 4ª Turma, tratando-se de perda total do veículo, a indenização a ser paga pela seguradora deve tomar como base a quantia ajustada na apólice (art. 1.462, CC), sobre a qual é cobrado o prêmio, independentemente da existência de cláusula prevendo o pagamento da reparação pelo valor médio de mercado do automóvel, salvo se a seguradora, antes do evento danoso, tiver postulado a redução de que trata o art. 1.438 do Código Civil".

3.1. Sub-rogação

Outra característica do seguro de coisas é a ocorrência da sub-rogação (transferência) dos direitos e ações do segurado para a seguradora, nos limites do valor indenizado, para que a seguradora possa se ressarcir junto ao autor do dano (art. 786 do CC). Por exemplo, no caso de uma máquina industrial segurada, que tem queima de motores em razão de variação de energia elétrica causada por falta de manutenção da rede pela concessionária do serviço público. Num fato como esse, a seguradora faz o ressarcimento da máquina ao segurado, se houver essa cobertura, sub-rogar no direito de indenização junto à concessionária e poderá ajuizar as devidas ações judiciais para obter o ressarcimento, nos limites do valor indenizado.

Ressalva-se, salvo intenção de causar prejuízo à seguradora, que a sub-rogação não tem lugar se o dano foi causado pelo cônjuge do segurado, seus descendentes ou ascendentes, consanguíneos ou afins.

Além disso, o art. 786, § 2º, utiliza a técnica da ineficácia para afastar todo ato do segurado que diminua ou extinga, em prejuízo do segurador, os direitos a que se refere este artigo. Também não se permite ao segurado reconhecer sua responsabilidade ou confessar a ação, bem como transigir com o terceiro prejudicado, ou indenizá-lo diretamente, sem anuência expressa do segurador (art. 787, § 2º, do CC).

Ajuizada ação em desfavor do segurado, deverá ele dar ciência do segurador (art. 787, § 3º, do CC) e, conforme o caso, poderá se valer da denunciação da lide para provocar a intervenção da seguradora em regresso (art. 125, II, do CPC).

3.2. Seguro obrigatório

Há seguros previstos em lei e com contratação compulsória. São conhecidos como seguros obrigatórios. Nesses casos, o CC determina que a indenização por sinistro será paga pelo segurador diretamente ao terceiro prejudicado (art. 788 do CC).

Um dos exemplos é o seguro obrigatório de danos pessoais causados por veículos automotores de via terrestre, ou por sua carga, a pessoas transportadas ou não (DPVAT), regulado pela Lei nº 6.194/74 e alterações posteriores. A função do DPVAT é ressarcir e amparar as vítimas de acidente de trânsito em todo o território nacional. A cobertura é feita por consórcio de seguradoras e o prêmio normalmente é pago junto com o IPVA. Ocorrido o sinistro, apresentam-se os documentos à seguradora consorciada.

Jurisprudência

STJ – Súmula nº 257 – A falta de pagamento do prêmio do seguro obrigatório de Danos Pessoais Causados por Veículos Automotores de Vias Terrestres (DPVAT) não é motivo para a recusa do pagamento da indenização.

4. SEGURO DE PESSOAS

Nos seguros de pessoas estão englobados os seguros de vida (individual e coletivo), de acidentes pessoais e de diárias por incapacidade temporária. Há uma função indenizatória, apesar de se regular o capital contratado como soma ou valor predeterminado para atender ao interesse segurado. Ainda em função dessa característica, o capital é livremente estipulado pelo proponente, que pode contratar mais de um seguro sobre o mesmo interesse, com o mesmo ou diversos seguradores (art. 789 do CC).

Cuida-se de contrato submetido aos preceitos do CDC, além das regras gerais do CC. A importância em compreendê-lo, numa atividade empresarial, é que poderá consistir no objeto da companhia seguradora ou mesmo estar inserido no âmbito de proteção social dos grupos de interesses (sócios e trabalhadores) de uma sociedade empresária.

No seguro de vida, deve ser indicado o beneficiário do capital (arts. 791 a 793 do CC), uma vez ocorrido o evento morte, não sendo considerado valor suscetível a herança e nem tampouco passível de amortização de dívidas (art. 794 do CC). Além disso, é lícita a estipulação em favor de terceiro (art. 790 do CC).

No seguro de vida para o caso de morte, é lícito estipular-se um prazo de carência, durante o qual o segurador não responde pela ocorrência do sinistro (art. 797 do CC). Por isso, o conteúdo do art. 798 do CC prevê que o "beneficiário não tem direito ao capital estipulado quando o segurado se suicida nos primeiros dois anos de vigência inicial do contrato, ou da sua recondução depois de suspenso, observado o disposto no parágrafo único do artigo antecedente". A premeditação do suicídio gera diversas controvérsias e foi objeto do Enunciado nº 610 da Súmula do STJ: "O suicídio não é coberto nos dois primeiros anos de vigência do contrato de seguro de vida, ressalvado o direito do beneficiário à devolução do montante da reserva técnica formada". Referido entendimento sumulado substituiu anterior, da Súmula nº 61 e os precedentes que formaram o novo entendimento entenderam que a seguradora será obrigada a indenizar depois do período de carência de dois anos, "mesmo diante da prova mais cabal de premeditação" (STJ – REsp nº 1.334.005). Isso por ser "irrelevante a discussão a respeito da premeditação da morte, de modo a conferir maior segurança jurídica à relação havida entre os contratantes" (STJ – AgRg nos EDcl nos EREsp nº 1.076.942).

Jurisprudência

STJ – Súmula nº 402: O contrato de seguro por danos pessoais compreende os danos morais, salvo cláusula expressa de exclusão.

5. RESSEGURO

O resseguro é instrumento contratual de distribuição de riscos de uma seguradora para uma resseguradora em vista de garantia de interesse de exacerbado valor econômico e que pode inviabilizar financeiramente a companhia de seguros caso o evento fortuito se produza (art. 2º, § 1º, inciso III, da Lei Complementar nº 126/2007). Exemplifica-se com o seguro de uma usina hidrelétrica e a rede de distribuição. Assim, um novo seguro é contratado pelo próprio segurador, transferindo-se os riscos do segurador primário para ao seu ressegurador.

A companhia resseguradora poderá ser dos seguintes tipos (art. 4º da LC nº 126/2007): I – ressegurador local: ressegurador sediado no País constituído sob a forma de sociedade anônima, tendo por objeto exclusivo a realização de operações de resseguro e retrocessão; II – ressegurador admitido: ressegurador sediado no exterior, com escritório de representação no País, que, atendendo às exigências previstas nesta Lei Complementar e nas normas aplicáveis à atividade de resseguro e retrocessão, tenha sido cadastrado como tal no órgão fiscalizador de seguros para realizar operações de resseguro e retrocessão; e III – ressegurador eventual: empresa resseguradora estrangeira sediada no exterior sem escritório de representação no País que, atendendo às exigências previstas nesta Lei Complementar e nas normas aplicáveis à atividade de resseguro e retrocessão, tenha sido cadastrada como tal no órgão fiscalizador de seguros para realizar operações de resseguro e retrocessão. Veda-se a resseguradora eventual sediada em paraísos fiscais.

Poderá a resseguradora, ainda, contratar com outra resseguradora a distribuição dos riscos, em contrato denominado *retrocessão* (art. 2º, § 1º, inciso IV, da Lei Complementar nº 126/2007).

6. COSSEGURO

O cosseguro é contratado pelo segurado com várias seguradoras que, diretamente, assumem os riscos nas condições definidas na apólice. Portanto, a indenização ao segurado é feita pelas diversas seguradoras que distribuem entre, percentualmente, os riscos de determinada apólice, sem solidariedade entre elas (art. 2º, § 1º, inciso II, da Lei Complementar nº 126/2007).

Prevê o art. 761 do CC que se "o risco for assumido em cosseguro, a apólice indicará o segurador que administrará o contrato e representará os demais, para todos os seus efeitos".

Bibliografia: ALVIM, Pedro. *O contrato de seguro*. 3. ed. Rio de Janeiro: Forense, 1999, ASCARELLI, Tullio. *Problemas das sociedades anônimas e direito comparado*. São Paulo: Saraiva, 1945. BURANELLO, Renato Macedo. *Do contrato de seguro – O seguro-garantia de obrigações contratuais*. São Paulo: Quartier Latin, 2006. OLIVEIRA, Celso Marcelo de. *Teoria geral do contrato de seguro*. Campinas: LZN, 2005. TZIRULNIK, Ernesto. *O contrato de seguro*. In: COELHO, Fabio Ulhoa. *Tratado de direito comercial*. v. 5. São Paulo: Saraiva, 2015.

§21
CRÉDITO BANCÁRIO

1. FUNÇÃO DO CRÉDITO

Durante o processo de formação capitalista, ocorreram dois fenômenos fundamentais para a estabilização do modo de acumulação de capital: a preponderância do Estado nacional, garantidor da estabilidade institucional e o crescimento do crédito bancário para financiamento das atividades produtivas. Esse equilíbrio foi garantia histórica de avanços econômicos e, mesmo hoje, é relação simbiótica imprescindível para o desenvolvimento – inclusive nas crises (Diniz, 2014, p. 53).

É bom relembrar que o crédito [*t. IV, §1*] aparece como o principal instrumento de crescimento das atividades produtiva e mercantil. Os banqueiros financiavam as operações e o marco dessa atuação é fundação do Banco da Inglaterra em 1654. A opção do mercado era o financiamento das operações de produção e o crédito passou a ser pilar fundamental de todo o sistema: o capital acumulado pelo Banco gerava mais capital ao ser emprestado e render os juros da operação; por sua vez, o produtor aumentava o giro, inflando ainda mais os lucros com a possibilidade de aumento de produção. Schumpeter é bem incisivo em relação à lógica capitalista: "Já foi estabelecido que o empresário – em princípio e via de regra – não precisa de crédito, no sentido de uma transferência temporária para ele de poder de compra, para produzir, para ser capaz de realizar suas combinações novas, para *tornar-se* empresário. E esse poder de compra não flui automaticamente para ele, como para o produtor do fluxo circular, pela venda do que produziu em períodos precedentes. Se por acaso ele não o possuir – e se o possuísse isso seria simplesmente consequência de desenvolvimento anterior – deve tomá-lo emprestado. Se ele não o conseguir, então obviamente não pode tornar-se empresário. Nisso não há nada de fictício; é meramente a formulação de fatos geralmente conhecidos. Ele só pode tornar-se empresário ao tornar-se previamente um devedor. Torna-se um devedor em consequência da lógica do processo de desenvolvimento, ou, para dizê-lo ainda de uma outra maneira, sua conversão em um devedor surge da necessidade do caso e não é algo anormal, um evento acidental a ser explicado por circunstâncias particulares. O que ele quer primeiro é crédito. Antes de requerer qualquer espécie de bens, requer poder de compra. É o devedor típico na sociedade capitalista" (Schumpeter, 1998, p. 71-72).

A função do crédito na economia foi variável na história. Na Idade Média – afora questões ideológicas e religiosas que permeiam o debate –, as pessoas que tinham excedentes de capital passaram a emprestar em troca de remuneração de juros. Os tomadores de crédito buscavam aumentar suas atividades e negócios e podiam variar os empréstimos entre monarcas, reinos, aristocratas, burgueses e agremiações econômicas.

A partir da Revolução Industrial, o volume de capital tomado aumentou para financiamento das massivas produções inauguradas pelo período, num giro econômico de custeio de atividades, pagamento de salários e ganhos dos bancos potencializados com essa necessidade. As casas bancárias se institucionalizaram como companhias autorizadas e passaram a formar um complexo sistema financeiro interligado e com repercussões até mesmo macroeconômicas.

O crédito bancário passou a atuar em duas frentes: estímulo da produção industrial e financiamento do consumo das famílias.

2. A EMPRESA FINANCEIRA E BANCÁRIA

Os bancos são empresas de intermediação, por captarem os depósitos dos poupadores e emprestarem parcela desses valores e do capital próprio a terceiros. Formam-se duas frentes de atividades, respectivamente: operações ativas e operações passivas.

A complexidade das operações determinou que se regulassem diversas outras atividades, ampliando a classificação para o gênero das *instituições financeiras*, que são "as pessoas jurídicas públicas ou privadas, que tenham como atividade principal ou acessória a coleta, intermediação ou aplicação de recursos financeiros próprios ou de terceiros, em moeda nacional ou estrangeira, e a custódia de valor de propriedade de terceiros" (art. 17 da Lei nº 4.595/64).

Cuida-se de atividades dependentes de autorização do BCB e que se apresentam como: (*a*) bancos oficiais (Banco do Brasil, por exemplo); (*b*) bancos privados; (*c*) sociedades de crédito, financiamento e investimentos; (*d*) caixas econômicas (Caixa Econômica Federal, por exemplo); (*e*) cooperativas de crédito. Ressalvas as cooperativas de crédito, as sociedades se constituem sob a forma de sociedade anônima (art. 25 da Lei nº 4.595/64).

3. REGULAÇÃO

Esse mecanismo de crédito deve ser acompanhado pelo Estado para *regular a atividade bancária* e para *garantir a estabilidade institucional*. Afirma MENEZES CORDEIRO que o direito bancário é o conjunto de regras e princípios relativos às instituições de crédito, em especial a (*a*) organização do sistema financeiro e (*b*) da atividade bancária (CORDEIRO, 1998, p. 13; também: CAMPOBASSO, 2013, p. 452).

(*a*) Quanto à *organização sistêmica*, a CF molda o sistema financeiro nacional e, antes de ser reformada, descia a minúcias sobre a estruturação das finanças na antiga redação do art. 192, incluindo uma insólita fixação de juros reais a 12% ao ano (posteriormente revogada). Todavia, essa opção anterior do chamado constituinte originário gerou diversos problemas de insegurança jurídica e também grande dificuldade de alteração da moldura do sistema, em razão do maior *quorum* legislativo para Emendas Constitucionais. A EC nº 40/2003 estabeleceu um *programa*[1] a ser implementado pela legislação infraconstitucional.

Especial destaque merece a Lei nº 4.595/64, recepcionada com *status* de lei complementar e que regula as instituições monetárias, bancárias e creditícias, cria o Conselho Monetário Nacional e regula o Banco Central do Brasil. A regulação tem um fundamental papel de implementação de políticas públicas, controle da concorrência, permitindo adequada capitalização das companhias bancárias e adaptação das estruturas para retomar mais fortemente o financiamento produtivo em detrimento da rolagem de dívidas mobiliárias públicas.

---

[1] As chamadas normas constitucionais de eficácia programática são integrantes da unidade constitucional e carecem de regulamentação específica de seu conteúdo, de forma a alcançar ampla aplicabilidade concretizada. Fixam mais do que comandos-regras, mas também comandos-valores subsumidos em princípios vinculadores do legislador e até mesmo dos particulares adstritos a suas proposições limitadas.

A peculiar atividade desempenhada pela empresa bancária depende de uma programada administração do fluxo de recursos captados e também do probo e criterioso empréstimo dos recursos administrados. Assim, a regulação do sistema financeiro não se atém somente ao monitoramento *ex ante* dos riscos das instituições financeiras, com protagonismo da transparência dos investimentos, o reforço dos órgãos reguladores, a adequada capitalização e a estabilização macroeconômica.

São reforçadas, além do que se expôs, regras e parâmetros internacionais determinantes da estabilidade interbancária internacional, com destaque para os pilares (capitalização, supervisão e disciplina de mercado) dos Acordos de Basileia realizados no âmbito do *Basel Committee on Banking Supervision*.

(*b*) Em relação à *organização da atividade* em si, as instituições financeiras celebram uma diversidade de contratos em operações passivas e ativas com seus clientes. Esses contratos, em geral, seguem uma certa padronização e normalização de conteúdo, muitas vezes se aproveitando de categorias gerais como o mútuo feneratício e nelas incutindo peculiaridades e elementos – regulatórios e da prática bancária – para criar categorias híbridas ou socialmente típicas de contratos bancários. Afirma BRUNO MIRAGEM que a causa das obrigações dos contratos bancários, em geral, gira sobre a "*mobilização do crédito* presente na maioria dos contratos e/ou a *custódia de valores ou de bens* da clientela" (MIRAGEM, 2015, p. 197).

Conforme adverte MENEZES CORDEIRO não são incomuns as coligações contratuais em matéria bancária [*t. IV, §8, i. 9*], com consequências na interpretação: "Perante contratos unidos, em cadeia ou em cascata, a intepretação das declarações em jogo deve ter o conjunto em conta. Um declaratório normal pode ser levado a dar, às declarações negociais que porventura receba, sentidos diferentes consoante os contratos antecedentes que, com elas se apresentem conectados" (CORDEIRO, 1998, p. 379).

3.1. Aplicação do CDC à atividade financeira

O STF definiu na ADI nº 2.591 que o CDC se aplica às instituições financeiras. Esse paradigma altera bastante os custos econômicos das operações ativas e passivas, que devem atender ao rol de exigências do sistema de defesa do consumidor.

Passou a ter pouco efeito a Resolução BCB nº 2.878/2001, que regulava procedimentos para a prestação de serviços ao público em geral – e que ficou vulgarmente conhecido como Código de Defesa do Cliente de Produtos Bancários. Por mais que o regramento administrativo procure especificar minúcias, ainda assim se submete às previsões do CDC, que é lei federal. Posteriormente, a regra administrativa foi revogada pela Resolução CMN nº 3.694/2009, que é bem mais concisa e genérica.

Nesse sentido, então, o efeito vinculante da ADI nº 2.591 determinou o enquadramento das atividades bancárias como prestação de serviços de fornecedores aos destinatários finais, formando típica relação de consumo. A ressalva nesse julgamento foi a exclusão da abrangência do CDC para o custo de operações ativas e para a remuneração de operações passivas. Assim, os juros de contratos bancários ficaram excluídos das regras consumeristas, inclusive quanto à alegação de abusividade de cláusulas.

Isso não afasta a aplicação dessas regras para questões corriqueiras como segurança do cliente[2]; vedação de acumulação de comissão de permanência com correção monetária[3] e

---

[2] Já decidiu o STJ que assalto a mão armada não é considerado caso fortuito ou força maior: STJ – 4ª T. REsp nº 694.153 – Rel. Min. Cesar Asfor Rocha. j. 28/06/2005. Também sobre atos criminosos em agência: STJ – 3ª T. – REsp nº 685.662-RJ – Rel. Min. Nancy Andrighi – j. 10/11/2005.

[3] Súmula 20 do STJ.

com juros remuneratórios[4]; restrição indevida do cliente em sistemas de proteção do crédito[5], dentre tantas outras.

> **Bibliografia:** ASSAF NETO, Alexandre; LIMA, Fabiano Guasti. *Curso de administração financeira*. São Paulo: Atlas, 2009. BERNANKE, Ben S. *The implementation of Basel II: some issues for cross-border banking.* Disponível em: <<http:www. federalreserve.gov/boarddocs/speeches/2004/20041004/default.htm. Acessado em: 20/10/2018. DEHOVE, Mario; BOYER, Robert; PLIHON, Dominique. *Propostas para uma melhor regulamentação financeira nacional.* In: MENDONÇA, Ana Rosa Ribeiro de; ANDRADE, Rogério P. *Regulação bancária e dinâmica financeira: evolução e perspectivas a partir dos Acordos de Basileia*. Campinas: Unicamp, 2006. DERLENDER, Peter; KNOPS, Kay-Oliver; BAMBERGER, Heinz Georg. (org.). *Handbuch zum deustchen und europäischen Bankrecht*. Berlim: Springer, 2004. DINIZ, Gustavo Saad. *Instrumentos de capitalização societária*. São Paulo: LiberArs, 2014. EICHENGREEN, Barry. *A globalização do capital: uma história do sistema monetário internacional*. Trad. Sergio Blum. São Paulo: Ed. 34, 2000. GOMES, Luiz Souza. *Bancos Centrais e instituições internacionais de crédito*. Rio de Janeiro: Fundação Getúlio Vargas, 1967. GRAU, Eros Roberto; FORGIONI, Paula A. *Cade v. BC: conflitos de competência entre autarquias e a função da Advocacia Geral da União.* In: *Lei Antitruste: 10 anos de combate ao abuso do poder econômico*. Belo Horizonte: Del Rey, 2005. HILFERDING, Rudolf. *O capital financeiro*. Trad. Reinaldo Mestrinel. São Paulo: Nova Cultural, 1985. KEYNES, John Maynard. *Teoria geral do emprego, do juro e da moeda*. Trad. Mário Roberto da Cruz. São Paulo: Atlas, 1992. LOPES, João do Carmo; ROSSETTI, José Paschoal. *Moeda e bancos: uma introdução.* 3. ed. São Paulo: Atlas, 1983. MASSARI, Philipp. *Das Wettbewerbsrecht der Banken*. Berlim: DeGruyter, 2006. MENDONÇA, Ana Rosa Ribeiro de; ANDRADE, Rogério P. *Regulação bancária e dinâmica financeira: evolução e perspectivas a partir dos Acordos de Basileia*. Campinas: Unicamp, 2006. MARX, Karl. *O capital: crítica da economia política*. Trad. Reginaldo Sant'Anna. Rio de Janeiro: Civilização Brasileira, [s.d.]. MISHKIN, Frederic S. *Moedas, bancos e mercados financeiros*. 5. ed. Trad. Christine Pinto Ferreira Studart. Rio de Janeiro: LTC, 1998. SADDI, Jairo. *Crise e regulação bancária*. São Paulo: Textonovo, 2001. SCHUMPETER, Joseph Alois. *Teoria do desenvolvimento econômico: uma investigação sobre lucros, capital, crédito, juro e o ciclo econômico.* 3.ed. Trad. Maria Silvia Possas. São Paulo: Nova Cultural, 1988. SAUNDERS, Anthony. *Financial institutions management: a modern perspective.* 2. Ed. Chicago: McGraw-Hill, 1997.

3.2. Sistema das cooperativas de crédito

O sistema de crédito cooperativo é regulado pela Resolução CMN nº 4.434, de 05 de agosto de 2015, que dispõe sobre o funcionamento das cooperativas de crédito singulares e centrais. Além dela, deve-se atentar para a constituição de um Banco Cooperativo sob a forma de sociedade anônima e também para a Resolução CMNnº 4.933, de 29 de julho de 2021 e que instituiu o Fundo Garantidor do Cooperativismo de Crédito (FGCoop)[6].

---

[4] Súmula 296 do STJ.
[5] STJ – 4ª T. – REsp nº 964.055-RS. 4ª Turma. Relator Min. Aldir Passarinho Júnior. Brasília – DF. j. 28/08/2007. DJ 26/11/2007, p. 213.
[6] O FGCoop não significa responsabilidade solidária entre as pessoas jurídicas, porque se trata de um fundo mútuo de aplicações, de criação facultativa das cooperativas (art. 28, § 1º, da LCoop), que tem por objetivo dar liquidez aos depósitos dos correntistas/cooperados das cooperativas singulares de crédito conveniadas. O objetivo é a proteção de todos os correntistas das cooperativas filiadas a uma Cooperativa Central e, por extensão, ao Banco Cooperativo.

Para a criação dos Bancos Cooperativos foi necessária a estruturação de um sistema que viabilizasse o controle. Para tanto, foi determinado que as Cooperativas de Crédito Singulares (art. 6º, I, da LCoop) seriam proprietárias de ações preferenciais dos bancos cooperativos e, além disso, unir-se-iam em Cooperativas Centrais de Crédito (art. 6º, II, da LCoop), que, por sua vez, seriam as controladoras, ou seja, acionistas ordinárias desses bancos (Resolução CMN nº 2.788/2000).

Com essa estruturação normativa, as Cooperativas Singulares de Crédito, Cooperativas Centrais de Crédito e os Bancos Cooperativos são *pessoas jurídicas autônomas, independentes e completamente responsáveis pelas obrigações que assumem em seu nome*. O Banco Cooperativo foi autorizado com o objetivo principal de propiciar autonomia operacional, movimentando os recursos financeiros das Cooperativas, Centrais e Singulares, por meio da sua conta Reservas Bancárias e efetuar o serviço de compensação de cheques e outros papeis, dentre outros serviços.

O funcionamento do sistema é, basicamente, o seguinte:

As cooperativas singulares de crédito têm como atuação: I – captar, exclusivamente de associados, recursos e depósitos sem emissão de certificado, ressalvada a captação de recursos de Municípios, de seus órgãos ou entidades e das empresas por eles controladas (...); II – obter empréstimos e repasses de instituições financeiras nacionais ou estrangeiras, inclusive por meio de depósitos interfinanceiros; III – receber recursos oriundos de fundos oficiais e, em caráter eventual, recursos isentos de remuneração ou a taxas favorecidas, de qualquer entidade, na forma de doações, empréstimos ou repasses; IV – conceder créditos e prestar garantias, somente a associados, inclusive em operações realizadas ao amparo da regulamentação do crédito rural em favor de associados produtores rurais; V – aplicar recursos no mercado financeiro, inclusive em depósitos à vista e depósitos interfinanceiros, observadas as restrições legais e regulamentares específicas de cada aplicação; VI – proceder à contratação de serviços com o objetivo de viabilizar a compensação de cheques e as transferências de recursos no sistema financeiro, de prover necessidades de funcionamento da instituição ou de complementar os serviços prestados pela cooperativa aos associados; VII – prestar, no caso de cooperativa central de crédito e de confederação de centrais: a) a cooperativas filiadas ou não, serviços de caráter técnico, inclusive os referentes às atribuições tratadas no Capítulo VIII; b) a cooperativas filiadas, serviço de administração de recursos de terceiros, na realização de aplicações por conta e ordem da cooperativa titular dos recursos, observadas a legislação e as normas aplicáveis a essa atividade; e c) a cooperativas filiadas, serviço de aplicação centralizada de recursos, subordinado a política própria, aprovada pelo conselho de administração, contendo diretrizes relativas à captação, aplicação e remuneração dos recursos transferidos pelas filiadas, observada, na remuneração, proporcionalidade em relação à participação de cada filiada no montante total aplicado; e VIII – prestar os seguintes serviços, visando ao atendimento a associados e a não associados: a) cobrança, custódia e serviços de recebimentos e pagamentos por conta de terceiros a pessoas físicas e entidades de qualquer natureza, inclusive as pertencentes aos poderes públicos das esferas federal, estadual e municipal e respectivas autarquias e empresas; b) correspondente no País, nos termos da regulamentação em vigor; c) colocação de produtos e serviços oferecidos por bancos cooperativos, inclusive os relativos a operações de câmbio, bem como por demais entidades controladas por instituições integrantes do sistema cooperativo a que pertença, em nome e por conta da entidade contratante, observada a regulamentação específica; d) distribuição de recursos de financiamento do crédito rural e outros sujeitos a legislação ou regulamentação específicas, ou envolvendo equalização de taxas de juros pelo Tesouro Nacional, compreendendo formalização, concessão e liquidação de operações de crédito celebradas com os tomadores finais dos recursos, em operações realizadas em nome e por conta da instituição contratante; e e) distribuição de cotas de fundos de investimento administrados por instituições autorizadas, observada a regulamentação aplicável editada pela Comissão de Valores Mobiliários (CVM) (art. 17 da Resolução CMN nº 4.434/2015).

No sistema, a cooperativa central tem por atribuições: I – supervisionar o funcionamento, verificando o cumprimento da legislação e regulamentação em vigor e das normas próprias do sistema cooperativo; II – adotar medidas para assegurar o cumprimento das normas em vigor referentes à implementação de sistemas de controles internos e à certificação de empregados; III – promover a formação e a capacitação permanente dos membros de órgãos estatutários, gerentes e associados, bem como dos integrantes da equipe técnica da cooperativa central e da confederação; e IV – recomendar e adotar medidas visando ao restabelecimento da normalidade do funcionamento, em face de situações de inobservância da regulamentação aplicável ou que acarretem risco imediato ou futuro (art. 35 da Resolução BCB nº 4.434/2015).

Por fim, o Banco Cooperativa atuará como banco múltiplo para realização de todas as operações as cooperativas singulares e centrais, com o cumprimento dos deveres ordinários de uma instituição financeira perante o BCB. Nesse banco são centralizadas todas as operações do sistema.

3.3. Empresa Simples de Crédito (ESC)

Por meio da Lei Complementar nº 167/2019, foram criadas as Empresas Simples de Crédito (ESC), para injetar dinheiro na economia por meio de microcrédito distinto da intermediação bancária e do contrato de *factoring*. Trata-se de atividade para expansão da oferta de crédito para as micro e pequenas empresas (LC nº 123/06), por meio de operações de empréstimo, financiamento e descontos de título de crédito com capital próprio da ESC. Diferentemente de instituições financeiras e cooperativas de crédito, as ESC não realizam intermediação e a elas é vedada a captação de recursos de terceiros em operações passivas. Ao contrário, atuam obrigatoriamente com capital próprio para conceder empréstimos e financiamentos, inclusive com a permissão de utilização do instrumento de alienação fiduciária.

Estruturalmente, as ESCs poderão ser (*a*) empresários individuais (pessoas físicas); (*c*) sociedades limitadas formadas somente por sócios pessoas físicas, contanto que a mesma pessoa natural não participe de mais de uma ESC (art. 2º, § 4º, da LC nº 167/2019). Foram excluídos outros modelos organizacionais como as cooperativas (que já contam com o sistema próprio no ramo crédito) e as sociedades anônimas (apropriadas para bancos). Com isso, intenta-se a inserção de nova alternativa para abastecimento de capital. O objeto social será de operações de empréstimo, de financiamento, alienação fiduciária e de desconto de títulos de crédito, exclusivamente com recursos próprios, tendo como contrapartes microempreendedores individuais, microempresas e empresas de pequeno porte.

Outro ponto interessante é que a integralização do capital e os sucessivos aumentos deverá ser feita com uso de capital próprio dos sócios e em moeda corrente. Quis o legislador fazer a exata *correspondência entre o capital realizado e as operações*, porque o art. 2º, § 3º, da LC nº 167/2019 prevê que as "operações de empréstimo, de financiamento e de desconto de títulos de crédito da ESC não poderá ser superior ao capital realizado". Portanto, a integralização de capital feita pelos sócios deverá guardar relação com os empréstimos, lançando-se nas partidas dobradas da contabilidade o capital realizado e o capital saído para os respectivos empréstimos.

Os empréstimos, financiamentos e descontos de títulos estão sujeitos a limites à autonomia da vontade das partes e com intervenção do Estado na esfera contratual privada com o objetivo de evitar abusos na concessão do microcrédito pela ESC.

Nesse sentido, o art. 5º da LC nº 167/2019 prevê as seguintes condições para os contratos de concessão de crédito pela ESC:

I – a remuneração da ESC somente pode ocorrer por meio de juros remuneratórios, vedada a cobrança de quaisquer outros encargos, mesmo sob a forma de tarifa;

II – a formalização do contrato deve ser realizada por meio de instrumento próprio, cuja cópia deverá ser entregue à contraparte da operação;

III – a movimentação dos recursos deve ser realizada exclusivamente mediante débito e crédito em contas de depósito de titularidade da ESC e da pessoa jurídica contraparte na operação.

Nesses termos, é da essência do contrato que a remuneração do capital seja feita somente por *juros remuneratórios*, que foram liberados pelo art. 5º, § 4º, da LC 167/2019 dos limites da Lei de Usura (Decreto nº 22.626/1933) e da taxa de 1% do art. 591 do CC (que remete ao art. 406 do CC e ao art. 161, § 1º, do CTN). A justificativa pode ser o grande custo de capital e riscos agregados à operação, mas haverá margens para atuação com prática de agiotagem.

Portanto, a cobrança dos juros remuneratórios foi liberada pela lei sob comento, permitindo que a ESC atue, em princípio, sem contenção e com potencial de cobrança de juros somente regulada pela concorrência de mercado. Naturalmente, o potencial de abusos é muito grande e os tomadores de crédito somente poderão contar com a contenção do Código de Defesa do Consumidor, já que a relação com a ESC também será absorvida pelos *serviços de fornecedor* descritos no art. 3º, § 2º, do CDC, como atividades de crédito. Ademais disso, também poderá ser invocada a Medida Provisória nº 2.172-32, de 23 de agosto de 2001, que coíbe a prática de agiotagem, considera nulas disposições usurárias e abusivas, mantendo-se somente o empréstimo, conforme tem decidido o STJ (REsp nº 1.106.625 – Rel. Min. Sidnei Beneti).

Faculta-se, ainda, a utilização de alienação fiduciária para as operações da ESC (art. 5º, § 1º, da LC 167/2019). Cuida-se de contrato que transfere ao credor o domínio fiduciário e a posse indireta da coisa móvel ou imóvel alienada. Em outros termos, a propriedade é transmitida em garantia da operação, com eficácia pendente até a quitação do financiamento. Também esse contrato celebrado pela ESC estará livre de amarras para os juros remuneratórios, além de conferir sobregarantia à credora fiduciária em razão da chamada trava bancária da recuperação da empresa e da falência, prevista no art. 49, § 3º, da LREF (STJ – REsp nº 1.207.117). Percebe-se que o contrato de alienação fiduciária não é atingido pelo efeito da novação (art. 59 da LREF) da aprovação do plano de recuperação. Além disso, o bem essencial à atividade dado em garantia, não pode ser retirado do estabelecimento durante o prazo improrrogável de 180 dias, mas fica livre ao credor depois desse interregno.

Outra novidade da LC nº 167/2019 é determinar *condição de validade* das operações da ESC o registro em entidade registradora autorizada pelo Banco Central do Brasil ou pela Comissão de Valores Mobiliários, nos termos do art. 28 da Lei nº 12.810/2013.

Por fim, em função das características descritas, a ESC estará sujeita ao regime de recuperação da empresa e falência da Lei nº 11.101/2005 (LREF). Todavia, suas atividades foram excluídas do SIMPLES nacional, conforme art. 13 da LC nº 167/2019.

Por meio da utilização de técnicas penais para a contenção de comportamentos, a LC 167/2019 tipificou como crime, no art. 9º, o descumprimento da concessão de financiamentos, empréstimos e descontos de títulos de crédito nos moldes da lei, além de desobedecer o limite de que o valor total das operações de empréstimo, de financiamento e de desconto de títulos de crédito da ESC não poderá ser superior ao capital realizado e as condições descritas no art. 5º para as operações. O apenamento é de reclusão de 1 a 4 anos.

É de anotar, ainda, que a ESC estará sujeita aos preceitos e controles da Lei nº 9.613/98 (Lei de Lavagem de Dinheiro).

4. OPERAÇÕES PASSIVAS

4.1. Depósito

Celebrado o contrato depósito, a instituição financeira recebe os valores pertencentes ao cliente para guarda e possível remuneração, com obrigação de restituição quando for reclamado (arts. 586 e 629 do CC). Cuida-se de operação passiva, porque o banco é devedor dos valores e a doutrina aponta características *sui generis* para esse tipo contratual, em vista de ter elementos de depósito e mútuo, mas não se subsumir às duas categorias (COVELLO, 1999, p. 77-79). O dever de restituição decorre do contrato, a ele se agregando o possível dever de pagar a retribuição devida, reembolsar despesas e indenizar em caso de prejuízos causados ao depositante (CORDEIRO, 1998, p. 472).

A remuneração de juros dos valores depositados vai depender da aplicação financeira escolhida pelo poupador. A remuneração básica e mais conservadora é da caderneta de poupança. Quanto maior o risco operacional da operação ativa praticada, maiores poderão ser os juros remuneratórios, como no caso de aplicações lastreadas em empréstimos governamentais, variação do câmbio ou de ações negociadas em bolsa.

Conforme já se afirmou, sendo uma atividade empresarial de intermediação, parte desses valores depositados poderá ser emprestada pela instituição financeira e a outra parte fica compulsoriamente depositada em garantia junto ao BCB. Trata-se de volume financeiro de segurança e viabilidade sistêmica, evitando-se a quebra de bancos casos os correntistas busquem concomitantemente os valores depositados.

A custódia de valores por bancos de investimentos regulados pela Lei nº 4.728/65, permite a emissão, em favor do depositante, do título à ordem representativo do depósito a prazo fixo denominado Certificado de Depósito Bancário (CDB), cujo conteúdo deverá ser o seguinte: I – o local e a data da emissão; II – o nome do banco emitente e as assinaturas dos seus representantes; III – a denominação "certificado de depósito bancário"; IV – a indicação da importância depositada e a data da sua exigibilidade; V – o nome e a qualificação do depositante; VI – a taxa de juros convencionada e a época do seu pagamento; VII – o lugar do pagamento do depósito e dos juros; VIII – a cláusula de correção monetária, se for o caso (art. 30 da Lei nº 4.728/65).

Jurisprudência

STJ – 3ª T. – REsp nº 1.432.665 – Rel. Min. Marco Aurélio Bellizze – j. 11/09/2018: "(...) 1. A questão posta está em definir se o contrato de cessão fiduciária sobre títulos de crédito, para ser oponível a terceiros, deve, necessariamente, ser registrado no domicílio das partes contratantes (do devedor fiduciante e também do credor fiduciário), com esteio no art. 131 da Lei de Registros Públicos. 1.1 Na espécie, considerando-se que os subjacentes embargos de terceiro voltam-se contra a penhora realizada em 8/4/2009, que recaiu sobre valor, objeto de título de crédito (Certificado de Depósito Bancário), cedido fiduciariamente ao banco embargante por meio de contrato registrado, primeiro, no domicílio do devedor fiduciante em 2/12/2008 e, após, no domicílio do credor fiduciário em 9/12/2008, dúvidas não restam de que a exigência contida no art. 131 da Lei de Registros Públicos, caso se entenda aplicável à hipótese dos autos, estaria devidamente cumprida, o que ensejaria, por si, a procedência dos embargos de terceiro. 2. A propriedade fiduciária encontra-se devidamente constituída a partir de sua contratação, afigurando-se absolutamente válida e eficaz entre as partes. Essa garantia, 'para valer contra terceiros', ou seja, para ser oponível contra terceiros, deve ser registrada. A esse propósito, não se antevê, na lei especial que rege o contrato de cessão fiduciária de títulos de crédito, ao menos expressamente, nenhuma exigência de que o registro, para atingir a sua finalidade publicista, seja efetuado no domicílio de ambos os contratantes, tal como dispõe o art. 131 da Lei de Registros Públicos (...)".

STJ – 4ª T. – AgInt no REsp nº 1.073.591 – Rel. Min. Raul Araújo – j. 13/12/2016: "(...) 3. De acordo com a jurisprudência desta Corte, depósitos bancários não se enquadram na hipótese do art. 76 da Lei de Falências, que garante a restituição de coisa arrecadada em poder do falido quando seja devida em virtude de direito real ou de contrato, pois neles, em particular, ocorre a transferência da disponibilidade dos valores à instituição bancária, ficando o correntista apenas com o direito ao crédito correspondente. Precedente (REsp 501.401/MG, Rel. Ministro CARLOS ALBERTO MENEZES DIREITO, SEGUNDA SEÇÃO, julgado em 14/04/2004, *DJ* de 03/11/2004, p. 130)".

4.2. Conta-corrente

O contrato de conta-corrente se difere do depósito, porque há um serviço bancário de lançamento de valores num sistema de partidas dobradas (débitos e créditos), com lançamento de todas as movimentações. O banco atua como "registrador dos lançamentos, recebendo dinheiro ou pagando dentro das disponibilidades da conta" (RIZZARDO, 2007, p 35).

"A abertura de conta prevê um quadro para a constituição de depósitos bancários que o banqueiro se obriga, desde logo, a receber, e regula a conta-corrente bancária. Prevê regras sobre os seus movimentos incluindo juros, e comissões e despesas que o banqueiro poderá debitar sobre os extratos" (CORDEIRO, 1998, p. 458).

Jurisprudência

Repetitivo: STJ – 2ª Seção – REsp nº 1.291.575 – Rel. Min. Luis Felipe Salomão – j. 14/08/2013: "(...) 1. Para fins do art. 543-C do CPC: A Cédula de Crédito Bancário é título executivo extrajudicial, representativo de operações de crédito de qualquer natureza, circunstância que autoriza sua emissão para documentar a abertura de crédito em conta-corrente, nas modalidades de crédito rotativo ou cheque especial. O título de crédito deve vir acompanhado de claro demonstrativo acerca dos valores utilizados pelo cliente, trazendo o diploma legal, de maneira taxativa, a relação de exigências que o credor deverá cumprir, de modo a conferir liquidez e exequibilidade à Cédula (art. 28, § 2º, incisos I e II, da Lei n. 10.931/2004)".

STJ – 3ª T. – REsp nº 1.696.214 – Rel. Min. Marco Aurélio Bellizze – j. 09/10/2018: "(...) 2. O serviço bancário de conta-corrente afigura-se importante no desenvolvimento da atividade empresarial de intermediação de compra e venda de *bitcoins*, desempenhada pela recorrente, conforme ela própria consigna, mas sem repercussão alguma na circulação e na utilização dessas moedas virtuais, as quais não dependem de intermediários, sendo possível a operação comercial e/ou financeira direta entre o transmissor e o receptor da moeda digital. Nesse contexto, tem-se, a toda evidência, que a utilização de serviços bancários, especificamente o de abertura de conta-corrente, pela insurgente, dá-se com o claro propósito de incrementar sua atividade produtiva de intermediação, não se caracterizando, pois, como relação jurídica de consumo mas sim de insumo, a obstar a aplicação, na hipótese, das normas protetivas do Código de Defesa do Consumidor. 3. O encerramento do contrato de conta-corrente, como corolário da autonomia privada, consiste em um direito subjetivo exercitável por qualquer das partes contratantes, desde que observada a prévia e regular notificação. (...) 4. Atendo-se à natureza do contrato bancário, notadamente o de conta-corrente, o qual se afigura *intuitu personae*, bilateral, oneroso, de execução continuada, prorrogando-se no tempo por prazo indeterminado, não se impõe às instituições financeiras a obrigação de contratar ou de manter em vigor específica contratação, a elas não se aplicando o art. 39, II e IX, do Código de Defesa do Consumidor. Revela-se, pois, de todo incompatível com a natureza do serviço bancário fornecido, que conta com regulamentação específica, impor-se às instituições financeiras o dever legal de contratar, quando delas se exige, para atuação em determinado seguimento do mercado financeiro, profunda análise de aspectos mercadológicos e institucional, além da adoção de inúmeras medidas de segurança que lhes demandam o conhecimento do cliente bancário e de reiterada atualização do seu cadastro de clientes, a fim de minorar os riscos próprios da atividade bancária. 4.1 Longe de encerrar abusividade, tem-se por legítima, sob o aspecto institucional, a recusa da instituição financeira recorrida em manter o contrato de conta-corrente, utilizado como insumo, no desenvolvimento da atividade empresarial, desenvolvida pela recorrente, de intermediação de compra e venda de moeda virtual, a qual não conta com nenhuma regulação do Conselho Monetário Nacional (em tese, porque não possuiriam vinculação com os valores mobiliários, cuja disciplina é dada pela Lei n. 6.385/1976). De igual modo, sob o aspecto mercadológico, também se afigura lídima a recusa em manter a contratação, se, conforme sustenta a própria insurgente, sua atividade empresarial se apresenta, no mercado financeiro, como concorrente direta e produz impacto no faturamento da instituição financeira recorrida. Desse modo, o proceder levado a efeito pela instituição financeira não configura exercício abusivo do direito (...)".

STJ – 4ª T. – AgInt-Ag-REsp n° 859.987 – Rel. Min. Raul Araújo – *DJe* 16.02.2017: "(...) 1. A jurisprudência do Superior Tribunal de Justiça pacificou o entendimento de que o prazo prescricional para cobrança de dívida oriunda de contrato de abertura de crédito em conta-corrente é de cinco anos, nos termos do art. 206, § 5°, I, do Código Civil de 2002. Precedentes(...)".

STJ – 3ª T. – AgRg-AG-REsp n° 228.068 – Rel. Min. Sidnei Beneti – *DJe* 06.11.2012: "(...) 1. 'O contrato de abertura de crédito em conta corrente, acompanhado do demonstrativo de débito, constitui documento hábil para o ajuizamento da ação monitória' (Súmula n° 247/STJ). 2. 'O simples argumento de não se admitir aval nos contratos não exclui a responsabilidade solidária daqueles que de forma autônoma e voluntária se obrigaram a pagar a dívida integralmente' (AgRg-Ag 197.214/SP, Rel. Min. Carlos Alberto Menezes Direito, *DJ* 22.02.1999), pois 'a palavra 'avalista', constante do instrumento contratual, deve ser entendida, em consonância com o art. 85 do Código Civil, como coobrigado, codevedor ou garante solidário' (REsp 114.436/RS, Rel. Min. Antônio de Pádua Ribeiro, *DJ* 09.10.2000) (...)".

STJ – 4ª T. – AgInt-REsp n° 1.565.533 – Rel. Min. Maria Isabel Gallotti – *DJe* 31.08.2016: "(...) É legítimo o desconto, em conta corrente, de parcelas de empréstimo, limitando-se tal desconto a 30% da remuneração, tendo em vista o caráter alimentar dos vencimentos (Súmula n° 83 do STJ). Precedentes. 2. Caso em que o Tribunal de origem entendeu não configurado ato ilícito passível de reparação (...)".

5. OPERAÇÕES ATIVAS

Diversas operações ativas e financeiras (CAMPOBASSO, 2013, p. 452) estão descritas em outras seções do presente trabalho, como é o caso do cheque [*t. IV, §4*], cédulas de crédito [*t. IV, §7*], alienação fiduciária [*t. IV, §22*] e *leasing* [*t. IV, §23*]. Optamos por especificar duas operações ativas mais comuns, que são o empréstimo e o desconto. A doutrina costuma ainda apontar a abertura de crédito, cartão de crédito, conta corrente, crédito documentário, dentre outros. Entretanto, a utilização desses instrumentos no ambiente empresarial não é muito comum e nem permitirá, para fins didáticos, o cotejo com outros contratos. Portanto, não foram abordados.

5.1. Empréstimo

O empréstimo bancário tem equivalência com o mútuo feneratício do CC (RIZZARDO, 2007, p. 41), com caracterização do empréstimo de coisa fungível (pecúnia) e *a obrigação do mutuário de restituir ao mutuante o que dele recebeu em coisa do mesmo gênero, qualidade e quantidade* (art. 586 do CC). Cuida-se da principal operação ativa da instituição financeira, com celebração de contratos e cobrança de juros que permitirão a extração da diferença com as operações passiva e obtenção do lucro da organização societária, ao qual, comumente, se chama *spread*.

Quanto aos juros da operação de mútuo, o art. 591 do CC prevê que "presumem-se devidos juros, os quais, sob pena de redução, não poderão exceder a taxa a que se refere o art. 406, permitida a capitalização anual". Entretanto, referido dispositivo não alcança os empréstimos bancários, tendo em vista que já se ter consolidado, na jurisprudência, que o sistema de cobrança de juros bancários está sujeito à previsão da Lei nº 4.595/64 e que referida lei permite a fixação com parâmetros médios de mercado que escapam ao regramento de lei ordinária dado pelo CC. Após afetação de uma série de julgamentos ao sistema repetitivo, o STJ fixou 17 teses sobre a cobrança de juros bancários:

17 teses do STJ sobre juros bancários

1. É inviável a utilização da taxa referencial do Sistema Especial de Liquidação e Custódia (Selic) como parâmetro de limitação de juros remuneratórios dos contratos bancários.

2. Nos contratos bancários, na impossibilidade de comprovar a taxa de juros efetivamente contratada – por ausência de pactuação ou pela falta de juntada do instrumento aos autos –, aplica-se a taxa média de mercado, divulgada pelo Banco Central, praticada nas operações da mesma espécie, salvo se a taxa cobrada for mais vantajosa para o devedor (Súmula 530 do STJ; tese julgada sob o rito do artigo 543-C do CPC – tema 233).

3. Constitui prática comercial abusiva o envio de cartão de crédito sem prévia e expressa solicitação do consumidor, configurando-se ato ilícito indenizável e sujeito à aplicação de multa administrativa. (Súmula 532 do STJ).

4. A estipulação de juros remuneratórios superiores a 12% ao ano, por si só, não indica abusividade (Súmula 382 do STJ; tese julgada sob o rito do artigo 543-C do CPC – tema 25).

5. É válido o contrato celebrado em moeda estrangeira desde que no momento do pagamento se realize a conversão em moeda nacional.

6. Nos contratos bancários, é vedado ao julgador conhecer, de ofício, da abusividade das cláusulas (Súmula 381 do STJ; tese julgada sob o rito do artigo 543-C do CPC – tema 36).

7. Nos contratos bancários celebrados até 30 de abril de 2008 (fim da vigência da Resolução CMN 2.303/96), era válida a pactuação das tarifas de abertura de crédito (TAC) e de emissão de carnê (TEC), ou outra denominação para o mesmo fato gerador, ressalvado o exame de abusividade em cada caso concreto (tese julgada sob o rito do artigo 543-C do CPC – tema 618).

8. O simples fato de os juros remuneratórios contratados serem superiores à taxa média de mercado, por si só, não configura abusividade.

9. A previsão no contrato bancário de taxa de juros anual superior ao duodécuplo da mensal é suficiente para permitir a cobrança da taxa efetiva anual contratada (Súmula 541 do STJ; tese julgada sob o rito do artigo 543-C do CPC – temas 246 e 247).

10. Podem as partes convencionar o pagamento do Imposto sobre Operações Financeiras e de Crédito (IOF) por meio de financiamento acessório ao mútuo principal, sujeitando-o aos mesmos encargos contratuais (tese julgada sob o rito do artigo 543-C do CPC – tema 621).

11. São inaplicáveis aos juros remuneratórios dos contratos de mútuo bancário as disposições do artigo 591 combinado com o artigo 406 do CC/02 (tese julgada sob o rito do artigo 543-C do CPC – tema 26).

12. É admitida a revisão das taxas de juros remuneratórios em situações excepcionais, desde que caracterizada a relação de consumo e que a abusividade (capaz de colocar o

consumidor em desvantagem exagerada – artigo 51, § 1º, do CDC) fique cabalmente demonstrada, ante às peculiaridades do julgamento em concreto (tese julgada sob o rito do artigo 543-C – tema 27).

13. Os empréstimos com desconto em folha de pagamento (consignação facultativa/voluntária) devem limitar-se a 30% dos vencimentos do trabalhador, ante a natureza alimentar do salário e do princípio da razoabilidade.

14. É possível a cobrança de comissão de permanência durante o período da inadimplência, à taxa média de juros do mercado, limitada ao percentual previsto no contrato, e desde que não cumulada com outros encargos moratórios (Súmula 472 do STJ; tese julgada sob o rito do artigo 543-C do CPC – tema 52).

15. As empresas administradoras de cartão de crédito são instituições financeiras e, por isso, os juros remuneratórios por elas cobrados não sofrem as limitações da Lei de Usura (Súmula 283 do STJ).

16. As cooperativas de crédito e as sociedades abertas de previdência privada são equiparadas a instituições financeiras, inexistindo submissão dos juros remuneratórios cobrados por elas às limitações da Lei de Usura.

17. As instituições financeiras não se sujeitam à limitação dos juros remuneratórios estipulada na Lei de Usura (Decreto 22.626/33).

Embora os juros possam ser reduzidos por eventual abuso, o STJ interpretou que o contrato de mútuo poderá ser preservado (STJ – REsp nº 1.106.625 – Rel. Min. Sidnei Beneti): "O Código Civil vigente não apenas traz uma série de regras legais inspiradas no princípio da conservação dos atos jurídicos, como ainda estabelece, cláusula geral celebrando essa mesma orientação (artigo 184) que, por sinal, já existia desde o Código anterior (artigo 153). No contrato particular de mútuo feneratício, constatada, embora a prática de usura, de rigor apenas a redução dos juros estipulados em excesso, conservando-se contudo, parcialmente o negócio jurídico (artigos 591, do CC/02 e 11 do Decreto 22.626/33)".

5.2. Desconto

De utilização muito comum no mercado, o desconto bancário representa uma forma de mútuo, conforme caracterizado por Arnaldo Rizzardo, porque são antecipados valores pecuniários em troca do recebimento, pelo banco, de títulos de crédito de vencimento futuro e *pro solvendo* (ou com efeito liberatório subordinado ao pagamento) (Rizzardo, 2007, p. 91). Sergio Carlos Covello aponta as características: "1ª) trata-se de contrato de natureza creditícia, tendo sempre por objeto um crédito contra terceiro ainda não vencido; 2ª) aperfeiçoa-se com a transmissão efetiva do crédito ao Banco; 3ª) o banco torna-se proprietário do crédito por meio da cessão, quando se trata de crédito simples, ou de endosso, caso se trata de crédito incorporado a um título; 4ª) a cessão (ou endosso) do crédito não é plena, pois o Banco não suporta o não pagamento do crédito. Se, chegada a época do vencimento, o crédito não é pago pelo terceiro devedor principal, o Banco tem o direito de pleitear a cobrança junto ao descontário, quer por via cambiária, quer por ação causal ordinária; 5ª) há sempre a dedução prévia de encargos (comissões, juros e outras despesas, que constituem o lucro do Banco)" (Covello, 1999, p. 238).

Por meio desse contrato, então, o devedor-descontário tem títulos de crédito (duplicatas, cheques e promissórias, por exemplo), com vencimento futuro e precisa dos valores em tempo presente. Procura a instituição financeira e celebra contrato de desconto, repassando os títulos à ordem por endosso em favor da instituição financeira descontante, que repassa o valor dos títulos ao descontário, após a cobrança dos juros. No vencimento, o sacado do título de crédito deverá pagar o valor ao banco, que quitará a operação. Em caso de inadimplemento da cártula, faculta-se ao banco o protesto e a cobrança do devedor do título e do devedor descontário, que também é coobrigado na operação (MIRAGEM, 2015, p. 211).

Para o banco surgem as seguintes consequências, conforme ensina ARNALDO RIZZARDO: "(a) O banco torna-se titular pleno do título descontado, adquirindo a propriedade e facultando-se exercer a disponibilidade, inclusive redescontando-o. (b) O banco habilita-se a exigir o pagamento do título quando de seu vencimento. Do sucesso ou não em conseguir o recebimento do valor representado ficará ou não o descontário liberado de sua obrigação de reembolsar o banco. Se o terceiro não satisfaz a obrigação, deve reembolsar; se paga, desaparece a dívida" (RIZZARDO, 2007, p. 91).

Demais disso, o desconto se difere fundamentalmente do *factoring* por alguns fatores, em geral derivados do pressuposto de que no *factoring*, via de regra, há o serviço de gestão do faturamento e na atividade bancária, ocorre intermediação: (*a*) o banco é instituição de intermediação, por isso pode utilizar recursos de terceiros nos empréstimos de operações ativas, ao passo que a empresa de *factoring* assume os próprios riscos e utiliza capital próprio na faturização – encarecendo os custos e riscos; (*b*) no *factoring*, via de regra, os títulos são endossados sem garantia, de modo que a relação passa a ser direta entre o faturizador e o sacado do título de crédito, sem coobrigação do faturizado. No desconto, ao contrário, há coobrigação entre o sacado do título de crédito e o devedor-descontário, que endossa os títulos e mantém a condição de coobrigado.

Jurisprudência

STJ – 4ª T. – REsp nº 986.972 – Rel. Min. Luis Felipe Salomão – j. 04/10/2012: "(...) 2. O contrato de desconto bancário (borderô) não constitui, por si só, título executivo extrajudicial, dependendo a ação executiva de vinculação a um título de crédito concedido em garantia ou à assinatura pelo devedor e por duas testemunhas. Precedentes. 3. No caso, a propositura da ação executiva com base em nota promissória vinculada ao contrato de desconto bancário foi condicionada à prova do inadimplemento pelos sacados, ou seja, a exigibilidade do título só seria caracterizada no caso do não pagamento das duplicatas pelos devedores originários. 4. A não comprovação do inadimplemento das duplicatas impede o ajuizamento da execução, nos moldes em que ora proposta, sendo certo que tal prova deve acompanhar a exordial, porquanto inerente à própria exigibilidade da obrigação (...)".

Bibliografia: CORDEIRO, Antonio Menezes. *Manual de direito bancário*. Coimbra: Almedina, 1998. COVELLO, Sergio Carlos. *Contratos bancários*. 3. ed. São Paulo: Leud, 1999. MIRAGEM, Bruno. *Contratos bancários*. In: COELHO, Fabio Ulhoa (Coord.). *Tratado de direito comercial*. v. 8. São Paulo: Saraiva, 2015 RIZZARDO, Arnaldo. *Contratos de crédito bancário*. 7. ed. São Paulo: RT, 2007. VEIGA, Vasco Soares da. *Direito bancário*. 2.ed. Coimbra: Almedina, 1997. TURCZYN, Sidnei. *Conceito e características gerais dos contratos bancários*. In: COELHO, Fabio Ulhoa (Coord.). *Tratado de direito comercial*. v. 8. São Paulo: Saraiva, 2015. WALD, Arnoldo. A teoria da aparência e o direito bancário. RDM, 106/7.

§22
ALIENAÇÃO FIDUCIÁRIA

1. CONCEITO E FUNÇÃO

A criação de instrumentos financeiros deixou de encontrar efetivo cumprimento contratual em garantias reais como a hipoteca e o penhor, de modo que o mercado se adaptou por meio de maior utilização do contrato com garantia de alienação fiduciária (GOMES, 1971, p. 31 e CORDEIRO, 1998, p. 339).

Por meio da alienação fiduciária, transfere-se ao credor o domínio fiduciário e a posse indireta da coisa móvel ou imóvel alienada. Por ser peculiar à função econômica e aos interesses das partes, o devedor é possuidor direto e depositário do bem – fato que, normalmente, é essencial para o desempenho de uma atividade empresária estrategicamente baseada em tal instrumento.

VINCENZO ROPPO ressalta duas características gerais dos contratos fiduciários, com repercussões nos efeitos reais limitados pelos efeitos obrigacionais: (*a*) produção de efeitos reais de transferência da propriedade ao credor fiduciário; (*b*) produção de efeitos obrigacionais em favor do fiduciante, em especial a de retransferir a propriedade após o pagamento do débito (ROPPO, 2001, p. 681).

Observa-se, com suporte em LUCIANO DE CAMARGO PENTEADO, a clara função de permitir o adimplemento completo de uma obrigação de execução diferida, facultando ao credor cobrar o crédito sobre o bem. A eficácia pendente atua em favor do devedor, que tem a propriedade plena com o pagamento (PENTEADO, 2012, p. 529). Importante diferir, nessa ordem de ideias, que não se trata propriamente da propriedade resolúvel em estrito sentido. Com efeito, essa é propriedade de eficácia pendente, subordinada a evento futuro, como na compra e venda com reserva de domínio [*t. IV, §9, i. 4.1*], ao passo que a propriedade fiduciária tem eficácia pendente, com domínio transmitido ao credor para fins de garantia de dívida (MOREIRA ALVES, 1987, p. 45; PENTEADO, 2012, p. 529-530).

Conforme ensinamento de MOREIRA ALVES, a garantia decorre da conjugação da transferência da propriedade com o não desapossamento da coisa que era do devedor e que serve de garantia de pagamento, com evidente natureza contratual em tal avença (MOREIRA ALVES, 1987, p. 2 e 56). "Transmitida a propriedade para fim de garantia, sua resolução se opera no momento em que perde a função, regressando ao patrimônio do primitivo titular" (GOMES, 1971, p. 22).

Evidencia-se, com tais características, instrumento de crédito com reforço de garantia, posto que lastreado na fidúcia haurida na transferência do domínio em garantia da operação econômica. Como recebe a propriedade e a posse indireta do bem alienado, a instituição financeira aumenta a certeza e a agilidade no recebimento do crédito, reduzindo, de forma inversamente proporcional, o risco da operação. Em tese, também se constatam elementos de base objetiva contratual adequados para a redução de encargos financeiros da operação – nomeadamente, juros compensatórios, mais adequados ao risco de capital.

2. IDENTIFICAÇÃO DOS MARCOS LEGAIS

A alienação fiduciária foi introduzida no direito positivo brasileiro para bens móveis (veículos), por meio da Lei nº 4.728/65, com posterior regulação pelo Decreto nº 911/69, ainda para bens móveis. A complementação do Decreto acrescentou força ao cumprimento contratual inicialmente falho, conforme constata MOREIRA ALVES (MOREIRA ALVES, 1987, p. 16). O grande jurista relata dificuldade inicial na execução da garantia, sobrevivendo com o Decreto 911/69 a busca e apreensão do veículo, seguida da prisão civil pelo depósito infiel em caso de não apresentação do bem (que, de resto, persistiu como penalidade até julgamento, pelo STF, de aplicação do Pacto de San José da Costa Rica para direitos humanos e consolidação da Súmula Vinculante nº 25, que impede a prisão civil do depositário infiel). Não demorou para que a alienação fiduciária passasse a ser utilizada com financiamentos da atividade industrial, incluindo importação e exportação de máquinas e equipamentos, inclusive com o sistema de financiamento FINAME (RESTIFFE NETO, 1976, p. 62).

Seguiu-se a essa legislação a promulgação do CDC, com eficácia atrativa de contratos bancários para o âmbito de sua proteção (conforme arts. 2º e 3º do CDC e STF – ADI nº 2.051). Assim, os custos transacionais de respeito e tutela do consumidor também são trazidos para a alienação fiduciária em garantia, ainda que interempresarial.

Ainda em atenção a preceitos de mercado a atendendo ao que MARCELO TERRA ressaltou como descrédito da hipoteca (TERRA, 1998, p. 5), regulou-se no Brasil a alienação fiduciária de imóvel em garantia por meio da Lei nº 9.514/97. Na chamada "Lei do Agro" (Lei nº 13.986/2020), regulou-se também a alienação fiduciária de bens móveis e imóveis na CPR [*t. IV, §5.5*]. Além da certeza de tráfico da propriedade fiduciária, referida lei ainda trouxe a interessante – e severa – inovação de retirar do Poder Judiciário a consolidação da propriedade em caso de inadimplemento, transferindo tal prerrogativa às delegações (art. 236 da CF) dos Cartórios de Registro de Imóveis. O legislador se valeu do sistema de registros públicos imobiliários, porque o financiamento e respectiva garantia judiciária devem ser registrados no fólio real do imóvel. Além da publicidade na Matrícula, o registro consolida a eficácia pendente de transferência condicionada ao pagamento. Ocorrendo o inadimplemento do devedor, por notificação do Cartório de Registro ele é constituído em mora. O não pagamento ou purgação da mora no prazo de 15 dias são determinantes da eficácia plena da propriedade em favor do credor, que pode manejar posterior imissão na posse.

O novo instrumento aparelhou grande parte da expansão imobiliária de anos recentes. Se há melhor garantia para o banco, não se sabe se o advento de crise econômica poderá trazer a sobreoferta de ativos imobilizados e leilões de imóveis por instituições financeiras.

A afirmação se conecta a outra característica legal do contrato de alienação fiduciária: trata-se do conjunto de regras previstas nos arts. 1.361 a 1.368 do Código Civil. Pelo que dispõe o art. 1.364 do CC, vencida e não paga a dívida, fica o credor obrigado a vender a coisa a terceiros, aplicando o produto da alienação no pagamento de seu crédito e despesas de cobrança, com devolução do saldo, se houver.

Ao proprietário fiduciário é vedado ficar com o bem em seu acervo patrimonial (art. 1.365 do CC) (RESTIFFE NETO, 1976, p. 320).

Também o Código Civil trata conteúdo do contrato, previsto no art. 1.362. O contrato deve conter a menção ao total da dívida, prazo de pagamento, taxa de juros e discrição da coisa objeto de transferência, tudo sob pena de nulidade.

Fica manifesto o caráter de acessoriedade (PENTEADO, 2012, p. 530) da propriedade fiduciária. De qualquer modo, por este instrumento de crédito podem ser alienados móveis, imóveis e também créditos imobiliários – seja para gestão, seja para securitização[*t. IV, §1, i. 11*] (PENTEADO, 2012, p. 530). Exemplo disso são as Letras de Crédito Imobiliário (LCI) que, regidas pelo art. 12, *caput*, da Lei n° 10.931/2004, admitem a garantia de alienação fiduciária. Esse crédito cartularizado, aliás, é interessante instrumento para o financiamento imobiliário, já que o incorporador pode ser devedor fiduciante (TERRA, 1998, p. 75). Percebe-se, ainda, que as instituições financeiras encontraram contrato cambiariforme para aprisionamento de um conjunto de créditos, aptos inclusive à circulação por endosso e com fortes e efetivas garantias.

3. A SALVAGUARDA NA CRISE DA EMPRESA

Ainda que tenha sido construído o princípio da preservação da empresa como fundamento do art. 47 da Lei 11.101/2005 (LREF) (CEREZETTI, 2012, p. 315), a função econômica da garantia fiduciária erigiu uma salvaguarda para as instituições financeiras, alcunhada metajuridicamente de "trava bancária" (STJ – REsp n° 1.202.918) [*t. V, §2, i. 3.1*].

Acontece que os bens em alienação fiduciária não se submetem aos efeitos da recuperação judicial, havendo uma sobregarantia aos credores plenipotenciários para conseguir essa modalidade de cláusula acessória. É o que se extrai da combinação do art. 6°, § 4° e art. 49, § 3°, ambos da LREF, ressalvada a vedação de retirada de bens de capital essenciais à atividade empresarial [*t. V, §1, i. 6 e §2, i. 3.1*] (CHALHUB, 2006, p. 179).

Esse, aliás, o entendimento consolidado na jurisprudência do STJ, no REsp n° 1.207.117, que torna relevante a salvaguarda do crédito em função de sua própria característica: "Deveras, tais créditos são imunes aos efeitos da recuperação judicial, devendo ser mantidas as condições contratuais e os direitos de propriedade sobre a coisa, pois o bem é patrimônio do fiduciário, não fazendo parte do ativo da massa. Assim, as condições da obrigação advinda da alienação fiduciária não podem ser modificadas pelo plano de recuperação, com a sua novação, devendo o credor ser mantido em sua posição privilegiada" (STJ – REsp n° 1.207.117 – Rel. Min. LUIS FELIPE SALOMÃO).

Percebe-se que o contrato de alienação fiduciária não é atingido pelo efeito da novação (art. 59 da LREF) da aprovação do plano de recuperação. Além disso, o bem de capital essencial à atividade dado em garantia, não pode ser retirado do estabelecimento durante o prazo improrrogável de 180 dias, prorrogável uma única vez por mais 180 dias, mas fica livre ao credor depois desse interregno.

Sobrevindo falência, os bens podem ser restituídos ao credor fiduciário ou, sendo do interesse da massa falida, pode o contrato ser cumprido pelo administrador (art. 117 de LREF).

Em caso de retirada do bem, seja na falência, seja na recuperação, o saldo de crédito na venda é quirografário, por extensão de interpretação do art. 49, § 3°, da LREF.

4. CLÁUSULAS EMPRESARIAIS E PECULIARIDADES

A moldura do contrato de alienação também se aperfeiçoa com as especificações da jurisprudência. Em vista da transferência da propriedade fiduciária como garantia e as salvaguardas disso consequentes, formou-se um instrumento contratual desejado e muitíssimo utilizado.

Importante questão que se trava em doutrina é a utilização da alienação fiduciária por credor não bancário ou equiparado a instituição financeira (como as cooperativas de crédito). Nesse sentido, o STJ definiu, no RESP nº 144.776, que a preponderância da intermediação de crédito é determinante da utilização do contrato somente por instituições financeiras. Tal entendimento confirma estudo de ORLANDO GOMES, no qual ele admite as contragarantias que bancos de investimento podem tomar, quando garantem, por fiança ou aval, dívida contraída por um cliente em empréstimo externo (GOMES, 1988, p. 325).

Outras controvérsias perpassam a jurisprudência e auxiliam na moldura do contrato em análise, a partir dos entendimentos do Superior Tribunal de Justiça (CUEVA, 2011):

(a) Na vigência da Lei nº 10.931/2004, a purga da mora deve ocorrer com pagamento integral da dívida, sob para consolidação da propriedade do bem imóvel (STJ – RESP nº 1.418.593).

(b) a pena de perdimento atinge veículo de transporte usado para descaminho ou contrabando (STJ – AgRg no RESP nº 1.486.131).

(c) a caracterização da mora depende da notificação (STJ – ARESP nº 664.699).

(d) não há prestação de contas em financiamentos (STJ – RESP nº 1.293.558).

(e) bens móveis estão sujeitos a busca e apreensão (STJ – RESP nº 579.314).

(f) "crédito garantido por cessão fiduciária não se submete ao processo de recuperação judicial, uma vez que possui a mesma natureza de propriedade fiduciária, podendo o credor valer-se da chamada trava bancária" (STJ – AgRg no REsp 1.326.851. Também: REsp nº 1.437.988).

(g) como alternativa à supressão de bem utilizados na atividade produtiva, o STJ tem decidido manter "a ressalva final contida no §3º do art. 49 da Lei nº 11.101/2005 para efeito de permanência, com a empresa recuperanda, dos bens objeto da ação de busca e apreensão, quando se destinarem ao regular desenvolvimento das essenciais atividades econômico produtivas" (STJ – AgRg no CC 127.629/MT).

Jurisprudência

STJ – Súmula nº 28: O contrato de alienação fiduciária em garantia pode ter por objeto bem que já integrava o patrimônio do devedor.

STJ – Súmula nº 72: A comprovação da mora é imprescindível à busca e apreensão do bem alienado fiduciariamente.

STJ – 3ª – REsp nº 1.677.079 – Rel. Min. Ricardo Villas Bôas Cueva – j. 25/09/2018: "(...) 3. Não se admite a penhora do bem alienado fiduciariamente em execução promovida por terceiros contra o devedor fiduciante, haja vista que o patrimônio pertence ao credor fiduciário, permitindo-se, contudo, a constrição dos direitos decorrentes do contrato de alienação fiduciária. Precedentes (...)".

STJ – 3ª T. – AgInt nos EDcl no AREsp nº 1.009.521 – Rel. Min. Marco Aurélio Bellizze – j. 21/11/2017: "(...) 1. O STJ entende que não se submetem aos efeitos da recuperação judicial do devedor os direitos de crédito cedidos fiduciariamente por ele em garantia de obrigação representada por Cédula de Crédito Bancário existentes na data do pedido de recuperação, independentemente de a cessão ter ou não sido inscrita no registro de títulos e documentos do domicílio do devedor. 2. A exigência de registro, para efeito de constituição da propriedade fiduciária, não se faz presente no tratamento legal ofertado pela Lei n. 4.728/1995, em seu art. 66-B (introduzido pela Lei n. 10.931/2004) à cessão fiduciária de direitos sobre coisas móveis, bem como de títulos de crédito (bens incorpóreos e fungíveis, por excelência), tampouco com ela se coaduna. A constituição da propriedade fiduciária, oriunda de cessão fiduciária de direitos sobre coisas móveis e de títulos de crédito, dá-se a partir da própria contratação, afigurando-se, desde então, plenamente válida e eficaz entre as partes. A consecução do registro do contrato, no tocante à garantia ali inserta, afigura-se relevante, quando muito, para produzir efeitos em relação a terceiros, dando-lhes a correlata publicidade (...)".

Bibliografia: ALVIM, J.M. Arruda. Alienação fiduciária de bem imóvel. O contexto da inserção do instituto em nosso direito e em nossa conjuntura econômica. Características. RDP, 2. ALVES, J.C. MOREIRA. *Da alienação fiduciária em garantia*. 3. ed. Rio de Janeiro: Fórum, 1987. CERE-ZETTI, Sheila Cristina Neder. *A recuperação judicial de sociedades por ações*. 1. ed. São Paulo: Malheiros, 2014. CHALHUB, Melhim Namem. *Negócio fiduciário*. 3. ed. Rio de Janeiro: Renovar, 2006. CHALHUB, Melhim Namem. *Garantias nos contratos empresariais*. In: COELHO, Fabio Ulhoa (Coord.). *Tratado de direito comercial*. v. 8. São Paulo: Saraiva, 2015. GOMES, Orlando. *Alienação fiduciária em garantia*. São Paulo: Revista dos Tribunais, 1971. _____. *Novas questões de direito civil*. 2.ed. São Paulo: Saraiva, 1988. MENEZES CORDEIRO, Antônio. *Manual de direito bancário*. Coimbra: Almedina, 1998. PENTEADO, Luciano de Camargo. *Direitos reais*. 2. ed. São Paulo: Revista dos Tribunais, 2012. RESTIFFE NETO, Paulo. *Garantia fiduciária*. 2. ed. São Paulo: Revista dos Tribunais, 1976. RIZZARDO, Arnaldo. *Contratos de crédito bancário*. 7. ed. São Paulo: Revista dos Tribunais, 2007. ROPPO, Vincenzo. *Il contratto*. Milão: Giuffrè, 2001. SILVA, Luiz Augusto Beck da Silva. *Alienação fiduciária em garantia*. Rio de Janeiro: Forense, 1982. TERRA, Marcelo. *Alienação fiduciária de imóvel em garantia*. Porto Alegre: Sergio Fabris, 1998.

§23
LEASING (ARRENDAMENTO MERCANTIL)

1. CONCEITO E FUNÇÃO

O *leasing* ou arrendamento mercantil é contrato socialmente típico, bilateral, oneroso, comutativo, consensual, de trato sucessivo que inicia com o arrendamento do bem, mas tem características financeiras por permitir a aquisição do mesmo bem. Ao invés de adquirir bens sujeitos a grande depreciação e com peso nos ativos do balanço patrimonial, a opção do *leasing* permite que se tenha bens tecnologicamente modernos e uma despesa financeira que pode até ser usada como custo ou despesa operacional para fins tributários (art. 11 da Lei nº 6.099/74). "É, essencialmente, um negócio de crédito, ainda que vertido nos moldes da velha locação" (CORDEIRO, 1998, p. 557).

Portanto, cuida-se de contrato por meio do qual *uma instituição financeira arrendante[a] adquire e aluga determinado bem[b], a pedido de empresário-arrendatário[c] que terá, ao fim do contrato, a tripla opção de devolver o bem[d], renovar o contrato[e] ou adquiri-lo após o pagamento do valor residual fixado[f]*. Em termos legislativos, a Lei nº 6.099/74 cuida do tratamento tributário das operações de arrendamento mercantil, fixando os elementos de caracterização do contrato nos seguintes termos do art. 1º, parágrafo único: "Considera-se arrendamento mercantil, para os efeitos desta Lei, o negócio jurídico realizado entre pessoa jurídica, na qualidade de arrendadora, e pessoa física ou jurídica, na qualidade de arrendatária, e que tenha por objeto o arrendamento de bens adquiridos pela arrendadora, segundo especificações da arrendatária e para uso próprio desta".

(*a*) Por conter o elemento de financiamento operacional, o *leasing* é feito somente por pessoas jurídicas que tenham como objeto principal de sua atividade a prática de operações de arrendamento mercantil, pelos bancos múltiplos com carteira de arrendamento mercantil e pelas instituições financeiras que estejam autorizadas a contratar operações de arrendamento com o próprio vendedor do bem ou com pessoas jurídicas a ele coligadas ou interdependentes (art. 1º da Resolução CMN nº 4.977, de 16 de dezembro de 2021). Essa restrição se justifica porque o arrendador que financia a aquisição e circulação econômica do bem, com opção de aquisição. Afirma ARNALDO RIZZARDO ser esse o diferencial do *leasing* e de uma locação com opção de venda, porque há o "financiamento, numa operação específica que consiste na simbiose da locação, do financiamento e da venda" (RIZZARDO, 1996, p. 18). Essa qualificação jurídica também submete o contrato aos custos transacionais e moldura jurídica do CDC (STJ – REsp nº 1.074.756 – Min. NANCY ANDRIGHI) e ao controle e à fiscalização do BCB (art. 7º da Lei nº 6.099/74).

(*b*) A um só tempo, o arrendador adquire e se torna proprietário do bem, colocando-o em seguida à disposição do arrendatário, que passa a ter a posse direta do bem. O componente financeiro está nessa funcionalidade econômica, porque permite a utilização do bem, sem que o arrendatário desembolse valores substanciais. Ademais, essa propriedade se confirma inclusive se ocorrer a recuperação ou sobrevier a falência do arrendatário, com exclusão do bem em relação ao passivo da empresa em crise ou insolvente (art. 49, § 3º, da LREF) [*t. V, §2, i. 3.1*]. Os arrendadores não podem fazer operações de *leasing*, com sociedades coligadas ou interdependentes e com o próprio fabricante do bem arrendado (art. 21 da Resolução CMN nº 4.977/2021).

(*c*) O empresário-arrendatário receberá o bem em locação, devendo os valores em função desse uso. Entretanto, acode-lhe a potestatividade de escolha do destinado a ser dado ao bem (art. 6º, V, da Resolução CMN nº 4.977/2021). Inicialmente, a opção do arrendamento permite que o arrendatário lance os valores do *leasing* como despesa financeira, ao invés de ter os bens a pesar nos ativos contábeis. Outro ponto importante é que a composição do preço pago pelos arrendatários normalmente leva em consideração uma base econômica de valor de aquisição do bem, custos de captação dos recursos, despesas de operação, depreciação do bem pelo uso, lucro da operação e riscos contratuais.

(*d*) A primeira opção do arrendatário é a devolução do bem. Ela permite que bens com depreciação tecnológica sejam substituídos. Do lado do arrendador, haverá a adequada remuneração da locação, com estimativa de sobrepreço pela depreciação.

(*e*) A segunda opção é pactuar a renovação do contrato sobre os mesmos bens. O contato se extingue com o termo final e nova-se com o advento dessa opção. Em vista da depreciação, o equilíbrio econômico-financeiro do contrato deverá ser revisto.

(*f*) Finalmente, a característica financeira do contrato permite ao arrendatário optar pela aquisição do bem, por meio do pagamento do chamado valor residual, que é descrito no art. 11, § 2º, da Lei nº 6.099/74: "O preço de compra e venda, no caso do parágrafo anterior, será o total das contraprestações pagas durante a vigência do arrendamento, acrescido da parcela paga a título de preço de aquisição". Portanto, ao preço da locação acrescenta-se o valor residual, estimado pelas partes no contrato de acordo com fatores como preço do bem e estimativa de depreciação durante o prazo do contrato. Nesse sentido, orienta ARNALDO RIZZARDO: "o tipo de aparelhamento determinará um índice próprio de depreciação e de valor residual. Aquele considerado facilmente vendável, como é a hipótese de veículos, terá uma taxa maior para a opção. Por uma questão de lógica, a depreciação alcançará um teto menor. Mas, se o arrendador vendedor não encontra facilidades para a venda ou o rearrendamento da máquina, esta realidade imporá a cobrança de uma depreciação bem superior, na ordem de noventa por cento do preço, além da remuneração do investimento" (RIZZARDO, 1996, p. 73).

Ao preponderar como instrumento financeiro, desenvolveu-se na técnica bancária a cláusula de antecipação do valor residual, significando parcelamento adiantado da opção de compra. Portanto, por meio da cláusula de valor residual garantido (VRG), a opção de compra já é adiantada no instrumento contratual, com parcelamento antecipado do pagamento do bem. Sustenta-se, ainda, que o VRG é o valor mínimo a ser recebido pela arrendadora na venda a terceiros do bem arrendado, se não for implementada a opção de compra.

Portanto, o arrendatário poderá ficar com o bem (VR) ou liquidá-lo com devolução, remunerando a arrendadora (VRG). Dessa forma, o VRG acaba por se constituir em garantia de valor mínimo, caso o arrendatário não fique com o veículo, o que motivou a consolidação de entendimento do STJ no REsp nº 1.099.212 sob regime de recursos repetitivos e Súmula nº 564.

Inicialmente, a cláusula passou por questionamentos na doutrina e na jurisprudência, em razão de descaracterizar a *causa* do *leasing* e caracterizá-lo como mera compra e venda de prestações parceladas. Editou-se até mesmo o Enunciado nº 263 da Súmula do STJ, posteriormente cancelado. Acontece que, em interpretações posteriores, o VRG passou a ser tratado como passivo do arrendador e ativo do arrendatário, valor caucionado ou dado em garantia que não tira a eficácia das opções de renovar o contrato ou devolver o bem. Em razão da mudança de interpretação o STJ editor o Enunciado nº 293 da Súmula, com o seguinte teor: "A cobrança antecipada do valor residual garantido (VRG) não descaracteriza o contrato de arrendamento mercantil". Todavia, em caso de inadimplemento e extinção do contrato, se o produto da soma do VRG quitado com o valor da venda do bem for maior que o total pactuado como VRG na contratação, será direito do arrendatário receber a diferença, depois do desconto de outras despesas ou encargos contratuais (STJ – Súmula 564).

Jurisprudência

STJ – Súmula 293: A cobrança antecipada do valor residual garantido (VRG) não descaracteriza o contrato de arrendamento mercantil.

STJ – Súmula 564: No caso de reintegração de posse em arrendamento mercantil financeiro, quando a soma da importância antecipada a título de valor residual garantido (VRG) com o valor da venda do bem ultrapassar o total do VRG previsto contratualmente, o arrendatário terá direito de receber a respectiva diferença, cabendo, porém, se estipulado no contrato, o prévio desconto de outras despesas ou encargos pactuados.

Recurso Repetitivo: STJ – 2ª Seção – REsp nº 1.099.212 – Rel. Min. Ricardo Villas Bôas Cueva – j. 27/02/2013: "(...) 1. Para os efeitos do artigo 543-C do CPC: "Nas ações de reintegração de posse motivadas por inadimplemento de arrendamento mercantil financeiro, quando o produto da soma do VRG quitado com o valor da venda do bem for maior que o total pactuado como VRG na contratação, será direito do arrendatário receber a diferença, cabendo, porém, se estipulado no contrato, o prévio desconto de outras despesas ou encargos contratuais".

Excurso

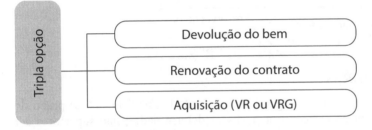

2. CARACTERÍSTICAS

As características do *leasing* podem emoldurar basicamente 3 modalidades:

(*a*) *leasing financeiro*: cuida-se da modalidade mais comum, porque nela é prevista a contraprestação em valor suficiente para que a arrendadora recupere o custo do bem arrendado e obtenha retorno do capital investido, ao longo da vigência do contrato. O preço para a opção de compra poderá ser o valor de mercado do bem.

(*b*) *leasing operacional*: prepondera nessa modalidade a locação do bem, de modo a integrá-lo operacionalmente à atividade empresarial. Nessa modalidade, o próprio fabricante do bem assume posição de arrendador e financiador da operação, por meio de bancos múltiplos ou sociedades de arrendamento mercantil de seu grupo econômico, de modo que além da permanência do bem no arrendatário, prestam-se-lhe serviços de assistência técnica. O art. 4º, inciso I, da Resolução CMN nº 4.977/2021 prevê os elementos da modalidade: a) as contraprestações a serem pagas pela arrendatária contemplam o custo de ar-rendamento do bem e os serviços inerentes à sua colocação à disposição da arren-datária, não podendo o valor presente dos pagamentos ultrapassar 90% do custo do bem arrendado; b) o prazo efetivo do arrendamento mercantil seja inferior a 75% do prazo de vida útil econômica do bem arrendado; c) o preço para o exercício da opção de compra seja o valor de mercado do bem arrendado; d) o contrato não preveja pagamento de valor residual garantido; e) o bem arrendado seja suficientemente genérico, de modo a possibilitar seu arrendamento subsequente a outra arrendatária sem modificações significativas; e f) as perdas decorrentes do cancelamento do con-trato após o período de cancelamento improvável não sejam suportadas substanci-almente pela arrendatária.

(*c*) *leasing back*: nesse caso, ao precisar de capital para sua atividade, o proprietário aliena o bem para a instituição financeira, que faz o aporte de recurso. Ato contínuo, arrenda-se em retorno o mesmo bem, permitindo-se o ingresso de recursos financeiros na atividade empresarial. O proprietário se torna arrendatário com as opções do *leasing* (renovação, devolução ou reaquisição). A posse direta do bem nunca sai do arrendatário, somente a qualidade de proprietário que se altera para arrendatário. Desse ponto em diante, aplicam-se as regras do leasing financeiro (art. 9º Lei 6.099/74 e o art. 11 da Resolução CMN nº 4.977/2021).

O *leasing back* não pode ser contratado tendo a pessoa física como arrendatária (art. 11, inciso II, da Resolução CMN nº 4.977/2021).

Excurso

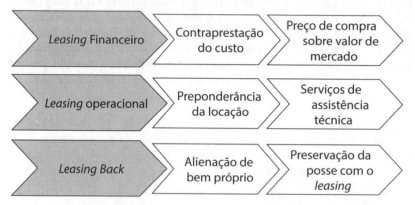

3. CLÁUSULAS PECULIARES

O conteúdo do contrato tem previsão geral no art. 5º da Lei nº 6.009/74: a) prazo do contrato; b) valor de cada contraprestação por períodos determinadas, não superiores a 1 semestre; c) opção de compra ou renovação de contrato, como faculdade do arrendatário; d) preço para opção de compra ou critério para sua fixação, quando for estipulada esta cláusula.

Entretanto, o art. 6º da Resolução CMN nº 4.977/2021 especifica com mais precisão o contrato de arrendamento, formalizado por instrumento público ou particular, contendo, no mínimo, as seguintes especificações: I – a descrição dos bens que constituem o objeto do contrato, com todas as características que permitam sua perfeita identificação; II – o prazo de arrendamento; III – o valor das contraprestações ou a fórmula de cálculo das contraprestações, bem como o critério para seu reajuste; IV – a forma de pagamento das contraprestações por períodos determinados, não superiores a 1 (um) semestre, salvo no caso de operações que beneficiem atividades rurais, quando o pagamento pode ser fixado por períodos não superiores a 1 (um) ano; V – as condições para o exercício por parte da arrendatária do direito de optar pela renovação do contrato, pela devolução dos bens ou pela aquisição dos bens arrendados; VI – a concessão à arrendatária de opção de compra dos bens arrendados, devendo ser estabelecido o preço para seu exercício ou critério utilizável na sua fixação; VII – a taxa equivalente aos encargos financeiros da operação; VIII – as despesas e os encargos adicionais, inclusive despesas de assistência técnica, manutenção e serviços inerentes à operacionalidade dos bens arrendados; IX – as condições para eventual substituição dos bens arrendados, inclusive na ocorrência de sinistro, por outros da mesma natureza, que melhor atendam às conveniências da arrendatária, devendo a substituição ser formalizada por intermédio de aditivo contratual; X – as demais responsabilidades que vierem a ser convencionadas, em decorrência de: a) uso indevido ou impróprio dos bens arrendados; b) seguro previsto para cobertura de risco dos bens arrendados; c) danos causados a terceiros pelo uso dos bens; e d) ônus advindos de vícios dos bens arrendados; XI – a faculdade de a arrendadora vistoriar os bens objeto de arrendamento e de exigir da arrendatária a adoção de providências indispensáveis à preservação da integridade dos referidos bens; XII – as obrigações da arrendatária, nas hipóteses de: a) inadimplemento; e b) destruição, perecimento ou desaparecimento dos bens arrendados; e XIII – a faculdade de a arrendatária transferir a terceiros no País, desde que haja anuência expressa da arrendadora, os direitos e obrigações decorrentes do contrato, com ou sem responsabilidade solidária.

Relativamente ao prazo, o art. 7º da Resolução CMN nº 4.977/2021 conduz para os seguintes parâmetros:

I – para o arrendamento mercantil financeiro:

a) 2 (dois) anos, compreendidos entre a data de entrega dos bens à arrendatária, consubstanciada em termo de aceitação e recebimento dos bens, e a data de vencimento da última contraprestação, quando se tratar de arrendamento de bens com vida útil igual ou inferior a 5 (cinco) anos; e

b) 3 (três) anos, compreendidos entre a data de entrega dos bens à arrendatária, consubstanciada em termo de aceitação e recebimento dos bens, e a data de vencimento da última contraprestação, quando se tratar de arrendamento de bens com vida útil superior a 5 (cinco) anos; e

II – para o arrendamento mercantil operacional, 90 (noventa) dias.

4. EXTINÇÃO

A extinção do contrato de *leasing* pode se dar pelas causas descritas anteriormente [*t. IV, §8, i. 7*], o que inclui o distrato, o termo final e o inadimplemento contratual. Nesse último caso, a extinção por inadimplemento gera-se o dever de restituição do bem ao arrendador e "o cumprimento das parcelas vencidas e não pagas até a efetiva entrega do bem pelo arrendatário, ressalvada a devolução ou compensação dos valores pagos antecipadamente a título de VRG" (STJ – AgRg no AREsp nº 51.611/SP – Min. Maria Isabel Gallotti).

Jurisprudência

STJ – 4ª T. – REsp nº 1.292.182 – Rel. Min. Luis Felipe Salomão – j. 29/09/2016: "(...) 2. Orienta o enunciado da Súmula 369/STJ que, no contrato de arrendamento mercantil (*leasing*), ainda que haja cláusula resolutiva expressa, é necessária a notificação prévia do arrendatário para constituí-lo em mora. Contudo, cumpre ressaltar que essa notificação é apenas, a exemplo dos contratos garantidos por alienação fiduciária, mera formalidade para a demonstração do esbulho e para propiciar a oportuna purga da mora (antes do ajuizamento da ação de reintegração de posse). 3. Por um lado, a própria redação atual do art. 2º, § 2º, do Decreto-Lei n. 911/1969 é expressa a respeito de que a mora decorre do simples vencimento do prazo para pagamento. Por outro lado, conforme a atual redação do mencionado dispositivo, promovida pela Lei n. 13.043/2014, o entendimento até então consagrado pela jurisprudência do STJ, acerca da necessidade de notificação via cartório, foi considerado, por própria opção do legislador, formalidade desnecessária. 4. Consoante a lei vigente, para a comprovação da mora, basta o envio de notificação por carta registrada com aviso de recebimento, não se exigindo que a assinatura constante no referido aviso seja a do próprio destinatário. Com efeito, como não se trata de ato necessário para a caracterização/constituição da mora – que é *ex re* –, não há impossibilidade de aplicação da nova solução, concebida pelo próprio legislador, para casos anteriores à vigência da Lei n. 13.043/2014. 5. Com efeito, a demonstração da mora em alienação fiduciária ou leasing – para ensejar, respectivamente, o ajuizamento de ação de busca e apreensão ou de reintegração de posse – pode ser feita mediante protesto, por carta registrada expedida por intermédio do cartório de títulos ou documentos, ou por simples carta registrada com aviso de recebimento – em nenhuma hipótese, exige-se que a assinatura do aviso de recebimento seja do próprio destinatário (...)".

STJ – 4ª T. – AgRg no AREsp nº 51.611 – Rel. Min. Maria Isabel Gallotti – j. 20/09/2012: "(...) 1. 'Com a resolução do contrato de arrendamento mercantil por inadimplemento do arrendatário e a consequente reintegração do bem na posse da arrendadora, é devido o cumprimento das parcelas vencidas e não pagas até a efetiva entrega do bem pelo arrendatário, ressalvada a devolução ou compensação dos valores pagos antecipadamente a título de VRG.' (AgRg no AREsp 38.824/SC, Rel. Ministro RAUL ARAÚJO, QUARTA TURMA, julgado em 22/05/2012, DJe 01/08/2012) 2. Não se admite a adição de argumentos em sede de agravo regimental sobre questões não levantadas anteriormente, seja pela preclusão, seja pela inadmissível inovação de teses".

STJ – 4ª T. – AgRg no Ag nº 1.383.974 – Rel. Min. Luis Felipe Salomão – j. 13/12/2011: "(...) 1. A jurisprudência do STJ se posiciona firme no sentido que a revisão das cláusulas contratuais pelo Poder Judiciário é permitida, mormente diante dos princípios da boa-fé objetiva, da função social dos contratos e do dirigismo contratual, devendo ser mitigada a força exorbitante que se atribuía ao princípio do pacta sunt servanda. Precedentes. 2. Com a resolução do contrato de arrendamento mercantil por inadimplemento do arrendatário e a consequente reintegração do bem na posse da arrendadora, faz-se devido o cumprimento das parcelas vencidas e em aberto até a retomada do bem pelo arrendatário, ressalvando seu direito quanto à devolução ou compensação em seu favor dos valores pagos antecipadamente a título de VRG. A diluição do valor residual ao longo do prazo contratual, cuja cobrança é feita juntamente com as parcelas das contraprestações, não impede que o arrendatário, por sua livre opção e interesse, desista da compra do bem objeto do contrato de leasing. Retomada a posse direta do bem pela arrendadora, extingue-se a possibilidade de o arrendatário exercer a opção da compra; por conseguinte, o valor residual, que antecipadamente vinha sendo pago para essa finalidade, deve ser devolvido. Precedentes (...)".

STJ – REsp nº 1.051.270 – Rel. Min. Luis Felipe Salomão – j. 04/08/2011: "(...) 1. É pela lente das cláusulas gerais previstas no Código Civil de 2002, sobretudo a da boa-fé objetiva e da função social, que deve ser lido o art. 475, segundo o qual '[a] parte lesada pelo inadimplemento pode pedir a resolução do contrato, se não preferir exigir-lhe o cumprimento, cabendo, em qualquer dos casos, indenização por perdas e danos'. 2. Nessa linha de entendimento, a teoria do substancial adimplemento visa a impedir o uso desequilibrado do direito de resolução por parte do credor, preterindo desfazimentos desnecessários em prol da preservação da avença, com vistas à realização dos princípios da boa-fé e da função social do contrato. 3. No caso em apreço, é de se aplicar a da teoria do adimplemento substancial dos contratos, porquanto o réu pagou: '31 das 36 prestações contratadas, 86% da obrigação total (contraprestação e VRG parcelado) e mais R$ 10.500,44 de valor residual garantido'. O mencionado descumprimento contratual é inapto a ensejar a reintegração de posse pretendida e, consequentemente, a resolução do contrato de arrendamento mercantil, medidas desproporcionais diante do substancial adimplemento da avença. 4. Não se está a afirmar que a dívida não paga desaparece, o que seria um convite a toda sorte de fraudes. Apenas se afirma que o meio de realização do crédito por que optou a instituição financeira não se mostra consentâneo com a extensão do inadimplemento e, de resto, com os ventos do Código Civil de 2002. Pode, certamente, o credor valer-se de meios menos gravosos e proporcionalmente mais adequados à persecução do crédito remanescente, como, por exemplo, a execução do título".

Bibliografia: ABDALLA, Guilherme de A. C. *O valor residual garantido em contratos de arrendamento mercantil financeiro*. RDM, 133/143. ANDRADE, Jorge Pereira. *Arrendamento Mercantil*. In: CAHALI, Yussef Said (e.al.) (coord.). *Contratos Nominados*. São Paulo: Saraiva, 1995. CARNEIRO, Athos Gusmão. Leasing: O Contrato de 'Leasing' financeiro e as ações revisionais. *Revista Jurídica*, Síntese, 237/5. COMPARATO, Fábio Konder. Contrato de *Leasing*. RT, 389/7. CORDEIRO, Antonio Menezes. *Manual de direito bancário*. Coimbra: Almedina, 1998. MANCUSO, Rodolfo Camargo. *Apontamentos sobre o contrato de leasing*. São Paulo: Revista dos Tribunais. 1978. RIZZARDO, Arnaldo. *Leasing: arrendamento mercantil no direito brasileiro*. 2. ed. São Paulo: RT, 1996. WALD, Arnoldo. A Introdução do "Leasing" no Brasil. *RT*, 415/9. WALD, Arnoldo. Histórico e Desenvolvimento do "Leasing". *RDM*, 10/25. WALD, Arnoldo. *Arrendamento mercantil. O princípio da liberdade das convenções. Elementos estruturais e funcionais do leasing*. RDM, 130/247.

§24
FATURIZAÇÃO (*FACTORING*)

1. CONCEITO E FUNÇÃO

O contrato de faturização ou *factoring* é socialmente típico do direito brasileiro, com contornos ainda dados pela jurisprudência e por legislação tributária que auxilia na interpretação do negócio. Por ser assim, ainda é operação de grande risco para o operador de *factoring*, faltando-lhe marco legal que faz aumentar sobremaneira os custos para as partes.

Cuida-se de contrato bilateral entre *o faturizador e o faturizado*[a] *para o desempenho de serviço de administração, recebimento, intermediação e assessoria de faturamento em operações de fomento comercial*[b], *por meio da cessão de direitos creditórios de terceiros*[c].

(*a*) O *factoring* é operação de fomento de crédito, por meio de serviço especializado no faturizador. Difere fundamentalmente das operações bancárias porque a empresa faturizadora não é intermediadora de operações passivas de recebimento de depósitos e negócios ativos de empréstimo, conforme art. 17 da Lei nº 4.595/64 [*t. IV, §21, i. 1*]. Ao contrário, o faturizador trabalha com capitais próprios em operação de risco exclusivo, justificando os maiores custos operacionais e de custo do capital, encarecendo as taxas e gerando insegurança quanto ao possível percentual de juros. A remuneração se dá por meio de comissões e taxas de administração dos serviços.

(*b*) A função do *factoring* é o serviço de fomento e gestão de crédito, com assessoria e administração de recebimentos de carteira do faturizado, além da possibilidade de financiamento (Castro, 2017, p. 432). É função que se extrai na determinação de fato gerador da legislação tributária, conforme art. 15, § 1º, inciso III, alínea "d", da Lei nº 9.249/95: "prestação cumulativa e contínua de serviços de assessoria creditícia, mercadológica, gestão de crédito, seleção de riscos, administração de contas a pagar e a receber, compra de direitos creditórios resultantes de vendas mercantis a prazo ou de prestação de serviços (*factoring*)".

(*c*) A transferência de direitos creditórios – seja com a declaração cambial do endosso em títulos de crédito, seja por meio de cessão de direitos [*t. IV, §1, i. 6.3.5*] – é instrumento inerente ao negócio de faturização. O faturizador recebe os direitos creditórios, tornando-se credor e, após abater juros, comissões e taxas, repassando o valor para o faturizado. É inerente ao contrato que o faturizador assuma os riscos remunerados pelas comissões, de como que a transferência de valores normalmente se dá sem a coobrigação ou garantia do faturizado. Ou seja, os títulos de créditos são transmitidos com o endosso sem garantia [*t. IV, §1, i. 6.3.3*] e as cessões de crédito são feitas sem solidariedade (art. 15 da LUG e art. 25 da LDupl). Em resumo, o faturizador assume o risco pelo não pagamento pelo devedor dos títulos negociados.

Além da ausência de intermediação, a assunção de riscos e a transferência dos direitos creditórios sem garantia do faturizado são as principais diferenças entre o *factoring* e o contrato de desconto bancário [*t. IV, §21, i. 5.2*].

O exemplo mais simples e comum seria o seguinte: A vende mercadorias para B. Emite nota fiscal e respectiva duplicata representativa da venda, para pagamento em 30 dias. Necessitando de recursos, A celebra contrato de *factoring* com F, com endosso da duplicata sem garantia para F, que passa a ser o credor. B passa a dever o valor da duplicata para F. Por sua vez, F repassa para A os valores da duplicata – com desconto de seus custos operacionais de juros e comissões.

Jurisprudência

STJ – 1ª T. – AgInt no REsp nº 1.681.860 – Rel. Min. Gurgel de Faria – j. 22/05/2018: "(...) 2. A Primeira Seção desta Corte Superior de Justiça, quando do julgamento dos EREsp n. 1.236.002/ ES, da relatoria do Min. Napoleão Nunes Maia Filho, fixou o entendimento segundo o qual é desnecessária a inscrição das empresas de factoring nos conselhos regionais de administração nas hipóteses em que as respectivas atividades tenham natureza eminentemente mercantil, isto é, não abarquem gestões estratégicas, técnicas e programas de execução cujo objetivo seja o desenvolvimento de empresas (...)".

STJ – 4ª T. – REsp nº 1.343.313 – Rel. Min. Antonio Carlos Ferreira – j. 01/06/2017: "(...) 1. Se a empresa de factoring figura como cessionária dos direitos e obrigações estabelecidos em contrato de compra e venda em prestações, de cuja cessão foi regularmente cientificado o devedor, é legítima para responder a demanda que visa à revisão das condições contratuais (...)".

STJ – 4ª T. – REsp nº 1.726.161 – Rel. Min. Luis Felipe Salomão – j. 06/08/2018: "(...) o FIDC, de modo diverso das atividades desempenhadas pelos escritórios de *factoring*, opera no mercado financeiro (vertente mercado de capitais) mediante a securitização de recebíveis, por meio da qual determinado fluxo de caixa futuro é utilizado como lastro para a emissão de valores mobiliários colocados à disposição de investidores. Consoante a legislação e a normatização infralegal de regência, um FIDC pode adquirir direitos creditórios por meio de dois atos formais: o endosso, cuja disciplina depende do título de crédito adquirido, e a cessão civil ordinária de crédito, disciplinada nos arts. 286-298 do CC, pro soluto ou pro solvendo (...)".

2. CARACTERÍSTICAS

Em vista da função descrita, apontam-se as seguintes características:

(*a*) Aquisição de créditos, com prestação de serviços de fomento com administração de faturamento;

(*b*) Assunção de riscos pelo faturizador de receber os valores cedidos pelo faturizado. Os títulos são recebidos *pro soluto*, ou seja, os documentos se prestam ao pagamento e quitação da obrigação entre faturizador e faturizado. Via de regra, é incabível o direito de regresso contra o faturizado, porque se operou a transferência definitiva do crédito com exoneração de responsabilidade pela satisfação da dívida. É da essência da avença a responsabilidade do faturizador pelos riscos da impontualidade e da insolvência do emitente do título, sem corresponsabilidade do faturizado pela solvência do devedor (MARTINS, 2018, p. 393).

A matéria é bastante controversa, porque faz parte da descrição da causa do contrato de *factoring*, mas a ausência de uma previsão legal específica sobre o assunto torna dependente do entendimento da jurisprudência e também de restrições provenientes da legislação do título de crédito transferido por endosso. Um percurso da jurisprudência do STJ auxilia a visualizar a polêmica: (*a*) no REsp nº 820.672, em relação ao cheque, que salvo estipulação expressa na cártula, a endossante-faturizada garante o pagamento do cheque à endossatária-faturizadora em razão do que prevê o art. 21 da LCh; (*b*) no REsp nº 992.421 e no AgRg no Ag nº 1.071.538, acolhe-se a cláusula de não garantia no endosso em nota promissória; (c) no REsp nº 1.305.637 foi reconhecida a validade do aval dado por faturizada em nota promissória; (d) no AgInt no AREsp nº 638.055 foi reconhecido que a faturizadora não tem direito de regresso contra a faturizada sob alegação de inadimplemento de duplicatas, porque esse risco é da essência do contrato de *factoring*; (e) no REsp nº 1.711.412 entendeu-se que, ressalvada a existência do próprio crédito, a faturizada/cedente não responde, em absoluto, pela insolvência dos créditos cedidos, afigurando-se nulos a disposição contratual nesse sentido e eventuais títulos de créditos emitidos com o fim de garantir a solvência dos créditos cedidos no bojo de operação de *factoring*, cujo risco é integral e exclusivo da faturizadora.

Jurisprudência

STJ – 3ª T. – REsp nº 1.711.412 – Rel. Min. Marco Aurélio Bellizze – j. 04/05/2021: "(...) 2. O contrato de factoring não se subsume a uma simples cessão de crédito, contendo, em si, ainda, os serviços prestados pela faturizadora de gestão de créditos e de assunção dos riscos advindos da compra dos créditos da empresa faturizada. O risco advindo dessa operação de compra de direitos creditórios, consistente justamente na eventual inadimplência do deve-dor/sacado, constitui elemento essencial do contrato de *factoring*, não podendo ser transferido à faturizada/cedente, sob pena de desnaturar a operação de fomento mercantil em exame. 2.1 A natureza do contrato de *factoring*, diversamente do que se dá no contrato de cessão de crédito puro, não dá margem para que os contratantes, ainda que sob o signo da autonomia de vontades que regem os contratos em geral, estipulem a responsabilidade da cedente (faturizada) pela solvência do devedor/sacado. Por consectário, a ressalva constante no art. 296 do Código Civil – *in verbis*: "Salvo estipulação em contrário, o cedente não responde pela solvência do devedor" – não tem nenhuma aplicação no contrato de *factoring*. 3. Ratificação do posicionamento prevalecente no âmbito desta Corte de Justiça, segundo o qual, no bojo do contrato de *factoring*, a faturizada/cedente não responde, em absoluto, pela insolvência dos créditos cedidos, afigurando-se nulos a disposição contratual nesse sentido e eventuais títulos de créditos emitidos com o fim de garantir a solvência dos créditos cedidos no bojo de operação de *factoring*, cujo risco é integral e exclusivo da faturizadora. Remanesce, contudo, a responsabilidade da faturizadora pela existência do crédito, ao tempo em que lhe cedeu (pro soluto). Divergência jurisprudencial afastada. 4. A obrigação assumida pelo avalista, responsabilizando-se solidariamente pela obrigação contida no título de crédito é, em regra, autônoma e independente daquela atribuída ao devedor principal. O avalista equipara-se ao avalizado, em obrigações. Sem descurar da autonomia da obrigação do avalista, assim estabelecida por lei, com relevante repercussão nas hipóteses em que há circulação do título, deve-se assegurar ao avalista a possibilidade de opor-se à cobrança, com esteio nos vícios que inquinam a própria relação originária (engendrada entre credor e o avalizado), quando, não havendo circulação do título, o próprio credor, imbuído de má-fé, é o responsável pela extinção, pela nulidade ou pela inexistência da obrigação do avalizado. 4.1 É de se reconhecer, para a hipótese retratada nos presentes autos, em que não há circulação do título, a insubsistência do aval aposto nas notas promissórias emitidas para garantir a insolvência dos créditos cedidos em operação de *factoring*. Afinal, em atenção à impossibilidade de a faturizada/cedente responder pela insolvência dos créditos cedidos, afigurando-se nula a disposição contratual nesse sentido, a comprometer a própria existência de eventuais títulos de créditos emitidos com o fim de garantir a operação de fomento mercantil, o aval ali inserido torna-se, de igual modo, insubsistente. 4.2 Esta conclusão, a um só tempo, obsta o enriquecimento indevido por parte da faturizadora, que sabe ou deveria saber não ser possível transferir o risco da operação de *factoring* que lhe pertence com exclusividade, e não compromete direitos de terceiros, já que não houve circulação dos títulos em comento (...)".

STJ – 3ª T. – REsp nº 820.672 – Rel. Min. Humberto Gomes de Barros – j. 06/03/2008: "(...) Salvo estipulação em contrário expressa na cártula, a endossante-faturizada garante o pagamento do cheque a endossatária-faturizadora (Lei do Cheque, Art. 21)".

STJ – 3ª T. – REsp nº 992.421 – Rel. Min. João Otavio de Noronha – j. 21/08/2008: "(...) 1. O contrato de factoring convencional é aquele que encerra a seguinte operação: a empresa-cliente transfere, mediante uma venda cujo pagamento dá-se à vista, para a empresa especializada em fomento mercantil, os créditos derivados do exercício da sua atividade empresarial na relação comercial com a sua própria clientela – os sacados, que são os devedores na transação mercantil. 2. Nada obstante os títulos vendidos serem endossados à compradora, não há por que falar em direito de regresso contra o cedente em razão do seguinte: (a) a transferência do título é definitiva, uma vez que feita sob o lastro da compra e venda de bem imobiliário, exonerando-se o endossante/cedente de responder pela satisfação do crédito; e (b) o risco assumido pelo faturizador é inerente à atividade por ele desenvolvida, ressalvada a hipótese de ajustes diversos no contrato firmado entres as partes (...)"

STJ – 3ª T. – AgRg no Ag nº 1.071.538 – Rel. Min. Massami Uyeda – j. 03/02/2009: "(...) Realização de empréstimos e de desconto de títulos com garantia de direito de regresso – Impossibilidade – Prática privativa de instituições financeiras integrantes do sistema financeiro nacional (...)".

STJ – 3ª T. – REsp nº 1.305.637 – Rel. Min. Nancy Andrighi – j. 24/09/2013: "(...) 2. Discute-se, quando executadas notas promissórias dadas em garantia da existência de crédito cedido em contrato de factoring, se é ônus do devedor demonstrar a inocorrência dessa causa. 3. Sendo o embargado avalista das notas promissórias executadas, é-lhe vedado sustentar a inexistência da causa que pautou a emissão das notas promissórias executadas, dada a autonomia que emana do aval e a natureza de exceção pessoal dessa defesa (...)".

STJ – 4ª T. – AgInt no AREsp nº 638.055 – Rel. Min. Raul Araújo – j. 17/05/2016: "(...) 1. A faturizadora não tem direito de regresso contra a faturizada sob alegação de inadimplemento dos títulos transferidos, porque esse risco é da essência do contrato de factoring. Precedentes. 2. A duplicata, regulada pela Lei 5.474/1968, constitui título causal que só pode ser emitido para documentar determinadas relações jurídicas preestabelecidas pela sua lei de regência, quais sejam: (a) compra e venda mercantil; ou (b) contrato de prestação de serviços. 3. No caso, da moldura fática delineada no v. acórdão recorrido, fica claro que as duplicatas decorrem de contrato de factoring, emitidas em face da inadimplência dos títulos objeto do contrato da faturização (...)".

(c) Sendo risco operacional assumido, o faturizador deve fazer firme averiguação de validade e causa nos títulos ou créditos que vai receber;

(d) O faturizador poderá fazer cobrança de comissão, taxa de administração e juros. Nesse último caso, por não ser instituição financeira, não poderá haver cobrança de juros usurários e que ultrapassem os limites legais, com os efeitos de nulidade de cláusula de juros abusivos, nos moldes da Medida Provisória nº 2.172-32/2001. Entendeu o STJ que, por não serem integrantes do Sistema Financeiro Nacional, as sociedades de *factoring* não podem praticar juros compensatórios superiores a 12% ao ano (STJ – REsp nº 1.048.341 – Min. Aldir Passarinho).

Jurisprudência

STJ – 4ª T. – AgRg-AI nº 1.406.607 – Rel. Min. Antonio Carlos Ferreira – DJe 29.09.2015: "A orientação desta Corte é no sentido de que as exceções pessoais originariamente oponíveis pelos devedores ao faturizado são oponíveis à faturizadora, nova credora. Precedentes (...)".

STJ – 4ª T. – AgInt no REsp nº 1.015.617 – Rel. Min. Raul Araújo – j. 13/12/2016: "(...) 1. No contrato de factoring, a transferência dos créditos não se opera por simples endosso, mas por cessão de crédito, subordinando-se, por consequência, à disciplina do art. 294 do Código Civil, contexto que autoriza ao devedor a oponibilidade das exceções pessoais em face da faturizadora. Precedentes (...)".

STJ – 3ª T. – AgRg no REsp nº 1.283.369 – Rel. Min. João Otávio de Noronha – j. 04/02/2016: "(...) É possível a oposição de exceções pessoais à faturizadora, visto que recebe o cheque por força de contrato de cessão de crédito, cuja origem é – ou pelo menos deveria ser – objeto de análise, o que faz com que não se equipare a terceiros a quem o título pudesse ser transferido por endosso e cuja boa-fé os princípios da autonomia e abstração visam proteger (...)".

STJ – 3ª T. – AgRg no REsp nº 1.537.003 – Rel. Min. Paulo de Tarso Sanseverino – j. 01/09/2015: "3. 'No contrato de factoring, em que há profundo envolvimento entre faturizada e faturizadora e amplo conhecimento sobre a situação jurídica dos créditos objeto de negociação, a transferência desses créditos não se opera por simples endosso, mas por cessão de crédito, hipótese que se subordina à disciplina do art. 294 do Código Civil.' (REsp 1439749/RS, Relator Ministro JOÃO OTÁVIO DE NORONHA, TERCEIRA TURMA, julgado em 02/06/2015, DJe 15/06/2015) (...)".

STJ – 2ª T. – AgInt no AREsp nº 1.055.292 – Rel. Min. Mauro Campbell Marques – j. 12/06/2018: "(...) A receita correspondente à diferença entre o valor de aquisição e o valor de face dos títulos ou direito creditório (factoring) resultante de vendas mercantis a prazo ou de prestação de serviços não se caracteriza como receita financeira para fins de incidência de alíquota zero de PIS e COFINS (...)".

STJ – 4ª T. – REsp nº 1.048.341 – Min. Aldir Passarinho – j. 10/02/2009: "(...) As empresas de factoring não se enquadram no conceito de instituições financeira, e por isso os juros remuneratórios estão limitados a 12% ao ano, nos termos da Lei de Usura".

3. MODALIDADES

Além dessas características, outras cláusulas pactuadas permitiram à doutrina identificar, na prática, ao menos 4 os tipos de *factoring*:

(*a*) *conventional factoring*: cuida-se da aquisição de direitos creditórios, cuja causa sejam compras e vendas mercantis a prazo ou de prestação de serviços. Notifica-se o comprador (sacado-devedor) da mercadoria sobre a transferência do crédito.

(*b*) *factoring trustee ou de gestão*: realiza-se a gestão financeira e de negócios do faturizado (MARTINS, 2018, p. 395), que passa a trabalhar com caixa zero e sem giro financeiro, mas tem otimizada a sua capacidade de gestão negocial e de recebimentos. O faturizador administra os recebimentos do faturizado, adiantando-lhe os recursos e recebendo em troca as suas comissões.

(*c*) *factorig setorial*: os contratos de *factoring* também se expandem para determinados setores do faturizador, podendo se fazer presente na área de compras ou de exportações, adiantando recursos para o faturizado em troca de melhor gestão e eficiência em determinados setores da empresa.

(*d*) *maturity factoring*: diferentemente do fomento mercantil convencional, nesse caso a liquidação dos títulos em favor do faturizado ocorre em momento muito próximo do vencimento. Assim, não se antecipa de imediato o recurso, mas somente no vencimento da obrigação, para dar giro ao capital em função da gestão financeira terceirizada. Havendo maiores custos na operação de faturização e por ser normalmente emergencial a necessidade de crédito, essa é modalidade mais incomum em nossa realidade.

Entre as modalidades, FRAN MARTINS orienta que há cláusulas essenciais ao contrato: exclusividade ou totalidade das contas do faturizado, duração do contrato, faculdade do faturizado de escolher as contas que deseja garantir, liquidação dos créditos, cessão de créditos, assunção de riscos pelo faturizador e remuneração (MARTINS, 2018, p. 398). É polêmica a cláusula acessória de fiança do faturizado em relação à operação, por poder desvirtuar a assunção de riscos e oferecer garantia indireta da solvência do devedor pelo faturizado (STJ – REsp nº 1.289.995 – Rel. Min. LUIS FELIPE SALOMÃO).

Bibliografia: BATISTA, Ezio Carlos. *Faturização*. In: COELHO, Fabio Ulhoa (Coord.). *Tratado de direito comercial*. v. 8. São Paulo: Saraiva, 2015. BRITO, Cristiano Gomes de. *O regresso no contrato de fomento mercantil*. RDM 148/45. BULGARELLI, Waldirio. Empresa de *factoring* e suas atividades. *Revista de Direito Bancário*, 14/205. CASTRO, Rogerio Alessandre de Oliveira. *Factoring: seu reconhecimento jurídica e sua importância econômica*. 2. ed. Leme: LED, 2004. CASTRO, Rogerio Alessandre de Oliveira. *Factoring no Brasil e na Argentina*. Curitiba: Juruá, 2009. CASTRO, Rogerio Alessandre de Oliveira. *Factoring e securitização de recebíveis mercantis*. In: LIMA, Cintia Rosa Pereira de (et.al.) (coord.) *O direito brasileiro em evolução*. São Paulo: Almedina, 2017. COELHO, Wilson do Egito. O *factoring* e a legislação brasileira. *RDM*, 54/73. COMPARATO, Fabio Konder. *Factoring*. *RDM*, 6/59. HAGSTROM, Carlos Alberto São Tiago. O *factoring* no Brasil, *RDM*, 48/39. CORDEIRO, Antonio Menezes. *Manual de direito bancário*. Coimbra: Almedina, 1998. LEÃES, Luis Gastão Paes de Barros. A operação de *factoring* como operação mercantil, *RDM*, 11/239. LEITE, Luis Lemos. *Factoring* no Brasil. 3. ed. São Paulo: Atlas, 1995. RIZZARDO, Arnaldo. *Factoring*. 3. ed. São Paulo: RT, 2004.

TÍTULO V

A EMPRESA EM CRISE: RECUPERAÇÃO E FALÊNCIA

§1
FUNDAMENTOS COMUNS

1. EVOLUÇÃO DO MARCO LEGAL BRASILEIRO

As relações comerciais permitem identificar um percurso histórico de proteção da confiança sistêmica [*t. I, §2, i. 2.3*]. Isso é destacável na tutela coletiva do crédito, especialmente ao inserir ao longo do tempo o mercador, o comerciante ou o empresário num contexto de múltiplas relações de crédito e de problemas gerados à comunidade de credores em caso de insolvência.

Há uma primeira fase, que pode se dizer *punitiva*. Para exemplificar, nas Ordenações Filipinas há rudimentos de condutas irregulares dos mercadores que "escondem suas fazendas" ou de outros que "poem seus creditos em caça alhea e, para allegarem perdas, fazem carregações fingidas" (ORDENAÇÕES FILIPINAS, 1833, Livro V, Título LXVI). O tratamento da época era de ordem penal, trazendo aos mercadores a pecha de ladrões, castigando-os com penas de morte, degredo para galés, inabilitação para a mercancia e, abaixo de 10 cruzados, o degredo era para o Brasil (ORDENAÇÕES FILIPINAS, 1833, p. 323-326). Esse também era o sentido dos arts. 797 a 913 do CCom, com especial destaque para o art. 820: "Qualificada a quebra na segunda ou terceira espécie [culposa ou fraudulenta], será o falido pronunciado como no caso caiba, com os cúmplices se os houver (art. 803): e serão todos remetidos presos com o traslado do processo ao Juiz criminal competente, para serem julgados pelo Júri; sem que aos pronunciados se admita recurso algum da pronúncia".

Em seguida, sobrelevam-se os interesses exclusivos dos credores, constatando-se uma fase de *satisfação do crédito*, com preponderância de *regulação processual* da tutela para forçar a aceitação dos interesses dos devedores (SCALZILLI, SPINELLI, TELLECHEA, 2017, p. 70). A regulação era feita pelo Decreto nº 7.661/45, que tinha detalhado ritual dos processos de concordata (um favor legal, com mera moratória de débitos) e da falência para o comerciante. Especialmente em relação ao processo de falência e de concordata, ainda regido pelo Decreto-Lei nº 7.661/45, a jurisprudência criou contenções para pedidos abusivos e que utilizavam o processo falimentar em substituição de um processo de execução convencional, sob fundamento da preservação da unidade produtiva (STJ – REsp nº 8.277 – Min. SAVIO DE FIGUEIREDO TEIXEIRA). Em outro grupo de julgados, o STJ entendia que o princípio da preservação da empresa estava implícito no Decreto-Lei 7.661/45 (STJ – AgRg no Ag nº 1.022.464-SP – Rel. Min. ALDIR PASSARINHO JUNIOR), em evolução preparada pela jurisprudência para a legislação que viria depois.

Por fim, para seguir tendências e legislações internacionais, com destaque para o *Bankruptcy Code* dos EUA, além dos *Principles and Guidelines do BID1*, evolui-se para a compreensão da *preservação da empresa* como componente do próprio interesse dos credores. Com a aprovação da Lei nº 11.101/2005 (LREF), consolidou-se esse entendimento. O processo passou a ser instrumental para conduzir a empresa à recuperação, com garantia de participação dos credores para apreciação e análise de um plano de recuperação de empresário ou sociedade empresária em crise. Depois de 15 anos da nova experiência, a LREF passou por profunda reforma, feita pela Lei nº 14.112, de 24 de dezembro de 2020. O intento do legislador foi fazer ajustes da seguinte ordem: (*a*) *procedimentais:* adaptação processual da LREF para o advento de um novo CPC, além da simplificação e agilização da condução processual; (*b*) *incorporação de jurisprudência:* ao longo dos três lustros de vigência da LREF, a jurisprudência (re)configurou a recuperação e a falência, de modo que se tornou importante que as interpretações dos Tribunais fossem positivadas para melhorar a estabilidade e a segurança de todos os envolvidos no processo; (*c*) *atualização:* conforme tivemos oportunidade de destacar em outros estudos (DINIZ, 2016), a LREF não foi concebida para dar solução aos problemas dos grupos societários e também não protegia adequadamente credores que injetavam recursos para viabilizar a recuperação (conhecido por *debtor in possession*). Com a reforma, a regulação da consolidação substancial e do financiamento do devedor com atribuição de superprivilégios modernizou a LREF para as necessidades econômicas da empresa em crise; (*d*) *internacionalização do procedimento:* a reforma da LREF também atendeu a reclamos de adaptar o texto legal às realidades econômicas cada vez comuns de intercâmbio de ativos em unidades empresariais transfronteiriças. Assim, foi regulada a insolvência transnacional com esse objetivo.

Jurisprudência

STJ – 3ª T. – REsp nº 1.012.318 – Rel. Min. Massami Uyeda – j. 19/08/2010: "(...) III – Não se deve permitir, *ab initio*, que, inadimplida qualquer dívida comercial, no âmbito das normais relações empresariais, se dê ensejo ao pedido de quebra. É esse, pois, o espírito que marca a nova Lei de Falências que, em seu artigo 94 e incisos delimita, com maior rigor, os procedimentos para a decretação da Falência. IV – O pedido abusivo de falência gera dano moral, porque a violação, no caso, é *in re ipsa*. Ou seja, a configuração do dano está ínsita à própria eclosão do fato pernicioso, não exigindo, pois, comprovação. V – A jurisprudência desta Corte Superior admite a indenização por abuso no pedido de falência, desde que denegatória – como é o caso – por ausência dos requisitos estabelecidos pelo art. 20 do Decreto-lei 7.661/45. VI – O vocábulo prejudicado, nos termos do que dispõe o parágrafo único do art. 20 do Decreto-lei 7.661/45, traduz conceito mais amplo do que falido ou mesmo devedor, admitindo-se, portanto, que o direito de reclamar a indenização protege todo aquele que foi prejudicado com o decreto de falência".

STJ – 4ª T. – REsp nº 920.140 – Rel. Min. Aldir Passarinho Júnior – j. 08/02/2011: "(...) O Superior Tribunal de Justiça rechaça o pedido de falência como substitutivo de ação de cobrança de quantia ínfima, devendo-se prestigiar a continuidade das atividades comerciais, uma vez não caracterizada situação de insolvência, diante do princípio da preservação da empresa".

STJ – 3ª T. – REsp nº 125.399 – Rel. Min. Eduardo Ribeiro – j. 27/03/2000: "FALÊNCIA – Não obsta sua decretação, com fundamento no art. 2º, I do Decreto-lei nº 7.661/45, a circunstância de o comerciante dispor de ativos que superem seus débitos. Deve-se, entretanto, recusar interpretação literal ao constante desse dispositivo. Se feita a nomeação antes do requerimento de

---

[1] Publicado na *Revista de Direito Mercantil*, n. 122, p. 75.

falência, ainda que quando já decorrido o prazo legal, não se justifica a decretação da quebra, com a destruição da empresa. Mais se recomenda que se prossiga na execução".

2. PRINCÍPIO DA PRESERVAÇÃO DA EMPRESA

O rompimento do direito privado com visões individualistas permitiu compreender que a atividade empresarial, por ser organização que afeta diversos interesses [*t. I, §5*], quer-se perene, estável e contínua. Portanto, a legislação e a evolução da jurisprudência passaram a levar em consideração verdadeiramente um *princípio da preservação da empresa* [*t. I, §2, i. 2.3*] (CEREZETTI, 2015, p. 23; SCALZILLI, SPINELLI, TELLECHEA, 2017, p. 82).

A aprovação da LREF consolidou a preservação da empresa como princípio para orientação de aplicação da lei, conforme prevê o art. 47: "A recuperação judicial tem por objetivo viabilizar a superação da situação de crise econômico-financeira do devedor, a fim de permitir a manutenção da fonte produtora, do emprego dos trabalhadores e dos interesses dos credores, promovendo, assim, a preservação da empresa, sua função social e o estímulo à atividade econômica".

Jurisprudência

STJ – 3ª T. – REsp nº 1.598.130 – Rel. Min. Ricardo Villas Bôas Cueva – j. 07/03/2017: "(...) 3. A Segunda Seção já realizou a interpretação sistemático-teleológica da Lei nº 11.101/2005, admitindo a prevalência do princípio da preservação da empresa em detrimento de interesses exclusivos de determinadas classes de credores, tendo atestado que, após o deferimento da recuperação judicial, prevalece a competência do Juízo desta para decidir sobre todas as medidas de constrição e de venda de bens integrantes do patrimônio da recuperanda. Precedentes. 4. Viola o juízo atrativo da recuperação a ordem de penhora on line decretada pelo julgador titular do juizado especial, pois a inserção da proteção do consumidor como direito fundamental não é capaz de blindá-lo dos efeitos do processo de reestruturação financeira do fornecedor. Precedente. (...)".

3. INTERESSES PROTEGIDOS

Os processos de insolvência, em geral, têm por objetivo proteger a confiança no sistema empresarial, além de criar regras de garantia e ordem para recuperação do crédito. Se existe passivo superior ao ativo, tornam-se necessárias regras que sistematizem a recuperação da empresa ou a satisfação ordenada do crédito. A mediação estatal, por meio do Poder Judiciário, se dá com o objetivo específico de que sejam garantidas as adequadas escolhas dos credores preferenciais e as contenções adequadas para que não ocorram fraudes.

Com o advento da LREF, determinou-se nova estrutura principiológica e de regras com o objetivo de permitir, preferencialmente, o soerguimento da empresa em crise. Os credores saíram da posição passiva de meros expectadores e cobradores, para serem envolvidos na organização empresarial em crise, permitindo escolhas que evitem a derrocada. Essa constatação decorre do fato de que os credores também estão envolvidos na trama da organização e podem sofrer impactos diretos da bancarrota da unidade empresarial.

A despeito do interesse geral dos credores de receber seus créditos, reduzir perdas e recuperar a empresa, a prática muitas vezes revela a existência de conflitos de interesses na forma em que foram justapostas as classes de credores na recuperação e na falência, além da existência de melhores garantias de recebimento de um credor em detrimento do outro. Enquanto na falência a separação dos credores em classes de concurso de credores objetiva atribuir uma ordem de preferência para o pagamento dos créditos, na recuperação judicial as classes têm por finalidade organizar interesses

(CEREZETTI, 2009, p. 222). Esse arranjo tem o claro objetivo de evitar que um credor com maior crédito imponha seus interesses em relação aos demais, de modo que a homogeneidade de créditos permite tratamento mais equitativo. A reforma promovida pela Lei nº 14.112/2020 intentou equilibrar mais as forças e permitir que se viabilize a recuperação com estímulos econômicos de injeção de créditos, além de ter simplificado as preferências creditícias no concurso falimentar. Todavia, o temor é que o abuso nos pedidos de recuperação judicial continue a perpetuar uma lógica de planos concebidos para extrair mais valia à custa dos credores, aumentando os riscos e os custos gerais da concessão de créditos (a exemplo do que ocorreu com os produtores rurais).

Conforme SHEILA CRISTINA NEDER CEREZETTI (2009, p. 222-226), a enumeração de classes não foi suficiente para afastar os conflitos de interesses, uma vez que a homogeneidade não deixou de combinar na mesma classe credores de distintas naturezas e hierarquias. Além disso, a acomodação nas classes revela que trabalhadores tendem à preservação do posto de trabalho; fornecedores – especialmente aqueles sem garantias e microempresas – atuam com a preocupação de receber o que lhes é devido e não deixar ir à falência, diante da pouca chance de satisfação dos créditos na insolvência; e credores com garantia real, vez que portadores de lastro de garantias contratuais, não dão muita margem à negociação. Some-se a isso a ausência do fisco e os credores fiduciários e de *leasing* excluídos da recuperação (art. 49, § 3º, da LREF) e se encontra uma confluência de interesses bastante conflitantes e de complexo equacionamento para a recuperação, além de casos de planos construídos com o objetivo de fraudar uma das classes.

São objeto de recuperação obrigações líquidas, ressalvando-se tramitação especial para créditos tributários. Não são exigíveis, todavia: I – as obrigações a título gratuito; II – as despesas que os credores fizerem para tomar parte na recuperação judicial ou na falência, salvo as custas judiciais decorrentes de litígio com o devedor (art. 5º da LREF).

4. COMPETÊNCIA

Prevê o art. 3º da LREF que é competente para homologar o plano de recuperação extrajudicial, deferir a recuperação judicial ou decretar a falência o juízo do local do *principal estabelecimento do devedor* ou da *filial de empresa que tenha sede fora do Brasil*.

O critério de competência absoluta é do principal estabelecimento do devedor. Faticamente, será o local que concentra o maior número de negócios e maior volume econômico da atividade empresarial. Pode não ocorrer coincidência com a sede prevista no contrato social ou no estatuto e tampouco com o centro de tomada de decisões. Se o critério é o principal estabelecimento [*t. III, § 1*], o legislador claramente optou pelo local em que os ativos – materiais e imateriais – mais potencializam o aviamento, geram faturamento e relacionamento com os credores.

A distribuição do pedido de falência ou de recuperação judicial previne a jurisdição para qualquer outro pedido de recuperação judicial ou de falência, relativo ao mesmo devedor (art. 6º, § 8º, da LREF). Importante diferir, todavia, que o juízo da recuperação não é universal como o da falência, ou seja, tem competência exclusiva apenas para decidir sobre matérias ligadas ao cumprimento do plano de recuperação, ao passo que a falência tem *vis atrativa* de toda e qualquer discussão atinente à massa falida.

O art. 51-A da LREF permite que o juiz nomeie perito para constatação prévia de viabilidade econômica da empresa devedora. Nessa investigação, permite-se constatar que o principal estabelecimento do devedor não se situa na área de competência do juízo, facultando-se a remessa do processo para o foro competente (art. 51-A, § 7º, da LREF).

Nos países de matriz *common law* prevalece o critério *state of incorporation* (local da constituição), ao contrário do *civil law*, que adota a preponderância da sede do principal estabelecimento ou *siège social*. O critério *state of incorporation* traria vantagens internas e de constatação mais objetiva do local, mas dificulta o alcance da legislação para corporações multinacionais, permitindo manipulações perigosas para a atribuição de responsabilidade, além de ignorar a nacionalidade do acionista controlador para apontamento do centro político e econômico da corporação (BLUMBERG, 2012, p. 48-3 e 6).

Outro critério é o centro de maiores interesses (*Centre of Main Interest* – COMI), seguindo o modelo do Regulamento CEE nº 1.346/2000. Esse critério COMI não necessariamente coincide com o principal estabelecimento, porque o estabelecimento é local de negócios, sem que seja o local de principal interesse da empresa.

Importante destacar, por outro lado, que a reforma promovida pela Lei nº 14.112/2020 regulamentou o procedimento a ser seguido em caso de *insolvência transnacional*, ou seja, hipóteses em que a empresa tenha a falência de seu centro de interesses principais (art. 167-B, II) reconhecida no exterior e os ativos brasileiros precisam ser consolidados. A alteração seguiu os modelos da UNCITRAL para esse tipo realidade econômica e a interpretação da lei não pode desconsiderar esse pressuposto de funcionalidade.

Consoante art. 167-D, *caput*, da LREF, o juízo do local do principal estabelecimento do devedor no Brasil é o competente para o reconhecimento de processo estrangeiro e para cooperação com a autoridade estrangeira, prevenindo a jurisdição (art. 167-D, § 1º, da LREF). Por outro lado, o art. 167-A, § 6º, preserva a competência do STJ, quando cabível, para a homologação de sentenças estrangeiras e concessão de *exequatur* para cartas rogatórias (art. 105, I, "i", da CF). Assim, é necessário compatibilizar a interpretação dos dois dispositivos legais por suposto, mas inexistente conflito entre as regras. O sentido mais consentâneo com os objetivos da lei é que foi privilegiada a cooperação internacional entre juízes e a proteção de valor de ativos, entre outros objetivos do art. 167-A, inciso I, da LREF que são contidos somente pela preservação da ordem pública. Assim, o juiz do principal centro de interesses da unidade empresarial no Brasil se torna prevento para conduzir e cooperar com o processo estrangeiro de insolvência, sem necessidade de reconhecimento de sentença de reorganização ou de quebra estrangeira no STJ – até porque, em alguns países há processos sem intermediação de um juiz. O processo estrangeiro passa a ser considerado *per si*, como um todo complexo para colaboração no concurso de credores de ativos e a decisão estrangeira (administrativa ou judicial) é mero fato, parte componente desse todo. Assim, o reconhecimento passa a produzir os efeitos de suspensão de execuções e prescrição (art. 167-M), concessão de poderes acautelatórios ao juiz (arts. 167-L e 167-N).

A atuação do STJ, *quanto cabível*, será para cumprimento de rogatórias ou para sentenças com consequências diversas da insolvência, que está subsumida pela cooperação do novo capítulo da LREF. Portanto, a declaração de insolvência passou a ser hipótese do rol das dispensas de homologação mencionadas no art. 961 do CPC. O entendimento ora apresentado, além da análise do sistema, ainda visa à preservação dos procedimentos de falência transnacional, para que não ocorra o mesmo problema da regência anterior, que praticamente inviabilizava a cooperação e trazia insegurança, isolando o país em relação ao pagamento de credores e investidores de empresas com ativos em nosso território. Não sem razão, na doutrina norte-americana os pro-cessos de reconhecimento são conhecidos como auxiliares (*ancillary proceeding*).

O Conselho Nacional de Justiça aprovou Resolução nº 394/2021 que internalizou o *Judicial Insolvency Network* (JIN), que é acordo internacional com regras de cooperação e de comunicação direta com juízes estrangeiros de insolvência.

De outro lado, a primeira decisão foi proferida na Justiça do Rio de Janeiro (feito nº 0129945-03.2021.8.19.0001, da 3ª Vara Empresarial), concedendo tutela pleiteada para suspender ações e execuções e colaborar com processo de reconhecimento de insolvência estrangeira da Prosafre SE, com sede na Noruega e insolvência decretada em Singapura.

Jurisprudência

Caso Sharp: STJ – 2ª Seção – CC nº 37.736/SP – Rel. Min. Nancy Andrighi – j. 11/06/2003: "(...) – O juízo competente para processar e julgar pedido de falência e, por conseguinte, de concordata é o da comarca onde se encontra 'o centro vital das principais atividades do devedor', conforme o disposto no art. 7º da Lei de Falências (Decreto-Lei n. 7.661/45) e o firme e entendimento do Superior Tribunal de Justiça a respeito do tema. – A competência do juízo falimentar é absoluta. – A prevenção prevista no § 1º do art. 202 da Lei de Falências incide tão somente na hipótese em que é competente o juízo tido por prevento (...)".

STJ – 2ª Seção – CC nº 116.743/MG – Rel. p/o Ac. Min. Luis Felipe Salomão – j. 10.10.2012: "(...) 1. O pedido de falência formulado por Agrocampo Ltda., empresa sediada em Guaxupé/MG, foi ajuizado nessa Comarca e direcionado apenas à Alvorada do Bebedouro S/A – Açúcar e Álcool, cuja sede está em Guaranésia/MG. No prazo da contestação, e perante o juízo em que proposta a falência, a ré Alvorada e outras quatro pertencentes ao mesmo grupo empresarial postularam e obtiveram o deferimento da recuperação judicial. 2. O art. 3º da Lei nº 11.101/2005 estabelece que o juízo do local do principal estabelecimento do devedor é absolutamente competente para decretar a falência, homologar o plano de recuperação extrajudicial ou deferir a recuperação. 3. Em Guaxupé/MG não há estabelecimento da empresa contra a qual foi proposta a demanda de falência, nem de nenhuma outra integrante do grupo econômico recuperando. Assim, fica evidenciada a incompetência absoluta do juízo atuante naquela Comarca, o que afasta a possibilidade de aplicação da teoria do fato consumado. 4. Conforme se depreende dos autos, a empresa Alvorada do Bebedouro S/A – Açúcar e Álcool (ré na demanda falimentar) possui seu único estabelecimento em Guaranésia/MG, sendo esta a Comarca em que deveria ter sido proposta a ação de falência. 5. Conquanto o pedido de recuperação judicial tenha sido efetuado por cinco empresas que compõem um grupo econômico, certo é que contra uma dessas empresas já havia requerimento de falência em curso, o que, consoante o teor do art. 6º, § 8º, da Lei nº 11.101/2005, torna prevento o juízo no qual este se encontra para apreciar o pleito que busca o soerguimento das demandantes (...)".

STJ – 2ª Seção – CC nº 139.332 – Rel. Min. Lázaro Guimarães – j. 25/04/2018: "(...) 1. O art. 49 da Lei 11.101/2005 prevê que 'estão sujeitos à recuperação judicial todos os créditos existentes na data do pedido, ainda que não vencidos', o que conduz à conclusão de que a submissão de um determinado crédito à Recuperação Judicial não depende de provimento judicial anterior ou contemporâneo ao pedido, mas apenas que seja referente a fatos ocorridos antes do pedido. 2. O art. 7º da Lei 11.101/2005 afirma que o crédito já existente, ainda que não vencido, pode ser incluído de forma extrajudicial pelo próprio Administrador Judicial, ao elaborar o plano ou de forma retardatária, evidenciando que a lei não exige provimento judicial para que o crédito seja considerado existente na data do pedido de recuperação judicial. 3. O crédito trabalhista, relativo ao serviço prestado em momento anterior ao pedido de recuperação judicial, submete-se ao respectivo procedimento e aos seus efeitos, atraindo a competência do Juízo da Recuperação Judicial, para processar a respectiva habilitação, ainda que de forma retardatária. Precedentes da Terceira Turma (...)".

STJ – 2ª Seção – EDcl nos EDcl no AgRg no CC nº 122.671/RJ – Rel. Min. Marco Buzzi – j. 22/02/2018: "(...) 2. 'A jurisprudência do STJ tem entendimento firmado no sentido de que os atos de execução dos créditos individuais promovidos contra empresas em falência ou em recuperação judicial, sob a égide do Decreto-lei nº 7.661/45 ou da Lei nº 11.101/05, devem ser realizados pelo Juízo Universal, ainda que ultrapassado o prazo de 180 dias de suspensão previsto no art. 6º, § 4º, da Lei nº 11.101/05.' (ut. CC 146.657/SP, Rel. Ministro Moura Ribeiro, Segunda Seção, julgado em 26/10/2016, *DJe* 07/12/2016). E ainda: AgInt no CC 146.036/RS, Rel. Ministro Ricardo Villas Bôas Cueva, Segunda Seção, julgado em 14/09/2016, *DJe* 20/09/2016; AgRg no CC 116.594/GO, Rel. Ministro Luis Felipe Salomão, Segunda Seção, julgado em 14/03/2012, *DJe* 19/03/2012".

STJ – 2ª Seção – AgInt no CC nº 144.434 – Rel. Min. Moura Ribeiro – j. 08/11/2017: "(...) 3. A Segunda Seção desta Corte pacificou o entendimento de que apesar da execução fiscal não se suspender em face do deferimento do pedido de recuperação judicial (art. 6º, § 7º, da Lei nº 11.105/2005, art. 187 do CTN e art. 29 da Lei n. 6.830/1980), submetem-se ao crivo do juízo universal os atos de alienação voltados contra o patrimônio social das sociedades empresárias em recuperação, em homenagem ao princípio da preservação da empresa (...)".

STJ – 2ª Seção – CC nº 145.027 – Rel. Min. Ricardo Villas Bôas Cueva – j. 24/08/2016: "(...) a competência da Justiça do Trabalho se limita à apuração do respectivo crédito (processo de conhecimento), sendo vedada a prática, pelo citado Juízo, de qualquer ato que comprometa o patrimônio da empresa em recuperação (procedimento de execução) (...)".

5. SUJEITOS

A LREF ainda continua afastada dos sistemas plenos de insolvência, que admitem o pedido recuperacional e falimentar com indistinção do tipo de organização. Isso significa dizer que no Brasil a recuperação e a falência somente são permitidas e determinadas para empresários e sociedades empresárias. Extrai-se o regulamento do art. 2º da LREF, que inibiu a aplicação legislativa para: I – empresa pública e sociedade de economia mista; II – instituição financeira pública ou privada, cooperativa de crédito, consórcio, entidade de previdência complementar, sociedade operadora de plano de assistência à saúde, sociedade seguradora, sociedade de capitalização e outras entidades legalmente equiparadas às anteriores. Em essência, estão excluídos, conforme orientação de Scalzilli, Spinelli, Tellechea, os *agentes econômicos não empresários* (profissionais liberais, sociedades simples, sociedades cooperativas, associações e fundações), as *estatais* (empresas públicas e sociedades de economia mista) e os *agentes que exploram atividades especiais ou sensíveis e com riscos sistêmicos* (instituições financeiras, operadoras de planos de saúde, seguradoras) (Scalzilli, Spinelli, Tellechea, 2017, p. 105).

São frequentes os pedidos feitos por pessoas jurídicas não empresárias para utilizar os benefícios da recuperação judicial, sob argumento de que são atividades econômicas equiparadas à empresa [*t. I, §5, i. 3*] como fonte produtora de riquezas, geração de empregos e função social. Ao mesmo tempo, as decisões geram incertezas na concessão de crédito e no cálculo de riscos, haja vista a proibição sistêmica ainda vigente no Brasil. O influxo da jurisprudência e de decisões dessa natureza deve mobilizar a discussão científica para promover a devida alteração legislativa e minimizar os problemas derivados dessa instabilidade interpretativa e da não sujeição à falência. Exemplifica-se com o caso de associações como a Universidade Cândido Mendes (TJRJ – Ap. nº 0031515-53.2020.8.19.0000), o Hospital Evangélico da Bahia (TJBA – Feito nº 8074034-88.2020.8.05.0001) e o Figueirense Futebol Clube (TJSC – 502422-97.2021.8.24.0023); também da cooperativa Unimed Manaus (TJAM – Feito nº 0762451-34.2020.8.04.0001).

A propósito das cooperativas, a Lei nº 14.112/2020, ao reformar a LREF, inseriu emenda de redação no art. 6º, § 13, permitindo que cooperativas de saúde possam pleitear a recuperação. Além disso, o art. 25 da Lei nº 14.193/2021, que passou a regular a sociedade anônima do futebol, igualmente autorizou a recuperação não somente para a SAS, mas também para a associação civil com atividade futebolística [*t. II, §10, i. 17*].

A política legislativa é distinta nos EUA. Por meio do *Bankruptcy Code* regula-se a insolvência do devedor, que é compreendido em amplo sentido nas definições do *Chapter 1* e com diversas possibilidades de reorganização no *Chapter 11*.

Na Alemanha, a *Insolvenzordnung* (*InsO*) cuida da insolvência de devedores, sem especificar a qualificação específica de atividades empresariais.

6. SUSPENSÃO DE PRESCRIÇÃO E AÇÕES (*STAY PERIOD*)

De modo a viabilizar a elaboração do plano de recuperação [*t. V, §2, i. 6*], assim como a arrecadação de bens na falência [*t. V, §4, i. 5.2*], a lei prevê a suspensão de prazos, que ficou conhecido por *stay period*. Portanto, a decretação da falência ou o deferimento do processamento da recuperação judicial implica: I – suspensão do curso da prescrição das obrigações do devedor sujeitas aos efeitos da LREF; II – suspensão das execuções ajuizadas contra o devedor, inclusive daquelas dos credores particulares do sócio solidário, relativas a créditos ou obrigações sujeitos à recuperação judicial ou à falência; III – proibição de qualquer forma de retenção, arresto, penhora, sequestro, busca e apreensão e constrição judicial ou extrajudicial sobre os bens do devedor, oriunda de demandas judiciais ou extrajudiciais cujos créditos ou obrigações sujeitem-se à recuperação judicial ou à falência. Basicamente, o dispositivo legal tem o objetivo (a) na recuperação, de proteger os ativos da empresa em crise para permitir o soerguimento e (b) na insolvência, de garantir a efetividade do concurso de credores, sem privilégios indevidos.

Ao deferir o processamento da recuperação judicial, o juiz ordena a suspensão de todas as ações ou execuções contra o devedor referentes a créditos incluídos na recuperação ou na falência. No caso da recuperação judicial, passam a aguardar a fluxo do tempo para apresentação do Plano de Recuperação, ressalvando-se os casos de créditos não incluídos, mas sem retirada de bens de capital essenciais (art. 6º, § 7ª-A e art. 49, §§ 3º e 4º), ações que demandam quantias ilíquidas, ações trabalhistas até apuração do crédito e execuções fiscais (art. 6º, §§ 1º, 2º, 7º-B e art. 53, III, da LREF).

O prazo de suspensão é de 180 dias contado do deferimento do processamento da recuperação, prorrogável por igual período, uma única vez, desde que o devedor não haja concorrido com a superação do lapso temporal. Essa alteração do §4º, do art. 6º, visou à determinação de um interregno mais estável para o fluxo do procedi-mento de análise do plano de recuperação e também para as prorrogações perenizantes admitidas pelos precedentes do STJ (REsp nº 1.193.480, CC nº 112.799, REsp nº 1.278.819, AgInt REsp nº 1.717.939). Todavia, sendo tendência do STJ a interpretação pela preservação da empresa e havendo estatísticas de que o encerramento do pro-cesso muitas vezes supera esse prazo, é possível constatar a tendência de que serão admitidas novas prorrogações, salvo com a comprovação de que foi o devedor quem causou o atraso. Outra alteração feita na LREF para preservar a negociação foi a possibilidade de que os próprios credores proponham um "plano alternativo" com prorrogação dos prazos, na forma do art. 56, §§ 4º a 7º, da LREF.

Superado o *stay period*, restabelece-se o direito dos credores de iniciar ou continuar suas ações e execuções, independentemente de pronunciamento judicial.

Conforme definido pelo STJ, a contagem do prazo de suspensão se dá em dias corridos (STJ – REsp nº 1.698.283 e 1.699.528).

Continuarão a tramitação normal e não serão atraídos para a recuperação e nem para a falência: (a) ação que demanda quantia ainda ilíquida (art. 6º, § 1º, da LREF); (b) as ações de natureza trabalhista, que serão processadas perante a justiça especializada até a apuração do respectivo crédito, que será inscrito no quadro-geral de credores pelo valor determinado em sentença (art. 6º, § 2º, da LREF); (c) ações ajuizadas posteriormente ao pedido deverão ser somente comunicadas ao juízo da falência ou da recuperação (art. 6º, § 6º, da LREF); (d) execuções fiscais, ressalvado o parcelamento fiscal (art. 6º, § 7º-B, da LREF); (e) ações de créditos não incluídos na recuperação, admitida a proteção dos bens de capital essenciais à manutenção da atividade empresarial durante o prazo de suspensão (art. 6º, § 7º-A e art. 49, §§ 3º e 4º, da LREF); (f) créditos derivados do ato cooperativo (art. 6º, § 13, da LREF); (g) créditos de CPR financeira com antecipação de recursos ou operações de *barter*, conforme art. 11 da Lei nº 8.929/94 [t. IV, §7, i. 5.5]; (h) créditos do investidor-anjo em startup [t. II, § 11, i. 2].

Jurisprudência

Repetitivo: STJ – 1ª Seção – REsp nº 1.643.856 – Rel. Min. Og Fernandes – j. 13/12/2017: "(...) Tese jurídica firmada: A competência para processar e julgar demandas cíveis com pedidos ilíquidos contra massa falida, quando em litisconsórcio passivo com pessoa jurídica de direito público, é do juízo cível no qual for proposta a ação de conhecimento, competente para julgar ações contra a Fazenda Pública, de acordo as respectivas normas de organização judiciária".

STJ – 3ª T. – REsp nº 1.699.528 – Rel. Min. Luis Felipe Salomão – j. 10/04/2018: "(...) 4. A forma de contagem do prazo – de 180 dias de suspensão das ações executivas e de 60 dias para a apresentação do plano de recuperação judicial – em dias corridos é a que melhor preserva a unidade lógica da recuperação judicial: alcançar, de forma célere, econômica e efetiva, o regime de crise empresarial, seja pelo soerguimento econômico do devedor e alívio dos sacrifícios do credor, na recuperação, seja pela liquidação dos ativos e satisfação dos credores, na falência. 5. O microssistema recuperacional e falimentar foi pensado em espectro lógico e sistemático peculiar, com previsão de uma sucessão de atos, em que a celeridade e a efetividade se impõem, com prazos próprios e específicos, que, via de regra, devem ser breves, peremptórios, inadiáveis e, por conseguinte, contínuos, sob pena de vulnerar a racionalidade e a unidade do sistema".

STJ – 3ª T. – REsp nº 1.698.283 – Rel. Min. Marco Aurelio Bellizze – j. 21/05/2019: "(...) 5. Nesse período de blindagem legal, devedor e credores realizam, no âmbito do processo recuperacional, uma série de atos voltados à consecução da assembleia geral de credores, a fim de propiciar a votação e aprovação do plano de recuperação apresentado pelo devedor, com posterior homologação judicial. (...) 6. Não se pode conceber, assim, que o prazo do *stay period*, previsto no art. No art. 6º, § 4º da Lei n. 11.101/2005, seja alterado, por interpretação extensiva, em virtude da superveniência de lei geral adjetiva civil, no caso, o CPC/2015, que passou a contar os prazos processuais em dias úteis, primeiro porque a modificação legislativa passa completamente ao largo da necessidade de se observar a unidade lógico-temporal estabelecida na lei especial; e, segundo (e não menos importante), porque de prazo processual não se trata com a vênia de autorizadas vozes que compreendem de modo diverso (...)".

STJ – 3ª T. – REsp nº 1.710.750 – Rel. Min. Nancy Andrighi – j. 15/05/2018: "(...) 4. Ainda que o STJ possua entendimento assente no sentido de que a regra suspensiva do art. 6º, *caput* e § 4º, da Lei 11.101/05 comporte, em casos excepcionais, certo temperamento, a extrapolação do prazo previsto não pode consistir em expediente que conduza à prorrogação genérica e indiscriminada do lapso temporal suspensivo para todo e qualquer processo relacionado à empresa recuperanda. 5. As exceções autorizadas pela jurisprudência desta Corte impedem tão somente que a retomada da marcha processual das ações movidas contra a sociedade recuperanda ocorram automaticamente em razão do mero decurso do prazo de 180 dias. (...) 7. Manter as ações contra a recuperanda suspensas indiscriminadamente depois de aprovado o plano de soerguimento feriria a própria lógica recuperacional, na medida em que, a partir da consolidação assemblear, é impositivo que os créditos devidos sejam satisfeitos, sob risco de o processo ser convolado em falência (...)".

STJ – 2ª T. – REsp nº 1.673.421 – Rel. Min. Herman Benjamin – j. 17/10/2017: "(...)2. A Segunda Turma do STJ, no julgamento do REsp 1.512.118/SP, Rel. Min. Herman Benjamin, revisitou a jurisprudência relativa ao tema, para assentar o seguinte entendimento: a) constatado que a concessão do Plano de Recuperação Judicial se deu com estrita observância dos arts. 57 e 58 da Lei 11.101/2005 (ou seja, com prova de regularidade fiscal), a Execução Fiscal será suspensa em razão da presunção de que os créditos fiscais encontram-se suspensos nos termos do art. 151 do CTN; b) caso contrário, isto é, se foi deferido, no juízo competente, o Plano de Recuperação Judicial sem a apresentação da CND ou CPEN, incide a regra do art. 6º, § 7º, da Lei 11.101/2005, de modo que a Execução Fiscal terá regular prosseguimento, pois não é legítimo concluir que a regularização do estabelecimento empresarial possa ser feita exclusivamente em relação aos seus credores privados, e, ainda assim, às custas dos créditos de natureza fiscal. 3. O entendimento firmado no REsp 1.512.118/SP alcança a fase de processamento do pedido de recuperação. Se nem a aprovação do plano tem o condão de suspender a Execução Fiscal, caso não observadas as exigências acima mencionadas, não há razão para adotar tal medida durante o mero trâmite do pedido inicial. Aliás, o art. 52, III, da Lei 11.101/2005 – que dispõe sobre a decisão que defere o processamento – determina expressamente que a suspensão de todas as ações ou execuções contra o devedor deve ocorrer na forma do art. 6º (...)".

6.1. Posição dos coobrigados na recuperação judicial

Questão controvertida diz respeito à extensão da suspensão das ações do devedor para os coobrigados fidejussórios (avalistas e fiadores), ampliando os efeitos do art. 6º, § 1º, da LREF. A dúvida surgiu em razão de farta crítica doutrinária ao art. 49, §1º, da LREF, que é expresso no sentido de que durante a recuperação judicial os credores conservam seus direitos e privilégios contra os coobrigados, fiadores e obrigados de regresso. A matéria também foi objeto da Súmula do STJ, no Enunciado 581: "A recuperação judicial do devedor principal não impede o prosseguimento das ações e execuções ajuizadas contra terceiros devedores solidários ou coobrigados em geral, por garantia cambial, real ou fidejussória".

Em razão do texto legal, não se comporta a interpretação extensiva do art. 6º da LREF, vez que contraria o próprio sistema. Assim, além da insegurança jurídica sobre as garantias fidejussórias, ocorre claro desvio de finalidade do instituto da recuperação judicial da empresa, que estará se prestando como preservação do patrimônio pessoal do garantidor fidejussório em qualquer das modalidades. Além disso, deve-se preservar a solidariedade, que condiz com abstração, independência e autonomia da cártula [t. IV, §1, i. 4].

Por meio da reforma da LREF, o que pode ocorrer é a inclusão dos coobrigados no polo passivo, sob alegação de existência de grupo econômico, com pleito de consolidação processual e substancial de ativos (art. 69-G e seguintes da LREF). O que não se pode admitir é o abuso do instrumento, sem demonstração de "interconexão e a confusão entre ativos ou passivos dos devedores, de modo que não seja possível identificar a sua titularidade", além da existência de garantias cruzadas, relação de controle ou dependência, identidade de quadro societário ou atuação conjunta no mercado (art. 69-J da LREF). Portanto, a consolidação substancial não pode se engendrar como burla ao sistema de garantias pessoais.

Outra inovação nesse tema de garantias pessoais foi o art. 56, §6º, inciso V, da LREF, é a possibilidade de apresentação de plano alternativo com isenção de garanti-as pessoais prestadas por pessoas naturais, observadas algumas condições da LREF [t. V, §2, i. 3.2].

6.2. Demandas de quantias ilíquidas

O art. 6º, §1º, da LREF prevê a continuidade das demandas de quantias ilíquidas e que não estão incluídas na recuperação. Posteriormente, uma vez consolidado o *quantum debeatur* iniciado antes do processo de recuperação, habilita-se crédito intempestivo atingido pelo plano. Se o processo de quantia ilíquida for posterior à recuperação, não será abrangido pela novação do plano recuperacional.

Compreensão importante diz respeito aos créditos trabalhistas, que têm o conhecimento vinculado à Justiça do Trabalho, mas a execução e efeitos atrelados ao foro de competência para processamento da recuperação e da falência (STF – RE nº 583.955 – Min. Ricardo Lewandowski). Aqueles que forem líquidos e certos antes do pedido de recuperação ou da decretação da falência, estarão abrangidos pelos efeitos. Todavia, valores que ainda estejam sob apuração em processo judicial na Justiça especializada – inclusive as impugnações do art. 8º da LREF – por lá tramitarão "até a apuração do respectivo crédito, que será inscrito no quadro-geral de credores pelo valor determinado em sentença" (art. 6º, § 2º, da LREF). O Juiz do Trabalho tem o poder de determinar a reserva da importância que estimar devida na recuperação judicial ou na falência e "uma vez reconhecido líquido o direito, será o crédito incluído na classe própria" (art. 8º, § 3º, da LREF).

Há algumas exceções, por construção jurisprudencial. Por exemplo, raciocina-se com o contrato de locação, que é estratégia de muitas atividades empresariais. Ao invés de imobilizado, o capital é aplicado no giro e os custos da locação são diluídos no plano de negócios. Acontece que esse contrato entroniza na empresa outro custo de oportunidade representado pela relação com o locador e pela formação dos elementos imateriais (aviamento objetivo e clientela, especialmente) em imóvel pertencente a terceiro. Vem dessa complexa relação a proteção da locação não residencial com a renovação compulsória prevista no art. 51 da LI [t. IV, §10, i. 3].

Havendo ação de despejo de empresa que pede recuperação, como interpretar o fato? Sendo demanda ilíquida, qual a solução do crédito? Sendo essencial à atividade, como resolver a questão do estabelecimento? A controvérsia apresenta dois pontos que resumem o estado do debate: (*a*) se a ação de despejo de sociedade empresária em recuperação judicial seria atingida pela *vis atrativa* da recuperação e pela suspensão (*stay period*) prevista no *caput*, do art. 6º, da LREF; (*b*) se a ação de despejo cumulado com cobrança de valores seria ilíquida, fazendo aplicável o art. 6º, § 1º, da mesma LREF, com a reserva de valores prevista no § 3º do mesmo artigo.

O processamento da recuperação da empresa influencia nos efeitos dos negócios jurídicos do devedor, assim como em ações pendentes, porque poderá ocorrer a própria modificação dos contratos com a novação consequente à aprovação do plano (art. 59 da LREF). Isso poderá até trazer desdobramentos sobre eventual crédito derivado do contrato de locação – se a liquidação dos valores for exata – mas a extensão de efeitos do plano de recuperação não necessariamente implicará prorrogação do contrato.

Naturalmente que a manutenção do imóvel objeto da locação poderá ser fundamental para a preservação da empresa, ao menos no prazo de suspensão do art. 6º da LREF, já que no local o devedor pode ter desenvolvido o aviamento objetivo estratégico para continuar as atividades econômicas. Ademais, na qualidade de credor ou terceiro componente dos grupos de interesse, o locador acaba sendo atingido pela recuperação, já que os efeitos do contrato ficam sujeitos ao objetivo geral da preservação da empresa.

O outro ponto de análise, ainda de direito material, é a consideração sobre a liquidez do débito. O art. 6º, § 1º, da LREF permite que tais ações sigam normalmente o fluxo do procedimento de regência, já que muitas vezes ainda dependem de juízo de cognição e posterior liquidação em cumprimento de sentença. Por isso é que não ficam sujeitas à suspensão, já que não influenciam imediatamente o andamento da recuperação da empresa.

A ação de despejo pressupõe a existência de contrato de locação de algum modo inadimplido e com resolução do negócio jurídico a ser pronunciada no juízo cognitivo, com possível cumulação de pedidos para cobrança de valores. Em princípio, a ação de despejo cumulada com a cobrança é ilíquida, ainda mais se envolve a discussão de ressarcimento de danos ao imóvel.

Entretanto, com a mudança ocorrida na legislação do inquilinato, feita pela Lei nº 12.112/2009, permite-se a concessão de liminar para desocupação de imóvel nos casos previstos pelo art. 59, § 1º, da LI. Tal medida tem natureza de antecipação da tutela cognitiva e nos casos de inadimplemento do aluguel o valor já apresenta liquidez (por demandar simples cálculo). Portanto, o débito é líquido para permitir a liminar de desocupação do imóvel e não atende ao óbice do art. 6º, § 1º, da LREF. O raciocínio se estende a casos de inadimplemento de valores líquidos e que não se enquadram nas hipóteses do art. 59, § 1º, da LI.

A celeridade preconizada pela legislação do inquilinato indica que as características do procedimento podem inviabilizar a recuperação de empresa locatária e, nesse sentido, a suspensão da ação de despejo se torna importante para permitir a recuperação.

A tendência de proteção dos ativos se confirma com a inserção do art. 6º, inciso III, porque o processamento da recuperação implica "proibição de qualquer forma de retenção, arresto, penhora, sequestro, busca e apreensão e constrição judicial ou extrajudicial sobre os bens do devedor, oriunda de demandas judiciais ou extrajudiciais cujos créditos ou obrigações sujeitem-se à recuperação judicial ou à falência".

Jurisprudência

STF – Pleno – RE nº 583.955 – Rel. Min. Ricardo Lewandowski – j. 28.05.2009: "(...) III – O inc. IX do art. 114 da Constituição Federal apenas outorgou ao legislador ordinário a faculdade de submeter à competência da Justiça Laboral outras controvérsias, além daquelas taxativamente estabelecidas nos incisos anteriores, desde que decorrentes da relação de trabalho. IV – O texto constitucional não o obrigou a fazê-lo, deixando ao seu alvedrio a avaliação das hipóteses em que se afigure conveniente o julgamento pela Justiça do Trabalho, à luz das peculiaridades das situações que pretende regrar. V – A opção do legislador infra-constitucional foi manter o regime anterior de execução dos créditos trabalhistas pelo juízo universal da falência, sem prejuízo da competência da Justiça Laboral quanto ao julgamento do processo de conhecimento (...)".

STJ – 3ª T. – REsp nº 1.634.046 – Rel. Min. Marco Aurelio Bellizze – j. 25/04/2017: "(...) O crédito trabalhista anterior ao pedido de recuperação judicial pode ser incluído, de forma extrajudicial, inclusive, consoante o disposto no art. 7º, da Lei 11.101/05. É possível, assim, ao próprio administrador judicial, quando da confecção do plano, relacionar os créditos trabalhistas pendentes, a despeito de o trabalhador sequer ter promovido a respectiva reclamação. E, com esteio no art. 6º, §§ 1º, 2º e 3º, da Lei n. 11.1.01/2005, a ação trabalhista que verse, naturalmente, sobre crédito anterior ao pedido da recuperação judicial deve prosseguir até a sua apuração, em vindoura sentença e liquidação, a permitir, posteriormente, a inclusão no quadro de credores. Antes disso, é possível ao magistrado da Justiça laboral providenciar a reserva da importância que estimar devida, tudo a demonstrar que não é a sentença que constitui o aludido crédito, a qual tem a função de simplesmente declará-lo (...)". No mesmo sentido: STJ – 3ª T. – REsp nº 1.721.993 – Rel. Min. Nancy Andrighi – j. 14/05/2019.

TJRJ – 2ª Câmara Cível – AI nº 0007989-38.2012.8.19.0000 – Rel. Des. Jessé Torres – j. 28.03.2012: "DESPEJO – Liminar – Falta de pagamento de aluguéis – Superveniente concessão de recuperação judicial, ao demandado, como forma de obstar a ação desalijatória – Admissibilidade – Prosseguimento do feito que inviabilizaria a continuidade da atividade empresarial – Demanda, ademais, que não é ilíquida, como exige o art. 6.º, § 1.º, da Lei 11.101/2005 – Princípio da preservação da empresa que se impõe".

TJSP – 1ª Câmara Reservada de Direito Empresarial – AI nº 2045355-09.2017.8.26.0000 – Rel. Des. Cesar Ciampolini – j. 23/08/2017: "Recuperação judicial. Grupo Handbook. Decisão que determinou a suspensão das ações de despejo ajuizadas contra as recuperandas e a contagem do 'stay period' em dias úteis. Agravo de instrumento de locadores. 'Stay period' que visa à preservação da unidade produtiva, em benefício dos credores e das recuperandas. Ações de despejo que podem causar impactos diretos na reestruturação, uma vez que atingem bens essenciais ao desenvolvimento das atividades econômicas das recuperandas no varejo. Aplicabilidade do período de suspensão às ações de despejo. Demandas que, por decorrerem de mora no pagamento de créditos líquidos e certos (aluguéis), sujeitam-se à recuperação judicial. Competência do juízo recuperacional para apreciação de todas as medidas que possam atingir o patrimônio social e os negócios jurídicos das empresas em reestruturação, de modo a assegurar o cumprimento do princípio inscrito no art. 47 da Lei de Recuperações e Falência. Relevância dos pontos comerciais explorados pelas recuperandas, essenciais ao desenvolvimento de suas atividades comerciais e ao sucesso do plano de reestruturação. Natureza eminentemente processual do 'stay period', cabendo aplicar-se o disposto no art. 219 do CPC/2015. Jurisprudência da 1ª Câmara de Direito Empresarial deste TJSP, a abonar a contagem em dias úteis. Decisão agravada mantida. Agravo de instrumento desprovido".

7. VERIFICAÇÃO E HABILITAÇÃO DE CRÉDITOS

Sendo processo para permitir a recuperação ou para execução coletiva dos créditos (no caso da falência), os valores devem ser relacionados no processo e apresentados publicamente para conferência de todos os interessados. A LREF acomete ao administrador judicial a função de verificação dos créditos com base nos livros contábeis e documentos empresariais e fiscais do devedor [t. II, §1, i. 6] e do sócio ilimitadamente responsável (art. 20 da LREF), além de outros documentos que sejam apresentados pelos credores (art. 7º da LREF). O juiz deverá publicar edital (arts. 52, § 1º e 99, § 1º, da LREF), conferindo-se o prazo de 15 dias para os credores apresentarem ao administrador judicial suas habilitações ou suas divergências quanto aos créditos relacionados. Essa primeira fase do art. 7º, § 1º, tem tramitação extrajudicial e tem-se atribuído ao administrador um poder decisório de incluir e excluir créditos ou mesmo reclassificá-los, sujeitando a posterior pedido para o Juiz reanalisar o que foi feito administrativamente.

Em seguida, o administrador publica novo edital, constando as informações sobre todos os créditos verificados e apurados (art. 7º, § 2º, da LREF). Passa a fluir o prazo de 10 dias para a segunda fase de impugnação, desta feita jurisdicional (art. 13), com possibilidade de qualquer credor, o devedor ou seus sócios ou o Ministério Público apresentarem "ao juiz impugnação contra a relação de credores, apontando a ausência de qualquer crédito ou manifestando-se contra a legitimidade, importância ou classificação de crédito relacionado" (art. 8º da LREF). A interpretação do conteúdo das impugnações deve ser ampla (SCALZILLI, SPINIELL, TELECHEA, 2017, p. 183 e STJ – REsp nº 1.799.932) de modo a permitir que se apresentem questões como fraudes, simulações, inadequação de arrolamento do crédito no processo, dentre outros, de modo a permitir que a legitimidade do procedimento seja investigada com suficiência e tutela plena.

A função dessa verificação e publicação dos créditos é permitir aos credores analisar a qualidade dos créditos habilitados, com identificação de que sejam líquidos e estejam abrangidos pelo processo recuperacional ou de falência. Por esse motivo, exsurge o procedimento especial de impugnação ao juiz. Os credores cujos créditos forem impugnados serão intimados para contestar a impugnação, no prazo de 5 dias (art. 11 da LREF). O procedimento da impugnação está previsto nos art. 11 a 13 da LREF. Após eventual instrução, da decisão do juiz sobre a impugnação cabe agravo (art. 17 da LREF e art. 1.015 do CPC).

Credores que estejam fora da relação podem *habilitar* seus créditos na primeira fase, conforme previsto no art. 9º da LREF, contendo informações como o valor do crédito, atualizado até a data da decretação da falência ou do pedido de recuperação judicial, sua origem e classificação; os documentos comprobatórios do crédito e a indicação das demais provas a serem produzidas; a indicação da garantia prestada pelo devedor, se houver, e o respectivo instrumento.

Se não for observado o prazo de 15 dias do edital (art. 7º, § 1º, da LREF), as habilitações de credores são consideradas *retardatárias* ou intempestivas (art. 10 da LREF), sendo faculdade do credor (STJ – REsp nº 1.851.692). Essa ocorrência, após a homologação do quadro geral, não exclui o credor retardatário dos rateios posteriores, permite o pedido de reserva do valor (art. 10, § 8º, da LREF) e não prejudica a preferência que ostenta o crédito que tituliza, autorizando que seja modificado o quadro geral, para inserção do crédito em conformidade com a ordem legalmente estabelecida. Há algumas consequências para as habilitações retardatárias: (*a*) excetuados os titulares de créditos derivados da relação de trabalho, os credores retardatários não terão direito a voto nas deliberações da assembleia geral de credores – e na falência salvo se, na data da realização da assembleia geral, já houver sido homologado o quadro-geral de credores contendo o crédito retardatário; (*b*) na falência, os créditos retardatários perderão o direito a rateios eventualmente realizados e ficarão sujeitos ao pagamento de custas, não se computando os acessórios compreendidos entre o término do prazo e a data do pedido de habilitação (*c*) as habilitações de crédito retardatárias, se apresentadas antes da homologação do quadro-geral de credores, serão recebidas como impugnação e processadas na forma dos arts. 13 a 15 da LREF; (*d*) após a homologação do quadro-geral, aqueles que não habilitaram podem pedir ao juiz a retificação para inclusão do respectivo crédito (art. 18, §6º, da LREF).

Assim, forma-se o quadro-geral de credores com o julgamento das impugnações e com as habilitações e impugnações retardatárias decididas até o momento da formação do referido quadro-geral (art. 18, §7º, da LREF). Por meio da reforma da LREF, o legislador optou por dar continuidade ao processo, permitindo o encerramento da recuperação ou da falência mesmo que não tenha sido finalizada a formação do quadro-geral, de modo que habilitações e impugnações retardatárias, após a finalização do processo, são convertidas em ações autônomas sob rito comum do CPC (art. 10, §9º, da LREF), sem prejuízo de eventual reserva de valores a ser feito no prazo decadencial de 3 anos (art. 10, § 10, da LREF).

Em caso de falência, o art. 16, *caput*, da LREF optou por dar continuidade no procedimento de pagamento dos valores incontroversos. Dessa forma, o quadro-geral de credores poderá ser formado por créditos não impugnados, com impugnações julgadas e pelas habilitações retardatárias julgadas. As habilitações retardatárias não julgadas acarretam reserva de valor controvertido, mas não impedem pagamento de parte incontroversa (art. 16, § 1º, da LREF). Assim, o rateio poderá ser feito se após as impugnações e ressalvadas os valores controvertidos, em mudança da redação original promovida pelo art. 16, § 2º, da LREF.

Será o administrador judicial responsável pela consolidação do *quadro-geral* de credores, a ser homologado pelo juiz, com base na relação dos credores e nas decisões proferidas nas impugnações oferecidas (art. 18 da LREF). No quadro-geral será mencionada a importância e a classificação de cada crédito na data do requerimento da recuperação judicial ou da decretação da falência.

Mesmo após a consolidação do quadro-geral poderá ser viabilizada *ação declaratória de invalidade* perante o juízo da recuperação ou da falência. Legitimam-se o administrador judicial, o Comitê, qualquer credor ou o representante do Ministério Público, até o encerramento da recuperação judicial ou da falência, pedir a exclusão, outra classificação ou a retificação de qualquer crédito, nos casos de descoberta de falsidade, dolo, simulação, fraude, erro essencial (art. 19 da LREF). Nesse caso, o pagamento do credor somente poderá ser realizado mediante a prestação de caução no mesmo valor do crédito questionado (art. 19, § 2º, da LREF).

Excurso

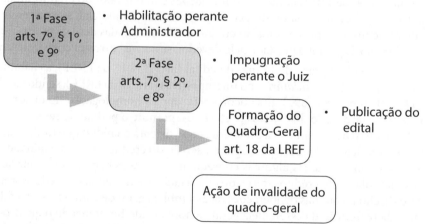

Jurisprudência

STJ – 3ª T. – REsp nº 1.840.166 – Rel. Min. Nancy Andrighi – j. 10/12/2019: "(...) Uma vez homologado o quadro-geral de credores (como ocorrido no particular), a única via para o credor pleitear a habilitação de seu crédito é a judicial, mediante a propositura de ação autônoma que tramitará pelo rito ordinário e que deve ser ajuizada até a prolação da decisão de encerramento do processo recuperacional".

STJ – 3ª T. – REsp nº 1.686.168 – Rel. Min. Nancy Andrighi – j. 12/09/2017: "(...) 2. O propósito recursal é decidir em que momento se considera existente o crédito trabalhista para efeitos de sua habilitação em processo de recuperação judicial (art. 49, da Lei 11.101/05). 3. Considera-se existente o crédito no momento da prestação do serviço do trabalhador, independente do trânsito em julgado da reclamação trabalhista, que apenas o declara em título executivo judicial" (...).

STJ – 3ª T. – AgInt no REsp nº 1.649.765 – Rel. Min. Marco Aurelio Bellizze – j. 19.10.2020: "(...)O STJ possui entendimento firme no sentido de que os créditos habilitados devem ser atualizados até a data do pedido de recuperação judicial".

STJ – 3ª T. – REsp nº 1.799.932 – Rel. Min. Paulo de Tarso Sansevenino – j. 01/09/2020: "(...) 2. O incidente de impugnação de crédito configura procedimento de cognição exauriente, possibilitando o pleno contraditório e a ampla instrução probatória, em rito semelhante ao ordinário. Inteligência dos arts. 13 e 15 da Lei n. 11.101/05. 3. Apesar de, no incidente de impugnação de crédito, apenas poderem ser arguidas as matérias elencadas no art. 8º da Lei n. 11.101/05, não há restrição ao exercício do amplo direito de defesa, que apenas se verifica em exceções expressamente previstas no ordenamento jurídico (...)".

Repetitivo: STJ – 2ª Seção – REsp nº 1.707.066 – Rel. Min. Nancy Andrighi – j. 03/12/2020: "(...) Cabe agravo de instrumento de todas as decisões interlocutórias proferidas no pro-cesso de recuperação judicial e no processo de falência, por força do art. 1.015, parágrafo único, CPC/15". Outro precedente do Tema 1022: REsp nº 1.717.213.

8. ADMINISTRADOR JUDICIAL

Conforme prevê a LREF, o "administrador judicial será profissional idôneo, preferencialmente advogado, economista, administrador de empresas ou contador, ou pessoa jurídica especializada" (art. 21 da LREF). Cuida-se de órgão auxiliar da justiça, que cumpre *ônus publico*, integrando a organização judiciária da falência e da recuperação (SCALZILLI, SPINELLI, TELLECHEA, 2017, p. 195).

Ao administrador compete, tanto na recuperação judicial, quanto na falência (art. 22, inciso I, da LREF): (a) enviar correspondência aos credores, comunicando a data do pedido de recuperação judicial ou da decretação da falência, a natureza, o valor e a classificação dada ao crédito; (b) fornecer, com presteza, todas as informações pedidas pelos credores interessados; (c) dar extratos dos livros do devedor, que merecerão fé de ofício, a fim de servirem de fundamento nas habilitações e impugnações de créditos; (d) exigir dos credores, do devedor ou seus administradores quaisquer informações; (e) elaborar a relação de credores; (f) consolidar o quadro-geral de credores nos termos do art. 18 da LREF; (g) requerer ao juiz convocação da assembleia geral de credores nos casos da LREF ou quando entender necessária sua ouvida para a tomada de decisões; (h) contratar, mediante autorização judicial, profissionais ou empresas especializadas para, quando necessário, auxiliá-lo no exercício de suas funções; (i) manifestar-se nos casos previstos na Lei; (j) estimular a conciliação, a mediação e outros métodos alternativos de solução de conflitos relacionados à recuperação e à falência; (l) com objetivo de transparência e publicidade, manter site na internet com informações atualizadas sobre a recuperação e a falência sob sua responsabilidade, com opção de consulta das principais peças processuais, salvo determinação judicial em sentido contrário; (m) com objetivo de agilização, manter endereço eletrônico específico para o recebimento de pedidos de habilitação ou de divergência (art. 7º, §1º, da LREF – 1ª fase), salvo determinação judicial em sentido contrário; (n) providenciar resposta aos ofícios e solicitações de outros juízos e órgãos públicos, sem necessidade de prévia decisão judicial.

Ao administrador compete, especificamente em cada um dos procedimentos (art. 22, incisos I e II, da LREF):

Na recuperação judicial	Na falência
(a) fiscalizar as atividades do devedor e o cumprimento do plano de recuperação judicial; (b) requerer a falência no caso de descumprimento de obrigação assumida no plano de recuperação; (c) apresentar ao juiz, para juntada aos autos, relatório mensal das atividades do devedor, fiscalizando a	(a) avisar, pelo órgão oficial, o lugar e hora em que, diariamente, os credores terão à sua disposição os livros e documentos do falido; (b) examinar a escrituração do devedor; (c) relacionar os processos e assumir a representação judicial e extrajudicial, incluídos os processos arbitrais, da massa falida; (d) receber e abrir a correspondência dirigida ao

Na recuperação judicial	Na falência
veracidade e a conformidade das informações prestadas; d) apresentar o relatório sobre a execução do plano de recuperação; e) fiscalizar o decurso das tratativas e a regularidade das negociações entre devedor e credores; f) assegurar que devedor e credores não adotem expedi-entes dilatórios, inúteis ou, em geral, prejudiciais ao regular andamento das negociações; g) assegurar que as negociações realizadas entre devedor e credores sejam regidas pelos termos convencionados entre os interessados ou, na falta de acordo, pelas regras propostas pelo administrador judicial e homologadas pelo juiz, observado o princípio da boa-fé para solução construtiva de consensos, que acarretem maior efetividade econômico-financeira e proveito social para os agentes econômicos envolvidos; h) apresentar, para juntada aos autos, e publicar no endereço eletrônico específico relatório mensal das atividades do devedor e relatório sobre o plano de recuperação judicial, no prazo de até 15 dias contado da apresentação do plano, fiscalizando a veracidade e a conformidade das informações prestadas pelo devedor, além de informar eventual ocorrência das condutas previstas no art. 64 da LREF. Deverá, ainda, apresentar contas e relatórios previstos na LREF (art. 23 da LREF).	devedor, entregando a ele o que não for assunto de interesse da massa; (e) apresentar, no prazo de 40 dias, contado da assinatura do termo de compromisso, prorrogável por igual período, relatório sobre as causas e circunstâncias que conduziram à situação de falência, no qual apontará a responsabilidade civil e penal dos envolvidos; (f) arrecadar os bens e documentos do devedor e elaborar o auto de arrecadação; (g) avaliar os bens arrecadados; (h) contratar avaliadores; (i) praticar os atos necessários à realização do ativo e ao pagamento dos credores; (j) proceder à venda de todos os bens da massa falida no prazo máximo de 180 dias, contado da data da juntada do auto de arrecadação, sob pena de destituição, salvo por impossibilidade fundamentada, reconhecida por decisão judicial; (l) praticar todos os atos conservatórios de direitos e ações, diligenciar a cobrança de dívidas e dar a respectiva quitação; (m) remir, em benefício da massa e mediante autorização judicial, bens apenhados, penhorados ou legalmente retidos; (n) representar a massa falida em juízo, contratando, se necessário, advogado, cujos honorários serão previa-mente ajustados e aprovados pelo Comitê de Credores; (o) requerer todas as medi-das e diligências que forem necessárias para o cumprimento desta Lei, a proteção da massa ou a eficiência da administração; (p) apresentar ao juiz conta demonstrativa da administração, que especifique com clareza a receita e a despesa; (q) entregar ao seu substituto todos os bens e documentos da massa em seu poder, sob pena de responsabilidade; r) prestar contas ao final do processo, quando for substituído, destituído ou renunciar ao cargo; (s) arrecadar os valores dos depósitos realizados em processos administrativos ou judiciais nos quais o falido figure como parte, oriundos de penhoras, de bloqueios, de apreensões, de leilões, de alienação judicial e de outras hipóteses de constrição judicial, ressalvados os casos de depósitos judiciais de tributos.

Remuneração

Os serviços do administrador são remunerados, levando-se em conta "a capacidade de pagamento do devedor, o grau de complexidade do trabalho e os valores praticados no mercado para o desempenho de atividades semelhantes" (art. 24 da LREF), não podendo exceder a 5% do valor devido aos credores submetidos à recuperação judicial ou do valor de venda dos bens na falência – reduzindo a 2% em caso de microempresa, empresas de pequeno porte e produtor rural.

Estará impedido de atuar como administrador – ou ser membro do Comitê de Credores – quem: (*a*) nos últimos 5 anos, no exercício do cargo de administrador judicial ou de membro do Comitê em falência ou recuperação judicial anterior, foi destituído, deixou de prestar contas dentro dos prazos legais ou teve a prestação de contas desaprovada; (*b*) tiver relação de parentesco ou afinidade até o 3º grau com o devedor, seus administradores, controladores ou representantes legais ou deles for amigo, inimigo ou dependente (SCALZILLI, SPINELLI, TELLECHEA, 2017, p. 208). A matéria poderá ser alegada pelo devedor, por credores ou pelo Ministério Público (art. 30 da LREF) e o juiz poderá destituir o administrador caso descumpra os preceitos da legislação (art. 31 da LREF).

Ademais, o administrador e os membros do Comitê responderão pelos prejuízos causados à massa falida, ao devedor ou aos credores por dolo ou culpa, devendo o dissidente em deliberação do Comitê consignar sua discordância em ata para eximir-se da responsabilidade (art. 32 da LREF).

9. COMITÊ DE CREDORES

Dependendo da dimensão do devedor e do número de credores, pode ser criado um colegiado intermediário para cuidar dos interesses das respectivas classes de credores, com funções fiscalizatórias, consultivas e deliberativas (SCALZILLI, SPINELLI, TELLECHEA, 2017, p. 217). Cuida-se do Comitê de Credores, que pode ter a seguinte composição: um representante indicado pela classe de credores trabalhistas, com 2 suplentes; um representante indicado pela classe de credores com direitos reais de garantia ou privilégios especiais, com 2 suplentes; um representante indicado pela classe de credores quirografários e com privilégios gerais, com 2 suplentes; um representante indicado pela classe de credores representantes de microempresas e empresas de pequeno porte, com 2 suplentes. A falta de indicação de representante por quaisquer das classes não prejudicará a constituição do Comitê, que poderá funcionar com número inferior (art. 26 da LREF). A atividade não é remunerada, mas as despesas podem ser custeadas pelo devedor, com a autorização do juiz e atendendo às disponibilidades de caixa (art. 29 da LREF).

A nomeação do Comitê de Credores se dá por quórum especial de maioria dos credores da respectiva classe (art. 42 da LREF).

Cabe ao Comitê de credores, tanto na recuperação, quanto na falência: (a) fiscalizar as atividades e examinar as contas do administrador judicial; (b) zelar pelo bom andamento do processo e pelo cumprimento da lei; (c) comunicar ao juiz, caso detecte violação dos direitos ou prejuízo aos interesses dos credores; (d) apurar e emitir parecer sobre quaisquer reclamações dos interessados; (e) requerer ao juiz a convocação da assembleia geral de credores; (f) manifestar-se nas hipóteses previstas nesta Lei (art. 27, inciso I, da LREF). As deliberações do Comitê poderão ser substituídas por documento que comprove a adesão da maioria dos créditos de cada conjunto de credores (art. 45-A, § 2º, da LREF).

Exclusivamente na recuperação, o art. 27, inciso II, da LREF atribui ao Comitê as seguintes atribuições: (a) fiscalizar a administração das atividades do devedor, apresentando, a cada 30 dias, relatório de sua situação; (b) fiscalizar a execução do plano de recuperação judicial; (c) submeter à autorização do juiz, quando ocorrer o afastamento do devedor nas hipóteses previstas nesta Lei, a alienação de bens do ativo permanente, a constituição de ônus reais e outras garantias, bem como atos de endividamento necessários à continuação da atividade empresarial durante o período que antecede a aprovação do plano de recuperação judicial.

Na falta de Comitê de Credores, as funções aqui descritas caberão ao administrador judicial (art. 28 da LREF).

10. ASSEMBLEIA GERAL DE CREDORES

10.1. Competência

A assembleia geral de credores tem natureza jurídica de comunhão [t. II, §3, i. 2.2] e órgão da recuperação. Sua função é a manifestação da vontade coletiva da comunhão de credores (França, 2007, p. 72; Scalzilli, Spinelli, Tellechea, 2017, p. 226), que terão autonomia para as decisões e poderão exercer o voto no seu "interesse e de acordo com o seu juízo de conveniência". Assim, a declaração de nulidade por abuso ocorrerá "somente quando manifestamente exercido para obter vantagem ilícita para si ou para outrem" (art. 39, § 6º, da LREF).

Cuida-se de congregação de todos os credores sujeitos aos efeitos da recuperação ou da falência, que são organizados por categorias específicas determinadas pela LREF e consoante a natureza dos respectivos créditos, com o objetivo de deliberar sobre matérias de sua competência ou outras vinculadas ao processo e aos interesses dos próprios credores.

Portanto, à comunhão dos credores foram atribuídos poderes para viabilizar o soerguimento da organização empresarial em crise, vez que dependerá da aprovação do plano de recuperação pelos credores. Ao juiz reserva-se a tarefa de homologar o acordo com o devedor (Penteado, 2007, p. 64).

São atribuições da assembleia geral de credores (art. 35 da LREF):

Na recuperação judicial	Na falência
(a) aprovação, rejeição ou modificação do plano de recuperação judicial apresentado pelo devedor; (b) a constituição do Comitê de Credores, a escolha de seus membros e sua substituição; (c) vetado; (d) o pedido de desistência do devedor; (e) o nome do gestor judicial, quando do afastamento do devedor; (f) qualquer outra matéria que possa afetar os interesses dos credores; g) alienação de bens ou direitos do ativo não circulante do devedor, que não esteja previsto no plano de recuperação judicial.	(a) a constituição do Comitê de Credores, a escolha de seus membros e sua substituição; (b) a adoção de outras modalidades de realização do ativo; (c) qualquer outra matéria que possa afetar os interesses dos credores.

A assembleia não ocorrerá se não houver objeção dos credores ao plano de recuperação apresentado – ressalvado pedido de assembleia para indicação do Comitê de Credores (art. 52, § 2º, da LREF). Ocorrendo objeção ao plano, na forma do art. 56 da LREF, o juiz convoca a assembleia. Ela também poderá ser substituída por documento que comprove a adesão de credores que representem mais da metade dos valores dos créditos sujeitos à recuperação (art. 45-A da LREF).

10.2. Classes de credores

Participam da assembleia geral de credores as seguintes classes (art. 41 da LREF):

Classe I	Titulares de créditos derivados da legislação do trabalho ou decorrentes de acidentes de trabalho (art. 41, I, LREF), inclusive representantes comerciais (art. 44, *caput*, da Lrepr).

Classe II	Titulares de créditos com garantia real (art. 41, II, LREF).
Classe III	Titulares de créditos quirografários, com privilégio especial, com privilégio geral ou subordinados (art. 41, III, LREF).
Classe IV	Titulares de créditos enquadrados como microempresa ou empresa de pequeno porte (art. 41, IV, LREF).

Os votos em assembleia geral normalmente são contados pela proporção do crédito (art. 38 da LREF).

Ressalva-se, todavia, a deliberação sobre o plano de recuperação, cuja contagem é feita internamente em cada classe (art. 45 da LREF).

Nas classes dos trabalhadores, acidente do trabalho e microempresas, contam-se os votos pela integralidade do crédito, independentemente do valor, apurando-se o número de trabalhadores, de acidentados do trabalho e de microempresários (arts. 41, § 1º e 45, § 2º, da LREF).

Em credores com garantia real e quirografários, a proposta deverá ser aprovada por credores que representem mais da metade do valor total dos créditos presentes à assembleia e, cumulativamente, pela maioria simples dos credores presentes (art. 45, § 1º, da LREF).

Os titulares de créditos com garantia real votam internamente em sua classe até o limite do valor do bem gravado e o montante que sobejar é transferido para voto com os credores quirografários (art. 41, § 2º, da LREF).

Os sócios do devedor, bem como as sociedades coligadas, controladoras, controladas ou as que tenham sócio ou acionista com participação superior a 10% do capital social do devedor ou em que o devedor ou algum de seus sócios detenham participação superior a 10% do capital social, cônjuge ou parente, consanguíneo ou afim, colateral até o 2º grau, ascendente ou descendente do devedor, de administrador, do sócio controlador, de membro dos conselhos consultivo, fiscal ou semelhantes da sociedade devedora, poderão participar da assembleia geral de credores, sem ter direito a voto e não serão considerados para fins de verificação do quórum de instalação e de deliberação (art. 43 da LREF).

10.3. Procedimento

A formação da vontade da comunhão de credores ocorre com a observação de formalidades que antecedem as deliberações:

(*a*) A *iniciativa* da convocação pode ser tomada pelo administrador judicial ou por credores que representem no mínimo 25% do valor total dos créditos de uma determinada classe (art. 36, § 2º, da LREF).

(*b*) A *convocação* será feita pelo juiz por edital publicado no diário oficial eletrônico e disponibilizado no *site* do administrador judicial, com antecedência de 15 dias (art. 36 da LREF). Entre outras informações, o edital deverá conter o local, data e hora da assembleia em 1ª e em 2ª convocação, a ordem do dia, local onde credores podem obter cópia do plano de recuperação a ser submetido à assembleia.

(*c*) A *instalação* se dá em 1ª convocação, com a presença de credores titulares de mais da metade dos créditos de cada classe, computados pelo valor, e, em 2ª convocação, com qualquer número. Para participar da assembleia, cada credor deverá assinar a lista de presença, que será encerrada no momento da instalação. O credor poderá comparecer por meio de procurador (mandatário), pessoas que tenha poderes determinados nos atos constitutivos ou sindicatos, no caso de trabalhadores efetivamente associados à agremiação.

(*d*) A *presidência* dos trabalhos é feita pelo administrador judicial, secretariado por um dos credores presentes. Ressalva-se a assembleia de destituição de administrador que, para evitar conflito de interesses, será presidida pelo credor titular de maior crédito (art. 37, § 1º, da LREF).

(*e*) Em seguida, a assembleia cuidará da *ordem do dia* constante da convocação, com *deliberações* que vincularão os sócios e produzirão as consequências processuais e materiais previstas na legislação. Conforme previsto no art. 42 da LREF, considera-se aprovada a proposta que obtiver votos favoráveis de credores que representem mais da metade do valor total dos créditos presentes à assembleia geral, exceto nas deliberações sobre o plano de recuperação judicial – feita pelas classes individualmente, conforme art. 45 da LREF –, a composição do Comitê de Credores ou forma alternativa de realização do ativo, que demanda 2/3 dos créditos (arts. 46 e 145 da LREF)[2].

Têm direito a voto as pessoas arroladas no quadro geral de credores ou, na sua falta, na relação de credores apresentada pelo administrador judicial, ou, ainda, na falta desta, na relação apresentada pelo próprio devedor (art. 39 da LREF). Não votam os créditos excluídos da recuperação [*t. V, §2, i. 3*].

(*f*) Do ocorrido na assembleia, lavrar-se-á *ata* que conterá o nome dos presentes e as assinaturas do presidente, do devedor e de 2 membros de cada uma das classes votantes, e que será entregue ao juiz, juntamente com a lista de presença, no prazo de 48 horas.

Inovação importante da LREF, com vistas à celeridade e redução de custos do procedimento, foi a inserção do art. 45-A, que permite a substituição das deliberações em assembleia geral pela comprovação documental da adesão de credores que representem mais da metade do valor dos créditos sujeitos à recuperação, ressalvadas as exceções com quórum maior. A possibilidade dessa *transação substitutiva* da assembleia geral é igualmente válida para as deliberações sobre o plano de recuperação e formas alternativas de realização do ativo na falência – ressalvados os quóruns diferenciados dos arts. 45 e 145, respectivamente. Compete ao administrador judicial a fiscalização dessa deliberação substituída por transação, com parecer prévio do Ministério Público, antes de se apresentar o documento à deliberação judicial.

Jurisprudência

STJ – 3ª T. – REsp nº 1.670.096 – Rel. Min. Nancy Andrighi – j. 20/06/2017: "(...) 5 – A Lei 11.101/05 estabelece, em seu art. 45, § 3º, que, nas deliberações sobre o plano de recuperação judicial, não terão direito a voto apenas os credores cujos créditos não foram por ele afetados, seja quanto ao valor devido, seja quanto às condições originais de pagamento. (...) 8 – A decisão judicial que assegura direito de voto aos detentores de títulos de dívida emitidos pelas recuperandas representados por agente fiduciário (*bondholders*) é compatível com a norma do art. 39 da Lei 11.101/05, na medida em que esses credores possuem interesse imediato nas deliberações sobre o plano de soerguimento (...)".

Excurso

Convocação por edital (art. 36) → Presença, Instalação e presidência pelo AJ (art. 37) → Deliberações (arts. 39 a 46)

---

[2] Há excelente detalhamento de quóruns em SCALZILLI, SPINELLI, TELLECHEA, 2017, p. 260.

11. PRAZOS PROCESSUAIS, PRESCRICIONAIS E DECADENCIAIS DA LREF

Alguns prazos podem ser estruturados na LREF:

Tipos de Prazos	Assunto	Prazo
Prazos comuns à falência e à recuperação judicial	Exibição de contas pelo administrador judicial, que as apresentou fora do prazo estabelecido (art. 23)	5 dias
	Apresentação de documento comprobatório de representação do credor em assembleia geral (art. 37, § 4º)	24 horas
	Apresentação de conta da atividade do administrador judicial (art. 22, III, *p*)	Até o 10º dia do mês seguinte ao vencido
	Assinatura do termo de compromisso pelo administrador judicial e membros do Comitê de Credores (art. 33)	48 horas
	Contestação dos credores com créditos impugnados (art. 11)	5 dias
	Convocação da assembleia geral de credores (art. 36)	Mínimo de 15 dias de antecedência
	Decisão judicial sobre substituição de administrador judicial ou membro do Comitê (art. 30, § 3º)	24 horas
	Emissão de parecer pelo administrador judicial a respeito do crédito impugnado (art. 12, parágrafo único)	5 dias
	Entrega da ata de assembleia pelo administrador judicial (art. 37, § 7º)	48 horas
	Habilitação ou divergência quanto aos créditos relacionados pelos credores (arts. 7º, § 1º e 9º) – 1ª Fase perante o Administrador	15 dias
	Impugnação contra a relação de credores, inclusive legitimidade, importância ou classificação do crédito (arts. 7º, § 2º, 8º, 13 e 15)	10 dias
	Manifestação do Comitê e do devedor a respeito de transação que recaia sobre obrigações e direitos da massa falida (art. 22, § 3º)	2 dias

Tipos de Prazos	Assunto	Prazo
	Manifestação do Comitê e do devedor a respeito das contestações dos credores que tiveram seus créditos impugnados (art. 12)	5 dias
	Atuação em nova falência/recuperação por aquele que foi destituído, deixou de prestar contas ou teve prestação desaprovada (art. 30)	5 anos
	Representação por sindicato: apresentação da relação dos associados que serão representados (art. 37, § 6º, I)	Máximo 10 dias
	Antecedência mínima para a segunda convocação da assembleia geral dos credores (art. 36, I)	5 dias
	Stay period – Suspensão do curso da prescrição de todas as ações (art. 6º, § 4º)	180 dias, contados do deferimento do processamento da recuperação, prorrogável por igual período, uma única vez, desde que o devedor não tenha dado causa
	Publicação, pelo administrador judicial, de edital com a relação de credores (art. 7º, § 2º)	45 dias
	Publicação do quadro geral de credores (art. 18, parágrafo único)	5 dias
	Antecedência mínima da segunda convocação da assembleia geral de credores (art. 36, I)	5 dias
Prazos específicos da falência	Propositura da ação revocatória (art. 132)	3 anos
	Manifestação do Comitê e do falido em relação à alienação antecipada de bens perecíveis (art. 113)	48 horas

Tipos de Prazos	Assunto	Prazo
	Apresentação das contas, pelo administrador judicial, após a realização do ativo e distribuição do produto entre os credores (art. 154)	Máximo de 30 dias
	Apresentação de certidões de registro relativas aos bens imóveis (art. 110, § 4º)	15 dias
	Caso de não decretação da falência pela cessação das atividades empresariais (art. 96, VIII)	Mínimo de 2 anos de cessação
	Contestação do devedor (art. 98)	10 dias
	Decisão judicial acerca das impugnações à alienação por leilão propostas fechadas ou pregão (art. 143)	5 dias
	Decisão judicial acerca do pedido de declaração de extinção das obrigações (art. 159, § 3º)	5 dias
	Extinção das obrigações do falido não condenado por crime previsto nesta Lei (art. 158, III)	5 anos
	Caso de não decretação da falência do espólio (art. 96, § 1º)	Após 1 ano da morte do devedor
	Habilitação dos créditos (art. 99, IV)	Determinado em sentença pelo juízo, observado o art. 7º, § 1º
	Impugnação das contas apresentadas pelo administrador judicial após realização do ativo e distribuição do produto (art. 154, § 2º)	Máximo de 10 dias
	Impugnações à alienação por leilão, propostas fechadas ou pregão (art. 143)	48 horas
	Ineficácia da renúncia a herança ou a legado (art. 129, V)	Até 2 anos antes da decretação da falência
	Ineficácia dos atos praticados a título gratuito pelo devedor (art. 129, IV)	Desde 2 anos antes da decretação da falência

Tipos de Prazos	Assunto	Prazo
	Apresentação do laudo de avaliação pelo administrador judicial (art. 110, § 1º)	30 dias
	Levantamento, pelos credores, dos valores que lhes couberam em rateio e que não foram levantados no prazo fixado pelo juiz (art. 149, § 2º)	60 dias
	Manifestação, de forma sucessiva, do falido, do Comitê, dos credores e do administrador judicial, sobre o pedido de restituição (art. 87, § 1º)	5 dias
	Manifestação do MP acerca das contas apresentadas pelo administrador após a realização do ativo e distribuição do produto (art. 154, § 3º)	5 dias
	Oposição dos credores notificados à venda ou transferência do estabelecimento pelo devedor (art. 129, VI)	30 dias
	Período em que a falência pode atingir sócio que tenha se retirado voluntariamente ou que tenha sido excluído da sociedade (art. 81, § 1º)	Máximo de 2 anos
	Prescrição da ação de responsabilidade pessoal dos sócios de responsabilidade limitada, controladores e administradores da sociedade falida (art. 82, § 1º)	2 anos
	Publicação de anúncio, em jornal de ampla circulação, sobre a alienação da empresa ou de bens imóveis (art. 142, § 1º)	Antecedência de 30 dias
	Publicação de anúncio, em jornal de ampla circulação, sobre a alienação de bens móveis (art. 142, § 1º)	Antecedência de 15 dias
	Apresentação pelo falido da relação nominal dos credores (art. 99, III)	5 dias

Tipos de Prazos	Assunto	Prazo
	Apresentação pelo administrador judicial do relatório final da falência (art. 155)	Máximo de 10 dias
	Termo legal da falência (art. 99, II)	Máximo de 90 dias
	Apresentação de relatório, pelo administrador judicial, sobre as causas e circunstâncias que conduziram à situação de falência (art. 22, III, *e*)	40 dias, prorrogável por igual período
Prazos específicos da Recuperação Judicial	Convocação da assembleia geral para deliberar sobre o plano de recuperação (art. 56, § 1º)	A data da assembleia geral não excederá 150 dias contados do deferimento da recuperação
	Convocação de nova assembleia, pelo juiz, em caso de recusa ou impedimento do gestor indicado (art. 65, § 2º)	Máximo de 72 horas contadas da recusa ou da declaração de impedimento
	Manifestação da objeção do credor ao plano de recuperação judicial (art. 55)	30 dias contados da publicação da relação de credores
	Pagamento da primeira parcela das dívidas constantes no plano especial de recuperação judicial (art. 71, III)	Máximo de 180 dias contados da distribuição do pedido de recuperação
	Cumprimento das obrigações na recuperação judicial (art. 61)	Máximo de 2 anos depois da concessão da recuperação judicial, independentemente de período de carência
	Apresentação, pelo devedor, do plano de recuperação judicial (art. 53)	Máximo de 60 dias
	Prestação de contas pelo administrador judicial (art. 63, I)	30 dias
	Apresentação, pelo administrador judicial, do relatório sobre a execução do plano de recuperação pelo devedor (art. 63, III)	Máximo de 15 dias
	Requerimento de nova recuperação judicial desde a última concessão (art. 48, II)	Mínimo de 5 anos

Tipos de Prazos	Assunto	Prazo
	Requerimento de nova recuperação judicial desde a última concessão (microempresas e empresas de pequeno porte) (art. 48, III)	Mínimo de 5 anos
	Período necessário de atividade empresarial anterior para o requerimento de recuperação judicial (art. 48)	Mínimo de 2 anos
	Suspensão do curso da prescrição de todas as ações (art. 6º, § 4º)	180 dias, contados do deferimento do processamento da recuperação, prorrogável por igual período, uma única vez, desde que o devedor não tenha dado causa
Prazos específicos da Recuperação Extrajudicial	Apreciação judicial sobre eventuais impugnações ao plano de recuperação extrajudicial (art. 164, § 4º)	5 dias
	Decisão judicial sobre o plano de recuperação extrajudicial (art. 164, § 5º)	5 dias
	Impossibilidade de o devedor requerer a homologação de plano extrajudicial se houver pendência de pedido de recuperação judicial, obtenção de recuperação judicial ou homologação de outro plano de recuperação extrajudicial (art. 161, § 3º)	2 anos
	Impugnação, pelos credores, do plano de recuperação extrajudicial (art. 164, § 2º)	30 dias
	Manifestação do devedor a impugnação ao plano de recuperação extrajudicial (art. 164, § 4º)	5 dias

§2
RECUPERAÇÃO DA EMPRESA

1. FUNÇÃO

O sistema da LREF inovou ao implementar a recuperação da empresa como corolário, conforme transparece do art. 47 da LREF. O objetivo da regra é preservação da empresa, conforme interpretação do STJ: "(...) A recuperação judicial tem como finalidade precípua o soerguimento da empresa mediante o cumprimento do plano de recuperação, salvaguardando a atividade econômica e os empregos que ela gera, além de garantir, em última ratio, a satisfação dos credores (...)" (CC n º 90.477)[1].

Para dar cumprimento ao princípio da preservação da empresa, o empresário e a sociedade empresária que entram em crise econômico-financeira adquirem o direito à recuperação, que pode se dar nas modalidades judicial (art. 47 e seguintes da LREF) e extrajudicial (arts. 161 e seguintes da LREF).

2. SUJEITOS LEGITIMADOS E REQUISITOS

O direito à recuperação judicial atende a *pressuposto material* de somente ser deferido a empresários e sociedades empresárias. Essa foi a opção do legislador brasileiro, que *restringiu às atividades empresariais* a concessão do benefício recuperacional. Ficam excluídas associações, fundações e cooperativas, além dos casos expressamente afastados pelo art. 2º da LREF: I – empresa pública e sociedade de economia mista; II – instituição financeira pública ou privada, cooperativa de crédito, consórcio, entidade de previdência complementar, sociedade operadora de plano de assistência à saúde, sociedade seguradora, sociedade de capitalização e outras entidades legalmente equiparadas às anteriores.

Conforme já se discutiu [*t. V, §1º, i. 5*], têm sido comuns os pedidos de recuperação por pessoas jurídicas não empresárias, sob fundamento de serem atividades econômicas e fontes produtoras de riquezas, geração de empregos e função social. Há incertezas nesse tipo de

---

[1] O objetivo da regra é diferente no sistema alemão, que visa à tutela do crédito primordialmente, conforme adverte SHEILA CHRISTINA NEDER CEREZETTI: "Ressalte-se que a afirmação ora feita – de que o sistema germânico não encontra na preservação sua finalidade precípua – não significa que esse resultado seja indesejado. Imprescindível reconhecer que a satisfação dos interesses dos credores não exclui a possibilidade de preservação da empresa, já que isso pode ser alcançado sempre que o interesse dos credores identificar ser esse o melhor expediente para a realização de direitos creditórios" (CEREZETTI, 2012. p. 134).

expediente, mas a jurisprudência, como fonte do Direito, está a construir um sistema novo para crises.²

Relevante alteração, mas de constitucionalidade questionável, foi a parte final do § 13, do art. 6º, da LREF, que permitiu à sociedade cooperativa médica operadora de plano de assistência à saúde pleitear a recuperação. A dúvida está na forma como a parte final do dispositivo foi inserida no Senado Federal, por meio de emenda de redação que, efetivamente, alterou o conteúdo do texto legal sem retornar à Câmara dos Deputados para reanálise.

Não bastasse isso, o art. 25 da Lei nº 14.193/2021, ao tratar da sociedade anônima do futebol (SAF), permitiu expressamente o uso da recuperação judicial ou extrajudicial tanto pela SAF quanto pelo "clube", como associação civil. A submissão à LREF implica raciocinar que o regime falimentar também será aplicável para a insolvência desse tipo de atividade [*t. II, §10, i. 17*].

Além disso, o art. 48 da LREF ainda especifica *pressuposto formal* de que a faculdade da recuperação judicial somente será deferida ao devedor que, no momento do pedido, exerça regularmente suas atividades há mais de 2 anos e que atenda aos seguintes requisitos, cumulativamente: I – não ser falido e, se o foi, estejam declaradas extintas, por sentença transitada em julgado, as responsabilidades daí decorrentes; II – não ter, há menos de 5 anos, obtido concessão de recuperação judicial; III – não ter, há menos de 5 anos, obtido concessão de recuperação judicial com base no plano especial para Microempresa e Empresa de Pequeno Porte; IV – não ter sido condenado ou não ter, como administrador ou sócio controlador, pessoa condenada por qualquer dos crimes previstos nesta Lei (STJ – REsp nº 1.193.115 – Rel. Min. Sidnei Benetti). Ainda foram acrescidos pela Lei nº 14.112/2020, requisitos documentais e contábeis para a prova da atividade rural [*t. V, §2, i. 2.1*] e, na recuperação judicial de companhia aberta, tornou-se obrigatória a formação e o funcionamento do Conselho Fiscal, conforme LSA, enquanto durar a fase da recuperação judicial, incluído o período de cumprimento das obrigações assumidas pelo plano de recuperação (art. 48-A da LREF).

Não somente o empresário pessoa física em crise poderá pleitear a recuperação, mas também, em caso de falecimento deste, o cônjuge sobrevivente, herdeiros do devedor, inventariante ou sócio remanescente.

Jurisprudência

STJ – 3ª T. – REsp nº 1.193.115 – Rel. Min. Sidnei Benetti – j. 20/08/2013: "(...) O deferimento da recuperação judicial pressupõe a comprovação documental da qualidade de empresário, mediante a juntada com a petição inicial, ou em prazo concedido nos termos do CPC 284, de certidão de inscrição na Junta Comercial, realizada antes do ingresso do pedido em Juízo, comprovando o exercício das atividades por mais de dois anos, inadmissível a inscrição posterior ao ajuizamento. Não enfrentada, no julgamento, questão relativa às condições de admissibilidade ou não de pedido de recuperação judicial rural (...)".

STJ – 3ª T. – REsp nº 1.539.445 – Rel. Min. Ricardo Villas Boas Cueva – j. 13/03/2018: "(...)2. Os credores, que agem na qualidade de sócios, buscando impor aos demais credores da recuperanda as obrigações decorrentes de acordo de acionistas, não têm legitimidade para interpor

---

² Os casos mais notórios foram de associações como a Universidade Cândido Mendes (TJRJ – Ap. nº 0031515-53.2020.8.19.0000), o Hospital Evangélico da Bahia (TJBA – Feito nº 8074034-88.2020.8.05.0001) e o Figueirense Futebol Clube (TJSC – 502422-97.2021.8.24.0023); também da cooperativa Unimed Manaus (TJAM – Feito nº 0762451-34.2020.8.04.0001).

o agravo de instrumento contra decisão que concede a recuperação judicial. 3. No agravo de instrumento contra decisão concessiva da recuperação não é possível discutir teses acerca do mérito do plano de recuperação aprovado pela Assembleia Geral de Credores".

2.1. Produtores rurais

O produtor rural não representa categoria jurídica específica no direito brasileiro, muito embora a sua atividade seja geradora de diversos regimes jurídicos em matéria tributária, previdenciária e de regulação da própria atividade. A atividade rural pode ser considerada formalizada como empresarial, já que a opção de inscrição como empresário está no conteúdo do art. 971 do CC, que dispõe: "O empresário, cuja atividade rural constitua sua principal profissão, pode, observadas as formalidades de que tratam o art. 968 e seus parágrafos, requerer inscrição no Registro Público de Empresas Mercantis da respectiva sede, caso em que, depois de inscrito, ficará equiparado, para todos os efeitos, ao empresário sujeito a registro". A interpretação do dispositivo permite afirmar que o produtor rural já é considerado empresário pelo conteúdo do art. 971 [*t. II, §1, i. 3*]. A faculdade é de registro, de forma a equiparar ao empresário comum para todos os fins. Cuida-se de faculdade dada ao empresário rural, inclusive para efeito de pedido de recuperação de empresa e de falência.

A inscrição somente se justifica em caso de estímulo econômico e de organização da atividade. Caso não o faça, continuará com regime peculiar da pessoa jurídica e de tributação da atividade agrícola.

O conteúdo do art. 971 do CC precisa ser observado também à luz do art. 4º, inciso VI, do Estatuto da Terra (Lei nº 4.504/64 – ET), que cuidou da *empresa rural* como sendo "o empreendimento de pessoa física ou jurídica pública ou privada que explore econômica e racionalmente imóvel rural, dentro de condição de rendimento econômico da região em que se situe e que explore área mínima agricultável do imóvel segundo padrões fixados, pública e previamente, pelo Poder Executivo. Para esse fim, equiparam-se às áreas cultivadas, as pastagens, as matas naturais e artificiais e as áreas ocupadas com benfeitorias". Percebe-se que esse conteúdo do ET somente se justifica para permitir a implementação de políticas agrícolas do próprio microssistema agrário.

Em termos de falência e recuperação, conforme visto, o sistema brasileiro ainda vincula ao preenchimento de requisito material de ser empresário ou sociedade empresária (art. 1º da LREF). Restou por resolver a questão do produtor rural e seu sistema de registro facultativo. Após importantes precedentes da 3ª e 4ª Turmas (REsp nº 1.800.032 e 1.811.953), o STJ consolidou o entendimento de que é admissível o pedido de recuperação judicial feito pelo produtor rural, mesmo que ele não tenha a antecedência dos dois anos de registro do *caput* do art. 48. Assim, a ausência de registro não torna o produtor um empresário irregular ou não o retira da condição de empresário. Facultativo é o registro. Assim, o registro é somente atributivo de eficácia para fins obrigacionais, permitindo concluir que o produtor rural já preenche a condição prévia da atividade – que deve ser exercida por dois anos – e independe do pedido de inscrição no Registro Público de Empresas Mercantis para o pleito de recuperação.

Esse entendimento da jurisprudência foi confirmado por alteração no texto da LREF, com a inserção de *requisitos contábeis* para atribuir maior segurança ao crédito e também para permitir que o pequeno produtor rural se valha de *regime especial* equivalente à Microempresa e Empresa de Pequeno Porte (ME/EPP).

Passou a ser exigível que: (*a*) o exercício de atividade rural por pessoa jurídica seja comprovado por ECF (Escrituração Contábil Fiscal); (*b*) o exercício de atividade por mais de 2 anos, por produtor rural, seja demonstrado com base no LCDPR (Livro Caixa Digital do Produtor Rural), DIRPF (Declaração de Imposto sobre a Renda Pessoa Física) e balanço patrimonial, com obediência ao regime de competência e escrituração contábil (art. 48, §§ 2º a 5º, da LREF). Portanto, por meio de documentação contábil e fiscal, a LREF determina requisitos mínimos de aferição de regularidade da atividade como produtor rural para usar do benefício da recuperação judicial. Caberá aos credores, por sua parte, aferir o cumprimento dessas regras para entronizar os maiores custos transacionais derivados dessa nova relação com o produtor rural.

Além disso, a reforma da LREF permitiu, por meio do art. 70-A, que o produtor com dívidas de até R$ 4.800.000,00 – mencionado na lei erroneamente como valor da causa – utilize o plano especial de parcelamentos em recuperação de ME e EPP. Com isso, o objetivo do legislador foi permitir o acesso do pequeno produtor rural a um sistema de solução de crises.

Não se incluem na recuperação judicial do produtor rural os valores contraídos sob qualificação de ato cooperativo (art. 6º, § 13, da LREF) e operações com CPR financeira de recursos antecipações ou de *barter* (art. 11 da Lei nº 8.929/94).

Jurisprudência

STJ – 4ª T. – REsp nº 1.800.032 – Rel. Raul Araújo – j. 05/11/2019: "(...)3. Assim, os efeitos decorrentes da inscrição são distintos para as duas espécies de empresário: o sujeito a registro e o não sujeito a registro. Para o empreendedor rural, o registro, por ser facultativo, apenas o transfere do regime do Código Civil para o regime empresarial, com o efeito constitutivo de "equipará-lo, para todos os efeitos, ao empresário sujeito a registro", sendo tal efeito constitutivo apto a retroagir (*ex tunc*), pois a condição regular de empresário já existia antes mesmo do registro. Já para o empresário comum, o registro, por ser obrigatório, somente pode operar efeitos prospectivos, *ex nunc*, pois apenas com o registro é que ingressa na regularidade e se constitui efetivamente, validamente, empresário. 4. Após obter o registro e passar ao regime empresarial, fazendo jus a tratamento diferenciado, simplificado e favorecido quanto à inscrição e aos efeitos desta decorrentes (CC, arts. 970 e 971), adquire o produtor rural a condição de procedibilidade para requerer recuperação judicial, com base no art. 48 da Lei 11.101/2005 (LRF), bastando que comprove, no momento do pedido, que explora regularmente a atividade rural há mais de 2 (dois) anos. Pode, portanto, para per-fazer o tempo exigido por lei, computar aquele período anterior ao registro, pois tratava-se, mesmo então, de exercício regular da atividade empresarial. 5. Pelas mesmas razões, não se pode distinguir o regime jurídico aplicável às obrigações anteriores ou posteriores à inscrição do empresário rural que vem a pedir recuperação judicial, ficando também abrangidas na recuperação aquelas obrigações e dívidas anteriormente contraídas e ainda não adimplidas (...)".

STJ – 3ª T. – REsp nº 1.811.953 – Rel. Min. Marco Aurélio Bellizze – j. 06/10/2020: "(...) O empresário rural que objetiva se valer dos benefícios do processo recuperacional, instituto próprio do regime jurídico empresarial, há de proceder à inscrição no Registro Público de Empresas Mercantis, não porque o registro o transforma em empresário, mas sim porque, ao assim proceder, passou a voluntariamente se submeter ao aludido regime jurídico. A inscrição, sob esta perspectiva, assume a condição de procedibilidade ao pedido de recuperação judicial, como bem reconheceu esta Terceira Turma, por ocasião do julgamento do REsp 1.193.115/MT, e agora, mais recentemente, a Quarta Turma do STJ (no REsp 1.800.032/MT) assim compreendeu (...)".

STJ – 3ª T. – REsp nº 1.193.115 – Rel. Min. Sidnei Benetti – j. 20/08/2013: "(...) O deferimento da recuperação judicial pressupõe a comprovação documental da qualidade de empresário, mediante a juntada com a petição inicial, ou em prazo concedido nos termos do CPC 284, de certidão de inscrição na Junta Comercial, realizada antes do ingresso do pedido em Juízo, comprovando o exercício das atividades por mais de dois anos, inadmissível a inscrição posterior ao ajuizamento. Não enfrentada, no julgamento, questão relativa às condições de admissibilidade ou não de pedido de recuperação judicial rural (...)".

2.2. Grupos societários (técnica das consolidações processual e substancial)

A LREF passou por profunda reforma para se readequar à falta de previsão de regras de recuperação e falência para grupos societários [*t. II, §3, i. 5.2* e *t. V, §4, i. 2.3*]. Por meio da alteração feita pela Lei nº 14.112/2020, permitiu-se (*a*) na recuperação, que os devedores pleiteiem a tramitação conjunta dos processos das unidades grupadas e que o juiz autorize a unificação de ativos e passivos e (*b*) na falência, com uso da técnica da desconsideração da personalidade jurídica, que se estendam os efeitos do decreto da quebra e sejam unificados ativos e passivos para pagamento dos credores [*t. II, §4, i. 2.3*]. Importa-nos, por ora, o estudo da técnica da consolidação processual e da consolidação substancial no processo de recuperação judicial.

A consolidação processual consiste na *cumulação subjetiva processual de devedores*, componentes de um mesmo grupo de sociedades, que fazem o pedido de recuperação sob litisconsórcio ativo facultativo unitário. Consoante art. 69-G, *caput*, da LREF, a condição fundamental para o pedido é a existência de *grupo sob controle societário comum*, que deve ser demonstrado na petição inicial, inclusive com a apresentação individualizada dos documentos do art. 51 da LREF por cada sociedade devedora, mas no juízo do principal estabelecimento entre os devedores (art. 69-G, §§ 1º e 2º, da LREF).

A consolidação processual permite a coordenação de atos processuais, com redução de custos e nomeação de um único administrador para todas as unidades do grupo. Por outro lado, persiste a "independência dos devedores, dos seus ativos e dos seus passivos" (art. 69-I da LREF). Por esse motivo, os devedores devem propor meios de recuperação que sejam independentes e específicos para cada unidade, em vista da imputação e vinculação de débitos nas pessoas jurídicas e da possibilidade de recuperação de umas e falência de outras (art. 69-I, § 4º, da LREF). Assim, o plano de recuperação pode ser único, mas preservada a individualidade das sociedades grupadas (art. 69-I, § 1º, da LREF), tanto que a deliberação sobre o plano ocorrerá em assembleias gerais de credores independentes (art. 69-I, § 2º, da LREF).

Essa é a regra geral. Excepcionalmente, porém, pode o juiz autorizar a consolidação substancial daquelas unidades grupadas que estejam sob consolidação processual. Imprescindível decisão fundamentada para esses fins, constatando-se a "interconexão e a confusão entre ativos ou passivos dos devedores" (art. 69-J, *caput*, da LREF).

Portanto, a consolidação substancial *é a unificação de organizações patrimoniais de ativos e passivos de devedores distintos*, que passam a ser "tratados como se pertencessem a um único devedor" (art. 69-K, *caput*, da LREF). A LREF pressupõe o reconhecimento de uma interconexão e confusão de ativos e passivos de um grupo econômico. De certa maneira, parte-se do reconhecimento do abuso de personalidade jurídica para permitir o tratamento unificado do patrimônio e dos credores, sem distinção das unidades em recuperação. Há certo contrassenso: outorga-se um benefício a partir de uma confusão de ativos. Afirma-se isso porque a consolidação é medida severa de mistura de patrimônios de unidades diferentes, que podem impor prejuízos a credores que calcularam riscos a partir da análise financeira de unidades isoladas. A nosso ver, a LREF andou mal nesse ponto, porque não condicionou a consolidação substancial a um filtro de sociedades passíveis de consolidação, com o objetivo de evitar prejuízo ou garantir benefícios aos credores. A única ressalva expressamente feita diz respeito à preservação da garantia real, com participação direta do titular no tratamento de referida garantia (art. 69-K, § 2º, da LREF).

É importante enfatizar que, pelo texto da LREF (art. 69-J), a consolidação subtancial deve ser excepcional, justamente pelos efeitos deletérios e de insegurança que pode causar aos credores. Assim, deve o juiz constatar: (*a*) caracterização de controle de grupo societário; (*b*) prévio pedido com consolidação processual; (*c*) interconexão e a confusão entre ativos ou passivos dos devedores, de modo que não seja possível identificar a titularidade sem "excessivo dispêndio de tempo ou de recursos". Perceba-se a abertura do texto da lei nesse ponto, porque caberá ao juiz verificar se os credores – das mais diversas dimensões e naturezas – teriam condições de identificar a confusão patrimonial *icto oculi*, sem dispêndio de valores em tal investigação.

Para tanto, além desses três elementos presentes no *caput* do art. 69-J, exigiu o legislador que estejam presentes ao menos duas das seguintes hipóteses fáticas para a consolidação substancial: I – existência de garantias cruzadas; II – relação de controle ou de dependência; III – identidade total ou parcial do quadro societário; e IV – atuação conjunta no mercado entre os postulantes. Outro ponto de destaque é que o legislador acabou incorrendo em *bis in idem* no inciso II do art. 69-J, porque a existência de grupo societário implica a relação de controle, de algum modo já presente no *caput* do mesmo dispositivo. Portanto, o deferimento da consolidação substancial deve estar atrelado à aferição do nível de conexão entre as empresas do grupo, existência de garantias cruzadas, composição societária e exercício do poder de controle.

O juiz precisará ser muito cauteloso antes de autorizar o processamento da recuperação com consolidação substancial porque, na prática, ela equaliza os créditos das unidades empresariais *pro rata* (BLUMBERG, 2011-2012, v. 2, p. 88), indistintamente e desconsiderando a individualidade de créditos e unidades do grupo. Assim, esse tratamento igualitário forçado altera o cálculo inicial de riscos do credor que negociou com unidades empresariais que podem ter saúde financeira diversa.

A função original da consolidação substancial do modelo dos EUA foi de junção e partilha de ativos, com responsabilidade pelos débitos das afiliadas, eliminação dos créditos entres as empresas do grupo e afastamento da personalidade jurídica para esse fim de reorganização da empresa em crise (DINIZ, 2016, p. 147).

Não obstante a crítica à falta de contenção para proteção dos interesses dos credores, a autorização de processamento sob consolidação substancial produz relevantes efeitos regulados pelos arts. 69-K e 69-L: (*a*) ativos e passivos de devedores serão tratados como se pertencessem a um único devedor; (*b*) as garantias fidejussórias e de créditos cruzadas, feitas entre os devedores, são imediatamente extintas em vista do tratamento unitário; (*c*) as garantias reais, ainda que entre devedores, não são impactadas, exceto com aprovação do titular; (*d*) os devedores apresentam de recuperação unitário para todo o grupo societário e todos os credores deliberarem em assembleia unificada; (*e*) a rejeição do plano de recuperação implica convolação da falência de todos os devedores consolidados.

Com informação, interessante a antecedência do legislador da Argentina, que cuidou dos grupos na Ley 24.522/95. Para apresentação do pedido de concurso preventivo de todas as unidades, o art. 65 exige a forma de *conjunto econômico*, com exposição de fatos que fundamentam a existência de agrupamento ou grupo baseado no controle (art. 172). Já para o pedido de quebra, o pressuposto da cessação de paga-mentos basta que seja proveniente de uma unidade do agrupamento, desde que esse fato possa afetar os demais integrantes do grupo (art. 66) (DINIZ, 2016, p. 195).

A legislação italiana também foi alterada para inclusão dos grupos nos concursos de credores. Por meio do *Codice della Crisi e Dell'Insolvenza*, aprovado pelo Decreto Legislativo nº 14, de 12 de janeiro de 2019, tende-se ao processo de unificação de créditos do grupo se for meio mais eficaz de pagamento.

Jurisprudência

STJ – 3ª T. – REsp nº 1.665.042 – Rel. Min. Villas Bôas Cueva – j. 26/06/2019: "(…) 3. É possível a formação de litisconsórcio ativo na recuperação judicial para abranger as sociedades

integrantes do mesmo grupo econômico. 4. As sociedades empresárias integrantes de grupo econômico devem demonstrar individualmente o cumprimento do requisito temporal de 2 (dois) anos de exercício regular de suas atividades para postular a recuperação judicial em litisconsórcio ativo. 5. Na hipótese, a Rede Varejo Brasil Eletrodomésticos Ltda. – concebida após a cisão de sociedade com mais de 2 (anos) de atividade empresarial regular – pode integrar a recuperação judicial, considerando-se as diversas peculiaridades retratadas nos autos (...)".
STJ – 3ª T. – REsp nº 1.626.184 – Rel. Min. Villas Bôas Cueva – j. 01/09/2020: "(...) 3. O artigo 45 da Lei nº 11.101/2005 trata das deliberações sobre o plano de recuperação judicial, prevendo em seu § 1º, que para ser considerado aprovado pela classe de credores com garantia real 2 (dois) requisitos precisam estar presentes cumulativamente: votação favorável dos credores que representem mais da metade do valor total dos créditos presentes na assembleia e votação favorável pela maioria simples dos presentes. 4. Na hipótese dos autos, o plano não foi aprovado, pois não foi alcançada a votação favorável pela maioria simples dos presentes, não se podendo admitir, na hipótese de apresentação de plano único, que sejam contados em dobro os votos favoráveis ao plano, sob o argumento de que os credores detinham créditos perante ambas as empresas em recuperação (...)".
TJSP – 2ª Câmara Reservada de Direito Empresarial – AI nº 2165096-38.2020.8.26.0000 – Rel. Des. Grava Brazil – j. 12/01/2021: "(...) Recuperação judicial - Decisão que reconheceu a existência de grupo econômico, determinando a reunião de dois processos, com ordem de inclusão no polo ativo das demais sociedades integrantes do grupo, além de renovação de prazos e apresentação de plano único de recuperação e nova lista de credores - Inconformismo das sociedades incluídas no polo ativo – Acolhimento – A constatação de pretérita existência de sócios comuns e a informação de administração do Grupo Marfinite, pela holding A2DP, não são o bastante para imposição do litisconsórcio ativo, já que não há indicação de confusão patrimonial, de garantias cruzadas ou de atuação das agravantes com unidade laboral e patrimonial, em relação às recuperandas (...)"
TJSP – 1ª Câmara Reservada de Direito Empresarial – AI nº 2231597-71.2020.8.26.0000 – Rel. Des. Alexandre Lazzarini – j. 24/02/2021: "(...)Deliberação sobre a consolidação substancial que deveria respeitar a autonomia de cada uma das recuperandas, colhendo-se os votos de maneira individualizada" (...).
TJSP – 2ª Câmara Reservada de Direito Empresarial – AI nº 2154636-89.2020.8.26.0000 – Rel. Des. Araldo Telles – j. 08/02/2021: "(...) Impugnação de crédito. Pretensão, das agravantes, em recuperação judicial, de individualização do crédito de titularidade da agravada, com a especificação do valor devido por cada uma das recuperandas. Havendo consolidação substancial, com a comunhão dos passivos, não tem sentido prático, nem jurídico, a exigência de individualização. Inteligência do "caput" do art. 69-K da Lei nº 11.101/2005 (...)".
TJMG – 6ª Câmara Cível – AI nº 1.0000.17.078177-7/005 – Rel. Des. Corrêa Junior – j. 24/07/2018: "(...)Com o fito de salvaguardar os direitos e interesses dos credores das empresas recuperandas, devem ser perpetrados de forma individualizada os planos de recuperação e a votação pelos integrantes do quadro geral de credores (...)".
TJSP – 1ª Câmara Reservada de Direito Empresarial – AI nº 2032440-88.2018.8.26.0000 – Rel. Des. Fortes Barbosa – j. 20/06/2018: "Recuperação judicial – Consolidação processual tida como deferida – Ausência de necessário pronunciamento explícito – Alteração procedimental que não pode ser pressuposta diante da gravidade de suas consequências (...).
Caso Schahin: TJSP – 2ª Câmara Reservada de Direito Empresarial – AI nº 2009147-60.2016.8.26.0000 – Rel. Des. Caio Marcelo Mendes de Oliveira – j. 27/03/2017: "RECUPERAÇÃO JUDICIAL – Insurgência contra decisão que determinou que a Assembleia Geral de Credores deveria ser única, com votação de um plano único por quadro de credores consolidado e sem distinção entre os credores da mesma classe, ainda que titulares de créditos em face de pessoas jurídicas distintas e integrantes do mesmo grupo, sob o argumento de que se tratava de litisconsórcio necessário das sociedades integrantes do Grupo Schahin – Confirmação da decisão agravada – Evidência de caixa único nas operações empresariais – Recurso improvido".

3. CRÉDITOS ACEITOS PARA RECUPERAÇÃO

Conforme prevê o art. 49 da LREF, estão sujeitos à recuperação judicial todos os créditos existentes na data do pedido, ainda que não vencidos. Instado a se manifestar sobre os créditos incluídos na recuperação, a 2ª Seção do STJ definiu no REsp nº 1.840.531 (Tema 1051 em Repetitivo), o seguinte precedente: "Para o fim de submissão aos efeitos da recuperação judicial, considera-se que a existência do crédito é determinada pela data em que ocorreu o seu fato gerador".

Essa é a regra geral, com exclusões expressas [t. V, §2, i. 3.1] e também os créditos tributários, que estão ressalvados pelo art. 29 da LEF e pelo art. 187 do CTN: "A cobrança judicial do crédito tributário não é sujeita a concurso de credores ou habilitação em falência, recuperação judicial, concordata, inventário ou arrolamento". Em função da especialidade da regra e da necessidade de lei complementar em matéria de legislação tributária (art. 146, III, da CF), o art. 49 da LREF não prevalece sobre o art. 187 do CTN e art. 29 da LEF.

Portanto, as execuções de natureza fiscal não são suspensas pelo deferimento da recuperação judicial, ressalvados os parcelamentos (art. 6º, § 7º-B, da LREF), de modo que a superveniência de pedido de recuperação judicial não inibe a continuidade das cobranças de débitos tributários. Ressalva-se, entretanto, a competência do juízo da recuperação judicial para deter-minar a substituição dos atos de constrição que recaiam sobre bens de capital essenciais à manutenção da atividade empresarial até o encerramento da recuperação judicial.

Deferido o processamento da recuperação, o administrador judicial formula a relação de credores para publicação de edital e possíveis impugnações (arts. 7º, §§ 1º e 2º, 8º, 55, da LREF). Além disso, após a juntada aos autos do plano aprovado pela assembleia geral de credores ou decorrido o prazo previsto no art. 55 da LREF sem objeção de credores, o devedor apresentará certidões negativas de débitos tributários nos termos dos arts. 151, 205 e 206 do CTN. Apesar de controvertida em doutrina e jurisprudência, a juntada de certidões é exigida para satisfação do crédito tributário ou para que ele seja garantido em juízo (com emissão de certidão positiva, com efeitos negativos) (art. 191-A do CTN). O art. 52, inciso II, da LREF autorizou a dispensa de certidões para o exercício das atividades do devedor.

Jurisprudência

Repetitivo (Tema 1051): STJ – 2ª Seção – REsp nº 1.840.531 – Rel. Min. Villas Bôas Cueva – j. 09/12/2020: "(...) 3. Diante da opção do legislador de excluir determinados credores da recuperação judicial, mostra-se imprescindível definir o que deve ser considerado como cré-dito existente na data do pedido, ainda que não vencido, para identificar em quais casos estará ou não submetido aos efeitos da recuperação judicial. 4. A existência do crédito está diretamente ligada à relação jurídica que se estabelece entre o devedor e o credor, o liame entre as partes, pois é com base nela que, ocorrido o fato gerador, surge o direito de exigir a prestação (direito de crédito). 5. Os créditos submetidos aos efeitos da recuperação judicial são aqueles decorrentes da atividade do empresário antes do pedido de soerguimento, isto é, de fatos praticados ou de negócios celebrados pelo devedor em momento anterior ao pedido de recuperação judicial, excetuados aqueles expressamente apontados na lei de regência. 6. Em atenção ao disposto no art. 1.040 do CPC/2015, fixa-se a seguinte tese: Para o fim de submissão aos efeitos da recuperação judicial, considera-se que a existência do crédito é determinada pela data em que ocorreu o seu fato gerador (...)".

STJ – 3ª T. – REsp nº 1.727.771 – Rel. Min. Nancy Andrighi – j. 15/05/2018: "(...) 4. Para os fins do art. 49, caput, da Lei 11.101/05, a constituição do crédito discutido em ação de responsabilidade civil não se condiciona ao provimento judicial que declare sua existência e de-termine sua quantificação (...). 5. Na hipótese, tratando-se de crédito derivado de fato ocorrido em momento anterior àquele em que requerida a recuperação judicial, deve ser reconhecida sua sujeição ao plano de soerguimento da sociedade devedora (...)".

STJ – 2ª Seção – CC nº 139.332 – Rel. Min. Lázaro Guimarães – j. 25/04/2018: "(...) 2. O art. 7º da Lei 11.101/2005 afirma que o crédito já existente, ainda que não vencido, pode ser incluí-do de forma extrajudicial pelo próprio Administrador Judicial, ao elaborar o plano ou de forma retardatária, evidenciando que a lei não exige provimento judicial para que o crédito seja considerado existente na data do pedido de recuperação judicial. 3. O crédito trabalhista, relativo ao serviço prestado em momento anterior ao pedido de recuperação judicial, submete-se ao respectivo procedimento e aos seus efeitos, atraindo a competência do Juízo da Recuperação Judicial, para processar a respectiva habilitação, ainda que de forma retardatária. Precedentes da Terceira Turma (...)".

STJ – 3ª T. – REsp nº 1.641.191 – Rel. Min. Ricardo Villas Bôas Cueva – j. 13/06/2017: "(...) 3. As verbas trabalhistas relacionadas à prestação de serviço realizada em período anterior ao pedido de recuperação judicial, ainda que a sentença condenatória tenha sido proferida após o pedido de recuperação judicial, devem se sujeitar aos seus efeitos. 4. A exclusão dos créditos constituídos após o pedido de recuperação judicial tem a finalidade de proporcionar o regular funcionamento da empresa, assegurando ao devedor o acesso a contratos comerciais, bancários, trabalhistas e outros tantos relacionados com a atividade fim do empreendimento, com o objetivo de viabilizar a reabilitação da empresa. A inclusão de crédito originado em momento anterior ao pedido não atende a tal fim (...)".

3.1. Exclusões

A LREF exclui alguns créditos da recuperação judicial, em rol que está previsto no arts. 49, §§ 3º e 4º, sob o ponto de vista da qualidade do credor:

(*a*) titular de posição de proprietário fiduciário de bens móveis ou imóveis, especialmente em contratos de alienação fiduciária [*t. IV, §22*]. A característica essencial do contrato permite constatar que a propriedade do bem foi dada em garantia. Desse modo, como ele não pertence mais ao devedor, a LREF não produz efeitos de novação desse crédito e, mais que isso, permite a retirada do bem dos ativos da sociedade – ressalvada a permanência em função da essencialidade. Orientam SCALZILLI, SPINELLI, TELLECHEA: "No sistema vigente podem ser objeto de alienação fiduciária tanto bens móveis e imóveis corpóreos, como máquinas equipamentos, veículos, terrenos e prédios, quanto bens móveis incorpóreos, entre eles títulos de crédito (*v.g.* notas promissórias, cheques, duplicatas, CDB, VGBL) e direitos creditórios (*v.g.* recebíveis de cartão de crédito). Estes títulos são objeto da chamada 'cessão fiduciária' (conhecida pelo mercado como 'trava bancária')" (SCALZILLI, SPINELLI, TELLECHEA, 2017, p. 308).

(*b*) arrendador mercantil, em contratos de *leasing* [*t. IV, §23*]. Com semelhante raciocínio, no arrendamento mercantil o bem é de propriedade do arrendador (normalmente instituições financeiras), que o repassa para que o arrendatário use e exerça eventual opção de aquisição ou devolução. Malgrado controvérsias em doutrina, a superveniência de pedido recuperacional autoriza o vencimento antecipado do contrato e a retomada do bem, salvo se for essencial à empresa. Há também entendimentos de que os bens possam ser considerados essenciais à atividade empresarial, com suspensão de eventual ação de reintegração de posse do bem durante o *stay period* (SCALZILLI, SPINELLI, TELLECHEA, 2017, p. 314).

(*c*) proprietário ou promitente vendedor de imóvel cujos respectivos contratos contenham cláusula de irrevogabilidade ou irretratabilidade, inclusive em incorporações imobiliárias. Nesse caso, a LREF resguarda principalmente interesses de adquirentes de imóveis em caso de recuperação judicial de construtora. Ainda que sejam utilizadas sociedades de propósito específico ou mesmo a técnica do patrimônio de afetação, ressalvam-se os direitos sobre imóvel adquirido nas condições previstas na lei, de modo que ele não constitui ativo apto a ser considerado para os efeitos da recuperação.

(d) proprietário em contrato de venda com reserva de domínio, de modo que o seu crédito não se submeterá aos efeitos da recuperação judicial e prevalecerão os direitos de propriedade sobre a coisa e as condições contratuais. Assim, com a transferência com reserva de domínio condicionada pelo pagamento do preço, eventual crédito e a propriedade sobre a coisa foram ressalvadas pelo dispositivo legal.

(e) importância entregue ao devedor, em moeda corrente nacional, decorrente de adiantamento a contrato de câmbio para exportação, desde que o prazo total da operação, inclusive eventuais prorrogações, não exceda o previsto nas normas específicas da autoridade competente (art. 86, inciso II, da LREF). Referido contrato é excluído em razão de suas peculiares características de antecipação de dinheiro pelo banco, ao devedor exportador, para fins de aquisição de moeda estrangeira (SCALZILLI, SPINELLI, TELLECHEA, 2017, p. 316). O art. 75 da Lei nº 4.728/65 prevê a característica de título executivo extrajudicial ao contrato, com a possibilidade de pedido de restituição [*t. V, §4, i. 5.2.4*] dos valores, que confirma a natureza extraconcursal.

Em todos os casos, determina a LREF que sejam observadas as peculiaridades legais de cada espécie contratual ressalvada. Mais relevante ainda, é que, apesar de tais créditos não serem abrangidos pela recuperação, a parte final do art. 49, § 3º, veda expressamente a "venda ou a retirada do estabelecimento do devedor dos bens de capital essenciais a sua atividade empresarial". O dispositivo deve ser complementado pela inserção do art. 6º, §§ 7º-A e 7º-B da LREF, que dispõem não ser aplicável o *stay period* aos créditos aqui analisados e aos créditos fiscais, sendo admitida, contudo, a competência do juiz da recuperação para suspender os atos de constrição que recaiam sobre os bens de capital essenciais à manutenção da atividade empresarial.

Por bem de capital essencial, deve-se compreender que o bem dado em garantia sirva a mais de um ciclo operacional produtivo e, ao final, ainda permaneça com a empresa, de modo a ingressar em outro ciclo. Em geral, imóveis, dinheiro, *commodities*, máquinas, implementos agrícolas, estoques e matéria-prima não entrariam nesse conceito.

No julgamento do REsp nº 1.758.746 o STJ entendeu como sendo "o bem, utilizado no processo produtivo da empresa recuperanda, cujas características essenciais são: bem corpóreo (móvel ou imóvel), que se encontra na posse direta do devedor, e, sobretudo, que não seja perecível nem consumível, de modo que possa ser entregue ao titular da propriedade fiduciária, caso persista a inadimplência, ao final do *stay period*". Cuida-se de posicionamento importante a respeito de cessão fiduciária de direitos sobre coisas móveis, mas que ainda não resolve de todo o problema conceitual e a essencialidade do bem de capital, que é variável de acordo com a atividade empresarial. Por exemplo, um ônibus pode não ser essencial para uma usina de açúcar e álcool, mas será fundamental para uma transportadora de pessoas. Outro problema está na compreensão de empresas de alta tecnologia e com bens imateriais que podem lhe ser relevantes à recuperação.

Além disso, ainda que o bem seja de propriedade do credor (no caso de propriedade fiduciária e arrendamento mercantil, por exemplo), a essencialidade é critério para que ele seja mantido na posse do devedor enquanto perdurar o estado de recuperação, especialmente para viabilizar o soerguimento da crise. Ainda no exemplo da transportadora que tenha boa parte de seus veículos dados em garantia de alienação fiduciária, é razoável compreender que a empresa deles necessite para ainda ser viável economicamente.

(f) conforme art. 6º, § 13, da LREF, não se incluem na recuperação judicial os valores contratados pelo devedor com a qualificação jurídica de *ato cooperativo*, previsto no art. 79 da LCoop [*t. II, §7, 6.1*], e que, basicamente, engloba os negócios feitos entre as cooperativas e seus cooperados. Portanto, em empréstimos feitos perante cooperativas de crédito ou aquisições de insumos de cooperativas agrícolas, por exemplo, esses valores não estarão incluídos na recuperação do devedor em função das peculiaridades da economia cooperativa.

(g) operações com CPR financeira de recursos antecipações ou de *barter*, conforme previsto do art. 11 da Lei nº 8.929/94, alterado pela reforma da LREF: "Não se sujeitarão aos efeitos da recuperação judicial os créditos e as garantias cedulares vinculados à CPR com liquidação física, em caso de antecipação parcial ou integral do preço, ou, ainda, representativa de operação de troca por insumos (*barter*), subsistindo ao credor o direito à restituição de tais bens que se encontrarem em poder do emitente da cédula ou de qualquer terceiro, salvo motivo de caso fortuito ou força maior que comprovadamente impeça o cumprimento parcial ou total da entrega do produto".

(h) os aportes de capital feitos por investidor-anjo em *startups* [*t. II, §11, i. 2*] também foram considerados como créditos extraconcursais, conforme previsão do art. 61-A, §4º, inciso II, da LC nº 123/2006 e art. 8º, inciso II, da LC nº 182/2021, embora sejam silentes em relação à falência.

(i) créditos de representante comercial reconhecidos em título executivo judicial transitado em julgado após o deferimento do processamento da recuperação judicial, e a sua respectiva execução, inclusive quanto aos honorários advocatícios, não se sujeitarão à recuperação judicial, aos seus efeitos e à competência do juízo da recuperação, ainda que existentes na data do pedido (art. 44, *parágrafo único*, da LRepr).

Jurisprudência

STJ – 3ª T. - REsp nº 1.736.887 - Rel. Min. Ricardo Villas Bôas Cueva - j. 13/04/2021: "(...) Os valores pertencentes a terceiros que estão na posse da recuperanda por força de contrato inadimplido, não se submetem aos efeitos da recuperação judicial (...)".

STJ – 1ª T. – REsp nº 1.831.186 – Rel. Min. Regina Helena Costa – j. 26/05/2020: "(...) III – A ação executiva fiscal não representa, por si só, uma garantia para o credor, porquanto essa salvaguarda somente se concretiza com a penhora ou a indisponibilidade de bens e direitos. Precedentes. IV – Revela-se cabível a coexistência da habilitação de crédito em sede de juízo falimentar com a execução fiscal desprovida de garantia, desde que a Fazenda Nacional se abstenha de requerer a constrição de bens em relação ao executado que também figure no polo passivo da ação falimentar (...)".

STJ – 3ª T. – REsp nº 1.758.746 – Rel. Min. Marco Aurélio Bellizze – j. 25/09/2018: "(...) 2. De seu teor infere-se que o bem, para se caracterizar como bem de capital, deve utilizado no processo produtivo da empresa, já que necessário ao exercício da atividade econômica exercida pelo empresário. Constata-se, ainda, que o bem, para tal categorização, há de se encontrar na posse da recuperanda, porquanto, como visto, utilizado em seu processo produtivo. Do contrário, aliás, afigurar-se-ia de todo impróprio e na lei não há dizeres inúteis falar em "retenção" ou "proibição de retirada". Por fim, ainda para efeito de identificação do "bem de capital" referido no preceito legal, não se pode atribuir tal qualidade a um bem, cuja utilização signifique o próprio esvaziamento da garantia fiduciária. Isso porque, ao final do *stay period*, o bem deverá ser restituído ao proprietário, o credor fiduciário. 3. A partir da própria natureza do direito creditício sobre o qual recai a garantia fiduciária – bem incorpóreo e fungível, por excelência -, não há como compreendê-lo como bem de capital, utilizado materialmente no processo produtivo da empresa. 4. Por meio da cessão fiduciária de direitos sobre coisas móveis ou de títulos de crédito (em que se transfere a propriedade resolúvel do direito creditício, representado, no último caso, pelo título - bem móvel incorpóreo e fungível, por natureza), o devedor fiduciante, a partir da contratação, cede "seus recebíveis" à instituição financeira (credor fiduciário), como garantia ao mútuo bancário, que, inclusive, poderá apoderar-se diretamente do crédito ou receber o correlato pagamento diretamente do terceiro (devedor do devedor fiduciante). Nesse contexto, como se constata, o crédito, cedido fiduciariamente, nem sequer se encontra na posse da recuperanda, afigurando-se de todo imprópria a intervenção judicial para esse propósito (liberação da trava bancária). 5. A exigência legal de restituição do bem ao credor fiduciário, ao final do *stay period*, encontrar-se-ia absolutamente frustrada, caso se pudesse conceber o crédito, cedido fiduciariamente, como sendo "bem de capital". Isso porque a utilização do crédito garantido fiduciariamente, independentemente da finalidade (angariar fundos, pagamento de despesas, pagamento de credores submetidos ou não à recuperação judicial, etc), além de desvirtuar a própria finalidade dos "bens de capital", fulmina por completo a própria garantia fiduciária, chancelando, em última análise, a burla ao comando legal que, de modo expresso, exclui o credor, titular da propriedade fiduciária, dos efeitos da recuperação judicial. 6. Para efeito de aplicação do § 3º do art. 49, "bem de capital", ali referido, há de ser compreendido como o bem, utilizado no processo produtivo da empresa recuperanda, cujas características essenciais são: bem corpóreo (móvel ou imóvel), que se encontra na posse direta do devedor, e, sobretudo, que não seja perecível nem consumível, de modo que possa ser entregue ao titular da propriedade fiduciária, caso persista a inadimplência, ao final do *stay period* (...)".

STJ – 2ª Seção – CC nº 153.473 – Rel. Min. Luis Felipe Salomão – j. 09/05/2018: "(...) É inviável, na estreita sede do conflito de competência, a deliberação acerca da natureza extraconcursal do crédito, o que é da estrita competência do Juízo da recuperação, a partir daí cabendo, se for o caso, os recursos pertinentes".

STJ – REsp nº 1.630.159 – Rel. Min. Marco Aurélio Belizze – j. 13/03/2018: "(...) a norma do § 3º do art. 49 da Lei 11.101/2005 deve ser interpretada de forma restritiva, limitando-se o seu alcance a negócios jurídicos que estejam, inexoravelmente, enquadrados nas hipóteses do referido preceito legal".

STJ – 3ª T. – REsp nº 1.660.893 – Rel. Min. Nancy Andrighi – j. 08/08/2017: "(...) 5. Apesar de credor titular da posição de proprietário fiduciário de bens móveis ou imóveis não se submeter aos efeitos da recuperação judicial, o juízo universal é competente para avaliar se o bem é indispensável à atividade produtiva da recuperanda. Nessas hipóteses, não se permite a venda ou a retirada do estabelecimento do devedor dos bens de capital essenciais a sua atividade empresarial (art. 49, §3º, da Lei 11.101/05) (...)".

STJ – 2ª Seção – CC nº 128.194 – Rel. Min. Raul Araújo – j. 28/06/2017: "(...) 4. Segundo a doutrina e os precedentes específicos desta Corte, no caso de alienação fiduciária em garantia, consolidada a propriedade e vendido o bem, o credor fiduciário ficará com o montante arrecadado, desaparecendo a propriedade fiduciária. Eventual saldo devedor apresenta natureza de dívida pessoal, devendo ser habilitado na recuperação judicial ou falência na classe dos credores quirografários (...)".

STJ – 3ª T. – REsp nº 1.725.609 – Rel. Min. Nancy Andrighi – j. 20/08/2019: "(...) 4. Segundo o art. 49, § 3º, da Lei 11.101/05, o crédito titularizado por proprietário em contrato de venda com reserva de domínio não se submete aos efeitos da recuperação judicial do comprador, prevalecendo os direitos de propriedade sobre a coisa e as condições contratuais. 5. A manutenção da propriedade do bem objeto do contrato com o vendedor até o implemento da condição pactuada (pagamento integral do preço) não é afetada pela ausência de registro perante a serventia extrajudicial. 6. O dispositivo legal precitado exige, para não sujeição dos créditos detidos pelo proprietário em contrato com reserva de domínio, apenas e tão somente que ele ostente tal condição (de proprietário), o que decorre da própria natureza do negócio jurídico. 7. O registro se impõe como requisito tão somente para fins de publicidade, ou seja, para que a reserva de domínio seja oponível a terceiros que possam ser prejudicados diretamente pela ausência de conhecimento da existência de tal cláusula. É o que pode ocorrer com aquele que venha a adquirir o bem cujo domínio ficou reservado a outrem (venda a *non domino*); ou, ainda, com aqueles que pretendam a aplicação, em juízo, de medidas constritivas sobre a coisa que serve de objeto ao contrato. Todavia, a relação estabelecida entre o comprador – em recuperação judicial – e seus credores versa sobre situação distinta, pois nada foi estipulado entre eles acerca dos bens objeto do contrato em questão (...)".

Constitucionalidade da Exclusão do Adiantamento do Contrato de Câmbio: STF – Pleno – ADI nº 3424 e ADPF nº 312 – Rel. Min. Gilmar Mendes – j. 27/04/2021: "(...) O Tribunal, (1) por unanimidade, julgou improcedente a ação direta, declarando a constitucionalidade do art. 83, I e IV, c, e do art. 84, I-E e V, da Lei nº 11.101/2005; e (2) por maioria, declarou a perda de objeto unicamente quanto ao § 4º do art. 83 e a constitucionalidade do art. 86, II, ambos os dispositivos constantes da Lei nº 11.101/2005".

STJ – 4ª T. – AgInt no REsp nº 1.327.002 – Rel. Min. Luis Felipe Salomão – j. 19/04/2018: "(...) 1. O Adiantamento do Contrato de Crédito – ACC possui garantia própria, razão pela qual detém natureza extraconcursal, a teor do disposto no art. 75, § 3º, da Lei nº 4.728/65 e no art. 49, § 4º, da Lei nº 11.101/2005. Precedentes. 2. A natureza extraconcursal do Adiantamento do Contrato de Crédito – ACC apenas significa que não haverá novação ou rateio, o que, não obstante, mantém a competência do juízo universal da falência ou da recuperação judicial. Súmula nº 83/STJ (...)".

STJ – 3ª T. – AgRg-REsp nº 1.444.410 – Rel. Min. Marco Aurélio Bellizze – j. 27/10/2015: "(...)A jurisprudência desta Corte é firme no sentido de que o crédito resultante de adiantamento de contrato de câmbio não se submete aos efeitos da recuperação judicial, nos termos do art. 49, § 4º, da Lei nº 11.101/2005".

STJ – 2ª Seção – AgInt no CC nº 149.798 – Rel. Min. Nancy Andrighi – j. 25/04/2018: "(...) 1. Apesar de o credor titular da posição de proprietário fiduciário de bens móveis ou imóveis não se submeter aos efeitos da recuperação judicial, o juízo universal é competente para avaliar se o bem é indispensável à atividade produtiva da recuperanda. Nessas hipóteses, não se permite a venda ou a retirada do estabelecimento do devedor dos bens de capital essenciais à sua atividade empresarial (art. 49, § 3º, da Lei 11.101/05). Precedentes. 2. Estabelecida a competência do juízo em que se processa a recuperação judicial (...)".

TJSP – 2ª Câmara Reservada de Direito Empresarial – AI nº 2059745-47.2018.8.26.0000 – Rel. Des. Maurício Pessoa – j. 06/06/2018: "Agravo de instrumento – Decisão que rejeitou os pedidos de suspensão da consolidação/leilão de propriedade das garantias de alienação fiduciária dos imóveis – Elementos que indicam a extraconcursalidade do crédito discutido, sendo inaplicáveis os efeitos do 'stay period' (Lei 11.101/05, art. 49, § 3º) – Exceção de mencionado dispositivo que abrange apenas os "bens de capital essenciais", que não é o caso dos autos – Validade do procedimento de consolidação da propriedade dos imóveis alienados fiduciariamente – Observância da Lei nº 9.514/97 – Precedentes jurisprudenciais – Decisão mantida – Recurso desprovido".

3.2. Autonomia para continuidade da cobrança de coobrigados

Gera bastante controvérsia a extensão da suspensão das ações do devedor para os coobrigados fidejussórios (avalistas e fiadores), ampliando os efeitos do art. 6º, § 1º, da LREF. A dúvida surgiu em razão de farta crítica doutrinária ao art. 49, § 1º, da LREF, que é expresso no sentido de que durante a recuperação judicial os credores conservam seus direitos e privilégios contra os coobrigados, fiadores e obrigados de regresso. Em razão do texto legal, não se comporta a interpretação extensiva do art. 6º da LREF, vez que contraria o próprio sistema (SCALZILLI, SPINELLI, TELLECHEA, 2017, p. 304). Assim, além da insegurança jurídica sobre as garantias fidejussórias, ocorre claro desvio de finalidade do instituto da recuperação judicial da empresa, que estará se prestando como preservação do patrimônio pessoal do garantidor fidejussório em qualquer das modalidades. Além disso, deve-se preservar a solidariedade da coobrigação, com derivação de preceitos de cartularidade dos títulos, como abstração, independência e autonomia [*t. IV, §1, i. 4*].

São precisos os comentários de MANOEL JUSTINO BEZERRA FILHO: "O credor com garantia de terceiro (v.g., aval, fiança, etc.), mesmo sujeitando-se aos efeitos da recuperação, pode executar o garantidor. Um exemplo facilitará o entendimento: suponha-se uma limitada que emitiu uma promissória em favor de qualquer credor, tendo o sócio dessa limitada (ou qualquer terceiro) avalizado o título. Mesmo que o crédito esteja sujeito aos efeitos da recuperação, o credor pode executar o avalista. Deverá cuidar para, recebendo qualquer valor em qualquer das ações, comunicar nos autos da outra tal recebimento. Nesse caso (aval pleno), não há, por óbvio, qualquer limite ao valor em execução, ante a autonomia das relações cambiais" (BEZERRA FILHO, 2021, p. 224).

Após diversos precedentes, o STJ consolidou o enunciado nº 581 da Súmula: "A recuperação judicial do devedor principal não impede o prosseguimento das ações e execuções ajuizadas contra terceiros devedores solidários ou coobrigados em geral, por garantia cambial, real ou fidejussória".

Consequência desse posicionamento é que os efeitos da novação do plano de recuperação aprovado não se estendem aos avalistas e fiadores. Conforme já se deduziu, as obrigações assumidas pelos coobrigados permanecem íntegras e plenamente exigíveis, qualquer que seja a natureza. Basta observar o que dispõe a parte final do art. 59 da LREF: "O plano de recuperação judicial implica novação dos créditos anteriores ao pedido, e obriga o devedor e todos os credores a ele sujeitos, *sem prejuízo das garantias*, observado o disposto no § 1º do art. 50 desta Lei".

Houve alteração na LREF com uma ressalva no art. 56, § 6º, inciso V, da LREF. Em caso de rejeição do plano de recuperação em assembleia geral de credores, a lei permitiu que os credores apresentem plano alternativo, desde que aprovado por mais da metade dos créditos presente ao conclave (art. 56, §§ 4º e 5º, da LREF). O plano alternativo somente será posto em votação posterior se obedecidos diversos critérios, mas estranhamente o legislador foi na contramão da jurisprudência para inserir como *condição* de aprovação do plano, a "isenção das garantias pessoas prestadas por pessoas naturais" em relação aos créditos sujeitos à recuperação, presentes à assembleia ou que tenham votado favoravelmente ao plano alternativo (art. 56, § 6º, inciso V, da LREF). De certa forma, a imposição da *condição de isenção de garantias pessoais* não somente instabiliza o crédito, mas também inibe e desestimula a negociação de um plano alternativo, por meio de infeliz ressalva feita ao art. 49, § 1º, da LREF.

Conforme já foi afirmado nesta obra [t. V, §1, i. 6.1], outro ponto importante após a reforma da LREF, é que a utilização das consolidações processual e substancial não pode se dar abusivamente como burla das garantias pessoais. Ou seja, para que os coobrigados (fiadores e avalistas) possam ser incluídos no polo passivo para pleitear a tramitação em litisconsórcio ativo da recuperação (art. 69-G da LREF), deverão ser demonstradas, *incontinenti*, as condições do art. 69-J. E não bastam as garantias cruzadas: são requisitos para interconexão e confusão de ativos e passivos, a indicação de pelo menos 2 das seguintes hipóteses: I – existência de garantias cruzadas; II – relação de controle ou de dependência; III – identidade total ou parcial do quadro societário; e IV – atuação conjunta no mercado entre os postulantes (art. 69-J da LREF). Portanto, a consolidação substancial não pode se emoldurar somente com o objetivo de simular ou fraudar as garantias pessoais.

Jurisprudência

Súmula 581, 2ª Seção – j. 14/09/2016: A recuperação judicial do devedor principal não impede o prosseguimento das ações e execuções ajuizadas contra terceiros devedores solidários ou coobrigados em geral, por garantia cambial, real ou fidejussória.

Repetitivo: STJ – 2ª Seção – REsp nº 1.333.349/SP – Rel. Min. Luis Felipe Salomão – j. 26/11/2014: "(...) 1. Para efeitos do art. 543-C do CPC: 'A recuperação judicial do devedor principal não impede o prosseguimento das execuções nem induz suspensão ou extinção de ações ajuizadas contra terceiros devedores solidários ou coobrigados em geral, por garantia cambial, real ou fidejussória, pois não se lhes aplicam a suspensão prevista nos arts. 6º, caput, e 52, inciso III, ou a novação a que se refere o art. 59, *caput*, por força do que dispõe o art. 49, § 1º, todos da Lei n. 11.101/2005'".

STJ – 4ª T. – REsp nº 1.475.257 – Rel. Min. Maria Isabel Gallotti – j. 10/12/2019: "(...) O cônjuge que apenas autorizou seu consorte a prestar aval, nos termos do art. 1.647 do Código Civil (outorga uxória), não é avalista. Dessa forma, não havendo sido prestada garantia real, não é necessária sua citação como litisconsorte, bastando a mera intimação, como de fato postulado pelo exequente (art. 10, § 1º, incisos I e II, do CPC de 1973)".

STJ – 3ª T. – REsp nº 1.700.487 – Rel. Min. Marco Aurelio Bellizze – j. 02/04/2019: "(...) 4. Na hipótese dos autos, a supressão das garantias real e fidejussórias restou estampada expressamente no plano de recuperação judicial, que contou com a aprovação dos credores devidamente representados pelas respectivas classes, o que importa na vinculação de todos os credores, indistintamente. 4.1 Em regra (e no silêncio do plano de recuperação judicial), a despeito da novação operada pela recuperação judicial, preservam-se as garantias, no que alude à possibilidade de seu titular exercer seus direitos contra terceiros garantidores e impor a manutenção das ações e execuções promovidas contra fiadores, avalistas ou coobrigados em geral, a exceção do sócio com responsabilidade ilimitada e solidária (§ 1º, do art. 49 da Lei n. 11.101/2005). E, especificamente sobre as garantias reais, estas somente poderão ser supridas ou substituídas, por ocasião de sua alienação, mediante expressa anuência do credor titular de tal garantia, nos termos do § 1º do art. 50 da referida lei. 4.2 Conservadas, em princípio, as condições originariamente contratadas, no que se inserem as garantias ajustadas, a lei de regência prevê, expressamente, a possibilidade de o plano de recuperação judicial, sobre elas, dispor de modo diverso (§ 2º, do art. 49 da Lei n. 11.101/2009). 4.3. Por ocasião da deliberação do plano de recuperação apresentado, credores, representados por sua respectiva classe, e devedora, procedem às tratativas negociais destinadas a adequar os interesses contrapostos, bem avaliando em que extensão de esforços e renúncias estariam dispostos a suportar, no intento de reduzir os prejuízos que se avizinham (sob a perspectiva dos credores), bem como de permitir a reestruturação da empresa em crise (sob o enfoque da devedora). E, de modo a permitir que os credores ostentem adequada representação, seja para instauração da assembleia geral, seja para a aprovação do plano de recuperação judicial, a lei de regência estabelece, nos arts. 37 e 45, o respectivo quorum mínimo. 4.4 Inadequado, pois, restringir a supressão das garantias reais e fidejussórias, tal como previsto no plano de recuperação judicial aprovado pela assembleia geral, somente aos credores que tenham votado favoravelmente nesse sentido, conferindo tratamento diferenciado aos demais credores da mesma classe, em manifesta contrariedade à deliberação majoritária. 4.5 No particular, a supressão das garantias real e fidejussórias restou estampada expressa-mente no plano de recuperação judicial, que contou com a aprovação dos credores devida-mente representados pelas respectivas classes (providência, portanto, que converge, numa ponderação de valores, com os interesses destes majoritariamente), o que importa, reflexamente, na observância do § 1º do art. 50 da Lei n. 11.101/2005, e, principalmente, na vinculação de todos os credores, indistintamente (...)".

STJ – 3ª T. – REsp nº 1.895.277 – Rel. Min. Nancy Andrighi – j. 01/12/2020: "(...)3. Havendo previsão no plano de soerguimento quanto à impossibilidade de os credores buscarem a satisfação de seus créditos em face de garantidores e coobrigados da recuperanda, a validade de tal cláusula está sujeita à anuência dos respectivos titulares. 4. Hipótese concreta em que não houve manifestação de credores em sentido oposto à supressão das garantias, motivo pelo qual deve ser reformado o acórdão que declarou a nulidade da cláusula em questão".

4. MEIOS DE RECUPERAÇÃO

A LREF tem por princípio a recuperação da empresa, que deverá ser viabilizada por meio de plano apresentado para aprovação dos credores. Para tal finalidade, o devedor deve engendrar oferta de pagamento, com utilização de variados instrumentos econômicos, financeiros e administrativos que permitam a aceitação do credor e novação das obrigações.

Os meios (instrumentos) para o fim de recuperação são previstos de forma *exemplificativa* (CAVALLI, 2015, p. 266) pelo art. 50 da LREF, com alternativas que variam entre obrigacionais e societárias: I – concessão de prazos e condições especiais para pagamento das obrigações vencidas ou vincendas; II – cisão, incorporação, fusão ou transformação de sociedade, constituição de subsidiária integral, ou cessão de cotas ou ações, respeitados os direitos dos sócios, nos termos da legislação vigente; III – alteração do controle societário; IV – substituição total ou parcial dos administradores do devedor ou modificação de seus órgãos administrativos; V – concessão aos credores de direito de eleição em separado de administradores e de poder de veto em relação às matérias que o plano especificar; VI – aumento de capital social; VII – trespasse ou arrendamento de estabelecimento, inclusive à sociedade constituída pelos próprios empregados; VIII – redução salarial, compensação de horários e redução da jornada, mediante acordo ou convenção coletiva; IX – dação em pagamento ou novação de dívidas do passivo, com ou sem constituição de garantia própria ou de terceiro; X – constituição de sociedade de credores; XI – venda parcial dos bens; XII – equalização de encargos financeiros relativos a débitos de qualquer natureza, tendo como termo inicial a data da distribuição do pedido de recuperação judicial, aplicando-se inclusive aos contratos de crédito rural, sem prejuízo do disposto em legislação específica; XIII – usufruto da empresa; XIV – administração compartilhada; XV – emissão de valores mobiliários; XVI – constituição de sociedade de propósito específico para adjudicar, em pagamento dos créditos, os ativos do devedor; XVII – conversão de dívida em capital social; XVIII – venda integral da devedora, desde que garantidas aos credores não submetidos ou não aderentes condições, no mínimo, equivalentes àquelas que teriam na falência, hipótese em que será, para todos os fins, considerada unidade produtiva isolada.

Estímulo econômico determinado pela Lei nº 14.112/2020 foi o parcelamento da Contribuição Social sobre o Lucro Líquido (CSLL) incidente sobre ganho de capital resultante da alienação de bens ou direitos pela pessoa jurídica em recuperação, utilizando a média de alongamento das dívidas no plano de recuperação. Ou seja, a diferença entre os valores contábeis dos ativos e os valores obtidos com a venda dentro do plano de recuperação, no caso de incidência de imposto sobre essa diferença, poderá ser parcelada (art. 50, §§ 4º e 5º, da LREF). Outras medidas de ordem tributária também foram inseridas no art. 50-A e consistem, basicamente, na supressão de algumas receitas na apuração da base de cálculo do PIS e COFINS e abatimento de algumas despesas e ganhos na apuração de IRPJ e CSLL, ressalvadas dívidas internas do grupo econômico.

Em caso de alienação de bem objeto de garantia real, a supressão da garantia ou sua substituição somente serão admitidas mediante aprovação expressa do credor titular da respectiva garantia (art. 50, § 1º, da LREF).

Ainda sobre a alienação de bens, prevê o art. 66 da LREF que, "após a distribuição do pedido de recuperação judicial, o devedor não poderá alienar ou onerar bens ou direitos de seu ativo não circulante", inclusive se for para pagamento de débitos extraconcursais contraídos durante a recuperação. Os bens dessa categoria contábil não circulante são caracterizados por aqueles de permanência duradoura e para o funcionamento da atividade empresarial, com ativos realizáveis a longo prazo, investimentos, imobilizado e intangíveis. Assim, para a alienação de referidos bens, é necessária a autorização judicial, salvo se houver autorização da Assembleia Geral de Credores para a venda de bem específico.

Caso haja aprovação do plano de recuperação com a alienação judicial de filiais ou unidade isoladas[3] (UPI) (art. 50, II, III, VII, XI, XIII, XVIII, da LREF), o juiz ordenará a alienação com respeito às modalidades de venda do art. 142 da LREF (art. 60 da LREF).

Outra alteração relevante diz respeito à possibilidade de tratamento diferenciado entre fornecedores que continuarem a prover a devedora em crise na manutenção das atividades durante a recuperação. Esse é o conteúdo do art. 67, parágrafo único, da LREF, em sua nova redação: "O plano de recuperação judicial poderá prever tratamento diferenciado aos créditos sujeitos à recuperação judicial pertencentes a fornecedores de bens ou serviços que continuarem a provê-los normalmente após o pedido de recuperação judicial, desde que tais bens ou serviços sejam necessários para a manutenção das atividades e que o tratamento diferenciado seja adequado e razoável no que concerne à relação comercial futura". A autorização deriva de entendimento da jurisprudência, com destaque para o REsp nº 1.634.844, do STJ, que permitiu distinção entre credores de mesma classe, uma vez definidos critérios objetivos como a manutenção de fornecimento de insumos essenciais ao funcionamento da empresa em crise.

De modo a dar estímulos e segurança ao adquirente, a LREF institui sistema de inibição de sucessão em dívidas do devedor [*t. II, §3, i. 4.3*], inclusive trabalhistas e tributárias, assim fixada: (*a*) regra para alienação judicial de filiais e UPI: não haverá sucessão do arrematante nas obrigações do devedor de qualquer natureza, incluídas, mas não exclusivamente, as de natureza ambiental, regulatória, administrativa, penal, anticorrupção, tributária e trabalhista (art. 60, parágrafo único, da LREF); (*b*) inaplicabilidade a sócios, parente ou agente do falido: na realização de ativos prevista no art. 141, o objeto da alienação estará livre de ônus e não ocorre sucessão, salvo se o arrematante for sócio, controlada, parente em linha reta ou colateral até o 4º grau ou identificado como agente do falido para fraudar a sucessão (art. 141, §1º, da LREF) [*t. V, §4, i. 8*]; (*c*) casos de conversão de dívida em capital, de aporte de novos recursos na devedora ou de substituição dos administradores: haverá sucessão ou responsabilidade por dívidas de qualquer natureza a terceiro credor, investidor ou novo administrador (art. 50, § 3º, da LREF).

Os dispositivos mencionados são reforçados pelo conteúdo do art. 133, §§ 1º a 3º do CTN, que somente ressalva se a alienação no âmbito do plano de recuperação for feita para sócio da sociedade falida ou em recuperação judicial, ou sociedade controlada pelo devedor falido ou em recuperação judicial; parente, em linha reta ou colateral até o 4º grau, consanguíneo ou afim, do devedor falido ou em recuperação judicial ou de qualquer de seus sócios; ou identificado como agente do falido ou do devedor em recuperação judicial com o objetivo de fraudar a sucessão tributária.

Via de regra, o devedor (interpretando-se a lei, o controlador e os administradores) é mantido à frente da condução da atividade empresarial, sob fiscalização do administrador judicial e do comitê de credores, ressalvadas as hipóteses do art. 64 da LREF: I – houver sido condenado em sentença penal transitada em julgado por crime cometido em recuperação judicial ou falência anteriores ou por crime contra o patrimônio, a

---

[3] O art. 60-A da LREF passou a conceituar a UPI (unidade produtiva isolada), considerando ativo que permita a continuidade da produção (uma planta industrial, por exemplo) e poderá "abranger bens, direitos ou ativos de qualquer natureza, tangíveis ou intangíveis, isolados ou em conjunto, incluídas participações dos sócios".

economia popular ou a ordem econômica previstos na legislação vigente; II – houver indícios veementes de ter cometido crime falimentares; III – houver agido com dolo, simulação ou fraude contra os interesses de seus credores; IV – efetuar gastos pessoais excessivos, despejas injustificáveis, descapitalização desmotivada, simulação ou omissão de créditos; V – negar-se a prestar informações solicitadas pelo administrador judicial ou pelos demais membros do Comitê; VI – tiver seu afastamento previsto no plano de recuperação judicial (art. 64 da LREF).

Em todas essas hipóteses – que são exemplificativas – poderão os credores ou interessados pleitear ao juiz o afastamento dos administradores do devedor, com nomeação de outro na forma do estatuto ou conforme ficar deliberado em assembleia, com propostas de alteração do plano de recuperação (arts. 64, parágrafo único e 65 da LREF).

Jurisprudência

STJ – 3ª T. – REsp nº 1.689.187 – Rel. Min. Villas Bôas Cueva – j. 11/05/2020: "(...) 3. A alienação de unidades produtivas isoladas prevista em plano de recuperação judicial aprovado deve, em regra, se dar na forma de alienação por hasta pública, conforme o disposto nos artigos 60 e 142 da Lei nº 11.101/2005. 4. A adoção de outras modalidades de alienação, na forma do artigo 145 da Lei nº 11.101/2005, só pode ser admitida em situações excepcionais, que devem estar explicitamente justificadas na proposta apresentadas aos credores. Nessas hipóteses, as condições do negócio devem estar minuciosamente descritas no plano de recuperação judicial que deve ter votação destacada deste ponto, ser aprovado por maioria substancial dos credores e homologado pelo juiz. 5. No caso dos autos, a venda direta da unidade produtiva isolada foi devidamente justificada, tendo sido obedecidos os demais requisitos que autorizam o afastamento da alienação por hasta pública".

STJ – 3ª T. – REsp nº 1.700.487 – Rel. Min. Marco Aurelio Bellizze – j. 02/04/2019: "(...) 4.4 Inadequado, pois, restringir a supressão das garantias reais e fidejussórias, tal como previsto no plano de recuperação judicial aprovado pela assembleia geral, somente aos credores que tenham votado favoravelmente nesse sentido, conferindo tratamento diferenciado aos demais credores da mesma classe, em manifesta contrariedade à deliberação majoritária. 4.5 No particular, a supressão das garantias real e fidejussórias restou estampada expressamente no plano de recuperação judicial, que contou com a aprovação dos credores devidamente representados pelas respectivas classes (providência, portanto, que converge, numa ponderação de valores, com os interesses destes majoritariamente), o que importa, reflexamente, na observância do § 1º do art. 50 da Lei n. 11.101/2005, e, principalmente, na vinculação de todos os credores, indistintamente (...)".

STJ – 3ª T. – REsp nº 1.634.844 – Rel. Min. Villas Bôas Cueva – j. 12/03/2019: "(...) Na hipótese, ficou estabelecida uma distinção entre os credores quirografários, reconhecendo-se benefícios aos fornecedores de insumos essenciais ao funcionamento da empresa, prerrogativa baseada em critério objetivo e justificada no plano aprovado pela assembleia geral de credores. 7. A aplicação do *cram down* exige que o plano de recuperação judicial não implique concessão de tratamento diferenciado entre os credores de uma mesma classe que tenham rejeitado a proposta, hipótese da qual não se cogita no presente caso (...)".

STJ – 2ª Seção – CC nº 110.941 – Rel. Min. Nancy Andrighi – j. 22/09/2010: "(...) 2. Com a edição da Lei nº 11.101/2005, respeitadas as especificidades da falência e da recuperação judicial, é competente o juízo universal para prosseguimento dos atos de execução, tais como alienação de ativos e pagamento de credores, que envolvam créditos apurados em outros órgãos judiciais, bem como para decidir acerca da eventual extensão dos efeitos do cumprimento de sentença à suscitante, em razão da alegação de sucessão da suscitante por outra empresa ou de que ambas pertenceriam ao mesmo grupo econômico (...)".

Fiscalização do administrado na RJ (watchdog): TJSP – 1ª Câm. Reservada de Direito Empresarial – Rel. Des. Cesar Ciampolini – j. 30/04/2020: "Hipótese dos autos em que a presença desse fiscal ("watchdog"), efetivamente, se justifica, dados os fortes indícios de fraudes e irregularidades praticadas pelas recuperandas em detrimento dos credores. LUIZ FELIPE SPINELLI, JOÃO PEDRO SCALZILLI e RODRIGO TELLECHEA:"A nomeação de um observador é a modalidade mais branda de intervenção, sobretudo porque não impõe a remoção dos administradores designados pelos sócios. Seu objetivo é assegurar a integridade do patrimônio societário, garantir que os sócios mantenham o acompanhamento da marcha dos negócios, bem como a regularidade do manejo dos fundos sociais. Ante a impossibilidade de uma inspeção judicial constante e aprofundada na empresa, o juiz a encomenda a um administrador judicial por cujos olhos se verão o exercício da atividade e as suas dificuldades. Assim, o interventor enxerga pelo magistrado, em uma espécie de exame ocular por interposta pessoa, realizando verdadeira inspeção na administração social. Nessa linha, o interventor observador inspeciona e controla a sociedade para informar o juiz sobre qualquer irregularidade. A medida busca proteger, ainda que de modo mediato, o interesse social, prevenindo o esvaziamento do patrimônio da sociedade, a retirada ilegal de valores por parte de sócios e administradores ligados ao controlador, e a dilapidação do acervo por má gestão, elementos fáticos extremamente relevantes para justificar a utilização do remédio (...)".

Caso Varig/TAP: TST – 6ª T. – RR nº 152600-48.2008.5.02.0065 – Rel. Minª Kátia Magalhães Arruda – DJe 15.12.2017: "(...) 1 – O Pleno do TST, no IRR-69700-28.2008.5.04.0008, com efeito Vinculante nos termos da Lei nº 13.015/2014, firmou a seguinte tese: nos termos dos artigos 60, parágrafo único, e 141, II, da Lei nº 11.101/2005, a TAP MANUTENÇÃO E ENGENHARIA BRASIL S.A. não poderá ser responsabilizada por obrigações de natureza trabalhista da VARIG S.A. pelo fato de haver adquirido a VEM S.A., empresa que compunha grupo econômico com a segunda. Ressalva de entendimento. 2 – No caso dos autos, o TRT atribuiu à reclamada responsabilidade solidária, com fundamento na existência de grupo econômico anterior e por não ter a reclamada participado da alienação judicial realizada, 'não adquirindo unidade produtiva da Varig no leilão judicial'. Todavia, ficou consignado de forma expressa em julgamento do IRR 69700-28.2008.5.04.0008 que o fato da aquisição da VEM não ter ocorrido em leilão judicial, não afasta o preceito previsto no art. 60, da Lei 11.101/05".

Caso Varig/Gol: TST – RR 0110200-17.2009.5.02.0313 – Rel. Min. Cláudio Mascarenhas Brandão – DJe 22.08.2014: "(...) Aquisição de ativos de empresa em recuperação judicial. Lei nº 11.101/2005. Sucessão de empregadores. Grupo econômico. Responsabilidade solidária. Inexistência. Diante da decisão proferida pelo Supremo Tribunal Federal, no julgamento da Ação Direta de Inconstitucionalidade nº 3.934-2/DF, DJe de 05.11.2009, em que se declarou a constitucionalidade, dentre outros, dos arts. 60, parágrafo único, e 141, II, da Lei nº 11.101/2005, a atual jurisprudência desta Corte uniformizadora vem se direcionando no sentido da não ocorrência de sucessão trabalhista, em hipótese como a destes autos, em que a reclamada VRG Linhas Aéreas S.A., por meio da Varig Logística S/A VarigLog, adquiriu a Unidade Produtiva da Varig (UPV), mediante leilão público, realizado em sede de processo de recuperação, nos termos da referida Lei nº 11.101/2005. Precedentes. Mesmo quando haja o reconhecimento de formação do grupo econômico preexistente à alienação de ativos da empresa em recuperação judicial, como no caso dos autos, esta Corte tem decidido pela ausência de responsabilidade solidária daquela que adquiriu a unidade produtiva. Precedentes (...)".

4.1. Financiamento do devedor durante a recuperação judicial

Um dos maiores problemas de viabilização econômica da recuperação judicial, desde o início do modelo em 2005, foi a falta de segurança jurídica para novos financiamentos da empresa em crise e a aceitação, por parte da jurisprudência, de se atribuir supergarantias ou extraconcursalidades no plano de recuperação para os credores que quisessem emprestar ou vender com privilégios para melhora do fluxo de caixa do deve-dor. Embora tenham ocorridos casos isolados, o fato é que não se conseguiu emoldurar com estabilidade um instrumento parecido com o *DIP Financing* ou *debtor in possession* previsto no §364 do *Bankruptcy Code* dos EUA, no qual o juiz responsável pela reorganização pode autorizar a contratação de débitos com prioridade sobre todos os demais.

A superação do problema brasileiro se deu com os arts. 69-A a 69-F da LREF, ao menos como tentativa de estabilizar o financiamento com vantagens determinadas pelo plano de recuperação. Conforme conceituam Francisco Satiro e Leonardo Dias, caracteriza-se como "todo negócio jurídico garantido por bens ou direitos do ativo não circulante do devedor que implique crédito de outrem contra este último e tenha sido previamente autorizado pelo juiz da recuperação judicial para financiar as 'atividades e as despesas de reestruturação ou de preservação do valor de ativos" (Satiro; Dias, 2021, p. 75).

Os dispositivos são reforçados pelo conteúdo do art. 66-A da LREF, que estabiliza a validade e eficácia da alienação de bens ou do financiamento concedido, protegendo-o com o seguinte conteúdo: "não poderá ser anulada ou tornada ineficaz após a consumação do negócio jurídico com o recebimento dos recursos correspondentes pelo devedor".

Para tanto, permitiu-se a celebração de contratos de financiamento com o devedor, atrelados a garantias ou com a alienação fiduciária sobre bens do devedor ou de terceiros (art. 69-F da LREF) pertencentes ao ativo não circulante (imóveis, maquinários, intangíveis) para financiar as atividades e as despesas de reestruturação.

A previsão do financiamento pode ser anterior ou pode constar no plano de recuperação. Na primeira hipótese, o art. 69-A da LREF permite ao juiz autorizar o financiamento, depois de ouvido o Comitê de Credores como pressuposto de participação e concordância dos credores com a irrigação da empresa com financiamento que terá um privilégio superior a todos os demais. Na segunda hipótese, o financia-mento com esse perfil passa a figurar como parte do plano, transferindo aos credores a deliberação e eventual aceitação, conforme arts. 45 e 66-A da LREF.

Portanto, a alteração feita na reforma da LREEF está na permissão da autorização prévia, por decisão judicial, para que o financiamento seja contratado. Os de-mais dispositivos foram postos para que o contrato e a decisão sejam protegidos e atribuam maior segurança ao financiador DIP, seja para mudança da decisão em grau de recurso, seja para a rejeição do plano de recuperação. Assim: (*a*) eventual reforma da decisão judicial sobre o contrato de financiamento não altera a sua natureza extraconcursal, nem as garantias outorgadas pelo devedor em favor do financiador de boa-fé, caso o desembolso dos recursos já tenha sido efetivado (art. 69-B da LREF; (*b*) a garantia concedida ao financiador DIP poderá ser subordinada, de modo que o juiz pode autorizar que seja estabelecida sobre bem que já garantido para outro credor, desde que se limite ao eventual excesso resultante da alienação do ativo objeto da garantia original, exceção feita à alienação fiduciária (art. 69-C da LREF); (*c*) em caso de convolação da recuperação em falência, as garantias do contrato de financiamento DIP são conservadas até o limite dos valores liberados para o devedor, mas o contra-to tem seus efeitos extintos, com resolução pela superveniência da falência (art. 69-D da LREF).

Resta um problema sobre a extensão da palavra financiamento sujeito à extraconcursalidade do art. 69-A, que remete ao art. 67, ambos da LREF. A abertura do termo permite o enquadramento como créditos concedidos ao devedor para o desempenho da atividade, sem muita relevância sobre a natureza do contrato – se mútuo, alienação fiduciária, cédula de crédito – em si considerado. Com efeito, o art. 67 cuida da extraconcursalidade dos créditos de obrigações contraídas *durante* a recuperação relativos a despesas com fornecedores de bens e serviços e contratos de mútuo daqueles que continuaram a acreditar na manutenção das atividades empresariais durante o transcurso do processo recuperação. Já a extranconcursalidade do financiamento DIP é obtida por força da decisão judicial que a alçar a essa categoria de crédito, que nem mesmo poderá ser revista em grau de recurso. Portanto, é dos arts. 69-A e 69-B que se extrai o pertencimento do contrato de financiamento DIP àqueles créditos extraconcursais com prioridade protegida numa eventual falência.

Último ponto a considerar deriva do papel ampliado do Administrador Judicial na construção da viabilidade das negociações e na busca de observância da boa-fé, conforme art. 22, II, da LREF. Nesse sentido, não é desarrazoado que ele tome ciência e opine sobre o financiamento DIP. Todavia, a atribuição de conhecimento e participação efetiva pelos credores é dada ao Comitê, conforme art. 69-A da LREF.

Finalmente, advertem Francisco Satiro e Leonardo Dias que a extraconcursalidade está intrinsecamente "está intrinsecamente vinculada ao valor da garantia ofertada, sob pena de o devedor oferecer em garantia bem de valor muito inferior ao do financiamento apenas para assegurar ao financiador uma posição melhor na falência, o que poderia ensejar diversas fraudes" (Satiro; Dias, 2021, p. 76).

Jurisprudência

Grupo Aralco: TJSP – 2ª Câm. Reservada de Direito Empresarial – AI nº 2150922-97.2015.8.26.0000 – Rel. Des. Carlos Alberto Garbi – j. 05/10/2015: "(...) Explicação sobre a necessidade do mútuo ante a falta de caixa da empresa. Publicação de informações no sítio do grupo na rede mundial de computadores. Dificuldade em encontrar financiador ante a crise econômico-financeira das agravantes. Proposta mais vantajosa apresentada pela Brookfield. Clausula de exclusividade vencida e não renovada. Ausência de previsão de direito de voto e veto da mutuante na AGC. Cláusulas que preveem direitos à Brookfield que devem passar pela aprovação da AGC. Cláusulas de cobertura de oferta. Taxas de rescisão. Condições especiais que devem ser submetidas à aprovação da Assembleia de Credores. Ações da empresa INVEPAR. Apesar de se constituir importante ativo das recuperandas, tudo indica ser o que mais apresenta liquidez nessa fase de crise do grupo. Razoabilidade do mútuo. Liberação de parcela do mútuo para que a situação das recuperandas, não se agrave e haja tempo para que os credores se reúnam e decidam efetivamente sobre as questões aqui colocadas. Não há dúvida a respeito da necessidade, nos primeiros meses da recuperação, do financiamento em favor da empresa em crise. A possibilidade do financiamento nesta fase é prevista na maior dos países que disciplinaram a recuperação das empresas em crise, como valioso instrumento para alcançar o escopo maior de preservação da empresa. É natural, nesse negócio, conhecido como DIP financing, a respectiva constituição de garantia, porque aquele que se dispõe a financiar a empresa em crise financeira, pelo risco maior que expõe o seu capital, não aceita fazê-lo sem importante garantia da restituição do quanto emprestado. É o que justifica as bases do negócio examinado nestes autos e autoriza a sua aprovação nos termos indicados. Autorização para a liberação de parcela do financiamento em favor das agravadas".

5. PEDIDO INICIAL E PROCESSAMENTO DE RECUPERAÇÃO JUDICIAL

O pedido deverá ser formulado pelas pessoas legitimadas [*t. V, §1, i. 5*] e que instruirão com os seguintes requisitos do art. 51 da LREF: I – a exposição das causas concretas da situação patrimonial do devedor e das razões da crise econômico-financeira; II – com ressalvas às peculiaridades das microempresas (art. 51, § 2º, da LREF), devem ser apresentadas as demonstrações contábeis relativas aos 3 últimos exercícios sociais e as levantadas especialmente para instruir o pedido, confeccionadas com estrita observância da legislação societária aplicável e compostas obrigatoriamente de: a) balanço patrimonial; b) demonstração de resultados acumulados; c) demonstração do resultado desde o último exercício social; d) relatório gerencial de fluxo de caixa e de sua projeção [t. II, §1, i. 6], que ficarão à disposição do juiz, administrador e interessados (art. 51, § 1º, da LREF); e) descrição das sociedades de grupo societário, de fato ou de direito, para fins de consolidação processual e substancial [t. V, §2, i. 2.2.]; III – a relação nominal completa dos credores, sujeitos ou não à recuperação judicial, inclusive aqueles por obrigação de fazer ou de dar, com a indicação do endereço físico e eletrônico de cada um, a natureza (de acordo com a ordem de preferência dos arts. 83 e 84 da LREF), e o valor atualizado do crédito, com a discriminação de sua origem, e o regime dos vencimentos; IV – a relação integral dos empregados, em que constem as respectivas funções, salários, indenizações e outras parcelas a que têm direito, com o correspondente mês de competência, e a discriminação dos valores pendentes de pagamento; V – certidão de regularidade do devedor no Registro Público de Empresas, o ato constitutivo atualizado e as atas de nomeação dos atuais administradores [t. II, §3, i. 5.1]; VI – a relação dos bens particulares dos sócios controladores e dos administradores do devedor [t. II, §3, i. 3.5]; VII – os extratos atualizados das contas bancárias do devedor e de suas eventuais aplicações financeiras de qualquer modalidade, inclusive em fundos de investimento ou em bolsas de valores, emitidos pelas respectivas instituições financeiras; VIII – certidões dos cartórios de protestos situados na comarca do domicílio ou sede do devedor e naquelas onde possui filial; IX – a relação, subscrita pelo devedor, de todas as ações judiciais e procedimentos arbitrais em que este figure como parte, inclusive as de natureza trabalhista, com a estimativa dos respectivos valores demandados; X – relatório detalhado do passivo fiscal; XI - a relação de bens e direitos integrantes do ativo não circulante (para aferição de essencialidade), incluídos aqueles não sujeitos à recuperação judicial, acompanhada da indicação de contratos não incluídos na recuperação, conforme art. 49, § 3º, da LREF.

Importante inovação foi a inserção do art. 51-A na LREF, que permite ao juiz nomear profissional de sua confiança para formulação de laudo investigativo de constatação das "reais condições de funcionamento" e da "completude de documentação", sendo vedada a "análise de viabilidade econômica do devedor" (art. 51-A, § 5º). A providência pode ser tomada *ex officio* pelo juiz, sem oitiva do devedor ou dos credores. Portanto, não se trata de perícia prévia para aferir o potencial de recuperação – matéria afetada aos credores –, mas tão somente a constatação, por vezes *in loco*, do regular funcionamento da empresa e da fidedignidade de documentos juntados com a petição inicial. O intuito do legislador foi evitar recuperações fraudulentas e com má utilização do procedimento somente para protelar pagamentos. Caso essa constatação prévia assinale esse comportamento desleal, o juiz pode indeferir a petição inicial e oficiar ao MP para providências de ordem criminal que sejam cabíveis.

Os requisitos do art. 51 da LREF são vinculantes do magistrado. Uma vez respeitados os parâmetros e "estando em termos a documentação", prevê a LREF que o juiz *deferirá* o processo da recuperação (art. 52 da LREF). Nada impede, entretanto, que seja feito o pedido antecedente ou incidente de conciliação e mediação previsto nos arts. 20-A a 20-D da LREF [t. V, §2, i. 5.4].

Na decisão de deferimento da recuperação, o juiz: I – nomeará o administrador judicial [t. V, §1, i. 8]; II – determinará a dispensa da apresentação de certidões negativas para que o devedor exerça suas atividades, exceto para débitos com a seguridade social geradora de vedação para contratar com o Poder Público (art. 195, § 3º, da CF), passando a ostentar a expressão "Em Recuperação" no nome empresarial; III – ordenará a suspensão de todas as ações ou execuções contra o devedor, na forma do art. 6º desta Lei, permanecendo os respectivos autos no juízo onde se processam, ressalvadas as ações previstas nos §§ 1º, 2º e 7º do art. 6º desta

Lei e as relativas a créditos excetuados na forma dos §§ 3º e 4º do art. 49 da LREF [*t. V, §2, i. 3.1*]; IV – determinará ao devedor a apresentação de contas demonstrativas mensais enquanto perdurar a recuperação judicial, sob pena de destituição de seus administradores; V – ordenará a intimação eletrônica do Ministério Público e das Fazendas Públicas para tomarem conhecimento da recuperação e informação de eventuais créditos.

Será determinada a publicação do primeiro edital [*t. V, §1, i. 7*] com o resumo do pedido do devedor e da decisão que defere o processamento da recuperação judicial; a relação nominal de credores, em que se discrimine o valor atualizado e a classificação de cada crédito; e a advertência acerca dos prazos para habilitação dos créditos.

Deferido o processamento, o devedor não poderá desistir do pedido de recuperação judicial após o deferimento de seu processamento, salvo se obtiver aprovação da desistência na assembleia geral de credores (art. 52, § 4º, da LREF).

A decisão de concessão da recuperação é interlocutória e pode ser atacada por agravo de instrumento (art. 59, § 2º da LREF e art. 1.015 do CPC).

5.1. Procedimento de recuperação judicial

Deferido o processamento, o devedor deve apresentar o plano de recuperação no prazo de 60 dias da publicação da decisão (art. 53 da LREF) [*t. V, §2, i. 6*][4].

Esse é o ponto em que podem surgir as controvérsias com os credores após o período de habilitação e formação do quadro geral. Assim, a lei emoldura procedimentos para assegurar o contraditório relativo às impugnações do plano de recuperação.

Conforme art. 55 da LREF, qualquer credor poderá formular *objeção* ao plano, no prazo de 30 dias contados da publicação da relação de credores prevista no art. 7º, § 2º, da LREF [*t. V, §1, i. 7*]. O plano de recuperação já é conhecido dos credores e também a lista de todos eles, de modo que se permite a verificação da pertinência econômico-financeira da proposta, além de se identificar eventual ilegalidade a ser suscitada [*t. V, §2, i. 6.1*].

Constatada a objeção, o juiz convocará a assembleia geral de credores para deliberar sobre o plano de recuperação (art. 56 da LREF). No conclave o plano poderá sofrer alterações, até mesmo para viabilizar a aprovação, sendo necessária expressa concordância do devedor e em termos que não impliquem diminuição dos direitos exclusivamente dos credores ausentes (art. 56, § 2º, da LREF).

Caso não haja objeções (art. 55 da LREF) ou o plano seja aprovado em todas as classes de credores (art. 45 da LREF), o juiz concederá a recuperação judicial do devedor, produzindo-se o efeito de novação das obrigações abrangidas pela recuperação [*t. V, §2, i. 5.3*] (arts. 58 e 59 da LREF). A decisão de concessão da recuperação judicial constitui título executivo judicial para os fins do art. 515, incisos II e III, do CPC e dela caberá agravo de instrumento (art. 59, § 2º, do CPC).

---

[4] O STJ tem entendimento que no processo de recuperação judicial e falência os prazos são contados em dias corridos (e não dias úteis, como no sistema do CPC). Disse o acórdão: "O microssistema recuperacional e falimentar foi pensado em espectro lógico e sistemático peculiar, com previsão de uma sucessão de atos, em que a celeridade e efetividade se impõem, com prazos próprios e específicos que, via de regra, devem ser breves, peremptórios, inadiáveis e, por conseguinte, contínuos, sob pena de vulnerar a racionalidade e unidade do sistema, engendrado para ser solucionado, em regra, em 180 dias depois do deferimento de seu processamento". Portanto, os prazos de *stay period* e apresentação do plano de recuperação seriam contados em dias úteis (STJ – 4ª T. – REsp nº 1.699.528 – Rel. Min. Luis Felipe Salomão).

O devedor permanecerá em *estado de recuperação judicial* até que cumpra todas as obrigações previstas no plano que se vencerem até 2 anos depois da concessão da recuperação judicial. Descumpridas as obrigações, poderá ser pleiteada a decretação da falência (art. 61, § 1º e 62 da LREF). Todavia, a jurisprudência muitas vezes flexibiliza o dispositivo, admitindo que sejam convocadas novas assembleias de credores para permitir adaptação do plano e preservar a empresa. Por outro lado, em caso de descumprimento das obrigações após a concessão da recuperação, poderão os credores, ademais, denunciar o descumprimento de qualquer obrigação prevista no plano e requer a execução específica ou pedir a falência com base no art. 94 da LREF.

Em caso de cumprimento do plano de recuperação, o juiz decreta por sentença o encerramento, com conteúdo desconstitutivo e declaratório do cumprimento das obrigações. Determinará, entrementes, o pagamento do saldo de honorários ao administrador judicial; apuração de custas judiciais finais; apresentação de relatório circunstanciado do administrador judicial, versando sobre a execução do plano de recuperação pelo devedor; dissolução do Comitê de Credores e a exoneração do administrador judicial; comunicação ao Registro Público de Empresas e à Secretaria Especial da Receita Federal do Brasil para as providências cabíveis, cessando o uso da expressa "em recuperação judicial" (arts. 63 e 69 da LREF).

Rejeição do Plano

Rejeitado o plano de recuperação pela assembleia geral de credores poderão ocorrer três consequências: (*a*) o administrador judicial submeterá à assembleia geral a concessão de prazo de 30 dias para apresentação de *plano alternativo* pelos credores, que quórum de mais de 50% dos créditos presentes para esse objetivo; (*b*) em caso de recusa do plano alternativo, poderá ocorrer a hipótese de *cram down* [t. V, §2, i. 5.2]; (*c*) não ocorrendo as duas anteriores, o juiz decretará a falência do devedor em convolação da recuperação (art. 58-A da LREF).

Decretada a falência, os credores terão reconstituídos seus direitos e garantias nas condições originalmente contratadas, deduzidos os valores eventualmente pagos e ressalvados os atos validamente praticados no âmbito da recuperação judicial (art. 61, § 2º, da LREF).

Ainda com análise da decretação da falência, créditos do administrador judicial e despesas do processo serão considerados extraconcursais, ou seja, não entram na classificação de créditos do art. 83 da LREF. A LREF, no art. 67, também considera extraconcursais os créditos decorrentes de obrigações contraídas pelo devedor durante a recuperação judicial, inclusive aqueles relativos a despesas com fornecedores de bens ou serviços e contratos de mútuo. Com a modificação de redação do parágrafo único do art. 67, créditos previstos no plano de recuperação poderão ser considerados extraconcursais e receber esse trata-mento diferenciado. Cuida-se de estímulo econômico concedido pela LREF para fornecedores de bens e serviços que continuarem a prové-los normalmente após o pedido de recuperação judicial, desde que tais bens ou serviços sejam necessários para a manutenção das atividades e que o tratamento diferenciado seja adequado e razoável no que concerne à relação comercial futura (art. 67, parágrafo único da LREF). O dispositivo legal também está ligado ao financiamento do devedor (*DIP financing*) [*t. V, §2, i. 4.1*].

Portanto, credores financiadores e credores que continuarem a acreditar e abas-tecer a empresa durante o processo de recuperação, passaram a ter o estímulo econômico da requalificação do crédito como extraconcursal em caso de falência (art. 67, parágrafo único e art. 84 da LREF).

Jurisprudência

STJ – 4ª T. – AgInt no AREsp nº 1.100.371 – Rel. Min. Luis Felipe Salomão – j. 08/05/2018: "(...) 2. De acordo com a jurisprudência pacificada pela Corte Especial, em uma exegese teleológica da nova Lei de Falências, visando conferir operacionalidade à recuperação judicial, é desnecessário comprovação de regularidade tributária, nos termos do art. 57 da Lei n. 11.101/2005 e do art. 191-A do CTN, diante da inexistência de lei específica a disciplinar o parcelamento da dívida fiscal e previdenciária de empresas em recuperação judicial (REsp 1187404/MT, Rel. Ministro LUIS FELIPE SALOMÃO, CORTE ESPECIAL, julgado em 19/06/2013, *DJe* 21/08/2013) (...)".

STJ – 4ª T. – AgInt no REsp nº 1.367.848 – Rel. Min. Antonio Carlos Ferreira – j. 19/04/2018: "(...) Após a aprovação do plano de recuperação judicial pela assembleia de credores e posterior homologação pelo juízo competente, devem ser extintas – e não apenas suspensas – as execuções individuais até então propostas contra a recuperanda, sem nenhum tipo de condicionante à novação de que trata o art. 59 da Lei n. 11.101/2005".

Repetitivo: STJ – 2ª Seção – REsp nº 1.707.066 – Rel. Min. Nancy Andrighi – j. 03/12/2020: "(...) Cabe agravo de instrumento de todas as decisões interlocutórias proferidas no processo de recuperação judicial e no processo de falência, por força do art. 1.015, parágrafo único, CPC/15". Outro precedente do Tema 1022: REsp nº 1.717.213.

5.2. Concessão compulsória (*cram down*)

De acordo com o que já foi estudado, se forem cumpridos os requisitos da LREF, o juiz concederá a recuperação judicial do devedor cujo plano não tenha sofrido objeção de credor [*t. V, §2, i. 5.1*]. Entretanto, em caso de objeção ou ausência de plano alternativo pelos credores (art. 56, § 6º, da LREF), o plano deve ser levado para deliberação em assembleia geral de credores, obtendo aprovação em cada uma das classes de credores [*t. V, §2, i. 5.1*].

Pode ocorrer recusa. Nesse caso, decreta-se a falência [*t. V, §4*].

Entretanto, a LREF permite alternativa para que o juiz conceda a recuperação, valendo-se a *concessão compulsória*, mais conhecida pelo nome *cram down*, utilizado no *Bankruptcy Code* norte-americano. Por meio desse instrumento judicial regulado pelo art. 58 da LREF, o juiz poderá conceder a recuperação judicial com base em plano que não obteve aprovação, desde que, na mesma assembleia, tenha obtido, de forma cumulativa:

I – o voto favorável de credores que representem mais da metade do valor de todos os créditos presentes à assembleia, independentemente de classes;

II – a aprovação de 3 das classes de credores ou, caso haja somente 3 classes com credores votantes, a aprovação de pelo menos 2 das classes ou, caso haja somente 2 classes com credores votantes, a aprovação de pelo menos 1 delas, de acordom com o quórum do art. 45;

III – na classe que o houver rejeitado, o voto favorável de mais de 1/3 dos credores: (a) entre garantia real e quirografários, que representem mais da metade do valor total dos créditos presentes à assembleia e, cumulativamente, pela maioria simples dos credores presentes; (b) entre trabalhistas e microempresas, a proposta deverá ser aprovada pela maioria simples dos credores presentes, independentemente do valor de seu crédito.

Prevê a LREF, no art. 58, § 2º, que a recuperação judicial somente poderá ser concedida com uso do *cram down* se o plano não implicar tratamento diferenciado entre os credores da classe que o houver rejeitado.

Cabe ressalvar entendimento do STJ que no REsp nº 1.337.989, optou por determinar a recuperação com base na preservação da empresa e de modo a coibir o abuso de minoria, mesmo que todos os requisitos da LREF não tenham sido atingidos. Disse o relator, Min. LUIS FELIPE SALOMÃO: "De fato, a manutença de empresa ainda recuperável deve se sobrepor aos interesses de um ou poucos credores divergentes, ainda mais quando sem amparo de fundamento plausível, deixando a realidade se limitar à fria análise de um quórum alternativo, com critério complexo de funcionamento, em detrimento da efetiva possibilidade de recuperação da empresa e, pior, com prejuízos aos demais credores favoráveis ao plano".

Jurisprudência

STJ – 4ª T. – REsp nº 1.337.989 – Rel. Min. Luis Felipe Salomão – j. 08/05/2018: "(...) 1. A Lei nº 11.101/2005, com o intuito de evitar o 'abuso da minoria' ou de 'posições individualistas' sobre o interesse da sociedade na superação do regime de crise empresarial, previu, no § 1º do artigo 58, mecanismo que autoriza ao magistrado a concessão da recuperação judicial, mesmo que contra decisão assemblear. 2. A aprovação do plano pelo juízo não pode estabelecer tratamento diferenciado entre os credores da classe que o rejeitou, devendo manter tratamento uniforme nesta relação horizontal, conforme exigência expressa do § 2º do art. 58. 3. O microssistema recuperacional concebe a imposição da aprovação judicial do plano de recuperação, desde que presentes, de forma cumulativa, os requisitos da norma, sendo que, em relação ao inciso III, por se tratar da classe com garantia real, exige a lei dupla contagem para o atingimento do quórum de 1/3 – por crédito e por cabeça –, na dicção do art. 41 c/c 45 da LREF. 4. No caso, foram preenchidos os requisitos dos incisos I e II do art. 58 e, no tocante ao inciso III, o plano obteve aprovação qualitativa em relação aos credores com garantia real, haja vista que recepcionado por mais da metade dos valores dos créditos pertencentes aos credores presentes, pois 'presentes 3 credores dessa classe o plano foi recepcionado por um deles, cujo crédito perfez a quantia de R$ 3.324.312,50, representando 97,46376% do total dos créditos da classe, considerando os credores presentes' (fl. 130). Contudo, não alcançou a maioria quantitativa, já que recebeu a aprovação por cabeça de apenas um credor, apesar de quase ter atingido o quórum qualificado (obteve voto de 1/3 dos presentes, sendo que a lei exige 'mais' de 1/3). Ademais, a recuperação judicial foi aprovada em 15/05/2009, estando o processo em pleno andamento. 5. Assim, visando evitar eventual abuso do direito de voto, justamente no momento de superação de crise, é que deve agir o magistrado com sensibilidade na verificação dos requisitos do *cram down*, preferindo um exame pautado pelo princípio da preservação da empresa, optando, muitas vezes, pela sua flexibilização, especialmente quando somente um credor domina a deliberação de forma absoluta, sobrepondo-se àquilo que parece ser o interesse da comunhão de credores (...)".

STJ – 3ª T. – REsp nº 1.634.844 – Rel. Min. Villas Bôas Cueva – j. 12/03/2019: "(…) Na hipótese, ficou estabelecida uma distinção entre os credores quirografários, reconhecendo-se benefícios aos fornecedores de insumos essenciais ao funcionamento da empresa, prerrogativa baseada em critério objetivo e justificada no plano aprovado pela assembleia geral de credores. 7. A aplicação do *cram down* exige que o plano de recuperação judicial não implique concessão de tratamento diferenciado entre os credores de uma mesma classe que tenham rejeitado a proposta, hipótese da qual não se cogita no presente caso (...)".

TJSP – 2ª Câmara Reservada de Direito Empresarial – AI nº 2281174-18.2020.8.26.0000 – Rel. Des. Araldo Telles – j. 12/04/2021: "Recuperação judicial. Recurso tirado contra r. decisão que homologou o modificativo ao plano de recuperação da agravada por *cram down*. Cumprimento dos requisitos dos incisos II e III do § 1º do art. 58 da Lei nº 11.101/2005. Embora não cumprido, objetivamente, aquele previsto no inciso I, registrou-se votação favorável muito próxima da maioria simples dos créditos presentes (48,10%). Não fosse isso, considerado o voto de abstenção como aquiescência ao plano, o percentual é ainda maior e alcança a maioria necessária à homologação. Recuperanda que se mostra em franco desenvolvimento, com faturamento e gerando empregos, tendo, inclusive, liquidado os credores trabalhistas em tempo e cumprido o plano original até então. Homologação do aditivo mantida. Recuperação judicial. Preliminar, lançada pelo "parquet", de nulidade da convocação da assembleia geral de credores. Inocorrência. Apesar do conteúdo do edital de convocação, os credores tiveram ciência da juntada do modificativo ao plano original e não cogitaram da acenada nulidade, a revelar que não houve prejuízo. Preliminar repelida. Recuperação judicial. Plano de recuperação. Deságio (50%), prazo de paga-mento (10 [dez] anos, em parcelas trimestrais e com carência de 90 [noventa] dias), correção monetária pela TR e juros de 2% ao mês aos quirografários, que não se mostram abusivos e não ultrapassam o limite do suportável, ainda considerando que a maioria reputa condizente com seus interesses. Correção monetária, contudo, que deve ser contada da homologação do plano primitivo, diante do tempo decorrido (três anos) até a homologação do aditivo. Recuperação Judicial. Biênio de fiscalização previsto no art. 61 da Lei nº 11.101/2005. Previsão, na cláusula 19.1, item "i", do modificativo, que incumbe aos credores a decisão sobre o encerramento da recuperação. Norma de natureza cogente, insuscetível de ajuste por meio de negócio processual. Inaplicabilidade, ao caso, do art. 190 do Código de Processo Civil. Fiscalização de incumbência do juiz, ministério público e administrador judicial que não está ao alcance negocial das partes (credores). Decisão reformada, de ofício. Recuperação judicial. Exclusão, de ofício, da cláusula 9.1.1, que impõe, aos credores trabalhistas retardatários, que não participaram do conclave, renúncia parcial do crédito (eventuais multas arbitradas pela Justiça Laboral). Se o modificativo foi aprovado apenas pelas Classes III e IV, a novação só deve alcançar tais credores. Recuperação Judicial. Previsão, na cláusula 13 do modificativo, da possibilidade de compensação irrestrita entre créditos da recuperanda e débitos dos credores sujeitos à recuperação. Diante da possível violação do princípio da paridade entre credores, declara-se, de ofício, a nulidade da aludida cláusula. Recuperação judicial. Plano de recuperação. Descumprimento de qualquer obrigação contida no Plano de Recuperação que, nos termos do que dispõe o art. 61, §1º, da lei de regência, pode acarretar a convolação da em falência. Cláusula que prevê a necessidade de notificação da devedora e de prévia instalação de assembleia geral de credores em tais hipóteses (19.2). Nulidade decretada de ofício. Recuperação judicial. Disposição que impede o prosseguimento de ações contra coobrigados em geral, abrigando-os sob os efeitos da recuperação judicial. Preservação do direito do credor contra os coobrigados, nos termos do § 1º do art. 49 da Lei nº 11.101/2005. Possibilidade, contudo, de supressão da garantia, desde que aprovada expressamente pelo credor titular, nos termos do § 1º do art. 50 da LRF. Mantença, por tais razões, apenas em relação àqueles que expressamente aprovaram o plano, da cláusula que libera os coobrigados (21). Decote que também é feito de ofício. Recurso parcialmente provido, com correções do plano, inclusive de ofício".

TJSP – 2ª Câmara Reservada de Direito Empresarial – AI nº 2176255-80.2017.8.26.0000 – Rel. Des. Cesar Ciampolini – j. 28/02/2018: "Recuperação judicial. Decisão que homologou plano de reestruturação. Agravo de instrumento de credora. Deságio elevado (90%) nas classes III (credores quirografários) e IV (microempresas e empresas de pequeno porte), com pagamento imediato por meio de dação em pagamento de imóveis de propriedade da agravada. Questão debatida na assembleia geral de credores e que, ainda assim, redundou na aprovação do plano por todas as classes. Análise de viabilidade econômica da recuperanda que cabe, sobretudo, aos credores que, 'in casu', manifestaram majoritariamente seu interesse na preservação da empresa. Possibilidade de existência de outros interesses econômicos (e.g. a manutenção de contratos e a continuidade de negócios com a recuperanda) que não podem ser ignorados, quando da análise de legalidade do plano. Precedentes das Câmaras Reservadas de Direito Empresarial, a admitir percentuais de deságio elevados. Ausência de violação de dispositivos expressos da Lei de Recuperações e Falências. Manutenção, desse modo, do dispositivo, ressalvada a possibilidade de convolação em falência, caso venham a se revelar irreais as avaliações dos imóveis apresentadas aos credores. Cláusula do plano de reestruturação que prevê a extinção de exigibilidade de créditos contra devedores solidários e garantidores. Violação dos limites impostos pelo art. 59 e pelo § 1º do art. 49, ambos da Lei 11.101/2005, bem como da Súmula 581/STJ e da Súmula 61/TJSP. Inadmissibilidade, ademais, de cláusula que limita as hipóteses de convolação da recuperação em falência, em contrariedade ao disposto no § 1º do art. 61 do diploma recuperacional. Jurisprudência das Câmaras de Direito Empresarial deste Tribunal. Criação de subclasse de quirografários (credores colaboradores) que tampouco merece ser anulada, estando alinhada com os objetivos da Lei 11.101/2005 e com numerosos precedentes das Câmaras Reservadas de Direito Empresarial deste Tribunal. Reforma parcial da decisão agravada. Agravo de instrumento parcialmente provido".

5.3. Novação

A aprovação do plano de recuperação implica *novação* dos créditos anteriores ao pedido, e obriga o devedor e todos os credores a ele sujeitos, sem prejuízo das garantias (art. 59, *caput* e art. 49, § 2º, da LREF). Dessa forma, as obrigações anteriores ao pedido de recuperação ficam abrangidas pelo plano aprovado pelos credores, cujas obrigações prevalecem sobre as anteriores.

Novação sui generis

Se o plano implicar a venda de bens dados em garantia real, é necessária expressa aprovação do credor titular da referida garantia (art. 50, §1º, da LREF). Todavia, é permitido que o plano inclua previsão diversa sobre as garantias, alterando a sua extensão ou mesmo com o cancelamento (art. 49, § 2º, da LREF) (STJ – 3ª T. – REsp nº 1.532.943). Já as garantias fidejussórias de coobrigados continuam írritas (art. 49, § 1º, da LREF) (STJ – 2ª Seção – REsp nº 1.333.349) [t. V, §1, i. 6.1]. Na superveniência de decreto de falência, os credores retomam os direitos e garantias originalmente contratados (art. 61, §2º, da LREF).

A novação do processo de recuperação judicial é especialização da forma de cumprimento da obrigação previsto no art. 364 do CC [*t. IV, §8, i. 6.1*]. No caso da novação do art. 59 da LREF, além de extinguir as ações individuais movidas contra a empresa, em crise, ainda ocorrem os efeitos seguintes: (*a*) se o inadimplemento ocorrer durante os 2 anos a que se refere o *caput* do art. 61 da LREF, o juiz deve convolar a recuperação em falência; (*b*) se o descumprimento ocorrer depois de escoado o prazo de 2 anos, qualquer credor poderá pedir a execução específica assumida no plano de recuperação ou requerer a falência com base no art. 94 da LREF (STJ – REsp nº 1.272.697); (*c*) a novação ocorre sem prejuízo das garantias, referindo-se às garantias e acessórios da dívida em geral, com exceção de fiança, penhor, hipoteca, anticrese e obrigações solidárias de outros devedores (arts. 364, 365, 366 e 844 do CC e art. 49, §1º, da LREF) (MUNHOZ, 2007, p. 294; CALÇAS, 2015, p. 301), ressalvando-se, após a reforma, a possibilidade de consolidação substancial de ativos e passivos.

Portanto, cuida-se de novação sujeita à condição resolutiva do art. 61 da LREF (SCALZILLI, SPINELLI, TELLECHEA, 2017, p. 416), que é o cumprimento do plano de recuperação, porque, conforme afirma MANOEL DE QUEIROZ PEREIRA CALÇAS "acarreta a extinção da obrigação do *devedor em recuperação*, desde que ele cumpra as novas obrigações previstas no plano no prazo de supervisão judicial, isto é, as que se vencerem até 2 (dois) anos a partir da concessão da recuperação" e continua "descumprida qualquer obrigação prevista no plano (inadimplido o plano), a nova obrigação nele contraída se resolve, com a consequente resolução da extinção da obrigação primitiva, surgindo uma obrigação nova, exatamente igual à anteriormente extinta, mas nova" (CALÇAS, 2015, p. 302).

Jurisprudência

STJ – 2ª Seção – REsp nº 1.794.209 e 1.885.536 – Rel. Min. Ricardo Villas Bôas Cueva – j. 12/05/2021: "(...) A cláusula que estende a novação aos coobrigados é legítima e oponível apenas aos credores que aprovaram o plano de recuperação sem nenhuma ressalva, não sendo eficaz em relação aos credores ausentes da assembleia geral, aos que abstiveram-se de votar ou se posicionaram contra tal disposição (...)".

STJ – 3ª T. – REsp nº 1.532.943 – Rel. Min. Marco Aurelio Bellizze – j. 10/10/2016: "(...) 2.1 Em regra, a despeito da novação operada pela recuperação judicial, preservam-se as garantias, no que alude à possibilidade de seu titular exercer seus direitos contra terceiros garantidores e impor a manutenção das ações e execuções promovidas contra fiadores, avalistas ou coobrigados em geral, a exceção do sócio com responsabilidade ilimitada e solidária (§ 1º, do art. 49 da Lei n. 11.101/2005). E, especificamente sobre as garantias reais, estas somente poderão ser supridas ou substituídas, por ocasião de sua alienação, mediante expressa anuência do credor titular de tal garantia, nos termos do § 1º do art. 50 da referida lei. 2.2 Conservadas, em princípio, as condições originariamente contratadas, no que se insere as garantias ajustadas, a lei de regência prevê, expressamente, a possibilidade de o plano de recuperação judicial, sobre elas, dispor de modo diverso (§ 2º, do art. 49 da Lei n. 11.101/2009). 3. Inadequado, pois, restringir a supressão das garantias reais e fidejussórias, tal como previsto no plano de recuperação judicial aprovado pela assembleia geral, somente aos credores que tenham votado favoravelmente nesse sentido, conferindo tratamento diferenciado aos demais credores da mesma classe, em manifesta contrariedade à deliberação majoritária (...)".

STJ – 3ª T. – REsp nº 1.700.487 – Rel. Min. Marco Aurelio Bellizze – j. 02/04/2019: "(...) 3. O devedor pode propor, quando antever dificuldades no cumprimento do plano de recuperação, alterações em suas cláusulas, as quais serão submetidas ao crivo dos credores. Uma vez descumpridas as obrigações estipuladas no plano e requerida a convolação da recuperação em falência, não pode a recuperanda submeter aos credores decisão que complete exclusivamente ao juízo da recuperação. Por maioria de votos. 4. Na hipótese dos autos, a supressão das garantias real e fidejussórias restou estampada expressamente no plano de recuperação judicial, que contou com a aprovação dos credores devidamente representados pelas respectivas classes, o que importa na vinculação de todos os credores, indistintamente. 4.1 Em regra (e no silêncio do plano de recuperação judicial), a despeito da novação operada pela recuperação judicial, preservam-se as garantias, no que alude à possibilidade de seu titular exercer seus direitos contra terceiros garantidores e impor a manutenção das ações e execuções promovidas contra fiadores, avalistas ou coobrigados em geral, a exceção do sócio com responsabilidade ilimitada e solidária (§ 1º, do art. 49 da Lei n. 11.101/2005). E, especificamente sobre as garantias reais, estas somente poderão ser supridas ou substituídas, por ocasião de sua alienação, mediante expressa anuência do credor titular de tal garantia, nos termos do § 1º do art. 50 da referida lei. (...) 4.4 Inadequado, pois, restringir a supressão das garantias reais e fidejussórias, tal como previsto no plano de recuperação judicial aprovado pela assembleia geral, somente aos credores que tenham votado favoravelmente nesse sentido, conferindo tratamento diferenciado aos demais credores da mesma classe, em manifesta contrariedade à deliberação majoritária (...)".

5.4. Conciliação e mediação

Outra novidade no texto da LREF se encontra nos arts. 20-A a 20-D, relativos às técnicas antecedentes e incidentais de conciliação e mediação nos processos de recuperação judicial. Em vista da complexidade de tramitação desse tipo de processo – sobretudo em localidades desprovidas de Varas Especializadas – o legislador houve por bem inserir o incentivo para a tentativa de composição coletiva entre devedor e credores, sem implicar a suspensão dos prazos legais e com vedação de negociação sobre a natureza jurídica e classificação do crédito, assim como critérios de votação em assembleia (art. 20-B, § 2º, da LREF).

De outro lado, na hipótese de negociação de débitos em caráter antecedente ao ajuizamento do pedido de recuperação judicial, a LREF autorizou o pedido de tutela de urgência cautelar (art. 305 do CPC) a fim de que sejam suspensas as execuções propostas em desfavor do devedor pelo prazo de 60 dias, justamente para a tentativa de utilização da técnica de solução de controvérsias. Esse prazo será posteriormente abatido do *stay period* em caso ajuizamento do pedido de recuperação judicial (art. 20-B, inciso IV, §§ 1º e 3º, da LREF).

Cuida-se de faculdade atribuída ao juiz com competência para a tramitação da recuperação. Se as partes chegarem ao acordo, deverá ser levado a homologação judicial. Caso o devedor, ainda assim, peça a recuperação judicial no prazo de 360 dias, "o credor terá reconstituídos os seus direitos e garantias nas condições originalmente contratadas" (art. 20-C, parágrafo único, da LREF).

6. PLANO DE RECUPERAÇÃO JUDICIAL

Os requisitos materiais são determinados também pelo art. 53 da LREF porque deverá conter: I – discriminação pormenorizada dos meios de recuperação a ser empregados [*t. V, §2, i. 4*]; II – demonstração da viabilidade econômica; e III – laudo econômico-financeiro e de avaliação dos bens e ativos do devedor, subscrito por profissional legalmente habilitado ou empresa especializada.

Além disso, prevê o art. 54 da LREF que o plano não poderá prever prazo superior a 1 ano para pagamento dos créditos derivados da legislação do trabalho ou decorrentes de acidentes de trabalho vencidos até a data do pedido de recuperação judicial. Para os créditos salariais, não se pode prever prazo superior a 30 dias para o pagamento, até o limite de 5 salários mínimos por trabalhador, dos créditos de natureza estritamente salarial vencidos nos 3 meses anteriores ao pedido de recuperação judicial. Consoante § 2º, do art. 54, o prazo poderá ser estendido em até 2 anos se plano, cumulativamente, contiver: I – apresentação de garantias julgadas suficientes pelo juiz; II – aprovação pelos credores titulares de créditos derivados da legislação trabalhista ou decorrentes de acidentes de trabalho, na forma do §2º do art. 45; III – garantia da integralidade do pagamento dos créditos trabalhistas.

6.1. Invalidade e controle judicial do plano de recuperação

Para operar validamente os efeitos de novação, o plano de recuperação deverá obedecer a requisitos *formais* e *materiais*, sob pena de invalidade. As hipóteses de intervenção judicial no plano de recuperação são absolutamente excepcionais, porque os credores têm autonomia para as suas decisões e autonomia no exercício do voto de acordo com seus interesses e juízo de conveniência, de modo que a declaração de nulidade somente ocorrerá "quando manifestamente exercido para obter vantagem ilícita para si ou para outrem" (art. 39, § 6º, da LREF).

Formalmente, determina o art. 53 da LREF a apresentação no prazo improrrogável de 60 dias da publicação da decisão que deferir o processamento da recuperação judicial. Em seguida, o juiz ordenará a publicação de edital contendo aviso aos credores sobre o recebimento do plano de recuperação e fixando o prazo para a manifestação de eventuais objeções (art. 53, parágrafo único da LREF), com requisitos nos incisos do mesmo art. 53 da LREF.

Desenvolveram-se, em doutrina e jurisprudência, critérios de controle sobre o plano de recuperação.

Conforme se extrai do art. 58 da LREF, aprovado o plano em assembleia, será ele submetido à apreciação judicial. Ao longo da interpretação da LREF, a atuação judicial não é meramente homologatória da decisão dos credores. Evoluiu-se o entendimento para *admitir o controle de legalidade, sem exame de mérito da viabilidade econômico-financeira do plano*.

A posição se consolidou a partir de importante decisão tomada pelo TJSP (caso Gyotoko), ao se admitir a análise do plano e a sua invalidação em caso de violação de princípios e regras de ordem pública, tornando-se possível o controle de legalidade (TJSP – AI nº 0136362-29.2011.8.26.0000 – Rel. Des. PEREIRA CALÇAS). Assim, a atuação judicial não ultrapassa o controle da legalidade, o repúdio à fraude e ao abuso de direito (STJ – REsp nº 1.314.209 – Rel. Min. NANCY ANDRIGHI), porque não poderá invadir a seara de discricionariedade de aferição, pelos credores, da viabilidade econômico-financeira do plano (STJ – REsp nº 1.359.311 – Rel. Min. LUIS FELIPE SALOMÃO).

O entendimento também se reflete nos Enunciados 44 e 46 da Primeira Jornada de Direito Comercial em Brasília: "44. A homologação de plano de recuperação judicial aprovado pelos credores está sujeita ao controle judicial de legalidade". "46. Não compete ao juiz deixar de conceder a recuperação judicial ou de homologar a extrajudicial com fundamento na análise econômico-financeira do plano de recuperação aprovado pelos credores" (CAVALLI, 2015, p. 268).

Jurisprudência

Caso Gyotoku: TJSP – Câmara Reservada à Falência e Recuperação – AI nº 0136362-29.2011.8.26.0000 – Rel. Des. Pereira Calças – j. 28/02/2012: "Agravo. Recuperação Judicial. Plano aprovado pela assembleia geral de credores. Plano que prevê o pagamento do passivo em 18 anos, calculando-se os pagamentos em percentuais (2,3%, 2,5% e 3%) incidentes sobre a receita líquida da empresa, iniciando-se os pagamentos a partir do 3º ano contado da aprovação. Previsão de pagamento por cabeça até o 6º ano, acarretando pagamento antecipado dos menores credores, instituindo conflitos de interesses entre os credores da mesma classe. Pagamentos sem incidência de juros. Previsão de remissão ou anistia dos saldos devedores caso, após os pagamentos do 18º ano, não haja recebimento integral. Proposta que viola os princípios gerais do direito, os princípios constitucionais da isonomia, da legalidade, da propriedade, da proporcionalidade e da razoabilidade, em especial o princípio da 'pars conditio creditorum' e normas de ordem pública. Previsão que permite a manipulação do resultado das deliberações assembleares. Falta de discriminação dos valores de cada parcela a ser paga que impede a aferição do cumprimento do plano e sua execução específica, haja vista a falta de liquidez e certeza do 'quantum' a ser pago. Ilegalidade da cláusula que estabelece o pagamento dos credores quirografários e com garantia real após o decurso do prazo bienal da supervisão judicial (art. 61, 'caput', da Lei nº 11.101/2005). Invalidade (nulidade) da deliberação da assembleia geral de credores declarada de ofício, com determinação de apresentação de outro plano, no prazo de 30 dias, a ser elaborado em consonância com a Constituição Federal e Lei nº 11.101/2005, a ser submetido à assembleia geral de credores em 60 dias, sob pena de decreto de falência".

STJ – 3ª T. – REsp nº 1.700.487 – Rel. Min. Marco Aurelio Bellize – j. 03/04/2019: "É válida cláusula de plano de recuperação judicial que prevê a supressão das garantias reais e fidejussórias, aprovada pelo quórum legal na Assembleia Geral, atingindo credores ausentes ou que não votaram favoravelmente à aprovação do plano".

STJ – 3ª T. – REsp nº 1.314.209 – Rel. Min. Nancy Andrighi – j. 22/05/2012: "(...) Recuperação judicial. Aprovação de plano pela assembleia de credores. Ingerência judicial. Impossibilidade. (...) 1. A assembleia de credores é soberana em suas decisões quanto aos planos de recuperação judicial. Contudo, as deliberações desse plano estão sujeitas aos requisitos de validade dos atos jurídicos em geral, requisitos esses que estão sujeitos a controle judicial (...)".

STJ – 4ª T. – REsp nº 1.359.311 – Rel. Min. Luis Felipe Salomão – j. 09/09/2014: "(...) 1. Cumpridas as exigências legais, o juiz deve conceder a recuperação judicial do devedor cujo plano tenha sido aprovado em assembleia (art. 58, caput, da Lei n. 11.101/2005), não lhe sendo dado se imiscuir no aspecto da viabilidade econômica da empresa, uma vez que tal questão é de exclusiva apreciação assemblear. 2. O magistrado deve exercer o controle de legalidade do plano de recuperação – no que se insere o repúdio à fraude e ao abuso de direito –, mas não o controle de sua viabilidade econômica. Nesse sentido, Enunciados n. 44 e 46 da I Jornada de Direito Comercial CJF/STJ (...)".

STJ – 3ª T. – AgInt no AREsp nº 1.073.431 – Rel. Min. Marco Aurélio Bellizze – j. 08/05/2018: "(...) 2. Conforme jurisprudência desta Corte Superior, as decisões da assembleia de credores representam o veredicto final a respeito dos destinos do plano de recuperação, cabendo ao Poder Judiciário, sem adentrar a análise da viabilidade econômica, somente controlar a legalidade dos atos do plano. Ademais, a atualização do crédito, mediante incidência de juros de mora e correção monetária, é limitada à data do pedido de recuperação judicial. Precedentes (...)".

TJSP – 1ª Câmara Reservada de Direito Empresarial – AI nº 2156567-35.2017.8.26.0000 – Rel. Des. Hamid Bdine – j. 07/02/2018: "(...) Controle judicial nas deliberações dos credores em assembleia. Admissibilidade. Abuso do direito. Ocorrência. Oposição do agravante ao plano de recuperação. Ausência de justificativa para a afirmação de que a agravada não detém capacidade produtiva para superar a crise econômica. Necessidade de assegurar certo intervalo de tempo para reorganização da atividade com a finalidade de alavancar negócios para o pagamento de suas dívidas. Hipótese de prestigiar a maioria quantitativa dos credores quirografários em detrimento da qualitativa. ABUSIVIDADE DAS CLÁUSULAS CONTIDAS

NO PLANO DE RECUPERAÇÃO. Deságio de 45%. Abusividade não configurada. Prazo de carência de 12 meses para o pagamento do débito em dez anos. Tempo para reorganização da atividade produtiva. Utilização de taxa referencial como índice de correção monetária e fixação de juros remuneratórios em 2% ao ano não caracterizada abusividade. Operação societária de drop-down e criação da PRJn Engenharia Ltda. como unidade produtiva isolada. Ausência de prejuízo ao desenvolvimento das atividades da recuperanda e aos credores, pois o resultado líquido apurado com a exploração das atividades e com a venda da unidade serão revertido ao pagamento dos créditos. Novação das dívidas que não altera as garantias existentes em favor dos credores (art. 59 da Lei n. 11.101/2005). Ilegalidade reconhecida. Recurso provido em parte".

TJSP – 2ª Câmara Reservada de Direito Empresarial – AI nº 2219080-39.2017.8.26.0000 – Rel. Des. Grava Brazil – j. 18/06/2018: "Agravo de Instrumento – Recuperação judicial – Homologação do plano apresentado – Inconformismo do credor – Tratamento diferenciado, com a criação de subclasses de credores quirografários estratégicos e credores financeiros parceiros, direcionadas cada qual a um credor específico, estruturadas de maneira a inviabilizar a adesão dos demais – Previsão de pactuação livre entre recuperanda e esses credores, inclusive, com previsão de dação em pagamento – Quebra do *par conditio creditorum* e do princípio da transparência – Violação aos arts. 41 e 66, da LFRE – Desconformidade com os Enunciados 57 e 81, do CJF – Homologação afastada – Aprovação da AGC rejeitada – Determinação de apresentação de novo PRJ, sem os vícios apontados – Mantida a possibilidade de voto dos credores beneficiados com o plano recusado – Recurso provido em parte".

6.2. Plano especial para microempresa e empresa de pequeno porte

Por força do princípio constitucional de favorecimento da microempresa e empresa de pequeno porte (art. 170, IX, da CF) [*t. I, §2, i. 2.1*] e em função de alterações promovidas pela LC nº 147/2014, a LREF passou a regular *plano especial* de recuperação para empresas desse perfil de atividade e enquadradas no sistema da LC nº 123/2006. A alternativa concedida permite a apresentação de proposta de pagamento que atenda ao *script* previsto no art. 71 da LREF, tornando desnecessária a convocação dos credores, posto que serão atingidos pela novação independentemente de deliberarem sobre o plano especial.

O plano especial deverá ser apresentado no prazo de 60 dias da decisão judicial que deferir o processamento e será limitado às seguintes condições previstas no art. 71 da LREF: I – abrangerá todos os créditos existentes na data do pedido, ainda que não vencidos, excetuados os decorrentes de repasse de recursos oficiais, os fiscais e os excluídos [*t. V, §2, i. 3.1*]; II – preverá parcelamento em até 36 parcelas mensais, iguais e sucessivas, acrescidas de juros equivalentes à taxa SELIC, podendo conter ainda a proposta de abatimento do valor das dívidas; III – preverá o pagamento da 1ª parcela no prazo máximo de 180 dias, contado da distribuição do pedido de recuperação judicial; IV – estabelecerá a necessidade de autorização do juiz, após ouvido o administrador judicial e o Comitê de Credores, para o devedor aumentar despesas ou contratar empregados.

Assim, preenchidos os requisitos legais, se o devedor microempresa ou empresa de pequeno porte optar pelo pedido de recuperação judicial com base no plano especial, torna-se desnecessária a assembleia geral de credores para deliberar sobre o plano, e o juiz concederá a recuperação judicial se atendidas as demais exigências desta Lei.

Nada impede que haja objeções apresentadas pelos credores que somem mais de metade de qualquer uma das classes de créditos previstas no art. 83 da LREF. Nesse caso, poderá o juiz julgar improcedente o pedido de recuperação judicial e decretará a falência (art. 72, parágrafo único, da LREF).

7. CONVOLAÇÃO DA RECUPERAÇÃO EM FALÊNCIA

Prevê o art. 73 da LREF que o juiz decretará a falência, no curso do processo de recuperação judicial, nas seguintes hipóteses em rol taxativo (SCALZILLI, SPINELLI, TELLECHEA, 2017, p. 444): I – por deliberação da assembleia geral de credores, consistente na falta de aprovação do plano pelas respectivas classes (art. 42 da LREF); II – pela não apresentação, pelo devedor, do plano de recuperação no prazo de 60 dias da publicação da decisão que deferir o processamento da recuperação judicial (art. 53 da LREF); III – quando não for apresentado plano de recuperação alternativo pelos credores ou houver sido rejeitado o plano de recuperação, após objeção de credor (art. 56, §§ 4º a 7º e 58-A, da LREF); IV – por descumprimento de qualquer obrigação assumida no plano de recuperação (art. 61, § 1º, da LREF); V – por descumprimento dos parcelamentos tributários especiais previstos no art. 68 da LREF ou de transação tributária regulada pelo art. 10-C da Lei nº 10.522/2002; VI – quando identificado o esvaziamento patrimonial da devedora que implique liquidação substancial da empresa, em prejuízo de credores não sujeitos à recuperação judicial, inclusive as Fazendas Públicas.

A nova disciplina da convolação da falência, a partir da Lei nº 14.112/2020, teve como principal alteração a atribuição de poderes ao Fisco para pedir a falência do devedor nas hipóteses do art. 73, incisos V e VI, da LREF. Esse reforço de posição da Fazenda Pública restringe a visão do STJ, como no REsp nº 1.103.405, ao dizer que "o fato de permitir-se a habilitação do crédito tributário em processo de falência não significa admitir o requerimento de quebra por parte da Fazenda Pública".

Nas duas hipóteses legais, a LREF passou a legitimar o Fisco para o pedido de convolação em falência no caso de descumprimento de parcelamento, visto como um favor do Poder Público em relação ao devedor que, de forma desleal, descumpriu essa forma de pagamento vantajosa. Intenta-se com tal providência penalizar o devedor contumaz que se financia com créditos públicos.

Entretanto, é bem mais polêmico o poder atribuído aos Poderes Públicos de pedir a falência se ficar constatado "esvaziamento patrimonial da devedora que implique liquidação substancial da empresa, em prejuízo de credores não sujeitos à recuperação judicial". A abertura do texto legal foi contida pelo §3º do mesmo art. 73, ao prever que "considera-se substancial a liquidação quando não forem reservados bens, direitos ou projeção de fluxo de caixa futuro suficientes à manutenção da atividade econômica para fins de cumprimento de suas obrigações". Portanto, caberá ao Poder Público demonstrar que houve esvaziamento patrimonial de ativos, sem que a empresa consiga fazer frente aos seus compromissos econômico-financeiros e riscos próprios. Esse é um novo instrumento para o Fisco, sem prejuízo dos outros já disponíveis no sistema do CTN para coibição de fraudes (arts. 185 e 185-A do CTN).

Aliás, os instrumentos do CTN podem até gerar mais eficiência na recuperação do crédito, por conta da previsão do art. 73, §2º, que reconhece a validade e eficácia dos atos de transferência patrimonial, determinando somente o bloqueio "do produto de eventuais alienações e a devolução ao devedor dos valores já distribuídos, os quais ficarão à disposição do juízo".

Portanto, além do descumprimento do plano, as hipóteses descritas não inibem a decretação da falência por inadimplemento de obrigação não sujeita à recuperação judicial ou por causas que levem à insolvência (art. 94 da LREF).

Jurisprudência

STJ – 4ª T. – REsp nº 1.587.559 – Rel. Min. Luis Felipe Salomão – j. 06/04/2017: "(...) 3. No caso concreto, o magistrado, após considerar nula a assembleia geral de credores que aprovara o plano de reestruturação, não procedeu à nova convocação e, de ofício, convolou a recuperação em falência, sem o amparo nas hipóteses taxativas insertas nos incisos I a IV do artigo 73 da Lei 11.101/2005, quais sejam: (i) deliberação da assembleia geral de credores sobre a inviabilidade do soerguimento da sociedade empresária; (ii) inércia do devedor em apresentar o plano de reestruturação no prazo de 60 (sessenta) dias contado da decisão deferitória do processamento da recuperação judicial; (iii) rejeição do plano de recuperação pela assembleia geral de credores, ressalvada a hipótese do *cram down* (artigo 58, §§ 1º e 2º, da Lei 11.101/2005); e (iv) descumprimento sem justa causa de qualquer obrigação assumida pelo devedor no plano, durante o período de dois anos após a concessão da recuperação judicial. 5. Em vez da convolação da recuperação em falência, cabia ao magistrado submeter, novamente, o plano e o conteúdo das objeções suscitadas por alguns credores à deliberação assemblear, o que poderia ensejar a rejeição do plano ou a ponderação sobre a inviabilidade do soerguimento da atividade empresarial, hipóteses estas autorizadoras da quebra. Ademais, caso constatada a existência de matérias de alta indagação e que reclamem dilação probatória, incumbir-lhe-ia remeter os interessados às vias ordinárias, já que o plano de recuperação fora aprovado sem qualquer impugnação. 6. Recurso especial provido a fim de cassar a decisão de convolação da recuperação judicial em falência e determinar que o magistrado de primeiro grau providencie a convocação de nova assembleia geral de credores, dando-se prosseguimento ao feito, nos termos da Lei 11.101/2005 (...)".

TJSP – 2ª Câmara Reservada de Direito Empresarial – AI nº 2076420-22.2017.8.26.0000 – Rel. Des. Fabio Tabosa – j. 15/05/2018: "Agravo Interno. Art. 1.021 do CPC. Interposição contra decisão de processamento de agravo de instrumento em que se denegou pedido de atribuição de efeito suspensivo ao recurso. Recurso principal julgado nessa data. Agravo interno prejudicado. Recuperação judicial. Convolação em falência pela rejeição do plano de recuperação, na assembleia geral de credores. Plano rejeitado, a teor da regra do art. 45, § 1º, da Lei nº 11.101/05. Aprovação de menos da metade dos credores, por cabeça. Impossibilidade de aplicação do *cram down*, pelo não preenchimento dos requisitos do art. 58, § 1º, do mesmo diploma legal. Decisão de Primeiro Grau mantida. Agravo de instrumento da recuperanda não provido".

TJSP – 2ª Câmara Reservada de Direito Empresarial – AI nº 2051824-71.2017.8.26.0000 – Rel. Des. Ricardo Negrão – j. 25/04/2018: "AGRAVO DE INSTRUMENTO – Recuperação Judicial – Cram down – Inobservância do quórum em razão do voto contrário de três credores, detentores da maior parte dos créditos sujeitos ao concurso quirografária – Decisão de concessão pautada na abusividade do voto de rejeição – Minuta recursal que defende o controle de legalidade – Cabimento – A concessão, na forma do art. 58 (assemblear-judicial) somente é possível se presentes os requisitos indicados nos incisos desse dispositivo – Insurgência contra a carência ânua, prazo dilatório para pagamentos (7 anos), – Critério de correção (6% a.a) e alienação do principal ativo – Ilegalidade não constatada neste ponto – Situação diversa, entretanto, diante da falta de discriminação dos valores de cada parcela a ser paga, além da vinculação do pagamento dos credores a evento futuro e incerto – Imprecisão diante da previsão pautada na expectativa do fluxo de caixa e singela indicação de "pagamentos futuros" tendo como base de cálculo valores remanescentes mantidos em conta judicial – Iliquidez das parcelas que e impede a aferição do cumprimento do plano e sua execução específica, o que caracteriza afronta ao princípio da legalidade – Agravo parcialmente provido, com determinação. Dispositivo: deram parcial provimento ao agravo de instrumento e determinaram a apresentação de novo plano em 30 dias, sob pena de falência".

TJSP – 2ª Câmara Reservada de Direito Empresarial – AI nº 2157937-49.2017.8.26.0000 – Rel. Des. Grava Brazil – j. 04/04/2018: "Agravo de instrumento – Recuperação judicial – Decisão que: (i) determinou regularização de documentação, sob pena de convolação em falência; (ii) indeferiu alienação de ativos; (iii) determinou a manutenção de depósito nos autos; (iv) indeferiu a prorrogação do *stay period* – Inconformismo – Acolhimento em parte – Prolongamento do *stay period* concedido em caráter de tutela antecipada – Hipóteses de convolação em falência (art. 73 e 74 da Lei n. 11.101/05) constitui rol taxativo – Falência não pode ser empregada a título de punição da conduta da empresa recuperanda – Alienação de ativo que ficou condicionada à apresentação da documentação exigida pelo administrador judicial – Documentação necessária para avaliar o impacto de negócios na atividade da empresa recuperanda – Administrador judicial é quem possui melhores condições de analisar a adequação das atividades da empresa recuperanda – Impossibilidade de alienar ativos que deve ser mantida enquanto perdurar a pendência de apresentação dos documentos exigidos pelo administrador – Pretensão de levantamento de depósito prejudicada – Prolongamento do *stay period* confirmado – Decisão reformada em parte – Recurso provido em parte".

TJSP – 2ª Câmara Reservada de Direito Empresarial – AI nº 2146972-12.2017.8.26.0000 – Rel. Des. Claudio Godoy – j. 19/02/2018: "Agravo de instrumento. Falência. Convolação de recuperação judicial, que se delibera nos próprios autos e sem qualquer vulneração ao contraditório. Rejeição do plano em assembleia, sem espaço ao cram down. Deliberação prévia no sentido de que o conclave não se suspenderia novamente, antes já havida semelhante providência. Plano alternativo apresentado pouco tempo antes do encontro. Demonstrativo, ainda, de que a recuperação se vinha desvirtuando, com desvio de recursos e de bens e reflexo no objetivo de soerguimento da empresa. Ausência de regular escrituração e de ativos líquidos da empresa. Convolação mantida. Agravo desprovido".

§3
RECUPERAÇÃO EXTRAJUDICIAL

1. PRESSUPOSTOS

Há três formas de renegociação de dívidas que se utilizam na prática empresarial:

(*a*) renegociação geral de débitos, com técnicas de mediação e uso de transações extrajudiciais (art. 840 do CC) para novação voluntária de débitos, troca de dívidas por contratos mais alongados ou menos onerosos, troca de débitos por participações societárias, dentre outros instrumentos relegados à autonomia privada. Entre eles, não há previsão legal específica e tampouco ocorre sujeição à tutela jurisdicional, embora sejam reconhecidos pelo art. 167 da LREF como possíveis;

(*b*) processos de recuperação judicial baseados nos arts. 47 e seguintes da LREF, já estudados [*t. V, §2*];

(*c*) processos de recuperação extrajudicial, previsto nos arts. 161 e seguintes da LREF.

Preenchidos os requisitos, o devedor poderá negociar diretamente com os seus credores e formalizar o plano de recuperação fora da intermediação do Poder Judiciário, que somente em momento posterior à conclusão será levado à homologação judicial. Os credores deverão ser tratados de forma equânime, evitando proteção de uns em detrimento de outros, sob pena de invalidade, conforme se extrai do art. 161, § 2º, da LREF: "O plano não poderá contemplar o pagamento antecipado de dívidas nem tratamento desfavorável aos credores que a ele não estejam sujeitos".

O instrumento não tem sido muito utilizado, por isso também foi objetivo de reforma. Todavia, ainda persistem algumas das desvantagens apontadas por Rodrigo Telechea, Luis Felipe Spinelli e João Pedro Scalzilli: "Entre os diversos fatores que podem ser apontados como desvantagens do regime, estão (i) o alcance restrito; (ii) a ausência de suspensão automática de todas as ações e execuções em curso e a consequente possibilidade de os credores não envolvidos no plano requererem a falência do devedor; (iii) a impossibilidade de alienar ativos do devedor sem o risco de sucessão do adquirente nas suas dívidas, especialmente as de origem trabalhista e fiscal; (iv) o risco de revogação de atos em caso de quebra do devedor e declaração da sua ineficácia; (v) a não admissão dos créditos decorrentes de obrigações contraídas pelo devedor durante a recuperação extrajudicial na classe extraconcursal, em caso de falência; (vi) o risco de incorrer nos crimes da LFRE; (vii) o risco de intromissão judicial" (Telechea; Spinelli; Scalzilli, 2014).

2. REQUISITOS

Poderá pedir recuperação extrajudicial o empresário ou sociedade empresária que preencher os requisitos do art. 48 da LREF, quais sejam: I – não ser falido e, se o foi, estejam declaradas extintas, por sentença transitada em julgado, as responsabilidades daí decorrentes; II – não ter, há menos de 5 anos, obtido concessão de recuperação judicial; III – não ter, há menos de 5 anos, obtido concessão de recuperação judicial com base no plano especial para ME e EPP; IV – não ter sido condenado ou não ter, como administrador ou sócio controlador, pessoa condenada por qualquer dos crimes previstos nesta Lei.

Demais disso, o devedor não poderá requerer a homologação de plano extrajudicial, se estiver pendente pedido de recuperação judicial ou se houver obtido recuperação judicial ou homologação de outro plano de recuperação extrajudicial há menos de 2 anos.

Incluem-se na recuperação extrajudicial todos os créditos existentes na data do pedido, mas no caso dos trabalhistas e acidentários é preciso a negociação coletiva com a respectiva representação sindical. Por outro lado, estão excluídos do pedido os mesmos créditos da recuperação judicial, quais sejam os tributários e da trava bancária do art. 49, § 3º, da LREF (art. 161, § 1º, da LREF), além de outros afastados pela LREF [t. V, §2, i. 3]. Quaisquer que sejam as obrigações, o plano não poderá contemplar o pagamento antecipado de dívidas nem tratamento desfavorável aos credores que a ele não estejam sujeitos (art. 161, § 2º, da LREF).

3. PROCEDIMENTO

Apesar de ser um procedimento de negociação e formalização de nova instrumento da dívida – com novação – extrajudicial, o acordo com o plano de recuperação judicial a que chegaram o devedor e seus credores deve ser levado a homologação judicial para que produza efeitos de vinculação, com plena adesão dos credores e impossibilidade de desistência (art. 161, § 5º, da LREF).

Há dois tipos de pedido de homologação:

(a) *simples e para credores que assinaram*: por meio da qual o devedor requer a homologação em juízo do plano de recuperação extrajudicial, juntando sua justificativa e o documento que contenha seus termos e condições, com as assinaturas dos credores que a ele aderiram (art. 162 da LREF).

(b) *com extensão de efeitos*: conforme prevê o art. 163 da LREF, o devedor poderá requerer a homologação de plano de recuperação extrajudicial que obriga a todos os credores por ele abrangidos, desde que assinado por credores que representem mais da metade de todos os créditos de cada espécie, mesmo que não tenham aderido formalmente (art. 163 da LREF). Caso tenha atingido somente 1/3 de adesão de todos os créditos de cada espécie, a LREF admite a apresentação do pedido em Juízo, com o compromisso de elevar a adesão à metade no prazo de 90 dias ou converter o pedido em recuperação judicial (art. 163, § 7º, da LREF).

Ressalva-se a necessidade de aprovação expressa de credor titular de garantia real para que ocorra aprovação da alienação, supressão da garantia ou substituição dos bens que lhe foram dados como garantia (art. 163, § 4º, da LREF).

Para homologação, o pedido deverá ser instrumentalizado com a prova de preenchimento dos requisitos e, ainda: I – exposição da situação patrimonial do devedor; II – as demonstrações contábeis relativas ao último exercício social; e III – os documentos que comprovem os poderes dos subscritores para novar ou transigir, relação nominal completa dos credores, com a indicação do endereço de cada um, a natureza, a classificação e o valor atualizado do crédito, discriminando sua origem, o regime dos respectivos vencimentos e a indicação dos registros contábeis de cada transação pendente (art. 163, § 6º, da LREF). Uma vez apresentado o pedido e estando nos termos da lei, ocorre ao mesmo prazo de suspensão (*stay period*) do art. 6º, §4º, da LREF exclusivamente em relação às espécies de crédito abrangidas pelo plano de recuperação extrajudicial (art. 163, § 8º, da LREF).

Recebido o pedido, o juiz publicará edital eletrônico, convocando todos os credores do devedor para apresentação de suas *impugnações* ao plano de recuperação extrajudicial no prazo de 30 dias (art. 164 da LREF). O devedor também deverá comprovar que enviou carta a todos os credores sujeitos ao plano.

A matéria de impugnação é restrita e o credor somente pode alegar: I – não preenchimento do percentual mínimo de metade dos credores aderentes; II – prática dos atos falimentares [*t. V, §4, i. 5.1*]; III – descumprimento de qualquer outra exigência legal (art. 164, § 3º, da LREF).

Em seguida, o juiz decidirá as impugnações e poderá homologar ou não o plano de recuperação extrajudicial (art. 164, §§ 5º e 6º, da LREF). Em caso de indeferimento, o devedor poderá, cumpridas as formalidades, apresentar novo pedido de homologação de plano de recuperação extrajudicial (art. 164, § 8º, da LREF).

A sentença terá natureza de título executivo judicial, na forma do art. 515, incisos II e III, do CPC. Contra a sentença poderá ser interposta apelação sem efeito suspensivo (art. 164, § 7º, da LREF).

Apesar disso, o pedido de homologação do plano de recuperação extrajudicial não acarretará suspensão de direitos, ações ou execuções, nem a impossibilidade do pedido de decretação de falência pelos credores não sujeitos ao plano de recuperação extrajudicial (art. 161, § 4º, da LREF).

Jurisprudência

Caso Gradiente. Substituição de penhora da marca para permitir a implementação da recuperação extrajudicial: STJ – 3ª T. – REsp nº 1.678.423 – Rel. Min. Nancy Andrighi – *DJe* 02.10.2017: "(...) O propósito recursal é definir se o acórdão impugnado, ao determinar a substituição da penhora efetivada sobre marca da recorrida (Gradiente) pelo bem imóvel por ela ofertado, viola regras legais que protegem os interesses da credora recorrente. (...) 6. Na espécie, o Tribunal de origem assentou (i) que a recorrida comprovou ser a proprietária do imóvel ofertado como garantia; (ii) que a constrição satisfaz o direito da credora, em atenção às exigências do art. 612 do CPC/1973; e (iii) que a excussão do bem representa ônus menor à devedora e ao sucesso de seu plano de recuperação extrajudicial do que acarretaria a penhora da marca, conforme exigem as normas dos arts. 620 do CPC/1973 e 47 da Lei nº 1.101/2005 (...)".

STJ – 3ª T. – AgInt no AREsp nº 1.070.777 – Rel. Min. Marco Aurelio Bellizze – j. 19/09/2017: "(...) 1. O Tribunal de Justiça, ao analisar a situação jurídica dos autos, consignou expressamente que o pedido de dilação do prazo para o pagamento das parcelas do plano de recuperação extrajudicial não depende de simples alegação de insuficiência de faturamento, devendo haver, além de prévia comprovação, a aprovação da maioria qualificada dos credores. Nesse contexto, delineou a controvérsia pautando-se pela análise das cláusulas contratuais e do conjunto probatório dos autos, com a convicção de que não poderia haver a homologação do aludido plano sem a prévia e indispensável aprovação da assembleia (...)".

TJSP – 25ª Câmara de Direito Privado – Ap. nº 1001662-40.2016.8.26.0642 – Rel. Des. Edgard Rosa – j. 28/05/2018: "Apelação. Contrato de locação de imóvel não residencial – Ação de despejo por falta de pagamento cumulada com pedido de cobrança de alugueres e demais acessórios – Despejo prejudicado – Empresa locatária em recuperação extrajudicial – Plano homologado em sede de grau recursal – Novação da dívida apenas em relação à locatária e não ao fiador– Precedente do C. STJ em julgamento sob a sistemática do art. 1.036, CPC – Ação que deve ser extinta em face da locatária por perda superveniente de interesse processual – Ação julgada procedente – Sentença parcialmente reformada. – Recurso parcialmente provido".

TJSP – 1ª Câmara Reservada de Direito Empresarial – AI nº 2235268-10.2017.8.26.0000 – Rel. Des. Fortes Barbosa – j. 09/05/2018: "Recuperação extrajudicial – Cumprimento de sentença – Rejeição da impugnação apresentada pela recuperanda – Ausência de inclusão do crédito da agravada no Quadro Geral de Credores – Requisito essencial para eficácia dos efeitos do plano em relação à credora – Decisão mantida – Recurso desprovido".

§4
FALÊNCIA

1. FUNÇÃO E CONCEITO

A funcionalidade da legislação brasileira é que, sendo impossível a superação de crise financeira para a recuperação da empresa (art. 47 da LREF), poderá ocorrer a formação de relação processual coletiva de constituição de estado fático de insolvência (passivo maior do que o ativo patrimonial) e administração estatal do pagamento dos débitos por ordem de preferência, de modo a preservar os benefícios econômicos e sociais decorrentes da atividade empresarial (art. 75, § 2º, da LREF). Assim, a falência tem elementos de direito material e processual e se conceitua como um *reconhecimento constitutivo de estado de insolvência do empresário ou sociedade empresária, por meio de processo judicial de tutela coletiva e concursal dos créditos*.

Objetiva-se a seguinte instrumentalidade desse processo judicial que afasta do deve-dor de suas atividades e deve promover a célere liquidação para a realocação de ativos: "I– preservar e a otimizar a utilização produtiva dos bens, dos ativos e dos recursos produtivos, inclusive os intangíveis, da empresa; II – permitir a liquidação célere das empresas inviáveis, com vistas à realocação eficiente de recursos na economia; e III – fomentar o empreendedorismo, inclusive por meio da viabilização do retorno célere do empreendedor falido à atividade econômica" (art. 75 da LREF). São precisos SCALZILLI, SPINELLI, TELLECHEA: "Evita-se, assim, que a multiplicidade de execuções individuais, diante de patrimônio insuficiente, favoreça alguns credores em detrimento de outros – daí porque ocorre a substituição das execuções individuais por uma execução coletiva" (SCALZILLI, SPINELLI, TELLECHEA, 2017, p. 490).

Com efeito, o sistema brasileiro continua filiado à outorga de recuperação e decretação de falência somente quem organize empresa. Portanto, a sujeição passiva ainda é do empresário ou da sociedade empresária [t. V, §1, i. 5] (doravante chamados de devedor), sem a extensão de outros sistemas [t. V, §1, i. 1].

O sistema falimentar deve ser um dos instrumentos de *enforcement* e garantia dos credores das sociedades empresariais. Tais regras devem moldar eficiente política pública de recuperação do crédito e máxima preservação dos ativos produtivos da empresa organizada, evitando a contaminação do mercado pela bancarrota de uma unidade econômica, além de coibir comportamentos oportunísticos derivados da limitação de responsabilidade.

Com a perda da administração dos ativos restantes, os efeitos da falência atingem diretamente o patrimônio do devedor, com consequências dependentes da natureza da organização falida: (*a*) se for empresário individualmente considerado, responde o seu patrimônio pessoal, sem especialização [t. II, §1, i. 1]; (*b*) se for sociedade não personificada, com atividade empresária, busca-se o patrimônio especializado, mas a insuficiência não exime os sócios da responsabilização pessoal, aplicando-se o art. 1º, em combinação com o art. 81, ambos da LREF [t. II, §8]; (*c*) se forem sociedades empresárias com sócios de responsabilidade ilimitada, o mesmo art. 81 dispõe que a sentença que decreta a falência da sociedade impõe ao sócio ilimitadamente responsável esta mesma condição [t. II, §8]; (*d*) por fim, sendo sociedades personificadas e com responsabilidade limitada dos sócios, a falência se restringe à sociedade ou à pessoa jurídica, não se estendendo aos sócios, com a ressalva do que dispõe o art. 82 da LREF LREF e as consolidações processual e substancial dos arts. 69-G a 69-L da LREF.

Com a redação dada ao art. 82-A da LREF, seguiu-se a linha de jurisprudência do STJ para determinar que a extensão de efeitos da falência para outras pessoas, como controladores, por exemplo, com base nos requisitos de desconsideração da personalidade jurídica previstos no art. 50 do CC e art. 133 e seguintes do CPC. Portanto, em caso de existência de um grupo de sociedades, a identificação de abuso gerado por desvio de finalidade ou por confusão patrimonial pode ser determinante da extensão da falência para sociedades controladas, com a consequente consolidação substancial de ativos e a partilha entre os credores de todas as sociedades, unificados no mesmo quadro.

2. SUJEITO PASSIVO

A insolvência falimentar é restrita ao empresário ou à ou sociedade empresária que preencha a presunção legal do art. 94 da LREF. Ainda não se cogita expansão dos sujeitos no direito brasileiro, porque o sistema foi erigido para criação de estrutura especializada para a tutela do crédito empresarial, vinculando o patrimônio do devedor com essa atividade específica.

Foram excluídas da sujeição à falência pelo art. 2º da LREF a empresa pública e a sociedade de economia mista; instituição financeira pública ou privada, cooperativa de crédito, consórcio, entidade de previdência complementar, sociedade operadora de plano de assistência à saúde, sociedade seguradora, sociedade de capitalização e outras entidades legalmente equiparadas às anteriores. Por força da Lei nº 11.196/2005, o art. 199 das disposições gerais da LREF foi alterado em relação às sociedades com objeto social de exploração de serviços aéreos ou de infraestrutura aeronáutica. Quando essas sociedades requererem falência, não há suspensão do exercício de direitos derivados de contratos de locação, arrendamento mercantil ou de qualquer outra modalidade de arrendamento de aeronaves ou de suas partes. Sobrevindo falência, prevalecem íntegros os direitos de propriedade dos objetos dos contratos anteriormente mencionados.

Portanto, outras pessoas jurídicas como associações, fundações, sociedades não empresárias como a simples [t. II, §6] e a cooperativa [t. II, §7] ficarão sujeitas ao regime específico de dissolução e liquidação de ativos que as regem. Somente em caso de utilização fraudulenta do tipo é que se pode conceber a extensão da legislação falimentar ou ainda quando a própria lei de regência expressamente remeta para o regime que ora se descreve. Problema relevante que demandará solução da jurisprudência deriva da expansão do procedimento de recuperação judicial para atividades econômicas desempenhadas por associações, conforme já noticiado [t. b, §1, i. 5]. Nesses casos em que se deferiu o procedimento de salvaguarda para a crise, preponderou a atividade econômica sobre a forma não empresarial da pessoa jurídica. Por consequência, se foi deferido o benefício, no descumprimento das obrigações do plano ou com insolvência superveniente, o ônus da falência deverá ser suportado.

Para os sócios de sociedade empresária de responsabilidade limitada não se pode falar em presunção de insolvência, porque somente será chamado para o processo de falência se provocar algum dano à massa falida e aos credores, na forma do art. 82 da LREF. Ressalva-se, contudo, a possibilidade de consolidação processual e substancial de ativos para incluir sociedades controladas no concurso de credores.

Jurisprudência

TJSP – 2ª Câmara Reservada de Direito Empresarial – Ap. Civ. nº 0001832-74.2013.8.26.0564 – Rel. Des. Araldo Telles – j. 20/05/2013: Exemplifica-se com decisão do TJSP no pedido de recuperação judicial da AVAPE – Associação para Valorização e Promoção de Excepcionais, que teve o pleito indeferido por não ter registro (art. 51, inciso V, da LREF) e também não desempenhar atividade empresarial, muito embora tivesse atividade econômica. Nos debates, a 2ª Câmara Reservada de Direito Empresarial entendeu que a AVAPE atuava em campo aberto da legislação e não gozava da proteção específica da lei.

2.1. A extensão da falência para o sócio

Em caso de sociedades empresárias, a LREF adota três regras diferentes para a extensão de efeitos da falência para os sócios: (*a*) falência concomitante do sócio de responsabilidade ilimitada (art. 81 da LREF); (*b*) apuração da responsabilidade do sócio de responsabilidade limitada por meio de processo de rito comum (art. 82 da LREF); (*c*) vedação de extensão de efeitos da falência para sociedades em grupo, ressalvada a possibilidade de utilização do incidente de desconsideração da personalidade jurídica para demonstração de abuso (art. 82-A da LREF).

Em sociedades com ilimitação de responsabilidade, a legislação presume que o sócio envolveu o seu patrimônio pessoal na garantia indireta dos negócios da sociedade, de modo que a falência da sociedade implica também a falência do sócio (TOLEDO; ABRÃO, 2012, p. 292). Não se confunde com a desconsideração da personalidade jurídica, porque é o próprio tipo societário que determina a condição de indistinção de esferas de responsabilidade. Portanto, são alcançados por esse dispositivo os sócios de sociedade em nome coletivo (art. 1.039 do CC), sócios comanditados (art. 1.045 do CC) e sócios comanditários que praticam atos de gestão (art. 1.047 do CC). Na LSA, estendem-se os efeitos para o diretor nas comanditas por ações (art. 281 da LSA). Ainda é possível acrescentar as sociedades não personificadas, com a responsabilidade solidária e ilimitada na sociedade em comum (art. 990 do CC) e sociedade em conta de participação.

O § 1º, do comentado art. 81 da LREF, ainda ressalva o sócio que tenha se retirado voluntariamente ou que tenha sido excluído da sociedade, há menos de dois anos, em relação às dívidas existentes na data do arquivamento da alteração do contrato, no caso de não terem sido solvidas até a data da decretação da falência. Sobre essa questão, ainda restam controvérsias como a interpretação da situação do sócio de responsabilidade ilimitada falecido no interregno de dois anos antes da decretação da falência e a falta de regra para o concurso de credores entre débitos da sociedade e do sócio. Ambos os casos foram estudados por MANOEL DE QUEIROZ PEREIRA CALÇAS, solucionando, respectivamente, com a impossibilidade de considerar o espólio como falido por falta de regra específica e com aplicação da subsidiariedade do art. 1.024 do CC para garantir que os credores sociais concorram com credores particulares do sócio após o exaurimento dos bens sociais (CALÇAS, 2011, p. 621).

Para sociedades com sócios de responsabilidade limitada, a referência é o art. 82 da LREF, prevendo que a "responsabilidade pessoal dos sócios de responsabilidade limitada, dos controladores e dos administradores da sociedade falida, estabelecida nas respectivas leis, será apurada no próprio juízo da falência". Assim, conforme observado, a completa tutela do crédito passa pelo conhecimento de responsabilidade de sócios, controladores e administradores que tenham descumprido os deveres prescritos pela legislação para cada um desses agentes internos do âmbito societário (EHRICKE, 1998, p. 401).

Nessa linha de raciocínio e a título exemplificativo, pode-se discriminar como consequentes à aplicação do art. 82 da LREF: (*a*) em relação ao sócio, responsabilidade solidária pela falta de integralização do capital (art. 1.052 do CC e art. 1º da LSA), por aprovação de operações contrárias ao interesse da sociedade (arts. 1.010, § 3º e 1.080 do CC e art. 115 da LSA), por reposição de lucros ou quantias retiradas em prejuízo do capital (art. 1.059 do CC) ou com má-fé (art. 201, § 2º, da LSA) e por desconsideração da personalidade jurídica; (*b*) em relação aos controladores – estendendo-se o argumento para estruturas grupadas, que continuam sujeitas ao dispositivo, a despeito do art. 82-A da LREF – aplicam-se as hipóteses de responsabilidade de sócio já descritas, mas também aquelas do art. 117 da LSA para o exercício abusivo do poder de controle [*i. 1.2*]¹; (*c*) finalmente, quanto aos administradores, a legislação fixa diversas regras de imputação derivadas do padrão de conduta do ativo e probo homem de negócios (art. 1.011 do CC e art. 153 da LSA), decorrendo responsabilidade solidária por culpa no desempenho das funções (art. 1.016 do CC), por aplicar recursos da sociedade em proveito próprio (art. 1.107 do CC) e de terceiros (como na distribuição irregular de dividendos do art. 201, § 1º, da LSA) ou com desvio de poder (art. 154 da LSA), malferimento da lealdade (art. 155 da LSA), conflito de interesses (art. 156 da LSA), gerando o dever geral de reparação de danos descrito nos arts. 158, 245 e 266 da LSA (Diniz, 2016, p. 121).

Portanto, poderá ser pleiteada a responsabilidade por descumprimento de deveres gerais de sócios, de controladores e de administradores, dependendo do fundamento invocado, diretamente no processo de falência, de acordo com o decidido pelo STJ no REsp nº 1.034.536-MG.

Em caso de extensão da falência para sociedades em grupo, aplica-se o art. 82-A à LREF, fixando como critério de consolidação substancial de ativos a decretação da desconsideração da personalidade jurídica, com base no abuso qualificado por desvio de finalidade ou por confusão patrimonial, na linha do que autoriza o art. 50 do CC [*t. v, §4, i. 2.3*].

Jurisprudência

STJ – 4ª T. – REsp nº 1.034.536 – Rel. Min. Fernando Gonçalves – j. 05/02/2009: "(...) Pode o síndico da massa falida postular a desconsideração da personalidade jurídica de empresas coligadas à falida nos próprios autos da falência, prescindindo a providência de ação autônoma (...)".

2.2. Extensão da falência em fraudes

O critério da atividade empresarial deve imperar sobre o tipo de pessoa jurídica ou a formalidade do registro em caso de pessoas jurídicas que abusem da forma para encobrir a empresa. Portanto, caso algum dos tipos de pessoa jurídica encubra atividades empresariais e lucrativas, fazendo as vezes de verdadeira sociedade, poderá estar sujeita aos efeitos de uma falência – e não dos benefícios da recuperação da empresa.

Uma cooperativa que é usada para encobrir atividade empresarial e lucrativa dos sócios, portanto, poderá ficar sujeita aos efeitos falimentares caso essa situação fática abusiva seja reconhecida.

2.3. Falência em grupos

Com a reforma da LREF, o legislador brasileiro estabeleceu como regra a vedação de extensão de efeitos da falência, ao mesmo tempo em que consolidou a desconsideração da personalidade jurídica para enredar sócios, controladores, administra-dores e outras sociedades de um grupo no mesmo processo falimentar (art. 82-A da LREF). Assim, outras sociedades ou pessoas de um grupo serão afetadas pelos efeitos da falência se for instaurado o incidente de desconsideração da personalidade jurídica dos arts. 135 a 137 do CPC para a devida apuração e contraditório e sem suspensão de andamento do processo principal falimentar.

Portanto, prevaleceu o entendimento construído pela jurisprudência do STJ, em conjunto de casos que induz essa conclusão: (*a*) incidentalmente, dispensando pro-cesso apartado, é possível estender a falência para sociedade controladora (REsp 1.034.536), mas agora com aplicação do art. 133 do CPC; (*b*) o critério para extensão de efeitos da falência é variável entre a fraude (REsp 211.619, REsp 693.235 e AgRg no REsp 1.229.579), unidade no controle (RMS 12.872

---

¹ ZANINI, Carlos Klein, op. cit., p. 355.

e 14.168) e confusão patrimonial qualificada pela unidade de direção (RMS 12.872 e 14.168, REsp 228.357, REsp 418.385, REsp 1.326.201, REsp 1.316.256 e AgRg no REsp 1.229.579); (c) houve início de qualifi-cação da unidade de direção pela influência significativa do art. 243, § 1º, da LSA, no grupo de casos da falência da Petroforte (REsp 1.259.020, 1.266.666, 1.259.018 e 1.125.767). Em todos os exemplos, entretanto, prevaleceu a ideia de abuso da personalidade jurídica para que ocorra a ampliação da falência para outras unidades de um grupo.

O legislador e a jurisprudência do STJ não observaram as advertências da doutrina de CALIXTO SALOMÃO FILHO. Isso porque a taxa de risco dos créditos negociados pode ser rompida ou mesmo os créditos sem natureza negocial – como trabalhistas e tributos – podem perder vantagens em razão da subversão da rede de preferências, além da antinomia flagrante entre o encerramento de atividades determinado pela falência e a potencial continuidade da empresa após a episódica desconsideração da personalidade jurídica (SALOMÃO FILHO, 2016, p. 238). Necessário é dar limites para a afirmação de que a falência de uma sociedade do grupo implica necessariamente a extensão de efeitos para todas as demais. São necessários critérios para essa constituição de estado de insolvência que não prejudique os credores envolvidos, além de criar obliquamente categorias privilegiadíssimas de credores que rompem a ordem de preferência para imputar responsabilidade a unidades solventes do grupo, aos sócios e aos administradores (DINIZ, 2016). Infelizmente, isso a lei não o fez.

A previsão genérica de consolidação substancial está no Capítulo da Recuperação Judicial, com implicações de tratamento unitário de apresentação do plano (art. 69-L da LREF). Não houve previsões específicas para o processo falimentar, de modo que "ativos e passivos dos devedores serão tratados como se pertencessem a um único devedor" (art. 69-K da LREF), com proteção somente das garantias reais não impactadas exceto por expressa autorização do titular (art. 69-K, § 1º, da LREF).

Caracteriza-se, com a desconsideração da personalidade jurídica do art. 82-A, uma hipótese de consolidação substancial falimentar, cujo desenvolvimento precisará ser colmatado pela jurisprudência para: (*a*) respeitar o *par conditio creditorum* entre as classes de credores; (*b*) estabelecer filtros entre as unidades do grupo, de modo a identificar se o abuso da personalidade jurídica era identificável entre os credores "sem excessivo dispêndio de tempo ou de recursos" – para usar a terminologia do art. 69-J, aplicável à recuperação judicial; (*c*) estabelecida essa diferenciação, os credores de unidades solventes deverão ser tratados isoladamente, caso não tivessem condições de aferir o abuso de personalidade jurídica ao fazer a contratação da dívida. Todos esses elementos visam à fixação de condições para que a consolidação substancial falimentar não gere prejuízo aos credores.

A Argentina regulou o capítulo de quebra do grupo na Ley 24.522/95. Para apresentação do pedido de concurso preventivo de todas as unidades, o art. 65 exige a forma de *conjunto econômico*, com exposição de fatos que fundamentam a existência de agrupamento ou grupo baseado no controle (art. 172). Já para o pedido de quebra, o pressuposto da cessação de pagamentos basta que seja proveniente de uma unidade do agrupamento, desde que esse fato possa afetar os demais integrantes do grupo (art. 66). A competência para decretação da quebra é do juiz do ativo mais importante apurado no balanço (art. 67), assim cada sociedade do grupo terá um processo correspondente. Não obstante, a *extensión de la quiebra* é feita pelo juiz que intervém na quebra, sendo expressamente prevista no art. 161. Cabe ao juiz coordenar os procedimentos das falências (art. 166), formando massa única, inclusive em caso de confusão patrimonial (art. 167). Ressalva-se, todavia, que o art. 168 determina que sejam considerados separadamente bens e créditos pertencentes a cada falido, pagando-se os respectivos credores. Os bens remanescentes de cada massa separada constituem fundo comum para ser distribuído entre os credores não satisfeitos pela liquidação da massa única, sem atender a privilégios.

Semelhante trilha percorreu o legislador italiano com a recente aprovação do *Codice della Crisi e Dell'Insolvenza* (Decreto Legislativo nº 14, de 12 de janeiro de 2019), com unificação dos créditos do grupo se for meio mais eficaz de pagamento.

A jurisprudência dos EUA desenvolvimento sistema baseado na identificação do controle, com as seguintes hipóteses descritas por PHILLIP I. BLUMBERG: (*a*) transferências fraudulentas (*fraudulent transfers* – §548 BC) realizadas para dificultar, atrasar ou defraudar credores sem valores equivalentes de lastro patrimonial, enquanto em estado de insolvência. Acrescentam-se as regras do *Uniform Fraudulent Transfer Act* para complementação do parâmetro legislativo; (*b*) preferências anuláveis (*voidable preferences* – §547 BC), que veda todo pagamento preferencial de crédito durante insolvência, com estrita consideração da boa-fé; (*c*) cancelamento de perdas por compensação (*se-toff* – §§502(d), 547 e 548 do BC); (*d*) subordinação equitativa (*equitable subordination*), tratando-se de construção jurisprudencial interessante para determinação de ordem de pagamento equitativa; (*e*) consolidação substancial (*substative consolidation*), que é outra construção jurisprudencial, próxima da *disregard of legal entity*, mas que é determinante da unidade do grupo (Blumberg, 2012, v. 2, p. 83-3) com pagamento unificado de credores que não pode gerar benefícios indevidos.

Jurisprudência

STJ – 3ª T. – REsp nº 1.677.939 – Rel. Min. Ricardo Villas Bôas Cueva – j. 23/06/2020: "(...) 3. Nos termos do artigo 49 da Lei nº 11.101/2005, todos os créditos existentes na data do pedido, ainda que não vencidos, se submetem aos efeitos da recuperação judicial, com a ressalva das exceções legais, dentre as quais não está incluído o aval. 4. O aval é caracterizado pela autonomia e equivalência. A primeira significa que a existência, validade e eficácia do aval não estão condicionadas à da obrigação principal; a segunda, torna o avalista devedor do título da mesma forma que a pessoa por ele avalizada. 5. Na hipótese dos autos, a recuperanda é avalista das devedoras principais, suas subsidiárias, motivo pelo qual o valor devido podia ser exigido diretamente dela, o que justificou a inclusão do crédito na recuperação judicial (...)".

TJSP – 2ª Câmara Reservada de Direito Empresarial – AI nº 2194466-04.2016.8.26.0000 – Rel. Des. Claudio Godoy – j. 11/03/2017: "Agravos de instrumento. Falência. Decisão que estendeu os efeitos da quebra às agravantes. Autorizada a extensão, quando havida fraude, abuso ou confusão patrimonial, além da formação de grupo econômico, como medida de arrecadação de patrimônio único e satisfação aos credores. No caso, havida ligação de parentesco entre os sócios das empresas, bem como o funcionamento da empresa Logística Integrada Eireli no mesmo endereço da falida, o que, inclusive, impossibilitou a arrecadação de bens. Transferida, ademais, a logomarca, utilizada pela falida, de uma agravante à outra, bem assim verificado que sócio da agravante tem procuração para gerir a outra recorrente. Alterado o objeto social e endereço da agravante Di Biazzi Incorporação e Construção Ltda., antes semelhantes aos da falida, quando já em curso a ação na origem (...)".

3. CLASSIFICAÇÃO DOS CRÉDITOS

3.1. Ordem de preferência

Se o processo falimentar implica o reconhecimento do estado de insolvência do devedor, natural supor que a lei faça uma escolha de quais credores preferem aos outros no recebimento de valores e quais receberão na frente dos demais (art. 955 do CC). Essa escolha é feita por meio da classificação dos créditos, mediante uma *ordem de preferências*. Em matéria geral, o CC difere entre direitos reais e privilégios (art. 956 do CC), uns preferindo os outros (art. 961 do CC). Em matéria empresarial, a reforma da LREF optou por fixar nova ordem de preferência no art. 83, com simplificação das classes de credores e extinção dos créditos privilegiados, agora reacomodados como quirografários. Por força do art. 5º, §1º, inciso II, da Lei nº 14.112/2020, a nova classificação dos créditos somente se aplica a processos falimentares convolados ou ajuizados após 23/01/2021.

Internamente, em cada classe de crédito – que não correspondem exatamente às classes na recuperação da empresa [*t. V, §1, i. 10.2*] – ocorre o tratamento paritário conhecido por *par conditio creditorum* (igualdade entre os credores), de modo "créditos da mesma natureza sejam tratados uniformemente e quitados de maneira proporcional" (Scalzilli, Spinelli, Tellechea, 2017, p. 499). No entanto, os créditos preferenciais prevalecem em relação aos que se sucedem.

Em palavras mais simples, pagam-se primeiro os créditos que têm preferência sobre os demais, esgotando-se uma classe para em seguida iniciar o pagamento da seguinte.

Qualifica-se o crédito pela natureza da obrigação. Todavia, a redação dada ao art. 83, §5º, desvinculou a pessoa titular da obrigação, já que "os créditos cedidos a qualquer título manterão a sua natureza e classificação". Portanto, a LREF autorizou que sejam feitas cessões de direitos para terceiros, com manutenção da natureza e possibilidade de negociação e concentração de créditos. Pelo novo sistema, um credor trabalhista poderá ceder seu crédito com essa classificação para uma financeira, que receberá na respectiva classe.

A ordem está prevista no art. 83 da LREF, que assim escalona as preferências:

(a) *os créditos derivados da legislação do trabalho, limitados a 150 salários mínimos por credor, e os decorrentes de acidentes de trabalho*: o crédito com maior privilégio no sistema *par conditio creditorum* da LREF é derivado do grupo de interesse dos vínculos trabalhistas [*t. I, §5*], decorrentes do contrato de trabalho e de acidentes sofridos pelo trabalhador no intercurso do vínculo de emprego. A alteração feita no texto do art. 83, I, da LREF, teve por objetivo limitar as equiparações feitas pela jurisprudência, de modo que devem ser considerados as efetivas relações empregatícias com empregados (art. 3º da CLT) como pressuposto da qualificação.

Cabe ressaltar, no entanto, que os créditos trabalhistas gerais, derivados da legislação do trabalho, têm uma limitação de até 150 salários mínimos por credor (o dispositivo foi considerado constitucional pelo STF na ADI nº 3.934-2). Significa, em termos práticos, que os ativos arrecadados junto ao devedor serão utilizados para satisfazer os empregados, mas o recebimento individual de cada um deles não poderá ultrapassar o teto de 150 salários mínimos. Se o valor devido ao empregado sobejar esse montante, será convertido em crédito quirografário, conforme art. 83, inciso VI, alínea "c" da LREF.

Os representantes comerciais [*t. IV, §15*], por força do art. 44 da Lei nº 4.886/65, têm seu crédito equiparado ao trabalhista para fins de habilitação na falência e na recuperação. Sendo representante pessoa jurídica, a jurisprudência o considerava como crédito com privilégio especial, em vista da perda do caráter ali-mentar. Com a alteração do art. 83, tende-se ao posicionamento de créditos de representantes comerciais indistintamente entre os trabalhistas, somente com o limitador de 150 salários mínimos por credor, com habilitação dos valores excedentes entre os quirografários do art. 83, VI, da LREF.

Também deve ser classificado como crédito trabalhista, em razão do caráter ali-mentar, o honorário de advogado por força da interpretação dada pelo STJ em recurso repetitivo no REsp nº 1.152.218, inclusive em sucumbência (STJ – REsp nº 1.841.960). São extraconcursais os honorários de advogado por serviços prestados à massa falida.

Jurisprudência

Repetitivo (Tema nº 637): STJ – Corte Especial – REsp nº 1.152.218 – Rel. Min. Luis Felipe Salomão – j. 07/05/2014: "(...) 1. Para efeito do art. 543-C do Código de Processo Civil: 1.1) Os créditos resultantes de honorários advocatícios têm natureza alimentar e equiparam-se aos trabalhistas para efeito de habilitação em falência, seja pela regência do Decreto-Lei n. 7.661/1945, seja pela forma prevista na Lei n. 11.101/2005, observado, neste último caso, o limite de valor previsto no artigo 83, inciso I, do referido Diploma legal. 1.2) São créditos extraconcursais os honorários de advogado resultantes de trabalhos prestados à massa falida, depois do decreto de falência, nos termos dos arts. 84 e 149 da Lei n. 11.101/2005(...)".

STJ – 2ª Seção – REsp nº 1.841.960 – Rel. Min. Luis Felipe Salomão – j. 07/05/2014: "(...)Em exegese lógica e sistemática, se a sentença que arbitrou os honorários sucumbenciais se deu posteriormente ao pedido de recuperação judicial, o crédito que dali emana, necessariamente, nascerá com natureza extraconcursal, já que, nos termos do art. 49, caput da Lei 11.101/05, sujeitam-se ao plano de soerguimento os créditos existentes na data do pedido de recuperação judicial, ainda que não vencidos, e não os posteriores. Por outro lado, se a sentença que arbitrou os honorários advocatícios for anterior ao pedido recuperacional, o cré-dito dali decorrente deverá ser tido como concursal, devendo ser habilitado e pago nos termos do plano de recuperação judicial (...)".

STJ – 3ª T. – REsp nº 1.627.459 – Rel. Min. Paulo de Tarso Sanseverino – j. 06/12/2016: "(...) A habilitação retardatária não exclui o credor trabalhista dos rateios posteriores ao seu ingresso no quadro geral de credores, tampouco prejudica a preferência legal que lhe é inerente".

STJ – 3ª T. – AgInt no AREsp nº 818.764/SP – Rel. Min. Ricardo Villas Bôas Cueva – j. 07/06/2016: "(...) A cessão do crédito trabalhista a terceiro retira seu privilégio, tornando-o quirografário".

STJ – 3ª T. – REsp nº 1.799.041 – Rel. Min. Nancy Andrighi – j. 02/04/2019: "(...) 3. O Superior Tribunal de Justiça tem entendido que créditos de natureza alimentar, ainda que não decorram especificamente de relação jurídica submetida aos ditames da legislação trabalhista, devem receber tratamento análogo para fins de classificação em processos de execução concursal. 4. Versando a hipótese sobre valores que ostentam indubitável natureza alimentar, pois se referem à pensão fixada em decorrência de perda definitiva da capacidade laboral do recorrido, deve ser observado, quanto a esses, o tratamento conferido aos créditos derivados da legislação do trabalho (...)".

TRT 02ª R. – Proc. 0085600-36.2009.5.02.0052 – (20111471588) – Rel. Marcelo Freire Gonçalves – *DJe* 18.11.2011): "(...)No julgamento da ADIn nº 3934 o STF decidiu pela constitucionalidade do art. 60, parágrafo único, art. 83, I e IV, 'c', e 141, II, da Lei nº 11.101/2005. Assim, a aquisição de unidade produtiva da empresa falida em leilão judicial não configura sucessão.

TJSP – 1ª Câmara Reservada de Direito Empresarial – AI nº 2038085-94.2018.8.26.0000 – Rel. Des. Hamid Bdine – j. 17/05/2018: "(...) Crédito oriundo de sentença proferida pela Justiça do Trabalho que condenou a empresa sucedida ao pagamento de indenização por danos materiais e morais em razão de doença ocupacional equiparada a acidente de trabalho (Lei n. 8.213/91, art. 20). Controvérsia recursal adstrita à incidência da LIMITAÇÃO DE 150 SALÁRIOS MÍNIMOS. Inaplicabilidade. Previsão restrita aos créditos trabalhistas que não resultem de acidente de trabalho. Hipótese que se subsome à parte final do art. 83, I, da Lei n. 11.101/05. Ausência, ademais, de distinção quanto à natureza da indenização devida em razão desse evento. Crédito de natureza privilegiada que deve ser integralmente habilitado na classe I".

TJSP – Agravo de Instrumento nº 9053496-44.2007.8.26.0000 – Rel. Des. Pereira Calças – j. 27/08/2008: "Agravo de Instrumento. Impugnação à relação de credores. Crédito decorrente de representação comercial titularizado por sociedade empresária, dotada de personalidade jurídica, não se equipara aos créditos derivados da legislação do trabalho. O artigo 44 da Lei nº 4.886/65 não foi revogado pelo artigo 83, I, da Lei nº 11.101/2005, nem pela Lei Complementar nº 118/2005 que deu nova redação ao artigo 186 do Código Tributário Nacional. No entanto, sua interpretação deve ser feita sob a óptica do artigo 114 da Constituição Federal, com a redação da Emenda Constitucional nº 45/2004, que trata da competência da Justiça do Trabalho para dirimir os conflitos das relações de trabalho, que abrange relações de emprego e relação de trabalho prestado por pessoa física (v.g. representante comercial autônomo). A equiparação do crédito derivado de representação comercial aos créditos decorrentes da legislação de trabalho, na falência e na recuperação judicial (art. 83, I, LRF) só pode ser reconhecida quando o representante comercial for pessoa física ou 'firma individual' inscrita no Registro de Empresas. Agravo provido para classificar o crédito derivado de representação comercial, titularizado por pessoa jurídica, como quirografário, para fins de falência e recuperação judicial".

(b) créditos gravados com garantia real até o limite do valor do bem gravado (art. 83, II, da LREF): o segundo grupo de créditos são de contratos que, diretamente, ou em cláusulas acessórias atribuem ao credor a garantia real sobre um bem. Nas dívidas garantidas por penhor, anticrese ou hipoteca, o bem dado em garantia fica sujeito, por vínculo real, ao cumprimento da obrigação (art. 1.419 do CC).

Também há limites na preferência desse crédito, porque ela se verifica até o valor do bem gravado com penhor, anticrese ou hipoteca. O montante do crédito que ultrapassar o preço avaliado do bem será considerado crédito quirografário (art. 83, VI, "b", da LREF).

(c) *créditos tributários, independentemente da sua natureza e tempo de constituição, excetuadas os créditos extraconcursais e as multas tributárias (art. 83, III, da LREF)*: : os créditos tributários não entram na recuperação da empresa, conforme visto [*t. V, §2, i. 3.1*]. Entretanto, em caso de falência eles compõem o passivo e serão arrolados para fins de distribuição dos ativos arrecadados pelo administrador judicial da falência. Em razão disso, após os créditos com garantias reais, passam a ser adimplidos os créditos tributários.

O dispositivo comporta interpretação: são englobados créditos derivados de obrigações tributárias – somente eles – com exclusão expressa no próprio art. 83, inciso III, das multas que se somam à cobrança do tributo. Tais multas são classificadas como créditos que antecedem os subordinados, conforme previsão do art. 186, inciso III, do CTN. Também estão excluídos créditos do Estado referentes a autuações e infrações administrativas em geral, que se classificam como créditos quirografários.

Outro ponto relevante é que as Fazendas Públicas passaram a ter incidente de classificação do crédito público (art. 7º-A, *caput*, da LREF) para formação do quadro-geral. Não se trata de habilitação, dispensada pelo *caput*, do art. 187, do CTN. A função é de verificação e eventual concurso de preferência entre as pessoas jurídicas de direito público, observada a ordem do parágrafo único, do mesmo art. 187 (União, Estados e Distrito Federal, conjuntamente e *pro rata* e Municípios, conjuntamente e *pro rata*).

Jurisprudência

STJ – 3ª T. – REsp nº 1.440.768 – Rel. Min. Moura Ribeiro – j. 01/09/2015: "(...) O crédito tributário somente é preterido em sua satisfação por créditos decorrentes da legislação trabalhista e por créditos decorrentes de acidente de trabalho e, na falência, pelas importâncias restituíveis, pelos créditos com garantia real e créditos extraconcursais (REsp 1.360.786/MG, Rel. Diva Malerbi, Desembargadora Federal Convocada, Segunda Turma, DJe 27/2/13 (...)"

(d) *créditos quirografários (art. 83, VI, da LREF)*: os quirógrafos são escritos comuns e, nesse sentido, foram arrolados como os créditos gerais, imputáveis a pessoas que mantiveram negócios com o devedor sem que obtivessem garantias. Com a revogação dos privilégios (especiais e especiais), os créditos quirografários passaram a ser residuais, absorvendo aqueles que não se enquadram nas hipóteses anteriores (trabalhistas, garantia real e tributários) (art. 83, VI, "a" e § 6º, da LREF). Por ser lei especial, prevalece sobre a regra geral dos arts. 964 e 965 do CC, que deixaram de ter função no sistema falimentar empresarial, já que a lei não mais sujeita os bens ao pagamento anteriormente favorecido (arts. 957 e 963 do CC).

Portanto, podem estar os quirografários, por exemplo, os fornecedores, os prestadores de serviços, os financiadores de construção, os credores por sementes e até mesmo os bancos em relação a capital emprestado sem garantias.

Também serão quirografários os saldos de créditos. O primeiro caso é o saldo não coberto pelo produto da alienação dos bens vinculados ao seu pagamento, como no caso da alienação fiduciária ou nas hipóteses de garantia real. Sobejando crédito após o leilão do bem [*t. V, §4, i. 8*], o restante será habilitado na qualidade de quirografário (art. 83, VI, "b", da LREF).

O outro caso de saldo é aquele que ultrapassar o limite de 150 salários mínimos da legislação do trabalho (art. 83, VI, "c", da LREF).

(e) *as multas contratuais e as penas pecuniárias por infração das leis penais ou administrativas, incluídas as multas tributárias (art. 83, VII, da LREF)*: o legislador optou por fracionar a obrigação principal do acessório de multas e penalidades para fins de classificação do crédito para permitir alguma chance de recebimento das classes subsequentes na ordem de preferência e para coibir fraudes de fixação de multas exacerbadas por credores privilegiados ou com garantia para esvaziamento dos ativos. Assim, as multas de contratos, penas criminais pecuniárias do devedor e multas administrativas (inclusive de natureza tributária) são destacadas da obrigação principal e classificadas como créditos inferiores aos quirografários.

(f) *créditos subordinados (art. 83, VIII, da LREF)*: finalmente, a LREF prevê a hipótese dos créditos que dependem do pagamento de todos os demais para que sejam satisfeitos. A subordinação poderá ser pactuada em contrato ou por previsão legal específica.

A subordinação mais significativa é dos créditos com potencial de conflitos de interesses na antecipação de pagamentos ou no desvio de valores para adimplemento vantajoso: serão subordinados os créditos dos sócios e dos administradores sem vínculo empregatício cuja contratação não tenha observado as condições estritamente comutativas e as práticas de mercado (art. 83, VIII, "b", da LREF). A afirmação é feita em razão da possibilidade dos sócios e administradores receberem antecipadamente, caracterizando subcaptalização nominal (Diniz, 2012, p.161), com potencial desvio de valores da sociedade e em detrimento dos credores. Também em relação aos sócios, não serão oponíveis à massa valores que eventualmente sejam devidos na liquidação da sociedade (art. 83, § 2º, da LREF).

A alternativa tem semelhanças com a subordinação equitativa (*equitable subordination*) construída na jurisprudência dos EUA e também a opção alemã mais recente da lei de modernização do direito das *GmbH* e de combate aos abusos (*Gesetz zur Modernisierung des GmbH-Rechts und zur Bekämpfung von Missbräuchen – MoMiG*), com expressa revogação dos §§32a e 32b da *GmbHG* e a superação do modelo da função substitutiva para a subordinação de créditos (Diniz, 2016, p. 150).

Em Portugal, a alternativa é do contrato de suprimento regulado nos arts. 243 a 245 do Código das Sociedades Comerciais. Nesse tipo de negócio jurídico, "o sócio empresta à sociedade dinheiro ou outra coisa fungível, ficando aquela obrigada a restituir outro tanto do mesmo gênero e qualidade, ou pelo qual o sócio convenciona com a sociedade o diferimento do vencimento de créditos seus sobre ela, desde que, em qualquer dos casos, o crédito fique tendo carácter de permanência". O caráter de permanência é o prazo de reembolso superior a um ano e, caracterizada a situação, a lei portuguesa prescreve: (*a*) se o contrato de suprimento não especificar prazo, eventual fixação judicial deverá considerar as consequências geradas para a sociedade pelo pagamento parcelado; (*b*) os credores por suprimentos não podem requerer a falência da sociedade; (*c*) em eventual decreto de falência ou dissolução da sociedade: (*c.1*) os créditos de suprimentos somente serão reembolsados aos sócios depois de satisfeitas as dívidas com terceiros; (*c.2*) não é admissível a compensação de créditos da sociedade com créditos de suprimentos; (*d*) finalmente, são nulas as garantias reais prestadas pela sociedade relativas a obrigações de reembolso de suprimentos.

(f) *juros vencidos após a decretação da falência (art. 83, IX, da LREF)*, considerando como referência a suficiência de pagamento até a classe dos credores subordinados (art. 124 da LREF).

3.2. Créditos extraconcursais

No processo de falência, o devedor é afastado da condução da atividade e o processo é moldado para preservar e otimizar a utilização produtiva dos bens, ativos e recursos produtivos, com realocação eficiente de recursos na economia (art. 75 da LREF). Para dar cumprimento a esse princípio falimentar, existem custos processuais e extraprocessuais de remuneração de profissionais (inclusive o administrador da falência) e manutenção do acervo patrimonial para manutenção de valor a fim de realizar o ativo com máxima eficiência. Além desses custos, existem estímulos econômicos oferecidos pelo legislador para aqueles credores que continuam fornecendo para a empresa em crise ou mesmo para aqueles que resolvam financiar o devedor em recuperação, de modo a ainda tentar viabilizá-lo (art. 69-A da LREF).

Diante dessa realidade, a LREF classifica alguns créditos como excluídos da ordem de preferência da falência e lhes atribuindo *status* de *extraconcursais*. Assim, receberão antes de todos os demais credores.

O art. 84 da LREF considera como extraconcursais, que receberão pela ordem do dispositivo legal, os seguintes:

(*a*) *despesas de pagamento antecipado indispensável à administração da falência e à continuação da atividade do falido* (arts. 84, I-A e 150 da LREF): a hipótese é específica para custos urgentes que o administrador tenha com a preservação dos ativos do falido e também para os casos de continuação da atividade do falido, caso seja do interesse de preservação da massa falida.

(*b*) *créditos trabalhistas salariais vencidos nos 3 meses anteriores à decretação da quebra e no limite de 5 salários mínimos por trabalhador* (arts. 84, I-A e 151 da LREF): de acordo com a disponibilidade de caixa da massa falida, cuida-se de providência de pagamento para trabalhadores que tenham continuado a atuação na em-presa em crise e com valores limitados que permitam atender a interesses de subsistência mínima e recolocação no mercado de trabalho.

(*c*) *valores entregues ao devedor a título de financiamento DIP* (arts. 84, I-B e 69-A a 69-F da LREF) [t. V, §2, i. 4.1]: na reforma da LREF, foi introduzida a possibilidade de financiamento do devedor, com estímulo econômico ao financiador que atribui natureza extraconcursal ao crédito. O art. 69-B protege as garantias e natureza do crédito e com a "rescisão" do contrato pela decretação da falência, as garantias e preferências são preservadas até o limite do valor efetivamente entregue ao devedor (art. 69-D da LREF).

(*d*) *créditos em dinheiro objeto de restituição* (arts. 84, I-C e 86 da LREF) [t. V, §4, i. 5.2.4].

(*e*) *remunerações devidas ao administrador judicial e seus auxiliares, aos reembolsos devidos aos membros do Comitê de Credores, e créditos trabalhistas e acidentários posteriores à decretação da falência* (art. 84, I-D da LREF): as hipóteses representam despesas da massa falida com o administrador [t. V, §1, i. 8] e para a condução processuais e de eventuais atividades desempenhadas por funcionários ainda empregados. Perceba-se que, quanto aos créditos trabalhistas posteriores à decretação, não há a mesma limitação de valores do art. 84, I-A. Nesse caso, seriam empregados ainda vinculados à massa falida e com quem tenha sido pertinente manter o vínculo empregatício para conservação dos ativos e interesse da massa falida. Assim, esses funcionários receberiam os salários – e eventuais verbas acidentárias – devidas pela falida e com o estímulo econômico da supergarantia de serem tratados como extraconcursais por terem assumido o alto risco de se manter empregado para o falido.

(*f*) *obrigações de atos jurídicos praticados durante a recuperação* (arts. 84, I-E e 67 da LREF): nessa hipótese podem ser considerados os créditos de fornecedores de bens e serviços e contratos de mútuo celebrados com a empresa em crise após deferida a recuperação judicial. Não se confundem com os financiamentos DIP, mas são relevantes porque são credores que ainda confiam no fornecimento a crédito para a empresa em crise.

(*g*) *quantias fornecidas à massa falida pelos credores* (art. 84, II, da LREF): sendo obrigações contratadas posteriormente à decretação da falência, tais quantias pressupõem autorização do Administrador Judicial ou do Comitê de Credores, conforme o caso, mas também estão vinculadas aos interesses da massa falida.

(*h*) *despesas com arrecadação, administração, realização do ativo e distribuição do seu produto, bem como custas do processo de falência* (art. 84, III, da LREF): praticamente todas as despesas de custeio do processo de falência são tratadas por extraconcursais. A LREF genericamente arrola os atos de arrecadação, administração, realização do ativo e custas, que podem ser exemplificados com a contratação de depósito de bens, segurança, realização de perícias, pagamento de taxas processuais e diligências de oficial de justiça, dentre outros.

(*i*) *custas judiciais relativas às ações e execuções em que a massa falida tenha sido vencida* (art. 84, IV, da LREF): apesar da *vis atractiva* do processo falimentar para a arrecadação de ativos e assuntos que envolvam a massa falida, ainda podem persistem processos com tramitação apartada da falência, como no caso de execuções fiscais e ações de conhecimento sem cumprimento de sentença antes da decretação da quebra. Nesses casos, a LREF elegeu as despesas processuais de custas desses processos como crédito extraconcursal.

(j) *tributos relativos a fatos geradores ocorridos após a decretação da falência, respeitada a ordem de preferência do art. 83 da LREF*: são extraconcursais os tributos relativos a fatos geradores ocorridos após a decretação da falência. Portanto, em caso de geração de renda ou mesmo de imposto predial, com fato gerado posterior à quebra, o tributo deverá ser recebido antes dos demais créditos.

Jurisprudência

STJ – 3ª T. – AgInt no REsp nº 1.646.272 – Rel. Min. Moura Ribeiro – j. 24/04/2018: "(...) 2. A atual jurisprudência desta Corte Superior é no sentido de que a taxa de condomínio se enquadra no conceito de despesa necessária à administração do ativo, tratando-se, portanto, de crédito extraconcursal, não se sujeitando à habilitação de crédito, tampouco à suspensão determinada pelo art. 99 da Lei de Falências".

STJ – 4ª T. – REsp nº 1.368.550 – Rel. Min. Luis Felipe Salomão – j. 04/10/2016: "(...) 2. O marco temporal estabelecido pela lei em comento para que seja reconhecida a extraconcursalidade dos créditos é o nascimento da obrigação (ou a prática do ato jurídico válido) durante a recuperação judicial. 3. Ao definir o significado da expressão 'durante a recuperação judicial', a Quarta Turma assentou que 'abrange o período compreendido entre a data em que se defere o processamento da recuperação judicial e a decretação da falência, interpretação que melhor harmoniza a norma legal com as demais disposições da lei de regência e, em especial, o princípio da preservação da empresa (LF, art. 47)' (REsp 1.399.853/SC, Rel. Ministra Maria Isabel Gallotti, Rel. p/ Acórdão Ministro Antônio Carlos Ferreira, Quarta Turma, julgado em 10.02.2015, DJe 13.03.2015). 4. Diante deste quadro, remanesce delimitar o sentido das expressões 'créditos decorrentes de obrigações contraídas pelo devedor' ou 'obrigações resultantes de atos jurídicos válidos praticados' durante a recuperação judicial, para fins de aferição da extraconcursalidade prevista nos artigos 67 e 84 da Lei 11.101/2005. 5. Em se tratando de crédito decorrente de contrato de execução continuada ou periódica (também chamado de contrato de duração), a inferência de que a classificação da extraconcursalidade do crédito vincula-se à data da formalização da avença não guarda coerência com o objetivo primordial do instituto da recuperação judicial, isto é, o restabelecimento da força econômica e produtiva em declínio. Assim, em regra, independentemente da data da celebração do contrato de duração, a extraconcursalidade deve ser atribuída aos créditos decorrentes do fornecimento de bens ou da prestação de serviços ocorridos após o deferimento do processamento da recuperação judicial. Exegese defluente do parágrafo único do artigo 67 da Lei 11.101/2005 (privilégio atribuído aos titulares de créditos quirografários que continuam a fornecer bens ou serviços) e da situação dos credores trabalhistas. Inexigibilidade de novos contratos, revelando-se suficiente a aferição do momento em que os bens ou serviços foram fornecidos/prestados. 6. No caso concreto, cuidando-se de contrato de evidente execução continuada (estabelecendo prestação de serviços jurídicos até o encerramento da recuperação judicial), deve-se abstrair o fato de ter sido verbalmente pactuado antes do marco temporal reconhecido pela jurisprudência. É que grande parte da assessoria advocatícia contratada foi efetivamente prestada após o deferimento do processamento da recuperação. (...)".

Repetitivo: STJ – Corte Especial – REsp nº 1.152.218 – Rel. Min. Luis Felipe Salomão – j. 07/05/2014: "(...) 1.1) Os créditos resultantes de honorários advocatícios têm natureza alimentar e equiparam-se aos trabalhistas para efeito de habilitação em falência, seja pela regência do Decreto-Lei n. 7.661/1945, seja pela forma prevista na Lei n. 11.101/2005, observado, neste último caso, o limite de valor previsto no artigo 83, inciso I, do referido Diploma legal. 1.2) São créditos extraconcursais os honorários de advogado resultantes de trabalhos prestados à massa falida, depois do decreto de falência, nos termos dos arts. 84 e 149 da Lei n. 11.101/2005".

TJSP – 1ª Câmara Reservada de Direito Empresarial – AI nº 2147584-47.2017.8.26.0000 – Rel. Des. Hamid Bdine – DJe 24.01.2018: "(...) Prestação de caução pelo credor que requereu a falência da sociedade. Possibilidade de exigir o adiantamento da despesa pelo credor, que será posteriormente restituído, na condição de credor extraconcursal (art. 84, II, da Lei nº 11.101/05)".

3.3. Ordem final dos pagamentos

Computadas as antecedências dos créditos extraconcursais (art. 84 da LREF) e as preferências creditícias (art. 83 da LREF), têm-se a seguinte ordem final de pagamentos:

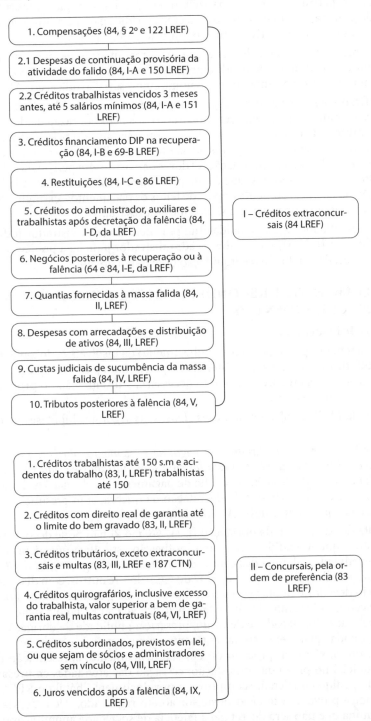

4. MASSA FALIDA

A declaração da falência constitui uma universalidade de direito (*universitas juris*) (art. 91 do CC) [*t. III, §1, i. 1*] que reúne o conjunto de direitos e obrigações do devedor declarado falido, inclusive o patrimônio ativo e passivo. Interessante notar que a massa falida não tem personalidade jurídica, mas é construção da técnica jurídica para permitir o encerramento dos negócios do falido, até a sua efetiva extinção junto ao RPEM [*t. I, §6*].

Interessante promover essa diferenciação para manutenção de rigor técnico. O falido – empresário, produtor rural ou sociedade empresária – continua com a sua existência jurídica e registro. Todavia, passam a ostentar antes do nome empresarial a indicação "*Massa Falida de...*".

O significado dessa nova composição é coerente com o conteúdo teórico: o falido ainda existe e está registrado, mas perdeu a administração dos bens em razão da decretação da quebra. Todo o universo de direitos e obrigações passou a ser atraído pela massa falida, que fará a ultimação e encerramento dos negócios nessa espécie de dissolução coletiva e administrada pelo processo judicial estatal de liquidação. O devedor existe e tem personalidade jurídica, mas não tem a administração dos bens, que é feita pela universalidade da massa falida constituída pela decretação da falência. Somente depois de feitos os pagamentos, extingue-se o registro do empresário e extingue-se finalmente a sociedade empresária.

Para essa finalidade, a massa falida atua por meio do administrador judicial nomeado pelo juiz da falência [*t. V, §1, i. 8*]. Cabe ao administrador judicial a prática de todos os atos necessários à arrecadação do ativo e liquidação do passivo do falido.

5. PROCEDIMENTO DE RECONHECIMENTO DA INSOLVÊNCIA E PROCESSOS INCIDENTAIS

5.1. Causas de insolvência

A falência tem por pressuposto o reconhecimento da insolvência do devedor. Em termos simples, a LREF traz presunções de existência de patrimônio passivo superior ao patrimônio ativo para satisfação dos credores, tornando necessária a instauração do processo judicial de liquidação coletiva dos débitos.

O art. 94 da LREF arrola, em *numerus clausus*, as seguintes hipóteses de decretação da falência:

I – *sem relevante razão de direito, não paga, no vencimento, obrigação líquida materializada em título ou títulos executivos protestados cuja soma ultrapasse o equivalente a 40 salários mínimos na data do pedido de falência*: a falta de pagamento de obrigações documentadas em títulos executivos é causa específica da decretação da quebra, com presunção de insolvência do devedor que não paga o que deve. A LREF impôs algumas condições:

(a) A falta de pagamento da obrigação [*t. IV, §8, i. 6.2*] não pode decorrer de "relevante razão de direito", aqui entendida como uma motivação específica que afete o débito, como por exemplo invalidades, alguma das causas de extinção da obrigação [*t. IV, §8, i. 6.1*], vícios redibitórios (art. 441 do CC), evicção (art. 447 do CC), dentre outros, com discussões jurídicas já realizada pelo devedor e muitas vezes com o depósito de garantia em juízo para permitir a segura tramitação. O rol exemplificativo é feito pelo art. 96 da LREF, com matérias que podem ser alegadas pelo devedor: falsidade de título; prescrição; nulidade de obrigação ou de título; pagamento da dívida; qualquer outro fato que extinga ou suspenda obrigação ou não legitime a cobrança de título; vício em protesto ou em seu instrumento; apresentação de pedido de recuperação judicial no prazo da contestação; cessação das atividades empresariais mais de 2 anos antes do pedido de falência, comprovada por documento hábil do RPEM, o qual não prevalecerá contra prova de exercício posterior ao ato registrado. Além desses casos, o art. 96, § 1º, determina que não será decretada a falência de sociedade anônima após liquidado e partilhado seu ativo [*t. II, §10, i. 8*], nem do espólio após 1 ano da morte do devedor.

(*b*) A obrigação deve ser líquida, de modo que não depende de apuração específica do valor do débito e tenha subsistência por si própria para obtenção da satisfação do crédito.

(*c*) A obrigação deve estar materializada, no sentido de documentação (arts. 405 e 412 do CPC), em título executivo. Poderão ser tanto os títulos executivos judiciais (art. 515 do CPC), entre os quais a sentença judicial e a sentença arbitral, como também os títulos executivos extrajudiciais (art. 784 do CPC), inclusive títulos de crédito como letra de câmbio, a nota promissória, a duplicata, a debênture, o cheque e as cédulas de crédito [*t. IV, §1*].

(*d*) A LREF ainda exige o prévio protesto [*t. IV, §1, i. 8*] do título – judicial ou extrajudicial – da dívida para que ocorra o posterior pedido de falência. Cuida-se de protesto especial para fins de publicidade e conservação de direitos do credor, com necessidade de observância de todos os requisitos do registro do protesto e seu instrumento, previstos no art. 22 da Lei nº 9.492/97, com o comando do art. 23, parágrafo único, da mesma lei: "Somente poderão ser protestados, para fins falimentares, os títulos ou documentos de dívida de responsabilidade das pessoas sujeitas às consequências da legislação falimentar". O protesto especial para fins falimentares deve atender às formalidades, inclusive de entrega para pessoa com poderes de administração e com identificação da pessoa que recebeu a notificação, conforme Enunciado nº 361 da Súmula do STJ: "A notificação do protesto, para requerimento de falência da empresa devedora, exige a identificação da pessoa que a recebeu".

(*e*) Finalmente, a LREF determinou um valor mínimo para a obrigação, cuja soma em títulos deverá ser superior a 40 salários mínimos na data do pedido da falência. Cuida-se de medida adotada pelo legislador para evitar a utilização do processo falimentar como sucedâneo da execução [*t. V, §1, i. 1*]. A somatória dos títulos ou mesmo a reunião de credores em litisconsórcio ativo facultativo unitário permite pedido conjunto que perfaça o limite (art. 94, I e § 1º, da LREF).

O pedido de falência será instruído com os títulos executivos e documentos do art. 9º da LREF, acompanhados, em qualquer caso, dos respectivos instrumentos de protesto para fim falimentar.

Jurisprudência

STJ – 3ª T. – AgInt no REsp nº 1.640.941 – Rel. Min. Moura Ribeiro – j. 07/11/2017: "(...) Esta Corte possui entendimento quanto a possibilidade de decretação da falência pela impontualidade do pagamento, nos termos da Lei nº 11.101/2005, sem a necessidade de prévia execução judicial (...)".

STJ – 3ª T. – REsp nº 1.633.271 – Rel. Min. Nancy Andrighi – j. 26/09/2017: "(...) 3 – As premissas fáticas assentadas no acórdão recorrido revelam não somente que houve a indicação de bens à penhora no processo executivo prévio, mas também que foi efetuado, no curso da presente ação, o depósito elisivo exigido pelo art. 98, parágrafo único, da LFRE, circunstâncias que inviabilizam a decretação da falência.(...) 6 – A jurisprudência do STJ tem rechaçado a prática de substituição da via judicial legalmente prevista para satisfação de pretensão creditícia (execução) pelo requerimento de falência, não admitindo que a ação falimentar sirva como instrumento de coação para cobrança de dívidas (...)".

STJ – 3ª T. – REsp nº 1.532.154 – Rel. Min. Paulo de Tarso Sanseverino – j. 18/10/2016: "(...) Aplicação do disposto no art. 94, I, da Lei 11.101/2005, autorizando a decretação da falência do devedor que, 'sem relevante razão de direito, não paga, no vencimento, obrigação líquida materializada em título ou títulos executivos protestados cuja soma ultrapasse o equivalente a 40 (quarenta) salários mínimos na data do pedido de falência'. 3. Doutrina e jurisprudência desta Corte no sentido de não ser exigível do autor do pedido de falência a apresentação de indícios da insolvência ou da insuficiência patrimonial do devedor".

STJ – 3ª T. – REsp nº 1.249.866 – j. 06/10/2015: "(...) 2. Distinção entre protesto cambial facultativo e obrigatório. Precedente desta Turma. 3. Distinção entre protesto cambial e protesto falimentar. Doutrina sobre o tema. 4. Hipótese em que o protesto era facultativo do ponto de vista cambial, mas obrigatório do ponto de vista falimentar. 5. Tempestividade do protesto tirado contra o emitente do cheque e realizado antes do decurso do prazo de prescrição da ação cambial. 6. Descabimento da extinção do pedido de falência".

STJ – 4ª T. – REsp nº 1.433.652 – Rel. Min. Luis Felipe Salomão – j. 18/09/2014: "(...) 1. Os dois sistemas de execução por concurso universal existentes no direito pátrio – insolvência civil e falência –, entre outras diferenças, distanciam-se um do outro no tocante à concepção do que seja estado de insolvência, necessário em ambos. O sistema falimentar, ao contrário da insolvência civil (art. 748 do CPC), não tem alicerce na insolvência econômica. 2. O pressuposto para a instauração de processo de falência é a insolvência jurídica, que é caracterizada a partir de situações objetivamente apontadas pelo ordenamento jurídico. No caso do direito brasileiro, caracteriza a insolvência jurídica, nos termos do art. 94 da Lei n. 11.101/2005, a impontualidade injustificada (inciso I), execução frustrada (inciso II) e a prática de atos de falência (inciso III). 3. Com efeito, para o propósito buscado no presente recurso – que é a extinção do feito sem resolução de mérito –, é de todo irrelevante a argumentação da recorrente, no sentido de ser uma das maiores empresas do ramo e de ter notória solidez financeira. Há uma presunção legal de insolvência que beneficia o credor, cabendo ao devedor elidir tal presunção no curso da ação, e não ao devedor fazer prova do estado de insolvência, que é caracterizado *ex lege*. 4. O depósito elisivo da falência (art. 98, parágrafo único, da Lei n. 11.101/2005), por óbvio, não é fato que autoriza o fim do processo. Elide-se o estado de insolvência presumida, de modo que a decretação da falência fica afastada, mas o processo converte-se em verdadeiro rito de cobrança, pois remanescem as questões alusivas à existência e exigibilidade da dívida cobrada. 5. No sistema inaugurado pela Lei n. 11.101/2005, os pedidos de falência por impontualidade de dívidas aquém do piso de 40 (quarenta) salários mínimos são legalmente considerados abusivos, e a própria lei encarrega-se de embaraçar o atalhamento processual, pois elevou tal requisito à condição de procedibilidade da falência (art. 94, inciso I). Porém, superando-se esse valor, a ponderação legal já foi realizada segundo a ótica e prudência do legislador. 6. Assim, tendo o pedido de falência sido aparelhado em impontualidade injustificada de títulos que superam o piso previsto na lei (art. 94, I, Lei n. 11.101/2005), por absoluta presunção legal, fica afastada a alegação de atalhamento do processo de execução/cobrança pela via falimentar. Não cabe ao Judiciário, nesses casos, obstar pedidos de falência que observaram os critérios estabelecidos pela lei, a partir dos quais o legislador separou as situações já de longa data conhecidas, de uso controlado e abusivo da via falimentar".

STJ – 3ª T. – AgRg no REsp nº 1.124.763 – Rel. Min. Ricardo Villas Bôas Cueva – j. 11/02/2014: "(...) 1. Para decretação da falência, é imperioso que todos os títulos executivos não pagos sejam protestados ou, pelo menos, caso o protesto se refira a apenas alguns desse títulos, que perfaçam o valor de 40 (quarenta) salários mínimos, conforme expressa disposição legal. 2. No caso em exame, o protesto realizado pelo ora agravante foi de apenas um dos títulos executivos, sem que fosse alcançado o valor estipulado em lei".

STJ – 3ª T. – AgRg no REsp nº 1.294.668 – Rel. Min. Paulo de Tarso Sanseverino – j. 01/10/2013: "(...) 1. Validade da citação realizada na pessoa de quem se apresenta como representante legal da pessoa jurídica, sem fazer qualquer ressalva quanto à inexistência de poderes para receber citação, prevalecendo, na espécie, a teoria da aparência. Precedentes da Corte Especial do STJ (...) 3. Irrelevância da alegação de nulidade do título, pois a falência foi decretada com base em atos falimentares (...)".

STJ – 4ª T. – REsp nº 1.316.256 – Rel. Min. Luis Felipe Salomão – j. 18/06/2013: "(...) 3. 'Constituem as debêntures um direito de crédito do seu titular diante da sociedade emissora, em razão de um contrato de empréstimo por ela concertado. As debêntures têm a natureza de título de renda, com juros fixos ou variáveis gozando de garantias determinadas nos termos da escritura da emissão. [...] Não assiste à debênture, portanto, no âmbito da teoria geral dos títulos de crédito, autonomia e literalidade, sendo que entre nós está também descaracterizada a cartularidade, por força da obrigatoriedade da forma nominativa e do uso uniforme dos títulos nominativos escriturais'. (CARVALHOSA, Modesto. Comentários à lei de sociedades anônimas. São Paulo: Editora Saraiva, 2011, p. 671) " 4. O artigo 70 da Lei Uniforme de Genebra (LUG), referente às notas promissórias e letras de câmbio, não se aplica às debêntures. (...)5. As debêntures não perdem sua liquidez por dependerem de atualização monetária e cálculos aritméticos, a serem apurados quando da habilitação da falência. Precedentes".

STJ – 3ª T. – REsp nº 1.277.725 – Rel. Min. Nancy Andrighi – j. 12/03/2013: "(...) 2 – A convenção de arbitragem prevista em contrato não impede a deflagração do procedimento falimentar fundamentado no art. 94, I, da Lei n. 11.101/05. 3 – A existência de cláusula compromissória, de um lado, não afeta a executividade do título de crédito inadimplido. De outro lado, a falência, instituto que ostenta natureza de execução coletiva, não pode ser decretada por sentença arbitral. Logo, o direito do credor somente pode ser exercitado mediante provocação da jurisdição estatal (...)".

STJ – 4ª T. – AgRg no Ag nº 1.073.663 – Rel. Min. Luis Felipe Salomão – j. 03/02/2011: "(...) 2. Para a decretação falência com fulcro no art. 94, I, da Lei 11.101/2005, basta a comprovação dos requisitos da lei. Na presente hipótese, a alegada violação do referido dispositivo legal assenta-se em ocorrências no procedimento executório, o que não tem o condão de atingir o requerimento de falência, ante a ausência de vinculação entre a execução e o pedido de falência por impontualidade. 3. Não se revela como exigência para a decretação da quebra a execução prévia. A mora do devedor é comprovada pela certidão de protesto. 4. O título executivo não se desnatura quando, para se encontrar o seu valor, se faz necessário simples cálculo aritmético, com a inclusão de encargos previstos no contrato e da correção monetária, bem como o abatimento dos pagamentos parciais. Precedentes".

TJPR – 18ª Câm. Civ. – AC nº 0407287-3 – Rel. Des. Carlos Mansur Arida – DJPR 01.06.2007: "(...) Para aferição da presença do pressuposto de admissibilidade do pedido de falência previsto no art. 94, inciso I, da Lei nº 11.101/2005, sobre o valor do título devem ser computados os juros e a correção monetária, os quais o integram, e não somente o valor constante do título originário na data do ajuizamento da ação".

TJSC – AC 2015.080574-3 – Rel. Des. Jânio Machado – DJe 14.12.2015: "(...)Protesto especial para fins falimentares que exige a identificação da pessoa que recebe a intimação, devendo ser o seu representante legal. Precedentes da casa. Irregularidade que impede o acolhimento do pleito de falência. Indícios, ademais, da aparente utilização do processo com a finalidade de cobrança da dívida. Impossibilidade".

TJSP – Câmara Especial de Falência e Recuperação – Ap. nº 990.10.555972-7 – Rel. Des. Pereira Calças – DJe 13.07.2011: "(...) Extinção do processo, sem resolução de mérito, por manejo da ação de falência com objetivo de cobrança. Ação de falência que tem finalidade de cobrança, ainda que em rateio. O credor que preenche os requisitos do art. 94, I, da LRF, tem a faculdade de optar entre o ajuizamento da ação de execução singular e a falência, quando o devedor é empresário ou sociedade empresária. Instrumentos de protesto que não identificam a pessoa que foi intimada para o ato notarial. Exigência da Súmula 361/STJ. Extinção do processo mantida por tal fundamento. Apelo improvido".

II – *executado por qualquer quantia líquida, não paga, não deposita e não nomeia à penhora bens suficientes dentro do prazo legal*: a execução é processo judicial de satisfação de crédito, que não implica cognição processual ampla, porquanto já se tenha título – judicial ou extrajudicial – formado. Em razão dessa peculiaridade, a lei processual determina que se proceda ao pagamento ou o cumprimento da sentença com constrição patrimonial sobre os bens do devedor para cumprimento de suas obrigações (art. 789 do CPC). Caso o devedor não efetue o pagamento, não deposite o valor devido ou não indique bens para garantia da discussão em juízo por meio de penhora, ocorre a caracterização de caso específico de pedido de falência empresarial. O art. 94, § 4º, da LREF exige a apresentação de certidão expedida pelo juízo em que se processa a execução.

O dispositivo do inciso II se diferente do inciso I (ambos do art. 94) em razão da existência de processo judicial de execução. Também não há as formalidades do protesto especial e do piso de 40 salários mínimos para o pedido falimentar.

Jurisprudência

STJ – 2ª T. – REsp nº 1.681.463 – Rel. Min. Herman Benjamin – j. 03/10/2017: "(...) Com efeito, diante da redação do art. 6º, § 7º, da Lei 11.101/2005, e do fato de que no Plano de Recuperação Judicial não há inclusão ou negociação dos créditos tributários, a Execução Fiscal poderá ter regular prosseguimento, inclusive com penhora de bens, caso constatado que não há CND e que os débitos tributários não se encontram suspensos. Nesse sentido: REsp 1.645.655/SC, de minha relatoria, DJe 18/04/2017.(...). 9. Deve-se ter em mente que o tema do prosseguimento da Execução Fiscal, com todos os atos a ela inerentes, encontra respaldo legal no art. 73, parágrafo único, c/c o art. 94, II, da Lei 11.101/2005, os quais expressamente afirmam que a empresa que não providenciar o pagamento, o depósito ou a nomeação de bens à penhora nas Execuções que não se suspendem (portanto, pressupõem não apenas o prosseguimento dessas ações, como também a prática de atos de invasão ao seu patrimônio) está sujeita a ver a Recuperação Judicial convertida em Falência (...)".

III – *pratica atos reputados graves pela LREF, com pressuposição de insolvência, exceto se fizer parte de plano de recuperação judicial*: alguns atos praticados pelo devedor podem ser caracterizados causa justificativa do pedido de falência, com a devida comprovação no processo (art. 95, § 5º, da LREF). Há causas específicas previstas no art. 94, inciso III, que caracterizam expedientes ruinosos, tendentes ao desfazimento e liquidação de patrimônio ativo em detrimento dos credores, o que se verifica em casos como alienação precipitada do ativo; negócios simulados; transferência de estabelecimento empresarial; concessão de garantia real, dentre outras condutas que afetem diretamente o bom fluxo de crédito, que trazem desequilíbrio patrimonial à sociedade empresária e que ampliam os riscos de quem contratou com a organização. A insolvência é presumida nesses casos para razão da proteção do crédito, constatando-se estado de fato que preexiste à decretação da falência.

São arrolados, em *numerus clausus* pelo art. 94, inciso III, da LREF:

(a) *procede à liquidação precipitada de seus ativos ou lança mão de meio ruinoso ou fraudulento para realizar pagamentos*: o dispositivo contempla duas hipóteses bastante distintas. A liquidação precipitada de ativos implica reconhecer que a venda dos ativos e redução de capital [t. II, §3, i. 4.1.7] foi realizada sem as formalidades exigidas pelo tipo societário ou de insolvência civil e sem considerar as preferências creditórias da legislação extrafalimentar, com especial destaque para o art. 186 do CTN.

O outro caso é a utilização de meios ruinosos para os ativos do devedor ou mesmo fraudulentos em relação aos credores, por exemplo, com alienações de bens a preços depreciados, pagamentos antecipados de empréstimos de sócios, transferências de bens intragrupo [t. II, §3, i. 5.2].

(b) *realiza ou, por atos inequívocos, tenta realizar, com o objetivo de retardar pagamentos ou fraudar credores, negócio simulado ou alienação de parte ou da totalidade de seu ativo a terceiro, credor ou não*: a invalidade dos negócios provocada por simulação implica nulidade, porque aparenta conferir ou transmitir direitos a pessoas diversas daquelas às quais realmente se conferem ou contém declaração, confissão, condição ou cláusula não verdadeira, inclusive assinaturas com datas errôneas (art. 167 do CC).

Somam-se com essa espécie de negócio nulo as transferências para terceiros com o intuito de burlar a formação da massa falida e liquidação falimentar com base na *par conditio creditorum*. Não é importante se foi parte ou a totalidade dos bens transferidos, porque o legislador levou em consideração qualquer movimentação de ativos patrimoniais que seja prejudicial ao interesse da coletividade de credores.

(c) *transfere estabelecimento a terceiro, credor ou não, sem o consentimento de todos os credores e sem ficar com bens suficientes para solver seu passivo*: conforme visto, o estabelecimento é conjunto de bens organizado pelo empresário para o desempenho de sua atividade e pode ser objeto unitário de negócios. Por haver movimentação de ativos produtivos e que se prestam, indiretamente, à garantia de satisfação dos credores, o CC determina que a eficácia do negócio depende do pagamento de todos os credores, ou do consentimento destes, de modo expresso ou tácito, em trinta dias a partir de sua notificação (art. 1.145 do CC) [*t. III, §1, i. 3.2*]. Portanto, o art. 94, III, "c", da LREF se conjuga com o CC para constituir causa específica de pedido falimentar.

(d) *simula a transferência de seu principal estabelecimento com o objetivo de burlar a legislação ou a fiscalização ou para prejudicar credor*: novamente a LREF utilizou a causa de invalidade da simulação (art. 167 do CC), desta feita para caracterizar como fundamento do pedido de falência a transferência simulada do principal estabelecimento.

(e) *dá ou reforça garantia a credor por dívida contraída anteriormente sem ficar com bens livres e desembaraçados suficientes para saldar seu passivo*: o devedor não pode gravar seus ativos com garantias em favor de poucos credores, em detrimento dos demais e do pagamento de credores privilegiados. Tampouco poderá, no interregno em que está agravando a falta de pagamentos constituir garantia para um credor sem ficar com bens livres para saldar todo o seu passivo. Referidas garantias poderão ser consideradas ineficazes, a depender da data da contratação e da determinação do termo legal da falência [*t. V, §3, i. 5.2.1*].

(f) *ausenta-se sem deixar representante habilitado e com recursos suficientes para pagar os credores, abandona estabelecimento ou tenta ocultar-se de seu domicílio, do local de sua sede ou de seu principal estabelecimento*: o devedor deverá estar presente para responder pelas obrigações que contraiu. A fuga deliberada, sem representante para lhe fazer as vezes e sem ativos, pode caracterizar ocultação que permite presumir a insolvência.

(g) *deixa de cumprir, no prazo estabelecido, obrigação assumida no plano de recuperação judicial*: o plano de recuperação aprovado implica novação e obrigações assumidas pelo devedor [*t. V, §2, i. 5.3*]. Se não as cumpre, ocorre causa específica para o pedido falimentar, porque o devedor não conseguiu sair da crise e a insolvência deverá ser decretada (arts. 61, § 1º e 73 da LREF).

Jurisprudência

STJ – 4ª T. – REsp nº 1.366.845 – Rel. Min. Maria Isabel Gallotti – j. 18/06/2015: "(...) A mudança de endereço, sem data estabelecida para a instalação do novo estabelecimento empresarial da sociedade em recuperação judicial, devidamente informada em juízo, não é causa, por si só, à míngua da prova de abandono da atividade empresarial ou ocultação do devedor com o intuito de furtar-se ao cumprimento das obrigações empresariais, para a decretação de ofício da falência. Interpretação do art. 94, III, f, da Lei 11.101/05".

STJ – 3ª T. – REsp nº 1.299.981 – Rel. Min. Nancy Andrighi – j. 11/06/2013: "(...) 2 – Depois de concedida a recuperação, cabe ao juízo competente verificar se os objetivos traçados no plano apresentado foram levados a efeito pelo devedor, a fim de constatar a eventual ocorrência de circunstâncias fáticas que autorizam, nos termos dos arts. 61, § 1º, 73 e 94, III, 'g', da Lei n. 11.101/2005, sua convolação em falência. 3 – Caso se verifique a inviabilidade da manutenção da atividade produtiva e dos interesses correlatos (trabalhistas, fiscais, creditícios etc.), a própria Lei de Falências e Recuperação de Empresas impõe a promoção imediata de sua liquidação – sem que isso implique violação ao princípio da preservação empresa, inserto em seu art. 47 – mediante um procedimento que se propõe célere e eficiente, no intuito de se evitar o agravamento da situação, sobretudo, dos já lesados direitos de credores e empregados. 4 – O

Tribunal de origem, soberano na análise do acervo fático-probatório que integra o processo, reconheceu, no particular, que: (i) o princípio da preservação da empresa foi respeitado; (ii) a recorrente não possui condições econômicas e financeiras para manter sua atividade; (iii) não existem, nos autos, quaisquer elementos que demonstrem a ocorrência de nulidade dos votos proferidos na assembleia de credores; (iv) nenhuma das obrigações constantes do plano de recuperação judicial apresentado pela devedora foi cumprida (...)".

5.2. Rito da falência e processos incidentais

5.2.1. Rito geral da falência

Identificada a causa de insolvência, com a devida comprovação e formalidades exigidas nas hipóteses do art. 94 da LREF [t. V, §4, i. 5.1], o credor poderá pedir a falência do devedor por petição inicial para o *juízo competente* do principal estabelecimento [t. V, §1, i. 4].

Terão *legitimidade ativa* (art. 97 da LREF): o próprio devedor; o cônjuge sobrevivente, qualquer herdeiro do devedor ou o inventariante; o cotista ou o acionista do devedor na forma da lei ou do ato constitutivo da sociedade; qualquer credor. O credor que não tiver domicílio no Brasil deverá prestar caução relativa às custas e ao pagamento da indenização por pedido de falência abusivo (art. 101 da LREF). A ressalva é a condição de cidadão, nacional ou residente em Estados-parte do Mercosul, por conta do art. 4º do Protocolo de Cooperação e Assistência Jurisdicional entre os países signatários do Tratado, em vigor no Brasil pelo Decreto nº 2.067/96.

A *legitimidade passiva* será do devedor, com possibilidade de cumular subjetivamente, em litisconsórcio, sócios de responsabilidade ilimitada e sociedades componentes de mesmo grupo nos casos em que de demonstrar na petição inicial causa específica para a falência do grupo e a ocorrência de causa para consolidação substancial falimentar, inclusive com pedido de desconsideração da personalidade jurídica, conforme art. 82-A da LREF [t. V, §4, i. 2.3].

Apresentado o pedido, será o devedor citado para apresentar contestação no prazo de 10 dias.

Caso o pedido tenha causa de insolvência baseada no art. 94, incisos I e II, da LREF [t. V, §4, i. 5.1], o devedor poderá, no mesmo prazo da contestação, depositar o valor correspondente ao total do crédito, acrescido de correção monetária, juros e honorários advocatícios, hipótese em que a falência não será decretada e, caso julgado procedente o pedido de falência, o juiz ordenará o levantamento do valor pelo autor (art. 98, parágrafo único, da LREF). Cuida-se do *depósito elisivo da falência*, que tem por função criar obstáculo ao decreto da quebra e permitir a discussão judicial a respeito dos valores apresentados como fundamento da insolvência. O verbo elidir significa eliminar. A elisão da falência, portanto, tem a função de eliminar o estado de insolvência presumida, por meio de depósito que satisfaça o valor devido e permita segura discussão judicial com referência ao *an debeatur* e ao *quantum debeatur*. "Elide-se o estado de insolvência presumida, de modo que a decretação da falência fica afastada, mas o processo converte-se em verdadeiro rito de cobrança, pois remanescem as questões alusivas à existência e exigibilidade da dívida cobrada" (STJ – REsp nº 1.433.652 – Min. Luis Felipe Salomão).

Ainda que seja feito o depósito elisivo, deverá o juiz resolver o mérito do pedido e verificar quem poderá levantar o depósito para si.

Caso não haja depósito ou ele seja insuficiente ou haja causa específica de falência do art. 94, III, da LREF, após a instrução do processo o juiz decretará a falência por sentença. A decisão judicial tem natureza declaratória dos pressupostos da insolvência e constitutiva do estado falimentar, com formação da massa falida e efeitos para o falido (Nery, 2001, p. 2055; Batalha, 1991, p. 209; Scalzilli, Spinelli, Tellechea, 2017, p. 551).

Além dos requisitos gerais (art. 489 do CPC), a sentença de falência tem conteúdo especial previsto no art. 99 da LREF, com as seguintes determinações e providências:

I – *conterá a síntese do pedido, a identificação do falido e os nomes dos que forem a esse tempo seus administradores*: a especificação das pessoas indicadas no dispositivo legal tem por consequência a indicação da extensão de efeitos da falência e quem poderão ser os responsáveis na sequência do processo falimentar.

II – *fixará o termo legal da falência, sem poder retrotraí-lo por mais de 90 dias contados do pedido de falência, do pedido de recuperação judicial ou do 1º protesto por falta de pagamento, excluindo-se, para esta finalidade, os protestos que tenham sido cancelados*: o dispositivo tem grande relevância, por conter presunção de estado de insolvência antecedente à decretação da quebra e por emoldurar o período que o juiz decreta como suspeito, colocando em dúvida os atos praticados nesse interregno e gerando potencial discussão de ineficácia de negócios realizados no período, conforme prevê o art. 129 da LREF [*t. V, §4, i. 5.2.5*].

Conforme previsão desse art. 98, inciso II, da LREF, é discricionário do juiz considerar o *termo legal* da falência retroagindo 90 dias antes de um dos fatos enumerados, quais sejam, o próprio pedido de falência, o pedido de recuperação judicial ou o primeiro protesto de título de dívida lavrado contra o devedor.

III – *ordenará ao falido que apresente, no prazo máximo de 5 dias, relação nominal dos credores, indicando endereço, importância, natureza e classificação dos respectivos créditos, se esta já não se encontrar nos autos, sob pena de desobediência*: é obrigação do devedor falido apresentar a relação nominal de credores, com detalhes específicos sobre a natureza da obrigação, valor devido e qual a classificação dos créditos (art. 83 da LREF) para posterior aferição pelo administrador judicial da falência. Tratando-se de fixação de obrigação judicial, o desrespeito traz consequências penais do crime de desobediência. Em seguida, a sentença de decreto da falência e a relação de credores será publicada em edital eletrônico para eventuais habilitações e divergências (arts. 99, § 1º e 7º, § 1º, da LREF).

IV – *explicitará o prazo para as habilitações de crédito*: decretada a falência, o juiz determina prazo para que ocorram habilitações de créditos, após a publicação de edital com a íntegra da sentença de decretação da quebra (art. 99, parágrafo único, da LREF).

V – *ordenará a suspensão de todas as ações ou execuções contra o falido*: em razão da *vis atrativa* do processo falimentar, a sentença de decretação da falência produz o efeito de suspender todas as ações e execução individuais ajuizadas em desfavor do falido, passando o juízo universal da falência a conter as discussões e classificações de créditos. Ressalvam-se, todavia, as demandas de quantia ilíquida (até a sua liquidação) e as ações trabalhistas, que serão processadas perante a justiça especializada até a apuração do respectivo crédito, que será inscrito no quadro-geral de credores pelo valor determinado em sentença (art. 6º, §§ 1º e 2º, da LREF).

O dispositivo inibe o prosseguimento das execuções singulares em face do falido e atrai os credores para o juízo concursal. Dessa forma, qualquer crédito somente poderá ser reclamado dentro da execução coletiva da falência (art. 115 da LREF).

VI – *proibirá a prática de qualquer ato de disposição ou oneração de bens do falido, submetendo-os preliminarmente à autorização judicial e do Comitê, se houver, ressalvados os bens cuja venda faça parte das atividades normais do devedor se autorizada a continuação provisória da atividade*: efeito da falência é a perda da administração dos bens do falido para fins de arrecadação e rateio. As vendas de ativos ficam desautorizadas pela sentença, ressalvando-se a possibilidade de autorização judicial ou do Comitê de credores, caso instaurado. Há a possibilidade de manutenção provisória da atividade do falido, caso seja do interesse da massa. Nessa hipótese, o legislador autoriza vendas normais decorrentes da atividade empresarial provisória.

VII – *determinará as diligências necessárias para salvaguardar os interesses das partes envolvidas, podendo ordenar a prisão preventiva do falido ou de seus administradores quando requerida com fundamento em provas da prática de crime definido na LREF*: o juiz poderá determinar uma série de diligências para assegurar a efetividade do processo falimentar, inclusive com os poderes atribuídos pelo art. 139 do CPC. Incluem-se medidas de arrecadação patrimonial, mas também de restrição de liberdade de acesso ao estabelecimento ou a prisão preventiva contra o devedor falido ou controlador da sociedade empresária falida em caso de identificação de indícios de crimes falimentares.

VIII – *ordenará ao Registro Público de Empresas e à Secretaria Especial da Receita Federal do Brasil que proceda à anotação da falência no registro do devedor, para que conste a expressão "Falido", a data da decretação da falência e a inabilitação de que trata o art. 102 da Lei*: o RPEM será comunicado da falência para que torne públicas no sistema registral a decretação da quebra, seja para constar a adjetivação "Falido' ao final do nome empresarial, seja para constar a inabilitação do falido para exercer qualquer atividade empresarial a partir da decretação da falência e até a sentença que extingue suas obrigações (art. 102 da LREF).

IX – *nomeará o administrador judicial*: conforme visto [t. V, §1, i. 8], o administrador judicial atuará na falência com as incumbências de confiança do juiz da causa para arrecadar o ativo, realizá-lo e saldar o passivo de acordo com a ordem de preferência, tudo em cumprimento do art. 22, inciso III, da LREF.

X – *determinará a expedição de ofícios aos órgãos e repartições públicas e outras entidades para que informem a existência de bens e direitos do falido*: de modo a obter a maior eficiência na arrecadação de bens, além de evitar a sonegação de ativos, o juiz enviará ofícios, inclusive nas modalidades eletrônicas de que dispõe, para que outros órgãos públicos como Receita Federal do Brasil, Cartórios, Departamentos de Trânsito, dentre outros, informem a existência de outros bens e direitos em nome do falido.

XI – *pronunciar-se-á a respeito da continuação provisória das atividades do falido com o administrador judicial ou da lacração dos estabelecimentos, observado o disposto no art. 109 da LREF*: se for do interesse da massa e houver condições para a continuação da atividade empresarial até a realização do ativo, o juiz poderá deferir o pleito de continuação dos negócios do falido. Ainda na legislação anterior, apontava NELSON ABRÃO a possibilidade de se prosseguir o negócio empresarial, seguindo tendência da França (*continuation de l'exploitation*), da Itália (*l'esercizio provisorio dell'impresa*), da Alemanha (*Fortführung* ou *Fortbetrieb*). A continuação do negócio na falência assegura a preservação da organização numa fase particularmente plena de riscos. É por isso que várias orientações legislativas (argentina e francesa, especialmente) consideram-na ínsita no próprio sistema concursal. No caso do Brasil, admite-se a continuação mediante provocação do interessado e reconhecimento na sentença, por provocação de qualquer interessado e até mesmo do administrador judicial. Deve-se demonstrar a viabilidade econômica da empresa, verificada mediante perícia especializada efetuada a pedido dos próprios credores, prosseguindo normalmente o exercício por meio de proposta aprovada pelos credores e confirmada na sentença.

Quanto à administração do negócio continuado, ensinou o NELSON ABRÃO: "A nomeação do gerente não induz seja ele o responsável pela continuação do exercício. Não obstante possa ter mais contato com as operações propriamente ditas, pelo prosseguimento da atividade responde o síndico, por força de suas funções de administrador geral da massa, nas quais se subsume a de particular no exercício da atividade negocial provisória. Evidentemente, pelo bom ou mau êxito financeiro da continuação do negócio, causado pela área do comércio, não responde ele. Terá, contudo, responsabilidade pessoal e patrimonial, quando causar prejuízo à massa, por culpa e dolo" (ABRÃO, 1998, p. 146).

XII – *determinará, quando entender conveniente, a convocação da assembleia-geral de credores para a constituição de Comitê de Credores, podendo ainda autorizar a manutenção do Comitê eventualmente em funcionamento na recuperação judicial quando da decretação da falência*: a depender das providências necessárias – como a continuação do negócio ou a alienação imediata de bens – a sentença de decreto da falência poderá convocar assembleia geral para constituição de Comitê de Credores, além de outras providências que se mostrem necessárias e do interesse da massa falida.

XIII – *ordenará a intimação eletrônica do Ministério Público e a comunicação por carta às Fazendas Públicas Federal e de todos os Estados e Municípios em que o devedor tiver estabelecimento, para que tomem conhecimento da falência*: finalmente, a sentença de falência deverá intimar diversas esferas do Poder Público para que possam tomar ciência da quebra e possam tomar providências de conveniência e oportunidade na proteção de interesses públicos. A LREF foi reformada para fins de agilizar a comunicação, que agora pode ser dar por meios eletrônicos, com direcionamento feito pelo art. 99, § 2º.

A sentença deve ser levada a conhecimento público, extrapolando a mera intimação das partes. Para tanto, exige o art. 99, parágrafo único, da LREF, que ocorra a publicação de edital contendo a íntegra da decisão que decreta a falência e a relação de credores – inclusive para fins de habilitação.

Há recursos para as partes. Da decisão que decreta a falência cabe agravo, e da sentença que julga a improcedência do pedido cabe apelação (art. 100 da LREF).

Jurisprudência

STJ – Súmula 29: No pagamento em juízo para elidir falência, são devidos correção monetária, juros e honorários de advogado.

STJ – 3ª T. – REsp nº 1.780.442 – Rel. Min. Nancy Andrighi – j. 03/12/2019: "(...) 3. A ação rescisória, na redação do art. 485 do CPC/73 (vigente à época dos fatos), é cabível contra "sentença de mérito" transitada em julgado. 4. O ato decisório que decreta a falência possui natureza de sentença constitutiva, pois sua prolação faz operar a dissolução da sociedade empresária, conduzindo à inauguração de um regime jurídico específico. Doutrina. Inteligência do art. 99 da Lei 11.101/05. 5. Ainda que assim não fosse, doutrina e jurisprudência, desde há muito, entendem que à expressão "sentença" veiculada no *caput* do art. 485 do CPC/73 deveria ser conferida uma abrangência mais ampla, de modo a alcançar também decisões interlocutórias que enfrentem o mérito. 6. A previsão legal do cabimento de agravo de instrumento para a hipótese de decretação da falência se deve ao fato de tal ação ser dividida em fases, havendo a necessidade de se manter o processo no juízo de origem, após a quebra, para o processamento da segunda etapa, quando ocorrerá a arrecadação dos bens do falido e a apuração do ativo e do passivo, com a finalidade satisfação dos créditos".

STJ – 3ª T. – AgInt-REsp nº 1.487.431 – Rel. Min. Paulo de Tarso Sanseverino – *DJe* 14.03.2017: "(...). 2. Em regra, o depósito elisivo em processo falimentar se presta tão somente a obstar a decretação da quebra, não fazendo coisa julgada quanto à pretensão de cobrança da dívida e de seus acessórios por outros meios processuais. Julgados desta Corte Superior. 3. Particularidade dos autos, em que o pedido de falência foi convertido em ação de cobrança, e assim sentenciado, formando coisa julgada. 4. Ocorrência de coisa julgada quanto ao período de incidência dos juros de mora estabelecido pelo credor na inicial, sendo descabida a alteração desse período no curso da execução. Julgados desta Corte. (...)".

STJ – 4ª T. – REsp nº 189.417 – SP – Rel. Min. Aldir Passarinho Junior – j. 22/04/2003: "(...) FALÊNCIA – Duplicata de prestação de serviços aceita pela devedora. Pedido de falência. Depósito elisivo. Impossibilidade de decretação da quebra. Seguimento do processo pela via executiva. O depósito elisivo, previsto no art. 11, § 2º, do DL 7.661/45, impede a decretação da quebra, devendo o processo ter seguimento pela via executiva".

5.2.1.1. Efeitos da sentença de decretação da falência

Em relação aos efeitos produzidos pela sentença [*t. V, §4, i. 5.2.1*], eles se produzem:

(*a*) *quanto aos direitos dos credores*: formação da massa falida subjetiva, suspensão das ações individuais (com ressalva de execuções fiscais e trabalhistas), suspensão condicional da fluência de juros, exigibilidade antecipada de créditos e suspensão da prescrição;

(*b*) *quanto ao falido*: assinalam-se deveres de prestar informações, contribuir com o juízo falimentar, acompanhar a arrecadação e avaliação dos bens (art. 108, § 2º, da LREF) e fiscalizar a falência (art. 103, parágrafo único, da LREF) e obedecer às ordens judiciais, sob pena de crime de desobediência (art. 104, parágrafo único, da LREF);

(*c*) *quanto aos bens do falido*: o patrimônio da massa falida é arrecadado, tornando-se patrimônio afetado ao pagamento da dívida, com a ressalva de bens de terceiros sujeitos a restituição e impenhoráveis (art. 108, § 4º, da LREF), como o bem de família;

(*d*) *quanto aos contratos do falido*, se forem unilaterais, poderão ser cumpridos pelo administrador judicial, mediante autorização do Comitê de Credores, se o cumprimento reduzir ou evitar o aumento do passivo da massa falida ou for necessário à manutenção e preservação de seus ativos (art. 118 da LREF); se forem bilaterais, o art. 117 prevê que o cumprimento está condicionado à autorização do Comitê e à redução ou ao impedimento do aumento da massa falida ou ainda à preservação dos ativos.

5.2.1.2. Indenização por pedido abusivo

O reconhecimento da insolvência de empresário ou de sociedade empresária é muito grave, porque causa o rompimento de uma organização econômica e a instabilidade de uma série de contratos e relações jurídicas do falido. Conforme já se afirmou, a ação de falência não é instrumento de cobrança e nem tampouco sucedâneo do processo de execução individual. Por último, não se pode permitir o exercício abusivo do direito de ação e de pleitear a falência de devedor, porquanto esse expediente possa representar instabilização de atividade empresarial, prejuízo a concorrente e dúvidas quanto ao crédito da empresa.

Em função de todos esses fatores, a lei penaliza o credor que abusar do uso da ação de falência, caracterizando-a como ilícito passível de reparação de danos. Conforme prescrito no art. 101 da LREF, "quem por dolo requerer a falência de outrem será condenado, na sentença que julgar improcedente o pedido, a indenizar o devedor, apurando-se as perdas e danos em liquidação de sentença". A responsabilidade é subjetiva, poderá ser solidária (se vários forem os autores do pedido falimentar – art. 101, § 1º) e somente admite a hipótese dolosa – ou seja, com intenção deliberada de prejuízo ao devedor.

O pleito indenizatório poderá (*a*) ser deduzido em pretensão específica da própria contestação "conexa com a ação principal ou com o fundamento da defesa", conforme determina o art. 343 do CPC, ou (*b*) ser feito em ação própria (art. 101, § 2º, da LREF).

5.2.2. Habilitação de créditos

A habilitação de créditos deve ser promovida no prazo de 15 dias, contados da publicação do edital determinada pela sentença que decreta a falência (art. 99, parágrafo único e art. 7º, § 1º, da LREF). Observe-se que, processualmente, houve uma primeira fase de decretação da falência e formação do título executivo judicial universal para todos os credores; em seguida, inaugura-se a fase das habilitações, com sentenças individuais para cada um daqueles que se beneficiária da sentença de quebra com a formação do quadro geral de credores. Em seguida, inaugura-se a fase das habilitações: primeiro com a habilitação e diver-gências no prazo de 15 dias perante o Administrador Judicial (arts. 7º, §1º e 9º, da LREF); em seguida com impugnação judicial em 10 dias e com sentenças individuais para cada um dos credores que atacar a legitimidade, importância e classificação do crédito (arts. 7º, §2º e 8º, da LREF).

Após o transcurso do prazo, as habilitações de crédito serão recebidas como retardatárias, com as consequências do art. 10, § 3º, da LREF e o pedido de reserva de fundos, o § 4º do mesmo artigo. Entretanto, a habilitação de crédito intempestiva, após a homologação do quadro geral, não exclui o credor retardatário dos rateios posteriores ao seu ingresso, tampouco prejudica a preferência que ostenta o crédito que tituariza. Assim, autoriza-se posterior modificação do quadro geral para inserção do crédito na ordem do art. 83 da LREF, ainda que já satisfeitos todos os credores de sua classe.

O crédito habilitado poderá ser impugnado, em procedimento incidental, quanto à sua legitimidade, ao valor e à classificação almejada, com legitimação ativa para o próprio falido, administrador, representante do Ministério Público, sócios e credores que já ofereceram declarações de créditos. Da decisão que julgar as habilitações de crédito caberá recurso de apelação.

No momento do pagamento, se ficar constatado o dolo ou má-fé na constituição do crédito ou da garantia, os credores restituirão em dobro as quantias recebidas, acrescidas dos juros legais (art. 152 da LREF).

5.2.3. Falência pedida pelo próprio devedor como dever

Alguns elementos da presente obra indicam que há um dever de pedir a própria falência para a proteção do crédito. A atividade empresarial é demarcada pelo princípio da confiança e do risco de atividade [t. I, §2, i. 2.3], não sendo admissível que a situação de insolvência seja agravada em prejuízo dos credores. Além disso, são temerárias as atividades subcapitalizadas [t. II, §3, i. 4.1.3], porque o excesso de capital de terceiros pode tornar desproporcional a relação entre estrutura de capital e o risco empresarial próprio (ECKHOLD, 2002, p. 35). Pode-se pensar, em igual medida, em deveres dos empresários em relação aos credores [t. II, §3, i. 6.2], de modo que a ser recomendável que não promova negócios temerários e que arraste os credores para os problemas do processo falimentar. A falência acaba sendo um filtro de viabilidade econômica (DINIZ, 2016, p. 126) para a permanência de estrutura dimensionada para riscos e para o cumprimento de um comando de "recapitaliza ou liquida", evitando-se a transferência de riscos a terceiros. SCALZILLI, SPINELLI, TELLECHEA, 2017, propõem, por outro lado, que o legislador deixou ao critério do devedor e da casuística a conveniência do pedido da falência pelo próprio devedor (SCALZILLI, SPINELLI, TELLECHEA, 2017, p. 517) e MANOEL JUSTINO BEZERRA FILHO reforça a imposição de obrigação legal, ressalvado o cuidado com as operações fraudulentas (BEZERRA FILHO, 2021, p. 439).

Há posicionamentos contrários ao dever, por não haver específica sanção (COELHO, 2005, p. 295), entretanto, a função protetiva do crédito seria melhor observada com a imputação de dever de redução dos riscos em caso de insolvência (FRANCO, 2007, p. 408).

Não é desarrazoado interpretar a legislação falimentar a partir do dever de pedir a própria falência, retirando-se interpretação e aplicação a partir do art. 97, inciso I e art. 105 da LREF. A dissolução da atividade empresarial a partir da falência implica a cessação da atividade, a transferência dos ativos para tutela estatal e, principalmente, o óbice para o aumento dos débitos da falida.

A tradição do nosso direito se revela na análise que CARVALHO DE MENDONÇA faz da Lei nº 2.024, de 17 de dezembro de 1908: "faltando pagamento de *obrigação comercial*, o primeiro dever, que a lei impõe ao devedor, pessoa natural ou sociedade mercantil, é requerer a declaração judicial da sua falência" (CARVALHO DE MENDONÇA, 1954, p. 279). Associa aos argumentos a existência de uma obrigação legal de denunciar o estado de falência para evitar "expedientes ruinosos" para os credores (REQUIÃO, 1980, p. 87).

Por esses argumentos, o art. 105 da LREF foi redigido com o modal *o devedor deverá requerer a própria falência* para evitar a transferência de riscos para o mercado e a imputação de responsabilidade aos controladores em razão da subcapitalização material superveniente (DINIZ, 2016, p. 131).

Acrescente-se a análise de poder específico do controlador previsto no art. 122, parágrafo único, da LSA, que pode determinar aos administradores a confissão de falência, submetendo a decisão a posterior ratificação pela assembleia. Havendo esse poder e todos os deveres circunscritos à condição de controlador [*t. II, §3, i. 3.5*], o dever de pedir a falência torna-se medida para evitar o aumento de prejuízos aos credores.

Em reforço de argumentos, no direito inglês há o *standard* mencionado como *wrongful trading*, que impõe aos administradores da controladora o dever positivo de atuação para limitar ao máximo as perdas dos credores (sec. 214, 3, do *Insolvency Act* de 1986). Não se faz averiguação de intento de fraude (*fraudulent trading*), mas significa, na prática, uma imediata liquidação para evitar perdas maiores, imputando responsabilidade ao administrador. Naturalmente que se trata de instituto de difícil compreensão – e transporte – para o direito brasileiro, tendo em vista a falta de elemento de direito positivo para penalização do administrador em relação ao momento específico de inevitabilidade da insolvência (sec. 214, 2, 1, b, *Insolvency Act*), mas pode indicar pressuposto interessante para redução de dramáticas situações de insolvência, pioradas sobremaneira com a continuidade de atividades insustentáveis (DINIZ, 2016, p. 128).

No direito alemão, o §15a, Abs. 1, da *InsO* consolida obrigação de pleitear a falência em caso de insolvência ou sobre-endividamento, no prazo de até três semanas após o surgimento do estado fático de incapacidade de pagamentos.

Semelhante dever, com prazo mais dilatado, se encontra no art. 5, 1, da *Ley Concursal* da Espanha: "El deudor deberá solicitar la declaración de concurso dentro de los dos meses siguientes a la fecha en que hubiera conocido o debido conocer su estado de insolvencia".

No ordenamento italiano, o art. 217, 4, na tipificação de crimes, arrola o agravamento da insolvência pela abstenção de pleitear a própria falência. No direito português também é possível extrair esse dever, conforme prevê o art. 18º, 1, do CIRE: "Dever de apresentação de insolvência (...). 1 – O devedor deve requerer a declaração da sua insolvência dentro dos 30 dias seguintes à data do conhecimento da situação de insolvência (...)".

Todos os dispositivos confirmam o tratamento do pedido da própria falência como dever sancionável.

Jurisprudência

TJSP – 1ª Câm. Reservada de Direito Empresarial – AI nº 2149528-84.2017.8.26.0000 – Rel. Des. Cesar Ciampolini – j. 20/06/2018: "Convolação de recuperação judicial em falência. Agravo de instrumento de credores. Provas da reiterada mora no cumprimento das obrigações do plano de reestruturação durante o biênio de supervisão, sendo que sequer os créditos trabalhistas foram quitados, a despeito do comando do art. 54 da Lei de Recuperações e Falências. Atrasos na implementação de medidas necessárias para a recuperação – que se arrasta há mais de 8 anos – que são imputáveis às recuperandas. Relatórios da administradora judicial, atestando a falta de atividade produtiva. Inviabilidade econômica que, desse modo, torna imperioso o decreto de quebra, na medida em que não há empresas a preservar. "Princípio complementar" na Lei 11.101/2005, de retirada do mercado da empresa inviável (LUÍS FELIPE SPINELLI e outros). Manutenção da decisão agravada. Agravo de instrumento desprovido".

TJSP – 35ª Câm. de Dir. Priv. – AI nº 1.161.017-0/8 – rel. Des. Manoel Justino Bezerra Filho – j. 17/03/2008: "Desconsideração da personalidade jurídica – Sociedade limitada por quotas, 'fechada' de fato – Dívidas remanescentes – Possibilidade de desconsideração – Inclusão dos sócios no polo passivo da execução. – O 'fechamento de fato' da sociedade empresária, com a cessação de suas atividades sem a correspondente baixa no registro do comércio, constitui atitude que pode permitir a aplicação da teoria da desconsideração. Age de forma lícita a sociedade empresária que faz a "baixa" regular de sua inscrição na Junta, cessando formalmente suas atividades; alternativamente, se não tiver condições de efetuar tal 'baixa' (v.g., por ter dívidas em aberto), deve valer-se do art. 105 da Lei 11.101/05, a Lei de Recuperação e Falências, e requerer sua autofalência, na qual explicitará as causas de sua derrocada, salvaguardando assim seu patrimônio pessoal ao comprovar a inexistência de atos ilícitos, ao demonstrar que a falência foi apenas resultado do natural risco da atividade empresarial. – Agravo provido, v.u.".

TJSP – 27ª Câm. Dir. Priv. – AI nº 2168232-19.2015.8.26.0000 – Des. Sergio Alfieri – j. 01/03/2016: "(...) Ação de cobrança. Descumprimento de acordo celebrado pelas partes e homologado judicialmente. Decisão que deferiu pedido de desconsideração da personalidade jurídica da empresa devedora. Encerramento informal da empresa agravada sem a quitação do débito. Conduta que faz presumir a confusão patrimonial ou o desvio de finalidade, pressupostos necessários à extensão dos efeitos decorrentes do título executivo judicial aos sócios. Ausência de comprovação de pedido de autofalência para eximir a responsabilidade patrimonial dos sócios, na forma do art. 105 da Lei nº 11.101/05. Inteligência do art. 592, inciso II, do CPC. Precedente do C. STJ (...)".

TJSP – 1ª Câm. Reservada de Direito Empresarial – AP nº 1048373-17.2015.8.26.0100 – Rel. Des. Enio Zuliani – j. 03/03/2016: "Autofalência. Devedor que admite ter ativo superior ao passivo. Inviabilidade de aplicação do art. 105, da Lei 11.101/2005. Pedido corretamente indeferido. Não provimento".

TRF 3ª R. – 3ª T. – AI nº 0028527-15.2015.4.03.0000 – Rel. Des. Fed. Antonio Cedenho – *DJe* 02.06.2017: "(...) V – Os administradores, num ambiente de insolvabilidade, têm a obrigação de requerer a falência da sociedade empresária, possibilitando a arrecadação do ativo remanescente e a cobertura proporcional do passivo. VI – Quando a organização empresarial deixa de funcionar no domicílio contratual, existe a presunção de que os membros dos órgãos administrativos descumpriram aquele dever e causaram a propagação dos bens sociais em proveito próprio. VII – O oficial de justiça, ao comparecer à sede de Maxigás Auto Posto Ltda. para exigir o pagamento de multa por infração às normas da ANP, não localizou o representante legal, nem bens passíveis de penhora. VIII – Há um ambiente de dissolução irregular, de confusão patrimonial, que justifica a inclusão do sócio gerente no polo passivo da execução (...)".

5.2.4. Pedido de restituição

O processo falimentar tem a concomitante função de arrecadar de ativos do devedor e satisfazer o passivo coletivo em concurso de credores. Todavia, pode acontecer a arrecadação de bens que não sejam pertencentes ao devedor ou com propriedade duvidosa e que esteja em poder do devedor na data da decretação da falência (BEZERRA FILHO, 2015, p. 100; SCALZILLI, SPINELLI, TELLECHEA, 2017, p. 735). Nesses casos, a LREF prevê a possibilidade de pedido de restituição, conforme art. 85 da LREF: "O proprietário de bem arrecadado no processo de falência ou que se encontre em poder do devedor na data da decretação da falência poderá pedir sua restituição". O rito também é válido para: pedido de coisa vendida a crédito, financiando o devedor nos 15 dias anteriores ao requerimento da falência, de modo a proteger aquele que recentemente vendeu ao devedor e se viu prejudicado pela quebra; pedido de restituição de contrato de adiantamento de câmbio, em razão da antecipação de valores ao devedor exportador, conforme prevê o art. 75, §3º, da Lei nº 4.728/65, especialmente para permitir o pagamento das linhas de crédito especial que deram origem ao adiantamento de valores para proteção cambial.

A restituição será preferencialmente do mesmo bem, com suspensão de disponibilidade até resolução do pedido com trânsito em julgado (art. 91 da LREF). Entretanto, poderá ser em dinheiro, conforme art. 86 da LREF, se a coisa não mais existir ao tempo do pedido de restituição, se se tratar de importância derivada de contrato de adiantamento de câmbio para exportação e em caso de valores entregues ao devedor pelo contratante de boa-fé na hipótese de revogação ou ineficácia do contrato (art. 136 da LREF). Há, contudo, condição específica para a restituição em dinheiro e consiste na necessidade de pagamento de créditos trabalhistas de natureza estritamente salarial vencidos nos 3 meses anteriores à decretação da falência, até o limite de 5 salários mínimos por trabalhador e que serão pagos tão logo haja disponibilidade em caixa (arts. 86, parágrafo único e 151 da LREF) e para as Fazendas Públicas em relação a tributos passíveis de retenção na fonte ou descontados de terceiros e não recolhidos. Caso não haja recurso suficiente para diversos pedidos de restituição em dinheiro, ocorrerá rateio proporcional (art. 91, parágrafo único, da LREF).

Diante desses fundamentos, o pedido de restituição é procedimento específico que tramita perante o juízo da falência, mas em autuação separada. Deverá descrever a coisa reclamada e o juiz, em seguida, intima as partes interessadas para se manifestarem em 5 dias, valendo como contestação a oposição ofertada à restituição do bem reclamado (art. 87 da LREF). Após eventual instrumento, o juiz decide por sentença e caso decida pela restituição determinará a entrega da coisa no prazo de 48 horas para a devolução (art. 88 da LREF). Se negar a restituição, o crédito do reclamante será arrolado de acordo com a ordem geral de preferências [t. V, §4, i. 3.1] (art. 89 da LREF).

Da sentença que julgar o pedido de restituição caberá apelação sem efeito suspensivo (art. 90 da LREF), com necessidade de caução caso o autor do pedido de restituição pretenda o recebimento em cumprimento provisório da sentença.

Em casos em que o pedido de restituição não tenha pertinência, ainda se permitem os embargos de terceiro (art. 93 da LREF e art. 674 do CPC).

Jurisprudência

STJ – Súmula nº 36: A correção monetária integra o valor da restituição, em caso de adiantamento de câmbio, requerida em concordata ou falência.

STJ – Súmula nº 307: A restituição de adiantamento de contrato de câmbio, na falência, deve ser atendida antes de qualquer crédito.

STJ – 3ª T. – REsp nº 1.317.749/SP – Rel. Min. Nancy Andrighi – *DJe* 28.11.2013: "(...) Assim como ocorre na falência, é cabível o pedido de restituição de adiantamento de contrato de câmbio formulado por instituição financeira contra sociedade cooperativa em regime de liquidação judicial. A presença, nos dois institutos, da mesma identidade estrutural e teleológica, aliada às características da operação de crédito contratada, torna possível o uso da analogia para o deslinde da controvérsia".

STJ – 3ª T. – REsp nº 628.712/DF – Rel. Min. Carlos Alberto Menezes Direito – *DJU* 10.04.2006: "(...) 1. Aplica-se o art. 78, § 3º, do Decreto-Lei nº 7.661/1945 no caso de restituição de parcelas decorrentes de adesão a grupo de consórcio diante da falência da administradora. O princípio de regência é a igualdade dos credores da mesma classe, a exigir, portanto, que seja considerada a disponibilidade de recursos da massa e, em caso de insuficiência, a realização do rateio".

STJ – 3ª T. – REsp nº 1.350.525 – Rel. Min. Nancy Andrighi – j. 20/06/2013: "(...) 1. A Antecipação sobre Contrato de Câmbio é pacto adjeto ao contrato de câmbio de exportação, pelo qual se ajusta a antecipação do preço, elemento do contrato de compra e venda de moeda estrangeira, que será adquirida pelo banco com o qual previamente se havia contratado a operação de câmbio. 2. Sua celebração independe da entrega dos documentos de exportação, uma vez que pode ser aperfeiçoada com longo prazo de antecedência ao embarque, com fim de financiar a produção de bens e serviços destinados ao comércio internacional. 3. A descaracterização do ACC, reconhecendo-o como mero contrato de mútuo bancário, requer a demonstração probatória do desvio de finalidade, inclusive com auxílio de perícia técnica (...)".

5.2.5. Ineficácia e revogação de atos praticados antes da falência

A sentença que decreta a quebra fixa interregno de tempo denominado *termo legal da falência*, com o objetivo de determinar período em que atos e negócios praticados pelo devedor falido podem ser considerados suspeitos (art. 99, inciso II, da LREF).

A razão de tal preceito é que o processo falimentar precisa permitir eficiente arrecadação de bens, desfazer negócios celebrados em prejuízo dos ativos patrimoniais, coibir fraudes e evitar prejuízos à formação da massa falida por conta de contratos feitos em estado pré-falimentar (SCALZILLI, SPINELLI, TELLECHEA, 2017, p. 761).

A técnica utilizada para esses objetivos foi de afastar a *eficácia* dos negócios suspeitos ou feitos no interregno do termo legal da falência. Cuida-se de opção da LREF para dar maior efetividade à recuperação de ativos, já que na legislação anterior era preciso sempre ajuizar ação para revogação dos atos suspeitos. Interessante notar que a LREF erigiu sistema que não coincide com o regime de invalidade e de ineficácia previstas no CC, porquanto seja especialmente concebido para negócios celebrados por empresários em estado pré-falimentar, com mitigação o papel do terceiro de boa-fé e "para defesa dos credores contra atos prejudiciais a seus interesses" (SCALZILLI, SPINELLI, TELLECHEA, 2017, p. 766).

Estruturam-se na LREF duas categorias: *atos ineficazes*[a] e *atos revogáveis*[b]: (*a*) O instrumental das regras da LREF é considerar objetivamente *ineficazes* atos lesivos à massa falida, com possibilidade de declaração de ofício pelo juiz, alegação em defesa ou pleiteada mediante ação própria ou incidentalmente no curso do processo (art. 129 da LREF). (*b*) A ação *revocatória* será cabível somente nos casos em que a ineficácia dependa da apuração de elemento subjetivo intencional de fraudar os credores (art. 130 da LREF).

Assim, são ineficazes perante a massa falida, tenha ou não o contratante conhecimento do estado de crise econômico-financeira do devedor, seja ou não intenção deste fraudar credores (art. 129 da LREF): I – o pagamento de dívidas não vencidas realizado pelo devedor *dentro do termo legal*, por qualquer meio extintivo do direito de crédito, ainda que pelo desconto do próprio título; II – o pagamento de dívidas vencidas e exigíveis realizado *dentro do termo legal*, por qualquer forma que não seja a prevista pelo contrato; III – a constituição de direito real de garantia, inclusive a retenção, *dentro do termo legal*, tratando-se de dívida contraída anteriormente; se os bens dados em hipoteca forem objeto de outras posteriores, a massa falida receberá a parte que devia caber ao credor da hipoteca revogada; IV – a prática de atos a título gratuito, desde 2 anos antes da decretação da falência; V – a renúncia à herança ou a legado, até 2 anos antes da decretação da falência; VI – a venda ou transferência de estabelecimento feita sem o consentimento expresso ou o pagamento de todos os credores, a esse tempo existentes, não tendo restado ao devedor bens suficientes para solver o seu passivo, salvo se, no prazo de 30 dias, não houver oposição dos credores, após serem devidamente notificados, judicialmente ou pelo oficial do registro de títulos e documentos; VII – os registros de direitos reais e de transferência de propriedade entre vivos, por título oneroso ou gratuito, ou a averbação relativa a imóveis realizados após a decretação da falência, salvo se tiver havido prenotação anterior.

Portanto, o rol exaustivo do art. 129 da LREF contempla casos de pagamentos que podem ser interpretados como privilegiados, já que ocorridos durante do termo legal da falência e com geração de preferência indireta ao credor que recebeu em antecipação. Também são ineficazes movimentações patrimoniais gratuitas ou onerosas que possam prejudicar a formação da massa, além da concessão de direitos reais de garantia. A ressalva, todavia, são os pagamentos de dívidas, concessão de garantias e venda de estabelecimento previstos e realizados na forma definida no plano de recuperação judicial, que não serão declarados ineficazes ou revogados (art. 131 da LREF) para preservar a segurança do próprio plano aprovado em assembleia geral de credores (art. 131 da LREF) e a segurança jurídica de quem recebeu valores e adquiriu bens com respaldo no processo recuperacional.

A segunda categoria é dos atos revogáveis. "São revogáveis os atos praticados com a intenção de prejudicar credores, provando-se o conluio fraudulento entre o devedor e o terceiro que com ele contratar e o efetivo prejuízo sofrido pela massa falida" (art. 130 da LREF). Torna-se imprescindível o ajuizamento da ação revocatória ou pauliana, pelo administrador judicial, credores ou pelo Ministério Público, com apresentação, na causa de pedir, (*a*) do elemento anímico subjetivo do *consilium fraudis* e (*b*) da efetiva demonstração de que o devedor e o terceiro celebraram a avença para prejudicar o pagamento dos demais credores, ainda que seja decorrente de decisão judicial (art. 138 da LREF) (SCALZILLI, SPINELLI, TELLECHEA, 2017, p. 814). A ação poderá ser proposta em desfavor: I – de todos os que figuraram no ato ou que por efeito dele foram pagos, garantidos ou beneficiados; II – dos terceiros adquirentes, se tiveram conhecimento, ao se criar o direito, da intenção do devedor de prejudicar os credores; III – dos herdeiros ou legatários das pessoas de quem recebeu o pagamento ou de terceiros adquirentes em conluio (art. 133 da LREF).

O foro competente é o do juízo universal da falência e a ação, por ser desconstitutiva, tem o prazo decadencial de 3 anos contados da decretação da quebra (arts. 132 e 134 da LREF). Cabem as tutelas de urgência do CPC (art. 137 da LREF e art. 300 do CPC).

Ao julgar procedente o pedido, a sentença desconstitui o negócio, remete as partes ao estado anterior e determina o retorno dos bens à massa falida em espécie, com todos os acessórios, ou o valor de mercado, acrescidos das perdas e danos (art. 135 da LREF). O terceiro poderá interpor apelação, mas se a revogação se consolidar, o contratante de boa-fé terá direito à restituição dos bens ou valores entregues ao devedor, além de perdas e danos (art. 136 da LREF), com habilitação posterior na massa falida.

Jurisprudência

STJ – 4ª T. – AgInt-Ag-REsp nº 901.010 – Rel. Min. Luis Felipe Salomão – DJe 29.08.2016: "(...) Se o ato impugnado subsume-se a uma das hipóteses previstas no art. 52 da Lei de Falência revogada – art. 129 da Lei nº 11.101/2005 –, mostra-se desnecessária a comprovação do *consilium fraudis*, tendo em vista a lei prever como consequência *juris et de jure* sua ineficácia em relação à massa (...)".

STJ – 4ª T. – AgRg-EDcl-REsp nº 1.210.624 – Rel. Min. Marco Buzzi – DJe 18.03.2016: "(...) 1. Segundo a jurisprudência do STJ, a alienação de imóvel necessário ao desenvolvimento da atividade empresarial da falida é ineficaz em relação à massa falida, nos termos do art. 52, VIII, da Lei de Falências. Precedentes: REsp 628.860/SP, Rel. Min. Cesar Asfor Rocha, DJ 07.06.2004; REsp 633.179/MT, Rel. Min. Luis Felipe Salomão, DJe 01.02.2011; REsp 515.143/SP, Rel. Min. Raul Araújo, DJe 02.06.2014 (...)".

STJ – 4ª T. – REsp nº 1.119.969 – Rel. Min. Luis Felipe Salomão – j. 15/08/2013: "(...) 1. 'Os atos considerados ineficazes pela Lei de Falências não produzem qualquer efeito jurídico perante a massa. Não são atos nulos ou anuláveis, ressalte-se, mas ineficazes. Quer dizer, sua validade não se compromete pela lei falimentar. Embora de alguns deles até se pudesse cogitar de invalidação por vício social, nos termos da lei civil. Por isso, os atos referidos pela Lei de falências como ineficazes diante da massa falida produzem, amplamente, todos os efeitos para os quais estavam preordenados em relação aos demais sujeitos de direito' (COELHO, Fábio Ulhoa. Comentários à lei de falências e de recuperação de empresas. 8. ed. São Paulo: Saraiva,

2011. p. 461). (...) 3. Por expressa previsão legal, a ação revocatória pode ser ajuizada contra todos os que figurarem no ato impugnado, ou que, por efeito dele, foram pagos, garantidos ou beneficiados (art. 55, parágrafo único, inciso I, do Decreto-Lei nº 7.661/1945). Há peculiaridades do caso concreto que conduzem à constatação de solidariedade passiva dos responsáveis pelo dano – os autores, coautores e partícipes de ato ilícito (art. 942, parágrafo único, do CC/2002, e art. 1.518, parágrafo único, do CC/1916). Nessa linha de raciocínio, por ter a massa falida a faculdade de deduzir sua pretensão em face de qualquer um dos legitimados passivos e exigir de um ou de alguns o cumprimento da totalidade da obrigação, tornam-se incompossíveis a solidariedade passiva e o litisconsórcio necessário. Como já se decidiu em precedente da Casa, 'a possibilidade de escolha de um dos devedores solidários afasta a figura do litisconsórcio compulsório ou necessário por notória antinomia ontológica, porquanto, o que é facultativo não pode ser obrigatório' (REsp 1145146/RS, Rel. Min. Luiz Fux, 1ª Seção, Julgado em 09.12.2009) (...)".

STJ – 4ª T. – REsp nº 1.180.191 – Rel. Min. Luis Felipe Salomão – j. 05/04/2011: "(...) 1. A desconsideração da personalidade jurídica não se assemelha à ação revocatória falencial ou à ação pauliana, seja em suas causas justificadoras, seja em suas consequências. A primeira (revocatória) visa ao reconhecimento de ineficácia de determinado negócio jurídico tido como suspeito, e a segunda (pauliana) à invalidação de ato praticado em fraude a credores, servindo ambos os instrumentos como espécies de interditos restitutórios, no desiderato de devolver à massa, falida ou insolvente, os bens necessários ao adimplemento dos credores, agora em igualdade de condições (arts. 129 e 130 da Lei nº 11.101/2005 e art. 165 do Código Civil de 2002). 2. A desconsideração da personalidade jurídica, a sua vez, é técnica consistente não na ineficácia ou invalidade de negócios jurídicos celebrados pela empresa, mas na ineficácia relativa da própria pessoa jurídica – *rectius*, ineficácia do contrato ou estatuto social da empresa –, frente a credores cujos direitos não são satisfeitos, mercê da autonomia patrimonial criada pelos atos constitutivos da sociedade. 3. Com efeito, descabe, por ampliação ou analogia, sem qualquer previsão legal, trazer para a desconsideração da personalidade jurídica os prazos decadenciais para o ajuizamento das ações revocatória falencial e pauliana (...)".

STJ – 4ª T. – REsp nº 806.044 – 4ª T. – Rel. Min. Luis Felipe Salomão – j. 06/04/2010: "(...) 1. A alienação de bem pertencente à falida, realizada dentro do termo legal, mas antes da decretação da quebra, não se subsume ao art. 52, inciso VII, da antiga Lei de Falências, mas, eventualmente, ao art. 53, dependendo a ineficácia do negócio, em relação à massa, de prova da ocorrência de fraude a credores. 2. A interpretação sistemática do *caput* do art. 52 e do seu inciso VII da antiga Lei de Falências conduz à conclusão de que somente as transcrições de transferência de propriedade realizadas após a quebra serão tidas por objetivamente ineficazes em relação à massa, 'tenha ou não o contratante conhecimento do estado econômico do devedor, seja ou não intenção deste fraudar credores' 3. Recurso especial parcialmente conhecido, e, na extensão, provido".

TJSP – 2ª Câmara Reservada de Direito Empresarial – Ap. nº 0016675-78.2013.8.26.0100 – Rel. Des. Fabio Tabosa – j. 25/06/2018: "Falência. Demanda declaratória de ineficácia de ato praticado anteriormente à quebra. Adjudicação judicial de bens móveis promovida no âmbito de execução singular ajuizada contra a empresa posteriormente falida, em data alcançada pelo termo legal da falência. Hipótese que não se confunde com pagamento por meio diverso do pactuado, tal qual previsto no art. 129, II, da Lei nº 11.101/2005. Dispositivo legal que pressupõe ato voluntário do devedor. Expropriação em execução forçada que não tem natureza de pagamento e tampouco deriva da vontade ou de colaboração do devedor. Fundamento insuficiente ao reconhecimento da ineficácia. Vício reconhecido no entanto quanto ao fato de ter sido promovida a adjudicação na pendência de processo de recuperação judicial requerida pela executada, enquanto ainda vigente o *stay period*. Execução suspensa, em que não poderia ter praticado o ato. Art. 6º, *caput* e § 4º, da Lei nº 11.101/2005. Irrelevância do deferimento anterior, por decisão nos autos da execução, da adjudicação. Auto de adjudicação que foi lavrado na pendência do *stay*. Adjudicação que somente aí se consumou. Art. 694 do CPC/73. Transferência de bens, que inclusive foram retirados da posse da devedora, que acabou por inviabilizar a recuperação, resultando na quebra. Credor beneficiado pela indevida expropriação que deve repor à Massa o prejuízo causado. Ineficácia reconhecida, sem desconstituição da adjudicação mas com determinação à credora de pagamento do equivalente em pecúnia. Descabimento da compensação dessa reposição para com o crédito de titularidade da credora. Hipótese que não se confunde com a previsão do art. 122, caput, da Lei nº 11.101/2005. Sentença de procedência confirmada. Apelo da ré desprovido".

6. ARRECADAÇÃO E CUSTÓDIA DE BENS

Compete ao administrador judicial nomeado pelo juiz na sentença arrecadar os bens e documentos e realizar a avaliação dos bens, separadamente ou em bloco, no local em que se encontrem, requerendo ao juiz, para esses fins, as medidas necessárias (art. 108 da LREF). Será lavrado auto com esse conteúdo e o inventário dos bens (art. 111 da LREF).

A guarda dos bens deverá ser feita pelo administrador ou por pessoas indicadas como depositárias, inclusive o próprio devedor (art. 108, § 1º, da LREF).

Conforme o caso, a lacração do estabelecimento pode se revelar medida do interesse da massa falida e da preservação dos bens da massa falida ou dos interesses dos credores (art. 109 da LREF), assim também a remoção dos bens (art. 112 da LREF).

Sempre com vistas à preservação dos interesses da massa falida e dos credores, medidas eficientes de alienação de ativos e preservação de bens deterioráveis podem ser tomadas. Numa delas, o juiz poderá autorizar os credores, de forma individual ou coletiva, em razão dos custos e no interesse da massa falida, a adquirir ou adjudicar, de imediato, os bens arrecadados, pelo valor da avaliação, atendida a regra de classificação e preferência entre eles, ouvido o Comitê (art. 111 da LREF). Também poderá autorizar venda antecipada de bens perecíveis, deterioráveis, sujeitos à considerável desvalorização ou que sejam de conservação arriscada ou dispendiosa, após a arrecadação e a avaliação (art. 113 da LREF).

Finalmente, admite a LREF que o administrador proponha, com autorização do Comitê de Credores, celebração de contrato de locação ou outros negócios referentes aos bens da massa falida, tendo por escopo a produção de rendimentos para a massa falida, enquanto não forem pagos os credores (art. 114 da LREF). Leva-se em conta a oportunidade e pertinência do negócio, porque é preciso levar em consideração a realização do ativo com potencial venda do bem e desinteresse do adquirente na manutenção da locação. Em função dessa característica, a lei ressalva expressamente a ausência de direito de preferência na compra do bem e a possibilidade de alienação a qualquer tempo, sem direito a multa (art. 114, §§ 1º e 2º, da LREF).

Se não forem encontrados ativos, o administrador deve informar o juiz, que publicará edital para manifestação de credores interessados no prazo de 10 dias. No silêncio, a falência é encerrada. Todavia, poderão os credores recolher as custas processuais e os honorários do administrador judicial e requerer o prosseguimento do processo, caso entendam haver bens ou valores a recuperar para satisfação do concurso creditício (art. 114-A da LREF).

Jurisprudência

TJSP – 4ª Câm. Dir. Público – AI nº 2030280-90.2018.8.26.0000 – Rel. Des. Luis Fernando Camargo de Barros Vidal – j. 07/05/2018: "Agravo de instrumento. Desapropriação. Transferência do valor da indenização para o juízo da falência. Preservação da competência do juízo falimentar para classificar créditos e realizar pagamentos, inclusive ao portador de crédito tributário. Art. 83 da Lei nº 11.101/05. Decisão mantida. Recurso improvido".

7. CONSEQUÊNCIAS DA DECRETAÇÃO DA QUEBRA

7.1. Inabilitação empresarial, dos direitos e deveres do Falido

Três efeitos quanto ao falido devem ser destacados: (*a*) inabilitação; (*b*) perda de administração dos bens; (*c*) deveres.

(*a*) Com a decretação da falência, o falido fica *inabilitado* para exercer qualquer atividade empresarial, com duração desse estado até a sentença que extingue as obrigações como falido. Tal sentença é produzida pelo juiz ao final da falência e a inabilitação perdurará por até 5 anos após a extinção da punibilidade em caso de eventual condenação por crime falimentar, salvo reabilitação penal.

Findo o período de inabilitação, o falido poderá requerer ao juiz da falência que proceda à respectiva anotação junto ao RPEM.

(*b*) Outro efeito é a *perda da administração e direito de disposição de bens* pelo devedor (art. 103 da LREF), mantendo o seu direito à fiscalização da administração da falência.

(*c*) Finalmente, são impostos *deveres* ao falido, sob pena de crime de desobediência (art. 104 da LREF): I – assinar termo de comparecimento diretamente com o administrador judicial que constará: a) as causas determinantes da sua falência, quando requerida pelos credores; b) tratando-se de sociedade, os nomes e endereços de todos os sócios, acionistas controladores, diretores ou administradores, apresentando o contrato ou estatuto social e a prova do respectivo registro, bem como suas alterações; c) o nome do contador encarregado da escrituração dos livros obrigatórios; d) os mandatos que porventura tenha outorgado, indicando seu objeto, nome e endereço do mandatário; e) seus bens imóveis e os móveis que não se encontram no estabelecimento; f) se faz parte de outras sociedades, exibindo respectivo contrato; g) suas contas bancárias, aplicações, títulos em cobrança e processos em andamento em que for autor ou réu; II – entregar ao administrador os seus livros obrigatórios e demais instrumentos de escrituração, que os encerrará por termo; III – não se ausentar do lugar onde se processa a falência sem motivo justo e comunicação expressa ao juiz, e sem deixar procurador bastante, sob as penas cominadas na lei; IV – comparecer a todos os atos da falência, podendo ser representado por procurador, quando não for indispensável sua presença; V – entregar ao administrador, para arrecadação, todos os bens, papeis, documentos e senhas de acesso a sistemas contábeis, financeiros e bancários, bem como indicar aqueles que porventura estejam em poder de terceiros; VI – prestar as informações reclamadas pelo juiz, administrador judicial, credor ou Ministério Público sobre circunstâncias e fatos que interessem à falência; VII – auxiliar o administrador judicial com zelo e presteza; VIII – examinar as habilitações de crédito apresentadas; IX – assistir ao levantamento, à verificação do balanço e ao exame dos livros; X – manifestar-se sempre que for determinado pelo juiz; XI – apresentar ao administrador judicial a relação de seus credores, em arquivo eletrônico, no dia em que prestar as declarações relativas a causa da falência e demais previstas no art. 104, inciso I, da LREF; XII – examinar e dar parecer sobre as contas do administrador judicial.

Jurisprudência

STJ – 3ª T. – REsp nº 763.983 – Rel. Min. Nancy Andrighi – *DJU* 28.11.2005: "A obrigação conferida ao falido pelo art. 34, III, da antiga Lei de Falências e repetida pelo art. 104, III, da Lei nº 11.101/2005 não tem caráter de pena, visando, ao contrário, simplesmente facilitar o curso da ação falimentar, pela garantia de que o falido estará disponível para esclarecimentos e para participar dos atos que dele dependam".

7.2. Efeitos da decretação da falência sobre as obrigações do devedor

A falência produz efeitos diretos sobre os bens do devedor, porque precisam ser arrecadados para pagamento das dívidas, suspendendo qualquer direito de retenção (art. 116, inciso I, da LREF). Por outro lado, o concurso instaurado afeta todos os credores, que ficam sujeitos aos mesmos efeitos e somente poderão exercer os seus direitos sobre os bens do falido e do sócio ilimitadamente responsável dentro dos parâmetros da LREF (art. 115 da LREF).

A fim de ultimar os negócios do falido, a LREF procura regular os efeitos produzidos pela decretação da falência. Individualiza algumas consequências e fixa regra geral de que, nas relações patrimoniais não reguladas pela LREF "o juiz decidirá o caso atendendo à unidade, à universalidade do concurso e à igualdade de tratamento dos credores", de modo a preservar e otimizar a utilização produtiva dos bens, ativos e recursos produtivos, inclusive os intangíveis, da empresa (arts. 126 e 75 da LREF).

Outros efeitos se produzem sobre direitos e obrigações do devedor:

(*a*) fica suspenso o exercício do *direito de retirada* ou de recebimento do valor de suas quotas ou ações, por parte dos sócios da sociedade falida [*t. II, §3, i. 3.7*] (art. 116, II, da LREF).

(*b*) *contratos bilaterais* não se resolvem pela falência e podem ser cumpridos pelo administrador judicial se o cumprimento reduzir ou evitar o aumento do passivo da massa falida ou for necessário à manutenção e preservação de seus ativos, mediante autorização do Comitê (art. 117 da LREF). Significa dizer que a massa falida, enquanto universalidade, pode estar vinculada a contratos que sejam do interesse da melhor e mais eficiente preservação patrimonial e que atenda aos interesses dos credores. É o que se passa com contratos de locação, *leasing*, prestação de serviços de manutenção de equipamentos, fornecimento de energia elétrica, dentre outros.

A aferição do interesse na preservação do contrato é legitimada à contraparte do contrato, que pode interpelar o administrador judicial, no prazo de até 90 dias, contado da assinatura do termo de sua nomeação, para que, dentro de 10 dias, declare se cumpre ou não o contrato (art. 117, § 1º, da LREF). Em caso de negativa ou de silêncio, permite-se ao contratante exercer o direito resolutório do contrato [*t. IV, §8, i. 7.2*], além de indenização, cujo valor, apurado em processo ordinário, constituirá crédito quirografário (art. 117, § 2º, da LREF).

Não se pode desconsiderar, por outro lado, que a decretação da falência pode ser determinante do vencimento do contrato, assistindo ao credor o direito de cobrar a dívida antes do vencimento, conforme autoriza o art. 333, inciso I, do CC.

(*c*) semelhante raciocínio poderá ser aplicado aos *contratos unilaterais*, que poderão ser cumpridos pelo administrador judicial se esse fato reduzir ou evitar o aumento do passivo da massa falida ou for necessário à manutenção e preservação de seus ativos, realizando o pagamento da prestação pela qual está obrigada (art. 118 da LREF).

(*d*) *contrato de mandato* (cujo instrumento é a procuração) conferido pelo devedor, antes da falência, para a realização de negócios, cessará seus efeitos com a decretação da falência, cabendo ao mandatário prestar contas de sua gestão (art. 120 da LREF). Em caso de mandato judicial para advogado, os efeitos continuam até eventual revogação pelo administrador judicial, ressalvados os interesses da massa falida (art. 120, § 1º, da LREF).

(*e*) As *contas correntes* com o devedor consideram-se encerradas no momento de decretação da falência, verificando-se o respectivo saldo (art. 121 da LREF).

(*f*) As dívidas com vencimento até a decretação da falência se *compensam* com preferência sobre os demais credores, provenha o vencimento da sentença de falência (art. 122, *caput*, da LREF). Excepcionam-se os efeitos de compensação para créditos transferidos após a decretação da falência, salvo fusão, incorporação, cisão ou morte; ou créditos, ainda que vencidos anteriormente, transferidos quando já conhecido o estado de crise econômico-financeira do devedor ou cuja transferência se operou com fraude ou dolo.

(g) A falência produz *efeitos sobre participações societárias* do falido. Conforme previsão do art. 1.044 do CC, a sociedade se dissolve de pleno direito por qualquer das causas descritas no art. 1.033 do mesmo Código [*t. II, §3, i. 3.7.2*] e também pela declaração da falência. A razão desse efeito é a necessidade de realização do ativo do sócio falido, com arrecadação dos haveres para formação da massa falida. Assim, determina o art. 123 da LREF que entrarão somente os haveres que na sociedade o falido possuir e forem apurados na forma estabelecida no contrato social ou conforme apuração judicial.

Se a participação do falido for em condomínio indivisível, o bem será vendido e deduzir-se-á do valor arrecadado o que for devido aos demais condôminos, facultada a estes a compra da quota-parte do falido nos termos da melhor proposta obtida (art. 123, § 2º, da LREF).

(h) Não são exigíveis *juros vencidos* após a decretação da falência contra a massa falida, previstos em lei ou em contrato, se o ativo apurado não bastar para o pagamento dos credores subordinados. Portanto, o art. 124 da LREF não impede que corram juros de mora, apenas condicionando o pagamento à suficiência do ativo. Outro é o entendimento em relação à correção monetária, que é devida, na medida em que não consubstancia mora ou penalidade, mas a recomposição do valor aquisitivo da moeda. São exceção ao dispositivo os juros das debêntures e dos créditos com garantia real (mas por eles responde, exclusivamente, o produto dos bens que constituem a garantia – art. 124, parágrafo único, da LREF).

(i) Na *falência do espólio*, ficará suspenso o processo de inventário, cabendo ao administrador judicial a realização de atos pendentes em relação aos direitos e obrigações da massa falida (art. 125 da LREF).

(j) O credor de *coobrigados solidários* cujas falências sejam decretadas tem o direito de concorrer, em cada uma delas, pela totalidade do seu crédito, até recebê-lo por inteiro, quando então comunicará ao juízo (art. 127 da LREF).

(k) são *regras específicas* para outros contratos (art. 119 da LREF):

I – o vendedor não pode obstar a entrega das coisas expedidas ao devedor e ainda em trânsito, se o comprador, antes do requerimento da falência, as tiver revendido, sem fraude, à vista das faturas e conhecimentos de transporte, entregues ou remetidos pelo vendedor;

II – se o devedor vendeu coisas compostas e o administrador judicial resolver não continuar a execução do contrato, poderá o comprador pôr à disposição da massa falida as coisas já recebidas, pedindo perdas e danos;

III – não tendo o devedor entregue coisa móvel ou prestado serviço que vendera ou contratara a prestações, e resolvendo o administrador judicial não executar o contrato, o crédito relativo ao valor pago será habilitado na classe própria [*t. V, §4, i. 3.1*];

IV – o administrador judicial, ouvido o Comitê, restituirá a coisa móvel comprada pelo devedor com reserva de domínio do vendedor [*t. IV, §9, i. 4.1*] se resolver não continuar a execução do contrato, exigindo a devolução, nos termos do contrato, dos valores pagos;

V – tratando-se de coisas vendidas a termo [*t. IV, §9, i. 4.3.2*], que tenham cotação em bolsa ou mercado, e não se executando o contrato pela efetiva entrega daquelas e pagamento do preço, prestar-se-á a diferença entre a cotação do dia do contrato e a da época da liquidação em bolsa ou mercado;

VI – na promessa de compra e venda de imóveis, aplicar-se-á a legislação respectiva, que inclui o CC, o Decreto-Lei nº 58/1937 e a Lei nº 6.766/73, entre outras;

VII – a falência do locador não resolve o contrato de locação e, na falência do locatário, o administrador judicial pode, a qualquer tempo, denunciar o contrato;

VIII – caso haja acordo para compensação e liquidação de obrigações no âmbito do sistema financeiro nacional, nos termos da legislação vigente, a parte não falida poderá considerar o contrato vencido antecipadamente, hipótese em que será liquidado na forma estabelecida em regulamento, admitindo-se a compensação de eventual crédito que venha a ser apurado em favor do falido com créditos detidos pelo contratante;

IX – os patrimônios de afetação, constituídos para cumprimento de destinação específica, obedecerão ao disposto na legislação respectiva, permanecendo seus bens, direitos e obrigações separados dos do falido até o advento do respectivo termo ou até o cumprimento de sua finalidade, ocasião em que o administrador judicial arrecadará o saldo a favor da massa falida ou inscreverá na classe própria o crédito que contra ela remanescer.

Jurisprudência

STJ – REsp nº 1.121.199 –Rel. Min. Raul Araújo – *DJe* 28.10.2013: "(...) 2. A compensação de créditos, embora prevista no direito comum e também no direito concursal, há de ser aplicada com redobradas cautelas quando se trata de processo falimentar, uma vez que significa a quebra da par conditio creditorum, que deve sempre reger a satisfação das dívidas contraídas pela falida. Operada a compensação, a massa deixa de receber determinado valor (o que em si já é prejudicial), ao passo que o credor é liberado de observar a respectiva classificação de seu crédito (o que, por derradeiro, atinge também os interesses dos demais credores). Em suma, a compensação de créditos no processo falimentar coloca sob a mesma dogmática jurídica o pagamento de débitos da falida e o recebimento de créditos pela massa falida, situações que ordinariamente obedecem a sistemas bem distintos. 3. A doutrina, desde muito tempo, vem apregoando que as hipóteses legais que impedem a compensação do crédito perante a massa não estão listadas exaustivamente no mencionado art. 46 do Decreto-Lei nº 7.661/1945 (correspondente, em parte, ao art. 122 da Lei nº 11.101/2005). Aplicam-se também ao direito falimentar as hipóteses que vedam a compensação previstas no direito comum, como aquelas previstas nos arts. 1.015 e 1.024 do Código Civil de 1916, entre as quais se destaca a compensação realizada em prejuízo de direitos de terceiros (art. 1.024). 4. Não é cabível, de um modo geral e em linha de princípio, compensar débitos da falida com créditos da massa falida resultantes de ação revocatória julgada procedente, porque a essa última subjaz, invariavelmente, uma situação de ilegalidade preestabelecida em prejuízo da coletividade de credores, ilegalidade essa que não pode beneficiar quem a praticou, viabilizando satisfação expedita de seus créditos. Nessa ordem de ideias, a ação revocatória, de eficaz instrumento vocacionado à restituição de bens que escoaram fraudulentamente do patrimônio da falida, tornar-se-ia engenhosa ferramenta de lavagem de capitais recebidos em desconformidade com a *par conditio creditorum* (...)".

8. REALIZAÇÃO DO ATIVO

Depois de arrecadados os bens [*t. V, §4, i. 6*], será iniciada a realização do ativo, no sentido de serem obtidos valores em dinheiro para posterior rateio entre os credores. O instante de realizar o ativo pode anteceder a própria formação do quadro-geral de credores para evitar a degradação dos bens (art. 140, § 2º, da LREF), inovando-se na LREF com a agilização da venda imediata dos bens arrecadados sem necessidade de aguardar a conclusão da verificação dos créditos (art. 139 da LREF).

O objetivo deve ser a maior eficiência na arrecadação dos valores, mesmo que seja com a transferência de contratos (art. 140, § 3º, da LREF), preferindo a manutenção dos bens organizados para preservar a unidade produtiva. É o conteúdo que se extrai da ordem de preferência determinada pelo art. 140 da LREF: I – alienação da empresa, com a venda de seus estabelecimentos em bloco; II – alienação da empresa, com a venda de suas filiais ou unidades produtivas isoladamente; III – alienação em bloco dos bens que integram cada um dos estabelecimentos do devedor; IV – alienação dos bens individualmente considerados. O termo empresa dos incisos I e II deve ser interpretado como a organização da atividade, de modo que deva ser tentada a venda dos ativos – tangíveis e intangíveis – organizados com capacidade produtiva e aviamento intactos. Na impossibilidade, ainda assim devem ser tentada a venda dos bens do estabelecimento organizados como objeto comum de negócio jurídico, por valerem muito mais emoldurando uma atividade empresarial do que isoladamente ou considerados em sua singularidade [t. III, §1, i. 3]. Se prevalecer a impossibilidade, somente então poderão os bens ser alienados singularmente, desfazendo-se a universalidade de fato do estabelecimento.

Naturalmente que a ordem de preferência poderá ser combinada de diferentes formas, se for do interesse da massa falida e dos credores (art. 140, § 1º, da LREF).

Arrecadados os bens, procede-se à alienação do ativo por uma das modalidades do art. 142 da LREF, que foi profundamente alterado pela Lei nº 14.112/2020 para permitir maior agilidade e flexibilidade. Assim, independentemente da conjuntura de mercado, não é necessária a consolidação do quadro-geral de credores, o juiz pode se valer de serviços especializados para realização do ativo no prazo máximo de 180 dias, sem possibilidade de alegações de preço vil ou abaixo do mercado ou que o devedor entenda ser muito baixo (art. 142, § 2º-A, da LREF). Todos esses objetivos foram fixados para que se otimize a realização do ativo e para que se dê transparência à arrecadação de valores para satisfação dos créditos na recuperação e no concurso de credores da falência.

As alienações são consideradas sempre judiciais e dependem da intimação do Ministério Público e das Fazendas Públicas para acompanhamento e defesa de respectivos interesses (art. 142, §§ 7º e 8º, da LREF). Passaram a ser admitidas como modalidades de alienação de bens para realização de ativo: (*a*) leilão eletrônico, presencial ou híbrido; (*b*) processo competitivo organizado promovido por agente especializado e de reputação ilibada, cujo procedimento deverá ser detalhado em relatório anexo ao plano de realização do ativo ou ao plano de recuperação judicial, além de ser necessária a aprovação de assembleia e do juiz; (c) qualquer outra modalidade – atendendo ao entendimento do STJ no REsp nº 1.689.187 –, desde que aprovada pela assembleia geral de credores, decorra de disposição do plano de recuperação e seja aprovada pelo juiz (art. 142, § 3º-B, da LREF).

Outras modalidades poderão ser propostas pelo administrador ou pelo Comitê, havendo motivo justificado e decisão judicial (art. 144 da LREF) ou ainda aprovadas em assembleia de credores, inclusive com adjudicação de bens pelos credores, adquiri-los por meio de constituição de sociedade, de fundos ou outros instrumentos de investimentos, seja com participação dos sócios, seja com a conversão de dívida em capital de credores ou dos empregados do próprio devedor – dependendo de mera deliberação em assembleia de credores (art. 145 da LREF).

No prazo de 48 horas após a arrematação poderão ser oferecidas impugnações pelos credores, pelos devedores ou pelo Ministério Público. Se o juiz julgar improcedente, ordenará a entrega dos bens ao arrematante, respeitadas as condições estabelecidas no edital (art. 143 da LREF). Tornou-se condição da impugnação a apresentação de "oferta firme" vinculativa do impugnante ou de terceiro para a aquisição do bem, sob pena de caracterização de ato atentatório à dignidade da justiça e reparação de danos (art. 143, §§ 1º a 4º, da LREF).

Feita a alienação de bens, todos os credores se sub-rogam no produto da realização do ativo (art. 141, I, da LREF) depositado em instituição financeira (art. 147 do LREF), significando dizer que, respeitada a ordem de preferência e créditos extraconcursais, os credores passarão a dividir o valor resultante da alienação dos ativos patrimoniais.

Além disso, para dar segurança ao adquirente da atividade organizada ou do estabelecimento, a LREF inibe a sucessão em dívidas, conforme se extrai do art. 141, inciso II, da LREF: "o objeto da alienação estará livre de qualquer ônus e não haverá sucessão do arrematante nas obrigações do devedor, inclusive as de natureza tributária, as derivadas da legislação do trabalho e as decorrentes de acidentes de trabalho". Referido dispositivo guarda simetria com os meios de recuperação da empresa e a impossibilidade de sucessão prevista no art. 60, parágrafo único, da LREF [*t. V, §2, i. 4*] (TST – RR 0110200-17.2009.5.02.0313 – Rel. Min. Cláudio Mascarenhas Brandão). Excepciona-se a impossibilidade de sucessão por débitos se o arrematante dos bens for sócio da sociedade falida, ou sociedade controlada pelo falido; parente, em linha reta ou colateral até o 4º grau, consanguíneo ou afim, do falido ou de sócio da sociedade falida; ou identificado como agente do falido com o objetivo de fraudar a sucessão (art. 141, § 1º, da LREF).

Feita a arrematação com preservação da unidade produtiva, os empregados do devedor contratados pelo arrematante serão admitidos mediante novos contratos de trabalho e o arrematante também não responderá por obrigações trabalhistas anteriores à aquisição (art. 141, § 2º, da LREF).

No relatório de receitas e despesas a ser apresentado para o juiz, o administrador deverá demonstrar os valores eventualmente recebidos, explicitando a forma de distribuição dos recursos entre os credores (art. 148 da LREF).

Jurisprudência:

STJ – 3ª T. – REsp nº 1.689.187 – Rel. Min. Villas Bôas Cueva – j. 11/05/2020: "(...) 3. A alienação de unidades produtivas isoladas prevista em plano de recuperação judicial aprovado deve, em regra, se dar na forma de alienação por hasta pública, conforme o disposto nos artigos 60 e 142 da Lei nº 11.101/2005. 4. A adoção de outras modalidades de alienação, na forma do artigo 145 da Lei nº 11.101/2005, só pode ser admitida em situações excepcionais, que devem estar explicitamente justificadas na proposta apresentadas aos credores. Nessas hipóteses, as condições do negócio devem estar minuciosamente descritas no plano de recuperação judicial que deve ter votação destacada deste ponto, ser aprovado por maioria substancial dos credores e homologado pelo juiz. 5. No caso dos autos, a venda direta da unidade produtiva isolada foi devidamente justificada, tendo sido obedecidos os demais requisitos que autorizam o afastamento da alienação por hasta pública".

TST – 7ª T. – RR nº 110200-17.2009.5.02.0313 – Rel. Min. Claudio Mascarenhas Brandão – j. 20/08/2014: "Diante da decisão proferida pelo Supremo Tribunal Federal, no julgamento da Ação Direta de Inconstitucionalidade nº 3.934-2/DF, DJe de 05/11/2009, em que se declarou a constitucionalidade, dentre outros, dos artigos 60, parágrafo único, e 141, II, da Lei nº 11.101/2005, a atual jurisprudência desta Corte uniformizadora vem se direcionando no sentido da não ocorrência de sucessão trabalhista, em hipótese como a destes autos, em que a reclamada VRG Linhas Aéreas S.A., por meio da Varig Logística S/A – VarigLog, adquiriu a Unidade Produtiva da Varig (UPV), mediante leilão público, realizado em sede de processo de recuperação, nos termos da referida Lei nº 11.101/2005. Precedentes. Mesmo quando haja o reconhecimento de formação do grupo econômico preexistente à alienação de ativos da empresa em recuperação judicial, como no caso dos autos, esta Corte tem decidido pela ausência de responsabilidade solidária daquela que adquiriu a unidade produtiva. Precedentes. Ressalva de entendimento do relator. Recurso de revista de que se conhece e a que se dá provimento".

9. PAGAMENTO DOS CREDORES

Depois de feitas as restituições [*t. V, §4, i. 5.2.4*], pagos os créditos extraconcursais [*t. V, §4, i. 3.2*] e consolidado o quadro-geral de credores [*t. V, §4, i. 5.2.2*], as importâncias recebidas com a realização do ativo [*t. V, §4, i. 8*] serão destinadas ao pagamento dos credores de acordo com a ordem de preferência [*t. V, §4, i. 3.1, 3.2 e 3.3*] (art. 149 da LREF).

Se houver reserva de importâncias para pagamento somente depois de consolidado o crédito com julgamento definitivo, os valores a ela relativos ficarão depositados e, no caso de não ser este finalmente reconhecido, os recursos depositados serão objeto de rateio suplementar entre os credores remanescentes (art. 149, § 1º, da LREF). Antes disso, deverá o administrador pagar as despesas indispensáveis para administração da falência (art. 150 da LREF) e os créditos trabalhistas de natureza estritamente salarial vencidos nos 3 meses anteriores à decretação da falência, até o limite de 5 salários mínimos por trabalhador, serão pagos tão logo haja disponibilidade em caixa (art. 151 da LREF). Com essa determinação, a LREF viabiliza ao administrador realizar os pagamentos urgentes com a primeira disponibilidade de caixa, com especial ênfase para os salários com fins alimentares e de subsistência dos empregados que perderam os postos de trabalho com a quebra.

Se o credor receber o pagamento e for identificado o dolo ou a má-fé na constituição do crédito ou da garantia habilitada no processo [*t. V, §1, i. 7*], será o credor condenado à restituição em dobro da quantia indevidamente recebida, acrescida de juros legais (art. 152 da LREF).

Pagos todos os credores, o saldo, se houver, será entregue ao falido (art. 153 da LREF).

Jurisprudência

STJ – 1ª Seção – ED-REsp nº 446.035 – Rel. Min. Franciulli Neto – *DJU* 19.12.2003: "(...) Na hipótese em exame, a falência da executada foi decretada posteriormente à penhora de bens da falida em autos de execução fiscal. Dessa forma, deve-se prosseguir a execução até a alienação dos bens penhorados, quando entrará o produto da alienação para a massa, em respeito aos créditos preferenciais, quais sejam, os créditos decorrentes de acidente do trabalho e os trabalhistas (arts. 102, § 1º, da Lei de Falências, 186 e 187 do CTN). Satisfeitos tais créditos preferenciais, a exequente, por ter aparelhado execução fiscal, passará então a ter preferência perante os demais créditos, no que tange ao produto da execução fiscal. 'A Corte Especial consolidou entendimento no sentido de que a falência superveniente do devedor, por si só, não tem o condão de paralisar o processo de execução fiscal, nem de desconstituir a penhora realizada anteriormente à quebra. No entanto, o produto da alienação judicial dos bens penhorados deve ser repassado ao juízo universal da falência para apuração das preferências (REsp 188.148/RS, Min. Humberto Gomes de Barros, DJ de 27.05.2002)' (Primeira Turma – ADREsp nº 421.994/RS, Rel. Min. Teori Albino Zavascki, *DJ* de 06.10.2003). 'Quando diz o Código Tributário Nacional, no art. 187, que a cobrança do crédito tributário não está sujeita a nenhum concurso, há de se entender 'concurso universal de credores', porque, se interpretada a regra na sua literalidade, jamais o crédito trabalhista iria se sobrepor ao crédito fiscal e aí estar-se-ia negando vigência ao próprio CTN que, no art. 186, ao dispor que o crédito tributário prefere qualquer outro, ressalva a preferência do crédito trabalhista, situando-o em patamar superior ao crédito fiscal' (Voto-vista proferido pelo Min. João Otávio de Noronha no julgamento do REsp nº 399.724/RS, da relatoria da Min. Eliana Calmon). Embargos de Divergência rejeitados".

STJ – 3ª T. – REsp nº 1.300.455 – Rel. Min. Paulo de Tarso Sanseverino – j. 17/10/2013: "(...) A pendência de recurso sem agregação de efeito suspensivo contra decisão do juízo da falência não obsta a consolidação do quadro-geral de credores, não impedindo que se inicie o pagamento aos credores. Interpretação dos arts. 18 e 149 da Lei 11.101/05".

10. ENCERRAMENTO DA FALÊNCIA E EXTINÇÃO DAS OBRIGAÇÕES DO FALIDO

10.1. Encerramento da falência

A realização do ativo e o pagamento dos credores são os objetivos primordiais da execução coletiva e do concurso de credores instaurado. O processo, então, caminha para a sua finalização, que será feita em duas fases: (*a*) prestação de contas do administrador (art. 154 da LREF); (*b*) relatório final da falência, também pelo administrador (art. 155 da LREF).

(*a*) após os pagamentos aos credores, o administrador judicial tem o prazo de 30 dias para prestar contas da realização do ativo e pagamento do passivo em autos apartados e apensados à falência. Apresentadas as contas, o juiz intima os interessados para eventual impugnação das contas no prazo de 10 dias, além de colher manifestação do Ministério Público. Em seguida, julgará as contas por sentença. Se forem rejeitadas, o juiz fixará a responsabilidades do administrador e poderá determinar a indisponibilidade ou o sequestro de bens e servirá como título executivo para indenização da massa (art. 154, § 5º, da LREF). Da sentença cabe apelação (art. 154, § 6º, da LREF).

(*b*) depois do trânsito em julgado da prestação de contas, o administrador judicial apresentará o relatório final da falência no prazo de 10 dias, indicando o valor do ativo e o do produto de sua realização, o valor do passivo e o dos pagamentos feitos aos credores, e especificará justificadamente as responsabilidades com que continuará o falido. Conforme determina o art. 156 da LREF, apresentado o relatório final, o juiz encerrará a falência por sentença, publicará edital e intimará as Fazendas Públicas e determinará a baixa do CNPJ na Secretaria Especial da Receita Federal. Da sentença cabe apelação.

Jurisprudência

STJ – 5ª T. – RHC 19.869/SP – Rel. Min. Gilson Dipp – *DJU* 2 05.02.2007: "(...) I – A prescrição, nos delitos falimentares, ocorre em 2 anos, sendo que o prazo prescricional começa a correr da data do trânsito em julgado da sentença que encerrar a quebra ou de quando deveria estar encerrada a falência, devendo ser considerados, também, os marcos interruptivos previstos em lei. Entendimento das Súmulas 147 e 592 do STF. II – O marco inicial para a contagem do prazo de prescrição do delito falimentar é a data do provável encerramento da falência, dois anos depois da decretação da quebra da empresa. III – Descabido o argumento de ocorrência de extinção da punibilidade do paciente, pela prescrição retroativa, pois entre a data do encerramento da falência e do recebimento da denúncia não foi ultrapassado o prazo de dois anos, necessário para a caracterização do instituto".

STJ – 3ª T. – REsp nº 883.802 – Rel. Min. Nancy Andrighi – j. 27/04/2010: "(...) – O mero encerramento da falência, com a comunicação do ato ao registro comercial, não conduz à dissolução da sociedade, à extinção das obrigações do falido ou à revogação do decreto de quebra. – A personalidade jurídica da falida não desaparece com o encerramento do procedimento falimentar, pois a sociedade pode prosseguir no comércio a requerimento do falido e deferimento do juízo, ou mesmo, conforme determinava a anterior lei falimentar, requerer o processamento de concordata suspensiva. – A sociedade falida perdura até que se promova o processo extintivo de suas obrigações, nos termos dos artigos 134 e 135 da anterior Lei Falimentar. A expedição de ofício comunicando o encerramento do procedimento falimentar à Junta Comercial não impede a cobrança dos créditos remanescentes ou que o falido ou o sócio da sociedade falida requeira a declaração judicial da extinção de suas obrigações".

10.2. Extinção das obrigações do falido

A sentença de encerramento da falência produz efeitos sobre as obrigações do falido [*t. V, §4, i. 5.2.1.1*], extinguindo-as.

Entretanto, a regra do art. 158 da LREF prevê algumas condições para a extinção porque deve ocorrer:

(*a*) o pagamento de todos os créditos;

(*b*) o pagamento, após realizado todo o ativo, de mais de 25% dos créditos quirografários, facultado ao falido o depósito da quantia necessária para atingir a referida porcentagem se para isso não tiver sido suficiente a integral liquidação do ativo;

(*c*) o decurso do prazo de 3 anos, contado da decretação da falência, ressalvada a utilização dos bens arrecadados anteriormente, que serão destinados à liquidação para a satisfação dos credores habilitados ou com pedido de reserva realizado;

(*d*) o encerramento da falência nos termos dos arts. 114-A ou 156 da LREF.

Introduzidos novos objetivos para o processo falimentar pelo art. 75 da LREF, a legislação passou a ter menos exigências para a extinção das obrigações do falido, por meio de viabilização de retorno célere à atividade econômica. Portanto, a reabilitação deixou de se atrelar à finalização de apurações de crimes falimentares e passou a ter termo final calculado pelo encerramento ou decretação da quebra. Não se pode confundir com a inabilitação para o exercício da atividade empresarial, ainda consequente à condenação por crime falimentar (art. 181 da LREF).

Uma vez identificada a condição do art. 158 da LREF, o falido poderá requerer ao juízo da falência que suas obrigações sejam declaradas extintas por sentença. Para tanto, intimam-se os credores, o administrador judicial e o Ministério Público para que manifestem em 5 dias "exclusivamente para apontar inconsistências formais e objetivas (art. 159, §1º, da LREF). Em seguida, o juiz proferirá sentença que declarará extintas as obrigações do falido, inclusive trabalhistas, com comunicação a todas os órgãos pertinentes, como Junta Comercial e Receita Federal. Da sentença caberá apelação (art. 159, §§3º a 6º, da LREF).

Com a extinção de todas as obrigações, não voltam a correr prazos prescricionais de obrigações que, por óbvio, deixaram de existir. Assim, revogou-se o art. 157 da LREF. A LREF, além da apelação e demais recursos cabíveis, também reforçou o cabimento de ação rescisória no prazo decadencial de 2 anos, referindo-se à sentença de declaração de extinção de obrigações caso o falido tenha sonegado bens, direitos ou rendimentos de qualquer espécie anteriores ao pedido de reabilitação.

Jurisprudência

STJ – 3ª T. – AGREsp nº 1.458.183 – Rel. Min. Nancy Andrighi – *DJe* 10.08.2017: "(...) 2. O propósito recursal é definir se a decretação da extinção das obrigações do falido prescinde da apresentação de prova da quitação de tributos. 3. No regime do DL 7.661/1945, os créditos tributários não se sujeitam ao concurso de credores instaurado por ocasião da decretação da quebra do devedor (art. 187), de modo que, por decorrência lógica, não apresentam qualquer relevância na fase final do encerramento da falência, na medida em que as obrigações do falido que serão extintas cingem-se unicamente àquelas submetidas ao juízo falimentar".

STJ – 4ª T. – REsp nº 834.932 – Rel. Min. Raul Araújo – *DJe* 29.10.2015: "1. A declaração de extinção das obrigações do falido poderá referir-se somente às obrigações que foram habilitadas ou consideradas no processo falimentar, não tendo, nessa hipótese, o falido a necessidade de apresentar a quitação dos créditos fiscais para conseguir o reconhecimento da extinção daquelas suas obrigações, em menor extensão, sem repercussão no campo tributário. 2. Sendo o art. 187 do Código Tributário Nacional – CTN taxativo ao dispor que a cobrança judicial do crédito tributário não está sujeita a concurso de credores ou habilitação em falência, recuperação judicial, concordata, inventário ou arrolamento, e não prevendo o CTN ser a falência uma das causas de suspensão da prescrição do crédito tributário (art. 151), não há como se deixar de inferir que o crédito fiscal não se sujeita aos efeitos da falência. 3. Desse modo, o pedido de extinção das obrigações do falido poderá ser deferido: 'I – em maior abrangência, quando satisfeitos os requisitos da Lei Falimentar e também os do art. 191 do CTN, mediante a 'prova de quitação de todos os tributos'; ou II – em menor extensão, quando atendidos apenas os requisitos da Lei Falimentar, mas sem a prova de quitação de todos os tributos, caso em que as obrigações tributárias não serão alcançadas pelo deferimento do pedido de extinção' (...)".

11. CRIMES FALIMENTARES

Alguns dos comportamentos empresariais, além das consequências de responsabilidade empresarial e inabilitação para negócios [*t. V*, §4, i. 7.1], também podem preencher as condutas sancionáveis como crime falimentar. São alguns tipos penais que a doutrina coloca como plurilesivos em relação aos bens jurídicos tutelados, que poderão variar entre a fé pública (art. 168, §§ 1º e 2º), moralidade pública (art. 177) e interesses patrimoniais dos credores (arts. 173, 174 e 174). Também se sustentar que a proteção é à confiança no mercado e no comércio.

Estarão sujeitos a essas penalidades os sócios, diretores, gerentes, administradores e conselheiros, de fato ou de direito, bem como o administrador judicial, que se equiparam ao devedor ou falido para todos os efeitos penais, na medida de sua culpabilidade (art. 179 da LREF). Sendo derivado da falência, a sentença que decreta a falência, concede a recuperação judicial ou concede a recuperação extrajudicial é condição objetiva de punibilidade (art. 180 da LREF) e a ação é pública e incondicionada (art. 184 da LREF), mas se o Ministério Público não oferecer a denúncia no prazo do art. 187, § 1º, da LREF, a faculta a qualquer credor habilitado ou o administrador judicial oferecer ação penal privada subsidiária da pública no prazo decadencial de 6 meses.

A LREF fixa 10 tipos penais, em alguns casos com os respectivos aumentos e redução de pena:

Crime	Conduta típica
Fraude a credores (art. 168 da LREF)	Praticar, antes ou depois da sentença que decretar a falência, conceder a recuperação judicial ou homologar a recuperação extrajudicial, ato fraudulento de que resulte ou possa resultar prejuízo aos credores, com o fim de obter ou assegurar vantagem indevida para si ou para outrem.
Fraude a credores com aumento de pena (art. 168, §§ 1º e 2º da LREF)	I – elabora escrituração contábil ou balanço com dados inexatos;
	II – omite, na escrituração contábil ou no balanço, lançamento que deles deveria constar, ou altera escrituração ou balanço verdadeiros;
	III – destrói, apaga ou corrompe dados contábeis ou negociais armazenados em computador ou sistema informatizado;
	IV – simula a composição do capital social;
	V – destrói, oculta ou inutiliza, total ou parcialmente, os documentos de escrituração contábil obrigatórios.
	§ 2º Manutenção ou movimentação de recursos ou valores paralelamente à contabilidade exigida pela legislação, inclusive na vedação de distribuição de lucros até a aprovação do plano de recuperação judicial.

Crime	Conduta típica
Fraude a credores em concurso de pessoas (art. 168, § 3º da LREF)	Nas mesmas penas incidem os contadores, técnicos contábeis, auditores e outros profissionais que, de qualquer modo, concorrerem para as condutas criminosas descritas neste artigo, na medida de sua culpabilidade.
Fraude a credores com redução ou substituição da pena (art. 168, § 4º da LREF)	Tratando-se de falência de microempresa ou de empresa de pequeno porte, e não se constatando prática habitual de condutas fraudulentas por parte do falido, poderá o juiz reduzir a pena de reclusão de 1/3 a 2/3 ou substituí-la pelas penas restritivas de direitos, pelas de perda de bens e valores ou pelas de prestação de serviços à comunidade ou a entidades públicas.
Violação de sigilo empresarial (art. 169 da LREF)	Violar, explorar ou divulgar, sem justa causa, sigilo empresarial ou dados confidenciais sobre operações ou serviços, contribuindo para a condução do devedor a estado de inviabilidade econômica ou financeira
Divulgação de informações falsas (art. 170 da LREF)	Divulgar ou propalar, por qualquer meio, informação falsa sobre devedor em recuperação judicial, com o fim de levá-lo à falência ou de obter vantagem
Indução a erro (art. 171 da LREF)	Sonegar ou omitir informações ou prestar informações falsas no processo de falência, de recuperação judicial ou de recuperação extrajudicial, com o fim de induzir a erro o juiz, o Ministério Público, os credores, a assembleia-geral de credores, o Comitê ou o administrador judicial
Favorecimento de credores (art. 172 da LREF), inclusive quem estiver em conluio (art. 172, parágrafo único, da LREF)	Praticar, antes ou depois da sentença que decretar a falência, conceder a recuperação judicial ou homologar plano de recuperação extrajudicial, ato de disposição ou oneração patrimonial ou gerador de obrigação, destinado a favorecer um ou mais credores em prejuízo dos demais
Desvio, ocultação ou apropriação de bens (art. 173 da LREF)	Apropriar-se, desviar ou ocultar bens pertencentes ao devedor sob recuperação judicial ou à massa falida, inclusive por meio da aquisição por interposta pessoa
Aquisição, recebimento ou uso ilegal de bens (art. 174 da LREF)	Adquirir, receber, usar, ilicitamente, bem que sabe pertencer à massa falida ou influir para que terceiro, de boa-fé, o adquira, receba ou use
Habilitação ilegal de crédito (art. 175 da LREF)	Apresentar, em falência, recuperação judicial ou recuperação extrajudicial, relação de créditos, habilitação de créditos ou reclamação falsas, ou juntar a elas título falso ou simulado
Exercício ilegal de atividade (art. 176 da LREF)	Exercer atividade para a qual foi inabilitado ou incapacitado por decisão judicial, nos termos desta Lei

Crime	Conduta típica
Violação de impedimento (art. 177 da LREF)	Adquirir o juiz, o representante do Ministério Público, o administrador judicial, o gestor judicial, o perito, o avaliador, o escrivão, o oficial de justiça ou o leiloeiro, por si ou por interposta pessoa, bens de massa falida ou de devedor em recuperação judicial, ou, em relação a estes, entrar em alguma especulação de lucro, quando tenham atuado nos respectivos processos
Omissão dos documentos contábeis obrigatórios (art. 178 da LREF)	Deixar de elaborar, escriturar ou autenticar, antes ou depois da sentença que decretar a falência, conceder a recuperação judicial ou homologar o plano de recuperação extrajudicial, os documentos de escrituração contábil obrigatórios

Importante considerar, em acréscimo, que além das penas de cada tipo, ocorrem outros efeitos derivados da condenação ao crime falimentar, conforme previsão do art. 181 da LREF: I – a inabilitação para o exercício de atividade empresarial; II – o impedimento para o exercício de cargo ou função em conselho de administração, diretoria ou gerência das sociedades empresariais; III – a impossibilidade de gerir empresa por mandato ou por gestão de negócio. Tais efeitos devem ser declarados pronunciados em sentença e terão duração por 5 anos após a extinção da punibilidade, podendo, contudo, cessar antes pela reabilitação penal (art. 181, § 1º, da LREF).

Jurisprudência

STJ – 5ª T. – AgInt no RHC nº 78.686/SP – Rel. Min. Reynaldo Soares da Fonseca – j. 08/02/2018: "(...) 2. O recorrente foi denunciado como incurso no art. 168 da Lei n. 11.101/2005, em virtude da prática de "atos fraudulentos que resultaram prejuízo a credores", tendo a sentença de falência sido decretada em 14/2/2007 (e-STJ fls. 94/97). Dessa forma, verifica-se, de plano, que não há se falar em retroatividade da Lei de Falências, porquanto a sentença de falência foi decretada apenas em 14/2/2007, ou seja, após sua entrada em vigor, motivo pelo qual não há óbice à sua aplicação. (...) 5. Não há se falar em prescrição, uma vez que, nos termos do art. 182 da Lei n. 11.101/2005, a prescrição nos crimes falimentares se regula pelo Código Penal. Na hipótese, a pena máxima em abstrato é 6 (seis) anos, a qual prescreve, portanto, em 12 anos, nos termos do art. 109, inciso III, do Código Penal, lapso não alcançado entre os marcos interruptivos e cujo início se dá com a decretação da falência, em 14/2/2007 (...)".

STJ – 6ª T. – REsp nº 1.617.129 – Rel. Min. Sebastião dos Reis Júnior – j. 07/11/2017: "(...) 3. Uma vez que o tipo penal ao art. 168 da Lei n. 11.101/2005 tutela a conduta que possa causar prejuízo, desnecessária a demonstração de efetiva prejuízo, pois o crime é classificado como de perigo. Sendo assim, não é necessário demonstrar que a criação de uma outra empresa, no mesmo ramo comercial que a falida, efetivamente acarretou prejuízo aos credores. 4. Ademais, verifica-se que a Corte a quo afirma que o prejuízo sofrido pelos credores ficou comprovado com a demonstração de liquidação de débitos da Fazenda Pública estadual e Federal(...).5. O fato de o pleito referente à venda de ponto comercial pertencente à falida (2º fato) ser mero exaurimento da acusação relacionada ao 1º fato não foi debatido pelo Tribunal de origem sob o enfoque trazido no recurso especial(...). 9. Para configuração do crime de erro de indução na modalidade prestar informações falsas não é necessário que as informações sejam prestadas apenas quando reclamadas, elas podem ser apresentadas pelo réu, no processo de falência, de forma voluntária (...)".

STJ – 3ª T. – REsp nº 1.564.021 – Rel. Min. Nancy Andrighi – j. 24/04/2018: "(...) 4. Os arts. 6º, *caput*, e 99, V, da Lei 11.101/05 estabelecem, como regra, que, após a decretação da falência, tanto as ações quanto as execuções movidas em face do devedor devem ser suspensas. Trata-se de medida cuja finalidade é impedir que sigam em curso, concomitantemente, duas pretensões que objetivam a satisfação do mesmo crédito. 5. Exceto na hipótese de a decisão que decreta a falência ser reformada em grau de recurso, a suspensão das execuções terá força de definitividade, correspondendo à extinção do processo. 6. Quaisquer dos desfechos possíveis da ação falimentar – pagamento da integralidade dos créditos ou insuficiência de acervo patrimonial apto a suportá-lo – conduzem à conclusão de que eventual retomada das execuções individuais suspensas se traduz em medida inócua: na hipótese de satisfação dos créditos, o exequente careceria de interesse, pois sua pretensão já teria sido alcançada; no segundo caso, o exaurimento dos recursos arrecadados conduziria, inexoravelmente, ao seu insucesso. 7. Em virtude da dissolução da sociedade empresária e da extinção de sua personalidade jurídica levada a efeito em razão da decretação da falência, mesmo que se pudesse considerar da retomada das execuções individuais, tais pretensões careceriam de pressuposto básico de admissibilidade apto a viabilizar a tutela jurisdicional, pois a pessoa jurídica contra a qual se exigia o cumprimento da obrigação não mais existe. 8. Nesse contexto, após a formação de juízo de certeza acerca da irreversibilidade da decisão que decretou a quebra, deve-se admitir que as execuções individuais até então suspensas sejam extintas, por se tratar de pretensões desprovidas de possibilidades reais de êxito".

Bibliografia comum a recuperação e falência: ABRÃO, Nelson. *A continuação do negócio na falência*. 2. ed. São Paulo: Leud, 1998. ALMEIDA, Amador Paes. *Curso de falência e concordata*. 6. Ed. São Paulo: Saraiva, 1986. BATALHA, Wilson de Souza Campos; BATALHA, Silvia Marina Labate. *Falências e concordatas*. São Paulo: LTr, 1991. BEZERRA FILHO, Manoel Justino. *Lei de recuperação de empresas e falência*. 15. ed. São Paulo: Revista dos Tribunais, 2021. BEZERRA FILHO, Manoel Justino. *Pedido de restituição*. In: COELHO, Fabio Ulhoa. *Tratado de direito comercial*. v. 7. São Paulo: Saraiva, 2015. CALÇAS, Manoel de Queiroz Pereira. *Falência da sociedade: extensão aos sócios de responsabilidade limitada*. In: ADAMEK, Marcelo Vieira von. (org.). *Temas de direito societário e empresarial contemporâneos*. São Paulo: Malheiros, 2011. CALÇAS, Manoel de Queiroz Pereira. *A novação recuperacional*. In: COELHO, Fabio Ulhoa. *Tratado de direito comercial*. v. 7. São Paulo: Saraiva, 2015. CAVALLI, Cassio. *Plano de recuperação*. In: COELHO, Fabio Ulhoa. *Tratado de direito comercial*. v. 7. São Paulo: Saraiva, 2015. CEREZETTI, Sheila C. Neder. *Princípio da preservação da empresa*. In: COELHO, Fabio Ulhoa. *Tratado de direito comercial*. v. 7. São Paulo: Saraiva, 2015. COELHO, Fabio Ulhoa. *Comentários à nova lei de falências e de recuperação de empresas*. 2. ed. São Paulo: Saraiva, 2005. COSTA, Daniel Carnio. *O fresh start no novo sistema de insolvência empresarial brasileiro*. Revista do Advogado, 150/8. EHRICKE, Ulrich. *Das abhängige Konzernunternehmen in der Insolvenz: Wege zur Vergrößerung der Haftungesmasse abhängiger Konzernunternehmen im Konkurs und Verfahrensfragen. Eine rechtsvergleichende Analyse*. Tübingen: Mohr Siebeck, 1998. EIDENMÜLLER, Horst. *Unternehmenssanierung nach der Insolvenzrechtsreform 2011*. Disponível em: <<http://www.zr9.jura.uni-muenchen.de/dateien/veroeffentlichungen/unternehmenssanierung.pdf>>. Acessado em: 10/09/2012. HENTZ, Luiz Antonio Soares. *Manual de falência e recuperação de empresas*. São Paulo: Juarez de Oliveira, 2005. MUÑOZ, Eduardo Secchi. *Pressupostos da recuperação judicial*. In: COELHO, Fabio Ulhoa. *Tratado de direito comercial*. v. 7. São Paulo: Saraiva, 2015. NEGRÃO, Ricardo. *Processo de falência*. In: COELHO, Fabio Ulhoa. *Tratado de direito comercial*. v. 7. São Paulo: Saraiva, 2015. PAIVA, Luiz Fernando Valente. *Da recuperação extrajudicial*. In: COELHO, Fabio Ulhoa. *Tratado de direito comercial*. v. 7. São Paulo: Saraiva, 2015. PACHECO, José da Silva. *Processo de falência e concordata: comentários à lei de falências*. 4. ed. Rio de Janeiro: Forense, 1986. REQUIÃO, Rubens. *Curso de direito falimentar*. V. 1. 4. Ed. São Paulo: Saraiva, 1980. REQUIÃO, Rubens. *Falência de sociedade irregular*. RT, 471/44. RIBEIRO, Renato Ventura. *Falência de sociedades civis*. RDM, 142/256. SACRAMONE, Marcelo Barbosa; PIVA, Fernanda Neves. *Abuso de direito de voto na recuperação judicial*. Revista do Advogado, 150/162. SANTOS, Paulo Penalva.

Efeitos da falência. In: COELHO, Fabio Ulhoa. *Tratado de direito comercial*. v. 7. São Paulo: Saraiva, 2015. SCALZILLI, João Pedro; SPINELLI, Luis Felipe; TELLECHEA, Rodrigo. *Recuperação de empresas e falência*. 2. ed. São Paulo: Almedina, 2017. TELLECHEA, Rodrigo; SPINELLI, Luis Felipe; SCALZILLI, João Pedro. *Notas críticas ao regime jurídico da recuperação extrajudicial*. Juris Síntese, n. 106. SOUZA JÚNIOR, Francisco Satiro de; PITOMBO, Antonio Sérgio A. de Moraes. (coord.) *Comentários à lei de recuperação de empresas e falência*. 2. Ed. São Paulo: Revista dos Tribunais, 2007. SOUZA JÚNIOR, Francisco Satiro de; DIAS, Adriano Ribeiro. *O financiamento do devedor na Lei nº 14.112/2020: novas dúvidas*. Revista do Advogado, 150/72. SPINELLI, Luis Felipe; TELLECHEA, Rodrigo; SCALZILLI, João Pedro. *Unidade produtiva isolada e sucessão de obrigações*. Revista do Advogado, 150/128. STRAMPELLI, Giovanni. Capitale sociale e struttura finanziaria nella società in crisi. *Rivista delle società*, ano 57, p. 605-662. Julho-Agosto/2012. TOLEDO, Paulo Fernando Campos Salles de; ABRÃO, Carlos Henrique. *Comentários à lei de recuperação de empresas e falência*. 5. ed. São Paulo: Saraiva, 2012.

§5
LIQUIDAÇÕES ESPECIAIS

1. REGIMES ESPECIAIS

Por opção do legislador brasileiro, algumas atividades estão excluídas do regime falimentar e estão sujeitas a regimes especiais de liquidação extrajudicial. Em comum, verifica-se que são atividades empresariais complexas e que envolvem captação de poupança popular. Assim, a constatação da insolvência – ou antes, do desequilíbrio atuarial – pode implicar riscos aos poupadores, segurados ou beneficiários, além de possível contaminação de todos o sistema dessas atividades específicas.

Em especial, destacam-se:

(*a*) Lei nº 6.024/74, que cuida da intervenção e a liquidação extrajudicial de instituições financeiras e integrantes do sistema de distribuição de valores mobiliários do mercado de capitais (art. 52 da Lei nº 6.024/74).

(*b*) Lei nº 9.656/98, que cuida da liquidação de operadoras privadas de planos de saúde.

(*c*) Decreto-Lei nº 73/66 (art. 94) e Resolução SUSEP nº 335/2015, que cuidam da liquidação de sociedades seguradoras.

É também peculiar e especial o sistema de liquidação das cooperativas, salvo o ramo crédito [*t. II, §7, i. 7*]. Afora esses modelos, aplica-se o sistema de insolvência civil como residual para os demais casos não cobertos pelo sistema empresarial [*t. V, §1, i. 5*].

2. INSTITUIÇÕES FINANCEIRAS

As instituições financeiras realizam intermediação de crédito, porquanto haja operações passivas de captação de depósitos e negócios ativos de empréstimos dos valores [*t. IV, §21, i. 2*]. Em razão dessa peculiaridade, o regime jurídico de liquidação é especial e conduzido pelo BACEN, enquanto órgão regulador. Reforça-se o esforço dos órgãos reguladores na identificação do equilíbrio econômico-financeiro, a adequada capitalização, a criação de fundos garantidores de crédito (FGC) para evitar as perdas sistêmicas. A peculiar atividade desempenhada pela empresa bancária depende de uma programada administração do fluxo de recursos captados e também do probo e criterioso empréstimo dos recursos administrados. Com isso, mantém um mínimo equilíbrio para contenção de crise imediata da instituição e mediata do próprio sistema bancário.

Assim, as instituições financeiras privadas e as públicas não federais, assim como as cooperativas de crédito, estão sujeitas a dois procedimentos de garantia da poupança pública, ambos promovidos pelo BACEN (art. 1º da Lei nº 6.024/74): (*a*) intervenção, que é prévia e de reestruturação da empresa bancária ou da cooperativa de crédito; (*b*) liquidação extrajudicial, que trata da arrecadação de ativo e pagamento organizado do passivo, de acordo com ordem de preferência e aplicação subsidiária da LREF naquilo que for compatível (arts. 34 e 35 da Lei nº 6.024/74).

2.1. Intervenção

A intervenção se realiza por iniciativa do BCB, em decisão administrativa discricionária (SADDI, 2015, p. 270)[1] e se ele identifica "anormalidade" nas operações da instituição financeira, especialmente se (art. 2º da Lei nº 6.024/74): I – a entidade sofrer prejuízo, decorrente de má administração, que sujeite a riscos os seus credores; II – forem verificadas reiteradas infrações a dispositivos da legislação bancária não regularizadas após as determinações do BACEN, no uso das suas atribuições de fiscalização; III – na hipótese de ocorrer qualquer dos fatos mencionados no art. 94 da LREF. Podem ser decretadas 3 tipos de intervenções estatais: intervenção pura, liquidação extrajudicial e administração especial temporária (SADDI, 2015, p. 270).

A intervenção pode durar 6 meses com gestão direta da instituição financeira pelo BCB, prorrogáveis por igual período e cessará se (a) se os interessados, apresentando as necessárias condições de garantia, julgados a critério do BACEN, tomarem a si o prosseguimento das atividades econômicas da empresa; (b) quando, a critério do BACEN, a situação da entidade se houver normalizado; (c) se decretada a liquidação extrajudicial, ou a falência da entidade. Nesse interregno, a intervenção produz os efeitos de suspensão da exigibilidade das obrigações vencidas, suspensão da fluência do prazo das obrigações vincendas anteriormente contraídas e inexigibilidade dos depósitos já existentes à data de sua decretação (arts. 6º e 7º da Lei nº 6.024/74).

Nomeia-se interventor que analisará os livros e apresentará relatório ao BACEN com exame da escrituração, da aplicação dos fundos e disponibilidade, e da situação econômico-financeira da instituição; indicação, devidamente comprovada, dos atos e omissões danosos que eventualmente tenha verificado; proposta justificada da adoção das providências que lhe pareçam convenientes à instituição (art. 11 da Lei nº 6.024/74).

Em vista do relatório, poderá o BACEN: (a) determinar a cessação da intervenção, hipótese em que o interventor será autorizado a promover os atos que, nesse sentido, se tornaram necessários; (b) manter a instituição sob intervenção, até serem eliminadas as irregularidade que a motivaram; (c) decretar a liquidação extrajudicial da entidade; (d) autorizar o interventor a requerer a falência da entidade quando o seu ativo não for suficiente para cobrir sequer metade do valor dos créditos quirografários, ou quando julgada inconveniente a liquidação extrajudicial, ou quando a complexidade dos negócios da instituição ou a gravidade dos fatos apurados aconselharem a medida (art. 12 da Lei nº 6.024/74).

2.2. Liquidação extrajudicial

A liquidação representa ato administrativo mais gravoso à instituição financeira, porque os negócios serão finalizados com vistas à extinção. Instaura-se a liquidação se a intervenção não foi bem-sucedida ou se a instituição financeira está em insolúvel situação de insolvência. Prevê o art. 15 da Lei nº 6.024/74 que a liquidação poderá ocorrer *ex officio* ou a requerimento dos administradores.

---

[1] JAIRO SADDI anota a possibilidade de intervenção contratual, com "esquemas institucionais, tais como seguros de depósitos" (SADDI, 2015, p. 270).

Será *ex officio*: (*a*) em razão de ocorrências que comprometam sua situação econômica ou financeira especialmente quando deixar de satisfazer, com pontualidade, seus compromissos ou quando se caracterizar qualquer dos motivos que autorizem a declaração de falência; (*b*) quando a administração violar gravemente as normas legais e estatutárias que disciplinam a atividade da instituição, bem como as determinações do CMN ou do BACEN; (*c*) quando a instituição sofrer prejuízo que sujeite a risco anormal seus credores quirografários; (*d*) quando, cassada a autorização para funcionar, a instituição não iniciar, nos 90 dias seguintes, sua liquidação ordinária, ou quando, iniciada esta, verificar o BACEN que a morosidade de sua administração pode acarretar prejuízo para os credores.

Será a *requerimento* por inicial dos administradores da instituição financeira com poder estatutário para tanto ou por proposta do interventor, expostos circunstanciadamente os motivos justificadores da medida.

A liquidação extrajudicial será executada por liquidante nomeado pelo Banco Central do Brasil, com amplos poderes de administração e liquidação, especialmente os de verificação e classificação dos créditos, podendo nomear e demitir funcionários, fixando-lhes os vencimentos, outorgar e cassar mandatos, propor ações e representar a massa em juízo ou fora dele (art. 16 da Lei nº 6.024/74). Serão produzidos os seguintes efeitos: (*a*) suspensão das ações e execuções iniciadas sobre direitos e interesses relativo ao acervo da entidade liquidada, não podendo ser intentadas quaisquer outras, enquanto durar a liquidação;(*b*) vencimento antecipado das obrigações da liquidanda; (*c*) não atendimento das cláusulas penais dos contratos unilaterais vencidos em virtude da decretação da liquidação extrajudicial; (*d*) não fluência de juros, mesmo que estipulados, contra a massa, enquanto não integralmente pago o passivo;(*e*) interrupção da prescrição relativa a obrigações de responsabilidade da instituição; (*f*) não reclamação de correção monetária de quaisquer dívidas passivas, nem de penas pecuniárias por infração de leis penais ou administrativas.

Decretada a liquidação, o liquidante organizará quadro geral de credores, que será publicado e poderá ser impugnado (arts. 24 a 26 da Lei nº 6.024/74).

Encerra-se a liquidação extrajudicial (art. 19 da Lei nº 6.024/74):

(*a*) Por decisão do BACEN: após o pagamento integral dos credores quirografários; mudança de objeto social da instituição para atividade econômica não integrante do Sistema Financeiro Nacional; transferência do controle societário da instituição; convolação em liquidação ordinária; exaustão do ativo da instituição, mediante a sua realização total e a distribuição do produto entre os credores, ainda que não ocorra o pagamento integral dos créditos; ou iliquidez ou difícil realização do ativo remanescente na instituição, reconhecidas pelo BACEN.

(*b*) Por decretação da falência da instituição financeira.

Jurisprudência

STJ – 4ª T. – REsp nº 1.470.356 – Rel. Min. Luis Felipe Salomão – j. 29/10/2019: "(...) 5. Como o Banco Nacional foi submetido ao regime de administração especial temporária, um Conselho Diretor nomeado pelo Banco Central assumiu a administração, perdendo os administradores e os conselheiros fiscais o mandato. Na forma permitida pelo art. 6º, I, da Lei n. 9.447/1997, com a prévia anuência da Autarquia, transferiu-se para o Unibanco conjunto especificado de bens, direitos e obrigações da empresa e de seus estabelecimentos. Com efeito, não procede a assertiva do recorrente de que houve fraude perpetrada pelo adquirente, sendo o negócio celebrado ato de império de reorganização da atividade operacional bancária, que não implica nenhuma forma de proteção aos sócios da instituição financeira em crise, caracterizando ato de expropriação por efeito da lei, originária, assemelhada à arrematação em hasta pública. 6. Por um lado, o elemento abstrato da obrigação consiste no vínculo jurídico estabelecido entre os sujeitos, unindo credor e devedor, de modo a possibilitar que um deles exija do outro o objeto da prestação. Por outro lado, a dívida é estranha à parte cindida adquirida, não sendo os recorrentes credores do Unibanco, só se podendo conceber ação buscando a anulação do próprio ato administrativo de alienação de bens e direitos praticado por Conselheiros nomeados pelo Banco Central – com a prévia anuência da autarquia – da alienação dos bens e direitos da instituição financeira ora em liquidação, ao fundamento de ter sido indevidamente comprometida a garantia de solvência dos créditos. 7. Não se extrai das teses dos recorrentes nada que pudesse afastar a higidez do ato de alienação promovido pelo Banco Central, sendo o ato administrativo federal de alienação de bens e direitos válido e legítimo, visto que não foi anulado por juiz competente em demanda que naturalmente deveria integrar o Bacen como litisconsorte passivo necessário. O exame da questão esbarraria em óbice de competência, pois, na verdade, estar-se-ia definindo a higidez do ato administrativo da autarquia federal, considerando que o princípio do juiz constitucionalmente competente vem integrar as garantias do devido processo legal (...)".

STJ – 3ª T. – REsp nº 1.505.282 – Rel. Min. Ricardo Villas Bôas Cueva – j. 25/08/2015 "(...) 1. Cinge-se a controvérsia a definir se o HSBC é parte legítima para integrar o polo passivo do cumprimento de sentença exarada nos autos de ação revisional proposta contra o Banco Bamerindus. 2. A jurisprudência desta Corte firmou posicionamento no sentido de não reconhecer a ocorrência de sucessão universal entre o HSBC e o Bamerindus, de modo que a verificação da titularidade dos passivos deve ser efetivada em cada caso concreto. 3. A ausência de sucessão universal sobressai da leitura do 'Instrumento Particular de Contrato de Compra e Venda de Ativos, Assunção de Direitos e Obrigações e Outras Avenças' firmado entre o Banco HSBC S.A. e o Banco Bamerindus do Brasil S.A – sob intervenção –, da qual se conclui que a transferência de determinados ativos e passivos ligados mormente à atividade empresarial bancária não gerou a transmissão de todo o patrimônio ou da totalidade das obrigações de uma instituição financeira para a outra. 4. Nos termos do decidido pela Quarta Turma, no REsp 1.338.793/MS, Relator Ministro Marco Buzzi, a incidência da teoria da aparência tem lugar nos casos em que, havendo sucessão parcial de uma instituição financeira por outra, o consumidor (mutuário/correntista) se vê eventualmente impossibilitado de definir a qual banco está vinculado ou qual deles hospeda sua escrita contábil (...)".

STJ – 2ª T. – REsp nº 1.116.845 – Rel. Min. Castro Meira – j. 15/10/2009: "(...)2. O art. 15, I, "b", da Lei nº 6.024/74 autoriza a decretação de ofício da liquidação extrajudicial na hipótese em que 'a administração violar gravemente as normas legais e estatutárias que disciplinam a atividade da instituição bem como as determinações do Conselho Monetário Nacional ou do Banco Central do Brasil, no uso de suas atribuições legais'. 3. No caso concreto, a instituição financeira ARJEL DTVM LTDA. pretensamente envolveu-se no episódio conhecido como 'Escândalo dos Precatórios' em que se sucederam diversas fraudes consubstanciadas na comercialização ardilosa desses títulos, daí porque o Banco Central constatou a existência do substrato fático hábil a ensejar a liquidação extrajudicial. 4. O espírito da norma consiste em interromper as transações de instituição cuja administração atente frontalmente contra o arcabouço legal que regula os negócios dessa natureza, haja vista os graves prejuízos a serem suportados pelo mercado e, em última análise, por toda a sociedade que decorrem do desempenho irregular de atividades no campo financeiro. 5. Ainda que não fique caracterizada a completa insolvência da empresa, é cabível a liquidação extrajudicial na hipótese em que se comprove grave desrespeito às normas de regência das instituições financeiras e das determinações regulamentares dos órgãos competentes. 6. A rigor, a eventual insolvência da instituição gera a liquidação com lastro na alínea 'a' do art. 15, I, da Lei nº 6.024/74 ('Em razão de ocorrências que comprometam sua situação econômica ou financeira especialmente quando deixar de satisfazer, com pontualidade, seus compromissos ou quando se caracterizar qualquer dos motivos que autorizem a declararão de falência') (...)".

STJ – 2ª T. – AgRg no REsp nº 1.555.346 – Rel. Min. Humberto Martins – j. 03/11/2015: "(...) 2. A liquidação extrajudicial prevista no art. 18, 'a', da Lei 6.024/74 determina que as execuções já iniciadas antes da decretação devem ficar suspensas, porquanto o regime especial de liquidação institui uma universalidade de bens que visa permitir, no âmbito do concurso universal de credores, o pagamento dos diversos interessados, de modo que a execução fiscal fica vinculada ao resultado da liquidação. 3. Caso extinta a sociedade, a execução será igualmente extinta, por inexistência de sujeito passivo e patrimônio idôneo à quitação. Caso haja o levantamento da liquidação, restabelece-se o processamento do feito executivo. 4. Precedentes: REsp 1.238.965/RS, Rel. Ministro CASTRO MEIRA, SEGUNDA TURMA, julgado em 14/8/2012, *DJe* 19/12/2012; REsp 1.163.649/SP, Rel. Ministro MARCO BUZZI, QUARTA TURMA, julgado em 16/9/2014, *DJe* 27/2/2015".

STJ – 3ª T. – REsp nº 1.274.623 – Rel. Min. Nancy Andrighi – j. 10/06/2014: "(...) 3. A liquidação extrajudicial de cooperativa de crédito deve atender os dispositivos da Lei 6.024/76 e da Lei de Falência subsidiariamente, porquanto têm natureza jurídica de instituição financeira não bancária. 4. Configurada a violação literal de dispositivos legais, deve-se proferir de imediato novo julgamento, mormente quando o acórdão cassado debatia questão eminentemente de direito. 5. Deferida a liquidação extrajudicial de cooperativa de crédito pelo Banco Central do Brasil, a satisfação dos direitos de crédito contra a cooperativa liquidanda deverá ser realizada coletivamente, por rateio e respeitada a ordem de preferências legais. 6. A compensação de débitos e créditos embora admitida deverá ser realizada no bojo do procedimento de habilitação, com os instrumentos de impugnação previstos na Lei nº 6.024/76, e não em ação individual (...)".

STJ – 1ª Seção – AgRg no MS nº 19.822 – Rel. Min. Napoleão Nunes Maia Filho – j. 26/06/2013: "(...) 1. A decretação de intervenção extrajudicial pelo Banco Central do Brasil no Banco BVA S/A tem como uns dos efeitos a suspensão das obrigações vencidas da instituição financeira, tornando inexigíveis os depósitos existentes na data da decretação da intervenção, nos termos do art. 6º da Lei 6.024/74. Dessa forma, o fato da impetrante ter solicitado a liberação dos valores investidos em data pretérita à intervenção, não tornam esses valores insuscetíveis aos seus efeitos. 2. A empresa-impetrante, aplicadora em CDB (título de crédito escritural), como qualquer outro depósito bancário, não detém qualquer privilégio quanto aos seus créditos, comparativamente aos demais credores da instituição financeira submetida, pelo BACEN, à intervenção extrajudicial. Caso o BACEN verifique a necessidade de decretação da liquidação extrajudicial do Banco BVA S/A, o pagamento de credores e investidores deverá seguir a ordem legal estabelecida pela Lei de Falências, uma vez que o Banco não pode preferir nenhum credor em detrimento de outros".

STJ – 3ª T. – REsp nº 459.352 – Rel. Min. Ricardo Villas Bôas Cueva – j. 23/10/2012: "(...) 2. O fato de a instituição financeira estar sob regime de liquidação extrajudicial (Lei nº 6.024/75), sob intervenção do Banco Central, não lhe altera a personalidade jurídica e não retira a competência da justiça estadual para apreciar o litígio. Precedentes. 3. Por força do disposto no artigo 34 da Lei nº 6.024/75, é possível aplicar a legislação falimentar subsidiariamente ao procedimento de liquidação extrajudicial de instituições financeiras, mas com a ressalva expressa de que somente lhe serão aplicáveis "no que couberem e não colidirem" com os preceitos daquela. 4. Atribuições distintas do liquidante e do Banco Central, que não se sobrepõem, não se excluem e devem ser compatibilizadas visando o melhor aproveitamento da liquidação extrajudicial das instituições financeiras. 5. O Banco Central do Brasil, na qualidade legalmente equiparada de "juiz da falência", reconheceu que os créditos oriundos do termo de caução pertenciam à instituição liquidanda. Tal determinação administrativa não foi impugnada pelas vias próprias. Daí porque não há falar em existência de crédito qualificado em favor do recorrente/credor, restando-lhe submeter-se ao concurso geral de credores".

2.3. Responsabilidade de administradores

A Lei nº 6.024/74 trata da responsabilidade dos administradores nos arts. 36 e seguintes. A regra geral é de responsabilidade subjetiva, conforme previsto no art. 39: "Os administradores e membros do Conselho Fiscal de instituições financeiras responderão, a qualquer tempo, salvo prescrição extintiva, pelos atos que tiverem praticado ou omissões em que houverem incorrido".

A responsabilidade dos ex-administradores será apurada em ação própria, proposta no juízo da falência ou no que for para ela competente (art. 46 da Lei nº 6.024/74) e tem natureza subjetiva (STJ - REsp nº 1.036.398 - Rel. Min. Nancy Andrighi) (Saddi, 2015, p. 285).

Em vista da gravidade dos atos praticados, a lei admite a decretação da indisponibilidade dos bens em razão da intervenção e da liquidação de todos os administradores que tenham estado no exercício das funções nos 12 meses anteriores ao mesmo ato (art. 36, § 1º, da Lei nº 6.024/74). Poderá ser estendida a gerentes conselheiros fiscais e aos bens de pessoas que os tenham adquiridos de administradores com indisponibilidade decretada. Ressalvam-se as impenhorabilidades e inalienabilidades. Transitada em julgado a ação de responsabilidade, a indisponibilidade se converte em penhora para fins de satisfação dos créditos (art. 49 da Lei nº 6.024/74) (Saddi, 2015, p. 283).

Importante notar que, com o objetivo de preservar os interesses da poupança popular e a integridade do acervo das entidades submetidas a intervenção ou a liquidação extrajudicial, o BACEN poderá estabelecer idêntico regime para as pessoas jurídicas que com elas tenham integração de atividade ou vínculo de interesse, por exemplo, sendo do mesmo grupo econômico, ficando os seus administradores sujeitos aos preceitos legais (art. 51 da Lei nº 6.024/74).

Importante caso é a liquidação extrajudicial convolada em falência do Banco Santos. Dentre as decisões judiciais que se prestam a paradigmas do sistema estão o Conflito de Competência nº 76.861, do STJ, que definiu a competência do juízo falimentar para arresto de bens dos administradores responsabilizados. Outra importante decisão que pauta o tema é o Agravo de Instrumento nº 5530684200 do TJSP, que reconheceu a responsabilidade de administradores e também a desconsideração de personalidade jurídica para atingir o acionista controlador, mas afastou a extensão de efeitos da falência para o mesmo acionista controlador.

A propósito, a responsabilidade do controlador foi instituída pelo Decreto-Lei nº 2.321/87, que no art. 15 dispõe: "Decretado o regime de administração especial temporária, respondem solidariamente com os ex-administradores da instituição pelas obrigações por esta assumidas, as pessoas naturais ou jurídicas que com ela mantenham vínculo de controle, independentemente da apuração de dolo ou culpa" (Saddi, 2015, p. 281).

Jurisprudência

Caso Banco Santos: TJSP - Câmara Especial de Falências e Recuperações Judiciais - AI nº 5530684200. - Rel. Des. Romeu Ricúpero - j. 27/08/2008: "Falência do Banco Santos S/A – Extensão da falência à pessoa natural de Edemar Cid Ferreira, controlador de fato - Inadmissibilidade – A lei só autoriza que seja declarado falido o sócio ilimitadamente responsável, o que ocorre nos casos raros de sociedades em nome coletivo e comandita simples (artigo 81 da Lei n° 11 101/2005) — Nos casos de sociedades outras, como a sociedade anônima, a responsabilidade dos controladores e dos administradores será apurada na forma da lei (artigo 82 da Lei n° 11 101/2005) - Na hipótese de instituição financeira, como a dos autos. Essa ação de responsabilização é a ação civil pública já em andamento, prevista na Lei n° 6 024, de 13 de março de 1974, na qual, inclusive, foi deferida medida com caráter cautelar, autorizando a arrecadação dos bens particulares do agravado – Em qualquer hipótese de propositura de ação de responsabilização, de desconsideração da personalidade jurídica e de extensão da falência, a sua eventual procedência só pode ter consequências patrimoniais, ou seja. sujeitando os bens do sócio, controlador ou administrador, ao pagamento das obrigações sociais, mas não o sujeitando à condição de falido – Não se sujeita o acionista controlador de sociedade anônima à condição de falido pois que continua vigorando o princípio da autonomia da pessoa jurídica – 'A falência de uma sociedade empresária projeta, claro, efeitos sobre os seus sócios. Mas não são eles os falidos e, sim, ela Recorde-se, uma vez mais, que a falência é da pessoa jurídica, e não dos seus membros' - Agravos de instrumentos interpostos pela Massa Falida e pelo Ministério Público não providos".

STJ – 2ª Seção – CC nº 76.861 – Rel. Min. Massami Uyeda – j. 13/05/2009: "(...) 5. A ação de responsabilidade civil prevista na Lei n. 6.024/74 (Lei de Intervenção e de Liquidação das Instituições Financeiras) possui notória interconexão com o feito falimentar, do que dão nota a coincidência do foro competente (art. 46 da Lei n. 6.024/74), a legitimidade ativa do administrador da massa falida (art. 47 da Lei n. 6.024/74) e a finalidade da ação de responsabilidade em obter a condenação dos ex-administradores da instituição financeira com o intuito de incrementar o acervo patrimonial constitutivo da massa falida, tudo em prol do pagamento dos credores da instituição financeira (art. 49 da Lei n. 6.024/74). 6. A acentuada proximidade entre a ação de responsabilidade dos administradores da instituição financeira e o feito falimentar permite que o princípio da universalidade do foro da falência seja, no que couber, aplicado às aludidas ações de responsabilidade. 7. Ao símile do que ocorre no caso da falência, diante de sentença penal posterior à ação de responsabilidade a qual determine, após o trânsito em julgado, a perda dos bens dos ex-administradores em proveito da União, a competência para custodiar esses bens e avaliar se o confisco está ou não prejudicando os terceiros de boa-fé mencionados no art. 91, II, do Código Penal será do r. juízo falimentar(...) 9. Conflito conhecido para declarar a competência do r. juízo falimentar".

STJ – 3ª T. – REsp nº 1.471.793 – Rel. Min. João Otávio de Noronha – DJe 27.02.2015: "(...) 2. Na liquidação extrajudicial, concluindo o inquérito pela inexistência de prejuízos para credores, a consequência natural é o levantamento da indisponibilidade incidente sobre os bens dos sócios. Aplicação do art. 44 da Lei nº 6.024/1974. 3. Tendo o órgão interventor (Banco Central do Brasil) atestado o arquivamento do inquérito ante a inexistência de prejuízos para credores, é de rigor a liberação da caução dada pelos sócios em garantia do procedimento (...)".

STJ – 3ª T. – REsp nº 1.036.398 – Relª Min. Nancy Andrighi – DJe 03.02.2009: "(...) A constrição dos bens do administrador é possível quando este se beneficia do abuso da personalidade jurídica. A desconsideração não é regra de responsabilidade civil, não depende de prova da culpa, deve ser reconhecida nos autos da execução, individual ou coletiva, e, por fim, atinge aqueles indivíduos que foram efetivamente beneficiados com o abuso da personalidade jurídica, sejam eles sócios ou meramente administradores. O administrador, mesmo não sendo sócio da instituição financeira liquidada e falida, responde pelos eventos que tiver praticado ou omissões em que houver incorrido, nos termos do art. 39 Lei nº 6.024/1974, e, solidariamente, pelas obrigações assumidas pela instituição financeira durante sua gestão até que estas se cumpram, conforme o art. 40 Lei nº 6.024/1974. A responsabilidade dos administradores, nestas hipóteses, é subjetiva, com base em culpa ou culpa presumida, conforme os precedentes desta Corte, dependendo de ação própria para ser apurada. A responsabilidade do administrador sob a Lei nº 6.024/1974 não se confunde a desconsideração da personalidade jurídica. A desconsideração exige benefício daquele que será chamado a responder. A responsabilidade, ao contrário, não exige este benefício, mas culpa. Desta forma, o administrador que tenha contribuído culposamente, de forma ilícita, para lesar a coletividade de credores de uma instituição financeira, sem auferir benefício pessoal, sujeita-se à ação do art. 46, Lei nº 6.024/1974, mas não pode ser atingido propriamente pela desconsideração da personalidade jurídica. Recurso especial provido."

STJ – 4ª T. – REsp nº 243.091 – Rel. Min. Fernando Gonçalves – j. 14/09/2004: "(...) 1 – A intervenção e a liquidação extrajudicial da sociedade por ações produzem o efeito imediato da indisponibilidade dos bens dos administradores (art. 36 da Lei 6.024, de 15 de dezembro de 1976), sendo vedado, consoante a lei, por qualquer forma, direta ou indireta, aliená-los ou onerá-los, 'até a apuração final de suas responsabilidades'. 2 – Esta imposição legal, no entanto não impede ou subtrai dos dirigentes da sociedade a sua administração. Cria-se uma restrição ao direito de propriedade, visando sua conservação, não podendo – todavia – a liquidação extrajudicial 'afetar o processo produtivo ou as operações comerciais'(...). 4 – A Lei 6.024/76 não prevê a indisponibilidade dos frutos civis do capital, quando nada para a justa conservação dos bens. Liberação permitida em relação aos dividendos das ações das empresas não sujeitas ao regime especial (...)".

Bibliografia SADDI, Jairo. Vinculação do voto dos administradores indicados pelo acordo de voto. In: KUYVEN, Luiz Fernando Martins. Temas essenciais de direito empresarial: estudos em homenagem a Modesto Carvalhosa. São Paulo: Saraiva, 2012. p. 656-667. VERÇOSA, Haroldo Malheiros Duclerc. Considerações sobre o sistema financeiro. Crises. Re-gulação e Re-regulação, RDM, 149-150/9.

3. OPERADORAS DE PLANOS DE SAÚDE

A liquidação das operadoras de plano de saúde é regulada pelo art. 23 da Lei nº 9.656/98, que não podem pedir recuperação e nem falência e ficam sujeitas à liquidação promovida pela Agência Nacional de Saúde Suplementar (ANS).

Decretada a liquidação extrajudicial da operadora, ressalva-se a possibilidade de decretação da falência (art. 23, § 1º, da Lei nº 9.656/98) se: I – o ativo da massa liquidanda não for suficiente para o pagamento de pelo menos a metade dos créditos quirografários; II – o ativo realizável da massa liquidanda não for suficiente, sequer, para o pagamento das despesas administrativas e operacionais inerentes ao regular processamento da liquidação extrajudicial; ou III – nas hipóteses de fundados indícios de crime falimentar.

Obtido o relatório do liquidante extrajudicial, poderá ser pedida a falência, produzindo-se os seguintes efeitos (art. 23, § 4º, da Lei nº 9.656/98): I – a manutenção da suspensão dos prazos judiciais em relação à massa liquidanda; II – a suspensão dos procedimentos administrativos de liquidação extrajudicial, salvo os relativos à guarda e à proteção dos bens e imóveis da massa; III – a manutenção da indisponibilidade dos bens dos administradores, gerentes, conselheiros e assemelhados, até posterior determinação judicial; e IV – prevenção do juízo que emitir o primeiro despacho em relação ao pedido de conversão do regime.

Os administradores das operadoras de planos privados de assistência à saúde em regime de direção fiscal ou liquidação extrajudicial, independentemente da natureza jurídica da operadora, ficarão com todos os seus bens indisponíveis, não podendo, por qualquer forma, direta ou indireta, aliená-los ou onerá-los, até apuração e liquidação final de suas responsabilidades (art. 24-A da Lei nº 9.656/98).

Importante ressalvar que o art. 6º, § 13, inserido na LREF permitiu que cooperativas operadoras de planos de saúde possam se valer do sistema de recuperação judicial. Tal alteração não suprimiu o regime especial da Lei nº 9.656/98.

4. SEGURADORAS

As seguradoras são companhias com objeto social de suporte financeiro e técnico para implementar operações de garantia de risco em contratos de seguro [*t. IV, §20*]. Via de regra, são sociedades anônimas (por vezes, cooperativas) dependentes de autorização da SUSEP para funcionamento (arts. 24, 72 e 74 do Decreto-Lei nº 73/66 e arts. 757, parágrafo único e 1.123 do CC).

O contrato de seguro tem característica e peculiaridade descrita no art. 757 do CC: "Pelo contrato de seguro, o segurador se obriga, mediante o pagamento do prêmio, a garantir interesse legítimo do segurado, relativo a pessoa ou a coisa, contra riscos predeterminados". Portanto, o objeto social da seguradora é pagar certa soma ao segurado, em razão da coleta dos prêmios de diversos segurados que repartem os riscos, calculando-se o valor arrecadado segundo a probabilidade de ocorrência do evento fortuito. Por conta dessa captação de poupança, a liquidação das seguradoras também foi afastada do âmbito da LREF.

Assim, as regras da liquidação extrajudicial estão no art. 94 do Decreto-Lei nº 73/66, ao prever que a cessação das operações das Sociedades Seguradoras poderá ser (*a*) *voluntária*, por deliberação dos sócios em assembleia geral ou (*b*) *compulsória*, por ato do Ministro da

Indústria e do Comércio e processada pela SUSEP – que também atuará na "representação" da sociedade seguradora para a recuperação de ativos e cumprimento de negócios pendentes (art. 99 do Decreto-Lei nº 73/66).

Os casos de liquidação compulsória serão determinados por prática de atos nocivos à política de seguros determinada; não formar as reservas, fundos e provisões a que esteja obrigada a sociedade; acúmulo de obrigações vultosas devidas aos resseguradores, a juízo do órgão fiscalizador de seguros; configuração da insolvência econômico-financeira (art. 96 do Decreto-Lei nº 73/66 e art. 17 da Resolução SUSEP nº 335/2015).

Os efeitos produzidos pelo ato administrador de cassação das atividades da segurança e sua liquidação são descritos pelo art. 98 do Decreto-Lei nº 73/66: (a) suspensão das ações e execuções judiciais, inclusive trabalhistas, executadas as que tiverem início anteriormente, quando intentadas por credores com privilégio sobre determinados bens da Sociedade Seguradora; (b) vencimento de todas as obrigações civis ou comerciais da Sociedade Seguradora liquidanda, incluídas as cláusulas penais dos contratos; (c) suspensão da incidência de juros, ainda que estipulados, se a massa liquidanda não bastar para o pagamento principal; (d) cancelamento dos poderes de todos os órgãos de administração da Sociedade liquidanda. Interrompe-se a prescrição contra ou a favor da massa liquidanda.

No interregno entre a cassação de funcionamento e a liquidação, a SUSEP deverá levantar balanço do ativo e do passivo da seguradora; arrecadará os bens do ativo; fará lista de credores por dívida de indenização de sinistro, capital garantidor de reservas técnicas ou restituição de prêmios, com a indicação das respectivas importâncias; indicará a relação dos créditos da Fazenda Pública e da Previdência Social e demais credores (art. 100 do Decreto-Lei nº 73/66). Todos terão o direito à impugnação administrativa dos créditos arrolados, com decisão pela SUSEP. Em seguida, a SUSEP promoverá a realização do ativo e efetuará o pagamento dos credores pelo crédito apurado e aprovado no prazo de seis meses, observados os respectivos privilégios e classificação de acordo com a quota apurada em rateio (art. 104 do Decreto-Lei nº 73/66).

As omissões do Decreto-Lei poderão ser supridas, naquilo que for compatível com a LREF (art. 107 do Decreto-Lei nº 73/66).

Jurisprudência

STJ – 2ª T. – AgRg no REsp nº 1.555.346 – Rel. Min. Humberto Martins – j. 03/11/2015: "(...) 1. Na origem, cuida-se de execução fiscal ajuizada pela Superintendência de Seguros Privados – SUSEP para a cobrança de multa administrativa interposta à seguradora e que teve decretada sua liquidação extrajudicial. 2. A liquidação extrajudicial prevista no art. 18, 'a', da Lei 6.024/74 determina que as execuções já iniciadas antes da decretação devem ficar suspensas, porquanto o regime especial de liquidação institui uma universalidade de bens que visa permitir, no âmbito do concurso universal de credores, o pagamento dos diversos interessados, de modo que a execução fiscal fica vinculada ao resultado da liquidação. 3. Caso extinta a sociedade, a execução será igualmente extinta, por inexistência de sujeito passivo e patrimônio idôneo à quitação. Caso haja o levantamento da liquidação, restabelece-se o processamento do feito executivo. 4. Precedentes: REsp 1.238.965/RS, Rel. Ministro CASTRO MEIRA, SEGUNDA TURMA, julgado em 14/8/2012, *DJe* 19/12/2012; REsp 1.163.649/SP, Rel. Ministro MARCO BUZZI, QUARTA TURMA, julgado em 16/9/2014, *DJe* 27/2/2015 (...)".

STJ – 1ª T. – REsp nº 626.014 – Rel. Min. Francisco Falcão – j. 10/04/2007: "(...) III – A autorização legislativa que permite a imposição de indisponibilidade dos bens dos administradores não pode, como qualquer outra, se afastar do princípio da razoabilidade. Em análise do recurso opinou o representante do Parquet: 'Tal medida extrema só deve ser adotada se constatada ação irregular ou omissão dos administradores na gestão da sociedade, o que não ocorreu no caso, já que o relatório não comprovou, em nenhum momento a existência de prejuízo por atos praticados pelos gestores'. IV – Passados 14 (quatorze) anos sem conclusão do procedimento de liquidação extrajudicial, deve ser levantado o decreto de indisponibilidade dos bens. O art. 40 da Lei nº 6.024/74 determina, expressamente, que as obrigações assumidas pela sociedade devem ser integral e solidariamente cumpridas pelos seus administradores, o que revela ficarem resguardados os direitos de terceiros (...)".

STJ – 2ª T. – REsp nº 256.491/RJ – Rel. Min. Castro Meira – j. 04/10/2005: "(...) 1. É vedada a venda, cessão ou promessa de venda de bens de administradores de Sociedades Seguradoras que estejam em regime de liquidação. 2. Não há óbice à substituição dos bens do administrador (...)".

STJ – 4ª T. – REsp nº 51.387 – Rel. Min. Aldir Passarinho – j. 06/08/2002: "(...) I. O prazo fixado à SUSEP, no art. 104 do Decreto-lei n. 73/66, para a realização do ativo e pagamento do passivo na liquidação de empresa seguradora, comporta elastecimento, não apenas pela natural complexidade do processo administrativo dessa natureza, como porque dependentes as providências de atos e fatos de terceiro, externos àquele âmbito. II. Situação, todavia, que não justifica, por outro lado, a prorrogação indefinida do prazo, ultrapassado em mais de três décadas, inclusive quando identificada morosidade do órgão legalmente encarregado quanto às diligências necessárias à ultimação do processo liquidatório. III. Circunstâncias peculiares, que levam o Judiciário a impor prazo para o término do processo de liquidação, com a apresentação do quadro atualizado de levantamento dos débitos a saldar e do ativo remanescente, o pagamento dos credores, a reserva de valores para a cobertura de dívidas pendentes, e a ultimação do processo, com a entrega aos acionistas da sociedade extinta de eventuais sobras, se houverem (...)".

STJ – 1ª Seção – MS nº 1.912 – Rel. Min. Humberto Gomes de Barros – j. 27/11/1996: "Ementa da Decisão De 25.05.1993: Liquidação extrajudicial. Sociedade de seguro. Ilegitimidade ativa *ad causam* de acionista nos termos do artigo 109 da Lei 6.404/76 para suspender os efeitos da Portaria do Ministério da Fazenda que decretou a liquidação extrajudicial de sociedade de seguro. Mandado de segurança não conhecido. Ementa da decisão de 27.11.1996: Administrativo – Seguradora – Carta-patente – Cassação – Intimação da acusada – Direito de defesa – A cassação de carta-patente conferida a sociedade seguradora e penalidade (Del. 73/1966 – art. 90). – Na aplicação de penalidades cominadas pelo Del. 73/1966, e imprescindível a adoção de procedimento em que assegura plena defesa (Dec. 60.459/1967 – art. 90). – Penalidade aplicada sem que se assegure defesa plena, e nula (Dec. 60.459/1967, art. 90)".

Bibliografia: SADDI, Jairo. *Regimes especiais de liquidação e intervenção extrajudicial nas instituições financeiras*. In: COELHO, Fabio Ulhoa (Coord.). *Tratado de direito comercial*. v. 8. São Paulo: Saraiva, 2015.

§6
INSOLVÊNCIA CIVIL

1. SUJEIÇÃO À INSOLVÊNCIA CIVIL

Conforme já se discutiu [t. V, §1, i. 1], o direito brasileiro perdeu a oportunidade de unificar a insolvência civil e empresarial, com persistência do tratamento diversificado de devedores empresariais e não empresariais. Não há, portanto, o benefício da recuperação para quem não esteja sujeito ao sistema da LREF. Para tal intento, o devedor civil deverá obter aprovação de todos os credores, conforme determina o art. 783 do CPC/73.

Quem não estiver sujeito ao sistema empresarial [t. I, §5] e estiver envolvido em estado de insolvência, não poderá usar o benefício da recuperação nem tampouco se sujeito à execução coletiva da falência (ressalvados entendimentos de aplicação supletiva dos procedimentos) (THEODORO JÚNIOR, 2003, p. 38-39). Mesmo que se tenha uma atividade empresarial acessória ou atividade-meio [t. I, §5, i. 3], ainda assim não se aplica o regime da LREF.

Portanto, aplica-se o sistema de insolvência civil do CPC às pessoas físicas, associações, fundações, sociedades não personificadas, sociedades simples e, com ressalvas, as cooperativas. As ações de execução tramitam de forma convencional, com algumas novidades: (a) implantação do SIRA (Sistema Integrado de Recuperação de Ativos) por meio da LFAN e que implementou sistema de redução de custos para aumentar a efetividade das ações de recuperação de ativos, com compartilhamento de dados nos limites da LGPD (arts. 13 a 20 da Lei nº 14.195/2021); (b) implantação da conciliação no superendividamento do consumidor, em casos em contratação de dívidas superiores à preservação da dignidade da pessoa, permitindo-se instaura conciliação na Justiça com a presença de todos os credores e apresentação de proposta de pagamento com no máximo 5 anos (art. 104-A do CDC).

Não é demasiado reafirmar que a pressão da jurisprudência começa a causar rachaduras nesse sistema dual concebido pelo legislador. A afirmação decorre da autorização para algumas associações e cooperativas se valerem da recuperação judicial se tiverem atividade econômica equiparada à empresarial [t. V, §1, i. 5]. Apesar disso, não há previsão de interpretação extensiva também para o regime específico falimentar. Ainda persistem severas dúvidas sobre a aplicabilidade de efeitos da sentença de falência para pessoa não empresária.

2. REGRAMENTO APLICÁVEL

A insolvência civil está regulada pelo art. 1.052 do CPC que, por sua vez, tem efeito repristinatório de manter em vigor, até a edição de lei específica, o conteúdo dos arts. 748 a 786-A do CPC/73.

3. PROCEDIMENTO

A insolvência civil deverá ser constituída por sentença se houver a constatação de passivo superior ao ativo (art. 748 do CPC/73), em pedido que pode ser deduzido por qualquer credor, por inventariante do espólio do devedor ou pelo próprio devedor (arts. 759 e 760 do CPC/73). Será presumida se o devedor não tiver outros bens livres e desembaraçados para nomear à penhora ou forem deferidas tutelas de urgência com arresto de bens (art. 750 do CPC/73 e art. 301 do CPC).

O pedido será feito por petição instruída com título executivo (judicial ou extrajudicial), com citação do devedor para opor embargos no prazo de 10 dias (arts. 754 e 755 do CPC/73). Faculta-se a elisão da insolvência com o depósito do valor devido (art. 757 do CPC/73).

Uma vez decretada a insolvência, há efeitos produzidos pela decisão do juiz (art. 751 do CPC/73): I – o vencimento antecipado das suas dívidas; II – a arrecadação de todos os seus bens suscetíveis de penhora, quer os atuais, quer os adquiridos no curso do processo; III – a execução por concurso universal dos seus credores. Também ocorre a perda da administração de bens até a liquidação da massa (art. 752 do CPC/73), tal como se passa na falência.

Além dos efeitos da sentença, a sentença de decretação da insolvência civil nomeará, dentre os maiores credores, um administrador da massa; e mandará expedir edital, convocando os credores para que apresentem, no prazo de 20 dias, a declaração do crédito, acompanhada do respectivo título (art. 761 do CPC/73). Forma-se um juízo universal que atrairá todos os credores e execuções promovidas contra o devedor (art. 762 do CPC/73).

Cumprirá ao administrador nomeado (art. 766 do CPC/73): I – arrecadar todos os bens do devedor, onde quer que estejam, requerendo para esse fim as medidas judiciais necessárias; II – representar a massa, ativa e passivamente, contratando advogado, cujos honorários serão previamente ajustados e submetidos à aprovação judicial; III – praticar todos os atos conservatórios de direitos e de ações, bem como promover a cobrança das dívidas ativas; IV – alienar em praça ou em leilão, com autorização judicial, os bens da massa.

Uma vez elaborada a lista dos credores, serão eles intimados por edital para apresentarem as suas preferências, nulidade, simulação, fraude, ou falsidade de dívidas e contratos (art. 768 do CPC/73). Como não existe ordem de preferência na legislação processual e o art. 769 do CPC/73 remete à aplicação da legislação civil – e não a falimentar –, aplica-se a regra geral do art. 186 do CTN, com preferência de créditos trabalhistas, acidente do trabalho e tributários sobre todos os demais.

Arrecadado e realizado o ativo, serão pagos os credores. Liquidada a massa sem que tenha sido efetuado o pagamento integral a todos os credores, o devedor insolvente continua obrigado pelo saldo (art. 774 do CPC/73), com bens penhoráveis que adquirir posteriormente.

A prescrição das obrigações, interrompidas com a instauração do concurso universal de credores da insolvência civil, recomeça a correr no dia em que transitar em julgado a sentença que encerrar o processo de insolvência. Consideram-se extintas todas as obrigações do devedor, decorrido o prazo de 5 anos, contados da data do encerramento do processo de insolvência (arts. 777 e 778 do CPC/73). Devedores podem se opor a extinção, se demonstrarem que o devedor adquiriu bens sujeitos à arrecadação.

A sentença, que declarar extintas as obrigações, será publicada por edital, ficando o devedor habilitado a praticar todos os atos da vida civil (art. 782 do CPC/73).

4. DIFERENÇAS PARA A FALÊNCIA

Algumas distinções para a falência podem ser destacadas:

(a) *extinção da insolvência*: na insolvência civil, o sistema do CPC/73 exige o pagamento integral de todos os credores (art. 774 do CPC/73), considerando-se extintas as obrigações se decorridos 5 anos da data do encerramento de todas as obrigações, contados do encerramento do processo de insolvência. Na falência, ao contrário, permite-se o encerramento desde que ocorra o pagamento de mais de 25% dos créditos quirografários, sendo facultado ao falido o depósito da quantia necessária para atingir essa porcentagem se para tanto não bastou a integral liquidação do ativo (art. 158, inciso II, da LREF).

(b) *termo legal de atos suspeitos*: a LREF tem a previsão do termo legal da falência (art. 99, inciso II, da LREF) [*t. V, §4, i. 5.2*] a servir de base para a ineficácia e revogação dos atos considerados suspeitos. A insolvência civil não tem o mesmo instrumento, de modo que a nulidade e anulabilidade de negócios ficará sujeita à disciplina geral do CC.

(c) *recuperação*: o sistema da LREF foi construído sobre o princípio da preservação da empresa, facultando-se ao empresário o pedido de recuperação. Na insolvência civil permite-se negociação geral com os credores em espécie de transação coletiva após a formação do quadro de credores. Propondo-lhes a forma de pagamento e ouvidos os credores, poderá o juiz aprovar a proposta por sentença (art. 783 do CPC/73). É somente nesse momento que o CPC/73 atribui participação direta aos credores, diferentemente do protagonismo desejado pela LREF.

(d) *crimes falimentares*: o sistema da LREF prevê tipos penais especiais, ao passo que a insolvência civil fica sujeita aos crimes gerais descritos no CP.

Jurisprudência

STJ – 3ª T. – REsp nº 1.649.395 – Rel. Min. Paulo de Tarso Sanseverino – j. 02/04/2019: "(...) 1. Controvérsia estabelecida em sede de concurso particular de credores em torno da (a) classificação dos honorários sucumbenciais; (b) concorrência estabelecida em face de crédito titularizado pela CEF com base em FGTS inadimplido; (c) forma de pagamento dos créditos privilegiados e de mesma classe. 2. "Os créditos resultantes de honorários advocatícios têm natureza alimentar e equiparam-se aos trabalhistas para efeito de habilitação em falência, seja pela regência do Decreto-Lei n. 7.661/1945, seja pela forma prevista na Lei n. 11.101/2005, observado, neste último caso, o limite de valor previsto no artigo 83, inciso I, do referido Diploma legal." 3. A solvência dos créditos de mesma e privilegiada classe (equiparada a trabalhista) será realizada proporcionalmente aos créditos titularizados pelos credores concorrentes, desimportando a anterioridade de penhoras. 4. Exegese dos arts. 711 do CPC/73 (art. 908 do CPC/2015) e 962 do Código Civil (...)".

STJ – 4ª T. – REsp nº 1.433.652 – Rel. Min. Luis Felipe Salomão – *DJe* 29.10.2014: "(...) 1. Os dois sistemas de execução por concurso universal existentes no direito pátrio – insolvência civil e falência –, entre outras diferenças, distanciam-se um do outro no tocante à concepção do que seja estado de insolvência, necessário em ambos. O sistema falimentar, ao contrário da insolvência civil (art. 748 do CPC), não tem alicerce na insolvência econômica. 2. O pressuposto para a instauração de processo de falência é a insolvência jurídica, que é caracterizada a partir de situações objetivamente apontadas pelo ordenamento jurídico. No caso do direito brasileiro, caracteriza a insolvência jurídica, nos termos do art. 94 da Lei nº 11.101/2005, a impontualidade injustificada (inciso I), execução frustrada (inciso II) e a prática de atos de falência (inciso III). 3. Com efeito, para o propósito buscado no presente recurso – que é a extinção do feito sem resolução de mérito –, é de todo irrelevante a argumentação da recorrente, no sentido de ser uma das maiores empresas do ramo e de ter notória solidez financeira. Há uma presunção legal de insolvência que beneficia o credor, cabendo ao devedor elidir tal presunção no curso da ação, e não ao devedor fazer prova do estado de insolvência, que é caracterizado *ex lege*. 4. O depósito elisivo da falência (art. 98, parágrafo único, da Lei nº 11.101/2005), por óbvio, não é fato que autoriza o fim do processo. Elide-se o estado de insolvência presumida, de modo que a decretação da falência fica afastada, mas o processo converte-se em verdadeiro rito de

cobrança, pois remanescem as questões alusivas à existência e exigibilidade da dívida cobrada.
5. No sistema inaugurado pela Lei nº 11.101/2005, os pedidos de falência por impontualidade de dívidas aquém do piso de 40 (quarenta) salários mínimos são legalmente considerados abusivos, e a própria Lei encarrega-se de embaraçar o atalhamento processual, pois elevou tal requisito à condição de procedibilidade da falência (art. 94, inciso I) (...)".

STJ – 3ª T. – REsp nº 875.982 – Rel. Min. Nancy Andrighi – *DJe* 20.05.2009: "(...) Não se exige que o quirografário comprove a existência da pluralidade de credores para que possa vir a juízo requerer a insolvência civil do devedor. O concurso de credores é a consequência da insolvência civil, e não sua causa, com bem denota o art. 751 do CPC, ao afirmar que 'a declaração da insolvência do devedor produz [...] a execução por concurso universal dos seus credores' (...)".

STJ – 1ª T. – REsp nº 871.190/SP – 1ª T. – Rel. Min. Luiz Fux – *DJe* 03.11.2008: "(...) 1. A preferência dos créditos trabalhistas sobre os créditos tributários, prevista no art. 186 do CTN, não se limita ao concurso universal de credores, em razão de insolvência civil ou falência, aplicando-se, da mesma forma, aos casos de execução contra devedor solvente. 2. É que o art. 711 do CPC sobrepõe a preferência de direito material à de direito processual consagrada na máxima *prior tempore potior in iure*. 3. Deveras, o art. 186 do CTN, antes da alteração trazida pela LC 118/2005, dispunha que: 'O crédito tributário prefere a qualquer outro, seja qual for a natureza ou o tempo da constituição deste, ressalvados os créditos decorrentes da legislação do trabalho'. Consectariamente, o próprio CTN privilegiou o crédito trabalhista, *in casu*, objeto de execução aparelhada(...). 5. É pacífica a necessidade de pluralidade de penhoras sobre o mesmo bem para que seja instaurado o concurso de preferências, estendendo-se essa regra aos casos de arresto, para fins do art. 711 do CPC, considerando que essa providência constritiva traduz medida protetiva de resguardo de bens suficientes para a garantia da execução, passível de posterior conversão em penhora, sendo, inclusive a ela equiparado pelo art. 11 da LEF (Precedentes: REsp 636.290/SP, *DJ* 08.11.2004; REsp 655233/PR, *DJ* 17.09.2007). 6. Atendendo a esse requisito, dessume-se a possibilidade de instituição do concurso de preferências, consoante extrai-se do aresto dos embargos de declaração, in verbis: '[...] Inúmeras penhoras são apontadas, inclusive no rosto dos autos, quer pela decisão atacada, fls. 12/13 e 292/293, quer pela própria embargante, fl. 285'. 7. Com efeito, vários precedentes deste Tribunal Superior assentam a obrigatoriedade de que o credor privilegiado, com vistas a exercer a preferência legalmente prevista, demonstre que promoveu a execução e que penhorou o mesmo bem objeto de outra constrição judicial, nos termos do art. 711 do CPC (Precedentes: REsp 33902/SP, *DJ* 18.04.1994; REsp 655233/PR, *DJ* 17.09.2007; CC 41.133/SP, *DJ* 21.06.2004; REsp 88683/SP, *DJ* 24.03.1997) (...)".

STJ – 4ª T. – REsp nº 171.905 – Rel. Min. Aldir Passarinho Junior – *DJU* 27.03.2000: "INSOLVÊNCIA CIVIL – Ausência de bem do devedor. Possibilidade jurídica do pedido. Desinfluente a inexistência de bem penhorável por parte do réu devedor na ação de insolvência civil postulada pelo credor, haja vista a natureza declaratório-constitutiva da lide (art. 748 do CPC)".

TRF 1ª R. – 3ª T. – AI nº 2002.01.00.044987-9 – Rel. Juiz Olindo Menezes – *DJU* 30.01.2004: "Insolvência do desapropriado. Capacidade processual. A insolvência civil implica o afastamento da capacidade processual da parte, pois a massa é representada em juízo, ativa e passivamente, pelo administrador (art. 766, II, CPC), mas não lhe suprime a legitimidade *ad causam*, podendo, na ação de desapropriação, figurar no polo passivo ao lado do administrador, dado o seu interesse no bom andamento do processo".

TJDFT – 1ª T. – AC nº 2003.07.1.012513-0 – Rel. Des. Nívio Gonçalves – *DJU* 09.03.2004: "INSOLVÊNCIA CIVIL – Requerida pela devedora. Art. 759 e seguintes do CPC. Carência de ação. A inexistência de bens do devedor não é impedimento para declaração de sua insolvência civil, não havendo que se falar em falta de interesse de agir, com base neste fundamento. No caso, merece ser mantida a extinção do feito, por carência de ação; contudo, com base na impossibilidade jurídica dos pedidos, tendo em vista que a pretensão da requerente é no sentido de buscar a prestação jurisdicional para determinar ao banco que não pague os cheques pré-datados por ela emitidos e suspender o pagamento de empréstimos feitos com instituições financeiras, o que caracteriza enriquecimento ilícito, expressamente vedado pelo ordenamento jurídico. O pedido para aplicação do art. 783 do CPC, com fim de forçar os credores à composição de acordo, também mostra-se impossível juridicamente, uma vez que não é dado ao Poder Judiciário imiscuir-se no poder de disposição das partes para determinar que estas façam acordo. A norma do art. 783 do CPC trata-se de disposição relativa à fase executiva da ação de insolvência civil e pressupõe a arrecadação de dinheiro com o praceamento de bens, não podendo ser utilizada como fundamento para determinar que os credores da autora aceitem entabular acordo com esta. Merece ser mantida a sentença por carência de ação; contudo, não por falta de interesse de agir, mas, sim, por impossibilidade jurídica do pedido".

TJRS – 18ª Câm. Cível – AC nº 598203008 – Rel. Des. Claudia Maria Hardt – j. 29.03.2001: "FALÊNCIA – Comerciante em nome individual. Pessoas física e jurídica se confundem. Patrimônio único que responde por dívidas mercantis ou civis. Submissão à lei falimentar (mais ampla), com o que descabida a declaração de insolvência civil".

Bibliografia: THEODOR JÚNIOR, Humberto. *Alguns aspectos processuais da nova lei de falências.* Juris Síntese, n. 70. THEODORO JÚNIOR, Humberto. *A insolvência civil.* 5. ed. Rio de Janeiro: Forense, 2003. MALACHINI. Edson Ribas; ASSIS, Araken de. *Comentários ao código de processo civil.* V. 10. São Paulo: RT, 2001.

BIBLIOGRAFIA

ABRAÃO, Eduardo Lysias Maia. Acordos de acionistas típicos e atípicos. In: COELHO, Fabio Ulhoa. *Tratado de direito comercial*. São Paulo: Saraiva, 2015. v. 4, p. 53-72.

ABRANTES, José João. *A excepção de não cumprimento do contrato*. 3. ed. Coimbra: Almedina, 2018.

ABRÃO, Carlos Henrique; CANTO, Jorge Luiz Lopes do; LUCON, Paulo Henrique dos Santos. *Moderno direito concursal*. Análise plural das Leis nº 11.101/05 e 14.112/20. São Paulo: Quartier Latin, 2021.

ABREU, Iolanda Lopes de. *Responsabilidade patrimonial dos sócios nas sociedades comerciais e pessoas*. São Paulo: Saraiva, 1988.

ADAMEK, Marcelo Vieira von. *Responsabilidade dos administradores de S/A*. São Paulo: Saraiva, 2009.

ADAMEK, Marcelo Vieira von (org.). *Temas de direito societário e empresarial contemporâneos*. São Paulo: Malheiros, 2011.

AGUIAR JÚNIOR, Ruy Rosado. Projeto do Código Civil – as obrigações e os contratos. *Revista dos Tribunais*, São Paulo, ano 89, n. 775, p. 18-31, maio 2000.

AGUNDEZ, Urbano Valero. *La fundacion como forma de empresa*. Valladolid: Universidade de Valladolid, 1969.

AKERLOF, George A. The market for lemons: quality uncertainty and the market mechanism. *Quaterly Journal of Economics*, n. 84, p. 488-500, ago. 1970.

ALMEIDA, Amador Paes de. *Execução de bens dos sócios*: obrigações mercantis, tributárias e trabalhistas. 4. ed. São Paulo: Saraiva, 2001.

ALMEIDA, Margarida Maria Matos Carreia Azevedo de. *A responsabilidade civil do banqueiro perante os credores da empresa financiada*. Coimbra: Coimbra Ed., 2003.

ALVES, José Carlos Moreira. *Direito romano*. 10. ed. Rio de Janeiro: Forense, 1996.

ALVES, José Carlos Moreira. *Parte geral do Projeto de Código Civil brasileiro*. São Paulo: Saraiva, 1986.

ALVIM, Pedro. *O contrato de seguro*. 3. ed. Rio de Janeiro: Forense, 1999.

AMARAL, Hermano Villemor. *Das sociedades limitadas*. 2. ed. Rio de Janeiro: F. Briguiet, 1938.

AMENDOLARA, Leslie. *Os direitos dos acionistas minoritários*. São Paulo: STS, 1998.

ANDRADE, Christiano José de. *O problema dos métodos da interpretação jurídica*. São Paulo: Revista dos Tribunais, 1992.

ANDRADE, Manuel A. Domingues de. *Teoria geral da relação jurídica*. Coimbra: Almedina, 1997. v. I.

ANTUNES, José Augusto Engrácia. *Direito dos contratos comerciais*. Coimbra: Almedina, 2012.

ANTUNES, José Augusto Engrácia. Estrutura e responsabilidade da empresa: o moderno paradoxo regulatório. In: CUNHA, Alexandre dos Santos (org.). *O direito da empresa e das obrigações e o novo Código Civil brasileiro*. São Paulo: Quartier Latin, 2006. p. 18-64.

ANTUNES, José Augusto Engrácia. *Os grupos de sociedades*: estrutura e organização jurídica da empresa plurissocietária. 2. ed. Coimbra: Almedina, 2002.

ASCARELLI, Tullio. A atividade do empresário. Trad. Erasmo Valladão A. N. França. *Revista de Direito Mercantil*, São Paulo: Malheiros, ano XLII, n. 132, , out.-dez. 2003.

ASCARELLI, Tullio. O desenvolvimento histórico do direito comercial e o significado do direito privado. Trad. Fábio Konder Comparato. *Revista de Direito Mercantil*, São Paulo: Malheiros, ano XXXVII, n. 114, p. 237-251, abr.-jun. 1999.

ASCARELLI, Tullio. Origem do direito comercial. Trad. Fábio Konder Comparato. *Revista de Direito Mercantil*, São Paulo: Malheiros, ano XXXV, n. 103, p. 87-99, jul.-set. 1996.

ASCARELLI, Tullio. *Panorama de direito comercial*. São Paulo: Saraiva, 1947.

ASCARELLI, Tullio. *Problemas das sociedades anônimas e direito comparado*. São Paulo: Saraiva, 1945.

ASCARELLI, Tullio. *Saggi di diritto commerciale*. Milão: Giuffrè, 1955.

ASCARELLI, Tullio. *Studi di diritto comparato e in tema di interpretazione*. Milão: Giuffrè, 1952.

ASCARELLI, Tullio. *Studi in tema di società*. Milão: Giuffrè, 1952.

ASCENSÃO, José de Oliveira. *Direito comercial*. Sociedades comerciais. Lisboa, 1993. v. IV.

ASQUINI, Alberto. I batelli del Reno. *Rivista delle Società*, p. 617-633, jul.-out. 1959.

ASQUINI, Alberto. Perfis da empresa. Trad. Fábio Konder Comparato. *Revista de Direito Mercantil*, São Paulo: Malheiros, ano XXXV, n. 104, p. 109-126, out.-dez. 1996.

AVIRAM, Amitai. Bias arbitrage. *Washington & Lee Law Review*, v. 64, p. 789-828, 2007.

AZEVEDO, Antonio Junqueira de. *Negócio jurídico*. 4. ed. São Paulo: Saraiva, 2010.

AZEVEDO, Antonio Junqueira de. *Negócio jurídico*: existência, validade e eficácia. 4. ed. São Paulo: Saraiva, 2002.

BALLANTINE, Henry Winthrop. *On corporations*. Chicago: Callaghan and Company, 1927.

BARBI FILHO, Celso. *Acordo de acionistas*. Belo Horizonte: Del Rey, 1993.

BARBI FILHO, Celso. Acordo de acionistas: panorama atual do instituto no direito brasileiro e propostas para a reforma de sua disciplina legal. *Revista de Direito Mercantil*, n. 121, p. 30-55, jan.-mar. 2001.

BARBOSA, Denis Borges. *Tratado da propriedade intelectual*. 2. ed. Rio de Janeiro: Lumen Juris, 2017.

BARRETO FILHO, Oscar. *Teoria do estabelecimento comercial*. 2. ed. São Paulo: Saraiva, 1988.

BARRETO, Celso de Albuquerque. *Acordo de acionistas*. Rio de Janeiro: Forense, 1982.

BERCOVICI, Gilberto. *Constituição econômica e desenvolvimento*: uma leitura a partir da Constituição de 1988. São Paulo: Malheiros, 2005.

BERLE, Adolf A; MEANS, Gardiner C. *A moderna sociedade anônima e a propriedade privada*. Trad. Dinah de Abreu Azevedo. 3. ed. São Paulo: Nova Cultural, 1984.

BERTOLDI, Marcelo M. *Acordo de acionistas*. São Paulo: Revista dos Tribunais, 2006.

BERTOLDI, Marcelo M.; RIBEIRO, Marcia Carla Pereira. *Curso avançado de direito comercial*. 9. ed. São Paulo: Revista dos Tribunais, 2015.

BETTI, Emilio. *Teoria geral do negócio jurídico*. Trad. Fernando de Miranda. Coimbra: Coimbra Ed., 1969. t. I.

BEZERRA FILHO, Manoel Justino. *Lei de recuperação de empresas e falência*. 15. ed. São Paulo: RT, 2021.

BIGGIAVI, Walter. "Imprese" di finanziamento come surrogati del "socio tirano" –impreditore occulto (studio giurisprudenziale). *Impresa e società*: scritti in memoria di Alessandro Graziani. Napoli: Morano, 1968. v. 1, p. 79-135.

BLUMBERG, Phillip I. The transformation of modern corporation law: the law of corporate groups. *Connecticut Law Review*, n. 37, p. 605-617, 2005.

BOBBIO, Norberto. *Da estrutura à função*. Trad. Daniela Beccaccia Versiani. Barueri: Manole, 2007.

BORBA, José Edward Tavares. *Direito societário*. 5. ed. Rio de Janeiro: Renovar, 1999.

BORGES, João Eunápio. *Curso de direito comercial terrestre*. 2. ed. Rio de Janeiro: Forense, 1964.

BRACKER, Jörgen; HENN, Volker; POSTEL, Rainer. *Die Hanse*. Lebenswirklichkeit und Mythos. 4. ed. Lübeck: Schmidt-Römhild, 2006.

BRAUDEL, Fernand. *Civilização material, economia e capitalismo*: séculos XV-XVIII. São Paulo: Martins Fontes, 1996. v. 2.

BRUNETTI, Antônio. *Trattato del diritto delle società*. Milão: Giuffrè, 1948. v. 1, 2 e 3.

BULGARELLI, Waldírio. A regulamentação jurídica do acordo de acionistas, no Brasil. *RDM*, n. 40.

BULGARELLI, Waldírio. Apontamentos sobre a responsabilidade dos administradores das companhias. *Revista de Direito Mercantil*, São Paulo, ano XXII, n. 50, p. 75-105, abr.-jun. 1983.

BULGARELLI, Waldírio. *As sociedades cooperativas e a sua disciplina jurídica*. Rio de Janeiro: Renovar, 1998.

BUONOCORE, Vicenzo. *L'impresa*. Turim: G. Giappichelli, 2002. t. 2.

BURANELLO, Renato Macedo. *Do contrato de seguro* – O seguro-garantia de obrigações contratuais. São Paulo: Quartier Latin, 2006.

BUSCHINELLI, Gabriel Saad Kik. *Compra e venda de participações societárias de controle*. São Paulo: Quartier Latin, 2018.

BUSCHINELLI, Gabriel Saad Kik. *Abuso do direito de voto na assembleia geral de credores*. São Paulo: Quartier Latin, 2014.

CALDEIRA, Jorge. *História da riqueza do Brasil*. Rio de Janeiro: Estação Brasil, 2017.

CALDEIRA, Jorge. *Mauá*: empresário do império. São Paulo: Companhia das Letras, 1995.

CAMILO, Carlos Eduardo Nicoletti et al. *Comentários ao Código Civil*. São Paulo: Revista dos Tribunais, 2006.

CAMPINHO, Sérgio. *O direito de empresa à luz do novo Código Civil*. 5. ed. Rio de Janeiro: Renovar, 2005.

CAMPOBASSO, Gian Franco. *Manuale di diritto commerciale*. 5. ed. Torino: UTET, 2013.

CANARIS, Claus-Wilhelm. *Handelsrecht*. 23. ed. Munique: C.H. Beck, 2000.

CANARIS, Claus-Wilhelm. *Pensamento sistemático e conceito de sistema na ciência do direito*. 2. ed. Lisboa: Calouste Gulbenkian, 1996.

CANOTILHO, J. J. Gomes. *Direito constitucional*. Coimbra: Almedina, 1992.

CARVALHOSA, Modesto. *Acordo de acionistas*. São Paulo: Saraiva, 2011.

CARVALHOSA, Modesto. *Comentários à Lei das Sociedades Anônimas*. 4. ed. São Paulo: Saraiva, 2009. 4. v.

CARVALHOSA, Modesto. O acordo de controle como pacto social. In: COELHO, Fabio Ulhoa. *Tratado de direito comercial*. São Paulo: Saraiva, 2015. v. 4, p. 40-52.

CARVALHOSA, Modesto (org.). *Tratado de direito empresarial*. 2. ed. São Paulo: Thomson Reuters, 2018.

CASILO, João. Desconsideração da pessoa jurídica. *Revista dos Tribunais*, São Paulo, ano 68, n. 528, p. 24-40, out. 1979.

CASIMIRO, Sofia de Vasconcelos. *A responsabilidade dos gerentes, administradores e directores pelas dívidas tributárias das sociedades comerciais*. Coimbra: Almedina, 2000.

CASTRO, Rodrigo R. Monteiro de. *Controle gerencial*. São Paulo: Quartier Latin, 2010.

CASTRO, Rodrigo R. Monteiro de; WARDE JÚNIOR, Walfrido Jorge; GUERREIRO, Carolina Tavares. (coord.). *Direito empresarial e outros estudos de direito em homenagem ao Professor José Alexandre Tavares Guerreiro*. São Paulo: Quartier Latin, 2015.

CASTRO, Rogerio Alessandre de Oliveira (org.). *O contrato de fornecimento de cana-de-açúcar*. São Paulo: Atlas, 2014.

CEOLIN, Ana Caroline Santos. *Abusos na aplicação da teoria da desconsideração da pessoa jurídica*. Belo Horizonte: Del Rey, 2002.

CESARINI, Francesco. Alcune riflessioni sul significato attuale del capitale sociale e del valore nominale dell'azione nella prospettiva dell'investitore. *Rivista delle società*, Milão, ano 38, n. 1, p. 91-96, jan.-abr. 1993.

CHALHUB, Melhim Namen. Trust. Breves considerações sobre sua adaptação aos sistemas jurídicos de tradição romana. *Revista dos Tribunais*, ano 90, n. 790, p. 79-109, ago. 2001.

CHAMOUN, Ebert. *Instituições de direito romano*. 4. ed. Rio de Janeiro: Forense, 1962.

COASE, Ronad H. The nature of the firm. *The firm, the market, and the law*. Chicago: The University of Chicago Press, 1990.

COELHO, Fábio Ulhoa. *Curso de direito comercial*. São Paulo: Saraiva, 1999.

COELHO, Fábio Ulhoa. *Curso de direito comercial*. 17. ed. São Paulo: Saraiva, 2013. v. 2.

COELHO, Fábio Ulhoa. *Desconsideração da personalidade jurídica*. São Paulo: Revista dos Tribunais, 1989.

COELHO, Fábio Ulhoa (coord.). *Tratado de direito comercial*. São Paulo: Saraiva, 2015. 8 v.

COELHO, Fabio Ulhoa (coord.). FRAZÃO, Ana. MENEZES, Mauricio Moreira. CASTRO, Rodrigo R. Monteiro. CAMPINHO, Sergio. *Lei das sociedades anônimas comentada*. Rio de Janeiro: Forense, 2021.

COMPARATO, Fábio Konder. A reforma da empresa. *Revista de Direito Mercantil*, São Paulo, ano XXII, n. 50, p. 57-74, abr.-jun. 1983.

COMPARATO, Fábio Konder. Acordo de acionistas e interpretação do art. 118 da Lei das S.A. *RT*, n. 527/32.

COMPARATO, Fábio Konder. Aparência de representação: a insustentabilidade de uma teoria. *Revista de Direito Mercantil*, São Paulo, ano XXXVI, n. 111, p. 39-44, jul.-set. 1998.

COMPARATO, Fábio Konder. *Aspectos jurídicos da macro-empresa*. São Paulo: Revista dos Tribunais, 1970.

COMPARATO, Fábio Konder. *Direito empresarial*. São Paulo: Saraiva, 1990.

COMPARATO, Fábio Konder. *Direito empresarial*: estudos e pareceres. São Paulo: Revista dos Tribunais, 1990.

COMPARATO, Fábio Konder. *Ensaios e pareceres de direito empresarial*. Rio de Janeiro: Forense, 1978.

COMPARATO, Fábio Konder. Estado, empresa e função social. *Revista dos Tribunais*, São Paulo, ano 85, n. 732, p. 38-46, out. 1996.

COMPARATO, Fábio Konder. Na Proto-História das empresas multinacionais – O Banco de Medici de Florença. *Revista de Direito Mercantil*, São Paulo, ano XXIII, n. 54, p. 105-111, abr.-jun. 1984.

COMPARATO, Fábio Konder. *Novos ensaios e pareceres de direito empresarial*. Rio de Janeiro: Forense, 1981.

COMPARATO, Fábio Konder. SALOMÃO FILHO, Calixto. *O poder de controle na sociedade anônima*. 4. ed. Rio de Janeiro: Forense, 2005.

CORDEIRO, Antonio Menezes. *Manual de direito comercial*. 3. ed. Coimbra: Almedina, 2003. v. 1.

CORDEIRO, Antonio Menezes. *O levantamento da personalidade coletiva no direito civil e comercial*. Coimbra: Almedina, 2000.

CORRÊA-LIMA, Osmar Brina. Direito de voto na sociedade anônima. *RT*, n. 530/26.

COSACK, Konrad. *Tratado de derecho mercantil*. Trad. Antonio Pólo. Madrid: Revista de Derecho Privado, 1935.

COSTA, Salustiano Orlando de Araújo. *Codigo Commercial do Império do Brasil*. 4. ed. Rio de Janeiro: Laemmert, 1886.

COSTA, Wille Duarte. *Títulos de crédito*. 4. ed. Belo Horizonte: Del Rey, 2008.

CRAVEIRO, Mariana Conti. *Contratos entre sócios*. São Paulo: Quartier Latin, 2013.

CRISTIANO, Romano. *Personificação da empresa*. São Paulo: Revista dos Tribunais, 1982.

CUNHA, Rodrigo Ferraz Pimenta da. *Estrutura de interesses nas sociedades anônimas*: hierarquia e conflitos. São Paulo: Quartier Latin, 2007.

DE LUCCA, Newton. *Aspectos da teoria geral dos títulos de crédito*. São Paulo: Pioneira, 1979.

DE LUCCA, Newton. *Comentários ao Código Civil*. Rio de Janeiro: Forense, 2003. v. XII.

DE LUCCA, Newton. SIMÃO FILHO, Adalberto (coord.). *Comentários à nova Lei de Recuperação de Empresas e de falências*. São Paulo: Quartier Latin, 2005.

DE LUCCA, Newton. *Da ética geral à ética empresarial*. São Paulo: Quartier Latin, 2009.

DENOZZA, Francesco. *Responsabilità dei soci e rischio d'impresa nelle società personali*. Milão: Giuffrè, 1973.

DIAS, José de Aguiar. *Da responsabilidade civil*. 11. ed. atual. por Rui Berford Dias. Rio de Janeiro: Renovar, 2006.

DÍAZ, Marta Zabaleta. *La explotación de una situación de dependencia y económica como supuesto de competencia desleal*. Madri: Marcial Pons, 2002.

DINIZ, Gustavo Saad. *Estudos e pareceres da pessoa jurídica e da atividade empresarial*. São Paulo: LiberArs, 2013. v. 1.

DINIZ, Gustavo Saad. *Estudos e pareceres da pessoa jurídica e da atividade empresarial*. São Paulo: LiberArs, 2018. v. 2.

DINIZ, Gustavo Saad. *Fundações de direito privado*. Teoria geral e exercício de atividades econômicas. 3. ed. São Paulo: Lemos & Cruz, 2006.

DINIZ, Gustavo Saad. *Grupos societários*: da constituição à falência. Rio de Janeiro: Forense, 2016.

DINIZ, Gustavo Saad. *Responsabilidade dos administradores por dívidas das sociedades limitadas.* 2. ed. Porto Alegre: Síntese, 2003.

DINIZ, Gustavo Saad. *Subcapitalização societária.* Belo Horizonte: Fórum, 2012.

DINIZ, Gustavo Saad. *Subcapitalização societária.* Financiamento e responsabilidade. Rio de Janeiro: Forense, 2012.

DINIZ, Gustavo Saad; GAJARDONI, Fernando da Fonseca. Tutelas provisórias e negócios jurídicos processuais em matéria societária. In: RIBEIRO, Marcia Carla Pereira et al. (org.). *Direito empresarial e o novo CPC.* Belo Horizonte: Fórum, 2017. p. 229-245.

DOMINGUES, Paulo de Tarso. *Do capital social.* 2. ed. Coimbra: Coimbra Ed., 2004.

DOMINGUES, Paulo de Tarso. Garantias da consistência do patrimônio social. *Problemas do direito das sociedades.* Coimbra: Almedina, 2003.

DORIA, Dylson. *Curso de direito comercial.* 8. ed. São Paulo: Saraiva, 1993. v. 1.

DRAX, Manfred. *Durchgriffs- und Konzernhaftung der GmbH-Gesellschafter: ein Vergleich.* Munique: VVF, 1992.

DRYGALA, Tim; STAAKE, Marco; SZALAI, Stephan. *Kapitalgesellschaftsrecht.* Heidelberg: Springer, 2012.

DUARTE, Rui Pinto. Suprimentos, prestações acessórias e prestações suplementares – notas e questões. *Problemas do direito das sociedades.* Coimbra: Almedina, 2003.

ECKHOLD, Thomas. *Materielle Unterkapitalisierung.* Munique: Heymanns, 2002.

EHRENBERG, Victor. *Handbuch des gesamtes Handelsrechts.* Leipzig: Reisland, 1913. 1. vol.

EISENBERG, Melvin. Relational contracts. In: BEATSON, Jack; FRIEDMAN, Daniel. *Good faith and fault in contract law.* Oxford: Oxford, 1997. p. 291-304.

EISENBERG, Melvin. The duty of good faith in Corporate Law. *Delaware Journal of Corporate Law,* v. 31, p. 1-75, 2005. Disponível em: <http://papers.ssrn.com/sol3/papers.cfm?abstract_id=899212>. Acesso em: 8 set. 2014.

EISENHARDT, Ulrich. *Gesellschaftsrecht.* 12. ed. Munique: Beck, 2005.

EIZIRIK, Nelson. *A Lei das S/A comentada.* São Paulo: Quartier Latin, 2011. v. I e III.

EIZIRIK, Nelson. Acordo de acionistas – arquivamento na sede social – vinculação dos administradores de sociedade controlada. *Revista de Direito Mercantil,* n. 129, p. 45-53, jan.-mar. 2003.

EIZIRIK, Nelson. Incorporação de reservas de capital ao capital social seguida de redução do capital – Legitimidade da operação. *Revista de Direito Mercantil,* São Paulo, ano XXXVII, n. 115, p. 255-262, jul.-set. 1999.

EIZIRIK, Nelson. *Sociedades anônimas: jurisprudência.* 2. tir. Rio de Janeiro: Renovar, 2001.

ENGISH, Karl. *Introdução ao pensamento jurídico.* Trad. J. Baptista Machado. 6. ed. Lisboa: Fundação Calouste Gulbenkian, 1988.

ENNECCERUS, Ludwig; KIPP, Theodor; WOLFF, Martin. *Tratado de derecho civil.* Trad. Blas Pérez González y José Alguer. Barcelona: Bosch, 1943. t. I.

ESTRELLA, Hernani. *Apuração dos haveres do sócio.* Rio de Janeiro: José Konfino, 1960.

FARIA, Antonio Bento de. *Código Comercial brasileiro.* 3. ed. Rio de Janeiro: Jacintho Ribeiro Santos, 1920. v. 1.

FARINA, Elizabeth Maria Mercier Querido; AZEVEDO, Paulo Furquim; SAES, Maria Sylvia Macchione. *Competitividade*: mercado, estado e organizações. São Paulo: Singular, 1997.

FAZZIO JUNIOR, Waldo. *Manual de direito comercial.* São Paulo: Atlas, 2011.

FÉRES, Marcelo Andrade. *Estabelecimento empresarial*. São Paulo: Saraiva, 2007.

FERNÁNDEZ, María Luisa de Arriba. *Derecho de grupos de sociedades*. 2. ed. Madrid: Civitas, 2009.

FERRARA JR., Francesco. *A simulação dos negócios jurídicos*. Trad. A. Bossa. São Paulo: Saraiva, 1939.

FERRARA JR., Francesco. *Gli impreditori e le società*. Milão: Giuffrè, 1962.

FERRARA JR., Francesco. *Le persone giuridiche*. Torino: Torinese, 1958.

FERRARESE, Maria Rosaria. *Diritto e mercato*. Torino: G. Giappiachelli Editore, 1992.

FERRAZ JÚNIOR, Tercio Sampaio. *Conceito de sistema no direito*. São Paulo: Revista dos Tribunais, 1976.

FERRAZ JÚNIOR, Tercio Sampaio. *Introdução ao estudo do direito*: técnica, decisão, dominação. 4. ed. São Paulo: Atlas, 2003.

FERRAZ JÚNIOR, Tercio Sampai. Prefácio. In: NUSDEO, Fabio. *Curso de economia*: introdução ao direito econômico. São Paulo: Revista dos Tribunais, 1997.

FERREIRA, Waldemar. *Compêndio de sociedades mercantis*. Rio de Janeiro: Freitas Bastos, 1940.

FERREIRA, Waldemar. *Tratado de direito comercial*. São Paulo: Saraiva, 1961. v. 1, 3 e 4.

FERREIRA, Waldemar. *Tratado de sociedades mercantis*. 5. ed. Rio de Janeiro: Nacional de Direito, 1958. v.2.

FERRI, Giuseppe. *Trattato di diritto civile italiano*. Le società. Torino: Torinese, 1971. v. 10, t. 3.

FERRO-LUZZI, Paolo. *I contrati associativi*. Milão: Giuffrè, 1976.

FIALE, Aldo. *Diritto commerciale*. Nápoles: Simone, 2002.

FINKELSTEIN, Maria Eugenia. *Direito empresarial*. 3. ed. São Paulo: Atlas, 2006.

FONSECA, Fabiana Rodrigues da. *As sociedades limitadas nos microssistemas societários*. 2004. Dissertação (Mestrado) – Faculdade de Direito da Universidade de São Paulo, 2004.

FORGIONI, Paula A. *A evolução do direito comercial*: da mercancia ao mercado. São Paulo; Revista dos Tribunais, 2009.

FORGIONI, Paula A. A interpretação dos negócios empresariais no novo Código Civil brasileiro. *Revista de Direito Mercantil*, São Paulo, ano XLII, n. 130, p. 7-38, abr.-jun. 2003.

FORGIONI, Paula A. *Contrato de distribuição*. São Paulo: Revista dos Tribunais, 2005.

FORGIONI, Paula A. *Direito concorrencial e restrições verticais*. São Paulo: Revista dos Tribunais, 2007.

FORGIONI, Paula A. Tullio Ascarelli e os contratos de distribuição. *Revista Magister de Direito Empresarial*, Porto Alegre, ano I, n. 2, p. 11-35, abr.-maio 2005.

FRADERA, Vera Maria Jacob; ESTEVEZ, André Fernandes; RAMOS, Ricardo Ehrensperger. *Contratos empresariais*. São Paulo: Saraiva, 2015.

FRANÇA, Erasmo Valladão Azevedo e Novaes. Acionista controlador – impedimento ao direito de voto. *Revista de Direito Mercantil*, São Paulo, ano XLI, n. 125, p. 139-172, jan.-mar. 2002.

FRANÇA, Erasmo Valladão Azevedo e Novaes. Conflito de interesses – formal ou substancial? Nova decisão da CVM sobre a questão. *Revista de Direito Mercantil*, São Paulo, ano XLI, n. 128, p. 225-262, out.-dez. 2002.

FRANÇA, Erasmo Valladão Azevedo e Novaes. *Conflito de interesses nas assembléias de S.A.* São Paulo: Malheiros, 1993.

FRANÇA, Erasmo Valladão Azevedo e Novaes. Empresa, empresário e estabelecimento. A nova disciplina das sociedades. *Revista do Advogado*, São Paulo, ano XXIII, n. 71, p. 15-25, ago. 2003.

FRANÇA, Erasmo Valladão Azevedo e Novaes. *Invalidade das deliberações de assembleia de S/A*. São Paulo: Malheiros, 1999.

FRANÇA, Erasmo Valladão Azevedo e Novaes. *Temas de direito societário, falimentar e teoria da empresa*. São Paulo: Malheiros, 2009.

FRANÇA, Erasmo Valladão Azevedo e Novaes; ADAMEK, Marcelo Vieira von. *Da ação de dissolução parcial de sociedade*: comentários breves ao CPC. São Paulo: Malheiros, 2016.

FRANCESCHELLI, Remo. *Trattato di diritto industriale*. Milão: Giuffrè, 1973.

FRANCO, Vera Helena Mello. A reforma de sociedades por quotas de responsabilidade limitada no direito alemão. *Revista de Direito Mercantil*, São Paulo, ano XXVII, n. 71, p. 87-94, jul.-set. 1988.

FRANCO, Vera Helena Mello. Sociedade comercial – pessoa distinta do sócio – princípio não absoluto. *Revista de Direito Mercantil*, São Paulo, ano XXII, n. 51, p. 105-111, jul.-set. 1983.

FRANKE, Walmor. *Direito das sociedades cooperativas*. São Paulo: Saraiva, 1973.

FRAZÃO, Ana. *Função social da empresa*: repercussões sobre a responsabilidade civil de controladores e administradores de S/As. Rio de Janeiro: Renovar, 2011.

FREITAS, Augusto Teixeira de. *Código Civil*. Esboço. Brasília: Imprensa Nacional, 1983. v. 2.

FREITAS, Elizabeth Cristina Campos Martins de. *Desconsideração da personalidade jurídica*: análise à luz do Código de Defesa do Consumidor e do novo Código Civil. São Paulo: Atlas, 2002.

FRONTINI, Paulo Salvador. A atividade negocial e seus pressupostos econômicos e políticos. Sobre os fundamentos constitucionais do direito comercial e a função social da livre iniciativa. *Revista de Direito Mercantil*, São Paulo, ano XIV, n. 18, p. 31-38, 1975.

GAJARDONI, Fernando da Fonseca; DELLORE, Luiz; ROQUE, Andre; OLIVEIRA JR., Zulmar Duarte. *Teoria geral do processo*: comentários ao CPC de 2015. Rio de Janeiro: Forense, 2015.

GALBRAITH, John Kenneth. *O novo estado industrial*. Trad. Leônidas Gontijo de Carvalho. 3. ed. São Paulo: Nova Cultural, 1988.

GALGANO, Francesco. *Diritto commerciale*. Le società. 2. ed. Bolonha: Zanichelli, 1977.

GALGANO, Francesco. *Il Diritto privato fra Codice e Costituzione*. Bolonha: Zanichelli, 1980.

GALGANO, Francesco. *Lex mercatoria*: storia del diritto commerciale. Bolonha: Il Mulino, 1998.

GALGANO, Francesco. *Trattato di Diritto Civile e Commerciale*. La società di persone. Milão: Giuffrè, 1972.

GALGANO, Francesco. *Trattato di Diritto Commerciale e di Diritto Pubblico dell'Economia*. Padova: CEDAM, 1988. v. 7.

GALGANO, Francesco. *Trattato di Diritto Commerciale e di Diritto Publico dell'Economia*. La Costituzione economica. Padova: CEDAM, 1977.

GALGANO, Francesco. *Trattato di Diritto Commerciale e di Diritto Publico dell'Economia*. La società per azione. Padova: CEDAM, 1977.

GOLDSCHMIDT, Levin. *Storia universale del Diritto Commerciale*. Trad. Vittorio Pouchain e Antonio Sciolja. Torino: UTET, 1913.

GARBI, Carlos Alberto. *A intervenção judicial no contrato em face do princípio da integridade da prestação e da cláusula geral de boa-fé*. São Paulo: EPM, 2014.

GOMES, Gilberto. *Sucessão de empresa*. A questão da responsabilidade solidária e a posição do empregado. São Paulo: LTr, 1994.

GOMES, José Ferreira. *Da administração à fiscalização das sociedades*. Coimbra: Almedina, 2017.

GOMES, José Ferreira; GONÇALVES, Diogo Costa. *A imputação de conhecimento às sociedades comerciais*. Coimbra: Almedina, 2017.

GOMES, Orlando. *Contratos*. 26. ed. Rio de Janeiro: Forense, 2008.

GOMES, Orlando. *Introdução ao direito civil*. 11. ed. Atualização e notas de Humberto Theodoro Júnior. Rio de Janeiro: Forense, 1995.

GOMES, Orlando; GOTTSHALK, Elson. *Curso de direito do trabalho*. Rio de Janeiro: Forense, 1968.

GONÇALVES NETO, Alfredo Assis. *Direito de empresa*: comentários aos artigos 966 a 1.195 do Código Civil. 4. ed. São Paulo: Revista dos Tribunais, 2012.

GONÇALVES, Carlos Roberto. *Direito civil brasileiro*: responsabilidade civil. São Paulo: Saraiva, 2008. v. 4.

GONÇALVES, Diogo Costa. *Pessoa coletiva e sociedades comerciais*: dimensão problemática e coordenadas sistemáticas da personificação jurídico-privada. Coimbra: Almedina, 2016.

GONÇALVES, Oksandro. *A relativização da responsabilidade limitada dos sócios*. Belo Horizonte: Fórum, 2012.

GRAU, Eros Roberto. *A ordem econômica na Constituição de 1988*. 8. ed. São Paulo: Malheiros, 2003.

GRAU, Eros Roberto. Capacidade normativa de conjuntura. *Enciclopédia Saraiva de Direito*. São Paulo: 1977. v. 13, p. 48-50.

GRAU, Eros Roberto. *Direito posto e direito pressuposto*. São Paulo: Malheiros, 1996.

GRAU, Eros Roberto. *Ensaio e discurso sobre a interpretação/aplicação do direito*. 3. ed. São Paulo: Malheiros, 2005.

GRAU, Eros Roberto; FORGIONI, Paula A. *O Estado, a empresa e o contrato*. São Paulo: Malheiros, 2005.

GRINOVER, Ada Pellegrini et al. *Código Brasileiro de Defesa do Consumidor*. 6. ed. Rio de Janeiro: Forense Universitária, 2000.

GRUNEWALD, Barbara. *Gesellschaftsrecht*. 3. ed. Tübingen: Mohr Siebeck, 1999.

GUERREIRO, José Alexandre Tavares. Abstenção de voto e conflito de interesses. In: KUYVEN, Luis Fernando Martins (coord.). *Temas essenciais de direito empresarial*: estudos em homenagem a Modesto Carvalhosa. São Paulo: Saraiva, 2012. p. 681-692.

GUERREIRO, José Alexandre Tavares. Aplicação analógica da lei dos revendedores. *Revista de Direito Mercantil*, São Paulo, ano XXII, n. 49, p. 34-40, mar. 1983.

GUERREIRO, José Alexandre Tavares. Conflitos de interesse entre sociedade controladora e controlada e entre coligadas, no exercício do voto em assembleias gerais e reuniões sociais. *Revista de Direito Mercantil*, São Paulo, ano XXII, n. 51, p. 29-32, jul.-set. 1983.

GUERREIRO, José Alexandre Tavares. Das relações internas no grupo convencional de sociedades. In: TORRES, Heleno Taveira; QUEIROZ, Mary Elbe (org.). *Desconsideração da personalidade jurídica em matéria tributária*. São Paulo: Quartier Latin, 2005. p. 303-321.

GUERREIRO, José Alexandre Tavares. Execução específica do acordo de acionistas. *Revista de Direito Mercantil*, n. 41, p.40-68, jan.-mar. 1981.

GUERREIRO, José Alexandre Tavares. O conselho fiscal e o direito à informação. *Revista de Direito Mercantil*, ano XXI, n. 45, p. 29-34, jan.-mar. 1982.

GUERREIRO, José Alexandre Tavares. *Regime jurídico do capital autorizado*. São Paulo: Saraiva, 1984.

GUERREIRO, José Alexandre Tavares. Sobre a conferência de bens. *Revista de Direito Mercantil*, São Paulo, ano XXI, n. 48, p. 16-24, out.-dez. 1982.

GUERREIRO, José Alexandre Tavares. Sobre a interpretação do objeto social. *Revista de Direito Mercantil*, São Paulo, ano XXIII, n. 54, p. 67-72, abr.-jun. 1984.

GUERREIRO, José Alexandre Tavares. Sociedade anônima: dos sistemas e modelos ao pragmatismo. In: CASTRO, Rodrigo R. Monteiro de; AZEVEDO, Luis André N. de Moura (coord.). *Poder de controle e outros temas de direito societário e mercado de capitais*. São Paulo: Quartier Latin, 2010.

GUERREIRO, José Alexandre Tavares. Sociedade anônima: poder e dominação. *Revista de Direito Mercantil*, São Paulo, ano XXIII, n. 53, p. 72-80, jan.-mar. 1984.

GUIMARÃES, Flávia Lefévre. *Desconsideração da personalidade jurídica no Código do Consumidor*: aspectos processuais. São Paulo: Max Limonad, 1998.

HALPERIN, Isaac. *Sociedades de responsabilidad limitada*. 2. ed. Buenos Aires: Depalma, 1951.

HANSMANN, Henry; KRAAKMAN, Reinier. Pela responsabilidade ilimitada do acionista por danos societários. In: ARAÚJO, Danilo Borges dos Santos Gomes de; WARDE JÚNIOR, Walfrido (org.). *Os grupos de sociedades*: organização e exercício da empresa. São Paulo: Saraiva, 2012. p. 255-325.

HANSMANN, Henry; SQUIRE, Richard. *Law and the rise of the firm*. Disponível em: <http://www.law.harvard.edu/programs/olin_center/papers/pdf/Kraakman_et%20al_546.pdf>. Acesso em: 28 nov. 2013.

HAURIOU, Maurice. *La teoria de la institucion y de la fundacion*. Trad. Arturo Enrique Sampay. Buenos Aires: Abeledo-Perrot, 1968.

HENTZ, Luiz Antonio Soares. *Direito de empresa no Código Civil de 2002*: teoria geral do direito comercial de acordo com a Lei n. 10406, de 10.1.2002. São Paulo: Juarez de Oliveira, 2002.

HENTZ, Luiz Antonio Soares; DINIZ, Gustavo Saad. *Sociedades dependentes de autorização*. São Paulo: IOB-Thomson, 2004.

HERMANN, Harald. *Grundlehren des Bürgelichen Rechts und Handelsrechts*. Disponível em: <http://www.nwir.de/archiv/NWIR%205/Grundlehren.pdf>. Acesso em: 3 nov. 2018.

HILFERDING, Rudolf. *O capital financeiro*. Trad. Reinaldo Mestrinel. São Paulo: Nova Cultural, 1985.

HIRATA, Alessandro. *Relações contratuais fáticas*. Tese (Titularidade) – Faculdade de Direito da Universidade de São Paulo, 2011.

HOFFMAN, Dietrich; LIEBS, Rüdiger. *Der GmbH-Geschäftsführer*. 2. ed. Munique: C.H. Beck, 2000.

HOPT, Klaus. Deveres legais e conduta ética de membros do Conselho de Administração e de profissionais. Trad. Erasmo Valladão A. N. França e Mauro Moisés Kertzer. *Revista de Direito Mercantil*, São Paulo, ano XLV, v. 144, p. 107-119, out.-dez. 2006.

HOPT, Klaus. Direito de grupos societários: uma perspectiva europeia. In: ARAÚJO, Danilo Borges dos Santos Gomes de; WARDE JÚNIOR, Walfrido (org.). *Os grupos de sociedades*: organização e exercício da empresa. São Paulo: Saraiva, 2012. p. 415-457.

IRTI, Natalino. *L'ordine giuridico del mercato*. 4. ed. Roma: Laterza, 2003.

IRUJO, José Miguel Embid. Algunas reflexiones sobre los grupos de sociedades y su regulación jurídica. *Revista de Direito Mercantil*, São Paulo, ano XXIII, n. 53, p. 18-40, jan.-mar. 1984.

JAEGER, Pier Giusto. *L'Interesse sociale*. Milão: Giuffrè, 1972. p. 89-passim.

JAEGER, Pier Giusto. L'interesse sociale rivisitato (quarant'anni dopo). *Giurisprudenza Commerciale*, v. 27, n. 6, p. I, p. 795-812, 2000. p. 795-806.

JAEGER, Pier Giusto; DENOZZA, Francesco. *Appunti di diritto commerciale*. Milano: Giuffrè, 1989.

JUSTEN FILHO, Marçal. *Desconsideração da personalidade jurídica societária no direito brasileiro*. São Paulo: Revista dos Tribunais, 1987.

KHAYAT, Gabriel Fernandes. *Contrato de integração agroindústria: teoria e prática*. Curitiba: Juruá, 2021.

KLUNZINGER, Eugen. *Grundzüge des Gesellschaftsrechts*. 14. ed. Munique: Vahlen, 2006.

KONDER, Carlos Nelson. *Contratos conexos*: grupos de contratos, redes contratuais e contratos coligados. Rio de Janeiro: Renovar, 2006.

KOURY, Suzy Elizabeth Cavalcante. *A desconsideração da personalidade jurídica* (disregard doctrine) *e os grupos de empresas*. Rio de Janeiro: Forense, 1995.

KOURY, Suzy Elizabeth Cavalcante. *A desconsideração da personalidade jurídica* (disregard doctrine) *e os grupos de empresas*. 2. ed. Rio de Janeiro: Forense, 1997.

KRAFT, Alfons; KREUTZ, Peter. *Gesellschaftsrecht*. 11. ed. Kriftel: Luchterhand, 2000.

KÜBLER, Friedrich. *Gesellschaftsrecht*. 5. ed. Heidelberg: C. F. Müller, 1999.

KUYVEN, Luis Fernando Martins (coord.). *Temas essenciais de direito empresarial*: estudos em homenagem a Modesto Carvalhosa. São Paulo: Saraiva, 2012.

LAET, Joanne de. *História ou annaes dos feitos da Companhia Privilegiada das Índias Occidentaes*. Trad. José Hygino Duarte Pereira e Pedro Souto Maior. Rio de Janeiro: Officinas Graphicas Biblioteca Nacional, 1916.

LAMY FILHO, Alfredo. A reforma da lei de sociedades anônimas. *Revista de Direito Mercantil*, São Paulo, ano XI, n. 7, p. 123-158, 1972.

LAMY FILHO, Alfredo. Capital social. Conceito. Atributos. A alteração introduzida pela Lei nº 9.457/97. O capital social no sistema americano. *Revista Forense*, Rio de Janeiro, ano 95, n. 346, p. 3-7, abr.-jun. 1999.

LAMY FILHO, Alfredo. *Metodologia da ciência do direito*. Trad. José Lamego. 2. ed. Lisboa: Fundação Calouste Gulbenkian, 1989.

LAMY FILHO, Alfredo; PEDREIRA, José Luiz Bulhões. *A Lei das S.A*. Rio de Janeiro: Renovar, 1992.

LARENZ, Karl. *Base del negocio juridico y cumplimiento de los contratos*. Trad. Carlos Fernandez Rodriguez. Madrid: Editorial Revista de Derecho Privado, 1956.

LEÃES, Luis Gastão Paes de Barros. A conversão de debêntures em ações e o correspondente aumento do capital social. *Revista dos Tribunais*, São Paulo, ano 80, n. 669, p. 19-28, jul. 1991.

LEÃES, Luis Gastão Paes de Barros. *Do direito do acionista ao dividendo*. São Paulo: Revista dos Tribunais, 1969.

LEÃES, Luis Gastão Paes de Barros. *Pareceres*. São Paulo: Singular, 2004.

LEÃES, Luis Gastão Paes de Barros. Responsabilidade dos administradores das sociedades por cotas de responsabilidade limitada. *Revista de Direito Mercantil*, São Paulo, ano XVI, n. 25, p. 49-54, 1977.

LEHMANN, Michael. Das Privileg der beschränkten Haftung und der Durchgriff im Gesellschafts- und Konzernrecht. Eine juristische und ökonomische Analyse. *Zeitschrift für Unternehmens- und Gesellschaftsrecht*, Berlim, ano 15, p. 345-370, 1986.

LEHMANN, Michael. Schranken der beschränkten Haftung. Zur ökonomische Legitimation des Durchgriffs bei der GmbH. *GmbHRundschau*, Colônia, ano 83, n. 4, p. 200-206, 1992.

LEONARDO, Rodrigo Xavier. Os contratos coligados, os contratos conexos e as redes contratuais. In: CARVALHOSA, Modesto. *Tratado de direito empresarial*. 2. ed. São Paulo: Thomson Reuters, 2018.

LEONARDO, Rodrigo Xavier. *Redes contratuais no mercado habitacional*. São Paulo: Revista dos Tribunais, 2003.

LIMA, Alvino. Abuso de direito. *Revista Forense*, Rio de Janeiro, ano 53, n. 166, p. 25-51, jul.-ago. 1956.

LISBOA, José da Silva. *Direito mercantil e leis de marinha*. 6. ed. Rio de Janeiro: Typographia Acadêmica, 1874.

LISBOA, José da Silva. *Princípios de direito mercantil e leis de marinha*. Serviço de Documentação do M.J.N.I., 1963.

LOBO, Jorge. Fraudes à realidade e integridade do capital social das sociedades anônimas. *Revista de Direito Mercantil*, São Paulo, ano XXVII, n. 70, p. 52-64, abr.-jun. 1988.

LORENZETTI, Ricardo Luis. *Tratado de los contratos*. Buenos Aires: Rubinzal, 2007. t. I.

LUCENA, José Waldecy. *Das sociedades limitadas*. 5. ed. Rio de Janeiro: Renovar, 2003.

LUPION, Ricardo (org.). *40 anos da Lei das Sociedades Anônimas*. Porto Alegre: Editora FI, 2017.

LUPION, Ricardo. *Sociedades limitadas: estudos em comemoração aos 100 anos*. Porto Alegre: Editora FI, 2019.

LUPION, Ricardo; ARAUJO, Fernando (org.). *Direito, tecnologia e empreendedorismo: uma visão luso-brasileira*. Porto Alegre: Editora FI, 2020.

LUPION, Ricardo; GONÇALVES, Oksandro (org.). *Temas autuais de direito comercial: uma visão luso-brasileira*. Porto Alegre: Editora FI, 2021.

MACEDO JÚNIOR, Ronaldo Porto. *Contratos relacionais e defesa do consumidor*. São Paulo: Max Limonad, 1998.

MACEDO, Ricardo Ferreira de. *Controle não societário*. São Paulo: Renovar, 2004.

MACHADO, Sylvio Marcondes. *Problemas de direito mercantil*. São Paulo: Max Limonad, 1970.

MAMEDE, Gladston. *Direito empresarial brasileiro*. 4. ed. São Paulo: Atlas, 2010.

MARCOS, Rui Manoel de Figueiredo. *As Companhias Pombalinas*. Contributo para a história das sociedades por acções em Portugal. Coimbra: Almedina, 1997.

MARINHO, Josaphat. A ordem econômica nas Constituições brasileiras. *Revista de Direito Público*, São Paulo, ano 5, n. 19, p. 51-59, jan.-mar. 1972.

MARINO, Francisco Paulo De Crecenzo. *Contratos coligados no direito brasileiro*. São Paulo: Saraiva, 2009.

MARTIN, Adan Nieto; SÁNCHEZ, Juan Antonio Lascuraín; GALANA, Beatriz García de la; PÉREZ, Patricia Fernández; CORDERO, Isidoro Blanco. Coord. Ed. brasileira: Eduardo Saad Diniz. *Manual de cumprimento normativo e responsabilidade penal das pessoas jurídicas*. Florianópolis: Tirant lo Blanch, 2018.

MARTINS, Fran. *Comentários à Lei das Sociedades Anônimas*. 2. ed. Rio de Janeiro: Forense, 1982.

MARTINS, Fran. *Contratos e obrigações comerciais*. 18. ed. Rio de Janeiro: Forense, 2018.

MARTINS, Fran. *Curso de direito comercial*. 19. ed. Rio de Janeiro: Forense, 2019.

MARTINS, Fran. *Sociedades por quotas no direito estrangeiro e brasileiro*. Rio de Janeiro: Forense, 1960. v. I e II.

MARTINS-COSTA, Judith. *Boa-fé no direito privado: critérios para a sua aplicação*. São Paulo: Marcial Pons, 2015.

MARTINS-COSTA, Judith. Cláusulas gerais como fatores de mobilidade do sistema jurídico. *Revista dos Tribunais*, São Paulo, ano 81, v. 680, p. 47-58, jun. 1992.

MARQUES NETO, Floriano Peixoto; RODRIGUES JÚNIOR, Otavio Luiz; LEONARDO, Rodrigo Xavier. *Comentários à Lei de Liberdade Econômica*. São Paulo: Thomson Reuters, 2019.

MELLO, Marcos Bernardes de. *Teoria do fato jurídico* – plano da validade. 11. ed. São Paulo: Saraiva, 2011.

MENDONÇA, J. X. Carvalho de. *Tratado de direito comercial brasileiro*. 5. ed. Rio de Janeiro: Freitas Bastos, 1954.

MENGONI, Luigi. Appunti per uma Revisione della teoria sul conflitto di interessi nelle deliberazioni di assemblea della società per azioni. *Rivista delle Società*, p. 434-464, 1956.

MESSINA, Paulo de Lorenzo; FORGIONI, Paula A. *Sociedades por ações*: jurisprudência, casos e comentários. São Paulo: Revista dos Tribunais, 1999.

MESSINEO, Francesco. *Manuale di diritto civile e commerciale*. Milão: Giuffrè, 1947.

MITCHELl, Lawrence. Fairness and trust in corporate law. *Duke Law Journal*, v. 43, p. 425-491, dez. 1993.

MONTANARI, Massimo. *Impresa e responsabilità*. Sviluppo storico e disciplina positiva. Milão: Giuffrè, 1990.

MOSSA, Lorenzo. *Trattato del nuovo Diritto Commerciale*. Milão: Società Editrice Libraria, 1942. v. I.

MÜLLER, Friedrich. *Métodos de trabalho do direito constitucional*. Rio de Janeiro: Renovar, 2005.

MÜLLER-FREIENFELLS, Wolfram. Zur Lehre vom sogenannten "Durchgriff" bei juristischen Personen im Privatrecht. *Archiv für die civilistische Praxis*, Tübingen. Mohr Siebeck, n. 156, p. 522-543, 1957.

MUNHOZ, Eduardo Secchi. *Empresa contemporânea e direito societário*: poder de controle e grupos de sociedade. São Paulo: Juarez de Oliveira, 2002.

MUSSI, Luiz Daniel Haj. *Suspensão do exercício de direitos do acionista*. São Paulo: Quartier Latin, 2018.

NAVARRINI, Umberto. *Trattato teorico-pratico di diritto commerciale*. Milão: Fratelli Bocca, 1920.

NERY JÚNIOR, Nelson; NERY, Rosa Maria de Andrade. *Código Civil comentado*. 13. ed. São Paulo: Revista dos Tribunais, 2019.

NEVES, Julio Gonzaga Andrade. *A supressio (Verwirkung) no direito civil*. São Paulo: Coimbra, 2016.

NUSDEO, Fábio. *Curso de economia*: introdução ao direito econômico. São Paulo: Revista dos Tribunais, 1997.

OLIVEIRA, Ana Perestrelo de. *Manual do governo de sociedades*. Coimbra: Almedina, 2017.

OLIVEIRA, Ana Perestrelo de. *Manual do grupo de sociedades*. Coimbra: Almedina, 2016.

OLIVEIRA, José Lamartine Corrêa de. *A dupla crise da pessoa jurídica*. São Paulo: Saraiva, 1979.

OÑATE, Flavio Lopez de. *La certezza del diritto*. Milão: Giuffré, 1968.

OPPO, Giorgio. *Contratti parasociali*. Milão: Vallardi, 1942.

PACHECO, Pedro Mercado. *El analisis economico do direito*. Una reconstruccion teorica. Madrid: Centro de Estúdios Constitucionales, 1994.

PAES, P. R. Tavares. *O aval no direito vigente*. 2. ed. São Paulo: Revista dos Tribunais, 1993.

PARGENDLER, Mariana. Responsabilidade civil dos administradores e *business judment rule* no direito brasileiro. In: LUPION, Ricardo (org.). *40 anos da Lei das Sociedades Anônimas*. Porto Alegre: Editora FI, 2017. p. 283-308.

PENTEADO, Luciano de Camargo. Abuso do poder econômico-contratual e boa-fé. *Revista de Direito Privado*, São Paulo, ano 3, v. 11, p. 138-153, nov. 2002.

PENTEADO, Luciano de Camargo. *Doação com encargo e causa contratual*. 2. ed. São Paulo: Revista dos Tribunais, 2013.

PENTEADO, Luciano de Camargo. *Efeitos contratuais perante terceiros*. São Paulo: Quartier Latin, 2007.

PENTEADO, Luciano de Camargo. Redes contratuais e contratos coligados. In: HIRONAKA, Giselda Maria Fernandes Novaes; TARTUCE, Flávio (coord.). *Direito contratual* – temas atuais. São Paulo: Método, 2007. p. 463-492.

PEREIRA, Caio Mário da Silva. *Instituições de direito civil*. 6. ed. Rio de Janeiro: Forense, 1982.

PEREIRA, Luiz Fernando. *Medidas urgentes no direito societário*. São Paulo: Revista dos Tribunais, 2002.

PIC, Paul. *Delle società commerciali*. Trad. A. Bruschettini. Milão: Società Editrice Libraria, 1913. v. 1.

PIRES, Catarina Monteiro. *Aquisição de empresas e de participações acionistas*. Coimbra: Almedina, 2019.

PLETI, Ricardo Padovini. A tutela cautelar de intervenção em sociedade anônima. *Revista de Direito Mercantil*, ano XLIX, n. 155-156, p. 166-185.

PONTES DE MIRANDA, Francisco Cavalcanti. *Tratado de direito cambiário*. São Paulo: Max Limonad, 1954. 4v.

PONTES DE MIRANDA, Francisco Cavalcanti. *Tratado de direito privado*. 3. ed. São Paulo: Revista dos Tribunais, 1984.

POSNER, Richard. Values and consequences: an introduction to economic analysis of law. *The Chicago Working Papers Series Index*. Disponível em: <http://www.law.chicago.edu/Lawecon/WkngPprs_51-75/53.Posner.Values.pdf>. Acesso em: 10 mar. 2005.

POSTEL, Rainer. *The Hanseatic League and its decline*. Disponível em: <http://www2.hsu-hh.de/PWEB/hisfrn/hanse.html>. Acesso em: 21 nov. 2005.

POTHIER. *Tratado das obrigações pessoaes e recíprocas nos pactos, contratos, convenções*. Trad. José Homem Correa Telles. Lisboa: Imprensa Nevesiana, 1835.

RATHENAU, Walter. *Crítica de la época*. Trad. José Pérez Bances. Barcelona: Jason, 1917.

RATHENAU, Walter. Do sistema acionário – uma análise negocial. Trad. Nilson Lautenschleger Júnior. *Revista de Direito Mercantil*, São Paulo, ano XLI, n. 128, p. 199-223, out.-dez. 2002.

REALE, Miguel. *Filosofia do direito*. 4. ed. São Paulo: Saraiva, 1965.

REQUIÃO, Rubens. A sociedade anônima como "instituição". *Revista de Direito Mercantil*, São Paulo, ano XIV, n. 18, p. 25-29, 1975.

REQUIÃO, Rubens. Abuso de direito e fraude através da personalidade jurídica. *Revista dos Tribunais*, São Paulo, ano 58, n. 410, p. 12-24, dez. 1969.

REQUIÃO, Rubens. As tendências atuais da responsabilidade dos sócios nas sociedades comerciais. *Revista dos Tribunais*, São Paulo, ano 67, n. 511, p. 11-19, maio 1978.

REQUIÃO, Rubens. *Curso de direito comercial*. 31. ed. São Paulo: Saraiva, 2012.

REQUIÃO, Rubens. O controle e a proteção dos acionistas. *Revista de Direito Mercantil*, São Paulo, ano XIII, n. 15-16, p. 23-36, 1974.

RIBEIRO, Marcia Carla Pereira; CARAMÊS, Guilherme Bonato Campos (org.). *Direito empresarial e o CPC/2015*. Belo Horizonte: Fórum, 2018.

RIPERT, Georges. *Tratado elemental de derecho comercial*. Trad. Felipe de Solá Cañizares. Buenos Aires: Editora Argentina, 1954.

RIVOLTA, Gian Carlo. *Trattato di Diritto Civile e Commerciale*. La società a responsabilità limitata. Milão: Giuffrè, 1982.

RIZO, Valdo Cestari de; ALMEIDA, Marco La Rosa de. Do direito do acionista à informação em companhias abertas e fechadas. In: ADAMEK, Marcelo Vieira von (coord.). *Temas de direito societário e empresarial contemporâneos*. São Paulo: Malheiros, 2011.

RIZZARDO, Arnaldo. *Direito de empresa*. Rio de Janeiro: Forense, 2007.

RODAS, João Grandino. *Sociedade comercial e estado*. São Paulo: Editora da Universidade Estadual Paulista; Saraiva, 1995.

ROPPO, Enzo. *O contrato*. Trad. Ana Coimbra e M. Januário C. Gomes. Coimbra: Almedina, 1988.

SÁ, Antônio Lopes de; SÁ, Ana M. Lopes de. *Dicionário de contabilidade*. 9. ed. São Paulo: Atlas, 1995.

SAAD-DINIZ, Eduardo. *Ética negocial e compliance*: entre a educação executiva e a interpretação judicial. São Paulo: Thomson-Reuters, 2019.

SACRAMONE, Marcelo Barbosa. *Manual de direito empresarial*. 2. ed. São Paulo: Saraiva, 2021.

SACRAMONE, Marcelo Barbosa. *Administradores de sociedades anônimas*. São Paulo: Almedina, 2015.

SADDI, Jairo. Vinculação do voto dos administradores indicados pelo acordo de voto. In: KUYVEN, Luiz Fernando Martins. *Temas essenciais de direito empresarial*: estudos em homenagem a Modesto Carvalhosa. São Paulo: Saraiva, 2012. p. 656-667.

SALOMÃO FILHO, Calixto. A *fattispecie* empresário no Código Civil de 2002. *Revista do Advogado*, São Paulo, ano XXVIII, n. 96, p. 11-20, mar. 2008.

SALOMÃO FILHO, Calixto. *A sociedade unipessoal*. São Paulo: Malheiros, 1995.

SALOMÃO FILHO, Calixto. *Direito concorrencial*. As estruturas. São Paulo: Malheiros, 1998.

SALOMÃO FILHO, Calixto. *O novo direito societário*. 4. ed. São Paulo: Malheiros, 2011.

SALOMÃO FILHO, Calixto. Recuperação de empresas e interesse social. In: SOUZA JUNIOR, Francisco Satiro de Souza; PITOMBO, Antonio Sérgio A. de Moraes. *Comentários à Lei de Recuperação de Empresas e Falência*. 2. ed. São Paulo: Malheiros, 2007. p. 43-54.

SALOMÃO FILHO, Calixto. Sociedade simulada. *Revista de Direito Mercantil*, São Paulo, ano XXXVI, n. 105, p. 70-73, jan.-mar. 1997.

SALOMÃO FILHO, Calixto. "Societas" com relevância externa e personalidade jurídica. *Revista de Direito Mercantil*, São Paulo, ano XXX, n. 81, p. 66-78, jan.-mar. 1991.

SALOMÃO FILHO, Calixto. *Teoria crítico-estruturalista do direito comercial*. São Paulo: Marcial Pons, 2014.

SAMUELSON, Paul A; NORDHAUS, William D. *Economia*. Trad. Manuel F. C. Mira Godinho. 12. ed. Lisboa: McGraw-Hill, 1991.

SANDRONI, Paulo. *Novo dicionário de economia*. 2. ed. São Paulo: Best Seller, 1994.

SANTO, João Espírito. *Sociedades por quotas e anônimas*. Vinculação: objecto social e representação plural. Coimbra: Almedina, 2000.

SCALZILLI, João Pedro. *Confusão patrimonial no direito societário*. São Paulo: Quartier Latin, 2015.

SCALZILLI, João Pedro; SPINELLI, Luis Felipe; TELLECHEA, Rodrigo. *Recuperação de empresas e falência*. 2. ed. São Paulo: Almedina, 2017.

SCHMIDT, Karsten. *Gesellschaftsrecht*. 4. ed. Munique: Heymanns, 2002.

SCHMIDT, Karsten. Gesellschafterhaftung und "Konzernhaftung" bei der GmbH. Bemerkung zum "Bremer Vulkan"-Urteil des BGH vom 17.9.2001. *Neue Juristische Wochenschrift*, ano 54, p. 3577-3581, dez. 2001.

SCHMIDT, Karsten. *Handelsrecht*. 3. ed. Munique: Heymanns, 1987.

SCHMIDT, Karsten. Zur Durchgriffsfestigkeit der GmbH. *Zeitschrift für Wirtschaftsrecht (ZIP)*, ano 15, p. 837-844, jun. 1994.

SCHUMPETER, Joseph Alois. *Teoria do desenvolvimento econômico*: uma investigação sobre lucros, capital, crédito, juro e o ciclo econômico. Trad. Maria Silvia Possas. 3. ed. São Paulo: Nova Cultural, 1988.

SEIA, Jorge Alberto Aragão. O papel da jurisprudência na aplicação do Código das Sociedades Comerciais. *Problemas do direito das sociedades*. Coimbra: Almedina, 2003.

SEIFART, Werner. *Handbuch des Stiftungsrechts*. 2. ed. Munique: C. H. Beck'sche, 1999.

SERICK, Rolf. *Forma e Realtà della Persona Giuridica*. Milano: Giuffrè, 1966.

SILVA, Alexandre Couto e. Desconsideração da personalidade jurídica: limites para sua aplicação. *Revista dos Tribunais*, São Paulo, ano 89, n. 780, p. 47-58, out. 2000.

SILVA, Clóvis V. Couto e. *A obrigação como processo*. Rio de Janeiro: FGV, 2006.

SILVA, José Afonso da. *Comentário contextual à Constituição*. São Paulo: Malheiros, 2005.

SOLÁ-CAÑIZARES, Felipe de. *Tratado de sociedades de responsabilidad limitada en derecho argentino y comparado*. Buenos Aires: Tip. Editora Argentina, 1950-1954. v. 1 e 2.

SOUSA, Herculano Marcos Inglez de. *Direito comercial*. 5. ed. Rio de Janeiro: Livraria Jacyntho, 1935.

SOUSA, Herculano Marcos Inglez de. *Projeto de Codigo Commercial*. Rio de Janeiro: Imprensa Nacional, 1912. v. 1.

SOUZA JÚNIOR, Francisco Satiro de; PITOMBO, Antônio Sérgio A. de Moraes. *Comentários à Lei de Recuperação de Empresas e Falência*. 2. ed. São Paulo: RT, 2007.

SPINELLI, Luis Felipe. *Conflito de interesses na administração da sociedade anônima*. São Paulo: Malheiros, 2012.

SPINELLI, Luis Felipe. *Exclusão de sócio por falta grave na sociedade limitada*. São Paulo: Quartier Latin, 2015.

SPINELLI, Luis Felipe; SCALZILLI, João Pedro; TELLECHEA, Rodrigo. *Intervenção judicial na administração de sociedades*. São Paulo: Almedina, 2019.

SZTAJN, Rachel. Codificação, decodificação, recodificação: a empresa no Código Civil brasileiro. *Revista do Advogado*, São Paulo, ano XXVIII, n. 96, p. 115-124, mar. 2008.

SZTAJN, Rachel. Direito societário e informação. In: CASTRO, Rodrigo R. Monteiro de et al. (coord.). *Direito empresarial e outros estudos em homenagem ao Professor José Alexandre Tavares Guerreiro*. São Paulo: Quartier Latin, 2013. p. 215-236.

SZTAJN, Rachel. Sobre a desconsideração da personalidade jurídica. *Revista dos Tribunais*, São Paulo, ano 88, v. 762, p. 81-97, abr. 1999.

SZTAJN, Rachel. *Teoria jurídica da empresa*. São Paulo: Atlas, 2004.

TARTUCE, Flavio. *Direito civil*. Rio de Janeiro: Forense, 2018.

TEIXEIRA, Egberto Lacerda. As sociedades limitadas face ao regime do anonimato no Brasil. *Revista de Direito Mercantil*, São Paulo, ano 19, v. 39, p. 40-74, jul.-set. 1980.

TEIXEIRA, Egberto Lacerda. *Das sociedades por quotas de responsabilidade limitada*. São Paulo: Max Limonad, 1956.

TEIXEIRA, Egberto Lacerda; GUERREIRO, José Alexandre Tavares. *Das sociedades anônimas no direito brasileiro*. São Paulo: Bushatsky, 1979. v. 1 e 2.

TELLECHEA, Rodrigo. *Autonomia privada no direito societário*. São Paulo: Quartier Latin, 2016.

TELLECHEA, Rodrigo. *Arbitragem nas sociedades anônimas*. São Paulo: Quartier Latin, 2016.

TOKARS, Fabio. *Sociedades limitadas*. São Paulo: LTr, 2007.

TOLEDO, Paulo Fernando Campos Salles de. *O conselho de administração na sociedade anônima*. São Paulo: Atlas, 1997.

TOLEDO, Paulo Fernando Campos Salles de; ABRÃO, Carlos Henrique. *Comentários à Lei de Recuperação de Empresas e Falência*. 5. ed. São Paulo: Saraiva, 2012.

TOMASETTI JÚNIOR, Alcides. Abuso de poder econômico e abuso de poder contratual. *Revista dos Tribunais*, São Paulo, ano 84, v. 715, p. 87-107, maio 1995.

TRABUCCHI, Alberto; CIAN, Giorgio. *Commentario breve al Codice Civile*. 4. ed. Padova: Cedam, 1992.

TUHR, Andreas von. *Derecho civil*. Teoria general del derecho civil aleman. Trad. Tito Ravà. Buenos Aires: Depalma, 1946.

VALVERDE, Trajano de Miranda. *Comentários à Lei de Falências*. Rio de Janeiro: Forense, 1948 e 1949. v. I, II e III.

VAMPRÉ, Spencer. *Tratado elementar de direito commercial*. Rio de Janeiro: F. Briguiet, 1922. v. 1.

VARELA, João de Matos Antunes. *Das obrigações em geral*. 2. ed. Coimbra: Almedina, 1973. v. 1 e 2.

VASSALI, Francesco. *Responsabilità d'impresa e potere di amministrazione nella società personali*. Milão: Giuffrè, 1973.

VENTURA, Raul. *Sociedade por quotas*. Coimbra: Almedina, 1991. v. III.

VERÇOSA, Haroldo Malheiros Duclerc. *Curso de direito comercial*. São Paulo: Malheiros, 2008.

VERÇOSA, Haroldo Malheiros Duclerc. Atividade mercantil. Ato de comércio. Mercancia. Matéria de comércio. Comerciante. *Revista de Direito Mercantil*, São Paulo, ano XXI, n. 47, p. 29-39, jul.-set. 1982.

VERRUCOLI, Piero. *Il superamento della personalità giuridica delle società di capitali*. Nella common law e nella civil law. Milão: Giuffrè, 1964.

VIEHWEG, Theodor. *Tópica e jurisprudência*. Trad. Tércio Sampaio Ferraz Júnior. Brasília: Imprensa Nacional, 1979.

VIO, Daniel de Avila. *Grupos societários*. São Paulo: Quartier Latin, 2016.

VIVANTE, Cesare. *Instituições de direito comercial*. Trad. J. Alves de Sá. São Paulo: C. Teixeira & Cia., 1928.

VIVANTE, Cesare. *Trattato di diritto commerciale*. Milão: Valardi, 1928. v. II.

WALD, Arnoldo. Capital. *Enciclopédia Saraiva de Direito*. São Paulo: 1977. v. 13.

WALD, Arnoldo (org.). *Doutrinas essenciais*. Direito empresarial. São Paulo: Revista dos Tribunais, 2011.

WARDE JÚNIOR, Walfrido Jorge. *A crise da limitação da responsabilidade dos sócios e a teoria da desconsideração da personalidade jurídica*. 2004. Tese (Doutorado) – Faculdade de Direito da Universidade de São Paulo, 2004.

WARDE JÚNIOR, Walfrido Jorge. A empresa pluridimensional. *Revista do Advogado*, São Paulo, ano XXVIII, n. 96, p. 137-145, mar. 2008.

WEBER, Max. *Economia e sociedade*: fundamentos da sociologia compreensiva. Trad. Regis Barbosa e Karen Elsabe Barbosa. Brasília: Editora Universidade de Brasília, 1999. v. 1.

WEBER, Max. *Ética protestante e o espírito do capitalismo*. São Paulo: Guazelli & Cia Ltda., 1983.

WEBER, Max. *Handelsgesellschaften im Mittelalter*. Stuttgart: Verlag von Ferdinand Enke, 1889.

WEBER, Max. *História geral da economia*. Trad. Calógeras A. Pajuaba. São Paulo: Mestre Jou, 1968.

WEBER, Max. *Law in economy and society*. Trad. Edward Shils. Cambridge: Harvard University Press, 1954.

WESTERMANN, Harm Peter. *Kommentar zum GmbH-Gesetz*. 8. ed. Org. Scholz, Georg Crezelius, Klaus Tiedemann. Köln: Dr. Otto Schmidt, 1993.

WIEACKER, Franz. *História do direito privado moderno*. Trad. de A. M. Botelho Hespanha. 3. ed. Lisboa: Fundação Calouste Gulbenkian, 2004.

WIEDEMANN, Herbert. *Gesellschaftsrecht*. Ein Lehrbuch des Unternehmens- und Verbandsrechts. Band I. Munique: Beck, 1980.

WIEDEMANN, Herbert; FREY, Kaspar. *Gesellschaftsrecht*. 6. ed. Munique: Beck, 2002.

WILLIAMSON, Oliver. Por que direito, economia e organizações? In: ZYLBERSZTAJN, Décio; SZTAJN, Rachel. *Direito e economia*. Rio de Janeiro: Elsevier, 2005.

XAVIER, Alberto. *Administradores de sociedades*. São Paulo: Revista dos Tribunais, 1979.

YARSHELL, Flavio Luiz et al. *Processo societário*. São Paulo: Quartier Latin, 2012.

ZANDA, Gianfranco. *La grande impresa*. Caratteristiche strutturali e di comportamento. Milão: Giuffrè, 1974.

ZANETTI, Cristiano de Sousa. *A conservação dos contratos nulos por defeito de forma*. São Paulo: Quartier Latin, 2013.

ZANETTI, Cristiano de Sousa. *Responsabilidade pela ruptura das negociações*. São Paulo: Juarez de Oliveira, 2005.

ZANETTI, Cristiano de Sousa. *Built to suit*: qualificação e consequências. In: BAPTISTA, Luiz Olavo; PRADO, Maurício Almeida (org.). *Construção civil e direito*. São Paulo: LexMagister, 2011.

ZYLBERSZTAJN, Décio; SZTAJN, Rachel. *Direito e economia*. Rio de Janeiro: Elsevier, 2005.